注释法典丛书

新五版·17

U0824642

中华人民共和国

医疗卫生

注释法典

中国法制出版社
CHINA LEGAL PUBLISHING HOUSE

我国的立法体系①

全国人民代表大会	修改宪法，制定和修改刑事、民事、国家机构的和其他的基本法律
全国人民代表大会常务委员会	制定和修改除应当由全国人民代表大会制定的法律以外的其他法律；在全国人民代表大会闭会期间，对全国人民代表大会制定的法律进行部分补充和修改；根据全国人民代表大会授权制定相关法律；解释法律。
国务院	根据宪法、法律和全国人民代表大会及其常务委员会的授权，制定行政法规。
省、自治区、直辖市的人民代表大会及其常务委员会	根据本行政区域的具体情况和实际需要，在不同宪法、法律、行政法规相抵触的前提下，制定地方性法规。
设区的市、自治州的人民代表大会及其常务委员会	在不同上位法相抵触的前提下，可对城乡建设与管理、生态文明建设、历史文化保护、基层治理等事项制定地方性法规。
经济特区所在地的省、市的人民代表大会及其常务委员会	根据全国人民代表大会的授权决定，制定法规，在经济特区范围内实施。
上海市人民代表大会及其常务委员会	根据全国人民代表大会常务委员会的授权决定，制定浦东新区法规，在浦东新区实施。
海南省人民代表大会及其常务委员会	根据法律规定，制定海南自由贸易港法规，在海南自由贸易港范围内实施。
民族自治地方的人民代表大会	依照当地民族的政治、经济和文化的特点，制定自治条例和单行条例。对法律和行政法规的规定作出变通的规定，但不得违背法律或者行政法规的基本原则，不得对宪法和民族区域自治法的规定以及其他有关法律、行政法规专门就民族自治地方所作的规定作出变通规定。
国务院各部、委员会、中国人民银行、审计署和具有行政管理职能的直属机构以及法律规定的机构	根据法律和国务院的行政法规、决定、命令，在本部门的权限范围内，制定规章。
省、自治区、直辖市和设区的市、自治州的人民政府	根据法律、行政法规和本省、自治区、直辖市的地方性法规，制定规章。设区的市、自治州人民政府制定的地方政府规章限于城乡建设与管理、生态文明建设、历史文化保护、基层治理等方面的事项。
中央军事委员会	根据宪法和法律制定军事法规，在武装力量内部实施。
中国人民解放军各战区、军兵种和中国人民武装警察部队	根据法律和中央军事委员会的军事法规、决定、命令，在其权限范围内制定军事规章，在武装力量内部实施。
国家监察委员会	根据宪法和法律、全国人民代表大会常务委员会的有关决定，制定监察法规。
最高人民法院、最高人民检察院	作出属于审判、检察工作中具体应用法律的解释。

① 本图表为编者根据《立法法》相关规定编辑整理，供参考。

■ 因为专业　所以卓越

出版说明

“注释法典”丛书是我社集数年法规编撰经验，创新出版的大型实用法律工具书。本套工具书不仅全面反映我国立法成果与现状，全面收录相关领域重要法律文件，而且秉持权威、实用的理念，从条文【注释】、【实务问答】及【裁判规则】多角度阐释重要法律规定，相信能够成为广大读者理解、掌握、适用法律的首选工具书。

本套工具书以中国特色社会主义法律体系为主线，结合实践确定分册，独家打造七重法律价值：

一、内容全面

本分册涵盖医疗卫生领域重要的法律、法规、部门规章、司法解释等文件，收录的文件均为现行有效文本，方便读者全面、及时掌握相关规定。

二、注释精炼

在重要法律文件前设【理解与适用】，介绍该法历史沿革、主要内容、适用注意事项；以【注释】形式对重难点条文进行详细阐释。注释内容在吸取全国人大常委会法制工作委员会、最高人民法院等权威解读的基础上，结合最新公布的相关规定及司法实践全新撰写，保证注释内容的准确性与时效性。另外，在重要条文注释中，提炼简明小标题，并予以加粗，帮助读者快速把握条文注释主要内容。

三、实务问答

在相关法条下设【实务问答】，内容来源于最高人民法院司法观点、相关函复等，解答法律适用中的重点与难点。

四、案例指导

在相关法条下设【案例】，案件主要来源于最高人民法院、最高人民检察院指导性案例及公报案例，整理【裁判规则】，展示解决法律问题的权威实例。

五、关联法规链接

在相关法条下以【链接】的方式索引关联条文，提供相关且有效的条文援引，全面体现相关法律规定。

六、层级清晰　检索便捷

(1) 目录按照法律文件的效力等级分为法律及文件、行政法规及文件、部门规章及文件、司法解释及文件四个层级。(2) 每一层级下法律文件大多按照公布或者最后一次修改时间排列，以方便读者快速定位目标文件，但为了方便读者对某一类问题进行集中查找，本书将一些联系紧密的文件进行了集中排版。

七、超值增值服务

为了使读者能够全面了解解决法律问题的实例，准确适用法律，同时及时充分了解我国立法的动态信息，凡是购买本书的读者，均可获得以下超值增值服务：(1) 扫码添加书后“法规编辑部”公众号→点击菜单栏→进入资料下载栏→选择注释法典资料项→点击网址或扫码下载，即可获取最高人民法院、最高人民检察院指导性案例电子版；(2) 通过“法规编辑部”公众号，及时了解最新立法信息，并可线上留言，编辑团队会就图书相关疑问进行动态解答。

能够为大家学习法律、解决法律难题提供实实在在的帮助，是我们全心努力的方向，衷心欢迎广大读者朋友反馈意见、建议。

中国法制出版社

2023 年 7 月

目 录*

一、综合

二、医政管理

1. 医疗机构

* 编者按:本目录中的时间为法律文件的公布时间或最后一次修正、修订公布时间。

2. 医务人员

● 法律

● 行政法规

● 部门规章及文件

● 司法解释

3. 医疗广告

● 部门规章

三、医疗服务

1. 处方和病历

部门规章

2. 诊疗活动

部门规章

3. 药品管理

法律

行政法规

部门规章及文件

四、医疗安全保障

五、疾病防控

六、医疗纠纷处理

1. 医疗事故处理

2. 医疗损害赔偿

七、健康

1. 妇幼保健

2. 职业健康

一、综合

中华人民共和国基本医疗卫生与健康促进法

·2019年12月28日第十三届全国人民代表大会常务委员会第十五次会议通过
·2019年12月28日中华人民共和国主席令第38号公布
·自2020年6月1日起施行

第一章 总 则

第一条 为了发展医疗卫生与健康事业，保障公民享有基本医疗卫生服务，提高公民健康水平，推进健康中国建设，根据宪法，制定本法。

第二条 从事医疗卫生、健康促进及其监督管理活动，适用本法。

第三条 医疗卫生与健康事业应当坚持以人民为中心，为人民健康服务。

医疗卫生事业应当坚持公益性原则。

第四条 国家和社会尊重、保护公民的健康权。

国家实施健康中国战略，普及健康生活，优化健康服务，完善健康保障，建设健康环境，发展健康产业，提升公民全生命周期健康水平。

国家建立健康教育制度，保障公民获得健康教育的权利，提高公民的健康素养。

第五条 公民依法享有从国家和社会获得基本医疗卫生服务的权利。

国家建立基本医疗卫生制度，建立健全医疗卫生服务体系，保护和实现公民获得基本医疗卫生服务的权利。

第六条 各级人民政府应当把人民健康放在优先发展的战略地位，将健康理念融入各项政策，坚持预防为主，完善健康促进工作体系，组织实施健康促进的规划和行动，推进全民健身，建立健康影响评估制度，将公民主要健康指标改善情况纳入政府目标责任考核。

全社会应当共同关心和支持医疗卫生与健康事业的发展。

第七条 国务院和地方各级人民政府领导医疗卫生与健康促进工作。

国务院卫生健康主管部门负责统筹协调全国医疗卫生与健康促进工作。国务院其他有关部门在各自职责范围内负责有关的医疗卫生与健康促进工作。

县级以上地方人民政府卫生健康主管部门负责统筹协调本行政区域医疗卫生与健康促进工作。县级以上地方人民政府其他有关部门在各自职责范围内负责有关的医疗卫生与健康促进工作。

第八条 国家加强医学基础科学研究，鼓励医学科学技术创新，支持临床医学发展，促进医学科技成果的转化和应用，推进医疗卫生与信息技术融合发展，推广医疗卫生适宜技术，提高医疗卫生服务质量。

国家发展医学教育，完善适应医疗卫生事业发展需要的医学教育体系，大力培养医疗卫生人才。

第九条 国家大力发展中医药事业，坚持中西医并重、传承与创新相结合，发挥中医药在医疗卫生与健康事业中的独特作用。

第十条 国家合理规划和配置医疗卫生资源，以基层为重点，采取多种措施优先支持县级以下医疗卫生机构发展，提高其医疗卫生服务能力。

第十一条 国家加大对医疗卫生与健康事业的财政投入，通过增加转移支付等方式重点扶持革命老区、民族地区、边疆地区和经济欠发达地区发展医疗卫生与健康事业。

第十二条 国家鼓励和支持公民、法人和其他组织通过依法举办机构和捐赠、资助等方式，参与医疗卫生与健康事业，满足公民多样化、差异化、个性化健康需求。

公民、法人和其他组织捐赠财产用于医疗卫生与健康事业的，依法享受税收优惠。

第十三条 对在医疗卫生与健康事业中做出突出贡献的组织和个人，按照国家规定给予表彰、奖励。

第十四条 国家鼓励和支持医疗卫生与健康促进领域的对外交流合作。

开展医疗卫生与健康促进对外交流合作活动,应当遵守法律、法规,维护国家主权、安全和社会公共利益。

第二章 基本医疗卫生服务

第十五条 基本医疗卫生服务,是指维护人体健康所必需、与经济社会发展水平相适应、公民可公平获得的,采用适宜药物、适宜技术、适宜设备提供的疾病预防、诊断、治疗、护理和康复等服务。

基本医疗卫生服务包括基本公共卫生服务和基本医疗服务。基本公共卫生服务由国家免费提供。

第十六条 国家采取措施,保障公民享有安全有效的基本公共卫生服务,控制影响健康的危险因素,提高疾病的预防控制水平。

国家基本公共卫生服务项目由国务院卫生健康主管部门会同国务院财政部门、中医药主管部门等共同确定。

省、自治区、直辖市人民政府可以在国家基本公共卫生服务项目基础上,补充确定本行政区域的基本公共卫生服务项目,并报国务院卫生健康主管部门备案。

第十七条 国务院和省、自治区、直辖市人民政府可以将针对重点地区、重点疾病和特定人群的服务内容纳入基本公共卫生服务项目并组织实施。

县级以上地方人民政府针对本行政区域重大疾病和主要健康危险因素,开展专项防控工作。

第十八条 县级以上人民政府通过举办专业公共卫生机构、基层医疗卫生机构和医院,或者从其他医疗卫生机构购买服务的方式提供基本公共卫生服务。

第十九条 国家建立健全突发事件卫生应急体系,制定和完善应急预案,组织开展突发事件的医疗救治、卫生学调查处置和心理援助等卫生应急工作,有效控制和消除危害。

第二十条 国家建立传染病防控制度,制定传染病防治规划并组织实施,加强传染病监测预警,坚持预防为主、防治结合,联防联控、群防群控、源头防控、综合治理,阻断传播途径,保护易感人群,降低传染病的危害。

任何组织和个人应当接受、配合医疗卫生机构为预防、控制、消除传染病危害依法采取的调查、检验、采集样本、隔离治疗、医学观察等措施。

第二十一条 国家实行预防接种制度,加强免疫规划工作。居民有依法接种免疫规划疫苗的权利和义务。政府向居民免费提供免疫规划疫苗。

第二十二条 国家建立慢性非传染性疾病防控与管理制度,对慢性非传染性疾病及其致病危险因素开展监测、调查和综合防控干预,及时发现高危人群,为患者和高危人群提供诊疗、早期干预、随访管理和健康教育等服务。

第二十三条 国家加强职业健康保护。县级以上人民政府应当制定职业病防治规划,建立健全职业健康工作机制,加强职业健康监督管理,提高职业病综合防治能力和水平。

用人单位应当控制职业病危害因素,采取工程技术、个体防护和健康管理等综合治理措施,改善工作环境和劳动条件。

第二十四条 国家发展妇幼保健事业,建立健全妇幼健康服务体系,为妇女、儿童提供保健及常见病防治服务,保障妇女、儿童健康。

国家采取措施,为公民提供婚前保健、孕产期保健等服务,促进生殖健康,预防出生缺陷。

第二十五条 国家发展老年人保健事业。国务院和省、自治区、直辖市人民政府应当将老年人健康管理和常见病预防等纳入基本公共卫生服务项目。

第二十六条 国家发展残疾预防和残疾人康复事业,完善残疾预防和残疾人康复及其保障体系,采取措施为残疾人提供基本康复服务。

县级以上人民政府应当优先开展残疾儿童康复工作,实行康复与教育相结合。

第二十七条 国家建立健全院前急救体系,为急危重症患者提供及时、规范、有效的急救服务。

卫生健康主管部门、红十字会等有关部门、组织应当积极开展急救培训,普及急救知识,鼓励医疗卫生人员、经过急救培训的人员积极参与公共场所急救服务。公共场所应当按照规定配备必要的急救设备、设施。

急救中心(站)不得以未付费为由拒绝或者拖延为急危重症患者提供急救服务。

第二十八条 国家发展精神卫生事业，建设完善精神卫生服务体系，维护和增进公民心理健康，预防、治疗精神障碍。

国家采取措施，加强心理健康服务体系和人才队伍建设，促进心理健康教育、心理评估、心理咨询与心理治疗服务的有效衔接，设立为公众提供公益服务的心理援助热线，加强未成年人、残疾人和老年人等重点人群心理健康服务。

第二十九条 基本医疗服务主要由政府举办的医疗卫生机构提供。鼓励社会力量举办的医疗卫生机构提供基本医疗服务。

第三十条 国家推进基本医疗服务实行分级诊疗制度，引导非急诊患者首先到基层医疗卫生机构就诊，实行首诊负责制和转诊审核责任制，逐步建立基层首诊、双向转诊、急慢分治、上下联动的机制，并与基本医疗保险制度相衔接。

县级以上地方人民政府根据本行政区域医疗卫生需求，整合区域内政府举办的医疗卫生资源，因地制宜建立医疗联合体等协同联动的医疗服务合作机制。鼓励社会力量举办的医疗卫生机构参与医疗服务合作机制。

第三十一条 国家推进基层医疗卫生机构实行家庭医生签约服务，建立家庭医生服务团队，与居民签订协议，根据居民健康状况和医疗需求提供基本医疗卫生服务。

第三十二条 公民接受医疗卫生服务，对病情、诊疗方案、医疗风险、医疗费用等事项依法享有知情同意的权利。

需要实施手术、特殊检查、特殊治疗的，医疗卫生人员应当及时向患者说明医疗风险、替代医疗方案等情况，并取得其同意；不能或者不宜向患者说明的，应当向患者的近亲属说明，并取得其同意。法律另有规定的，依照其规定。

开展药物、医疗器械临床试验和其他医学研究应当遵守医学伦理规范，依法通过伦理审查，取得知情同意。

第三十三条 公民接受医疗卫生服务，应当受到尊重。医疗卫生机构、医疗卫生人员应当关心爱护、平等对待患者，尊重患者人格尊严，保护患者隐私。

公民接受医疗卫生服务，应当遵守诊疗制度和医疗卫生服务秩序，尊重医疗卫生人员。

第三章 医疗卫生机构

第三十四条 国家建立健全由基层医疗卫生机构、医院、专业公共卫生机构等组成的城乡全覆盖、功能互补、连续协同的医疗卫生服务体系。

国家加强县级医院、乡镇卫生院、村卫生室、社区卫生服务中心（站）和专业公共卫生机构等的建设，建立健全农村医疗卫生服务网络和城市社区卫生服务网络。

第三十五条 基层医疗卫生机构主要提供预防、保健、健康教育、疾病管理，为居民建立健康档案，常见病、多发病的诊疗以及部分疾病的康复、护理，接收医院转诊患者，向医院转诊超出自身服务能力的患者等基本医疗卫生服务。

医院主要提供疾病诊治，特别是急危重症和疑难病症的诊疗，突发事件医疗处置和救援以及健康教育等医疗卫生服务，并开展医学教育、医疗卫生人员培训、医学科学研究和对基层医疗卫生机构的业务指导等工作。

专业公共卫生机构主要提供传染病、慢性非传染性疾病、职业病、地方病等疾病预防控制和健康教育、妇幼保健、精神卫生、院前急救、采供血、食品安全风险监测评估、出生缺陷防治等公共卫生服务。

第三十六条 各级各类医疗卫生机构应当分工合作，为公民提供预防、保健、治疗、护理、康复、安宁疗护等全方位全周期的医疗卫生服务。

各级人民政府采取措施支持医疗卫生机构与养老机构、儿童福利机构、社区组织建立协作机制，为老年人、孤残儿童提供安全、便捷的医疗和健康服务。

第三十七条 县级以上人民政府应当制定并落实医疗卫生服务体系规划，科学配置医疗卫生资源，举办医疗卫生机构，为公民获得基本医疗卫生服务提供保障。

政府举办医疗卫生机构，应当考虑本行政区域人口、经济社会发展状况、医疗卫生资源、健康危险因素、发病率、患病率以及紧急救治需求等情况。

第三十八条 举办医疗机构，应当具备下列条件，按照国家有关规定办理审批或者备案手续：

（一）有符合规定的名称、组织机构和场所；

（二）有与其开展的业务相适应的经费、设施、设备和医疗卫生人员；

（三）有相应的规章制度；

（四）能够独立承担民事责任；

（五）法律、行政法规规定的其他条件。

医疗机构依法取得执业许可证。禁止伪造、变造、买卖、出租、出借医疗机构执业许可证。

各级各类医疗卫生机构的具体条件和配置应当符合国务院卫生健康主管部门制定的医疗卫生机构标准。

第三十九条 国家对医疗卫生机构实行分类管理。

医疗卫生服务体系坚持以非营利性医疗卫生机构为主体、营利性医疗卫生机构为补充。政府举办非营利性医疗卫生机构，在基本医疗卫生事业中发挥主导作用，保障基本医疗卫生服务公平可及。

以政府资金、捐赠资产举办或者参与举办的医疗卫生机构不得设立为营利性医疗卫生机构。

医疗卫生机构不得对外出租、承包医疗科室。非营利性医疗卫生机构不得向出资人、举办者分配或者变相分配收益。

第四十条 政府举办的医疗卫生机构应当坚持公益性质，所有收支均纳入预算管理，按照医疗卫生服务体系规划合理设置并控制规模。

国家鼓励政府举办的医疗卫生机构与社会力量合作举办非营利性医疗卫生机构。

政府举办的医疗卫生机构不得与其他组织投资设立非独立法人资格的医疗卫生机构，不得与社会资本合作举办营利性医疗卫生机构。

第四十一条 国家采取多种措施，鼓励和引导社会力量依法举办医疗卫生机构，支持和规范社会力量举办的医疗卫生机构与政府举办的医疗卫生机构开展多种类型的医疗业务、学科建设、人才培养等合作。

社会力量举办的医疗卫生机构在基本医疗保险定点、重点专科建设、科研教学、等级评审、特定医疗技术准入、医疗卫生人员职称评定等方面享有与政府举办的医疗卫生机构同等的权利。

社会力量可以选择设立非营利性或者营利性医疗卫生机构。社会力量举办的非营利性医疗卫生机构按照规定享受与政府举办的医疗卫生机构同等的税收、财政补助、用地、用水、用电、用气、用热等政策，并依法接受监督管理。

第四十二条 国家以建成的医疗卫生机构为基础，合理规划与设置国家医学中心和国家、省级区域性医疗中心，诊治疑难重症，研究攻克重大医学难题，培养高层次医疗卫生人才。

第四十三条 医疗卫生机构应当遵守法律、法规、规章，建立健全内部质量管理和控制制度，对医疗卫生服务质量负责。

医疗卫生机构应当按照临床诊疗指南、临床技术操作规范和行业标准以及医学伦理规范等有关要求，合理进行检查、用药、诊疗，加强医疗卫生安全风险防范，优化服务流程，持续改进医疗卫生服务质量。

第四十四条 国家对医疗卫生技术的临床应用进行分类管理，对技术难度大、医疗风险高，服务能力、人员专业技术水平要求较高的医疗卫生技术实行严格管理。

医疗卫生机构开展医疗卫生技术临床应用，应当与其功能任务相适应，遵循科学、安全、规范、有效、经济的原则，并符合伦理。

第四十五条 国家建立权责清晰、管理科学、治理完善、运行高效、监督有力的现代医院管理制度。

医院应当制定章程，建立和完善法人治理结构，提高医疗卫生服务能力和运行效率。

第四十六条 医疗卫生机构执业场所是提供医疗卫生服务的公共场所，任何组织或者个人不得扰乱其秩序。

第四十七条 国家完善医疗风险分担机制，鼓励医疗机构参加医疗责任保险或者建立医疗风险基金，鼓励患者参加医疗意外保险。

第四十八条 国家鼓励医疗卫生机构不断改进预防、保健、诊断、治疗、护理和康复的技术、设备与服务，支持开发适合基层和边远地区应用的医疗卫生技术。

第四十九条 国家推进全民健康信息化，推动健康医疗大数据、人工智能等的应用发展，加快医疗卫生信息基础设施建设，制定健康医疗数据采集、存储、分析和应用的技术标准，运用信息技术促进优质医疗卫生资源的普及与共享。

县级以上人民政府及其有关部门应当采取措施，推进信息技术在医疗卫生领域和医学教育中的应用，支持探索发展医疗卫生服务新模式、新业态。

国家采取措施，推进医疗卫生机构建立健全医疗卫生信息交流和信息安全制度，应用信息技术开展远程医疗服务，构建线上线下一体化医疗服务模式。

第五十条 发生自然灾害、事故灾难、公共卫生事件和社会安全事件等严重威胁人民群众生命健康的突发事件时，医疗卫生机构、医疗卫生人员应当服从政府部门的调遣，参与卫生应急处置和医疗救治。对致病、致残、死亡的参与人员，按照规定给予工伤或者抚恤、烈士褒扬等相关待遇。

第四章 医疗卫生人员

第五十一条 医疗卫生人员应当弘扬敬佑生命、救死扶伤、甘于奉献、大爱无疆的崇高职业精神，遵守行业规范，恪守医德，努力提高专业水平和服务质量。

医疗卫生行业组织、医疗卫生机构、医学院校应当加强对医疗卫生人员的医德医风教育。

第五十二条 国家制定医疗卫生人员培养规划，建立适应行业特点和社会需求的医疗卫生人员培养机制和供需平衡机制，完善医学院校教育、毕业后教育和继续教育体系，建立健全住院医师、专科医师规范化培训制度，建立规模适宜、结构合理、分布均衡的医疗卫生队伍。

国家加强全科医生的培养和使用。全科医生主要提供常见病、多发病的诊疗和转诊、预防、保健、康复，以及慢性病管理、健康管理等服务。

第五十三条 国家对医师、护士等医疗卫生人员依法实行执业注册制度。医疗卫生人员应当依法取得相应的职业资格。

第五十四条 医疗卫生人员应当遵循医学科学规律，遵守有关临床诊疗技术规范和各项操作规范以及医学伦理规范，使用适宜技术和药物，合理诊疗，因病施治，不得对患者实施过度医疗。

医疗卫生人员不得利用职务之便索要、非法收受财物或者牟取其他不正当利益。

第五十五条 国家建立健全符合医疗卫生行业特点的人事、薪酬、奖励制度，体现医疗卫生人员职业特点和技术劳动价值。

对从事传染病防治、放射医学和精神卫生工作以及其他在特殊岗位工作的医疗卫生人员，应当按照国家规定给予适当的津贴。津贴标准应当定期调整。

第五十六条 国家建立医疗卫生人员定期到基层和艰苦边远地区从事医疗卫生工作制度。

国家采取定向免费培养、对口支援、退休返聘等措施，加强基层和艰苦边远地区医疗卫生队伍建设。

执业医师晋升为副高级技术职称的，应当有累计一年以上在县级以下或者对口支援的医疗卫生机构提供医疗卫生服务的经历。

对在基层和艰苦边远地区工作的医疗卫生人员，在薪酬津贴、职称评定、职业发展、教育培训和表彰奖励等方面实行优惠待遇。

国家加强乡村医疗卫生队伍建设，建立县乡村上下贯通的职业发展机制，完善对乡村医疗卫生人员的服务收入多渠道补助机制和养老政策。

第五十七条 全社会应当关心、尊重医疗卫生人员，维护良好安全的医疗卫生服务秩序，共同构建和谐医患关系。

医疗卫生人员的人身安全、人格尊严不受侵犯，其合法权益受法律保护。禁止任何组织或者个人威胁、危害医疗卫生人员人身安全，侵犯医疗卫生人员人格尊严。

国家采取措施，保障医疗卫生人员执业环境。

第五章 药品供应保障

第五十八条 国家完善药品供应保障制度，建立工作协调机制，保障药品的安全、有效、可及。

第五十九条 国家实施基本药物制度，遴选适当数量的基本药物品种，满足疾病防治基本用药需求。

国家公布基本药物目录，根据药品临床应用实践、药品标准变化、药品新上市情况等，对基本药物目录进行动态调整。

基本药物按照规定优先纳入基本医疗保险药品目录。

国家提高基本药物的供给能力，强化基本药物质量监管，确保基本药物公平可及、合理使用。

第六十条 国家建立健全以临床需求为导向的药品审评审批制度，支持临床急需药品、儿童用药品和防治罕见病、重大疾病等药品的研制、生产，满足疾病防治需求。

第六十一条 国家建立健全药品研制、生产、流通、使用全过程追溯制度，加强药品管理，保证药品质量。

第六十二条 国家建立健全药品价格监测体系，开展成本价格调查，加强药品价格监督检查，依法查处价格垄断、价格欺诈、不正当竞争等违法行为，维护药品价格秩序。

国家加强药品分类采购管理和指导。参加药品采购投标的投标人不得以低于成本的报价竞标，不得以欺诈、串通投标、滥用市场支配地位等方式竞标。

第六十三条 国家建立中央与地方两级医药储备，用于保障重大灾情、疫情及其他突发事件等应急需要。

第六十四条 国家建立健全药品供求监测体系，及时收集和汇总分析药品供求信息，定期公布药品生产、流通、使用等情况。

第六十五条 国家加强对医疗器械的管理，完善医疗器械的标准和规范，提高医疗器械的安全有效水平。

国务院卫生健康主管部门和省、自治区、直辖市人民政府卫生健康主管部门应当根据技术的先进性、适宜性和可及性，编制大型医用设备配置规划，促进区域内医用设备合理配置、充分共享。

第六十六条 国家加强中药的保护与发展，充分体现中药的特色和优势，发挥其在预防、保健、医疗、康复中的作用。

第六章 健康促进

第六十七条 各级人民政府应当加强健康教育工作及其专业人才培养，建立健康知识和技能核心信息发布制度，普及健康科学知识，向公众提供科学、准确的健康信息。

医疗卫生、教育、体育、宣传等机构、基层群众性自治组织和社会组织应当开展健康知识的宣传和普及。医疗卫生人员在提供医疗卫生服务时，应当对患者开展健康教育。新闻媒体应当开展健康知识的公益宣传。健康知识的宣传应当科学、准确。

第六十八条 国家将健康教育纳入国民教育体系。学校应当利用多种形式实施健康教育，普及健康知识、科学健身知识、急救知识和技能，提高学生主动防病的意识，培养学生良好的卫生习惯和健康的行为习惯，减少、改善学生近视、肥胖等不良健康状况。

学校应当按照规定开设体育与健康课程，组织学生开展广播体操、眼保健操、体能锻炼等活动。

学校按照规定配备校医，建立和完善卫生室、保健室等。

县级以上人民政府教育主管部门应当按照规定将学生体质健康水平纳入学校考核体系。

第六十九条 公民是自己健康的第一责任人，树立和践行对自己健康负责的健康管理理念，主动学习健康知识，提高健康素养，加强健康管理。倡导家庭成员相互关爱，形成符合自身和家庭特点的健康生活方式。

公民应当尊重他人的健康权利和利益，不得损害他人健康和社会公共利益。

第七十条 国家组织居民健康状况调查和统计，开展体质监测，对健康绩效进行评估，并根据评估结果制定、完善与健康相关的法律、法规、政策和规划。

第七十一条 国家建立疾病和健康危险因素监测、调查和风险评估制度。县级以上人民政府及其有关部门针对影响健康的主要问题，组织开展健康危险因素研究，制定综合防治措施。

国家加强影响健康的环境问题预防和治理，组织开展环境质量对健康影响的研究，采取措施预防和控制与环境问题有关的疾病。

第七十二条 国家大力开展爱国卫生运动，鼓励和支持开展爱国卫生月等群众性卫生与健康活动，依靠和动员群众控制和消除健康危险因素，改善环境卫生状况，建设健康城市、健康村镇、健康社区。

第七十三条 国家建立科学、严格的食品、饮用水安全监督管理制度，提高安全水平。

第七十四条 国家建立营养状况监测制度，实施经济欠发达地区、重点人群营养干预计划，开展未成年人和老年人营养改善行动，倡导健康饮食习惯，减少不健康饮食引起的疾病风险。

第七十五条 国家发展全民健身事业，完善覆盖城乡的全民健身公共服务体系，加强公共体育设施建设，组织开展和支持全民健身活动，加强全民健身指导服务，普及科学健身知识和方法。

国家鼓励单位的体育场地设施向公众开放。

第七十六条 国家制定并实施未成年人、妇女、老年人、残疾人等的健康工作计划，加强重点人群健康服务。

国家推动长期护理保障工作，鼓励发展长期护理保险。

第七十七条 国家完善公共场所卫生管理制度。县级以上人民政府卫生健康等主管部门应当加强对公共场所的卫生监督。公共场所卫生监督信息应当依法向社会公开。

公共场所经营单位应当建立健全并严格实施卫生管理制度，保证其经营活动持续符合国家对公共场所的卫生要求。

第七十八条 国家采取措施，减少吸烟对公民健康的危害。

公共场所控制吸烟，强化监督执法。

烟草制品包装应当印制带有说明吸烟危害的警示。

禁止向未成年人出售烟酒。

第七十九条 用人单位应当为职工创造有益于健康的环境和条件，严格执行劳动安全卫生等相关规定，积极组织职工开展健身活动，保护职工健康。

国家鼓励用人单位开展职工健康指导工作。

国家提倡用人单位为职工定期开展健康检查。法律、法规对健康检查有规定的，依照其规定。

第七章 资金保障

第八十条 各级人民政府应当切实履行发展医疗卫生与健康事业的职责，建立与经济社会发展、财政状况和健康指标相适应的医疗卫生与健康事业投入机制，将医疗卫生与健康促进经费纳入本级政府预算，按照规定主要用于保障基本医疗服务、公共卫生服务、基本医疗保障和政府举办的医疗卫生机构建设和运行发展。

第八十一条 县级以上人民政府通过预算、审计、监督执法、社会监督等方式，加强资金的监督管理。

第八十二条 基本医疗服务费用主要由基本医疗保险基金和个人支付。国家依法多渠道筹集基本医疗保险基金，逐步完善基本医疗保险可持续筹资和保障水平调整机制。

公民有依法参加基本医疗保险的权利和义务。用人单位和职工按照国家规定缴纳职工基本医疗保险费。城乡居民按照规定缴纳城乡居民基本医疗保险费。

第八十三条 国家建立以基本医疗保险为主体，商业健康保险、医疗救助、职工互助医疗和医疗慈善服务等为补充的、多层次的医疗保障体系。

国家鼓励发展商业健康保险，满足人民群众多样化健康保障需求。

国家完善医疗救助制度，保障符合条件的困难群众获得基本医疗服务。

第八十四条 国家建立健全基本医疗保险经办机构与协议定点医疗卫生机构之间的协商谈判机制，科学合理确定基本医疗保险基金支付标准和支付方式，引导医疗卫生机构合理诊疗，促进患者有序流动，提高基本医疗保险基金使用效益。

第八十五条 基本医疗保险基金支付范围由国务院医疗保障主管部门组织制定，并应当听取国务院卫生健康主管部门、中医药主管部门、药品监督管理部门、财政部门等的意见。

省、自治区、直辖市人民政府可以按照国家有关规定，补充确定本行政区域基本医疗保险基金支付的具体项目和标准，并报国务院医疗保障主管部门备案。

国务院医疗保障主管部门应当对纳入支付范围的基本医疗保险药品目录、诊疗项目、医疗服务设施标准等组织开展循证医学和经济性评价，并应当听取国务院卫生健康主管部门、中医药主管部门、药品监督管理部门、财政部门等有关方面的意见。评价结果应当作为调整基本医疗保险基金支付范围的依据。

第八章 监督管理

第八十六条 国家建立健全机构自治、行业自律、政府监管、社会监督相结合的医疗卫生综合监督管理体系。

县级以上人民政府卫生健康主管部门对医疗卫生行业实行属地化、全行业监督管理。

第八十七条 县级以上人民政府医疗保障主管部门应当提高医疗保障监管能力和水平，对纳入基本医疗保险基金支付范围的医疗服务行为和医疗费用加强监督管理，确保基本医疗保险基金合理使用、安全可控。

第八十八条 县级以上人民政府应当组织卫生健康、医疗保障、药品监督管理、发展改革、财政等部门建立沟通协商机制，加强制度衔接和工作配合，提高医疗卫生资源使用效率和保障水平。

第八十九条 县级以上人民政府应当定期向

本级人民代表大会或者其常务委员会报告基本医疗卫生与健康促进工作，依法接受监督。

第九十条 县级以上人民政府有关部门未履行医疗卫生与健康促进工作相关职责的，本级人民政府或者上级人民政府有关部门应当对其主要负责人进行约谈。

地方人民政府未履行医疗卫生与健康促进工作相关职责的，上级人民政府应当对其主要负责人进行约谈。

被约谈的部门和地方人民政府应当立即采取措施，进行整改。

约谈情况和整改情况应当纳入有关部门和地方人民政府工作评议、考核记录。

第九十一条 县级以上地方人民政府卫生健康主管部门应当建立医疗卫生机构绩效评估制度，组织对医疗卫生机构的服务质量、医疗技术、药品和医用设备使用等情况进行评估。评估应当吸收行业组织和公众参与。评估结果应当以适当方式向社会公开，作为评价医疗卫生机构和卫生监管的重要依据。

第九十二条 国家保护公民个人健康信息，确保公民个人健康信息安全。任何组织或者个人不得非法收集、使用、加工、传输公民个人健康信息，不得非法买卖、提供或者公开公民个人健康信息。

第九十三条 县级以上人民政府卫生健康主管部门、医疗保障主管部门应当建立医疗卫生机构、人员等信用记录制度，纳入全国信用信息共享平台，按照国家规定实施联合惩戒。

第九十四条 县级以上地方人民政府卫生健康主管部门及其委托的卫生健康监督机构，依法开展本行政区域医疗卫生等行政执法工作。

第九十五条 县级以上人民政府卫生健康主管部门应当积极培育医疗卫生行业组织，发挥其在医疗卫生与健康促进工作中的作用，支持其参与行业管理规范、技术标准制定和医疗卫生评价、评估、评审等工作。

第九十六条 国家建立医疗纠纷预防和处理机制，妥善处理医疗纠纷，维护医疗秩序。

第九十七条 国家鼓励公民、法人和其他组织对医疗卫生与健康促进工作进行社会监督。

任何组织和个人对违反本法规定的行为，有权向县级以上人民政府卫生健康主管部门和其他有关部门投诉、举报。

第九章 法律责任

第九十八条 违反本法规定，地方各级人民政府、县级以上人民政府卫生健康主管部门和其他有关部门，滥用职权、玩忽职守、徇私舞弊的，对直接负责的主管人员和其他直接责任人员依法给予处分。

第九十九条 违反本法规定，未取得医疗机构执业许可证擅自执业的，由县级以上人民政府卫生健康主管部门责令停止执业活动，没收违法所得和药品、医疗器械，并处违法所得五倍以上二十倍以下的罚款，违法所得不足一万元的，按一万元计算。

违反本法规定，伪造、变造、买卖、出租、出借医疗机构执业许可证的，由县级以上人民政府卫生健康主管部门责令改正，没收违法所得，并处违法所得五倍以上十五倍以下的罚款，违法所得不足一万元的，按一万元计算；情节严重的，吊销医疗机构执业许可证。

第一百条 违反本法规定，有下列行为之一的，由县级以上人民政府卫生健康主管部门责令改正，没收违法所得，并处违法所得二倍以上十倍以下的罚款，违法所得不足一万元的，按一万元计算；对直接负责的主管人员和其他直接责任人员依法给予处分：

（一）政府举办的医疗卫生机构与其他组织投资设立非独立法人资格的医疗卫生机构；

（二）医疗卫生机构对外出租、承包医疗科室；

（三）非营利性医疗卫生机构向出资人、举办者分配或者变相分配收益。

第一百零一条 违反本法规定，医疗卫生机构等的医疗信息安全制度、保障措施不健全，导致医疗信息泄露，或者医疗质量管理和医疗技术管理制度、安全措施不健全的，由县级以上人民政府卫生健康等主管部门责令改正，给予警告，并处一万元以上五万元以下的罚款；情节严重的，可以责令停止相应执业活动，对直接负责的主管人员和其他直接责任人员依法追究法律责任。

第一百零二条 违反本法规定，医疗卫生人员有下列行为之一的，由县级以上人民政府卫生健康主管部门依照有关执业医师、护士管理和医疗纠纷预防处理等法律、行政法规的规定给予行政处罚：

（一）利用职务之便索要、非法收受财物或者牟取其他不正当利益；

（二）泄露公民个人健康信息；

（三）在开展医学研究或提供医疗卫生服务过程中未按照规定履行告知义务或者违反医学伦理规范。

前款规定的人员属于政府举办的医疗卫生机构中的人员的，依法给予处分。

第一百零三条 违反本法规定，参加药品采购投标的投标人以低于成本的报价竞标，或者以欺诈、串通投标、滥用市场支配地位等方式竞标的，由县级以上人民政府医疗保障主管部门责令改正，没收违法所得；中标的，中标无效，处中标项目金额千分之五以上千分之十以下的罚款，对法定代表人、主要负责人、直接负责的主管人员和其他责任人员处对单位罚款数额百分之五以上百分之十以下的罚款；情节严重的，取消其二年至五年内参加药品采购投标的资格并予以公告。

第一百零四条 违反本法规定，以欺诈、伪造证明材料或者其他手段骗取基本医疗保险待遇，或者基本医疗保险经办机构以及医疗机构、药品经营单位等以欺诈、伪造证明材料或者其他手段骗取基本医疗保险基金支出的，由县级以上人民政府医疗保障主管部门依照有关社会保险的法律、行政法规规定给予行政处罚。

第一百零五条 违反本法规定，扰乱医疗卫生机构执业场所秩序，威胁、危害医疗卫生人员人身安全，侵犯医疗卫生人员人格尊严，非法收集、使用、加工、传输公民个人健康信息，非法买卖、提供或者公开公民个人健康信息等，构成违反治安管理行为的，依法给予治安管理处罚。

第一百零六条 违反本法规定，构成犯罪的，依法追究刑事责任；造成人身、财产损害的，依法承担民事责任。

第十章 附 则

第一百零七条 本法中下列用语的含义：

（一）主要健康指标，是指人均预期寿命、孕产妇死亡率、婴儿死亡率、五岁以下儿童死亡率等。

（二）医疗卫生机构，是指基层医疗卫生机构、医院和专业公共卫生机构等。

（三）基层医疗卫生机构，是指乡镇卫生院、社区卫生服务中心（站）、村卫生室、医务室、门诊部和诊所等。

（四）专业公共卫生机构，是指疾病预防控制中心、专科疾病防治机构、健康教育机构、急救中心（站）和血站等。

（五）医疗卫生人员，是指执业医师、执业助理医师、注册护士、药师（士）、检验技师（士）、影像技师（士）和乡村医生等卫生专业人员。

（六）基本药物，是指满足疾病防治基本用药需求，适应现阶段基本国情和保障能力，剂型适宜，价格合理，能够保障供应，可公平获得的药品。

第一百零八条 省、自治区、直辖市和设区的市、自治州可以结合实际，制定本地方发展医疗卫生与健康事业的具体办法。

第一百零九条 中国人民解放军和中国人民武装警察部队的医疗卫生与健康促进工作，由国务院和中央军事委员会依照本法制定管理办法。

第一百一十条 本法自2020年6月1日起施行。

中华人民共和国精神卫生法

- 2012年10月26日第十一届全国人民代表大会常务委员会第二十九次会议通过
- 根据2018年4月27日第十三届全国人民代表大会常务委员会第二次会议《关于修改〈中华人民共和国国境卫生检疫法〉等六部法律的决定》修正

第一章 总 则

第一条 为了发展精神卫生事业，规范精神卫生服务，维护精神障碍患者的合法权益，制定本法。

第二条 在中华人民共和国境内开展维护和增进公民心理健康、预防和治疗精神障碍、促进精神障碍患者康复的活动，适用本法。

第三条 精神卫生工作实行预防为主的方针，坚持预防、治疗和康复相结合的原则。

第四条 精神障碍患者的人格尊严、人身和财产安全不受侵犯。

精神障碍患者的教育、劳动、医疗以及从国家和社会获得物质帮助等方面的合法权益受法律保护。

有关单位和个人应当对精神障碍患者的姓名、肖像、住址、工作单位、病历资料以及其他可能推断出其身份的信息予以保密；但是，依法履行职责需要公开的除外。

第五条 全社会应当尊重、理解、关爱精神障碍患者。

任何组织或者个人不得歧视、侮辱、虐待精神障碍患者，不得非法限制精神障碍患者的人身自由。

新闻报道和文学艺术作品等不得含有歧视、侮辱精神障碍患者的内容。

第六条 精神卫生工作实行政府组织领导、部门各负其责、家庭和单位尽力尽责、全社会共同参与的综合管理机制。

第七条 县级以上人民政府领导精神卫生工作，将其纳入国民经济和社会发展规划，建设和完善精神障碍的预防、治疗和康复服务体系，建立健全精神卫生工作协调机制和工作责任制，对有关部门承担的精神卫生工作进行考核、监督。

乡镇人民政府和街道办事处根据本地区的实际情况，组织开展预防精神障碍发生、促进精神障碍患者康复等工作。

第八条 国务院卫生行政部门主管全国的精神卫生工作。县级以上地方人民政府卫生行政部门主管本行政区域的精神卫生工作。

县级以上人民政府司法行政、民政、公安、教育、医疗保障等部门在各自职责范围内负责有关的精神卫生工作。

第九条 精神障碍患者的监护人应当履行监护职责，维护精神障碍患者的合法权益。

禁止对精神障碍患者实施家庭暴力，禁止遗弃精神障碍患者。

第十条 中国残疾人联合会及其地方组织依照法律、法规或者接受政府委托，动员社会力量，开展精神卫生工作。

村民委员会、居民委员会依照本法的规定开展精神卫生工作，并对所在地人民政府开展的精神卫生工作予以协助。

国家鼓励和支持工会、共产主义青年团、妇女联合会、红十字会、科学技术协会等团体依法开展精神卫生工作。

第十一条 国家鼓励和支持开展精神卫生专门人才的培养，维护精神卫生工作人员的合法权益，加强精神卫生专业队伍建设。

国家鼓励和支持开展精神卫生科学技术研究，发展现代医学、我国传统医学、心理学，提高精神障碍预防、诊断、治疗、康复的科学技术水平。

国家鼓励和支持开展精神卫生领域的国际交流与合作。

第十二条 各级人民政府和县级以上人民政府有关部门应当采取措施，鼓励和支持组织、个人提供精神卫生志愿服务，捐助精神卫生事业，兴建精神卫生公益设施。

对在精神卫生工作中作出突出贡献的组织、个人，按照国家有关规定给予表彰、奖励。

第二章 心理健康促进和精神障碍预防

第十三条 各级人民政府和县级以上人民政府有关部门应当采取措施，加强心理健康促进和精神障碍预防工作，提高公众心理健康水平。

第十四条 各级人民政府和县级以上人民政府有关部门制定的突发事件应急预案，应当包括心理援助的内容。发生突发事件，履行统一领导职责或者组织处置突发事件的人民政府应当根据突发事件的具体情况，按照应急预案的规定，组织开展心理援助工作。

第十五条 用人单位应当创造有益于职工身心健康的工作环境，关注职工的心理健康；对处于职业发展特定时期或者在特殊岗位工作的职工，应当有针对性地开展心理健康教育。

第十六条 各级各类学校应当对学生进行精神卫生知识教育；配备或者聘请心理健康教育教师、辅导人员，并可以设立心理健康辅导室，对学生进行心理健康教育。学前教育机构应当对幼儿开展符合其特点的心理健康教育。

发生自然灾害、意外伤害、公共安全事件等可能影响学生心理健康的事件，学校应当及时组织专业人员对学生进行心理援助。

教师应当学习和了解相关的精神卫生知识，关注学生心理健康状况，正确引导、激励学生。地方各级人民政府教育行政部门和学校应当重视教师心理健康。

学校和教师应当与学生父母或者其他监护人、近亲属沟通学生心理健康情况。

第十七条 医务人员开展疾病诊疗服务，应当按照诊断标准和治疗规范的要求，对就诊者进行心理健康指导；发现就诊者可能患有精神障碍的，应当建议其到符合本法规定的医疗机构就诊。

第十八条 监狱、看守所、拘留所、强制隔离戒毒所等场所，应当对服刑人员，被依法拘留、逮捕、强制隔离戒毒的人员等，开展精神卫生知识宣传，关注其心理健康状况，必要时提供心理咨询和心理辅导。

第十九条 县级以上地方人民政府人力资源社会保障、教育、卫生、司法行政、公安等部门应当在各自职责范围内分别对本法第十五条至第十八条规定的单位履行精神障碍预防义务的情况进行督促和指导。

第二十条 村民委员会、居民委员会应当协助所在地人民政府及其有关部门开展社区心理健康指导、精神卫生知识宣传教育活动，创建有益于居民身心健康的社区环境。

乡镇卫生院或者社区卫生服务机构应当为村民委员会、居民委员会开展社区心理健康指导、精神卫生知识宣传教育活动提供技术指导。

第二十一条 家庭成员之间应当相互关爱，创造良好、和睦的家庭环境，提高精神障碍预防意识；发现家庭成员可能患有精神障碍的，应当帮助其及时就诊，照顾其生活，做好看护管理。

第二十二条 国家鼓励和支持新闻媒体、社会组织开展精神卫生的公益性宣传，普及精神卫生知识，引导公众关注心理健康，预防精神障碍的发生。

第二十三条 心理咨询人员应当提高业务素质，遵守执业规范，为社会公众提供专业化的心理咨询服务。

心理咨询人员不得从事心理治疗或者精神障碍的诊断、治疗。

心理咨询人员发现接受咨询的人员可能患有精神障碍的，应当建议其到符合本法规定的医疗机构就诊。

心理咨询人员应当尊重接受咨询人员的隐私，并为其保守秘密。

第二十四条 国务院卫生行政部门建立精神卫生监测网络，实行严重精神障碍发病报告制度，组织开展精神障碍发生状况、发展趋势等的监测和专题调查工作。精神卫生监测和严重精神障碍发病报告管理办法，由国务院卫生行政部门制定。

国务院卫生行政部门应当会同有关部门、组织，建立精神卫生工作信息共享机制，实现信息互联互通、交流共享。

第三章 精神障碍的诊断和治疗

第二十五条 开展精神障碍诊断、治疗活动，应当具备下列条件，并依照医疗机构的管理规定办理有关手续：

（一）有与从事的精神障碍诊断、治疗相适应的精神科执业医师、护士；

（二）有满足开展精神障碍诊断、治疗需要的设施和设备；

（三）有完善的精神障碍诊断、治疗管理制度和质量监控制度。

从事精神障碍诊断、治疗的专科医疗机构还应当配备从事心理治疗的人员。

第二十六条 精神障碍的诊断、治疗，应当遵循维护患者合法权益、尊重患者人格尊严的原则，保障患者在现有条件下获得良好的精神卫生服务。

精神障碍分类、诊断标准和治疗规范，由国务院卫生行政部门组织制定。

第二十七条 精神障碍的诊断应当以精神健康状况为依据。

除法律另有规定外，不得违背本人意志进行确定其是否患有精神障碍的医学检查。

第二十八条 除个人自行到医疗机构进行精神障碍诊断外，疑似精神障碍患者的近亲属可以将其送往医疗机构进行精神障碍诊断。对查找不到近亲属的流浪乞讨疑似精神障碍患者，由当地民政等有关部门按照职责分工，帮助送往医疗机构进行精神障碍诊断。

疑似精神障碍患者发生伤害自身、危害他人安全的行为，或者有伤害自身、危害他人安全的危险的，其近亲属、所在单位、当地公安机关应当立即采取措施予以制止，并将其送往医疗机构进行精神障碍诊断。

医疗机构接到送诊的疑似精神障碍患者，不得拒绝为其作出诊断。

第二十九条 精神障碍的诊断应当由精神科执业医师作出。

医疗机构接到依照本法第二十八条第二款规定送诊的疑似精神障碍患者，应当将其留院，立即指派精神科执业医师进行诊断，并及时出具诊断结论。

第三十条 精神障碍的住院治疗实行自愿原则。

诊断结论、病情评估表明，就诊者为严重精神障碍患者并有下列情形之一的，应当对其实施住院治疗：

（一）已经发生伤害自身的行为，或者有伤害自身的危险的；

（二）已经发生危害他人安全的行为，或者有危害他人安全的危险的。

第三十一条 精神障碍患者有本法第三十条第二款第一项情形的，经其监护人同意，医疗机构应当对患者实施住院治疗；监护人不同意的，医疗机构不得对患者实施住院治疗。监护人应当对在家居住的患者做好看护管理。

第三十二条 精神障碍患者有本法第三十条第二款第二项情形，患者或者其监护人对需要住院治疗的诊断结论有异议，不同意对患者实施住院治疗的，可以要求再次诊断和鉴定。

依照前款规定要求再次诊断的，应当自收到诊断结论之日起三日内向原医疗机构或者其他具有合法资质的医疗机构提出。承担再次诊断的医疗机构应当在接到再次诊断要求后指派二名初次诊断医师以外的精神科执业医师进行再次诊断，并及时出具再次诊断结论。承担再次诊断的执业医师应当到收治患者的医疗机构面见、询问患者，该医疗机构应当予以配合。

对再次诊断结论有异议的，可以自主委托依法取得执业资质的鉴定机构进行精神障碍医学鉴定；医疗机构应当公示经公告的鉴定机构名单和联系方式。接受委托的鉴定机构应当指定本机构具有该鉴定事项执业资格的二名以上鉴定人共同进行鉴定，并及时出具鉴定报告。

第三十三条 鉴定人应当到收治精神障碍患者的医疗机构面见、询问患者，该医疗机构应当予以配合。

鉴定人本人或者其近亲属与鉴定事项有利害关系，可能影响其独立、客观、公正进行鉴定的，应当回避。

第三十四条 鉴定机构、鉴定人应当遵守有关法律、法规、规章的规定，尊重科学，恪守职业道德，按照精神障碍鉴定的实施程序、技术方法和操作规范，依法独立进行鉴定，出具客观、公正的鉴定报告。

鉴定人应当对鉴定过程进行实时记录并签名。记录的内容应当真实、客观、准确、完整，记录的文本或者声像载体应当妥善保存。

第三十五条 再次诊断结论或者鉴定报告表明，不能确定就诊者为严重精神障碍患者，或者患者不需要住院治疗的，医疗机构不得对其实施住院治疗。

再次诊断结论或者鉴定报告表明，精神障碍患者有本法第三十条第二款第二项情形的，其监护人应当同意对患者实施住院治疗。监护人阻碍实施住院治疗或者患者擅自脱离住院治疗的，可以由公安机关协助医疗机构采取措施对患者实施住院治疗。

在相关机构出具再次诊断结论、鉴定报告前，收治精神障碍患者的医疗机构应当按照诊疗规范的要求对患者实施住院治疗。

第三十六条 诊断结论表明需要住院治疗的精神障碍患者，本人没有能力办理住院手续的，由其监护人办理住院手续；患者属于查找不到监护人的流浪乞讨人员的，由送诊的有关部门办理住院手续。

精神障碍患者有本法第三十条第二款第二项情形，其监护人不办理住院手续的，由患者所在单位、村民委员会或者居民委员会办理住院手续，并由医疗机构在患者病历中予以记录。

第三十七条 医疗机构及其医务人员应当将精神障碍患者在诊断、治疗过程中享有的权利，告知患者或者其监护人。

第三十八条 医疗机构应当配备适宜的设施、设备，保护就诊和住院治疗的精神障碍患者的人身安全，防止其受到伤害，并为住院患者创造尽可能接近正常生活的环境和条件。

第三十九条 医疗机构及其医务人员应当遵循精神障碍诊断标准和治疗规范，制定治疗方案，并向精神障碍患者或者其监护人告知治疗方案和治疗方法、目的以及可能产生的后果。

第四十条 精神障碍患者在医疗机构内发生或者将要发生伤害自身、危害他人安全、扰乱医疗秩序的行为，医疗机构及其医务人员在没有其他可替代措施的情况下，可以实施约束、隔离等保护性医疗措施。实施保护性医疗措施应当遵循诊断标准和治疗规范，并在实施后告知患者的监护人。

禁止利用约束、隔离等保护性医疗措施惩罚

精神障碍患者。

第四十一条 对精神障碍患者使用药物，应当以诊断和治疗为目的，使用安全、有效的药物，不得为诊断或者治疗以外的目的使用药物。

医疗机构不得强迫精神障碍患者从事生产劳动。

第四十二条 禁止对依照本法第三十条第二款规定实施住院治疗的精神障碍患者实施以治疗精神障碍为目的的外科手术。

第四十三条 医疗机构对精神障碍患者实施下列治疗措施，应当向患者或者其监护人告知医疗风险、替代医疗方案等情况，并取得患者的书面同意；无法取得患者意见的，应当取得其监护人的书面同意，并经本医疗机构伦理委员会批准：

（一）导致人体器官丧失功能的外科手术；

（二）与精神障碍治疗有关的实验性临床医疗。

实施前款第一项治疗措施，因情况紧急查找不到监护人的，应当取得本医疗机构负责人和伦理委员会批准。

禁止对精神障碍患者实施与治疗其精神障碍无关的实验性临床医疗。

第四十四条 自愿住院治疗的精神障碍患者可以随时要求出院，医疗机构应当同意。

对有本法第三十条第二款第一项情形的精神障碍患者实施住院治疗的，监护人可以随时要求患者出院，医疗机构应当同意。

医疗机构认为前两款规定的精神障碍患者不宜出院的，应当告知不宜出院的理由；患者或者其监护人仍要求出院的，执业医师应当在病历资料中详细记录告知的过程，同时提出出院后的医学建议，患者或者其监护人应当签字确认。

对有本法第三十条第二款第二项情形的精神障碍患者实施住院治疗，医疗机构认为患者可以出院的，应当立即告知患者及其监护人。

医疗机构应当根据精神障碍患者病情，及时组织精神科执业医师对依照本法第三十条第二款规定实施住院治疗的患者进行检查评估。评估结果表明患者不需要继续住院治疗的，医疗机构应当立即通知患者及其监护人。

第四十五条 精神障碍患者出院，本人没有能力办理出院手续的，监护人应当为其办理出院手续。

第四十六条 医疗机构及其医务人员应当尊重住院精神障碍患者的通讯和会见探访者等权利。除在急性发病期或者为了避免妨碍治疗可以暂时性限制外，不得限制患者的通讯和会见探访者等权利。

第四十七条 医疗机构及其医务人员应当在病历资料中如实记录精神障碍患者的病情、治疗措施、用药情况、实施约束、隔离措施等内容，并如实告知患者或者其监护人。患者及其监护人可以查阅、复制病历资料；但是，患者查阅、复制病历资料可能对其治疗产生不利影响的除外。病历资料保存期限不得少于三十年。

第四十八条 医疗机构不得因就诊者是精神障碍患者，推诿或者拒绝为其治疗属于本医疗机构诊疗范围的其他疾病。

第四十九条 精神障碍患者的监护人应当妥善看护未住院治疗的患者，按照医嘱督促其按时服药、接受随访或者治疗。村民委员会、居民委员会、患者所在单位等应当依患者或者其监护人的请求，对监护人看护患者提供必要的帮助。

第五十条 县级以上地方人民政府卫生行政部门应当定期就下列事项对本行政区域内从事精神障碍诊断、治疗的医疗机构进行检查：

（一）相关人员、设施、设备是否符合本法要求；

（二）诊疗行为是否符合本法以及诊断标准、治疗规范的规定；

（三）对精神障碍患者实施住院治疗的程序是否符合本法规定；

（四）是否依法维护精神障碍患者的合法权益。

县级以上地方人民政府卫生行政部门进行前款规定的检查，应当听取精神障碍患者及其监护人的意见；发现存在违反本法行为的，应当立即制止或者责令改正，并依法作出处理。

第五十一条 心理治疗活动应当在医疗机构内开展。专门从事心理治疗的人员不得从事精神障碍的诊断，不得为精神障碍患者开具处方或者提供外科治疗。心理治疗的技术规范由国务院卫生行政部门制定。

第五十二条 监狱、强制隔离戒毒所等场所应当采取措施，保证患有精神障碍的服刑人员、强制隔离戒毒人员等获得治疗。

第五十三条 精神障碍患者违反治安管理处罚法或者触犯刑法的，依照有关法律的规定处理。

第四章 精神障碍的康复

第五十四条 社区康复机构应当为需要康复的精神障碍患者提供场所和条件，对患者进行生活自理能力和社会适应能力等方面的康复训练。

第五十五条 医疗机构应当为在家居住的严重精神障碍患者提供精神科基本药物维持治疗，并为社区康复机构提供有关精神障碍康复的技术指导和支持。

社区卫生服务机构、乡镇卫生院、村卫生室应当建立严重精神障碍患者的健康档案，对在家居住的严重精神障碍患者进行定期随访，指导患者服药和开展康复训练，并对患者的监护人进行精神卫生知识和看护知识的培训。县级人民政府卫生行政部门应当为社区卫生服务机构、乡镇卫生院、村卫生室开展上述工作给予指导和培训。

第五十六条 村民委员会、居民委员会应当为生活困难的精神障碍患者家庭提供帮助，并向所在地乡镇人民政府或者街道办事处以及县级人民政府有关部门反映患者及其家庭的情况和要求，帮助其解决实际困难，为患者融入社会创造条件。

第五十七条 残疾人组织或者残疾人康复机构应当根据精神障碍患者康复的需要，组织患者参加康复活动。

第五十八条 用人单位应当根据精神障碍患者的实际情况，安排患者从事力所能及的工作，保障患者享有同等待遇，安排患者参加必要的职业技能培训，提高患者的就业能力，为患者创造适宜的工作环境，对患者在工作中取得的成绩予以鼓励。

第五十九条 精神障碍患者的监护人应当协助患者进行生活自理能力和社会适应能力等方面的康复训练。

精神障碍患者的监护人在看护患者过程中需要技术指导的，社区卫生服务机构或者乡镇卫生院、村卫生室、社区康复机构应当提供。

第五章 保障措施

第六十条 县级以上人民政府卫生行政部门会同有关部门依据国民经济和社会发展规划的要求，制定精神卫生工作规划并组织实施。

精神卫生监测和专题调查结果应当作为制定精神卫生工作规划的依据。

第六十一条 省、自治区、直辖市人民政府根据本行政区域的实际情况，统筹规划，整合资源，建设和完善精神卫生服务体系，加强精神障碍预防、治疗和康复服务能力建设。

县级人民政府根据本行政区域的实际情况，统筹规划，建立精神障碍患者社区康复机构。

县级以上地方人民政府应当采取措施，鼓励和支持社会力量举办从事精神障碍诊断、治疗的医疗机构和精神障碍患者康复机构。

第六十二条 各级人民政府应当根据精神卫生工作需要，加大财政投入力度，保障精神卫生工作所需经费，将精神卫生工作经费列入本级财政预算。

第六十三条 国家加强基层精神卫生服务体系建设，扶持贫困地区、边远地区的精神卫生工作，保障城市社区、农村基层精神卫生工作所需经费。

第六十四条 医学院校应当加强精神医学的教学和研究，按照精神卫生工作的实际需要培养精神医学专门人才，为精神卫生工作提供人才保障。

第六十五条 综合性医疗机构应当按照国务院卫生行政部门的规定开设精神科门诊或者心理治疗门诊，提高精神障碍预防、诊断、治疗能力。

第六十六条 医疗机构应当组织医务人员学习精神卫生知识和相关法律、法规、政策。

从事精神障碍诊断、治疗、康复的机构应当定期组织医务人员、工作人员进行在岗培训，更新精神卫生知识。

县级以上人民政府卫生行政部门应当组织医务人员进行精神卫生知识培训，提高其识别精神障碍的能力。

第六十七条 师范院校应当为学生开设精神卫生课程；医学院校应当为非精神医学专业的学生开设精神卫生课程。

县级以上人民政府教育行政部门对教师进行上岗前和在岗培训，应当有精神卫生的内容，并定期组织心理健康教育教师、辅导人员进行专业培训。

第六十八条 县级以上人民政府卫生行政部门应当组织医疗机构为严重精神障碍患者免费提供基本公共卫生服务。

精神障碍患者的医疗费用按照国家有关社会保险的规定由基本医疗保险基金支付。医疗保险经办机构应当按照国家有关规定将精神障碍患者纳入城镇职工基本医疗保险、城镇居民基本医疗保险或者新型农村合作医疗的保障范围。县级人民政府应当按照国家有关规定对家庭经济困难的严重精神障碍患者参加基本医疗保险给予资助。医疗保障、财政等部门应当加强协调，简化程序，实现属于基本医疗保险基金支付的医疗费用由医疗机构与医疗保险经办机构直接结算。

精神障碍患者通过基本医疗保险支付医疗费用后仍有困难，或者不能通过基本医疗保险支付医疗费用的，医疗保障部门应当优先给予医疗救助。

第六十九条 对符合城乡最低生活保障条件的严重精神障碍患者，民政部门应当会同有关部门及时将其纳入最低生活保障。

对属于农村五保供养对象的严重精神障碍患者，以及城市中无劳动能力、无生活来源且无法定赡养、抚养、扶养义务人，或者其法定赡养、抚养、扶养义务人无赡养、抚养、扶养能力的严重精神障碍患者，民政部门应当按照国家有关规定予以供养、救助。

前两款规定以外的严重精神障碍患者确有困难的，民政部门可以采取临时救助等措施，帮助其解决生活困难。

第七十条 县级以上地方人民政府及其有关部门应当采取有效措施，保证患有精神障碍的适龄儿童、少年接受义务教育，扶持有劳动能力的精神障碍患者从事力所能及的劳动，并为已经康复的人员提供就业服务。

国家对安排精神障碍患者就业的用人单位依法给予税收优惠，并在生产、经营、技术、资金、物资、场地等方面给予扶持。

第七十一条 精神卫生工作人员的人格尊严、人身安全不受侵犯，精神卫生工作人员依法履行职责受法律保护。全社会应当尊重精神卫生工作人员。

县级以上人民政府及其有关部门、医疗机构、康复机构应当采取措施，加强对精神卫生工作人员的职业保护，提高精神卫生工作人员的待遇水平，并按照规定给予适当的津贴。精神卫生工作人员因工致伤、致残、死亡的，其工伤待遇以及抚恤按照国家有关规定执行。

第六章 法律责任

第七十二条 县级以上人民政府卫生行政部门和其他有关部门未依照本法规定履行精神卫生工作职责，或者滥用职权、玩忽职守、徇私舞弊的，由本级人民政府或者上一级人民政府有关部门责令改正，通报批评，对直接负责的主管人员和其他直接责任人员依法给予警告、记过或者记大过的处分；造成严重后果的，给予降级、撤职或者开除的处分。

第七十三条 不符合本法规定条件的医疗机构擅自从事精神障碍诊断、治疗的，由县级以上人民政府卫生行政部门责令停止相关诊疗活动，给予警告，并处五千元以上一万元以下罚款，有违法所得的，没收违法所得；对直接负责的主管人员和其他直接责任人员依法给予或者责令给予降低岗位等级或者撤职、开除的处分；对有关医务人员，吊销其执业证书。

第七十四条 医疗机构及其工作人员有下列行为之一的，由县级以上人民政府卫生行政部门责令改正，给予警告；情节严重的，对直接负责的主管人员和其他直接责任人员依法给予或者责令给予降低岗位等级或者撤职、开除的处分，并可以责令有关医务人员暂停一个月以上六个月以下执业活动：

（一）拒绝对送诊的疑似精神障碍患者作出诊断的；

（二）对依照本法第三十条第二款规定实施住院治疗的患者未及时进行检查评估或者未根据评估结果作出处理的。

第七十五条 医疗机构及其工作人员有下列行为之一的，由县级以上人民政府卫生行政部门责令改正，对直接负责的主管人员和其他直接责任人员依法给予或者责令给予降低岗位等级或者撤职的处分；对有关医务人员，暂停六个月以上一年以下执业活动；情节严重的，给予或者责令给予开除的处分，并吊销有关医务人员的执业证书：

（一）违反本法规定实施约束、隔离等保护性医疗措施的；

（二）违反本法规定，强迫精神障碍患者劳动的；

（三）违反本法规定对精神障碍患者实施外科手术或者实验性临床医疗的；

（四）违反本法规定，侵害精神障碍患者的通讯和会见探访者等权利的；

（五）违反精神障碍诊断标准，将非精神障碍患者诊断为精神障碍患者的。

第七十六条 有下列情形之一的，由县级以上人民政府卫生行政部门、工商行政管理部门依据各自职责责令改正，给予警告，并处五千元以上一万元以下罚款，有违法所得的，没收违法所得；造成严重后果的，责令暂停六个月以上一年以下执业活动，直至吊销执业证书或者营业执照：

（一）心理咨询人员从事心理治疗或者精神障碍的诊断、治疗的；

（二）从事心理治疗的人员在医疗机构以外开展心理治疗活动的；

（三）专门从事心理治疗的人员从事精神障碍的诊断的；

（四）专门从事心理治疗的人员为精神障碍患者开具处方或者提供外科治疗的。

心理咨询人员、专门从事心理治疗的人员在心理咨询、心理治疗活动中造成他人人身、财产或者其他损害的，依法承担民事责任。

第七十七条 有关单位和个人违反本法第四条第三款规定，给精神障碍患者造成损害的，依法承担赔偿责任；对单位直接负责的主管人员和其他直接责任人员，还应当依法给予处分。

第七十八条 违反本法规定，有下列情形之一，给精神障碍患者或者其他公民造成人身、财产或者其他损害的，依法承担赔偿责任：

（一）将非精神障碍患者故意作为精神障碍患者送入医疗机构治疗的；

（二）精神障碍患者的监护人遗弃患者，或者有不履行监护职责的其他情形的；

（三）歧视、侮辱、虐待精神障碍患者，侵害患者的人格尊严、人身安全的；

（四）非法限制精神障碍患者人身自由的；

（五）其他侵害精神障碍患者合法权益的情形。

第七十九条 医疗机构出具的诊断结论表明精神障碍患者应当住院治疗而其监护人拒绝，致使患者造成他人人身、财产损害的，或者患者有其他造成他人人身、财产损害情形的，其监护人依法承担民事责任。

第八十条 在精神障碍的诊断、治疗、鉴定过程中，寻衅滋事，阻挠有关工作人员依照本法的规定履行职责，扰乱医疗机构、鉴定机构工作秩序的，依法给予治安管理处罚。

违反本法规定，有其他构成违反治安管理行为的，依法给予治安管理处罚。

第八十一条 违反本法规定，构成犯罪的，依法追究刑事责任。

第八十二条 精神障碍患者或者其监护人、近亲属认为行政机关、医疗机构或者其他有关单位和个人违反本法规定侵害患者合法权益的，可以依法提起诉讼。

第七章 附 则

第八十三条 本法所称精神障碍，是指由各种原因引起的感知、情感和思维等精神活动的紊乱或者异常，导致患者明显的心理痛苦或者社会适应等功能损害。

本法所称严重精神障碍，是指疾病症状严重，导致患者社会适应等功能严重损害、对自身健康状况或者客观现实不能完整认识，或者不能处理自身事务的精神障碍。

本法所称精神障碍患者的监护人，是指依照民法通则的有关规定可以担任监护人的人。

第八十四条 军队的精神卫生工作，由国务院和中央军事委员会依据本法制定管理办法。

第八十五条 本法自 2013 年 5 月 1 日起施行。

中华人民共和国红十字会法（节录）

· 1993 年 10 月 31 日第八届全国人民代表大会常务委员会第四次会议通过
· 根据 2009 年 8 月 27 日第十一届全国人民代表大会常务委员会第十次会议《关于修改部分法律的决定》修正
· 2017 年 2 月 24 日第十二届全国人民代表大会常务委员会第二十六次会议修订
· 2017 年 2 月 24 日中华人民共和国主席令第 63 号公布
· 自 2017 年 5 月 8 日起施行

第一章 总 则

第一条 【立法目的】* 为了保护人的生命和健康，维护人的尊严，发扬人道主义精神，促进和

---

* 条文主旨为编者所加，下同。

平进步事业,保障和规范红十字会依法履行职责,制定本法。

注释 我国在红十字会法中将立法目的确定为"保护人的生命和健康,维护人的尊严,发扬人道主义精神,促进和平进步事业",是与国际红十字和红新月运动的宗旨和要求相一致的。

链接《国际红十字和红新月运动章程》

第二条 【中国红十字会的性质和地位】中国红十字会是中华人民共和国统一的红十字组织,是从事人道主义工作的社会救助团体。

第三条 【红十字会会员、志愿服务和青少年工作】中华人民共和国公民,不分民族、种族、性别、职业、宗教信仰、教育程度,承认中国红十字会章程并缴纳会费的,可以自愿参加中国红十字会。

企业、事业单位及有关团体通过申请可以成为红十字会的团体会员。

国家鼓励自然人、法人以及其他组织参与红十字志愿服务。

国家支持在学校开展红十字青少年工作。

注释 从性质上来说,红十字会属于社会团体,本法第十条也规定,中国红十字会总会具有社会团体法人资格;地方各级红十字会、行业红十字会依法取得社会团体法人资格。

《中国红十字会章程》《中国红十字会会费管理办法》《中国红十字会会员管理办法》等对红十字会会员的申请接纳、权利义务、会费缴纳等问题作了具体规定。根据《中国红十字会章程》的规定,个人入会由本人自愿申请,经所在地基层红十字组织批准,报县级以上红十字会备案,发给会员证,成为红十字会会员;对红十字事业做出较大贡献的单位和个人,县级以上红十字会可以直接吸收为会员。企业事业单位及有关团体加入红十字会,须提出书面申请,由县级以上红十字会批准,发给证书和标牌,成为红十字会团体会员;团体会员单位应有专人负责红十字会工作。会员享有以下权利:(1)参加红十字会的有关活动、会议及专业培训;(2)有选举权、被选举权和表决权;(3)对红十字会工作提出建议和批评;(4)佩戴红十字标志;(5)有退会的自由。会员应当承担以下义务:(1)学习、宣传和贯彻《红十字会法》[①]《红十字标志使用办法》;传播国际人道法和红十字运动的基本知识;(2)遵守中国红十字会章程;(3)按期交纳会费;(4)完成红十字会交办的任务;(5)维护红十字会的合法权益。

链接《社会团体登记管理条例》第2条;《中国红十字会会费管理办法》;《中国红十字志愿服务管理办法》;《中国红十字会章程》第19条、第20条、第22条、第23条

……

第三章 职 责

第十一条 【红十字会的职责】红十字会履行下列职责:

(一)开展救援、救灾的相关工作,建立红十字应急救援体系。在战争、武装冲突和自然灾害、事故灾难、公共卫生事件等突发事件中,对伤病人员和其他受害者提供紧急救援和人道救助;

(二)开展应急救护培训,普及应急救护、防灾避险和卫生健康知识,组织志愿者参与现场救护;

(三)参与、推动无偿献血、遗体和人体器官捐献工作,参与开展造血干细胞捐献的相关工作;

(四)组织开展红十字志愿服务、红十字青少年工作;

(五)参加国际人道主义救援工作;

(六)宣传国际红十字和红新月运动的基本原则和日内瓦公约及其附加议定书;

(七)依照国际红十字和红新月运动的基本原则,完成人民政府委托事宜;

(八)依照日内瓦公约及其附加议定书的有关规定开展工作;

(九)协助人民政府开展与其职责相关的其他人道主义服务活动。

注释 红十字会的职责是红十字会法十分重要的内容,是红十字会开展工作的依据和基础。《中国红十字会章程》在本条规定的基础上,对红十字会的职责作了细化,分"和平时期""战时和武装冲突时期"对红十字会的职责作了规定。根据《中国红十字会章程》的规定,红十字会在和平时期履行下列职责:(1)宣传和执行《红十字会法》和《红十字标志使用办法》。(2)开展备灾救灾工作。制定应急预案,建立应急救援队伍;储备救灾物资,建设

[①] 为便于阅读,本书理解与适用、注释、链接中对相关法律文件名称中的"中华人民共和国"字样都予以省略。

和管理备灾救灾设施；在自然灾害和突发事件中，开展救护和救助工作；根据自然灾害和突发事件的具体情况，由总会向国内外发出呼吁，依法接受国内外组织和个人的捐赠；地方各级红十字会在辖区内发出呼吁，依法接受国内外组织和个人的捐赠；及时向灾区群众和受难者提供急需的人道援助，参与灾后重建。(3)开展应急救护和防病知识的宣传、普及、培训；在机关、企事业单位、社区、农村、学校和易发生意外伤害的行业和人群中开展初级卫生救护培训，组织群众参加意外伤害和自然灾害的现场救护；提高应急条件下的应急救助能力和水平。(4)建设和管理中国造血干细胞捐献者资料库；开展捐献造血干细胞的宣传动员、组织工作。(5)开展无偿献血的宣传推动工作，与各级人民政府共同对先进单位和个人进行表彰奖励。(6)开展社会救助及相关服务工作。对易受损人群进行救助，为困难群众提供服务；在社区、农村中建立红十字服务站，开展服务群众、宣传培训、募捐救助等活动；开展帮助寻找失散亲人、重建家庭联系等其他人道服务工作。(7)依法开展和推动遗体、器官(组织)捐献工作；开展艾滋病预防控制宣传和教育、关心爱护艾滋病病毒感染者、患者及其他人道救助工作。(8)开展有益于青少年身心健康的红十字青少年活动。(9)开展红十字志愿服务活动。(10)宣传国际人道法、红十字运动基本原则，总会承担中国国际人道法国家委员会秘书处的日常工作。(11)依法开展募捐活动；在公共场所设置红十字募捐箱并进行管理；依照法律法规自主处分募捐款物。(12)兴办符合红十字会宗旨的社会福利事业。(13)参加国际人道救援工作；开展与国际红十字组织和各国红十字会或红新月会及其他国际组织的交流与合作。(14)完成人民政府委托事宜。依据日内瓦公约及其附加议定书，红十字会在战时和武装冲突时期履行下列职责：(1)组织红十字救护队，参与战场救护；(2)在武装部队中依法协助开展传染病的防治工作；(3)对战区平民进行救助；(4)协助战俘、被监禁者及难民与家人取得联系，转交钱物，并为此建立必要的通信渠道；(5)参与探视和见证交换战俘。

链接《献血法》第4条、第17条；《人体器官移植条例》第4条；《中国红十字会章程》第10条、第11条；《国务院关于促进红十字事业发展的意见》

第十二条 【标有红十字标志的人员等的优先通行权】在战争、武装冲突和自然灾害、事故灾难、公共卫生事件等突发事件中，执行救援、救助任务并标有红十字标志的人员、物资和交通工具有优先通行的权利。

注释享有优先通行权的是标有红十字标志的人员、物资和交通工具。这里的"物资"，主要是指用于救援、救助的各种物质资源。这里的"交通工具"，主要是指运送救援、救助人员、物资的车辆、船舶、飞机等运输工具。红十字标志的使用应当符合法律法规的规定。根据《红十字标志使用办法》的规定，在武装冲突中，下列人员可以使用保护性红十字标志：(1)武装力量医疗机构的医务人员和工作人员；(2)红十字会的工作人员和医务人员；(3)经国务院或者中央军事委员会批准的国际红十字组织和外国红十字组织的工作人员和医务人员；(4)军用的和民用的医务运输工具上的医务人员和工作人员；(5)经国务院或者中央军事委员会批准的国内外的志愿救助团体人员和民用医疗机构的医务人员。在武装冲突中，下列机构或者组织及其处所、物品、医务运输工具可以使用保护性红十字标志：(1)武装力量的医疗机构；(2)参加救助活动的红十字会；(3)经国务院或者中央军事委员会批准的国内外的志愿救助团体和医疗机构；(4)经国务院或者中央军事委员会批准的国际组织。下列人员可以使用标明性红十字标志：(1)红十字会工作人员；(2)红十字会会员；(3)红十字青少年会员。下列物品、运输工具可以使用标明性红十字标志：(1)红十字会的徽章、奖章、证章；(2)红十字会的印刷品、宣传品；(3)红十字会的救灾、救护物资及运输工具。

链接《突发事件应对法》第3条；《红十字标志使用办法》第8条、第9条、第14条、第16条；《国务院关于促进红十字事业发展的意见》

第十三条 【红十字会工作人员履行职责的保障】任何组织和个人不得阻碍红十字会工作人员依法履行救援、救助、救护职责。

注释红十字会在履行救援、救助、救护职责过程中，可能涉及各个方面的组织和个人，包括受助对象、合作单位、属地管理部门等。红十字会工作人员需要各方面的积极配合，才能顺利履行职责。因此，为保障红十字会顺利履行职责，本条规定，任何组织和个人不得阻碍红十字会工作人员依法履行救援、救助、救护职责。其中，任何组织和个人也包括红十字会内部的机构和个人。

链接《红十字会法》第 11 条；《人民防空法》第 41 条、第 42 条；《破坏性地震应急条例》第 34 条；《自然灾害救助条例》第 5 条

……

中华人民共和国中医药法

- 2016 年 12 月 25 日第十二届全国人民代表大会常务委员会第二十五次会议通过
- 2016 年 12 月 25 中华人民共和国主席令第五十九号公布
- 自 2017 年 7 月 1 日起施行

第一章 总 则

第一条 【立法目的】为了继承和弘扬中医药，保障和促进中医药事业发展，保护人民健康，制定本法。

注释 中医药作为我国独特的卫生资源，在经济社会发展中发挥着重要作用。随着我国新型工业化、信息化、城镇化、农业现代化的深入发展，人口老龄化进程加快，健康服务业蓬勃发展，人民群众对中医药服务的需求越来越旺盛，迫切需要继承和弘扬好中医药，充分发挥中医药在深化医药卫生体制改革中的作用，造福人类健康。

第二条 【中医药定义】本法所称中医药，是包括汉族和少数民族医药在内的我国各民族医药的统称，是反映中华民族对生命、健康和疾病的认识，具有悠久历史传统和独特理论及技术方法的医药学体系。

注释 中医药是包括汉族和少数民族医药在内的我国各民族医药的统称。中医药的概念有广义和狭义之分，本法所定义的中医药是一个广义的概念，包含了汉族和少数民族医药在内，是中国各民族医药的统称。从国际上来说，“中医药”作为包括汉族和少数民族医药在内的我国各民族医药的统称，已得到国际上的普遍认同，许多国家的立法多以“中医药”称呼中国的传统医药。

第三条 【地位和方针】中医药事业是我国医药卫生事业的重要组成部分。国家大力发展中医药事业，实行中西医并重的方针，建立符合中医药特点的管理制度，充分发挥中医药在我国医药卫生事业中的作用。

发展中医药事业应当遵循中医药发展规律，坚持继承和创新相结合，保持和发挥中医药特色和优势，运用现代科学技术，促进中医药理论和实践的发展。

国家鼓励中医西医相互学习，相互补充，协调发展，发挥各自优势，促进中西医结合。

第四条 【政府责任】县级以上人民政府应当将中医药事业纳入国民经济和社会发展规划，建立健全中医药管理体系，统筹推进中医药事业发展。

第五条 【部门职责】国务院中医药主管部门负责全国的中医药管理工作。国务院其他有关部门在各自职责范围内负责与中医药管理有关的工作。

县级以上地方人民政府中医药主管部门负责本行政区域的中医药管理工作。县级以上地方人民政府其他有关部门在各自职责范围内负责与中医药管理有关的工作。

第六条 【中医药服务体系建设】国家加强中医药服务体系建设，合理规划和配置中医药服务资源，为公民获得中医药服务提供保障。

国家支持社会力量投资中医药事业，支持组织和个人捐赠、资助中医药事业。

第七条 【发展中医药教育】国家发展中医药教育，建立适应中医药事业发展需要、规模适宜、结构合理、形式多样的中医药教育体系，培养中医药人才。

第八条 【中医药科研创新】国家支持中医药科学研究和技术开发，鼓励中医药科学技术创新，推广应用中医药科学技术成果，保护中医药知识产权，提高中医药科学技术水平。

第九条 【对外交流合作】国家支持中医药对外交流与合作，促进中医药的国际传播和应用。

第十条 【表彰和奖励】对在中医药事业中做出突出贡献的组织和个人，按照国家有关规定给予表彰、奖励。

第二章 中医药服务

第十一条 【中医医疗机构建设】县级以上人民政府应当将中医医疗机构建设纳入医疗机构设置规划，举办规模适宜的中医医疗机构，扶持有中医药特色和优势的医疗机构发展。

合并、撤销政府举办的中医医疗机构或者改变其中医医疗性质，应当征求上一级人民政府中医药主管部门的意见。

注释 中医医疗机构包括各类中医医院（含中西医结合医院、民族医医院）、各类中医门诊部（含中西医结合门诊部、民族医门诊部）、各类中医诊所（含民族医诊所）等。《中医药发展战略规划纲要（2016—2030年）》提出，完善覆盖城乡的中医医疗服务网络。全面建成以中医类医院为主体、综合医院等其他类别医院中医药科室为骨干、基层医疗卫生机构为基础、中医门诊部和诊所为补充、覆盖城乡的中医医疗服务网络。

第十二条 【中医药科室设置】政府举办的综合医院、妇幼保健机构和有条件的专科医院、社区卫生服务中心、乡镇卫生院，应当设置中医药科室。

县级以上人民政府应当采取措施，增强社区卫生服务站和村卫生室提供中医药服务的能力。

注释 本条规定涉及的综合医院、妇幼保健机构、专科医院、社区卫生服务中心、乡镇卫生院以及社区卫生服务站和村卫生室都属于医疗机构的范围。

根据本条第1款的规定，政府举办的综合医院、妇幼保健机构和有条件的专科医院、社区卫生服务中心、乡镇卫生院，应当设置中医药科室。这里需要注意两点：一是该款只规定政府举办的综合医院等医疗机构，即公立医疗机构应当设立中医药科室，社会力量举办的医疗机构可根据自身情况决定是否设置中医药科室。二是有条件的专科医院、社区卫生服务中心、乡镇卫生院也应当设置中医药科室。是否属于“有条件”，应当按照国家有关规定执行。

根据本条第2款的规定，县级以上人民政府应当采取措施，增强社区卫生服务站和村卫生室提供中医药服务的能力。社区卫生服务站和村卫生室作为最基层的医疗卫生机构，虽然不一定设置中医药科室，但也要具备和增强提供中医药服务的能力。本法第16条第2款也规定，社区卫生服务站以及有条件的村卫生室应当合理配备中医药专业技术人员，并运用和推广适宜的中医药技术方法。

第十三条 【社会力量举办中医医疗机构】国家支持社会力量举办中医医疗机构。

社会力量举办的中医医疗机构在准入、执业、基本医疗保险、科研教学、医务人员职称评定等方面享有与政府举办的中医医疗机构同等的权利。

注释 根据本条第2款的规定，社会力量举办的中医医疗机构在准入、执业、基本医疗保险、科研教学、医务人员职称评定等方面享有与政府举办的中医医疗机构同等的权利。主要是五个方面的同等权利：一是准入方面，即在依照《医疗机构管理条例》申请取得设置医疗机构批准书和医疗机构执业许可证等准入许可时，享有同等权利。二是执业方面，即在医疗机构开展执业活动方面享有同等权利。三是基本医疗保险方面，即在纳入医保定点医疗机构及医保支付范围等方面享有同等权利。四是科研教学方面，即在申请科研项目、申请作为临床教学基地等方面享有同等权利。五是医务人员职称评定方面，即医务人员在申请评定住院医师、主治医师、副主任医师、主任医师等各类技术职称时，享有同等权利。各地区、各有关部门要解放思想、转变观念，充分认识鼓励和引导社会力量举办医疗机构的重要意义。要抓紧清理和修改涉及非公立医疗机构准入、执业、监管等方面的文件，结合实际制定和完善鼓励引导社会力量举办医疗机构的实施细则和配套文件，消除阻碍非公立医疗机构发展的政策障碍，为社会力量举办医疗机构营造良好氛围，促进非公立医疗机构持续健康发展。

第十四条 【举办中医医疗机构】举办中医医疗机构应当按照国家有关医疗机构管理的规定办理审批手续，并遵守医疗机构管理的有关规定。

举办中医诊所的，将诊所的名称、地址、诊疗范围、人员配备情况等报所在地县级人民政府中医药主管部门备案后即可开展执业活动。中医诊所应当将本诊所的诊疗范围、中医医师的姓名及其执业范围在诊所的明显位置公示，不得超出备案范围开展医疗活动。具体办法由国务院中医药主管部门拟订，报国务院卫生行政部门审核、发布。

注释 本条第1款对举办中医医疗机构的要求作了原则性规定，即举办中医医疗机构应当按照国家有关医疗机构管理的规定办理审批手续，并遵守医疗机构管理的有关规定。目前国家有关医疗机构管理的规定主要是《医疗机构管理条例》及其实施细则。根据《医疗机构管理条例》及其实施细则的规定，举办中医医疗机构应当符合医疗机构设置规划和医疗机构基本标准，并办理以下审批手续：一是单位或者个人设置医疗机构，必须经县级以上地方人民政府卫生行政部门审查批准，并取得设置医疗机构批准书，方可向有关部门办理其他手续。二是医疗机构执业，必须进行登记，领取医疗机构执业许可证。此外，《医疗机构管理条例》及其实施细则对医疗机构的执业等方面的管理也作了规定，例如医疗机构必须将医疗机构执业许可证、诊疗科目、诊疗时间和收费标准悬挂于明显处所；医疗机构必须按照核准登记的诊疗科目开展诊疗活动。除本法另有规定外，举办中医医疗机构应当遵守《医疗机构管理条例》及其实施细则的有关规定。

第十五条 【中医医师资格管理】从事中医医疗活动的人员应当依照《中华人民共和国执业医师法》的规定，通过中医医师资格考试取得中医医师资格，并进行执业注册。中医医师资格考试的内容应当体现中医药特点。

以师承方式学习中医或者经多年实践，医术确有专长的人员，由至少两名中医医师推荐，经省、自治区、直辖市人民政府中医药主管部门组织实践技能和效果考核合格后，即可取得中医医师资格；按照考核内容进行执业注册后，即可在注册的执业范围内，以个人开业的方式或者在医疗机构内从事中医医疗活动。国务院中医药主管部门应当根据中医药技术方法的安全风险拟订本款规定人员的分类考核办法，报国务院卫生行政部门审核、发布。

第十六条 【医疗机构人员配备和服务提供】中医医疗机构配备医务人员应当以中医药专业技术人员为主，主要提供中医药服务；经考试取得医师资格的中医医师按照国家有关规定，经培训、考核合格后，可以在执业活动中采用与其专业相关的现代科学技术方法。在医疗活动中采用现代科学技术方法的，应当有利于保持和发挥中医药特色和优势。

社区卫生服务中心、乡镇卫生院、社区卫生服务站以及有条件的村卫生室应当合理配备中医药专业技术人员，并运用和推广适宜的中医药技术方法。

第十七条 【开展中医药服务的要求】开展中医药服务，应当以中医药理论为指导，运用中医药技术方法，并符合国务院中医药主管部门制定的中医药服务基本要求。

第十八条 【中医药在公共卫生中的作用】县级以上人民政府应当发展中医药预防、保健服务，并按照国家有关规定将其纳入基本公共卫生服务项目统筹实施。

县级以上人民政府应当发挥中医药在突发公共卫生事件应急工作中的作用，加强中医药应急物资、设备、设施、技术与人才资源储备。

医疗卫生机构应当在疾病预防与控制中积极运用中医药理论和技术方法。

第十九条 【中医医疗广告管理】医疗机构发布中医医疗广告，应当经所在地省、自治区、直辖市人民政府中医药主管部门审查批准；未经审查批准，不得发布。发布的中医医疗广告内容应当与经审查批准的内容相符合，并符合《中华人民共和国广告法》的有关规定。

第二十条 【监督检查】县级以上人民政府中医药主管部门应当加强对中医药服务的监督检查，并将下列事项作为监督检查的重点：

（一）中医医疗机构、中医医师是否超出规定的范围开展医疗活动；

（二）开展中医药服务是否符合国务院中医药主管部门制定的中医药服务基本要求；

（三）中医医疗广告发布行为是否符合本法的规定。

中医药主管部门依法开展监督检查，有关单位和个人应当予以配合，不得拒绝或者阻挠。

第三章 中药保护与发展

第二十一条 【加强对中药材生产流通全过程监管】国家制定中药材种植养殖、采集、贮存和初加工的技术规范、标准，加强对中药材生产流通全过程的质量监督管理，保障中药材质量安全。

第二十二条 【中药材种植养殖】国家鼓励发展中药材规范化种植养殖，严格管理农药、肥料等农业投入品的使用，禁止在中药材种植过程中使用剧毒、高毒农药，支持中药材良种繁育，提高中药材质量。

第二十三条 【道地中药材】国家建立道地中药材评价体系，支持道地中药材品种选育，扶持道地中药材生产基地建设，加强道地中药材生产基地生态环境保护，鼓励采取地理标志产品保护等措施保护道地中药材。

前款所称道地中药材，是指经过中医临床长期应用优选出来的，产在特定地域，与其他地区所产同种中药材相比，品质和疗效更好，且质量稳定，具有较高知名度的中药材。

第二十四条 【中药材质量监测和流通等】国务院药品监督管理部门应当组织并加强对中药材质量的监测，定期向社会公布监测结果。国务院有关部门应当协助做好中药材质量监测有关工作。

采集、贮存中药材以及对中药材进行初加工，应当符合国家有关技术规范、标准和管理规定。

国家鼓励发展中药材现代流通体系，提高中药材包装、仓储等技术水平，建立中药材流通追溯体系。药品生产企业购进中药材应当建立进货查验记录制度。中药材经营者应当建立进货查验和购销记录制度，并标明中药材产地。

第二十五条 【药用野生动植物资源】国家保护药用野生动植物资源，对药用野生动植物资源实行动态监测和定期普查，建立药用野生动植物资源种质基因库，鼓励发展人工种植养殖，支持依法开展珍贵、濒危药用野生动植物的保护、繁育及其相关研究。

第二十六条 【自种自采中药材】在村医疗机构执业的中医医师、具备中药材知识和识别能力的乡村医生，按照国家有关规定可以自种、自采地产中药材并在其执业活动中使用。

第二十七条 【中药饮片炮制技术工艺】国家保护中药饮片传统炮制技术和工艺，支持应用传统工艺炮制中药饮片，鼓励运用现代科学技术开展中药饮片炮制技术研究。

第二十八条 【医疗机构炮制中药饮片】对市场上没有供应的中药饮片，医疗机构可以根据本医疗机构医师处方的需要，在本医疗机构内炮制、使用。医疗机构应当遵守中药饮片炮制的有关规定，对其炮制的中药饮片的质量负责，保证药品安全。医疗机构炮制中药饮片，应当向所在地设区的市级人民政府药品监督管理部门备案。

根据临床用药需要，医疗机构可以凭本医疗机构医师的处方对中药饮片进行再加工。

第二十九条 【中药新药研制生产】国家鼓励和支持中药新药的研制和生产。

国家保护传统中药加工技术和工艺，支持传统剂型中成药的生产，鼓励运用现代科学技术研究开发传统中成药。

第三十条 【古代经典名方】生产符合国家规定条件的来源于古代经典名方的中药复方制剂，在申请药品批准文号时，可以仅提供非临床安全性研究资料。具体管理办法由国务院药品监督管理部门会同中医药主管部门制定。

前款所称古代经典名方，是指至今仍广泛应用、疗效确切、具有明显特色与优势的古代中医典籍所记载的方剂。具体目录由国务院中医药主管部门会同药品监督管理部门制定。

第三十一条 【医疗机构配制中药制剂】国家鼓励医疗机构根据本医疗机构临床用药需要配制和使用中药制剂，支持应用传统工艺配制中药制剂，支持以中药制剂为基础研制中药新药。

医疗机构配制中药制剂，应当依照《中华人民共和国药品管理法》的规定取得医疗机构制剂许可证，或者委托取得药品生产许可证的药品生产企业、取得医疗机构制剂许可证的其他医疗机构配制中药制剂。委托配制中药制剂，应当向委托方所在地省、自治区、直辖市人民政府药品监督管理部门备案。

医疗机构对其配制的中药制剂的质量负责；委托配制中药制剂的，委托方和受托方对所配制的中药制剂的质量分别承担相应责任。

第三十二条 【仅应用传统工艺配制的中药制剂】医疗机构配制的中药制剂品种，应当依法取得制剂批准文号。但是，仅应用传统工艺配制的中药制剂品种，向医疗机构所在地省、自治区、直辖市人民政府药品监督管理部门备案后即可配制，不需要取得制剂批准文号。

医疗机构应当加强对备案的中药制剂品种的不良反应监测，并按照国家有关规定进行报告。药品监督管理部门应当加强对备案的中药制剂品种配制、使用的监督检查。

第四章 中医药人才培养

第三十三条 【中医药教育遵循的原则】中医药教育应当遵循中医药人才成长规律，以中医药内容为主，体现中医药文化特色，注重中医药经典理论和中医药临床实践、现代教育方式和传统教育方式相结合。

注释 中医药事业的发展关键在人才。中医药教育承担着培养高素质中医药人才的重要使命。根据本条规定，中医药教育应当遵循的基本原则主要有三个方面。

一是应当遵循中医药人才成长规律。人才成长有其自身的规律，中医药人才成长也不例外。二是应当以中医药内容为主，体现中医药文化特色。三是应当注重中医药经典理论和中医药临床实践、现代教育方式和传统教育方式相结合。

第三十四条　【中医药学校教育】国家完善中医药学校教育体系，支持专门实施中医药教育的高等学校、中等职业学校和其他教育机构的发展。

中医药学校教育的培养目标、修业年限、教学形式、教学内容、教学评价及学术水平评价标准等，应当体现中医药学科特色，符合中医药学科发展规律。

注释 国家采取措施完善中医药学校教育体系。当前，我国已基本建立了包括中专、大专、本科、硕士研究生、博士研究生教育、职业教育等多形式、多层次、多专业的中医药学校教育体系，但与培养中医药人才主渠道的地位，与输送更多高素质中医药人才、提高中医药服务能力的要求还有差距，还需要进一步完善中医药学校教育体系。

链接《高等教育法》第18条；《中医药发展战略规划纲要（2016—2030年）》

第三十五条　【中医药师承教育】国家发展中医药师承教育，支持有丰富临床经验和技术专长的中医医师、中药专业技术人员在执业、业务活动中带徒授业，传授中医药理论和技术方法，培养中医药专业技术人员。

第三十六条　【中医药专业技术人员的培养培训】国家加强对中医医师和城乡基层中医药专业技术人员的培养和培训。

国家发展中西医结合教育，培养高层次的中西医结合人才。

第三十七条　【中医药继续教育】县级以上地方人民政府中医药主管部门应当组织开展中医药继续教育，加强对医务人员，特别是城乡基层医务人员中医药基本知识和技能的培训。

中医药专业技术人员应当按照规定参加继续教育，所在机构应当为其接受继续教育创造条件。

第五章　中医药科学研究

第三十八条　【国家鼓励中医药科学研究】国家鼓励科研机构、高等学校、医疗机构和药品生产企业等，运用现代科学技术和传统中医药研究方法，开展中医药科学研究，加强中西医结合研究，促进中医药理论和技术方法的继承和创新。

注释 开展科学研究的主体是科研机构、高等学校、医疗机构和药品生产企业等。《中医药发展战略规划纲要（2016—2030年）》提出："健全以国家和省级中医药科研机构为核心，以高等院校、医疗机构和企业为主体，以中医科学研究基地（平台）为支撑，多学科、跨部门共同参与的中医药协同创新体制机制，完善中医药领域科技布局。"协同创新是科技创新的重要特征，是开展科学研究的显著特点。不同方面的科技创新有不同的科学研究主体。在中医药理论创新方面，科研的主体以科研院所和高等院校为主；在中医药临床实践创新方面，科研的主体以各级各类医疗机构为主；在产业技术创新方面，科研的主体主要是企业。

第三十九条　【整理、研究、利用中医药古典文献等】国家采取措施支持对中医药古籍文献、著名中医药专家的学术思想和诊疗经验以及民间中医药技术方法的整理、研究和利用。

国家鼓励组织和个人捐献有科学研究和临床应用价值的中医药文献、秘方、验方、诊疗方法和技术。

第四十条　【科学技术创新体系、评价体系和管理体制】国家建立和完善符合中医药特点的科学技术创新体系、评价体系和管理体制，推动中医药科学技术进步与创新。

第四十一条　【加强重大项目科学研究】国家采取措施，加强对中医药基础理论和辨证论治方法，常见病、多发病、慢性病和重大疑难疾病、重大传染病的中医药防治，以及其他对中医药理论和实践发展有重大促进作用的项目的科学研究。

第六章　中医药传承与文化传播

第四十二条　【中医药学术传承项目】对具有重要学术价值的中医药理论和技术方法，省级以上人民政府中医药主管部门应当组织遴选本行政区域内的中医药学术传承项目和传承人，并为传承活动提供必要的条件。传承人应当开展传承活动，培养后继人才，收集整理并妥善保存相关的学术资料。属于非物质文化遗产代表性项目的，依照《中华人民共和国非物质文化遗产法》的有关规定开展传承活动。

第四十三条 【中医药传统知识保护】国家建立中医药传统知识保护数据库、保护名录和保护制度。

中医药传统知识持有人对其持有的中医药传统知识享有传承使用的权利，对他人获取、利用其持有的中医药传统知识享有知情同意和利益分享等权利。

国家对经依法认定属于国家秘密的传统中药处方组成和生产工艺实行特殊保护。

第四十四条 【中医养生保健服务】国家发展中医养生保健服务，支持社会力量举办规范的中医养生保健机构。中医养生保健服务规范、标准由国务院中医药主管部门制定。

第四十五条 【政府加强中医药文化宣传和知识普及】县级以上人民政府应当加强中医药文化宣传，普及中医药知识，鼓励组织和个人创作中医药文化和科普作品。

第四十六条 【开展中医药文化宣传和知识普及的要求】开展中医药文化宣传和知识普及活动，应当遵守国家有关规定。任何组织或者个人不得对中医药作虚假、夸大宣传，不得冒用中医药名义牟取不正当利益。

广播、电视、报刊、互联网等媒体开展中医药知识宣传，应当聘请中医药专业技术人员进行。

第七章 保障措施

第四十七条 【政策支持和条件保障】县级以上人民政府应当为中医药事业发展提供政策支持和条件保障，将中医药事业发展经费纳入本级财政预算。

县级以上人民政府及其有关部门制定基本医疗保险支付政策、药物政策等医药卫生政策，应当有中医药主管部门参加，注重发挥中医药的优势，支持提供和利用中医药服务。

注释 中医药事业的发展，离不开政府扶持和支持。本条明确了县级以上人民政府在发展中医药事业中的政府责任。一是，为中医药事业发展提供政策支持。如改革中医药价格形成机制，合理确定中医医疗服务收费项目和价格，降低中成药虚高药价，破除以药补医机制。在国家基本药物目录中进一步增加中成药品种数量。地方各级政府要在土地利用总体规划和城乡规划中统筹考虑中医药发展需要，扩大中医医疗、养生保健等用地供给等。二是，为中医药事业发展提供条件保障。中医药事业发展需要切实提高中医医疗服务能力，全面建成以中医类医院为主体、综合医院等其他类别医院中医药科室为骨干、基层医疗卫生机构为基础、中医门诊部和诊所为补充、覆盖城乡的中医医疗服务网络。同时，切实提高中医药防病治病能力，持续实施基层中医药服务能力提升工程，提高县级中医医院和基层医疗卫生机构优势病种诊疗能力、中医药综合服务能力。上述硬件、软件都需要县级以上人民政府给予切实投入，完善条件，提供保障。三是，将中医药事业发展经费纳入本级财政预算。本条明确中医药事业发展经费应当纳入本级财政预算，针对目前中医药事业发展遇到的突出问题，解决中医药事业发展的燃眉之急，有利于中医药事业良性、健康发展。

第四十八条 【中医医疗服务收费】县级以上人民政府及其有关部门应当按照法定价格管理权限，合理确定中医医疗服务的收费项目和标准，体现中医医疗服务成本和专业技术价值。

第四十九条 【纳入基本医疗保险】县级以上地方人民政府有关部门应当按照国家规定，将符合条件的中医医疗机构纳入基本医疗保险定点医疗机构范围，将符合条件的中医诊疗项目、中药饮片、中成药和医疗机构中药制剂纳入基本医疗保险基金支付范围。

注释 将符合条件的中医医疗机构纳入基本医疗保险定点医疗机构范围，符合条件的中医诊疗项目、中药饮片、中成药和医疗机构中药制剂纳入基本医疗保险基金支付范围，实现中医药诊疗服务、中医药物与基本医疗保险制度的衔接融合，作为中医药事业发展的重要保障措施具有现实意义。一是，彰显中西医并重的方针。中医药事业是我国医药卫生事业的重要组成部分，国家大力发展中医药事业，实行中西医并重的方针。将中医药诊疗服务和中医药物纳入基本医疗保险制度中，表明国家对中医、西医在相关制度安排方面一视同仁，彰显了国家发展中医药事业的决心。二是，为中医药事业发展提供“造血”功能。目前，我国基本医疗保险实现了制度全覆盖，有95%以上的城乡居民享受到了各种医疗的保障。如果将中医诊疗服务和中医药物排除在基本医疗保险之外，不仅限制了患者对于治疗和药物的选择空间，更是直接抑制了患者对中医药的需求，势必阻碍中医药事业的发展。如果将中医诊疗服务和中医药物逐步纳入基本医疗保险之中，能更好地释放社会对中医药的需求，便于引导患者选择中医药，有利于实现中医药事业的良性、健康发展。

第五十条 【中医药标准体系建设】国家加强中医药标准体系建设，根据中医药特点对需要统一的技术要求制定标准并及时修订。

中医药国家标准、行业标准由国务院有关部门依据职责制定或者修订，并在其网站上公布，供公众免费查阅。

国家推动建立中医药国际标准体系。

第五十一条 【与中医药有关的评审等活动的要求】开展法律、行政法规规定的与中医药有关的评审、评估、鉴定活动，应当成立中医药评审、评估、鉴定的专门组织，或者有中医药专家参加。

第五十二条 【少数民族医药】国家采取措施，加大对少数民族医药传承创新、应用发展和人才培养的扶持力度，加强少数民族医疗机构和医师队伍建设，促进和规范少数民族医药事业发展。

第八章 法律责任

第五十三条 【主管部门及其他部门的法律责任】县级以上人民政府中医药主管部门及其他有关部门未履行本法规定的职责的，由本级人民政府或者上级人民政府有关部门责令改正；情节严重的，对直接负责的主管人员和其他直接责任人员，依法给予处分。

第五十四条 【中医诊所的法律责任】违反本法规定，中医诊所超出备案范围开展医疗活动的，由所在地县级人民政府中医药主管部门责令改正，没收违法所得，并处一万元以上三万元以下罚款；情节严重的，责令停止执业活动。

中医诊所被责令停止执业活动的，其直接负责的主管人员自处罚决定作出之日起五年内不得在医疗机构内从事管理工作。医疗机构聘用上述不得从事管理工作的人员从事管理工作的，由原发证部门吊销执业许可证或者由原备案部门责令停止执业活动。

第五十五条 【中医医师的法律责任】违反本法规定，经考核取得医师资格的中医医师超出注册的执业范围从事医疗活动的，由县级以上人民政府中医药主管部门责令暂停六个月以上一年以下执业活动，并处一万元以上三万元以下罚款；情节严重的，吊销执业证书。

第五十六条 【未依法备案的法律责任】违反本法规定，举办中医诊所、炮制中药饮片、委托配制中药制剂应当备案而未备案，或者备案时提供虚假材料的，由中医药主管部门和药品监督管理部门按照各自职责分工责令改正，没收违法所得，并处三万元以下罚款，向社会公告相关信息；拒不改正的，责令停止执业活动或者责令停止炮制中药饮片、委托配制中药制剂活动，其直接责任人员五年内不得从事中医药相关活动。

医疗机构应用传统工艺配制中药制剂未依照本法规定备案，或者未按照备案材料载明的要求配制中药制剂的，按生产假药给予处罚。

第五十七条 【违法发布医疗广告的法律责任】违反本法规定，发布的中医医疗广告内容与经审查批准的内容不相符的，由原审查部门撤销该广告的审查批准文件，一年内不受理该医疗机构的广告审查申请。

违反本法规定，发布中医医疗广告有前款规定以外违法行为的，依照《中华人民共和国广告法》的规定给予处罚。

第五十八条 【使用剧毒、高毒农药的法律责任】违反本法规定，在中药材种植过程中使用剧毒、高毒农药的，依照有关法律、法规规定给予处罚；情节严重的，可以由公安机关对其直接负责的主管人员和其他直接责任人员处五日以上十五日以下拘留。

第五十九条 【民事责任和刑事责任】违反本法规定，造成人身、财产损害的，依法承担民事责任；构成犯罪的，依法追究刑事责任。

第九章 附 则

第六十条 【法律适用】中医药的管理，本法未作规定的，适用《中华人民共和国执业医师法》、《中华人民共和国药品管理法》等相关法律、行政法规的规定。

军队的中医药管理，由军队卫生主管部门依照本法和军队有关规定组织实施。

第六十一条 【民族自治地方的具体办法】民族自治地方可以根据《中华人民共和国民族区域自治法》和本法的有关规定，结合实际，制定促进和规范本地方少数民族医药事业发展的办法。

第六十二条 【盲人医疗按摩】盲人按照国家

有关规定取得盲人医疗按摩人员资格的，可以以个人开业的方式或者在医疗机构内提供医疗按摩服务。

第六十三条 **【施行日期】**本法自2017年7月1日起施行。

中华人民共和国刑法（节录）

- 1979年7月1日第五届全国人民代表大会第二次会议通过
- 1997年3月14日第八届全国人民代表大会第五次会议修订
- 根据1998年12月29日第九届全国人民代表大会常务委员会第六次会议通过的《全国人民代表大会常务委员会关于惩治骗购外汇、逃汇和非法买卖外汇犯罪的决定》、1999年12月25日第九届全国人民代表大会常务委员会第十三次会议通过的《中华人民共和国刑法修正案》、2001年8月31日第九届全国人民代表大会常务委员会第二十三次会议通过的《中华人民共和国刑法修正案（二）》、2001年12月29日第九届全国人民代表大会常务委员会第二十五次会议通过的《中华人民共和国刑法修正案（三）》、2002年12月28日第九届全国人民代表大会常务委员会第三十一次会议通过的《中华人民共和国刑法修正案（四）》、2005年2月28日第十届全国人民代表大会常务委员会第十四次会议通过的《中华人民共和国刑法修正案（五）》、2006年6月29日第十届全国人民代表大会常务委员会第二十二次会议通过的《中华人民共和国刑法修正案（六）》、2009年2月28日第十一届全国人民代表大会常务委员会第七次会议通过的《中华人民共和国刑法修正案（七）》、2009年8月27日第十一届全国人民代表大会常务委员会第十次会议通过的《全国人民代表大会常务委员会关于修改部分法律的决定》、2011年2月25日第十一届全国人民代表大会常务委员会第十九次会议通过的《中华人民共和国刑法修正案（八）》、2015年8月29日第十二届全国人民代表大会常务委员会第十六次会议通过的《中华人民共和国刑法修正案（九）》、2017年11月4日第十二届全国人民代表大会常务委员会第三十次会议通过的《中华人民共和国刑法修正案（十）》和2020年12月26日第十三届全国人民代表大会常务委员会第二十四次会议通过的《中华人民共和国刑法修正案（十一）》修正①

……

第一百四十条 **【生产、销售伪劣产品罪】**生产者、销售者在产品中掺杂、掺假，以假充真，以次充好或者以不合格产品冒充合格产品，销售金额五万元以上不满二十万元的，处二年以下有期徒刑或者拘役，并处或者单处销售金额百分之五十以上二倍以下罚金；销售金额二十万元以上不满五十万元的，处二年以上七年以下有期徒刑，并处销售金额百分之五十以上二倍以下罚金；销售金额五十万元以上不满二百万元的，处七年以上有期徒刑，并处销售金额百分之五十以上二倍以下罚金；销售金额二百万元以上的，处十五年有期徒刑或者无期徒刑，并处销售金额百分之五十以上二倍以下罚金或者没收财产。

注释 构成生产、销售伪劣产品罪必须具备以下几个条件：(1)生产者、销售者的主观方面是故意，如果行为人在主观上不是故意的，不知所售产品是次品，而当作正品出售了，应承担民事责任，不能作为犯罪处理。(2)生产者、销售者在客观上实施了"在产品中掺杂、掺假，以假充真，以次充好或者以不合格产品冒充合格产品"等行为。"生产者"，既包括产品的制造者，也包括产品的加工者；"销售者"，包括批量生产者、零散销售者以及生产后的直接销售者；"产品"，是指经过加工、制作、用于销售的产品。包括工业用品、农业用品以及生活用品。"掺杂、掺假"，是指在产品中掺入杂质或者异物，致使产品质量不符合国家法律、法规或者产品明示质量标准规定的质量要求，降低、失去其应有使用性能的行为。"以假充真"，是指以不具有某种使用性能的产品冒充具有该种使用性能的产品的行为。"以次充好"，是指以低等级、低档次产

① 刑法、历次刑法修正案、涉及修改刑法的决定的施行日期，分别依据各法律所规定的施行日期确定。另，总则部分条文主旨为编者所加，分则部分条文主旨是根据司法解释确定罪名所加。

品冒充高等级、高档次产品,或者以残次、废旧零配件组合、拼装后冒充正品或者新产品的行为。"不合格产品",是指不符合产品质量法规定的质量要求的产品。(3)生产者、销售者在产品中掺杂、掺假,以假充真,以次充好或者以不合格产品冒充合格产品,销售金额必须达到五万元以上,才构成犯罪,如果销售金额不足五万元的,不构成犯罪。(4)生产、销售伪劣产品的犯罪主体是生产者、销售者,消费者不能构成本罪的主体。

链接《最高人民法院、最高人民检察院关于办理生产、销售伪劣商品刑事案件具体应用法律若干问题的解释》第1条、第2条、第9-12条;《最高人民检察院、公安部关于公安机关管辖的刑事案件立案追诉标准的规定(一)》第16条;《最高人民法院、最高人民检察院关于办理非法生产、销售烟草专卖品等刑事案件具体应用法律若干问题的解释》第1条、第2条;《最高人民法院、最高人民检察院关于办理妨害预防、控制突发传染病疫情等灾害的刑事案件具体应用法律若干问题的解释》第2条;《最高人民法院关于审理生产、销售伪劣商品刑事案件有关鉴定问题的通知》

第一百四十一条 【生产、销售、提供假药罪】 生产、销售假药的,处三年以下有期徒刑或者拘役,并处罚金;对人体健康造成严重危害或者有其他严重情节的,处三年以上十年以下有期徒刑,并处罚金;致人死亡或者有其他特别严重情节的,处十年以上有期徒刑、无期徒刑或者死刑,并处罚金或者没收财产。①

药品使用单位的人员明知是假药而提供给他人使用的,依照前款的规定处罚。②

注释 生产、销售假药罪有以下构成要件:(1)本罪不仅侵害了正常的药品生产、销售监管秩序,而且危及不特定多数人的生命健康。(2)本罪的主体可以是自然人,也可以是单位。根据《刑法》第一百五十条的规定,单位犯本罪的,对单位判处罚金,并对其直接负责的主管人员和其他直接责任人员,依照该条的规定处罚。(3)行为人在主观上只能是故意。(4)行为人必须实施了生产、销售假药的行为。"假药",依照《药品管理法》第九十八条第二款的规定,"有下列情形之一的,为假药:(一)药品所含成份与国家药品标准规定的成份不符;(二)以非药品冒充药品或者以他种药品冒充此种药品;(三)变质的药品;(四)药品所标明的适应症或者功能主治超出规定范围"。

实务问答 以生产、销售假药、劣药为目的,应当认定为本条规定的"生产"的行为有哪些?

根据《最高人民法院、最高人民检察院关于办理危害药品安全刑事案件适用法律若干问题的解释》的规定,以生产、销售假药、劣药为目的,实施下列行为之一的,应当认定为本条规定的"生产":(1)合成、精制、提取、储存、加工炮制药品原料的行为;(2)在药品原料、辅料、包装材料制成成品过程中,进行配料、混合、制剂、储存、包装的行为。

链接《药品管理法》第98条;《最高人民法院、最高人民检察院关于办理危害药品安全刑事案件适用法律若干问题的解释》;《最高人民法院、最高人民检察院关于办理妨害预防、控制突发传染病疫情等灾害的刑事案件具体应用法律若干问题的解释》第2条

第一百四十二条 【生产、销售、提供劣药罪】 生产、销售劣药,对人体健康造成严重危害的,处三年以上十年以下有期徒刑,并处罚金;后果特别严重的,处十年以上有期徒刑或者无期徒刑,并处罚金或者没收财产。

药品使用单位的人员明知是劣药而提供给他

---

① 根据2011年2月25日《中华人民共和国刑法修正案(八)》修改。原第一款条文为:"生产、销售假药,足以严重危害人体健康的,处三年以下有期徒刑或者拘役,并处或者单处销售金额百分之五十以上二倍以下罚金;对人体健康造成严重危害的,处三年以上十年以下有期徒刑,并处销售金额百分之五十以上二倍以下罚金;致人死亡或者对人体健康造成特别严重危害的,处十年以上有期徒刑、无期徒刑或者死刑,并处销售金额百分之五十以上二倍以下罚金或者没收财产。"

② 根据2020年12月26日《中华人民共和国刑法修正案(十一)》修改。原条文为:"生产、销售假药的,处三年以下有期徒刑或者拘役,并处罚金;对人体健康造成严重危害或者有其他严重情节的,处三年以上十年以下有期徒刑,并处罚金;致人死亡或者有其他特别严重情节的,处十年以上有期徒刑、无期徒刑或者死刑,并处罚金或者没收财产。

"本条所称假药,是指依照《中华人民共和国药品管理法》的规定属于假药和按假药处理的药品、非药品。"

人使用的,依照前款的规定处罚。①

注释 生产、销售劣药罪有以下构成要件:(1)行为人在主观上只能是故意。(2)行为人必须有生产、销售劣药的行为。本条规定的药品,仅限于人用药品,不包括兽用药品。“劣药”,根据《药品管理法》第98条第3款的规定,“有下列情形之一的,为劣药:(一)药品成份的含量不符合国家药品标准;(二)被污染的药品;(三)未标明或者更改有效期的药品;(四)未注明或者更改产品批号的药品;(五)超过有效期的药品;(六)擅自添加防腐剂、辅料的药品;(七)其他不符合药品标准的药品”。(3)生产、销售劣药,必须要有对人体健康造成严重危害的后果,才构成犯罪,这也是生产、销售劣药罪与生产、销售假药罪在犯罪构成上最大的不同。生产、销售假药,只要实施了生产、销售假药的行为,不必有危害人体健康的结果发生,就构成犯罪;而生产、销售劣药,必须对人体造成严重危害的才能构成犯罪。

链接《药品管理法》第98条;《最高人民法院、最高人民检察院关于办理危害药品安全刑事案件适用法律若干问题的解释》;《最高人民法院、最高人民检察院关于办理妨害预防、控制突发传染病疫情等灾害的刑事案件具体应用法律若干问题的解释》第2条;《最高人民检察院、公安部关于公安机关管辖的刑事案件立案追诉标准的规定(一)》第18条

第一百四十二条之一 【妨害药品管理罪】违反药品管理法规,有下列情形之一,足以严重危害人体健康的,处三年以下有期徒刑或者拘役,并处或者单处罚金;对人体健康造成严重危害或者有其他严重情节的,处三年以上七年以下有期徒刑,并处罚金:

(一)生产、销售国务院药品监督管理部门禁止使用的药品的;

(二)未取得药品相关批准证明文件生产、进口药品或者明知是上述药品而销售的;

(三)药品申请注册中提供虚假的证明、数据、资料、样品或者采取其他欺骗手段的;

(四)编造生产、检验记录的。

有前款行为,同时又构成本法第一百四十一条、第一百四十二条规定之罪或者其他犯罪的,依照处罚较重的规定定罪处罚。②

链接《药品管理法》第24条、第41条、第74条、第83条、第98条、第123条、第124条;《中医药法》第32条;《刑法》第141条、第142条

……

第一百四十五条 【生产、销售不符合标准的医用器材罪】生产不符合保障人体健康的国家标准、行业标准的医疗器械、医用卫生材料,或者销售明知是不符合保障人体健康的国家标准、行业标准的医疗器械、医用卫生材料,足以严重危害人体健康的,处三年以下有期徒刑或者拘役,并处销售金额百分之五十以上二倍以下罚金;对人体健康造成严重危害的,处三年以上十年以下有期徒刑,并处销售金额百分之五十以上二倍以下罚金;后果特别严重的,处十年以上有期徒刑或者无期徒刑,并处销售金额百分之五十以上二倍以下罚金或者没收财产。③

链接《最高人民法院、最高人民检察院关于办理妨害预防、控制突发传染病疫情等灾害的刑事案件具体应用法律若干问题的解释》第3条;《最高人民法院、最高人民检察院关于办理生产、销售伪劣商品刑事案件具体应用法律若干问题的解释》第6条;《最高人民检察院、公安部关于公安机关管辖的刑事案件立案追诉标准的规定(一)》第21条

……

第一百四十九条 【对生产销售伪劣商品行为的法条适用】生产、销售本节第一百四十一条至

---

① 根据2020年12月26日《中华人民共和国刑法修正案(十一)》修改。原条文为:“生产、销售劣药,对人体健康造成严重危害的,处三年以上十年以下有期徒刑,并处销售金额百分之五十以上二倍以下罚金;后果特别严重的,处十年以上有期徒刑或者无期徒刑,并处销售金额百分之五十以上二倍以下罚金或者没收财产。

“本条所称劣药,是指依照《中华人民共和国药品管理法》的规定属于劣药的药品。”

② 根据2020年12月26日《中华人民共和国刑法修正案(十一)》增加。

③ 根据2002年12月28日《中华人民共和国刑法修正案(四)》修改。原条文为:“生产不符合保障人体健康的国家标准、行业标准的医疗器械、医用卫生材料,或者销售明知是不符合保障人体健康的国家标准、行业标准的医疗器械、医用卫生材料,对人体健康造成严重危害的,处五年以下有期徒刑,并处销售金额百分之五十以上二倍以下罚金;后果特别严重的,处五年以上十年以下有期徒刑,并处销售金额百分之五十以上二倍以下罚金,其中情节特别恶劣的,处十年以上有期徒刑或者无期徒刑,并处销售金额百分之五十以上二倍以下罚金或者没收财产。”

第一百四十八条所列产品,不构成各该条规定的犯罪,但是销售金额在五万元以上的,依照本节第一百四十条的规定定罪处罚。

生产、销售本节第一百四十一条至第一百四十八条所列产品,构成各该条规定的犯罪,同时又构成本节第一百四十条规定之罪的,依照处罚较重的规定定罪处罚。

注释 对于"生产、销售本节第141条至第148条所列产品,不构成各该条规定的犯罪,但是销售金额在5万元以上的,依照本节第140条的规定定罪处罚",即可按生产、销售伪劣产品罪追究刑事责任。

生产、销售假药、劣药,不符合安全标准的食品,有毒、有害食品,不符合标准的医疗器械、医用卫生材料,不符合安全标准的电器、压力容器、易燃易爆产品,伪劣农药、兽药、化肥、种子,不符合卫生标准的化妆品等行为,有的时候不仅构成了刑法规定的生产、销售特定伪劣产品的犯罪,如果销售金额在5万元以上,也同时构成了一般的生产、销售伪劣产品罪,对于这种情况本条第2款采取了从一重罪处罚的原则,即依照处罚较重的规定定罪处罚。

第一百五十条 【单位犯本节规定之罪的处理】单位犯本节第一百四十条至第一百四十八条规定之罪的,对单位判处罚金,并对其直接负责的主管人员和其他直接责任人员,依照各该条的规定处罚。

……

第二百九十条 【聚众扰乱社会秩序罪】聚众扰乱社会秩序,情节严重,致使工作、生产、营业和教学、科研、医疗无法进行,造成严重损失的,对首要分子,处三年以上七年以下有期徒刑;对其他积极参加的,处三年以下有期徒刑、拘役、管制或者剥夺政治权利。

【聚众冲击国家机关罪】聚众冲击国家机关,致使国家机关工作无法进行,造成严重损失的,对首要分子,处五年以上十年以下有期徒刑;对其他积极参加的,处五年以下有期徒刑、拘役、管制或者剥夺政治权利。

【扰乱国家机关工作秩序罪】多次扰乱国家机关工作秩序,经行政处罚后仍不改正,造成严重后果的,处三年以下有期徒刑、拘役或者管制。

【组织、资助非法聚集罪】多次组织、资助他人非法聚集,扰乱社会秩序,情节严重的,依照前款的规定处罚。①

……

第三百三十条 【妨害传染病防治罪】违反传染病防治法的规定,有下列情形之一,引起甲类传染病以及依法确定采取甲类传染病预防、控制措施的传染病传播或者有传播严重危险的,处三年以下有期徒刑或者拘役;后果特别严重的,处三年以上七年以下有期徒刑:

(一)供水单位供应的饮用水不符合国家规定的卫生标准的;

(二)拒绝按照疾病预防控制机构提出的卫生要求,对传染病病原体污染的污水、污物、场所和物品进行消毒处理的;

(三)准许或者纵容传染病病人、病原携带者和疑似传染病病人从事国务院卫生行政部门规定禁止从事的易使该传染病扩散的工作的;

(四)出售、运输疫区中被传染病病原体污染或者可能被传染病病原体污染的物品,未进行消毒处理的;

(五)拒绝执行县级以上人民政府、疾病预防控制机构依照传染病防治法提出的预防、控制措施的。②

单位犯前款罪的,对单位判处罚金,并对其直

① 根据2015年8月29日《中华人民共和国刑法修正案(九)》修改。原第一款条文为:"聚众扰乱社会秩序,情节严重,致使工作、生产、营业和教学、科研无法进行,造成严重损失的,对首要分子,处三年以上七年以下有期徒刑;对其他积极参加的,处三年以下有期徒刑、拘役、管制或者剥夺政治权利。"增加二款,作为第三款、第四款。

② 根据2020年12月26日《中华人民共和国刑法修正案(十一)》修改。原第一款条文为:"违反传染病防治法的规定,有下列情形之一,引起甲类传染病传播或者有传播严重危险的,处三年以下有期徒刑或者拘役;后果特别严重的,处三年以上七年以下有期徒刑:

"(一)供水单位供应的饮用水不符合国家规定的卫生标准的;

"(二)拒绝按照卫生防疫机构提出的卫生要求,对传染病病原体污染的污水、污物、粪便进行消毒处理的;

"(三)准许或者纵容传染病病人、病原携带者和疑似传染病病人从事国务院卫生行政部门规定禁止从事的易使该传染病扩散的工作的;

"(四)拒绝执行卫生防疫机构依照传染病防治法提出的预防、控制措施的。"

接负责的主管人员和其他直接责任人员，依照前款的规定处罚。

甲类传染病的范围，依照《中华人民共和国传染病防治法》和国务院有关规定确定。

链接《传染病防治法》第4条、第73条；《最高人民法院、最高人民检察院关于办理妨害预防、控制突发传染病疫情等灾害的刑事案件具体应用法律若干问题的解释》

第三百三十一条 【传染病菌种、毒种扩散罪】从事实验、保藏、携带、运输传染病菌种、毒种的人员，违反国务院卫生行政部门的有关规定，造成传染病菌种、毒种扩散，后果严重的，处三年以下有期徒刑或者拘役；后果特别严重的，处三年以上七年以下有期徒刑。

第三百三十二条 【妨害国境卫生检疫罪】违反国境卫生检疫规定，引起检疫传染病传播或者有传播严重危险的，处三年以下有期徒刑或者拘役，并处或者单处罚金。

单位犯前款罪的，对单位判处罚金，并对其直接负责的主管人员和其他直接责任人员，依照前款的规定处罚。

链接《国境卫生检疫法》第3条、第20条、第22条；《最高人民检察院、公安部关于公安机关管辖的刑事案件立案追诉标准的规定（一）》第51条；《最高人民法院、最高人民检察院、公安部、司法部、海关总署关于进一步加强国境卫生检疫工作依法惩治妨害国境卫生检疫违法犯罪的意见》第2条

第三百三十三条 【非法组织卖血罪】【强迫卖血罪】非法组织他人出卖血液的，处五年以下有期徒刑，并处罚金；以暴力、威胁方法强迫他人出卖血液的，处五年以上十年以下有期徒刑，并处罚金。

有前款行为，对他人造成伤害的，依照本法第二百三十四条的规定定罪处罚。

链接《最高人民检察院、公安部关于公安机关管辖的刑事案件立案追诉标准的规定（一）》第52条、第53条

第三百三十四条 【非法采集、供应血液、制作、供应血液制品罪】非法采集、供应血液或者制作、供应血液制品，不符合国家规定的标准，足以危害人体健康的，处五年以下有期徒刑或者拘役，并处罚金；对人体健康造成严重危害的，处五年以上十年以下有期徒刑，并处罚金；造成特别严重后果的，处十年以上有期徒刑或者无期徒刑，并处罚金或者没收财产。

【采集、供应血液、制作、供应血液制品事故罪】经国家主管部门批准采集、供应血液或者制作、供应血液制品的部门，不依照规定进行检测或者违背其他操作规定，造成危害他人身体健康后果的，对单位判处罚金，并对其直接负责的主管人员和其他直接责任人员，处五年以下有期徒刑或者拘役。

第三百三十四条之一 【非法采集人类遗传资源、走私人类遗传资源材料罪】违反国家有关规定，非法采集我国人类遗传资源或者非法运送、邮寄、携带我国人类遗传资源材料出境，危害公众健康或者社会公共利益，情节严重的，处三年以下有期徒刑、拘役或者管制，并处或者单处罚金；情节特别严重的，处三年以上七年以下有期徒刑，并处罚金。①

第三百三十五条 【医疗事故罪】医务人员由于严重不负责任，造成就诊人死亡或者严重损害就诊人身体健康的，处三年以下有期徒刑或者拘役。

注释 根据本条的规定，构成本罪应当符合以下条件：

（1）本罪的主体是特殊主体，只能是医务人员。这里的“医务人员”，主要是指在医疗机构中从事对病人救治、护理工作的医生和护士。

（2）行为人严重不负责任。“严重不负责任”，是指医务人员在对就诊人员进行医疗、护理或身体健康检查过程中，在履行职责的范围内，对于应当可以防止出现的危害结果由于其严重疏于职守而发生，如对就诊人的生命和健康采取漠不关心的态度，不及时就治；严重违反明确的操作规程等。

（3）造成就诊人死亡或者严重损害就诊人身体健康的后果。这里的“就诊人”是指到医疗机构治疗疾患、进行身体健康检查或者为计划生育而进行医疗的人。“严重损害就诊人身体健康”，主要是指造成就诊人严重残疾、重伤、感染艾滋病、病毒性肝炎等难以治愈的疾病或者其他严重损害就诊人身体健康的后果。构成本罪，必须要有就诊人的死亡或者严重损害就诊人身体健康的后

① 根据2020年12月26日《中华人民共和国刑法修正案（十一）》增加。

果，医务人员的行为与上述后果之间需存在因果关系，这是罪与非罪的界限。

链接《民法典》第187条；《最高人民检察院、公安部关于公安机关管辖的刑事案件立案追诉标准的规定（一）》第56条；《医疗事故处理条例》

第三百三十六条　【非法行医罪】未取得医生执业资格的人非法行医，情节严重的，处三年以下有期徒刑、拘役或者管制，并处或者单处罚金；严重损害就诊人身体健康的，处三年以上十年以下有期徒刑，并处罚金；造成就诊人死亡的，处十年以上有期徒刑，并处罚金。

【非法进行节育手术罪】未取得医生执业资格的人擅自为他人进行节育复通手术、假节育手术、终止妊娠手术或者摘取宫内节育器，情节严重的，处三年以下有期徒刑、拘役或者管制，并处或者单处罚金；严重损害就诊人身体健康的，处三年以上十年以下有期徒刑，并处罚金；造成就诊人死亡的，处十年以上有期徒刑，并处罚金。

注释“未取得医生执业资格的人非法行医”是指未取得医师从业资格的人从事医疗工作，包括未取得或者以非法手段取得医师资格从事医疗活动的；被依法吊销医师执业证书后仍然从事医疗活动的；未取得乡村医生执业证书，从事乡村医疗活动的等。

“擅自为他人进行节育复通手术”是指没有医师资格的人，为他人进行输卵（精）管复通手术的行为。“假节育手术”或者“摘取宫内节育器”是指为他人进行假结扎输卵（精）管手术或者替育龄妇女摘取为计划生育放置的避孕环等宫内节育器的行为。“终止妊娠手术”是指私自为孕妇进行手术，使母体内正发育的胚胎停止发育的行为，如进行流产或引产手术。

链接《人口与计划生育法》第39条；《乡村医生从业管理条例》；《最高人民检察院、公安部关于公安机关管辖的刑事案件立案追诉标准的规定（一）》第56条；《最高人民法院关于审理非法行医刑事案件具体应用法律若干问题的解释》第1条、第2条、第6条

第三百三十六条之一　【非法植入基因编辑、克隆胚胎罪】将基因编辑、克隆的人类胚胎植入人体或者动物体内，或者将基因编辑、克隆的动物胚胎植入人体内，情节严重的，处三年以下有期徒刑或者拘役，并处罚金；情节特别严重的，处三年以上七年以下有期徒刑，并处罚金。①

……

第三百五十五条　【非法提供麻醉药品、精神药品罪】依法从事生产、运输、管理、使用国家管制的麻醉药品、精神药品的人员，违反国家规定，向吸食、注射毒品的人提供国家规定管制的能够使人形成瘾癖的麻醉药品、精神药品的，处三年以下有期徒刑或者拘役，并处罚金；情节严重的，处三年以上七年以下有期徒刑，并处罚金。向走私、贩卖毒品的犯罪分子或者以牟利为目的，向吸食、注射毒品的人提供国家规定管制的能够使人形成瘾癖的麻醉药品、精神药品的，依照本法第三百四十七条的规定定罪处罚。

单位犯前款罪的，对单位判处罚金，并对其直接负责的主管人员和其他直接责任人员，依照前款的规定处罚。

第三百五十五条之一　【妨害兴奋剂管理罪】引诱、教唆、欺骗运动员使用兴奋剂参加国内、国际重大体育竞赛，或者明知运动员参加上述竞赛而向其提供兴奋剂，情节严重的，处三年以下有期徒刑或者拘役，并处罚金。

组织、强迫运动员使用兴奋剂参加国内、国际重大体育竞赛的，依照前款的规定从重处罚。②

……

中华人民共和国人类遗传资源管理条例

· 2019年3月20日国务院第41次常务会议通过
· 2019年5月28日中华人民共和国国务院令第717号公布
· 自2019年7月1日起施行

第一章　总　则

第一条　为了有效保护和合理利用我国人类遗传资源，维护公众健康、国家安全和社会公共利

① 根据2020年12月26日《中华人民共和国刑法修正案（十一）》增加。
② 根据2020年12月26日《中华人民共和国刑法修正案（十一）》增加。

益，制定本条例。

第二条 本条例所称人类遗传资源包括人类遗传资源材料和人类遗传资源信息。

人类遗传资源材料是指含有人体基因组、基因等遗传物质的器官、组织、细胞等遗传材料。

人类遗传资源信息是指利用人类遗传资源材料产生的数据等信息资料。

第三条 采集、保藏、利用、对外提供我国人类遗传资源，应当遵守本条例。

为临床诊疗、采供血服务、查处违法犯罪、兴奋剂检测和殡葬等活动需要，采集、保藏器官、组织、细胞等人体物质及开展相关活动，依照相关法律、行政法规规定执行。

第四条 国务院科学技术行政部门负责全国人类遗传资源管理工作；国务院其他有关部门在各自的职责范围内，负责有关人类遗传资源管理工作。

省、自治区、直辖市人民政府科学技术行政部门负责本行政区域人类遗传资源管理工作；省、自治区、直辖市人民政府其他有关部门在各自的职责范围内，负责本行政区域有关人类遗传资源管理工作。

第五条 国家加强对我国人类遗传资源的保护，开展人类遗传资源调查，对重要遗传家系和特定地区人类遗传资源实行申报登记制度。

国务院科学技术行政部门负责组织我国人类遗传资源调查，制定重要遗传家系和特定地区人类遗传资源申报登记具体办法。

第六条 国家支持合理利用人类遗传资源开展科学研究、发展生物医药产业、提高诊疗技术，提高我国生物安全保障能力，提升人民健康保障水平。

第七条 外国组织、个人及其设立或者实际控制的机构不得在我国境内采集、保藏我国人类遗传资源，不得向境外提供我国人类遗传资源。

第八条 采集、保藏、利用、对外提供我国人类遗传资源，不得危害我国公众健康、国家安全和社会公共利益。

第九条 采集、保藏、利用、对外提供我国人类遗传资源，应当符合伦理原则，并按照国家有关规定进行伦理审查。

采集、保藏、利用、对外提供我国人类遗传资源，应当尊重人类遗传资源提供者的隐私权，取得其事先知情同意，并保护其合法权益。

采集、保藏、利用、对外提供我国人类遗传资源，应当遵守国务院科学技术行政部门制定的技术规范。

第十条 禁止买卖人类遗传资源。

为科学研究依法提供或者使用人类遗传资源并支付或者收取合理成本费用，不视为买卖。

第二章 采集和保藏

第十一条 采集我国重要遗传家系、特定地区人类遗传资源或者采集国务院科学技术行政部门规定种类、数量的人类遗传资源的，应当符合下列条件，并经国务院科学技术行政部门批准：

（一）具有法人资格；

（二）采集目的明确、合法；

（三）采集方案合理；

（四）通过伦理审查；

（五）具有负责人类遗传资源管理的部门和管理制度；

（六）具有与采集活动相适应的场所、设施、设备和人员。

第十二条 采集我国人类遗传资源，应当事先告知人类遗传资源提供者采集目的、采集用途、对健康可能产生的影响、个人隐私保护措施及其享有的自愿参与和随时无条件退出的权利，征得人类遗传资源提供者书面同意。

在告知人类遗传资源提供者前款规定的信息时，必须全面、完整、真实、准确，不得隐瞒、误导、欺骗。

第十三条 国家加强人类遗传资源保藏工作，加快标准化、规范化的人类遗传资源保藏基础平台和人类遗传资源大数据建设，为开展相关研究开发活动提供支撑。

国家鼓励科研机构、高等学校、医疗机构、企业根据自身条件和相关研究开发活动需要开展人类遗传资源保藏工作，并为其他单位开展相关研究开发活动提供便利。

第十四条 保藏我国人类遗传资源、为科学研究提供基础平台的，应当符合下列条件，并经国务院科学技术行政部门批准：

（一）具有法人资格；

（二）保藏目的明确、合法；

（三）保藏方案合理；

（四）拟保藏的人类遗传资源来源合法；

（五）通过伦理审查；

（六）具有负责人类遗传资源管理的部门和保藏管理制度；

（七）具有符合国家人类遗传资源保藏技术规范和要求的场所、设施、设备和人员。

第十五条 保藏单位应当对所保藏的人类遗传资源加强管理和监测，采取安全措施，制定应急预案，确保保藏、使用安全。

保藏单位应当完整记录人类遗传资源保藏情况，妥善保存人类遗传资源的来源信息和使用信息，确保人类遗传资源的合法使用。

保藏单位应当就本单位保藏人类遗传资源情况向国务院科学技术行政部门提交年度报告。

第十六条 国家人类遗传资源保藏基础平台和数据库应当依照国家有关规定向有关科研机构、高等学校、医疗机构、企业开放。

为公众健康、国家安全和社会公共利益需要，国家可以依法使用保藏单位保藏的人类遗传资源。

第三章 利用和对外提供

第十七条 国务院科学技术行政部门和省、自治区、直辖市人民政府科学技术行政部门应当会同本级人民政府有关部门对利用人类遗传资源开展科学研究、发展生物医药产业统筹规划，合理布局，加强创新体系建设，促进生物科技和产业创新、协调发展。

第十八条 科研机构、高等学校、医疗机构、企业利用人类遗传资源开展研究开发活动，对其研究开发活动以及成果的产业化依照法律、行政法规和国家有关规定予以支持。

第十九条 国家鼓励科研机构、高等学校、医疗机构、企业根据自身条件和相关研究开发活动需要，利用我国人类遗传资源开展国际合作科学研究，提升相关研究开发能力和水平。

第二十条 利用我国人类遗传资源开展生物技术研究开发活动或者开展临床试验的，应当遵守有关生物技术研究、临床应用管理法律、行政法规和国家有关规定。

第二十一条 外国组织及外国组织、个人设立或者实际控制的机构（以下称外方单位）需要利用我国人类遗传资源开展科学研究活动的，应当遵守我国法律、行政法规和国家有关规定，并采取与我国科研机构、高等学校、医疗机构、企业（以下称中方单位）合作的方式进行。

第二十二条 利用我国人类遗传资源开展国际合作科学研究的，应当符合下列条件，并由合作双方共同提出申请，经国务院科学技术行政部门批准：

（一）对我国公众健康、国家安全和社会公共利益没有危害；

（二）合作双方为具有法人资格的中方单位、外方单位，并具有开展相关工作的基础和能力；

（三）合作研究目的和内容明确、合法，期限合理；

（四）合作研究方案合理；

（五）拟使用的人类遗传资源来源合法，种类、数量与研究内容相符；

（六）通过合作双方各自所在国（地区）的伦理审查；

（七）研究成果归属明确，有合理明确的利益分配方案。

为获得相关药品和医疗器械在我国上市许可，在临床机构利用我国人类遗传资源开展国际合作临床试验、不涉及人类遗传资源材料出境的，不需要审批。但是，合作双方在开展临床试验前应当将拟使用的人类遗传资源种类、数量及其用途向国务院科学技术行政部门备案。国务院科学技术行政部门和省、自治区、直辖市人民政府科学技术行政部门加强对备案事项的监管。

第二十三条 在利用我国人类遗传资源开展国际合作科学研究过程中，合作方、研究目的、研究内容、合作期限等重大事项发生变更的，应当办理变更审批手续。

第二十四条 利用我国人类遗传资源开展国际合作科学研究，应当保证中方单位及其研究人员在合作期间全过程、实质性地参与研究，研究过程中的所有记录以及数据信息等完全向中方单位开放并向中方单位提供备份。

利用我国人类遗传资源开展国际合作科学研究，产生的成果申请专利的，应当由合作双方共同提出申请，专利权归合作双方共有。研究产生的其他科技成果，其使用权、转让权和利益分享办法由合作双方通过合作协议约定；协议没有约定的，合作双方都有使用的权利，但向第三方转让须经合作双方同意,所获利益按合作双方贡献大小分享。

第二十五条 利用我国人类遗传资源开展国际合作科学研究,合作双方应当按照平等互利、诚实信用、共同参与、共享成果的原则,依法签订合作协议,并依照本条例第二十四条的规定对相关事项作出明确、具体的约定。

第二十六条 利用我国人类遗传资源开展国际合作科学研究,合作双方应当在国际合作活动结束后6个月内共同向国务院科学技术行政部门提交合作研究情况报告。

第二十七条 利用我国人类遗传资源开展国际合作科学研究,或者因其他特殊情况确需将我国人类遗传资源材料运送、邮寄、携带出境的,应当符合下列条件,并取得国务院科学技术行政部门出具的人类遗传资源材料出境证明:

(一)对我国公众健康、国家安全和社会公共利益没有危害;

(二)具有法人资格;

(三)有明确的境外合作方和合理的出境用途;

(四)人类遗传资源材料采集合法或者来自合法的保藏单位;

(五)通过伦理审查。

利用我国人类遗传资源开展国际合作科学研究,需要将我国人类遗传资源材料运送、邮寄、携带出境的,可以单独提出申请,也可以在开展国际合作科学研究申请中列明出境计划一并提出申请,由国务院科学技术行政部门合并审批。

将我国人类遗传资源材料运送、邮寄、携带出境的,凭人类遗传资源材料出境证明办理海关手续。

第二十八条 将人类遗传资源信息向外国组织、个人及其设立或者实际控制的机构提供或者开放使用,不得危害我国公众健康、国家安全和社会公共利益;可能影响我国公众健康、国家安全和社会公共利益的,应当通过国务院科学技术行政部门组织的安全审查。

将人类遗传资源信息向外国组织、个人及其设立或者实际控制的机构提供或者开放使用的,应当向国务院科学技术行政部门备案并提交信息备份。

利用我国人类遗传资源开展国际合作科学研究产生的人类遗传资源信息,合作双方可以使用。

第四章 服务和监督

第二十九条 国务院科学技术行政部门应当加强电子政务建设,方便申请人利用互联网办理审批、备案等事项。

第三十条 国务院科学技术行政部门应当制定并及时发布有关采集、保藏、利用、对外提供我国人类遗传资源的审批指南和示范文本,加强对申请人办理有关审批、备案等事项的指导。

第三十一条 国务院科学技术行政部门应当聘请生物技术、医药、卫生、伦理、法律等方面的专家组成专家评审委员会,对依照本条例规定提出的采集、保藏我国人类遗传资源,开展国际合作科学研究以及将我国人类遗传资源材料运送、邮寄、携带出境的申请进行技术评审。评审意见作为作出审批决定的参考依据。

第三十二条 国务院科学技术行政部门应当自受理依照本条例规定提出的采集、保藏我国人类遗传资源,开展国际合作科学研究以及将我国人类遗传资源材料运送、邮寄、携带出境申请之日起20个工作日内,作出批准或者不予批准的决定;不予批准的,应当说明理由。因特殊原因无法在规定期限内作出审批决定的,经国务院科学技术行政部门负责人批准,可以延长10个工作日。

第三十三条 国务院科学技术行政部门和省、自治区、直辖市人民政府科学技术行政部门应当加强对采集、保藏、利用、对外提供人类遗传资源活动各环节的监督检查,发现违反本条例规定的,及时依法予以处理并向社会公布检查、处理结果。

第三十四条 国务院科学技术行政部门和省、自治区、直辖市人民政府科学技术行政部门进行监督检查,可以采取下列措施:

(一)进入现场检查;

(二)询问相关人员;

(三)查阅、复制有关资料;

(四)查封、扣押有关人类遗传资源。

第三十五条 任何单位和个人对违反本条例规定的行为,有权向国务院科学技术行政部门和省、自治区、直辖市人民政府科学技术行政部门投诉、举报。

国务院科学技术行政部门和省、自治区、直辖市人民政府科学技术行政部门应当公布投诉、举报电话和电子邮件地址，接受相关投诉、举报。对查证属实的，给予举报人奖励。

第五章 法律责任

第三十六条 违反本条例规定，有下列情形之一的，由国务院科学技术行政部门责令停止违法行为，没收违法采集、保藏的人类遗传资源和违法所得，处50万元以上500万元以下罚款，违法所得在100万元以上的，处违法所得5倍以上10倍以下罚款：

（一）未经批准，采集我国重要遗传家系、特定地区人类遗传资源，或者采集国务院科学技术行政部门规定种类、数量的人类遗传资源；

（二）未经批准，保藏我国人类遗传资源；

（三）未经批准，利用我国人类遗传资源开展国际合作科学研究；

（四）未通过安全审查，将可能影响我国公众健康、国家安全和社会公共利益的人类遗传资源信息向外国组织、个人及其设立或者实际控制的机构提供或者开放使用；

（五）开展国际合作临床试验前未将拟使用的人类遗传资源种类、数量及其用途向国务院科学技术行政部门备案。

第三十七条 提供虚假材料或者采取其他欺骗手段取得行政许可的，由国务院科学技术行政部门撤销已经取得的行政许可，处50万元以上500万元以下罚款，5年内不受理相关责任人及单位提出的许可申请。

第三十八条 违反本条例规定，未经批准将我国人类遗传资源材料运送、邮寄、携带出境的，由海关依照法律、行政法规的规定处罚。科学技术行政部门应当配合海关开展鉴定等执法协助工作。海关应当将依法没收的人类遗传资源材料移送省、自治区、直辖市人民政府科学技术行政部门进行处理。

第三十九条 违反本条例规定，有下列情形之一的，由省、自治区、直辖市人民政府科学技术行政部门责令停止开展相关活动，没收违法采集、保藏的人类遗传资源和违法所得，处50万元以上100万元以下罚款，违法所得在100万元以上的，处违法所得5倍以上10倍以下罚款：

（一）采集、保藏、利用、对外提供我国人类遗传资源未通过伦理审查；

（二）采集我国人类遗传资源未经人类遗传资源提供者事先知情同意，或者采取隐瞒、误导、欺骗等手段取得人类遗传资源提供者同意；

（三）采集、保藏、利用、对外提供我国人类遗传资源违反相关技术规范；

（四）将人类遗传资源信息向外国组织、个人及其设立或者实际控制的机构提供或者开放使用，未向国务院科学技术行政部门备案或者提交信息备份。

第四十条 违反本条例规定，有下列情形之一的，由国务院科学技术行政部门责令改正，给予警告，可以处50万元以下罚款：

（一）保藏我国人类遗传资源过程中未完整记录并妥善保存人类遗传资源的来源信息和使用信息；

（二）保藏我国人类遗传资源未提交年度报告；

（三）开展国际合作科学研究未及时提交合作研究情况报告。

第四十一条 外国组织、个人及其设立或者实际控制的机构违反本条例规定，在我国境内采集、保藏我国人类遗传资源，利用我国人类遗传资源开展科学研究，或者向境外提供我国人类遗传资源的，由国务院科学技术行政部门责令停止违法行为，没收违法采集、保藏的人类遗传资源和违法所得，处100万元以上1000万元以下罚款，违法所得在100万元以上的，处违法所得5倍以上10倍以下罚款。

第四十二条 违反本条例规定，买卖人类遗传资源的，由国务院科学技术行政部门责令停止违法行为，没收违法采集、保藏的人类遗传资源和违法所得，处100万元以上1000万元以下罚款，违法所得在100万元以上的，处违法所得5倍以上10倍以下罚款。

第四十三条 对有本条例第三十六条、第三十九条、第四十一条、第四十二条规定违法行为的单位，情节严重的，由国务院科学技术行政部门或者省、自治区、直辖市人民政府科学技术行政部门依据职责禁止其1至5年内从事采集、保藏、利用、对外提供我国人类遗传资源的活动；情节特别严重的，永久禁止其从事采集、保藏、利用、对外提供我国人类遗传资源的活动。

对有本条例第三十六条至第三十九条、第四

十一条、第四十二条规定违法行为的单位的法定代表人、主要负责人、直接负责的主管人员以及其他责任人员,依法给予处分,并由国务院科学技术行政部门或者省、自治区、直辖市人民政府科学技术行政部门依据职责没收其违法所得,处50万元以下罚款;情节严重的,禁止其1至5年内从事采集、保藏、利用、对外提供我国人类遗传资源的活动;情节特别严重的,永久禁止其从事采集、保藏、利用、对外提供我国人类遗传资源的活动。

单位和个人有本条例规定违法行为的,记入信用记录,并依照有关法律、行政法规的规定向社会公示。

第四十四条 违反本条例规定,侵害他人合法权益的,依法承担民事责任;构成犯罪的,依法追究刑事责任。

第四十五条 国务院科学技术行政部门和省、自治区、直辖市人民政府科学技术行政部门的工作人员违反本条例规定,不履行职责或者滥用职权、玩忽职守、徇私舞弊的,依法给予处分;构成犯罪的,依法追究刑事责任。

第六章 附 则

第四十六条 人类遗传资源相关信息属于国家秘密的,应当依照《中华人民共和国保守国家秘密法》和国家其他有关保密规定实施保密管理。

第四十七条 本条例自2019年7月1日起施行。

卫生行政许可管理办法

· 2004年11月17日卫生部令第38号公布
· 根据2017年12月26日《国家卫生计生委关于修改〈新食品原料安全性审查管理办法〉等7件部门规章的决定》修正

第一章 总 则

第一条 为规范卫生计生行政部门实施卫生行政许可,根据《中华人民共和国行政许可法》(以下简称《行政许可法》)和有关卫生法律法规的规定,制定本办法。

第二条 卫生行政许可是卫生计生行政部门根据公民、法人或者其他组织的申请,按照卫生法律、法规、规章和卫生标准、规范进行审查,准予其从事与卫生管理有关的特定活动的行为。

第三条 实施卫生行政许可,应当遵循公开、公平、公正、便民原则,提高办事效率,提供优质服务。

第四条 各级卫生计生行政部门实施的卫生行政许可应当有下列法定依据:

(一)法律、行政法规;

(二)国务院决定;

(三)地方性法规;

(四)省、自治区、直辖市人民政府规章。

各级卫生计生行政部门不得自行设定卫生行政许可项目,不得实施没有法定依据的卫生行政许可。

第五条 卫生计生行政部门实施卫生行政许可必须严格遵守法律、法规、规章规定的权限和程序。

法律、法规、规章规定由上级卫生行政机关实施的卫生行政许可,下级卫生行政机关不得实施;法律、法规、规章规定由下级卫生行政机关实施的卫生行政许可,上级卫生行政机关不得实施,但应当对下级卫生行政机关实施卫生行政许可的行为加强监督。

法律、法规、规章未明确规定实施卫生行政许可的卫生计生行政部门级别的,或者授权省级卫生计生行政部门对此作出规定的,省级卫生计生行政部门应当作出具体规定。

第六条 卫生计生行政部门实施的卫生行政许可需要内设的多个机构办理的,应当确定一个机构统一受理卫生行政许可申请和发放行政许可决定。

第七条 公民、法人或者其他组织对卫生计生行政部门实施卫生行政许可享有陈述权、申辩权和依法要求听证的权利;有权依法申请行政复议或者提起行政诉讼;其合法权益因卫生计生行政部门违法实施卫生行政许可受到损害的,有权依法要求赔偿。

第八条 任何单位和个人对违法实施卫生行政许可的行为有权进行举报,卫生计生行政部门应当及时核实、处理。

第二章 申请与受理

第九条 公民、法人或者其他组织申请卫生行政许可,应当按照法律、法规、规章规定的程序和要求向卫生计生行政部门提出申请。申请书格式文本由卫生计生行政部门提供。

申请人可以委托代理人提出卫生行政许可申请,代理人办理卫生行政许可申请时应当提供委托代理证明。

第十条 卫生计生行政部门应当公示下列与办理卫生行政许可事项相关的内容:

(一)卫生行政许可事项、依据、条件、程序、期限、数量;

(二)需要提交的全部材料目录;

(三)申请书示范文本;

(四)办理卫生行政许可的操作流程、通信地址、联系电话、监督电话。

有条件的卫生计生行政部门应当在相关网站上公布前款所列事项,方便申请人提出卫生行政许可,提高办事效率。

卫生计生行政部门应当根据申请人的要求,对公示内容予以说明、解释。

第十一条 申请人申请卫生行政许可,应当如实向卫生计生行政部门提交有关材料,并对其申请材料的真实性负责,承担相应的法律责任。卫生计生行政部门不得要求申请人提交与其申请的卫生行政许可事项无关的技术资料和其他材料。

第十二条 卫生计生行政部门接收卫生行政许可申请时,应当对申请事项是否需要许可、申请材料是否齐全等进行核对,并根据下列情况分别作出处理:

(一)申请事项依法不需要取得卫生行政许可的,应当即时告知申请人不受理;

(二)申请事项依法不属于卫生计生行政部门职权范围的,应当即时作出不予受理的决定,并告知申请人向有关行政机关申请;

(三)申请材料存在可以当场更正的错误,应当允许申请人当场更正,但申请材料中涉及技术性的实质内容除外。申请人应当对更正内容予以书面确认;

(四)申请材料不齐全或者不符合法定形式的,应当当场或者在5日内出具申请材料补正通知书,一次告知申请人需要补正的全部内容,逾期不告知的,自收到申请材料之日起即为受理;补正的申请材料仍然不符合有关要求的,卫生计生行政部门可以要求继续补正;

(五)申请材料齐全、符合法定形式,或者申请人按照要求提交全部补正申请材料的,卫生计生行政部门应当受理其卫生行政许可申请。

第十三条 卫生计生行政部门受理或者不予受理卫生行政许可申请的,应当出具加盖卫生计生行政部门专用印章和注明日期的文书。

第十四条 卫生行政许可申请受理后至卫生行政许可决定作出前,申请人书面要求撤回卫生行政许可申请的,可以撤回;撤回卫生行政许可申请的,卫生计生行政部门终止办理,并通知申请人。

第三章 审查与决定

第十五条 卫生计生行政部门受理申请后,应当及时对申请人提交的申请材料进行审查。

卫生计生行政部门根据法律、法规和规章的规定,确定审查申请材料的方式。

第十六条 卫生计生行政部门对申请材料审查后,应当在受理申请之日起20日内作出卫生行政许可决定;20日内不能作出卫生行政许可决定的,经本级卫生计生行政部门负责人批准,可以延长10日,并应当将延长期限的理由书面告知申请人。

法律、法规对卫生行政许可期限另有规定的,依照其规定。

第十七条 卫生计生行政部门依法需要对申请人进行现场审查的,应当及时指派两名以上工作人员进行现场审查,并根据现场审查结论在规定期限内作出卫生行政许可决定。

第十八条 卫生计生行政部门依法需要对申请行政许可事项进行检验、检测、检疫的,应当自受理申请之日起5日内指派两名以上工作人员按照技术标准、技术规范进行检验、检测、检疫,并书面告知检验、检测、检疫所需期限。需要延长检验、检测、检疫期限的,应当另行书面告知申请人。检验、检测、检疫所需时间不计算在卫生行政许可期限内。

第十九条 卫生计生行政部门依法需要根据鉴定、专家评审结论作出卫生行政许可决定的,应当书面告知申请人组织专家评审的所需期限。卫生计生行政部门根据专家评审结论作出是否批准的卫生行政许可决定。需要延长专家评审期限的，应当另行书面告知申请人。鉴定、专家评审所需时间不计算在卫生行政许可期限内。

第二十条 卫生计生行政部门依法需要根据考试、考核结果作出卫生行政许可决定的，申请人在考试、考核合格成绩确定后，根据其考试、考核结果向卫生计生行政部门提出申请，卫生计生行政部门应当在规定期限内作出卫生行政许可决定。

卫生计生行政部门根据考试成绩和其他法定条件作出卫生行政许可决定的，应当事先公布资格考试的报名条件、报考办法、考试科目以及考试大纲。但是，不得组织强制性的资格考试的考前培训，不得指定教材或者其他助考材料。

第二十一条 卫生计生行政部门依法需要根据检验、检测、检疫结果作出卫生行政许可决定的，检验、检测、检疫工作由依法认定的具有法定资格的技术服务机构承担。

申请人依法可自主选择具备法定资格的检验、检测、检疫机构，卫生计生行政部门不得为申请人指定检验、检测、检疫机构。

第二十二条 依法应当逐级审批的卫生行政许可，下级卫生计生行政部门应当在法定期限内按规定程序和要求出具初审意见，并将初步审查意见和全部申报材料报送上级卫生计生行政部门审批。法律、法规另有规定的，依照其规定。

符合法定要求的，上级卫生计生行政部门不得要求申请人重复提供申请材料。

第二十三条 卫生计生行政部门作出不予卫生行政许可的书面决定的，应当说明理由，告知申请人享有依法申请行政复议或者提起行政诉讼的权利，并加盖卫生计生行政部门印章。

第二十四条 申请人的申请符合法定条件、标准的，卫生计生行政部门应当依法作出准予卫生行政许可的书面决定。依法需要颁发卫生行政许可证件的，应当向申请人颁发加盖卫生计生行政部门印章的卫生行政许可证件。

卫生行政许可证件应当按照规定载明证件名称、发证机关名称、持证人名称、行政许可事项名称、有效期、编号等内容，并加盖卫生计生行政部门印章，标明发证日期。

第二十五条 卫生计生行政部门作出的卫生行政许可决定，除涉及国家秘密、商业秘密或者个人隐私的外，应当予以公开，公众有权查阅。

第二十六条 卫生计生行政部门应当建立健全卫生行政许可档案管理制度，妥善保存有关申报材料和技术评价资料。

第二十七条 申请人依法取得的卫生行政许可，其适用范围没有地域限制的，在全国范围内有效，各级卫生计生行政部门不得采取备案、登记、注册等方式重复或者变相重复实施卫生行政许可。

第二十八条 同一公民、法人或者其他组织在同一地点的生产经营场所需要多项卫生行政许可，属于同一卫生计生行政部门实施行政许可的，卫生计生行政部门可以只发放一个卫生行政许可证件，其多个许可项目应当分别予以注明。

第四章 听 证

第二十九条 法律、法规、规章规定实施卫生行政许可应当听证的事项，或者卫生计生行政部门认为需要听证的涉及重大公共利益的卫生行政许可事项，卫生计生行政部门应当在作出卫生行政许可决定前向社会公告，并举行听证。听证公告应当明确听证事项、听证举行的时间、地点、参加人员要求及提出申请的时间和方式等。

第三十条 卫生行政许可直接涉及申请人与他人之间重大利益关系，卫生计生行政部门应当在作出卫生行政许可决定前发出卫生行政许可听证告知书，告知申请人、利害关系人有要求听证的权利。

第三十一条 申请人、利害关系人要求听证的，应当自收到卫生计生行政部门卫生行政许可听证告知书后五日内提交申请听证的书面材料。逾期不提交的，视为放弃听证的权利。

第三十二条 卫生计生行政部门应当在接到申请人、利害关系人申请听证的书面材料二十日内组织听证，并在举行听证的七日前，发出卫生行政许可听证通知书，将听证的事项、时间、地点通知申请人、利害关系人。

第三十三条 申请人、利害关系人在举行听证前，撤回听证申请的，应当准许，并予记录。

第三十四条 申请人、利害关系人可以亲自参加听证，也可以委托代理人参加听证，代理人应当提供委托代理证明。

第三十五条 根据规定需要听证的，由卫生计生行政部门具体实施行政许可的机构负责组织。听证由卫生计生行政部门的法制机构主持。

申请人、利害关系人不承担卫生计生行政部门组织听证的费用。

第三十六条 申请人、利害关系人认为听证主持人与卫生行政许可有直接利害关系的,有权申请回避。

第三十七条 有下列情形之一的,可以延期举行听证:

(一)申请人、利害关系人有正当理由未到场的;

(二)申请人、利害关系人提出回避申请理由成立,需要重新确定主持人的;

(三)其他需要延期的情形。

第三十八条 举行听证时,卫生行政许可审查人提出许可审查意见,申请人、利害关系人进行陈述、申辩和质证。

第三十九条 听证应当制作笔录,听证笔录应当载明下列事项:

(一)卫生行政许可事项;

(二)听证参加人姓名、年龄、身份;

(三)听证主持人、听证员、书记员姓名;

(四)举行听证的时间、地点、方式;

(五)卫生行政许可审查人提出的许可审查意见;

(六)申请人、利害关系人陈述、申辩和质证的内容。

听证主持人应当在听证后将听证笔录当场交申请人、利害关系人审核,并签名或盖章。申请人、利害关系人拒绝签名的,由听证主持人在听证笔录上说明情况。

第四十条 听证结束后,听证主持人应当依据听证情况,提出书面意见。

第四十一条 听证所需时间不计算在卫生行政许可期限内。

第五章 变更与延续

第四十二条 被许可人在卫生行政许可有效期满前要求变更卫生行政许可事项的,应当向作出卫生行政许可决定的卫生计生行政部门提出申请,并按照要求提供有关材料。

卫生计生行政部门对被许可人提出的变更申请,应当按照有关规定进行审查。对符合法定条件和要求的,卫生计生行政部门应当依法予以变更,并换发行政许可证件或者在原许可证件上予以注明;对不符合法定条件和要求的,卫生计生行政部门应当作出不予变更行政许可的书面决定,并说明理由。

第四十三条 按照法律、法规、规章规定不属于可以变更情形的,应当按照规定重新申请卫生行政许可。

第四十四条 被许可人依法需要延续卫生行政许可有效期的,应当在该卫生行政许可有效期届满30日前向作出卫生行政许可决定的卫生计生行政部门提出申请,并按照要求提供有关材料。但法律、法规、规章另有规定的,依照其规定。

第四十五条 卫生计生行政部门接到延续申请后,应当按照本办法的有关规定作出受理或者不予受理的决定。受理延续申请的,应当在该卫生行政许可有效期届满前作出是否准予延续的决定;逾期未作决定的,视为准予延续。

卫生计生行政部门作出不受理延续申请或者不准予延续决定的,应当书面告知理由。

被许可人未按照规定申请延续和卫生计生行政部门不受理延续申请或者不准予延续的,卫生行政许可有效期届满后,原许可无效,由作出卫生行政许可决定的卫生计生行政部门注销并公布。

第四十六条 依法取得的卫生行政许可,除法律、法规规定依照法定条件和程序可以转让的外,不得转让。

第六章 监督检查

第四十七条 卫生计生行政部门应当建立健全行政许可管理制度,对卫生行政许可行为和被许可人从事卫生行政许可事项的活动实施全面监督。

第四十八条 上级卫生计生行政部门应当加强对下级卫生计生行政部门实施的卫生行政许可的监督检查,发现下级卫生计生行政部门实施卫生行政许可违反规定的,应当责令下级卫生计生行政部门纠正或者直接予以纠正。

第四十九条 卫生计生行政部门发现本机关工作人员违反规定实施卫生行政许可的,应当立即予以纠正。

卫生计生行政部门发现其他地方卫生计生行政部门违反规定实施卫生行政许可的,应当立即报告共同上级卫生计生行政部门。接到报告的卫生计生行政部门应当及时进行核实,对情况属实的,应当责令有关卫生计生行政部门立即纠正;必要时,上级卫生计生行政部门可以直接予以纠正。

第五十条 卫生计生行政部门应当加强对被许可人从事卫生行政许可事项活动情况的监督检查,并按照规定记录监督检查情况和处理结果,监督检查记录应当按照要求归档。

第五十一条 卫生计生行政部门依法对被许可人生产、经营、服务的场所和生产经营的产品以及使用的用品用具等进行实地检查、抽样检验、检测时,应当严格遵守卫生行政执法程序和有关规定。

第五十二条 卫生计生行政部门实施监督检查,不得妨碍被许可人正常生产经营和服务活动,不得索取或者收受被许可人的财物,不得谋取其它利益。

卫生计生行政部门对被许可人提供的有关技术资料和商业秘密负有保密责任。

第五十三条 对违法从事卫生行政许可事项活动的,卫生计生行政部门应当及时予以查处。对涉及本辖区外的违法行为,应当通报有关卫生计生行政部门进行协查;接到通报的卫生计生行政部门应当及时组织协查;必要时,可以报告上级卫生计生行政部门组织协查;对于重大案件,由国家卫生计生委组织协查。

卫生计生行政部门应当将查处的违法案件的违法事实、处理结果告知作出卫生行政许可决定的卫生计生行政部门。

第五十四条 卫生计生行政部门应当设立举报、投诉电话,任何单位和个人发现违法从事卫生行政许可事项的活动,有权向卫生计生行政部门举报,卫生计生行政部门应当及时核实、处理。

第五十五条 卫生计生行政部门在安排工作经费时,应当优先保证实施卫生行政许可所需经费。

卫生计生行政部门实施卫生行政许可时,除法律、行政法规规定外,不得收取任何费用。

第五十六条 被许可人取得卫生行政许可后,应当严格按照许可的条件和要求从事相应的活动。

卫生计生行政部门发现被许可人从事卫生行政许可事项的活动,不符合其申请许可时的条件和要求的,应当责令改正;逾期不改正的,应当依法收回或者吊销卫生行政许可。

第五十七条 有下列情况之一的,作出卫生行政许可决定的卫生计生行政部门或者上级卫生计生行政部门,可以撤销卫生行政许可:

(一)卫生计生行政部门工作人员滥用职权,玩忽职守,对不符合法定条件的申请人作出准予卫生行政许可决定的;

(二)超越法定职权作出准予卫生行政许可决定的;

(三)违反法定程序作出准予卫生行政许可决定的;

(四)对不具备申请资格或者不符合法定条件的申请人准予卫生行政许可的;

(五)依法可以撤销卫生行政许可决定的其它情形。

被许可人以欺骗、贿赂等不正当手段取得卫生行政许可的,应当予以撤销。

撤销卫生行政许可,可能对公共利益造成重大损失的,不予撤销。依照本条第一款的规定撤销卫生行政许可,被许可人的合法权益受到损害的,卫生计生行政部门应当依法予以赔偿。

第五十八条 有下列情形之一的,卫生计生行政部门应当依法办理有关卫生行政许可的注销手续:

(一)卫生行政许可复验期届满或者有效期届满未延续的;

(二)赋予公民特定资格的卫生行政许可,该公民死亡或者丧失行为能力的;

(三)法人或其他组织依法终止的;

(四)卫生行政许可被依法撤销、撤回、或者卫生行政许可证件被依法吊销的;

(五)因不可抗力导致卫生行政许可事项无法实施的;

(六)法律、法规规定的应当注销卫生行政许可的其它情形。

第五十九条 各级卫生计生行政部门应当定期对其负责实施的卫生行政许可工作进行评价,听取公民、法人或者其他组织对卫生行政许可工作的意见和建议,并研究制定改进工作的措施。

第七章 法律责任

第六十条 卫生计生行政部门及其工作人员违反本办法规定,有下列行为之一的,由上级卫生

计生行政部门责令改正;拒不改正或者有其他情节严重的情形的,对直接负责的主管人员和其他直接责任人员依法给予行政处分:

(一)对符合法定条件的卫生行政许可申请不予受理的;

(二)不在卫生行政许可受理场所公示依法应当公示的材料的;

(三)在受理、审查、决定卫生行政许可过程中,未向申请人、利害关系人履行法定告知义务的;

(四)申请人提交的申请材料不齐全、不符合法定形式,能够一次告知而未一次告知申请人必须补正的全部内容的;

(五)未向申请人说明不予受理或者不予卫生行政许可的理由的;

(六)依法应当举行听证而不举行听证的。

第六十一条 卫生计生行政部门及其工作人员违反本办法规定,有下列行为之一的,由上级卫生计生行政部门责令改正,并对直接负责的主管人员和其他直接责任人员依法给予行政处分;涉嫌构成犯罪的,移交司法机关追究刑事责任:

(一)对不符合法定条件的申请人准予卫生行政许可或者超越法定职权作出准予卫生行政许可决定的;

(二)对符合法定条件的申请人不予卫生行政许可或者不在法定期限内作出准予卫生行政许可决定的;

(三)索取或者收受财物或者谋取其他利益的;

(四)法律、行政法规规定的其他违法情形。

第六十二条 卫生计生行政部门不依法履行监督职责或者监督不力,造成严重后果的,由其上级卫生计生行政部门责令改正,并对直接负责的主管人员和其他责任人员依法给予行政处分;涉嫌构成犯罪的,移交司法机关追究刑事责任。

第六十三条 申请人提供虚假材料或者隐瞒真实情况的,卫生计生行政部门不予受理或者不予许可,并给予警告,申请人在一年内不得再次申请该许可事项。

第六十四条 被许可人以欺骗、贿赂等不正当手段取得卫生行政许可的,卫生计生行政部门应当依法给予行政处罚,申请人在三年内不得再次申请该卫生行政许可;涉嫌构成犯罪的,移交司法机关追究刑事责任。

第六十五条 被许可人有下列行为之一的,卫生计生行政部门应当依法给予行政处罚;涉嫌构成犯罪的,移交司法机关追究刑事责任:

(一)涂改、倒卖、出租、出借或者以其他方式非法转让卫生行政许可证件的;

(二)超越卫生行政许可范围进行活动的;

(三)在卫生监督检查中提供虚假材料、隐瞒活动真实情况或者拒绝提供真实材料的;

(四)应依法申请变更的事项未经批准擅自变更的;

(五)法律、法规、规章规定的其他违法行为。

第六十六条 公民、法人或者其他组织未经卫生行政许可,擅自从事依法应当取得卫生行政许可的活动的,由卫生计生行政部门依法采取措施予以制止,并依法给予行政处罚;涉嫌构成犯罪的,移交司法机关追究刑事责任。

第八章 附 则

第六十七条 本办法规定的实施卫生行政许可的期限是指工作日,不包括法定节假日。

第六十八条 本办法规定的卫生行政许可文书样本供各地参照执行。除本办法规定的文书样本外,省级卫生计生行政部门可根据工作需要补充相应文书。

第六十九条 本办法自发布之日起施行。

附件:卫生行政许可文书(略)

卫生行政处罚程序

·1997 年 6 月 19 日卫生部令第 53 号发布

·根据 2006 年 2 月 13 日《卫生部关于修改〈卫生行政处罚程序〉第二十九条的通知》修订

第一章 总 则

第一条 为保证卫生行政机关正确行使行政处罚职权,保护公民、法人和其他组织的合法权益,维护公共利益和社会秩序,根据《行政处罚法》和有关卫生法律、法规的规定,制定本程序。

第二条 本程序所指行政处罚,是指县级以上卫生行政机关依据卫生法律、法规、规章,对应受制裁的违法行为,作出的警告、罚款、没收违法所得、责令停产停业、吊销许可证以及卫生法律、行政法规规定的其他行政处罚。

第三条 县级以上卫生行政机关对违反卫生法律、法规、规章的单位或个人进行行政处罚，适用本程序。

卫生法律、法规授予卫生行政处罚职权的卫生机构行使卫生行政处罚权的，依照本程序执行。

第四条 卫生行政机关实施行政处罚必须事实清楚，证据确凿，适用法律、法规、规章正确，坚持先调查取证后裁决、合法、适当、公正、公开和处罚与教育相结合的原则。

第五条 卫生行政机关应当建立对卫生行政处罚的监督制度。上级卫生行政机关对下级卫生行政机关实施行政处罚进行监督，卫生行政机关内部法制机构对本机关实施行政处罚进行监督。

第二章 管 辖

第六条 县级以上卫生行政机关负责查处所辖区域内的违反卫生法律、法规、规章的案件。

省级卫生行政机关可依据卫生法律、法规、规章和本地区的实际，规定所辖区内管辖的具体分工。

卫生部负责查处重大、复杂的案件。

第七条 上级卫生行政机关可将自己管辖的案件移交下级卫生行政机关处理；也可根据下级卫生行政机关的请求处理下级卫生行政机关管辖的案件。

第八条 两个以上卫生行政机关，在管辖发生争议时，报请其共同的上级卫生行政机关指定管辖。

第九条 卫生行政机关发现查处的案件不属于自己管辖，应当及时书面移送给有管辖权的卫生行政机关。

受移送的卫生行政机关应当将案件查处结果函告移送的卫生行政机关。

受移送地的卫生行政机关如果认为移送不当，应当报请共同的上级卫生行政机关指定管辖，不得再自行移送。

第十条 上级卫生行政机关在接到有关解决管辖争议或者报请移送管辖的请示后，应当在10日内作出具体管辖决定。

第十一条 国境卫生检疫机关依据国境卫生检疫法律、法规实施的行政处罚，由违法行为发生地的国境卫生检疫机关管辖。

卫生部卫生检疫局负责查处重大、复杂的案件。

卫生部卫生检疫局下设的国境卫生检疫机关间对管辖发生争议时，报请卫生部卫生检疫局指定管辖。

第十二条 法律、法规规定的受卫生部委托的有关部门的卫生主管机构，或者由卫生部会同其规定监督职责的国务院有关部门的卫生主管机构，负责规定管辖范围内的案件。

第十三条 卫生行政机关与第十二条所指的有关部门的卫生主管机构对管辖发生争议的，报请省级卫生行政机关指定管辖。

第三章 受理与立案

第十四条 卫生行政机关对下列案件应当及时受理并做好记录：

（一）在卫生监督管理中发现的；

（二）卫生机构监测报告的；

（三）社会举报的；

（四）上级卫生行政机关交办、下级卫生行政机关报请的或者有关部门移送的。

第十五条 卫生行政机关受理的案件符合下列条件的，应当在7日内立案：

（一）有明确的违法行为人或者危害后果；

（二）有来源可靠的事实依据；

（三）属于卫生行政处罚的范围；

（四）属于本机关管辖。

卫生行政机关对决定立案的应当制作报告，由直接领导批准，并确定立案日期和两名以上卫生执法人员为承办人。

第十六条 承办人有下列情形之一的，应当自行回避：

（一）是本案当事人的近亲属；

（二）与本案有利害关系；

（三）与本案当事人有其他利害关系，可能影响案件公正处理的。

当事人有权申请承办人回避。

回避申请由受理的卫生行政机关负责人决定。

第四章 调查取证

第十七条 对于依法给予卫生行政处罚的违法行为，卫生行政机关应当调查取证，查明违法事实。案件的调查取证,必须有两名以上执法人员参加,并出示有关证件。

对涉及国家机密、商业秘密和个人隐私的,应当保守秘密。

第十八条 卫生执法人员应分别询问当事人或证人,并当场制作询问笔录。询问笔录经核对无误后,卫生执法人员和被询问人应当在笔录上签名。被询问人拒绝签名的,应当由两名卫生执法人员在笔录上签名并注明情况。

第十九条 卫生执法人员进行现场检查时,应制作现场检查笔录,笔录经核对无误后,卫生执法人员和被检查人应当在笔录上签名。被检查人拒绝签名的,应当由两名卫生执法人员在笔录上签名并注明情况。

第二十条 调查取证的证据应当是原件、原物,调查取证原件、原物确有困难的,可由提交证据的单位或个人在复制品、照片等物件上签章,并注明"与原件(物)相同"字样或文字说明。

第二十一条 书证、物证、视听材料、证人证言、当事人陈述、鉴定结论、勘验笔录、现场检查笔录等,经卫生执法人员审查或调查属实,为卫生行政处罚证据。

第二十二条 卫生行政机关在收集证据时,在证据可能灭失、或者以后难以取得的情况下,经卫生行政机关负责人批准,可以先行登记保存。执法人员应向当事人出具由行政机关负责人签发的保存证据通知书。

卫生行政机关应当在7日内作出处理决定。卫生法律、法规另有规定的除外。

第二十三条 卫生执法人员调查违法事实,需要采集鉴定检验样品的,应当填写采样记录。所采集的样品应标明编号并及时进行鉴定检验。

第二十四条 调查终结后,承办人应当写出调查报告。其内容应当包括案由、案情、违法事实、违反法律、法规或规章的具体款项等。

第五章 处罚决定

第一节 一般程序

第二十五条 承办人在调查终结后,应当对违法行为的事实、性质、情节以及社会危害程度进行合议并作好记录,合议应当根据认定的违法事实,依照有关卫生法律、法规和规章的规定分别提出下列处理意见:

(一)确有应当受行政处罚的违法行为的,依法提出卫生行政处罚的意见;

(二)违法行为轻微的,依法提出不予卫生行政处罚的意见;

(三)违法事实不能成立的,依法提出不予卫生行政处罚的意见;

(四)违法行为不属于本机关管辖的,应当移送有管辖权的机关处理;

(五)违法行为构成犯罪需要追究刑事责任的,应当移送司法机关。同时应当予以行政处罚的,还应当依法提出卫生行政处罚的意见。

除前款第一项、第五项所述情形之外,承办人应制作结案报告,并经本机关负责人批准后结案。

第二十六条 卫生行政机关在作出合议之后,应当及时告知当事人行政处罚认定的事实、理由和依据,以及当事人依法享有的权利。适用听证程序的按本程序第三十三条规定。

卫生行政机关必须充分听取当事人的陈述和申辩,并进行复核,当事人提出的事实、理由或者证据成立的,应当采纳。

卫生行政机关不得因当事人申辩而加重处罚。

第二十七条 对当事人违法事实已查清,依据卫生法律、法规、规章的规定应给予行政处罚的,承办人应起草行政处罚决定书文稿,报卫生行政机关负责人审批。

卫生行政机关负责人应根据情节轻重及具体情况作出行政处罚决定。对于重大、复杂的行政处罚案件,应当由卫生行政机关负责人集体讨论决定。

行政处罚决定作出后,卫生行政机关应当制作行政处罚决定书。

第二十八条 卫生行政机关适用一般程序实施行政处罚时,对已有证据证明的违法行为,应当在发现违法行为或调查违法事实时,书面责令当事人改正或限期改正违法行为。

第二十九条 卫生行政机关应当自立案之日起三个月内作出行政处罚决定。

因特殊原因,需要延长前款规定的时间的,应当报请上级卫生行政机关批准。省级卫生行政机关需要延长时间的,由省级卫生行政机关负责集体讨论决定。

第二节 听证程序

第三十条 卫生行政机关在作出的责令停产停业、吊销许可证或者较大数额罚款等行政处罚决定前，应当告知当事人有要求举行听证的权利。当事人要求听证的，卫生行政机关应当组织听证。听证由卫生行政机关内部法制机构或主管法制工作的综合机构负责。

对较大数额罚款的听证范围依照省、自治区、直辖市人大常委会或人民政府的具体规定执行。

国境卫生检疫机关对 2 万元以上数额的罚款实行听证。

第三十一条 听证遵循公正、公开的原则。除涉及国家秘密、商业秘密或者个人隐私外，听证应当以公开的方式进行。

听证实行告知、回避制度，依法保障当事人的陈述权和申辩权。

第三十二条 听证由作出行政处罚的卫生行政机关组织。当事人不承担卫生行政机关听证的费用。

第三十三条 卫生行政机关对于适用听证程序的卫生行政处罚案件，应当在作出行政处罚决定前，向当事人送达听证告知书。

听证告知书应当载明下列主要事项：

（一）当事人的姓名或者名称；

（二）当事人的违法行为、行政处罚的理由、依据和拟作出的行政处罚决定；

（三）告知当事人有要求听证的权利；

（四）告知提出听证要求的期限和听证组织机关。

听证告知书必须盖有卫生行政机关的印章。

第三十四条 卫生行政机关决定予以听证的，听证主持人应当在当事人提出听证要求之日起 2 日内确定举行听证时间、地点和方式，并在举行听证的 7 日前，将听证通知书送达当事人。

听证通知书应载明下列事项并加盖卫生行政机关印章：

（一）当事人的姓名或者名称；

（二）举行听证的时间、地点和方式；

（三）听证人员的姓名；

（四）告知当事人有权申请回避；

（五）告知当事人准备证据、通知证人等事项。

第三十五条 当事人接到听证通知书后，应当按期出席听证会。因故不能如期参加听证的，应当事先告知主持听证的卫生行政机关，并且获得批准。无正当理由不按期参加听证的，视为放弃听证要求，卫生行政机关予以书面记载。在听证举行过程中当事人放弃申辩和退出听证的，卫生行政机关可以宣布听证终止，并记入听证笔录。

第三十六条 卫生行政机关的听证人员包括听证主持人、听证员和书记员。

听证主持人由行政机关负责人指定本机关内部的非本案调查人员担任，一般由本机关法制机构人员或者专职法制人员担任。

听证员由卫生行政机关指定 1 至 2 名本机关内部的非本案调查人员担任。协助听证主持人组织听证。

书记员由卫生行政机关内部的一名非本案调查人员担任，负责听证笔录的制作和其他事务。

第三十七条 当事人认为听证主持人、听证员和书记员与本案有利害关系的，有权申请回避。听证员和书记员的回避，由听证主持人决定；听证主持人的回避由听证机构行政负责人决定。

第三十八条 有下列情形之一的，可以延期举行听证：

（一）当事人有正当理由未到场的；

（二）当事人提出回避申请理由成立，需要重新确定主持人的；

（三）需要通知新的证人到场，或者有新的事实需要重新调查核实的；

（四）其他需要延期的情形。

第三十九条 举行听证时，案件调查人提出当事人违法事实、证据和适用听证程序的行政处罚建议，当事人进行陈述、申辩和质证。

案件调查人员对认定的事实负有举证责任，当事人对自己提出的主张负有举证责任。

第四十条 听证应当制作笔录，听证笔录应当载明下列事项：

（一）案由；

（二）听证参加人姓名或名称、地址；

（三）听证主持人、听证员、书记员姓名；

（四）举行听证的时间、地点、方式；

（五）案件调查人员提出的事实、证据和适用听证程序的行政处罚建议；

（六）当事人陈述、申辩和质证的内容；

（七）听证参加人签名或盖章。

听证主持人应当在听证后将听证笔录当场交当事人和案件调查人审核，并签名或盖章。当事人拒绝签名的，由听证主持人在听证笔录上说明情况。

第四十一条 听证结束后，听证主持人应当依据听证情况，提出书面意见。

第四十二条 卫生行政机关应当根据听证情况进行复核，违法事实清楚的，依法作出行政处罚决定；违法事实与原来认定有出入的，可以进行调查核实，在查清事实后，作出行政处罚决定。

第三节 简易程序

第四十三条 对于违法事实清楚、证据确凿并有下列情形之一的，卫生行政机关可当场作出卫生行政处罚决定：

（一）予以警告的行政处罚；

（二）对公民处以50元以下罚款的行政处罚；

（三）对法人或者其他组织处以1000元以下罚款的行政处罚。

第四十四条 卫生行政执法人员当场作出行政处罚决定的，应当向当事人出示证件，填写预定格式、编有号码并加盖卫生行政机关印章的当场行政处罚决定书。

前款规定的行政处罚决定书应当载明当事人的违法行为、行政处罚依据（适用的法律、法规、规章名称及条、款、项、目）、具体处罚决定、时间、地点、卫生行政机关名称，并由执法人员签名或盖章。

第四十五条 卫生行政机关适用简易程序作出卫生行政处罚决定的，应在处罚决定书中书面责令当事人改正或限期改正违法行为。

第四十六条 卫生行政执法人员当场作出的行政处罚决定，应当在7日内报所属卫生行政机关备案。

第四节 送 达

第四十七条 卫生行政处罚决定书应当在宣告后当场交付当事人并取得送达回执。当事人不在场的，卫生行政机关应当在7日内依照本节规定，将卫生行政处罚决定书送达当事人。

卫生行政处罚决定书由承办人送达被处罚的单位或个人签收，受送达人在送达回执上记明收到日期、签名或盖章。受送达人在送达回执上的签收日期为送达日期。

送达行政处罚决定书应直接送交受送达人。受送达人是公民的，本人不在时，交同住成年家属签收；受送达人是法人或者其他组织的，应由法定代表人、其他组织的主要负责人或者该法人、其他组织负责收件人员签收。

第四十八条 受送达人或者其同住成年家属拒收行政处罚决定书的，送达人应当邀请有关基层组织或者所在单位人员到场并说明情况，在行政处罚决定书送达回执上注明拒收事由和日期，由送达人、见证人签名（盖章），将行政处罚决定书留在被处罚单位或者个人处，即视为送达。

第四十九条 直接送达有困难的，可以委托就近的卫生行政机关代送或者用挂号邮寄送达，回执注明的收件日期即为送达日期。

第五十条 受送达人下落不明，或者依据本程序的其他方式无法送达的，以公告方式送达。

自发出公告之日起，经过60日，即视为送达。

第六章 执行与结案

第五十一条 卫生行政处罚决定作出后，当事人应当在处罚决定的期限内予以履行。

第五十二条 当事人对卫生行政处罚决定不服申请行政复议或者提起行政诉讼的，行政处罚不停止执行，但行政复议或行政诉讼期间裁定停止执行的除外。

第五十三条 作出罚款决定的卫生行政机关应当与收缴罚款的机关分离，除按规定当场收缴的罚款外，作出行政处罚决定的卫生行政机关及卫生执法人员不得自行收缴罚款。

第五十四条 依据本程序第四十三条当场作出卫生行政处罚决定，有下列情形之一的，卫生执法人员可以当场收缴罚款：

（一）依法给予20元以下罚款的；

（二）不当场收缴事后难以执行的；

卫生行政机关及其卫生执法人员当场收缴罚款的，必须向当事人出具省、自治区、直辖市财政部门统一制发的罚款收据。

第五十五条 在边远、水上、交通不便地区，卫生行政机关及卫生执法人员依照本程序规定作出处罚决定后，当事人向指定的银行缴纳罚款确有困难的，经当事人提出，卫生行政机关及其卫生执法人员可以当场收缴罚款。

第五十六条 当事人在法定期限内不申请行政复议或者不提起行政诉讼又不履行的，卫生行政机关可以采取下列措施：

（一）到期不缴纳罚款的每日按罚款数额的3%加处罚款；

（二）申请人民法院强制执行。

第五十七条 卫生行政处罚决定履行或者执行后，承办人应当制作结案报告。并将有关案件材料进行整理装订，加盖案件承办人印章，归档保存。

第五十八条 卫生行政机关应当将适用听证程序的行政处罚案件在结案后1个月内报上一级卫生行政机关法制机构备案。

卫生部卫生检疫局适用听证程序的行政处罚案件，应当报卫生部法制机构备案。

第七章 附 则

第五十九条 本程序所称卫生执法人员是指依照卫生法律、法规、规章聘任的卫生监督员。

第六十条 卫生行政机关及其卫生执法人员违反本程序实施行政处罚，将依照《行政处罚法》的有关规定，追究法律责任。

第六十一条 卫生行政处罚文书规范由卫生部另行制定。

第六十二条 本程序由卫生部负责解释。

第六十三条 本程序自发布之日起实行。以前发布的有关规定与本程序不符的，以本程序为准。

卫生行政执法责任制若干规定

·2005年6月9日

·卫监督发〔2005〕233号

第一章 总 则

第一条 为了规范卫生行政执法行为，落实行政执法责任，提高卫生行政执法水平，保障各项卫生法律、法规、规章全面正确实施，根据国家有关法律、行政法规，制定本规定。

第二条 卫生行政执法责任制是卫生行政部门根据依法行政的要求，以落实行政执法责任为核心，以卫生行政执法行为合法、规范、高效为基本要求，以卫生行政执法监督和过错责任追究为保障的行政执法工作制度。

卫生行政执法的内容应当包括卫生行政许可、卫生监督检查、卫生行政强制措施及卫生行政处罚等依据相关法律、法规、规章作出的行政行为。

第三条 实行卫生行政执法责任制应当建立卫生行政执法激励机制和监督制约机制。

第四条 各级人民政府卫生行政部门负责制定辖区内卫生行政执法责任制并组织实施；上级卫生行政部门负责对下级卫生行政部门落实卫生行政执法责任制的情况进行监督检查。

卫生行政执法责任制应当根据法律规定和职能调整及时进行修订。

第二章 基本要求

第五条 卫生行政执法责任制应当包括以下内容：

（一）明确执法范围和工作任务；

（二）划分执法责任，具体内容有：

1. 明确法定职责和权限范围；

2. 应当履行的法定义务；

3. 执法的目标和要求；

4. 应当承担的法律责任。

（三）根据卫生行政执法范围和工作任务建立卫生行政执法岗位责任制，分别落实到各级负责人、各处室（执法机构）及执法人员。

第六条 卫生行政部门应当建立健全下列制度，保证卫生行政执法责任制的落实：

（一）重大行政处罚负责人集体讨论制度；

（二）卫生行政执法文书及档案管理制度；

（三）罚没收缴物品处理管理制度；

（四）卫生监督稽查制度；

（五）过错责任追究制度；

（六）卫生法律、法规、规章的培训制度；

（七）卫生监督信息统计报告制度；

（八）卫生行政执法考核评议和奖惩制度。

第七条 卫生行政部门实施行政许可、行政处罚、监督检查、行政强制措施等具体行政行为，必须严格依照相关法律、法规、规章规定的要求，不得失职、渎职、越权和滥用职权。

第八条 卫生行政部门应当建立投诉举报受理制度，及时处理公民、法人或其他组织的投诉和举报，不得拒绝和推诿。

第九条 卫生行政部门查处行政违法案件时，发现涉嫌刑事犯罪的，应当依法及时移送司法机关处理。

第十条 卫生行政执法人员作出的具体行政行为应符合下列要求：

（一）符合管辖和职权范围；

（二）事实清楚，证据充分；

（三）适用法律法规正确，符合有关标准；

（四）执法程序合法；

（五）行政处罚合法、适当。

第十一条 卫生行政执法人员必须严格执法，公正执法，文明执法，严格依法行政。

第三章 监　督

第十二条 卫生行政部门的法制机构负责卫生行政执法责任制实施的监督工作，其职责是：

（一）实施过错责任追究；

（二）参与重大执法和听证活动；

（三）对重大案件的调查处理实施监督；

（四）组织对卫生行政执法工作进行评议考核。

第四章 考　核

第十三条 卫生行政部门应当对本机关及所属执法机构和执法人员卫生行政执法责任制的实施情况进行考核。上级卫生行政部门应对下一级卫生行政部门执法责任制实施情况进行评议考核。

第十四条 卫生行政执法评议考核应当严格遵守公开、公平、公正的原则。在评议考核中，要公正对待、客观评价卫生行政执法人员的行政执法行为。

第十五条 卫生行政执法评议考核的标准、过程和结果都要以适当方式在一定范围内公开。

第十六条 卫生行政部门应当对在实施卫生行政执法责任制中取得显著成绩的执法机构和执法人员予以表彰和奖励。

考核结果不合格的执法机构和执法人员应当针对其不合格内容限期整改，对于整改不力的，应当取消其评比先进资格。

第五章 过错责任追究

第十七条 过错责任追究应当坚持实事求是，客观公正。

第十八条 在对责任人做出处理前，应当听取当事人的意见，保障其陈述和申辩的权利。

第十九条 各级卫生行政部门行政首长为卫生行政执法第一责任人，分管领导、执法机构负责人为主要责任人，执法人员根据职责分工承担相应的卫生行政执法责任。

第二十条 各级行政执法人员在执法活动中，因故意或重大过失有下列情形之一的，应当追究相应责任：

（一）超越法定权限的；

（二）认定事实不清、证据不足的；

（三）适用法律、法规、规章错误的；

（四）违反法定程序的；

（五）处理结果显失公正的；

（六）依法应当作为而不作为的；

（七）滥用职权侵害公民、法人和其他组织的合法权益的；

（八）卫生行政执法责任制不落实，责任不清造成重大过失的；

（九）其他违法行为。

第二十一条 行政执法人员有第二十条规定情形的，所在机构可以根据情节给予限期整改、通报批评、取消评比先进资格、离岗培训、调离执法岗位、取消执法资格等处理。情节严重，造成严重后果的，依法给予行政处分；涉嫌犯罪的，移送司法机关处理。

第二十二条 行政执法人员在行政执法中发生违法违纪问题，并造成严重社会影响的，上级卫生行政部门应当给予通报批评，取消评比先进资格等处理。

第六章 附　则

第二十三条 本规定所称过错责任，是指执法人员因故意或重大过失所造成的不良结果应承担的责任。

第二十四条 本规定由卫生部负责解释。

第二十五条 本规定自发布之日起施行。

卫生行政执法文书规范

·2012年9月6日卫生部令第87号公布
·根据2017年12月26日国家卫生和计划生育委员会令第18号《国家卫生计生委关于修改〈新食品原料安全性审查管理办法〉等7件部门规章的决定》修正

第一章 总 则

第一条 为规范卫生行政执法行为，保障公民、法人和其他组织的合法权益，根据《中华人民共和国行政处罚法》、《中华人民共和国行政强制法》和有关法律法规，制定本规范。

第二条 本规范规定的文书适用于监督检查、监督抽检、行政强制、行政处罚等卫生行政执法活动。

第三条 规范确定的各类文书应当按照规定的要求使用。

除本规范规定的文书样式外，省级卫生行政机关可以根据工作需要增加相应文书，并报国家卫生计生委备案。

第四条 制作的文书应当完整、准确、规范，符合相应的要求。

文书中卫生行政机关的名称应当填写机关全称。

文书本身设定文号的，应当在文书标注的“文号”位置编写相应的文号，编号方法为：“地区简称+卫+执法类别+执法性质+〔年份〕+序号”。文书本身设定编号的，应当在文书标注的“编号：”后印制编号，编号方法为：“年份+序号”。

第二章 制作要求

第五条 现场使用的文书应当按照规定的格式印制后填写。两联以上的文书应当使用无碳复写纸印制。

应当用黑色或者蓝黑色的水笔或者签字笔填写，保证字迹清楚、文字规范、文面清洁。

因书写错误需要对文书进行修改的，应当用杠线划去修改处，在其上方或者接下处写上正确内容。对外使用的文书作出修改的，应当在改动处加盖校对章，或者由对方当事人签名或者盖章。

文书也可以按照规范的格式打印。执法过程中需要利用手持移动执法设备现场打印文书的，在文书格式和内容不变的情况下，文书规格大小可以适当调整。

第六条 预先设定的文书栏目，应当逐项填写。摘要填写的，应当简明、完整、准确。签名和注明日期必须清楚无误。

第七条 调查询问所作的记录应当具体详细，涉及案件关键事实和重要线索的，应当尽量记录原话。不得使用推测性词句，以免发生词句歧义。

对方位、状态及程度的描述记录，应当依次有序、准确清楚。

第八条 当场制作的现场笔录、询问笔录、陈述和申辩笔录、听证笔录等文书，应当在记录完成后注明“以下空白”，当场交由有关当事人审阅或者向当事人宣读，并由当事人签字确认。当事人认为记录有遗漏或者有差错的，应当提出补充和修改，在改动处签字或者用指纹、印鉴覆盖。

当事人认为笔录所记录的内容真实无误的，应当在笔录上注明“以上笔录属实”并签名。当事人拒不签名的，应当注明情况。采取行政强制措施时，当事人不到场的，应当邀请见证人到场在现场笔录上签名或者盖章。

第九条 各类文书中有关共性栏目的填写方法：

文书本身设有“当事人”项目的，按照以下要求填写：是法人或者其他组织的，应当填写单位的全称、地址、联系电话，法定代表人（负责人）的姓名、性别、民族、职务等内容；是个人的，应当填写姓名、性别、身份证号、民族、住址、联系电话等内容。“案件来源”按照《卫生行政处罚程序》的规定要求填写。

文书首页不够记录时，可以续页记录，但首页及续页均应当有当事人签名并注明日期。

案由统一写法为当事人名称（姓名）+具体违法行为+案。如有多个违法行为，以主要的违法行为作为案由。文书本身设有“当事人”项目的，在填写案由时可以省略有关当事人的内容。

第十条 对外使用的文书本身设定签收栏的，在直接送达的情况下，应当由当事人直接签收。没有设定的，一般应当使用送达回执。

第十一条 产品样品采样记录，是采集用于鉴定检验的健康相关产品及其他产品的书面记录。

采样记录应当写明被采样人、采样地址、采样方法、采样时间、采样目的等内容。

样品基本情况应当写明样品名称、样品规格、样品数量、样品包装状况或者储存条件、样品的生产日期及批号、样品标注的生产或者进口代理单位、采集样品的具体地点。

第十二条 非产品样品采样记录，是从有关场所采集鉴定检验用样品的书面记录。

非产品样品采样记录应当写明被采样人、采样地点、采样方法、采样时间、采样目的、采样设备或者仪器名称、采集样品名称、编号及份数。

此外，还应当对被采集样品的物品或者场所的状况进行客观的描述。

第十三条 产品样品确认告知书，是实施卫生监督抽检的卫生行政机关为确认产品的真实生产或者进口代理单位，向标签标注的生产或者进口代理单位发出的文书。

告知书应当写明样品的基本情况，采样日期、被采样单位或者地址、样品标识的生产或者进口代理单位及地址、生产日期或者批号、标识、规格、样品名称等内容。还应当告知确认的方式、时间、地点、联系人、联系电话、联系地址和邮政编码等，并告知逾期未回复确认的，视为对样品真实性无异议。

第十四条 检验结果告知书，是卫生行政机关将抽检不合格样品的检验结果告知相应当事人的文书。

告知书应当写明被检验的产品或者其他物品的名称，检验结果不符合国家有关卫生标准规定的情况，并告知当事人依照规定是否有申请复核的权利及提出复核申请的期限等内容。

第十五条 卫生监督意见书，是卫生行政机关制作的对被监督单位或者个人具有指导性或者指令性作用的文书。

对存在违法事实，依法需要责令改正的，应当写明法律依据、改正期限及责令改正意见等内容。

第十六条 卫生行政执法事项审批表，是在作出证据先行登记保存、行政强制、行政处罚等行政决定前，由卫生行政机关负责人对拟作出的行政决定意见进行审查，并签署审批意见的文书。也适用于因情况紧急需要当场实施行政强制措施，事后补办批准手续的情形。

审批表应当写明当事人、案由、申请审批事项、承办人处理意见、审核意见及部门负责人审批意见等。

申请行政处罚审批时，申请审批事项中应当写明主要违法事实、证据、处罚理由及依据。申请证据先行登记保存、行政强制审批时，申请审批事项中应当写明原因及依据。

第十七条 卫生行政控制决定书，是卫生行政机关发现当事人生产经营的产品或者场所已经或者可能对人体健康产生危害，需要对物品或者场所采取控制措施时发出的文书。

决定书应当写明当事人全称、控制的原因、控制的法律依据和作出处理决定的期限，对控制的物品或者场所应当写明物品或者场所的名称、控制地点、控制方式等内容。

第十八条 解除卫生行政控制决定书，是卫生行政机关确认被控制的物品或者场所不能或者不可能对人体健康构成危害时，决定对被控制的物品或者场所解除控制时发出的文书。

决定书应当写明当事人全称及控制文书作出的时间及文号。

第十九条 查封、扣押决定书，是卫生行政机关为制止违法行为、防止证据毁损、避免危害发生、控制危险扩大，依法对涉案的场所、设施或者财物采取查封、扣押措施时发出的文书。

决定书中应当写明当事人的姓名或者名称、地址，查封、扣押的理由、依据和期限，查封、扣押场所、设施或者财物的名称、数量等，并告知当事人申请行政复议或者提起行政诉讼的途径和期限。

对物品需要进行检测、检验、检疫或者技术鉴定的，应当告知当事人所需的时间，同时告知查封、扣押的期间不包括检测、检验、检疫或者技术鉴定的期间。

第二十条 查封、扣押处理决定书，是卫生行政机关在规定的期限内对被采取查封、扣押行政强制措施的场所、设施或者财物作出处理决定时发出的文书。

处理决定书应当写明当事人的姓名或者名称，查封扣押决定书作出的时间、文号及具体处理意见。

第二十一条 查封、扣押延期通知书，是因案情复杂，需要延长查封、扣押期限时发出的文书。

延期通知书应当写明当事人的姓名或者名称，查封扣押的期限，并说明理由。

第二十二条 物品清单，是作出查封、扣押、没收物品等行政决定时，附于查封、扣押决定书，行政处罚决定书等文书后，用于登记相关物品所使用的文书。

物品清单应当注明被附文书的名称及文号，并写明物品名称、数量、生产或进口代理单位、生产日期及批号等内容，由当事人、案件承办人签名。

第二十三条 公告，是指卫生行政机关为制止违法行为或者防止危害后果扩大，对当事人的违法行为依法采取执法行为并需要公众知晓或者配合时使用的文书。

公告应当写明违法当事人的姓名或者名称、地点、违法事实、违反的法律条款、处理依据及时间。公告的纸张规格大小可以根据实际需要确定。

第二十四条 封条，是为调查取证、保存证据或者防止危害进一步扩大等，对特定生产经营场所、物品等采取临时停止使用，以及禁止销售、转移、损毁、隐匿物品等措施时使用的文书。

封条上应当注明日期和期限，并加盖公章。封条的规格可以根据实际需要确定。

第二十五条 案件受理记录，是对检查发现、群众检举或者控告，上级卫生行政机关交办、下级卫生行政机关报请、有关部门移送来的案件，按照规定的权限和程序办理案件受理手续，所作的文字记录。

案发单位或者个人的信息应当根据所获得的信息填写。

案情摘要应当写明主要违法事实，包括案发时间、案发地点、重要证据及造成的危害和影响等内容。

负责人意见，是负责人对案件的处理意见。

第二十六条 立案报告，是对受理的案件进行初步核实后，确认有违法事实，属于本机关管辖，并需给予行政处罚的，为了对案件展开调查，向主管卫生行政机关负责人或主管科（处、室）负责人提出的书面报告。

案情摘要应当按照性质和程度，由大到小、从重到轻加以排列，逐个罗列事实并加以简要说明。同时要指明当事人涉嫌违反的具体法律条款。

负责人审批意见，是负责人对查处案件的批示，如是否批准立案，对批准立案的应当确定承办人员。

第二十七条 案件移送书，是将不属于本单位或者本部门管辖的案件，移送有关单位或者部门处理的文书。

案件移送书应当写明移送案件的受理时间、案由、移送原因、移送的法律依据。

卫生行政机关应当将案件材料一并移送，并做好交接记录。

第二十八条 现场笔录，是在案件调查、现场监督检查或者采取行政强制措施过程中，对与案件有关的现场环境、场所、设施、物品、人员、生产经营过程等进行现场检查时作的记录。

检查时间指在现场检查的具体时间，起止时间应当写明：年、月、日、时、分至几时几分。

检查地点应当写明现场检查的具体方位和具体地点。

检查内容记录要将现场监督检查涉及案件事实的有关情况准确、客观地记录下来。

第二十九条 询问笔录，是为查明案件事实，收集证据，而向案件当事人、证人或者其他有关人员调查了解有关情况时作的记录。

被询问人的基本情况应当记录姓名、性别、年龄、住址（联系地址）、身份证号等。

询问时间应当写明起止时间。

询问地点应当写明具体地点。

询问内容应当记录被询问人提供的与案件有关的全部情况，包括案件发生的时间、地点、事实经过、因果关系、后果等。

第三十条 证据先行登记保存决定书，是要求当事人对需要保全的证据在登记造册后进行保管的文书。

决定书应当写明保存方式、保存期限、保存地点以及保存证据的有关内容。

第三十一条 证据先行登记保存处理决定书，是卫生行政机关在规定的期限内对被保存的证据作出处理决定的文书。

处理决定书应当写明当事人全称，保存决定书作出的时间、文号及具体处理决定。

第三十二条 案件调查终结报告，是案件调查终结后，承办人就案情事实、对所调查问题性质的认识、对当事人责任的分析、对当事人的处理意见等,以书面形式向领导或者有关部门所做的正式报告。

承办机构指负主要责任办理该案件的机构,如科(处、室)等。承办人,指负责办理该案件的卫生监督员。

案情及违法事实应当简明扼要,写明案件的经过和结果,违反的法律条款等。

相关证据应当列明已经查证属实的,与案件有关的所有证据。

争议要点,既应当写明当事人与承办人之间对案情事实的不同观点,也应当表明承办人之间对案件的不同意见。如无争议则写“无”。

处理建议,经过调查,据以立案的违法事实并不存在,应当写明建议终结调查并结案等内容。需要给予行政处罚的,应当写明拟实施行政处罚的种类、幅度及法律依据等。

负责人意见,应当写明是否同意调查终结的意见,对需要合议的案件应当提出进行合议的具体意见。

第三十三条 合议记录,是对拟适用听证程序的行政处罚或其他重大行政处罚案件在调查终结后,组织有关人员对案件进行综合分析、审议时记录的文字材料。

合议记录应当写明案由、合议主持人、参加合议人员、合议时间、合议地点等内容。

合议记录应当包括:违法事实、相关证据、处罚依据、合议建议。对不同的合议意见,应当如实记录。

合议结束后,所有参加合议人员都应当在每页合议记录上签名并注明日期。

第三十四条 行政处罚事先告知书,是在作出行政处罚决定前,告知当事人将要作出的行政处罚决定的事实、理由、依据以及当事人依法应当享有的权利的文书。

事先告知书应当写明当事人的违法行为、违反的法律条款、将要作出的行政处罚决定的法律依据、行政处罚的种类和幅度,告知当事人享有的陈述和申辩的权利,适用听证的还应当告知当事人享有要求举行听证的权利及法定期限,并注明联系人、联系电话、地址等。

在当事人表明放弃陈述和申辩权或者放弃听证权时,应当请当事人在“当事人意见记录”处写明“放弃陈述和申辩权”或者“放弃听证权”等内容。

第三十五条 陈述和申辩笔录,是对当事人及陈述申辩人陈述事实、理由和申辩内容的记录。

当事人委托陈述申辩人的,应当写明受委托的陈述申辩人的姓名、性别、职务、现在工作单位等。受委托的陈述申辩人应当出具当事人的委托书。

应当写明陈述和申辩的地点和时间。

应当尽可能记录陈述申辩人原话,不能记录原话的,记录应当真实反映陈述申辩人原意。

第三十六条 陈述和申辩复核意见书,是对当事人提出的事实、理由和证据进行复核的记录。

复核意见书应当写明陈述申辩人的姓名、陈述和申辩的理由和证据,以及复核人和承办机构的意见。当事人收到催告书后所进行的陈述和申辩的复核,应当在复核意见书中写明卫生行政机关的意见。

第三十七条 行政处罚听证通知书,是经有权要求举行听证的当事人提出,卫生行政机关决定举行听证时向当事人发出的书面通知。

通知书应当写明举行听证的时间、地点、听证方式、听证组成人员、申请回避的权利、听证机关的联系方式等。

第三十八条 听证笔录,是对听证过程和内容的记录。

当事人委托代理人的,应当写明代理人的姓名、性别、职务、现在工作单位等。委托代理人应当出具当事人的委托书。

笔录应当写明案件承办人、听证员、听证主持人、书记员、听证方式、听证地点、听证时间、案由等内容。

记录应当写明案件承办人提出的事实、证据和行政处罚建议,当事人陈述、申辩等内容。

所有参加听证的人员都应当在每页笔录上签名并注明日期。

第三十九条 听证意见书,是听证结束后,就听证情况及听证人员对该案件的意见,以书面形式向负责人或者有关部门所做的正式报告。

对当事人和案件承办人的陈述应当抓住要点,归纳概括。听证人员意见是评议后对案件认定的违法事实是否清楚,证据是否确凿和适用法律是否正确、处罚裁量是否合理等提出的意见。

负责人意见是负责人对听证人员意见的具体批示。这里的负责人,可以是卫生行政机关的负责人,也可以是经授权的有关主管科(处、室)负责人。

第四十条 行政处罚决定书,是对事实清楚、证据确凿的卫生违法案件,根据情节轻重依法作出行政处罚决定的文书。

被处罚人是单位的,填写单位全称,以及法定代表人(负责人)、卫生许可证件或者营业执照号码等内容;是个人的,填写姓名,并注明身份证号。同时,还应当写明被处罚人的地(住)址。

决定书应当写明查实的违法事实、相关证据、违反的法律条款、行政处罚依据、理由以及行政处罚决定的内容。决定书还应当将有关告知事项交代清楚,如罚款缴往单位和缴纳期限,复议和诉讼的途径、方法和期限等。

第四十一条 当场行政处罚决定书,是对案情简单、违法事实清楚、证据确凿的违法案件依法当场作出处罚决定的文书。

当场行政处罚决定书的填写与一般程序行政处罚决定书的要求基本相同。

第四十二条 送达回执,是将行政执法文书送交有关当事人后证明受送达人已收到的凭证。

送达回执用于直接送达、邮寄送达、留置送达等方式。

送达回执应当写明受送达人、送达机关、送达文件名称及文号、送达地点等内容。

在直接送达时当事人拒绝签收而采用留置送达方式的,应当在备注栏说明有关情况,并记录留置送达的过程。

第四十三条 催告书,是卫生行政机关作出申请强制执行决定前,事先催告当事人履行法定义务时发出的文书。

催告书应当写明履行法定义务的期限、方式,涉及金钱给付的,应当注明明确的金额和给付方式,并告知当事人依法享有陈述和申辩的权利。

第四十四条 强制执行申请书,是当事人在法定期限内不申请行政复议或者提起行政诉讼,又不履行行政决定的,经依法催告仍未履行,卫生行政机关申请人民法院强制执行时提交给人民法院的书面申请。

申请书中的"( )"内填写行政决定的名称、文号或者编号。申请书应当写明当事人基本情况及申请执行的内容,由卫生行政机关负责人签名,加盖卫生行政机关印章并注明日期。

第四十五条 结案报告,是对立案调查的案件,在行政处罚决定履行或者执行后,或者不作行政处罚的案件,报请负责人批准结案的文书。结案报告应当填写当事人、立案日期、案由等,给予行政处罚的应当写明行政处罚决定书文号、执行方式、执行日期、执行结果(如未执行或者未完全执行的需说明原因)等内容,不予行政处罚的应当写明理由。

第四十六条 续页,是接在各类卫生行政执法文书后面完成相关记录内容时所使用的文书。

使用续页应当写明所接执法文书的名称,有相关人员签字并注明页码、日期。

第四十七条 卫生行政执法建议书,是卫生行政机关为促进依法履职、规范执法,在日常监督检查和稽查过程中,结合执法办案,建议下级卫生行政机关及其卫生监督机构完善制度和工作机制,加强内部管理,改进工作、消除隐患,促进执法监管水平提高时发出的文书。

卫生行政执法建议书应当写明提出建议的起因,在日常监督检查和案件调查处理过程中发现的需要重视和解决的问题,对问题产生原因的分析,并依据法律法规及有关规定提出的具体建议、意见,以及其他需要说明的事项。

第三章 执法文书管理

第四十八条 各级卫生行政机关应当加强对卫生行政执法文书的管理,制定相应的管理制度,落实专人负责管理。

为提高工作效率,现场使用的执法文书可以提前加盖印章,并做好领用登记管理。

第四十九条 卫生行政执法案卷材料应当按照一案一卷形式进行装订,每卷顺序按照有关材料形成的时间先后顺序排列。

第四章 附 则

第五十条 本规范由国家卫生计生委负责解释。

第五十一条 本规范自2012年12月1日起施行。2002年12月18日卫生部发布的《卫生行政执法文书规范》同时废止。实施卫生行政许可,按照《卫生行政许可管理办法》及卫生行政许可文书样本执行。

国家卫生计生委行政复议与行政应诉管理办法

·2013年10月30日
·国卫法制发〔2013〕30号

第一章 总则

第一条 为规范国家卫生和计划生育委员会(以下简称国家卫生计生委)的行政复议和行政应诉工作,依法办理行政复议和行政应诉事项,切实保护公民、法人和其他组织的合法权益,根据《中华人民共和国行政复议法》(以下简称行政复议法)及其实施条例、《中华人民共和国行政诉讼法》等法律法规,结合本委工作实际制定本办法。

第二条 国家卫生计生委办理行政复议和行政应诉案件,适用本办法。

涉及纪检、监察、审计、信访等事项,根据有关规定处理和申诉,不适用本办法。

第三条 本办法所称行政复议机关是指国家卫生计生委,行政复议机构是指国家卫生计生委行政复议办公室。

行政复议办公室日常工作由法制司具体负责,履行下列职责:

(一)审查行政复议申请是否符合法定条件和程序;

(二)向有关组织和人员调查取证,查阅文件和资料,组织复议听证;

(三)组织审理行政复议案件,提出处理建议,拟订行政复议决定;

(四)处理或者转送行政复议法第七条所列有关规定的审查申请;

(五)承办国务院办理行政复议裁决案件中要求国家卫生计生委办理的事项;

(六)依职责权限,督促行政复议申请的受理和行政复议决定的履行;

(七)办理行政复议法第二十九条规定的行政赔偿等事项;

(八)对行政机关违反行政复议法规定的行为依照规定的权限和程序提出处理意见;

(九)研究行政复议工作中发现的问题,及时向有关机关或部门提出意见和建议;

(十)组织办理行政应诉事项;

(十一)指导和监督下级卫生计生行政部门的行政复议和行政应诉工作;

(十二)做好行政复议、行政应诉案件统计和重大行政复议决定备案事项;

(十三)做好行政复议相关法律法规的宣传、培训等工作;

(十四)负责行政复议及行政应诉其他相关事宜。

第四条 各司局负责其主管业务范围内的行政复议和行政应诉工作,并明确一位司局领导分管,其主要职责是:

(一)对由本司局以国家卫生计生委名义直接作出的具体行政行为而发生的行政复议案件,以及依据行政复议法第七条所提出的有关规定的审查申请,提出书面答复并提供相关证据、依据等材料;

(二)协助行政复议办公室审理本司局主管业务范围内的、因下一级卫生计生行政部门的具体行政行为而发生的行政复议案件,并提出书面处理意见;

(三)负责由本司局以国家卫生计生委名义作出的具体行政行为而发生的行政诉讼案件的应诉工作,并确定人员作为委诉讼代理人出庭应诉;

(四)负责复议申请人不服复议决定而发生涉及本司局以国家卫生计生委名义直接作出的具体行政行为的行政诉讼案件的应诉工作,并确定人员作为委诉讼代理人出庭应诉;

(五)协同行政复议办公室承办其他与本司局主管业务范围有关的行政复议和行政诉讼工作;

(六)及时履行行政复议决定。

第五条 审理行政复议案件,应当由2名以上行政复议人员参加,并配备必需的办案设施、设备。

第二章 行政复议

第六条 国家卫生计生委行政复议的管辖范围是:

(一)对国家卫生计生委直接作出的具体行政行为不服而申请的;

(二)对国家卫生计生委直接委托的其他组织作出的具体行政行为不服而申请的;

(三)对省、自治区、直辖市卫生计生行政部门或省、自治区、直辖市卫生计生行政部门委托的其他组织所作出的具体行政行为不服而申请的；

（四）国务院指定管辖的行政复议案件；

（五）法律、法规规定的其他应当由国家卫生计生委受理的行政复议案件。

公民、法人或者其他组织认为卫生计生行政部门的具体行政行为所依据的除法律、法规、规章和国务院文件以外的其他规范性文件不合法，在对具体行政行为申请行政复议时，可以一并向国家卫生计生委提出对该规范性文件的审查申请。

第七条 向国家卫生计生委提起行政复议的，由行政复议办公室统一受理。行政复议办公室应当对收到的行政复议申请进行登记。

申请人书面申请行政复议的，可以采取当面递交、邮寄、传真的形式提出。申请人口头申请行政复议的，行政复议办公室工作人员应当制作行政复议申请记录，并由申请人签字确认。

其他司局收到书面行政复议申请的，应于当日即时转送行政复议办公室。

第八条 行政复议办公室在收到行政复议申请后，应当主要审查下列事项：

（一）是否符合法定申请期限；

（二）是否有明确的申请人和符合规定的被申请人，或是否符合行政复议法第十条规定的情形；

（三）是否有明确的行政复议请求和理由；

（四）是否属于法定的行政复议范围和行政复议管辖范围；

（五）是否已向人民法院提起行政诉讼，或已向其他行政机关申请行政复议。

行政复议办公室应当在收到行政复议申请之日起5日内，对复议申请进行审查，并依法处理。

第九条 行政复议办公室应当在受理行政复议申请之日起7日内将复议申请书副本或者行政复议申请笔录复印件发送被申请人。

被申请人应当在收到复议申请书副本或者行政复议申请笔录复印件之日起10日内向行政复议办公室提出书面答复，并提交当初作出具体行政行为的证据、依据和其他材料。

具体行政行为由两个以上司局共同作出的，共同作出具体行政行为的司局应当协商一致后，按前款规定提出书面答复；协商不成的，由委领导指定其中一个司局，按前款规定提出书面答复。

第十条 行政复议答复书应当载明下列事项，并加盖被申请人印章或司局印章：

（一）被申请人的名称、地址、法定代表人的姓名、职务，委托代理人的姓名、工作部门；

（二）作出具体行政行为的事实依据及有关的证据材料；

（三）作出具体行政行为所依据的法律、法规、规章和规范性文件的具体条款；

（四）对申请人具体复议请求的意见和理由；

（五）作出答复的日期。

提交的证据材料应当分类编号，并简要说明证据材料的来源、证明对象和内容。

第十一条 行政复议原则上采取书面审查的办法。对重大、复杂的案件，申请人提出要求或者行政复议办公室认为必要时，可以采取实地调查、听证等其他方式审理。

重大、复杂的行政复议案件应当提交委主任会议讨论决定。

第十二条 行政复议办公室决定举行听证或需要实地调查的，被申请人或相关司局应当配合，并派人参加。

第十三条 行政复议办公室在必要时可以委托下级卫生计生行政部门或组织进行调查。

委托调查，必须提出明确的内容和要求。受委托机关或组织可以主动补充调查，并按要求的期限完成调查。因故不能完成的，应当在要求的期限内向行政复议办公室主动说明情况。

第十四条 审查申请人一并提出的具体行政行为所依据的有关规定的合法性时，应当根据情况作出以下处理：

（一）该规定是由国家卫生计生委、原卫生部、原国家人口计生委制定的，应当在30日内依法作出处理结论；

（二）该规定是其他行政机关制定的，应当在7日内将有关材料转送制定该规定的行政机关依法处理。处理期间，国家卫生计生委中止对具体行政行为的审查。

第十五条 依法中止的行政复议案件，中止的情形消除后，应当在5日内恢复审理，并书面通知当事人。

第十六条 按照自愿、合法的原则，行政复议办公室可以组织对行政复议案件进行调解。

第十七条 行政复议决定作出前，申请人要求撤回行政复议申请的，经说明理由，可以撤回；

撤回行政复议申请的,行政复议终止。

第十八条 行政复议办公室根据审理情况,向委领导提出复议决定建议:

(一)具体行政行为认定事实清楚,证据确凿,适用依据正确,程序合法,内容适当的,予以维持;

(二)被申请人不履行职责的,责令其在一定期限内履行;

(三)具体行政行为主要事实不清、证据不足的,适用法律依据错误或不当的,违反法定程序的,超越或者滥用职权的以及明显不当的,建议撤销、变更或者确认该具体行政行为违法。撤销或者确认具体行政行为违法的,可以责令被申请人在一定期限内重新作出具体行政行为;

(四)被申请人不按规定提出书面答复、提交当初作出具体行政行为的证据、依据和其他材料的,视为该具体行政行为没有证据、依据,撤销该具体行政行为;

(五)申请人认为行政机关不履行法定职责申请行政复议,行政复议机关受理后发现该行政机关没有相应法定职责或者在受理前已经履行法定职责的;或者受理行政复议申请后,发现该行政复议申请不符合行政复议受理条件的,驳回行政复议申请。

第十九条 申请人在申请行政复议时可以一并提出行政赔偿请求,行政复议机关对符合国家赔偿法的有关规定应当给予赔偿的,在决定撤销、变更具体行政行为或者确认具体行政行为违法时,应当同时决定被申请人依法给予赔偿。

第二十条 行政复议不予受理决定书和终止决定书由法制司主要领导签发,加盖委印章并依法送达。

维持、撤销、变更、确认违法和驳回的行政复议决定,由委领导签发,加盖委印章并依法送达。

第二十一条 复议案件办结后,复议人员应当将案件文书立卷归档。

第三章 行政应诉

第二十二条 人民法院送达的行政起诉状副本由行政复议办公室统一接收。公文收发部门或者其他部门收到人民法院送达的行政起诉状副本的,应当于当日即时转送行政复议办公室。

第二十三条 行政复议办公室对起诉状副本进行登记后,交由作出原具体行政行为的司局办理。

第二十四条 有关司局应当在收到起诉状副本之日起5日内拟出答辩状,并将作出具体行政行为的证据和材料原件一并送行政复议办公室。

经行政复议办公室审核后,报请委领导审定,并按法定期限报送人民法院。

第二十五条 有关司局确定一名诉讼代理人,经行政复议办公室推荐,报委主任决定。必要时,可以委托律师担任诉讼代理人。

行政复议办公室根据委主任决定,办理授权委托书等材料。

第二十六条 行政诉讼案件结案后,诉讼代理人应当将案件文书在案件审理完毕后10日内交行政复议办公室立卷归档。

第二十七条 人民检察院的检察建议书和人民法院的司法建议书,由行政复议办公室统一接收。经登记后交由主管业务司局办理。

有关司局应当在收到检察建议书、司法建议书之日起10日内拟出答复意见,经行政复议办公室审核后,报请委领导审定,并按法定期限报送人民检察院、人民法院。

第四章 指导和监督

第二十八条 省、自治区、直辖市卫生计生行政部门无正当理由不予受理公民、法人或者其他组织依法提出行政复议申请的,行政复议办公室应当依法提出处理意见,经委领导批准后,督促其受理;经督促仍不受理的,应当责令其限期受理,必要时也可以直接受理。

第二十九条 被申请人不履行或无正当理由拖延履行行政复议决定的,由行政复议办公室提出处理意见,经委领导批准后,责令被申请人限期履行。

被申请人应当及时将履行情况报送国家卫生计生委。

第三十条 行政复议办公室在行政复议过程中发现下级卫生计生行政部门相关行政行为违法或者需要做好善后工作的,可以提出处理意见,制作行政复议意见书送达有关机关。有关机关应当认真研究处理,并在60日内将处理结果报行政复议办公室。

行政复议办公室在行政复议过程中,发现法律、法规、规章实施中带有普遍性的问题,可以提出行政复议建议,制作行政复议建议书,向有关机关提出完善制度和改进行政执法的建议。

第三十一条 有下列情形之一的，国家卫生计生委可以直接或者责成有关部门对直接负责的主管人员和其他直接责任人员给予批评，直至行政处分：

（一）拒绝履行复议决定的；

（二）逾期不提供有关材料、证据和答辩状的；

（三）不接受委托出庭或者严重失职的。

第五章 附 则

第三十二条 本办法有关"5日"、"7日"的规定是指工作日，不含节假日。

第三十三条 本办法自发布之日起施行。

违法违规使用医疗保障基金举报奖励办法

·2022年11月17日

·医保办发〔2022〕22号

第一条 为了鼓励举报违法违规使用医疗保障基金的行为，动员社会力量参与医疗保障基金监督，维护医疗保障基金安全和公民医疗保障合法权益，根据《中华人民共和国社会保险法》《社会救助暂行办法》《医疗保障基金使用监督管理条例》《医疗保障基金使用监督管理举报处理暂行办法》等法律、法规、规章，制定本办法。

第二条 自然人（以下称举报人）向医疗保障行政部门反映涉嫌违法违规使用基本医疗保险（含生育保险）基金、医疗救助基金等医疗保障基金行为并提供相关线索，经查证属实应予奖励的，适用本办法。

医疗保障行政部门委托医疗保障经办机构等组织开展举报处理工作的，参照本办法执行。

违法违规使用居民大病保险、职工大额医疗费用补助、公务员医疗补助等医疗保障资金的举报奖励，参照本办法执行。

第三条 举报奖励遵循依法保护举报人合法权益、自愿领取、奖励适当的原则。

第四条 奖励举报人须同时符合下列条件：

（一）有明确的被举报对象和具体违法违规线索，并提供了有效证据；

（二）举报的主要事实、证据事先未被医疗保障部门掌握；

（三）举报事项经查证属实，被举报行为已造成医疗保障基金损失；

（四）举报人愿意得到举报奖励，并提供可供核查且真实有效的身份信息、联系方式等；

（五）其他依法依规应予奖励的必备条件。

第五条 有下列情形之一的，不予奖励：

（一）举报人为医疗保障部门工作人员或者受医疗保障部门委托履行基金监管职责的第三方机构工作人员；

（二）违法违规使用医疗保障基金行为人主动供述本人及其同案人员的违法违规事实，或者在被调查处理期间检举揭发其他违法违规行为；

（三）医疗保障行政部门对举报事项作出处理决定前，举报人主动撤回举报；

（四）举报人身份无法确认或者无法与举报人取得联系；

（五）举报前，相关违法违规使用医疗保障基金行为已进入诉讼、仲裁等法定程序；

（六）其他依法依规不予奖励的情形。

第六条 医疗保障行政部门对符合奖励条件的举报人按照案值的一定比例给予一次性资金奖励，最高不超过20万元，最低不少于200元。

第七条 举报奖励所需资金纳入县级及以上医疗保障行政部门预算。

第八条 举报奖励由处理举报的医疗保障行政部门负责发放。

第九条 多人、多次举报的，奖励按照以下规则发放：

（一）举报人就同一违法违规使用医疗保障基金行为多处、多次举报的，奖励不重复发放；

（二）两名以上举报人分别举报同一违法违规使用医疗保障基金行为，且举报内容、提供的线索基本相同的，奖励最先举报人；

（三）两名以上举报人联名举报的，视为同一举报人发放奖励。

第十条 举报人应当在收到领取奖励通知之日起2个月内，凭本人有效身份证明领取奖励。委托他人代领的，受托人须同时持有举报人授权委托书、举报人和受托人的有效身份证明。

举报人逾期未领取奖励的，视为主动放弃。

联名举报的举报人应当推举一名代表领取奖

励,自行内部分配。

第十一条 医疗保障行政部门应当开辟便捷的兑付渠道,便于举报人领取举报奖励资金。

举报奖励资金原则上应当使用非现金的方式兑付,按国库集中支付规定办理。

第十二条 医疗保障行政部门发放举报奖励资金时,应当严格审核。发现通过伪造材料、隐瞒事实等方式骗取举报奖励,或者存在其他不符合领取奖励的情形,发放奖励的医疗保障行政部门查实后有权收回举报奖励,并依法追究当事人相应责任。

第十三条 本办法所称案值是指举报事项涉及的应当追回的医疗保障基金损失金额。除举报事项外,查实的其他违法违规金额不纳入案值计算。

第十四条 省级、市级医疗保障行政部门和财政部门可依据本办法,制定实施细则,对奖励的标准、发放程序等作出具体规定。

第十五条 本办法由国家医保局、财政部负责解释,自2023年1月1日起施行。《国家医疗保障局办公室 财政部办公厅关于印发〈欺诈骗取医疗保障基金行为举报奖励暂行办法〉的通知》(医保办发〔2018〕22号)同时废止。

涉及人的生命科学和医学研究伦理审查办法

· 2023年2月18日

· 国卫科教发〔2023〕4号

第一章 总 则

第一条 为保护人的生命和健康,维护人格尊严,尊重和保护研究参与者的合法权益,促进生命科学和医学研究健康发展,规范涉及人的生命科学和医学研究伦理审查工作,依据《中华人民共和国民法典》《中华人民共和国基本医疗卫生与健康促进法》《中华人民共和国科学技术进步法》《中华人民共和国生物安全法》《中华人民共和国人类遗传资源管理条例》等,制定本办法。

第二条 本办法适用于在中华人民共和国境内的医疗卫生机构、高等学校、科研院所等开展涉及人的生命科学和医学研究伦理审查工作。

第三条 本办法所称涉及人的生命科学和医学研究是指以人为受试者或者使用人(统称研究参与者)的生物样本、信息数据(包括健康记录、行为等)开展的以下研究活动:

(一)采用物理学、化学、生物学、中医药学等方法对人的生殖、生长、发育、衰老等进行研究的活动;

(二)采用物理学、化学、生物学、中医药学、心理学等方法对人的生理、心理行为、病理现象、疾病病因和发病机制,以及疾病的预防、诊断、治疗和康复等进行研究的活动;

(三)采用新技术或者新产品在人体上进行试验研究的活动;

(四)采用流行病学、社会学、心理学等方法收集、记录、使用、报告或者储存有关人的涉及生命科学和医学问题的生物样本、信息数据(包括健康记录、行为等)等科学研究资料的活动。

第四条 伦理审查工作及相关人员应当遵守中华人民共和国宪法、法律和有关法规。涉及人的生命科学和医学研究应当尊重研究参与者,遵循有益、不伤害、公正的原则,保护隐私权及个人信息。

第二章 伦理审查委员会

第五条 开展涉及人的生命科学和医学研究的二级以上医疗机构和设区的市级以上卫生机构(包括疾病预防控制、妇幼保健、采供血机构等)、高等学校、科研院所等机构是伦理审查工作的管理责任主体,应当设立伦理审查委员会,开展涉及人的生命科学和医学研究伦理审查,定期对从事涉及人的生命科学和医学研究的科研人员、学生、科研管理人员等相关人员进行生命伦理教育和培训。

第六条 机构应当采取有效措施、提供资源确保伦理审查委员会工作的独立性。

第七条 伦理审查委员会对涉及人的生命科学和医学研究进行伦理审查,包括初始审查和跟踪审查;受理研究参与者的投诉并协调处理,确保研究不会将研究参与者置于不合理的风险之中;组织开展相关伦理审查培训,提供伦理咨询。

第八条 伦理审查委员会的委员应当从生命科学、医学、生命伦理学、法学等领域的专家和非本机构的社会人士中遴选产生,人数不得少于7

人,并且应当有不同性别的委员,民族地区应当考虑少数民族委员。

伦理审查委员会委员应当具备相应的伦理审查能力,定期接受生命科学和医学研究伦理知识及相关法律法规知识培训。

必要时,伦理审查委员会可以聘请独立顾问,对所审查研究的特定问题提供专业咨询意见。独立顾问不参与表决,不得存在利益冲突。

第九条 伦理审查委员会委员任期不超过5年,可以连任。伦理审查委员会设主任委员1人,副主任委员若干人,由伦理审查委员会委员协商推举或者选举产生,由机构任命。

第十条 伦理审查委员会委员、独立顾问及其工作人员应当签署保密协议,承诺对伦理审查工作中获知的敏感信息履行保密义务。

第十一条 伦理审查委员会应当接受所在机构的管理和研究参与者的监督。

第十二条 伦理审查委员会应当建立伦理审查工作制度、标准操作规程,健全利益冲突管理机制和伦理审查质量控制机制,保证伦理审查过程独立、客观、公正。

伦理审查委员会应预先制定疫情暴发等突发事件紧急情况下的伦理审查制度,明确审查时限。

第十三条 机构应当在伦理审查委员会设立之日起3个月内进行备案,并在国家医学研究登记备案信息系统上传信息。医疗卫生机构向本机构的执业登记机关备案。其他机构按行政隶属关系向上级主管部门备案。伦理审查委员会应当于每年3月31日前向备案机关提交上一年度伦理审查委员会工作报告。

伦理审查委员会备案材料包括:

(一)人员组成名单和委员工作简历;

(二)伦理审查委员会章程;

(三)工作制度或者相关工作规程;

(四)备案机关要求提供的其他相关材料。

以上信息发生变化时,机构应当及时向备案机关更新信息。

第十四条 机构开展涉及人的生命科学和医学研究未设立伦理审查委员会或者伦理审查委员会无法胜任审查需要的,机构可以书面形式委托有能力的机构伦理审查委员会或者区域伦理审查委员会开展伦理审查。受委托的伦理审查委员会应当对审查的研究进行跟踪审查。医疗卫生机构应当委托不低于其等级的医疗卫生机构的伦理审查委员会或者区域伦理审查委员会开展伦理审查。

省级卫生健康主管部门会同有关部门制定区域伦理审查委员会的建设和管理办法。区域伦理审查委员会向省级卫生健康主管部门备案,并在国家医学研究登记备案信息系统上传信息。

第三章 伦理审查

第十五条 伦理审查一般采取伦理审查委员会会议审查的方式。

第十六条 伦理审查委员会应当要求研究者提供审查所需材料,并在受理后30天内开展伦理审查并出具审查意见。

情况紧急的,应当及时开展伦理审查。在疫情暴发等突发事件紧急情况下,一般在72小时内开展伦理审查、出具审查意见,并不得降低伦理审查的要求和质量。

第十七条 涉及人的生命科学和医学研究应当具有科学价值和社会价值,不得违反国家相关法律法规,遵循国际公认的伦理准则,不得损害公共利益,并符合以下基本要求:

(一)控制风险。研究的科学和社会利益不得超越对研究参与者人身安全与健康权益的考虑。研究风险受益比应当合理,使研究参与者可能受到的风险最小化;

(二)知情同意。尊重和保障研究参与者或者研究参与者监护人的知情权和参加研究的自主决定权,严格履行知情同意程序,不允许使用欺骗、利诱、胁迫等手段使研究参与者或者研究参与者监护人同意参加研究,允许研究参与者或者研究参与者监护人在任何阶段无条件退出研究;

(三)公平公正。应当公平、合理地选择研究参与者,入选与排除标准具有明确的科学依据,公平合理分配研究受益、风险和负担;

(四)免费和补偿、赔偿。对研究参与者参加研究不得收取任何研究相关的费用,对于研究参与者在研究过程中因参与研究支出的合理费用应当给予适当补偿。研究参与者受到研究相关损害时,应当得到及时、免费的治疗,并依据法律法规及双方约定得到补偿或者赔偿;

(五)保护隐私权及个人信息。切实保护研究参与者的隐私权,如实将研究参与者个人信息的收集、储存、使用及保密措施情况告知研究参与者并得到许可，未经研究参与者授权不得将研究参与者个人信息向第三方透露；

（六）特殊保护。对涉及儿童、孕产妇、老年人、智力障碍者、精神障碍者等特定群体的研究参与者，应当予以特别保护；对涉及受精卵、胚胎、胎儿或者可能受辅助生殖技术影响的，应当予以特别关注。

第十八条 涉及人的生命科学和医学研究的研究者在申请初始伦理审查时应当向伦理审查委员会提交下列材料：

（一）研究材料诚信承诺书；

（二）伦理审查申请表；

（三）研究人员信息、研究所涉及的相关机构的合法资质证明以及研究经费来源说明；

（四）研究方案、相关资料，包括文献综述、临床前研究和动物实验数据等资料；

（五）知情同意书；

（六）生物样本、信息数据的来源证明；

（七）科学性论证意见；

（八）利益冲突申明；

（九）招募广告及其发布形式；

（十）研究成果的发布形式说明；

（十一）伦理审查委员会认为需要提交的其他相关材料。

第十九条 伦理审查委员会收到申请材料后，应当及时受理、组织初始审查。重点审查以下内容：

（一）研究是否违反法律法规、规章及有关规定的要求；

（二）研究者的资格、经验、技术能力等是否符合研究要求；

（三）研究方案是否科学、具有社会价值，并符合伦理原则的要求；中医药研究方案的审查，还应当考虑其传统实践经验；

（四）研究参与者可能遭受的风险与研究预期的受益相比是否在合理范围之内；

（五）知情同意书提供的有关信息是否充分、完整、易懂，获得知情同意的过程是否合规、恰当；

（六）研究参与者个人信息及相关资料的保密措施是否充分；

（七）研究参与者招募方式、途径、纳入和排除标准是否恰当、公平；

（八）是否向研究参与者明确告知其应当享有的权益，包括在研究过程中可以随时无理由退出且不会因此受到不公正对待的权利，告知退出研究后的影响、其他治疗方法等；

（九）研究参与者参加研究的合理支出是否得到了适当补偿；研究参与者参加研究受到损害时，给予的治疗、补偿或者赔偿是否合理、合法；

（十）是否有具备资格或者经培训后的研究者负责获取知情同意，并随时接受研究有关问题的咨询；

（十一）对研究参与者在研究中可能承受的风险是否有预防和应对措施；

（十二）研究是否涉及利益冲突；

（十三）研究是否涉及社会敏感的伦理问题；

（十四）研究结果是否发布，方式、时间是否恰当；

（十五）需要审查的其他重点内容。

第二十条 与研究存在利益冲突的伦理审查委员会委员应当回避审查。伦理审查委员会应当要求与研究存在利益冲突的委员回避审查。

第二十一条 伦理审查委员会批准研究的基本标准是：

（一）研究具有科学价值和社会价值，不违反法律法规的规定，不损害公共利益；

（二）研究参与者权利得到尊重，隐私权和个人信息得到保护；

（三）研究方案科学；

（四）研究参与者的纳入和排除的标准科学而公平；

（五）风险受益比合理，风险最小化；

（六）知情同意规范、有效；

（七）研究机构和研究者能够胜任；

（八）研究结果发布方式、内容、时间合理；

（九）研究者遵守科研规范与诚信。

第二十二条 伦理审查委员会可以对审查的研究作出批准、不批准、修改后批准、修改后再审、继续研究、暂停或者终止研究的决定，并应当说明理由。

伦理审查委员会作出决定应当得到超过伦理审查委员会全体委员二分之一同意。委员应当对研究所涉及的伦理问题进行充分讨论后投票，与审查决定不一致的意见应当详细记录在案。

第二十三条 经伦理审查委员会批准的研究

需要修改研究方案、知情同意书、招募材料、提供给研究参与者的其他材料时，研究者应当将修改后的文件提交伦理审查委员会审查。

第二十四条 经伦理审查委员会批准的研究在实施前，研究者、伦理审查委员会和机构应当将该研究、伦理审查意见、机构审核意见等信息按国家医学研究登记备案信息系统要求分别如实、完整、准确上传，并根据研究进展及时更新信息。鼓励研究者、伦理审查委员会和机构在研究管理过程中实时上传信息。

国家卫生健康委应当不断优化国家医学研究登记备案信息系统。

第二十五条 对已批准实施的研究，研究者应当按要求及时提交研究进展、严重不良事件，方案偏离、暂停、终止，研究完成等各类报告。

伦理审查委员会应当按照研究者提交的相关报告进行跟踪审查。跟踪审查包括以下内容：

（一）是否按照已批准的研究方案进行研究并及时报告；

（二）研究过程中是否擅自变更研究内容；

（三）是否增加研究参与者风险或者显著影响研究实施的变化或者新信息；

（四）是否需要暂停或者提前终止研究；

（五）其他需要审查的内容。

跟踪审查的时间间隔不超过 12 个月。

第二十六条 除另有规定外，研究者应当将研究过程中发生的严重不良事件立即向伦理审查委员会报告；伦理审查委员会应当及时审查，以确定研究者采取的保护研究参与者的人身安全与健康权益的措施是否充分，并对研究风险受益比进行重新评估，出具审查意见。

第二十七条 在多个机构开展的研究可以建立伦理审查协作机制，确保各机构遵循一致性和及时性原则。

牵头机构和参与机构均应当组织伦理审查。

参与机构的伦理审查委员会应当对本机构参与的研究进行跟踪审查。

第二十八条 机构与企业等其他机构合作开展涉及人的生命科学和医学研究或者为企业等其他机构开展涉及人的生命科学和医学研究提供人的生物样本、信息数据的，机构应当充分了解研究的整体情况，通过伦理审查、开展跟踪审查，以协议方式明确生物样本、信息数据的使用范围、处理方式，并在研究结束后监督其妥善处置。

第二十九条 学术期刊在刊发涉及人的生命科学和医学研究成果时，应当确认该研究经过伦理审查委员会的批准。研究者应当提供相关证明。

第三十条 伦理审查工作应当坚持独立性，任何机构和个人不得干预伦理审查委员会的伦理审查过程及审查决定。

第三十一条 以下情形可以适用简易程序审查的方式：

（一）研究风险不大于最小风险的研究；

（二）已批准的研究方案作较小修改且不影响研究风险受益比的研究；

（三）已批准研究的跟踪审查；

（四）多机构开展的研究中，参与机构的伦理审查委员会对牵头机构出具伦理审查意见的确认等。

简易程序审查由伦理审查委员会主任委员指定两个或者以上的委员进行伦理审查，并出具审查意见。审查意见应当在伦理审查委员会会议上报告。

简易程序审查过程中，出现研究的风险受益比变化、审查委员之间意见不一致、审查委员提出需要会议审查等情形的，应调整为会议审查。

第三十二条 使用人的信息数据或者生物样本开展以下情形的涉及人的生命科学和医学研究，不对人体造成伤害、不涉及敏感个人信息或者商业利益的，可以免除伦理审查，以减少科研人员不必要的负担，促进涉及人的生命科学和医学研究开展。

（一）利用合法获得的公开数据，或者通过观察且不干扰公共行为产生的数据进行研究的；

（二）使用匿名化的信息数据开展研究的；

（三）使用已有的人的生物样本开展研究，所使用的生物样本来源符合相关法规和伦理原则，研究相关内容和目的在规范的知情同意范围内，且不涉及使用人的生殖细胞、胚胎和生殖性克隆、嵌合、可遗传的基因操作等活动的；

（四）使用生物样本库来源的人源细胞株或者细胞系等开展研究，研究相关内容和目的在提供方授权范围内，且不涉及人胚胎和生殖性克隆、嵌合、可遗传的基因操作等活动的。

第四章　知情同意

第三十三条　研究者开展研究前，应当获得研究参与者自愿签署的知情同意书。研究参与者不具备书面方式表示同意的能力时，研究者应当获得其口头知情同意，并有录音录像等过程记录和证明材料。

第三十四条　研究参与者为无民事行为能力人或者限制民事行为能力人的，应当获得其监护人的书面知情同意。获得监护人同意的同时，研究者还应该在研究参与者可理解的范围内告知相关信息，并征得其同意。

第三十五条　知情同意书应当包含充分、完整、准确的信息，并以研究参与者能够理解的语言文字、视频图像等进行表述。

第三十六条　知情同意书应当包括以下内容：

（一）研究目的、基本研究内容、流程、方法及研究时限；

（二）研究者基本信息及研究机构资质；

（三）研究可能给研究参与者、相关人员和社会带来的益处，以及可能给研究参与者带来的不适和风险；

（四）对研究参与者的保护措施；

（五）研究数据和研究参与者个人资料的使用范围和方式，是否进行共享和二次利用，以及保密范围和措施；

（六）研究参与者的权利，包括自愿参加和随时退出、知情、同意或者不同意、保密、补偿、受损害时获得免费治疗和补偿或者赔偿、新信息的获取、新版本知情同意书的再次签署、获得知情同意书等；

（七）研究参与者在参与研究前、研究后和研究过程中的注意事项；

（八）研究者联系人和联系方式、伦理审查委员会联系人和联系方式、发生问题时的联系人和联系方式；

（九）研究的时间和研究参与者的人数；

（十）研究结果是否会反馈研究参与者；

（十一）告知研究参与者可能的替代治疗及其主要的受益和风险；

（十二）涉及人的生物样本采集的，还应当包括生物样本的种类、数量、用途、保藏、利用（包括是否直接用于产品开发、共享和二次利用）、隐私保护、对外提供、销毁处理等相关内容。

第三十七条　在知情同意获取过程中，研究者应当按照知情同意书内容向研究参与者逐项说明。

研究者应当给予研究参与者充分的时间理解知情同意书的内容，由研究参与者作出是否同意参加研究的决定并签署知情同意书。

在心理学研究中，因知情同意可能影响研究参与者对问题的回答，而影响研究结果准确性的，在确保研究参与者不受伤害的前提下经伦理审查委员会审查批准，研究者可以在研究完成后充分告知研究参与者并征得其同意，否则不得纳入研究数据。

第三十八条　研究过程中发生下列情形时，研究者应当再次获取研究参与者的知情同意：

（一）与研究参与者相关的研究内容发生实质性变化的；

（二）与研究相关的风险实质性提高或者增加的；

（三）研究参与者民事行为能力等级提高的。

第五章　监督管理

第三十九条　国家卫生健康委会同有关部门共同负责全国涉及人的生命科学和医学研究伦理审查的监督管理。

国家卫生健康委负责全国医疗卫生机构开展的涉及人的生命科学和医学研究伦理审查监督，国家中医药局负责涉及人的中医药学研究伦理审查监督。教育部负责全国高等学校开展的涉及人的生命科学和医学研究伦理审查监督，并管理教育部直属高等学校相关工作。其他高等学校和科研院所开展的涉及人的生命科学和医学研究伦理审查的监督管理按行政隶属关系由相关部门负责。

县级以上地方人民政府卫生健康、教育等部门依据职责分工负责本辖区涉及人的生命科学和医学研究伦理审查的监督管理。

主要监督检查以下内容：

（一）机构是否按照要求设立伦理审查委员会，并进行备案；

（二）机构是否为伦理审查委员会提供充足经费，配备的专兼职工作人员、设备、场所及采取的有关措施是否可以保证伦理审查委员会独立开展工作；

（三）伦理审查委员会是否建立健全利益冲突管理机制；

（四）伦理审查委员会是否建立伦理审查制度；

（五）伦理审查内容和程序是否符合要求；

（六）审查的研究是否如实、及时在国家医学研究登记备案信息系统上传、更新信息；

（七）伦理审查结果执行情况；

（八）伦理审查文档管理情况；

（九）伦理审查委员会委员的伦理培训、学习情况；

（十）其他需要监督检查的相关内容。

各级卫生健康主管部门应当与同级政府各相关部门建立有效机制，加强工作会商与信息沟通。

第四十条 国家和省级卫生健康主管部门应当牵头设立同级医学伦理专家委员会或者委托相关机构承担同级医学伦理专家委员会工作，为卫生健康、教育等部门开展伦理审查及其监督管理提供技术支持，定期对辖区内的伦理审查委员会委员进行培训，协助同级卫生健康、教育等主管部门开展监督检查。

第四十一条 机构应当加强对本机构设立的伦理审查委员会开展的涉及人的生命科学和医学研究伦理审查工作的日常管理，定期评估伦理审查委员会工作质量和审查效率，对发现的问题及时提出改进意见或者建议，根据需要调整伦理审查委员会或者委员等。

第四十二条 机构应当督促本机构的伦理审查委员会落实县级以上政府相关部门提出的整改意见；伦理审查委员会未在规定期限内完成整改或者拒绝整改，违规情节严重或者造成严重后果的，其所在机构应当调整伦理审查委员会、撤销伦理审查委员会主任委员资格，追究相关人员责任。

第四十三条 任何单位或者个人均有权举报涉及人的生命科学和医学研究中存在的违反医学研究伦理、违法违规或者不端行为。

第四十四条 医疗卫生机构未按照规定设立伦理审查委员会或者未委托伦理审查委员会审查，擅自开展涉及人的生命科学和医学研究的，由县级以上地方卫生健康主管部门对有关机构和人员依法给予行政处罚和处分。

其他机构按照行政隶属关系，由其上级主管部门处理。

第四十五条 医疗卫生机构及其伦理审查委员会违反本办法规定，有下列情形之一的，由县级以上地方卫生健康主管部门对有关机构和人员依法给予行政处罚和处分：

（一）伦理审查委员会组成、委员资质不符合要求的；

（二）伦理审查委员会未建立利益冲突管理机制的；

（三）未建立伦理审查工作制度或者操作规程的；

（四）未按照伦理审查原则和相关规章制度进行审查的；

（五）泄露研究信息、研究参与者个人信息的；

（六）未按照规定进行备案、在国家医学研究登记备案信息系统上传信息的；

（七）未接受正式委托为其他机构出具伦理审查意见的；

（八）未督促研究者提交相关报告并开展跟踪审查的；

（九）其他违反本办法规定的情形。

其他机构按照行政隶属关系，由其上级主管部门处理。

第四十六条 医疗卫生机构的研究者违反本办法规定，有下列情形之一的，由县级以上地方卫生健康主管部门对有关机构和人员依法给予行政处罚和处分：

（一）研究或者研究方案未获得伦理审查委员会审查批准擅自开展研究工作的；

（二）研究过程中发生严重不良反应或者严重不良事件未及时报告伦理审查委员会的；

（三）违反知情同意相关规定开展研究的；

（四）未及时提交相关研究报告的；

（五）未及时在国家医学研究登记备案信息系统上传信息的；

（六）其他违反本办法规定的情形。

其他机构按照行政隶属关系，由其上级主管部门处理。

第四十七条 机构、伦理审查委员会、研究者在开展涉及人的生命科学和医学研究工作中，违反法律法规要求的，按照相关法律法规进行处理。

第四十八条 县级以上人民政府有关行政部

门对违反本办法的机构和个人作出的行政处理，应当向社会公开。机构和个人严重违反本办法规定的，记入科研诚信严重失信行为数据库，按照国家有关规定纳入信用信息系统，依法依规实施联合惩戒。

第四十九条 机构和个人违反本办法规定，给他人人身、财产造成损害的，应当依法承担民事责任；构成犯罪的，依法追究刑事责任。

第六章 附 则

第五十条 本办法所称研究参与者包括人体研究的受试者，以及提供个人生物样本、信息数据、健康记录、行为等用于涉及人的生命科学和医学研究的个体。

第五十一条 本办法所称人或者人的生物样本包括人体本身以及人的细胞、组织、器官、体液、菌群等和受精卵、胚胎、胎儿。

第五十二条 涉及国家秘密的，在提交伦理审查和获取研究参与者知情同意时应当进行脱密处理。无法进行脱密处理的，应当签署保密协议并加强管理。未经脱密处理的研究不得在国家医学研究登记备案信息系统上传。

第五十三条 纳入科技伦理高风险科技活动清单的涉及人的生命科学和医学研究的伦理审查，还应当遵守国家关于科技伦理高风险科技活动伦理审查的相关要求。

第五十四条 本办法自发布之日起施行。本办法施行前，从事涉及人的生命科学和医学研究的机构已设立伦理审查委员会的，应当自本办法施行之日起6个月内按规定备案，并在国家医学研究登记备案信息系统上传信息。已经伦理审查批准开展的涉及人的生命科学和医学研究，应当自本办法实施之日起9个月内在国家医学研究登记备案信息系统完成上传信息。逾期不再受理。

二、医政管理

1. 医疗机构

医疗机构管理条例

·1994年2月26日中华人民共和国国务院令第149号发布
·根据2016年2月6日《国务院关于修改部分行政法规的决定》第一次修订
·根据2022年3月29日《国务院关于修改和废止部分行政法规的决定》第二次修订

第一章 总 则

第一条 为了加强对医疗机构的管理,促进医疗卫生事业的发展,保障公民健康,制定本条例。

第二条 本条例适用于从事疾病诊断、治疗活动的医院、卫生院、疗养院、门诊部、诊所、卫生所(室)以及急救站等医疗机构。

第三条 医疗机构以救死扶伤,防病治病,为公民的健康服务为宗旨。

第四条 国家扶持医疗机构的发展,鼓励多种形式兴办医疗机构。

第五条 国务院卫生行政部门负责全国医疗机构的监督管理工作。

县级以上地方人民政府卫生行政部门负责本行政区域内医疗机构的监督管理工作。

中国人民解放军卫生主管部门依照本条例和国家有关规定,对军队的医疗机构实施监督管理。

第二章 规划布局和设置审批

第六条 县级以上地方人民政府卫生行政部门应当根据本行政区域内的人口、医疗资源、医疗需求和现有医疗机构的分布状况,制定本行政区域医疗机构设置规划。

机关、企业和事业单位可以根据需要设置医疗机构,并纳入当地医疗机构的设置规划。

第七条 县级以上地方人民政府应当把医疗机构设置规划纳入当地的区域卫生发展规划和城乡建设发展总体规划。

第八条 设置医疗机构应当符合医疗机构设置规划和医疗机构基本标准。

医疗机构基本标准由国务院卫生行政部门制定。

第九条 单位或者个人设置医疗机构,按照国务院的规定应当办理设置医疗机构批准书的,应当经县级以上地方人民政府卫生行政部门审查批准,并取得设置医疗机构批准书。

第十条 申请设置医疗机构,应当提交下列文件:

(一)设置申请书;

(二)设置可行性研究报告;

(三)选址报告和建筑设计平面图。

第十一条 单位或者个人设置医疗机构,应当按照以下规定提出设置申请:

(一)不设床位或者床位不满100张的医疗机构,向所在地的县级人民政府卫生行政部门申请;

(二)床位在100张以上的医疗机构和专科医院按照省级人民政府卫生行政部门的规定申请。

第十二条 县级以上地方人民政府卫生行政部门应当自受理设置申请之日起30日内,作出批准或者不批准的书面答复;批准设置的,发给设置医疗机构批准书。

第十三条 国家统一规划的医疗机构的设置,由国务院卫生行政部门决定。

第三章 登 记

第十四条 医疗机构执业,必须进行登记,领取《医疗机构执业许可证》;诊所按照国务院卫生行政部门的规定向所在地的县级人民政府卫生行政部门备案后,可以执业。

第十五条 申请医疗机构执业登记,应当具备下列条件:

(一)按照规定应当办理设置医疗机构批准书

的，已取得设置医疗机构批准书；

（二）符合医疗机构的基本标准；

（三）有适合的名称、组织机构和场所；

（四）有与其开展的业务相适应的经费、设施、设备和专业卫生技术人员；

（五）有相应的规章制度；

（六）能够独立承担民事责任。

第十六条 医疗机构的执业登记，由批准其设置的人民政府卫生行政部门办理；不需要办理设置医疗机构批准书的医疗机构的执业登记，由所在地的县级以上地方人民政府卫生行政部门办理。

按照本条例第十三条规定设置的医疗机构的执业登记，由所在地的省、自治区、直辖市人民政府卫生行政部门办理。

机关、企业和事业单位设置的为内部职工服务的门诊部、卫生所（室）、诊所的执业登记或者备案，由所在地的县级人民政府卫生行政部门办理。

第十七条 医疗机构执业登记的主要事项：

（一）名称、地址、主要负责人；

（二）所有制形式；

（三）诊疗科目、床位；

（四）注册资金。

第十八条 县级以上地方人民政府卫生行政部门自受理执业登记申请之日起45日内，根据本条例和医疗机构基本标准进行审核。审核合格的，予以登记，发给《医疗机构执业许可证》；审核不合格的，将审核结果以书面形式通知申请人。

第十九条 医疗机构改变名称、场所、主要负责人、诊疗科目、床位，必须向原登记机关办理变更登记或者向原备案机关备案。

第二十条 医疗机构歇业，必须向原登记机关办理注销登记或者向原备案机关备案。经登记机关核准后，收缴《医疗机构执业许可证》。

医疗机构非因改建、扩建、迁建原因停业超过1年的，视为歇业。

第二十一条 床位不满100张的医疗机构，其《医疗机构执业许可证》每年校验1次；床位在100张以上的医疗机构，其《医疗机构执业许可证》每3年校验1次。校验由原登记机关办理。

第二十二条 《医疗机构执业许可证》不得伪造、涂改、出卖、转让、出借。

《医疗机构执业许可证》遗失的，应当及时申明，并向原登记机关申请补发。

第四章 执 业

第二十三条 任何单位或者个人，未取得《医疗机构执业许可证》或者未经备案，不得开展诊疗活动。

第二十四条 医疗机构执业，必须遵守有关法律、法规和医疗技术规范。

第二十五条 医疗机构必须将《医疗机构执业许可证》、诊疗科目、诊疗时间和收费标准悬挂于明显处所。

第二十六条 医疗机构必须按照核准登记或者备案的诊疗科目开展诊疗活动。

第二十七条 医疗机构不得使用非卫生技术人员从事医疗卫生技术工作。

第二十八条 医疗机构应当加强对医务人员的医德教育。

第二十九条 医疗机构工作人员上岗工作，必须佩带载有本人姓名、职务或者职称的标牌。

第三十条 医疗机构对危重病人应当立即抢救。对限于设备或者技术条件不能诊治的病人，应当及时转诊。

第三十一条 未经医师（士）亲自诊查病人，医疗机构不得出具疾病诊断书、健康证明书或者死亡证明书等证明文件；未经医师（士）、助产人员亲自接产，医疗机构不得出具出生证明书或者死产报告书。

第三十二条 医务人员在诊疗活动中应当向患者说明病情和医疗措施。需要实施手术、特殊检查、特殊治疗的，医务人员应当及时向患者具体说明医疗风险、替代医疗方案等情况，并取得其明确同意；不能或者不宜向患者说明的，应当向患者的近亲属说明，并取得其明确同意。因抢救生命垂危的患者等紧急情况，不能取得患者或者其近亲属意见的，经医疗机构负责人或者授权的负责人批准，可以立即实施相应的医疗措施。

第三十三条 医疗机构发生医疗事故，按照国家有关规定处理。

第三十四条 医疗机构对传染病、精神病、职业病等患者的特殊诊治和处理，应当按照国家有关法律、法规的规定办理。

第三十五条 医疗机构必须按照有关药品管理的法律、法规，加强药品管理。

第三十六条 医疗机构必须按照人民政府或

者物价部门的有关规定收取医疗费用,详列细项,并出具收据。

第三十七条 医疗机构必须承担相应的预防保健工作,承担县级以上人民政府卫生行政部门委托的支援农村、指导基层医疗卫生工作等任务。

第三十八条 发生重大灾害、事故、疾病流行或者其他意外情况时,医疗机构及其卫生技术人员必须服从县级以上人民政府卫生行政部门的调遣。

第五章 监督管理

第三十九条 县级以上人民政府卫生行政部门行使下列监督管理职权:

(一)负责医疗机构的设置审批、执业登记、备案和校验;

(二)对医疗机构的执业活动进行检查指导;

(三)负责组织对医疗机构的评审;

(四)对违反本条例的行为给予处罚。

第四十条 国家实行医疗机构评审制度,由专家组成的评审委员会按照医疗机构评审办法和评审标准,对医疗机构的执业活动、医疗服务质量等进行综合评价。

医疗机构评审办法和评审标准由国务院卫生行政部门制定。

第四十一条 县级以上地方人民政府卫生行政部门负责组织本行政区域医疗机构评审委员会。

医疗机构评审委员会由医院管理、医学教育、医疗、医技、护理和财务等有关专家组成。评审委员会成员由县级以上地方人民政府卫生行政部门聘任。

第四十二条 县级以上地方人民政府卫生行政部门根据评审委员会的评审意见,对达到评审标准的医疗机构,发给评审合格证书;对未达到评审标准的医疗机构,提出处理意见。

第六章 罚 则

第四十三条 违反本条例第二十三条规定,未取得《医疗机构执业许可证》擅自执业的,依照《中华人民共和国基本医疗卫生与健康促进法》的规定予以处罚。

违反本条例第二十三条规定,诊所未经备案执业的,由县级以上人民政府卫生行政部门责令其改正,没收违法所得,并处3万元以下罚款;拒不改正的,责令其停止执业活动。

第四十四条 违反本条例第二十一条规定,逾期不校验《医疗机构执业许可证》仍从事诊疗活动的,由县级以上人民政府卫生行政部门责令其限期补办校验手续;拒不校验的,吊销其《医疗机构执业许可证》。

第四十五条 违反本条例第二十二条规定,出卖、转让、出借《医疗机构执业许可证》的,依照《中华人民共和国基本医疗卫生与健康促进法》的规定予以处罚。

第四十六条 违反本条例第二十六条规定,诊疗活动超出登记或者备案范围的,由县级以上人民政府卫生行政部门予以警告、责令其改正,没收违法所得,并可以根据情节处以1万元以上10万元以下的罚款;情节严重的,吊销其《医疗机构执业许可证》或者责令其停止执业活动。

第四十七条 违反本条例第二十七条规定,使用非卫生技术人员从事医疗卫生技术工作的,由县级以上人民政府卫生行政部门责令其限期改正,并可以处以1万元以上10万元以下的罚款;情节严重的,吊销其《医疗机构执业许可证》或者责令其停止执业活动。

第四十八条 违反本条例第三十一条规定,出具虚假证明文件的,由县级以上人民政府卫生行政部门予以警告;对造成危害后果的,可以处以1万元以上10万元以下的罚款;对直接责任人员由所在单位或者上级机关给予行政处分。

第四十九条 没收的财物和罚款全部上交国库。

第五十条 当事人对行政处罚决定不服的,可以依照国家法律、法规的规定申请行政复议或者提起行政诉讼。当事人对罚款及没收药品、器械的处罚决定未在法定期限内申请复议或者提起诉讼又不履行的,县级以上人民政府卫生行政部门可以申请人民法院强制执行。

第七章 附 则

第五十一条 本条例实施前已经执业的医疗机构,应当在条例实施后的6个月内,按照本条例第三章的规定,补办登记手续,领取《医疗机构执业许可证》。

第五十二条 外国人在中华人民共和国境内

开设医疗机构及香港、澳门、台湾居民在内地开设医疗机构的管理办法，由国务院卫生行政部门另行制定。

第五十三条 本条例自1994年9月1日起施行。1951年政务院批准发布的《医院诊所管理暂行条例》同时废止。

医疗机构管理条例实施细则

- 1994年8月29日卫生部令第35号发布
- 根据2006年11月1日《卫生部关于修订〈医疗机构管理条例实施细则〉第三条有关内容的通知》第一次修订
- 根据2008年6月24日《卫生部办公厅关于修订〈医疗机构管理条例实施细则〉部分附表的通知》第二次修订
- 根据2017年2月21日《国家卫生计生委关于修改〈医疗机构管理条例实施细则〉的决定》第三次修订

第一章 总 则

第一条 根据《医疗机构管理条例》（以下简称条例）制定本细则。

第二条 条例及本细则所称医疗机构，是指依据条例和本细则的规定，经登记取得《医疗机构执业许可证》的机构。

第三条 医疗机构的类别：

（一）综合医院、中医医院、中西医结合医院、民族医医院、专科医院、康复医院；

（二）妇幼保健院、妇幼保健计划生育服务中心；

（三）社区卫生服务中心、社区卫生服务站；

（四）中心卫生院、乡（镇）卫生院、街道卫生院；

（五）疗养院；

（六）综合门诊部、专科门诊部、中医门诊部、中西医结合门诊部、民族医门诊部；

（七）诊所、中医诊所、民族医诊所、卫生所、医务室、卫生保健所、卫生站；

（八）村卫生室（所）；

（九）急救中心、急救站；

（十）临床检验中心；

（十一）专科疾病防治院、专科疾病防治所、专科疾病防治站；

（十二）护理院、护理站；

（十三）医学检验实验室、病理诊断中心、医学影像诊断中心、血液透析中心、安宁疗护中心；

（十四）其他诊疗机构。

第四条 卫生防疫、国境卫生检疫、医学科研和教学等机构在本机构业务范围之外开展诊疗活动以及美容服务机构开展医疗美容业务的，必须依据条例及本细则，申请设置相应类别的医疗机构。

第五条 中国人民解放军和中国人民武装警察部队编制外的医疗机构，由地方卫生计生行政部门按照条例和本细则管理。

中国人民解放军后勤卫生主管部门负责向地方卫生计生行政部门提供军队编制外医疗机构的名称和地址。

第六条 医疗机构依法从事诊疗活动受法律保护。

第七条 卫生计生行政部门依法独立行使监督管理职权，不受任何单位和个人干涉。

第二章 设置审批

第八条 各省、自治区、直辖市应当按照当地《医疗机构设置规划》合理配置和合理利用医疗资源。

《医疗机构设置规划》由县级以上地方卫生计生行政部门依据《医疗机构设置规划指导原则》制定，经上一级卫生计生行政部门审核，报同级人民政府批准，在本行政区域内发布实施。

《医疗机构设置规划指导原则》另行制定。

第九条 县级以上地方卫生计生行政部门按照《医疗机构设置规划指导原则》规定的权限和程序组织实施本行政区域《医疗机构设置规划》，定期评价实施情况，并将评价结果按年度向上一级卫生计生行政部门和同级人民政府报告。

第十条 医疗机构不分类别、所有制形式、隶属关系、服务对象，其设置必须符合当地《医疗机构设置规划》。

第十一条 床位在一百张以上的综合医院、中医医院、中西医结合医院、民族医医院以及专科医院、疗养院、康复医院、妇幼保健院、急救中心、临床检验中心和专科疾病防治机构的设置审批权限的划分，由省、自治区、直辖市卫生计生行政部门规定；其他医疗机构的设置，由县级卫生计生行政部门负责审批。

医学检验实验室、病理诊断中心、医学影像诊断中心、血液透析中心、安宁疗护中心的设置审批权限另行规定。

第十二条 有下列情形之一的，不得申请设置医疗机构：

（一）不能独立承担民事责任的单位；

（二）正在服刑或者不具有完全民事行为能力的个人；

（三）发生二级以上医疗事故未满五年的医务人员；

（四）因违反有关法律、法规和规章，已被吊销执业证书的医务人员；

（五）被吊销《医疗机构执业许可证》的医疗机构法定代表人或者主要负责人；

（六）省、自治区、直辖市政府卫生计生行政部门规定的其他情形。

有前款第（二）、（三）、（四）、（五）项所列情形之一者，不得充任医疗机构的法定代表人或者主要负责人。

第十三条 在城市设置诊所的个人，必须同时具备下列条件：

（一）经医师执业技术考核合格，取得《医师执业证书》；

（二）取得《医师执业证书》或者医师职称后，从事五年以上同一专业的临床工作；

（三）省、自治区、直辖市卫生计生行政部门规定的其他条件。

医师执业技术标准另行制定。

在乡镇和村设置诊所的个人的条件，由省、自治区、直辖市卫生计生行政部门规定。

第十四条 地方各级人民政府设置医疗机构，由政府指定或者任命的拟设医疗机构的筹建负责人申请；法人或者其他组织设置医疗机构，由其代表人申请；个人设置医疗机构，由设置人申请；两人以上合伙设置医疗机构，由合伙人共同申请。

第十五条 条例第十条规定提交的设置可行性研究报告包括以下内容：

（一）申请单位名称、基本情况以及申请人姓名、年龄、专业履历、身份证号码；

（二）所在地区的人口、经济和社会发展等概况；

（三）所在地区人群健康状况和疾病流行以及有关疾病患病率；

（四）所在地区医疗资源分布情况以及医疗服务需求分析；

（五）拟设医疗机构的名称、选址、功能、任务、服务半径；

（六）拟设医疗机构的服务方式、时间、诊疗科目和床位编制；

（七）拟设医疗机构的组织结构、人员配备；

（八）拟设医疗机构的仪器、设备配备；

（九）拟设医疗机构与服务半径区域内其他医疗机构的关系和影响；

（十）拟设医疗机构的污水、污物、粪便处理方案；

（十一）拟设医疗机构的通讯、供电、上下水道、消防设施情况；

（十二）资金来源、投资方式、投资总额、注册资金（资本）；

（十三）拟设医疗机构的投资预算；

（十四）拟设医疗机构五年内的成本效益预测分析。

并附申请设置单位或者设置人的资信证明。

申请设置门诊部、诊所、卫生所、医务室、卫生保健所、卫生站、村卫生室（所）、护理站等医疗机构的，可以根据情况适当简化设置可行性研究报告内容。

第十六条 条例第十条规定提交的选址报告包括以下内容：

（一）选址的依据；

（二）选址所在地区的环境和公用设施情况；

（三）选址与周围托幼机构、中小学校、食品生产经营单位布局的关系；

（四）占地和建筑面积。

第十七条 由两个以上法人或者其他组织共同申请设置医疗机构以及由两人以上合伙申请设置医疗机构的，除提交可行性研究报告和选址报告外，还必须提交由各方共同签署的协议书。

第十八条 医疗机构建筑设计必须按照法律、法规和规章要求经相关审批机关审查同意后，方可施工。

第十九条 条例第十二条规定的设置申请的

受理时间,自申请人提供条例和本细则规定的全部材料之日算起。

第二十条 县级以上地方卫生计生行政部门依据当地《医疗机构设置规划》及本细则审查和批准医疗机构的设置。

申请设置医疗机构有下列情形之一的,不予批准:

(一)不符合当地《医疗机构设置规划》;

(二)设置人不符合规定的条件;

(三)不能提供满足投资总额的资信证明;

(四)投资总额不能满足各项预算开支;

(五)医疗机构选址不合理;

(六)污水、污物、粪便处理方案不合理;

(七)省、自治区、直辖市卫生计生行政部门规定的其他情形。

第二十一条 卫生计生行政部门应当在核发《设置医疗机构批准书》的同时,向上一级卫生计生行政部门备案。

上级卫生计生行政部门有权在接到备案报告之日起三十日内纠正或者撤销下级卫生计生行政部门作出的不符合当地《医疗机构设置规划》的设置审批。

第二十二条 《设置医疗机构批准书》的有效期,由省、自治区、直辖市卫生计生行政部门规定。

第二十三条 变更《设置医疗机构批准书》中核准的医疗机构的类别、规模、选址和诊疗科目,必须按照条例和本细则的规定,重新申请办理设置审批手续。

第二十四条 法人和其他组织设置的为内部职工服务的门诊部、诊所、卫生所(室),由设置单位在该医疗机构执业登记前,向当地县级卫生计生行政部门备案,并提交下列材料:

(一)设置单位或者其主管部门设置医疗机构的决定;

(二)《设置医疗机构备案书》。

卫生计生行政部门应当在接到备案后十五日内给予《设置医疗机构备案回执》。

第三章 登记与校验

第二十五条 申请医疗机构执业登记必须填写《医疗机构申请执业登记注册书》,并向登记机关提交下列材料:

(一)《设置医疗机构批准书》或者《设置医疗机构备案回执》;

(二)医疗机构用房产权证明或者使用证明;

(三)医疗机构建筑设计平面图;

(四)验资证明、资产评估报告;

(五)医疗机构规章制度;

(六)医疗机构法定代表人或者主要负责人以及各科室负责人名录和有关资格证书、执业证书复印件;

(七)省、自治区、直辖市卫生计生行政部门规定提交的其他材料。

申请门诊部、诊所、卫生所、医务室、卫生保健所和卫生站登记的,还应当提交附设药房(柜)的药品种类清单、卫生技术人员名录及其有关资格证书、执业证书复印件以及省、自治区、直辖市卫生计生行政部门规定提交的其他材料。

第二十六条 登记机关在受理医疗机构执业登记申请后,应当按照条例第十六条规定的条件和条例第十九条规定的时限进行审查和实地考察、核实,并对有关执业人员进行消毒、隔离和无菌操作等基本知识和技能的现场抽查考核。经审核合格的,发给《医疗机构执业许可证》;审核不合格的,将审核结果和不予批准的理由以书面形式通知申请人。

《医疗机构执业许可证》及其副本由国家卫生计生委统一印制。

条例第十九条规定的执业登记申请的受理时间,自申请人提供条例和本细则规定的全部材料之日算起。

第二十七条 申请医疗机构执业登记有下列情形之一的,不予登记:

(一)不符合《设置医疗机构批准书》核准的事项;

(二)不符合《医疗机构基本标准》;

(三)投资不到位;

(四)医疗机构用房不能满足诊疗服务功能;

(五)通讯、供电、上下水道等公共设施不能满足医疗机构正常运转;

(六)医疗机构规章制度不符合要求;

(七)消毒、隔离和无菌操作等基本知识和技能的现场抽查考核不合格;

(八)省、自治区、直辖市卫生计生行政部门规定的其他情形。

第二十八条 医疗机构执业登记的事项:

（一）类别、名称、地址、法定代表人或者主要负责人；

（二）所有制形式；

（三）注册资金（资本）；

（四）服务方式；

（五）诊疗科目；

（六）房屋建筑面积、床位（牙椅）；

（七）服务对象；

（八）职工人数；

（九）执业许可证登记号（医疗机构代码）；

（十）省、自治区、直辖市卫生计生行政部门规定的其他登记事项。

门诊部、诊所、卫生所、医务室、卫生保健所、卫生站除登记前款所列事项外，还应当核准登记附设药房（柜）的药品种类。

《医疗机构诊疗科目名录》另行制定。

第二十九条 因分立或者合并而保留的医疗机构应当申请变更登记；因分立或者合并而新设置的医疗机构应当申请设置许可和执业登记；因合并而终止的医疗机构应当申请注销登记。

第三十条 医疗机构变更名称、地址、法定代表人或者主要负责人、所有制形式、服务对象、服务方式、注册资金（资本）、诊疗科目、床位（牙椅）的，必须向登记机关申请办理变更登记，并提交下列材料：

（一）医疗机构法定代表人或者主要负责人签署的《医疗机构申请变更登记注册书》；

（二）申请变更登记的原因和理由；

（三）登记机关规定提交的其他材料。

第三十一条 机关、企业和事业单位设置的为内部职工服务的医疗机构向社会开放，必须按照前条规定申请办理变更登记。

第三十二条 医疗机构在原登记机关管辖权限范围内变更登记事项的，由原登记机关办理变更登记；因变更登记超出原登记机关管辖权限的，由有管辖权的卫生计生行政部门办理变更登记。

医疗机构在原登记机关管辖区域内迁移，由原登记机关办理变更登记；向原登记机关管辖区域外迁移的，应当在取得迁移目的地的卫生计生行政部门发给的《设置医疗机构批准书》，并经原登记机关核准办理注销登记后，再向迁移目的地的卫生计生行政部门申请办理执业登记。

第三十三条 登记机关在受理变更登记申请后，依据条例和本细则的有关规定以及当地《医疗机构设置规划》进行审核，按照登记程序或者简化程序办理变更登记，并作出核准变更登记或者不予变更登记的决定。

第三十四条 医疗机构停业，必须经登记机关批准。除改建、扩建、迁建原因，医疗机构停业不得超过一年。

第三十五条 床位在一百张以上的综合医院、中医医院、中西医结合医院、民族医医院以及专科医院、疗养院、康复医院、妇幼保健院、急救中心、临床检验中心和专科疾病防治机构的校验期为三年；其他医疗机构的校验期为一年。

医疗机构应当于校验期满前三个月向登记机关申请办理校验手续。

办理校验应当交验《医疗机构执业许可证》，并提交下列文件：

（一）《医疗机构校验申请书》；

（二）《医疗机构执业许可证》副本；

（三）省、自治区、直辖市卫生计生行政部门规定提交的其他材料。

第三十六条 卫生计生行政部门应当在受理校验申请后的三十日内完成校验。

第三十七条 医疗机构有下列情形之一的，登记机关可以根据情况，给予一至六个月的暂缓校验期：

（一）不符合《医疗机构基本标准》；

（二）限期改正期间；

（三）省、自治区、直辖市卫生计生行政部门规定的其他情形。

不设床位的医疗机构在暂缓校验期内不得执业。

暂缓校验期满仍不能通过校验的，由登记机关注销其《医疗机构执业许可证》。

第三十八条 各级卫生计生行政部门应当采用电子证照等信息化手段对医疗机构实行全程管理和动态监管。有关管理办法另行制定。

第三十九条 医疗机构开业、迁移、更名、改变诊疗科目以及停业、歇业和校验结果由登记机关予以公告。

第四章 名　称

第四十条 医疗机构的名称由识别名称和通用名称依次组成。

医疗机构的通用名称为：医院、中心卫生院、卫生院、疗养院、妇幼保健院、门诊部、诊所、卫生所、卫生站、卫生室、医务室、卫生保健所、急救中心、急救站、临床检验中心、防治院、防治所、防治站、护理院、护理站、中心以及国家卫生计生委规定或者认可的其他名称。

医疗机构可以下列名称作为识别名称：地名、单位名称、个人姓名、医学学科名称、医学专业和专科名称、诊疗科目名称和核准机关批准使用的名称。

第四十一条 医疗机构的命名必须符合以下原则：

（一）医疗机构的通用名称以前条第二款所列的名称为限；

（二）前条第三款所列的医疗机构的识别名称可以合并使用；

（三）名称必须名副其实；

（四）名称必须与医疗机构类别或者诊疗科目相适应；

（五）各级地方人民政府设置的医疗机构的识别名称中应当含有省、市、县、区、街道、乡、镇、村等行政区划名称，其他医疗机构的识别名称中不得含有行政区划名称；

（六）国家机关、企业和事业单位、社会团体或者个人设置的医疗机构的名称中应当含有设置单位名称或者个人的姓名。

第四十二条 医疗机构不得使用下列名称：

（一）有损于国家、社会或者公共利益的名称；

（二）侵犯他人利益的名称；

（三）以外文字母、汉语拼音组成的名称；

（四）以医疗仪器、药品、医用产品命名的名称；

（五）含有“疑难病”、“专治”、“专家”、“名医”或者同类含义文字的名称以及其他宣传或者暗示诊疗效果的名称；

（六）超出登记的诊疗科目范围的名称；

（七）省级以上卫生计生行政部门规定不得使用的名称。

第四十三条 以下医疗机构名称由国家卫生计生委核准；属于中医、中西医结合和民族医医疗机构的，由国家中医药管理局核准：

（一）含有外国国家（地区）名称及其简称、国际组织名称的；

（二）含有“中国”、“全国”、“中华”、“国家”等字样以及跨省地域名称的；

（三）各级地方人民政府设置的医疗机构的识别名称中不含有行政区划名称的。

第四十四条 以“中心”作为医疗机构通用名称的医疗机构名称，由省级以上卫生计生行政部门核准；在识别名称中含有“中心”字样的医疗机构名称的核准，由省、自治区、直辖市卫生计生行政部门规定。

含有“中心”字样的医疗机构名称必须同时含有行政区划名称或者地名。

第四十五条 除专科疾病防治机构以外，医疗机构不得以具体疾病名称作为识别名称，确有需要的由省、自治区、直辖市卫生计生行政部门核准。

第四十六条 医疗机构名称经核准登记，于领取《医疗机构执业许可证》后方可使用，在核准机关管辖范围内享有专用权。

第四十七条 医疗机构只准使用一个名称。确有需要，经核准机关核准可以使用两个或者两个以上名称，但必须确定一个第一名称。

第四十八条 卫生计生行政部门有权纠正已经核准登记的不适宜的医疗机构名称，上级卫生计生行政部门有权纠正下级卫生计生行政部门已经核准登记的不适宜的医疗机构名称。

第四十九条 两个以上申请人向同一核准机关申请相同的医疗机构名称，核准机关依照申请在先原则核定。属于同一天申请的，应当由申请人双方协商解决；协商不成的，由核准机关作出裁决。

两个以上医疗机构因已经核准登记的医疗机构名称相同发生争议时，核准机关依照登记在先原则处理。属于同一天登记的，应当由双方协商解决；协商不成的，由核准机关报上一级卫生计生行政部门作出裁决。

第五十条 医疗机构名称不得买卖、出借。

未经核准机关许可，医疗机构名称不得转让。

第五章 执 业

第五十一条 医疗机构的印章、银行账户、牌匾以及医疗文件中使用的名称应当与核准登记的医疗机构名称相同；使用两个以上名称的，应当与第一名称相同。

第五十二条 医疗机构应当严格执行无菌消毒、隔离制度,采取科学有效的措施处理污水和废弃物,预防和减少医院感染。

第五十三条 医疗机构的门诊病历的保存期不得少于十五年;住院病历的保存期不得少于三十年。

第五十四条 标有医疗机构标识的票据和病历本册以及处方笺、各种检查的申请单、报告单、证明文书单、药品分装袋、制剂标签等不得买卖、出借和转让。

医疗机构不得冒用标有其他医疗机构标识的票据和病历本册以及处方笺、各种检查的申请单、报告单、证明文书单、药品分装袋、制剂标签等。

第五十五条 医疗机构应当按照卫生计生行政部门的有关规定、标准加强医疗质量管理,实施医疗质量保证方案,确保医疗安全和服务质量,不断提高服务水平。

第五十六条 医疗机构应当定期检查、考核各项规章制度和各级各类人员岗位责任制的执行和落实情况。

第五十七条 医疗机构应当经常对医务人员进行"基础理论、基本知识、基本技能"的训练与考核,把"严格要求、严密组织、严谨态度"落实到各项工作中。

第五十八条 医疗机构应当组织医务人员学习医德规范和有关教材,督促医务人员恪守职业道德。

第五十九条 医疗机构不得使用假劣药品、过期和失效药品以及违禁药品。

第六十条 医疗机构为死因不明者出具的《死亡医学证明书》,只作是否死亡的诊断,不作死亡原因的诊断。如有关方面要求进行死亡原因诊断的,医疗机构必须指派医生对尸体进行解剖和有关死因检查后方能作出死因诊断。

第六十一条 医疗机构在诊疗活动中,应当对患者实行保护性医疗措施,并取得患者家属和有关人员的配合。

第六十二条 医疗机构应当尊重患者对自己的病情、诊断、治疗的知情权利。在实施手术、特殊检查、特殊治疗时,应当向患者作必要的解释。因实施保护性医疗措施不宜向患者说明情况的,应当将有关情况通知患者家属。

第六十三条 门诊部、诊所、卫生所、医务室、卫生保健所和卫生站附设药房(柜)的药品种类由登记机关核定,具体办法由省、自治区、直辖市卫生计生行政部门规定。

第六十四条 为内部职工服务的医疗机构未经许可和变更登记不得向社会开放。

第六十五条 医疗机构被吊销或者注销执业许可证后,不得继续开展诊疗活动。

第六章 监督管理

第六十六条 各级卫生计生行政部门负责所辖区域内医疗机构的监督管理工作。

第六十七条 在监督管理工作中,要充分发挥医院管理学会和卫生工作者协会等学术性和行业性社会团体的作用。

第六十八条 县级以上卫生计生行政部门设立医疗机构监督管理办公室。

各级医疗机构监督管理办公室在同级卫生计生行政部门的领导下开展工作。

第六十九条 各级医疗机构监督管理办公室的职责:

(一)拟订医疗机构监督管理工作计划;

(二)办理医疗机构监督员的审查、发证、换证;

(三)负责医疗机构登记、校验和有关监督管理工作的统计,并向同级卫生计生行政部门报告;

(四)负责接待、办理群众对医疗机构的投诉;

(五)完成卫生计生行政部门交给的其他监督管理工作。

第七十条 县级以上卫生计生行政部门设医疗机构监督员,履行规定的监督管理职责。

医疗机构监督员由同级卫生计生行政部门聘任。

医疗机构监督员应当严格执行国家有关法律、法规和规章,其主要职责是:

(一)对医疗机构执行有关法律、法规、规章和标准的情况进行监督、检查、指导;

(二)对医疗机构执业活动进行监督、检查、指导;

(三)对医疗机构违反条例和本细则的案件进行调查、取证;

(四)对经查证属实的案件向卫生计生行政部门提出处理或者处罚意见;

(五)实施职权范围内的处罚;

（六）完成卫生计生行政部门交付的其他监督管理工作。

第七十一条 医疗机构监督员有权对医疗机构进行现场检查，无偿索取有关资料，医疗机构不得拒绝、隐匿或者隐瞒。

医疗机构监督员在履行职责时应当佩戴证章、出示证件。

医疗机构监督员证章、证件由国家卫生计生委监制。

第七十二条 各级卫生计生行政部门对医疗机构的执业活动检查、指导主要包括：

（一）执行国家有关法律、法规、规章和标准情况；

（二）执行医疗机构内部各项规章制度和各级各类人员岗位责任制情况；

（三）医德医风情况；

（四）服务质量和服务水平情况；

（五）执行医疗收费标准情况；

（六）组织管理情况；

（七）人员任用情况；

（八）省、自治区、直辖市卫生计生行政部门规定的其他检查、指导项目。

第七十三条 国家实行医疗机构评审制度，对医疗机构的基本标准、服务质量、技术水平、管理水平等进行综合评价。县级以上卫生计生行政部门负责医疗机构评审的组织和管理；各级医疗机构评审委员会负责医疗机构评审的具体实施。

第七十四条 县级以上中医（药）行政管理部门成立医疗机构评审委员会，负责中医、中西医结合和民族医医疗机构的评审。

第七十五条 医疗机构评审包括周期性评审、不定期重点检查。

医疗机构评审委员会在对医疗机构进行评审时，发现有违反条例和本细则的情节，应当及时报告卫生计生行政部门；医疗机构评审委员会委员为医疗机构监督员的，可以直接行使监督权。

第七十六条 《医疗机构监督管理行政处罚程序》另行制定。

第七章 处 罚

第七十七条 对未取得《医疗机构执业许可证》擅自执业的，责令其停止执业活动，没收非法所得和药品、器械，并处以3000元以下的罚款；有下列情形之一的，责令其停止执业活动，没收非法所得和药品、器械，处以3000元以上1万元以下的罚款：

（一）因擅自执业曾受过卫生计生行政部门处罚；

（二）擅自执业的人员为非卫生技术专业人员；

（三）擅自执业时间在三个月以上；

（四）给患者造成伤害；

（五）使用假药、劣药蒙骗患者；

（六）以行医为名骗取患者钱物；

（七）省、自治区、直辖市卫生计生行政部门规定的其他情形。

第七十八条 对不按期办理校验《医疗机构执业许可证》又不停止诊疗活动的，责令其限期补办校验手续；在限期内仍不办理校验的，吊销其《医疗机构执业许可证》。

第七十九条 转让、出借《医疗机构执业许可证》的，没收其非法所得，并处以3000元以下的罚款；有下列情形之一的，没收其非法所得，处以3000元以上5000元以下的罚款，并吊销《医疗机构执业许可证》：

（一）出卖《医疗机构执业许可证》；

（二）转让或者出借《医疗机构执业许可证》是以营利为目的；

（三）受让方或者承借方给患者造成伤害；

（四）转让、出借《医疗机构执业许可证》给非卫生技术专业人员；

（五）省、自治区、直辖市卫生计生行政部门规定的其他情形。

第八十条 除急诊和急救外，医疗机构诊疗活动超出登记的诊疗科目范围，情节轻微的，处以警告；有下列情形之一的，责令其限期改正，并可处以3000元以下罚款：

（一）超出登记的诊疗科目范围的诊疗活动累计收入在3000元以下；

（二）给患者造成伤害。

有下列情形之一的，处以3000元罚款，并吊销《医疗机构执业许可证》：

（一）超出登记的诊疗科目范围的诊疗活动累计收入在3000元以上；

（二）给患者造成伤害；

（三）省、自治区、直辖市卫生计生行政部门规定的其他情形。

第八十一条 任用非卫生技术人员从事医疗卫生技术工作的，责令其立即改正，并可处以3000元以下的罚款；有下列情形之一的，处以3000元以上5000元以下罚款，并可以吊销其《医疗机构执业许可证》：

（一）任用两名以上非卫生技术人员从事诊疗活动；

（二）任用的非卫生技术人员给患者造成伤害。

医疗机构使用卫生技术人员从事本专业以外的诊疗活动的，按使用非卫生技术人员处理。

第八十二条 出具虚假证明文件，情节轻微的，给予警告，并可处以500元以下的罚款；有下列情形之一的，处以500元以上1000元以下的罚款：

（一）出具虚假证明文件造成延误诊治的；

（二）出具虚假证明文件给患者精神造成伤害的；

（三）造成其他危害后果的。

对直接责任人员由所在单位或者上级机关给予行政处分。

第八十三条 医疗机构有下列情形之一的，登记机关可以责令其限期改正：

（一）发生重大医疗事故；

（二）连续发生同类医疗事故，不采取有效防范措施；

（三）连续发生原因不明的同类患者死亡事件，同时存在管理不善因素；

（四）管理混乱，有严重事故隐患，可能直接影响医疗安全；

（五）省、自治区、直辖市卫生计生行政部门规定的其他情形。

第八十四条 当事人对行政处罚决定不服的，可以在接到《行政处罚决定通知书》之日起15日内向作出行政处罚决定的上一级卫生计生行政部门申请复议。上级卫生计生行政部门应当在接到申请书之日起30日内作出书面答复。

当事人对行政处罚决定不服的，也可以在接到《行政处罚决定通知书》之日起15日内直接向人民法院提起行政诉讼。

逾期不申请复议、不起诉又不履行行政处罚决定的，由作出行政处罚决定的卫生计生行政部门填写《行政处罚强制执行申请书》，向人民法院申请强制执行。

第八章 附 则

第八十五条 医疗机构申请办理设置审批、执业登记、校验、评审时，应当交纳费用，医疗机构执业应当交纳管理费，具体办法由省级以上卫生计生行政部门会同物价管理部门规定。

第八十六条 各省、自治区、直辖市根据条例和本细则并结合当地的实际情况，制定实施办法。实施办法中的有关中医、中西结合、民族医医疗机构的条款，由省、自治区、直辖市中医（药）行政部门拟订。

第八十七条 条例及本细则实施前已经批准执业的医疗机构的审核登记办法，由省、自治区、直辖市卫生计生行政部门根据当地的实际情况规定。

第八十八条 条例及本细则中下列用语的含义：

诊疗活动：是指通过各种检查，使用药物、器械及手术等方法，对疾病作出判断和消除疾病、缓解病情、减轻痛苦、改善功能、延长生命、帮助患者恢复健康的活动。

医疗美容：是指使用药物以及手术、物理和其他损伤性或者侵入性手段进行的美容。

特殊检查、特殊治疗：是指具有下列情形之一的诊断、治疗活动：

（一）有一定危险性，可能产生不良后果的检查和治疗；

（二）由于患者体质特殊或者病情危笃，可能对患者产生不良后果和危险的检查和治疗；

（三）临床试验性检查和治疗；

（四）收费可能对患者造成较大经济负担的检查和治疗。

卫生技术人员：是指按照国家有关法律、法规和规章的规定取得卫生技术人员资格或者职称的人员。

技术规范：是指由国家卫生计生委、国家中医药管理局制定或者认可的与诊疗活动有关的技术标准、操作规程等规范性文件。

军队的医疗机构：是指中国人民解放军和中国人民武装警察部队编制内的医疗机构。

第八十九条 各级中医（药）行政管理部门依据条例和本细则以及当地医疗机构管理条例实施办法，对管辖范围内各类中医、中西医结合和民族医医疗机构行使设置审批、登记和监督管理权。

第九十条 本细则的解释权在国家卫生计生委。

第九十一条 本细则自1994年9月1日起施行。

附表:略

医疗机构医疗保障定点管理暂行办法

·2020年12月24日第2次局务会议审议通过

·2020年12月30日国家医疗保障局令第2号公布

·自2021年2月1日起施行

第一章 总 则

第一条 为加强和规范医疗机构医疗保障定点管理,提高医疗保障基金使用效率,更好地保障广大参保人员权益,根据《中华人民共和国社会保险法》《中华人民共和国基本医疗卫生与健康促进法》及《医疗机构管理条例》等法律法规,制定本办法。

第二条 医疗机构医疗保障定点管理应坚持以人民健康为中心,遵循保障基本、公平公正、权责明晰、动态平衡的原则,加强医保精细化管理,促进医疗机构供给侧改革,为参保人员提供适宜的医疗服务。

第三条 医疗保障行政部门负责制定医疗机构定点管理政策,在定点申请、专业评估、协商谈判、协议订立、协议履行、协议解除等环节对医疗保障经办机构(以下简称"经办机构")、定点医疗机构进行监督。经办机构负责确定定点医疗机构,并与定点医疗机构签订医疗保障服务协议(以下简称"医保协议"),提供经办服务,开展医保协议管理、考核等。定点医疗机构应当遵守医疗保障法律、法规、规章及有关政策,按照规定向参保人员提供医疗服务。

第二章 定点医疗机构的确定

第四条 统筹地区医疗保障行政部门根据公众健康需求、管理服务需要、医保基金收支、区域卫生规划、医疗机构设置规划等确定本统筹地区定点医疗服务的资源配置。

第五条 以下取得医疗机构执业许可证或中医诊所备案证的医疗机构,以及经军队主管部门批准有为民服务资质的军队医疗机构可申请医保定点:

(一)综合医院、中医医院、中西医结合医院、民族医医院、专科医院、康复医院;

(二)专科疾病防治院(所、站)、妇幼保健院;

(三)社区卫生服务中心(站)、中心卫生院、乡镇卫生院、街道卫生院、门诊部、诊所、卫生所(站)、村卫生室(所);

(四)独立设置的急救中心;

(五)安宁疗护中心、血液透析中心、护理院;

(六)养老机构内设的医疗机构。

互联网医院可依托其实体医疗机构申请签订补充协议,其提供的医疗服务所产生的符合医保支付范围的相关费用,由统筹地区经办机构与其所依托的实体医疗机构按规定进行结算。

第六条 申请医保定点的医疗机构应当同时具备以下基本条件:

(一)正式运营至少3个月;

(二)至少有1名取得医师执业证书、乡村医生执业证书或中医(专长)医师资格证书且第一注册地在该医疗机构的医师;

(三)主要负责人负责医保工作,配备专(兼)职医保管理人员;100张床位以上的医疗机构应设内部医保管理部门,安排专职工作人员;

(四)具有符合医保协议管理要求的医保管理制度、财务制度、统计信息管理制度、医疗质量安全核心制度等;

(五)具有符合医保协议管理要求的医院信息系统技术和接口标准,实现与医保信息系统有效对接,按要求向医保信息系统传送全部就诊人员相关信息,为参保人员提供直接联网结算。设立医保药品、诊疗项目、医疗服务设施、医用耗材、疾病病种等基础数据库,按规定使用国家统一的医保编码;

(六)符合法律法规和省级及以上医疗保障行政部门规定的其他条件。

第七条 医疗机构向统筹地区经办机构提出医保定点申请,至少提供以下材料:

(一)定点医疗机构申请表;

(二)医疗机构执业许可证或中医诊所备案证

或军队医疗机构为民服务许可证照复印件；

（三）与医保政策对应的内部管理制度和财务制度文本；

（四）与医保有关的医疗机构信息系统相关材料；

（五）纳入定点后使用医疗保障基金的预测性分析报告；

（六）省级医疗保障行政部门按相关规定要求提供的其他材料。

第八条 医疗机构提出定点申请，统筹地区经办机构应即时受理。对申请材料内容不全的，经办机构自收到材料之日起5个工作日内一次性告知医疗机构补充。

第九条 统筹地区经办机构应组织评估小组或委托第三方机构，以书面、现场等形式开展评估。评估小组成员由医疗保障、医药卫生、财务管理、信息技术等专业人员构成。自受理申请材料之日起，评估时间不超过3个月，医疗机构补充材料时间不计入评估期限。评估内容包括：

（一）核查医疗机构执业许可证或中医诊所备案证或军队医疗机构为民服务许可证；

（二）核查医师、护士、药学及医技等专业技术人员执业信息和医师第一注册地信息；

（三）核查与服务功能相适应的诊断、治疗、手术、住院、药品贮存及发放、检查检验放射等基础设施和仪器设备；

（四）核查与医保政策对应的内部管理制度和财务制度，卫生健康部门医疗机构评审的结果；

（五）核查与医保有关的医疗机构信息系统是否具备开展直接联网结算的条件。

评估结果分为合格和不合格。统筹地区经办机构应将评估结果报同级医疗保障行政部门备案。对于评估合格的，应将其纳入拟签订协议医疗机构名单，并向社会公示。对于评估不合格的，应告知其理由，提出整改建议。自结果告知送达之日起，整改3个月后可再次组织评估，评估仍不合格的，1年内不得再次申请。

省级医疗保障行政部门可以在本办法基础上，根据实际情况，制定具体评估细则。

第十条 统筹地区经办机构与评估合格的医疗机构协商谈判，达成一致的，双方自愿签订医保协议。原则上，由地市级及以上的统筹地区经办机构与医疗机构签订医保协议并向同级医疗保障行政部门备案。医保协议应明确双方权利、义务和责任。签订医保协议的双方应当严格执行协议约定。协议期限一般为1年。

第十一条 统筹地区经办机构应向社会公布签订医保协议的定点医疗机构信息，包括名称、地址等，供参保人员选择。

第十二条 医疗机构有下列情形之一的，不予受理定点申请：

（一）以医疗美容、辅助生殖、生活照护、种植牙等非基本医疗服务为主要执业范围的；

（二）基本医疗服务未执行医疗保障行政部门制定的医药价格政策的；

（三）未依法履行行政处罚责任的；

（四）以弄虚作假等不正当手段申请定点，自发现之日起未满3年的；

（五）因违法违规被解除医保协议未满3年或已满3年但未完全履行行政处罚法律责任的；

（六）因严重违反医保协议约定而被解除协议未满1年或已满1年但未完全履行违约责任的；

（七）法定代表人、主要负责人或实际控制人曾因严重违法违规导致原定点医疗机构被解除医保协议，未满5年的；

（八）法定代表人、主要负责人或实际控制人被列入失信人名单的；

（九）法律法规规定的其他不予受理的情形。

第三章 定点医疗机构运行管理

第十三条 定点医疗机构具有依法依规为参保人员提供医疗服务后获得医保结算费用，对经办机构履约情况进行监督，对完善医保政策提出意见建议等权利。

第十四条 定点医疗机构应当严格执行医保协议，合理诊疗、合理收费，严格执行医保药品、医用耗材和医疗服务项目等目录，优先配备使用医保目录药品，控制患者自费比例，提高医疗保障基金使用效率。定点医疗机构不得为非定点医疗机构提供医保结算。

经办机构不予支付的费用、定点医疗机构按医保协议约定被扣除的质量保证金及其支付的违约金等，定点医疗机构不得作为医保欠费处理。

第十五条 定点医疗机构及其工作人员应当执行实名就医和购药管理规定，核验参保人员有效身份凭证，按照诊疗规范提供合理、必要的医药服务，向参保人员如实出具费用单据和相关资料，不得分解住院、挂床住院，不得违反诊疗规范过度诊疗、过度检查、分解处方、超量开药、重复开药，不得重复收费、超标准收费、分解项目收费，不得串换药品、医用耗材、诊疗项目和服务设施，不得诱导、协助他人冒名或者虚假就医、购药。

定点医疗机构应当确保医疗保障基金支付的费用符合规定的支付范围；除急诊、抢救等特殊情形外，提供医疗保障基金支付范围以外的医药服务的，应当经参保人员或者其近亲属、监护人同意。

第十六条 定点医疗机构应当制定相应的内部管理措施，严格掌握出入院指征。按照协议执行医保总额预算指标，执行按项目、按病种、按疾病诊断相关分组、按床日、按人头等支付方式。不得以医保支付政策为由拒收患者。

第十七条 定点医疗机构按有关规定执行集中采购政策，优先使用集中采购中选的药品和耗材。医保支付的药品、耗材应当按规定在医疗保障行政部门规定的平台上采购，并真实记录“进、销、存”等情况。

第十八条 定点医疗机构应当严格执行医疗保障行政部门制定的医药价格政策。

第十九条 定点医疗机构应当参加由医疗保障行政部门或经办机构组织的宣传和培训。

定点医疗机构应当组织开展医疗保障基金相关制度、政策的培训，定期检查本单位医疗保障基金使用情况，及时纠正医疗保障基金使用不规范的行为。

第二十条 定点医疗机构在显著位置悬挂统一样式的定点医疗机构标识。

第二十一条 定点医疗机构应按要求及时向统筹地区经办机构报送医疗保障基金结算清单等信息，包括疾病诊断及手术操作，药品、医用耗材、医疗服务项目费用结算明细，医师、护士等信息，并对其真实性负责。定点医疗机构应当按要求如实向统筹地区经办机构报送药品、耗材的采购价格和数量。

定点医疗机构应向医疗保障部门报告医疗保障基金使用监督管理及协议管理所需信息，向社会公开医药费用、费用结构等信息。

第二十二条 定点医疗机构应当配合经办机构开展医保费用审核、稽核检查、绩效考核等工作，接受医疗保障行政部门的监督检查，并按规定提供相关材料。

第二十三条 定点医疗机构应当优化医保结算流程，为参保人员提供便捷的医疗服务，按规定进行医保费用直接结算，提供费用结算单据和相关资料。为符合规定的参保人员提供转诊转院服务。参保人员根据有关规定可以在定点医疗机构购药或凭处方到定点零售药店购药。

第二十四条 定点医疗机构应当做好与医保有关的信息系统安全保障工作，遵守数据安全有关制度，保护参保人员隐私。定点医疗机构重新安装信息系统时，应当保持信息系统技术接口标准与医保信息系统有效对接，并按规定及时全面准确向医保信息系统传送医保结算和审核所需的有关数据。

第四章 经办管理服务

第二十五条 经办机构有权掌握定点医疗机构运行管理情况，从定点医疗机构获得医保费用稽查审核、绩效考核和财务记账等所需要的信息数据等资料。定点医疗机构实行属地管理，经办机构对属地定点医疗机构为本地和异地参保人员提供的医疗服务承担管理服务职责。

第二十六条 经办机构应当完善定点申请、组织评估和协议签订、协议履行、协议变更和解除等管理流程，制定经办规程，为定点医疗机构和参保人员提供优质高效的经办服务。

第二十七条 经办机构应做好对定点医疗机构医保政策、管理制度、支付政策、操作流程的宣传培训，提供医疗保障咨询、查询服务。

第二十八条 经办机构应当落实医保支付政策，加强医疗保障基金管理。

第二十九条 经办机构应当建立完善的内部控制制度，明确对定点医疗机构申报费用的审核、结算、拨付、稽核等岗位责任及风险防控机制。完善重大医保费用支出集体决策制度。

第三十条 经办机构应当加强医疗保障基金支出管理，通过智能审核、实时监控、现场检查等方式及时审核医疗费用。对定点医疗机构进行定期和不定期稽查审核。按协议约定及时足额向定点医疗机构拨付医保费用，原则上应当在定点医疗机构申报后30个工作日内拨付符合规定的医保费用。

第三十一条 有条件的统筹地区经办机构可以按国家规定向定点医疗机构预付一部分医保资金，缓解其资金运行压力。在突发疫情等紧急情况时，可以按国家规定预拨专项资金。

第三十二条 定点医疗机构违规申报费用，经审查核实的，经办机构不予支付。

第三十三条 经办机构应当依法依规支付参保人员在定点医疗机构发生的医疗费用，为参保人员提供医保政策咨询。除急诊和抢救外，参保人员在非定点医疗机构就医发生的费用医疗保障基金不予支付。

第三十四条 经办机构向社会公开医保信息系统数据集和接口标准。定点医疗机构自主选择与医保对接的有关信息系统的运行和维护供应商。经办机构不得以任何名义收取任何费用及指定供应商。

第三十五条 经办机构应遵守数据安全有关制度，保护参保人员隐私，确保医疗保障基金安全。

第三十六条 经办机构或其委托符合规定的第三方机构，对定点医疗机构开展绩效考核，建立动态管理机制。考核结果与年终清算、质量保证金退还、协议续签等挂钩。绩效考核办法由国家医疗保障部门制定，省级医疗保障部门可制定具体考核细则，经办机构负责组织实施。

第三十七条 对于定点医疗机构结算周期内未超过总额控制指标的医疗费用，经办机构应根据协议按时足额拨付。对定点医疗机构因参保人员就医数量大幅增加等形成的合理超支给予适当补偿。

第三十八条 经办机构发现定点医疗机构存在违反协议约定情形的，可按协议约定相应采取以下处理方式：

（一）约谈医疗机构法定代表人、主要负责人或实际控制人；

（二）暂停或不予拨付费用；

（三）不予支付或追回已支付的医保费用；

（四）要求定点医疗机构按照协议约定支付违约金；

（五）中止相关责任人员或者所在部门涉及医疗保障基金使用的医疗服务；

（六）中止或解除医保协议。

第三十九条 经办机构违反医保协议的，定点医疗机构有权要求纠正或者提请医疗保障行政部门协调处理、督促整改，也可以依法申请行政复议或者提起行政诉讼。

医疗保障行政部门发现经办机构存在违反医保协议的，可视情节相应采取以下处理方式：约谈主要负责人、限期整改、通报批评，对相关责任人员依法依规给予处分。

医疗保障行政部门发现经办机构违反相关法律法规和规章的，依法依规进行处理。

第五章 定点医疗机构的动态管理

第四十条 定点医疗机构的名称、法定代表人、主要负责人或实际控制人、注册地址、银行账户、诊疗科目、机构规模、机构性质、等级和类别等重大信息变更时，应自有关部门批准之日起 30 个工作日内向统筹地区经办机构提出变更申请。其他一般信息变更应及时书面告知。

第四十一条 续签应由定点医疗机构于医保协议期满前 3 个月向经办机构提出申请或由经办机构统一组织。统筹地区经办机构与定点医疗机构就医保协议续签事宜进行协商谈判，双方根据医保协议履行情况和绩效考核情况等决定是否续签。协商一致的，可续签医保协议；未达成一致的，医保协议到期后自动终止。

对于绩效考核结果好的定点医疗机构可以采取固定医保协议和年度医保协议相结合的方式，固定医保协议相对不变，年度医保协议每年根据具体情况调整，简化签约手续。

第四十二条 医保协议中止是指经办机构与定点医疗机构暂停履行医保协议约定，中止期间发生的医保费用不予结算。中止期结束，未超过医保协议有效期的，医保协议可继续履行；超过医保协议有效期的，医保协议终止。

定点医疗机构可提出中止医保协议申请，经经办机构同意，可以中止医保协议但中止时间原则上不得超过 180 日，定点医疗机构在医保协议中止超过 180 日仍未提出继续履行医保协议申请的，原则上医保协议自动终止。定点医疗机构有下列情形之一的，经办机构应中止医保协议：

（一）根据日常检查和绩效考核，发现对医疗保障基金安全和参保人员权益可能造成重大风险的；

（二）未按规定向经办机构及医疗保障行政部

门提供有关数据或提供数据不真实的；

（三）根据医保协议约定应当中止医保协议的；

（四）法律法规和规章规定的应当中止的其他情形。

第四十三条 医保协议解除是指经办机构与定点医疗机构之间的医保协议解除，协议关系不再存续，协议解除后产生的医药费用，医疗保障基金不再结算。定点医疗机构有以下情形之一的，经办机构应解除医保协议，并向社会公布解除医保协议的医疗机构名单：

（一）医保协议有效期内累计2次及以上被中止医保协议或中止医保协议期间未按要求整改或整改不到位的；

（二）以弄虚作假等不正当手段申请取得定点的；

（三）经医疗保障部门和其他有关部门查实有欺诈骗保行为的；

（四）为非定点医疗机构或处于中止医保协议期间的医疗机构提供医保费用结算的；

（五）拒绝、阻挠或不配合医疗保障部门开展智能审核、绩效考核、监督检查等，情节恶劣的；

（六）被发现重大信息发生变更但未办理重大信息变更的；

（七）定点医疗机构停业或歇业后未按规定向经办机构报告的；

（八）医疗保障行政部门或其他有关部门在行政执法中，发现定点医疗机构存在重大违法违规行为且可能造成医疗保障基金重大损失的；

（九）被吊销、注销医疗机构执业许可证或中医诊所备案证的；

（十）法定代表人、主要负责人或实际控制人不能履行医保协议约定，或有违法失信行为的；

（十一）未依法履行医疗保障行政部门作出的行政处罚决定的；

（十二）定点医疗机构主动提出解除医保协议且经办机构同意的；

（十三）根据医保协议约定应当解除医保协议的；

（十四）法律法规和规章规定的应当解除的其他情形。

第四十四条 定点医疗机构请求中止、解除医保协议或不再续签医保协议的，应提前3个月向经办机构提出申请。公立医疗机构不得主动提出中止或解除医保协议。

医疗机构所在地的地市级及以上统筹地区经办机构与定点医疗机构中止或解除医保协议，该医疗机构在其他统筹区的医保协议也同时中止或解除。

第四十五条 定点医疗机构的部分人员或科室有违反协议管理要求的，可对该人员或科室中止或终止医保结算。

第四十六条 医疗机构与统筹地区经办机构就医保协议签订、履行、变更和解除发生争议的，可以自行协商解决或者请求同级医疗保障行政部门协调处理，也可以依法提起行政复议或行政诉讼。

第六章　定点医疗机构的监督

第四十七条 医疗保障行政部门对定点申请、申请受理、专业评估、协议订立、协议履行和解除等进行监督，对经办机构的内部控制制度建设、医保费用的审核和拨付等进行指导和监督。

医疗保障行政部门依法依规通过实地检查、抽查、智能监控、大数据分析等方式对定点医疗机构的协议履行情况、医疗保障基金使用情况、医疗服务行为、购买涉及医疗保障基金使用的第三方服务等进行监督。

第四十八条 医疗保障行政部门和经办机构应拓宽监督途径、创新监督方式，通过满意度调查、第三方评价、聘请社会监督员等方式对定点医疗机构进行社会监督，畅通举报投诉渠道，及时发现问题并进行处理。

第四十九条 经办机构发现违约行为，应当及时按照协议处理。

经办机构作出中止相关责任人员或者所在部门涉及医疗保障基金使用的医药服务、中止和解除医保协议等处理时，要及时报告同级医疗保障行政部门。

医疗保障行政部门发现定点医疗机构存在违约情形的，应当及时责令经办机构按照医保协议处理，经办机构应当及时按照医保协议处理。

医疗保障行政部门依法查处违法违规行为时，认为经办机构移交相关违法线索事实不清的，可组织补充调查或要求经办机构补充材料。

第七章　附　则

第五十条　职工基本医疗保险、城乡居民基本医疗保险、生育保险、医疗救助、居民大病保险等医疗保障定点管理工作按照本办法执行。

第五十一条　本办法中的经办机构是具有法定授权,实施医疗保障管理服务的职能机构,是医疗保障经办的主体。

定点医疗机构是指自愿与统筹地区经办机构签订医保协议,为参保人员提供医疗服务的医疗机构。

医保协议是指由经办机构与医疗机构经协商谈判而签订的,用于规范医疗服务行为以及明确双方权利、义务及责任等内容的协议。

第五十二条　国务院医疗保障行政部门制作并定期修订医保协议范本,国家医疗保障经办机构制定经办规程并指导各地加强和完善医保协议管理。地市级及以上的医疗保障行政部门及经办机构在此基础上,可根据实际情况分别细化制定本地区的医保协议范本及经办规程。医保协议内容应与法律、法规、规章和医疗保障政策调整变化相一致,医疗保障行政部门调整医保协议内容时,应征求相关定点医疗机构意见。

第五十三条　本办法由国务院医疗保障行政部门负责解释,自 2021 年 2 月 1 日起施行。

医疗卫生机构信息公开管理办法

· 2021 年 12 月 29 日

· 国卫办发〔2021〕43 号

第一章　总　则

第一条　为规范医疗卫生机构的信息公开工作,提高医疗卫生服务水平,方便公民、法人和其他社会组织获得医疗卫生机构的服务信息,根据《中华人民共和国政府信息公开条例》以及国务院办公厅《关于公共企事业单位信息公开制定办法》规定,制定本办法。

第二条　本办法适用于医疗卫生机构,包括基层医疗卫生机构、医院和专业公共卫生机构。

第三条　本办法所称的信息是指,医疗卫生机构在提供社会公共服务过程中制作或者获取的,以一定形式记录、保存的信息。

第四条　医疗卫生机构公开信息应当坚持合法合规、真实准确、便民实用、及时主动的原则。

第五条　国家卫生健康委、国家中医药局、国家疾控局政府信息公开主管部门牵头负责全国医疗卫生机构的信息公开监督管理工作。国家卫生健康委、国家中医药局、国家疾控局各业务主管部门负责指导相关领域医疗卫生机构的信息公开工作。

县级以上地方人民政府卫生健康、中医药、疾控主管部门负责本行政辖区医疗卫生机构信息公开监督管理工作。

医疗卫生行业组织应当在医疗卫生机构信息公开工作方面发挥监督、评价的积极作用。

第二章　信息公开的范围和方式

第六条　医疗卫生机构根据本机构特点和自身实际服务情况,有以下信息的应当主动公开:

(一)机构基本概况、公共服务职能;

(二)机构科室分布、人员标识、标识导引;

(三)机构的服务内容、重点学科及医疗技术准入、服务流程及须知等;

(四)涉及公共卫生、疾病应急处置相关服务流程信息;

(五)医保、价格、收费等服务信息;

(六)健康科普宣传教育相关信息;

(七)招标采购信息;

(八)行风廉政建设情况;

(九)咨询及投诉方式;

(十)其他法律、法规、规章等规定的应当主动公开的内容。

第七条　医疗卫生机构不得公开下列信息:

(一)涉及国家秘密的;

(二)涉及商业秘密的;

(三)涉及自然人个人信息保护的;

(四)公开后可能危及国家安全、公共安全、经济安全、执业安全、社会稳定及正常医疗秩序的;

(五)违反《中华人民共和国广告法》等法律法规规定或涉嫌夸大、虚假宣传等内容的;

(六)法律、法规、规章等规定的不予公开的信息。

第八条　医疗卫生机构内部管理等相关信息,可不予公开。法律、法规、规章另有规定的,从其规定。

第九条 国家卫生健康委会同国家中医药局、国家疾控局根据本办法规定，另行制定医疗卫生机构信息公开基本目录，并根据实际情况更新调整。医疗卫生机构可根据自身工作需要，制定本机构信息公开目录。

第十条 本办法的信息公开基本目录分为资质类和服务类两类信息：

资质类信息是指，法律、法规、规章明确规定的或政府部门指定的，带有强制性公开的医疗和公共卫生服务信息，以及通过许可、审批、备案、评审等取得的相关资质信息；

服务类信息是指，医疗卫生机构提供公共服务过程中，公众需要或关注的服务信息。

第十一条 医疗卫生机构的信息公开采取主动公开为主、提供咨询服务为辅的方式。

第十二条 医疗卫生机构可以结合已有条件，采取现场咨询、网站交流平台、热线电话、移动客户端等方便交流的途径，及时提供人性化咨询服务，满足社会公众信息需求。

医疗卫生机构信息公开工作应当接受社会公众的监督，发生争议时，应当做好解释沟通工作。

第十三条 医疗卫生机构应当根据实际情况将主动公开的信息通过下列一种或多种方式予以公开：

(一)办公和服务场所的公开栏、公告牌、电子显示屏、触摸屏；

(二)咨询台、服务台；

(三)人员岗位标识；

(四)各级政府门户网站或本机构门户网站；

(五)互联网交流平台、公众号、移动客户终端；

(六)服务手册、便民卡片、信息须知；

(七)咨询服务电话；

(八)其他便于公众知晓的方式。

第十四条 公民、法人或者其他组织通过医疗卫生机构设置的咨询窗口获取医疗服务信息，医疗卫生机构提供复制、复印等服务的可以收费，收费标准依照有关规定执行。

第三章 信息公开责任

第十五条 法人组织的法定代表人或者非法人组织的主要负责人是信息公开第一责任人，负责监督、管理本医疗卫生机构的信息公开工作。

第十六条 医疗卫生机构应当建立健全信息公开工作制度，对本机构公开信息的范围形式、审核发布、管理维护、咨询回应等工作作出规定。

医疗卫生机构应当明确管理部门或专门人员负责本机构的信息公开工作。

第十七条 医疗卫生机构应当依照《中华人民共和国保守国家秘密法》《中华人民共和国个人信息保护法》和其他国家保密法律法规等规定对拟公开的信息进行保密审查。

第十八条 主动公开信息内容发生变化的，医疗卫生机构应当自该信息形成或者变更之日起20个工作日内予以调整。

法律、法规、规章对更新期限另有规定的，从其规定。

第十九条 医疗卫生机构应当定期向其主管部门报告本机构信息公开工作。

第四章 监督管理

第二十条 县级以上地方人民政府卫生健康、中医药、疾控主管部门应当建立健全信息公开工作监督考核制度，定期对本辖区内医疗卫生机构信息公开工作进行考核、评议。

第二十一条 县级以上地方人民政府卫生健康、中医药、疾控主管部门应当对医疗卫生机构的信息公开工作进行宣传培训。

第二十二条 医疗卫生机构未按照本办法开展信息公开工作的，公民、法人和其他社会组织可以向县级以上地方人民政府卫生健康、中医药、疾控主管部门申诉，接受申诉的部门应当及时调查处理并将处理结果告知申诉人。

经调查属实的，医疗卫生机构应当及时作出整改。

第二十三条 医疗卫生机构违反本办法规定，由县级以上地方人民政府卫生健康、中医药、疾控主管部门根据情节采用约谈等方式督促整改，相关情况纳入医疗卫生机构监督管理与业务考核记录。情节严重或造成严重后果的，由县级以上地方人民政府卫生健康、中医药、疾控主管部门依据相关法律法规作出处理。

以信息公开名义变相违法发布医疗广告或进行夸大、虚假宣传的，由相关职能部门依照《中华人民共和国广告法》等法律法规给予处罚。

法律、法规、规章另有规定的，从其规定。

第五章 附 则

第二十四条 县级以上地方人民政府卫生健康、中医药、疾控主管部门可根据本办法的规定，参考基本目录，并结合实际工作情况，制定具体实施细则。

第二十五条 本办法自2022年2月1日起施行。

医疗机构内部价格行为管理规定

·2019年12月26日

·国卫财务发〔2019〕64号

第一章 总 则

第一条 为规范医疗机构收费行为，加强医疗机构内部价格行为管理，促进卫生健康事业改革和发展，维护患者与医疗机构的合法权益，根据《中华人民共和国价格法》、《中共中央国务院关于深化医药卫生体制改革的意见》、发展改革委等部门《关于印发改革药品和医疗服务价格形成机制的意见的通知》（发改价格〔2009〕2844号）及《关于印发推进医疗服务价格改革意见的通知》（发改价格〔2016〕1431号）等有关政策法规，结合医疗服务价格管理特点，制定本规定。

第二条 本规定适用于各级各类公立医疗机构，非公立医疗机构可参照执行。

第三条 本规定中医疗机构内部价格行为管理是指对医疗机构诊疗活动中发生的医疗服务项目、药品和医用耗材等价格行为的内部管理。

第四条 医疗机构主要负责人对本单位价格行为的内部管理工作负领导责任。医疗机构价格管理负责部门具体组织本单位内部价格行为管理工作。

第五条 按照国家有关规定，县级及以上地方卫生健康行政部门（含中医药主管部门，下同）根据本规定依职责对辖区内政府办公立医疗机构价格管理工作进行指导、考核和检查，其他公立医疗机构由举办单位参照本规定进行指导、考核和检查。

第二章 组织机构

第六条 医疗机构应当建立由医疗机构分管领导、医务管理部门、价格管理部门、临床科室和医药物资采供等部门组成的医疗机构价格管理体系，科学管理、合理监控医疗服务成本，提升价格管理质量。

医疗机构应当设立价格管理委员会，委员会成员应当由医疗机构分管领导、价格管理部门及财务、医务、护理、医保、信息、药事、物资管理、医技、质控、设备、纪检监察等职能科室负责人组成，负责全院价格管理工作的领导、组织和决策。

第七条 医疗机构要加强内部价格管理部门建设。三级医疗机构应当明确负责内部价格管理工作的部门，并由院领导主管；二级及以下医疗机构应当在相关职能部门中明确价格管理职责。

三级医疗机构应当配备3—5名医疗服务价格工作人员；二级及以下医疗机构应当配备1—3名医疗服务价格工作人员。各医疗机构依据机构规模和医疗服务量可适当增减人员数量。各业务科室（部门）设置兼职医疗服务价格工作人员，每个科室（部门或病区）至少设1名。

第八条 专职医疗服务价格工作人员的基本要求：

（一）能够正确理解、掌握和执行医疗服务价格政策，并依法开展价格管理工作；

（二）掌握基本的医疗服务价格管理相关知识，了解卫生、财会、经济、管理等相关业务知识，熟悉业务科室开展的医疗服务价格项目内涵及主要成本构成；

（三）有良好的沟通和协调能力，能够妥善处理机构内部价格管理方面的咨询与投诉；

（四）工作中能够坚持原则，按照医疗服务价格管理有关规定，做好价格政策宣传与解释，指导临床、医技科室正确执行医疗服务价格政策，并检查各科室执行情况，对医疗机构不规范收费行为予以纠正；

（五）具备初级及以上职称，并每年接受行业专业化培训。

第三章 机构职能和岗位职责

第九条 医疗机构价格管理委员会的主要职能：

（一）认真贯彻有关医药价格政策、法规，实现规范化、科学化、制度化管理；

（二）研究制订医疗机构内部的价格管理制

度、业务流程、考评指标及奖惩标准，并负责组织实施；

（三）对医疗机构价格的申报、调整、公示、执行、核查、考核、评价等全过程进行组织实施和管理；

（四）适时召开价格管理工作会议，根据相关部门工作部署指导、协调有关工作进展，对医疗机构价格管理进行调控。

第十条 医疗机构价格管理部门（或专职医疗服务价格工作人员）的主要职能（或职责）：

（一）树立法治观念，依据和遵照《中华人民共和国价格法》及相关法律法规及政策，依法进行价格管理工作，熟练掌握价格管理各项政策，把握标准、严格执行和操作；

（二）对医疗机构价格行为进行内部管理，熟悉各价格项目内涵，组织协调并参与相关部门对医疗服务项目成本进行科学合理测算，提出改进管理、降本增效的建议和措施；

（三）参与药品、医疗设备、医用耗材的招标采购和价格谈判以及新技术、新疗法在进入医疗机构前的收费论证审核；

（四）参与医保基金支付项目和病种的价格谈判工作；

（五）对医疗机构新增医疗服务价格项目、新增病种（含疾病诊断相关分组，以下简称 DRG）等进行成本测算和价格审核，提出价格建议，并按照规定程序报批，对既有项目价格调整进行报批；

（六）对已立项的实行市场调节价的医疗服务价格项目和医疗机构制剂等进行成本测算，提出价格建议，提请价格管理委员会讨论确定后执行并进行监管；

（七）严格贯彻执行医药价格政策法规，并依据政府医疗服务价格政策变动，及时调整医疗机构价格管理系统的价格（含公示价格）标准；

（八）指导临床、医技科室正确执行医药价格政策；

（九）定期对门（急）诊、住院患者费用等进行检查，并将检查结果反馈科室，及时纠正不规范收费行为；

（十）接待医疗服务价格管理方面的咨询，处理医疗服务价格相关投诉，针对有效投诉撰写投诉分析报告并提出整改意见；

（十一）定期调研并组织相关业务科室讨论医疗机构价格管理存在的实际问题，并提出建议；

（十二）对兼职医疗服务价格工作人员进行价格政策（业务）指导、培训；

（十三）配合相关部门开展医疗服务价格检查；

（十四）完成主管部门交办的各种医疗服务成本及价格相关调查和统计工作，为调整医疗服务价格政策提供真实、可靠的数据；

（十五）做好其他涉及价格管理相关事宜。

第十一条 兼职医疗服务价格工作人员的主要职责：

（一）接受医疗服务价格知识培训，熟悉医疗服务价格政策法规，宣传贯彻本机构价格管理制度；

（二）配合本机构价格管理部门接受相关部门的医疗服务价格检查；

（三）提出价格管理工作建议，对本科室拟开展的新增医疗服务价格项目和拟淘汰的医疗服务价格项目，向本机构价格管理部门提出申请，并提供基础资料；

（四）协助本机构价格管理部门，做好本科室医疗服务价格管理、公示及医疗服务价格政策解释工作；

（五）协助本机构价格管理部门，处理本科室的医疗服务价格咨询与投诉；

（六）负责本科室内部价格行为的自查自纠工作，及时纠正不规范收费行为，建立内部检查的长效机制；

（七）接受本机构价格管理部门的定期考核。

第四章 管理制度

第十二条 医疗机构要建立医疗服务成本测算和成本控制管理制度，在不断完善医疗机构和科室成本核算的基础上，建立健全医疗服务项目的成本测算制度。医疗机构要密切监测医疗服务成本和收入结构变化，主动向相关部门提出调整医疗服务价格的意见建议。

按照医疗服务项目、药品、医用耗材价格管理的有关规定，在确保医疗质量的前提下，构建成本控制的科学管理机制，通过事前控制、现场控制及反馈控制等环节，科学规范收费行为。

第十三条 医疗机构要建立医疗服务价格调价管理制度，确保严格执行医疗服务价格政策，建立顺畅的调价通知流程，及时调整或通知相关部门调整医疗服务价格。

第十四条 医疗机构要建立新增医疗服务价格项目管理制度，按照《医疗技术临床应用管理办法》（国家卫生健康委令第1号）及其他相关管理规范的规定，坚持新增医疗服务价格项目以技术准入（许可）为先的原则，进行新增医疗服务价格项目立项和价格申报。规范新增医疗服务价格项目内部审核流程。新增医疗服务价格项目经医疗机构价格管理委员会审核论证后，报省级卫生健康行政部门按照医疗服务价格项目技术规范进行规范确认后，方可申报价格。

第十五条 医疗机构要建立价格公示制度。医疗机构可采用机构官网、电子触摸屏、电子显示屏、公示栏、公示牌、价目表等方式，在服务场所显著位置公示常用医疗服务项目、药品、医用耗材的价格，保障患者的查询权和知情权；价格发生变动时，要及时调整公示内容。要在服务场所显著位置公布本单位价格咨询、投诉电话。

第十六条 医疗机构应当建立费用清单（含电子清单）制度，以多种形式向患者提供医疗服务、药品、医用耗材等费用清单（病种、DRG除外），并在患者需要时提供打印服务。费用清单主要内容应当包括：医疗服务项目、药品、医用耗材的名称和编码、单价、计价单位、使用日期、数量、金额等。

第十七条 医疗机构应当建立医疗服务价格自查制度。价格管理部门每月按照出入院人数的一定比例随机抽取在院、出院病历和费用清单进行检查并做好记录。及时纠正不规范收费行为，提出整改建议并向有关科室及人员通报并纳入月（季）绩效考核管理。

第十八条 医疗机构应当建立价格投诉管理制度，实行首问负责制。接待投诉的人员应当记录投诉的内容、办理结果、整改措施及落实情况。对于上级部门转给医疗机构的有效投诉信，应当有办结报告和整改措施。

第十九条 医疗机构应当建立价格管理奖惩制度，奖罚分明，并将价格管理工作纳入医疗机构年度目标考核，作为科室绩效考核的重要指标。

第二十条 医疗机构应当建立医疗服务价格政策文件档案管理制度，对有关医疗服务价格政策的文件专卷保存。对医疗服务价格管理过程中的基础数据、专家意见、相关建议、内部讨论的会议纪要等基础资料，要做到记录完整、专卷保存。

第五章 信息化管理

第二十一条 医疗机构应当建立健全价格管理信息化制度，明确相关部门和岗位的职责与权限，确保软件系统操作与维护数据的准确性、完整性、规范性与安全性。

第二十二条 医疗机构进行医疗服务价格调整时，系统必须有调整记录。要加强对数据处理过程中修改权限与修改痕迹的控制。

第二十三条 医疗机构应当加强医疗服务价格电子信息档案管理，包括电子文件的存储、备份及保管。

第六章 监管检查

第二十四条 县级以上地方卫生健康行政部门要对医疗机构价格管理进行质量控制，并根据各地具体情况制订医疗机构价格管理考评标准。

第二十五条 县级以上地方卫生健康行政部门要建立医疗机构价格管理责任追究制度，对于违反价格管理规定的行为给予通报并按照有关规定处理。

第二十六条 医疗机构要自觉接受社会监督，聘请社会义务监督员，发挥外部监督管理作用。

第七章 附 则

第二十七条 省级卫生健康行政部门要根据国家有关法律法规和本规定，结合本地实际制订具体实施细则。

医疗机构要结合本单位业务特点和实际情况，建立健全本单位的价格管理制度与体系。

第二十八条 本规定自发布之日起施行。原卫生部、国家中医药管理局印发的《医疗机构内部价格管理暂行规定》（卫规财发〔2011〕32号）同时废止。

城市社区卫生服务机构管理办法(试行)

·2006年6月29日
·卫妇社发〔2006〕239号

第一章 总 则

第一条 为贯彻落实《国务院关于发展城市社区卫生服务的指导意见》(国发〔2006〕10号),加强对城市社区卫生服务机构设置与运行的管理,保障居民公平享有安全、有效、便捷、经济的社区卫生服务,根据《中华人民共和国执业医师法》、《中华人民共和国传染病防治法》、《中华人民共和国母婴保健法》、《医疗机构管理条例》等相关法律法规制定本办法。

第二条 本办法所称社区卫生服务机构是指在城市范围内设置的、经区(市、县)级政府卫生行政部门登记注册并取得《医疗机构执业许可证》的社区卫生服务中心和社区卫生服务站。

第三条 社区卫生服务机构以社区、家庭和居民为服务对象,以妇女、儿童、老年人、慢性病人、残疾人、贫困居民等为服务重点,开展健康教育、预防、保健、康复、计划生育技术服务和一般常见病、多发病的诊疗服务,具有社会公益性质,属于非营利性医疗机构。

第四条 卫生部负责全国社区卫生服务机构的监督管理。区(市、县)级以上地方政府卫生行政部门负责本行政区域内社区卫生服务机构的监督管理。

第二章 服务功能与执业范围

第五条 社区卫生服务机构服务对象为辖区内的常住居民、暂住居民及其他有关人员。

第六条 社区卫生服务机构提供以下公共卫生服务:

(一)卫生信息管理。根据国家规定收集、报告辖区有关卫生信息,开展社区卫生诊断,建立和管理居民健康档案,向辖区街道办事处及有关单位和部门提出改进社区公共卫生状况的建议。

(二)健康教育。普及卫生保健常识,实施重点人群及重点场所健康教育,帮助居民逐步形成利于维护和增进健康的行为方式。

(三)传染病、地方病、寄生虫病预防控制。负责疫情报告和监测,协助开展结核病、性病、艾滋病、其他常见传染病以及地方病、寄生虫病的预防控制,实施预防接种,配合开展爱国卫生工作。

(四)慢性病预防控制。开展高危人群和重点慢性病筛查,实施高危人群和重点慢性病病例管理。

(五)精神卫生服务。实施精神病社区管理,为社区居民提供心理健康指导。

(六)妇女保健。提供婚前保健、孕前保健、孕产期保健、更年期保健,开展妇女常见病预防和筛查。

(七)儿童保健。开展新生儿保健、婴幼儿及学龄前儿童保健,协助对辖区内托幼机构进行卫生保健指导。

(八)老年保健。指导老年人进行疾病预防和自我保健,进行家庭访视,提供针对性的健康指导。

(九)残疾康复指导和康复训练。

(十)计划生育技术咨询指导,发放避孕药具。

(十一)协助处置辖区内的突发公共卫生事件。

(十二)政府卫生行政部门规定的其他公共卫生服务。

第七条 社区卫生服务机构提供以下基本医疗服务:

(一)一般常见病、多发病诊疗、护理和诊断明确的慢性病治疗。

(二)社区现场应急救护。

(三)家庭出诊、家庭护理、家庭病床等家庭医疗服务。

(四)转诊服务。

(五)康复医疗服务。

(六)政府卫生行政部门批准的其他适宜医疗服务。

第八条 社区卫生服务机构应根据中医药的特色和优势,提供与上述公共卫生和基本医疗服务内容相关的中医药服务。

第三章 机构设置与执业登记

第九条 社区卫生服务中心原则上按街道办事处范围设置,以政府举办为主。在人口较多、服务半径较大、社区卫生服务中心难以覆盖的社区，可适当设置社区卫生服务站或增设社区卫生服务中心。人口规模大于10万人的街道办事处，应增设社区卫生服务中心。人口规模小于3万人的街道办事处，其社区卫生服务机构的设置由区（市、县）政府卫生行政部门确定。

第十条 设区的市政府卫生行政部门负责制订本行政区域社区卫生服务机构设置规划，并纳入当地区域卫生规划、医疗机构设置规划。社区卫生服务机构设置规划须经同级政府批准，报当地省级政府卫生行政部门备案。

第十一条 规划设置社区卫生服务机构，应立足于调整卫生资源配置，加强社区卫生服务机构建设，完善社区卫生服务机构布局。政府举办的一级医院和街道卫生院应转型为社区卫生服务机构；政府举办的部分二级医院和有条件的国有企事业单位所属基层医疗机构通过结构和功能改造，可转型为社区卫生服务机构。

第十二条 新设置社区卫生服务机构可由政府设立，也可按照平等、竞争、择优的原则，通过公开招标等方式确定社区卫生服务机构举办者，鼓励社会力量参与。

第十三条 设置审批社区卫生服务机构，应征询所在街道办事处及社区居民委员会的意见。

第十四条 设置社区卫生服务机构，须按照社区卫生服务机构设置规划，由区（市、县）级政府卫生行政部门根据《医疗机构管理条例》、《医疗机构管理条例实施细则》、《社区卫生服务中心基本标准》、《社区卫生服务站基本标准》进行设置审批和执业登记，同时报上一级政府卫生行政部门备案。《社区卫生服务中心基本标准》、《社区卫生服务站基本标准》由卫生部另行制定。

第十五条 社区卫生服务中心登记的诊疗科目应为预防保健科、全科医疗科、中医科（含民族医学）、康复医学科、医学检验科、医学影像科，有条件的可登记口腔医学科、临终关怀科，原则上不登记其他诊疗科目，确需登记的，须经区（市、县）级政府卫生行政部门审核批准，同时报上一级政府卫生行政部门备案。社区卫生服务站登记的诊疗科目应为预防保健科、全科医疗科，有条件的可登记中医科（含民族医学），不登记其他诊疗科目。

第十六条 社区卫生服务中心原则上不设住院病床，现有住院病床应转为以护理康复为主要功能的病床，或予以撤销。社区卫生服务站不设住院病床。

第十七条 社区卫生服务中心为独立法人机构，实行独立核算，社区卫生服务中心对其下设的社区卫生服务站实行一体化管理。其他社区卫生服务站接受社区卫生服务中心的业务管理。

第十八条 社区卫生服务中心、社区卫生服务站是专有名称，未经政府卫生行政部门批准，任何机构不得以社区卫生服务中心、社区卫生服务站命名。社区卫生服务机构须以社区卫生服务中心或社区卫生服务站进行执业登记，原则上不得使用两个或两个以上名称。

社区卫生服务中心的命名原则是：所在区名（可选）+所在街道办事处名+识别名（可选）+社区卫生服务中心；社区卫生服务站的命名原则是：所在街道办事处名（可选）+所在社区名+社区卫生服务站。

第十九条 社区卫生服务机构使用统一的专用标识，专用标识由卫生部制定。

第四章 人员配备与管理

第二十条 社区卫生服务机构应根据服务功能、服务人口、居民的服务需要，按照精干、效能的原则设置卫生专业技术岗位，配备适宜学历与职称层次的从事全科医学、公共卫生、中医（含中西医结合、民族医）等专业的执业医师和护士，药剂、检验等其他有关卫生技术人员根据需要合理配置。

第二十一条 社区卫生服务机构的专业技术人员须具有法定执业资格。

第二十二条 临床类别、中医类别执业医师注册相应类别的全科医学专业为执业范围，可从事社区预防保健以及一般常见病、多发病的临床诊疗，不得从事专科手术、助产、介入治疗等风险较高、不适宜在社区卫生服务机构开展的专科诊疗，不得跨类别从事口腔科诊疗。

第二十三条 临床类别、中医类别执业医师在社区卫生服务机构从事全科医学工作，申请注册全科医学专业为执业范围，须符合以下条件之一：

（一）取得相应类别的全科医学专业中、高级技术职务任职资格。

（二）经省级卫生、中医药行政部门认可的相应类别全科医师岗位培训并考核合格。

(三)参加省级卫生、中医药行政部门认可的相应类别全科医师规范化培训。

取得初级资格的临床类别、中医类别执业医师须在有关上级医师指导下从事全科医学工作。

第二十四条 根据社区卫生服务的需要,二级以上医疗机构有关专业的医护人员(含符合条件的退休医护人员),依据政府卫生行政部门有关规定,经社区卫生服务机构注册的区(市、县)级政府卫生行政部门备案,可到社区卫生服务机构从事相应专业的临床诊疗服务。

第二十五条 社区卫生技术人员需依照国家规定接受毕业后教育、岗位培训和继续教育等职业培训。社区卫生服务机构要建立健全培训制度,在区(市、县)及设区的市政府卫生行政部门支持和组织下,安排卫生技术人员定期到大中型医院、预防保健机构进修学习和培训,参加学术活动。各地政府卫生行政部门和社区卫生服务机构要积极创造条件,使高等医学院校到社区卫生服务机构从事全科医学工作的有关医学专业毕业生,逐步经过规范化培训。

第二十六条 政府举办的社区卫生服务机构要实行定编定岗、公开招聘,签订聘用合同,建立岗位管理、绩效考核、解聘辞聘等项制度。非政府举办的社区卫生服务机构,实行自主用人制度。

第二十七条 社区卫生服务工作人员要树立良好的职业道德,恪尽职守,遵纪守法,不断提高业务技术水平,维护居民健康。

第五章 执业规则与业务管理

第二十八条 社区卫生服务机构执业,须严格遵守国家有关法律、法规、规章和技术规范,加强对医务人员的教育,实施全面质量管理,预防服务差错和事故,确保服务安全。

第二十九条 社区卫生服务机构须建立健全以下规章制度。

(一)人员职业道德规范与行为准则。

(二)人员岗位责任制度。

(三)人员聘用、培训、管理、考核与奖惩制度。

(四)技术服务规范与工作制度。

(五)服务差错及事故防范制度。

(六)服务质量管理制度。

(七)财务、药品、固定资产、档案、信息管理制度。

(八)医疗废物管理制度。

(九)社区协作与民主监督制度。

(十)其他有关制度。

第三十条 社区卫生服务机构须根据政府卫生行政部门规定,履行提供社区公共卫生服务和基本医疗服务的职能。

第三十一条 社区卫生服务机构应妥善保管居民健康档案,保护居民个人隐私。社区卫生服务机构在关闭、停业、变更机构类别等情况下,须将居民健康档案交由当地区(市、县)级政府卫生行政部门妥善处理。

第三十二条 社区卫生服务机构应严格掌握家庭诊疗、护理和家庭病床服务的适应症,切实规范家庭医疗服务行为。

第三十三条 区(市、县)及设区的市政府卫生行政部门要建立信息平台,为社区卫生服务机构提供本地有关大中型医疗机构专科设置、联系方式等转诊信息,支持社区卫生服务机构与大中型医疗机构建立转诊协作关系。社区卫生服务机构对限于设备或者技术条件难以安全、有效诊治的患者应及时转诊到相应医疗机构诊治。对医院转诊病人,社区卫生服务机构应根据医院建议与病人要求,提供必要的随访、病例管理、康复等服务。

第三十四条 社区卫生服务机构提供中医药(含民族医药)服务,应配备相应的设备、设施、药品,遵守相应的中医诊疗原则、医疗技术标准和技术操作规范。

第三十五条 社区卫生服务机构应在显著位置公示医疗服务、药品和主要医用耗材的价格,严格执行相关价格政策,规范价格行为。

第三十六条 社区卫生服务机构应配备与其服务功能和执业范围相适应的基本药品。社区卫生服务机构使用药品,须严格执行药品管理法律、法规的规定,从具有合法经营资质的单位购入。严禁使用过期、失效及违禁的药品。

第六章 行业监管

第三十七条 区(市、县)级政府卫生行政部门负责对社区卫生服务机构实施日常监督与管理,建立健全监督考核制度,实行信息公示和奖惩制度。

第三十八条 疾病预防控制中心、妇幼保健院(所、站)、专科防治院(所)等预防保健机构在职能范围内,对社区卫生服务机构所承担的公共卫生服务工作进行业务评价与指导。

第三十九条 政府卫生行政部门应建立社会民主监督制度,定期收集社区居民的意见和建议,将接受服务居民的满意度作为考核社区卫生服务机构和从业人员业绩的重要标准。

第四十条 政府卫生行政部门建立社区卫生服务机构评审制度,发挥行业组织作用,加强社区卫生服务机构的服务质量建设。

第七章 附 则

第四十一条 各省、自治区、直辖市政府卫生和中医药行政部门应当根据本办法,制定具体实施细则。

第四十二条 本办法由卫生部、国家中医药管理局负责解释。

第四十三条 本办法自2006年8月1日起施行。

乡镇卫生院管理办法(试行)

·2011年7月7日

·卫农卫发〔2011〕61号

第一章 总 则

第一条 为贯彻落实深化医药卫生体制改革精神,坚持乡镇卫生院的公益性质,明确乡镇卫生院功能和服务范围,规范乡镇卫生院管理,更好地为农村居民健康服务,根据《中华人民共和国执业医师法》、《医疗机构管理条例》、《护士条例》等有关法律法规和《中共中央 国务院关于深化医药卫生体制改革的意见》(中发〔2009〕6号)、《国务院办公厅关于建立健全基层医疗卫生机构补偿机制的意见》(国办发〔2010〕62号)等有关文件,制定本办法。

第二条 本办法适用于在乡镇设置、经县级人民政府卫生行政部门登记注册、依法取得《医疗机构执业许可证》的卫生院。

第三条 乡镇卫生院是农村三级医疗卫生服务体系的枢纽,是公益性、综合性的基层医疗卫生机构。政府在每个乡镇办好一所卫生院。

第四条 卫生部负责全国乡镇卫生院的监督管理工作,县级以上地方人民政府卫生行政部门负责本行政区域内乡镇卫生院的监督管理工作。

第二章 设置规划

第五条 县级人民政府卫生行政部门根据本行政区域卫生发展规划、医疗机构设置规划和乡镇建设发展总体规划,统筹考虑本行政区域内农村居民的卫生服务需求、地理交通条件以及行政区划等因素,编制乡镇卫生院设置规划,经上一级地方人民政府卫生行政部门审核,报同级人民政府批准后在本行政区域内发布实施。

在制订和调整乡镇卫生院设置规划时,应当为非公立医疗机构留有合理空间。

第六条 县级人民政府卫生行政部门依据《医疗机构管理条例》等有关规定,负责办理乡镇卫生院的设置审批、登记、注册、校验、变更以及注销等事项。县级人民政府卫生行政部门应当于每年2月底前,将上一年度乡镇卫生院名册逐级上报至卫生部。乡镇卫生院《医疗机构执业许可证》不得伪造、涂改、出卖、转让、出借。

第七条 乡镇卫生院的命名原则是:县(市、区)名+乡镇名+(中心)卫生院(分院)。乡镇卫生院的印章、票据、病历本册、处方等医疗文书使用的名称必须与批准的名称一致。乡镇卫生院不得使用或加挂其他类别医疗机构的名称。

第八条 乡镇卫生院标识采用全国统一式样,具体式样由卫生部另行发布。

第三章 基本功能

第九条 乡镇卫生院以维护当地居民健康为中心,综合提供公共卫生和基本医疗等服务,并承担县级人民政府卫生行政部门委托的卫生管理职能。

中心卫生院是辐射一定区域范围的医疗卫生服务中心,并承担对周边区域内一般卫生院的技术指导工作。

第十条 开展与其功能相适应的基本医疗卫生服务,使用适宜技术、适宜设备和基本药物。大力推广包括民族医药在内的中医药服务。

第十一条 承担当地居民健康档案、健康教育、计划免疫、传染病防治、儿童保健、孕产妇保健、老年人保健、慢性病管理、重性精神疾病患者管理等国家基本公共卫生服务项目。协助实施疾病防控、农村妇女住院分娩等重大公共卫生项目、卫生应急等任务。

第十二条 承担常见病、多发病的门诊和住院诊治,开展院内外急救、康复和计划生育技术服务等,提供转诊服务。

第十三条 受县级人民政府卫生行政部门委托,承担辖区内公共卫生管理职能,负责对村卫生室的业务管理和技术指导。有条件地区可推行乡村卫生服务一体化管理。

第四章 行政管理

第十四条 按照精简高效的原则设置临床和公共卫生等部门。临床部门重点可设全科医学科、内(儿)科、外科、妇产科、中医科、急诊科和医技科。公共卫生部门可内设预防、保健等科室。规模较小的卫生院也可按照业务相近、便于管理的原则设立综合性科室。具体设置由县级人民政府卫生行政部门根据批准的执业范围确定。

第十五条 按照公开、公平、竞争、择优的原则选聘乡镇卫生院院长。实行院长任期目标责任制管理。

第十六条 乡镇卫生院实行以聘用制度和岗位管理制度为重点的人事管理制度,公开招聘、竞聘上岗、按岗聘用、合同管理。新进人员实行公开招聘制度,并与乡镇卫生院签订聘用合同。优先聘用全科医生到乡镇卫生院服务。

第十七条 实行院务公开、民主管理。定期召开院周会、例会和职工大会,听取职工意见与建议。维护职工合法权益。

第十八条 加强医德医风建设,完善社会监督,严格遵守《医务人员医德规范及实施办法》。

第十九条 医务人员着装规范,主动、热情、周到、文明服务。服务标识规范、醒目,就医环境美化、绿化、整洁、温馨。

第五章 业务管理

第二十条 转变服务模式,以健康管理为中心,开展主动服务和上门服务,逐步组建全科医生团队,向当地居民提供连续性服务。

第二十一条 按照国家有关法律、行政法规和技术规范,建立健全并落实各项业务管理制度。

第二十二条 严格按照核准登记的诊疗科目开展诊疗活动。加强医疗质量控制和安全管理。规范医疗文书书写。

第二十三条 统筹协调辖区内公共卫生管理工作。规范公共卫生服务。及时、有效处置突发公共卫生事件。

第二十四条 实施国家基本药物制度。乡镇卫生院全部配备和使用国家基本药物并实行零差率销售。禁止从非法渠道购进药物。强化用药知识培训,保证临床用药合理、安全、有效、价廉。

第二十五条 落实医院感染预防与控制管理措施。加强消毒供应室、手术室、治疗室、产房、发热门诊、医院感染等医疗安全重点部门管理,依据《医疗废物管理条例》等进行医疗废物处理和污水、污物无害化处理。

第二十六条 卫生技术人员应当依法取得执业资格。包括全科医学在内的医疗、护理、公共卫生等卫生专业技术人员必须经卫生行政部门登记注册并在规定的范围内执业。临床医师的执业范围可注册同一类别 3 个专业,不得从事执业登记许可范围以外的诊疗活动。

第二十七条 建立健全在职卫生技术人员继续教育制度。在职卫生技术人员应当定期参加培训。新聘用的高校医学毕业生应当按照国家规定参加全科医生规范化培训。

第六章 财务管理

第二十八条 乡镇卫生院实行“统一领导、集中管理”的财务管理体制,财务活动在乡镇卫生院负责人的领导下,由财务部门统一管理。积极探索对乡镇卫生院实行财务集中管理体制。

第二十九条 年度收支预算由乡镇卫生院根据相关规定编制草案经县级人民政府卫生行政部门审核汇总后报财政部门核定。乡镇卫生院按照年初核定的预算,依法组织收入,严格控制乡镇卫生院支出。

第三十条 严格执行国家财务、会计和审计监督等相关法律法规制度。严禁设立账外账、“小金库”,以及出租、承包内部科室。

第三十一条 严格执行药品和医疗服务价格政策,向社会公示医疗服务收费标准和药品价格。

第三十二条 严格执行医疗保障制度相关政策。落实公示和告知制度。完善内部监督制约机制,杜绝骗取、套取医保资金行为。

第三十三条 建立健全物资采购、验收、入库、发放、报废制度；完善设备保管、使用、保养、维护制度。

第三十四条 乡镇卫生院不得举债建设，不得发生融资租赁行为。

第七章 绩效管理

第三十五条 县级人民政府卫生行政部门负责组织乡镇卫生院绩效考核工作。绩效考核主要包括县级人民政府卫生行政部门对乡镇卫生院的考核和乡镇卫生院对职工的考核。

第三十六条 县级人民政府卫生行政部门对乡镇卫生院实行包括行风建设、业务工作、内部管理和社会效益等为主要考核内容的综合目标管理。根据管理绩效、基本医疗和公共卫生服务的数量和质量、服务对象满意度、居民健康状况改善等指标对乡镇卫生院进行综合量化考核，并将考核结果与政府经费补助以及乡镇卫生院院长的年度考核和任免挂钩。

第三十七条 乡镇卫生院建立以岗位责任和绩效为基础、以服务数量和质量以及服务对象满意度为核心的工作人员考核和激励制度。根据专业技术、管理、工勤技能等岗位的不同特点，按照不同岗位所承担的职责、任务及创造的社会效益等情况对职工进行绩效考核，并将考核结果作为发放绩效工资、调整岗位、解聘续聘等的依据。在绩效工资分配中，坚持多劳多得、优绩优酬，重点向全科医生等关键岗位、业务骨干和作出突出贡献的工作人员倾斜，适当拉开收入差距。

第八章 附 则

第三十八条 对工作成绩突出的乡镇卫生院及其工作人员，根据国家有关规定给予表彰奖励。

第三十九条 对违反本办法的，依据相关法律法规和规章制度，予以严肃处理。

第四十条 各省级人民政府卫生行政部门应当根据本办法，制订实施细则。

第四十一条 本办法由卫生部会同国家发展和改革委员会、财政部、人力资源和社会保障部、农业部负责解释。

第四十二条 本办法自印发之日起施行。1978年12月1日发布的《全国农村人民公社卫生院暂行条例(草案)》同时废止。

诊所备案管理暂行办法

·2022年12月20日

·国卫医政发〔2022〕33号

第一章 总 则

第一条 为做好诊所备案管理工作，根据《中华人民共和国基本医疗卫生与健康促进法》《中华人民共和国医师法》《医疗机构管理条例》等法律法规和规定，制定本办法。

第二条 诊所是为患者提供门诊诊断和治疗的医疗机构，主要提供常见病和多发病的诊疗服务，不设住院病床(产床)。本办法所指的诊所，不含按照《中医诊所备案管理暂行办法》有关规定进行备案的中医诊所。

第三条 国务院卫生健康行政部门负责指导全国普通诊所、口腔诊所及医疗美容诊所的备案管理工作；县级以上地方人民政府卫生健康行政部门负责本行政区域内普通诊所、口腔诊所及医疗美容诊所的监督管理工作；县级人民政府卫生健康行政部门负责本行政区域内普通诊所、口腔诊所及医疗美容诊所的备案工作。

国务院中医药主管部门负责指导全国中医(综合)诊所及中西医结合诊所的备案管理工作；县级以上地方人民政府中医药主管部门负责本行政区域内中医(综合)诊所及中西医结合诊所的监督管理工作；县级人民政府中医药主管部门负责本行政区域内中医(综合)诊所及中西医结合诊所的备案工作。

第二章 备 案

第四条 单位或者个人设置诊所应当报拟设置诊所所在地县级人民政府卫生健康行政部门或中医药主管部门备案，取得诊所备案凭证后即可开展执业活动。

第五条 设置诊所应当同时具备下列条件：

(一)个人设置诊所的，须经注册后在医疗卫生机构中执业满五年；单位设置诊所的，诊所主要负责人应当符合上述要求；

(二)符合诊所基本标准；

(三)诊所名称符合《医疗机构管理条例实施

细则》等相关规定;

(四)能够独立承担民事责任。

《医疗机构管理条例实施细则》规定不得申请设置医疗机构的单位和个人,不得设置诊所。

第六条 诊所备案应当提交下列材料:

(一)诊所备案信息表;

(二)诊所房屋平面布局图(指诊所使用房屋按照比例标识,注明功能分布和面积大小);

(三)诊所用房产权证件或租赁使用合同;

(四)诊所法定代表人、主要负责人有效身份证明和有关资格证书、执业证书复印件;

(五)其他卫生技术人员名录、有效身份证明和有关资格证书、执业证书复印件;

(六)诊所规章制度;

(七)诊所仪器设备清单;

(八)附设药房(柜)的药品种类清单;

(九)诊所的污水、污物、粪便处理方案,诊所周边环境情况说明;

(十)按照法律法规要求提供的其他相关材料。

法人或其他组织设置诊所的,还应当提供法人或其他组织的资质证明、法定代表人身份证明或者其他组织代表人身份证明。

第七条 县级人民政府卫生健康行政部门或中医药主管部门收到备案材料后,对材料齐全且符合备案要求的予以备案,当场发放诊所备案凭证;材料不全或者不符合备案要求的,应当当场或者在收到备案材料之日起5日内一次性告知备案人需要补正的全部材料。

第八条 诊所应当将诊所备案凭证、卫生技术人员执业注册信息在诊所的明显位置公示,接受社会监督。

第九条 诊所的名称、地址、法定代表人或者主要负责人、所有制形式、诊疗科目、服务方式等实际设置应当与诊所备案凭证记载事项相一致,以上备案信息发生变动的,必须向原备案机关备案。

第十条 诊所歇业,必须向原备案机关备案。

诊所非因改建、扩建、迁建原因停业超过1年的,视为歇业。

第十一条 诊所备案凭证不得伪造、涂改、出卖、转让、出借。

诊所备案凭证遗失的,应当及时申明,并向原备案机关申请补发。

第十二条 诊所应当按照备案的诊疗科目开展诊疗活动,并加强对工作人员、诊疗活动、医疗质量、医疗安全等方面的管理。开展医疗技术服务应当符合《医疗技术临床应用管理办法》的有关规定。

诊所未经备案,不得开展诊疗活动。

第十三条 诊所应当严格遵守《中华人民共和国传染病防治法》等法律法规关于医疗机构感染预防与控制的有关规定。

第三章 监督管理

第十四条 县级人民政府卫生健康行政部门和中医药主管部门应当加强对诊所执业活动、医疗质量、医疗安全等情况的监督管理。县级人民政府卫生健康行政部门和中医药主管部门应当在发放诊所备案凭证之日起20日内,向社会公开诊所备案信息,便于社会查询、监督。

县级人民政府卫生健康行政部门或中医药主管部门应当及时向上级卫生健康行政部门或中医药主管部门报送本辖区内诊所备案信息,上级卫生健康行政部门或中医药主管部门发现不符合本办法规定的备案事项,应当责令县级人民政府卫生健康行政部门或中医药主管部门予以纠正。

第十五条 县级人民政府卫生健康行政部门和中医药主管部门应当对新设置的诊所自发放诊所备案凭证之日起45日内进行现场核查,对不符合备案条件的应当限期整改,逾期拒不整改或者整改后仍不符合条件的,撤销其备案并及时向社会公告。

第十六条 县级人民政府卫生健康行政部门和中医药主管部门应当充分利用信息化、大数据等手段提升监管效能,将诊所纳入本地医疗质量管理控制体系,确保医疗质量安全。

诊所应当与备案机关所在地诊所信息化监管平台对接,及时上传执业活动等相关信息,主动接受监督。

第十七条 县级人民政府卫生健康行政部门和中医药主管部门应当每年对辖区内诊所开展至少一次现场监督检查,利用信息化监管平台进行日常监管和月度执业活动分析,至少每半年形成一份辖区内诊所执业活动监管分析报告。县级人民政府卫生健康行政部门和中医药主管部门有权要求诊所提供监管所需材料，诊所不得拒绝、隐匿或者隐瞒。

第十八条 地方各级卫生健康行政部门和中医药主管部门在监督管理过程中，发现诊所存在违法违规情节的，应当依照相关法律、法规及规定处理。

第十九条 有下列情形之一的，诊所应当向所在县级人民政府卫生健康行政部门或中医药主管部门报告，或者卫生健康行政部门和中医药主管部门在监督管理过程中发现有下列情形之一的，原备案机关应当撤销其备案并及时向社会公告：

（一）诊所歇业的；

（二）诊所自愿终止执业活动的；

（三）使用虚假材料备案的；

（四）出现《医疗机构管理条例》等法律法规规定的应当责令其停止执业活动的情形。

第二十条 诊所应当按照《中华人民共和国网络安全法》《中华人民共和国数据安全法》《中华人民共和国个人信息保护法》《医疗卫生机构网络安全管理办法》等有关法律法规和规定加强网络安全管理和个人信息保护等工作，发生患者个人信息、医疗数据泄露等网络安全事件时，应当及时向有关部门报告，并采取有效应对措施。

第二十一条 诊所执业人员应当积极参加专业技术培训、继续教育等活动，提高专业技术水平。

第二十二条 诊所应当建立完善的医疗质量、医疗安全等相关管理制度，加强医疗质量及医疗安全管理。

第四章 附 则

第二十三条 诊所备案信息表和诊所备案凭证样式由国务院卫生健康行政部门和中医药主管部门统一规定，各省、自治区、直辖市及新疆生产建设兵团卫生健康行政部门、中医药主管部门自行印制。

诊所应当符合医疗机构电子证照工作有关规定。

第二十四条 本办法施行前已取得《医疗机构执业许可证》的诊所直接予以备案，过渡时限为一年。新备案的诊所，按照本办法及最新版诊所基本标准进行备案。

第二十五条 中外合资、合作诊所，港澳台资诊所的管理按照有关规定执行。

第二十六条 本办法规定的期限以工作日计算。

第二十七条 各省、自治区、直辖市及新疆生产建设兵团卫生健康行政部门、中医药主管部门可根据实际情况制定管理细则。

第二十八条 本办法及附录中的诊所基本标准自印发之日起施行。《卫生部关于下发〈医疗机构基本标准（试行）〉的通知》（卫医发〔1994〕第30号）中的中西医结合诊所基本标准、《卫生部关于印发〈诊所基本标准〉的通知》（卫医政发〔2010〕75号）中的诊所和口腔诊所基本标准以及《国家卫生计生委、国家中医药管理局关于印发〈中医诊所基本标准和中医（综合）诊所基本标准的通知》（国卫医发〔2017〕55号）中的中医（综合）诊所基本标准同时废止。

附录：1. 诊所基本标准（2022年版）（略）

2. 诊所备案信息表（略）

3. 诊所备案凭证（样证）（略）

妇幼保健机构管理办法

· 2006年12月19日

· 卫妇社发〔2006〕489号

第一章 总 则

第一条 为加强妇幼保健机构的规范化管理，保障妇女儿童健康，提高出生人口素质，依据《母婴保健法》、《母婴保健法实施办法》、《医疗机构管理条例》等制定本办法。

第二条 各级妇幼保健机构是由政府举办，不以营利为目的，具有公共卫生性质的公益性事业单位，是为妇女儿童提供公共卫生和基本医疗服务的专业机构。

第三条 妇幼保健机构要遵循“以保健为中心，以保障生殖健康为目的，保健与临床相结合，面向群体、面向基层和预防为主”的妇幼卫生工作方针，坚持正确的发展方向。

第四条 卫生部负责全国妇幼保健机构的监督管理。县级以上地方人民政府卫生行政部门负责本行政区域内妇幼保健机构的规划和监督管理。

第二章 功能与职责

第五条 妇幼保健机构应坚持以群体保健工作为基础,面向基层、预防为主,为妇女儿童提供健康教育、预防保健等公共卫生服务。在切实履行公共卫生职责的同时,开展与妇女儿童健康密切相关的基本医疗服务。

第六条 妇幼保健机构提供以下公共卫生服务:

(一)完成各级政府和卫生行政部门下达的指令性任务。

(二)掌握本辖区妇女儿童健康状况及影响因素,协助卫生行政部门制定本辖区妇幼卫生工作的相关政策、技术规范及各项规章制度。

(三)受卫生行政部门委托对本辖区各级各类医疗保健机构开展的妇幼卫生服务进行检查、考核与评价。

(四)负责指导和开展本辖区的妇幼保健健康教育与健康促进工作;组织实施本辖区母婴保健技术培训,对基层医疗保健机构开展业务指导,并提供技术支持。

(五)负责本辖区孕产妇死亡、婴儿及5岁以下儿童死亡、出生缺陷监测、妇幼卫生服务及技术管理等信息的收集、统计、分析、质量控制和汇总上报。

(六)开展妇女保健服务,包括青春期保健、婚前和孕前保健、孕产期保健、更年期保健、老年期保健。重点加强心理卫生咨询、营养指导、计划生育技术服务、生殖道感染/性传播疾病等妇女常见病防治。

(七)开展儿童保健服务,包括胎儿期、新生儿期、婴幼儿期、学龄前期及学龄期保健,受卫生行政部门委托对托幼园所卫生保健进行管理和业务指导。重点加强儿童早期综合发展、营养与喂养指导、生长发育监测、心理行为咨询、儿童疾病综合管理等儿童保健服务。

(八)开展妇幼卫生、生殖健康的应用性科学研究并组织推广适宜技术。

第七条 妇幼保健机构提供以下基本医疗服务,包括妇女儿童常见疾病诊治、计划生育技术服务、产前筛查、新生儿疾病筛查、助产技术服务等,根据需要和条件,开展产前诊断、产科并发症处理、新生儿危重症抢救和治疗等。

第三章 机构设置

第八条 妇幼保健机构由政府设置,分省、市(地)、县三级。上级妇幼保健机构应承担对下级机构的技术指导、培训和检查等职责,协助下级机构开展技术服务。设区的市(地)级和县(区)级妇幼保健机构的变动应征求省级卫生行政部门的意见。不得以租赁、买卖等形式改变妇幼保健机构所有权性质,保持妇幼保健机构的稳定。

第九条 妇幼保健机构应根据所承担的任务和职责设置内部科室。保健科室包括妇女保健科、儿童保健科、生殖健康科、健康教育科、信息管理科等。临床科室包括妇科、产科、儿科、新生儿科、计划生育科等,以及医学检验科、医学影像科等医技科室。各地可根据实际工作需要增加或细化科室设置,原则上应与其所承担的公共卫生职责和基本医疗服务相适应。

第十条 妇幼保健院(所、站)是各级妇幼保健机构的专有名称,原则上不能同时使用两个或两个以上名称,社会力量举办的医疗机构不得使用该名称。

第十一条 各级妇幼保健机构应具备与其职责任务相适应的基础设施、基本设备和服务能力。

第十二条 各级妇幼保健机构应根据《母婴保健法》、《母婴保健法实施办法》、《医疗机构管理条例》等相关法律法规进行设置审批和执业登记。从事婚前保健、产前诊断和遗传病诊断、助产技术、终止妊娠和结扎手术的妇幼保健机构要依法取得《母婴保健技术服务执业许可证》。

第四章 人员配备与管理

第十三条 妇幼保健机构人员编制按《各级妇幼保健机构编制标准》落实。一般按人口的1:10,000配备,地广人稀、交通不便的地区和大城市按人口的1:5,000配备;人口稠密的地区按1:15,000配备。保健人员配备要求:省(自治区、直辖市)级121-160人,市(地)级61-90人,县(区)级41-70人。临床人员按设立床位数,以1:1.7安排编制。卫生技术人员占总人数的75%-80%。

第十四条 妇幼保健机构的专业技术人员须掌握母婴保健法律法规,具有法定执业资格。从事婚前保健、产前诊断和遗传病诊断、助产技术、终止妊娠和结扎手术服务的人员必须取得相应的《母婴保健技术考核合格证书》。

第十五条 妇幼保健机构要建立健全培训制度,应采取多种方式进行岗位培训和继续医学教育,对专业技术人员参加学历教育、进修学习、短期培训班、学术活动等给予支持。要积极创造条件,吸引高素质人才。

第十六条 妇幼保健机构应按照工作需要和精简效能的原则,建立专业人员聘用制度,引入竞争机制,严格岗位管理,实行绩效考核。

第五章 制度建设

第十七条 各级妇幼保健机构应建立健全以下规章制度:

(一)公共卫生服务管理制度,包括基层业务指导、人员培训、工作例会、妇幼卫生信息管理、孕产妇死亡评审、婴儿及5岁以下儿童死亡评审、妇幼保健工作质量定期检查、托幼机构卫生保健管理和健康教育等制度。

(二)基本医疗管理制度按照临床医疗质量管理制度执行。

各级妇幼保健机构应根据工作开展情况不断健全、完善、细化其他规章制度。

第十八条 各级妇幼保健机构必须严格执行国家价格政策,向社会公开收费项目和标准。

第六章 保障措施

第十九条 各级人民政府按照《母婴保健法》中设立母婴保健专项资金和发展妇幼卫生事业的要求,落实妇幼卫生工作经费,逐年增加对妇幼卫生事业的投入,对各级妇幼保健机构基础设施建设给予支持。

第二十条 各级妇幼保健机构向社会提供公共卫生服务所需的人员经费、公务费、培训费、健康教育费、业务费按照财政部、国家发展改革委、卫生部《关于卫生事业补助政策的意见》(财社〔2000〕17号)的规定,由同级财政预算,按标准定额落实。根据实际工作需要,合理安排业务经费,保证各项工作的正常运行。

第二十一条 为了保持妇幼保健队伍的稳定,对从事群体妇幼保健的工作人员根据工作任务与绩效考核结果给予补助。可实行岗位津贴制度,岗位津贴标准应高于本机构卫生专业技术人员的岗位津贴平均水平。对长期在妇幼保健机构从事群体保健工作的专业技术人员的职称晋升,坚持以业绩为主的原则,给予适当政策倾斜。

第二十二条 根据财政部、国家发展改革委、卫生部《关于农村卫生事业补助政策的若干意见》(财社〔2003〕14号)的规定,各级人民政府对农村卫生财政补助范围包括:疾病控制、妇幼保健、卫生监督和健康教育等公共卫生工作,必要的医疗服务,卫生事业发展建设。农村公共卫生经费主要实行项目管理。县级卫生部门按照国家确定的农村公共卫生服务基本项目及要求,合理确定项目实施所需的人员经费和业务经费。人员经费按照工作量核定,业务经费按照开展项目工作必需的材料、仪器、药品、交通、水电消耗等成本因素核定。目前不具备项目管理条件的地区和不适合按项目管理的工作,可以按照定员定额和项目管理相结合的方法核定公共卫生经费。

第二十三条 各级人民政府建立健全妇幼卫生的专项救助制度,加大对贫困孕产妇和儿童的医疗救助力度,实现救助与医疗保险及新型农村合作医疗相衔接。

第七章 监督管理

第二十四条 加强妇幼保健机构的规范化建设,严格遵守国家有关法律、法规、规章、诊疗常规和技术规范。加强对医务人员的教育和监管,实施全面质量管理。

第二十五条 各级卫生行政部门负责对同级妇幼保健机构实施监督与管理,建立健全妇幼保健机构评估和监督考核制度,定期进行监督评估和信息公示。

第二十六条 应建立社会民主监督制度,定期收集社会各界的意见和建议,并将服务对象的满意度作为考核妇幼保健机构和从业人员业绩的评定标准之一。

第二十七条 各级妇幼保健机构应接受卫生行政部门的监督管理与评估,同时应接受上级妇幼保健机构的业务指导与评价。

第八章 附 则

第二十八条 各省、自治区、直辖市根据本办法,结合本地实际,制定具体实施细则。

第二十九条 本办法由卫生部负责解释。

第三十条 本办法自发布之日起施行。

优抚医院管理办法

·2011 年 6 月 9 日民政部令第 41 号公布
·2022 年 6 月 28 日退役军人事务部、国家卫生健康委员会、国家医疗保障局令第 7 号修订

第一条 为了加强优抚医院管理,服务国防和军队建设,推动让退役军人成为全社会尊重的人,让军人成为全社会尊崇的职业,根据《中华人民共和国退役军人保障法》、《中华人民共和国基本医疗卫生与健康促进法》、《军人抚恤优待条例》、《医疗机构管理条例》和国家有关规定,制定本办法。

第二条 优抚医院是国家为残疾退役军人和在服役期间患严重慢性病、精神疾病的退役军人等优抚对象提供医疗和供养服务的优抚事业单位,是担负特殊任务的医疗机构,主要包括综合医院、康复医院、精神病医院等,名称统一为"荣军优抚医院"。

优抚医院坚持全心全意为优抚对象服务的办院宗旨,坚持优抚属性,遵循医疗机构建设和管理规律。

第三条 国务院退役军人工作主管部门负责全国优抚医院工作。县级以上地方人民政府退役军人工作主管部门负责本行政区域内优抚医院工作。

退役军人工作主管部门应当会同卫生健康主管部门加强对优抚医院的指导,为优抚医院医务人员的培训进修等创造条件,支持有条件的优抚医院在医疗、科研、教学等方面全面发展。

第四条 国家兴办优抚医院,所需经费按照事权划分列入各级预算。

第五条 设置优抚医院,应当符合国家有关规定和优抚医院布局规划。

卫生健康主管部门应当会同退役军人工作主管部门,将优抚医院设置纳入当地医疗机构设置规划统筹考虑。

省级人民政府退役军人工作主管部门应当会同省级人民政府卫生健康主管部门根据优抚对象数量和医疗供养需求情况,适应伤病残退役军人移交安置工作和服务备战打仗需要,制定本行政区域内优抚医院布局和发展规划,并报国务院退役军人工作主管部门和国务院卫生健康主管部门备案。

优抚医院布局和发展规划应当纳入当地经济和社会发展总体规划和卫生健康、医疗保障事业发展规划,建设水平应当与当地经济和社会发展、卫生健康事业发展相适应。

第六条 因符合条件优抚对象数量较少等情形未建设优抚医院的地方,可以采取购买服务等方式,协调当地其他医疗机构为优抚对象提供医疗服务。

优抚医院应当依法履行相关职责,符合条件的按程序纳入基本医疗保险定点医疗机构、工伤保险协议医疗机构、工伤康复协议机构管理范围。

第七条 优抚医院在建设、用地、水电、燃气、供暖、电信等方面依法享受国家有关优惠政策。

鼓励公民、法人和其他组织对优抚医院提供捐助和服务。

优抚医院各项经费应当按照批复的预算执行,接受财政、审计部门和社会的监督。

第八条 对在优抚医院工作中成绩显著的单位和个人,按照国家有关规定给予表彰和奖励。

第九条 优抚医院根据主管部门下达的任务,收治下列优抚对象:

(一)需要常年医疗或者独身一人不便分散供养的一级至四级残疾退役军人;

(二)在服役期间患严重慢性病的残疾退役军人和带病回乡退役军人;

(三)在服役期间患精神疾病,需要住院治疗的退役军人;

(四)短期疗养的优抚对象;

(五)主管部门安排收治的其他人员。

优抚医院应当在完成主管部门下达的收治任务的基础上,为其他优抚对象提供优先或者优惠服务。

第十条 优抚医院应当为在院优抚对象提供良好的医疗服务和生活保障,主要包括:

(一)健康检查;

(二)疾病诊断、治疗和护理;

(三)康复训练;

(四)健康指导;

(五)辅助器具安装;

(六)精神慰藉;

（七）生活必需品供给；

（八）生活照料；

（九）文体活动。

第十一条 优抚医院应当加强对在院优抚对象的思想政治工作，发挥优抚对象在光荣传统教育中的重要作用。

第十二条 优抚医院针对在院残疾退役军人的残情特点，实施科学有效的医学治疗，探索常见后遗症、并发症的防治方法，促进生理机能恢复，提高残疾退役军人生活质量。

第十三条 优抚医院应当采取积极措施，控制在院慢性病患者病情，减轻其痛苦，降低慢性疾病对患者造成的生理和心理影响。

第十四条 优抚医院对在院精神疾病患者进行综合治疗，促进患者精神康复。

对精神病患者实行分级管理，预防发生自杀、自伤、伤人、出走等行为。

第十五条 优抚医院应当规范入院、出院程序。

属于第九条规定收治范围的优抚对象，可以由本人（精神病患者由其利害关系人）提出申请，或者由村（社区）退役军人服务站代为提出申请，经县级人民政府退役军人工作主管部门审核，由优抚医院根据主管部门下达的任务和计划安排入院。省级人民政府退役军人工作主管部门可以指定优抚医院收治符合条件的优抚对象。

在院优抚对象基本治愈或者病情稳定，符合出院条件的，由优抚医院办理出院手续。

在院优抚对象病故的，优抚医院应当及时报告主管部门，并协助优抚对象常住户口所在地退役军人工作主管部门妥善办理丧葬事宜。

第十六条 优抚医院应当按照国家有关规定建立健全病历管理制度，设置病案管理部门或者配备专兼职人员，负责病历和病案管理工作。

第十七条 退役军人工作主管部门应当定期组织优抚医院开展巡回医疗活动，积极为院外优抚对象提供医疗服务。

第十八条 优抚医院应当在做好优抚对象服务工作的基础上，积极履行医疗机构职责，发挥自身医疗专业特长，为社会提供优质医疗服务。

优抚医院应当通过社会服务提升业务能力，改善医疗条件，不断提高医疗和供养水平。

第十九条 优抚医院在设置审批、登记管理、命名、执业和监督等方面应当符合国家有关医疗机构管理的法律法规和相关规定，执行卫生健康主管部门有关医疗机构的相关标准。

第二十条 优抚医院实行党委领导下的院长负责制，科室实行主任（科长）负责制。

第二十一条 优抚医院应当加强党的建设，充分发挥基层党组织战斗堡垒作用和党员先锋模范作用，促进思想政治和医德医风建设。

第二十二条 优抚医院实行国家规定的工资制度，合理确定医务人员薪酬水平，完善内部分配和激励机制，促进医务人员队伍建设。

第二十三条 优抚医院建立职工代表大会制度，保障职工参与医院的民主决策、民主管理和民主监督。

第二十四条 优抚医院应当树立现代管理理念，推进现代化、标准化、信息化建设；强化重点专科建设，发挥专业技术优势；建立完整的医护管理、感染控制、药品使用、医疗事故预防和安全、消防等规章制度，提高医院管理水平。

第二十五条 优抚医院实行岗位责任制，设立专业技术类、管理类、工勤技能类等岗位并明确相关职责；实行24小时值班制度，按照医院分级护理等有关要求为收治对象提供护理服务。

第二十六条 优抚医院应当完善人才培养和引进机制，积极培养和引进学科带头人，同等条件下优先聘用曾从事医务工作的退役军人，建立一支适应现代化医院发展要求的技术和管理人才队伍。

第二十七条 优抚医院应当加强与军队医院、其他社会医院、医学院校的合作与交流，开展共建活动，在人才、技术等领域实现资源共享和互补。

第二十八条 优抚医院应当加强医院文化建设，积极宣传优抚对象的光荣事迹，形成有拥军特色的医院文化。

第二十九条 优抚医院的土地、房屋、设施、设备和其他财产归优抚医院管理和使用，任何单位和个人不得侵占。

侵占、破坏优抚医院财产的，由当地人民政府退役军人工作主管部门责令限期改正；造成损失的，依法承担赔偿责任。

第三十条 优抚对象应当遵守优抚医院各项规章制度，尊重医护人员工作，自觉配合医护人员的管理。对违反相关规定的,由优抚医院或者主管部门进行批评教育,情节严重的,依法追究相应责任。

第三十一条 优抚医院违反本办法规定,提供的医疗和供养服务不符合要求的,由优抚医院主管部门责令改正;逾期不改正的,对直接负责的责任人和其他主管人员依法给予处分;造成损失的,依法承担责任。

优抚医院造成收治对象人身损害或发生医疗事故、医疗纠纷的,应当依法处置。

优抚医院违反国家有关医疗机构管理的法律法规和相关规定的,由县级以上地方人民政府卫生健康主管部门依法依规处理。

第三十二条 承担优抚对象收治供养任务的其他医疗机构对优抚对象的诊疗服务工作,可以参照本办法有关规定执行。

第三十三条 本办法自2022年8月1日起施行。

中外合资、合作医疗机构管理暂行办法

· 2000年5月15日对外贸易经济合作部令第11号发布
· 自2000年7月1日起施行

第一章 总 则

第一条 为进一步适应改革开放的需要,加强对中外合资、合作医疗机构的管理,促进我国医疗卫生事业的健康发展,根据《中华人民共和国中外合资经营企业法》、《中华人民共和国中外合作经营企业法》、《医疗机构管理条例》等国家有关法律、法规,制定本办法。

第二条 本办法所称中外合资、合作医疗机构是指外国医疗机构、公司、企业和其他经济组织(以下称合资、合作外方),按照平等互利的原则,经中国政府主管部门批准,在中国境内(香港、澳门及台湾地区除外,下同)与中国的医疗机构、公司、企业和其他经济组织(以下称合资、合作中方)以合资或者合作形式设立的医疗机构。

第三条 申请在中国境内设立中外合资、合作医疗机构,适用本办法。

第四条 中外合资、合作医疗机构必须遵守国家有关法律、法规和规章。中外合资、合作医疗机构的正当经营活动及合资、合作双方的合法权益受中国法律保护。

第五条 卫生部和对外贸易经济合作部(以下称外经贸部)在各自的职责范围内负责全国中外合资、合作医疗机构管理工作。

县级以上地方人民政府卫生行政部门(含中医/药主管部门)和外经贸行政部门在各自职责范围内负责本行政区域内中外合资、合作医疗机构的日常监督管理工作。

第二章 设置条件

第六条 中外合资、合作医疗机构的设置与发展必须符合当地区域卫生规划和医疗机构设置规划,并执行卫生部制定的《医疗机构基本标准》。

第七条 申请设立中外合资、合作医疗机构的中外双方应是能够独立承担民事责任的法人。合资、合作的中外双方应当具有直接或间接从事医疗卫生投资与管理的经验,并符合下列要求之一:

(一)能够提供国际先进的医疗机构管理经验、管理模式和服务模式;

(二)能够提供具有国际领先水平的医学技术和设备;

(三)可以补充或改善当地在医疗服务能力、医疗技术、资金和医疗设施方面的不足。

第八条 设立的中外合资、合作医疗机构应当符合以下条件:

(一)必须是独立的法人;

(二)投资总额不得低于2000万人民币;

(三)合资、合作中方在中外合资、合作医疗机构中所占的股权比例或权益不得低于30%;

(四)合资、合作期限不超过20年;

(五)省级以上卫生行政部门规定的其他条件。

第九条 合资、合作中方以国有资产参与投资(包括作价出资或作为合作条件),应当经相应主管部门批准,并按国有资产评估管理有关规定,由国有资产管理部门确认的评估机构对拟投入国有资产进行评估。经省级以上国有资产管理部门确认的评估结果,可以作为拟投入的国有资产的作价依据。

第三章 设置审批与登记

第十条 设置中外合资、合作医疗机构,应先向所在地设区的市级卫生行政部门提出申请,并提交以下材料:

(一)设置医疗机构申请书;

(二)合资、合作双方法人代表签署的项目建议书及中外合资、合作医疗机构设置可行性研究报告;

(三)合资、合作双方各自的注册登记证明(复印件)、法定代表人身份证明(复印件)和银行资信证明;

(四)国有资产管理部门对拟投入国有资产的评估报告确认文件。

设区的市级卫生行政部门对申请人提交的材料进行初审,并根据区域卫生规划和医疗机构设置规划提出初审意见,并与申请材料、当地区域卫生规划和医疗机构设置规划一起报所在地省级卫生行政部门审核。

第十一条 省级卫生行政部门对申请材料及设区的市级卫生行政部门初审意见进行审核后报卫生部审批。

报请审批,需由省级卫生行政部门向卫生部提交以下材料:

(一)申请人设置申请材料;

(二)设置地设区的市级人民政府批准发布实施的《医疗机构设置规划》及设置地设区的市级和省级卫生行政部门关于拟设置中外合资、合作医疗机构是否符合当地区域卫生规划和医疗机构设置规划的审核意见;

(三)省级卫生行政管理部门关于设置该中外合资、合作医疗机构的审核意见,其中包括对拟设置中外合资、合作医疗机构的名称、选址、规模(床位、牙椅)、诊疗科目和经营期限等的意见;

(四)法律、法规和卫生部规定的其他材料。

卫生部应当自受理之日起45个工作日内,作出批准或者不批准的书面决定。

第十二条 申请设置中外合资、合作中医医疗机构(含中外合资、合作中西医结合医疗机构和中外合资、合作民族医医疗机构)的,按本办法第十条和第十一条要求,经所在地设区的市级卫生行政部门初审和所在地的省级卫生行政部门审核,报国家中医药管理局审核后转报卫生部审批。

第十三条 申请人在获得卫生部设置许可后,按照有关法律、法规向外经贸部提出申请,并提交以下材料:

(一)设置申请申报材料及批准文件;

(二)由中外合资、合作各方的法定代表人或其授权的代表签署的中外合资、合作医疗机构的合同、章程;

(三)拟设立中外合资、合作医疗机构董事会成员名单及合资、合作各方董事委派书;

(四)工商行政管理部门出具的机构名称预先核准通知书;

(五)法律、法规和外经贸部规定的其他材料。

外经贸部应当自受理申请之日起45个工作日内,作出批准或者不批准的书面决定;予以批准的,发给《外商投资企业批准证书》。

获得批准设立的中外合资、合作医疗机构,应自收到外经贸部颁发的《外商投资企业批准证书》之日起一个月内,凭此证书到国家工商行政管理部门办理注册登记手续。

第十四条 申请在我国中西部地区或老、少、边、穷地区设置中外合资、合作医疗机构或申请设置的中外合资、合作医疗机构所提供的医疗服务范围和内容属于国家鼓励的服务领域,可适当放宽第七条、第八条规定的条件。

第十五条 获准设立的中外合资、合作医疗机构,应当按《医疗机构管理条例》和《医疗机构管理条例实施细则》关于医疗机构执业登记所规定的程序和要求,向所在地省级卫生行政部门规定的卫生行政部门申请执业登记,领取《医疗机构执业许可证》。

省级卫生行政部门根据中外合资、合作医疗机构的类别和规模,确定省级卫生行政部门或设区的市级卫生行政部门受理中外合资、合作医疗机构执业登记申请。

第十六条 中外合资、合作医疗机构命名应当遵循卫生部发布的《医疗机构管理条例实施细则》规定。中外合资、合作医疗机构的名称由所在地地名、识别名和通用名依次组成。

第十七条 中外合资、合作医疗机构不得设置分支机构。

第四章 变更、延期和终止

第十八条 已设立的中外合资、合作医疗机构变更机构规模(床位、牙椅)、诊疗科目、合资、合作期限等,应按本办法第三章规定的审批程序,经原审批机关审批后,到原登记机关办理相应的变更登记手续。

中外合资、合作医疗机构涉及合同、章程有关条款的变更,由所在地外经贸部门转报外经贸部批准。

第十九条 中外合资、合作医疗机构合资、合作期20年届满,因特殊情况确需延长合资、合作期限的,合资、合作双方可以申请延长合资、合作期限,并应当在合资、合作期限届满的90天前申请延期。延期申请经省级卫生行政部门和外经贸行政部门审核同意后,报请卫生部和外经贸部审批。审批机关自接到申请之日起45个工作日内,作出批准或者不予批准的书面决定。

第二十条 经批准设置的中外合资、合作医疗机构,应当在审批机关规定的期限内办理完有关登记注册手续;逾期未能完成的,经审批机关核准后,撤销该合资、合作项目。

第五章 执 业

第二十一条 中外合资、合作医疗机构作为独立法人实体,自负盈亏,独立核算,独立承担民事责任。

第二十二条 中外合资、合作医疗机构应当执行《医疗机构管理条例》和《医疗机构管理条例实施细则》关于医疗机构执业的规定。

第二十三条 中外合资、合作医疗机构必须执行医疗技术准入规范和临床诊疗技术规范,遵守新技术、新设备及大型医用设备临床应用的有关规定。

第二十四条 中外合资、合作医疗机构发生医疗事故,依照国家有关法律、法规处理。

第二十五条 中外合资、合作医疗机构聘请外籍医师、护士,按照《中华人民共和国执业医师法》和《中华人民共和国护士管理办法》等有关规定办理。

第二十六条 发生重大灾害、事故、疾病流行或者其他意外情况时,中外合资、合作医疗机构及其卫生技术人员要服从卫生行政部门的调遣。

第二十七条 中外合资、合作医疗机构发布本机构医疗广告,按照《中华人民共和国广告法》、《医疗广告管理办法》办理。

第二十八条 中外合资、合作医疗机构的医疗收费价格按照国家有关规定执行。

第二十九条 中外合资、合作医疗机构的税收政策按照国家有关规定执行。

第六章 监 督

第三十条 县以上地方各级卫生行政部门负责本行政区域内中外合资、合作医疗机构的日常监督管理工作。

中外合资、合作医疗机构的《医疗机构执业许可证》每年校验一次,《医疗机构执业许可证》的校验由医疗机构执业登记机关办理。

第三十一条 中外合资、合作医疗机构应当按照国家对外商投资企业的有关规定,接受国家有关部门的监督。

第三十二条 中外合资、合作医疗机构违反国家有关法律、法规和规章,由有关主管部门依法查处。对于违反本办法的中外合资、合作医疗机构,县级以上卫生行政部门和外经贸部门可依据相关法律、法规和规章予以处罚。

第三十三条 地方卫生行政部门和地方外经贸行政部门违反本办法规定,擅自批准中外合资、合作医疗机构的设置和变更的,依法追究有关负责人的责任。

中外各方未经卫生部和外经贸部批准,成立中外合资、合作医疗机构并开展医疗活动或以合同方式经营诊疗项目的,视同非法行医,按《医疗机构管理条例》和《医疗机构管理条例实施细则》及有关规定进行处罚。

第七章 附 则

第三十四条 香港特别行政区、澳门特别行政区、台湾地区的投资者在大陆投资举办合资、合作医疗机构的,参照本办法执行。

第三十五条 申请在中国境内设立外商独资医疗机构的,不予以批准。

第三十六条 各省、自治区、直辖市卫生、外经贸行政部门可依据本办法,结合本地实际制订具体规定。

第三十七条 本办法由卫生部和外经贸部负责解释。

第三十八条 本规定自2000年7月1日起实施。

一九八九年二月十日颁布的卫医字〔89〕第3号文和一九九七年四月三十日颁布的〔1997〕外经贸发第292号文同时废止。

《中外合资、合作医疗机构管理暂行办法》的补充规定

·2007年12月30日卫生部、商务部令第57号公布

·自2008年1月1日起施行

为促进香港、澳门与内地建立更紧密的经贸关系，根据国务院批准的《〈内地与香港关于建立更紧密经贸关系的安排〉补充协议四》及《〈内地与澳门关于建立更紧密经贸关系的安排〉补充协议四》，现对《中外合资、合作医疗机构管理暂行办法》（卫生部、外经贸部令第11号）中有关香港和澳门服务提供者在内地设立合资、合作医疗机构投资总额作如下补充规定：

一、香港、澳门服务提供者在内地设立的合资、合作医疗机构，其投资总额不得低于1000万元人民币。

二、本规定中香港、澳门服务提供者应分别符合《内地与香港关于建立更紧密经贸关系的安排》及《内地与澳门关于建立更紧密经贸关系的安排》中关于"服务提供者"定义及相关规定的要求。

三、香港、澳门服务提供者在内地设立合资、合作医疗机构的其他规定，仍参照《中外合资、合作医疗机构管理暂行办法》执行。

四、本规定自2008年1月1日起施行。

《中外合资、合作医疗机构管理暂行办法》的补充规定二

·2008年12月7日卫生部、商务部令第61号公布

·自2009年1月1日起施行

为促进香港、澳门与内地建立更紧密经贸关系，鼓励香港、澳门服务提供者在内地设立商业企业，根据国务院批准的《〈内地与香港关于建立更紧密经贸关系的安排〉补充协议五》及《〈内地与澳门关于建立更紧密经贸关系的安排〉补充协议五》，现就《中外合资、合作医疗机构管理暂行办法》（卫生部、商务部令11号）中有关香港和澳门服务提供者投资在广东省境内设立门诊部问题做出如下补充规定：

一、香港、澳门服务提供者在广东省可以独资形式设立门诊部，门诊部投资总额不作限制。

二、对香港、澳门服务提供者在广东省与内地合资、合作设立的门诊部投资总额不作限制，双方投资比例不作限制。

三、香港、澳门服务提供者申请在广东省以独资或合资、合作形式设立门诊部的，由广东省卫生行政部门负责设置审批和执业登记。

四、申请人在获得广东省卫生部门设置许可后，向广东省商务主管部门提出申请，由广东省商务主管部门审批。

五、本规定自2009年1月1日起施行。

香港和澳门服务提供者在内地设立独资医院管理暂行办法

·2010年12月22日

·卫医政发〔2010〕109号

第一章　总　则

第一条　为落实《〈内地与香港关于建立更紧密经贸关系的安排〉补充协议七》和《〈内地与澳门关于建立更紧密经贸关系的安排〉补充协议七》，根据《中华人民共和国外资企业法》及其实施细则和《医疗机构管理条例》等有关法律、法规，制定本办法。

第二条　香港和澳门服务提供者依法经内地主管部门批准，可以在内地设立独资医院（以下简称港澳独资医院）。

第三条　申请在内地设立港澳独资医院，适用本办法。

第四条　内地对港澳独资医院坚持逐步开放、风险可控的原则，依法保护患者和香港、澳门服务提供者的合法权益。

第五条　香港和澳门服务提供者在内地设立港澳独资医院，可自主选择经营性质为营利性或

非营利性。

第六条 港澳独资医院必须遵守内地有关法律、法规和规章。港澳独资医院的合法经营活动及出资方的合法权益受法律保护。

第七条 卫生部和商务部在各自的职责范围内负责港澳独资医院管理工作。

设区的市级以上地方人民政府卫生行政部门(含中医药主管部门,下同)和商务部门在各自职责范围内负责本行政区域内港澳独资医院的日常监督管理工作。

第二章 设置条件

第八条 港澳独资医院的设置与发展必须符合当地医疗机构设置规划。

第九条 申请设立港澳独资医院的香港和澳门服务提供者应当是能够独立承担民事责任的法人,应当具有直接或间接从事医疗卫生投资与管理的经验,并符合下列要求之一:

(一)能够提供先进的医院管理经验、管理模式和服务模式;

(二)能够提供具有国际领先水平的医学技术。

第十条 设立的港澳独资医院应当符合以下条件:

(一)必须是独立的法人;

(二)三级医院投资总额不低于5000万人民币,二级医院投资总额不低于2000万元人民币;

(三)符合二级以上医院基本标准;

(四)在老、少、边、穷地区设置的港澳独资医院,投资总额要求可以适当降低。

第三章 设置审批与登记

第十一条 申请设置港澳独资医院,应当先向所在地设区的市级卫生行政部门提出申请,并提交以下材料:

(一)设置医疗机构申请书;

(二)项目建议书;

(三)可行性研究报告;

(四)香港和澳门服务提供者证明;

(五)法人注册登记证明(复印件)、法定代表人身份证明(复印件)和银行资信证明;

(六)项目选址报告、项目土地使用租赁证明、项目建筑平面图;

(七)香港和澳门服务提供者能够提供国际先进医院管理经验、管理模式和服务模式或具有国际领先水平医学技术的证明材料。

第十二条 设区的市级卫生行政部门对申请人提交的材料进行初审,并根据医疗机构设置规划提出初审意见,连同医院设置申请材料、当地医疗机构设置规划一并报所在地省级卫生行政部门审核。

第十三条 省级卫生行政部门对申请材料及设区的市级卫生行政部门初审意见进行审核,提出意见后报卫生部审批。报请审批,需由省级卫生行政部门向卫生部提交以下材料:

(一)申请人设置申请材料;

(二)设置地设区的市级人民政府批准发布实施的《医疗机构设置规划》及设置地设区的市级和省级卫生行政部门关于拟设置港澳独资医院是否符合当地医疗机构设置规划的审核意见;

(三)省级卫生行政部门关于设置该港澳独资医院的审核意见,其中包括对拟设置医院的名称、地址、规模(床位、牙椅)和诊疗科目等的意见;

(四)法律、法规和卫生部规定的其他材料。

卫生部应当自受理之日起20个工作日内,作出批准或者不批准的书面决定。

第十四条 申请设置港澳独资中医医院(含中西医结合医院和民族医医院)的,按本办法第十一条、第十二条和第十三条的要求,经所在地区的市级中医药管理部门初审和所在地的省级中医药管理部门审核,报国家中医药管理局审核后转报卫生部审批。

第十五条 申请设置营利性港澳独资医院,申请人在获得卫生部设置许可后,还应当按照有关法律、法规的规定向商务部提出申请,并提交以下材料:

(一)设置申请申报材料及批准文件;

(二)港澳独资医院章程;

(三)港澳独资医院法定代表人或董事会人选名单;

(四)工商行政管理部门出具的机构名称预先核准通知书;

(五)法律、法规和商务部规定的其他材料。

商务部应当自受理申请之日起20个工作日内,作出批准或者不批准的书面决定;予以批准的,发给《外商投资企业批准证书》。不予批准的,应当说明理由。

获得批准设立的港澳独资医院，应当自收到商务部颁发的《外商投资企业批准证书》之日起一个月内，凭此证书依法到相关部门办理注册登记手续。

第十六条 申请设置非营利性港澳独资医院，申请人在获得卫生部设置许可后，还应当通过商务部外商投资审批管理系统网站填写《外商投资非营利性医疗机构备案表》，到商务部办理备案，并提交以下材料：

（一）外商投资非营利性医疗机构备案表“打印版（经签章）”；

（二）卫生部门的设置许可文件（复印件）。

商务部备案并在《外商投资非营利性医疗机构备案表》加盖公章。

第十七条 获准设立的港澳独资医院应当按照《医疗机构管理条例》、《医疗机构管理条例实施细则》等关于医疗机构执业登记所规定的程序和要求，向所在地省级卫生行政部门申请执业登记，领取《医疗机构执业许可证》。

第十八条 港澳独资医院的名称由所在地地名、识别名和通用名依次组成，并符合医疗机构命名的有关规定。

第十九条 经批准设置的港澳独资医院，应当在审批机关规定的期限内办理完有关登记手续；逾期未能完成的，经审批机关核准后，撤销该独资医院项目。

第二十条 已设立的港澳独资医院变更名称、地址、规模（床位、牙椅）、诊疗科目、投资总额和注册资金的，应当按照本章规定的审批程序，经原审批机关审批后，到原项目登记机关办理相应的变更登记手续。

第二十一条 已设立的港澳独资医院申请变更设置人和股权的，应当按照本办法规定分别报卫生部和商务部批准。

第二十二条 已设立的港澳独资医院终止运营，应当在终止运营90天前申请办理注销手续。

第四章 执 业

第二十三条 港澳独资医院作为独立法人实体，自负盈亏，独立核算，独立承担民事责任。

第二十四条 港澳独资医院应当执行《医疗机构管理条例》和《医疗机构管理条例实施细则》等关于医疗机构执业的规定。

第二十五条 港澳独资医院应当执行临床诊疗指南和技术规范，遵守新技术临床应用的有关规定。

第二十六条 港澳独资医院发生医疗纠纷争议，依照国家有关法律、法规处理。

第二十七条 港澳独资医院聘请外籍医师、护士，应当按照内地的有关法律、法规和相关规定办理。聘请香港和澳门特别行政区医疗技术人员的，按照有关规定执行。

第二十八条 发生重大灾害、事故、疾病流行或者其他意外情况时，港澳独资医院及其卫生技术人员应当服从卫生行政部门的调遣。

第二十九条 港澳独资医院发布本院医疗广告，按照《中华人民共和国广告法》、《医疗广告管理办法》等有关法律法规规定办理。

第三十条 港澳独资医院的医疗收费价格按照内地有关规定执行。

第三十一条 营利性港澳独资医院的税收政策按照内地有关规定执行。

第五章 监督管理

第三十二条 设区的市级以上地方卫生行政部门负责本行政区域内港澳独资医院的日常监督管理工作。

港澳独资医院的《医疗机构执业许可证》校验期为3年，《医疗机构执业许可证》的校验由医疗机构执业登记机关办理。

第三十三条 营利性港澳独资医院应当按照内地对外商投资企业的有关规定，接受内地有关部门的监督。

第三十四条 港澳独资医院违反内地有关法律、法规和规章，由有关主管部门依法查处。

第六章 附 则

第三十五条 本办法中的香港和澳门服务提供者应当分别符合《内地与香港关于建立更紧密经贸关系的安排》及《内地与澳门关于建立更紧密经贸关系的安排》中关于“服务提供者”的定义及相关规定要求。

第三十六条 各省、自治区、直辖市卫生、商务部门可依据本办法，结合本地实际制订具体规定。

第三十七条 本办法由卫生部和商务部负责解释。

第三十八条 本办法自2011年1月1日起施行。

第三十九条 原有规定与本办法规定不符的，以本办法为准。

台湾服务提供者在大陆设立独资医院管理暂行办法

·2010年10月22日

·卫医政发〔2010〕110号

第一章 总 则

第一条 为落实《海峡两岸经济合作框架协议》，根据《中华人民共和国外资企业法》及其实施细则和《医疗机构管理条例》等有关法律、法规，制定本办法。

第二条 台湾服务提供者依法经大陆主管部门批准，可以在大陆设立独资医院（以下称台资独资医院）。

第三条 申请在大陆设立台资独资医院，适用本办法。

第四条 大陆对台资独资医院坚持逐步开放、风险可控的原则，依法保护患者和台湾服务提供者双方的合法权益。

第五条 台湾服务提供者在大陆设立台资独资医院，可自主选择经营性质为营利性或非营利性。

第六条 台资独资医院必须遵守大陆有关法律、法规和规章。台资独资医院的合法经营活动及出资方的合法权益受法律保护。

第七条 卫生部和商务部在各自的职责范围内负责台资独资医院管理工作。

设区的市级以上地方人民政府卫生行政部门（含中医药主管部门，下同）和商务部门在各自职责范围内负责本行政区域内台资独资医院的日常监督管理工作。

第二章 设置条件

第八条 台资独资医院的设置与发展必须符合当地医疗机构设置规划。

第九条 申请设立台资独资医院的台湾服务提供者应当是能够独立承担民事责任的法人，应当具有直接或间接从事医疗卫生投资与管理的经验，并符合下列要求之一：

（一）能够提供先进的医院管理经验、管理模式和服务模式；

（二）能够提供具有国际领先水平的医学技术。

第十条 设立的台资独资医院应当符合以下条件：

（一）必须是独立的法人；

（二）三级医院投资总额不低于5000万人民币，二级医院投资总额不低于2000万元人民币；

（三）符合二级以上医院基本标准；

（四）在老、少、边、穷地区设置的台资独资医院，投资总额要求可以适当降低。

第三章 设置审批与登记

第十一条 申请设置台资独资医院，应当先向所在地设区的市级卫生行政部门提出申请，并提交以下材料：

（一）设置医疗机构申请书；

（二）项目建议书；

（三）可行性研究报告；

（四）有效的台湾服务提供者证明书；

（五）法人注册登记证明（复印件）、法定代表人身份证明（复印件）和银行资信证明；

（六）项目选址报告、项目土地使用租赁证明、项目建筑平面图；

（七）台湾服务提供者能够提供国际先进医院管理经验、管理模式和服务模式或具有国际领先水平医学技术的证明材料。

第十二条 设区的市级卫生行政部门对申请人提交的材料进行初审，并根据医疗机构设置规划提出初审意见，连同医院设置申请材料、当地医疗机构设置规划一并报所在地省级卫生行政部门审核。

第十三条 省级卫生行政部门对申请材料及设区的市级卫生行政部门初审意见进行审核，提出意见后报卫生部审批。报请审批，需由省级卫生行政部门向卫生部提交以下材料：

（一）申请人设置申请材料；

（二）设置地设区的市级人民政府批准发布实施的《医疗机构设置规划》及设置地设区的市级和

省级卫生行政部门关于拟设置台资独资医院是否符合当地医疗机构设置规划的审核意见；

（三）省级卫生行政部门关于设置该台资独资医院的审核意见，其中包括对拟设置医院的名称、地址、规模（床位、牙椅）和诊疗科目等的意见；

（四）法律、法规和卫生部规定的其他材料。

卫生部应当自受理之日起20个工作日内，作出批准或者不批准的书面决定。

第十四条 申请设置台资独资中医医院（含中西医结合医院和民族医医院）的，按照本办法第十一条、第十二条和第十三条的要求，经所在地区的市级中医药管理部门初审和所在地的省级中医药管理部门审核，报国家中医药管理局审核后转报卫生部审批。

第十五条 申请设置营利性台资独资医院，申请人在获得卫生部设置许可后，还应当按照有关法律、法规的规定向商务部提出申请，并提交以下材料：

（一）设置申请申报材料及批准文件；

（二）台资独资医院章程；

（三）台资独资医院法定代表人或董事会人选名单；

（四）工商行政管理部门出具的机构名称预先核准通知书；

（五）法律、法规和商务部规定的其他材料。

商务部应当自受理申请之日起20个工作日内，作出批准或者不批准的书面决定；予以批准的，发给《外商投资企业批准证书》。不予批准的，应当说明理由。

获得批准设立的台资独资医院，应当自收到商务部颁发的《外商投资企业批准证书》之日起一个月内，凭此证书依法到相关部门办理注册登记手续。

第十六条 申请设置非营利性台资独资医院，申请人在获得卫生部设置许可后，还应当通过商务部外商投资审批管理系统网站填写《外商投资非营利性医疗机构备案表》，到商务部办理备案，并提交以下材料：

（一）外商投资非营利性医疗机构备案表"打印版（经签章）"；

（二）卫生部门的设置许可文件（复印件）。

商务部备案并在《外商投资非营利性医疗机构备案表》加盖公章。

第十七条 获准设立的台资独资医院应当按照《医疗机构管理条例》、《医疗机构管理条例实施细则》等关于医疗机构执业登记所规定的程序和要求，向所在地省级卫生行政部门申请执业登记，领取《医疗机构执业许可证》。

第十八条 台资独资医院的名称由所在地地名、识别名和通用名依次组成，并符合医疗机构命名的有关规定。

第十九条 经批准设置的台资独资医院，应当在审批机关规定的期限内办理完有关登记手续；逾期未能完成的，经审批机关核准后，撤销该独资医院项目。

第二十条 已设立的台资独资医院变更名称、地址、规模（床位、牙椅）、诊疗科目、投资总额和注册资金的，应当按照本章规定的审批程序，经原审批机关审批后，到原项目登记机关办理相应的变更登记手续。

第二十一条 已设立的台资独资医院申请变更设置人和股权的，应当按照本办法规定分别报卫生部和商务部批准。

第二十二条 已设立的台资独资医院终止运营，应当在终止运营90天前申请办理注销手续。

第四章 执 业

第二十三条 台资独资医院作为独立法人实体，自负盈亏，独立核算，独立承担民事责任。

第二十四条 台资独资医院应当执行《医疗机构管理条例》和《医疗机构管理条例实施细则》等关于医疗机构执业的规定。

第二十五条 台资独资医院应当执行临床诊疗指南和技术规范，遵守新技术临床应用的有关规定。

第二十六条 台资独资医院发生医疗纠纷争议，依照大陆有关法律、法规处理。

第二十七条 台资独资医院聘请外籍医师、护士，应当按照大陆有关法律、法规和相关规定办理。

第二十八条 发生重大灾害、事故、疾病流行或者其他意外情况时，台资独资医院及其卫生技术人员应当服从卫生行政部门的调遣。

第二十九条 台资独资医院发布本院医疗广告，按照《中华人民共和国广告法》、《医疗广告管理办法》等有关法律法规规定办理。

第三十条 台资独资医院的医疗收费价格按照大陆有关规定执行。

第三十一条 营利性台资独资医院的税收政策按照大陆有关规定执行。

第五章 监督管理

第三十二条 设区的市级以上地方卫生行政部门负责本行政区域内台资独资医院的日常监督管理工作。

台资独资医院的《医疗机构执业许可证》校验期为3年,《医疗机构执业许可证》的校验由医疗机构执业登记机关办理。

第三十三条 营利性台资独资医院应当按照大陆对外商投资企业的有关规定,接受大陆有关部门的监督。

第三十四条 台资独资医院违反大陆有关法律、法规和规章的,由有关主管部门依法查处。

第六章 附 则

第三十五条 本办法中的台湾服务提供者应当符合《海峡两岸经济合作框架协议》中关于"服务提供者"的定义及相关规定要求。

第三十六条 各省、自治区、直辖市卫生、商务部门可以依据本办法,结合本地实际制订具体规定。

第三十七条 本办法由卫生部和商务部负责解释。

第三十八条 本办法自2011年1月1日起施行。

第三十九条 原有规定与本办法规定不符的,以本办法为准。

国家卫生健康委、国家中医药管理局、国家疾病预防控制局关于做好县域巡回医疗和派驻服务工作的指导意见

· 2023年1月17日
· 国卫基层发〔2023〕5号

各省、自治区、直辖市卫生健康委、中医药局、疾控主管部门:

为贯彻落实中共中央办公厅、国务院办公厅《关于加快推进乡村人才振兴的意见》和国家卫生健康委近期印发的《卫生健康系统贯彻落实以基层为重点的新时代党的卫生与健康工作方针若干要求》(国卫基层发〔2022〕20号)、《巩固拓展健康扶贫成果同乡村振兴有效衔接的实施意见》(国卫扶贫发〔2021〕6号),推动建立城市医疗卫生人才定期服务乡村制度,有效提升县域特别是乡村医疗卫生服务能力,提高农村居民获得基本医疗卫生服务的可及性、便利性,现就做好县域巡回医疗和派驻服务工作提出以下意见。

一、总体要求

(一)总体思路。坚持"以基层为重点""中西医并重"新时代党的卫生与健康工作方针,立足县域人口流动变动趋势和乡村形态变化实际,遵循深化医药卫生体制改革方向,优化县域医疗卫生服务供给,进一步强化县级医院和基层医疗卫生机构服务能力,采取"固定设施、流动服务"的方式,推动服务重心下移、优质医疗资源下沉,适应农村居民健康服务需求,持续巩固拓展基本医疗有保障成果。在乡村两级探索建立柔性用人机制,为实施乡村振兴战略和推进健康中国建设提供更有力的支撑。

(二)主要目标。到2025年,基本建立稳定的县域巡回医疗和派驻服务工作机制,乡级医疗卫生人员队伍进一步壮大,持续保持村级医疗卫生服务全覆盖,农村居民医疗卫生服务可及性明显提升,实现"一般的病在市县解决,头疼脑热在乡镇、村里解决"。

二、主要措施

(三)因地制宜发展村级巡诊服务。对县域内服务人口少、服务需求较小、不适宜配置固定村医的行政村以及尚未设置基层医疗卫生机构的移民搬迁安置点,县级卫生健康行政部门、中医药主管部门要组织乡镇卫生院开展村级巡诊服务,县级医疗卫生机构提供技术支持。乡镇卫生院能力薄弱、难以开展巡诊服务的,由县级卫生健康行政部门、中医药主管部门、疾控主管部门统筹安排县级医疗机构提供巡诊服务。承担巡诊服务的医疗卫生机构要选派合格的医务人员提供巡诊服务,可组建由临床类别医师、中医类别医师、护士、公共卫生人员、辅助科室人员参与的巡诊团队。巡诊时间要相对固定,原则上每周至少2次,每次至少

半天,对服务需求较小的地区可调整巡诊频次。要结合农村居民生产生活特点合理安排巡诊服务时间,通过巡诊(巡回医疗)车、流动医疗车等多种形式向农村居民提供上门服务,使农村居民在“家门口”就能获得优质的基本医疗卫生服务。

(四)面向乡村两级做好派驻服务。对服务人口多、服务需求较大、短期内招不到合格村医且邻(联)村服务难以覆盖的地区(行政村),县级卫生健康行政部门、中医药主管部门要组织乡镇卫生院选派合格的医务人员开展村级派驻服务。村级派驻服务人员原则上每周在村卫生室工作时间不少于5日,每日不少于半天,在同一个行政村至少连续服务半年,医务人员可分片包干若干村。对县域内卫生人力不足、服务能力较弱的乡镇卫生院,县级卫生健康行政部门、中医药主管部门要结合县域医共体建设,指定县级医疗卫生机构选派医务人员开展乡级派驻服务,省、市级卫生健康行政部门及中医药主管部门指派所属医疗机构给予补充支持。对尚未按要求配齐公共卫生医师的卫生院,由县级疾病预防控制机构选派公共卫生医师开展乡级派驻服务,有条件的地区可组织省、市级疾病预防控制机构公共卫生医师开展乡级派驻。乡级派驻服务人员应具备中级或以上职称,原则上需在乡镇卫生院连续驻点工作半年以上。

(五)明确巡回医疗和派驻服务工作内容。各级巡回医疗队主要根据受援地区的实际需求,开展疾病诊疗、健康宣教等服务,结合重大疾病医疗救助、重点地方病医疗救治等工作,对受援地区医务人员开展培训,提高当地医务人员疾病规范化诊疗意识和临床技术水平。鼓励派出医疗队的医院与受援地医疗卫生机构搭建远程医疗协作网。村级巡诊和派驻服务内容主要包括常见病、多发病的中西医诊疗服务、基本公共卫生服务以及常态化疫情防控工作等,并承担家庭医生签约工作职责。县级医疗卫生机构、疾病预防控制机构对乡镇卫生院的派驻服务,还应通过人员培训、带教等方式加强乡镇卫生院科室能力建设,提高乡镇医务人员医疗卫生服务水平。

三、工作要求

(六)加强组织领导。县级卫生健康行政部门、中医药主管部门、疾控主管部门负责统筹管理、指导监督辖区内派驻服务和巡诊工作,制定具体办法,明确规范实施范围和工作要求,定期开展相关人员业务培训,不断提高服务能力。省、市级卫生健康行政部门、中医药主管部门和疾控主管部门要加强督促指导和帮扶,确保县域巡回医疗和派驻服务工作有序开展。

(七)落实保障责任。派出巡回医疗队的医疗机构要保障参与巡回医疗的医务人员在基层工作期间收入水平不降低。县级卫生健康行政部门、中医药主管部门、疾控主管部门要为开展派驻和巡诊服务的医疗卫生机构配置必要的药品和设备,为有需求的医疗机构配置巡诊(巡回医疗)车。加强基层卫生信息化建设,为巡诊服务提供技术支持,有条件的地方应积极利用信息化手段开展“互联网+”签约服务、慢性病管理和远程医疗服务,提高工作效率、减轻医务人员工作负担。

(八)完善激励机制。执业医师晋升为副高级技术职称的,巡回医疗、巡诊和派驻服务作为其基层工作经历累计计算。各级卫生健康行政部门要积极协调有关部门落实参与巡诊、派驻服务人员的工作补助与待遇,对在偏远地区开展巡诊、派驻服务的人员可适当提高补助标准。

(九)强化宣传引导。各地要加强政策宣传解读,鼓励和引导医务人员积极参与县域巡回医疗和派驻服务工作。要采取多种方式加大对群众的宣传力度,提升群众知晓率,引导群众充分利用巡回医疗等服务提高健康水平。要积极挖掘巡回医疗和派驻服务中的典型案例,广泛宣传参与服务医务人员的优秀事迹,为广泛开展县域巡回医疗和派驻服务营造良好社会氛围。

医疗卫生机构网络安全管理办法

·2022年8月8日

·国卫规划发〔2022〕29号

第一章 总 则

第一条 为加强医疗卫生机构网络安全管理,进一步促进“互联网+医疗健康”发展,充分发挥健康医疗大数据作为国家重要基础性战略资源的作用,加强医疗卫生机构网络安全管理,防范网络安全事件发生,根据《基本医疗卫生与健康促进法》《网络安全法》《密码法》《数据安全法》《个人信息保护法》《关键信息基础设施安全保护条例》

《网络安全审查办法》以及网络安全等级保护制度等有关法律法规标准,制定本办法。

第二条 坚持网络安全为人民、网络安全靠人民,坚持网络安全教育、技术、产业融合发展,坚持促进发展和依法管理相统一,坚持安全可控和开放创新并重。

坚持分等级保护、突出重点。重点保障关键信息基础设施、网络安全等级保护第三级(以下简称第三级)及以上网络以及重要数据和个人信息安全。

坚持积极防御、综合防护。充分利用人工智能、大数据分析等技术,强化安全监测、态势感知、通报预警和应急处置等重点工作,落实网络安全保护"实战化、体系化、常态化"和"动态防御、主动防御、纵深防御、精准防护、整体防控、联防联控"的"三化六防"措施。

坚持"管业务就要管安全""谁主管谁负责、谁运营谁负责、谁使用谁负责"的原则,落实网络安全责任制,明确各方责任。

第三条 本办法所称的网络是指由计算机或者其他信息终端及相关设备组成的按照一定的规则和程序对信息进行收集、存储、传输、交换、处理的系统。

本办法所称的数据为网络数据,是指医疗卫生机构通过网络收集、存储、传输、处理和产生的各种电子数据,包括但不限于各类临床、科研、管理等业务数据、医疗设备产生的数据、个人信息以及数据衍生物。

本办法适用于医疗卫生机构运营网络的安全管理。未纳入区域基层卫生信息系统的基层医疗卫生机构参照执行。

第四条 国家卫生健康委、国家中医药局、国家疾控局负责统筹规划、指导、评估、监督医疗卫生机构网络安全工作。县级以上地方卫生健康行政部门(含中医药和疾控部门,下同)负责本行政区域内医疗卫生机构网络安全指导监督工作。

医疗卫生机构对本单位网络安全管理负主体责任,各医疗卫生机构应当与信息化建设参与单位及相关医疗设备生产经营企业书面约定各方的网络安全义务和违约责任。

第二章　网络安全管理

第五条 各医疗卫生机构应成立网络安全和信息化工作领导小组,由单位主要负责人任领导小组组长,每年至少召开一次网络安全办公会,部署安全重点工作,落实《关键信息基础设施安全保护条例》和网络安全等级保护制度要求。有二级及以上网络的医疗卫生机构应明确负责网络安全管理工作的职能部门,明确承担安全主管、安全管理员等职责的岗位;建立网络安全管理制度体系,加强网络安全防护,强化应急处置,在此基础上对关键信息基础设施实行重点保护,防止网络安全事件发生。

第六条 各医疗卫生机构按照"谁主管谁负责、谁运营谁负责、谁使用谁负责"的原则,在网络建设过程中明确本单位各网络的主管部门、运营部门、信息化部门、使用部门等管理职责,对本单位运营范围内的网络进行等级保护定级、备案、测评、安全建设整改等工作。

(一)对新建网络,应在规划和申报阶段确定网络安全保护等级。各医疗卫生机构应全面梳理本单位各类网络,特别是云计算、物联网、区块链、5G、大数据等新技术应用的基本情况,并根据网络的功能、服务范围、服务对象和处理数据等情况,依据相关标准科学确定网络的安全保护等级,并报上级主管部门审核同意。

(二)新建网络投入使用应依法依规开展等级保护备案工作。第二级以上网络应在网络安全保护等级确定后10个工作日内,由其运营者向公安机关备案,并将备案情况报上级卫生健康行政部门,因网络撤销或变更安全保护等级的,应在10个工作日内向原备案公安机关撤销或变更,同步上报上级卫生健康行政部门。

(三)全面梳理分析网络安全保护需求,按照"一个中心(安全管理中心),三重防护(安全通信网络、安全区域边界、安全计算环境)"的要求,制定符合网络安全保护等级要求的整体规划和建设方案,加强信息系统自行开发或外包开发过程中的安全管理,认真开展网络安全建设,全面落实安全保护措施。

(四)各医疗卫生机构对已定级备案网络的安全性进行检测评估,第三级或第四级的网络应委托等级保护测评机构,每年至少一次开展网络安全等级测评。第二级的网络应委托等级保护测评机构定期开展网络安全等级测评,其中涉及10万人以上个人信息的网络应至少三年开展一次网络安全等级测评,其他的网络至少五年开展一次网络安全等级测评。新建的网络上线运行前应进行安全性测试。

(五)针对等级测评中发现的问题隐患,各医疗卫生机构要结合外在的威胁风险,按照法律法规、政策和标准要求,制定网络安全整改方案,有针对性地开展整改,及时消除风险隐患,补强管理和技术短板,提升安全防护能力。

第七条 各医疗卫生机构应依托国家网络安全信息通报机制,加强本单位网络安全通报预警力量建设。鼓励三级医院探索态势感知平台建设,及时收集、汇总、分析各方网络安全信息,加强威胁情报工作,组织开展网络安全威胁分析和态势研判,及时通报预警和处置,防止网络被破坏、数据外泄等事件。

第八条 各医疗卫生机构应建立应急处置机制,通过建立完善应急预案、组织应急演练等方式,有效处理网络中断、网络攻击、数据泄露等安全事件,提高应对网络安全事件能力。积极参加网络安全攻防演练,提升保护和对抗能力。

第九条 各医疗卫生机构在网络运营过程中,应每年开展文档核验、漏洞扫描、渗透测试等多种形式的安全自查,及时发现可能存在的问题和隐患。针对安全自查、监测预警、安全通报等过程中发现的安全隐患应认真开展整改加固,防止网络带病运行,并按要求将安全自查整改情况报上级卫生健康行政部门。自查整改可与等级测评问题整改一并实施。

每年安全自查整改工作包括:

(一)依据上级主管监管机构要求,各医疗卫生机构完成信息资产梳理,摸清本单位网络定级、备案等情况,形成资产清单,组织安全自查。

(二)依据上级主管监管机构要求,各医疗卫生机构依据安全自查结果,对发现的问题和隐患进行整改,形成整改报告向有关主管监管机构报备。

第十条 关键信息基础设施运营者应对安全管理机构负责人和关键岗位人员进行安全背景审查。各医疗卫生机构要加强网络运营相关人员管理,包括本单位内部人员及第三方人员,明确内部人员入职、培训、考核、离岗全流程安全管理,针对第三方应明确人员接触网络时的申请及批准流程,做好实名登记、人员背景审查、保密协议签署等工作,防止因人员资质及违规操作引发的安全风险。

第十一条 加强网络运维管理,制定运维操作规范和工作流程。加强物理安全防护,完善机房、办公环境及运维现场等安全控制措施,防止非授权访问物理环境造成信息泄露。加强远程运维管理,因业务确需通过互联网远程运维的,应进行评估论证,并采取相应的安全管控措施,防止远程端口暴露引发安全事件。

第十二条 各医疗卫生机构应加强业务连续性管理并持续监测网络运行状态。对于第三级及以上的网络应加强保障关键链路、关键设备冗余备份,有条件的医疗卫生机构应建立应用级容灾备份,防止关键业务中断。

第十三条 应用大数据、人工智能、区块链等新技术开展服务时,上线前应评估新技术的安全风险并进行安全管控,达到应用与安全的平衡。

第十四条 各医疗卫生机构应规范和加强医疗设备数据、个人信息保护和网络安全管理,建立健全医疗设备招标采购、安装调试、运行使用、维护维修、报废处置等相关网络安全管理制度,定期检查或评估医疗设备网络安全,并采取相应的安全管控措施,确保医疗设备网络安全。

第十五条 各医疗卫生机构应按照《密码法》等有关法律法规和密码应用相关标准规范,在网络建设过程中同步规划、同步建设、同步运行密码保护措施,使用符合相关要求的密码产品和服务。

第十六条 各医疗卫生机构应关注整个网络全链条参与者的安全管理,涉及非本单位的第三方时,应对设计、建设、运行、维护等服务实施安全管理,采购安全的网络产品和服务,防止发生第三方安全事件。

第十七条 各医疗卫生机构应加强废止网络的安全管理,对废止网络的相关设备进行风险评估,及时对其采取封存或销毁措施,确保废止网络中的数据处置安全,防止网络数据泄露。

第三章 数据安全管理

第十八条 各医疗卫生机构应按照有关法律法规的规定,参照国家网络安全标准,履行数据安全保护义务,坚持保障数据安全与发展并重,通过管理和技术手段保障数据安全和数据应用的有效平衡。关键信息基础设施运营者应拟定关键信息基础设施安全保护计划，建立健全数据安全和个人信息保护制度。

第十九条 应建立数据安全管理组织架构，明确业务部门与管理部门在数据安全活动中的主体责任，通过安全责任书等方式，规范本单位数据管理部门、业务部门、信息化部门在数据安全管理全生命周期当中的权责，建立数据安全工作责任制，落实追责追究制度。

第二十条 各医疗卫生机构应每年对数据资产进行全面梳理，在落实网络安全等级保护制度的基础上，依据数据的重要程度以及遭到破坏后的危害程度建立本单位数据分类分级标准。数据分类分级应遵循合法合规原则、可执行原则、时效性原则、自主性原则、差异性原则及客观性原则。

第二十一条 各医疗卫生机构应建立健全数据安全管理制度、操作规程及技术规范，涉及的管理制度每年至少修订一次，建议相关人员每年度签署保密协议。每年对本单位的数据进行数据安全风险评估，及时掌握数据安全状态。加强数据安全教育培训，组织安全意识教育和数据安全管理制度宣传培训。结合本单位实际，建立完善数据使用申请及批准流程，遵循"谁主管、谁审查"、遵循事前申请及批准、事中监管、事后审核原则，严格执行业务管理部门同意、医疗卫生机构领导核准的工作程序，指导数据活动流程合规。

第二十二条 各医疗卫生机构应加强数据收集、存储、传输、处理、使用、交换、销毁全生命周期安全管理工作，数据全生命周期活动应在境内开展，因业务确需向境外提供的，应当按照相关法律法规及有关要求进行安全评估或审核，针对影响或者可能影响国家安全的数据处理活动需提交国家安全审查，防止数据安全事件发生。

（一）各医疗卫生机构应加强数据收集合法性管理，明确业务部门和管理部门在数据收集合法性中的主体责任。采取数据脱敏、数据加密、链路加密等防控措施，防止数据收集过程中数据被泄露。

（二）在数据分类分级的基础上，进一步明确不同安全级别数据的加密传输要求。加强传输过程中的接口安全控制，确保在通过接口传输时的安全性，防止数据被窃取。

（三）各医疗卫生机构应按照有关法规标准，选择合适的数据存储架构和介质在境内存储，并采取备份、加密等措施加强数据的存储安全。涉及到云上存储数据时，应当评估可能带来的安全风险。数据存储周期不应超出数据使用规则确定的保存期限。加强存储过程中访问控制安全、数据副本安全、数据归档安全管控。

（四）各医疗卫生机构应严格规定不同人员的权限，加强数据使用过程中的申请及批准流程管理，确保数据在可控范围内使用，加强日志留存及管理工作，杜绝篡改、删除日志的现象发生，防止数据越权使用。各数据使用部门和数据使用人须严格按照申请所述用途与范围使用数据，对数据的安全负责。未经批准，任何部门和个人不得将未对外公开的信息数据传递至部门外，不得以任何方式将其泄露。

（五）各医疗卫生机构发布、共享数据时应当评估可能带来的安全风险，并采取必要的安全防控措施；涉及数据上报时，应由数据上报提出方负责解读上报要求，确定上报范围和上报规则，确保数据上报安全可控。

（六）各医疗卫生机构开展人脸识别或人脸辨识时，应同时提供非人脸识别的身份识别方式，不得因数据主体不同意收集人脸识别数据而拒绝数据主体使用其基本业务功能，人脸识别数据不得用于除身份识别之外的其他目的，包括但不限于评估或预测数据主体工作表现、经济状况、健康状况、偏好、兴趣等。各医疗卫生机构应采取安全措施存储和传输人脸识别数据，包括但不限于加密存储和传输人脸识别数据，采用物理或逻辑隔离方式分别存储人脸识别和个人身份信息等。

（七）数据销毁时应采用确保数据无法还原的销毁方式，重点关注数据残留风险及数据备份风险。

第四章　监督管理

第二十三条 各医疗卫生机构应积极配合有关主管监管机构监督管理，接受网络安全管理日常检查，做好网络安全防护等工作。

第二十四条 各医疗卫生机构应及时整改有关主管监管机构检查过程中发现的漏洞和隐患等问题，杜绝重大网络安全事件发生。

第二十五条 发生个人信息和数据泄露、毁损、丢失等安全事件和网络系统遭攻击、入侵、控制等网络安全事件，或者发现网络存在漏洞隐患、网络安全风险明显增大时，各医疗卫生机构应当立即启动应急预案，采取必要的补救和处置措施，及时以电话、短信、邮件或信函等多种方式告知相关主体，并按照要求向有关主管监管部门报告。

第二十六条 各级卫生健康行政部门应建立网络安全事件通报工作机制，及时通报网络安全事件。

第二十七条 发生网络安全事件时，各医疗卫生机构应及时向卫生健康行政部门、公安机关报告，做好现场保护、留存相关记录，为公安机关等监管部门依法维护国家安全和开展侦查调查等活动提供技术支持和协助。

第五章 管理保障

第二十八条 各医疗卫生机构应高度重视网络安全管理工作，将其列入重要议事日程，加强统筹领导和规划设计，依法依规落实人员、经费投入、安全保护措施建设等重大问题，保证信息系统建设时安全保护措施同步规划、同步建设和同步使用。

第二十九条 各医疗卫生机构应加强网络安全业务交流，严格执行网络安全继续教育制度，鼓励管理岗位和技术岗位持证上岗。通过组织开展学术交流及比武竞赛的方式，发现选拔网络安全人才，建立人才库，建立健全人才发现、培养、选拔和使用机制，为做好网络安全工作提供人才保障。

第三十条 各医疗卫生机构应保障开展网络安全等级测评、风险评估、攻防演练竞赛、安全建设整改、安全保护平台建设、密码保障系统建设、运维、教育培训等经费投入。新建信息化项目的网络安全预算不低于项目总预算的5%。

第三十一条 各医疗卫生机构应进一步完善网络安全考核评价制度，明确考核指标，组织开展考核。鼓励有条件的医疗卫生机构将考核与绩效挂钩。

第六章 附 则

第三十二条 违反本办法规定，发生个人信息和数据泄露，或者出现重大网络安全事件的，按《网络安全法》《密码法》《基本医疗卫生与健康促进法》《数据安全法》《个人信息保护法》《关键信息基础设施安全保护条例》以及网络安全等级保护制度等法律法规处理。

第三十三条 涉及国家秘密的网络，按照国家有关规定执行。

第三十四条 本办法自印发之日起实施。

2. 医务人员

中华人民共和国医师法

· 2021年8月20日第十三届全国人民代表大会常务委员会第三十次会议通过
· 2021年8月20日中华人民共和国主席令第94号公布
· 自2022年3月1日起施行

第一章 总 则

第一条 【宗旨】为了保障医师合法权益，规范医师执业行为，加强医师队伍建设，保护人民健康，推进健康中国建设，制定本法。

第二条 【医师的定义和分类】本法所称医师，是指依法取得医师资格，经注册在医疗卫生机构中执业的专业医务人员，包括执业医师和执业助理医师。

注释 本条应当与《医师法》第8条、第9条、第10条关于医师资格考试制度、报考条件及第13条关于医师执业注册制度的规定协调适用。《医师法》第34条规定，执业助理医师独立从事临床活动，也属于医务人员，发生医疗行为中的人身损害事故，构成医疗损害责任。不具有医务人员资格的，即使发生医疗损害，也不认为是医疗损害责任。例如，非法行医的医生或者非医生，都不适用医疗损害责任的法律规范，而应当适用《民法典》第1165条《民法典》第1165条规定，行为人因过错侵害他人民事权益造成损害的，应当承担侵权责任。依照法律规定推定行为人有过错，其不能证明自己没有过错的，应当承担侵权责任。

第三条 【医师的职责和使命，医师执业受法律保护】医师应当坚持人民至上、生命至上，发扬人道主义精神，弘扬敬佑生命、救死扶伤、甘于奉献、大爱无疆的崇高职业精神，恪守职业道德，遵守执业规范，提高执业水平，履行防病治病、保护人民健康的神圣职责。

医师依法执业,受法律保护。医师的人格尊严、人身安全不受侵犯。

第四条 【各级政府部门及相关部门的职责】 国务院卫生健康主管部门负责全国的医师管理工作。国务院教育、人力资源社会保障、中医药等有关部门在各自职责范围内负责有关的医师管理工作。

县级以上地方人民政府卫生健康主管部门负责本行政区域内的医师管理工作。县级以上地方人民政府教育、人力资源社会保障、中医药等有关部门在各自职责范围内负责有关的医师管理工作。

注释 区分卫生监督执法部门与卫生健康主管部门

卫生健康主管部门负责职责范围内的职业卫生、放射卫生、环境卫生、学校卫生、公共场所卫生、饮用水卫生等公共卫生的监督管理,负责传染病防治监督,负责卫生健康综合监督,具有卫生监督执法权力。各级卫生监督执法部门承担各级政府卫生健康主管部门的卫生监督执法职责,是各级政府卫生健康主管部门的内设机构,不是行政部门,除非得到法律、法规、规章的特别授权,一般不能成为行政主体,属于行政法上规定的"法律法规授权的组织",既不能以自己的名义行使权力,也不能独立承担相应的法律责任,即使以自己的名义行使了行政权力,如果发生纠纷,也应当以其所属的行政机关为主要责任部门。

第五条 【医师节、尊医重卫、表彰奖励】 每年8月19日为中国医师节。

对在医疗卫生服务工作中做出突出贡献的医师,按照国家有关规定给予表彰、奖励。

全社会应当尊重医师。各级人民政府应当关心爱护医师,弘扬先进事迹,加强业务培训,支持开拓创新,帮助解决困难,推动在全社会广泛形成尊医重卫的良好氛围。

第六条 【医师职称评聘的制度及条件】 国家建立健全医师医学专业技术职称设置、评定和岗位聘任制度,将职业道德、专业实践能力和工作业绩作为重要条件,科学设置有关评定、聘任标准。

第七条 【行业组织对医师队伍的管理】 医师可以依法组织和参加医师协会等有关行业组织、专业学术团体。

医师协会等有关行业组织应当加强行业自律和医师执业规范,维护医师合法权益,协助卫生健康主管部门和其他有关部门开展相关工作。

第二章 考试和注册

第八条 【医师资格取得的方式和考试类别】 国家实行医师资格考试制度。

医师资格考试分为执业医师资格考试和执业助理医师资格考试。医师资格考试由省级以上人民政府卫生健康主管部门组织实施。

医师资格考试的类别和具体办法,由国务院卫生健康主管部门制定。

第九条 【医师资格考试的报考条件】 具有下列条件之一的,可以参加执业医师资格考试:

(一)具有高等学校相关医学专业本科以上学历,在执业医师指导下,在医疗卫生机构中参加医学专业工作实践满一年;

(二)具有高等学校相关医学专业专科学历,取得执业助理医师执业证书后,在医疗卫生机构中执业满二年。

第十条 【助理医师资格考试的报考条件】 具有高等学校相关医学专业专科以上学历,在执业医师指导下,在医疗卫生机构中参加医学专业工作实践满一年的,可以参加执业助理医师资格考试。

第十一条 【师承和确有专长的人员取得中医医师资格的报考条件】 以师承方式学习中医满三年,或者经多年实践医术确有专长的,经县级以上人民政府卫生健康主管部门委托的中医药专业组织或者医疗卫生机构考核合格并推荐,可以参加中医医师资格考试。

以师承方式学习中医或者经多年实践,医术确有专长的,由至少二名中医医师推荐,经省级人民政府中医药主管部门组织实践技能和效果考核合格后,即可取得中医医师资格及相应的资格证书。

本条规定的相关考试、考核办法,由国务院中医药主管部门拟订,报国务院卫生健康主管部门审核、发布。

第十二条 【医师资格证书的发放条件】 医师资格考试成绩合格,取得执业医师资格或者执业助理医师资格,发给医师资格证书。

第十三条 【医师执业必须经过注册】 国家实行医师执业注册制度。

取得医师资格的，可以向所在地县级以上地方人民政府卫生健康主管部门申请注册。医疗卫生机构可以为本机构中的申请人集体办理注册手续。

除有本法规定不予注册的情形外，卫生健康主管部门应当自受理申请之日起二十个工作日内准予注册，将注册信息录入国家信息平台，并发给医师执业证书。

未注册取得医师执业证书，不得从事医师执业活动。

医师执业注册管理的具体办法，由国务院卫生健康主管部门制定。

第十四条 【各类医师执业许可的规定】医师经注册后，可以在医疗卫生机构中按照注册的执业地点、执业类别、执业范围执业，从事相应的医疗卫生服务。

中医、中西医结合医师可以在医疗机构中的中医科、中西医结合科或者其他临床科室按照注册的执业类别、执业范围执业。

医师经相关专业培训和考核合格，可以增加执业范围。法律、行政法规对医师从事特定范围执业活动的资质条件有规定的，从其规定。

经考试取得医师资格的中医医师按照国家有关规定，经培训和考核合格，在执业活动中可以采用与其专业相关的西医药技术方法。西医医师按照国家有关规定，经培训和考核合格，在执业活动中可以采用与其专业相关的中医药技术方法。

注释 只有经过注册的医师才可以在医疗卫生机构中按照注册的执业地点、执业类别、执业范围执业，从事相应的医疗卫生服务。医师如果需要从事其注册范围之外的医疗活动，需要经过专业培训和考核，通过后才可以增加执业范围。医师不得从事执业注册范围以外其他专业的执业活动。

这是《医师法》中非常重要的一条规定，医师执业活动中长期存在的一些争议都得到了澄清。它有四层含义：(1)医师执业，仍受其注册的执业地点、执业类别、执业范围的限制，但执业地点不再局限于某一个医疗机构，而是以省级行政区划为执业单元，省内多点执业只需要备案，跨省多点执业需要注册，并且执业范围可以调整；(2)允许中医类别的医师在医疗机构中的中医科、中西医结合科或者其他临床科室按照注册的执业类别、执业范围执业；(3)医师经相关专业培训和考核合格，可以增加执业范围；(4)解决了中医开西药、西医开中药的困境，经考试取得医师资格的中医医师按照国家有关规定，经培训和考核合格，在执业活动中可以采用与其专业相关的西医药技术方法。西医医师按照国家有关规定，经培训和考核合格，在执业活动中可以采用与其专业相关的中医药技术方法。

第十五条 【医师多点执业的相关规定】医师在二个以上医疗卫生机构定期执业的，应当以一个医疗卫生机构为主，并按照国家有关规定办理相关手续。国家鼓励医师定期定点到县级以下医疗卫生机构，包括乡镇卫生院、村卫生室、社区卫生服务中心等，提供医疗卫生服务，主执业机构应当支持并提供便利。

卫生健康主管部门、医疗卫生机构应当加强对有关医师的监督管理，规范其执业行为，保证医疗卫生服务质量。

注释《医师法》第15条为新增条款，医师多点执业入法是亮点之一。根据《中共中央、国务院关于深化医药卫生体制改革的意见》中“稳步推动医务人员的合理流动，促进不同医疗机构之间人才的纵向和横向交流，研究探索注册医师多点执业”的要求，2014年11月，原国家卫生计生委等五部门联合制定了《关于印发推进和规范医师多点执业的若干意见的通知》，明确规定医师多点执业实行注册管理。2017年2月，原国家卫生计生委公布《医师执业注册管理办法》。《医师法》吸取了此前出台的一系列多点执业政策规定，使医师多点执业入法，以法律的形式确认医师只需要确定一个主执业机构，其他执业机构的数量没有限制，规定了医师在多机构执业所享有的执业权利，将多点执业从政策转向实践，鼓励医师到基层医疗机构多点执业。

第十六条 【医师不予注册的情形】有下列情形之一的，不予注册：

（一）无民事行为能力或者限制民事行为能力；

（二）受刑事处罚，刑罚执行完毕不满二年或者被依法禁止从事医师职业的期限未满；

（三）被吊销医师执业证书不满二年；

（四）因医师定期考核不合格被注销注册不满一年；

（五）法律、行政法规规定不得从事医疗卫生服务的其他情形。

受理申请的卫生健康主管部门对不予注册的，应当自受理申请之日起二十个工作日内书面通知申请人和其所在医疗卫生机构，并说明理由。

第十七条 【注销注册，废止医师执业证书的相关情形】医师注册后有下列情形之一的，注销注册，废止医师执业证书：

（一）死亡；

（二）受刑事处罚；

（三）被吊销医师执业证书；

（四）医师定期考核不合格，暂停执业活动期满，再次考核仍不合格；

（五）中止医师执业活动满二年；

（六）法律、行政法规规定不得从事医疗卫生服务或者应当办理注销手续的其他情形。

有前款规定情形的，医师所在医疗卫生机构应当在三十日内报告准予注册的卫生健康主管部门；卫生健康主管部门依职权发现医师有前款规定情形的，应当及时通报准予注册的卫生健康主管部门。准予注册的卫生健康主管部门应当及时注销注册，废止医师执业证书。

第十八条 【医师执业中变更注册及无须注册的规定】医师变更执业地点、执业类别、执业范围等注册事项的，应当依照本法规定到准予注册的卫生健康主管部门办理变更注册手续。

医师从事下列活动的，可以不办理相关变更注册手续：

（一）参加规范化培训、进修、对口支援、会诊、突发事件医疗救援、慈善或者其他公益性医疗、义诊；

（二）承担国家任务或者参加政府组织的重要活动等；

（三）在医疗联合体内的医疗机构中执业。

第十九条 【医师中止执业后重新注册的条件】中止医师执业活动二年以上或者本法规定不予注册的情形消失，申请重新执业的，应当由县级以上人民政府卫生健康主管部门或者其委托的医疗卫生机构、行业组织考核合格，并依照本法规定重新注册。

第二十条 【医师个体执业的条件】医师个体行医应当依法办理审批或者备案手续。

执业医师个体行医，须经注册后在医疗卫生机构中执业满五年；但是，依照本法第十一条第二款规定取得中医医师资格的人员，按照考核内容进行执业注册后，即可在注册的执业范围内个体行医。

县级以上地方人民政府卫生健康主管部门对个体行医的医师，应当按照国家有关规定实施监督检查，发现有本法规定注销注册的情形的，应当及时注销注册，废止医师执业证书。

实务问答 **1. 对申请个体执业的医师有没有技术职称要求？**

对申请个体执业的医师所需要的基本条件，除了具有医师资格证和执业的年限要求外，并没有医师技术职称级别的要求。换言之，没有参加技术职称评定或者仅有初级技术职称的人，只要其执业年限达到5年的要求，即可申请个体执业。

2. 中医个体行医的条件是执行5年还是3年？

本法规定，执业医师个体行医，须经注册后在医疗卫生机构中执业满5年；但此前原国家卫生计生委颁布的《中医诊所备案管理暂行办法》第5条规定，个人举办中医诊所的，应当具有中医类别《医师资格证书》并经注册后在医疗、预防、保健机构中执业满3年。基于上位法优于下位法、新法优于旧法的原则，持有中医类别《医师资格证书》的个人举办中医诊所的，也要求经注册后在医疗卫生机构中执业满5年。

3. 中医诊所的“备案”如何操作？

个体行医的前提是办理审批或者备案手续，虽然对中医诊所实行备案管理，但这一备案管理并不能算是完全意义上的备案，中医诊所在备案中要提交一系列的资料，在取得《中医诊所备案证》后方可执业，并且在执业过程中要将《中医诊所备案证》、卫生技术人员信息在诊所的明显位置公示，并且对《中医诊所备案证》的管理也有一系列的要求。因此，可以将此备案理解为一种带有准行政许可性质的备案，在实际操作层面上与行政审批手续有类似之处。

第二十一条 【公告及查询医师注册信息的政府责任】县级以上地方人民政府卫生健康主管部门应当将准予注册和注销注册的人员名单及时予以公告，由省级人民政府卫生健康主管部门汇总，报国务院卫生健康主管部门备案，并按照规定通过网站提供医师注册信息查询服务。

第三章 执业规则

第二十二条 【医师在执业中享有的权利】医师在执业活动中享有下列权利：

（一）在注册的执业范围内，按照有关规范进行医学诊查、疾病调查、医学处置、出具相应的医学证明文件，选择合理的医疗、预防、保健方案；

（二）获取劳动报酬，享受国家规定的福利待遇，按照规定参加社会保险并享受相应待遇；

（三）获得符合国家规定标准的执业基本条件和职业防护装备；

（四）从事医学教育、研究、学术交流；

（五）参加专业培训，接受继续医学教育；

（六）对所在医疗卫生机构和卫生健康主管部门的工作提出意见和建议，依法参与所在机构的民主管理；

（七）法律、法规规定的其他权利。

注释《医师法》第22条对医师执业权利的内容规定一方面继承了《执业医师法》第21条的主要内容，规定了医师在执业活动中享有的规范诊疗权、医学证明权、获取劳动报酬权、医疗执业保障权、医学教育与医学研究学术交流权、继续教育权等权利。另一方面对相关内容进行了完善，调整为以下七项内容：(1)医疗权。把规范诊疗权、医学证明权限制在有关规范内进行，使得表述更加准确。(2)获取报酬权。把获取劳动报酬权由原来的第6项提前到第2项，将“获取工资报酬和津贴”修订为“获取劳动报酬”，并补充了“按照规定参加社会保险并享受相应待遇”，体现了国家对医师薪酬待遇保障的重视。(3)获得开展医疗条件和执业保护的权利。把医疗执业保障的标准由《执业医师法》的“按照国务院卫生行政部门规定”提升至“符合国家规定标准”，拓宽了保障标准的范围，加强了保护的力度。(4)从事医学教育、研究、学术交流的权利。在原医学研究学术交流权的基础上增加了医学教育权，顺应了国家提出的发展医学教育、完善教育体系的时代要求。(5)参加专业培训，接受继续医学教育的权利。《医师法》一审稿将保护医师执业活动中的人格尊严和人身安全权利提升至各项权利中的第1项，二审稿后把该内容调整至第五章保障措施中进行进一步细化规定，并配以相应的保障措施，突出了《医师法》对医师人身权保护的层层升级，契合国家提出的“关心爱护医务人员，对各类伤害医务人员人身安全等违法犯罪行为‘零容忍’的治理理念”。(6)提出意见和建议，参与民主管理的权利。(7)在列举了6项具体权利之后，《医师法》还增加了第7项权利，即“法律、法规规定的其他权利”这一兜底条款，给予了医师执业法律权利更大的弹性和解释空间。《医师法》第22条并未概括医师的所有法定权利，除此之外医师还具有其他权利，如基于自然人而享有的肖像权、名誉权、荣誉权、隐私权、生命权、健康权等，基于医师职业而享有的著作权、处方权、行为豁免权等。

第二十三条 【医师在执业中享有的义务】医师在执业活动中履行下列义务：

（一）树立敬业精神，恪守职业道德，履行医师职责，尽职尽责救治患者，执行疫情防控等公共卫生措施；

（二）遵循临床诊疗指南，遵守临床技术操作规范和医学伦理规范等；

（三）尊重、关心、爱护患者，依法保护患者隐私和个人信息；

（四）努力钻研业务，更新知识，提高医学专业技术能力和水平，提升医疗卫生服务质量；

（五）宣传推广与岗位相适应的健康科普知识，对患者及公众进行健康教育和健康指导；

（六）法律、法规规定的其他义务。

注释《执业医师法》第22条规定了医师的义务，其中第1项是技术规范，第2项是敬业精神与职业道德。《医师法》将敬业精神与职业道德作为医师的首要义务，体现了立法者对于敬业精神与职业道德的强调。

第二十四条 【医师未经亲自诊查，不得填写出具医学文书】医师实施医疗、预防、保健措施，签署有关医学证明文件，必须亲自诊查、调查，并按照规定及时填写病历等医学文书，不得隐匿、伪造、篡改或者擅自销毁病历等医学文书及有关资料。

医师不得出具虚假医学证明文件以及与自己执业范围无关或者与执业类别不相符的医学证明文件。

第二十五条 【医师在诊疗中的告知说明义务】医师在诊疗活动中应当向患者说明病情、医疗措施和其他需要告知的事项。需要实施手术、特殊检查、特殊治疗的，医师应当及时向患者具体说

明医疗风险、替代医疗方案等情况，并取得其明确同意；不能或者不宜向患者说明的，应当向患者的近亲属说明，并取得其明确同意。

注释 我国法律法规对医师告知义务履行的对象历经了多次演变，上演了"家庭抉择—患者授权—患者抉择"的医疗决策模式的改变。

一般说明义务适用于对患者病情、医疗措施和其他需要告知的事项，即患者所患疾病的名称、发展情况、检查措施、治疗方案以及检查注意事项、住院须知等情况。

具体说明义务适用于患者须实施手术、特殊检查、特殊治疗的情形，手术及《医疗机构管理条例实施细则》第88条规定的特殊检查、特殊治疗的情况或具有侵入性、危险性，可能产生并发症、不良后果的情况，故需要在一般告知的基础上详细、全面、有针对性地告知患者医疗风险和替代方案，以使患者能够听明白利弊，以供其抉择。

实务问答 **1. 医师知情告知有哪些实施方式？**

在医疗活动中，医师告知的形式通常包括口头告知、书面告知，随着社会的发展还将产生其他形式的告知。

口头告知。该方式适用于一般性说明。在医疗过程中将每一项医疗技术或执行都采用书面的形式告知是不实际的，且不利于医患关系的和谐发展。对简单的检查、诊疗，和一般无严重并发症，可以进行口头告知以履行告知义务，患者遵照医嘱进行检查、诊疗，即为认可该口头诊疗建议。由于是口头告知，该方式最为简单易行，但一旦发生纠纷，往往难以举证。

书面告知。该方式适用于具体说明。从《民法典》第1219条的规定来看，须取得患者书面同意的仅限于手术、麻醉、特殊检查、治疗和不宜向患者本人说明的，应当向患者的近亲属说明，并取得其明确同意。书面知情同意的方式，一方面可以保证告知义务的切实落实，另一方面也能为事后可能发生的医疗纠纷提供明确证据。

其他告知方式。《民法典》颁布实施后要求"取得其明确同意"，不仅仅拘泥于书面同意。随着社会与科学的变化，还将出现视频、动画、模拟人演示等以现代科技为载体的新的形式的告知，患者的知情同意权在实现过程中，需要医疗告知的内容将更真实、更直观，使患者更容易接受和理解，将更有利于保障患者的权利。

2. 患者授权委托后与受委托人意见不一致情形的处理

在医疗活动中最普遍的形式是患者在意识清醒的状态下签署一份授权委托书，通过授权委托的形式指定一名代理人代表其作出医疗决定。由此产生的代理权只在患者丧失了医疗决定能力后生效，但此代理权实施的前提在医疗活动的授权委托签署时往往不够清晰。委托代理作为一种法律制度在我国早已存在，关于医疗知情同意权的委托，医患双方均存在一定程度的误解：入院已签署授权委托书委托"家属"，那患者本人的知情同意权是否还存在？两者发生矛盾时如何抉择？

例如，产妇签订委托书委托丈夫后，产妇要求剖宫产，如果丈夫拒绝，该如何处理？[①] 患者入院签署的授权委托书属于民事代理，那么其代理人"家属"便是以被代理人"产妇"的名义实施具体的法律行为，"签字"同意或拒绝；如果产妇意识清醒，即使已经委托家属，其本身也并不自然丧失决定权；在代理人的意思表示与被代理人意思表示不一致的情形下毫无疑问以被代理人意思表示为准；代理人的代理行为必须符合被代理人的目的和利益——以专业的医学建议为准，剖宫产符合产妇的目的；代理人有过错导致被代理损害需承担赔偿责任。

在中国的传统观念中，家庭某一成员的身体健康不纯粹是个人的事情，而是家庭的事情，尤其分娩新生儿是整个家庭的关注重点，医患关系也由此集中于医方和患者整个家庭之间的关系。因此，在现实诊疗中，委托"家人"知情同意抉择的情况普遍存在，作为代理人的"家人"在诊疗活动进行时影响着被代理人"患者"自身的知情同意权的行使，而在法律层面，患者本人才是最本位的"同意"权的主体。

第二十六条　【医师开展科研和试验应当遵守伦理规范，进行伦理审查】医师开展药物、医疗器械临床试验和其他医学临床研究应当符合国家有关规定，遵守医学伦理规范，依法通过伦理审

---

① 余燕、黄胜开：《医疗自主权与患者家属决定权、医院特殊干预权的冲突与协调——以陕西榆林孕妇跳楼事件为视角》，载《西部法学评论》2018年第1期，第26-33页。

查,取得书面知情同意。

第二十七条 【医师不得拒绝抢救患者,紧急情况自愿救治患者免责】对需要紧急救治的患者,医师应当采取紧急措施进行诊治,不得拒绝急救处置。

因抢救生命垂危的患者等紧急情况,不能取得患者或者其近亲属意见的,经医疗机构负责人或者授权的负责人批准,可以立即实施相应的医疗措施。

国家鼓励医师积极参与公共交通工具等公共场所急救服务;医师因自愿实施急救造成受助人损害的,不承担民事责任。

注释 医师不得拒诊需要紧急救治的患者

该规则适用于医师执行医疗职务行为,主要是指医师在其工作岗位上,包括在医院、出诊或者外派执行医疗任务时,区别于本条第3款的情形。

紧急情况下患者知情同意的特殊规定

紧急医疗行为的前提条件有两个:一是紧急性;二是无法取得意见。从文义上来看,“紧急情况”不限于抢救生命垂危的患者的情况,还应当包括虽然生命没有严重危险,但患者不能行使自我决定权,若不采取紧急救治行为,患者的健康利益将严重受损的情况。比如,手术开始后,出现虽然术前已尽注意义务但仍未能预见到的情况,导致必须变更手术方案或扩大手术范围,否则患者将会有生命危险。

对于“不能取得患者近亲属意见”情形的认定,《最高人民法院关于审理医疗损害责任纠纷案件适用法律若干问题的解释》罗列了5种情形,并明确规定,在前款情形下,医务人员经医疗机构负责人或者授权的负责人批准立即实施相应医疗措施,患者因此请求医疗机构承担赔偿责任的,不予支持;医疗机构及其医务人员怠于实施相应医疗措施造成损害,患者请求医疗机构承担赔偿责任的,应予支持。

第二十八条 【医师应使用依法批准的药、械】医师应当使用经依法批准或者备案的药品、消毒药剂、医疗器械,采用合法、合规、科学的诊疗方法。

除按照规范用于诊断治疗外,不得使用麻醉药品、医疗用毒性药品、精神药品、放射性药品等。

第二十九条 【医师在拓展用药中应遵循的规则】医师应当坚持安全有效、经济合理的用药原则,遵循药品临床应用指导原则、临床诊疗指南和药品说明书等合理用药。

在尚无有效或者更好治疗手段等特殊情况下,医师取得患者明确知情同意后,可以采用药品说明书中未明确但具有循证医学证据的药品用法实施治疗。医疗机构应当建立管理制度,对医师处方、用药医嘱的适宜性进行审核,严格规范医师用药行为。

第三十条 【医师进行互联网诊疗的资格条件和范围】执业医师按照国家有关规定,经所在医疗卫生机构同意,可以通过互联网等信息技术提供部分常见病、慢性病复诊等适宜的医疗卫生服务。国家支持医疗卫生机构之间利用互联网等信息技术开展远程医疗合作。

第三十一条 【医师不得过度医疗、收受不当利益】医师不得利用职务之便,索要、非法收受财物或者牟取其他不正当利益;不得对患者实施不必要的检查、治疗。

注释 医疗机构从业人员严禁利用职务便利私自收取财物,包括但不限于私自将患者及相关人员的现金或非现金性利益占为已有;利用医疗机构设备及耗材私自诊治病人并收取费用;私自与药品零售商达成中介协议,收取中介费用;私自安排患者转诊到其他民营医院或私人诊所,从中收取转诊介绍费等行为。医疗机构从业人员的上述行为一经查实,需要按照相关法律法规对当事人进行行政处罚,构成医疗商业贿赂的,要根据《刑法》进行刑事处罚。

过度医疗是当前医学界的热点话题,包括药物过度供给、实施非必要检查等实体诊疗操作行为及过于宽泛的疾病诊断标准。但是,不能将使用价格高的药物或技术检查一律界定为过度医疗,即便费用昂贵,只要符合下列条件,就应当认定是合规的、适宜患者的诊疗行为:(1)既不过度也不缺位的个体化治疗行为①;(2)符合医学规范与医生自身技术水平的诊疗行为。医务人员在实践中应当恪守这两项基本要求。

第三十二条 【遇重大事件医师应服从调遣】遇有自然灾害、事故灾难、公共卫生事件和社会安全事件等严重威胁人民生命健康的突发事件时,

---

① 朱宁:《关于过度医疗案例界定的思考》,载《医学与哲学》2019年第11期,第5页。

县级以上人民政府卫生健康主管部门根据需要组织医师参与卫生应急处置和医疗救治，医师应当服从调遣。

第三十三条 【医师强制报告义务的情形】在执业活动中有下列情形之一的，医师应当按照有关规定及时向所在医疗卫生机构或者有关部门、机构报告：

（一）发现传染病、突发不明原因疾病或者异常健康事件；

（二）发生或者发现医疗事故；

（三）发现可能与药品、医疗器械有关的不良反应或者不良事件；

（四）发现假药或者劣药；

（五）发现患者涉嫌伤害事件或者非正常死亡；

（六）法律、法规规定的其他情形。

注释 强制报告是指负有报告义务的主体在工作中发现传染病、公共卫生事件、医疗事故、涉嫌伤害案件等情形时，按照有关规定向所在医疗卫生机构或者有关部门、机构报告，以尽早采取措施，防止危害进一步扩大。

保障公众的身体健康与生命安全，是医疗机构和医务人员的责任和义务。医院是传染病、突发公共卫生事件监测的重要"哨点"，医师是传染病和新发不明原因疾病的最早接触者，《医师法》赋予医师报告义务，有其现实基础和实践意义。

第三十四条 【执业助理医师的执业权限和范围】执业助理医师应当在执业医师的指导下，在医疗卫生机构中按照注册的执业类别、执业范围执业。

在乡、民族乡、镇和村医疗卫生机构以及艰苦边远地区县级医疗卫生机构中执业的执业助理医师，可以根据医疗卫生服务情况和本人实践经验，独立从事一般的执业活动。

第三十五条 【医学生及毕业生参与诊疗活动的限制条件】参加临床教学实践的医学生和尚未取得医师执业证书、在医疗卫生机构中参加医学专业工作实践的医学毕业生，应当在执业医师监督、指导下参与临床诊疗活动。医疗卫生机构应当为有关医学生、医学毕业生参与临床诊疗活动提供必要的条件。

第三十六条 【机构应当加强医德医风教育和监督管理】有关行业组织、医疗卫生机构、医学院校应当加强对医师的医德医风教育。

医疗卫生机构应当建立健全医师岗位责任、内部监督、投诉处理等制度，加强对医师的管理。

第四章 培训和考核

第三十七条 【国家建立适合社会需求医师培养制度，对医师实施毕业后教育和继续教育】国家制定医师培养规划，建立适应行业特点和社会需求的医师培养和供需平衡机制，统筹各类医学人才需求，加强全科、儿科、精神科、老年医学等紧缺专业人才培养。

国家采取措施，加强医教协同，完善医学院校教育、毕业后教育和继续教育体系。

国家通过多种途径，加强以全科医生为重点的基层医疗卫生人才培养和配备。

国家采取措施，完善中医西医相互学习的教育制度，培养高层次中西医结合人才和能够提供中西医结合服务的全科医生。

第三十八条 【强化住院医师和专科医师规范化培训，提升执业能力】国家建立健全住院医师规范化培训制度，健全临床带教激励机制，保障住院医师培训期间待遇，严格培训过程管理和结业考核。

国家建立健全专科医师规范化培训制度，不断提高临床医师专科诊疗水平。

第三十九条 【各级政府在医师继续教育中的责任】县级以上人民政府卫生健康主管部门和其他有关部门应当制定医师培训计划，采取多种形式对医师进行分级分类培训，为医师接受继续医学教育提供条件。

县级以上人民政府应当采取有力措施，优先保障基层、欠发达地区和民族地区的医疗卫生人员接受继续医学教育。

第四十条 【医疗卫生机构和行业组织在医师人才培养和继续教育中的责任】医疗卫生机构应当合理调配人力资源，按照规定和计划保证本机构医师接受继续医学教育。

县级以上人民政府卫生健康主管部门应当有计划地组织协调县级以上医疗卫生机构对乡镇卫生院、村卫生室、社区卫生服务中心等基层医疗卫生机构中的医疗卫生人员开展培训，提高其医学专业技术能力和水平。

有关行业组织应当为医师接受继续医学教育提供服务和创造条件，加强继续医学教育的组织、管理。

第四十一条 【加强基层人才定向培养力度，同时加强履约管理】国家在每年的医学专业招生计划和教育培训计划中，核定一定比例用于定向培养、委托培训，加强基层和艰苦边远地区医师队伍建设。

有关部门、医疗卫生机构与接受定向培养、委托培训的人员签订协议，约定相关待遇、服务年限、违约责任等事项，有关人员应当履行协议约定的义务。县级以上人民政府有关部门应当采取措施，加强履约管理。协议各方违反约定的，应当承担违约责任。

第四十二条 【医师定期考核的周期、内容、备案及考核不合格的处理】国家实行医师定期考核制度。

县级以上人民政府卫生健康主管部门或者其委托的医疗卫生机构、行业组织应当按照医师执业标准，对医师的业务水平、工作业绩和职业道德状况进行考核，考核周期为三年。对具有较长年限执业经历、无不良行为记录的医师，可以简化考核程序。

受委托的机构或者组织应当将医师考核结果报准予注册的卫生健康主管部门备案。

对考核不合格的医师，县级以上人民政府卫生健康主管部门应当责令其暂停执业活动三个月至六个月，并接受相关专业培训。暂停执业活动期满，再次进行考核，对考核合格的，允许其继续执业。

第四十三条 【省级以上人民政府负责定期考核工作】省级以上人民政府卫生健康主管部门负责指导、检查和监督医师考核工作。

第五章 保障措施

第四十四条 【医师待遇及特殊岗位、边远地区工作的津贴保障】国家建立健全体现医师职业特点和技术劳动价值的人事、薪酬、职称、奖励制度。

对从事传染病防治、放射医学和精神卫生工作以及其他特殊岗位工作的医师，应当按照国家有关规定给予适当的津贴。津贴标准应当定期调整。

在基层和艰苦边远地区工作的医师，按照国家有关规定享受津贴、补贴政策，并在职称评定、职业发展、教育培训和表彰奖励等方面享受优惠待遇。

第四十五条 【公共卫生医师人才队伍建设的相关措施】国家加强疾病预防控制人才队伍建设，建立适应现代化疾病预防控制体系的医师培养和使用机制。

疾病预防控制机构、二级以上医疗机构以及乡镇卫生院、社区卫生服务中心等基层医疗卫生机构应当配备一定数量的公共卫生医师，从事人群疾病及危害因素监测、风险评估研判、监测预警、流行病学调查、免疫规划管理、职业健康管理等公共卫生工作。医疗机构应当建立健全管理制度，严格执行院内感染防控措施。

国家建立公共卫生与临床医学相结合的人才培养机制，通过多种途径对临床医师进行疾病预防控制、突发公共卫生事件应对等方面业务培训，对公共卫生医师进行临床医学业务培训，完善医防结合和中西医协同防治的体制机制。

第四十六条 【基层队伍建设和向基层倾斜的相关措施】国家采取措施，统筹城乡资源，加强基层医疗卫生队伍和服务能力建设，对乡村医疗卫生人员建立县乡村上下贯通的职业发展机制，通过县管乡用、乡聘村用等方式，将乡村医疗卫生人员纳入县域医疗卫生人员管理。

执业医师晋升为副高级技术职称的，应当有累计一年以上在县级以下或者对口支援的医疗卫生机构提供医疗卫生服务的经历；晋升副高级技术职称后，在县级以下或者对口支援的医疗卫生机构提供医疗卫生服务，累计一年以上的，同等条件下优先晋升正高级技术职称。

国家采取措施，鼓励取得执业医师资格或者执业助理医师资格的人员依法开办村医疗卫生机构，或者在村医疗卫生机构提供医疗卫生服务。

第四十七条 【国家对乡村医生的培养和提高能力建设的相关措施】国家鼓励在村医疗卫生机构中向村民提供预防、保健和一般医疗服务的乡村医生通过医学教育取得医学专业学历；鼓励符合条件的乡村医生参加医师资格考试，依法取得医师资格。

国家采取措施，通过信息化、智能化手段帮助乡村医生提高医学技术能力和水平，进一步完善对乡村医生的服务收入多渠道补助机制和养老等政策。

乡村医生的具体管理办法，由国务院制定。

注释《医师法》第47条对乡村医生取得医学专业学历、医师资格进行了倡导性规定，进一步完善了乡村医生的身份、待遇及养老问题。与《执业医师法》相比,本条文的修改旨在加强乡村医生的队伍建设,解决乡村医生的身份、待遇及养老三大难题,深化落实医疗卫生体制的改革,推动乡村卫生服务一体化的实现。

《乡村医生从业管理条例》第7条规定,国家鼓励乡村医生通过医学教育取得医学专业学历;鼓励符合条件的乡村医生申请参加国家医师资格考试。本次《医师法》第47条延续了此条规定,并将其提升到了法律层面,可见国家对乡村医生培养的重视程度越来越高。

目前,乡村医生执业的主要法律依据是《乡村医生从业管理条例》。《乡村医生从业管理条例》明确规定:未经注册取得乡村医生执业证书的,不得执业,否则将面临法律处罚,而且必须在注册的执业地点内执业。乡村医生跨执业类别、执业范围进行执业的,属于行政违法行为,如果情节严重,还可能涉嫌非法行医罪。[①] 而受农村环境、"熟人社会"的文化氛围及乡村医生教育水平的影响,大部分乡村医生都可能跨执业类别、执业范围执业,由此产生的法律风险较大。因此,国家鼓励乡村医生取得医学专业学历,鼓励其取得医师资格,以减少可能带来的执业风险。

此外,乡村医生的主要收入来源包括基本公共卫生服务补助、基本药物补助和一般诊疗费。有关数据显示,上述收入来源均在逐年提高。

第四十八条 【医师在医疗工作中表现突出的奖励情形】医师有下列情形之一的,按照国家有关规定给予表彰、奖励:

(一)在执业活动中,医德高尚,事迹突出;

(二)在医学研究、教育中开拓创新,对医学专业技术有重大突破,做出显著贡献;

(三)遇有突发事件时,在预防预警、救死扶伤等工作中表现突出;

(四)长期在艰苦边远地区的县级以下医疗卫生机构努力工作;

(五)在疾病预防控制、健康促进工作中做出突出贡献;

(六)法律、法规规定的其他情形。

第四十九条 【政府、社会、医疗机构维护医疗秩序的责任】县级以上人民政府及其有关部门应当将医疗纠纷预防和处理工作纳入社会治安综合治理体系,加强医疗卫生机构及周边治安综合治理,维护医疗卫生机构良好的执业环境,有效防范和依法打击涉医违法犯罪行为,保护医患双方合法权益。

医疗卫生机构应当完善安全保卫措施,维护良好的医疗秩序,及时主动化解医疗纠纷,保障医师执业安全。

禁止任何组织或者个人阻碍医师依法执业,干扰医师正常工作、生活;禁止通过侮辱、诽谤、威胁、殴打等方式,侵犯医师的人格尊严、人身安全。

注释《医师法》第49条规定了政府、医疗机构、公民个人及社会不同层面对于保障医师执业安全、维护良好医疗秩序的职责和责任,明确地方政府及其有关部门预防和处理医疗纠纷的职责,强调依法维权、依法解决医疗纠纷的重要性,从法律制度层面为医师铸好了执业盾牌,从而进一步改善了医师的执业环境。保障医生应有的安全感和职业尊严,才能最终确保患者的医疗安全,促进医患关系和谐,实现国家卫生事业的长足发展。

《医师法》第60条对扰乱医疗场所秩序,侵害医师合法权益,侵犯医师人格尊严、人身安全的行为作出了惩罚性规定。较《执业医师法》第40条的规定更为具体。《医师法》属于行政法范畴,对于扰乱医疗秩序、侵害医务人员合法权益的行为,首先,通过行政管理程序进行处置、问责。行政处置及行政处罚由公安机关执行,公安机关接到医疗警情后,第一时间到达事件场所,可以及时有效制止不法行为,对侵害医务人员合法权益的相对人给予治安处罚,避免事态扩大。其次,公安机关到达事发现场,可以及时收集证据,或者协助医疗机构固定相关证据,为医疗纠纷后续处理奠定基础。再次,公安机关到达现场,还可以及时处理一些突发情况,消除纠纷隐患。比如,患者尸体移出病房,患者尸体移送太平间、殡仪馆等。最后,公安机关也可以与卫生行政部门一道,协助医患双方调处医疗纠纷。

第五十条 【医师特殊执业防护及工伤保险待遇】医疗卫生机构应当为医师提供职业安全和卫生防护用品,并采取有效的卫生防护和医疗保健措施。

① 温登平:《论非法行医罪的主体资格》,载《山东警察学院学报》2014年第5期。

医师受到事故伤害或者在职业活动中因接触有毒、有害因素而引起疾病、死亡的，依照有关法律、行政法规的规定享受工伤保险待遇。

第五十一条 【保护医师健康的措施】医疗卫生机构应当为医师合理安排工作时间，落实带薪休假制度，定期开展健康检查。

第五十二条 【分担医疗风险的保险机制】国家建立完善医疗风险分担机制。医疗机构应当参加医疗责任保险或者建立、参加医疗风险基金。鼓励患者参加医疗意外保险。

第五十三条 【新闻媒体做医疗报道的基本要求】新闻媒体应当开展医疗卫生法律、法规和医疗卫生知识的公益宣传，弘扬医师先进事迹，引导公众尊重医师、理性对待医疗卫生风险。

第六章 法律责任

第五十四条 【违法取得及处置医师资格证等违法行为的处理】在医师资格考试中有违反考试纪律等行为，情节严重的，一年至三年内禁止参加医师资格考试。

以不正当手段取得医师资格证书或者医师执业证书的，由发给证书的卫生健康主管部门予以撤销，三年内不受理其相应申请。

伪造、变造、买卖、出租、出借医师执业证书的，由县级以上人民政府卫生健康主管部门责令改正，没收违法所得，并处违法所得二倍以上五倍以下的罚款，违法所得不足一万元的，按一万元计算；情节严重的，吊销医师执业证书。

第五十五条 【医师因违反规定被行政处罚的相关情形】违反本法规定，医师在执业活动中有下列行为之一的，由县级以上人民政府卫生健康主管部门责令改正，给予警告；情节严重的，责令暂停六个月以上一年以下执业活动直至吊销医师执业证书：

（一）在提供医疗卫生服务或者开展医学临床研究中，未按照规定履行告知义务或者取得知情同意；

（二）对需要紧急救治的患者，拒绝急救处置，或者由于不负责任延误诊治；

（三）遇有自然灾害、事故灾难、公共卫生事件和社会安全事件等严重威胁人民生命健康的突发事件时，不服从卫生健康主管部门调遣；

（四）未按照规定报告有关情形；

（五）违反法律、法规、规章或者执业规范，造成医疗事故或者其他严重后果。

第五十六条 【医师违反规定并可能有牟利的行政处罚、罚款相关情形】违反本法规定，医师在执业活动中有下列行为之一的，由县级以上人民政府卫生健康主管部门责令改正，给予警告，没收违法所得，并处一万元以上三万元以下的罚款；情节严重的，责令暂停六个月以上一年以下执业活动直至吊销医师执业证书：

（一）泄露患者隐私或者个人信息；

（二）出具虚假医学证明文件，或者未经亲自诊查、调查，签署诊断、治疗、流行病学等证明文件或者有关出生、死亡等证明文件；

（三）隐匿、伪造、篡改或者擅自销毁病历等医学文书及有关资料；

（四）未按照规定使用麻醉药品、医疗用毒性药品、精神药品、放射性药品等；

（五）利用职务之便，索要、非法收受财物或者牟取其他不正当利益，或者违反诊疗规范，对患者实施不必要的检查、治疗造成不良后果；

（六）开展禁止类医疗技术临床应用。

第五十七条 【医师违反多点执业规定的相关处罚】违反本法规定，医师未按照注册的执业地点、执业类别、执业范围执业的，由县级以上人民政府卫生健康主管部门或者中医药主管部门责令改正，给予警告，没收违法所得，并处一万元以上三万元以下的罚款；情节严重的，责令暂停六个月以上一年以下执业活动直至吊销医师执业证书。

第五十八条 【医师违反执业道德、伦理的行政处罚及加重处罚的规定】严重违反医师职业道德、医学伦理规范，造成恶劣社会影响的，由省级以上人民政府卫生健康主管部门吊销医师执业证书或者责令停止非法执业活动，五年直至终身禁止从事医疗卫生服务或者医学临床研究。

第五十九条 【非医师行医的行政处罚】违反本法规定，非医师行医的，由县级以上人民政府卫生健康主管部门责令停止非法执业活动，没收违法所得和药品、医疗器械，并处违法所得二倍以上十倍以下的罚款，违法所得不足一万元的，按一万元计算。

第六十条 【妨碍医师执业、侵犯医师合法权益的治安处罚】违反本法规定，阻碍医师依法执业，干扰医师正常工作、生活，或者通过侮辱、诽谤、威胁、殴打等方式,侵犯医师人格尊严、人身安全,构成违反治安管理行为的,依法给予治安管理处罚。

第六十一条 【医疗机构违反报告义务的处分】违反本法规定,医疗卫生机构未履行报告职责,造成严重后果的,由县级以上人民政府卫生健康主管部门给予警告,对直接负责的主管人员和其他直接责任人员依法给予处分。

第六十二条 【政府及医疗机构行政人员违法的处分】违反本法规定,卫生健康主管部门和其他有关部门工作人员或者医疗卫生机构工作人员弄虚作假、滥用职权、玩忽职守、徇私舞弊的,依法给予处分。

第六十三条 【行政、民事、刑事法律责任的衔接】违反本法规定,构成犯罪的,依法追究刑事责任;造成人身、财产损害的,依法承担民事责任。

第七章 附 则

第六十四条 【中专学历医务人员报考医师资格的过渡期】国家采取措施,鼓励具有中等专业学校医学专业学历的人员通过参加更高层次学历教育等方式,提高医学技术能力和水平。

在本法施行前以及在本法施行后一定期限内取得中等专业学校相关医学专业学历的人员,可以参加医师资格考试。具体办法由国务院卫生健康主管部门会同国务院教育、中医药等有关部门制定。

第六十五条 【部队、武警依据本法制定相关规定】中国人民解放军和中国人民武装警察部队执行本法的具体办法,由国务院、中央军事委员会依据本法制定。

第六十六条 【授权国家卫健委制定境外人员在境内获得执业资格。开展执业、交流、教学的规定】境外人员参加医师资格考试、申请注册、执业或者从事临床示教、临床研究、临床学术交流等活动的具体管理办法,由国务院卫生健康主管部门制定。

第六十七条 【执行新法及旧法废止时间】本法自2022年3月1日起施行。《中华人民共和国执业医师法》同时废止。

护士条例

· 2008年1月31日中华人民共和国国务院令第517号公布

· 根据2020年3月27日《国务院关于修改和废止部分行政法规的决定》修订

第一章 总 则

第一条 为了维护护士的合法权益,规范护理行为,促进护理事业发展,保障医疗安全和人体健康,制定本条例。

第二条 本条例所称护士,是指经执业注册取得护士执业证书,依照本条例规定从事护理活动,履行保护生命、减轻痛苦、增进健康职责的卫生技术人员。

第三条 护士人格尊严、人身安全不受侵犯。护士依法履行职责,受法律保护。

全社会应当尊重护士。

第四条 国务院有关部门、县级以上地方人民政府及其有关部门以及乡(镇)人民政府应当采取措施,改善护士的工作条件,保障护士待遇,加强护士队伍建设,促进护理事业健康发展。

国务院有关部门和县级以上地方人民政府应当采取措施,鼓励护士到农村、基层医疗卫生机构工作。

第五条 国务院卫生主管部门负责全国的护士监督管理工作。

县级以上地方人民政府卫生主管部门负责本行政区域的护士监督管理工作。

第六条 国务院有关部门对在护理工作中做出杰出贡献的护士,应当授予全国卫生系统先进工作者荣誉称号或者颁发白求恩奖章,受到表彰、奖励的护士享受省部级劳动模范、先进工作者待遇;对长期从事护理工作的护士应当颁发荣誉证书。具体办法由国务院有关部门制定。

县级以上地方人民政府及其有关部门对本行政区域内做出突出贡献的护士,按照省、自治区、直辖市人民政府的有关规定给予表彰、奖励。

第二章 执业注册

第七条 护士执业,应当经执业注册取得护士执业证书。

申请护士执业注册，应当具备下列条件：

（一）具有完全民事行为能力；

（二）在中等职业学校、高等学校完成国务院教育主管部门和国务院卫生主管部门规定的普通全日制3年以上的护理、助产专业课程学习，包括在教学、综合医院完成8个月以上护理临床实习，并取得相应学历证书；

（三）通过国务院卫生主管部门组织的护士执业资格考试；

（四）符合国务院卫生主管部门规定的健康标准。

护士执业注册申请，应当自通过护士执业资格考试之日起3年内提出；逾期提出申请的，除应当具备前款第（一）项、第（二）项和第（四）项规定条件外，还应当在符合国务院卫生主管部门规定条件的医疗卫生机构接受3个月临床护理培训并考核合格。

护士执业资格考试办法由国务院卫生主管部门会同国务院人事部门制定。

第八条 申请护士执业注册的，应当向批准设立拟执业医疗机构或者为该医疗机构备案的卫生主管部门提出申请。收到申请的卫生主管部门应当自收到申请之日起20个工作日内做出决定，对具备本条例规定条件的，准予注册，并发给护士执业证书；对不具备本条例规定条件的，不予注册，并书面说明理由。

护士执业注册有效期为5年。

第九条 护士在其执业注册有效期内变更执业地点的，应当向批准设立拟执业医疗机构或者为该医疗机构备案的卫生主管部门报告。收到报告的卫生主管部门应当自收到报告之日起7个工作日内为其办理变更手续。护士跨省、自治区、直辖市变更执业地点的，收到报告的卫生主管部门还应当向其原注册部门通报。

第十条 护士执业注册有效期届满需要继续执业的，应当在护士执业注册有效期届满前30日向批准设立执业医疗机构或者为该医疗机构备案的卫生主管部门申请延续注册。收到申请的卫生主管部门对具备本条例规定条件的，准予延续，延续执业注册有效期为5年；对不具备本条例规定条件的，不予延续，并书面说明理由。

护士有行政许可法规定的应当予以注销执业注册情形的，原注册部门应当依照行政许可法的规定注销其执业注册。

第十一条 县级以上地方人民政府卫生主管部门应当建立本行政区域的护士执业良好记录和不良记录，并将该记录记入护士执业信息系统。

护士执业良好记录包括护士受到的表彰、奖励以及完成政府指令性任务的情况等内容。护士执业不良记录包括护士因违反本条例以及其他卫生管理法律、法规、规章或者诊疗技术规范的规定受到行政处罚、处分的情况等内容。

第三章 权利和义务

第十二条 护士执业，有按照国家有关规定获取工资报酬、享受福利待遇、参加社会保险的权利。任何单位或者个人不得克扣护士工资，降低或者取消护士福利等待遇。

第十三条 护士执业，有获得与其所从事的护理工作相适应的卫生防护、医疗保健服务的权利。从事直接接触有毒有害物质、有感染传染病危险工作的护士，有依照有关法律、行政法规的规定接受职业健康监护的权利；患职业病的，有依照有关法律、行政法规的规定获得赔偿的权利。

第十四条 护士有按照国家有关规定获得与本人业务能力和学术水平相应的专业技术职务、职称的权利；有参加专业培训、从事学术研究和交流、参加行业协会和专业学术团体的权利。

第十五条 护士有获得疾病诊疗、护理相关信息的权利和其他与履行护理职责相关的权利，可以对医疗卫生机构和卫生主管部门的工作提出意见和建议。

第十六条 护士执业，应当遵守法律、法规、规章和诊疗技术规范的规定。

第十七条 护士在执业活动中，发现患者病情危急，应当立即通知医师；在紧急情况下为抢救垂危患者生命，应当先行实施必要的紧急救护。

护士发现医嘱违反法律、法规、规章或者诊疗技术规范规定的，应当及时向开具医嘱的医师提出；必要时，应当向该医师所在科室的负责人或者医疗卫生机构负责医疗服务管理的人员报告。

第十八条 护士应当尊重、关心、爱护患者，保护患者的隐私。

第十九条 护士有义务参与公共卫生和疾病预防控制工作。发生自然灾害、公共卫生事件等严重威胁公众生命健康的突发事件，护士应当服从县级以上人民政府卫生主管部门或者所在医疗卫生机构的安排，参加医疗救护。

第四章 医疗卫生机构的职责

第二十条 医疗卫生机构配备护士的数量不得低于国务院卫生主管部门规定的护士配备标准。

第二十一条 医疗卫生机构不得允许下列人员在本机构从事诊疗技术规范规定的护理活动：

（一）未取得护士执业证书的人员；

（二）未依照本条例第九条的规定办理执业地点变更手续的护士；

（三）护士执业注册有效期届满未延续执业注册的护士。

在教学、综合医院进行护理临床实习的人员应当在护士指导下开展有关工作。

第二十二条 医疗卫生机构应当为护士提供卫生防护用品，并采取有效的卫生防护措施和医疗保健措施。

第二十三条 医疗卫生机构应当执行国家有关工资、福利待遇等规定，按照国家有关规定为在本机构从事护理工作的护士足额缴纳社会保险费用，保障护士的合法权益。

对在艰苦边远地区工作，或者从事直接接触有毒有害物质、有感染传染病危险工作的护士，所在医疗卫生机构应当按照国家有关规定给予津贴。

第二十四条 医疗卫生机构应当制定、实施本机构护士在职培训计划，并保证护士接受培训。

护士培训应当注重新知识、新技术的应用；根据临床专科护理发展和专科护理岗位的需要，开展对护士的专科护理培训。

第二十五条 医疗卫生机构应当按照国务院卫生主管部门的规定，设置专门机构或者配备专（兼）职人员负责护理管理工作。

第二十六条 医疗卫生机构应当建立护士岗位责任制并进行监督检查。

护士因不履行职责或者违反职业道德受到投诉的，其所在医疗卫生机构应当进行调查。经查证属实的，医疗卫生机构应当对护士做出处理，并将调查处理情况告知投诉人。

第五章 法律责任

第二十七条 卫生主管部门的工作人员未依照本条例规定履行职责，在护士监督管理工作中滥用职权、徇私舞弊，或者有其他失职、渎职行为的，依法给予处分；构成犯罪的，依法追究刑事责任。

第二十八条 医疗卫生机构有下列情形之一的，由县级以上地方人民政府卫生主管部门依据职责分工责令限期改正，给予警告；逾期不改正的，根据国务院卫生主管部门规定的护士配备标准和在医疗卫生机构合法执业的护士数量核减其诊疗科目，或者暂停其6个月以上1年以下执业活动；国家举办的医疗卫生机构有下列情形之一、情节严重的，还应当对负有责任的主管人员和其他直接责任人员依法给予处分：

（一）违反本条例规定，护士的配备数量低于国务院卫生主管部门规定的护士配备标准的；

（二）允许未取得护士执业证书的人员或者允许未依照本条例规定办理执业地点变更手续、延续执业注册有效期的护士在本机构从事诊疗技术规范规定的护理活动的。

第二十九条 医疗卫生机构有下列情形之一的，依照有关法律、行政法规的规定给予处罚；国家举办的医疗卫生机构有下列情形之一、情节严重的，还应当对负有责任的主管人员和其他直接责任人员依法给予处分：

（一）未执行国家有关工资、福利待遇等规定的；

（二）对在本机构从事护理工作的护士，未按照国家有关规定足额缴纳社会保险费用的；

（三）未为护士提供卫生防护用品，或者未采取有效的卫生防护措施、医疗保健措施的；

（四）对在艰苦边远地区工作，或者从事直接接触有毒有害物质、有感染传染病危险工作的护士，未按照国家有关规定给予津贴的。

第三十条 医疗卫生机构有下列情形之一的，由县级以上地方人民政府卫生主管部门依据职责分工责令限期改正，给予警告：

（一）未制定、实施本机构护士在职培训计划或者未保证护士接受培训的；

（二）未依照本条例规定履行护士管理职责的。

第三十一条 护士在执业活动中有下列情形之一的，由县级以上地方人民政府卫生主管部门依据职责分工责令改正，给予警告；情节严重的，暂停其6个月以上1年以下执业活动，直至由原发证部门吊销其护士执业证书：

（一）发现患者病情危急未立即通知医师的；

（二）发现医嘱违反法律、法规、规章或者诊疗技术规范的规定，未依照本条例第十七条的规定提出或者报告的；

（三）泄露患者隐私的；

（四）发生自然灾害、公共卫生事件等严重威胁公众生命健康的突发事件，不服从安排参加医疗救护的。

护士在执业活动中造成医疗事故的，依照医疗事故处理的有关规定承担法律责任。

第三十二条 护士被吊销执业证书的，自执业证书被吊销之日起2年内不得申请执业注册。

第三十三条 扰乱医疗秩序，阻碍护士依法开展执业活动，侮辱、威胁、殴打护士，或者有其他侵犯护士合法权益行为的，由公安机关依照治安管理处罚法的规定给予处罚；构成犯罪的，依法追究刑事责任。

第六章 附 则

第三十四条 本条例施行前按照国家有关规定已经取得护士执业证书或者护理专业技术职称、从事护理活动的人员，经执业地省、自治区、直辖市人民政府卫生主管部门审核合格，换领护士执业证书。

本条例施行前，尚未达到护士配备标准的医疗卫生机构，应当按照国务院卫生主管部门规定的实施步骤，自本条例施行之日起3年内达到护士配备标准。

第三十五条 本条例自2008年5月12日起施行。

乡村医生从业管理条例

· 2003年8月5日中华人民共和国国务院令第386号公布

· 自2004年1月1日起施行

第一章 总 则

第一条 为了提高乡村医生的职业道德和业务素质，加强乡村医生从业管理，保护乡村医生的合法权益，保障村民获得初级卫生保健服务，根据《中华人民共和国执业医师法》（以下称执业医师法）的规定，制定本条例。

第二条 本条例适用于尚未取得执业医师资格或者执业助理医师资格，经注册在村医疗卫生机构从事预防、保健和一般医疗服务的乡村医生。

村医疗卫生机构中的执业医师或者执业助理医师，依照执业医师法的规定管理，不适用本条例。

第三条 国务院卫生行政主管部门负责全国乡村医生的管理工作。

县级以上地方人民政府卫生行政主管部门负责本行政区域内乡村医生的管理工作。

第四条 国家对在农村预防、保健、医疗服务和突发事件应急处理工作中做出突出成绩的乡村医生，给予奖励。

第五条 地方各级人民政府应当加强乡村医生的培训工作，采取多种形式对乡村医生进行培训。

第六条 具有学历教育资格的医学教育机构，应当按照国家有关规定开展适应农村需要的医学学历教育，定向为农村培养适用的卫生人员。

国家鼓励乡村医生学习中医药基本知识，运用中医药技能防治疾病。

第七条 国家鼓励乡村医生通过医学教育取得医学专业学历；鼓励符合条件的乡村医生申请参加国家医师资格考试。

第八条 国家鼓励取得执业医师资格或者执业助理医师资格的人员，开办村医疗卫生机构，或者在村医疗卫生机构向村民提供预防、保健和医疗服务。

第二章 执业注册

第九条 国家实行乡村医生执业注册制度。

县级人民政府卫生行政主管部门负责乡村医生执业注册工作。

第十条 本条例公布前的乡村医生，取得县级以上地方人民政府卫生行政主管部门颁发的乡村医生证书，并符合下列条件之一的，可以向县级人民政府卫生行政主管部门申请乡村医生执业注册，取得乡村医生执业证书后，继续在村医疗卫生机构执业：

（一）已经取得中等以上医学专业学历的；

（二）在村医疗卫生机构连续工作20年以上的；

（三）按照省、自治区、直辖市人民政府卫生行政主管部门制定的培训规划，接受培训取得合格证书的。

第十一条 对具有县级以上地方人民政府卫生行政主管部门颁发的乡村医生证书，但不符合本条例第十条规定条件的乡村医生，县级人民政府卫生行政主管部门应当进行有关预防、保健和一般医疗服务基本知识的培训，并根据省、自治区、直辖市人民政府卫生行政主管部门确定的考试内容、考试范围进行考试。

前款所指的乡村医生经培训并考试合格的，可以申请乡村医生执业注册；经培训但考试不合格的，县级人民政府卫生行政主管部门应当组织对其再次培训和考试。不参加再次培训或者再次考试仍不合格的，不得申请乡村医生执业注册。

本条所指的培训、考试，应当在本条例施行后6个月内完成。

第十二条 本条例公布之日起进入村医疗卫生机构从事预防、保健和医疗服务的人员，应当具备执业医师资格或者执业助理医师资格。

不具备前款规定条件的地区，根据实际需要，可以允许具有中等医学专业学历的人员，或者经培训达到中等医学专业水平的其他人员申请执业注册，进入村医疗卫生机构执业。具体办法由省、自治区、直辖市人民政府制定。

第十三条 符合本条例规定申请在村医疗卫生机构执业的人员，应当持村医疗卫生机构出具的拟聘用证明和相关学历证明、证书，向村医疗卫生机构所在地的县级人民政府卫生行政主管部门申请执业注册。

县级人民政府卫生行政主管部门应当自受理申请之日起15日内完成审核工作，对符合本条例规定条件的，准予执业注册，发给乡村医生执业证书；对不符合本条例规定条件的，不予注册，并书面说明理由。

第十四条 乡村医生有下列情形之一的，不予注册：

（一）不具有完全民事行为能力的；

（二）受刑事处罚，自刑罚执行完毕之日起至申请执业注册之日止不满2年的；

（三）受吊销乡村医生执业证书行政处罚，自处罚决定之日起至申请执业注册之日止不满2年的。

第十五条 乡村医生经注册取得执业证书后，方可在聘用其执业的村医疗卫生机构从事预防、保健和一般医疗服务。

未经注册取得乡村医生执业证书的，不得执业。

第十六条 乡村医生执业证书有效期为5年。

乡村医生执业证书有效期满需要继续执业的，应当在有效期满前3个月申请再注册。

县级人民政府卫生行政主管部门应当自受理申请之日起15日内进行审核，对符合省、自治区、直辖市人民政府卫生行政主管部门规定条件的，准予再注册，换发乡村医生执业证书；对不符合条件的，不予再注册，由发证部门收回原乡村医生执业证书。

第十七条 乡村医生应当在聘用其执业的村医疗卫生机构执业；变更执业的村医疗卫生机构的，应当依照本条例第十三条规定的程序办理变更注册手续。

第十八条 乡村医生有下列情形之一的，由原注册的卫生行政主管部门注销执业注册，收回乡村医生执业证书：

（一）死亡或者被宣告失踪的；

（二）受刑事处罚的；

（三）中止执业活动满2年的；

（四）考核不合格，逾期未提出再次考核申请或者经再次考核仍不合格的。

第十九条 县级人民政府卫生行政主管部门应当将准予执业注册、再注册和注销注册的人员名单向其执业的村医疗卫生机构所在地的村民公告，并由设区的市级人民政府卫生行政主管部门汇总，报省、自治区、直辖市人民政府卫生行政主管部门备案。

第二十条 县级人民政府卫生行政主管部门办理乡村医生执业注册、再注册、注销注册，应当依据法定权限、条件和程序，遵循便民原则，提高办事效率。

第二十一条 村民和乡村医生发现违法办理乡村医生执业注册、再注册、注销注册的，可以向有关人民政府卫生行政主管部门反映；有关人民政府卫生行政主管部门对反映的情况应当及时核实，调查处理，并将调查处理结果予以公布。

第二十二条 上级人民政府卫生行政主管部门应当加强对下级人民政府卫生行政主管部门办

理乡村医生执业注册、再注册、注销注册的监督检查，及时纠正违法行为。

第三章 执业规则

第二十三条 乡村医生在执业活动中享有下列权利：

（一）进行一般医学处置，出具相应的医学证明；

（二）参与医学经验交流，参加专业学术团体；

（三）参加业务培训和教育；

（四）在执业活动中，人格尊严、人身安全不受侵犯；

（五）获取报酬；

（六）对当地的预防、保健、医疗工作和卫生行政主管部门的工作提出意见和建议。

第二十四条 乡村医生在执业活动中应当履行下列义务：

（一）遵守法律、法规、规章和诊疗护理技术规范、常规；

（二）树立敬业精神，遵守职业道德，履行乡村医生职责，为村民健康服务；

（三）关心、爱护、尊重患者，保护患者的隐私；

（四）努力钻研业务，更新知识，提高专业技术水平；

（五）向村民宣传卫生保健知识，对患者进行健康教育。

第二十五条 乡村医生应当协助有关部门做好初级卫生保健服务工作；按照规定及时报告传染病疫情和中毒事件，如实填写并上报有关卫生统计报表，妥善保管有关资料。

第二十六条 乡村医生在执业活动中，不得重复使用一次性医疗器械和卫生材料。对使用过的一次性医疗器械和卫生材料，应当按照规定处置。

第二十七条 乡村医生应当如实向患者或者其家属介绍病情，对超出一般医疗服务范围或者限于医疗条件和技术水平不能诊治的病人，应当及时转诊；情况紧急不能转诊的，应当先行抢救并及时向有抢救条件的医疗卫生机构求助。

第二十八条 乡村医生不得出具与执业范围无关或者与执业范围不相符的医学证明，不得进行实验性临床医疗活动。

第二十九条 省、自治区、直辖市人民政府卫生行政主管部门应当按照乡村医生一般医疗服务范围，制定乡村医生基本用药目录。乡村医生应当在乡村医生基本用药目录规定的范围内用药。

第三十条 县级人民政府对乡村医生开展国家规定的预防、保健等公共卫生服务，应当按照有关规定予以补助。

第四章 培训与考核

第三十一条 省、自治区、直辖市人民政府组织制定乡村医生培训规划，保证乡村医生至少每2年接受一次培训。县级人民政府根据培训规划制定本地区乡村医生培训计划。

对承担国家规定的预防、保健等公共卫生服务的乡村医生，其培训所需经费列入县级财政预算。对边远贫困地区，设区的市级以上地方人民政府应当给予适当经费支持。

国家鼓励社会组织和个人支持乡村医生培训工作。

第三十二条 县级人民政府卫生行政主管部门根据乡村医生培训计划，负责组织乡村医生的培训工作。

乡、镇人民政府以及村民委员会应当为乡村医生开展工作和学习提供条件，保证乡村医生接受培训和继续教育。

第三十三条 乡村医生应当按照培训规划的要求至少每2年接受一次培训，更新医学知识，提高业务水平。

第三十四条 县级人民政府卫生行政主管部门负责组织本地区乡村医生的考核工作；对乡村医生的考核，每2年组织一次。

对乡村医生的考核应当客观、公正，充分听取乡村医生执业的村医疗卫生机构、乡村医生本人、所在村村民委员会和村民的意见。

第三十五条 县级人民政府卫生行政主管部门负责检查乡村医生执业情况，收集村民对乡村医生业务水平、工作质量的评价和建议，接受村民对乡村医生的投诉，并进行汇总、分析。汇总、分析结果与乡村医生接受培训的情况作为对乡村医生进行考核的主要内容。

第三十六条 乡村医生经考核合格的，可以继续执业；经考核不合格的，在6个月之内可以申请进行再次考核。逾期未提出再次考核申请或者经再次考核仍不合格的乡村医生，原注册部门应当注销其执业注册，并收回乡村医生执业证书。

第三十七条 有关人民政府卫生行政主管部门对村民和乡村医生提出的意见、建议和投诉，应当及时调查处理，并将调查处理结果告知村民或者乡村医生。

第五章 法律责任

第三十八条 乡村医生在执业活动中，违反本条例规定，有下列行为之一的，由县级人民政府卫生行政主管部门责令限期改正，给予警告；逾期不改正的，责令暂停3个月以上6个月以下执业活动；情节严重的，由原发证部门暂扣乡村医生执业证书：

（一）执业活动超出规定的执业范围，或者未按照规定进行转诊的；

（二）违反规定使用乡村医生基本用药目录以外的处方药品的；

（三）违反规定出具医学证明，或者伪造卫生统计资料的；

（四）发现传染病疫情、中毒事件不按规定报告的。

第三十九条 乡村医生在执业活动中，违反规定进行实验性临床医疗活动，或者重复使用一次性医疗器械和卫生材料的，由县级人民政府卫生行政主管部门责令停止违法行为，给予警告，可以并处1000元以下的罚款；情节严重的，由原发证部门暂扣或者吊销乡村医生执业证书。

第四十条 乡村医生变更执业的村医疗卫生机构，未办理变更执业注册手续的，由县级人民政府卫生行政主管部门给予警告，责令限期办理变更注册手续。

第四十一条 以不正当手段取得乡村医生执业证书的，由发证部门收缴乡村医生执业证书；造成患者人身损害的，依法承担民事赔偿责任；构成犯罪的，依法追究刑事责任。

第四十二条 未经注册在村医疗卫生机构从事医疗活动的，由县级以上地方人民政府卫生行政主管部门予以取缔，没收其违法所得以及药品、医疗器械，违法所得5000元以上的，并处违法所得1倍以上3倍以下的罚款；没有违法所得或者违法所得不足5000元的，并处1000元以上3000元以下的罚款；造成患者人身损害的，依法承担民事赔偿责任；构成犯罪的，依法追究刑事责任。

第四十三条 县级人民政府卫生行政主管部门未按照乡村医生培训规划、计划组织乡村医生培训的，由本级人民政府或者上一级人民政府卫生行政主管部门责令改正；情节严重的，对直接负责的主管人员和其他直接责任人员依法给予行政处分。

第四十四条 县级人民政府卫生行政主管部门，对不符合本条例规定条件的人员发给乡村医生执业证书，或者对符合条件的人员不发给乡村医生执业证书的，由本级人民政府或者上一级人民政府卫生行政主管部门责令改正，收回或者补发乡村医生执业证书，并对直接负责的主管人员和其他直接责任人员依法给予行政处分。

第四十五条 县级人民政府卫生行政主管部门对乡村医生执业注册或者再注册申请，未在规定时间内完成审核工作的，或者未按照规定将准予执业注册、再注册和注销注册的人员名单向村民予以公告的，由本级人民政府或者上一级人民政府卫生行政主管部门责令限期改正；逾期不改正的，对直接负责的主管人员和其他直接责任人员依法给予行政处分。

第四十六条 卫生行政主管部门对村民和乡村医生反映的办理乡村医生执业注册、再注册、注销注册的违法活动未及时核实、调查处理或者未公布调查处理结果的，由本级人民政府或者上一级人民政府卫生行政主管部门责令限期改正；逾期不改正的，对直接负责的主管人员和其他直接责任人员依法给予行政处分。

第四十七条 寻衅滋事、阻碍乡村医生依法执业，侮辱、诽谤、威胁、殴打乡村医生，构成违反治安管理行为的，由公安机关依法予以处罚；构成犯罪的，依法追究刑事责任。

第六章 附 则

第四十八条 乡村医生执业证书格式由国务院卫生行政主管部门规定。

第四十九条 本条例自2004年1月1日起施行。

医师执业注册管理办法

·2017年2月28日国家卫生和计划生育委员会令第13号公布
·自2017年4月1日起施行

第一章 总 则

第一条 为了规范医师执业活动,加强医师队伍管理,根据《中华人民共和国执业医师法》,制定本办法。

第二条 医师执业应当经注册取得《医师执业证书》。

未经注册取得《医师执业证书》者,不得从事医疗、预防、保健活动。

第三条 国家卫生计生委负责全国医师执业注册监督管理工作。

县级以上地方卫生计生行政部门是医师执业注册的主管部门,负责本行政区域内的医师执业注册监督管理工作。

第四条 国家建立医师管理信息系统,实行医师电子注册管理。

第二章 注册条件和内容

第五条 凡取得医师资格的,均可申请医师执业注册。

第六条 有下列情形之一的,不予注册:

(一)不具有完全民事行为能力的;

(二)因受刑事处罚,自刑罚执行完毕之日起至申请注册之日止不满二年的;

(三)受吊销《医师执业证书》行政处罚,自处罚决定之日起至申请注册之日止不满二年的;

(四)甲类、乙类传染病传染期、精神疾病发病期以及身体残疾等健康状况不适宜或者不能胜任医疗、预防、保健业务工作的;

(五)重新申请注册,经考核不合格的;

(六)在医师资格考试中参与有组织作弊的;

(七)被查实曾使用伪造医师资格或者冒名使用他人医师资格进行注册的;

(八)国家卫生计生委规定不宜从事医疗、预防、保健业务的其他情形的。

第七条 医师执业注册内容包括:执业地点、执业类别、执业范围。

执业地点是指执业医师执业的医疗、预防、保健机构所在地的省级行政区划和执业助理医师执业的医疗、预防、保健机构所在地的县级行政区划。

执业类别是指临床、中医(包括中医、民族医和中西医结合)、口腔、公共卫生。

执业范围是指医师在医疗、预防、保健活动中从事的与其执业能力相适应的专业。

第八条 医师取得《医师执业证书》后,应当按照注册的执业地点、执业类别、执业范围,从事相应的医疗、预防、保健活动。

第三章 注册程序

第九条 拟在医疗、保健机构中执业的人员,应当向批准该机构执业的卫生计生行政部门申请注册;拟在预防机构中执业的人员,应当向该机构的同级卫生计生行政部门申请注册。

第十条 在同一执业地点多个机构执业的医师,应当确定一个机构作为其主要执业机构,并向批准该机构执业的卫生计生行政部门申请注册;对于拟执业的其他机构,应当向批准该机构执业的卫生计生行政部门分别申请备案,注明所在执业机构的名称。

医师只有一个执业机构的,视为其主要执业机构。

第十一条 医师的主要执业机构以及批准该机构执业的卫生计生行政部门应当在医师管理信息系统及时更新医师定期考核结果。

第十二条 申请医师执业注册,应当提交下列材料:

(一)医师执业注册申请审核表;

(二)近6个月2寸白底免冠正面半身照片;

(三)医疗、预防、保健机构的聘用证明;

(四)省级以上卫生计生行政部门规定的其他材料。

获得医师资格后二年内未注册者、中止医师执业活动二年以上或者本办法第六条规定不予注册的情形消失的医师申请注册时,还应当提交在省级以上卫生计生行政部门指定的机构接受连续6个月以上的培训,并经考核合格的证明。

第十三条 注册主管部门应当自收到注册申请之日起20个工作日内,对申请人提交的申请材料进行审核。审核合格的，予以注册并发放《医师执业证书》。

第十四条 对不符合注册条件不予注册的，注册主管部门应当自收到注册申请之日起20个工作日内书面通知聘用单位和申请人，并说明理由。申请人如有异议的，可以依法申请行政复议或者向人民法院提起行政诉讼。

第十五条 执业助理医师取得执业医师资格后，继续在医疗、预防、保健机构中执业的，应当按本办法规定，申请执业医师注册。

第十六条 《医师执业证书》应当由本人妥善保管，不得出借、出租、抵押、转让、涂改和毁损。如发生损坏或者遗失的，当事人应当及时向原发证部门申请补发。

第十七条 医师跨执业地点增加执业机构，应当向批准该机构执业的卫生计生行政部门申请增加注册。

执业助理医师只能注册一个执业地点。

第四章 注册变更

第十八条 医师注册后有下列情形之一的，医师个人或者其所在的医疗、预防、保健机构，应当自知道或者应当知道之日起30日内报告注册主管部门，办理注销注册：

（一）死亡或者被宣告失踪的；

（二）受刑事处罚的；

（三）受吊销《医师执业证书》行政处罚的；

（四）医师定期考核不合格，并经培训后再次考核仍不合格的；

（五）连续两个考核周期未参加医师定期考核的；

（六）中止医师执业活动满二年的；

（七）身体健康状况不适宜继续执业的；

（八）出借、出租、抵押、转让、涂改《医师执业证书》的；

（九）在医师资格考试中参与有组织作弊的；

（十）本人主动申请的；

（十一）国家卫生计生委规定不宜从事医疗、预防、保健业务的其他情形的。

第十九条 医师注册后有下列情况之一的，其所在的医疗、预防、保健机构应当自办理相关手续之日起30日内报注册主管部门，办理备案：

（一）调离、退休、退职；

（二）被辞退、开除；

（三）省级以上卫生计生行政部门规定的其他情形。

上述备案满2年且未继续执业的予以注销。

第二十条 医师变更执业地点、执业类别、执业范围等注册事项的，应当通过国家医师管理信息系统提交医师变更执业注册申请及省级以上卫生计生行政部门规定的其他材料。

医师因参加培训需要注册或者变更注册的，应当按照本办法规定办理相关手续。

医师变更主要执业机构的，应当按本办法第十二条的规定重新办理注册。

医师承担经主要执业机构批准的卫生支援、会诊、进修、学术交流、政府交办事项等任务和参加卫生计生行政部门批准的义诊，以及在签订帮扶或者托管协议医疗机构内执业等，不需办理执业地点变更和执业机构备案手续。

第二十一条 注册主管部门应当自收到变更注册申请之日起20个工作日内办理变更注册手续。对因不符合变更注册条件不予变更的，应当自收到变更注册申请之日起20个工作日内书面通知申请人，并说明理由。

第二十二条 国家实行医师注册内容公开制度和查询制度。

地方各级卫生计生行政部门应当按照规定提供医师注册信息查询服务，并对注销注册的人员名单予以公告。

第二十三条 医疗、预防、保健机构未按照本办法第十八条规定履行报告职责，导致严重后果的，由县级以上卫生计生行政部门依据《执业医师法》第四十一条规定进行处理。

医疗、预防、保健机构未按照本办法第十九条规定履行报告职责，导致严重后果的，由县级以上地方卫生计生行政部门对该机构给予警告，并对其主要负责人、相关责任人依法给予处分。

第五章 附 则

第二十四条 中医（包括中医、民族医、中西医结合）医师执业注册管理由中医（药）主管部门负责。

第二十五条 港澳台人员申请在内地（大陆）注册执业的，按照国家有关规定办理。

外籍人员申请在中国境内注册执业的，按照

国家有关规定办理。

第二十六条 本办法自2017年4月1日起施行。1999年7月16日原卫生部公布的《医师执业注册暂行办法》同时废止。

护士执业注册管理办法

·2008年5月6日卫生部令第59号公布

·根据2021年1月8日《国家卫生健康委关于修改和废止〈母婴保健专项技术服务许可及人员资格管理办法〉等3件部门规章的决定》修订

第一条 为了规范护士执业注册管理,根据《护士条例》,制定本办法。

第二条 护士经执业注册取得《护士执业证书》后,方可按照注册的执业地点从事护理工作。

未经执业注册取得《护士执业证书》者,不得从事诊疗技术规范规定的护理活动。

第三条 国家卫生健康委负责全国护士执业注册监督管理工作。

县级以上地方卫生健康主管部门是护士执业注册的主管部门,负责本行政区域的护士执业注册监督管理工作。

第四条 省、自治区、直辖市卫生健康主管部门结合本行政区域的实际情况,制定护士执业注册工作的具体实施办法,并报国家卫生健康委备案。

第五条 国家建立护士管理信息系统,实行护士电子化注册管理。

第六条 申请护士执业注册,应当具备下列条件:

(一)具有完全民事行为能力;

(二)在中等职业学校、高等学校完成教育部和国家卫生健康委规定的普通全日制3年以上的护理、助产专业课程学习,包括在教学、综合医院完成8个月以上护理临床实习,并取得相应学历证书;

(三)通过国家卫生健康委组织的护士执业资格考试;

(四)符合本办法第七条规定的健康标准。

第七条 申请护士执业注册,应当符合下列健康标准:

(一)无精神病史;

(二)无色盲、色弱、双耳听力障碍;

(三)无影响履行护理职责的疾病、残疾或者功能障碍。

第八条 申请护士执业注册,应当向批准设立拟执业医疗机构或者为该医疗机构备案的卫生健康主管部门提出申请。

第九条 申请护士执业注册,应当提交下列材料:

(一)护士执业注册申请审核表;

(二)申请人身份证明;

(三)申请人学历证书及专业学习中的临床实习证明;

(四)医疗卫生机构拟聘用的相关材料。

第十条 卫生健康主管部门应当自受理申请之日起20个工作日内,对申请人提交的材料进行审核、注册,发给国家卫生健康委统一印制的《护士执业证书》;对不符合规定条件的,不予注册,并书面说明理由。

《护士执业证书》上应当注明护士的姓名、性别、出生日期等个人信息及证书编号、注册日期和执业地点。

第十一条 护士执业注册申请,应当自通过护士执业资格考试之日起3年内提出;逾期提出申请的,除本办法第九条规定的材料外,还应当提交在省、自治区、直辖市卫生健康主管部门规定的教学、综合医院接受3个月临床护理培训并考核合格的证明。

第十二条 护士执业注册有效期为5年。护士执业注册有效期届满需要继续执业的,应当在有效期届满前30日,向批准设立执业医疗机构或者为该医疗机构备案的卫生健康主管部门申请延续注册。

第十三条 护士申请延续注册,应当提交护士执业注册申请审核表和申请人的《护士执业证书》。

第十四条 注册部门自受理延续注册申请之日起20个工作日内进行审核。审核合格的,予以延续注册;审核不合格的,不予延续注册,并书面说明理由。

第十五条 有下列情形之一的,不予延续注册:

(一)不符合本办法第七条规定的健康标准的;

（二）被处暂停执业活动处罚期限未满的。

第十六条 医疗卫生机构可以为本机构聘用的护士集体办理护士执业注册和延续注册。

第十七条 有下列情形之一的，拟在医疗卫生机构执业时，应当重新申请注册：

（一）注册有效期届满未延续注册的；

（二）受吊销《护士执业证书》处罚，自吊销之日起满2年的。

重新申请注册的，按照本办法第九条的规定提交材料；中断护理执业活动超过3年的，还应当提交在省、自治区、直辖市卫生健康主管部门规定的教学、综合医院接受3个月临床护理培训并考核合格的证明。

第十八条 护士在其执业注册有效期内变更执业地点等注册项目，应当办理变更注册。

护士承担经注册执业机构批准的卫生支援、进修、学术交流、政府交办事项等任务和参加卫生健康主管部门批准的义诊，在签订帮扶或者托管协议的医疗卫生机构内执业，以及从事执业机构派出的上门护理服务等，不需办理执业地点变更等手续。

第十九条 护士在其执业注册有效期内变更执业地点等注册项目的，应当向批准设立执业医疗机构或者为该医疗机构备案的卫生健康主管部门报告，并提交护士执业注册申请审核表和申请人的《护士执业证书》。

注册部门应当自受理之日起7个工作日内为其办理变更手续。

护士跨省、自治区、直辖市变更执业地点的，收到报告的注册部门还应当向其原执业地注册部门通报。

县级以上地方卫生健康主管部门应当通过护士管理信息系统，为护士变更注册提供便利。

第二十条 护士执业注册后有下列情形之一的，原注册部门办理注销执业注册：

（一）注册有效期届满未延续注册；

（二）受吊销《护士执业证书》处罚；

（三）护士死亡或者丧失民事行为能力。

第二十一条 卫生健康主管部门实施护士执业注册，有下列情形之一的，由其上级卫生健康主管部门或者监察机关责令改正，对直接负责的主管人员或者其他直接责任人员依法给予行政处分：

（一）对不符合护士执业注册条件者准予护士执业注册的；

（二）对符合护士执业注册条件者不予护士执业注册的。

第二十二条 护士执业注册申请人隐瞒有关情况或者提供虚假材料申请护士执业注册的，卫生健康主管部门不予受理或者不予护士执业注册，并给予警告；已经注册的，应当撤销注册。

第二十三条 在内地完成护理、助产专业学习的香港、澳门特别行政区及台湾地区人员，符合本办法第六条、第七条、第九条规定的，可以申请护士执业注册。

第二十四条 计划生育技术服务机构护士的执业注册管理适用本办法的规定。

第二十五条 本办法下列用语的含义：

教学医院，是指与中等职业学校、高等学校有承担护理临床实习任务的合同关系，并能够按照护理临床实习教学计划完成教学任务的医院。

综合医院，是指依照《医疗机构管理条例》、《医疗机构基本标准》的规定，符合综合医院基本标准的医院。

第二十六条 本办法自2008年5月12日起施行。

护士执业资格考试办法

· 2010年5月10日卫生部、人力资源和社会保障部令第74号公布
· 自2010年7月1日起施行

第一条 为规范全国护士执业资格考试工作，加强护理专业队伍建设，根据《护士条例》第七条规定，制定本办法。

第二条 卫生部负责组织实施护士执业资格考试。国家护士执业资格考试是评价申请护士执业资格者是否具备执业所必须的护理专业知识与工作能力的考试。

考试成绩合格者，可申请护士执业注册。

具有护理、助产专业中专和大专学历的人员，参加护士执业资格考试并成绩合格，可取得护理初级（士）专业技术资格证书；护理初级（师）专业技术资格按照有关规定通过参加全国卫生专业技

术资格考试取得。

具有护理、助产专业本科以上学历的人员，参加护士执业资格考试并成绩合格，可以取得护理初级（士）专业技术资格证书；在达到《卫生技术人员职务试行条例》规定的护师专业技术职务任职资格年限后，可直接聘任护师专业技术职务。

第三条 护士执业资格考试实行国家统一考试制度。统一考试大纲，统一命题，统一合格标准。

护士执业资格考试原则上每年举行一次，具体考试日期在举行考试3个月前向社会公布。

第四条 护士执业资格考试包括专业实务和实践能力两个科目。一次考试通过两个科目为考试成绩合格。

为加强对考生实践能力的考核，原则上采用"人机对话"考试方式进行。

第五条 护士执业资格考试遵循公平、公开、公正的原则。

第六条 卫生部和人力资源社会保障部成立全国护士执业资格考试委员会。主要职责是：

（一）对涉及护士执业资格考试的重大事项进行协调、决策；

（二）审定护士执业资格考试大纲、考试内容和方案；

（三）确定并公布护士执业资格考试成绩合格线；

（四）指导全国护士执业资格考试工作。

全国护士执业资格考试委员会下设办公室，办公室设在卫生部，负责具体工作。

第七条 护士执业资格考试考务管理实行承办考试机构、考区、考点三级责任制。

第八条 承办考试机构具体组织实施护士执业资格考试考务工作。主要职责是：

（一）组织制定护士执业资格考试考务管理规定，负责全国护士执业资格考试考务管理；

（二）组织专家拟定护士执业资格考试大纲和命题审卷的有关规定并承担具体工作；

（三）负责护士执业资格考试考生信息处理；

（四）组织评定考试成绩，提供考生成绩单和护士执业资格考试成绩合格证明；

（五）负责考试结果的统计分析和考试工作总结，并向护士执业资格考试委员会提交工作报告；

（六）负责建立护士执业资格考试命题专家库和考试题库；

（七）指导考区有关考试的业务工作。

第九条 各省、自治区、直辖市及新疆生产建设兵团设立考区。省、自治区、直辖市人民政府卫生行政部门及新疆生产建设兵团卫生局负责本辖区的考试工作。其主要职责是：

（一）负责本考区护士执业资格考试的考务管理；

（二）制定本考区护士执业资格考试考务管理具体措施；

（三）负责审定考生报名资格；

（四）负责指导考区内各考点的业务工作；

（五）负责处理、上报考试期间本考区发生的重大问题。

省、自治区、直辖市人民政府卫生行政部门及新疆生产建设兵团卫生局可根据实际情况，会同人力资源社会保障部门成立护士执业资格考试领导小组。

第十条 考区根据考生情况设置考点，报全国护士执业资格考试委员会备案。考点设在设区的市。考点的主要职责是：

（一）负责本考点护士执业资格考试的考务工作；

（二）执行本考点护士执业资格考试考务管理具体措施；

（三）受理考生报名，核实报名材料，初审考生报名资格；

（四）负责为不能自行上网打印准考证的考生打印准考证；

（五）处理、上报本考点考试期间发生的问题；

（六）发给考生成绩单和护士执业资格考试成绩合格证明。

第十一条 各级考试管理机构要有计划地培训考务工作人员和监考人员，提高考试管理水平。

第十二条 在中等职业学校、高等学校完成国务院教育主管部门和国务院卫生主管部门规定的普通全日制3年以上的护理、助产专业课程学习，包括在教学、综合医院完成8个月以上护理临床实习，并取得相应学历证书的，可以申请参加护士执业资格考试。

第十三条 申请参加护士执业资格考试的人员，应当在公告规定的期限内报名，并提交以下材料：

（一）护士执业资格考试报名申请表；

（二）本人身份证明；

（三）近6个月二寸免冠正面半身照片3张；

（四）本人毕业证书；

（五）报考所需的其他材料。

申请人为在校应届毕业生的，应当持有所在学校出具的应届毕业生毕业证明，到学校所在地的考点报名。学校可以为本校应届毕业生办理集体报名手续。

申请人为非应届毕业生的，可以选择到人事档案所在地报名。

第十四条 申请参加护士执业资格考试者，应当按国家价格主管部门确定的收费标准缴纳考试费。

第十五条 护士执业资格考试成绩于考试结束后45个工作日内公布。考生成绩单由报名考点发给考生。

第十六条 考试成绩合格者，取得考试成绩合格证明，作为申请护士执业注册的有效证明。

第十七条 考试考务管理工作要严格执行有关规章和纪律，切实做好试卷命制、印刷、发送和保管过程中的保密工作，严防泄密。

第十八条 护士执业资格考试实行回避制度。考试工作人员有下列情形之一的，应当回避：

（一）是考生近亲属的；

（二）与考生有其他利害关系，可能影响考试公正的。

第十九条 对违反考试纪律和有关规定的，按照《专业技术人员资格考试违纪违规行为处理规定》处理。

第二十条 军队有关部门负责军队人员参加全国护士执业资格考试的报名、成绩发布等工作。

第二十一条 香港特别行政区、澳门特别行政区和台湾地区居民符合本办法规定和《内地与香港关于建立更紧密经贸关系的安排》、《内地与澳门关于建立更紧密经贸关系的安排》或者内地有关主管部门规定的，可以申请参加护士执业资格考试。

第二十二条 本办法自2010年7月1日起施行。

执业药师注册管理办法

·2021年6月18日

·国药监人〔2021〕36号

第一章 总 则

第一条 为规范执业药师注册工作，加强执业药师管理，根据《中华人民共和国药品管理法》等相关法律法规和《执业药师职业资格制度规定》，制定本办法。

第二条 执业药师注册及其相关监督管理工作，适用本办法。

第三条 持有《中华人民共和国执业药师职业资格证书》（以下简称《执业药师职业资格证书》）的人员，经注册取得《中华人民共和国执业药师注册证》（以下简称《执业药师注册证》）后，方可以执业药师身份执业。

第四条 国家药品监督管理局负责执业药师注册的政策制定和组织实施，指导监督全国执业药师注册管理工作。国家药品监督管理局执业药师资格认证中心承担全国执业药师注册管理工作。

各省、自治区、直辖市药品监督管理部门负责本行政区域内的执业药师注册及其相关监督管理工作。

第五条 法律、行政法规、规章和相关质量管理规范规定需由具备执业药师资格的人员担任的岗位，应当按规定配备执业药师。

鼓励药品上市许可持有人、药品生产企业、药品网络销售第三方平台等使用取得执业药师资格的人员。

第六条 国家药品监督管理局建立完善全国执业药师注册管理信息系统，国家药品监督管理局执业药师资格认证中心承担全国执业药师注册管理信息系统的建设、管理和维护工作，收集报告相关信息。

国家药品监督管理局加快推进执业药师电子注册管理，实现执业药师注册、信用信息资源共享和动态更新。

第二章 注册条件和内容

第七条 执业药师注册申请人（以下简称申

请人),必须具备下列条件:

(一)取得《执业药师职业资格证书》;

(二)遵纪守法,遵守执业药师职业道德;

(三)身体健康,能坚持在执业药师岗位工作;

(四)经执业单位同意;

(五)按规定参加继续教育学习。

第八条 有下列情形之一的,药品监督管理部门不予注册:

(一)不具有完全民事行为能力的;

(二)甲类、乙类传染病传染期、精神疾病发病期等健康状况不适宜或者不能胜任相应业务工作的;

(三)受到刑事处罚,自刑罚执行完毕之日到申请注册之日不满三年的;

(四)未按规定完成继续教育学习的;

(五)近三年有新增不良信息记录的;

(六)国家规定不宜从事执业药师业务的其他情形。

第九条 执业药师注册内容包括:执业地区、执业类别、执业范围、执业单位。

执业地区为省、自治区、直辖市;

执业类别为药学类、中药学类、药学与中药学类;

执业范围为药品生产、药品经营、药品使用;

执业单位为药品生产、经营、使用及其他需要提供药学服务的单位。

药品监督管理部门根据申请人《执业药师职业资格证书》中注明的专业确定执业类别进行注册。获得药学和中药学两类专业《执业药师职业资格证书》的人员,可申请药学与中药学类执业类别注册。执业药师只能在一个执业单位按照注册的执业类别、执业范围执业。

第三章 注册程序

第十条 申请人通过全国执业药师注册管理信息系统向执业所在地省、自治区、直辖市药品监督管理部门申请注册。

第十一条 申请人申请首次注册需要提交以下材料:

(一)执业药师首次注册申请表(附件1);

(二)执业药师职业资格证书;

(三)身份证明;

(四)执业单位开业证明;

(五)继续教育学分证明。

申请人委托他人办理注册申请的,代理人应当提交授权委托书以及代理人的身份证明文件。

申请人应当按要求在线提交注册申请或者现场递交纸质材料。药品监督管理部门应当公示明确上述材料形式要求。凡是通过法定证照、书面告知承诺、政府部门内部核查或者部门间核查、网络核验等能够办理的,药品监督管理部门不得要求申请人额外提供证明材料。

第十二条 申请人申请注册,应当如实向药品监督管理部门提交有关材料和反映真实情况,并对其申请材料的真实性负责。

第十三条 药品监督管理部门对申请人提交的材料进行形式审查,申请材料不齐全或者不符合规定形式的,应当当场或者在五个工作日内一次性告知申请人需要补正的全部内容;逾期不告知的,自收到注册申请材料之日起即为受理。

第十四条 申请材料齐全、符合规定形式,或者申请人按要求提交全部补正申请材料的,药品监督管理部门应当受理注册申请。

药品监督管理部门受理或者不予受理注册申请,应当向申请人出具加盖药品监督管理部门专用印章和注明日期的凭证。

第十五条 药品监督管理部门应当自受理注册申请之日起二十个工作日内作出注册许可决定。

第十六条 药品监督管理部门依法作出不予注册许可决定的,应当说明理由,并告知申请人享有依法申请行政复议或者提起行政诉讼的权利。

第十七条 药品监督管理部门作出的准予注册许可决定,应当在全国执业药师注册管理信息系统等予以公开。

药品监督管理部门及其工作人员对申请人提交的申请材料负有保密义务。

第十八条 药品监督管理部门作出注册许可决定之日起十个工作日内向申请人核发国家药品监督管理局统一样式(附件2)并加盖药品监督管理部门印章的《执业药师注册证》。

执业药师注册有效期为五年。

第十九条 地方药品监督管理部门应当按照"放管服"改革要求,优化工作流程,提高效率和服务水平,逐步缩短注册工作时限,并向社会公告。

第四章 注册变更和延续

第二十条 申请人要求变更执业地区、执业类别、执业范围、执业单位的，应当向拟申请执业所在地的省、自治区、直辖市药品监督管理部门申请办理变更注册手续。

药品监督管理部门应当自受理变更注册申请之日起七个工作日内作出准予变更注册的决定。

第二十一条 需要延续注册的，申请人应当在注册有效期满之日三十日前，向执业所在地省、自治区、直辖市药品监督管理部门提出延续注册申请。

药品监督管理部门准予延续注册的，注册有效期从期满之日次日起重新计算五年。药品监督管理部门准予变更注册的，注册有效期不变；但在有效期满之日前三十日内申请变更注册，符合要求的，注册有效期自旧证期满之日次日起重新计算五年。

第二十二条 需要变更注册或者延续注册的，申请人提交相应执业药师注册申请表(附件3或者附件4)，并提供第十一条第四项和第五项所列材料。

第二十三条 申请人取得《执业药师职业资格证书》，非当年申请注册的，应当提供《执业药师职业资格证书》批准之日起第二年后的历年继续教育学分证明。申请人取得《执业药师职业资格证书》超过五年以上申请注册的，应至少提供近五年的连续继续教育学分证明。

第二十四条 有下列情形之一的，《执业药师注册证》由药品监督管理部门注销，并予以公告：

(一)注册有效期满未延续的；

(二)执业药师注册证被依法撤销或者吊销的；

(三)法律法规规定的应当注销注册的其他情形。

有下列情形之一的，执业药师本人或者其执业单位，应当自知晓或者应当知晓之日起三十个工作日内向药品监督管理部门申请办理注销注册，并填写执业药师注销注册申请表(附件5)。药品监督管理部门经核实后依法注销注册。

(一)本人主动申请注销注册的；

(二)执业药师身体健康状况不适宜继续执业的；

(三)执业药师无正当理由不在执业单位执业，超过一个月的；

(四)执业药师死亡或者被宣告失踪的；

(五)执业药师丧失完全民事行为能力的；

(六)执业药师受刑事处罚的。

第五章 岗位职责和权利义务

第二十五条 执业药师依法负责药品管理、处方审核和调配、合理用药指导等工作。

执业药师在执业范围内应当对执业单位的药品质量和药学服务活动进行监督，保证药品管理过程持续符合法定要求，对执业单位违反有关法律、法规、部门规章和专业技术规范的行为或者决定，提出劝告、制止或者拒绝执行，并向药品监督管理部门报告。

第二十六条 执业药师享有下列权利：

(一)以执业药师的名义从事相关业务，保障公众用药安全和合法权益，保护和促进公众健康；

(二)在执业范围内，开展药品质量管理，制定和实施药品质量管理制度，提供药学服务；

(三)参加执业培训，接受继续教育；

(四)在执业活动中，人格尊严、人身安全不受侵犯；

(五)对执业单位的工作提出意见和建议；

(六)按照有关规定获得表彰和奖励；

(七)法律、法规规定的其他权利。

第二十七条 执业药师应当履行下列义务：

(一)严格遵守《中华人民共和国药品管理法》及国家有关药品生产、经营、使用等各项法律、法规、部门规章及政策；

(二)遵守执业标准和业务规范，恪守职业道德；

(三)廉洁自律，维护执业药师职业荣誉和尊严；

(四)维护国家、公众的利益和执业单位的合法权益；

(五)按要求参加突发重大公共事件的药事管理与药学服务；

(六)法律、法规规定的其他义务。

第六章 监督管理

第二十八条 药品监督管理部门按照有关法律、法规和规章的规定，对执业药师注册、执业药师继续教育实施监督检查。

执业单位、执业药师和实施继续教育的机构应当对药品监督管理部门的监督检查予以协助、配合,不得拒绝、阻挠。

第二十九条 执业药师每年应参加不少于90学时的继续教育培训,每3个学时为1学分,每年累计不少于30学分。其中,专业科目学时一般不少于总学时的三分之二。鼓励执业药师参加实训培养。

承担继续教育管理职责的机构应当将执业药师的继续教育学分记入全国执业药师注册管理信息系统。

第三十条 执业药师应当妥善保管《执业药师注册证》,不得买卖、租借和涂改。如发生损坏,当事人应当及时持损坏证书向原发证部门申请换发。如发生遗失,当事人向原发证部门申请补发。

第三十一条 伪造《执业药师注册证》的,药品监督管理部门发现后应当当场予以收缴并追究责任;构成犯罪的,移送相关部门依法追究刑事责任。

第三十二条 执业药师以欺骗、贿赂等不正当手段取得《执业药师注册证》的,由发证部门撤销《执业药师注册证》,三年内不予注册;构成犯罪的,移送相关部门依法追究刑事责任。

第三十三条 执业药师应当按照注册的执业地区、执业类别、执业范围、执业单位,从事相应的执业活动,不得擅自变更。执业药师未按本办法规定进行执业活动的,药品监督管理部门应当责令限期改正。

第三十四条 严禁《执业药师注册证》挂靠,持证人注册单位与实际工作单位不符的,由发证部门撤销《执业药师注册证》,三年内不予注册;构成犯罪的,移送相关部门依法追究刑事责任。买卖、租借《执业药师注册证》的单位,按照相关法律法规给予处罚。

第三十五条 执业药师在执业期间违反《中华人民共和国药品管理法》及其他法律法规构成犯罪的,由司法机关依法追究责任。

第三十六条 有下列情形之一的,应当作为个人不良信息由药品监督管理部门及时记入全国执业药师注册管理信息系统:

(一)以欺骗、贿赂等不正当手段取得《执业药师注册证》的;

(二)持证人注册单位与实际工作单位不一致或者无工作单位的,符合《执业药师注册证》挂靠情形的;

(三)执业药师注册证被依法撤销或者吊销的;

(四)执业药师受刑事处罚的;

(五)其他违反执业药师资格管理相关规定的。

第三十七条 省、自治区、直辖市药品监督管理部门有下列情形之一的,国家药品监督管理局有权责令其进行调查并依法依规给予处理:

(一)对不符合规定条件的申请人准予注册的;

(二)对符合规定条件的申请人不予注册或者不在法定期限内作出准予注册决定的;

(三)履行执业药师注册、继续教育监督管理职责不力,造成不良影响的。

第三十八条 药品监督管理部门工作人员在执业药师注册及其相关监督管理工作中,弄虚作假、玩忽职守、滥用职权、徇私舞弊的,依法依规给予处理。

第七章 附 则

第三十九条 已取得内地《执业药师职业资格证书》的香港、澳门、台湾地区居民,申请注册执业依照本办法执行。

第四十条 按照国家有关规定,取得在特定地区有效的《执业药师职业资格证书》的申请人,应依照本办法在特定地区注册执业。

第四十一条 本办法自印发之日起施行。原国家药品监督管理局《执业药师注册管理暂行办法》(国药管人〔2000〕156号)和原国家食品药品监督管理局《关于〈执业药师注册管理暂行办法〉的补充意见》(国食药监人〔2004〕342号)、《关于〈执业药师注册管理暂行办法〉的补充意见》(食药监人函〔2008〕1号)、《关于取得内地〈执业药师资格证书〉的香港、澳门永久性居民执业注册事项的通知》(国食药监人〔2009〕439号)同时废止。

附件:1. 执业药师首次注册申请表(略)
2. 执业药师注册证书(样式)(略)
3. 执业药师变更注册申请表(略)
4. 执业药师延续注册申请表(略)
5. 执业药师注销注册申请表(略)

医疗机构从业人员行为规范

·2012年6月26日
·卫办发〔2012〕45号

第一章 总 则

第一条 为规范医疗机构从业人员行为，根据医疗卫生有关法律法规、规章制度，结合医疗机构实际，制定本规范。

第二条 本规范适用于各级各类医疗机构内所有从业人员，包括：

（一）管理人员。指在医疗机构及其内设各部门、科室从事计划、组织、协调、控制、决策等管理工作的人员。

（二）医师。指依法取得执业医师、执业助理医师资格，经注册在医疗机构从事医疗、预防、保健等工作的人员。

（三）护士。指经执业注册取得护士执业证书，依法在医疗机构从事护理工作的人员。

（四）药学技术人员。指依法经过资格认定，在医疗机构从事药学工作的药师及技术人员。

（五）医技人员。指医疗机构内除医师、护士、药学技术人员之外从事其他技术服务的卫生专业技术人员。

（六）其他人员。指除以上五类人员外，在医疗机构从业的其他人员，主要包括物资、总务、设备、科研、教学、信息、统计、财务、基本建设、后勤等部门工作人员。

第三条 医疗机构从业人员，既要遵守本文件所列基本行为规范，又要遵守与职业相对应的分类行为规范。

第二章 医疗机构从业人员基本行为规范

第四条 以人为本，践行宗旨。坚持救死扶伤、防病治病的宗旨，发扬大医精诚理念和人道主义精神，以病人为中心，全心全意为人民健康服务。

第五条 遵纪守法，依法执业。自觉遵守国家法律法规，遵守医疗卫生行业规章和纪律，严格执行所在医疗机构各项制度规定。

第六条 尊重患者，关爱生命。遵守医学伦理道德，尊重患者的知情同意权和隐私权，为患者保守医疗秘密和健康隐私，维护患者合法权益；尊重患者被救治的权利，不因种族、宗教、地域、贫富、地位、残疾、疾病等歧视患者。

第七条 优质服务，医患和谐。言语文明，举止端庄，认真践行医疗服务承诺，加强与患者的交流与沟通，积极带头控烟，自觉维护行业形象。

第八条 廉洁自律，恪守医德。弘扬高尚医德，严格自律，不索取和非法收受患者财物，不利用执业之便谋取不正当利益；不收受医疗器械、药品、试剂等生产、经营企业或人员以各种名义、形式给予的回扣、提成，不参加其安排、组织或支付费用的营业性娱乐活动；不骗取、套取基本医疗保障资金或为他人骗取、套取提供便利；不违规参与医疗广告宣传和药品医疗器械促销，不倒卖号源。

第九条 严谨求实，精益求精。热爱学习，钻研业务，努力提高专业素养，诚实守信，抵制学术不端行为。

第十条 爱岗敬业，团结协作。忠诚职业，尽职尽责，正确处理同行同事间关系，互相尊重，互相配合，和谐共事。

第十一条 乐于奉献，热心公益。积极参加上级安排的指令性医疗任务和社会公益性的扶贫、义诊、助残、支农、援外等活动，主动开展公众健康教育。

第三章 管理人员行为规范

第十二条 牢固树立科学的发展观和正确的业绩观，加强制度建设和文化建设，与时俱进，创新进取，努力提升医疗质量、保障医疗安全、提高服务水平。

第十三条 认真履行管理职责，努力提高管理能力，依法承担管理责任，不断改进工作作风，切实服务临床一线。

第十四条 坚持依法、科学、民主决策，正确行使权力，遵守决策程序，充分发挥职工代表大会作用，推进院务公开，自觉接受监督，尊重员工民主权利。

第十五条 遵循公平、公正、公开原则，严格人事招录、评审、聘任制度，不在人事工作中谋取不正当利益。

第十六条 严格落实医疗机构各项内控制度，加强财物管理，合理调配资源，遵守国家采购政策，不违反规定干预和插手药品、医疗器械采购和基本建设等工作。

第十七条 加强医疗、护理质量管理，建立健全医疗风险管理机制。

第十八条 尊重人才，鼓励公平竞争和学术创新，建立完善科学的人员考核、激励、惩戒制度，不从事或包庇学术造假等违规违纪行为。

第十九条 恪尽职守，勤勉高效，严格自律，发挥表率作用。

第四章 医师行为规范

第二十条 遵循医学科学规律，不断更新医学理念和知识，保证医疗技术应用的科学性、合理性。

第二十一条 规范行医，严格遵循临床诊疗和技术规范，使用适宜诊疗技术和药物，因病施治，合理医疗，不隐瞒、误导或夸大病情，不过度医疗。

第二十二条 学习掌握人文医学知识，提高人文素质，对患者实行人文关怀，真诚、耐心与患者沟通。

第二十三条 认真执行医疗文书书写与管理制度，规范书写、妥善保存病历材料，不隐匿、伪造或违规涂改、销毁医学文书及有关资料，不违规签署医学证明文件。

第二十四条 依法履行医疗质量安全事件、传染病疫情、药品不良反应、食源性疾病和涉嫌伤害事件或非正常死亡等法定报告职责。

第二十五条 认真履行医师职责，积极救治，尽职尽责为患者服务，增强责任安全意识，努力防范和控制医疗责任差错事件。

第二十六条 严格遵守医疗技术临床应用管理规范和单位内部规定的医师执业等级权限，不违规临床应用新的医疗技术。

第二十七条 严格遵守药物和医疗技术临床试验有关规定，进行实验性临床医疗，应充分保障患者本人或其家属的知情同意权。

第五章 护士行为规范

第二十八条 不断更新知识，提高专业技术能力和综合素质，尊重关心爱护患者，保护患者的隐私，注重沟通，体现人文关怀，维护患者的健康权益。

第二十九条 严格落实各项规章制度，正确执行临床护理实践和护理技术规范，全面履行医学照顾、病情观察、协助诊疗、心理支持、健康教育和康复指导等护理职责，为患者提供安全优质的护理服务。

第三十条 工作严谨、慎独，对执业行为负责。发现患者病情危急，应立即通知医师；在紧急情况下为抢救垂危患者生命，应及时实施必要的紧急救护。

第三十一条 严格执行医嘱，发现医嘱违反法律、法规、规章或者临床诊疗技术规范，应及时与医师沟通或按规定报告。

第三十二条 按照要求及时准确、完整规范书写病历，认真管理，不伪造、隐匿或违规涂改、销毁病历。

第六章 药学技术人员行为规范

第三十三条 严格执行药品管理法律法规，科学指导合理用药，保障用药安全、有效。

第三十四条 认真履行处方调剂职责，坚持查对制度，按照操作规程调剂处方药品，不对处方所列药品擅自更改或代用。

第三十五条 严格履行处方合法性和用药适宜性审核职责。对用药不适宜的处方，及时告知处方医师确认或者重新开具；对严重不合理用药或者用药错误的，拒绝调剂。

第三十六条 协同医师做好药物使用遴选和患者用药适应症、使用禁忌、不良反应、注意事项和使用方法的解释说明，详尽解答用药疑问。

第三十七条 严格执行药品采购、验收、保管、供应等各项制度规定，不私自销售、使用非正常途径采购的药品，不违规为商业目的统方。

第三十八条 加强药品不良反应监测，自觉执行药品不良反应报告制度。

第七章 医技人员行为规范

第三十九条 认真履行职责，积极配合临床诊疗，实施人文关怀，尊重患者，保护患者隐私。

第四十条 爱护仪器设备，遵守各类操作规范，发现患者的检查项目不符合医学常规的，应及时与医师沟通。

第四十一条 正确运用医学术语，及时、准确出具检查、检验报告，提高准确率，不谎报数据，不伪造报告。发现检查检验结果达到危急值时，应及时提示医师注意。

第四十二条 指导和帮助患者配合检查，耐心帮助患者查询结果，对接触传染性物质或放射性物质的相关人员，进行告知并给予必要的防护。

第四十三条 合理采集、使用、保护、处置标本，不违规买卖标本，谋取不正当利益。

第八章 其他人员行为规范

第四十四条 热爱本职工作，认真履行岗位职责，增强为临床服务的意识，保障医疗机构正常运营。

第四十五条 刻苦学习，钻研技术，熟练掌握本职业务技能，认真执行各项具体工作制度和技术操作常规。

第四十六条 严格执行财务、物资、采购等管理制度，认真做好设备和物资的计划、采购、保管、报废等工作，廉洁奉公，不谋私利。

第四十七条 严格执行临床教学、科研有关管理规定，保证患者医疗安全和合法权益，指导实习及进修人员严格遵守服务范围，不越权越级行医。

第四十八条 严格执行医疗废物处理规定，不随意丢弃、倾倒、堆放、使用、买卖医疗废物。

第四十九条 严格执行信息安全和医疗数据保密制度，加强医院信息系统药品、高值耗材统计功能管理，不随意泄露、买卖医学信息。

第五十条 勤俭节约，爱护公物，落实安全生产管理措施，保持医疗机构环境卫生，为患者提供安全整洁、舒适便捷、秩序良好的就医环境。

第九章 实施与监督

第五十一条 医疗机构行政领导班子负责本规范的贯彻实施。主要责任人要以身作则，模范遵守本规范，同时抓好本单位的贯彻实施。

第五十二条 医疗机构相关职能部门协助行政领导班子抓好本规范的落实，纪检监察纠风部门负责对实施情况进行监督检查。

第五十三条 各级卫生行政部门要加强对辖区内各级各类医疗机构及其从业人员贯彻执行本规范的监督检查。

第五十四条 医疗卫生有关行业组织应结合自身职责，配合卫生行政部门做好本规范的贯彻实施，加强行业自律性管理。

第五十五条 医疗机构及其从业人员实施和执行本规范的情况，应列入医疗机构校验管理和医务人员年度考核、医德考评和医师定期考核的重要内容，作为医疗机构等级评审、医务人员职称晋升、评先评优的重要依据。

第五十六条 医疗机构从业人员违反本规范的，由所在单位视情节轻重，给予批评教育、通报批评、取消当年评优评职资格或低聘、缓聘、解职待聘、解聘。其中需要追究党纪、政纪责任的，由有关纪检监察部门按照党纪政纪案件的调查处理程序办理；需要给予行政处罚的，由有关卫生行政部门依法给予相应处罚；涉嫌犯罪的，移送司法机关依法处理。

第十章 附 则

第五十七条 本规范适用于经注册在村级医疗卫生机构从业的乡村医生。

第五十八条 医疗机构内的实习人员、进修人员、签订劳动合同但尚未进行执业注册的人员和外包服务人员等，根据其在医疗机构内从事的工作性质和职业类别，参照相应人员分类执行本规范。

第五十九条 本规范由卫生部、国家中医药管理局、国家食品药品监督管理局负责解释。

第六十条 本规范自公布之日起施行。

医疗机构从业人员违纪违规问题调查处理暂行办法

·2011 年 12 月 30 日

·驻卫纪发〔2011〕22 号

第一章 总 则

第一条 为加强对医疗机构从业人员的监督管理，严肃行业纪律，促进医疗机构从业人员违纪违规问题调查处理工作规范化、程序化，根据有关党纪政纪规定和医疗卫生行业规章制度，结合医疗机构实际，制定本办法。

第二条 卫生行政部门对医疗机构从业人员或医疗机构对本机构内从业人员违纪违规问题的调查处理，适用本办法。法律、行政法规或党内规章制度对医疗机构从业人员违纪违规问题调查处理另有规定的，从其规定。

第三条 本办法所称医疗机构从业人员违纪违规问题(以下简称违纪违规问题)，是指各级各类医疗机构从业人员违反党纪、政纪和医疗卫生行业规章、纪律以及本单位内部有关制度、规定的问题。

第四条 违纪违规问题的调查处理必须坚持实事求是的原则，做到事实清楚、证据确凿、定性准确、处理恰当、程序合法、手续完备。

第五条 违纪违规问题的调查处理必须坚持纪律面前人人平等的原则，实行教育与惩处相结合。

第二章 管 辖

第六条 违纪违规问题调查处理实行分级办理、各负其责的工作制度。

第七条 公立医疗机构领导班子成员和其他由上级主管部门任命的人员的违纪违规问题，按照干部管理权限，由其任免机关依照有关规定调查处理。

第八条 公立医疗机构的医、药、护、技人员和第七条规定以外的其他一般行政、后勤、管理人员的违纪违规问题，由医疗机构按照本办法规定的程序调查处理。

第九条 上级卫生行政部门要加强对下级卫生行政部门和辖区内医疗机构违纪违规问题调查处理工作的指导，属下级卫生行政部门或辖区内医疗机构管辖的重大、典型违纪违规问题，必要时上级卫生行政部门可以直接组织调查。

第三章 受 理

第十条 卫生行政部门和医疗机构应确定专门机构或人员，具体负责本单位的违纪违规问题举报受理工作。

第十一条 卫生行政部门和医疗机构应向社会公布举报电话、通讯地址、电子信箱和举报接待的时间、地点，公布有关规章制度，医疗机构应在门诊大厅等人员比较集中的地方设立举报箱，为群众提供举报的必要条件。

第十二条 卫生行政部门和医疗机构对收到的违纪违规问题举报件，必须逐件拆阅，由专门机构或人员统一登记编号。登记的主要内容应包括：被反映人基本情况(姓名、单位、政治面貌、职务)、被反映的主要问题和反映人基本情况(匿名、署名还是联名)。

对通过电话或当面反映问题的，接听、接待人员应当如实记录，并按前款规定登记编号。

第十三条 卫生行政部门和医疗机构应健全完善举报工作制度和工作机制，保证举报件接收安全、完整、保密，不得丢失或损毁。

第十四条 卫生行政部门和医疗机构在日常检查工作中发现的违纪违规问题线索，应依照管辖权限转交相应的部门或单位按规定办理。

第十五条 对接收的违纪违规问题线索和材料，应区别不同情况作如下处理：

(一)属于本单位管辖的，由本单位相应职能部门办理；

(二)属于上级单位管辖的，应以函件形式将举报件原件报送上级有管辖权的单位处理，复印件留存；

(三)属于下级单位管辖的，应将有关举报线索和材料转交下级有管辖权的单位办理，必要时可要求其在规定时间内报告办理结果；

(四)对不属于卫生行政部门和医疗机构管辖范围内的举报，应将其材料移送有关单位处理，或告知来信来访者向有关单位反映；

(五)对重要的违纪违规问题线索和材料应当及时向本单位负责人报告。

第十六条 卫生行政部门和医疗机构对属于本单位负责办理的违纪违规问题线索和材料，应当集中管理、件件登记，定期研究、集体排查，逐件进行初步审核。初步审核后，经单位负责人批准分别作出以下处理：

(一)认为违纪违规事实不存在的，或者违纪违规问题线索过于笼统，不具可查性，举报人又不能补充提供新线索的，予以了结或暂存，有关线索和材料存档备查；

(二)认为被反映人虽有错误，但违纪违规情节轻微，不需要作进一步调查的，应对其进行批评教育，或责成其作出检讨、予以改正；

(三)认为有违纪违规事实，需要作进一步调查的，按照本办法有关规定组织调查。

第四章 调 查

第十七条 卫生行政部门和医疗机构受理的违纪违规问题需要调查核实的，应及时组织调查，不得延误。

第十八条 对需调查的违纪违规问题，负责调查的单位应根据情况组织调查组。调查组一般应由本单位纪检监察机构牵头组织。问题复杂的，可由纪检监察机构牵头、相关职能部门参加，组成联合调查组，也可根据需调查问题的性质和单位内设部门职责分工，由有关职能部门牵头组成联合调查组。

必要时，可协调有关方面专家参加调查组，参与涉及具体专业问题的调查工作。

第十九条 调查组要熟悉被调查问题，了解有关政策、规定，研究制订调查方案，并与被调查人所在单位或部门及时沟通协调。

被调查人所在单位或部门应积极配合调查组调查工作。

第二十条 调查组应当严格依法依规、客观全面地收集、调取各种能够证实被调查人有违纪违规问题或者无违纪违规问题，以及违纪违规问题情节轻重的证据。

证据必须经查证属实，才能作为定案的根据。

第二十一条 调查取证人员不得少于二人。调查取证时，应当表明身份。

第二十二条 调查组可依照规定程序，采取以下措施调查取证，有关卫生行政部门、医疗机构及其内设部门和人员必须如实提供证据，不得拒绝和阻挠：

（一）查阅、复制与调查内容有关的文件、病历、账册、单据、处方、会议记录等书面材料；

（二）要求有关卫生行政部门、医疗机构及其内设部门、科室提供与调查内容有关的文件、资料等书面材料以及其他必要的情况说明；

（三）与有关人员谈话，要求其对调查涉及的问题作出说明；

（四）对调查涉及的专业性问题，提请有关专门机构或人员作出鉴定结论；

（五）依法依规收集其他能够证明所调查问题真实情况的一切证据。

第二十三条 调查过程中，应加强与公安、检察、工商、纪检监察等执纪执法机关的协调配合，形成工作合力。确需提请公安、司法机关和其他执纪执法部门予以协助时，应按有关规定办理。

第二十四条 调查组应将认定的违纪违规事实写成违纪违规事实材料与被调查人见面。对被调查人的合理意见应予采纳，必要时还应作补充调查；对不合理意见，应写出有事实根据的说明。

被调查人应当在违纪违规事实材料上签署意见并签字，也可另附书面意见。拒绝签署意见或签字的，由调查人员在违纪违规事实材料上注明。

第二十五条 调查结束后，调查组应当写出调查报告。调查报告的基本内容包括：被调查人的基本情况，调查依据，违纪违规问题事实、性质；被调查人和有关人员的责任；被调查人的态度和对违纪违规事实材料的意见；处理依据和处理意见或建议。对调查否定的问题应交代清楚。对难以认定的重要问题用写实的方法予以反映。调查报告必须由调查组全体成员签名。

受委托调查的违纪违规问题，调查报告应经受委托单位领导班子会议集体研究后以受委托单位名义上报上级委托单位。

第二十六条 调查过程中，发现违纪违规问题严重的，调查组应及时建议有关部门采取必要的组织手段或补救措施，防止问题扩大。

第二十七条 违纪违规问题调查终结后，需要追究有关人员党纪、政纪责任或作出组织处理的，应按照有关规定移送审理。

纪检监察机构应在参加违纪违规问题调查的人员之外另行组织或抽调人员组成审理小组，按照《党的纪律检查机关案件审理工作条例》和《监察机关审理政纪案件的暂行办法》等有关规定进行审理。

第二十八条 违纪违规问题调查的时限为三个月，必要时可延长一个月。问题重大或复杂的，在延长期内仍不能查结的，可经单位领导班子集体研究决定后延长调查时间。

第五章 处 理

第二十九条 违纪违规问题调查审理工作结束后，经调查单位领导班子集体研究，区别不同情况，按以下原则处理：

（一）有违纪违规事实，需要给予党纪政纪处分的，按照有关规定，作出或者按照管理权限建议有关单位作出党纪处分或行政处分决定。

（二）有违纪违规事实，但不需要给予党纪政纪处分的，应建议有关单位依照本规定第三十一条作出恰当处理。

（三）认为需要由其他机关给予处理的，应移送有关机关处理；

（四）对违纪违规事实不存在的，应向被反映人所在单位说明情况，必要时可采取适当形式向被反映人说明情况或在一定范围内予以澄清。

第三十条 对有违纪违规问题的从业人员，需要给予党纪处分的，应按照《中国共产党纪律处分条例》，分别给予警告、严重警告、撤销党内职务、留党察看、开除党籍的纪律处分。

对有违纪违规问题的从业人员，需要给予政纪处分的，应按照《行政机关公务员处分条例》等有关规定，分别给予警告、记过、记大过、降级、撤职、开除的行政处分。

第三十一条 对有违纪违规问题的从业人员，不需要给予党纪、政纪处分的，或已作出党纪、政纪处分，还需同时作出组织处理的，应依照有关规定给予以下处理：

（一）批评教育、通报批评、取消评优评职资格或参加有关学术委员会资格；

（二）扣发绩效工资、停薪；

（三）停职、缓聘、解职待聘、解除聘用合同；

（四）调离工作岗位、调整职务、责令辞职、免职；

（五）警告、暂停执业活动、吊销执业证书。

以上处理办法可单独使用，也可合并使用。

第三十二条 医疗机构从业人员受到党纪处分、行政处分或被司法机关追究刑事责任的，或者免予处分、免予追究刑事责任的，所在医疗机构应当依照有关规定给予本办法第三十一条所列相应处理。

第三十三条 对医疗机构从业人员违纪违规问题需要给予本办法第三十一条第（一）至（四）项所列处理种类的，按照管理权限，由有关组织人事部门或有关单位依照规定办理相关手续；需要给予本办法第三十一条第（五）项所列处理种类的，由有关卫生行政部门依法办理。

第三十四条 有关部门或单位应及时执行处理结果，并将执行情况及时书面反馈违纪违规问题调查部门或单位。

第三十五条 卫生行政部门和医疗机构应注重发挥办案的治本功能，利用典型案件开展警示教育，针对发案原因健全完善规章制度，必要时可根据存在的问题开展专项治理。

第三十六条 医疗机构从业人员对处分或处理不服的，可以在收到处分、处理通知书后，依照有关规定申请复核或提出申诉。

复核、申诉期间不停止对处分或处理的执行。

第六章 纪 律

第三十七条 调查人员应严格遵守以下纪律：

（一）不准对被调查人或有关人员采用违反法律法规或党纪政纪的手段；

（二）不准将举报人、证人告知被举报人和无关人员，不准将举报材料、证明材料交给被举报人及其亲友；

（三）不准泄露拟采取的调查措施等与调查有关的一切情况，不准扩散证据材料；

（四）不准伪造、篡改、隐匿、销毁证据，故意夸大或缩小问题；

（五）不准接受与被调查问题有关人员的财物和其他利益；

（六）调查中，调查组成员如有不同意见，可以保留，但不得对外透露。

第三十八条 调查人员有下列情形之一的，应当自行回避，被调查人、举报人及其他有关人员也有权要求回避：

（一）是被调查人的近亲属；

（二）是要调查问题的举报人、主要证人；

（三）本人或近亲属与要调查问题有利害关系的；

（四）与要调查问题有其他关系，可能影响公正调查的。

调查人员的回避，由负责调查的单位有关负责人决定。

对调查人员的回避作出决定前，调查人员不停止参加调查组的工作。

第三十九条 被调查人或其他有关人员有下列行为之一的，可根据情节轻重，给予批评教育、通报、建议停职检查或相应的处理，造成损害或者犯罪的，移送司法机关处理。

（一）阻挠、抗拒调查人员依法行使职权的；

（二）拒绝提供有关文件、资料和证明材料的；

（三）隐瞒事实真相，隐匿、销毁证据，出具伪证、假证的；

（四）包庇违纪违规行为的；

（五）打击报复举报人或调查人员的。

第七章 附 则

第四十条 本办法由中央纪委驻卫生部纪检组、监察部驻卫生部监察局负责解释。

第四十一条 其他医疗卫生单位从业人员违纪违规问题的调查处理,参照本办法执行。

第四十二条 本办法自公布之日起施行。

医师外出会诊管理暂行规定

·2005年4月30日卫生部令第42号公布
·自2005年7月1日起施行

第一条 为规范医疗机构之间医师会诊行为,促进医学交流与发展,提高医疗水平,保证医疗质量和医疗安全,方便群众就医,保护患者、医师、医疗机构的合法权益,根据《执业医师法》、《医疗机构管理条例》的规定,制定本规定。

第二条 本规定所称医师外出会诊是指医师经所在医疗机构批准,为其他医疗机构特定的患者开展执业范围内的诊疗活动。

医师未经所在医疗机构批准,不得擅自外出会诊。

第三条 各级卫生行政部门应当加强对医师外出会诊的监督管理。

第四条 医疗机构在诊疗过程中,根据患者的病情需要或者患者要求等原因,需要邀请其他医疗机构的医师会诊时,经治科室应当向患者说明会诊、费用等情况,征得患者同意后,报本单位医务管理部门批准;当患者不具备完全民事行为能力时,应征得其近亲属或者监护人同意。

第五条 邀请会诊的医疗机构(以下称邀请医疗机构)拟邀请其他医疗机构(以下称会诊医疗机构)的医师会诊,需向会诊医疗机构发出书面会诊邀请函。内容应当包括拟会诊患者病历摘要、拟邀请医师或者邀请医师的专业及技术职务任职资格、会诊的目的、理由、时间和费用等情况,并加盖邀请医疗机构公章。

用电话或者电子邮件等方式提出会诊邀请的,应当及时补办书面手续。

第六条 有下列情形之一的,医疗机构不得提出会诊邀请:

(一)会诊邀请超出本单位诊疗科目或者本单位不具备相应资质的;

(二)本单位的技术力量、设备、设施不能为会诊提供必要的医疗安全保障的;

(三)会诊邀请超出被邀请医师执业范围的;

(四)省级卫生行政部门规定的其他情形。

第七条 会诊医疗机构接到会诊邀请后,在不影响本单位正常业务工作和医疗安全的前提下,医务管理部门应当及时安排医师外出会诊。会诊影响本单位正常业务工作但存在特殊需要的情况下,应当经会诊医疗机构负责人批准。

第八条 有下列情形之一的,医疗机构不得派出医师外出会诊:

(一)会诊邀请超出本单位诊疗科目或者本单位不具备相应资质的;

(二)会诊邀请超出被邀请医师执业范围的;

(三)邀请医疗机构不具备相应医疗救治条件的;

(四)省级卫生行政部门规定的其他情形。

第九条 会诊医疗机构不能派出会诊医师时,应当及时告知邀请医疗机构。

第十条 医师接受会诊任务后,应当详细了解患者的病情,亲自诊查患者,完成相应的会诊工作,并按照规定书写医疗文书。

第十一条 医师在会诊过程中应当严格执行有关的卫生管理法律、法规、规章和诊疗规范、常规。

第十二条 医师在会诊过程中发现难以胜任会诊工作,应当及时、如实告知邀请医疗机构,并终止会诊。

医师在会诊过程中发现邀请医疗机构的技术力量、设备、设施条件不适宜收治该患者,或者难以保障会诊质量和安全的,应当建议将该患者转往其他具备收治条件的医疗机构诊治。

第十三条 会诊结束后,邀请医疗机构应当将会诊情况通报会诊医疗机构。医师应当在返回本单位2个工作日内将外出会诊的有关情况报告所在科室负责人和医务管理部门。

第十四条 医师在外出会诊过程中发生的医疗事故争议,由邀请医疗机构按照《医疗事故处理条例》的规定进行处理。必要时,会诊医疗机构应当协助处理。

第十五条 会诊中涉及的会诊费用按照邀请

医疗机构所在地的规定执行。差旅费按照实际发生额结算,不得重复收费。属医疗机构根据诊疗需要邀请的,差旅费由医疗机构承担;属患者主动要求邀请的,差旅费由患者承担,收费方应向患者提供正式收费票据。会诊中涉及的治疗、手术等收费标准可在当地规定的基础上酌情加收,加收幅度由省级价格主管部门会同同级卫生行政部门确定。

邀请医疗机构支付会诊费用应当统一支付给会诊医疗机构,不得支付给会诊医师本人。会诊医疗机构由于会诊产生的收入,应纳入单位财务部门统一核算。

第十六条 会诊医疗机构应当按照有关规定给付会诊医师合理报酬。医师在国家法定节假日完成会诊任务的,会诊医疗机构应当按照国家有关规定提高会诊医师的报酬标准。

第十七条 医师在外出会诊时不得违反规定接受邀请医疗机构报酬,不得收受或者索要患者及其家属的钱物,不得牟取其他不正当利益。

第十八条 医疗机构应当加强对本单位医师外出会诊的管理,建立医师外出会诊管理档案,并将医师外出会诊情况与其年度考核相结合。

第十九条 医疗机构违反本规定第六条、第八条、第十五条的,由县级以上卫生行政部门责令改正,给予警告;诊疗活动超出登记范围的,按照《医疗机构管理条例》第四十七条处理。

第二十条 医师违反第二条、第七条规定擅自外出会诊或者在会诊中违反第十七条规定的,由所在医疗机构记入医师考核档案;经教育仍不改正的,依法给予行政处分或者纪律处分。

医师外出会诊违反《执业医师法》有关规定的,按照《执业医师法》第三十七条处理。

第二十一条 医疗机构疏于对本单位医师外出会诊管理的,县级以上卫生行政部门应当对医疗机构及其主要负责人和负有责任的主管人员进行通报批评。

第二十二条 医师受卫生行政部门调遣到其他医疗机构开展诊疗活动的,不适用本规定。

第二十三条 本规定自2005年7月1日起施行。

医师定期考核管理办法

· 2007年2月9日

· 卫医发〔2007〕66号

第一章 总 则

第一条 为了加强医师执业管理,提高医师素质,保证医疗质量和医疗安全,根据《中华人民共和国执业医师法》及相关规定,制定本办法。

第二条 本办法所称医师定期考核是指受县级以上地方人民政府卫生行政部门委托的机构或组织按照医师执业标准对医师的业务水平、工作成绩和职业道德进行的考核。

第三条 依法取得医师资格,经注册在医疗、预防、保健机构中执业的医师,其定期考核适用本办法。

第四条 定期考核应当坚持客观、科学、公平、公正、公开原则。

第五条 医师定期考核分为执业医师考核和执业助理医师考核。考核类别分为临床、中医(包括中医、民族医、中西医结合)、口腔和公共卫生。

医师定期考核每两年为一个周期。

第六条 卫生部主管全国医师定期考核管理工作。

县级以上地方人民政府卫生行政部门主管其负责注册的医师定期考核管理工作。

第二章 考核机构

第七条 县级以上地方人民政府卫生行政部门可以委托符合下列条件之一的医疗、预防、保健机构或者医疗卫生行业、学术组织(以下统称考核机构)承担医师定期考核工作:

(一)设有100张以上床位的医疗机构;

(二)医师人数在50人以上的预防、保健机构;

(三)具有健全组织机构的医疗卫生行业、学术组织。

县级以上地方人民政府卫生行政部门应当公布受委托的考核机构名单,并逐级上报至卫生部备案。

第八条 考核机构负责医师定期考核的组

织、实施和考核结果评定，并向委托其承担考核任务的卫生行政部门报告考核工作情况及医师考核结果。

第九条 考核机构应当成立专门的考核委员会，负责拟定医师考核工作制度，对医师定期考核工作进行检查、指导，保证考核工作规范进行。考核委员会应当由具有中级以上专业技术职务的医学专业技术人员和有关医疗卫生管理人员组成。

第十条 卫生行政部门应当对委托的考核机构的医师定期考核工作进行监督，并可以对考核机构的考核结果进行抽查核实。

第三章 考核方式及管理

第十一条 医师定期考核包括业务水平测评、工作成绩和职业道德评定。

业务水平测评由考核机构负责；工作成绩、职业道德评定由医师所在医疗、预防、保健机构负责，考核机构复核。

第十二条 考核机构应当于定期考核日前60日通知需要接受定期考核的医师。

考核机构可以委托医疗、预防、保健机构通知本机构的医师。

第十三条 各级各类医疗、预防、保健机构应当按要求对执业注册地点在本机构的医师进行工作成绩、职业道德评定，在《医师定期考核表》上签署评定意见，并于业务水平测评日前30日将评定意见报考核机构。

医疗、预防、保健机构对本机构医师进行工作成绩、职业道德评定应当与医师年度考核情况相衔接。

医疗、预防、保健机构应当按规定建立健全医德考评制度，作为对本机构医师进行职业道德评定的依据。

第十四条 考核机构应当先对报送的评定意见进行复核，然后根据本办法的规定对参加定期考核的医师进行业务水平测评，并在《医师定期考核表》上签署意见。业务水平测评可以采用以下一种或几种形式：

（一）个人述职；

（二）有关法律、法规、专业知识的考核或考试以及技术操作的考核或考试；

（三）对其本人书写的医学文书的检查；

（四）患者评价和同行评议；

（五）省级卫生行政部门规定的其他形式。

第十五条 考核机构综合医疗、预防、保健机构的评定意见及业务水平测评结果对医师做出考核结论，在《医师定期考核表》上签署意见，并于定期考核工作结束后30日内将医师考核结果报委托其考核的卫生行政部门备案，同时书面通知被考核医师及其所在机构。

第十六条 医师认为考核机构的考核人员与其有利害关系，可能影响考核客观公正的，可以在考核前向考核机构申请回避。理由正当的，考核机构应当予以同意。

考核机构的考核人员与接受考核的医师有利害关系的，应当主动回避。

第十七条 卫生行政部门应当向考核机构提供参加考核医师考核周期内的行政处罚情况。

第十八条 在考核周期内，拟变更执业地点的或者有执业医师法第三十七条所列情形之一但未被吊销执业证书的医师，应当提前进行考核。

需提前进行考核的医师，由其执业注册所在机构向考核机构报告。

第四章 执业记录与考核程序

第十九条 国家实行医师行为记录制度。医师行为记录分为良好行为记录和不良行为记录。

良好行为记录应当包括医师在执业过程中受到的奖励、表彰、完成政府指令性任务、取得的技术成果等；不良行为记录应当包括因违反医疗卫生管理法规和诊疗规范常规受到的行政处罚、处分，以及发生的医疗事故等。

医师行为记录作为医师考核的依据之一。

第二十条 医师定期考核程序分为一般程序与简易程序。一般程序为按照本办法第三章规定进行的考核。简易程序为本人书写述职报告，执业注册所在机构签署意见，报考核机构审核。

第二十一条 符合下列条件的医师定期考核执行简易程序：

（一）具有5年以上执业经历，考核周期内有良好行为记录的；

（二）具有12年以上执业经历，在考核周期内无不良行为记录的；

（三）省级以上卫生行政部门规定的其他情形。

其他医师定期考核按照一般程序进行。

第五章 考核结果

第二十二条 考核结果分为合格和不合格。工作成绩、职业道德和业务水平中任何一项不能通过评定或测评的，即为不合格。

第二十三条 医师在考核周期内按规定通过住院医师规范化培训或通过晋升上一级专业技术职务考试，可视为业务水平测评合格，考核时仅考核工作成绩和职业道德。

第二十四条 被考核医师对考核结果有异议的，可以在收到考核结果之日起30日内，向考核机构提出复核申请。考核机构应当在接到复核申请之日起30日内对医师考核结果进行复核，并将复核意见书面通知医师本人。

第二十五条 卫生行政部门应当将考核结果记入《医师执业证书》的“执业记录”栏，并录入医师执业注册信息库。

第二十六条 对考核不合格的医师，卫生行政部门可以责令其暂停执业活动3个月至6个月，并接受培训和继续医学教育；暂停执业活动期满，由考核机构再次进行考核。对考核合格者，允许其继续执业，但该医师在本考核周期内不得评优和晋升；对考核不合格的，由卫生行政部门注销注册，收回医师执业证书。

第二十七条 医师在考核周期内有下列情形之一的，考核机构应当认定为考核不合格：

（一）在发生的医疗事故中负有完全或主要责任的；

（二）未经所在机构或者卫生行政部门批准，擅自在注册地点以外的医疗、预防、保健机构进行执业活动的；

（三）跨执业类别进行执业活动的；

（四）代他人参加医师资格考试的；

（五）在医疗卫生服务活动中索要患者及其亲友财物或者牟取其他不正当利益的；

（六）索要或者收受医疗器械、药品、试剂等生产、销售企业或其工作人员给予的回扣、提成或者谋取其他不正当利益的；

（七）通过介绍病人到其他单位检查、治疗或者购买药品、医疗器械等收取回扣或者提成的；

（八）出具虚假医学证明文件，参与虚假医疗广告宣传和药品医疗器械促销的；

（九）未按照规定执行医院感染控制任务，未有效实施消毒或者无害化处置，造成疾病传播、流行的；

（十）故意泄漏传染病人、病原携带者、疑似传染病病人、密切接触者涉及个人隐私的有关信息、资料的；

（十一）疾病预防控制机构的医师未依法履行传染病监测、报告、调查、处理职责，造成严重后果的；

（十二）考核周期内，有一次以上医德考评结果为医德较差的；

（十三）无正当理由不参加考核，或者扰乱考核秩序的；

（十四）违反《执业医师法》有关规定，被行政处罚的。

第六章 监督管理

第二十八条 医疗、预防、保健机构不按照本办法对执业注册地点在本机构的医师进行工作成绩、职业道德评定或者弄虚作假，以及不配合医师定期考核的，卫生行政部门应当责令改正，经责令仍不改正的，对该机构及其主要责任人和有关责任人予以通报批评。

第二十九条 考核机构有下列情形之一的，卫生行政部门应当责令改正；情节严重的，取消其两个考核周期以上的考核机构资格。

（一）不履行考核职责或者未按规定履行职责的；

（二）在考核工作中有弄虚作假、徇私舞弊行为的；

（三）在考核过程中显失公平的；

（四）考核人员索要或者收受被考核医师及其所在机构财物的；

（五）拒绝接受卫生行政部门监督或者抽查核实的；

（六）省级以上卫生行政部门规定的其他情形。

第三十条 考核机构工作人员违反有关规定，弄虚作假、玩忽职守、滥用职权、徇私舞弊，按《执业医师法》第四十二条处理。

第三十一条 医师以贿赂或欺骗手段取得考核结果的，应当取消其考核结果，并判定为该考核周期考核不合格。

第七章 附 则

第三十二条 中医、民族医、中西医结合医疗机构中医师的考核工作由核准该医疗机构执业的卫生或中医药行政部门委托符合条件的考核机构按照本办法组织实施。

第三十三条 本办法所称业务水平包括医师掌握医疗卫生管理相关法律、法规、部门规章和应用本专业的基本理论、基础知识、基本技能解决实际问题的能力以及学习和掌握新理论、新知识、新技术和新方法的能力。

本办法所称工作成绩包括医师执业过程中，遵守有关规定和要求，一定阶段完成工作的数量、质量和政府指令性工作的情况。

本办法所称职业道德包括医师执业中坚持救死扶伤，以病人为中心，以及医德医风、医患关系、团结协作、依法执业状况等。

第三十四条 对从事母婴保健工作医师的考核还应包括《中华人民共和国母婴保健法》及其实施办法规定的考核内容。

第三十五条 省、自治区、直辖市卫生行政部门可以根据本办法制定实施细则。

第三十六条 本办法由卫生部负责解释。

第三十七条 本办法自2007年5月1日起施行。

传统医学师承和确有专长人员医师资格考核考试办法

·2006年12月21日卫生部令第52号公布
·自2007年2月1日起施行

第一章 总 则

第一条 为规范传统医学师承和确有专长人员医师资格考核考试，根据《中华人民共和国执业医师法》第十一条的规定和医师资格考试的有关规定，制定本办法。

第二条 以师承方式学习传统医学或者经多年传统医学临床实践医术确有专长、不具备医学专业学历的人员，参加医师资格考试，适用本办法。

第三条 考核是对传统医学师承和确有专长人员申请参加医师资格考试的资格评价和认定，分为传统医学师承出师考核（以下简称出师考核）和传统医学医术确有专长考核（以下简称确有专长考核）。

第四条 国家中医药管理局负责全国传统医学师承人员和确有专长人员医师资格考核考试的监督管理工作。

第五条 本办法所称“传统医学”是指中医学和少数民族医学。

第二章 出师考核

第六条 出师考核由省级中医药管理部门具体组织实施。

第七条 师承人员应当具有高中以上文化程度或者具有同等学力，并连续跟师学习满3年。

第八条 师承人员的指导老师应当同时具备下列条件：

（一）具有中医类别中医或者民族医专业执业医师资格；

（二）从事中医或者民族医临床工作15年以上，或者具有中医或者民族医副主任医师以上专业技术职务任职资格；

（三）有丰富的临床经验和独特的技术专长；

（四）遵纪守法，恪守职业道德，信誉良好；

（五）在医疗机构中坚持临床实践，能够完成教学任务。

第九条 师承人员应当与指导老师签订由国家中医药管理局统一式样的师承关系合同。

师承关系合同应当经县级以上公证机构公证，跟师学习时间自公证之日起计算。

第十条 指导老师同时带教师承人员不得超过两名。

第十一条 师承人员跟师学习的形式、内容，由省级中医药管理部门制定。

第十二条 出师考核内容应当包括职业道德和业务水平，重点是传统医学专业基础知识与基本技能，学术经验、技术专长继承情况；方式包括综合笔试和临床实践技能考核。

具体考核内容、标准及办法由国家中医药管理局制定。

第十三条 申请参加出师考核的师承人员，填写由国家中医药管理局统一式样的《传统医学师承出师考核申请表》，并经核准其指导老师执业的卫生行政部门、中医药管理部门审核同意后，向省级中医药管理部门提出申请。

第十四条 申请出师考核的应当提交下列材料：

（一）传统医学师承出师考核申请表；

（二）本人身份证明；

（三）二寸免冠正面半身照片2张；

（四）学历或学力证明；

（五）指导老师医师资格证书、医师执业证书、专业技术职务任职资格证书，或者核准其执业的卫生行政部门、中医药管理部门出具的从事中医、民族医临床工作15年以上证明；

（六）经公证的师承关系合同；

（七）省级以上中医药管理部门要求提供的其他材料。

第十五条 省级中医药管理部门对申请出师考核者提交的材料进行审查，符合考核条件的，发放准考证；不符合考核条件的，在受理申请后15个工作日内向申请出师考核者说明理由。

第十六条 出师考核每年进行一次，具体时间由省级中医药管理部门确定，考核工作开始前3个月在辖区内进行公告。

第十七条 出师考核合格者由省级中医药管理部门颁发由国家中医药管理局统一式样的《传统医学师承出师证书》。

第三章 确有专长考核

第十八条 确有专长考核由设区的市级卫生行政部门、中医药管理部门组织实施。

第十九条 申请确有专长考核的，应当同时具备以下条件：

（一）依法从事传统医学临床实践5年以上；

（二）掌握独具特色、安全有效的传统医学诊疗技术。

第二十条 确有专长考核内容应当包括职业道德和业务水平，重点是传统医学专业基础知识及掌握的独特诊疗技术和临床基本操作；方式包括综合笔试和临床实际本领考核。

具体考核内容、标准及办法由国家中医药管理局制定。

第二十一条 申请确有专长考核的人员，填写由国家中医药管理局统一式样的《传统医学医术确有专长考核申请表》，并经所在地县级卫生行政部门审核同意后，向设区的市级卫生行政部门、中医药管理部门提出申请。

第二十二条 申请确有专长考核的应当提交下列材料：

（一）传统医学医术确有专长考核申请表；

（二）本人身份证明；

（三）二寸免冠正面半身照片2张；

（四）申请人所在地县级卫生行政部门出具的证明其从事传统医学临床实践年限的材料；

（五）两名以上执业医师出具的证明其掌握独具特色、安全有效的传统医学诊疗技术的材料；

（六）设区的市级以上卫生行政部门、中医药管理部门要求提供的其他材料。

第二十三条 确有专长考核每年进行一次，具体时间由设区的市级卫生行政部门、中医药管理部门确定，考核工作开始前3个月在辖区内进行公告。

第二十四条 考核合格者由负责组织考核的卫生行政部门、中医药管理部门发给由国家中医药管理局统一式样的《传统医学医术确有专长证书》，并报省级中医药管理部门备案。

第四章 医师资格考试

第二十五条 师承和确有专长人员医师资格考试是评价申请医师资格者是否具备执业所需的专业知识与技能的考试，是国家医师资格考试的组成部分。

第二十六条 师承和确有专长人员医师资格考试方式分为实践技能考试和医学综合笔试，实践技能考试合格的方可参加医学综合笔试。

考试的具体内容和方案由卫生部医师资格考试委员会制定。

第二十七条 师承和确有专长人员取得《传统医学师承出师证书》或《传统医学医术确有专长证书》后，在执业医师指导下，在授予《传统医学师承出师证书》或《传统医学医术确有专长证书》的省（自治区、直辖市）内的医疗机构中试用期满1年并考核合格，可以申请参加执业助理医师资格考试。

第二十八条 师承和确有专长人员取得执业助理医师执业证书后，在医疗机构中从事传统医学医疗工作满5年，可以申请参加执业医师资格考试。

第二十九条 师承和确有专长人员申请参加医师资格考试应当到规定的考点办公室报名，并提交下列材料：

（一）二寸免冠正面半身照片2张；

（二）本人身份证明；

（三）《传统医学师承出师证书》或《传统医学医术确有专长证书》；

（四）试用机构出具的试用期考核合格证明；

（五）执业助理医师申报执业医师资格考试的，还需同时提交执业助理医师资格证书和医师执业证书复印件；

（六）报考所需的其他材料。

其他报考程序按医师资格考试的有关规定执行。

第三十条 师承和确有专长人员医师资格考试的组织管理与实施，按照医师资格考试有关规定执行。

第三十一条 师承和确有专长人员医师资格考试合格线由卫生部医师资格考试委员会确定。

考试成绩合格的，获得卫生部统一印制的《医师资格证书》。

第五章 处 罚

第三十二条 申请出师考核和确有专长考核人员在申请或者参加考核中，有下列情形的，取消当年参加考核的资格，构成犯罪的，依法追究刑事责任：

（一）假报姓名、年龄、学历、工龄、民族、户籍、学籍和伪造证件、证明、档案以取得申请考核资格的；

（二）在考核中扰乱考核秩序的；

（三）向考核人员行贿的；

（四）威胁或公然侮辱、诽谤考核人员的；

（五）有其他严重舞弊行为的。

第三十三条 卫生行政部门、中医药管理部门工作人员违反本办法有关规定，出具假证明，提供假档案，在考核中弄虚作假、玩忽职守、滥用职权、徇私舞弊，尚不构成犯罪的，依法给予行政处分；构成犯罪的，依法追究刑事责任。

第三十四条 在医师资格考试过程中发生违规、违纪行为的，根据医师资格考试违规处理有关规定进行处罚。

第六章 附 则

第三十五条 本办法所指传统医学临床实践是指取得有效行医资格人员从事的传统医学医疗活动，或者未取得有效行医资格人员但在中医、民族医执业医师指导下从事的传统医学医疗实习活动。

第三十六条 本办法由国家中医药管理局负责解释。

第三十七条 本办法自2007年2月1日起施行。1999年7月23日发布的《传统医学师承和确有专长人员医师资格考核考试暂行办法》同时废止。

香港和澳门特别行政区医师获得内地医师资格认定管理办法

·2009年4月15日

·卫医政发〔2009〕33号

第一条 根据《中华人民共和国执业医师法》、《卫生部办公厅、国家中医药管理局办公室关于台港澳医师获得大陆医师资格有关问题的通知》及有关法律、法规，制定本办法。

第二条 本办法所称香港和澳门特别行政区医师是指具有香港和澳门特别行政区合法行医资格并且是上述地区永久性居民的中国公民。

香港和澳门特别行政区医师可申请获得的内地医师资格类别为临床、中医、口腔。

第三条 同时具备下列条件并符合《中华人民共和国执业医师法》及其有关规定的香港和澳门特别行政区永久性居民的中国公民，可申请内地医师资格认定。

（一）2007年12月31日前已取得香港和澳门特别行政区合法行医资格满5年的香港和澳门特别行政区永久性居民；

（二）具有香港和澳门特别行政区专科医师资格证书；

（三）在香港和澳门特别行政区医疗机构中执业。

第四条 申请医师资格认定，应当提交下列材料：

（一）香港和澳门特别行政区医师内地医师资格认定申请审核表；

（二）6个月内二寸免冠正面半身照片2张；

（三）香港和澳门特别行政区永久性居民身份证明材料；

（四）与拟申请医师资格类别相应的医学专业学历证明；

（五）香港和澳门特别行政区行医执照或者行医权证明；

（六）与拟申请医师资格类别相应的香港和澳门特别行政区专科医师执照或者专科医师资格证明；

（七）香港和澳门特别行政区相关医疗机构的在职证明或者执业登记证明；

（八）执业期内无不良行为记录的证明；

（九）无刑事犯罪记录的证明；

（十）省级以上人民政府卫生行政部门规定的其他材料。

前款（三）至（九）项的内容必须经过香港和澳门特别行政区公证机关的公证。

以上材料应当为简体或繁体中文文本或附中文译文。

第五条 省级卫生行政部门负责香港、澳门特别行政区医师申请内地医师资格认定的受理、审核和认定工作。

第六条 省级卫生行政部门收到申请材料后，对申请人的申请材料进行验证并审核，并签署审核意见。

省级卫生行政部门对审核合格的，予以认定，授予执业医师资格，并颁发卫生部统一印制的《医师资格证书》。

第七条 省级中医药管理部门负责香港和澳门特别行政区中医医师（包括中医、民族医、中西医结合）申请内地医师资格认定的受理、审核和认定，由省级卫生行政部门颁发卫生部统一印制的《医师资格证书》。

第八条 省级卫生行政部门对取得《医师资格证书》的人员情况予以汇总，报卫生部备案。

第九条 取得内地医师资格的香港和澳门特别行政区居民《医师资格证书》编码由年度代码、省、自治区、直辖市代码、医师级别代码、医师类别代码、居民有效证件号码和地区代码共27位组成。其中，第1-4位是取得医师资格证书年度代码，第5-6位是核发《医师资格证书》的省、自治区、直辖市代码，第7位是执业医师级别代码，第8-9位是执业医师类别代码。香港特别行政区居民取得的内地《医师资格证书》第10-17位是香港特别行政区居民身份证代码，第18-24位为“0”，第25-27位是HKG。澳门特别行政区居民取得的内地《医师资格证书》第10-17位是澳门特别行政区居民身份证代码，第18-24位为“0”，第25-27位是MAC。

第十条 取得内地《医师资格证书》的香港和澳门特别行政区居民申请在内地执业注册的，按照《医师执业注册暂行办法》（卫生部令第5号）执行。

第十一条 本办法自下发之日起施行。原有规定与本办法不符的，以本办法为准。

台湾地区医师获得大陆医师资格认定管理办法

·2009年4月15日

·卫医政发〔2009〕32号

第一条 根据《中华人民共和国执业医师法》、《卫生部办公厅、国家中医药管理局办公室关于台港澳医师获得大陆医师资格有关问题的通知》及有关法律、法规，制定本办法。

第二条 本办法所称台湾地区医师，是指具有台湾地区合法行医资格并且是台湾地区永久性居民的医师。

台湾地区医师可申请获得的大陆医师资格类别为临床、中医、口腔。

第三条 同时具备下列条件并符合《中华人民共和国执业医师法》及其有关规定的台湾地区永久性居民，可申请大陆医师资格认定。

（一）2007年12月31日前已取得台湾地区合法行医资格满5年的台湾地区永久性居民；

（二）具有台湾地区专科医师资格证书；

（三）在台湾地区医疗机构中执业。

第四条 申请医师资格认定，应当提交下列材料：

（一）台湾地区医师大陆医师资格认定申请审核表；

（二）6个月内二寸免冠正面半身照片2张；

（三）台湾地区永久性居民身份证明材料；

（四）与拟申请医师资格类别相应的医学专业学历证明；

（五）台湾地区行医执照或者行医权证明；

（六）与拟申请医师资格类别相应的台湾地区专科医师执照或者专科医师资格证明；

（七）台湾地区相关医疗机构的在职证明或者执业登记证明；

（八）执业期内无不良行为记录的证明；

（九）无刑事犯罪记录的证明；

（十）省级以上人民政府卫生行政部门规定的其他材料。

前款（三）至（九）项的内容必须经过台湾地区公证机关的公证。

以上材料应当为简体或繁体中文文本或附中文译文。

第五条 省级卫生行政部门负责台湾地区医师申请大陆医师资格认定的受理、审核和认定工作。

第六条 省级卫生行政部门收到申请材料后，对申请人的申请材料进行验证并审核，并签署审核意见。

省级卫生行政部门对审核合格的，予以认定，授予执业医师资格，并颁发卫生部统一印制的《医师资格证书》。

第七条 省级中医药管理部门负责台湾地区中医医师（包括中医、民族医、中西医结合）申请大陆医师资格认定的受理、审核和认定，由省级卫生行政部门颁发卫生部统一印制的《医师资格证书》。

第八条 省级卫生行政部门对取得《医师资格证书》的人员情况予以汇总，报卫生部备案。

第九条 取得大陆医师资格的台湾地区居民《医师资格证书》编码由年度代码、省、自治区、直辖市代码、医师级别代码、医师类别代码、居民有效证件号码和地区代码共27位组成。其中，第1-4位是取得医师资格证书年度代码，第5-6位是核发《医师资格证书》的省、自治区、直辖市代码，第7位是执业医师级别代码，第8-9位是执业医师类别代码。第10-19位是台湾地区居民身份证代码，第20-24位为“0”，第25-27位是TWN。

第十条 取得大陆《医师资格证书》的台湾地区居民申请在内地执业注册的，按照《医师执业注册暂行办法》（卫生部令第5号）执行。

第十一条 本办法自下发之日起施行。原有规定与本办法不符的，以本办法为准。

最高人民法院关于审理非法行医刑事案件具体应用法律若干问题的解释

·2008年4月28日最高人民法院审判委员会第1446次会议通过

·根据2016年12月12日最高人民法院审判委员会第1703次会议通过的《最高人民法院关于修改〈关于审理非法行医刑事案件具体应用法律若干问题的解释〉的决定》修正

为依法惩处非法行医犯罪，保障公民身体健康和生命安全，根据刑法的有关规定，现对审理非法行医刑事案件具体应用法律的若干问题解释如下：

第一条 具有下列情形之一的，应认定为刑法第三百三十六条第一款规定的“未取得医生执业资格的人非法行医”：

（一）未取得或者以非法手段取得医师资格从事医疗活动的；

（二）被依法吊销医师执业证书期间从事医疗活动的；

（三）未取得乡村医生执业证书，从事乡村医疗活动的；

（四）家庭接生员实施家庭接生以外的医疗行为的。

第二条 具有下列情形之一的，应认定为刑法第三百三十六条第一款规定的“情节严重”：

（一）造成就诊人轻度残疾、器官组织损伤导致一般功能障碍的；

（二）造成甲类传染病传播、流行或者有传播、流行危险的；

（三）使用假药、劣药或不符合国家规定标准的卫生材料、医疗器械，足以严重危害人体健康的；

（四）非法行医被卫生行政部门行政处罚两次以后，再次非法行医的；

（五）其他情节严重的情形。

第三条 具有下列情形之一的，应认定为刑法第三百三十六条第一款规定的“严重损害就诊人身体健康”：

（一）造成就诊人中度以上残疾、器官组织损伤导致严重功能障碍的；

（二）造成三名以上就诊人轻度残疾、器官组织损伤导致一般功能障碍的。

第四条 非法行医行为系造成就诊人死亡的直接、主要原因的，应认定为刑法第三百三十六条第一款规定的“造成就诊人死亡”。

非法行医行为并非造成就诊人死亡的直接、主要原因的，可不认定为刑法第三百三十六条第一款规定的“造成就诊人死亡”。但是，根据案件情况，可以认定为刑法第三百三十六条第一款规定的“情节严重”。

第五条 实施非法行医犯罪，同时构成生产、销售假药罪，生产、销售劣药罪，诈骗罪等其他犯罪的，依照刑法处罚较重的规定定罪处罚。

第六条 本解释所称“医疗活动”“医疗行为”，参照《医疗机构管理条例实施细则》中的“诊疗活动”“医疗美容”认定。

本解释所称“轻度残疾、器官组织损伤导致一般功能障碍”“中度以上残疾、器官组织损伤导致严重功能障碍”，参照《医疗事故分级标准（试行）》认定。

3. 医疗广告

医疗广告管理办法

· 2006年11月10日国家工商行政管理总局、卫生部令第26号公布

· 自2007年1月1日起施行

第一条 为加强医疗广告管理，保障人民身体健康，根据《广告法》、《医疗机构管理条例》、《中医药条例》等法律法规的规定，制定本办法。

第二条 本办法所称医疗广告，是指利用各种媒介或者形式直接或间接介绍医疗机构或医疗服务的广告。

第三条 医疗机构发布医疗广告，应当在发布前申请医疗广告审查。未取得《医疗广告审查证明》，不得发布医疗广告。

第四条 工商行政管理机关负责医疗广告的监督管理。

卫生行政部门、中医药管理部门负责医疗广告的审查，并对医疗机构进行监督管理。

第五条 非医疗机构不得发布医疗广告，医疗机构不得以内部科室名义发布医疗广告。

第六条 医疗广告内容仅限于以下项目：

（一）医疗机构第一名称；

（二）医疗机构地址；

（三）所有制形式；

（四）医疗机构类别；

（五）诊疗科目；

（六）床位数；

（七）接诊时间；

（八）联系电话。

（一）至（六）项发布的内容必须与卫生行政部门、中医药管理部门核发的《医疗机构执业许可证》或其副本载明的内容一致。

第七条 医疗广告的表现形式不得含有以下情形：

（一）涉及医疗技术、诊疗方法、疾病名称、药物的；

（二）保证治愈或者隐含保证治愈的；

（三）宣传治愈率、有效率等诊疗效果的；

（四）淫秽、迷信、荒诞的；

（五）贬低他人的；

（六）利用患者、卫生技术人员、医学教育科研机构及人员以及其他社会社团、组织的名义、形象作证明的；

（七）使用解放军和武警部队名义的；

（八）法律、行政法规规定禁止的其他情形。

第八条 医疗机构发布医疗广告，应当向其所在地省级卫生行政部门申请，并提交以下材料：

（一）《医疗广告审查申请表》；

（二）《医疗机构执业许可证》副本原件和复印件，复印件应当加盖核发其《医疗机构执业许可证》的卫生行政部门公章；

（三）医疗广告成品样件。电视、广播广告可以先提交镜头脚本和广播文稿。

中医、中西医结合、民族医医疗机构发布医疗广告，应当向其所在地省级中医药管理部门申请。

第九条 省级卫生行政部门、中医药管理部门应当自受理之日起20日内对医疗广告成品样件内容进行审查。卫生行政部门、中医药管理部门需要请有关专家进行审查的，可延长10日。

对审查合格的医疗广告，省级卫生行政部门、中医药管理部门发给《医疗广告审查证明》，并将通过审查的医疗广告样件和核发的《医疗广告审查证明》予以公示；对审查不合格的医疗广告，应当书面通知医疗机构并告知理由。

第十条 省级卫生行政部门、中医药管理部门应对已审查的医疗广告成品样件和审查意见予以备案保存，保存时间自《医疗广告审查证明》生效之日起至少两年。

第十一条 《医疗广告审查申请表》、《医疗广告审查证明》的格式由卫生部、国家中医药管理局规定。

第十二条 省级卫生行政部门、中医药管理部门应在核发《医疗广告审查证明》之日起五个工作日内，将《医疗广告审查证明》抄送本地同级工商行政管理机关。

第十三条 《医疗广告审查证明》的有效期为一年。到期后仍需继续发布医疗广告的，应重新提出审查申请。

第十四条 发布医疗广告应当标注医疗机构第一名称和《医疗广告审查证明》文号。

第十五条 医疗机构发布户外医疗广告，应在取得《医疗广告审查证明》后，按照《户外广告登记管理规定》办理登记。

医疗机构在其法定控制地带标示仅含有医疗机构名称的户外广告，无需申请医疗广告审查和户外广告登记。

第十六条 禁止利用新闻形式、医疗资讯服务类专题节(栏)目发布或变相发布医疗广告。

有关医疗机构的人物专访、专题报道等宣传内容，可以出现医疗机构名称，但不得出现有关医疗机构的地址、联系方式等医疗广告内容；不得在同一媒介的同一时间段或者版面发布该医疗机构的广告。

第十七条 医疗机构应当按照《医疗广告审查证明》核准的广告成品样件内容与媒体类别发布医疗广告。

医疗广告内容需要改动或者医疗机构的执业情况发生变化，与经审查的医疗广告成品样件内容不符的，医疗机构应当重新提出审查申请。

第十八条 广告经营者、广告发布者发布医疗广告，应当由其广告审查员查验《医疗广告审查证明》，核实广告内容。

第十九条 有下列情况之一的，省级卫生行政部门、中医药管理部门应当收回《医疗广告审查证明》，并告知有关医疗机构：

（一）医疗机构受到停业整顿、吊销《医疗机构执业许可证》的；

（二）医疗机构停业、歇业或被注销的；

（三）其他应当收回《医疗广告审查证明》的情形。

第二十条 医疗机构违反本办法规定发布医疗广告，县级以上地方卫生行政部门、中医药管理部门应责令其限期改正，给予警告；情节严重的，核发《医疗机构执业许可证》的卫生行政部门、中医药管理部门可以责令其停业整顿、吊销有关诊疗科目，直至吊销《医疗机构执业许可证》。

未取得《医疗机构执业许可证》发布医疗广告的，按非法行医处罚。

第二十一条 医疗机构篡改《医疗广告审查证明》内容发布医疗广告的，省级卫生行政部门、中医药管理部门应当撤销《医疗广告审查证明》，并在一年内不受理该医疗机构的广告审查申请。

省级卫生行政部门、中医药管理部门撤销《医疗广告审查证明》后，应当自作出行政处理决定之日起5个工作日内通知同级工商行政管理机关，工商行政管理机关应当依法予以查处。

第二十二条 工商行政管理机关对违反本办法规定的广告主、广告经营者、广告发布者依据《广告法》、《反不正当竞争法》予以处罚，对情节严重，造成严重后果的，可以并处一至六个月暂停发布医疗广告、直至取消广告经营者、广告发布者的医疗广告经营和发布资格的处罚。法律法规没有规定的，工商行政管理机关应当对负有责任的广告主、广告经营者、广告发布者给予警告或者处以一万元以上三万元以下的罚款；医疗广告内容涉嫌虚假的，工商行政管理机关可根据需要会同卫生行政部门、中医药管理部门作出认定。

第二十三条 本办法自2007年1月1日起施行。

三、医疗服务

1. 处方和病历

处方管理办法

·2007年2月14日卫生部令第53号公布
·自2007年5月1日起施行

第一章 总 则

第一条 为规范处方管理,提高处方质量,促进合理用药,保障医疗安全,根据《执业医师法》、《药品管理法》、《医疗机构管理条例》、《麻醉药品和精神药品管理条例》等有关法律、法规,制定本办法。

第二条 本办法所称处方,是指由注册的执业医师和执业助理医师(以下简称医师)在诊疗活动中为患者开具的、由取得药学专业技术职务任职资格的药学专业技术人员(以下简称药师)审核、调配、核对,并作为患者用药凭证的医疗文书。处方包括医疗机构病区用药医嘱单。

本办法适用于与处方开具、调剂、保管相关的医疗机构及其人员。

第三条 卫生部负责全国处方开具、调剂、保管相关工作的监督管理。

县级以上地方卫生行政部门负责本行政区域内处方开具、调剂、保管相关工作的监督管理。

第四条 医师开具处方和药师调剂处方应当遵循安全、有效、经济的原则。

处方药应当凭医师处方销售、调剂和使用。

第二章 处方管理的一般规定

第五条 处方标准(附件1)由卫生部统一规定,处方格式由省、自治区、直辖市卫生行政部门(以下简称省级卫生行政部门)统一制定,处方由医疗机构按照规定的标准和格式印制。

第六条 处方书写应当符合下列规则:

(一)患者一般情况、临床诊断填写清晰、完整,并与病历记载相一致。

(二)每张处方限于一名患者的用药。

(三)字迹清楚,不得涂改;如需修改,应当在修改处签名并注明修改日期。

(四)药品名称应当使用规范的中文名称书写,没有中文名称的可以使用规范的英文名称书写;医疗机构或者医师、药师不得自行编制药品缩写名称或者使用代号;书写药品名称、剂量、规格、用法、用量要准确规范,药品用法可用规范的中文、英文、拉丁文或者缩写体书写,但不得使用“遵医嘱”、“自用”等含糊不清字句。

(五)患者年龄应当填写实足年龄,新生儿、婴幼儿写日、月龄,必要时要注明体重。

(六)西药和中成药可以分别开具处方,也可以开具一张处方,中药饮片应当单独开具处方。

(七)开具西药、中成药处方,每一种药品应当另起一行,每张处方不得超过5种药品。

(八)中药饮片处方的书写,一般应当按照“君、臣、佐、使”的顺序排列;调剂、煎煮的特殊要求注明在药品右上方,并加括号,如布包、先煎、后下等;对饮片的产地、炮制有特殊要求的,应当在药品名称之前写明。

(九)药品用法用量应当按照药品说明书规定的常规用法用量使用,特殊情况需要超剂量使用时,应当注明原因并再次签名。

(十)除特殊情况外,应当注明临床诊断。

(十一)开具处方后的空白处划一斜线以示处方完毕。

(十二)处方医师的签名式样和专用签章应当与院内药学部门留样备查的式样相一致,不得任意改动,否则应当重新登记留样备案。

第七条 药品剂量与数量用阿拉伯数字书写。剂量应当使用法定剂量单位:重量以克(g)、毫克(mg)、微克(μg)、纳克(ng)为单位;容量以升(L)、毫升(ml)为单位;国际单位(IU)、单位(U);中药饮片以克(g)为单位。

片剂、丸剂、胶囊剂、颗粒剂分别以片、丸、粒、袋为单位;溶液剂以支、瓶为单位;软膏及乳膏剂以支、盒为单位;注射剂以支、瓶为单位,应当注明含量;中药饮片以剂为单位。

第三章 处方权的获得

第八条 经注册的执业医师在执业地点取得相应的处方权。

经注册的执业助理医师在医疗机构开具的处方,应当经所在执业地点执业医师签名或加盖专用签章后方有效。

第九条 经注册的执业助理医师在乡、民族乡、镇、村的医疗机构独立从事一般的执业活动,可以在注册的执业地点取得相应的处方权。

第十条 医师应当在注册的医疗机构签名留样或者专用签章备案后,方可开具处方。

第十一条 医疗机构应当按照有关规定,对本机构执业医师和药师进行麻醉药品和精神药品使用知识和规范化管理的培训。执业医师经考核合格后取得麻醉药品和第一类精神药品的处方权,药师经考核合格后取得麻醉药品和第一类精神药品调剂资格。

医师取得麻醉药品和第一类精神药品处方权后,方可在本机构开具麻醉药品和第一类精神药品处方,但不得为自己开具该类药品处方。药师取得麻醉药品和第一类精神药品调剂资格后,方可在本机构调剂麻醉药品和第一类精神药品。

第十二条 试用期人员开具处方,应当经所在医疗机构有处方权的执业医师审核、并签名或加盖专用签章后方有效。

第十三条 进修医师由接收进修的医疗机构对其胜任本专业工作的实际情况进行认定后授予相应的处方权。

第四章 处方的开具

第十四条 医师应当根据医疗、预防、保健需要,按照诊疗规范、药品说明书中的药品适应证、药理作用、用法、用量、禁忌、不良反应和注意事项等开具处方。

开具医疗用毒性药品、放射性药品的处方应当严格遵守有关法律、法规和规章的规定。

第十五条 医疗机构应当根据本机构性质、功能、任务,制定药品处方集。

第十六条 医疗机构应当按照经药品监督管理部门批准并公布的药品通用名称购进药品。同一通用名称药品的品种,注射剂型和口服剂型各不得超过2种,处方组成类同的复方制剂1~2种。因特殊诊疗需要使用其他剂型和剂量规格药品的情况除外。

第十七条 医师开具处方应当使用经药品监督管理部门批准并公布的药品通用名称、新活性化合物的专利药品名称和复方制剂药品名称。

医师开具院内制剂处方时应当使用经省级卫生行政部门审核、药品监督管理部门批准的名称。

医师可以使用由卫生部公布的药品习惯名称开具处方。

第十八条 处方开具当日有效。特殊情况下需延长有效期的,由开具处方的医师注明有效期限,但有效期最长不得超过3天。

第十九条 处方一般不得超过7日用量;急诊处方一般不得超过3日用量;对于某些慢性病、老年病或特殊情况,处方用量可适当延长,但医师应当注明理由。

医疗用毒性药品、放射性药品的处方用量应当严格按照国家有关规定执行。

第二十条 医师应当按照卫生部制定的麻醉药品和精神药品临床应用指导原则,开具麻醉药品、第一类精神药品处方。

第二十一条 门(急)诊癌症疼痛患者和中、重度慢性疼痛患者需长期使用麻醉药品和第一类精神药品的,首诊医师应当亲自诊查患者,建立相应的病历,要求其签署《知情同意书》。

病历中应当留存下列材料复印件:

(一)二级以上医院开具的诊断证明;

(二)患者户籍簿、身份证或者其他相关有效身份证明文件;

(三)为患者代办人员身份证明文件。

第二十二条 除需长期使用麻醉药品和第一类精神药品的门(急)诊癌症疼痛患者和中、重度慢性疼痛患者外,麻醉药品注射剂仅限于医疗机构内使用。

第二十三条 为门(急)诊患者开具的麻醉药品注射剂,每张处方为一次常用量;控缓释制剂,每张处方不得超过7日常用量;其他剂型,每张处方不得超过3日常用量。

第一类精神药品注射剂,每张处方为一次常用量;控缓释制剂,每张处方不得超过7日常用量；其他剂型，每张处方不得超过3日常用量。哌醋甲酯用于治疗儿童多动症时，每张处方不得超过15日常用量。

第二类精神药品一般每张处方不得超过7日常用量；对于慢性病或某些特殊情况的患者，处方用量可以适当延长，医师应当注明理由。

第二十四条 为门（急）诊癌症疼痛患者和中、重度慢性疼痛患者开具的麻醉药品、第一类精神药品注射剂，每张处方不得超过3日常用量；控缓释制剂，每张处方不得超过15日常用量；其他剂型，每张处方不得超过7日常用量。

第二十五条 为住院患者开具的麻醉药品和第一类精神药品处方应当逐日开具，每张处方为1日常用量。

第二十六条 对于需要特别加强管制的麻醉药品，盐酸二氢埃托啡处方为一次常用量，仅限于二级以上医院内使用；盐酸哌替啶处方为一次常用量，仅限于医疗机构内使用。

第二十七条 医疗机构应当要求长期使用麻醉药品和第一类精神药品的门（急）诊癌症患者和中、重度慢性疼痛患者，每3个月复诊或者随诊一次。

第二十八条 医师利用计算机开具、传递普通处方时，应当同时打印出纸质处方，其格式与手写处方一致；打印的纸质处方经签名或者加盖签章后有效。药师核发药品时，应当核对打印的纸质处方，无误后发给药品，并将打印的纸质处方与计算机传递处方同时收存备查。

第五章 处方的调剂

第二十九条 取得药学专业技术职务任职资格的人员方可从事处方调剂工作。

第三十条 药师在执业的医疗机构取得处方调剂资格。药师签名或者专用签章式样应当在本机构留样备查。

第三十一条 具有药师以上专业技术职务任职资格的人员负责处方审核、评估、核对、发药以及安全用药指导；药士从事处方调配工作。

第三十二条 药师应当凭医师处方调剂处方药品，非经医师处方不得调剂。

第三十三条 药师应当按照操作规程调剂处方药品：认真审核处方，准确调配药品，正确书写药袋或粘贴标签，注明患者姓名和药品名称、用法、用量，包装；向患者交付药品时，按照药品说明书或者处方用法，进行用药交待与指导，包括每种药品的用法、用量、注意事项等。

第三十四条 药师应当认真逐项检查处方前记、正文和后记书写是否清晰、完整，并确认处方的合法性。

第三十五条 药师应当对处方用药适宜性进行审核，审核内容包括：

（一）规定必须做皮试的药品，处方医师是否注明过敏试验及结果的判定；

（二）处方用药与临床诊断的相符性；

（三）剂量、用法的正确性；

（四）选用剂型与给药途径的合理性；

（五）是否有重复给药现象；

（六）是否有潜在临床意义的药物相互作用和配伍禁忌；

（七）其他用药不适宜情况。

第三十六条 药师经处方审核后，认为存在用药不适宜时，应当告知处方医师，请其确认或者重新开具处方。

药师发现严重不合理用药或者用药错误，应当拒绝调剂，及时告知处方医师，并应当记录，按照有关规定报告。

第三十七条 药师调剂处方时必须做到“四查十对”：查处方，对科别、姓名、年龄；查药品，对药名、剂型、规格、数量；查配伍禁忌，对药品性状、用法用量；查用药合理性，对临床诊断。

第三十八条 药师在完成处方调剂后，应当在处方上签名或者加盖专用签章。

第三十九条 药师应当对麻醉药品和第一类精神药品处方，按年月日逐日编制顺序号。

第四十条 药师对于不规范处方或者不能判定其合法性的处方，不得调剂。

第四十一条 医疗机构应当将本机构基本用药供应目录内同类药品相关信息告知患者。

第四十二条 除麻醉药品、精神药品、医疗用毒性药品和儿科处方外，医疗机构不得限制门诊就诊人员持处方到药品零售企业购药。

第六章 监督管理

第四十三条 医疗机构应当加强对本机构处方开具、调剂和保管的管理。

第四十四条 医疗机构应当建立处方点评制

度,填写处方评价表(附件2),对处方实施动态监测及超常预警,登记并通报不合理处方,对不合理用药及时予以干预。

第四十五条 医疗机构应当对出现超常处方3次以上且无正当理由的医师提出警告,限制其处方权;限制处方权后,仍连续2次以上出现超常处方且无正当理由的,取消其处方权。

第四十六条 医师出现下列情形之一的,处方权由其所在医疗机构予以取消:

(一)被责令暂停执业;

(二)考核不合格离岗培训期间;

(三)被注销、吊销执业证书;

(四)不按照规定开具处方,造成严重后果的;

(五)不按照规定使用药品,造成严重后果的;

(六)因开具处方牟取私利。

第四十七条 未取得处方权的人员及被取消处方权的医师不得开具处方。未取得麻醉药品和第一类精神药品处方资格的医师不得开具麻醉药品和第一类精神药品处方。

第四十八条 除治疗需要外,医师不得开具麻醉药品、精神药品、医疗用毒性药品和放射性药品处方。

第四十九条 未取得药学专业技术职务任职资格的人员不得从事处方调剂工作。

第五十条 处方由调剂处方药品的医疗机构妥善保存。普通处方、急诊处方、儿科处方保存期限为1年,医疗用毒性药品、第二类精神药品处方保存期限为2年,麻醉药品和第一类精神药品处方保存期限为3年。

处方保存期满后,经医疗机构主要负责人批准、登记备案,方可销毁。

第五十一条 医疗机构应当根据麻醉药品和精神药品处方开具情况,按照麻醉药品和精神药品品种、规格对其消耗量进行专册登记,登记内容包括发药日期、患者姓名、用药数量。专册保存期限为3年。

第五十二条 县级以上地方卫生行政部门应当定期对本行政区域内医疗机构处方管理情况进行监督检查。

县级以上卫生行政部门在对医疗机构实施监督管理过程中,发现医师出现本办法第四十六条规定情形的,应当责令医疗机构取消医师处方权。

第五十三条 卫生行政部门的工作人员依法对医疗机构处方管理情况进行监督检查时,应当出示证件;被检查的医疗机构应当予以配合,如实反映情况,提供必要的资料,不得拒绝、阻碍、隐瞒。

第七章 法律责任

第五十四条 医疗机构有下列情形之一的,由县级以上卫生行政部门按照《医疗机构管理条例》第四十八条的规定,责令限期改正,并可处以5000元以下的罚款;情节严重的,吊销其《医疗机构执业许可证》:

(一)使用未取得处方权的人员、被取消处方权的医师开具处方的;

(二)使用未取得麻醉药品和第一类精神药品处方资格的医师开具麻醉药品和第一类精神药品处方的;

(三)使用未取得药学专业技术职务任职资格的人员从事处方调剂工作的。

第五十五条 医疗机构未按照规定保管麻醉药品和精神药品处方,或者未依照规定进行专册登记的,按照《麻醉药品和精神药品管理条例》第七十二条的规定,由设区的市级卫生行政部门责令限期改正,给予警告;逾期不改正的,处5000元以上1万元以下的罚款;情节严重的,吊销其印鉴卡;对直接负责的主管人员和其他直接责任人员,依法给予降级、撤职、开除的处分。

第五十六条 医师和药师出现下列情形之一的,由县级以上卫生行政部门按照《麻醉药品和精神药品管理条例》第七十三条的规定予以处罚:

(一)未取得麻醉药品和第一类精神药品处方资格的医师擅自开具麻醉药品和第一类精神药品处方的;

(二)具有麻醉药品和第一类精神药品处方医师未按照规定开具麻醉药品和第一类精神药品处方,或者未按照卫生部制定的麻醉药品和精神药品临床应用指导原则使用麻醉药品和第一类精神药品的;

(三)药师未按照规定调剂麻醉药品、精神药品处方的。

第五十七条 医师出现下列情形之一的,按照《执业医师法》第三十七条的规定,由县级以上卫生行政部门给予警告或者责令暂停六个月以上一年以下执业活动;情节严重的,吊销其执业证书:

（一）未取得处方权或者被取消处方权后开具药品处方的；

（二）未按照本办法规定开具药品处方的；

（三）违反本办法其他规定的。

第五十八条 药师未按照规定调剂处方药品，情节严重的，由县级以上卫生行政部门责令改正、通报批评，给予警告；并由所在医疗机构或者其上级单位给予纪律处分。

第五十九条 县级以上地方卫生行政部门未按照本办法规定履行监管职责的，由上级卫生行政部门责令改正。

第八章 附 则

第六十条 乡村医生按照《乡村医生从业管理条例》的规定，在省级卫生行政部门制定的乡村医生基本用药目录范围内开具药品处方。

第六十一条 本办法所称药学专业技术人员，是指按照卫生部《卫生技术人员职务试行条例》规定，取得药学专业技术职务任职资格人员，包括主任药师、副主任药师、主管药师、药师、药士。

第六十二条 本办法所称医疗机构，是指按照《医疗机构管理条例》批准登记的从事疾病诊断、治疗活动的医院、社区卫生服务中心（站）、妇幼保健院、卫生院、疗养院、门诊部、诊所、卫生室（所）、急救中心（站）、专科疾病防治院（所、站）以及护理院（站）等医疗机构。

第六十三条 本办法自2007年5月1日起施行。《处方管理办法（试行）》（卫医发〔2004〕269号）和《麻醉药品、精神药品处方管理规定》（卫医法〔2005〕436号）同时废止。

附件（略）

长期处方管理规范（试行）

· 2021年8月10日

· 国卫办医发〔2021〕17号

第一章 总 则

第一条 为规范长期处方管理，推进分级诊疗，促进合理用药，保障医疗质量和医疗安全，根据《执业医师法》《药品管理法》《医疗机构管理条例》《麻醉药品和精神药品管理条例》《处方管理办法》《医疗机构药事管理规定》等相关规定，制定本规范。

第二条 本规范所称长期处方是指具备条件的医师按照规定，对符合条件的慢性病患者开具的处方用量适当增加的处方。

第三条 长期处方适用于临床诊断明确、用药方案稳定、依从性良好、病情控制平稳、需长期药物治疗的慢性病患者。

第四条 治疗慢性病的一般常用药品可用于长期处方。

第五条 医疗用毒性药品、放射性药品、易制毒药品、麻醉药品、第一类和第二类精神药品、抗微生物药物（治疗结核等慢性细菌真菌感染性疾病的药物除外），以及对储存条件有特殊要求的药品不得用于长期处方。

第六条 地方卫生健康行政部门应当根据实际情况，制定长期处方适用疾病病种及长期处方用药范围。

第七条 本规范适用于全国各级各类医疗机构的长期处方管理工作。

鼓励由基层医疗卫生机构开具长期处方，不适宜在基层治疗的慢性病长期处方应当由二级以上医疗机构开具。

第八条 国家卫生健康委负责全国长期处方的监督管理工作。

县级以上地方卫生健康行政部门负责本行政区域内长期处方的监督管理工作。

第二章 组织管理

第九条 医疗机构应当履行本机构长期处方管理的主体责任，建立健全本机构长期处方管理工作制度，保障医疗质量和医疗安全，满足患者用药需求。

第十条 开具长期处方的医疗机构，应当配备具有评估患者病情能力的医师、能够审核调剂长期处方的药师（含其他药学技术人员，下同）以及相应的设备设施等条件。

基层医疗卫生机构不具备相应条件的，可以通过远程会诊、互联网复诊、医院会诊等途径在医联体内具备条件的上级医疗机构指导下开具。

第十一条 根据患者诊疗需要，长期处方的处方量一般在4周内；根据慢性病特点，病情稳定的患者适当延长,最长不超过 12 周。

超过 4 周的长期处方,医师应当严格评估,强化患者教育,并在病历中记录,患者通过签字等方式确认。

第十二条 医疗机构应当按照卫生健康行政部门制定的长期处方适用疾病病种及长期处方用药范围,为符合条件的患者提供长期处方服务。

第十三条 医疗机构可以在普通内科、老年医学、全科医学等科室,为患有多种疾病的老年患者提供"一站式"长期处方服务,解决老年患者多科室就医取药问题。

第十四条 医疗机构开具长期处方,鼓励优先选择国家基本药物、国家组织集中采购中选药品以及国家医保目录药品。

第十五条 基层医疗卫生机构应当加强长期处方用药的配备,确保患者长期用药可及、稳定。

第十六条 地方卫生健康行政部门和医疗机构不得以费用控制、药占比、绩效考核等为由影响长期处方的开具。

地方卫生健康行政部门应当加强长期处方的审核、点评、合理用药考核等工作,长期处方产生的药品费用不纳入门诊次均费用、门诊药品次均费用考核,其他考核工作也应当视情况将长期处方进行单独管理。

第三章 长期处方开具与终止

第十七条 对提出长期处方申请的患者,医师必须亲自诊查并对其是否符合长期处方条件作出判断。

医师在诊疗活动中,可以向符合条件的患者主动提出长期处方建议。

第十八条 医师应当向患者说明使用长期处方的注意事项,并由其自愿选择是否使用;对不符合条件的患者,应当向患者说明原因。

第十九条 首次开具长期处方前,医师应当对患者的既往史、现病史、用药方案、依从性、病情控制情况等进行全面评估,在确定当前用药方案安全、有效、稳定的情况下,方可为患者开具长期处方。首次开具长期处方,应当在患者病历中详细记录有关信息。

第二十条 原则上,首次长期处方应当由二级以上医疗机构具有与疾病相关专业的中级以上专业技术职务任职资格的医师开具,或由基层医疗卫生机构具有中级以上专业技术职务任职资格的医师开具。再次开具长期处方时,应当由二级以上医疗机构疾病相关专业医师,或基层医疗卫生机构医师开具。鼓励患者通过基层医疗卫生机构签约家庭医生开具长期处方。

边远地区或条件不具备的地区可适当放宽要求,具体要求由省级卫生健康行政部门根据实际情况另行规定。

第二十一条 医师应当根据患者病历信息中的首次开具的长期处方信息和健康档案,对患者进行评估。经评估认为患者病情稳定并达到长期用药管理目标的,可以再次开具长期处方,并在患者病历中记录;不符合条件的,终止使用长期处方。停用后再次使用长期处方的,应当按照首次开具长期处方进行管理。

第二十二条 出现以下情况,需要重新评估患者病情,判断是否终止长期处方:

(一)患者长期用药管理未达预期目标;

(二)罹患其他疾病需其他药物治疗;

(三)患者因任何原因住院治疗;

(四)其他需要终止长期处方的情况。

第二十三条 开具长期处方的基层医疗卫生机构与上级医院要做好衔接,通过信息化手段等方式建立患者处方信息共享和流转机制。

第二十四条 长期处方样式、内容应当符合《处方管理办法》中普通处方管理的要求。

第四章 长期处方调剂

第二十五条 医师开具长期处方后,患者可以自主选择在医疗机构或者社会零售药店进行调剂取药。

第二十六条 药师对长期处方进行审核,并对患者进行用药指导和用药教育,发放用药教育材料。基层医疗卫生机构不具备条件的,应当由医联体内上级医院的药师通过互联网远程进行处方审核或提供用药指导服务。

第二十七条 药师在审核长期处方、提供咨询服务、调剂药品工作时,如发现药物治疗相关问题或患者存在用药安全隐患,需要进行长期处方调整、药物重整等干预时,应当立即与医师沟通进行处理。

第二十八条 长期处方药品原则上由患者本人领取。特殊情况下,因行动不便等原因,可由熟悉患者基本情况的人员,持本人及患者有效身份证件代为领取,并配合做好相应取药登记记录。鼓励通过配送物流延伸等方式,解决患者取药困难问题。

第五章　长期处方用药管理

第二十九条　医疗机构应当对长期处方定期开展合理性评价工作,持续提高长期处方合理用药水平。

第三十条　基层医疗卫生机构应当将本机构开具的长期处方信息纳入患者健康档案,详细记录患者诊疗和用药记录。家庭医生团队应当对患者进行定期随访管理,对患者病情变化、用药依从性和药物不良反应等进行评估,必要时及时调整或终止长期处方,并在患者健康档案及病历中注明。

第三十一条　医疗机构应当建立安全用药监测与报告制度。发生药品严重不良事件后,应当积极救治患者,立即向医务和药学部门报告,做好观察与记录。按照有关规定向有关部门报告药品不良反应等信息。

第三十二条　医疗机构应当加强对使用长期处方患者的用药教育,增加其合理用药知识,提高自我用药管理能力和用药依从性,并告知患者在用药过程中出现任何不适,应当及时就诊。

第三十三条　医疗机构应当指导使用长期处方患者对药物治疗效果指标进行自我监测并作好记录。鼓励使用医疗器械类穿戴设备,提高药物治疗效果指标监测的信息化水平。在保障数据和隐私安全的前提下,可以探索通过接入互联网的远程监测设备开展监测。

第三十四条　医疗机构应当指导使用长期处方患者,按照要求保存药品,确保药品质量。

第三十五条　医疗机构应当将长期处方患者的诊疗,纳入医疗管理统筹安排,严格落实有关疾病诊疗规范要求,加强质量控制和管理,保障医疗质量和医疗安全。

第三十六条　鼓励有条件的地区通过开设微信公众号、患者客户端等互联网交互方式或途径,方便患者查询长期处方信息、药品用法用量、注意事项等。探索开展长期处方患者的用药提醒、随访、用药咨询等服务。

第六章　长期处方医保支付

第三十七条　各地医保部门支付长期处方开具的符合规定的药品费用,不对单张处方的数量、金额等作限制,参保人按规定享受待遇。

第三十八条　各地在制定区域总额预算管理时,应当充分考虑长期处方因素。

第三十九条　各地医保部门应当提高经办服务能力,方便各医疗机构、零售药店刷卡结算,为参保人提供长期处方医保报销咨询服务。加强智能监控、智能审核,确保药品合理使用。

第七章　附　则

第四十条　地方卫生健康行政部门应当会同医疗保障部门制定辖区内长期处方管理实施细则后实施。

第四十一条　互联网医院提供长期处方服务,应当结合其依托的实体医疗机构具备的条件,符合医疗机构药事管理、互联网诊疗管理相关规定和本规范,加强医疗质量和安全监管。

第四十二条　基层医疗卫生机构,是指乡镇卫生院、社区卫生服务中心(站)、村卫生室、医务室、门诊部和诊所等。?

第四十三条　本规范自印发之日起施行。

医院处方点评管理规范(试行)

·2010年2月10日

·卫医管发〔2010〕28号

第一章　总　则

第一条　为规范医院处方点评工作,提高处方质量,促进合理用药,保障医疗安全,根据《药品管理法》、《执业医师法》、《医疗机构管理条例》、《处方管理办法》等有关法律、法规、规章,制定本规范。

第二条　处方点评是根据相关法规、技术规范,对处方书写的规范性及药物临床使用的适宜性(用药适应证、药物选择、给药途径、用法用量、药物相互作用、配伍禁忌等)进行评价,发现存在或潜在的问题,制定并实施干预和改进措施,促进临床药物合理应用的过程。

第三条 处方点评是医院持续医疗质量改进和药品临床应用管理的重要组成部分,是提高临床药物治疗学水平的重要手段。各级医院应当按照本规范,建立健全系统化、标准化和持续改进的处方点评制度,开展处方点评工作,并在实践工作中不断完善。

其他各级各类医疗机构的处方点评工作,参照本规范执行

第四条 医院应当加强处方质量和药物临床应用管理,规范医师处方行为,落实处方审核、发药、核对与用药交待等相关规定;定期对医务人员进行合理用药知识培训与教育;制定并落实持续质量改进措施。

第二章 组织管理

第五条 医院处方点评工作在医院药物与治疗学委员会(组)和医疗质量管理委员会领导下,由医院医疗管理部门和药学部门共同组织实施。

第六条 医院应当根据本医院的性质、功能、任务、科室设置等情况,在药物与治疗学委员会(组)下建立由医院药学、临床医学、临床微生物学、医疗管理等多学科专家组成的处方点评专家组,为处方点评工作提供专业技术咨询。

第七条 医院药学部门成立处方点评工作小组,负责处方点评的具体工作。

第八条 处方点评工作小组成员应当具备以下条件:

(一)具有较丰富的临床用药经验和合理用药知识;

(二)具备相应的专业技术任职资格:二级及以上医院处方点评工作小组成员应当具有中级以上药学专业技术职务任职资格,其他医院处方点评工作小组成员应当具有药师以上药学专业技术职务任职资格。

第三章 处方点评的实施

第九条 医院药学部门应当会同医疗管理部门,根据医院诊疗科目、科室设置、技术水平、诊疗量等实际情况,确定具体抽样方法和抽样率,其中门急诊处方的抽样率不应少于总处方量的1‰,且每月点评处方绝对数不应少于100张;病房(区)医嘱单的抽样率(按出院病历数计)不应少于1%,且每月点评出院病历绝对数不应少于30份。

第十条 医院处方点评小组应当按照确定的处方抽样方法随机抽取处方,并按照《处方点评工作表》(附件)对门急诊处方进行点评;病房(区)用药医嘱的点评应当以患者住院病历为依据,实施综合点评,点评表格由医院根据本院实际情况自行制定。

第十一条 三级以上医院应当逐步建立健全专项处方点评制度。专项处方点评是医院根据药事管理和药物临床应用管理的现状和存在的问题,确定点评的范围和内容,对特定的药物或特定疾病的药物(如国家基本药物、血液制品、中药注射剂、肠外营养制剂、抗菌药物、辅助治疗药物、激素等临床使用及超说明书用药、肿瘤患者和围手术期用药等)使用情况进行的处方点评。

第十二条 处方点评工作应坚持科学、公正、务实的原则,有完整、准确的书面记录,并通报临床科室和当事人。

第十三条 处方点评小组在处方点评工作过程中发现不合理处方,应当及时通知医疗管理部门和药学部门。

第十四条 有条件的医院应当利用信息技术建立处方点评系统,逐步实现与医院信息系统的联网与信息共享。

第四章 处方点评的结果

第十五条 处方点评结果分为合理处方和不合理处方。

第十六条 不合理处方包括不规范处方、用药不适宜处方及超常处方。

第十七条 有下列情况之一的,应当判定为不规范处方:

(一)处方的前记、正文、后记内容缺项,书写不规范或者字迹难以辨认的;

(二)医师签名、签章不规范或者与签名、签章的留样不一致的;

(三)药师未对处方进行适宜性审核的(处方后记的审核、调配、核对、发药栏目无审核调配药师及核对发药药师签名,或者单人值班调剂未执行双签名规定);

(四)新生儿、婴幼儿处方未写明日、月龄的;

(五)西药、中成药与中药饮片未分别开具处方的;

(六)未使用药品规范名称开具处方的;

（七）药品的剂量、规格、数量、单位等书写不规范或不清楚的；

（八）用法、用量使用"遵医嘱"、"自用"等含糊不清字句的；

（九）处方修改未签名并注明修改日期，或药品超剂量使用未注明原因和再次签名的；

（十）开具处方未写临床诊断或临床诊断书写不全的；

（十一）单张门急诊处方超过五种药品的；

（十二）无特殊情况下，门诊处方超过 7 日用量，急诊处方超过 3 日用量，慢性病、老年病或特殊情况下需要适当延长处方用量未注明理由的；

（十三）开具麻醉药品、精神药品、医疗用毒性药品、放射性药品等特殊管理药品处方未执行国家有关规定的；

（十四）医师未按照抗菌药物临床应用管理规定开具抗菌药物处方的；

（十五）中药饮片处方药物未按照"君、臣、佐、使"的顺序排列，或未按要求标注药物调剂、煎煮等特殊要求的。

第十八条 有下列情况之一的，应当判定为用药不适宜处方：

（一）适应证不适宜的；

（二）遴选的药品不适宜的；

（三）药品剂型或给药途径不适宜的；

（四）无正当理由不首选国家基本药物的；

（五）用法、用量不适宜的；

（六）联合用药不适宜的；

（七）重复给药的；

（八）有配伍禁忌或者不良相互作用的；

（九）其他用药不适宜情况的。

第十九条 有下列情况之一的，应当判定为超常处方：

1. 无适应证用药；

2. 无正当理由开具高价药的；

3. 无正当理由超说明书用药的；

4. 无正当理由为同一患者同时开具 2 种以上药理作用相同药物的。

第五章 点评结果的应用与持续改进

第二十条 医院药学部门应当会同医疗管理部门对处方点评小组提交的点评结果进行审核，定期公布处方点评结果，通报不合理处方；根据处方点评结果，对医院在药事管理、处方管理和临床用药方面存在的问题，进行汇总和综合分析评价，提出质量改进建议，并向医院药物与治疗学委员会（组）和医疗质量管理委员会报告；发现可能造成患者损害的，应当及时采取措施，防止损害发生。

第二十一条 医院药物与治疗学委员会（组）和医疗质量管理委员会应当根据药学部门会同医疗管理部门提交的质量改进建议，研究制定有针对性的临床用药质量管理和药事管理改进措施，并责成相关部门和科室落实质量改进措施，提高合理用药水平，保证患者用药安全。

第二十二条 各级卫生行政部门和医师定期考核机构，应当将处方点评结果作为重要指标纳入医院评审评价和医师定期考核指标体系。

第二十三条 医院应当将处方点评结果纳入相关科室及其工作人员绩效考核和年度考核指标，建立健全相关的奖惩制度。

第六章 监督管理

第二十四条 各级卫生行政部门应当加强对辖区内医院处方点评工作的监督管理，对不按规定开展处方点评工作的医院应当责令改正。

第二十五条 卫生行政部门和医院应当对开具不合理处方的医师，采取教育培训、批评等措施；对于开具超常处方的医师按照《处方管理办法》的规定予以处理；一个考核周期内 5 次以上开具不合理处方的医师，应当认定为医师定期考核不合格，离岗参加培训；对患者造成严重损害的，卫生行政部门应当按照相关法律、法规、规章给予相应处罚。

第二十六条 药师未按规定审核处方、调剂药品、进行用药交待或未对不合理处方进行有效干预的，医院应当采取教育培训、批评等措施；对患者造成严重损害的，卫生行政部门应当依法给予相应处罚。

第二十七条 医院因不合理用药对患者造成损害的，按照相关法律、法规处理。

附件：处方点评工作表（略）

医疗机构病历管理规定(2013年版)

·2013年11月20日
·国卫医发〔2013〕31号

第一章 总 则

第一条 为加强医疗机构病历管理,保障医疗质量与安全,维护医患双方的合法权益,制定本规定。

第二条 病历是指医务人员在医疗活动过程中形成的文字、符号、图表、影像、切片等资料的总和,包括门(急)诊病历和住院病历。病历归档以后形成病案。

第三条 本规定适用于各级各类医疗机构对病历的管理。

第四条 按照病历记录形式不同,可区分为纸质病历和电子病历。电子病历与纸质病历具有同等效力。

第五条 医疗机构应当建立健全病历管理制度,设置病案管理部门或者配备专(兼)职人员,负责病历和病案管理工作。

医疗机构应当建立病历质量定期检查、评估与反馈制度。医疗机构医务部门负责病历的质量管理。

第六条 医疗机构及其医务人员应当严格保护患者隐私,禁止以非医疗、教学、研究目的泄露患者的病历资料。

第二章 病历的建立

第七条 医疗机构应当建立门(急)诊病历和住院病历编号制度,为同一患者建立唯一的标识号码。已建立电子病历的医疗机构,应当将病历标识号码与患者身份证明编号相关联,使用标识号码和身份证明编号均能对病历进行检索。

门(急)诊病历和住院病历应当标注页码或者电子页码。

第八条 医务人员应当按照《病历书写基本规范》、《中医病历书写基本规范》、《电子病历基本规范(试行)》和《中医电子病历基本规范(试行)》要求书写病历。

第九条 住院病历应当按照以下顺序排序:体温单、医嘱单、入院记录、病程记录、术前讨论记录、手术同意书、麻醉同意书、麻醉术前访视记录、手术安全核查记录、手术清点记录、麻醉记录、手术记录、麻醉术后访视记录、术后病程记录、病重(病危)患者护理记录、出院记录、死亡记录、输血治疗知情同意书、特殊检查(特殊治疗)同意书、会诊记录、病危(重)通知书、病理资料、辅助检查报告单、医学影像检查资料。

病案应当按照以下顺序装订保存:住院病案首页、入院记录、病程记录、术前讨论记录、手术同意书、麻醉同意书、麻醉术前访视记录、手术安全核查记录、手术清点记录、麻醉记录、手术记录、麻醉术后访视记录、术后病程记录、出院记录、死亡记录、死亡病例讨论记录、输血治疗知情同意书、特殊检查(特殊治疗)同意书、会诊记录、病危(重)通知书、病理资料、辅助检查报告单、医学影像检查资料、体温单、医嘱单、病重(病危)患者护理记录。

第三章 病历的保管

第十条 门(急)诊病历原则上由患者负责保管。医疗机构建有门(急)诊病历档案室或者已建立门(急)诊电子病历的,经患者或者其法定代理人同意,其门(急)诊病历可以由医疗机构负责保管。住院病历由医疗机构负责保管。

第十一条 门(急)诊病历由患者保管的,医疗机构应当将检查检验结果及时交由患者保管。

第十二条 门(急)诊病历由医疗机构保管的,医疗机构应当在收到检查检验结果后24小时内,将检查检验结果归入或者录入门(急)诊病历,并在每次诊疗活动结束后首个工作日内将门(急)诊病历归档。

第十三条 患者住院期间,住院病历由所在病区统一保管。因医疗活动或者工作需要,须将住院病历带离病区时,应当由病区指定的专门人员负责携带和保管。

医疗机构应当在收到住院患者检查检验结果和相关资料后24小时内归入或者录入住院病历。

患者出院后,住院病历由病案管理部门或者专(兼)职人员统一保存、管理。

第十四条 医疗机构应当严格病历管理,任何人不得随意涂改病历,严禁伪造、隐匿、销毁、抢夺、窃取病历。

第四章 病历的借阅与复制

第十五条 除为患者提供诊疗服务的医务人员,以及经卫生计生行政部门、中医药管理部门或者医疗机构授权的负责病案管理、医疗管理的部门或者人员外,其他任何机构和个人不得擅自查阅患者病历。

第十六条 其他医疗机构及医务人员因科研、教学需要查阅、借阅病历的,应当向患者就诊医疗机构提出申请,经同意并办理相应手续后方可查阅、借阅。查阅后应当立即归还,借阅病历应当在3个工作日内归还。查阅的病历资料不得带离患者就诊医疗机构。

第十七条 医疗机构应当受理下列人员和机构复制或者查阅病历资料的申请,并依规定提供病历复制或者查阅服务:

(一)患者本人或者其委托代理人;

(二)死亡患者法定继承人或者其代理人。

第十八条 医疗机构应当指定部门或者专(兼)职人员负责受理复制病历资料的申请。受理申请时,应当要求申请人提供有关证明材料,并对申请材料的形式进行审核。

(一)申请人为患者本人的,应当提供其有效身份证明;

(二)申请人为患者代理人的,应当提供患者及其代理人的有效身份证明,以及代理人与患者代理关系的法定证明材料和授权委托书;

(三)申请人为死亡患者法定继承人的,应当提供患者死亡证明、死亡患者法定继承人的有效身份证明,死亡患者与法定继承人关系的法定证明材料;

(四)申请人为死亡患者法定继承人代理人的,应当提供患者死亡证明、死亡患者法定继承人及其代理人的有效身份证明,死亡患者与法定继承人关系的法定证明材料,代理人与法定继承人代理关系的法定证明材料及授权委托书。

第十九条 医疗机构可以为申请人复制门(急)诊病历和住院病历中的体温单、医嘱单、住院志(入院记录)、手术同意书、麻醉同意书、麻醉记录、手术记录、病重(病危)患者护理记录、出院记录、输血治疗知情同意书、特殊检查(特殊治疗)同意书、病理报告、检验报告等辅助检查报告单、医学影像检查资料等病历资料。

第二十条 公安、司法、人力资源社会保障、保险以及负责医疗事故技术鉴定的部门,因办理案件、依法实施专业技术鉴定、医疗保险审核或仲裁、商业保险审核等需要,提出审核、查阅或者复制病历资料要求的,经办人员提供以下证明材料后,医疗机构可以根据需要提供患者部分或全部病历:

(一)该行政机关、司法机关、保险或者负责医疗事故技术鉴定部门出具的调取病历的法定证明;

(二)经办人本人有效身份证明;

(三)经办人本人有效工作证明(需与该行政机关、司法机关、保险或者负责医疗事故技术鉴定部门一致)。

保险机构因商业保险审核等需要,提出审核、查阅或者复制病历资料要求的,还应当提供保险合同复印件、患者本人或者其代理人同意的法定证明材料;患者死亡的,应当提供保险合同复印件、死亡患者法定继承人或者其代理人同意的法定证明材料。合同或者法律另有规定的除外。

第二十一条 按照《病历书写基本规范》和《中医病历书写基本规范》要求,病历尚未完成,申请人要求复制病历时,可以对已完成病历先行复制,在医务人员按照规定完成病历后,再对新完成部分进行复制。

第二十二条 医疗机构受理复制病历资料申请后,由指定部门或者专(兼)职人员通知病案管理部门或专(兼)职人员,在规定时间内将需要复制的病历资料送至指定地点,并在申请人在场的情况下复制;复制的病历资料经申请人和医疗机构双方确认无误后,加盖医疗机构证明印记。

第二十三条 医疗机构复制病历资料,可以按照规定收取工本费。

第五章 病历的封存与启封

第二十四条 依法需要封存病历时,应当在医疗机构或者其委托代理人、患者或者其代理人在场的情况下,对病历共同进行确认,签封病历复制件。

医疗机构申请封存病历时,医疗机构应当告知患者或者其代理人共同实施病历封存;但患者或者其代理人拒绝或者放弃实施病历封存的,医疗机构可以在公证机构公证的情况下,对病历进行确认,由公证机构签封病历复制件。

第二十五条 医疗机构负责封存病历复制件的保管。

第二十六条 封存后病历的原件可以继续记录和使用。

按照《病历书写基本规范》和《中医病历书写基本规范》要求,病历尚未完成,需要封存病历时,可以对已完成病历先行封存,当医师按照规定完成病历后,再对新完成部分进行封存。

第二十七条 开启封存病历应当在签封各方在场的情况下实施。

第六章 病历的保存

第二十八条 医疗机构可以采用符合档案管理要求的缩微技术等对纸质病历进行处理后保存。

第二十九条 门(急)诊病历由医疗机构保管的,保存时间自患者最后一次就诊之日起不少于15年;住院病历保存时间自患者最后一次住院出院之日起不少于30年。

第三十条 医疗机构变更名称时,所保管的病历应当由变更后医疗机构继续保管。

医疗机构撤销后,所保管的病历可以由省级卫生计生行政部门、中医药管理部门或者省级卫生计生行政部门、中医药管理部门指定的机构按照规定妥善保管。

第七章 附 则

第三十一条 本规定由国家卫生计生委负责解释。

第三十二条 本规定自2014年1月1日起施行。原卫生部和国家中医药管理局于2002年公布的《医疗机构病历管理规定》(卫医发〔2002〕193号)同时废止。

病历书写基本规范

· 2010年1月22日

· 卫医政发〔2010〕11号

第一章 基本要求

第一条 病历是指医务人员在医疗活动过程中形成的文字、符号、图表、影像、切片等资料的总和,包括门(急)诊病历和住院病历。

第二条 病历书写是指医务人员通过问诊、查体、辅助检查、诊断、治疗、护理等医疗活动获得有关资料,并进行归纳、分析、整理形成医疗活动记录的行为。

第三条 病历书写应当客观、真实、准确、及时、完整、规范。

第四条 病历书写应当使用蓝黑墨水、碳素墨水,需复写的病历资料可以使用蓝或黑色油水的圆珠笔。计算机打印的病历应当符合病历保存的要求。

第五条 病历书写应当使用中文,通用的外文缩写和无正式中文译名的症状、体征、疾病名称等可以使用外文。

第六条 病历书写应规范使用医学术语,文字工整,字迹清晰,表述准确,语句通顺,标点正确。

第七条 病历书写过程中出现错字时,应当用双线划在错字上,保留原记录清楚、可辨,并注明修改时间,修改人签名。不得采用刮、粘、涂等方法掩盖或去除原来的字迹。

上级医务人员有审查修改下级医务人员书写的病历的责任。

第八条 病历应当按照规定的内容书写,并由相应医务人员签名。

实习医务人员、试用期医务人员书写的病历,应当经过本医疗机构注册的医务人员审阅、修改并签名。

进修医务人员由医疗机构根据其胜任本专业工作实际情况认定后书写病历。

第九条 病历书写一律使用阿拉伯数字书写日期和时间,采用24小时制记录。

第十条 对需取得患者书面同意方可进行的医疗活动,应当由患者本人签署知情同意书。患者不具备完全民事行为能力时,应当由其法定代理人签字;患者因病无法签字时,应当由其授权的人员签字;为抢救患者,在法定代理人或被授权人无法及时签字的情况下,可由医疗机构负责人或者授权的负责人签字。

因实施保护性医疗措施不宜向患者说明情况的,应当将有关情况告知患者近亲属,由患者近亲属签署知情同意书,并及时记录。患者无近亲属的或者患者近亲属无法签署同意书的,由患者的法定代理人或者关系人签署同意书。

第二章　门(急)诊病历书写内容及要求

第十一条　门(急)诊病历内容包括门(急)诊病历首页(门(急)诊手册封面)、病历记录、化验单(检验报告)、医学影像检查资料等。

第十二条　门(急)诊病历首页内容应当包括患者姓名、性别、出生年月日、民族、婚姻状况、职业、工作单位、住址、药物过敏史等项目。

门诊手册封面内容应当包括患者姓名、性别、年龄、工作单位或住址、药物过敏史等项目。

第十三条　门(急)诊病历记录分为初诊病历记录和复诊病历记录。

初诊病历记录书写内容应当包括就诊时间、科别、主诉、现病史、既往史，阳性体征、必要的阴性体征和辅助检查结果，诊断及治疗意见和医师签名等。

复诊病历记录书写内容应当包括就诊时间、科别、主诉、病史、必要的体格检查和辅助检查结果、诊断、治疗处理意见和医师签名等。

急诊病历书写就诊时间应当具体到分钟。

第十四条　门(急)诊病历记录应当由接诊医师在患者就诊时及时完成。

第十五条　急诊留观记录是急诊患者因病情需要留院观察期间的记录，重点记录观察期间病情变化和诊疗措施，记录简明扼要，并注明患者去向。抢救危重患者时，应当书写抢救记录。门(急)诊抢救记录书写内容及要求按照住院病历抢救记录书写内容及要求执行。

第三章　住院病历书写内容及要求

第十六条　住院病历内容包括住院病案首页、入院记录、病程记录、手术同意书、麻醉同意书、输血治疗知情同意书、特殊检查(特殊治疗)同意书、病危(重)通知书、医嘱单、辅助检查报告单、体温单、医学影像检查资料、病理资料等。

第十七条　入院记录是指患者入院后，由经治医师通过问诊、查体、辅助检查获得有关资料，并对这些资料归纳分析书写而成的记录。可分为入院记录、再次或多次入院记录、24小时内入出院记录、24小时内入院死亡记录。

入院记录、再次或多次入院记录应当于患者入院后24小时内完成；24小时内入出院记录应当于患者出院后24小时内完成，24小时内入院死亡记录应当于患者死亡后24小时内完成。

第十八条　入院记录的要求及内容。

(一)患者一般情况包括姓名、性别、年龄、民族、婚姻状况、出生地、职业、入院时间、记录时间、病史陈述者。

(二)主诉是指促使患者就诊的主要症状(或体征)及持续时间。

(三)现病史是指患者本次疾病的发生、演变、诊疗等方面的详细情况，应当按时间顺序书写。内容包括发病情况、主要症状特点及其发展变化情况、伴随症状、发病后诊疗经过及结果、睡眠和饮食等一般情况的变化，以及与鉴别诊断有关的阳性或阴性资料等。

1. 发病情况：记录发病的时间、地点、起病缓急、前驱症状、可能的原因或诱因。

2. 主要症状特点及其发展变化情况：按发生的先后顺序描述主要症状的部位、性质、持续时间、程度、缓解或加剧因素，以及演变发展情况。

3. 伴随症状：记录伴随症状，描述伴随症状与主要症状之间的相互关系。

4. 发病以来诊治经过及结果：记录患者发病后到入院前，在院内、外接受检查与治疗的详细经过及效果。对患者提供的药名、诊断和手术名称需加引号(“”)以示区别。

5. 发病以来一般情况：简要记录患者发病后的精神状态、睡眠、食欲、大小便、体重等情况。

与本次疾病虽无紧密关系、但仍需治疗的其他疾病情况，可在现病史后另起一段予以记录。

(四)既往史是指患者过去的健康和疾病情况。内容包括既往一般健康状况、疾病史、传染病史、预防接种史、手术外伤史、输血史、食物或药物过敏史等。

(五)个人史，婚育史、月经史，家族史。

1. 个人史：记录出生地及长期居留地，生活习惯及有无烟、酒、药物等嗜好，职业与工作条件及有无工业毒物、粉尘、放射性物质接触史，有无冶游史。

2. 婚育史、月经史：婚姻状况、结婚年龄、配偶健康状况、有无子女等。女性患者记录初潮年龄、行经期天数、间隔天数、末次月经时间(或闭经年龄)，月经量、痛经及生育等情况。

3. 家族史：父母、兄弟、姐妹健康状况，有无与患者类似疾病，有无家族遗传倾向的疾病。

（六）体格检查应当按照系统循序进行书写。内容包括体温、脉搏、呼吸、血压，一般情况，皮肤、粘膜，全身浅表淋巴结，头部及其器官，颈部，胸部（胸廓、肺部、心脏、血管），腹部（肝、脾等），直肠肛门，外生殖器，脊柱，四肢，神经系统等。

（七）专科情况应当根据专科需要记录专科特殊情况。

（八）辅助检查指入院前所作的与本次疾病相关的主要检查及其结果。应分类按检查时间顺序记录检查结果，如系在其他医疗机构所作检查，应当写明该机构名称及检查号。

（九）初步诊断是指经治医师根据患者入院时情况，综合分析所作出的诊断。如初步诊断为多项时，应当主次分明。对待查病例应列出可能性较大的诊断。

（十）书写入院记录的医师签名。

第十九条 再次或多次入院记录，是指患者因同一种疾病再次或多次住入同一医疗机构时书写的记录。要求及内容基本同入院记录。主诉是记录患者本次入院的主要症状（或体征）及持续时间；现病史中要求首先对本次住院前历次有关住院诊疗经过进行小结，然后再书写本次入院的现病史。

第二十条 患者入院不足24小时出院的，可以书写24小时内入出院记录。内容包括患者姓名、性别、年龄、职业、入院时间、出院时间、主诉、入院情况、入院诊断、诊疗经过、出院情况、出院诊断、出院医嘱，医师签名等。

第二十一条 患者入院不足24小时死亡的，可以书写24小时内入院死亡记录。内容包括患者姓名、性别、年龄、职业、入院时间、死亡时间、主诉、入院情况、入院诊断、诊疗经过（抢救经过）、死亡原因、死亡诊断，医师签名等。

第二十二条 病程记录是指继入院记录之后，对患者病情和诊疗过程所进行的连续性记录。内容包括患者的病情变化情况、重要的辅助检查结果及临床意义、上级医师查房意见、会诊意见、医师分析讨论意见、所采取的诊疗措施及效果、医嘱更改及理由、向患者及其近亲属告知的重要事项等。

病程记录的要求及内容：

（一）首次病程记录是指患者入院后由经治医师或值班医师书写的第一次病程记录，应当在患者入院8小时内完成。首次病程记录的内容包括病例特点、拟诊讨论（诊断依据及鉴别诊断）、诊疗计划等。

1. 病例特点：应当在对病史、体格检查和辅助检查进行全面分析、归纳和整理后写出本病例特征，包括阳性发现和具有鉴别诊断意义的阴性症状和体征等。

2. 拟诊讨论（诊断依据及鉴别诊断）：根据病例特点，提出初步诊断和诊断依据；对诊断不明的写出鉴别诊断并进行分析；并对下一步诊治措施进行分析。

3. 诊疗计划：提出具体的检查及治疗措施安排。

（二）日常病程记录是指对患者住院期间诊疗过程的经常性、连续性记录。由经治医师书写，也可以由实习医务人员或试用期医务人员书写，但应有经治医师签名。书写日常病程记录时，首先标明记录时间，另起一行记录具体内容。对病危患者应当根据病情变化随时书写病程记录，每天至少1次，记录时间应当具体到分钟。对病重患者，至少2天记录一次病程记录。对病情稳定的患者，至少3天记录一次病程记录。

（三）上级医师查房记录是指上级医师查房时对患者病情、诊断、鉴别诊断、当前治疗措施疗效的分析及下一步诊疗意见等的记录。

主治医师首次查房记录应当于患者入院48小时内完成。内容包括查房医师的姓名、专业技术职务、补充的病史和体征、诊断依据与鉴别诊断的分析及诊疗计划等。

主治医师日常查房记录间隔时间视病情和诊疗情况确定，内容包括查房医师的姓名、专业技术职务、对病情的分析和诊疗意见等。

科主任或具有副主任医师以上专业技术职务任职资格医师查房的记录，内容包括查房医师的姓名、专业技术职务、对病情的分析和诊疗意见等。

（四）疑难病例讨论记录是指由科主任或具有副主任医师以上专业技术任职资格的医师主持、召集有关医务人员对确诊困难或疗效不确切病例讨论的记录。内容包括讨论日期、主持人、参加人员姓名及专业技术职务、具体讨论意见及主持人小结意见等。

（五）交（接）班记录是指患者经治医师发生变

更之际,交班医师和接班医师分别对患者病情及诊疗情况进行简要总结的记录。交班记录应当在交班前由交班医师书写完成;接班记录应当由接班医师于接班后24小时内完成。交(接)班记录的内容包括入院日期、交班或接班日期、患者姓名、性别、年龄、主诉、入院情况、入院诊断、诊疗经过、目前情况、目前诊断、交班注意事项或接班诊疗计划、医师签名等。

(六)转科记录是指患者住院期间需要转科时,经转入科室医师会诊并同意接收后,由转出科室和转入科室医师分别书写的记录。包括转出记录和转入记录。转出记录由转出科室医师在患者转出科室前书写完成(紧急情况除外);转入记录由转入科室医师于患者转入后24小时内完成。转科记录内容包括入院日期、转出或转入日期,转出、转入科室,患者姓名、性别、年龄、主诉、入院情况、入院诊断、诊疗经过、目前情况、目前诊断、转科目的及注意事项或转入诊疗计划、医师签名等。

(七)阶段小结是指患者住院时间较长,由经治医师每月所作病情及诊疗情况总结。阶段小结的内容包括入院日期、小结日期,患者姓名、性别、年龄、主诉、入院情况、入院诊断、诊疗经过、目前情况、目前诊断、诊疗计划、医师签名等。

交(接)班记录、转科记录可代替阶段小结。

(八)抢救记录是指患者病情危重,采取抢救措施时作的记录。因抢救急危患者,未能及时书写病历的,有关医务人员应当在抢救结束后6小时内据实补记,并加以注明。内容包括病情变化情况、抢救时间及措施、参加抢救的医务人员姓名及专业技术职称等。记录抢救时间应当具体到分钟。

(九)有创诊疗操作记录是指在临床诊疗活动过程中进行的各种诊断、治疗性操作(如胸腔穿刺、腹腔穿刺等)的记录。应当在操作完成后即刻书写。内容包括操作名称、操作时间、操作步骤、结果及患者一般情况,记录过程是否顺利、有无不良反应,术后注意事项及是否向患者说明,操作医师签名。

(十)会诊记录(含会诊意见)是指患者在住院期间需要其他科室或者其他医疗机构协助诊疗时,分别由申请医师和会诊医师书写的记录。会诊记录应另页书写。内容包括申请会诊记录和会诊意见记录。申请会诊记录应当简要载明患者病情及诊疗情况、申请会诊的理由和目的,申请会诊医师签名等。常规会诊意见记录应当由会诊医师在会诊申请发出后48小时内完成,急会诊时会诊医师应当在会诊申请发出后10分钟内到场,并在会诊结束后即刻完成会诊记录。会诊记录内容包括会诊意见、会诊医师所在的科别或者医疗机构名称、会诊时间及会诊医师签名等。申请会诊医师应在病程记录中记录会诊意见执行情况。

(十一)术前小结是指在患者手术前,由经治医师对患者病情所作的总结。内容包括简要病情、术前诊断、手术指征、拟施手术名称和方式、拟施麻醉方式、注意事项,并记录手术者术前查看患者相关情况等。

(十二)术前讨论记录是指因患者病情较重或手术难度较大,手术前在上级医师主持下,对拟实施手术方式和术中可能出现的问题及应对措施所作的讨论。讨论内容包括术前准备情况、手术指征、手术方案、可能出现的意外及防范措施、参加讨论者的姓名及专业技术职务、具体讨论意见及主持人小结意见、讨论日期、记录者的签名等。

(十三)麻醉术前访视记录是指在麻醉实施前,由麻醉医师对患者拟施麻醉进行风险评估的记录。麻醉术前访视可另立单页,也可在病程中记录。内容包括姓名、性别、年龄、科别、病案号,患者一般情况、简要病史、与麻醉相关的辅助检查结果、拟行手术方式、拟行麻醉方式、麻醉适应证及麻醉中需注意的问题、术前麻醉医嘱、麻醉医师签字并填写日期。

(十四)麻醉记录是指麻醉医师在麻醉实施中书写的麻醉经过及处理措施的记录。麻醉记录应当另页书写,内容包括患者一般情况、术前特殊情况、麻醉前用药、术前诊断、术中诊断、手术方式及日期、麻醉方式、麻醉诱导及各项操作开始及结束时间、麻醉期间用药名称、方式及剂量、麻醉期间特殊或突发情况及处理、手术起止时间、麻醉医师签名等。

(十五)手术记录是指手术者书写的反映手术一般情况、手术经过、术中发现及处理等情况的特殊记录,应当在术后24小时内完成。特殊情况下由第一助手书写时,应有手术者签名。手术记录应当另页书写,内容包括一般项目(患者姓名、性别、科别、病房、床位号、住院病历号或病案号)、手术日期、术前诊断、术中诊断、手术名称、手术者及助手姓名、麻醉方法、手术经过、术中出现的情况及处理等。

（十六）手术安全核查记录是指由手术医师、麻醉医师和巡回护士三方，在麻醉实施前、手术开始前和病人离室前，共同对病人身份、手术部位、手术方式、麻醉及手术风险、手术使用物品清点等内容进行核对的记录，输血的病人还应对血型、用血量进行核对。应有手术医师、麻醉医师和巡回护士三方核对、确认并签字。

（十七）手术清点记录是指巡回护士对手术患者术中所用血液、器械、敷料等的记录，应当在手术结束后即时完成。手术清点记录应当另页书写，内容包括患者姓名、住院病历号（或病案号）、手术日期、手术名称、术中所用各种器械和敷料数量的清点核对、巡回护士和手术器械护士签名等。

（十八）术后首次病程记录是指参加手术的医师在患者术后即时完成的病程记录。内容包括手术时间、术中诊断、麻醉方式、手术方式、手术简要经过、术后处理措施、术后应当特别注意观察的事项等。

（十九）麻醉术后访视记录是指麻醉实施后，由麻醉医师对术后患者麻醉恢复情况进行访视的记录。麻醉术后访视可另立单页，也可在病程中记录。内容包括姓名、性别、年龄、科别、病案号，患者一般情况、麻醉恢复情况、清醒时间、术后医嘱、是否拔除气管插管等，如有特殊情况应详细记录，麻醉医师签字并填写日期。

（二十）出院记录是指经治医师对患者此次住院期间诊疗情况的总结，应当在患者出院后 24 小时内完成。内容主要包括入院日期、出院日期、入院情况、入院诊断、诊疗经过、出院诊断、出院情况、出院医嘱、医师签名等。

（二十一）死亡记录是指经治医师对死亡患者住院期间诊疗和抢救经过的记录，应当在患者死亡后 24 小时内完成。内容包括入院日期、死亡时间、入院情况、入院诊断、诊疗经过（重点记录病情演变、抢救经过）、死亡原因、死亡诊断等。记录死亡时间应当具体到分钟。

（二十二）死亡病例讨论记录是指在患者死亡一周内，由科主任或具有副主任医师以上专业技术职务任职资格的医师主持，对死亡病例进行讨论、分析的记录。内容包括讨论日期、主持人及参加人员姓名、专业技术职务、具体讨论意见及主持人小结意见、记录者的签名等。

（二十三）病重（病危）患者护理记录是指护士根据医嘱和病情对病重（病危）患者住院期间护理过程的客观记录。病重（病危）患者护理记录应当根据相应专科的护理特点书写。内容包括患者姓名、科别、住院病历号（或病案号）、床位号、页码、记录日期和时间、出入液量、体温、脉搏、呼吸、血压等病情观察、护理措施和效果、护士签名等。记录时间应当具体到分钟。

第二十三条 手术同意书是指手术前，经治医师向患者告知拟施手术的相关情况，并由患者签署是否同意手术的医学文书。内容包括术前诊断、手术名称、术中或术后可能出现的并发症、手术风险、患者签署意见并签名、经治医师和术者签名等。

第二十四条 麻醉同意书是指麻醉前，麻醉医师向患者告知拟施麻醉的相关情况，并由患者签署是否同意麻醉意见的医学文书。内容包括患者姓名、性别、年龄、病案号、科别、术前诊断、拟行手术方式、拟行麻醉方式，患者基础疾病及可能对麻醉产生影响的特殊情况，麻醉中拟行的有创操作和监测，麻醉风险、可能发生的并发症及意外情况，患者签署意见并签名、麻醉医师签名并填写日期。

第二十五条 输血治疗知情同意书是指输血前，经治医师向患者告知输血的相关情况，并由患者签署是否同意输血的医学文书。输血治疗知情同意书内容包括患者姓名、性别、年龄、科别、病案号、诊断、输血指征、拟输血成份、输血前有关检查结果、输血风险及可能产生的不良后果、患者签署意见并签名、医师签名并填写日期。

第二十六条 特殊检查、特殊治疗同意书是指在实施特殊检查、特殊治疗前，经治医师向患者告知特殊检查、特殊治疗的相关情况，并由患者签署是否同意检查、治疗的医学文书。内容包括特殊检查、特殊治疗项目名称、目的、可能出现的并发症及风险、患者签名、医师签名等。

第二十七条 病危（重）通知书是指因患者病情危、重时，由经治医师或值班医师向患者家属告知病情，并由患方签名的医疗文书。内容包括患者姓名、性别、年龄、科别，目前诊断及病情危重情况，患方签名、医师签名并填写日期。一式两份，一份交患方保存，另一份归病历中保存。

第二十八条 医嘱是指医师在医疗活动中下达的医学指令。医嘱单分为长期医嘱单和临时医嘱单。

长期医嘱单内容包括患者姓名、科别、住院病历号(或病案号)、页码、起始日期和时间、长期医嘱内容、停止日期和时间、医师签名、执行时间、执行护士签名。临时医嘱单内容包括医嘱时间、临时医嘱内容、医师签名、执行时间、执行护士签名等。

医嘱内容及起始、停止时间应当由医师书写。医嘱内容应当准确、清楚,每项医嘱应当只包含一个内容,并注明下达时间,应当具体到分钟。医嘱不得涂改。需要取消时,应当使用红色墨水标注“取消”字样并签名。

一般情况下,医师不得下达口头医嘱。因抢救急危患者需要下达口头医嘱时,护士应当复诵一遍。抢救结束后,医师应当即刻据实补记医嘱。

第二十九条 辅助检查报告单是指患者住院期间所做各项检验、检查结果的记录。内容包括患者姓名、性别、年龄、住院病历号(或病案号)、检查项目、检查结果、报告日期、报告人员签名或者印章等。

第三十条 体温单为表格式,以护士填写为主。内容包括患者姓名、科室、床号、入院日期、住院病历号(或病案号)、日期、手术后天数、体温、脉搏、呼吸、血压、大便次数、出入液量、体重、住院周数等。

第四章 打印病历内容及要求

第三十一条 打印病历是指应用字处理软件编辑生成并打印的病历(如 Word 文档、WPS 文档等)。打印病历应当按照本规定的内容录入并及时打印,由相应医务人员手写签名。

第三十二条 医疗机构打印病历应当统一纸张、字体、字号及排版格式。打印字迹应清楚易认,符合病历保存期限和复印的要求。

第三十三条 打印病历编辑过程中应当按照权限要求进行修改,已完成录入打印并签名的病历不得修改。

第五章 其 他

第三十四条 住院病案首页按照《卫生部关于修订下发住院病案首页的通知》(卫医发〔2001〕286 号)的规定书写。

第三十五条 特殊检查、特殊治疗按照《医疗机构管理条例实施细则》(1994 年卫生部令第 35 号)有关规定执行。

第三十六条 中医病历书写基本规范由国家中医药管理局另行制定。

第三十七条 电子病历基本规范由卫生部另行制定。

第三十八条 本规范自 2010 年 3 月 1 日起施行。我部于 2002 年颁布的《病历书写基本规范(试行)》(卫医发〔2002〕190 号)同时废止。

中医病历书写基本规范

· 2010 年 6 月 11 日

· 国中医药医政发〔2010〕29 号

第一章 基本要求

第一条 病历是指医务人员在医疗活动过程中形成的文字、符号、图表、影像、切片等资料的总和,包括门(急)诊病历和住院病历。

第二条 中医病历书写是指医务人员通过望、闻、问、切及查体、辅助检查、诊断、治疗、护理等医疗活动获得有关资料,并进行归纳、分析、整理形成医疗活动记录的行为。

第三条 病历书写应当客观、真实、准确、及时、完整、规范。

第四条 病历书写应当使用蓝黑墨水、碳素墨水,需复写的病历资料可以使用蓝或黑色油水的圆珠笔。计算机打印的病历应当符合病历保存的要求。

第五条 病历书写应当使用中文,通用的外文缩写和无正式中文译名的症状、体征、疾病名称等可以使用外文。

第六条 病历书写应规范使用医学术语,中医术语的使用依照相关标准、规范执行。要求文字工整,字迹清晰,表述准确,语句通顺,标点正确。

第七条 病历书写过程中出现错字时,应当用双线划在错字上,保留原记录清楚、可辨,并注明修改时间,修改人签名。不得采用刮、粘、涂等方法掩盖或去除原来的字迹。

上级医务人员有审查修改下级医务人员书写的病历的责任。

第八条 病历应当按照规定的内容书写，并由相应医务人员签名。

实习医务人员、试用期医务人员书写的病历，应当经过本医疗机构注册的医务人员审阅、修改并签名。

进修医务人员由医疗机构根据其胜任本专业工作实际情况认定后书写病历。

第九条 病历书写一律使用阿拉伯数字书写日期和时间，采用24小时制记录。

第十条 病历书写中涉及的诊断，包括中医诊断和西医诊断，其中中医诊断包括疾病诊断与证候诊断。

中医治疗应当遵循辨证论治的原则。

第十一条 对需取得患者书面同意方可进行的医疗活动，应当由患者本人签署知情同意书。患者不具备完全民事行为能力时，应当由其法定代理人签字；患者因病无法签字时，应当由其授权的人员签字；为抢救患者，在法定代理人或被授权人无法及时签字的情况下，可由医疗机构负责人或者授权的负责人签字。

因实施保护性医疗措施不宜向患者说明情况的，应当将有关情况告知患者近亲属，由患者近亲属签署知情同意书，并及时记录。患者无近亲属的或者患者近亲属无法签署同意书的，由患者的法定代理人或者关系人签署同意书。

第二章 门(急)诊病历书写内容及要求

第十二条 门(急)诊病历内容包括门(急)诊病历首页(门(急)诊手册封面)、病历记录、化验单(检验报告)、医学影像检查资料等。

第十三条 门(急)诊病历首页内容应当包括患者姓名、性别、出生年月日、民族、婚姻状况、职业、工作单位、住址、药物过敏史等项目。

门诊手册封面内容应当包括患者姓名、性别、年龄、工作单位或住址、药物过敏史等项目。

第十四条 门(急)诊病历记录分为初诊病历记录和复诊病历记录。

初诊病历记录书写内容应当包括就诊时间、科别、主诉、现病史、既往史，中医四诊情况，阳性体征、必要的阴性体征和辅助检查结果，诊断及治疗意见和医师签名等。

复诊病历记录书写内容应当包括就诊时间、科别、中医四诊情况，必要的体格检查和辅助检查结果、诊断、治疗处理意见和医师签名等。

急诊病历书写就诊时间应当具体到分钟。

第十五条 门(急)诊病历记录应当由接诊医师在患者就诊时及时完成。

第十六条 急诊留观记录是急诊患者因病情需要留院观察期间的记录，重点记录观察期间病情变化和诊疗措施，记录简明扼要，并注明患者去向。实施中医治疗的，应记录中医四诊、辨证施治情况等。抢救危重患者时，应当书写抢救记录。门(急)诊抢救记录书写内容及要求按照住院病历抢救记录书写内容及要求执行。

第三章 住院病历书写内容及要求

第十七条 住院病历内容包括住院病案首页、入院记录、病程记录、手术同意书、麻醉同意书、输血治疗知情同意书、特殊检查(特殊治疗)同意书、病危(重)通知书、医嘱单、辅助检查报告单、体温单、医学影像检查资料、病理资料等。

第十八条 入院记录是指患者入院后，由经治医师通过望、闻、问、切及查体、辅助检查获得有关资料，并对这些资料归纳分析书写而成的记录。可分为入院记录、再次或多次入院记录、24小时内入出院记录、24小时内入院死亡记录。

入院记录、再次或多次入院记录应当于患者入院后24小时内完成；24小时内入出院记录应当于患者出院后24小时内完成，24小时内入院死亡记录应当于患者死亡后24小时内完成。

第十九条 入院记录的要求及内容。

(一)患者一般情况包括姓名、性别、年龄、民族、婚姻状况、出生地、职业、入院时间、记录时间、发病节气、病史陈述者。

(二)主诉是指促使患者就诊的主要症状(或体征)及持续时间。

(三)现病史是指患者本次疾病的发生、演变、诊疗等方面的详细情况，应当按时间顺序书写，并结合中医问诊，记录目前情况。内容包括发病情况、主要症状特点及其发展变化情况、伴随症状、发病后诊疗经过及结果、睡眠和饮食等一般情况的变化，以及与鉴别诊断有关的阳性或阴性资料等。

1. 发病情况：记录发病的时间、地点、起病缓急、前驱症状、可能的原因或诱因。

2. 主要症状特点及其发展变化情况：按发生的先后顺序描述主要症状的部位、性质、持续时间、程度、缓解或加剧因素，以及演变发展情况。

3. 伴随症状：记录伴随症状，描述伴随症状与主要症状之间的相互关系。

4. 发病以来诊治经过及结果：记录患者发病后到入院前，在院内、外接受检查与治疗的详细经过及效果。对患者提供的药名、诊断和手术名称需加引号（“”）以示区别。

5. 发病以来一般情况：结合十问简要记录患者发病后的寒热、饮食、睡眠、情志、二便、体重等情况。

与本次疾病虽无紧密关系、但仍需治疗的其他疾病情况，可在现病史后另起一段予以记录。

（四）既往史是指患者过去的健康和疾病情况。内容包括既往一般健康状况、疾病史、传染病史、预防接种史、手术外伤史、输血史、食物或药物过敏史等。

（五）个人史，婚育史、月经史，家族史。

1. 个人史：记录出生地及长期居留地，生活习惯及有无烟、酒、药物等嗜好，职业与工作条件及有无工业毒物、粉尘、放射性物质接触史，有无冶游史。

2. 婚育史、月经史：婚姻状况、结婚年龄、配偶健康状况、有无子女等。女性患者记录经带胎产史，初潮年龄、行经期天数、间隔天数、末次月经时间（或闭经年龄），月经量、痛经及生育等情况。

3. 家族史：父母、兄弟、姐妹健康状况，有无与患者类似疾病，有无家族遗传倾向的疾病。

（六）中医望、闻、切诊应当记录神色、形态、语声、气息、舌象、脉象等。

（七）体格检查应当按照系统循序进行书写。内容包括体温、脉搏、呼吸、血压，一般情况皮肤、粘膜，全身浅表淋巴结，头部及其器官，颈部，胸部（胸廓、肺部、心脏、血管），腹部（肝、脾等），直肠肛门，外生殖器，脊柱，四肢，神经系统等。

（八）专科情况应当根据专科需要记录专科特殊情况。

（九）辅助检查指入院前所作的与本次疾病相关的主要检查及其结果。应分类按检查时间顺序记录检查结果，如系在其他医疗机构所作检查，应当写明该机构名称及检查号。

（十）初步诊断是指经治医师根据患者入院时情况，综合分析所作出的诊断。如初步诊断为多项时，应当主次分明。对待查病例应列出可能性较大的诊断。

（十一）书写入院记录的医师签名。

第二十条 再次或多次入院记录，是指患者因同一种疾病再次或多次住入同一医疗机构时书写的记录。要求及内容基本同入院记录。主诉是记录患者本次入院的主要症状（或体征）及持续时间；现病史中要求首先对本次住院前历次有关住院诊疗经过进行小结，然后再书写本次入院的现病史。

第二十一条 患者入院不足24小时出院的，可以书写24小时内入出院记录。内容包括患者姓名、性别、年龄、职业、入院时间、出院时间、主诉、入院情况、入院诊断、诊疗经过、出院情况、出院诊断、出院医嘱，医师签名等。

第二十二条 患者入院不足24小时死亡的，可以书写24小时内入院死亡记录。内容包括患者姓名、性别、年龄、职业、入院时间、死亡时间、主诉、入院情况、入院诊断、诊疗经过（抢救经过）、死亡原因、死亡诊断，医师签名等。

第二十三条 病程记录是指继入院记录之后，对患者病情和诊疗过程所进行的连续性记录。内容包括患者的病情变化情况及症候演变情况、重要的辅助检查结果及临床意义、上级医师查房意见、会诊意见、医师分析讨论意见、所采取的诊疗措施及效果、医嘱更改及理由、向患者及其近亲属告知的重要事项等。

中医方药记录格式参照中药饮片处方相关规定执行。

病程记录的要求及内容：

（一）首次病程记录是指患者入院后由经治医师或值班医师书写的第一次病程记录，应当在患者入院8小时内完成。首次病程记录的内容包括病例特点、拟诊讨论（诊断依据及鉴别诊断）、诊疗计划等。

1. 病例特点：应当在对病史、四诊情况、体格检查和辅助检查进行全面分析、归纳和整理后写出本病例特征，包括阳性发现和具有鉴别诊断意义的阴性症状和体征等。

2. 拟诊讨论（诊断依据及鉴别诊断）：根据病例特点，提出初步诊断和诊断依据；对诊断不明的写出鉴别诊断并进行分析；并对下一步诊治措施进行分析。诊断依据包括中医辨病辨证依据与西医诊断依据，鉴别诊断包括中医鉴别诊断与西医鉴别诊断。

3. 诊疗计划：提出具体的检查、中西医治疗措施及中医调护等。

（二）日常病程记录是指对患者住院期间诊疗过程的经常性、连续性记录。由经治医师书写，也可以由实习医务人员或试用期医务人员书写，但应有经治医师签名。书写日常病程记录时，首先标明记录时间，另起一行记录具体内容。对病危患者应当根据病情变化随时书写病程记录，每天至少1次，记录时间应当具体到分钟。对病重患者，至少2天记录一次病程记录。对病情稳定的患者，至少3天记录一次病程记录。

日常病程记录应反映四诊情况及治法、方药变化及其变化依据等。

（三）上级医师查房记录是指上级医师查房时对患者病情、诊断、鉴别诊断、当前治疗措施疗效的分析及下一步诊疗意见等的记录。

主治医师首次查房记录应当于患者入院48小时内完成。内容包括查房医师的姓名、专业技术职务、补充的病史和体征、理法方药分析、诊断依据与鉴别诊断的分析及诊疗计划等。

主治医师日常查房记录间隔时间视病情和诊疗情况确定，内容包括查房医师的姓名、专业技术职务、对病情的分析和诊疗意见等。

科主任或具有副主任医师以上专业技术职务任职资格医师查房的记录，内容包括查房医师的姓名、专业技术职务、对病情和理法方药的分析及诊疗意见等。

（四）疑难病例讨论记录是指由科主任或具有副主任医师以上专业技术任职资格的医师主持、召集有关医务人员对确诊困难或疗效不确切病例讨论的记录。内容包括讨论日期、主持人、参加人员姓名及专业技术职务、具体讨论意见及主持人小结意见等。

（五）交（接）班记录是指患者经治医师发生变更之际，交班医师和接班医师分别对患者病情及诊疗情况进行简要总结的记录。交班记录应当在交班前由交班医师书写完成；接班记录应当由接班医师于接班后24小时内完成。交（接）班记录的内容包括入院日期、交班或接班日期、患者姓名、性别、年龄、主诉、入院情况、入院诊断、诊疗经过、目前情况、目前诊断、交班注意事项或接班诊疗计划、医师签名等。

（六）转科记录是指患者住院期间需要转科时，经转入科室医师会诊并同意接收后，由转出科室和转入科室医师分别书写的记录。包括转出记录和转入记录。转出记录由转出科室医师在患者转出科室前书写完成（紧急情况除外）；转入记录由转入科室医师于患者转入后24小时内完成。转科记录内容包括入院日期、转出或转入日期，转出、转入科室，患者姓名、性别、年龄、主诉、入院情况、入院诊断、诊疗经过、目前情况、目前诊断、转科目的及注意事项或转入诊疗计划、医师签名等。

（七）阶段小结是指患者住院时间较长，由经治医师每月所作病情及诊疗情况总结。阶段小结的内容包括入院日期、小结日期，患者姓名、性别、年龄、主诉、入院情况、入院诊断、诊疗经过、目前情况、目前诊断、诊疗计划、医师签名等。

交（接）班记录、转科记录可代替阶段小结。

（八）抢救记录是指患者病情危重，采取抢救措施时作的记录。因抢救急危患者，未能及时书写病历的，有关医务人员应当在抢救结束后6小时内据实补记，并加以注明。内容包括病情变化情况、抢救时间及措施、参加抢救的医务人员姓名及专业技术职称等。记录抢救时间应当具体到分钟。

（九）有创诊疗操作记录是指在临床诊疗活动过程中进行的各种诊断、治疗性操作（如胸腔穿刺、腹腔穿刺等）的记录。应当在操作完成后即刻书写。内容包括操作名称、操作时间、操作步骤、结果及患者一般情况，记录过程是否顺利、有无不良反应，术后注意事项及是否向患者说明，操作医师签名。

（十）会诊记录（含会诊意见）是指患者在住院期间需要其他科室或者其他医疗机构协助诊疗时，分别由申请医师和会诊医师书写的记录。会诊记录应另页书写。内容包括申请会诊记录和会诊意见记录。申请会诊记录应当简要载明患者病情及诊疗情况、申请会诊的理由和目的，申请会诊医师签名等。常规会诊意见记录应当由会诊医师在会诊申请发出后48小时内完成，急会诊时会诊医师应当在会诊申请发出后10分钟内到场，并在会诊结束后即刻完成会诊记录。会诊记录内容包括会诊意见、会诊医师所在的科别或者医疗机构名称、会诊时间及会诊医师签名等。申请会诊医师应在病程记录中记录会诊意见执行情况。

（十一）术前小结是指在患者手术前，由经治医师对患者病情所作的总结。内容包括简要病情、术前诊断、手术指征、拟施手术名称和方式、拟施麻醉方式、注意事项，并记录手术者术前查看患者相关情况等。

（十二）术前讨论记录是指因患者病情较重或手术难度较大，手术前在上级医师主持下，对拟实施手术方式和术中可能出现的问题及应对措施所作的讨论。讨论内容包括术前准备情况、手术指征、手术方案、可能出现的意外及防范措施、参加讨论者的姓名及专业技术职务、具体讨论意见及主持人小结意见、讨论日期、记录者的签名等。

（十三）麻醉术前访视记录是指在麻醉实施前，由麻醉医师对患者拟施麻醉进行风险评估的记录。麻醉术前访视可另立单页，也可在病程中记录。内容包括姓名、性别、年龄、科别、病案号，患者一般情况、简要病史、与麻醉相关的辅助检查结果、拟行手术方式、拟行麻醉方式、麻醉适应证及麻醉中需注意的问题、术前麻醉医嘱、麻醉医师签字并填写日期。

（十四）麻醉记录是指麻醉医师在麻醉实施中书写的麻醉经过及处理措施的记录。麻醉记录应当另页书写，内容包括患者一般情况、术前特殊情况、麻醉前用药、术前诊断、术中诊断、手术方式及日期、麻醉方式、麻醉诱导及各项操作开始及结束时间、麻醉期间用药名称、方式及剂量、麻醉期间特殊或突发情况及处理、手术起止时间、麻醉医师签名等。

（十五）手术记录是指手术者书写的反映手术一般情况、手术经过、术中发现及处理等情况的特殊记录，应当在术后 24 小时内完成。特殊情况下由第一助手书写时，应有手术者签名。手术记录应当另页书写，内容包括一般项目（患者姓名、性别、科别、病房、床位号、住院病历号或病案号）、手术日期、术前诊断、术中诊断、手术名称、手术者及助手姓名、麻醉方法、手术经过、术中出现的情况及处理等。

（十六）手术安全核查记录是指由手术医师、麻醉医师和巡回护士三方，在麻醉实施前、手术开始前和病人离室前，共同对病人身份、手术部位、手术方式、麻醉及手术风险、手术使用物品清点等内容进行核对的记录，输血的病人还应对血型、用血量进行核对。应有手术医师、麻醉医师和巡回护士三方核对、确认并签字。

（十七）手术清点记录是指巡回护士对手术患者术中所用血液、器械、敷料等的记录，应当在手术结束后即时完成。手术清点记录应当另页书写，内容包括患者姓名、住院病历号（或病案号）、手术日期、手术名称、术中所用各种器械和敷料数量的清点核对、巡回护士和手术器械护士签名等。

（十八）术后首次病程记录是指参加手术的医师在患者术后即时完成的病程记录。内容包括手术时间、术中诊断、麻醉方式、手术方式、手术简要经过、术后处理措施、术后应当特别注意观察的事项等。

（十九）麻醉术后访视记录是指麻醉实施后，由麻醉医师对术后患者麻醉恢复情况进行访视的记录。麻醉术后访视可另立单页，也可在病程中记录。内容包括姓名、性别、年龄、科别、病案号，患者一般情况、麻醉恢复情况、清醒时间、术后医嘱、是否拔除气管插管等，如有特殊情况应详细记录，麻醉医师签字并填写日期。

（二十）出院记录是指经治医师对患者此次住院期间诊疗情况的总结，应当在患者出院后 24 小时内完成。内容主要包括入院日期、出院日期、入院情况、入院诊断、诊疗经过、出院诊断、出院情况、出院医嘱、中医调护、医师签名等。

（二十一）死亡记录是指经治医师对死亡患者住院期间诊疗和抢救经过的记录，应当在患者死亡后 24 小时内完成。内容包括入院日期、死亡时间、入院情况、入院诊断、诊疗经过（重点记录病情演变、抢救经过）、死亡原因、死亡诊断等。记录死亡时间应当具体到分钟。

（二十二）死亡病例讨论记录是指在患者死亡一周内，由科主任或具有副主任医师以上专业技术职务任职资格的医师主持，对死亡病例进行讨论、分析的记录。内容包括讨论日期、主持人及参加人员姓名、专业技术职务、具体讨论意见及主持人小结意见、记录者的签名等。

（二十三）病重（病危）患者护理记录是指护士根据医嘱和病情对病重（病危）患者住院期间护理过程的客观记录。病重（病危）患者护理记录应当根据相应专科的护理特点书写。内容包括患者姓名、科别、住院病历号(或病案号)、床位号、页码、记录日期和时间、出入液量、体温、脉搏、呼吸、血压等病情观察、护理措施和效果、护士签名等。记录时间应当具体到分钟。

采取中医护理措施应当体现辨证施护。

第二十四条 手术同意书是指手术前,经治医师向患者告知拟施手术的相关情况,并由患者签署是否同意手术的医学文书。内容包括术前诊断、手术名称、术中或术后可能出现的并发症、手术风险、患者签署意见并签名、经治医师和术者签名等。

第二十五条 麻醉同意书是指麻醉前,麻醉医师向患者告知拟施麻醉的相关情况,并由患者签署是否同意麻醉意见的医学文书。内容包括患者姓名、性别、年龄、病案号、科别、术前诊断、拟行手术方式、拟行麻醉方式,患者基础疾病及可能对麻醉产生影响的特殊情况,麻醉中拟行的有创操作和监测,麻醉风险、可能发生的并发症及意外情况,患者签署意见并签名、麻醉医师签名并填写日期。

第二十六条 输血治疗知情同意书是指输血前,经治医师向患者告知输血的相关情况,并由患者签署是否同意输血的医学文书。输血治疗知情同意书内容包括患者姓名、性别、年龄、科别、病案号、诊断、输血指征、拟输血成份、输血前有关检查结果、输血风险及可能产生的不良后果、患者签署意见并签名、医师签名并填写日期。

第二十七条 特殊检查、特殊治疗同意书是指在实施特殊检查、特殊治疗前,经治医师向患者告知特殊检查、特殊治疗的相关情况,并由患者签署是否同意检查、治疗的医学文书。内容包括特殊检查、特殊治疗项目名称、目的、可能出现的并发症及风险、患者签名、医师签名等。

第二十八条 病危(重)通知书是指因患者病情危、重时,由经治医师或值班医师向患者家属告知病情,并由患方签名的医疗文书。内容包括患者姓名、性别、年龄、科别,目前诊断及病情危重情况,患方签名、医师签名并填写日期。一式两份,一份交患方保存,另一份归病历中保存。

第二十九条 医嘱是指医师在医疗活动中下达的医学指令。医嘱单分为长期医嘱单和临时医嘱单。

长期医嘱单内容包括患者姓名、科别、住院病历号(或病案号)、页码、起始日期和时间、长期医嘱内容、停止日期和时间、医师签名、执行时间、执行护士签名。临时医嘱单内容包括医嘱时间、临时医嘱内容、医师签名、执行时间、执行护士签名等。

医嘱内容及起始、停止时间应当由医师书写。医嘱内容应当准确、清楚,每项医嘱应当只包含一个内容,并注明下达时间,应当具体到分钟。医嘱不得涂改。需要取消时,应当使用红色墨水标注"取消"字样并签名。

一般情况下,医师不得下达口头医嘱。因抢救急危患者需要下达口头医嘱时,护士应当复诵一遍。抢救结束后,医师应当即刻据实补记医嘱。

第三十条 辅助检查报告单是指患者住院期间所做各项检验、检查结果的记录。内容包括患者姓名、性别、年龄、住院病历号(或病案号)、检查项目、检查结果、报告日期、报告人员签名或者印章等。

第三十一条 体温单为表格式,以护士填写为主。内容包括患者姓名、科室、床号、入院日期、住院病历号(或病案号)、日期、手术后天数、体温、脉搏、呼吸、血压、大便次数、出入液量、体重、住院周数等。

第四章 打印病历内容及要求

第三十二条 打印病历是指应用字处理软件编辑生成并打印的病历(如 Word 文档、WPS 文档等)。打印病历应当按照本规定的内容录入并及时打印,由相应医务人员手写签名。

第三十三条 医疗机构打印病历应当统一纸张、字体、字号及排版格式。打印字迹应清楚易认,符合病历保存期限和复印的要求。

第三十四条 打印病历编辑过程中应当按照权限要求进行修改,已完成录入打印并签名的病历不得修改。

第五章 其 他

第三十五条 中医住院病案首页应当按照《国家中医药管理局关于修订印发中医住院病案首页的通知》(国中医药发〔2001〕6 号)的规定书写。

第三十六条 特殊检查、特殊治疗按照《医疗机构管理条例实施细则》(1994 年卫生部令第 35 号)有关规定执行。

第三十七条 中西医结合病历书写参照本规范执行。民族医病历书写基本规范由有关省、自治区、直辖市中医药行政管理部门依据本规范另行制定。

第三十八条 中医电子病历基本规范由国家中医药管理局另行制定。

第三十九条 本规范自2010年7月1日起施行。卫生部、国家中医药管理局于2002年颁布的《中医、中西医结合病历书写基本规范(试行)》(国中医药发〔2002〕36号)同时废止。

电子病历应用管理规范(试行)

· 2017年2月15日

· 国卫办医发〔2017〕8号

第一章 总 则

第一条 为规范医疗机构电子病历(含中医电子病历,下同)应用管理,满足临床工作需要,保障医疗质量和医疗安全,保证医患双方合法权益,根据《中华人民共和国执业医师法》、《中华人民共和国电子签名法》、《医疗机构管理条例》等法律法规,制定本规范。

第二条 实施电子病历的医疗机构,其电子病历的建立、记录、修改、使用、保存和管理等适用本规范。

第三条 电子病历是指医务人员在医疗活动过程中,使用信息系统生成的文字、符号、图表、图形、数字、影像等数字化信息,并能实现存储、管理、传输和重现的医疗记录,是病历的一种记录形式,包括门(急)诊病历和住院病历。

第四条 电子病历系统是指医疗机构内部支持电子病历信息的采集、存储、访问和在线帮助,并围绕提高医疗质量、保障医疗安全、提高医疗效率而提供信息处理和智能化服务功能的计算机信息系统。

第五条 国家卫生计生委和国家中医药管理局负责指导全国电子病历应用管理工作。地方各级卫生计生行政部门(含中医药管理部门)负责本行政区域内的电子病历应用监督管理工作。

第二章 电子病历的基本要求

第六条 医疗机构应用电子病历应当具备以下条件:

(一)具有专门的技术支持部门和人员,负责电子病历相关信息系统建设、运行和维护等工作;具有专门的管理部门和人员,负责电子病历的业务监管等工作;

(二)建立、健全电子病历使用的相关制度和规程;

(三)具备电子病历的安全管理体系和安全保障机制;

(四)具备对电子病历创建、修改、归档等操作的追溯能力;

(五)其他有关法律、法规、规范性文件及省级卫生计生行政部门规定的条件。

第七条 《医疗机构病历管理规定(2013年版)》、《病历书写基本规范》、《中医病历书写基本规范》适用于电子病历管理。

第八条 电子病历使用的术语、编码、模板和数据应当符合相关行业标准和规范的要求,在保障信息安全的前提下,促进电子病历信息有效共享。

第九条 电子病历系统应当为操作人员提供专有的身份标识和识别手段,并设置相应权限。操作人员对本人身份标识的使用负责。

第十条 有条件的医疗机构电子病历系统可以使用电子签名进行身份认证,可靠的电子签名与手写签名或盖章具有同等的法律效力。

第十一条 电子病历系统应当采用权威可靠时间源。

第三章 电子病历的书写与存储

第十二条 医疗机构使用电子病历系统进行病历书写,应当遵循客观、真实、准确、及时、完整、规范的原则。

门(急)诊病历书写内容包括门(急)诊病历首页、病历记录、化验报告、医学影像检查资料等。

住院病历书写内容包括住院病案首页、入院记录、病程记录、手术同意书、麻醉同意书、输血治疗知情同意书、特殊检查(特殊治疗)同意书、病危(重)通知单、医嘱单、辅助检查报告单、体温单、医学影像检查报告、病理报告单等。

第十三条 医疗机构应当为患者电子病历赋予唯一患者身份标识,以确保患者基本信息及其医疗记录的真实性、一致性、连续性、完整性。

第十四条 电子病历系统应当对操作人员进

行身份识别,并保存历次操作印痕,标记操作时间和操作人员信息,并保证历次操作印痕、标记操作时间和操作人员信息可查询、可追溯。

第十五条 医务人员采用身份标识登录电子病历系统完成书写、审阅、修改等操作并予以确认后,系统应当显示医务人员姓名及完成时间。

第十六条 电子病历系统应当设置医务人员书写、审阅、修改的权限和时限。实习医务人员、试用期医务人员记录的病历,应当由具有本医疗机构执业资格的上级医务人员审阅、修改并予确认。上级医务人员审阅、修改、确认电子病历内容时,电子病历系统应当进行身份识别、保存历次操作痕迹、标记准确的操作时间和操作人信息。

第十七条 电子病历应当设置归档状态,医疗机构应当按照病历管理相关规定,在患者门(急)诊就诊结束或出院后,适时将电子病历转为归档状态。电子病历归档后原则上不得修改,特殊情况下确需修改的,经医疗机构医务部门批准后进行修改并保留修改痕迹。

第十八条 医疗机构因存档等需要可以将电子病历打印后与非电子化的资料合并形成病案保存。具备条件的医疗机构可以对知情同意书、植入材料条形码等非电子化的资料进行数字化采集后纳入电子病历系统管理,原件另行妥善保存。

第十九条 门(急)诊电子病历由医疗机构保管的,保存时间自患者最后一次就诊之日起不少于15年;住院电子病历保存时间自患者最后一次出院之日起不少于30年。

第四章 电子病历的使用

第二十条 电子病历系统应当设置病历查阅权限,并保证医务人员查阅病历的需要,能够及时提供并完整呈现该患者的电子病历资料。呈现的电子病历应当显示患者个人信息、诊疗记录、记录时间及记录人员、上级审核人员的姓名等。

第二十一条 医疗机构应当为申请人提供电子病历的复制服务。医疗机构可以提供电子版或打印版病历。复制的电子病历文档应当可供独立读取,打印的电子病历纸质版应当加盖医疗机构病历管理专用章。

第二十二条 有条件的医疗机构可以为患者提供医学影像检查图像、手术录像、介入操作录像等电子资料复制服务。

第五章 电子病历的封存

第二十三条 依法需要封存电子病历时,应当在医疗机构或者其委托代理人、患者或者其代理人双方共同在场的情况下,对电子病历共同进行确认,并进行复制后封存。封存的电子病历复制件可以是电子版;也可以对打印的纸质版进行复印,并加盖病案管理章后进行封存。

第二十四条 封存的电子病历复制件应当满足以下技术条件及要求:

(一)储存于独立可靠的存储介质,并由医患双方或双方代理人共同签封;

(二)可在原系统内读取,但不可修改;

(三)操作痕迹、操作时间、操作人员信息可查询、可追溯;

(四)其他有关法律、法规、规范性文件和省级卫生计生行政部门规定的条件及要求。

第二十五条 封存后电子病历的原件可以继续使用。电子病历尚未完成,需要封存时,可以对已完成的电子病历先行封存,当医务人员按照规定完成后,再对新完成部分进行封存。

第六章 附 则

第二十六条 本规范所称的电子签名,是指《电子签名法》第二条规定的数据电文中以电子形式所含、所附用于识别签名人身份并表明签名人认可其中内容的数据。"可靠的电子签名"是指符合《电子签名法》第十三条有关条件的电子签名。

第二十七条 本规范所称电子病历操作人员包括使用电子病历系统的医务人员,维护、管理电子病历信息系统的技术人员和实施电子病历质量监管的行政管理人员。

第二十八条 本规范所称电子病历书写是指医务人员使用电子病历系统,对通过问诊、查体、辅助检查、诊断、治疗、护理等医疗活动获得的有关资料进行归纳、分析、整理形成医疗活动记录的行为。

第二十九条 省级卫生计生行政部门可根据本规范制定实施细则。

第三十条 《电子病历基本规范(试行)》(卫医政发〔2010〕24号)、《中医电子病历基本规范(试行)》(国中医药发〔2010〕18号)同时废止。

第三十一条 本规范自2017年4月1日起施行。

2. 诊疗活动

医疗技术临床应用管理办法

· 2018 年 8 月 13 日国家卫生健康委员会令第 1 号公布
· 自 2018 年 11 月 1 日起施行

第一章 总 则

第一条 为加强医疗技术临床应用管理，促进医学科学发展和医疗技术进步，保障医疗质量和患者安全，维护人民群众健康权益，根据有关法律法规，制定本办法。

第二条 本办法所称医疗技术，是指医疗机构及其医务人员以诊断和治疗疾病为目的，对疾病作出判断和消除疾病、缓解病情、减轻痛苦、改善功能、延长生命、帮助患者恢复健康而采取的医学专业手段和措施。

本办法所称医疗技术临床应用，是指将经过临床研究论证且安全性、有效性确切的医疗技术应用于临床，用以诊断或者治疗疾病的过程。

第三条 医疗机构和医务人员开展医疗技术临床应用应当遵守本办法。

第四条 医疗技术临床应用应当遵循科学、安全、规范、有效、经济、符合伦理的原则。

安全性、有效性不确切的医疗技术，医疗机构不得开展临床应用。

第五条 国家建立医疗技术临床应用负面清单管理制度，对禁止临床应用的医疗技术实施负面清单管理，对部分需要严格监管的医疗技术进行重点管理。其他临床应用的医疗技术由决定使用该类技术的医疗机构自我管理。

第六条 医疗机构对本机构医疗技术临床应用和管理承担主体责任。医疗机构开展医疗技术服务应当与其技术能力相适应。

医疗机构主要负责人是本机构医疗技术临床应用管理的第一责任人。

第七条 国家卫生健康委负责全国医疗技术临床应用管理工作。

县级以上地方卫生行政部门负责本行政区域内医疗技术临床应用监督管理工作。

第八条 鼓励卫生行业组织参与医疗技术临床应用质量控制、规范化培训和技术评估工作，各级卫生行政部门应当为卫生行业组织参与医疗技术临床应用管理创造条件。

第二章 医疗技术负面清单管理

第九条 医疗技术具有下列情形之一的，禁止应用于临床（以下简称禁止类技术）：

（一）临床应用安全性、有效性不确切；

（二）存在重大伦理问题；

（三）该技术已经被临床淘汰；

（四）未经临床研究论证的医疗新技术。

禁止类技术目录由国家卫生健康委制定发布或者委托专业组织制定发布，并根据情况适时予以调整。

第十条 禁止类技术目录以外并具有下列情形之一的，作为需要重点加强管理的医疗技术（以下简称限制类技术），由省级以上卫生行政部门严格管理：

（一）技术难度大、风险高，对医疗机构的服务能力、人员水平有较高专业要求，需要设置限定条件的；

（二）需要消耗稀缺资源的；

（三）涉及重大伦理风险的；

（四）存在不合理临床应用，需要重点管理的。

国家限制类技术目录及其临床应用管理规范由国家卫生健康委制定发布或者委托专业组织制定发布，并根据临床应用实际情况予以调整。

省级卫生行政部门可以结合本行政区域实际情况，在国家限制类技术目录基础上增补省级限制类技术相关项目，制定发布相关技术临床应用管理规范，并报国家卫生健康委备案。

第十一条 对限制类技术实施备案管理。医疗机构拟开展限制类技术临床应用的，应当按照相关医疗技术临床应用管理规范进行自我评估，符合条件的可以开展临床应用，并于开展首例临床应用之日起 15 个工作日内，向核发其《医疗机构执业许可证》的卫生行政部门备案。备案材料应当包括以下内容：

（一）开展临床应用的限制类技术名称和所具备的条件及有关评估材料；

（二）本机构医疗技术临床应用管理专门组织

和伦理委员会论证材料;

(三)技术负责人(限于在本机构注册的执业医师)资质证明材料。

备案部门应当自收到完整备案材料之日起15个工作日内完成备案,在该医疗机构的《医疗机构执业许可证》副本备注栏予以注明,并逐级上报至省级卫生行政部门。

第十二条 未纳入禁止类技术和限制类技术目录的医疗技术,医疗机构可以根据自身功能、任务、技术能力等自行决定开展临床应用,并应当对开展的医疗技术临床应用实施严格管理。

第十三条 医疗机构拟开展存在重大伦理风险的医疗技术,应当提请本机构伦理委员会审议,必要时可以咨询省级和国家医学伦理专家委员会。未经本机构伦理委员会审查通过的医疗技术,特别是限制类医疗技术,不得应用于临床。

第三章 管理与控制

第十四条 国家建立医疗技术临床应用质量管理与控制制度,充分发挥各级、各专业医疗质量控制组织的作用,以"限制类技术"为主加强医疗技术临床应用质量控制,对医疗技术临床应用情况进行日常监测与定期评估,及时向医疗机构反馈质控和评估结果,持续改进医疗技术临床应用质量。

第十五条 二级以上的医院、妇幼保健院及专科疾病防治机构医疗质量管理委员会应当下设医疗技术临床应用管理的专门组织,由医务、质量管理、药学、护理、院感、设备等部门负责人和具有高级技术职务任职资格的临床、管理、伦理等相关专业人员组成。该专门组织的负责人由医疗机构主要负责人担任,由医务部门负责日常管理工作,主要职责是:

(一)根据医疗技术临床应用管理相关的法律、法规、规章,制定本机构医疗技术临床应用管理制度并组织实施;

(二)审定本机构医疗技术临床应用管理目录和手术分级管理目录并及时调整;

(三)对首次应用于本机构的医疗技术组织论证,对本机构已经临床应用的医疗技术定期开展评估;

(四)定期检查本机构医疗技术临床应用管理各项制度执行情况,并提出改进措施和要求;

(五)省级以上卫生行政部门规定的其他职责。

其他医疗机构应当设立医疗技术临床应用管理工作小组,并指定专(兼)职人员负责本机构医疗技术临床应用管理工作。

第十六条 医疗机构应当建立本机构医疗技术临床应用管理制度,包括目录管理、手术分级、医师授权、质量控制、档案管理、动态评估等制度,保障医疗技术临床应用质量和安全。

第十七条 医疗机构开展医疗技术临床应用应当具有符合要求的诊疗科目、专业技术人员、相应的设备、设施和质量控制体系,并遵守相关技术临床应用管理规范。

第十八条 医疗机构应当制定本机构医疗技术临床应用管理目录并及时调整,对目录内的手术进行分级管理。手术管理按照国家关于手术分级管理的有关规定执行。

第十九条 医疗机构应当依法准予医务人员实施与其专业能力相适应的医疗技术,并为医务人员建立医疗技术临床应用管理档案,纳入个人专业技术档案管理。

第二十条 医疗机构应当建立医师手术授权与动态管理制度,根据医师的专业能力和培训情况,授予或者取消相应的手术级别和具体手术权限。

第二十一条 医疗机构应当建立医疗技术临床应用论证制度。对已证明安全有效,但属本机构首次应用的医疗技术,应当组织开展本机构技术能力和安全保障能力论证,通过论证的方可开展医疗技术临床应用。

第二十二条 医疗机构应当建立医疗技术临床应用评估制度,对限制类技术的质量安全和技术保证能力进行重点评估,并根据评估结果及时调整本机构医疗技术临床应用管理目录和有关管理要求。对存在严重质量安全问题或者不再符合有关技术管理要求的,要立即停止该项技术的临床应用。

医疗机构应当根据评估结果,及时调整本机构医师相关技术临床应用权限。

第二十三条 医疗机构应当为医务人员参加医疗技术临床应用规范化培训创造条件,加强医疗技术临床应用管理人才队伍的建设和培养。

医疗机构应当加强首次在本医疗机构临床应

用的医疗技术的规范化培训工作。

第二十四条 医疗机构开展的限制类技术目录、手术分级管理目录和限制类技术临床应用情况应当纳入本机构院务公开范围，主动向社会公开，接受社会监督。

第二十五条 医疗机构在医疗技术临床应用过程中出现下列情形之一的，应当立即停止该项医疗技术的临床应用：

（一）该医疗技术被国家卫生健康委列为“禁止类技术”；

（二）从事该医疗技术的主要专业技术人员或者关键设备、设施及其他辅助条件发生变化，不能满足相关技术临床应用管理规范要求，或者影响临床应用效果；

（三）该医疗技术在本机构应用过程中出现重大医疗质量、医疗安全或者伦理问题，或者发生与技术相关的严重不良后果；

（四）发现该项医疗技术临床应用效果不确切，或者存在重大质量、安全或者伦理缺陷。

医疗机构出现第一款第二项、第三项情形，属于限制类技术的，应当立即将有关情况向核发其《医疗机构执业许可证》的卫生行政部门报告。卫生行政部门应当及时取消该医疗机构相应医疗技术临床应用备案，在该机构《医疗机构执业许可证》副本备注栏予以注明，并逐级向省级卫生行政部门报告。

医疗机构出现第一款第四项情形的，应当立即将有关情况向核发其《医疗机构执业许可证》的卫生行政部门和省级卫生行政部门报告。省级卫生行政部门应当立即组织对该项医疗技术临床应用情况进行核查，确属医疗技术本身存在问题的，可以暂停该项医疗技术在本地区的临床应用，并向国家卫生健康委报告。国家卫生健康委收到报告后，组织专家进行评估，决定需要采取的进一步管理措施。

第四章 培训与考核

第二十六条 国家建立医疗技术临床应用规范化培训制度。拟开展限制类技术的医师应当按照相关技术临床应用管理规范要求接受规范化培训。

国家卫生健康委统一组织制定国家限制类技术的培训标准和考核要求，并向社会公布。

第二十七条 省级增补的限制类技术以及省级卫生行政部门认为其他需要重点加强培训的医疗技术，由省级卫生行政部门统一组织制订培训标准，对培训基地管理和参加培训医师（以下简称参培医师）的培训和考核提出统一要求，并向社会公布。

第二十八条 对限制类技术临床应用规范化培训基地实施备案管理。医疗机构拟承担限制类技术临床应用规范化培训工作的，应当达到国家和省级卫生行政部门规定的条件，制定培训方案并向社会公开。

第二十九条 医疗机构拟承担限制类技术临床应用规范化培训工作的，应当于首次发布招生公告之日起3个工作日内，向省级卫生行政部门备案。备案材料应当包括：

（一）开展相关限制类技术临床应用的备案证明材料；

（二）开展相关限制类技术培训工作所具备的软、硬件条件的自我评估材料；

（三）近3年开展相关限制类技术临床应用的医疗质量和医疗安全情况；

（四）培训方案、培训师资、课程设置、考核方案等材料。

第三十条 省级卫生行政部门应当及时向社会公布经备案拟承担限制性技术临床应用规范化培训工作的医疗机构名单。

省级卫生行政部门应当加强对限制类技术临床应用规范化培训基地的考核和评估，对不符合培训基地条件或者未按照要求开展培训、考核的，应当责令其停止培训工作，并向社会公布。

第三十一条 培训基地应当建立健全规章制度及流程，明确岗位职责和管理要求，加强对培训导师的管理。严格按照统一的培训大纲和教材制定培训方案与计划，建立医师培训档案，确保培训质量和效果。

第三十二条 申请参加培训的医师应当符合相关医疗技术临床应用管理规范要求。培训基地应当按照公开公平、择优录取、双向选择的原则决定是否接收参培医师。

第三十三条 参培医师完成培训后应当接受考核。考核包括过程考核和结业考核。

考核应当由所在培训基地或者省级卫生行政部门委托的第三方组织实施。

第三十四条 对国家和省级卫生行政部门作出统一培训要求以外的医疗技术，医疗机构应当自行进行规范化培训。

第五章 监督管理

第三十五条 县级以上地方卫生行政部门应当加强对本行政区域内医疗机构医疗技术临床应用的监督管理。

第三十六条 国家卫生健康委负责建立全国医疗技术临床应用信息化管理平台，对国家限制类技术临床应用相关信息进行收集、分析和反馈。

省级卫生行政部门负责建立省级医疗技术临床应用信息化管理平台，对本行政区域内国家和省级限制类技术临床应用情况实施监督管理。

省级医疗技术临床应用信息化管理平台应当与全国医疗技术临床应用信息化管理平台实现互联互通，信息共享。

第三十七条 医疗机构应当按照要求，及时、准确、完整地向全国和省级医疗技术临床应用信息化管理平台逐例报送限制类技术开展情况数据信息。

各级、各专业医疗质量控制组织应当充分利用医疗技术临床应用信息化管理平台，加大数据信息分析和反馈力度，指导医疗机构提高医疗技术临床应用质量安全。

第三十八条 国家建立医疗技术临床应用评估制度。对医疗技术的安全性、有效性、经济适宜性及伦理问题等进行评估，作为调整国家医疗技术临床应用管理政策的决策依据之一。

第三十九条 国家建立医疗机构医疗技术临床应用情况信誉评分制度，与医疗机构、医务人员信用记录挂钩，纳入卫生健康行业社会信用体系管理，接入国家信用信息共享平台，并将信誉评分结果应用于医院评审、评优、临床重点专科评估等工作。

第四十条 县级以上地方卫生行政部门应当将本行政区域内经备案开展限制类技术临床应用的医疗机构名单及相关信息及时向社会公布，接受社会监督。

第六章 法律责任

第四十一条 医疗机构违反本办法规定，有下列情形之一的，由县级以上地方卫生行政部门责令限期改正；逾期不改的，暂停或者停止相关医疗技术临床应用，给予警告，并处以三千元以下罚款；造成严重后果的，处以三千元以上三万元以下罚款，并对医疗机构主要负责人、负有责任的主管人员和其他直接责任人员依法给予处分：

（一）未建立医疗技术临床应用管理专门组织或者未指定专（兼）职人员负责具体管理工作的；

（二）未建立医疗技术临床应用管理相关规章制度的；

（三）医疗技术临床应用管理混乱，存在医疗质量和医疗安全隐患的；

（四）未按照要求向卫生行政部门进行医疗技术临床应用备案的；

（五）未按照要求报告或者报告不实信息的；

（六）未按照要求向国家和省级医疗技术临床应用信息化管理平台报送相关信息的；

（七）未按要求将相关信息纳入院务公开范围向社会公开的；

（八）未按要求保障医务人员接受医疗技术临床应用规范化培训权益的。

第四十二条 承担限制类技术临床应用规范化培训的医疗机构，有下列情形之一的，由省级卫生行政部门责令其停止医疗技术临床应用规范化培训，并向社会公布；造成严重后果的，对医疗机构主要负责人、负有责任的主管人员和其他直接责任人员依法给予处分：

（一）未按照要求向省级卫生行政部门备案的；

（二）提供不实备案材料或者弄虚作假的；

（三）未按照要求开展培训、考核的；

（四）管理混乱导致培训造成严重不良后果，并产生重大社会影响的。

第四十三条 医疗机构有下列情形之一的，由县级以上地方卫生行政部门依据《医疗机构管理条例》第四十七条的规定进行处理；情节严重的，还应当对医疗机构主要负责人和其他直接责任人员依法给予处分：

（一）开展相关医疗技术与登记的诊疗科目不相符的；

（二）开展禁止类技术临床应用的；

（三）不符合医疗技术临床应用管理规范要求擅自开展相关医疗技术的。

第四十四条 医疗机构管理混乱导致医疗技

术临床应用造成严重不良后果，并产生重大社会影响的，由县级以上地方卫生行政部门责令限期整改，并给予警告；逾期不改的，给予三万元以下罚款，并对医疗机构主要负责人、负有责任的主管人员和其他直接责任人员依法给予处分。

第四十五条 医务人员有下列情形之一的，由县级以上地方卫生行政部门按照《执业医师法》《护士条例》《乡村医生从业管理条例》等法律法规的有关规定进行处理；构成犯罪的，依法追究刑事责任：

（一）违反医疗技术管理相关规章制度或者医疗技术临床应用管理规范的；

（二）开展禁止类技术临床应用的；

（三）在医疗技术临床应用过程中，未按照要求履行知情同意程序的；

（四）泄露患者隐私，造成严重后果的。

第四十六条 县级以上地方卫生行政部门未按照本办法规定履行监管职责，造成严重后果的，对直接负责的主管人员和其他直接责任人员依法给予记大过、降级、撤职、开除等行政处分。

第七章 附 则

第四十七条 人体器官移植技术、人类辅助生殖技术、细胞治疗技术的监督管理不适用本办法。

第四十八条 省级卫生行政部门可以根据本办法，结合地方实际制定具体实施办法。

第四十九条 本办法公布前，已经开展相关限制类技术临床应用的医疗机构，应当自本办法公布之日起按照本办法及相关医疗技术临床应用管理规范进行自我评估。符合临床应用条件的，应当自本办法施行之日起3个月内按照要求向核发其《医疗机构执业许可证》的卫生行政部门备案；不符合要求或者不按照规定备案的，不得再开展该项医疗技术临床应用。

第五十条 中医医疗机构的医疗技术临床应用管理由中医药主管部门负责。

第五十一条 本办法自2018年11月1日起施行。

住院患者基础护理服务项目（试行）

·2010年1月22日

·卫医政发〔2010〕9号

一、特级护理

项目	项目内涵	备注
（一）晨间护理	1. 整理床单位	次/日
	2. 面部清洁和梳头	
	3. 口腔护理	
（二）晚间护理	1. 整理床单位	1次/日
	2. 面部清洁	
	3. 口腔护理	
	4. 会阴护理	
	5. 足部清洁	
（三）对非禁食患者协助进食/水		

续表

项目	项目内涵	备注
(四)卧位护理	1. 协助患者翻身及有效咳嗽	1次/2小时
	2. 协助床上移动	
	3. 压疮预防及护理	必要时
(五)排泄护理	1. 失禁护理	需要时
	2. 床上使用便器	需要时
	3. 留置尿管护理	2次/日
(六)床上温水擦浴		1次/2-3日
(七)其他护理	1. 协助更衣	需要时
	2. 床上洗头	1次/周
	3. 指/趾甲护理	需要时
(八)患者安全管理		

二、一级护理

A. 患者生活不能自理		
项目	项目内涵	备注
(一)晨间护理	1. 整理床单位	1次/日
	2. 面部清洁和梳头	
	3. 口腔护理	
(二)晚间护理	1. 整理床单位	1次/日
	2. 面部清洁	
	3. 口腔护理	
	4. 会阴护理	
	5. 足部清洁	
(三)对非禁食患者协助进食/水		
(四)卧位护理	1. 协助患者翻身及有效咳嗽	1次/2小时
	2. 协助床上移动	必要时
	3. 压疮预防及护理	
(五)排泄护理	1. 失禁护理	需要时
	2. 床上使用便器	需要时
	3. 留置尿管护理	2次/日
(六)床上温水擦浴		1次/2-3日

续表

(七)其他护理	1. 协助更衣	需要时
	2. 床上洗头	1次/周
	3. 指/趾甲护理	需要时
(八)患者安全管理		
B. 患者生活部分自理		
项目	项目内涵	备注
(一)晨间护理	1. 整理床单位	1次/日
	2. 协助面部清洁和梳头	
(二)晚间护理	1. 协助面部清洁	1次/日
	2. 协助会阴护理	
	3. 协助足部清洁	
(三)对非禁食患者协助进食/水		
(四)卧位护理	1. 协助患者翻身及有效咳嗽	1次/2小时
	2. 协助床上移动	必要时
	3. 压疮预防及护理	
(五)排泄护理	1. 失禁护理	需要时
	2. 协助床上使用便器	需要时
	3. 留置尿管护理	2次/日
(六)协助温水擦浴		1次/2-3日
(七)其他护理	1. 协助更衣	需要时
	2. 协助洗头	
	3. 协助指/趾甲护理	
(八)患者安全管理		

三、二级护理

A. 患者生活部分自理		
项目	项目内涵	备注
(一)晨间护理	1. 整理床单位	1次/日
	2. 协助面部清洁和梳头	
(二)晚间护理	1. 协助面部清洁	1次/日
	2. 协助会阴护理	
	3. 协助足部清洁	

续表

(三)对非禁食患者协助进食/水		
(四)卧位护理	1. 协助患者翻身及有效咳嗽	1次/2小时
	2. 协助床上移动	必要时
	3. 压疮预防及护理	
(五)排泄护理	1. 失禁护理	需要时
	2. 协助床上使用便器	需要时
	3. 留置尿管护理	2次/日
(六)协助沐浴或擦浴		1次/2-3日
(七)其他护理	1. 协助更衣	需要时
	2. 协助洗头	
	3. 协助指/趾甲护理	
(八)患者安全管理		
B. 患者生活完全自理		
项目	项目内涵	备注
(一)整理床单位		1次/日
(二)患者安全管理		

四、三级护理

项目	项目内涵	备注
(一)整理床单位		1次/日
(二)患者安全管理		

互联网诊疗监管细则(试行)

·2022年2月8日
·国卫办医发〔2022〕2号

第一章　总　则

第一条　为进一步规范互联网诊疗活动,加强互联网诊疗监管,根据《基本医疗卫生与健康促进法》《医师法》《中医药法》《医疗机构管理条例》《互联网诊疗管理办法(试行)》《互联网医院管理办法(试行)》等法律法规和规定,制定本细则。

第二条　本细则适用于对医疗机构根据《互联网诊疗管理办法(试行)》《互联网医院管理办法(试行)》开展互联网诊疗活动的监管。

第三条　国务院卫生健康主管部门和中医药主管部门负责指导全国互联网诊疗监管工作。地方各级卫生健康主管部门(含中医药主管部门,下同)落实属地化监管责任。

第二章　医疗机构监管

第四条　省级卫生健康主管部门应当建立省级互联网医疗服务监管平台(以下简称"省级监管平台"),对开展互联网诊疗活动的医疗机构(以下简称"医疗机构")进行监管。

第五条　医疗机构应当主动与所在地省级监管平台对接,及时上传、更新《医疗机构执业许可证》等相关执业信息，主动接受监督。

第六条 医疗机构应当有专门部门管理互联网诊疗的医疗质量、医疗安全、药学服务、信息技术等，建立相应的管理制度，包括但不限于医疗机构依法执业自查制度、互联网诊疗相关的医疗质量和安全管理制度、医疗质量（安全）不良事件报告制度、医务人员培训考核制度、患者知情同意制度、处方管理制度、电子病历管理制度、信息系统使用管理制度等。

第七条 作为实体医疗机构第二名称的互联网医院，与该实体医疗机构同时校验；依托实体医疗机构单独获得《医疗机构执业许可证》的互联网医院，每年校验1次。

第八条 医疗机构应当在互联网诊疗平台显著位置公布本机构提供互联网诊疗服务医务人员的电子证照等信息，方便患者查询。

第九条 医疗机构应当充分告知患者互联网诊疗相关的规则、要求、风险，取得患者知情同意后方可开展互联网诊疗活动。

第十条 地方各级卫生健康主管部门应当向社会公布辖区内批准开展互联网诊疗的医疗机构名单、监督电话及其他监督方式，设置投诉受理渠道，及时处置违法违规行为。

第十一条 地方各级卫生健康主管部门应当按照《医疗机构管理条例》及其实施细则，对互联网诊疗活动建立评价和退出机制。

第三章 人员监管

第十二条 医疗机构应当对开展互联网诊疗活动的医务人员进行实名认证，确保医务人员具备合法资质。

第十三条 医师接诊前需进行实名认证，确保由本人提供诊疗服务。其他人员、人工智能软件等不得冒用、替代医师本人提供诊疗服务。各级卫生健康主管部门应当负责对在该医疗机构开展互联网诊疗的人员进行监管。

第十四条 医疗机构应当将开展互联网诊疗活动的医务人员信息上传至省级监管平台，包括身份证号码、照片、相关资质、执业地点、执业机构、执业范围、临床工作年限等必要信息。省级监管平台应当与医师、护士电子化注册系统对接，药师信息应当上传监管平台且可查询，有条件的同时与卫生健康监督信息系统对接。

医疗机构应当对开展互联网诊疗活动的医务人员建立考核机制，根据依法执业、医疗质量、医疗安全、医德医风、满意度等内容进行考核并建立准入、退出机制。

第十五条 医疗机构应当对开展互联网诊疗活动以及从事相关管理服务的人员开展定期培训，内容包括卫生健康相关的法律法规、医疗管理相关政策、岗位职责、互联网诊疗流程、平台使用与应急处置等。

第十六条 医务人员如在主执业机构以外的其他互联网医院开展互联网诊疗活动，应当根据该互联网医院所在地多机构执业相关要求进行执业注册或备案。

第四章 业务监管

第十七条 互联网诊疗实行实名制，患者有义务向医疗机构提供真实的身份证明及基本信息，不得假冒他人就诊。

第十八条 患者就诊时应当提供具有明确诊断的病历资料，如门诊病历、住院病历、出院小结、诊断证明等，由接诊医师留存相关资料，并判断是否符合复诊条件。

医疗机构应当明确互联网诊疗的终止条件。当患者病情出现变化、本次就诊经医师判断为首诊或存在其他不适宜互联网诊疗的情况时，接诊医师应当立即终止互联网诊疗活动，并引导患者到实体医疗机构就诊。

第十九条 医疗机构开展互联网诊疗过程中所产生的电子病历信息，应当与依托的实体医疗机构电子病历格式一致、系统共享，由依托的实体医疗机构开展线上线下一体化质控。

互联网诊疗病历记录按照门诊电子病历的有关规定进行管理，保存时间不得少于15年。诊疗中的图文对话、音视频资料等过程记录保存时间不得少于3年。

第二十条 互联网医院变更名称时，所保管的病历等数据信息应当由变更后的互联网医院继续保管。

互联网医院注销后，所保管的病历等数据信息由依托的实体医疗机构继续保管。所依托的实体医疗机构注销后，可以由省级卫生健康主管部门或者省级卫生健康主管部门指定的机构按照规定妥善保管。

第二十一条 医疗机构开展互联网诊疗活动应当严格遵守《处方管理办法》等规定,加强药品管理。处方应由接诊医师本人开具,严禁使用人工智能等自动生成处方。处方药应当凭医师处方销售、调剂和使用。严禁在处方开具前,向患者提供药品。严禁以商业目的进行统方。

第二十二条 医疗机构自行或委托第三方开展药品配送的,相关协议、处方流转信息应当可追溯,并向省级监管平台开放数据接口。

第二十三条 互联网诊疗的医疗服务收费项目和收费标准应当在互联网诊疗平台进行公示,方便患者查询。

第二十四条 医疗机构要自觉加强行风建设,严格执行《医疗机构工作人员廉洁从业九项准则》等有关规定,医务人员的个人收入不得与药品收入相挂钩,严禁以谋取个人利益为目的转介患者、指定地点购买药品、耗材等。

第二十五条 医疗机构应当保证互联网诊疗活动全程留痕、可追溯,并向省级监管平台开放数据接口。省级卫生健康主管部门应当按照“最少可用原则”采集医疗机构的相关数据,重点包括医疗机构资质、医务人员资质、诊疗科目、诊疗病种、电子病历、电子处方、用药情况、满意度评价、患者投诉、医疗质量(安全)不良事件等信息,对互联网诊疗整体情况进行分析,定期向各医疗机构及其登记机关反馈问题,并明确整改期限,医疗机构在收到省级卫生健康主管部门问题反馈后应当及时整改,并将整改情况上传至省级监管平台,同时报其登记机关。

鼓励有条件的省份在省级监管平台中设定互联网诊疗合理性判定规则,运用人工智能、大数据等新兴技术实施分析和监管。

第五章 质量安全监管

第二十六条 医疗机构开展互联网诊疗活动应当遵守医疗质量、医疗安全、网络安全等有关法律法规和规定。

第二十七条 医疗机构应建立网络安全、数据安全、个人信息保护、隐私保护等制度,并与相关合作方签订协议,明确各方权责关系。

第二十八条 医疗机构发生患者个人信息、医疗数据泄露等网络安全事件时,应当及时向相关主管部门报告,并采取有效应对措施。

第二十九条 医疗机构应当对互联网诊疗活动的质量安全进行控制,并设置患者投诉处理的信息反馈渠道。

第三十条 医疗机构应当建立医疗质量(安全)不良事件报告制度,指定专门部门负责医疗质量(安全)不良事件报告的收集、分析和总结工作,鼓励医务人员积极报告不良事件。

第三十一条 医疗机构应当加强互联网诊疗信息发布的内容管理,确保信息合法合规、真实有效。

第三十二条 地方各级卫生健康主管部门应当指导医疗机构加强医疗质量安全管理工作,实现持续改进。

第三十三条 省级监管平台和医疗机构用于互联网诊疗平台应当实施第三级及以上信息安全等级保护,并将等保测评结果上传至省级监管平台。

第六章 监管责任

第三十四条 取得《医疗机构执业许可证》并独立设置的互联网医院,依法承担法律责任;实体医疗机构以互联网医院作为第二名称时,实体医疗机构依法承担法律责任。互联网医院合作各方按照合作协议书依法依规承担相应法律责任。

第三十五条 医疗机构和医务人员在互联网诊疗过程中,有违反《医师法》《传染病防治法》《中医药法》《医疗机构管理条例》《医疗事故处理条例》《护士条例》等法律法规行为的,按照有关法律法规和规定处理。

第三十六条 医疗机构在开展互联网诊疗活动过程中发生医疗事故或者引发医疗纠纷的,应当按照《医疗事故处理条例》《医疗纠纷预防和处理条例》等有关法律法规和规定处理。医疗机构所在地县级以上卫生健康主管部门应当按照相关法律法规履行相应处理责任。

第三十七条 省级卫生健康主管部门应当将互联网诊疗纳入当地医疗质量控制体系,开展线上线下一体化监管,确保医疗质量和医疗安全。

第七章 附 则

第三十八条 国家通过信息系统对全国互联网诊疗相关数据进行监测分析。

第三十九条 省级卫生健康主管部门应当根

据本细则并结合当地实际情况，制定实施办法。

第四十条 本细则由国家卫生健康委负责解释。

第四十一条 本细则自印发之日起施行。

医疗机构手术分级管理办法

· 2022年12月6日

· 国卫办医政发〔2022〕18号

第一章 总 则

第一条 为加强医疗机构手术分级管理，提高手术质量，保障医疗安全，维护患者合法权益，依据《中华人民共和国医师法》《医疗机构管理条例》《医疗质量管理办法》《医疗技术临床应用管理办法》等法律法规规章，制定本办法。

第二条 本办法适用于各级各类医疗机构手术分级管理工作。

第三条 本办法所称手术是指医疗机构及其医务人员以诊断或治疗疾病为目的，在人体局部开展去除病变组织、修复损伤、重建形态或功能、移植细胞组织或器官、植入医疗器械等医学操作的医疗技术，手术应当经过临床研究论证且安全性、有效性确切。

本办法所称手术分级管理是指医疗机构以保障手术质量安全为目的，根据手术风险程度、难易程度、资源消耗程度和伦理风险，对本机构开展的手术进行分级，并对不同级别手术采取相应管理策略的过程。

第四条 医疗机构及其医务人员开展手术技术临床应用应当遵循科学、安全、规范、有效、经济、符合伦理的原则。

第五条 国家卫生健康委负责全国医疗机构手术分级管理工作的监督管理。

县级以上卫生健康行政部门负责本行政区域内医疗机构手术分级管理工作的监督管理。

第二章 组织管理

第六条 医疗机构对本机构手术分级管理承担主体责任。医疗机构应当根据其功能定位、医疗服务能力水平和诊疗科目制定手术分级管理目录，进行分级管理。

第七条 医疗机构手术分级管理实行院、科两级负责制。医疗机构主要负责人是本机构手术分级管理的第一责任人；手术相关临床科室主要负责人是本科室手术分级管理的第一责任人。

第八条 医疗机构医疗技术临床应用管理组织负责本机构手术分级管理，具体工作由医务管理部门负责。

第九条 医疗机构医疗技术临床应用管理组织在手术分级管理工作中的主要职责是：

（一）制定本机构手术分级管理的制度和规范，明确科室手术分级管理议事规则和工作流程，定期检查执行情况，并提出改进措施和要求；

（二）审定本机构手术分级管理目录，定期对手术质量安全情况进行评估并动态调整；

（三）根据术者专业能力和接受培训情况，授予或者取消相应的手术级别和具体手术权限，并根据定期评估情况进行动态调整；

（四）组织开展手术分级管理法律、法规、规章和相关制度、规范的培训。

第十条 医疗机构各手术科室应当成立本科室手术分级管理工作小组，组长由科室主要负责人担任，指定专人负责日常具体工作。手术分级管理工作小组主要职责是：

（一）贯彻执行手术分级管理相关的法律、法规、规章、规范性文件和本机构手术分级管理制度；

（二）制订本科室年度手术分级管理实施方案，组织开展科室手术分级管理工作；

（三）定期对本科室手术分级管理进行分析和评估，对手术分级管理薄弱环节提出整改措施并组织实施；

（四）定期对本科室术者手术技术临床应用能力进行评估，制定手术技术培训计划，提升本科室手术技术临床应用能力和质量；

（五）按照有关要求报送本科室手术分级管理相关信息。

第三章 手术分级管理

第十一条 根据手术风险程度、难易程度、资源消耗程度或伦理风险不同，手术分为四级：

一级手术是指风险较低、过程简单、技术难度低的手术；

二级手术是指有一定风险、过程复杂程度一

般、有一定技术难度的手术；

三级手术是指风险较高、过程较复杂、难度较大、资源消耗较多的手术；

四级手术是指风险高、过程复杂、难度大、资源消耗多或涉及重大伦理风险的手术。

第十二条 手术风险包括麻醉风险、手术主要并发症发生风险、围手术期死亡风险等。

手术难度包括手术复杂程度、患者状态、手术时长、术者资质要求以及手术所需人员配置、所需手术器械和装备复杂程度等。

资源消耗程度指手术过程中所使用的医疗资源的种类、数量与稀缺程度。

伦理风险指人的社会伦理关系在手术影响下产生伦理负效应的可能。

第十三条 医疗机构应当建立手术分级信息报告制度，向核发其《医疗机构执业许可证》的卫生健康行政部门报送本机构三、四级手术管理目录信息，如有调整应及时更新信息。接受信息的部门应当及时将目录信息逐级报送至省级卫生健康行政部门。

第十四条 医疗机构应当建立手术分级公示制度，将手术分级管理目录纳入本机构院务公开范围，主动向社会公开三、四级手术管理目录，并及时更新。

第十五条 医疗机构应当建立手术分级动态调整制度，根据本机构开展手术的效果和手术并发症等情况，动态调整本机构手术分级管理目录。

第十六条 医疗机构应当建立手术授权制度，根据手术级别、专业特点、术者专业技术岗位和手术技术临床应用能力及培训情况综合评估后授予术者相应的手术权限。三、四级手术应当逐项授予术者手术权限。手术授权原则上不得与术者职称、职务挂钩。

对于非主执业机构注册的医务人员，其手术授权管理应当与本机构医务人员保持一致。

第十七条 医疗机构应当建立手术技术临床应用能力评估和手术授权动态调整制度。

术者申请手术权限应当由其所在科室手术分级管理工作小组进行评估，评估合格的应当向医务管理部门报告，经医务管理部门复核后报医疗技术临床应用管理委员会审核批准，由医疗机构以正式文件形式予以确认。

医疗机构应当定期组织评估术者手术技术临床应用能力，包括手术技术能力、手术质量安全、围手术期管理能力、医患沟通能力等，重点评估新获得四级手术权限的术者。根据评估结果动态调整手术权限，并纳入个人专业技术档案管理，四级手术评估周期原则上不超过一年。

第十八条 医疗机构应当建立手术技术临床应用论证制度。对已证明安全有效，但属本机构首次开展的手术技术，应当组织开展手术技术能力和安全保障能力论证，通过论证的方可开展该手术技术临床应用。

第十九条 医疗机构应当为医务人员参加手术技能规范化培训创造条件，提升医务人员手术技术临床应用能力。

医疗机构应当重点关注首次在本机构开展的手术技术的规范化培训工作。

第二十条 医疗机构开展省级以上限制类医疗技术中涉及手术的，应当按照四级手术进行管理。

第二十一条 医疗机构应当建立紧急状态下超出手术权限开展手术的管理制度，遇有急危重症患者确需行急诊手术以挽救生命时，如现场无相应手术权限的术者，其他术者可超权限开展手术，具体管理制度由医疗机构自行制定。

第二十二条 医疗机构应当建立四级手术术前多学科讨论制度，手术科室在每例四级手术实施前，应当对手术的指征、方式、预期效果、风险和处置预案等组织多学科讨论，确定手术方案和围手术期管理方案，并按规定记录，保障手术质量和患者安全。

第二十三条 医疗机构应当建立手术随访制度，按病种特点和相关诊疗规范确定随访时长和频次，对四级手术术后患者，原则上随访不少于每年1次。

第二十四条 医疗机构应当完善手术不良事件个案报告制度，对于四级手术发生非计划二次手术、严重医疗质量（安全）不良事件等情形的，应当在发生后3日内组织全科讨论，讨论结果向本机构医疗质量管理委员会报告，同时按照不良事件管理有关规定向卫生健康行政部门报告。

第二十五条 医疗机构应当加强围手术期死亡病例讨论管理。四级手术患者发生围手术期死亡的，应当在死亡后7日内，由医务管理部门组织完成多学科讨论。医疗机构应当每年度对全部围手术期死亡病例进行汇总分析，提出持续改进意见。

第四章　监督管理

第二十六条　医疗机构应当建立手术质量安全评估制度，由医疗机构医疗技术临床应用管理组织定期对手术适应征、术前讨论、手术安全核查、围手术期并发症发生率、非计划二次手术率、围手术期全因死亡率等进行评估，并在院内公开。一、二级手术应当每年度进行评估，三级手术应当每半年进行评估，四级手术应当每季度进行评估。

医疗机构应当重点关注首次在本机构开展的手术技术的质量安全。

第二十七条　医疗机构应当建立手术分级管理督查制度，由本机构医务管理部门对各手术科室手术分级管理制度落实情况进行定期督查，并将督查结果作为医疗机构相关科室及其主要负责人考核的关键指标。

第二十八条　对于发生严重医疗质量（安全）不良事件的，医疗机构应当暂停开展该手术，对该手术技术及术者手术技术临床应用能力进行重新评估。评估结果为合格的可继续开展；评估结果认为术者手术技术临床应用能力不足的，应当取消该手术授权；评估结果认为该手术技术存在重大质量安全缺陷的，应当停止该手术技术临床应用，并立即将有关情况向核发其《医疗机构执业许可证》的卫生健康行政部门报告。

从事该手术技术的主要术者或者关键设备、设施及其他辅助条件发生变化，不能满足相关技术临床应用管理规范要求或者影响临床应用效果的，医疗机构应当停止该手术技术临床应用。

第二十九条　二级以上医疗机构应当充分利用信息化手段加强手术分级管理，全面掌握科室对手术分级管理制度的执行与落实情况，加强对手术医嘱、手术通知单、麻醉记录单等环节的检查，重点核查手术权限、限制类技术、急诊手术和本机构重点监管技术项目的相关情况。

第三十条　县级以上地方卫生健康行政部门应当加强对辖区内医疗机构手术分级管理的监测与定期评估，及时向医疗机构反馈监测情况和评估结果，定期将医疗机构各级手术平均病例组合指数（CMI）进行分析、排序和公示，引导医疗机构科学分级规范管理。及时纠正手术分级管理混乱等情况，并定期进行通报。

第三十一条　县级以上地方卫生健康行政部门应当指导本行政区域内加强医疗机构手术分级管理，建立激励和约束机制，推广先进经验和做法。将医疗机构手术分级管理情况与医疗机构校验、医院评审、评价及个人业绩考核相结合。

第五章　附　则

第三十二条　开展人体器官移植、人类辅助生殖等法律法规有专门规定的手术，按照有关法律法规规定执行。

第三十三条　本办法所称术者是指手术的主要完成人。

第三十四条　本办法所称围手术期是指患者术前24小时至与本次手术有关的治疗基本结束。

第三十五条　本办法所称严重医疗质量（安全）不良事件是指在诊疗过程中发生的，导致患者需要治疗以挽救生命、造成患者永久性伤害或死亡的医疗质量安全事件。

第三十六条　国家组织制定用于公立医院绩效考核的手术目录，不作为各医疗机构开展手术分级管理的依据。

第三十七条　本办法自印发之日起施行。《卫生部办公厅关于印发医疗机构手术分级管理办法（试行）的通知》（卫办医政发〔2012〕94号）同时废止。

手术安全核查制度

·2010年3月17日
·卫办医政发〔2010〕41号

一、手术安全核查是由具有执业资质的手术医师、麻醉医师和手术室护士三方（以下简称三方），分别在麻醉实施前、手术开始前和患者离开手术室前，共同对患者身份和手术部位等内容进行核查的工作。

二、本制度适用于各级各类手术，其他有创操作可参照执行。

三、手术患者均应配戴标示有患者身份识别信息的标识以便核查。

四、手术安全核查由手术医师或麻醉医师主持，三方共同执行并逐项填写《手术安全核查表》。

五、实施手术安全核查的内容及流程。

（一）麻醉实施前：三方按《手术安全核查表》依次核对患者身份（姓名、性别、年龄、病案号）、手术方式、知情同意情况、手术部位与标识、麻醉安全检查、皮肤是否完整、术野皮肤准备、静脉通道建立情况、患者过敏史、抗菌药物皮试结果、术前备血情况、假体、体内植入物、影像学资料等内容。

（二）手术开始前：三方共同核查患者身份（姓名、性别、年龄）、手术方式、手术部位与标识，并确认风险预警等内容。手术物品准备情况的核查由手术室护士执行并向手术医师和麻醉医师报告。

（三）患者离开手术室前：三方共同核查患者身份（姓名、性别、年龄）、实际手术方式，术中用药、输血的核查，清点手术用物，确认手术标本，检查皮肤完整性、动静脉通路、引流管，确认患者去向等内容。

（四）三方确认后分别在《手术安全核查表》上签名。

六、手术安全核查必须按照上述步骤依次进行，每一步核查无误后方可进行下一步操作，不得提前填写表格。

七、术中用药、输血的核查：由麻醉医师或手术医师根据情况需要下达医嘱并做好相应记录，由手术室护士与麻醉医师共同核查。

八、住院患者《手术安全核查表》应归入病历中保管，非住院患者《手术安全核查表》由手术室负责保存一年。

九、手术科室、麻醉科与手术室的负责人是本科室实施手术安全核查制度的第一责任人。

十、医疗机构相关职能部门应加强对本机构手术安全核查制度实施情况的监督与管理，提出持续改进的措施并加以落实。

附件：手术安全核查表（略）

放射诊疗管理规定

· 2006年1月24日卫生部令第46号公布

· 根据2016年1月19日《国家卫生计生委关于修改〈外国医师来华短期行医暂行管理办法〉等8件部门规章的决定》修正

第一章 总 则

第一条 为加强放射诊疗工作的管理，保证医疗质量和医疗安全，保障放射诊疗工作人员、患者和公众的健康权益，依据《中华人民共和国职业病防治法》、《放射性同位素与射线装置安全和防护条例》和《医疗机构管理条例》等法律、行政法规的规定，制定本规定。

第二条 本规定适用于开展放射诊疗工作的医疗机构。

本规定所称放射诊疗工作，是指使用放射性同位素、射线装置进行临床医学诊断、治疗和健康检查的活动。

第三条 卫生部负责全国放射诊疗工作的监督管理。

县级以上地方人民政府卫生行政部门负责本行政区域内放射诊疗工作的监督管理。

第四条 放射诊疗工作按照诊疗风险和技术难易程度分为四类管理：

（一）放射治疗；

（二）核医学；

（三）介入放射学；

（四）X射线影像诊断。

医疗机构开展放射诊疗工作，应当具备与其开展的放射诊疗工作相适应的条件，经所在地县级以上地方卫生行政部门的放射诊疗技术和医用辐射机构许可（以下简称放射诊疗许可）。

第五条 医疗机构应当采取有效措施，保证放射防护、安全与放射诊疗质量符合有关规定、标准和规范的要求。

第二章 执业条件

第六条 医疗机构开展放射诊疗工作，应当具备以下基本条件：

（一）具有经核准登记的医学影像科诊疗科目；

（二）具有符合国家相关标准和规定的放射诊疗场所和配套设施；

（三）具有质量控制与安全防护专（兼）职管理人员和管理制度，并配备必要的防护用品和监测仪器；

（四）产生放射性废气、废液、固体废物的，具有确保放射性废气、废物、固体废物达标排放的处理能力或者可行的处理方案；

（五）具有放射事件应急处理预案。

第七条 医疗机构开展不同类别放射诊疗工

作,应当分别具有下列人员:

(一)开展放射治疗工作的,应当具有:

1. 中级以上专业技术职务任职资格的放射肿瘤医师;

2. 病理学、医学影像学专业技术人员;

3. 大学本科以上学历或中级以上专业技术职务任职资格的医学物理人员;

4. 放射治疗技师和维修人员。

(二)开展核医学工作的,应当具有:

1. 中级以上专业技术职务任职资格的核医学医师;

2. 病理学、医学影像学专业技术人员;

3. 大学本科以上学历或中级以上专业技术职务任职资格的技术人员或核医学技师。

(三)开展介入放射学工作的,应当具有:

1. 大学本科以上学历或中级以上专业技术职务任职资格的放射影像医师;

2. 放射影像技师;

3. 相关内、外科的专业技术人员。

(四)开展X射线影像诊断工作的,应当具有专业的放射影像医师。

第八条 医疗机构开展不同类别放射诊疗工作,应当分别具有下列设备;

(一)开展放射治疗工作的,至少有一台远距离放射治疗装置,并具有模拟定位设备和相应的治疗计划系统等设备;

(二)开展核医学工作的,具有核医学设备及其他相关设备;

(三)开展介入放射学工作的,具有带影像增强器的医用诊断X射线机、数字减影装置等设备;

(四)开展X射线影像诊断工作的,有医用诊断X射线机或CT机等设备。

第九条 医疗机构应当按照下列要求配备并使用安全防护装置、辐射检测仪器和个人防护用品:

(一)放射治疗场所应当按照相应标准设置多重安全联锁系统、剂量监测系统、影像监控、对讲装置和固定式剂量监测报警装置;配备放疗剂量仪、剂量扫描装置和个人剂量报警仪;

(二)开展核医学工作的,设有专门的放射性同位素分装、注射、储存场所,放射性废物屏蔽设备和存放场所;配备活度计、放射性表面污染监测仪;

(三)介入放射学与其他X射线影像诊断工作场所应当配备工作人员防护用品和受检者个人防护用品。

第十条 医疗机构应当对下列设备和场所设置醒目的警示标志:

(一)装有放射性同位素和放射性废物的设备、容器,设有电离辐射标志;

(二)放射性同位素和放射性废物储存场所,设有电离辐射警告标志及必要的文字说明;

(三)放射诊疗工作场所的入口处,设有电离辐射警告标志;

(四)放射诊疗工作场所应当按照有关标准的要求分为控制区、监督区,在控制区进出口及其他适当位置,设有电离辐射警告标志和工作指示灯。

第三章 放射诊疗的设置与批准

第十一条 医疗机构设置放射诊疗项目,应当按照其开展的放射诊疗工作的类别,分别向相应的卫生行政部门提出建设项目卫生审查、竣工验收和设置放射诊疗项目申请:

(一)开展放射治疗、核医学工作的,向省级卫生行政部门申请办理;

(二)开展介入放射学工作的,向设区的市级卫生行政部门申请办理;

(三)开展X射线影像诊断工作的,向县级卫生行政部门申请办理。

同时开展不同类别放射诊疗工作的,向具有高类别审批权的卫生行政部门申请办理。

第十二条 新建、扩建、改建放射诊疗建设项目,医疗机构应当在建设项目施工前向相应的卫生行政部门提交职业病危害放射防护预评价报告,申请进行建设项目卫生审查。立体定向放射治疗、质子治疗、重离子治疗、带回旋加速器的正电子发射断层扫描诊断等放射诊疗建设项目,还应当提交卫生部指定的放射卫生技术机构出具的预评价报告技术审查意见。

卫生行政部门应当自收到预评价报告之日起三十日内,作出审核决定。经审核符合国家相关卫生标准和要求的,方可施工。

第十三条 医疗机构在放射诊疗建设项目竣工验收前,应当进行职业病危害控制效果评价;并向相应的卫生行政部门提交下列资料,申请进行卫生验收:

（一）建设项目竣工卫生验收申请；

（二）建设项目卫生审查资料；

（三）职业病危害控制效果放射防护评价报告；

（四）放射诊疗建设项目验收报告。

立体定向放射治疗、质子治疗、重离子治疗、带回旋加速器的正电子发射断层扫描诊断等放射诊疗建设项目，应当提交卫生部指定的放射卫生技术机构出具的职业病危害控制效果评价报告技术审查意见和设备性能检测报告。

第十四条 医疗机构在开展放射诊疗工作前，应当提交下列资料，向相应的卫生行政部门提出放射诊疗许可申请：

（一）放射诊疗许可申请表；

（二）《医疗机构执业许可证》或《设置医疗机构批准书》（复印件）；

（三）放射诊疗专业技术人员的任职资格证书（复印件）；

（四）放射诊疗设备清单；

（五）放射诊疗建设项目竣工验收合格证明文件。

第十五条 卫生行政部门对符合受理条件的申请应当即时受理；不符合要求的，应当在五日内一次性告知申请人需要补正的资料或者不予受理的理由。

卫生行政部门应当自受理之日起二十日内作出审查决定，对合格的予以批准，发给《放射诊疗许可证》；不予批准的，应当书面说明理由。

《放射诊疗许可证》的格式由卫生部统一规定（见附件）。

第十六条 医疗机构取得《放射诊疗许可证》后，到核发《医疗机构执业许可证》的卫生行政执业登记部门办理相应诊疗科目登记手续。执业登记部门应根据许可情况，将医学影像科核准到二级诊疗科目。

未取得《放射诊疗许可证》或未进行诊疗科目登记的，不得开展放射诊疗工作。

第十七条 《放射诊疗许可证》与《医疗机构执业许可证》同时校验，申请校验时应当提交本周期有关放射诊疗设备性能与辐射工作场所的检测报告、放射诊疗工作人员健康监护资料和工作开展情况报告。

医疗机构变更放射诊疗项目的，应当向放射诊疗许可批准机关提出许可变更申请，并提交变更许可项目名称、放射防护评价报告等资料；同时向卫生行政执业登记部门提出诊疗科目变更申请，提交变更登记项目及变更理由等资料。

卫生行政部门应当自收到变更申请之日起二十日内做出审查决定。未经批准不得变更。

第十八条 有下列情况之一的，由原批准部门注销放射诊疗许可，并登记存档，予以公告：

（一）医疗机构申请注销的；

（二）逾期不申请校验或者擅自变更放射诊疗科目的；

（三）校验或者办理变更时不符合相关要求，且逾期不改进或者改进后仍不符合要求的；

（四）歇业或者停止诊疗科目连续一年以上的；

（五）被卫生行政部门吊销《医疗机构执业许可证》的。

第四章 安全防护与质量保证

第十九条 医疗机构应当配备专（兼）职的管理人员，负责放射诊疗工作的质量保证和安全防护。其主要职责是：

（一）组织制定并落实放射诊疗和放射防护管理制度；

（二）定期组织对放射诊疗工作场所、设备和人员进行放射防护检测、监测和检查；

（三）组织本机构放射诊疗工作人员接受专业技术、放射防护知识及有关规定的培训和健康检查；

（四）制定放射事件应急预案并组织演练；

（五）记录本机构发生的放射事件并及时报告卫生行政部门。

第二十条 医疗机构的放射诊疗设备和检测仪表，应当符合下列要求：

（一）新安装、维修或更换重要部件后的设备，应当经省级以上卫生行政部门资质认证的检测机构对其进行检测，合格后方可启用；

（二）定期进行稳定性检测、校正和维护保养，由省级以上卫生行政部门资质认证的检测机构每年至少进行一次状态检测；

（三）按照国家有关规定检验或者校准用于放射防护和质量控制的检测仪表；

（四）放射诊疗设备及其相关设备的技术指标

和安全、防护性能，应当符合有关标准与要求。

不合格或国家有关部门规定淘汰的放射诊疗设备不得购置、使用、转让和出租。

第二十一条 医疗机构应当定期对放射诊疗工作场所、放射性同位素储存场所和防护设施进行放射防护检测，保证辐射水平符合有关规定或者标准。

放射性同位素不得与易燃、易爆、腐蚀性物品同库储存；储存场所应当采取有效的防泄漏等措施，并安装必要的报警装置。

放射性同位素储存场所应当有专人负责，有完善的存入、领取、归还登记和检查的制度，做到交接严格，检查及时，账目清楚，账物相符，记录资料完整。

第二十二条 放射诊疗工作人员应当按照有关规定配戴个人剂量计。

第二十三条 医疗机构应当按照有关规定和标准，对放射诊疗工作人员进行上岗前、在岗期间和离岗时的健康检查，定期进行专业及防护知识培训，并分别建立个人剂量、职业健康管理和教育培训档案。

第二十四条 医疗机构应当制定与本单位从事的放射诊疗项目相适应的质量保证方案，遵守质量保证监测规范。

第二十五条 放射诊疗工作人员对患者和受检者进行医疗照射时，应当遵守医疗照射正当化和放射防护最优化的原则，有明确的医疗目的，严格控制受照剂量；对邻近照射野的敏感器官和组织进行屏蔽防护，并事先告知患者和受检者辐射对健康的影响。

第二十六条 医疗机构在实施放射诊断检查前应当对不同检查方法进行利弊分析，在保证诊断效果的前提下，优先采用对人体健康影响较小的诊断技术。

实施检查应当遵守下列规定：

（一）严格执行检查资料的登记、保存、提取和借阅制度，不得因资料管理、受检者转诊等原因使受检者接受不必要的重复照射；

（二）不得将核素显像检查和X射线胸部检查列入对婴幼儿及少年儿童体检的常规检查项目；

（三）对育龄妇女腹部或骨盆进行核素显像检查或X射线检查前，应问明是否怀孕；非特殊需要，对受孕后八至十五周的育龄妇女，不得进行下腹部放射影像检查；

（四）应当尽量以胸部X射线摄影代替胸部荧光透视检查；

（五）实施放射性药物给药和X射线照射操作时，应当禁止非受检者进入操作现场；因患者病情需要其他人员陪检时，应当对陪检者采取防护措施。

第二十七条 医疗机构使用放射影像技术进行健康普查的，应当经过充分论证，制定周密的普查方案，采取严格的质量控制措施。

第二十八条 开展放射治疗的医疗机构，在对患者实施放射治疗前，应当进行影像学、病理学及其他相关检查，严格掌握放射治疗的适应证。对确需进行放射治疗的，应当制定科学的治疗计划，并按照下列要求实施：

（一）对体外远距离放射治疗，放射诊疗工作人员在进入治疗室前，应首先检查操作控制台的源位显示，确认放射线束或放射源处于关闭位时，方可进入；

（二）对近距离放射治疗，放射诊疗工作人员应当使用专用工具拿取放射源，不得徒手操作；对接受敷贴治疗的患者采取安全护理，防止放射源被患者带走或丢失；

（三）在实施永久性籽粒插植治疗时，放射诊疗工作人员应随时清点所使用的放射性籽粒，防止在操作过程中遗失；放射性籽粒植入后，必须进行医学影像学检查，确认植入部位和放射性籽粒的数量；

（四）治疗过程中，治疗现场至少应有2名放射诊疗工作人员，并密切注视治疗装置的显示及病人情况，及时解决治疗中出现的问题；严禁其他无关人员进入治疗场所；

（五）放射诊疗工作人员应当严格按照放射治疗操作规范、规程实施照射；不得擅自修改治疗计划；

（六）放射诊疗工作人员应当验证治疗计划的执行情况，发现偏离计划现象时，应当及时采取补救措施并向本科室负责人或者本机构负责医疗质量控制的部门报告。

第二十九条 开展核医学诊疗的医疗机构，应当遵守相应的操作规范、规程，防止放射性同位素污染人体、设备、工作场所和环境；按照有关标准的规定对接受体内放射性药物诊治的患者进行控制,避免其他患者和公众受到超过允许水平的照射。

第三十条 核医学诊疗产生的放射性固体废物、废液及患者的放射性排出物应当单独收集,与其他废物、废液分开存放,按照国家有关规定处理。

第三十一条 医疗机构应当制定防范和处置放射事件的应急预案;发生放射事件后应当立即采取有效应急救援和控制措施,防止事件的扩大和蔓延。

第三十二条 医疗机构发生下列放射事件情形之一的,应当及时进行调查处理,如实记录,并按照有关规定及时报告卫生行政部门和有关部门:

(一)诊断放射性药物实际用量偏离处方剂量50%以上的;

(二)放射治疗实际照射剂量偏离处方剂量25%以上的;

(三)人员误照或误用放射性药物的;

(四)放射性同位素丢失、被盗和污染的;

(五)设备故障或人为失误引起的其他放射事件。

第五章 监督管理

第三十三条 医疗机构应当加强对本机构放射诊疗工作的管理,定期检查放射诊疗管理法律、法规、规章等制度的落实情况,保证放射诊疗的医疗质量和医疗安全。

第三十四条 县级以上地方人民政府卫生行政部门应当定期对本行政区域内开展放射诊疗活动的医疗机构进行监督检查。检查内容包括:

(一)执行法律、法规、规章、标准和规范等情况;

(二)放射诊疗规章制度和工作人员岗位责任制等制度的落实情况;

(三)健康监护制度和防护措施的落实情况;

(四)放射事件调查处理和报告情况。

第三十五条 卫生行政部门的执法人员依法进行监督检查时,应当出示证件;被检查的单位应当予以配合,如实反映情况,提供必要的资料,不得拒绝、阻碍、隐瞒。

第三十六条 卫生行政部门的执法人员或者卫生行政部门授权实施检查、检测的机构及其工作人员依法检查时,应当保守被检查单位的技术秘密和业务秘密。

第三十七条 卫生行政部门应当加强监督执法队伍建设,提高执法人员的业务素质和执法水平,建立健全对执法人员的监督管理制度。

第六章 法律责任

第三十八条 医疗机构有下列情形之一的,由县级以上卫生行政部门给予警告、责令限期改正,并可以根据情节处以3000元以下的罚款;情节严重的,吊销其《医疗机构执业许可证》。

(一)未取得放射诊疗许可从事放射诊疗工作的;

(二)未办理诊疗科目登记或者未按照规定进行校验的;

(三)未经批准擅自变更放射诊疗项目或者超出批准范围从事放射诊疗工作的。

第三十九条 医疗机构使用不具备相应资质的人员从事放射诊疗工作的,由县级以上卫生行政部门责令限期改正,并可以处以5000元以下的罚款;情节严重的,吊销其《医疗机构执业许可证》。

第四十条 医疗机构违反建设项目卫生审查、竣工验收有关规定的,按照《中华人民共和国职业病防治法》的规定进行处罚。

第四十一条 医疗机构违反本规定,有下列行为之一的,由县级以上卫生行政部门给予警告,责令限期改正;并可处一万元以下的罚款:

(一)购置、使用不合格或国家有关部门规定淘汰的放射诊疗设备的;

(二)未按照规定使用安全防护装置和个人防护用品的;

(三)未按照规定对放射诊疗设备、工作场所及防护设施进行检测和检查的;

(四)未按照规定对放射诊疗工作人员进行个人剂量监测、健康检查、建立个人剂量和健康档案的;

(五)发生放射事件并造成人员健康严重损害的;

(六)发生放射事件未立即采取应急救援和控制措施或者未按照规定及时报告的;

(七)违反本规定的其他情形。

第四十二条 卫生行政部门及其工作人员违

反本规定，对不符合条件的医疗机构发放《放射诊疗许可证》的，或者不履行法定职责，造成放射事故的，对直接负责的主管人员和其他直接责任人员，依法给予行政处分；情节严重，构成犯罪的，依法追究刑事责任。

第七章　附　则

第四十三条　本规定中下列用语的含义：

放射治疗：是指利用电离辐射的生物效应治疗肿瘤等疾病的技术。

核医学：是指利用放射性同位素诊断或治疗疾病或进行医学研究的技术。

介入放射学：是指在医学影像系统监视引导下，经皮针穿刺或引入导管做抽吸注射、引流或对管腔、血管等做成型、灌注、栓塞等，以诊断与治疗疾病的技术。

X 射线影像诊断：是指利用 X 射线的穿透等性质取得人体内器官与组织的影像信息以诊断疾病的技术。

第四十四条　已开展放射诊疗项目的医疗机构应当于 2006 年 9 月 1 日前按照本办法规定，向卫生行政部门申请放射诊疗技术和医用辐射机构许可，并重新核定医学影像科诊疗科目。

第四十五条　本规定由卫生部负责解释。

第四十六条　本规定自 2006 年 3 月 1 日起施行。2001 年 10 月 23 日发布的《放射工作卫生防护管理办法》同时废止。

附件：1. 放射诊疗许可证正本及副本（略）
2. 放射诊疗许可申请表（略）

医疗美容服务管理办法

· 2002 年 1 月 22 日卫生部令第 19 号公布
· 根据 2016 年 1 月 19 日《国家卫生计生委关于修改〈外国医师来华短期行医暂行管理办法〉等 8 件部门规章的决定》修正

第一章　总　则

第一条　为规范医疗美容服务，促进医疗美容事业的健康发展，维护就医者的合法权益，依据《执业医师法》、《医疗机构管理条例》和《护士管理办法》，制定本办法。

第二条　本办法所称医疗美容，是指运用手术、药物、医疗器械以及其他具有创伤性或者侵入性的医学技术方法对人的容貌和人体各部位形态进行的修复与再塑。

本办法所称美容医疗机构，是指以开展医疗美容诊疗业务为主的医疗机构。

本办法所称主诊医师是指具备本办法第十一条规定条件，负责实施医疗美容项目的执业医师。

医疗美容科为一级诊疗科目，美容外科、美容牙科、美容皮肤科和美容中医科为二级诊疗科目。

根据医疗美容项目的难度、可能发生的医疗风险程度，对医疗美容项目实行分级准入管理，《医疗美容项目分级管理目录》由卫生部另行制定。

第三条　凡开展医疗美容服务的机构和个人必须遵守本办法。

第四条　卫生部（含国家中医药管理局）主管全国医疗美容服务管理工作。县级以上地方人民政府卫生行政部门（含中医药行政管理部门，下同）负责本行政区域内医疗美容服务监督管理工作。

第二章　机构设置、登记

第五条　申办美容医疗机构或医疗机构设置医疗美容科室必须同时具备下列条件：

（一）具有承担民事责任的能力；

（二）有明确的医疗美容诊疗服务范围；

（三）符合《医疗机构基本标准（试行）》；

（四）省级以上人民政府卫生行政部门规定的其他条件。

第六条　申请举办美容医疗机构的单位或者个人，应按照本办法以及《医疗机构管理条例》和《医疗机构管理条例实施细则》的有关规定办理设置审批和登记注册手续。

卫生行政部门自收到合格申办材料之日起 30 日内作出批准或不予批准的决定，并书面答复申办者。

第七条　卫生行政部门应在核发美容医疗机构《设置医疗机构批准书》和《医疗机构执业许可证》的同时，向上一级卫生行政部门备案。

上级卫生行政部门对下级卫生行政部门违规作出的审批决定应自发现之日起 30 日内予以纠正或撤销。

第八条　美容医疗机构必须经卫生行政部门登记注册并获得《医疗机构执业许可证》后方可开

展执业活动。

第九条 医疗机构增设医疗美容科目的，必须具备本办法规定的条件，按照《医疗机构管理条例》及其实施细则规定的程序，向登记注册机关申请变更登记。

第十条 美容医疗机构和医疗美容科室开展医疗美容项目应当由登记机关指定的专业学会核准，并向登记机关备案。

第三章 执业人员资格

第十一条 负责实施医疗美容项目的主诊医师必须同时具备下列条件：

（一）具有执业医师资格，经执业医师注册机关注册；

（二）具有从事相关临床学科工作经历。其中，负责实施美容外科项目的医师应具有 6 年以上从事美容外科或整形外科等相关专业临床工作经历；负责实施美容牙科项目的医师应具有 5 年以上从事美容牙科或口腔科专业临床工作经历；负责实施美容中医科和美容皮肤科项目的医师应分别具有 3 年以上从事中医专业和皮肤专业临床工作经历；

（三）经过医疗美容专业培训或进修并合格，或已从事医疗美容临床工作 1 年以上；

（四）省级人民政府卫生行政部门规定的其他条件。

第十二条 不具备本办法第十一条规定的主诊医师条件的执业医师，可在主诊医师的指导下从事医疗美容临床技术服务工作。

第十三条 从事医疗美容护理工作的人员，应同时具备下列条件：

（一）具有护士资格，并经护士注册机关注册；

（二）具有二年以上护理工作经历；

（三）经过医疗美容护理专业培训或进修并合格，或已从事医疗美容临床护理工作 6 个月以上。

第十四条 未经卫生行政部门核定并办理执业注册手续的人员不得从事医疗美容诊疗服务。

第四章 执业规则

第十五条 实施医疗美容服务项目必须在相应的美容医疗机构或开设医疗美容科室的医疗机构中进行。

第十六条 美容医疗机构和医疗美容科室应根据自身条件和能力在卫生行政部门核定的诊疗科目范围内开展医疗服务，未经批准不得擅自扩大诊疗范围。

美容医疗机构及开设医疗美容科室的医疗机构不得开展未向登记机关备案的医疗美容项目。

第十七条 美容医疗机构执业人员要严格执行有关法律、法规和规章，遵守医疗美容技术操作规程。

美容医疗机构使用的医用材料须经有关部门批准。

第十八条 医疗美容服务实行主诊医师负责制。医疗美容项目必须由主诊医师负责或在其指导下实施。

第十九条 执业医师对就医者实施治疗前，必须向就医者本人或亲属书面告知治疗的适应症、禁忌症、医疗风险和注意事项等，并取得就医者本人或监护人的签字同意。未经监护人同意，不得为无行为能力或者限制行为能力人实施医疗美容项目。

第二十条 美容医疗机构和医疗美容科室的从业人员要尊重就医者的隐私权，未经就医者本人或监护人同意，不得向第三方披露就医者病情及病历资料。

第二十一条 美容医疗机构和医疗美容科室发生重大医疗过失，要按规定及时报告当地人民政府卫生行政部门。

第二十二条 美容医疗机构和医疗美容科室应加强医疗质量管理，不断提高服务水平。

第五章 监督管理

第二十三条 任何单位和个人，未取得《医疗机构执业许可证》并经登记机关核准开展医疗美容诊疗科目，不得开展医疗美容服务。

第二十四条 各级地方人民政府卫生行政部门要加强对医疗美容项目备案的审核。发现美容医疗机构及开设医疗美容科的医疗机构不具备开展某医疗美容项目的条件和能力，应及时通知该机构停止开展该医疗美容项目。

第二十五条 各相关专业学会和行业协会要积极协助卫生行政部门规范医疗美容服务行为，加强行业自律工作。

第二十六条 美容医疗机构和医疗美容科室发生医疗纠纷或医疗事故，按照国家有关规定处理。

第二十七条 发布医疗美容广告必须按照国家有关广告管理的法律、法规的规定办理。

第二十八条 对违反本办法规定的，依据《执业医师法》、《医疗机构管理条例》和《护士管理办法》有关规定予以处罚。

第六章 附 则

第二十九条 外科、口腔科、眼科、皮肤科、中医科等相关临床学科在疾病治疗过程中涉及的相关医疗美容活动不受本办法调整。

第三十条 县级以上人民政府卫生行政部门应在本办法施行后一年内，按本办法规定对已开办的美容医疗机构和开设医疗美容科室的医疗机构进行审核并重新核发《医疗机构执业许可证》。

第三十一条 本办法自2002年5月1日起施行。

卫生部关于下发《医疗机构诊疗科目名录》的通知

·1994年9月5日

·卫医发〔1994〕第27号

各省、自治区、直辖市、计划单列市卫生厅（局）、中医（药）管理局、有关部委卫生局（处）、新疆生产建设兵团卫生局、部直属有关单位：

为贯彻执行《医疗机构管理条例》，我部制定了《医疗机构诊疗科目名录》，现发给你们，请遵照执行。

附件：

《医疗机构诊疗科目名录》及使用说明

医疗机构诊疗科目名录

代码	诊疗科目
01.	预防保健科
02.	全科医疗科
03 内科	
03.01	呼吸内科专业
03.02	消化内科专业
03.03	神经内科专业
03.04	心血管内科专业
03.05	血液内科专业
03.06	肾病学专业
03.07	内分泌专业
03.08	免疫学专业
03.09	变态反应专业
03.10	老年病专业
03.11	其他
04. 外科	
04.01	普通外科专业
04.02	神经外科专业
04.03	骨科专业
04.04	泌尿外科专业
04.05	胸外科专业
04.06	心脏大血管外科专业
04.07	烧伤科专业
04.08	整形外科专业
04.09	其他
05. 妇产科	
05.01	妇科专业
05.02	产科专业
05.03	计划生育专业
05.04	优生学专业
05.05	生殖健康与不孕症专业
05.06	其他
06. 妇女保健科	
06.01	青春期保健专业
06.02	围产期保健专业
06.03	更年期保健专业
06.04	妇女心理卫生专业
06.05	妇女营养专业
06.06	其他
07. 儿科	
07.01	新生儿专业
07.02	小儿传染病专业
07.03	小儿消化专业
07.04	小儿呼吸专业
07.05	小儿心脏病专业
07.06	小儿肾病专业
07.07	小儿血液病专业
07.08	小儿神经病学专业
07.09	小儿内分泌专业
07.10	小儿遗传病专业

07.11 小儿免疫专业
07.12 其他
08. 小儿外科
08.01 小儿普通外科专业
08.02 小儿骨科专业
08.03 小儿泌尿外科专业
08.04 小儿胸心外科专业
08.05 小儿神经外科专业
08.06 其他
09. 儿童保健科
09.01 儿童生长发育专业
09.02 儿童营养专业
09.03 儿童心理卫生专业
09.04 儿童五官保健专业
09.05 儿童康复专业
09.06 其他
10. 眼科
11. 耳鼻咽喉科
11.01 耳科专业
11.02 鼻科专业
11.03 咽喉科专业
11.04 其他
12. 口腔科
12.01 口腔科专业
12.02 口腔颌面外科专业
12.03 正畸专业
12.04 口腔修复专业
12.05 口腔预防保健专业
12.06 其他
13. 皮肤科
13.01 皮肤专业
13.02 性传播疾病专业
13.03 其他
14. 医疗美容科
15. 精神科
15.01 精神病专业
15.02 精神卫生专业
15.03 药物依赖专业
15.04 精神康复专业
15.05 社区防治专业
15.06 临床心理专业
15.07 司法精神专业
15.08 其他
16. 传染科
16.01 肠道传染病专业
16.02 呼吸道传染病专业
16.03 肝炎专业
16.04 虫媒传染病专业
16.05 动物源性传染病专业
16.06 蠕虫病专业
16.07 其他
17. 结核病科
18. 地方病科
19. 肿瘤科
20. 急诊医学科
21. 康复医学科
22. 运动医学科
23. 职业病科
23.01 职业中毒专业
23.02 尘肺专业
23.03 放射病专业
23.04 物理因素损伤专业
23.05 职业健康监护专业
23.06 其他
24. 临终关怀科
25. 特种医学与军事医学科
26. 麻醉科
30. 医学检验科
30.01 临床体液、血液专业
30.02 临床微生物学专业
30.03 临床生化检验专业
30.04 临床免疫、血清学专业
30.05 其他
31. 病理科
32. 医学影像科
32.01 8 线诊断专业
32.02 C4 诊断专业
32.03 磁共振成像诊断专业
32.04 核医学专业
32.05 超声诊断专业
32.06 心电诊断专业
32.07 脑电及脑血流图诊断专业
32.08 神经肌肉电图专业
32.09 介入放射学专业
32.10 放射治疗专业
32.11 其他
50. 中医科
50.01 内科专业
50.02 外科专业
50.03 妇产科专业

50. 04　　儿科专业
50. 05　　皮肤科专业
50. 06　　眼科专业
50. 07　　耳鼻咽喉科专业
50. 08　　口腔科专业
50. 09　　肿瘤科专业
50. 10　　骨伤科专业
50. 11　　肛肠科专业
50. 12　　老年病科专业
50. 13　　针灸科专业
50. 14　　推拿科专业
50. 15　　康复医学专业
50. 16　　急诊科专业
50. 17　　预防保健科专业
50. 18　　其他
51. 民族医学科
51. 01　　维吾尔医学
51. 02　　藏医学
51. 03　　蒙医学
51. 04　　彝医学
51. 05　　傣医学
51. 06　　其他
52. 中西医结合科

《诊疗科目名录》使用说明

一、本《名录》依据临床一、二级学科及专业名称编制，是卫生行政部门核定医疗机构诊疗科目，填写《医疗机构执业许可证》和《医疗机构申请执业登记注册书》相应栏目的标准。

二、医疗机构实际设置的临床专业科室名称不受本《名录》限制，可使用习惯名称和跨学科科室名称，如“围产医学科”、“五官科”等。

三、诊疗科目分为“一级科目”和“二级科目”。

一级科目一般相当临床一级学科，如“内科”、“外科”等；

二级科目一般相当临床二级学科，如“呼吸内科”、“消化内科”等。

为便于专科医疗机构使用，部分临床二级学科列入一级科目。

四、科目代码由“××、××”构成，其中小数点前两位为一级科目识别码，小数点后两位为二级科目识别码。

五、《医疗机构申请执业登记注册书》的“医疗机构诊疗科目申报表”填报原则：

1. 申报表由申请单位填报。表中已列出全部诊疗科目及其代码，申请单位在代码前的“□”内以划“√”方式填报。

2. 医疗机构凡在某一级科目下设置二级学科（专业组）的，应填报到所列二级科目；未划分二级学科（专业组）的，只填报到一级诊疗科目，如“内科”、“外科”等。

3. 只开展专科病诊疗的机构，应填报专科病诊疗所属的科目，并在备注栏注明专科病名称，如颈椎病专科诊疗机构填报“骨科”，并于备注栏注明“颈椎病专科”。

4. 在某科目下只开展门诊服务的，应在备注栏注明“门诊”字样。如申报肝炎专科门诊时，申报“肝炎专业”并在备注栏填注“门诊”。

六、《医疗机构申请执业登记注册书》“核准登记事项”的诊疗科目栏填写原则：

1. 由卫生行政部门在核准申报表后填写。

2. 一般只需填写一级科目。

3. 在某一级科目下只开展个别二级科目诊疗活动的，应直接填写所设二级科目，如某医疗机构在精神科下仅开设心理咨询服务，则填写精神科的二级科目“临床心理专业”。

4. 只开展某诊疗科目下个别专科病诊疗的，应在填写的相应科目后注明专科病名称，如“骨科（颈椎病专科）”。

5. 只提供门诊服务的科目，应注明“门诊”字样，如“肝炎专业门诊”。

七、《医疗机构执业许可证》的“诊疗科目”栏填写原则与《医疗机构申请执业登记注册书》“核准登记事项”相应栏目相同。

八、名词释义与注释

代码	诊疗科目	注释
01.	预防保健科	含社区保健、儿童计划免疫、健康教育等。
02	全科医疗科	由医务人员向病人提供综合(不分科)诊疗服务和家庭医疗服务的均属此科目,如基层诊所、卫生所(室)等提供的服务。
08.	小儿外科	医疗机构仅在外科提供部分儿童手术,未独立设立本专业的,不填报本科目。
23.	职业病科	二级科目只供职业病防治机构使用。综合医院经批准设职业病科的,不需再填二级科目。
25.	特种医学与军事医学	含航天医学、航空医学、航海医学、潜水医学、野战外科学、军队各类预防和防护学科等。
32.09	介入放射学专业	在各临床科室开展介入放射学检查和治疗的,均应在《医疗机构申请执业登记注册书》的“医疗机构诊疗科目申报表”中申报本科目。

卫生部关于修订《医疗机构诊疗科目名录》部分科目的通知

·2007年5月31日
·卫医发〔2007〕174号

各省、自治区、直辖市卫生厅局,新疆生产建设兵团及计划单列市卫生局,卫生部直属有关单位:

为加强医疗服务管理,经研究决定,修订《医疗机构诊疗科目名录》部分二级科目,增补若干项目。

一、根据《人体器官移植条例》(国务院令第491号)和卫生部《人体器官移植技术临床应用管理暂行规定》(卫医发〔2006〕94号),增补诊疗科目外科(04.)普通外科专业(04.01)下肝脏移植项目、胰腺移植项目、小肠移植项目,泌尿外科专业(04.04)下肾脏移植项目,胸外科专业(04.05)下肺脏移植项目,心脏大血管外科专业(04.06)下心脏移植项目。

二、根据《医疗机构临床实验室管理办法》(卫医发〔2006〕73号)和专家建议,诊疗科目医学检验科(30.)下临床生化检验专业(30.03)修订为临床化学检验专业(30.03);增补临床细胞分子遗传学专业(30.05)。

本通知自下发之日起执行。

附件

修订增补后的诊疗科目
外科(04.)、医学检验科(30.)

04. 外科 C
04.01 普通外科专业
04.01.01 肝脏移植项目
04.01.02 胰腺移植项目
04.01.03 小肠移植项目
04.02 神经外科专业
04.03 骨科专业
04.04 泌尿外科专业
04.04.01 肾脏移植项目
04.05 胸外科专业
04.05.01 肺脏移植项目
04.06 心脏大血管外科专业
04.06.01 心脏移植项目
04.07 烧伤科专业
04.08 整形外科专业
04.09 其他
30. 医学检验科
30.01 临床体液、血液专业
30.02 临床微生物学专业
30.03 临床化学检验专业
30.04 临床免疫、血清学专业
30.05 临床细胞分子遗传学专业
30.06 其他

卫生部关于在《医疗机构诊疗科目名录》中增加“疼痛科”诊疗科目的通知

·2007年7月16日

·卫医发〔2007〕227号

各省、自治区、直辖市卫生厅局，新疆生产建设兵团卫生局，部直属有关单位：

随着我国临床医学的发展和患者对医疗服务需求的增加，根据中华医学会和有关专家建议，经研究决定：

一、在《医疗机构诊疗科目名录》(卫医发〔1994〕第27号文附件1)中增加一级诊疗科目“疼痛科”，代码：“27”。“疼痛科”的主要业务范围为：慢性疼痛的诊断治疗。

二、开展“疼痛科”诊疗科目诊疗服务的医疗机构应有具备麻醉科、骨科、神经内科、神经外科、风湿免疫科、肿瘤科或康复医学科等专业知识之一和临床疼痛诊疗工作经历及技能的执业医师。

三、目前，只限于二级以上医院开展“疼痛科”诊疗科目诊疗服务。具有符合本通知第二条规定条件执业医师的二级以上医院可以申请增加“疼痛科”诊疗科目。门诊部、诊所、社区卫生服务机构、乡镇卫生院等其他类别医疗机构暂不设立此项诊疗科目。

四、拟增加“疼痛科”诊疗科目的二级以上医院应向核发其《医疗机构执业许可证》的地方卫生行政部门提出申请，地方卫生行政部门应依法严格审核，对符合条件的予以登记“疼痛科”诊疗科目。

五、医疗机构登记“疼痛科”诊疗科目后，方可开展相应的诊疗活动。开展“疼痛科”诊疗科目诊疗服务应以卫生部委托中华医学会编写的《临床技术操作规范(疼痛学分册)》、《临床诊疗指南(疼痛学分册)》等为指导，确保医疗质量和医疗安全。

本通知自下发之日起执行。

卫生部关于在《医疗机构诊疗科目名录》中增加“重症医学科”诊疗科目的通知

·2009年1月19日

·卫医政发〔2009〕9号

各省、自治区、直辖市卫生厅局，新疆生产建设兵团卫生局：

随着我国临床医学的发展和患者对医疗服务需求的增加，根据中华医学会和有关专家建议，在广泛征求意见的基础上，经研究决定：

一、在《医疗机构诊疗科目名录》(卫医发〔1994〕第27号文附件1)中增加一级诊疗科目“重症医学科”，代码：“28”。

重症医学科的主要业务范围为：急危重症患者的抢救和延续性生命支持；发生多器官功能障碍患者的治疗和器官功能支持；防治多脏器功能障碍综合征。

二、开展“重症医学科”诊疗科目诊疗服务的医院应当有具备内科、外科、麻醉科等专业知识之一和临床重症医学诊疗工作经历及技能的执业医师。

三、目前，只限于二级以上综合医院开展“重症医学科”诊疗科目诊疗服务。具有符合本通知第二条规定的二级以上综合医院可以申请增加“重症医学科”诊疗科目。

四、拟增加“重症医学科”诊疗科目的医院应当向核发其《医疗机构执业许可证》的地方卫生行政部门提出申请，地方卫生行政部门应当依法严格审核，对符合条件的予以登记“重症医学科”诊疗科目。

五、“重症医学科”诊疗科目应当以卫生部委托中华医学会编写的《临床技术操作规范(重症医学分册)》和《临床诊疗指南(重症医学分册)》等为指导开展诊疗服务。

六、从事“重症医学科”诊疗服务的医师应当向卫生行政部门重新申请核定医师执业范围；卫生行政部门根据医师申请和医院证明材料，对符合第二条规定医师的执业范围核定为“重症医学科”。

七、二级以上综合医院原已设置的综合重症加强治疗科(病房、室)(ICU)应重新申请“重症医学科”诊疗科目登记,并更改原科室名称为重症医学科。目前设置在专科医院和综合医院相关科室内的与本科重症患者治疗有关的病房,如内或外科重症加强治疗科(内科或外科ICU)、心血管重症监护病房(CCU)、儿科重症监护病房(PICU)等可以保留,中文名称统一为XX科重症监护病房(室),继续在相关专业范围内开展诊疗活动,其医师执业范围不变。

八、设置“重症医学科”的医院要按照我部有关规定严格科室管理,确保医疗质量和医疗安全,并采取有效措施加强重症医学专业人才培养和重症医学学科建设,促进其健康发展。

九、未经批准“重症医学科”诊疗科目登记的医疗机构不得设置重症医学科;相关科室可以设置监护室、抢救室等开展对本科重症患者的救治。

本通知自下发之日起执行。

卫生部关于修订口腔科二级科目的通知

·2010年6月11日
·卫医政发〔2010〕55号

各省、自治区、直辖市卫生厅局,新疆生产建设兵团卫生局:

为适应口腔医学发展及实际工作需要,提高专科诊疗水平和服务能力,根据中华口腔医学会的建议,经研究决定,修订《医疗机构诊疗科目名录》中口腔科的二级科目。现将修订后的口腔科(12.)二级科目印发给你们,请遵照执行。

修订后的诊疗科目口腔科(12.)

12. 口腔科
12.01 牙体牙髓病专业
12.02 牙周病专业
12.03 口腔粘膜病专业
12.04 儿童口腔专业
12.05 口腔颌面外科专业
12.06 口腔修复专业
12.07 口腔正畸专业
12.08 口腔种植专业
12.09 口腔麻醉专业
12.10 口腔颌面医学影像专业
12.11 口腔病理专业
12.12 预防口腔专业
12.13 其他

3. 药品管理

中华人民共和国药品管理法

·1984年9月20日第六届全国人民代表大会常务委员会第七次会议通过
·2001年2月28日第九届全国人民代表大会常务委员会第二十次会议第一次修订
·根据2013年12月28日第十二届全国人民代表大会常务委员会第六次会议《关于修改〈中华人民共和国海洋环境保护法〉等七部法律的决定》第一次修正
·根据2015年4月24日第十二届全国人民代表大会常务委员会第十四次会议《关于修改〈中华人民共和国药品管理法〉的决定》第二次修正
·2019年8月26日第十三届全国人民代表大会常务委员会第十二次会议第二次修订
·2019年8月26日中华人民共和国主席令第31号公布
·自2019年12月1日起施行

第一章 总 则

第一条 为了加强药品管理,保证药品质量,保障公众用药安全和合法权益,保护和促进公众健康,制定本法。

第二条 在中华人民共和国境内从事药品研制、生产、经营、使用和监督管理活动,适用本法。

本法所称药品,是指用于预防、治疗、诊断人的疾病,有目的地调节人的生理机能并规定有适应症或者功能主治、用法和用量的物质,包括中药、化学药和生物制品等。

第三条 药品管理应当以人民健康为中心,

坚持风险管理、全程管控、社会共治的原则，建立科学、严格的监督管理制度，全面提升药品质量，保障药品的安全、有效、可及。

第四条 国家发展现代药和传统药，充分发挥其在预防、医疗和保健中的作用。

国家保护野生药材资源和中药品种，鼓励培育道地中药材。

第五条 国家鼓励研究和创制新药，保护公民、法人和其他组织研究、开发新药的合法权益。

第六条 国家对药品管理实行药品上市许可持有人制度。药品上市许可持有人依法对药品研制、生产、经营、使用全过程中药品的安全性、有效性和质量可控性负责。

第七条 从事药品研制、生产、经营、使用活动，应当遵守法律、法规、规章、标准和规范，保证全过程信息真实、准确、完整和可追溯。

第八条 国务院药品监督管理部门主管全国药品监督管理工作。国务院有关部门在各自职责范围内负责与药品有关的监督管理工作。国务院药品监督管理部门配合国务院有关部门，执行国家药品行业发展规划和产业政策。

省、自治区、直辖市人民政府药品监督管理部门负责本行政区域内的药品监督管理工作。设区的市级、县级人民政府承担药品监督管理职责的部门（以下称药品监督管理部门）负责本行政区域内的药品监督管理工作。县级以上地方人民政府有关部门在各自职责范围内负责与药品有关的监督管理工作。

第九条 县级以上地方人民政府对本行政区域内的药品监督管理工作负责，统一领导、组织、协调本行政区域内的药品监督管理工作以及药品安全突发事件应对工作，建立健全药品监督管理工作机制和信息共享机制。

第十条 县级以上人民政府应当将药品安全工作纳入本级国民经济和社会发展规划，将药品安全工作经费列入本级政府预算，加强药品监督管理能力建设，为药品安全工作提供保障。

第十一条 药品监督管理部门设置或者指定的药品专业技术机构，承担依法实施药品监督管理所需的审评、检验、核查、监测与评价等工作。

第十二条 国家建立健全药品追溯制度。国务院药品监督管理部门应当制定统一的药品追溯标准和规范，推进药品追溯信息互通互享，实现药品可追溯。

国家建立药物警戒制度，对药品不良反应及其他与用药有关的有害反应进行监测、识别、评估和控制。

第十三条 各级人民政府及其有关部门、药品行业协会等应当加强药品安全宣传教育，开展药品安全法律法规等知识的普及工作。

新闻媒体应当开展药品安全法律法规等知识的公益宣传，并对药品违法行为进行舆论监督。有关药品的宣传报道应当全面、科学、客观、公正。

第十四条 药品行业协会应当加强行业自律，建立健全行业规范，推动行业诚信体系建设，引导和督促会员依法开展药品生产经营等活动。

第十五条 县级以上人民政府及其有关部门对在药品研制、生产、经营、使用和监督管理工作中做出突出贡献的单位和个人，按照国家有关规定给予表彰、奖励。

第二章 药品研制和注册

第十六条 国家支持以临床价值为导向、对人的疾病具有明确或者特殊疗效的药物创新，鼓励具有新的治疗机理、治疗严重危及生命的疾病或者罕见病、对人体具有多靶向系统性调节干预功能等的新药研制，推动药品技术进步。

国家鼓励运用现代科学技术和传统中药研究方法开展中药科学技术研究和药物开发，建立和完善符合中药特点的技术评价体系，促进中药传承创新。

国家采取有效措施，鼓励儿童用药品的研制和创新，支持开发符合儿童生理特征的儿童用药品新品种、剂型和规格，对儿童用药品予以优先审评审批。

第十七条 从事药品研制活动，应当遵守药物非临床研究质量管理规范、药物临床试验质量管理规范，保证药品研制全过程持续符合法定要求。

药物非临床研究质量管理规范、药物临床试验质量管理规范由国务院药品监督管理部门会同国务院有关部门制定。

第十八条 开展药物非临床研究，应当符合国家有关规定，有与研究项目相适应的人员、场地、设备、仪器和管理制度，保证有关数据、资料和样品的真实性。

第十九条 开展药物临床试验，应当按照国务院药品监督管理部门的规定如实报送研制方法、质量指标、药理及毒理试验结果等有关数据、资料和样品，经国务院药品监督管理部门批准。国务院药品监督管理部门应当自受理临床试验申请之日起六十个工作日内决定是否同意并通知临床试验申办者，逾期未通知的，视为同意。其中，开展生物等效性试验的，报国务院药品监督管理部门备案。

开展药物临床试验，应当在具备相应条件的临床试验机构进行。药物临床试验机构实行备案管理，具体办法由国务院药品监督管理部门、国务院卫生健康主管部门共同制定。

第二十条 开展药物临床试验，应当符合伦理原则，制定临床试验方案，经伦理委员会审查同意。

伦理委员会应当建立伦理审查工作制度，保证伦理审查过程独立、客观、公正，监督规范开展药物临床试验，保障受试者合法权益，维护社会公共利益。

第二十一条 实施药物临床试验，应当向受试者或者其监护人如实说明和解释临床试验的目的和风险等详细情况，取得受试者或者其监护人自愿签署的知情同意书，并采取有效措施保护受试者合法权益。

第二十二条 药物临床试验期间，发现存在安全性问题或者其他风险的，临床试验申办者应当及时调整临床试验方案、暂停或者终止临床试验，并向国务院药品监督管理部门报告。必要时，国务院药品监督管理部门可以责令调整临床试验方案、暂停或者终止临床试验。

第二十三条 对正在开展临床试验的用于治疗严重危及生命且尚无有效治疗手段的疾病的药物，经医学观察可能获益，并且符合伦理原则的，经审查、知情同意后可以在开展临床试验的机构内用于其他病情相同的患者。

第二十四条 在中国境内上市的药品，应当经国务院药品监督管理部门批准，取得药品注册证书；但是，未实施审批管理的中药材和中药饮片除外。实施审批管理的中药材、中药饮片品种目录由国务院药品监督管理部门会同国务院中医药主管部门制定。

申请药品注册，应当提供真实、充分、可靠的数据、资料和样品，证明药品的安全性、有效性和质量可控性。

第二十五条 对申请注册的药品，国务院药品监督管理部门应当组织药学、医学和其他技术人员进行审评，对药品的安全性、有效性和质量可控性以及申请人的质量管理、风险防控和责任赔偿等能力进行审查；符合条件的，颁发药品注册证书。

国务院药品监督管理部门在审批药品时，对化学原料药一并审评审批，对相关辅料、直接接触药品的包装材料和容器一并审评，对药品的质量标准、生产工艺、标签和说明书一并核准。

本法所称辅料，是指生产药品和调配处方时所用的赋形剂和附加剂。

第二十六条 对治疗严重危及生命且尚无有效治疗手段的疾病以及公共卫生方面急需的药品，药物临床试验已有数据显示疗效并能预测其临床价值的，可以附条件批准，并在药品注册证书中载明相关事项。

第二十七条 国务院药品监督管理部门应当完善药品审评审批工作制度，加强能力建设，建立健全沟通交流、专家咨询等机制，优化审评审批流程，提高审评审批效率。

批准上市药品的审评结论和依据应当依法公开，接受社会监督。对审评审批中知悉的商业秘密应当保密。

第二十八条 药品应当符合国家药品标准。经国务院药品监督管理部门核准的药品质量标准高于国家药品标准的，按照经核准的药品质量标准执行；没有国家药品标准的，应当符合经核准的药品质量标准。

国务院药品监督管理部门颁布的《中华人民共和国药典》和药品标准为国家药品标准。

国务院药品监督管理部门会同国务院卫生健康主管部门组织药典委员会，负责国家药品标准的制定和修订。

国务院药品监督管理部门设置或者指定的药品检验机构负责标定国家药品标准品、对照品。

第二十九条 列入国家药品标准的药品名称为药品通用名称。已经作为药品通用名称的，该名称不得作为药品商标使用。

第三章 药品上市许可持有人

第三十条 药品上市许可持有人是指取得药品注册证书的企业或者药品研制机构等。

药品上市许可持有人应当依照本法规定，对药品的非临床研究、临床试验、生产经营、上市后研究、不良反应监测及报告与处理等承担责任。其他从事药品研制、生产、经营、储存、运输、使用等活动的单位和个人依法承担相应责任。

药品上市许可持有人的法定代表人、主要负责人对药品质量全面负责。

第三十一条 药品上市许可持有人应当建立药品质量保证体系，配备专门人员独立负责药品质量管理。

药品上市许可持有人应当对受托药品生产企业、药品经营企业的质量管理体系进行定期审核，监督其持续具备质量保证和控制能力。

第三十二条 药品上市许可持有人可以自行生产药品，也可以委托药品生产企业生产。

药品上市许可持有人自行生产药品的，应当依照本法规定取得药品生产许可证；委托生产的，应当委托符合条件的药品生产企业。药品上市许可持有人和受托生产企业应当签订委托协议和质量协议，并严格履行协议约定的义务。

国务院药品监督管理部门制定药品委托生产质量协议指南，指导、监督药品上市许可持有人和受托生产企业履行药品质量保证义务。

血液制品、麻醉药品、精神药品、医疗用毒性药品、药品类易制毒化学品不得委托生产；但是，国务院药品监督管理部门另有规定的除外。

第三十三条 药品上市许可持有人应当建立药品上市放行规程，对药品生产企业出厂放行的药品进行审核，经质量受权人签字后方可放行。不符合国家药品标准的，不得放行。

第三十四条 药品上市许可持有人可以自行销售其取得药品注册证书的药品，也可以委托药品经营企业销售。药品上市许可持有人从事药品零售活动的，应当取得药品经营许可证。

药品上市许可持有人自行销售药品的，应当具备本法第五十二条规定的条件；委托销售的，应当委托符合条件的药品经营企业。药品上市许可持有人和受托经营企业应当签订委托协议，并严格履行协议约定的义务。

第三十五条 药品上市许可持有人、药品生产企业、药品经营企业委托储存、运输药品的，应当对受托方的质量保证能力和风险管理能力进行评估，与其签订委托协议，约定药品质量责任、操作规程等内容，并对受托方进行监督。

第三十六条 药品上市许可持有人、药品生产企业、药品经营企业和医疗机构应当建立并实施药品追溯制度，按照规定提供追溯信息，保证药品可追溯。

第三十七条 药品上市许可持有人应当建立年度报告制度，每年将药品生产销售、上市后研究、风险管理等情况按照规定向省、自治区、直辖市人民政府药品监督管理部门报告。

第三十八条 药品上市许可持有人为境外企业的，应当由其指定的在中国境内的企业法人履行药品上市许可持有人义务，与药品上市许可持有人承担连带责任。

第三十九条 中药饮片生产企业履行药品上市许可持有人的相关义务，对中药饮片生产、销售实行全过程管理，建立中药饮片追溯体系，保证中药饮片安全、有效、可追溯。

第四十条 经国务院药品监督管理部门批准，药品上市许可持有人可以转让药品上市许可。受让方应当具备保障药品安全性、有效性和质量可控性的质量管理、风险防控和责任赔偿等能力，履行药品上市许可持有人义务。

第四章 药品生产

第四十一条 从事药品生产活动，应当经所在地省、自治区、直辖市人民政府药品监督管理部门批准，取得药品生产许可证。无药品生产许可证的，不得生产药品。

药品生产许可证应当标明有效期和生产范围，到期重新审查发证。

第四十二条 从事药品生产活动，应当具备以下条件：

（一）有依法经过资格认定的药学技术人员、工程技术人员及相应的技术工人；

（二）有与药品生产相适应的厂房、设施和卫生环境；

（三）有能对所生产药品进行质量管理和质量检验的机构、人员及必要的仪器设备；

（四）有保证药品质量的规章制度，并符合国务院药品监督管理部门依据本法制定的药品生产质量管理规范要求。

第四十三条 从事药品生产活动，应当遵守药品生产质量管理规范，建立健全药品生产质量管理体系，保证药品生产全过程持续符合法定要求。

药品生产企业的法定代表人、主要负责人对本企业的药品生产活动全面负责。

第四十四条 药品应当按照国家药品标准和经药品监督管理部门核准的生产工艺进行生产。生产、检验记录应当完整准确，不得编造。

中药饮片应当按照国家药品标准炮制；国家药品标准没有规定的，应当按照省、自治区、直辖市人民政府药品监督管理部门制定的炮制规范炮制。省、自治区、直辖市人民政府药品监督管理部门制定的炮制规范应当报国务院药品监督管理部门备案。不符合国家药品标准或者不按照省、自治区、直辖市人民政府药品监督管理部门制定的炮制规范炮制的，不得出厂、销售。

第四十五条 生产药品所需的原料、辅料，应当符合药用要求、药品生产质量管理规范的有关要求。

生产药品，应当按照规定对供应原料、辅料等的供应商进行审核，保证购进、使用的原料、辅料等符合前款规定要求。

第四十六条 直接接触药品的包装材料和容器，应当符合药用要求，符合保障人体健康、安全的标准。

对不合格的直接接触药品的包装材料和容器，由药品监督管理部门责令停止使用。

第四十七条 药品生产企业应当对药品进行质量检验。不符合国家药品标准的，不得出厂。

药品生产企业应当建立药品出厂放行规程，明确出厂放行的标准、条件。符合标准、条件的，经质量受权人签字后方可放行。

第四十八条 药品包装应当适合药品质量的要求，方便储存、运输和医疗使用。

发运中药材应当有包装。在每件包装上，应当注明品名、产地、日期、供货单位，并附有质量合格的标志。

第四十九条 药品包装应当按照规定印有或者贴有标签并附有说明书。

标签或者说明书应当注明药品的通用名称、成份、规格、上市许可持有人及其地址、生产企业及其地址、批准文号、产品批号、生产日期、有效期、适应症或者功能主治、用法、用量、禁忌、不良反应和注意事项。标签、说明书中的文字应当清晰，生产日期、有效期等事项应当显著标注，容易辨识。

麻醉药品、精神药品、医疗用毒性药品、放射性药品、外用药品和非处方药的标签、说明书，应当印有规定的标志。

第五十条 药品上市许可持有人、药品生产企业、药品经营企业和医疗机构中直接接触药品的工作人员，应当每年进行健康检查。患有传染病或者其他可能污染药品的疾病的，不得从事直接接触药品的工作。

第五章 药品经营

第五十一条 从事药品批发活动，应当经所在地省、自治区、直辖市人民政府药品监督管理部门批准，取得药品经营许可证。从事药品零售活动，应当经所在地县级以上地方人民政府药品监督管理部门批准，取得药品经营许可证。无药品经营许可证的，不得经营药品。

药品经营许可证应当标明有效期和经营范围，到期重新审查发证。

药品监督管理部门实施药品经营许可，除依据本法第五十二条规定的条件外，还应当遵循方便群众购药的原则。

第五十二条 从事药品经营活动应当具备以下条件：

（一）有依法经过资格认定的药师或者其他药学技术人员；

（二）有与所经营药品相适应的营业场所、设备、仓储设施和卫生环境；

（三）有与所经营药品相适应的质量管理机构或者人员；

（四）有保证药品质量的规章制度，并符合国务院药品监督管理部门依据本法制定的药品经营质量管理规范要求。

第五十三条 从事药品经营活动，应当遵守药品经营质量管理规范，建立健全药品经营质量管理体系，保证药品经营全过程持续符合法定要求。

国家鼓励、引导药品零售连锁经营。从事药品零售连锁经营活动的企业总部，应当建立统一的质量管理制度，对所属零售企业的经营活动履行管理责任。

药品经营企业的法定代表人、主要负责人对

本企业的药品经营活动全面负责。

第五十四条 国家对药品实行处方药与非处方药分类管理制度。具体办法由国务院药品监督管理部门会同国务院卫生健康主管部门制定。

第五十五条 药品上市许可持有人、药品生产企业、药品经营企业和医疗机构应当从药品上市许可持有人或者具有药品生产、经营资格的企业购进药品;但是,购进未实施审批管理的中药材除外。

第五十六条 药品经营企业购进药品,应当建立并执行进货检查验收制度,验明药品合格证明和其他标识;不符合规定要求的,不得购进和销售。

第五十七条 药品经营企业购销药品,应当有真实、完整的购销记录。购销记录应当注明药品的通用名称、剂型、规格、产品批号、有效期、上市许可持有人、生产企业、购销单位、购销数量、购销价格、购销日期及国务院药品监督管理部门规定的其他内容。

第五十八条 药品经营企业零售药品应当准确无误,并正确说明用法、用量和注意事项;调配处方应当经过核对,对处方所列药品不得擅自更改或者代用。对有配伍禁忌或者超剂量的处方,应当拒绝调配;必要时,经处方医师更正或者重新签字,方可调配。

药品经营企业销售中药材,应当标明产地。

依法经过资格认定的药师或者其他药学技术人员负责本企业的药品管理、处方审核和调配、合理用药指导等工作。

第五十九条 药品经营企业应当制定和执行药品保管制度,采取必要的冷藏、防冻、防潮、防虫、防鼠等措施,保证药品质量。

药品入库和出库应当执行检查制度。

第六十条 城乡集市贸易市场可以出售中药材,国务院另有规定的除外。

第六十一条 药品上市许可持有人、药品经营企业通过网络销售药品,应当遵守本法药品经营的有关规定。具体管理办法由国务院药品监督管理部门会同国务院卫生健康主管部门等部门制定。

疫苗、血液制品、麻醉药品、精神药品、医疗用毒性药品、放射性药品、药品类易制毒化学品等国家实行特殊管理的药品不得在网络上销售。

第六十二条 药品网络交易第三方平台提供者应当按照国务院药品监督管理部门的规定,向所在地省、自治区、直辖市人民政府药品监督管理部门备案。

第三方平台提供者应当依法对申请进入平台经营的药品上市许可持有人、药品经营企业的资质等进行审核,保证其符合法定要求,并对发生在平台的药品经营行为进行管理。

第三方平台提供者发现进入平台经营的药品上市许可持有人、药品经营企业有违反本法规定行为的,应当及时制止并立即报告所在地县级人民政府药品监督管理部门;发现严重违法行为的,应当立即停止提供网络交易平台服务。

第六十三条 新发现和从境外引种的药材,经国务院药品监督管理部门批准后,方可销售。

第六十四条 药品应当从允许药品进口的口岸进口,并由进口药品的企业向口岸所在地药品监督管理部门备案。海关凭药品监督管理部门出具的进口药品通关单办理通关手续。无进口药品通关单的,海关不得放行。

口岸所在地药品监督管理部门应当通知药品检验机构按照国务院药品监督管理部门的规定对进口药品进行抽查检验。

允许药品进口的口岸由国务院药品监督管理部门会同海关总署提出,报国务院批准。

第六十五条 医疗机构因临床急需进口少量药品的,经国务院药品监督管理部门或者国务院授权的省、自治区、直辖市人民政府批准,可以进口。进口的药品应当在指定医疗机构内用于特定医疗目的。

个人自用携带入境少量药品,按照国家有关规定办理。

第六十六条 进口、出口麻醉药品和国家规定范围内的精神药品,应当持有国务院药品监督管理部门颁发的进口准许证、出口准许证。

第六十七条 禁止进口疗效不确切、不良反应大或者因其他原因危害人体健康的药品。

第六十八条 国务院药品监督管理部门对下列药品在销售前或者进口时,应当指定药品检验机构进行检验;未经检验或者检验不合格的,不得销售或者进口:

(一)首次在中国境内销售的药品;

(二)国务院药品监督管理部门规定的生物制品;

(三)国务院规定的其他药品。

第六章 医疗机构药事管理

第六十九条 医疗机构应当配备依法经过资格认定的药师或者其他药学技术人员，负责本单位的药品管理、处方审核和调配、合理用药指导等工作。非药学技术人员不得直接从事药剂技术工作。

第七十条 医疗机构购进药品，应当建立并执行进货检查验收制度，验明药品合格证明和其他标识；不符合规定要求的，不得购进和使用。

第七十一条 医疗机构应当有与所使用药品相适应的场所、设备、仓储设施和卫生环境，制定和执行药品保管制度，采取必要的冷藏、防冻、防潮、防虫、防鼠等措施，保证药品质量。

第七十二条 医疗机构应当坚持安全有效、经济合理的用药原则，遵循药品临床应用指导原则、临床诊疗指南和药品说明书等合理用药，对医师处方、用药医嘱的适宜性进行审核。

医疗机构以外的其他药品使用单位，应当遵守本法有关医疗机构使用药品的规定。

第七十三条 依法经过资格认定的药师或者其他药学技术人员调配处方，应当进行核对，对处方所列药品不得擅自更改或者代用。对有配伍禁忌或者超剂量的处方，应当拒绝调配；必要时，经处方医师更正或者重新签字，方可调配。

第七十四条 医疗机构配制制剂，应当经所在地省、自治区、直辖市人民政府药品监督管理部门批准，取得医疗机构制剂许可证。无医疗机构制剂许可证的，不得配制制剂。

医疗机构制剂许可证应当标明有效期，到期重新审查发证。

第七十五条 医疗机构配制制剂，应当有能够保证制剂质量的设施、管理制度、检验仪器和卫生环境。

医疗机构配制制剂，应当按照经核准的工艺进行，所需的原料、辅料和包装材料等应当符合药用要求。

第七十六条 医疗机构配制的制剂，应当是本单位临床需要而市场上没有供应的品种，并应当经所在地省、自治区、直辖市人民政府药品监督管理部门批准；但是，法律对配制中药制剂另有规定的除外。

医疗机构配制的制剂应当按照规定进行质量检验；合格的，凭医师处方在本单位使用。经国务院药品监督管理部门或者省、自治区、直辖市人民政府药品监督管理部门批准，医疗机构配制的制剂可以在指定的医疗机构之间调剂使用。

医疗机构配制的制剂不得在市场上销售。

第七章 药品上市后管理

第七十七条 药品上市许可持有人应当制定药品上市后风险管理计划，主动开展药品上市后研究，对药品的安全性、有效性和质量可控性进行进一步确证，加强对已上市药品的持续管理。

第七十八条 对附条件批准的药品，药品上市许可持有人应当采取相应风险管理措施，并在规定期限内按照要求完成相关研究；逾期未按照要求完成研究或者不能证明其获益大于风险的，国务院药品监督管理部门应当依法处理，直至注销药品注册证书。

第七十九条 对药品生产过程中的变更，按照其对药品安全性、有效性和质量可控性的风险和产生影响的程度，实行分类管理。属于重大变更的，应当经国务院药品监督管理部门批准，其他变更应当按照国务院药品监督管理部门的规定备案或者报告。

药品上市许可持有人应当按照国务院药品监督管理部门的规定，全面评估、验证变更事项对药品安全性、有效性和质量可控性的影响。

第八十条 药品上市许可持有人应当开展药品上市后不良反应监测，主动收集、跟踪分析疑似药品不良反应信息，对已识别风险的药品及时采取风险控制措施。

第八十一条 药品上市许可持有人、药品生产企业、药品经营企业和医疗机构应当经常考察本单位所生产、经营、使用的药品质量、疗效和不良反应。发现疑似不良反应的，应当及时向药品监督管理部门和卫生健康主管部门报告。具体办法由国务院药品监督管理部门会同国务院卫生健康主管部门制定。

对已确认发生严重不良反应的药品，由国务院药品监督管理部门或者省、自治区、直辖市人民政府药品监督管理部门根据实际情况采取停止生产、销售、使用等紧急控制措施，并应当在五日内组织鉴定，自鉴定结论作出之日起十五日内依法作出行政处理决定。

第八十二条 药品存在质量问题或者其他安全隐患的，药品上市许可持有人应当立即停止销售，告知相关药品经营企业和医疗机构停止销售和使用，召回已销售的药品，及时公开召回信息，必要时应当立即停止生产，并将药品召回和处理情况向省、自治区、直辖市人民政府药品监督管理部门和卫生健康主管部门报告。药品生产企业、药品经营企业和医疗机构应当配合。

药品上市许可持有人依法应当召回药品而未召回的，省、自治区、直辖市人民政府药品监督管理部门应当责令其召回。

第八十三条 药品上市许可持有人应当对已上市药品的安全性、有效性和质量可控性定期开展上市后评价。必要时，国务院药品监督管理部门可以责令药品上市许可持有人开展上市后评价或者直接组织开展上市后评价。

经评价，对疗效不确切、不良反应大或者因其他原因危害人体健康的药品，应当注销药品注册证书。

已被注销药品注册证书的药品，不得生产或者进口、销售和使用。

已被注销药品注册证书、超过有效期等的药品，应当由药品监督管理部门监督销毁或者依法采取其他无害化处理等措施。

第八章 药品价格和广告

第八十四条 国家完善药品采购管理制度，对药品价格进行监测，开展成本价格调查，加强药品价格监督检查，依法查处价格垄断、哄抬价格等药品价格违法行为，维护药品价格秩序。

第八十五条 依法实行市场调节价的药品，药品上市许可持有人、药品生产企业、药品经营企业和医疗机构应当按照公平、合理和诚实信用、质价相符的原则制定价格，为用药者提供价格合理的药品。

药品上市许可持有人、药品生产企业、药品经营企业和医疗机构应当遵守国务院药品价格主管部门关于药品价格管理的规定，制定和标明药品零售价格，禁止暴利、价格垄断和价格欺诈等行为。

第八十六条 药品上市许可持有人、药品生产企业、药品经营企业和医疗机构应当依法向药品价格主管部门提供其药品的实际购销价格和购销数量等资料。

第八十七条 医疗机构应当向患者提供所用药品的价格清单，按照规定如实公布其常用药品的价格，加强合理用药管理。具体办法由国务院卫生健康主管部门制定。

第八十八条 禁止药品上市许可持有人、药品生产企业、药品经营企业和医疗机构在药品购销中给予、收受回扣或者其他不正当利益。

禁止药品上市许可持有人、药品生产企业、药品经营企业或者代理人以任何名义给予使用其药品的医疗机构的负责人、药品采购人员、医师、药师等有关人员财物或者其他不正当利益。禁止医疗机构的负责人、药品采购人员、医师、药师等有关人员以任何名义收受药品上市许可持有人、药品生产企业、药品经营企业或者代理人给予的财物或者其他不正当利益。

第八十九条 药品广告应当经广告主所在地省、自治区、直辖市人民政府确定的广告审查机关批准；未经批准的，不得发布。

第九十条 药品广告的内容应当真实、合法，以国务院药品监督管理部门核准的药品说明书为准，不得含有虚假的内容。

药品广告不得含有表示功效、安全性的断言或者保证；不得利用国家机关、科研单位、学术机构、行业协会或者专家、学者、医师、药师、患者等的名义或者形象作推荐、证明。

非药品广告不得有涉及药品的宣传。

第九十一条 药品价格和广告，本法未作规定的，适用《中华人民共和国价格法》、《中华人民共和国反垄断法》、《中华人民共和国反不正当竞争法》、《中华人民共和国广告法》等的规定。

第九章 药品储备和供应

第九十二条 国家实行药品储备制度，建立中央和地方两级药品储备。

发生重大灾情、疫情或者其他突发事件时，依照《中华人民共和国突发事件应对法》的规定，可以紧急调用药品。

第九十三条 国家实行基本药物制度，遴选适当数量的基本药物品种，加强组织生产和储备，提高基本药物的供给能力，满足疾病防治基本用药需求。

第九十四条 国家建立药品供求监测体系，

及时收集和汇总分析短缺药品供求信息，对短缺药品实行预警，采取应对措施。

第九十五条 国家实行短缺药品清单管理制度。具体办法由国务院卫生健康主管部门会同国务院药品监督管理部门等部门制定。

药品上市许可持有人停止生产短缺药品的，应当按照规定向国务院药品监督管理部门或者省、自治区、直辖市人民政府药品监督管理部门报告。

第九十六条 国家鼓励短缺药品的研制和生产，对临床急需的短缺药品、防治重大传染病和罕见病等疾病的新药予以优先审评审批。

第九十七条 对短缺药品，国务院可以限制或者禁止出口。必要时，国务院有关部门可以采取组织生产、价格干预和扩大进口等措施，保障药品供应。

药品上市许可持有人、药品生产企业、药品经营企业应当按照规定保障药品的生产和供应。

第十章 监督管理

第九十八条 禁止生产（包括配制，下同）、销售、使用假药、劣药。

有下列情形之一的，为假药：

（一）药品所含成份与国家药品标准规定的成份不符；

（二）以非药品冒充药品或者以他种药品冒充此种药品；

（三）变质的药品；

（四）药品所标明的适应症或者功能主治超出规定范围。

有下列情形之一的，为劣药：

（一）药品成份的含量不符合国家药品标准；

（二）被污染的药品；

（三）未标明或者更改有效期的药品；

（四）未注明或者更改产品批号的药品；

（五）超过有效期的药品；

（六）擅自添加防腐剂、辅料的药品；

（七）其他不符合药品标准的药品。

禁止未取得药品批准证明文件生产、进口药品；禁止使用未按照规定审评、审批的原料药、包装材料和容器生产药品。

第九十九条 药品监督管理部门应当依照法律、法规的规定对药品研制、生产、经营和药品使用单位使用药品等活动进行监督检查，必要时可以对为药品研制、生产、经营、使用提供产品或者服务的单位和个人进行延伸检查，有关单位和个人应当予以配合，不得拒绝和隐瞒。

药品监督管理部门应当对高风险的药品实施重点监督检查。

对有证据证明可能存在安全隐患的，药品监督管理部门根据监督检查情况，应当采取告诫、约谈、限期整改以及暂停生产、销售、使用、进口等措施，并及时公布检查处理结果。

药品监督管理部门进行监督检查时，应当出示证明文件，对监督检查中知悉的商业秘密应当保密。

第一百条 药品监督管理部门根据监督管理的需要，可以对药品质量进行抽查检验。抽查检验应当按照规定抽样，并不得收取任何费用；抽样应当购买样品。所需费用按照国务院规定列支。

对有证据证明可能危害人体健康的药品及其有关材料，药品监督管理部门可以查封、扣押，并在七日内作出行政处理决定；药品需要检验的，应当自检验报告书发出之日起十五日内作出行政处理决定。

第一百零一条 国务院和省、自治区、直辖市人民政府的药品监督管理部门应当定期公告药品质量抽查检验结果；公告不当的，应当在原公告范围内予以更正。

第一百零二条 当事人对药品检验结果有异议的，可以自收到药品检验结果之日起七日内向原药品检验机构或者上一级药品监督管理部门设置或者指定的药品检验机构申请复验，也可以直接向国务院药品监督管理部门设置或者指定的药品检验机构申请复验。受理复验的药品检验机构应当在国务院药品监督管理部门规定的时间内作出复验结论。

第一百零三条 药品监督管理部门应当对药品上市许可持有人、药品生产企业、药品经营企业和药物非临床安全性评价研究机构、药物临床试验机构等遵守药品生产质量管理规范、药品经营质量管理规范、药物非临床研究质量管理规范、药物临床试验质量管理规范等情况进行检查，监督其持续符合法定要求。

第一百零四条 国家建立职业化、专业化药品检查员队伍。检查员应当熟悉药品法律法规，具备药品专业知识。

第一百零五条 药品监督管理部门建立药品上市许可持有人、药品生产企业、药品经营企业、药物非临床安全性评价研究机构、药物临床试验机构和医疗机构药品安全信用档案，记录许可颁发、日常监督检查结果、违法行为查处等情况，依法向社会公布并及时更新；对有不良信用记录的，增加监督检查频次，并可以按照国家规定实施联合惩戒。

第一百零六条 药品监督管理部门应当公布本部门的电子邮件地址、电话，接受咨询、投诉、举报，并依法及时答复、核实、处理。对查证属实的举报，按照有关规定给予举报人奖励。

药品监督管理部门应当对举报人的信息予以保密，保护举报人的合法权益。举报人举报所在单位的，该单位不得以解除、变更劳动合同或者其他方式对举报人进行打击报复。

第一百零七条 国家实行药品安全信息统一公布制度。国家药品安全总体情况、药品安全风险警示信息、重大药品安全事件及其调查处理信息和国务院确定需要统一公布的其他信息由国务院药品监督管理部门统一公布。药品安全风险警示信息和重大药品安全事件及其调查处理信息的影响限于特定区域的，也可以由有关省、自治区、直辖市人民政府药品监督管理部门公布。未经授权不得发布上述信息。

公布药品安全信息，应当及时、准确、全面，并进行必要的说明，避免误导。

任何单位和个人不得编造、散布虚假药品安全信息。

第一百零八条 县级以上人民政府应当制定药品安全事件应急预案。药品上市许可持有人、药品生产企业、药品经营企业和医疗机构等应当制定本单位的药品安全事件处置方案，并组织开展培训和应急演练。

发生药品安全事件，县级以上人民政府应当按照应急预案立即组织开展应对工作；有关单位应当立即采取有效措施进行处置，防止危害扩大。

第一百零九条 药品监督管理部门未及时发现药品安全系统性风险，未及时消除监督管理区域内药品安全隐患的，本级人民政府或者上级人民政府药品监督管理部门应当对其主要负责人进行约谈。

地方人民政府未履行药品安全职责，未及时消除区域性重大药品安全隐患的，上级人民政府或者上级人民政府药品监督管理部门应当对其主要负责人进行约谈。

被约谈的部门和地方人民政府应当立即采取措施，对药品监督管理工作进行整改。

约谈情况和整改情况应当纳入有关部门和地方人民政府药品监督管理工作评议、考核记录。

第一百一十条 地方人民政府及其药品监督管理部门不得以要求实施药品检验、审批等手段限制或者排斥非本地区药品上市许可持有人、药品生产企业生产的药品进入本地区。

第一百一十一条 药品监督管理部门及其设置或者指定的药品专业技术机构不得参与药品生产经营活动，不得以其名义推荐或者监制、监销药品。

药品监督管理部门及其设置或者指定的药品专业技术机构的工作人员不得参与药品生产经营活动。

第一百一十二条 国务院对麻醉药品、精神药品、医疗用毒性药品、放射性药品、药品类易制毒化学品等有其他特殊管理规定的，依照其规定。

第一百一十三条 药品监督管理部门发现药品违法行为涉嫌犯罪的，应当及时将案件移送公安机关。

对依法不需要追究刑事责任或者免予刑事处罚，但应当追究行政责任的，公安机关、人民检察院、人民法院应当及时将案件移送药品监督管理部门。

公安机关、人民检察院、人民法院商请药品监督管理部门、生态环境主管部门等部门提供检验结论、认定意见以及对涉案药品进行无害化处理等协助的，有关部门应当及时提供，予以协助。

第十一章 法律责任

第一百一十四条 违反本法规定，构成犯罪的，依法追究刑事责任。

第一百一十五条 未取得药品生产许可证、药品经营许可证或者医疗机构制剂许可证生产、销售药品的，责令关闭，没收违法生产、销售的药品和违法所得，并处违法生产、销售的药品（包括已售出和未售出的药品，下同）货值金额十五倍以上三十倍以下的罚款；货值金额不足十万元的，按十万元计算。

第一百一十六条 生产、销售假药的，没收违法生产、销售的药品和违法所得，责令停产停业整顿，吊销药品批准证明文件，并处违法生产、销售的药品货值金额十五倍以上三十倍以下的罚款；货值金额不足十万元的，按十万元计算；情节严重的，吊销药品生产许可证、药品经营许可证或者医疗机构制剂许可证，十年内不受理其相应申请；药品上市许可持有人为境外企业的，十年内禁止其药品进口。

第一百一十七条 生产、销售劣药的，没收违法生产、销售的药品和违法所得，并处违法生产、销售的药品货值金额十倍以上二十倍以下的罚款；违法生产、批发的药品货值金额不足十万元的，按十万元计算，违法零售的药品货值金额不足一万元的，按一万元计算；情节严重的，责令停产停业整顿直至吊销药品批准证明文件、药品生产许可证、药品经营许可证或者医疗机构制剂许可证。

生产、销售的中药饮片不符合药品标准，尚不影响安全性、有效性的，责令限期改正，给予警告；可以处十万元以上五十万元以下的罚款。

第一百一十八条 生产、销售假药，或者生产、销售劣药且情节严重的，对法定代表人、主要负责人、直接负责的主管人员和其他责任人员，没收违法行为发生期间自本单位所获收入，并处所获收入百分之三十以上三倍以下的罚款，终身禁止从事药品生产经营活动，并可以由公安机关处五日以上十五日以下的拘留。

对生产者专门用于生产假药、劣药的原料、辅料、包装材料、生产设备予以没收。

第一百一十九条 药品使用单位使用假药、劣药的，按照销售假药、零售劣药的规定处罚；情节严重的，法定代表人、主要负责人、直接负责的主管人员和其他责任人员有医疗卫生人员执业证书的，还应当吊销执业证书。

第一百二十条 知道或者应当知道属于假药、劣药或者本法第一百二十四条第一款第一项至第五项规定的药品，而为其提供储存、运输等便利条件的，没收全部储存、运输收入，并处违法收入一倍以上五倍以下的罚款；情节严重的，并处违法收入五倍以上十五倍以下的罚款；违法收入不足五万元的，按五万元计算。

第一百二十一条 对假药、劣药的处罚决定，应当依法载明药品检验机构的质量检验结论。

第一百二十二条 伪造、变造、出租、出借、非法买卖许可证或者药品批准证明文件的，没收违法所得，并处违法所得一倍以上五倍以下的罚款；情节严重的，并处违法所得五倍以上十五倍以下的罚款，吊销药品生产许可证、药品经营许可证、医疗机构制剂许可证或者药品批准证明文件，对法定代表人、主要负责人、直接负责的主管人员和其他责任人员，处二万元以上二十万元以下的罚款，十年内禁止从事药品生产经营活动，并可以由公安机关处五日以上十五日以下的拘留；违法所得不足十万元的，按十万元计算。

第一百二十三条 提供虚假的证明、数据、资料、样品或者采取其他手段骗取临床试验许可、药品生产许可、药品经营许可、医疗机构制剂许可或者药品注册等许可的，撤销相关许可，十年内不受理其相应申请，并处五十万元以上五百万元以下的罚款；情节严重的，对法定代表人、主要负责人、直接负责的主管人员和其他责任人员，处二万元以上二十万元以下的罚款，十年内禁止从事药品生产经营活动，并可以由公安机关处五日以上十五日以下的拘留。

第一百二十四条 违反本法规定，有下列行为之一的，没收违法生产、进口、销售的药品和违法所得以及专门用于违法生产的原料、辅料、包装材料和生产设备，责令停产停业整顿，并处违法生产、进口、销售的药品货值金额十五倍以上三十倍以下的罚款；货值金额不足十万元的，按十万元计算；情节严重的，吊销药品批准证明文件直至吊销药品生产许可证、药品经营许可证或者医疗机构制剂许可证，对法定代表人、主要负责人、直接负责的主管人员和其他责任人员，没收违法行为发生期间自本单位所获收入，并处所获收入百分之三十以上三倍以下的罚款，十年直至终身禁止从事药品生产经营活动，并可以由公安机关处五日以上十五日以下的拘留：

（一）未取得药品批准证明文件生产、进口药品；

（二）使用采取欺骗手段取得的药品批准证明文件生产、进口药品；

（三）使用未经审评审批的原料药生产药品；

（四）应当检验而未经检验即销售药品；

（五）生产、销售国务院药品监督管理部门禁止使用的药品；

（六）编造生产、检验记录；

（七）未经批准在药品生产过程中进行重大变更。

销售前款第一项至第三项规定的药品，或者药品使用单位使用前款第一项至第五项规定的药品的，依照前款规定处罚；情节严重的，药品使用单位的法定代表人、主要负责人、直接负责的主管人员和其他责任人员有医疗卫生人员执业证书的，还应当吊销执业证书。

未经批准进口少量境外已合法上市的药品，情节较轻的，可以依法减轻或者免予处罚。

第一百二十五条 违反本法规定，有下列行为之一的，没收违法生产、销售的药品和违法所得以及包装材料、容器，责令停产停业整顿，并处五十万元以上五百万元以下的罚款；情节严重的，吊销药品批准证明文件、药品生产许可证、药品经营许可证，对法定代表人、主要负责人、直接负责的主管人员和其他责任人员处二万元以上二十万元以下的罚款，十年直至终身禁止从事药品生产经营活动：

（一）未经批准开展药物临床试验；

（二）使用未经审评的直接接触药品的包装材料或者容器生产药品，或者销售该类药品；

（三）使用未经核准的标签、说明书。

第一百二十六条 除本法另有规定的情形外，药品上市许可持有人、药品生产企业、药品经营企业、药物非临床安全性评价研究机构、药物临床试验机构等未遵守药品生产质量管理规范、药品经营质量管理规范、药物非临床研究质量管理规范、药物临床试验质量管理规范等的，责令限期改正，给予警告；逾期不改正的，处十万元以上五十万元以下的罚款；情节严重的，处五十万元以上二百万元以下的罚款，责令停产停业整顿直至吊销药品批准证明文件、药品生产许可证、药品经营许可证等，药物非临床安全性评价研究机构、药物临床试验机构等五年内不得开展药物非临床安全性评价研究、药物临床试验，对法定代表人、主要负责人、直接负责的主管人员和其他责任人员，没收违法行为发生期间自本单位所获收入，并处所获收入百分之十以上百分之五十以下的罚款，十年直至终身禁止从事药品生产经营等活动。

第一百二十七条 违反本法规定，有下列行为之一的，责令限期改正，给予警告；逾期不改正的，处十万元以上五十万元以下的罚款：

（一）开展生物等效性试验未备案；

（二）药物临床试验期间，发现存在安全性问题或者其他风险，临床试验申办者未及时调整临床试验方案、暂停或者终止临床试验，或者未向国务院药品监督管理部门报告；

（三）未按照规定建立并实施药品追溯制度；

（四）未按照规定提交年度报告；

（五）未按照规定对药品生产过程中的变更进行备案或者报告；

（六）未制定药品上市后风险管理计划；

（七）未按照规定开展药品上市后研究或者上市后评价。

第一百二十八条 除依法应当按照假药、劣药处罚的外，药品包装未按照规定印有、贴有标签或者附有说明书，标签、说明书未按照规定注明相关信息或者印有规定标志的，责令改正，给予警告；情节严重的，吊销药品注册证书。

第一百二十九条 违反本法规定，药品上市许可持有人、药品生产企业、药品经营企业或者医疗机构未从药品上市许可持有人或者具有药品生产、经营资格的企业购进药品的，责令改正，没收违法购进的药品和违法所得，并处违法购进药品货值金额二倍以上十倍以下的罚款；情节严重的，并处货值金额十倍以上三十倍以下的罚款，吊销药品批准证明文件、药品生产许可证、药品经营许可证或者医疗机构执业许可证；货值金额不足五万元的，按五万元计算。

第一百三十条 违反本法规定，药品经营企业购销药品未按照规定进行记录，零售药品未正确说明用法、用量等事项，或者未按照规定调配处方的，责令改正，给予警告；情节严重的，吊销药品经营许可证。

第一百三十一条 违反本法规定，药品网络交易第三方平台提供者未履行资质审核、报告、停止提供网络交易平台服务等义务的，责令改正，没收违法所得，并处二十万元以上二百万元以下的罚款；情节严重的，责令停业整顿，并处二百万元以上五百万元以下的罚款。

第一百三十二条 进口已获得药品注册证书的药品，未按照规定向允许药品进口的口岸所在地药品监督管理部门备案的，责令限期改正，给予警告；逾期不改正的，吊销药品注册证书。

第一百三十三条 违反本法规定，医疗机构将其配制的制剂在市场上销售的，责令改正，没收违法销售的制剂和违法所得，并处违法销售制剂货值金额二倍以上五倍以下的罚款；情节严重的，并处货值金额五倍以上十五倍以下的罚款；货值金额不足五万元的，按五万元计算。

第一百三十四条 药品上市许可持有人未按照规定开展药品不良反应监测或者报告疑似药品不良反应的，责令限期改正，给予警告；逾期不改正的，责令停产停业整顿，并处十万元以上一百万元以下的罚款。

药品经营企业未按照规定报告疑似药品不良反应的，责令限期改正，给予警告；逾期不改正的，责令停产停业整顿，并处五万元以上五十万元以下的罚款。

医疗机构未按照规定报告疑似药品不良反应的，责令限期改正，给予警告；逾期不改正的，处五万元以上五十万元以下的罚款。

第一百三十五条 药品上市许可持有人在省、自治区、直辖市人民政府药品监督管理部门责令其召回后，拒不召回的，处应召回药品货值金额五倍以上十倍以下的罚款；货值金额不足十万元的，按十万元计算；情节严重的，吊销药品批准证明文件、药品生产许可证、药品经营许可证，对法定代表人、主要负责人、直接负责的主管人员和其他责任人员，处二万元以上二十万元以下的罚款。药品生产企业、药品经营企业、医疗机构拒不配合召回的，处十万元以上五十万元以下的罚款。

第一百三十六条 药品上市许可持有人为境外企业的，其指定的在中国境内的企业法人未依照本法规定履行相关义务的，适用本法有关药品上市许可持有人法律责任的规定。

第一百三十七条 有下列行为之一的，在本法规定的处罚幅度内从重处罚：

（一）以麻醉药品、精神药品、医疗用毒性药品、放射性药品、药品类易制毒化学品冒充其他药品，或者以其他药品冒充上述药品；

（二）生产、销售以孕产妇、儿童为主要使用对象的假药、劣药；

（三）生产、销售的生物制品属于假药、劣药；

（四）生产、销售假药、劣药，造成人身伤害后果；

（五）生产、销售假药、劣药，经处理后再犯；

（六）拒绝、逃避监督检查，伪造、销毁、隐匿有关证据材料，或者擅自动用查封、扣押物品。

第一百三十八条 药品检验机构出具虚假检验报告的，责令改正，给予警告，对单位并处二十万元以上一百万元以下的罚款；对直接负责的主管人员和其他直接责任人员依法给予降级、撤职、开除处分，没收违法所得，并处五万元以下的罚款；情节严重的，撤销其检验资格。药品检验机构出具的检验结果不实，造成损失的，应当承担相应的赔偿责任。

第一百三十九条 本法第一百一十五条至第一百三十八条规定的行政处罚，由县级以上人民政府药品监督管理部门按照职责分工决定；撤销许可、吊销许可证件的，由原批准、发证的部门决定。

第一百四十条 药品上市许可持有人、药品生产企业、药品经营企业或者医疗机构违反本法规定聘用人员的，由药品监督管理部门或者卫生健康主管部门责令解聘，处五万元以上二十万元以下的罚款。

第一百四十一条 药品上市许可持有人、药品生产企业、药品经营企业或者医疗机构在药品购销中给予、收受回扣或者其他不正当利益的，药品上市许可持有人、药品生产企业、药品经营企业或者代理人给予使用其药品的医疗机构的负责人、药品采购人员、医师、药师等有关人员财物或者其他不正当利益的，由市场监督管理部门没收违法所得，并处三十万元以上三百万元以下的罚款；情节严重的，吊销药品上市许可持有人、药品生产企业、药品经营企业营业执照，并由药品监督管理部门吊销药品批准证明文件、药品生产许可证、药品经营许可证。

药品上市许可持有人、药品生产企业、药品经营企业在药品研制、生产、经营中向国家工作人员行贿的，对法定代表人、主要负责人、直接负责的主管人员和其他责任人员终身禁止从事药品生产经营活动。

第一百四十二条 药品上市许可持有人、药品生产企业、药品经营企业的负责人、采购人员等有关人员在药品购销中收受其他药品上市许可持有人、药品生产企业、药品经营企业或者代理人给予的财物或者其他不正当利益的，没收违法所得，依法给予处罚;情节严重的,五年内禁止从事药品生产经营活动。

医疗机构的负责人、药品采购人员、医师、药师等有关人员收受药品上市许可持有人、药品生产企业、药品经营企业或者代理人给予的财物或者其他不正当利益的,由卫生健康主管部门或者本单位给予处分,没收违法所得;情节严重的,还应当吊销其执业证书。

第一百四十三条 违反本法规定,编造、散布虚假药品安全信息,构成违反治安管理行为的,由公安机关依法给予治安管理处罚。

第一百四十四条 药品上市许可持有人、药品生产企业、药品经营企业或者医疗机构违反本法规定,给用药者造成损害的,依法承担赔偿责任。

因药品质量问题受到损害的,受害人可以向药品上市许可持有人、药品生产企业请求赔偿损失,也可以向药品经营企业、医疗机构请求赔偿损失。接到受害人赔偿请求的,应当实行首负责任制,先行赔付;先行赔付后,可以依法追偿。

生产假药、劣药或者明知是假药、劣药仍然销售、使用的,受害人或者其近亲属除请求赔偿损失外,还可以请求支付价款十倍或者损失三倍的赔偿金;增加赔偿的金额不足一千元的,为一千元。

第一百四十五条 药品监督管理部门或者其设置、指定的药品专业技术机构参与药品生产经营活动的,由其上级主管机关责令改正,没收违法收入;情节严重的,对直接负责的主管人员和其他直接责任人员依法给予处分。

药品监督管理部门或者其设置、指定的药品专业技术机构的工作人员参与药品生产经营活动的,依法给予处分。

第一百四十六条 药品监督管理部门或者其设置、指定的药品检验机构在药品监督检验中违法收取检验费用的,由政府有关部门责令退还,对直接负责的主管人员和其他直接责任人员依法给予处分;情节严重的,撤销其检验资格。

第一百四十七条 违反本法规定,药品监督管理部门有下列行为之一的,应当撤销相关许可,对直接负责的主管人员和其他直接责任人员依法给予处分:

(一)不符合条件而批准进行药物临床试验;

(二)对不符合条件的药品颁发药品注册证书;

(三)对不符合条件的单位颁发药品生产许可证、药品经营许可证或者医疗机构制剂许可证。

第一百四十八条 违反本法规定,县级以上地方人民政府有下列行为之一的,对直接负责的主管人员和其他直接责任人员给予记过或者记大过处分;情节严重的,给予降级、撤职或者开除处分:

(一)瞒报、谎报、缓报、漏报药品安全事件;

(二)未及时消除区域性重大药品安全隐患,造成本行政区域内发生特别重大药品安全事件,或者连续发生重大药品安全事件;

(三)履行职责不力,造成严重不良影响或者重大损失。

第一百四十九条 违反本法规定,药品监督管理等部门有下列行为之一的,对直接负责的主管人员和其他直接责任人员给予记过或者记大过处分;情节较重的,给予降级或者撤职处分;情节严重的,给予开除处分:

(一)瞒报、谎报、缓报、漏报药品安全事件;

(二)对发现的药品安全违法行为未及时查处;

(三)未及时发现药品安全系统性风险,或者未及时消除监督管理区域内药品安全隐患,造成严重影响;

(四)其他不履行药品监督管理职责,造成严重不良影响或者重大损失。

第一百五十条 药品监督管理人员滥用职权、徇私舞弊、玩忽职守的,依法给予处分。

查处假药、劣药违法行为有失职、渎职行为的,对药品监督管理部门直接负责的主管人员和其他直接责任人员依法从重给予处分。

第一百五十一条 本章规定的货值金额以违法生产、销售药品的标价计算;没有标价的,按照同类药品的市场价格计算。

第十二章　附　则

第一百五十二条 中药材种植、采集和饲养的管理,依照有关法律、法规的规定执行。

第一百五十三条 地区性民间习用药材的管理办法,由国务院药品监督管理部门会同国务院中医药主管部门制定。

第一百五十四条 中国人民解放军和中国人民武装警察部队执行本法的具体办法,由国务院、中央军事委员会依据本法制定。

第一百五十五条 本法自2019年12月1日起施行。

中华人民共和国药品管理法实施条例

·2002年8月4日中华人民共和国国务院令第360号公布

·根据2016年2月6日《国务院关于修改部分行政法规的决定》第一次修订

·根据2019年3月2日《国务院关于修改部分行政法规的决定》第二次修订

第一章 总 则

第一条 根据《中华人民共和国药品管理法》(以下简称《药品管理法》),制定本条例。

第二条 国务院药品监督管理部门设置国家药品检验机构。

省、自治区、直辖市人民政府药品监督管理部门可以在本行政区域内设置药品检验机构。地方药品检验机构的设置规划由省、自治区、直辖市人民政府药品监督管理部门提出,报省、自治区、直辖市人民政府批准。

国务院和省、自治区、直辖市人民政府的药品监督管理部门可以根据需要,确定符合药品检验条件的检验机构承担药品检验工作。

第二章 药品生产企业管理

第三条 开办药品生产企业,申办人应当向拟办企业所在地省、自治区、直辖市人民政府药品监督管理部门提出申请。省、自治区、直辖市人民政府药品监督管理部门应当自收到申请之日起30个工作日内,依据《药品管理法》第八条规定的开办条件组织验收;验收合格的,发给《药品生产许可证》。

第四条 药品生产企业变更《药品生产许可证》许可事项的,应当在许可事项发生变更30日前,向原发证机关申请《药品生产许可证》变更登记;未经批准,不得变更许可事项。原发证机关应当自收到申请之日起15个工作日内作出决定。

第五条 省级以上人民政府药品监督管理部门应当按照《药品生产质量管理规范》和国务院药品监督管理部门规定的实施办法和实施步骤,组织对药品生产企业的认证工作;符合《药品生产质量管理规范》的,发给认证证书。其中,生产注射剂、放射性药品和国务院药品监督管理部门规定的生物制品的药品生产企业的认证工作,由国务院药品监督管理部门负责。

《药品生产质量管理规范》认证证书的格式由国务院药品监督管理部门统一规定。

第六条 新开办药品生产企业、药品生产企业新建药品生产车间或者新增生产剂型的,应当自取得药品生产证明文件或者经批准正式生产之日起30日内,按照规定向药品监督管理部门申请《药品生产质量管理规范》认证。受理申请的药品监督管理部门应当自收到企业申请之日起6个月内,组织对申请企业是否符合《药品生产质量管理规范》进行认证;认证合格的,发给认证证书。

第七条 国务院药品监督管理部门应当设立《药品生产质量管理规范》认证检查员库。《药品生产质量管理规范》认证检查员必须符合国务院药品监督管理部门规定的条件。进行《药品生产质量管理规范》认证,必须按照国务院药品监督管理部门的规定,从《药品生产质量管理规范》认证检查员库中随机抽取认证检查员组成认证检查组进行认证检查。

第八条 《药品生产许可证》有效期为5年。有效期届满,需要继续生产药品的,持证企业应当在许可证有效期届满前6个月,按照国务院药品监督管理部门的规定申请换发《药品生产许可证》。

药品生产企业终止生产药品或者关闭的,《药品生产许可证》由原发证部门缴销。

第九条 药品生产企业生产药品所使用的原料药,必须具有国务院药品监督管理部门核发的药品批准文号或者进口药品注册证书、医药产品注册证书;但是,未实施批准文号管理的中药材、中药饮片除外。

第十条 依据《药品管理法》第十三条规定,接受委托生产药品的,受托方必须是持有与其受托生产的药品相适应的《药品生产质量管理规范》认证证书的药品生产企业。

疫苗、血液制品和国务院药品监督管理部门规定的其他药品,不得委托生产。

第三章　药品经营企业管理

第十一条　开办药品批发企业，申办人应当向拟办企业所在地省、自治区、直辖市人民政府药品监督管理部门提出申请。省、自治区、直辖市人民政府药品监督管理部门应当自收到申请之日起30个工作日内，依据国务院药品监督管理部门规定的设置标准作出是否同意筹建的决定。申办人完成拟办企业筹建后，应当向原审批部门申请验收。原审批部门应当自收到申请之日起30个工作日内，依据《药品管理法》第十五条规定的开办条件组织验收；符合条件的，发给《药品经营许可证》。

第十二条　开办药品零售企业，申办人应当向拟办企业所在地设区的市级药品监督管理机构或者省、自治区、直辖市人民政府药品监督管理部门直接设置的县级药品监督管理机构提出申请。受理申请的药品监督管理机构应当自收到申请之日起30个工作日内，依据国务院药品监督管理部门的规定，结合当地常住人口数量、地域、交通状况和实际需要进行审查，作出是否同意筹建的决定。申办人完成拟办企业筹建后，应当向原审批机构申请验收。原审批机构应当自收到申请之日起15个工作日内，依据《药品管理法》第十五条规定的开办条件组织验收；符合条件的，发给《药品经营许可证》。

第十三条　省、自治区、直辖市人民政府药品监督管理部门和设区的市级药品监督管理机构负责组织药品经营企业的认证工作。药品经营企业应当按照国务院药品监督管理部门规定的实施办法和实施步骤，通过省、自治区、直辖市人民政府药品监督管理部门或者设区的市级药品监督管理机构组织的《药品经营质量管理规范》的认证，取得认证证书。《药品经营质量管理规范》认证证书的格式由国务院药品监督管理部门统一规定。

新开办药品批发企业和药品零售企业，应当自取得《药品经营许可证》之日起30日内，向发给其《药品经营许可证》的药品监督管理部门或者药品监督管理机构申请《药品经营质量管理规范》认证。受理申请的药品监督管理部门或者药品监督管理机构应当自收到申请之日起3个月内，按照国务院药品监督管理部门的规定，组织对申请认证的药品批发企业或者药品零售企业是否符合《药品经营质量管理规范》进行认证；认证合格的，发给认证证书。

第十四条　省、自治区、直辖市人民政府药品监督管理部门应当设立《药品经营质量管理规范》认证检查员库。《药品经营质量管理规范》认证检查员必须符合国务院药品监督管理部门规定的条件。进行《药品经营质量管理规范》认证，必须按照国务院药品监督管理部门的规定，从《药品经营质量管理规范》认证检查员库中随机抽取认证检查员组成认证检查组进行认证检查。

第十五条　国家实行处方药和非处方药分类管理制度。国家根据非处方药品的安全性，将非处方药分为甲类非处方药和乙类非处方药。

经营处方药、甲类非处方药的药品零售企业，应当配备执业药师或者其他依法经资格认定的药学技术人员。经营乙类非处方药的药品零售企业，应当配备经设区的市级药品监督管理机构或者省、自治区、直辖市人民政府药品监督管理部门直接设置的县级药品监督管理机构组织考核合格的业务人员。

第十六条　药品经营企业变更《药品经营许可证》许可事项的，应当在许可事项发生变更30日前，向原发证机关申请《药品经营许可证》变更登记；未经批准，不得变更许可事项。原发证机关应当自收到企业申请之日起15个工作日内作出决定。

第十七条　《药品经营许可证》有效期为5年。有效期届满，需要继续经营药品的，持证企业应当在许可证有效期届满前6个月，按照国务院药品监督管理部门的规定申请换发《药品经营许可证》。

药品经营企业终止经营药品或者关闭的，《药品经营许可证》由原发证机关缴销。

第十八条　交通不便的边远地区城乡集市贸易市场没有药品零售企业的，当地药品零售企业经所在地县（市）药品监督管理机构批准并到工商行政管理部门办理登记注册后，可以在该城乡集市贸易市场内设点并在批准经营的药品范围内销售非处方药品。

第十九条　通过互联网进行药品交易的药品生产企业、药品经营企业、医疗机构及其交易的药品，必须符合《药品管理法》和本条例的规定。互联网药品交易服务的管理办法，由国务院药品监督管理部门会同国务院有关部门制定。

第四章 医疗机构的药剂管理

第二十条 医疗机构设立制剂室，应当向所在地省、自治区、直辖市人民政府卫生行政部门提出申请，经审核同意后，报同级人民政府药品监督管理部门审批；省、自治区、直辖市人民政府药品监督管理部门验收合格的，予以批准，发给《医疗机构制剂许可证》。

省、自治区、直辖市人民政府卫生行政部门和药品监督管理部门应当在各自收到申请之日起30个工作日内，作出是否同意或者批准的决定。

第二十一条 医疗机构变更《医疗机构制剂许可证》许可事项的，应当在许可事项发生变更30日前，依照本条例第二十条的规定向原审核、批准机关申请《医疗机构制剂许可证》变更登记；未经批准，不得变更许可事项。原审核、批准机关应当在各自收到申请之日起15个工作日内作出决定。

医疗机构新增配制剂型或者改变配制场所的，应当经所在地省、自治区、直辖市人民政府药品监督管理部门验收合格后，依照前款规定办理《医疗机构制剂许可证》变更登记。

第二十二条 《医疗机构制剂许可证》有效期为5年。有效期届满，需要继续配制制剂的，医疗机构应当在许可证有效期届满前6个月，按照国务院药品监督管理部门的规定申请换发《医疗机构制剂许可证》。

医疗机构终止配制制剂或者关闭的，《医疗机构制剂许可证》由原发证机关缴销。

第二十三条 医疗机构配制制剂，必须按照国务院药品监督管理部门的规定报送有关资料和样品，经所在地省、自治区、直辖市人民政府药品监督管理部门批准，并发给制剂批准文号后，方可配制。

第二十四条 医疗机构配制的制剂不得在市场上销售或者变相销售，不得发布医疗机构制剂广告。

发生灾情、疫情、突发事件或者临床急需而市场没有供应时，经国务院或者省、自治区、直辖市人民政府的药品监督管理部门批准，在规定期限内，医疗机构配制的制剂可以在指定的医疗机构之间调剂使用。

国务院药品监督管理部门规定的特殊制剂的调剂使用以及省、自治区、直辖市之间医疗机构制剂的调剂使用，必须经国务院药品监督管理部门批准。

第二十五条 医疗机构审核和调配处方的药剂人员必须是依法经资格认定的药学技术人员。

第二十六条 医疗机构购进药品，必须有真实、完整的药品购进记录。药品购进记录必须注明药品的通用名称、剂型、规格、批号、有效期、生产厂商、供货单位、购货数量、购进价格、购货日期以及国务院药品监督管理部门规定的其他内容。

第二十七条 医疗机构向患者提供的药品应当与诊疗范围相适应，并凭执业医师或者执业助理医师的处方调配。

计划生育技术服务机构采购和向患者提供药品，其范围应当与经批准的服务范围相一致，并凭执业医师或者执业助理医师的处方调配。

个人设置的门诊部、诊所等医疗机构不得配备常用药品和急救药品以外的其他药品。常用药品和急救药品的范围和品种，由所在地的省、自治区、直辖市人民政府卫生行政部门会同同级人民政府药品监督管理部门规定。

第五章 药品管理

第二十八条 药物非临床安全性评价研究机构必须执行《药物非临床研究质量管理规范》，药物临床试验机构必须执行《药物临床试验质量管理规范》。《药物非临床研究质量管理规范》、《药物临床试验质量管理规范》由国务院药品监督管理部门分别商国务院科学技术行政部门和国务院卫生行政部门制定。

第二十九条 药物临床试验、生产药品和进口药品，应当符合《药品管理法》及本条例的规定，经国务院药品监督管理部门审查批准；国务院药品监督管理部门可以委托省、自治区、直辖市人民政府药品监督管理部门对申报药物的研制情况及条件进行审查，对申报资料进行形式审查，并对试制的样品进行检验。具体办法由国务院药品监督管理部门制定。

第三十条 研制新药，需要进行临床试验的，应当依照《药品管理法》第二十九条的规定，经国务院药品监督管理部门批准。

药物临床试验申请经国务院药品监督管理部门批准后，申报人应当在经依法认定的具有药物临床试验资格的机构中选择承担药物临床试验的机构,并将该临床试验机构报国务院药品监督管理部门和国务院卫生行政部门备案。

药物临床试验机构进行药物临床试验,应当事先告知受试者或者其监护人真实情况,并取得其书面同意。

第三十一条 生产已有国家标准的药品,应当按照国务院药品监督管理部门的规定,向省、自治区、直辖市人民政府药品监督管理部门或者国务院药品监督管理部门提出申请,报送有关技术资料并提供相关证明文件。省、自治区、直辖市人民政府药品监督管理部门应当自受理申请之日起30个工作日内进行审查,提出意见后报送国务院药品监督管理部门审核,并同时将审查意见通知申报方。国务院药品监督管理部门经审核符合规定的,发给药品批准文号。

第三十二条 变更研制新药、生产药品和进口药品已获批准证明文件及其附件中载明事项的,应当向国务院药品监督管理部门提出补充申请;国务院药品监督管理部门经审核符合规定的,应当予以批准。其中,不改变药品内在质量的,应当向省、自治区、直辖市人民政府药品监督管理部门提出补充申请;省、自治区、直辖市人民政府药品监督管理部门经审核符合规定的,应当予以批准,并报国务院药品监督管理部门备案。不改变药品内在质量的补充申请事项由国务院药品监督管理部门制定。

第三十三条 国务院药品监督管理部门根据保护公众健康的要求,可以对药品生产企业生产的新药品种设立不超过5年的监测期;在监测期内,不得批准其他企业生产和进口。

第三十四条 国家对获得生产或者销售含有新型化学成份药品许可的生产者或者销售者提交的自行取得且未披露的试验数据和其他数据实施保护,任何人不得对该未披露的试验数据和其他数据进行不正当的商业利用。

自药品生产者或者销售者获得生产、销售新型化学成份药品的许可证明文件之日起6年内,对其他申请人未经已获得许可的申请人同意,使用前款数据申请生产、销售新型化学成份药品许可的,药品监督管理部门不予许可;但是,其他申请人提交自行取得数据的除外。

除下列情形外,药品监督管理部门不得披露本条第一款规定的数据:

(一)公共利益需要;

(二)已采取措施确保该类数据不会被不正当地进行商业利用。

第三十五条 申请进口的药品,应当是在生产国家或者地区获得上市许可的药品;未在生产国家或者地区获得上市许可的,经国务院药品监督管理部门确认该药品品种安全、有效而且临床需要的,可以依照《药品管理法》及本条例的规定批准进口。

进口药品,应当按照国务院药品监督管理部门的规定申请注册。国外企业生产的药品取得《进口药品注册证》,中国香港、澳门和台湾地区企业生产的药品取得《医药产品注册证》后,方可进口。

第三十六条 医疗机构因临床急需进口少量药品的,应当持《医疗机构执业许可证》向国务院药品监督管理部门提出申请;经批准后,方可进口。进口的药品应当在指定医疗机构内用于特定医疗目的。

第三十七条 进口药品到岸后,进口单位应当持《进口药品注册证》或者《医药产品注册证》以及产地证明原件、购货合同副本、装箱单、运单、货运发票、出厂检验报告书、说明书等材料,向口岸所在地药品监督管理部门备案。口岸所在地药品监督管理部门经审查,提交的材料符合要求的,发给《进口药品通关单》。进口单位凭《进口药品通关单》向海关办理报关验放手续。

口岸所在地药品监督管理部门应当通知药品检验机构对进口药品逐批进行抽查检验;但是,有《药品管理法》第四十一条规定情形的除外。

第三十八条 疫苗类制品、血液制品、用于血源筛查的体外诊断试剂以及国务院药品监督管理部门规定的其他生物制品在销售前或者进口时,应当按照国务院药品监督管理部门的规定进行检验或者审核批准;检验不合格或者未获批准的,不得销售或者进口。

第三十九条 国家鼓励培育中药材。对集中规模化栽培养殖、质量可以控制并符合国务院药品监督管理部门规定条件的中药材品种,实行批准文号管理。

第四十条 国务院药品监督管理部门对已批准生产、销售的药品进行再评价,根据药品再评价结果,可以采取责令修改药品说明书,暂停生产、销售和使用的措施;对不良反应大或者其他原因危害人体健康的药品,应当撤销该药品批准证明文件。

第四十一条 国务院药品监督管理部门核发的药品批准文号、《进口药品注册证》、《医药产品注册证》的有效期为5年。有效期届满,需要继续生产或者进口的,应当在有效期届满前6个月申请再注册。药品再注册时,应当按照国务院药品监督管理部门的规定报送相关资料。有效期届满,未申请再注册或者经审查不符合国务院药品监督管理部门关于再注册的规定的,注销其药品批准文号、《进口药品注册证》或者《医药产品注册证》。

药品批准文号的再注册由省、自治区、直辖市人民政府药品监督管理部门审批,并报国务院药品监督管理部门备案;《进口药品注册证》、《医药产品注册证》的再注册由国务院药品监督管理部门审批。

第四十二条 非药品不得在其包装、标签、说明书及有关宣传资料上进行含有预防、治疗、诊断人体疾病等有关内容的宣传;但是,法律、行政法规另有规定的除外。

第六章 药品包装的管理

第四十三条 药品生产企业使用的直接接触药品的包装材料和容器,必须符合药用要求和保障人体健康、安全的标准。

直接接触药品的包装材料和容器的管理办法、产品目录和药用要求与标准,由国务院药品监督管理部门组织制定并公布。

第四十四条 生产中药饮片,应当选用与药品性质相适应的包装材料和容器;包装不符合规定的中药饮片,不得销售。中药饮片包装必须印有或者贴有标签。

中药饮片的标签必须注明品名、规格、产地、生产企业、产品批号、生产日期,实施批准文号管理的中药饮片还必须注明药品批准文号。

第四十五条 药品包装、标签、说明书必须依照《药品管理法》第五十四条和国务院药品监督管理部门的规定印制。

药品商品名称应当符合国务院药品监督管理部门的规定。

第四十六条 医疗机构配制制剂所使用的直接接触药品的包装材料和容器、制剂的标签和说明书应当符合《药品管理法》第六章和本条例的有关规定,并经省、自治区、直辖市人民政府药品监督管理部门批准。

第七章 药品价格和广告的管理

第四十七条 政府价格主管部门依照《价格法》第二十八条的规定实行药品价格监测时,为掌握、分析药品价格变动和趋势,可以指定部分药品生产企业、药品经营企业和医疗机构作为价格监测定点单位;定点单位应当给予配合、支持,如实提供有关信息资料。

第四十八条 发布药品广告,应当向药品生产企业所在地省、自治区、直辖市人民政府药品监督管理部门报送有关材料。省、自治区、直辖市人民政府药品监督管理部门应当自收到有关材料之日起10个工作日内作出是否核发药品广告批准文号的决定;核发药品广告批准文号的,应当同时报国务院药品监督管理部门备案。具体办法由国务院药品监督管理部门制定。

发布进口药品广告,应当依照前款规定向进口药品代理机构所在地省、自治区、直辖市人民政府药品监督管理部门申请药品广告批准文号。

在药品生产企业所在地和进口药品代理机构所在地以外的省、自治区、直辖市发布药品广告的,发布广告的企业应当在发布前向发布地省、自治区、直辖市人民政府药品监督管理部门备案。接受备案的省、自治区、直辖市人民政府药品监督管理部门发现药品广告批准内容不符合药品广告管理规定的,应当交由原核发部门处理。

第四十九条 经国务院或者省、自治区、直辖市人民政府的药品监督管理部门决定,责令暂停生产、销售和使用的药品,在暂停期间不得发布该品种药品广告;已经发布广告的,必须立即停止。

第五十条 未经省、自治区、直辖市人民政府药品监督管理部门批准的药品广告,使用伪造、冒用、失效的药品广告批准文号的广告,或者因其他广告违法活动被撤销药品广告批准文号的广告,发布广告的企业、广告经营者、广告发布者必须立即停止该药品广告的发布。

对违法发布药品广告,情节严重的,省、自治区、直辖市人民政府药品监督管理部门可以予以公告。

第八章 药品监督

第五十一条 药品监督管理部门(含省级人民政府药品监督管理部门依法设立的药品监督管理机构,下同)依法对药品的研制、生产、经营、使用实施监督检查。

第五十二条 药品抽样必须由两名以上药品监督检查人员实施,并按照国务院药品监督管理部门的规定进行抽样;被抽检方应当提供抽检样品,不得拒绝。

药品被抽检单位没有正当理由,拒绝抽查检验的,国务院药品监督管理部门和被抽检单位所在地省、自治区、直辖市人民政府药品监督管理部门可以宣布停止该单位拒绝抽检的药品上市销售和使用。

第五十三条 对有掺杂、掺假嫌疑的药品,在国家药品标准规定的检验方法和检验项目不能检验时,药品检验机构可以补充检验方法和检验项目进行药品检验;经国务院药品监督管理部门批准后,使用补充检验方法和检验项目所得出的检验结果,可以作为药品监督管理部门认定药品质量的依据。

第五十四条 国务院和省、自治区、直辖市人民政府的药品监督管理部门应当根据药品质量抽查检验结果,定期发布药品质量公告。药品质量公告应当包括抽验药品的品名、检品来源、生产企业、生产批号、药品规格、检验机构、检验依据、检验结果、不合格项目等内容。药品质量公告不当的,发布部门应当自确认公告不当之日起5日内,在原公告范围内予以更正。

当事人对药品检验机构的检验结果有异议,申请复验的,应当向负责复验的药品检验机构提交书面申请、原药品检验报告书。复验的样品从原药品检验机构留样中抽取。

第五十五条 药品监督管理部门依法对有证据证明可能危害人体健康的药品及其有关证据材料采取查封、扣押的行政强制措施的,应当自采取行政强制措施之日起7日内作出是否立案的决定;需要检验的,应当自检验报告书发出之日起15日内作出是否立案的决定;不符合立案条件的,应当解除行政强制措施;需要暂停销售和使用的,应当由国务院或者省、自治区、直辖市人民政府的药品监督管理部门作出决定。

第五十六条 药品抽查检验,不得收取任何费用。

当事人对药品检验结果有异议,申请复验的,应当按照国务院有关部门或者省、自治区、直辖市人民政府有关部门的规定,向复验机构预先支付药品检验费用。复验结论与原检验结论不一致的,复验检验费用由原药品检验机构承担。

第五十七条 依据《药品管理法》和本条例的规定核发证书、进行药品注册、药品认证和实施药品审批检验及其强制性检验,可以收取费用。具体收费标准由国务院财政部门、国务院价格主管部门制定。

第九章 法律责任

第五十八条 药品生产企业、药品经营企业有下列情形之一的,由药品监督管理部门依照《药品管理法》第七十九条的规定给予处罚:

(一)开办药品生产企业、药品生产企业新建药品生产车间、新增生产剂型,在国务院药品监督管理部门规定的时间内未通过《药品生产质量管理规范》认证,仍进行药品生产的;

(二)开办药品经营企业,在国务院药品监督管理部门规定的时间内未通过《药品经营质量管理规范》认证,仍进行药品经营的。

第五十九条 违反《药品管理法》第十三条的规定,擅自委托或者接受委托生产药品的,对委托方和受托方均依照《药品管理法》第七十四条的规定给予处罚。

第六十条 未经批准,擅自在城乡集市贸易市场设点销售药品或者在城乡集市贸易市场设点销售的药品超出批准经营的药品范围的,依照《药品管理法》第七十三条的规定给予处罚。

第六十一条 未经批准,医疗机构擅自使用其他医疗机构配制的制剂的,依照《药品管理法》第八十条的规定给予处罚。

第六十二条 个人设置的门诊部、诊所等医疗机构向患者提供的药品超出规定的范围和品种的,依照《药品管理法》第七十三条的规定给予处罚。

第六十三条 医疗机构使用假药、劣药的,依照《药品管理法》第七十四条、第七十五条的规定给予处罚。

第六十四条 违反《药品管理法》第二十九条

的规定，擅自进行临床试验的，对承担药物临床试验的机构，依照《药品管理法》第七十九条的规定给予处罚。

第六十五条 药品申报者在申报临床试验时，报送虚假研制方法、质量标准、药理及毒理试验结果等有关资料和样品的，国务院药品监督管理部门对该申报药品的临床试验不予批准，对药品申报者给予警告；情节严重的，3年内不受理该药品申报者申报该品种的临床试验申请。

第六十六条 生产没有国家药品标准的中药饮片，不符合省、自治区、直辖市人民政府药品监督管理部门制定的炮制规范的；医疗机构不按照省、自治区、直辖市人民政府药品监督管理部门批准的标准配制制剂的，依照《药品管理法》第七十五条的规定给予处罚。

第六十七条 药品监督管理部门及其工作人员违反规定，泄露生产者、销售者为获得生产、销售含有新型化学成份药品许可而提交的未披露试验数据或者其他数据，造成申请人损失的，由药品监督管理部门依法承担赔偿责任；药品监督管理部门赔偿损失后，应当责令故意或者有重大过失的工作人员承担部分或者全部赔偿费用，并对直接责任人员依法给予行政处分。

第六十八条 药品生产企业、药品经营企业生产、经营的药品及医疗机构配制的制剂，其包装、标签、说明书违反《药品管理法》及本条例规定的，依照《药品管理法》第八十六条的规定给予处罚。

第六十九条 药品生产企业、药品经营企业和医疗机构变更药品生产经营许可事项，应当办理变更登记手续而未办理的，由原发证部门给予警告，责令限期补办变更登记手续；逾期不补办的，宣布其《药品生产许可证》、《药品经营许可证》和《医疗机构制剂许可证》无效；仍从事药品生产经营活动的，依照《药品管理法》第七十三条的规定给予处罚。

第七十条 篡改经批准的药品广告内容的，由药品监督管理部门责令广告主立即停止该药品广告的发布，并由原审批的药品监督管理部门依照《药品管理法》第九十二条的规定给予处罚。

药品监督管理部门撤销药品广告批准文号后，应当自作出行政处理决定之日起5个工作日内通知广告监督管理机关。广告监督管理机关应当自收到药品监督管理部门通知之日起15个工作日内，依照《中华人民共和国广告法》的有关规定作出行政处理决定。

第七十一条 发布药品广告的企业在药品生产企业所在地或者进口药品代理机构所在地以外的省、自治区、直辖市发布药品广告，未按照规定向发布地省、自治区、直辖市人民政府药品监督管理部门备案的，由发布地的药品监督管理部门责令限期改正；逾期不改正的，停止该药品品种在发布地的广告发布活动。

第七十二条 未经省、自治区、直辖市人民政府药品监督管理部门批准，擅自发布药品广告的，药品监督管理部门发现后，应当通知广告监督管理部门依法查处。

第七十三条 违反《药品管理法》和本条例的规定，有下列行为之一的，由药品监督管理部门在《药品管理法》和本条例规定的处罚幅度内从重处罚：

（一）以麻醉药品、精神药品、医疗用毒性药品、放射性药品冒充其他药品，或者以其他药品冒充上述药品的；

（二）生产、销售以孕产妇、婴幼儿及儿童为主要使用对象的假药、劣药的；

（三）生产、销售的生物制品、血液制品属于假药、劣药的；

（四）生产、销售、使用假药、劣药，造成人员伤害后果的；

（五）生产、销售、使用假药、劣药，经处理后重犯的；

（六）拒绝、逃避监督检查，或者伪造、销毁、隐匿有关证据材料的，或者擅自动用查封、扣押物品的。

第七十四条 药品监督管理部门设置的派出机构，有权作出《药品管理法》和本条例规定的警告、罚款、没收违法生产、销售的药品和违法所得的行政处罚。

第七十五条 药品经营企业、医疗机构未违反《药品管理法》和本条例的有关规定，并有充分证据证明其不知道所销售或者使用的药品是假药、劣药的，应当没收其销售或者使用的假药、劣药和违法所得；但是，可以免除其他行政处罚。

第七十六条 依照《药品管理法》和本条例的规定没收的物品，由药品监督管理部门按照规定监督处理。

第十章 附 则

第七十七条 本条例下列用语的含义：

药品合格证明和其他标识，是指药品生产批准证明文件、药品检验报告书、药品的包装、标签和说明书。

新药，是指未曾在中国境内上市销售的药品。

处方药，是指凭执业医师和执业助理医师处方方可购买、调配和使用的药品。

非处方药，是指由国务院药品监督管理部门公布的，不需要凭执业医师和执业助理医师处方，消费者可以自行判断、购买和使用的药品。

医疗机构制剂，是指医疗机构根据本单位临床需要经批准而配制、自用的固定处方制剂。

药品认证，是指药品监督管理部门对药品研制、生产、经营、使用单位实施相应质量管理规范进行检查、评价并决定是否发给相应认证证书的过程。

药品经营方式，是指药品批发和药品零售。

药品经营范围，是指经药品监督管理部门核准经营药品的品种类别。

药品批发企业，是指将购进的药品销售给药品生产企业、药品经营企业、医疗机构的药品经营企业。

药品零售企业，是指将购进的药品直接销售给消费者的药品经营企业。

第七十八条 《药品管理法》第四十一条中“首次在中国销售的药品”，是指国内或者国外药品生产企业第一次在中国销售的药品，包括不同药品生产企业生产的相同品种。

第七十九条 《药品管理法》第五十九条第二款“禁止药品的生产企业、经营企业或者其代理人以任何名义给予使用其药品的医疗机构的负责人、药品采购人员、医师等有关人员以财物或者其他利益”中的“财物或者其他利益”，是指药品的生产企业、经营企业或者其代理人向医疗机构的负责人、药品采购人员、医师等有关人员提供的目的在于影响其药品采购或者药品处方行为的不正当利益。

第八十条 本条例自2002年9月15日起施行。

麻醉药品和精神药品管理条例

- 2005年8月3日中华人民共和国国务院令第442号公布
- 根据2013年12月7日《国务院关于修改部分行政法规的决定》第一次修订
- 根据2016年2月6日《国务院关于修改部分行政法规的决定》第二次修订

第一章 总 则

第一条 为加强麻醉药品和精神药品的管理，保证麻醉药品和精神药品的合法、安全、合理使用，防止流入非法渠道，根据药品管理法和其他有关法律的规定，制定本条例。

第二条 麻醉药品药用原植物的种植，麻醉药品和精神药品的实验研究、生产、经营、使用、储存、运输等活动以及监督管理，适用本条例。

麻醉药品和精神药品的进出口依照有关法律的规定办理。

第三条 本条例所称麻醉药品和精神药品，是指列入麻醉药品目录、精神药品目录（以下称目录）的药品和其他物质。精神药品分为第一类精神药品和第二类精神药品。

目录由国务院药品监督管理部门会同国务院公安部门、国务院卫生主管部门制定、调整并公布。

上市销售但尚未列入目录的药品和其他物质或者第二类精神药品发生滥用，已经造成或者可能造成严重社会危害的，国务院药品监督管理部门会同国务院公安部门、国务院卫生主管部门应当及时将该药品和该物质列入目录或者将该第二类精神药品调整为第一类精神药品。

第四条 国家对麻醉药品药用原植物以及麻醉药品和精神药品实行管制。除本条例另有规定的外，任何单位、个人不得进行麻醉药品药用原植物的种植以及麻醉药品和精神药品的实验研究、生产、经营、使用、储存、运输等活动。

第五条 国务院药品监督管理部门负责全国麻醉药品和精神药品的监督管理工作，并会同国务院农业主管部门对麻醉药品药用原植物实施监督管理。国务院公安部门负责对造成麻醉药品药用原植物、麻醉药品和精神药品流入非法渠道的行为进行查处。国务院其他有关主管部门在各自的职责范围内负责与麻醉药品和精神药品有关的管理工作。

省、自治区、直辖市人民政府药品监督管理部门负责本行政区域内麻醉药品和精神药品的监督管理工作。县级以上地方公安机关负责对本行政区域内造成麻醉药品和精神药品流入非法渠道的行为进行查处。县级以上地方人民政府其他有关主管部门在各自的职责范围内负责与麻醉药品和精神药品有关的管理工作。

第六条 麻醉药品和精神药品生产、经营企业和使用单位可以依法参加行业协会。行业协会应当加强行业自律管理。

第二章 种植、实验研究和生产

第七条 国家根据麻醉药品和精神药品的医疗、国家储备和企业生产所需原料的需要确定需求总量,对麻醉药品药用原植物的种植、麻醉药品和精神药品的生产实行总量控制。

国务院药品监督管理部门根据麻醉药品和精神药品的需求总量制定年度生产计划。

国务院药品监督管理部门和国务院农业主管部门根据麻醉药品年度生产计划,制定麻醉药品药用原植物年度种植计划。

第八条 麻醉药品药用原植物种植企业应当根据年度种植计划,种植麻醉药品药用原植物。

麻醉药品药用原植物种植企业应当向国务院药品监督管理部门和国务院农业主管部门定期报告种植情况。

第九条 麻醉药品药用原植物种植企业由国务院药品监督管理部门和国务院农业主管部门共同确定,其他单位和个人不得种植麻醉药品药用原植物。

第十条 开展麻醉药品和精神药品实验研究活动应当具备下列条件,并经国务院药品监督管理部门批准:

(一)以医疗、科学研究或者教学为目的;

(二)有保证实验所需麻醉药品和精神药品安全的措施和管理制度;

(三)单位及其工作人员2年内没有违反有关禁毒的法律、行政法规规定的行为。

第十一条 麻醉药品和精神药品的实验研究单位申请相关药品批准证明文件,应当依照药品管理法的规定办理;需要转让研究成果的,应当经国务院药品监督管理部门批准。

第十二条 药品研究单位在普通药品的实验研究过程中,产生本条例规定的管制品种的,应当立即停止实验研究活动,并向国务院药品监督管理部门报告。国务院药品监督管理部门应当根据情况,及时作出是否同意其继续实验研究的决定。

第十三条 麻醉药品和第一类精神药品的临床试验,不得以健康人为受试对象。

第十四条 国家对麻醉药品和精神药品实行定点生产制度。

国务院药品监督管理部门应当根据麻醉药品和精神药品的需求总量,确定麻醉药品和精神药品定点生产企业的数量和布局,并根据年度需求总量对数量和布局进行调整、公布。

第十五条 麻醉药品和精神药品的定点生产企业应当具备下列条件:

(一)有药品生产许可证;

(二)有麻醉药品和精神药品实验研究批准文件;

(三)有符合规定的麻醉药品和精神药品生产设施、储存条件和相应的安全管理设施;

(四)有通过网络实施企业安全生产管理和向药品监督管理部门报告生产信息的能力;

(五)有保证麻醉药品和精神药品安全生产的管理制度;

(六)有与麻醉药品和精神药品安全生产要求相适应的管理水平和经营规模;

(七)麻醉药品和精神药品生产管理、质量管理部门的人员应当熟悉麻醉药品和精神药品管理以及有关禁毒的法律、行政法规;

(八)没有生产、销售假药、劣药或者违反有关禁毒的法律、行政法规规定的行为;

(九)符合国务院药品监督管理部门公布的麻醉药品和精神药品定点生产企业数量和布局的要求。

第十六条 从事麻醉药品、精神药品生产的企业,应当经所在地省、自治区、直辖市人民政府药品监督管理部门批准。

第十七条 定点生产企业生产麻醉药品和精神药品,应当依照药品管理法的规定取得药品批准文号。

国务院药品监督管理部门应当组织医学、药学、社会学、伦理学和禁毒等方面的专家成立专家组，由专家组对申请首次上市的麻醉药品和精神药品的社会危害性和被滥用的可能性进行评价，并提出是否批准的建议。

未取得药品批准文号的，不得生产麻醉药品和精神药品。

第十八条 发生重大突发事件，定点生产企业无法正常生产或者不能保证供应麻醉药品和精神药品时，国务院药品监督管理部门可以决定其他药品生产企业生产麻醉药品和精神药品。

重大突发事件结束后，国务院药品监督管理部门应当及时决定前款规定的企业停止麻醉药品和精神药品的生产。

第十九条 定点生产企业应当严格按照麻醉药品和精神药品年度生产计划安排生产，并依照规定向所在地省、自治区、直辖市人民政府药品监督管理部门报告生产情况。

第二十条 定点生产企业应当依照本条例的规定，将麻醉药品和精神药品销售给具有麻醉药品和精神药品经营资格的企业或者依照本条例规定批准的其他单位。

第二十一条 麻醉药品和精神药品的标签应当印有国务院药品监督管理部门规定的标志。

第三章 经 营

第二十二条 国家对麻醉药品和精神药品实行定点经营制度。

国务院药品监督管理部门应当根据麻醉药品和第一类精神药品的需求总量，确定麻醉药品和第一类精神药品的定点批发企业布局，并应当根据年度需求总量对布局进行调整、公布。

药品经营企业不得经营麻醉药品原料药和第一类精神药品原料药。但是，供医疗、科学研究、教学使用的小包装的上述药品可以由国务院药品监督管理部门规定的药品批发企业经营。

第二十三条 麻醉药品和精神药品定点批发企业除应当具备药品管理法第十五条规定的药品经营企业的开办条件外，还应当具备下列条件：

（一）有符合本条例规定的麻醉药品和精神药品储存条件；

（二）有通过网络实施企业安全管理和向药品监督管理部门报告经营信息的能力；

（三）单位及其工作人员2年内没有违反有关禁毒的法律、行政法规规定的行为；

（四）符合国务院药品监督管理部门公布的定点批发企业布局。

麻醉药品和第一类精神药品的定点批发企业，还应当具有保证供应责任区域内医疗机构所需麻醉药品和第一类精神药品的能力，并具有保证麻醉药品和第一类精神药品安全经营的管理制度。

第二十四条 跨省、自治区、直辖市从事麻醉药品和第一类精神药品批发业务的企业（以下称全国性批发企业），应当经国务院药品监督管理部门批准；在本省、自治区、直辖市行政区域内从事麻醉药品和第一类精神药品批发业务的企业（以下称区域性批发企业），应当经所在地省、自治区、直辖市人民政府药品监督管理部门批准。

专门从事第二类精神药品批发业务的企业，应当经所在地省、自治区、直辖市人民政府药品监督管理部门批准。

全国性批发企业和区域性批发企业可以从事第二类精神药品批发业务。

第二十五条 全国性批发企业可以向区域性批发企业，或者经批准可以向取得麻醉药品和第一类精神药品使用资格的医疗机构以及依照本条例规定批准的其他单位销售麻醉药品和第一类精神药品。

全国性批发企业向取得麻醉药品和第一类精神药品使用资格的医疗机构销售麻醉药品和第一类精神药品，应当经医疗机构所在地省、自治区、直辖市人民政府药品监督管理部门批准。

国务院药品监督管理部门在批准全国性批发企业时，应当明确其所承担供药责任的区域。

第二十六条 区域性批发企业可以向本省、自治区、直辖市行政区域内取得麻醉药品和第一类精神药品使用资格的医疗机构销售麻醉药品和第一类精神药品；由于特殊地理位置的原因，需要就近向其他省、自治区、直辖市行政区域内取得麻醉药品和第一类精神药品使用资格的医疗机构销售的，应当经企业所在地省、自治区、直辖市人民政府药品监督管理部门批准。审批情况由负责审批的药品监督管理部门在批准后5日内通报医疗机构所在地省、自治区、直辖市人民政府药品监督管理部门。

省、自治区、直辖市人民政府药品监督管理部门在批准区域性批发企业时,应当明确其所承担供药责任的区域。

区域性批发企业之间因医疗急需、运输困难等特殊情况需要调剂麻醉药品和第一类精神药品的,应当在调剂后 2 日内将调剂情况分别报所在地省、自治区、直辖市人民政府药品监督管理部门备案。

第二十七条 全国性批发企业应当从定点生产企业购进麻醉药品和第一类精神药品。

区域性批发企业可以从全国性批发企业购进麻醉药品和第一类精神药品;经所在地省、自治区、直辖市人民政府药品监督管理部门批准,也可以从定点生产企业购进麻醉药品和第一类精神药品。

第二十八条 全国性批发企业和区域性批发企业向医疗机构销售麻醉药品和第一类精神药品,应当将药品送至医疗机构。医疗机构不得自行提货。

第二十九条 第二类精神药品定点批发企业可以向医疗机构、定点批发企业和符合本条例第三十一条规定的药品零售企业以及依照本条例规定批准的其他单位销售第二类精神药品。

第三十条 麻醉药品和第一类精神药品不得零售。

禁止使用现金进行麻醉药品和精神药品交易,但是个人合法购买麻醉药品和精神药品的除外。

第三十一条 经所在地设区的市级药品监督管理部门批准,实行统一进货、统一配送、统一管理的药品零售连锁企业可以从事第二类精神药品零售业务。

第三十二条 第二类精神药品零售企业应当凭执业医师出具的处方,按规定剂量销售第二类精神药品,并将处方保存 2 年备查;禁止超剂量或者无处方销售第二类精神药品;不得向未成年人销售第二类精神药品。

第三十三条 麻醉药品和精神药品实行政府定价,在制定出厂和批发价格的基础上,逐步实行全国统一零售价格。具体办法由国务院价格主管部门制定。

第四章 使 用

第三十四条 药品生产企业需要以麻醉药品和第一类精神药品为原料生产普通药品的,应当向所在地省、自治区、直辖市人民政府药品监督管理部门报送年度需求计划,由省、自治区、直辖市人民政府药品监督管理部门汇总报国务院药品监督管理部门批准后,向定点生产企业购买。

药品生产企业需要以第二类精神药品为原料生产普通药品的,应当将年度需求计划报所在地省、自治区、直辖市人民政府药品监督管理部门,并向定点批发企业或者定点生产企业购买。

第三十五条 食品、食品添加剂、化妆品、油漆等非药品生产企业需要使用咖啡因作为原料的,应当经所在地省、自治区、直辖市人民政府药品监督管理部门批准,向定点批发企业或者定点生产企业购买。

科学研究、教学单位需要使用麻醉药品和精神药品开展实验、教学活动的,应当经所在地省、自治区、直辖市人民政府药品监督管理部门批准,向定点批发企业或者定点生产企业购买。

需要使用麻醉药品和精神药品的标准品、对照品的,应当经所在地省、自治区、直辖市人民政府药品监督管理部门批准,向国务院药品监督管理部门批准的单位购买。

第三十六条 医疗机构需要使用麻醉药品和第一类精神药品的,应当经所在地设区的市级人民政府卫生主管部门批准,取得麻醉药品、第一类精神药品购用印鉴卡(以下称印鉴卡)。医疗机构应当凭印鉴卡向本省、自治区、直辖市行政区域内的定点批发企业购买麻醉药品和第一类精神药品。

设区的市级人民政府卫生主管部门发给医疗机构印鉴卡时,应当将取得印鉴卡的医疗机构情况抄送所在地设区的市级药品监督管理部门,并报省、自治区、直辖市人民政府卫生主管部门备案。省、自治区、直辖市人民政府卫生主管部门应当将取得印鉴卡的医疗机构名单向本行政区域内的定点批发企业通报。

第三十七条 医疗机构取得印鉴卡应当具备下列条件:

(一)有专职的麻醉药品和第一类精神药品管理人员;

(二)有获得麻醉药品和第一类精神药品处方资格的执业医师;

(三)有保证麻醉药品和第一类精神药品安全

储存的设施和管理制度。

第三十八条 医疗机构应当按照国务院卫生主管部门的规定，对本单位执业医师进行有关麻醉药品和精神药品使用知识的培训、考核，经考核合格的，授予麻醉药品和第一类精神药品处方资格。执业医师取得麻醉药品和第一类精神药品的处方资格后，方可在本医疗机构开具麻醉药品和第一类精神药品处方，但不得为自己开具该种处方。

医疗机构应当将具有麻醉药品和第一类精神药品处方资格的执业医师名单及其变更情况，定期报送所在地设区的市级人民政府卫生主管部门，并抄送同级药品监督管理部门。

医务人员应当根据国务院卫生主管部门制定的临床应用指导原则，使用麻醉药品和精神药品。

第三十九条 具有麻醉药品和第一类精神药品处方资格的执业医师，根据临床应用指导原则，对确需使用麻醉药品或者第一类精神药品的患者，应当满足其合理用药需求。在医疗机构就诊的癌症疼痛患者和其他危重患者得不到麻醉药品或者第一类精神药品时，患者或者其亲属可以向执业医师提出申请。具有麻醉药品和第一类精神药品处方资格的执业医师认为要求合理的，应当及时为患者提供所需麻醉药品或者第一类精神药品。

第四十条 执业医师应当使用专用处方开具麻醉药品和精神药品，单张处方的最大用量应当符合国务院卫生主管部门的规定。

对麻醉药品和第一类精神药品处方，处方的调配人、核对人应当仔细核对，签署姓名，并予以登记；对不符合本条例规定的，处方的调配人、核对人应当拒绝发药。

麻醉药品和精神药品专用处方的格式由国务院卫生主管部门规定。

第四十一条 医疗机构应当对麻醉药品和精神药品处方进行专册登记，加强管理。麻醉药品处方至少保存3年，精神药品处方至少保存2年。

第四十二条 医疗机构抢救病人急需麻醉药品和第一类精神药品而本医疗机构无法提供时，可以从其他医疗机构或者定点批发企业紧急借用；抢救工作结束后，应当及时将借用情况报所在地设区的市级药品监督管理部门和卫生主管部门备案。

第四十三条 对临床需要而市场无供应的麻醉药品和精神药品，持有医疗机构制剂许可证和印鉴卡的医疗机构需要配制制剂的，应当经所在地省、自治区、直辖市人民政府药品监督管理部门批准。医疗机构配制的麻醉药品和精神药品制剂只能在本医疗机构使用，不得对外销售。

第四十四条 因治疗疾病需要，个人凭医疗机构出具的医疗诊断书、本人身份证明，可以携带单张处方最大用量以内的麻醉药品和第一类精神药品；携带麻醉药品和第一类精神药品出入境的，由海关根据自用、合理的原则放行。

医务人员为了医疗需要携带少量麻醉药品和精神药品出入境的，应当持有省级以上人民政府药品监督管理部门发放的携带麻醉药品和精神药品证明。海关凭携带麻醉药品和精神药品证明放行。

第四十五条 医疗机构、戒毒机构以开展戒毒治疗为目的，可以使用美沙酮或者国家确定的其他用于戒毒治疗的麻醉药品和精神药品。具体管理办法由国务院药品监督管理部门、国务院公安部门和国务院卫生主管部门制定。

第五章 储 存

第四十六条 麻醉药品药用原植物种植企业、定点生产企业、全国性批发企业和区域性批发企业以及国家设立的麻醉药品储存单位，应当设置储存麻醉药品和第一类精神药品的专库。该专库应当符合下列要求：

（一）安装专用防盗门，实行双人双锁管理；

（二）具有相应的防火设施；

（三）具有监控设施和报警装置，报警装置应当与公安机关报警系统联网。

全国性批发企业经国务院药品监督管理部门批准设立的药品储存点应当符合前款的规定。

麻醉药品定点生产企业应当将麻醉药品原料药和制剂分别存放。

第四十七条 麻醉药品和第一类精神药品的使用单位应当设立专库或者专柜储存麻醉药品和第一类精神药品。专库应当设有防盗设施并安装报警装置；专柜应当使用保险柜。专库和专柜应当实行双人双锁管理。

第四十八条 麻醉药品药用原植物种植企业、定点生产企业、全国性批发企业和区域性批发企业、国家设立的麻醉药品储存单位以及麻醉药品和第一类精神药品的使用单位，应当配备专人负责管理工作，并建立储存麻醉药品和第一类精神药品的专用账册。药品入库双人验收，出库双人复核，做到账物相符。专用账册的保存期限应当自药品有效期期满之日起不少于5年。

第四十九条 第二类精神药品经营企业应当在药品库房中设立独立的专库或者专柜储存第二类精神药品，并建立专用账册，实行专人管理。专用账册的保存期限应当自药品有效期期满之日起不少于5年。

第六章 运 输

第五十条 托运、承运和自行运输麻醉药品和精神药品的，应当采取安全保障措施，防止麻醉药品和精神药品在运输过程中被盗、被抢、丢失。

第五十一条 通过铁路运输麻醉药品和第一类精神药品的，应当使用集装箱或者铁路行李车运输，具体办法由国务院药品监督管理部门会同国务院铁路主管部门制定。

没有铁路需要通过公路或者水路运输麻醉药品和第一类精神药品的，应当由专人负责押运。

第五十二条 托运或者自行运输麻醉药品和第一类精神药品的单位，应当向所在地设区的市级药品监督管理部门申请领取运输证明。运输证明有效期为1年。

运输证明应当由专人保管，不得涂改、转让、转借。

第五十三条 托运人办理麻醉药品和第一类精神药品运输手续，应当将运输证明副本交付承运人。承运人应当查验、收存运输证明副本，并检查货物包装。没有运输证明或者货物包装不符合规定的，承运人不得承运。

承运人在运输过程中应当携带运输证明副本，以备查验。

第五十四条 邮寄麻醉药品和精神药品，寄件人应当提交所在地设区的市级药品监督管理部门出具的准予邮寄证明。邮政营业机构应当查验、收存准予邮寄证明；没有准予邮寄证明的，邮政营业机构不得收寄。

省、自治区、直辖市邮政主管部门指定符合安全保障条件的邮政营业机构负责收寄麻醉药品和精神药品。邮政营业机构收寄麻醉药品和精神药品，应当依法对收寄的麻醉药品和精神药品予以查验。

邮寄麻醉药品和精神药品的具体管理办法，由国务院药品监督管理部门会同国务院邮政主管部门制定。

第五十五条 定点生产企业、全国性批发企业和区域性批发企业之间运输麻醉药品、第一类精神药品，发货人在发货前应当向所在地省、自治区、直辖市人民政府药品监督管理部门报送本次运输的相关信息。属于跨省、自治区、直辖市运输的，收到信息的药品监督管理部门应当向收货人所在地的同级药品监督管理部门通报；属于在本省、自治区、直辖市行政区域内运输的，收到信息的药品监督管理部门应当向收货人所在地设区的市级药品监督管理部门通报。

第七章 审批程序和监督管理

第五十六条 申请人提出本条例规定的审批事项申请，应当提交能够证明其符合本条例规定条件的相关资料。审批部门应当自收到申请之日起40日内作出是否批准的决定；作出批准决定的，发给许可证明文件或者在相关许可证明文件上加注许可事项；作出不予批准决定的，应当书面说明理由。

确定定点生产企业和定点批发企业，审批部门应当在经审查符合条件的企业中，根据布局的要求，通过公平竞争的方式初步确定定点生产企业和定点批发企业，并予公布。其他符合条件的企业可以自公布之日起10日内向审批部门提出异议。审批部门应当自收到异议之日起20日内对异议进行审查，并作出是否调整的决定。

第五十七条 药品监督管理部门应当根据规定的职责权限，对麻醉药品药用原植物的种植以及麻醉药品和精神药品的实验研究、生产、经营、使用、储存、运输活动进行监督检查。

第五十八条 省级以上人民政府药品监督管理部门根据实际情况建立监控信息网络，对定点生产企业、定点批发企业和使用单位的麻醉药品和精神药品生产、进货、销售、库存、使用的数量以及流向实行实时监控，并与同级公安机关做到信息共享。

第五十九条 尚未连接监控信息网络的麻醉药品和精神药品定点生产企业、定点批发企业和使用单位,应当每月通过电子信息、传真、书面等方式,将本单位麻醉药品和精神药品生产、进货、销售、库存、使用的数量以及流向,报所在地设区的市级药品监督管理部门和公安机关;医疗机构还应当报所在地设区的市级人民政府卫生主管部门。

设区的市级药品监督管理部门应当每3个月向上一级药品监督管理部门报告本地区麻醉药品和精神药品的相关情况。

第六十条 对已经发生滥用,造成严重社会危害的麻醉药品和精神药品品种,国务院药品监督管理部门应当采取在一定期限内中止生产、经营、使用或者限定其使用范围和用途等措施。对不再作为药品使用的麻醉药品和精神药品,国务院药品监督管理部门应当撤销其药品批准文号和药品标准,并予以公布。

药品监督管理部门、卫生主管部门发现生产、经营企业和使用单位的麻醉药品和精神药品管理存在安全隐患时,应当责令其立即排除或者限期排除;对有证据证明可能流入非法渠道的,应当及时采取查封、扣押的行政强制措施,在7日内作出行政处理决定,并通报同级公安机关。

药品监督管理部门发现取得印鉴卡的医疗机构未依照规定购买麻醉药品和第一类精神药品时,应当及时通报同级卫生主管部门。接到通报的卫生主管部门应当立即调查处理。必要时,药品监督管理部门可以责令定点批发企业中止向该医疗机构销售麻醉药品和第一类精神药品。

第六十一条 麻醉药品和精神药品的生产、经营企业和使用单位对过期、损坏的麻醉药品和精神药品应当登记造册,并向所在地县级药品监督管理部门申请销毁。药品监督管理部门应当自接到申请之日起5日内到场监督销毁。医疗机构对存放在本单位的过期、损坏麻醉药品和精神药品,应当按照本条规定的程序向卫生主管部门提出申请,由卫生主管部门负责监督销毁。

对依法收缴的麻醉药品和精神药品,除经国务院药品监督管理部门或者国务院公安部门批准用于科学研究外,应当依照国家有关规定予以销毁。

第六十二条 县级以上人民政府卫生主管部门应当对执业医师开具麻醉药品和精神药品处方的情况进行监督检查。

第六十三条 药品监督管理部门、卫生主管部门和公安机关应当互相通报麻醉药品和精神药品生产、经营企业和使用单位的名单以及其他管理信息。

各级药品监督管理部门应当将在麻醉药品药用原植物的种植以及麻醉药品和精神药品的实验研究、生产、经营、使用、储存、运输等各环节的管理中的审批、撤销等事项通报同级公安机关。

麻醉药品和精神药品的经营企业、使用单位报送各级药品监督管理部门的备案事项,应当同时报送同级公安机关。

第六十四条 发生麻醉药品和精神药品被盗、被抢、丢失或者其他流入非法渠道的情形的,案发单位应当立即采取必要的控制措施,同时报告所在地县级公安机关和药品监督管理部门。医疗机构发生上述情形的,还应当报告其主管部门。

公安机关接到报告、举报,或者有证据证明麻醉药品和精神药品可能流入非法渠道时,应当及时开展调查,并可以对相关单位采取必要的控制措施。

药品监督管理部门、卫生主管部门以及其他有关部门应当配合公安机关开展工作。

第八章 法律责任

第六十五条 药品监督管理部门、卫生主管部门违反本条例的规定,有下列情形之一的,由其上级行政机关或者监察机关责令改正;情节严重的,对直接负责的主管人员和其他直接责任人员依法给予行政处分;构成犯罪的,依法追究刑事责任:

(一)对不符合条件的申请人准予行政许可或者超越法定职权作出准予行政许可决定的;

(二)未到场监督销毁过期、损坏的麻醉药品和精神药品的;

(三)未依法履行监督检查职责,应当发现而未发现违法行为、发现违法行为不及时查处,或者未依照本条例规定的程序实施监督检查的;

(四)违反本条例规定的其他失职、渎职行为。

第六十六条 麻醉药品药用原植物种植企业违反本条例的规定,有下列情形之一的,由药品监督管理部门责令限期改正,给予警告;逾期不改正的,处5万元以上10万元以下的罚款;情节严重的,取消其种植资格:

(一)未依照麻醉药品药用原植物年度种植计

划进行种植的；

（二）未依照规定报告种植情况的；

（三）未依照规定储存麻醉药品的。

第六十七条 定点生产企业违反本条例的规定，有下列情形之一的，由药品监督管理部门责令限期改正，给予警告，并没收违法所得和违法销售的药品；逾期不改正的，责令停产，并处5万元以上10万元以下的罚款；情节严重的，取消其定点生产资格：

（一）未按照麻醉药品和精神药品年度生产计划安排生产的；

（二）未依照规定向药品监督管理部门报告生产情况的；

（三）未依照规定储存麻醉药品和精神药品，或者未依照规定建立、保存专用账册的；

（四）未依照规定销售麻醉药品和精神药品的；

（五）未依照规定销毁麻醉药品和精神药品的。

第六十八条 定点批发企业违反本条例的规定销售麻醉药品和精神药品，或者违反本条例的规定经营麻醉药品原料药和第一类精神药品原料药的，由药品监督管理部门责令限期改正，给予警告，并没收违法所得和违法销售的药品；逾期不改正的，责令停业，并处违法销售药品货值金额2倍以上5倍以下的罚款；情节严重的，取消其定点批发资格。

第六十九条 定点批发企业违反本条例的规定，有下列情形之一的，由药品监督管理部门责令限期改正，给予警告；逾期不改正的，责令停业，并处2万元以上5万元以下的罚款；情节严重的，取消其定点批发资格：

（一）未依照规定购进麻醉药品和第一类精神药品的；

（二）未保证供药责任区域内的麻醉药品和第一类精神药品的供应的；

（三）未对医疗机构履行送货义务的；

（四）未依照规定报告麻醉药品和精神药品的进货、销售、库存数量以及流向的；

（五）未依照规定储存麻醉药品和精神药品，或者未依照规定建立、保存专用账册的；

（六）未依照规定销毁麻醉药品和精神药品的；

（七）区域性批发企业之间违反本条例的规定调剂麻醉药品和第一类精神药品，或者因特殊情况调剂麻醉药品和第一类精神药品后未依照规定备案的。

第七十条 第二类精神药品零售企业违反本条例的规定储存、销售或者销毁第二类精神药品的，由药品监督管理部门责令限期改正，给予警告，并没收违法所得和违法销售的药品；逾期不改正的，责令停业，并处5000元以上2万元以下的罚款；情节严重的，取消其第二类精神药品零售资格。

第七十一条 本条例第三十四条、第三十五条规定的单位违反本条例的规定，购买麻醉药品和精神药品的，由药品监督管理部门没收违法购买的麻醉药品和精神药品，责令限期改正，给予警告；逾期不改正的，责令停产或者停止相关活动，并处2万元以上5万元以下的罚款。

第七十二条 取得印鉴卡的医疗机构违反本条例的规定，有下列情形之一的，由设区的市级人民政府卫生主管部门责令限期改正，给予警告；逾期不改正的，处5000元以上1万元以下的罚款；情节严重的，吊销其印鉴卡；对直接负责的主管人员和其他直接责任人员，依法给予降级、撤职、开除的处分：

（一）未依照规定购买、储存麻醉药品和第一类精神药品的；

（二）未依照规定保存麻醉药品和精神药品专用处方，或者未依照规定进行处方专册登记的；

（三）未依照规定报告麻醉药品和精神药品的进货、库存、使用数量的；

（四）紧急借用麻醉药品和第一类精神药品后未备案的；

（五）未依照规定销毁麻醉药品和精神药品的。

第七十三条 具有麻醉药品和第一类精神药品处方资格的执业医师，违反本条例的规定开具麻醉药品和第一类精神药品处方，或者未按照临床应用指导原则的要求使用麻醉药品和第一类精神药品的，由其所在医疗机构取消其麻醉药品和第一类精神药品处方资格；造成严重后果的，由原发证部门吊销其执业证书。执业医师未按照临床应用指导原则的要求使用第二类精神药品或者未使用专用处方开具第二类精神药品，造成严重后果的，由原发证部门吊销其执业证书。

未取得麻醉药品和第一类精神药品处方资格的执业医师擅自开具麻醉药品和第一类精神药品处方，由县级以上人民政府卫生主管部门给予警告，暂停其执业活动；造成严重后果的，吊销其执业证书；构成犯罪的，依法追究刑事责任。

处方的调配人、核对人违反本条例的规定未对麻醉药品和第一类精神药品处方进行核对，造成严重后果的，由原发证部门吊销其执业证书。

第七十四条 违反本条例的规定运输麻醉药品和精神药品的，由药品监督管理部门和运输管理部门依照各自职责，责令改正，给予警告，处2万元以上5万元以下的罚款。

收寄麻醉药品、精神药品的邮政营业机构未依照本条例的规定办理邮寄手续的，由邮政主管部门责令改正，给予警告；造成麻醉药品、精神药品邮件丢失的，依照邮政法律、行政法规的规定处理。

第七十五条 提供虚假材料、隐瞒有关情况，或者采取其他欺骗手段取得麻醉药品和精神药品的实验研究、生产、经营、使用资格的，由原审批部门撤销其已取得的资格，5年内不得提出有关麻醉药品和精神药品的申请；情节严重的，处1万元以上3万元以下的罚款，有药品生产许可证、药品经营许可证、医疗机构执业许可证的，依法吊销其许可证明文件。

第七十六条 药品研究单位在普通药品的实验研究和研制过程中，产生本条例规定管制的麻醉药品和精神药品，未依照本条例的规定报告的，由药品监督管理部门责令改正，给予警告，没收违法药品；拒不改正的，责令停止实验研究和研制活动。

第七十七条 药物临床试验机构以健康人为麻醉药品和第一类精神药品临床试验的受试对象的，由药品监督管理部门责令停止违法行为，给予警告；情节严重的，取消其药物临床试验机构的资格；构成犯罪的，依法追究刑事责任。对受试对象造成损害的，药物临床试验机构依法承担治疗和赔偿责任。

第七十八条 定点生产企业、定点批发企业和第二类精神药品零售企业生产、销售假劣麻醉药品和精神药品的，由药品监督管理部门取消其定点生产资格、定点批发资格或者第二类精神药品零售资格，并依照药品管理法的有关规定予以处罚。

第七十九条 定点生产企业、定点批发企业和其他单位使用现金进行麻醉药品和精神药品交易的，由药品监督管理部门责令改正，给予警告，没收违法交易的药品，并处5万元以上10万元以下的罚款。

第八十条 发生麻醉药品和精神药品被盗、被抢、丢失案件的单位，违反本条例的规定未采取必要的控制措施或者未依照本条例的规定报告的，由药品监督管理部门和卫生主管部门依照各自职责，责令改正，给予警告；情节严重的，处5000元以上1万元以下的罚款；有上级主管部门的，由其上级主管部门对直接负责的主管人员和其他直接责任人员，依法给予降级、撤职的处分。

第八十一条 依法取得麻醉药品药用原植物种植或者麻醉药品和精神药品实验研究、生产、经营、使用、运输等资格的单位，倒卖、转让、出租、出借、涂改其麻醉药品和精神药品许可证明文件的，由原审批部门吊销相应许可证明文件，没收违法所得；情节严重的，处违法所得2倍以上5倍以下的罚款；没有违法所得的，处2万元以上5万元以下的罚款；构成犯罪的，依法追究刑事责任。

第八十二条 违反本条例的规定，致使麻醉药品和精神药品流入非法渠道造成危害，构成犯罪的，依法追究刑事责任；尚不构成犯罪的，由县级以上公安机关处5万元以上10万元以下的罚款；有违法所得的，没收违法所得；情节严重的，处违法所得2倍以上5倍以下的罚款；由原发证部门吊销其药品生产、经营和使用许可证明文件。

药品监督管理部门、卫生主管部门在监督管理工作中发现前款规定情形的，应当立即通报所在地同级公安机关，并依照国家有关规定，将案件以及相关材料移送公安机关。

第八十三条 本章规定由药品监督管理部门作出的行政处罚，由县级以上药品监督管理部门按照国务院药品监督管理部门规定的职责分工决定。

第九章 附 则

第八十四条 本条例所称实验研究是指以医疗、科学研究或者教学为目的的临床前药物研究。

经批准可以开展与计划生育有关的临床医疗

服务的计划生育技术服务机构需要使用麻醉药品和精神药品的，依照本条例有关医疗机构使用麻醉药品和精神药品的规定执行。

第八十五条 麻醉药品目录中的罂粟壳只能用于中药饮片和中成药的生产以及医疗配方使用。具体管理办法由国务院药品监督管理部门另行制定。

第八十六条 生产含麻醉药品的复方制剂，需要购进、储存、使用麻醉药品原料药的，应当遵守本条例有关麻醉药品管理的规定。

第八十七条 军队医疗机构麻醉药品和精神药品的供应、使用，由国务院药品监督管理部门会同中国人民解放军总后勤部依据本条例制定具体管理办法。

第八十八条 对动物用麻醉药品和精神药品的管理，由国务院兽医主管部门会同国务院药品监督管理部门依据本条例制定具体管理办法。

第八十九条 本条例自2005年11月1日起施行。1987年11月28日国务院发布的《麻醉药品管理办法》和1988年12月27日国务院发布的《精神药品管理办法》同时废止。

医疗用毒性药品管理办法

· 1988年12月27日中华人民共和国国务院令第23号发布
· 自发布之日起施行

第一条 为加强医疗用毒性药品的管理，防止中毒或死亡事故的发生，根据《中华人民共和国药品管理法》的规定，制定本办法。

第二条 医疗用毒性药品（以下简称毒性药品），系指毒性剧烈、治疗剂量与中毒剂量相近，使用不当会致人中毒或死亡的药品。

毒性药品的管理品种，由卫生部会同国家医药管理局、国家中医药管理局规定。

第三条 毒性药品年度生产、收购、供应和配制计划，由省、自治区、直辖市医药管理部门根据医疗需要制定，经省、自治区、直辖市卫生行政部门审核后，由医药管理部门下达给指定的毒性药品生产、收购、供应单位，并抄报卫生部、国家医药管理局和国家中医药管理局。生产单位不得擅自改变生产计划自行销售。

第四条 药厂必须由医药专业人员负责生产、配制和质量检验，并建立严格的管理制度。严防与其他药品混杂。每次配料，必须经2人以上复核无误，并详细记录每次生产所用原料和成品数。经手人要签字备查。所有工具、容器要处理干净，以防污染其他药品。标示量要准确无误，包装容器要有毒药标志。

第五条 毒性药品的收购、经营，由各级医药管理部门指定的药品经营单位负责；配方用药由国营药店、医疗单位负责。其他任何单位或者个人均不得从事毒性药品的收购、经营和配方业务。

第六条 收购、经营、加工、使用毒性药品的单位必须建立健全保管、验收、领发、核对等制度，严防收假、发错，严禁与其他药品混杂，做到划定仓间或仓位，专柜加锁并由专人保管。

毒性药品的包装容器上必须印有毒药标志。在运输毒性药品的过程中，应当采取有效措施，防止发生事故。

第七条 凡加工炮制毒性中药，必须按照《中华人民共和国药典》或者省、自治区、直辖市卫生行政部门制定的《炮制规范》的规定进行。药材符合药用要求的，方可供应、配方和用于中成药生产。

第八条 生产毒性药品及其制剂，必须严格执行生产工艺操作规程，在本单位药品检验人员的监督下准确投料，并建立完整的生产记录，保存5年备查。

在生产毒性药品过程中产生的废弃物，必须妥善处理，不得污染环境。

第九条 医疗单位供应和调配毒性药品，凭医生签名的正式处方。国营药店供应和调配毒性药品，凭盖有医生所在的医疗单位公章的正式处方。每次处方剂量不得超过2日极量。

调配处方时，必须认真负责，计量准确，按医嘱注明要求，并由配方人员及具有药师以上技术职称的复核人员签名盖章后方可发出。对处方未注明“生用”的毒性中药，应当付炮制品。如发现处方有疑问时，须经原处方医生重新审定后再行调配。处方一次有效，取药后处方保存2年备查。

第十条 科研和教学单位所需的毒性药品，必须持本单位的证明信，经单位所在地县以上卫生行政部门批准后，供应部门方能发售。

群众自配民间单、秘、验方需用毒性中药，购买时要持有本单位或者城市街道办事处、乡（镇）人民政府的证明信，供应部门方可发售。每次购用量不得超过2日极量。

第十一条 对违反本办法的规定，擅自生产、收购、经营毒性药品的单位或者个人，由县以上卫生行政部门没收其全部毒性药品，并处以警告或按非法所得的5至10倍罚款。情节严重、致人伤残或死亡，构成犯罪的，由司法机关依法追究其刑事责任。

第十二条 当事人对处罚不服的，可在接到处罚通知之日起15日内，向作出处理的机关的上级机关申请复议。但申请复议期间仍应执行原处罚决定。上级机关应在接到申请之日起10日内作出答复。对答复不服的，可在接到答复之日起15日内，向人民法院起诉。

第十三条 本办法由卫生部负责解释。

第十四条 本办法自发布之日起施行。1964年4月20日卫生部、商业部、化工部发布的《管理毒药、限制性剧药暂行规定》，1964年12月7日卫生部、商业部发布的《管理毒性中药的暂行办法》，1979年6月30日卫生部、国家医药管理总局发布的《医疗用毒药、限制性剧药管理规定》，同时废止。

放射性药品管理办法

- 1989年1月13日中华人民共和国国务院令第25号发布
- 根据2011年1月8日《国务院关于废止和修改部分行政法规的决定》第一次修订
- 根据2017年3月1日《国务院关于修改和废止部分行政法规的决定》第二次修订
- 根据2022年3月29日《国务院关于修改和废止部分行政法规的决定》第三次修订

第一章 总 则

第一条 为了加强放射性药品的管理，根据《中华人民共和国药品管理法》（以下称《药品管理法》）的规定，制定本办法。

第二条 放射性药品是指用于临床诊断或者治疗的放射性核素制剂或者其标记药物。

第三条 凡在中华人民共和国领域内进行放射性药品的研究、生产、经营、运输、使用、检验、监督管理的单位和个人都必须遵守本办法。

第四条 国务院药品监督管理部门负责全国放射性药品监督管理工作。国务院国防科技工业主管部门依据职责负责与放射性药品有关的管理工作。国务院环境保护主管部门负责与放射性药品有关的辐射安全与防护的监督管理工作。

第二章 放射性新药的研制、临床研究和审批

第五条 放射性新药的研制内容，包括工艺路线、质量标准、临床前药理及临床研究。研制单位在制订新药工艺路线的同时，必须研究该药的理化性能、纯度（包括核素纯度）及检验方法、药理、毒理、动物药代动力学、放射性比活度、剂量、剂型、稳定性等。

研制单位对放射免疫分析药盒必须进行可测限度、范围、特异性、准确度、精密度、稳定性等方法学的研究。

放射性新药的分类，按国务院药品监督管理部门有关药品注册的规定办理。

第六条 研制单位研制的放射性新药，在进行临床试验或者验证前，应当向国务院药品监督管理部门提出申请，按规定报送资料及样品，经国务院药品监督管理部门审批同意后，在国务院药品监督管理部门指定的药物临床试验机构进行临床研究。

第七条 研制单位在放射性新药临床研究结束后，向国务院药品监督管理部门提出申请，经国务院药品监督管理部门审核批准，发给新药证书。国务院药品监督管理部门在审核批准时，应当征求国务院国防科技工业主管部门的意见。

第八条 放射性新药投入生产，需由生产单位或者取得放射性药品生产许可证的研制单位，凭新药证书（副本）向国务院药品监督管理部门提出生产该药的申请，并提供样品，由国务院药品监督管理部门审核发给批准文号。

第三章 放射性药品的生产、经营和进出口

第九条 国家根据需要，对放射性药品的生产企业实行合理布局。

第十条 开办放射性药品生产、经营企业，必

须具备《药品管理法》规定的条件,符合国家有关放射性同位素安全和防护的规定与标准,并履行环境影响评价文件的审批手续;开办放射性药品生产企业,经所在省、自治区、直辖市国防科技工业主管部门审查同意,所在省、自治区、直辖市药品监督管理部门审核批准后,由所在省、自治区、直辖市药品监督管理部门发给《放射性药品生产企业许可证》;开办放射性药品经营企业,经所在省、自治区、直辖市药品监督管理部门审核并征求所在省、自治区、直辖市国防科技工业主管部门意见后批准的,由所在省、自治区、直辖市药品监督管理部门发给《放射性药品经营企业许可证》。无许可证的生产、经营企业,一律不准生产、销售放射性药品。

第十一条 《放射性药品生产企业许可证》、《放射性药品经营企业许可证》的有效期为5年,期满前6个月,放射性药品生产、经营企业应当分别向原发证的药品监督管理部门重新提出申请,按第十条审批程序批准后,换发新证。

第十二条 放射性药品生产企业生产已有国家标准的放射性药品,必须经国务院药品监督管理部门征求国务院国防科技工业主管部门意见后审核批准,并发给批准文号。凡是改变国务院药品监督管理部门已批准的生产工艺路线和药品标准的,生产单位必须按原报批程序提出补充申请,经国务院药品监督管理部门批准后方能生产。

第十三条 放射性药品生产、经营企业,必须配备与生产、经营放射性药品相适应的专业技术人员,具有安全、防护和废气、废物、废水处理等设施,并建立严格的质量管理制度。

第十四条 放射性药品生产、经营企业,必须建立质量检验机构,严格实行生产全过程的质量控制和检验。产品出厂前,须经质量检验。符合国家药品标准的产品方可出厂,不符合标准的产品一律不准出厂。

经国务院药品监督管理部门审核批准的含有短半衰期放射性核素的药品,可以边检验边出厂,但发现质量不符合国家药品标准时,该药品的生产企业应当立即停止生产、销售,并立即通知使用单位停止使用,同时报告国务院药品监督管理、卫生行政、国防科技工业主管部门。

第十五条 放射性药品的生产、经营单位和医疗单位凭省、自治区、直辖市药品监督管理部门发给的《放射性药品生产企业许可证》、《放射性药品经营企业许可证》,医疗单位凭省、自治区、直辖市药品监督管理部门发给的《放射性药品使用许可证》,开展放射性药品的购销活动。

第十六条 进口的放射性药品品种,必须符合我国的药品标准或者其他药用要求,并依照《药品管理法》的规定取得进口药品注册证书。

进出口放射性药品,应当按照国家有关对外贸易、放射性同位素安全和防护的规定,办理进出口手续。

第十七条 进口放射性药品,必须经国务院药品监督管理部门指定的药品检验机构抽样检验;检验合格的,方准进口。

对于经国务院药品监督管理部门审核批准的含有短半衰期放射性核素的药品,在保证安全使用的情况下,可以采取边进口检验,边投入使用的办法。进口检验单位发现药品质量不符合要求时,应当立即通知使用单位停止使用,并报告国务院药品监督管理、卫生行政、国防科技工业主管部门。

第四章 放射性药品的包装和运输

第十八条 放射性药品的包装必须安全实用,符合放射性药品质量要求,具有与放射性剂量相适应的防护装置。包装必须分内包装和外包装两部分,外包装必须贴有商标、标签、说明书和放射性药品标志,内包装必须贴有标签。

标签必须注明药品品名、放射性比活度、装量。

说明书除注明前款内容外,还须注明生产单位、批准文号、批号、主要成份、出厂日期、放射性核素半衰期、适应症、用法、用量、禁忌症、有效期和注意事项等。

第十九条 放射性药品的运输,按国家运输、邮政等部门制订的有关规定执行。

严禁任何单位和个人随身携带放射性药品乘坐公共交通运输工具。

第五章 放射性药品的使用

第二十条 医疗单位设置核医学科、室(同位素室),必须配备与其医疗任务相适应的并经核医学技术培训的技术人员。非核医学专业技术人员未经培训,不得从事放射性药品使用工作。

第二十一条 医疗单位使用放射性药品,必须符合国家有关放射性同位素安全和防护的规定。

所在地的省、自治区、直辖市药品监督管理部门，应当根据医疗单位核医疗技术人员的水平、设备条件，核发相应等级的《放射性药品使用许可证》，无许可证的医疗单位不得临床使用放射性药品。

《放射性药品使用许可证》有效期为5年，期满前6个月，医疗单位应当向原发证的行政部门重新提出申请，经审核批准后，换发新证。

第二十二条 医疗单位配制、使用放射性制剂，应当符合《药品管理法》及其实施条例的相关规定。

第二十三条 持有《放射性药品使用许可证》的医疗单位，必须负责对使用的放射性药品进行临床质量检验，收集药品不良反应等项工作，并定期向所在地药品监督管理、卫生行政部门报告。由省、自治区、直辖市药品监督管理、卫生行政部门汇总后分别报国务院药品监督管理、卫生行政部门。

第二十四条 放射性药品使用后的废物（包括患者排出物），必须按国家有关规定妥善处置。

第六章 放射性药品标准和检验

第二十五条 放射性药品的国家标准，由国务院药品监督管理部门药典委员会负责制定和修订，报国务院药品监督管理部门审批颁发。

第二十六条 放射性药品的检验由国务院药品监督管理部门公布的药品检验机构承担。

第七章 附 则

第二十七条 对违反本办法规定的单位或者个人，由县以上药品监督管理、卫生行政部门，按照《药品管理法》和有关法规的规定处罚。

第二十八条 本办法自发布之日起施行。

处方药与非处方药分类管理办法（试行）

· 1999年6月18日国家药品监督管理局令第10号公布
· 自2000年1月1日起施行

第一条 为保障人民用药安全有效、使用方便，根据《中共中央、国务院关于卫生改革与发展的决定》，制定处方药与非处方药分类管理办法。

第二条 根据药品品种、规格、适应症、剂量及给药途径不同，对药品分别按处方药与非处方药进行管理。

处方药必须凭执业医师或执业助理医师处方才可调配、购买和使用；非处方药不需要凭执业医师或执业助理医师处方即可自行判断、购买和使用。

第三条 国家药品监督管理局负责处方药与非处方药分类管理办法的制定。各级药品监督管理部门负责辖区内处方药与非处方药分类管理的组织实施和监督管理。

第四条 国家药品监督管理局负责非处方药目录的遴选、审批、发布和调整工作。

第五条 处方药、非处方药生产企业必须具有《药品生产企业许可证》，其生产品种必须取得药品批准文号。

第六条 非处方药标签和说明书除符合规定外，用语应当科学、易懂，便于消费者自行判断、选择和使用。非处方药的标签和说明书必须经国家药品监督管理局批准。

第七条 非处方药的包装必须印有国家指定的非处方药专有标识，必须符合质量要求，方便储存、运输和使用。每个销售基本单元包装必须附有标签和说明书。

第八条 根据药品的安全性，非处方药分为甲、乙两类。

经营处方药、非处方药的批发企业和经营处方药、甲类非处方药的零售企业必须具有《药品经营企业许可证》。

经省级药品监督管理部门或其授权的药品监督管理部门批准的其他商业企业可以零售乙类非处方药。

第九条 零售乙类非处方药的商业企业必须配备专职的具有高中以上文化程度，经专业培训后，由省级药品监督管理部门或其授权的药品监督管理部门考核合格并取得上岗证的人员。

第十条 医疗机构根据医疗需要可以决定或推荐使用非处方药。

第十一条 消费者有权自主选购非处方药，并须按非处方药标签和说明书所示内容使用。

第十二条 处方药只准在专业性医药报刊进行广告宣传，非处方药经审批可以在大众传播媒介进行广告宣传。

第十三条 处方药与非处方药分类管理有关审批、流通、广告等具体办法另行制定。

第十四条 本办法由国家药品监督管理局负责解释。

第十五条 本办法自2000年1月1日起施行。

药品说明书和标签管理规定

·2006年3月15日国家食品药品监督管理局令第24号公布

·自2006年6月1日起施行

第一章 总 则

第一条 为规范药品说明书和标签的管理，根据《中华人民共和国药品管理法》和《中华人民共和国药品管理法实施条例》制定本规定。

第二条 在中华人民共和国境内上市销售的药品，其说明书和标签应当符合本规定的要求。

第三条 药品说明书和标签由国家食品药品监督管理局予以核准。

药品的标签应当以说明书为依据，其内容不得超出说明书的范围，不得印有暗示疗效、误导使用和不适当宣传产品的文字和标识。

第四条 药品包装必须按照规定印有或者贴有标签，不得夹带其他任何介绍或者宣传产品、企业的文字、音像及其他资料。

药品生产企业生产供上市销售的最小包装必须附有说明书。

第五条 药品说明书和标签的文字表述应当科学、规范、准确。非处方药说明书还应当使用容易理解的文字表述，以便患者自行判断、选择和使用。

第六条 药品说明书和标签中的文字应当清晰易辨，标识应当清楚醒目，不得有印字脱落或者粘贴不牢等现象，不得以粘贴、剪切、涂改等方式进行修改或者补充。

第七条 药品说明书和标签应当使用国家语言文字工作委员会公布的规范化汉字，增加其他文字对照的，应当以汉字表述为准。

第八条 出于保护公众健康和指导正确合理用药的目的，药品生产企业可以主动提出在药品说明书或者标签上加注警示语，国家食品药品监督管理局也可以要求药品生产企业在说明书或者标签上加注警示语。

第二章 药品说明书

第九条 药品说明书应当包含药品安全性、有效性的重要科学数据、结论和信息，用以指导安全、合理使用药品。药品说明书的具体格式、内容和书写要求由国家食品药品监督管理局制定并发布。

第十条 药品说明书对疾病名称、药学专业名词、药品名称、临床检验名称和结果的表述，应当采用国家统一颁布或规范的专用词汇，度量衡单位应当符合国家标准的规定。

第十一条 药品说明书应当列出全部活性成份或者组方中的全部中药药味。注射剂和非处方药还应当列出所用的全部辅料名称。

药品处方中含有可能引起严重不良反应的成份或者辅料的，应当予以说明。

第十二条 药品生产企业应当主动跟踪药品上市后的安全性、有效性情况，需要对药品说明书进行修改的，应当及时提出申请。

根据药品不良反应监测、药品再评价结果等信息，国家食品药品监督管理局也可以要求药品生产企业修改药品说明书。

第十三条 药品说明书获准修改后，药品生产企业应当将修改的内容立即通知相关药品经营企业、使用单位及其他部门，并按要求及时使用修改后的说明书和标签。

第十四条 药品说明书应当充分包含药品不良反应信息，详细注明药品不良反应。药品生产企业未根据药品上市后的安全性、有效性情况及时修改说明书或者未将药品不良反应在说明书中充分说明的，由此引起的不良后果由该生产企业承担。

第十五条 药品说明书核准日期和修改日期应当在说明书中醒目标示。

第三章 药品的标签

第十六条 药品的标签是指药品包装上印有或者贴有的内容，分为内标签和外标签。药品内标签指直接接触药品的包装的标签，外标签指内标签以外的其他包装的标签。

第十七条 药品的内标签应当包含药品通用名称、适应症或者功能主治、规格、用法用量、生产日期、产品批号、有效期、生产企业等内容。

包装尺寸过小无法全部标明上述内容的，至少应当标注药品通用名称、规格、产品批号、有效期等内容。

第十八条 药品外标签应当注明药品通用名称、成份、性状、适应症或者功能主治、规格、用法用量、不良反应、禁忌、注意事项、贮藏、生产日期、产品批号、有效期、批准文号、生产企业等内容。适应症或者功能主治、用法用量、不良反应、禁忌、注意事项不能全部注明的，应当标出主要内容并注明“详见说明书”字样。

第十九条 用于运输、储藏的包装的标签，至少应当注明药品通用名称、规格、贮藏、生产日期、产品批号、有效期、批准文号、生产企业，也可以根据需要注明包装数量、运输注意事项或者其他标记等必要内容。

第二十条 原料药的标签应当注明药品名称、贮藏、生产日期、产品批号、有效期、执行标准、批准文号、生产企业，同时还需注明包装数量以及运输注意事项等必要内容。

第二十一条 同一药品生产企业生产的同一药品，药品规格和包装规格均相同的，其标签的内容、格式及颜色必须一致；药品规格或者包装规格不同的，其标签应当明显区别或者规格项明显标注。

同一药品生产企业生产的同一药品，分别按处方药与非处方药管理的，两者的包装颜色应当明显区别。

第二十二条 对贮藏有特殊要求的药品，应当在标签的醒目位置注明。

第二十三条 药品标签中的有效期应当按照年、月、日的顺序标注，年份用四位数字表示，月、日用两位数表示。其具体标注格式为“有效期至××××年××月”或者“有效期至××××年××月××日”；也可以用数字和其他符号表示为“有效期至××××.××.”或者“有效期至××××/××/××”等。

预防用生物制品有效期的标注按照国家食品药品监督管理局批准的注册标准执行，治疗用生物制品有效期的标注自分装日期计算，其他药品有效期的标注自生产日期计算。

有效期若标注到日，应当为起算日期对应年月日的前一天，若标注到月，应当为起算月份对应年月的前一月。

第四章 药品名称和注册商标的使用

第二十四条 药品说明书和标签中标注的药品名称必须符合国家食品药品监督管理局公布的药品通用名称和商品名称的命名原则，并与药品批准证明文件的相应内容一致。

第二十五条 药品通用名称应当显著、突出，其字体、字号和颜色必须一致，并符合以下要求：

（一）对于横版标签，必须在上三分之一范围内显著位置标出；对于竖版标签，必须在右三分之一范围内显著位置标出；

（二）不得选用草书、篆书等不易识别的字体，不得使用斜体、中空、阴影等形式对字体进行修饰；

（三）字体颜色应当使用黑色或者白色，与相应的浅色或者深色背景形成强烈反差；

（四）除因包装尺寸的限制而无法同行书写的，不得分行书写。

第二十六条 药品商品名称不得与通用名称同行书写，其字体和颜色不得比通用名称更突出和显著，其字体以单字面积计不得大于通用名称所用字体的二分之一。

第二十七条 药品说明书和标签中禁止使用未经注册的商标以及其他未经国家食品药品监督管理局批准的药品名称。

药品标签使用注册商标的，应当印刷在药品标签的边角，含文字的，其字体以单字面积计不得大于通用名称所用字体的四分之一。

第五章 其他规定

第二十八条 麻醉药品、精神药品、医疗用毒性药品、放射性药品、外用药品和非处方药品等国家规定有专用标识的，其说明书和标签必须印有规定的标识。

国家对药品说明书和标签有特殊规定的，从其规定。

第二十九条 中药材、中药饮片的标签管理规定由国家食品药品监督管理局另行制定。

第三十条 药品说明书和标签不符合本规定的，按照《中华人民共和国药品管理法》的相关规定进行处罚。

第六章 附 则

第三十一条 本规定自2006年6月1日起施行。国家药品监督管理局于2000年10月15日发布的《药品包装、标签和说明书管理规定(暂行)》同时废止。

药品、医疗器械、保健食品、特殊医学用途配方食品广告审查管理暂行办法

· 2019年12月24日国家市场监督管理总局令第21号公布
· 自2020年3月1日起施行

第一条 为加强药品、医疗器械、保健食品和特殊医学用途配方食品广告监督管理,规范广告审查工作,维护广告市场秩序,保护消费者合法权益,根据《中华人民共和国广告法》等法律、行政法规,制定本办法。

第二条 药品、医疗器械、保健食品和特殊医学用途配方食品广告的审查适用本办法。

未经审查不得发布药品、医疗器械、保健食品和特殊医学用途配方食品广告。

第三条 药品、医疗器械、保健食品和特殊医学用途配方食品广告应当真实、合法,不得含有虚假或者引人误解的内容。

广告主应当对药品、医疗器械、保健食品和特殊医学用途配方食品广告内容的真实性和合法性负责。

第四条 国家市场监督管理总局负责组织指导药品、医疗器械、保健食品和特殊医学用途配方食品广告审查工作。

各省、自治区、直辖市市场监督管理部门、药品监督管理部门(以下称广告审查机关)负责药品、医疗器械、保健食品和特殊医学用途配方食品广告审查,依法可以委托其他行政机关具体实施广告审查。

第五条 药品广告的内容应当以国务院药品监督管理部门核准的说明书为准。药品广告涉及药品名称、药品适应症或者功能主治、药理作用等内容的,不得超出说明书范围。

药品广告应当显著标明禁忌、不良反应,处方药广告还应当显著标明“本广告仅供医学药学专业人士阅读”,非处方药广告还应当显著标明非处方药标识(OTC)和“请按药品说明书或者在药师指导下购买和使用”。

第六条 医疗器械广告的内容应当以药品监督管理部门批准的注册证书或者备案凭证、注册或者备案的产品说明书内容为准。医疗器械广告涉及医疗器械名称、适用范围、作用机理或者结构及组成等内容的,不得超出注册证书或者备案凭证、注册或者备案的产品说明书范围。

推荐给个人自用的医疗器械的广告,应当显著标明“请仔细阅读产品说明书或者在医务人员的指导下购买和使用”。医疗器械产品注册证书中有禁忌内容、注意事项的,广告应当显著标明“禁忌内容或者注意事项详见说明书”。

第七条 保健食品广告的内容应当以市场监督管理部门批准的注册证书或者备案凭证、注册或者备案的产品说明书内容为准,不得涉及疾病预防、治疗功能。保健食品广告涉及保健功能、产品功效成分或者标志性成分及含量、适宜人群或者食用量等内容的,不得超出注册证书或者备案凭证、注册或者备案的产品说明书范围。

保健食品广告应当显著标明“保健食品不是药物,不能代替药物治疗疾病”,声明本品不能代替药物,并显著标明保健食品标志、适宜人群和不适宜人群。

第八条 特殊医学用途配方食品广告的内容应当以国家市场监督管理总局批准的注册证书和产品标签、说明书为准。特殊医学用途配方食品广告涉及产品名称、配方、营养学特征、适用人群等内容的,不得超出注册证书、产品标签、说明书范围。

特殊医学用途配方食品广告应当显著标明适用人群、“不适用于非目标人群使用”“请在医生或者临床营养师指导下使用”。

第九条 药品、医疗器械、保健食品和特殊医学用途配方食品广告应当显著标明广告批准文号。

第十条 药品、医疗器械、保健食品和特殊医学用途配方食品广告中应当显著标明的内容,其字体和颜色必须清晰可见、易于辨认,在视频广告中应当持续显示。

第十一条 药品、医疗器械、保健食品和特殊医学用途配方食品广告不得违反《中华人民共和国广告法》第九条、第十六条、第十七条、第十八条、第十九条规定,不得包含下列情形:

(一)使用或者变相使用国家机关、国家机关工作人员、军队单位或者军队人员的名义或者形象,或者利用军队装备、设施等从事广告宣传;

(二)使用科研单位、学术机构、行业协会或者专家、学者、医师、药师、临床营养师、患者等的名义或者形象作推荐、证明;

(三)违反科学规律,明示或者暗示可以治疗所有疾病、适应所有症状、适应所有人群,或者正常生活和治疗病症所必需等内容;

(四)引起公众对所处健康状况和所患疾病产生不必要的担忧和恐惧,或者使公众误解不使用该产品会患某种疾病或者加重病情的内容;

(五)含有“安全”“安全无毒副作用”“毒副作用小”;明示或者暗示成分为“天然”,因而安全性有保证等内容;

(六)含有“热销、抢购、试用”“家庭必备、免费治疗、免费赠送”等诱导性内容,“评比、排序、推荐、指定、选用、获奖”等综合性评价内容,“无效退款、保险公司保险”等保证性内容,怂恿消费者任意、过量使用药品、保健食品和特殊医学用途配方食品的内容;

(七)含有医疗机构的名称、地址、联系方式、诊疗项目、诊疗方法以及有关义诊、医疗咨询电话、开设特约门诊等医疗服务的内容;

(八)法律、行政法规规定不得含有的其他内容。

第十二条 药品、医疗器械、保健食品和特殊医学用途配方食品注册证明文件或者备案凭证持有人及其授权同意的生产、经营企业为广告申请人(以下简称申请人)。

申请人可以委托代理人办理药品、医疗器械、保健食品和特殊医学用途配方食品广告审查申请。

第十三条 药品、特殊医学用途配方食品广告审查申请应当依法向生产企业或者进口代理人等广告主所在地广告审查机关提出。

医疗器械、保健食品广告审查申请应当依法向生产企业或者进口代理人所在地广告审查机关提出。

第十四条 申请药品、医疗器械、保健食品、特殊医学用途配方食品广告审查,应当依法提交《广告审查表》、与发布内容一致的广告样件,以及下列合法有效的材料:

(一)申请人的主体资格相关材料,或者合法有效的登记文件;

(二)产品注册证明文件或者备案凭证、注册或者备案的产品标签和说明书,以及生产许可文件;

(三)广告中涉及的知识产权相关有效证明材料。

经授权同意作为申请人的生产、经营企业,还应当提交合法的授权文件;委托代理人进行申请的,还应当提交委托书和代理人的主体资格相关材料。

第十五条 申请人可以到广告审查机关受理窗口提出申请,也可以通过信函、传真、电子邮件或者电子政务平台提交药品、医疗器械、保健食品和特殊医学用途配方食品广告申请。

广告审查机关收到申请人提交的申请后,应当在五个工作日内作出受理或者不予受理决定。申请材料齐全、符合法定形式的,应当予以受理,出具《广告审查受理通知书》。申请材料不齐全、不符合法定形式的,应当一次性告知申请人需要补正的全部内容。

第十六条 广告审查机关应当对申请人提交的材料进行审查,自受理之日起十个工作日内完成审查工作。经审查,对符合法律、行政法规和本办法规定的广告,应当作出审查批准的决定,编发广告批准文号。

对不符合法律、行政法规和本办法规定的广告,应当作出不予批准的决定,送达申请人并说明理由,同时告知其享有依法申请行政复议或者提起行政诉讼的权利。

第十七条 经审查批准的药品、医疗器械、保健食品和特殊医学用途配方食品广告,广告审查机关应当通过本部门网站以及其他方便公众查询的方式,在十个工作日内向社会公开。公开的信息应当包括广告批准文号、申请人名称、广告发布内容、广告批准文号有效期、广告类别、产品名称、产品注册证明文件或者备案凭证编号等内容。

第十八条 药品、医疗器械、保健食品和特殊医学用途配方食品广告批准文号的有效期与产品注册证明文件、备案凭证或者生产许可文件最短的有效期一致。

产品注册证明文件、备案凭证或者生产许可文件未规定有效期的,广告批准文号有效期为两年。

第十九条 申请人有下列情形的,不得继续发布审查批准的广告,并应当主动申请注销药品、医疗器械、保健食品和特殊医学用途配方食品广告批准文号:

(一)主体资格证照被吊销、撤销、注销的;

(二)产品注册证明文件、备案凭证或者生产许可文件被撤销、注销的;

(三)法律、行政法规规定应当注销的其他情形。

广告审查机关发现申请人有前款情形的,应当依法注销其药品、医疗器械、保健食品和特殊医学用途配方食品广告批准文号。

第二十条 广告主、广告经营者、广告发布者应当严格按照审查通过的内容发布药品、医疗器械、保健食品和特殊医学用途配方食品广告,不得进行剪辑、拼接、修改。

已经审查通过的广告内容需要改动的,应当重新申请广告审查。

第二十一条 下列药品、医疗器械、保健食品和特殊医学用途配方食品不得发布广告:

(一)麻醉药品、精神药品、医疗用毒性药品、放射性药品、药品类易制毒化学品,以及戒毒治疗的药品、医疗器械;

(二)军队特需药品、军队医疗机构配制的制剂;

(三)医疗机构配制的制剂;

(四)依法停止或者禁止生产、销售或者使用的药品、医疗器械、保健食品和特殊医学用途配方食品;

(五)法律、行政法规禁止发布广告的情形。

第二十二条 本办法第二十一条规定以外的处方药和特殊医学用途配方食品中的特定全营养配方食品广告只能在国务院卫生行政部门和国务院药品监督管理部门共同指定的医学、药学专业刊物上发布。

不得利用处方药或者特定全营养配方食品的名称为各种活动冠名进行广告宣传。不得使用与处方药名称或者特定全营养配方食品名称相同的商标、企业字号在医学、药学专业刊物以外的媒介变相发布广告,也不得利用该商标、企业字号为各种活动冠名进行广告宣传。

特殊医学用途婴儿配方食品广告不得在大众传播媒介或者公共场所发布。

第二十三条 药品、医疗器械、保健食品和特殊医学用途配方食品广告中只宣传产品名称(含药品通用名称和药品商品名称)的,不再对其内容进行审查。

第二十四条 经广告审查机关审查通过并向社会公开的药品广告,可以依法在全国范围内发布。

第二十五条 违反本办法第十条规定,未显著、清晰表示广告中应当显著标明内容的,按照《中华人民共和国广告法》第五十九条处罚。

第二十六条 有下列情形之一的,按照《中华人民共和国广告法》第五十八条处罚:

(一)违反本办法第二条第二款规定,未经审查发布药品、医疗器械、保健食品和特殊医学用途配方食品广告;

(二)违反本办法第十九条规定或者广告批准文号已超过有效期,仍继续发布药品、医疗器械、保健食品和特殊医学用途配方食品广告;

(三)违反本办法第二十条规定,未按照审查通过的内容发布药品、医疗器械、保健食品和特殊医学用途配方食品广告。

第二十七条 违反本办法第十一条第二项至第五项规定,发布药品、医疗器械、保健食品和特殊医学用途配方食品广告的,依照《中华人民共和国广告法》第五十八条的规定处罚;构成虚假广告的,依照《中华人民共和国广告法》第五十五条的规定处罚。

第二十八条 违反本办法第十一条第六项至第八项规定,发布药品、医疗器械、保健食品和特殊医学用途配方食品广告的,《中华人民共和国广告法》及其他法律法规有规定的,依照相关规定处罚,没有规定的,由县级以上市场监督管理部门责令改正;对负有责任的广告主、广告经营者、广告发布者处以违法所得三倍以下罚款,但最高不超过三万元;没有违法所得的,可处一万元以下罚款。

第二十九条 违反本办法第十一条第一项、第二十一条、第二十二条规定的,按照《中华人民共和国广告法》第五十七条处罚。

第三十条 有下列情形之一的,按照《中华人民共和国广告法》第六十五条处罚:

(一)隐瞒真实情况或者提供虚假材料申请药品、医疗器械、保健食品和特殊医学用途配方食品广告审查的;

(二)以欺骗、贿赂等不正当手段取得药品、医疗器械、保健食品和特殊医学用途配方食品广告批准文号的。

第三十一条 市场监督管理部门对违反本办法规定的行为作出行政处罚决定后,应当依法通过国家企业信用信息公示系统向社会公示。

第三十二条 广告审查机关的工作人员玩忽职守、滥用职权、徇私舞弊的,依法给予处分。构成犯罪的,依法追究刑事责任。

第三十三条 本办法涉及的文书格式范本由国家市场监督管理总局统一制定。

第三十四条 本办法自2020年3月1日起施行。1996年12月30日原国家工商行政管理局令第72号公布的《食品广告发布暂行规定》,2007年3月3日原国家工商行政管理总局、原国家食品药品监督管理局令第27号公布的《药品广告审查发布标准》,2007年3月13日原国家食品药品监督管理局、原国家工商行政管理总局令第27号发布的《药品广告审查办法》,2009年4月7日原卫生部、原国家工商行政管理总局、原国家食品药品监督管理局令第65号发布的《医疗器械广告审查办法》,2009年4月28日原国家工商行政管理总局、原卫生部、原国家食品药品监督管理局令第40号公布的《医疗器械广告审查发布标准》同时废止。

互联网药品信息服务管理办法

· 2004年7月8日国家食品药品监督管理局令第9号公布

· 根据2017年11月7日国家食品药品监督管理总局局务会议《关于修改部分规章的决定》修正

第一条 为加强药品监督管理,规范互联网药品信息服务活动,保证互联网药品信息的真实、准确,根据《中华人民共和国药品管理法》《互联网信息服务管理办法》,制定本办法。

第二条 在中华人民共和国境内提供互联网药品信息服务活动,适用本办法。

本办法所称互联网药品信息服务,是指通过互联网向上网用户提供药品(含医疗器械)信息的服务活动。

第三条 互联网药品信息服务分为经营性和非经营性两类。

经营性互联网药品信息服务是指通过互联网向上网用户有偿提供药品信息等服务的活动。

非经营性互联网药品信息服务是指通过互联网向上网用户无偿提供公开的、共享性药品信息等服务的活动。

第四条 国家食品药品监督管理总局对全国提供互联网药品信息服务活动的网站实施监督管理。

省、自治区、直辖市食品药品监督管理部门对本行政区域内提供互联网药品信息服务活动的网站实施监督管理。

第五条 拟提供互联网药品信息服务的网站,应当在向国务院信息产业主管部门或者省级电信管理机构申请办理经营许可证或者办理备案手续之前,按照属地监督管理的原则,向该网站主办单位所在地省、自治区、直辖市食品药品监督管理部门提出申请,经审核同意后取得提供互联网药品信息服务的资格。

第六条 各省、自治区、直辖市食品药品监督管理部门对本辖区内申请提供互联网药品信息服务的互联网站进行审核,符合条件的核发《互联网药品信息服务资格证书》。

第七条 《互联网药品信息服务资格证书》的格式由国家食品药品监督管理总局统一制定。

第八条 提供互联网药品信息服务的网站,应当在其网站主页显著位置标注《互联网药品信息服务资格证书》的证书编号。

第九条 提供互联网药品信息服务网站所登载的药品信息必须科学、准确,必须符合国家的法律、法规和国家有关药品、医疗器械管理的相关规定。

提供互联网药品信息服务的网站不得发布麻醉药品、精神药品、医疗用毒性药品、放射性药品、戒毒药品和医疗机构制剂的产品信息。

第十条 提供互联网药品信息服务的网站发布的药品(含医疗器械)广告,必须经过食品药品监督管理部门审查批准。

提供互联网药品信息服务的网站发布的药品(含医疗器械)广告要注明广告审查批准文号。

第十一条 申请提供互联网药品信息服务,除应当符合《互联网信息服务管理办法》规定的要求外,还应当具备下列条件:

(一)互联网药品信息服务的提供者应当为依法设立的企事业单位或者其他组织;

(二)具有与开展互联网药品信息服务活动相适应的专业人员、设施及相关制度;

(三)有两名以上熟悉药品、医疗器械管理法律、法规和药品、医疗器械专业知识,或者依法经资格认定的药学、医疗器械技术人员。

第十二条 提供互联网药品信息服务的申请应当以一个网站为基本单元。

第十三条 申请提供互联网药品信息服务,应当填写国家食品药品监督管理总局统一制发的《互联网药品信息服务申请表》,向网站主办单位所在地省、自治区、直辖市食品药品监督管理部门提出申请,同时提交以下材料:

(一)企业营业执照复印件。

(二)网站域名注册的相关证书或者证明文件。从事互联网药品信息服务网站的中文名称,除与主办单位名称相同的以外,不得以"中国""中华""全国"等冠名;除取得药品招标代理机构资格证书的单位开办的互联网站外,其他提供互联网药品信息服务的网站名称中不得出现"电子商务""药品招商""药品招标"等内容。

(三)网站栏目设置说明(申请经营性互联网药品信息服务的网站需提供收费栏目及收费方式的说明)。

(四)网站对历史发布信息进行备份和查阅的相关管理制度及执行情况说明。

(五)食品药品监督管理部门在线浏览网站上所有栏目、内容的方法及操作说明。

(六)药品及医疗器械相关专业技术人员学历证明或者其专业技术资格证书复印件、网站负责人身份证复印件及简历。

(七)健全的网络与信息安全保障措施,包括网站安全保障措施、信息安全保密管理制度、用户信息安全管理制度。

(八)保证药品信息来源合法、真实、安全的管理措施、情况说明及相关证明。

第十四条 省、自治区、直辖市食品药品监督管理部门在收到申请材料之日起5日内做出受理与否的决定,受理的,发给受理通知书;不受理的,书面通知申请人并说明理由,同时告知申请人享有依法申请行政复议或者提起行政诉讼的权利。

第十五条 对于申请材料不规范、不完整的,省、自治区、直辖市食品药品监督管理部门自申请之日起5日内一次告知申请人需要补正的全部内容;逾期不告知的,自收到材料之日起即为受理。

第十六条 省、自治区、直辖市食品药品监督管理部门自受理之日起20日内对申请提供互联网药品信息服务的材料进行审核,并作出同意或者不同意的决定。同意的,由省、自治区、直辖市食品药品监督管理部门核发《互联网药品信息服务资格证书》,同时报国家食品药品监督管理总局备案并发布公告;不同意的,应当书面通知申请人并说明理由,同时告知申请人享有依法申请行政复议或者提起行政诉讼的权利。

国家食品药品监督管理总局对各省、自治区、直辖市食品药品监督管理部门的审核工作进行监督。

第十七条 《互联网药品信息服务资格证书》有效期为5年。有效期届满,需要继续提供互联网药品信息服务的,持证单位应当在有效期届满前6个月内,向原发证机关申请换发《互联网药品信息服务资格证书》。原发证机关进行审核后,认为符合条件的,予以换发新证;认为不符合条件的,发给不予换发新证的通知并说明理由,原《互联网药品信息服务资格证书》由原发证机关收回并公告注销。

省、自治区、直辖市食品药品监督管理部门根据申请人的申请,应当在《互联网药品信息服务资格证书》有效期届满前作出是否准予其换证的决定。逾期未作出决定的,视为准予换证。

第十八条 《互联网药品信息服务资格证书》可以根据互联网药品信息服务提供者的书面申请,由原发证机关收回,原发证机关应当报国家食品药品监督管理总局备案并发布公告。被收回《互联网药品信息服务资格证书》的网站不得继续从事互联网药品信息服务。

第十九条 互联网药品信息服务提供者变更下列事项之一的,应当向原发证机关申请办理变更手续,填写《互联网药品信息服务项目变更申请表》,同时提供下列相关证明文件:

（一）《互联网药品信息服务资格证书》中审核批准的项目（互联网药品信息服务提供者单位名称、网站名称、IP 地址等）；

（二）互联网药品信息服务提供者的基本项目（地址、法定代表人、企业负责人等）；

（三）网站提供互联网药品信息服务的基本情况（服务方式、服务项目等）。

第二十条 省、自治区、直辖市食品药品监督管理部门自受理变更申请之日起 20 个工作日内作出是否同意变更的审核决定。同意变更的，将变更结果予以公告并报国家食品药品监督管理总局备案；不同意变更的，以书面形式通知申请人并说明理由。

第二十一条 省、自治区、直辖市食品药品监督管理部门对申请人的申请进行审查时，应当公示审批过程和审批结果。申请人和利害关系人可以对直接关系其重大利益的事项提交书面意见进行陈述和申辩。依法应当听证的，按照法定程序举行听证。

第二十二条 未取得或者超出有效期使用《互联网药品信息服务资格证书》从事互联网药品信息服务的，由国家食品药品监督管理总局或者省、自治区、直辖市食品药品监督管理部门给予警告，并责令其停止从事互联网药品信息服务；情节严重的，移送相关部门，依照有关法律、法规给予处罚。

第二十三条 提供互联网药品信息服务的网站不在其网站主页的显著位置标注《互联网药品信息服务资格证书》的证书编号的，国家食品药品监督管理总局或者省、自治区、直辖市食品药品监督管理部门给予警告，责令限期改正；在限定期限内拒不改正的，对提供非经营性互联网药品信息服务的网站处以 500 元以下罚款，对提供经营性互联网药品信息服务的网站处以 5000 元以上 1 万元以下罚款。

第二十四条 互联网药品信息服务提供者违反本办法，有下列情形之一的，由国家食品药品监督管理总局或者省、自治区、直辖市食品药品监督管理部门给予警告，责令限期改正；情节严重的，对提供非经营性互联网药品信息服务的网站处以 1000 元以下罚款，对提供经营性互联网药品信息服务的网站处以 1 万元以上 3 万元以下罚款；构成犯罪的，移送司法部门追究刑事责任：

（一）已经获得《互联网药品信息服务资格证书》，但提供的药品信息直接撮合药品网上交易的；

（二）已经获得《互联网药品信息服务资格证书》，但超出审核同意的范围提供互联网药品信息服务的；

（三）提供不真实互联网药品信息服务并造成不良社会影响的；

（四）擅自变更互联网药品信息服务项目的。

第二十五条 互联网药品信息服务提供者在其业务活动中，违法使用《互联网药品信息服务资格证书》的，由国家食品药品监督管理总局或者省、自治区、直辖市食品药品监督管理部门依照有关法律、法规的规定处罚。

第二十六条 省、自治区、直辖市食品药品监督管理部门违法对互联网药品信息服务申请作出审核批准的，原发证机关应当撤销原批准的《互联网药品信息服务资格证书》，由此给申请人的合法权益造成损害的，由原发证机关依照国家赔偿法的规定给予赔偿；对直接负责的主管人员和其他直接责任人员，由其所在单位或者上级机关依法给予行政处分。

第二十七条 省、自治区、直辖市食品药品监督管理部门应当对提供互联网药品信息服务的网站进行监督检查，并将检查情况向社会公告。

第二十八条 本办法由国家食品药品监督管理总局负责解释。

第二十九条 本办法自公布之日起施行。《互联网药品信息服务管理暂行规定》（国家药品监督管理局令第 26 号）同时废止。

药品网络销售监督管理办法

· 2022 年 8 月 3 日国家市场监督管理总局令第 58 号公布

· 自 2022 年 12 月 1 日起施行

第一章 总 则

第一条 为了规范药品网络销售和药品网络交易平台服务活动，保障公众用药安全，根据《中华人民共和国药品管理法》（以下简称药品管理法）等法律、行政法规，制定本办法。

第二条 在中华人民共和国境内从事药品网络销售、提供药品网络交易平台服务及其监督管理,应当遵守本办法。

第三条 国家药品监督管理局主管全国药品网络销售的监督管理工作。

省级药品监督管理部门负责本行政区域内药品网络销售的监督管理工作,负责监督管理药品网络交易第三方平台以及药品上市许可持有人、药品批发企业通过网络销售药品的活动。

设区的市级、县级承担药品监督管理职责的部门(以下称药品监督管理部门)负责本行政区域内药品网络销售的监督管理工作,负责监督管理药品零售企业通过网络销售药品的活动。

第四条 从事药品网络销售、提供药品网络交易平台服务,应当遵守药品法律、法规、规章、标准和规范,依法诚信经营,保障药品质量安全。

第五条 从事药品网络销售、提供药品网络交易平台服务,应当采取有效措施保证交易全过程信息真实、准确、完整和可追溯,并遵守国家个人信息保护的有关规定。

第六条 药品监督管理部门应当与相关部门加强协作,充分发挥行业组织等机构的作用,推进信用体系建设,促进社会共治。

第二章 药品网络销售管理

第七条 从事药品网络销售的,应当是具备保证网络销售药品安全能力的药品上市许可持有人或者药品经营企业。

中药饮片生产企业销售其生产的中药饮片,应当履行药品上市许可持有人相关义务。

第八条 药品网络销售企业应当按照经过批准的经营方式和经营范围经营。药品网络销售企业为药品上市许可持有人的,仅能销售其取得药品注册证书的药品。未取得药品零售资质的,不得向个人销售药品。

疫苗、血液制品、麻醉药品、精神药品、医疗用毒性药品、放射性药品、药品类易制毒化学品等国家实行特殊管理的药品不得在网络上销售,具体目录由国家药品监督管理局组织制定。

药品网络零售企业不得违反规定以买药品赠药品、买商品赠药品等方式向个人赠送处方药、甲类非处方药。

第九条 通过网络向个人销售处方药的,应当确保处方来源真实、可靠,并实行实名制。

药品网络零售企业应当与电子处方提供单位签订协议,并严格按照有关规定进行处方审核调配,对已经使用的电子处方进行标记,避免处方重复使用。

第三方平台承接电子处方的,应当对电子处方提供单位的情况进行核实,并签订协议。

药品网络零售企业接收的处方为纸质处方影印版本的,应当采取有效措施避免处方重复使用。

第十条 药品网络销售企业应当建立并实施药品质量安全管理、风险控制、药品追溯、储存配送管理、不良反应报告、投诉举报处理等制度。

药品网络零售企业还应当建立在线药学服务制度,由依法经过资格认定的药师或者其他药学技术人员开展处方审核调配、指导合理用药等工作。依法经过资格认定的药师或者其他药学技术人员数量应当与经营规模相适应。

第十一条 药品网络销售企业应当向药品监督管理部门报告企业名称、网站名称、应用程序名称、IP 地址、域名、药品生产许可证或者药品经营许可证等信息。信息发生变化的,应当在 10 个工作日内报告。

药品网络销售企业为药品上市许可持有人或者药品批发企业的,应当向所在地省级药品监督管理部门报告。药品网络销售企业为药品零售企业的,应当向所在地市县级药品监督管理部门报告。

第十二条 药品网络销售企业应当在网站首页或者经营活动的主页面显著位置,持续公示其药品生产或者经营许可证信息。药品网络零售企业还应当展示依法配备的药师或者其他药学技术人员的资格认定等信息。上述信息发生变化的,应当在 10 个工作日内予以更新。

第十三条 药品网络销售企业展示的药品相关信息应当真实、准确、合法。

从事处方药销售的药品网络零售企业,应当在每个药品展示页面下突出显示“处方药须凭处方在药师指导下购买和使用”等风险警示信息。处方药销售前,应当向消费者充分告知相关风险警示信息,并经消费者确认知情。

药品网络零售企业应当将处方药与非处方药区分展示,并在相关网页上显著标示处方药、非处方药。

药品网络零售企业在处方药销售主页面、首页面不得直接公开展示处方药包装、标签等信息。通过处方审核前，不得展示说明书等信息，不得提供处方药购买的相关服务。

第十四条 药品网络零售企业应当对药品配送的质量与安全负责。配送药品，应当根据药品数量、运输距离、运输时间、温湿度要求等情况，选择适宜的运输工具和设施设备，配送的药品应当放置在独立空间并明显标识，确保符合要求、全程可追溯。

药品网络零售企业委托配送的，应当对受托企业的质量管理体系进行审核，与受托企业签订质量协议，约定药品质量责任、操作规程等内容，并对受托方进行监督。

药品网络零售的具体配送要求由国家药品监督管理局另行制定。

第十五条 向个人销售药品的，应当按照规定出具销售凭证。销售凭证可以以电子形式出具，药品最小销售单元的销售记录应当清晰留存，确保可追溯。

药品网络销售企业应当完整保存供货企业资质文件、电子交易等记录。销售处方药的药品网络零售企业还应当保存处方、在线药学服务等记录。相关记录保存期限不少于5年，且不少于药品有效期满后1年。

第十六条 药品网络销售企业对存在质量问题或者安全隐患的药品，应当依法采取相应的风险控制措施，并及时在网站首页或者经营活动主页面公开相应信息。

第三章 平台管理

第十七条 第三方平台应当建立药品质量安全管理机构，配备药学技术人员承担药品质量安全管理工作，建立并实施药品质量安全、药品信息展示、处方审核、处方药实名购买、药品配送、交易记录保存、不良反应报告、投诉举报处理等管理制度。

第三方平台应当加强检查，对入驻平台的药品网络销售企业的药品信息展示、处方审核、药品销售和配送等行为进行管理，督促其严格履行法定义务。

第十八条 第三方平台应当将企业名称、法定代表人、统一社会信用代码、网站名称以及域名等信息向平台所在地省级药品监督管理部门备案。省级药品监督管理部门应当将平台备案信息公示。

第十九条 第三方平台应当在其网站首页或者从事药品经营活动的主页面显著位置，持续公示营业执照、相关行政许可和备案、联系方式、投诉举报方式等信息或者上述信息的链接标识。

第三方平台展示药品信息应当遵守本办法第十三条的规定。

第二十条 第三方平台应当对申请入驻的药品网络销售企业资质、质量安全保证能力等进行审核，对药品网络销售企业建立登记档案，至少每六个月核验更新一次，确保入驻的药品网络销售企业符合法定要求。

第三方平台应当与药品网络销售企业签订协议，明确双方药品质量安全责任。

第二十一条 第三方平台应当保存药品展示、交易记录与投诉举报等信息。保存期限不少于5年，且不少于药品有效期满后1年。第三方平台应当确保有关资料、信息和数据的真实、完整，并为入驻的药品网络销售企业自行保存数据提供便利。

第二十二条 第三方平台应当对药品网络销售活动建立检查监控制度。发现入驻的药品网络销售企业有违法行为的，应当及时制止并立即向所在地县级药品监督管理部门报告。

第二十三条 第三方平台发现下列严重违法行为的，应当立即停止提供网络交易平台服务，停止展示药品相关信息：

（一）不具备资质销售药品的；

（二）违反本办法第八条规定销售国家实行特殊管理的药品的；

（三）超过药品经营许可范围销售药品的；

（四）因违法行为被药品监督管理部门责令停止销售、吊销药品批准证明文件或者吊销药品经营许可证的；

（五）其他严重违法行为的。

药品注册证书被依法撤销、注销的，不得展示相关药品的信息。

第二十四条 出现突发公共卫生事件或者其他严重威胁公众健康的紧急事件时，第三方平台、药品网络销售企业应当遵守国家有关应急处置规定，依法采取相应的控制和处置措施。

药品上市许可持有人依法召回药品的，第三方平台、药品网络销售企业应当积极予以配合。

第二十五条 药品监督管理部门开展监督检查、案件查办、事件处置等工作时，第三方平台应当予以配合。药品监督管理部门发现药品网络销售企业存在违法行为，依法要求第三方平台采取措施制止的，第三方平台应当及时履行相关义务。

药品监督管理部门依照法律、行政法规要求提供有关平台内销售者、销售记录、药学服务以及追溯等信息的，第三方平台应当及时予以提供。

鼓励第三方平台与药品监督管理部门建立开放数据接口等形式的自动化信息报送机制。

第四章 监督检查

第二十六条 药品监督管理部门应当依照法律、法规、规章等规定，按照职责分工对第三方平台和药品网络销售企业实施监督检查。

第二十七条 药品监督管理部门对第三方平台和药品网络销售企业进行检查时，可以依法采取下列措施：

（一）进入药品网络销售和网络平台服务有关场所实施现场检查；

（二）对网络销售的药品进行抽样检验；

（三）询问有关人员，了解药品网络销售活动相关情况；

（四）依法查阅、复制交易数据、合同、票据、账簿以及其他相关资料；

（五）对有证据证明可能危害人体健康的药品及其有关材料，依法采取查封、扣押措施；

（六）法律、法规规定可以采取的其他措施。

必要时，药品监督管理部门可以对为药品研制、生产、经营、使用提供产品或者服务的单位和个人进行延伸检查。

第二十八条 对第三方平台、药品上市许可持有人、药品批发企业通过网络销售药品违法行为的查处，由省级药品监督管理部门负责。对药品网络零售企业违法行为的查处，由市县级药品监督管理部门负责。

药品网络销售违法行为由违法行为发生地的药品监督管理部门负责查处。因药品网络销售活动引发药品安全事件或者有证据证明可能危害人体健康的，也可以由违法行为结果地的药品监督管理部门负责。

第二十九条 药品监督管理部门应当加强药品网络销售监测工作。省级药品监督管理部门建立的药品网络销售监测平台，应当与国家药品网络销售监测平台实现数据对接。

药品监督管理部门对监测发现的违法行为，应当依法按照职责进行调查处置。

药品监督管理部门对网络销售违法行为的技术监测记录资料，可以依法作为实施行政处罚或者采取行政措施的电子数据证据。

第三十条 对有证据证明可能存在安全隐患的，药品监督管理部门应当根据监督检查情况，对药品网络销售企业或者第三方平台等采取告诫、约谈、限期整改以及暂停生产、销售、使用、进口等措施，并及时公布检查处理结果。

第三十一条 药品监督管理部门应当对药品网络销售企业或者第三方平台提供的个人信息和商业秘密严格保密，不得泄露、出售或者非法向他人提供。

第五章 法律责任

第三十二条 法律、行政法规对药品网络销售违法行为的处罚有规定的，依照其规定。药品监督管理部门发现药品网络销售违法行为涉嫌犯罪的，应当及时将案件移送公安机关。

第三十三条 违反本办法第八条第二款的规定，通过网络销售国家实行特殊管理的药品，法律、行政法规已有规定的，依照法律、行政法规的规定处罚。法律、行政法规未作规定的，责令限期改正，处5万元以上10万元以下罚款；造成危害后果的，处10万元以上20万元以下罚款。

第三十四条 违反本办法第九条第一款、第二款的规定，责令限期改正，处3万元以上5万元以下罚款；情节严重的，处5万元以上10万元以下罚款。

违反本办法第九条第三款的规定，责令限期改正，处5万元以上10万元以下罚款；造成危害后果的，处10万元以上20万元以下罚款。

违反本办法第九条第四款的规定，责令限期改正，处1万元以上3万元以下罚款；情节严重的，处3万元以上5万元以下罚款。

第三十五条 违反本办法第十一条的规定，责令限期改正；逾期不改正的，处1万元以上3万元以下罚款；情节严重的，处3万元以上5万元以下罚款。

第三十六条 违反本办法第十三条、第十九条第二款的规定，责令限期改正；逾期不改正的，处5万元以上10万元以下罚款。

第三十七条 违反本办法第十四条、第十五条的规定，药品网络销售企业未遵守药品经营质量管理规范的，依照药品管理法第一百二十六条的规定进行处罚。

第三十八条 违反本办法第十七条第一款的规定，责令限期改正，处3万元以上10万元以下罚款；造成危害后果的，处10万元以上20万元以下罚款。

第三十九条 违反本办法第十八条的规定，责令限期改正；逾期不改正的，处5万元以上10万元以下罚款；造成危害后果的，处10万元以上20万元以下罚款。

第四十条 违反本办法第二十条、第二十二条、第二十三条的规定，第三方平台未履行资质审核、报告、停止提供网络交易平台服务等义务的，依照药品管理法第一百三十一条的规定处罚。

第四十一条 药品监督管理部门及其工作人员不履行职责或者滥用职权、玩忽职守、徇私舞弊，依法追究法律责任；构成犯罪的，依法追究刑事责任。

第六章 附 则

第四十二条 本办法自2022年12月1日起施行。

药品不良反应报告和监测管理办法

· 2011年5月4日卫生部令第81号公布
· 自2011年7月1日起施行

第一章 总 则

第一条 为加强药品的上市后监管，规范药品不良反应报告和监测，及时、有效控制药品风险，保障公众用药安全，依据《中华人民共和国药品管理法》等有关法律法规，制定本办法。

第二条 在中华人民共和国境内开展药品不良反应报告、监测以及监督管理，适用本办法。

第三条 国家实行药品不良反应报告制度。药品生产企业（包括进口药品的境外制药厂商）、药品经营企业、医疗机构应当按照规定报告所发现的药品不良反应。

第四条 国家食品药品监督管理局主管全国药品不良反应报告和监测工作，地方各级药品监督管理部门主管本行政区域内的药品不良反应报告和监测工作。各级卫生行政部门负责本行政区域内医疗机构与实施药品不良反应报告制度有关的管理工作。

地方各级药品监督管理部门应当建立健全药品不良反应监测机构，负责本行政区域内药品不良反应报告和监测的技术工作。

第五条 国家鼓励公民、法人和其他组织报告药品不良反应。

第二章 职 责

第六条 国家食品药品监督管理局负责全国药品不良反应报告和监测的管理工作，并履行以下主要职责：

（一）与卫生部共同制定药品不良反应报告和监测的管理规定和政策，并监督实施；

（二）与卫生部联合组织开展全国范围内影响较大并造成严重后果的药品群体不良事件的调查和处理，并发布相关信息；

（三）对已确认发生严重药品不良反应或者药品群体不良事件的药品依法采取紧急控制措施，作出行政处理决定，并向社会公布；

（四）通报全国药品不良反应报告和监测情况；

（五）组织检查药品生产、经营企业的药品不良反应报告和监测工作的开展情况，并与卫生部联合组织检查医疗机构的药品不良反应报告和监测工作的开展情况。

第七条 省、自治区、直辖市药品监督管理部门负责本行政区域内药品不良反应报告和监测的管理工作，并履行以下主要职责：

（一）根据本办法与同级卫生行政部门共同制定本行政区域内药品不良反应报告和监测的管理规定，并监督实施；

（二）与同级卫生行政部门联合组织开展本行政区域内发生的影响较大的药品群体不良事件的调查和处理，并发布相关信息；

（三）对已确认发生严重药品不良反应或者药品群体不良事件的药品依法采取紧急控制措施，

作出行政处理决定，并向社会公布；

（四）通报本行政区域内药品不良反应报告和监测情况；

（五）组织检查本行政区域内药品生产、经营企业的药品不良反应报告和监测工作的开展情况，并与同级卫生行政部门联合组织检查本行政区域内医疗机构的药品不良反应报告和监测工作的开展情况；

（六）组织开展本行政区域内药品不良反应报告和监测的宣传、培训工作。

第八条 设区的市级、县级药品监督管理部门负责本行政区域内药品不良反应报告和监测的管理工作；与同级卫生行政部门联合组织开展本行政区域内发生的药品群体不良事件的调查，并采取必要控制措施；组织开展本行政区域内药品不良反应报告和监测的宣传、培训工作。

第九条 县级以上卫生行政部门应当加强对医疗机构临床用药的监督管理，在职责范围内依法对已确认的严重药品不良反应或者药品群体不良事件采取相关的紧急控制措施。

第十条 国家药品不良反应监测中心负责全国药品不良反应报告和监测的技术工作，并履行以下主要职责：

（一）承担国家药品不良反应报告和监测资料的收集、评价、反馈和上报，以及全国药品不良反应监测信息网络的建设和维护；

（二）制定药品不良反应报告和监测的技术标准和规范，对地方各级药品不良反应监测机构进行技术指导；

（三）组织开展严重药品不良反应的调查和评价，协助有关部门开展药品群体不良事件的调查；

（四）发布药品不良反应警示信息；

（五）承担药品不良反应报告和监测的宣传、培训、研究和国际交流工作。

第十一条 省级药品不良反应监测机构负责本行政区域内的药品不良反应报告和监测的技术工作，并履行以下主要职责：

（一）承担本行政区域内药品不良反应报告和监测资料的收集、评价、反馈和上报，以及药品不良反应监测信息网络的维护和管理；

（二）对设区的市级、县级药品不良反应监测机构进行技术指导；

（三）组织开展本行政区域内严重药品不良反应的调查和评价，协助有关部门开展药品群体不良事件的调查；

（四）组织开展本行政区域内药品不良反应报告和监测的宣传、培训工作。

第十二条 设区的市级、县级药品不良反应监测机构负责本行政区域内药品不良反应报告和监测资料的收集、核实、评价、反馈和上报；开展本行政区域内严重药品不良反应的调查和评价；协助有关部门开展药品群体不良事件的调查；承担药品不良反应报告和监测的宣传、培训等工作。

第十三条 药品生产、经营企业和医疗机构应当建立药品不良反应报告和监测管理制度。药品生产企业应当设立专门机构并配备专职人员，药品经营企业和医疗机构应当设立或者指定机构并配备专（兼）职人员，承担本单位的药品不良反应报告和监测工作。

第十四条 从事药品不良反应报告和监测的工作人员应当具有医学、药学、流行病学或者统计学等相关专业知识，具备科学分析评价药品不良反应的能力。

第三章 报告与处置

第一节 基本要求

第十五条 药品生产、经营企业和医疗机构获知或者发现可能与用药有关的不良反应，应当通过国家药品不良反应监测信息网络报告；不具备在线报告条件的，应当通过纸质报表报所在地药品不良反应监测机构，由所在地药品不良反应监测机构代为在线报告。

报告内容应当真实、完整、准确。

第十六条 各级药品不良反应监测机构应当对本行政区域内的药品不良反应报告和监测资料进行评价和管理。

第十七条 药品生产、经营企业和医疗机构应当配合药品监督管理部门、卫生行政部门和药品不良反应监测机构对药品不良反应或者群体不良事件的调查，并提供调查所需的资料。

第十八条 药品生产、经营企业和医疗机构应当建立并保存药品不良反应报告和监测档案。

第二节 个例药品不良反应

第十九条 药品生产、经营企业和医疗机构应当主动收集药品不良反应,获知或者发现药品不良反应后应当详细记录、分析和处理,填写《药品不良反应/事件报告表》(见附表1)并报告。

第二十条 新药监测期内的国产药品应当报告该药品的所有不良反应;其他国产药品,报告新的和严重的不良反应。

进口药品自首次获准进口之日起5年内,报告该进口药品的所有不良反应;满5年的,报告新的和严重的不良反应。

第二十一条 药品生产、经营企业和医疗机构发现或者获知新的、严重的药品不良反应应当在15日内报告,其中死亡病例须立即报告;其他药品不良反应应当在30日内报告。有随访信息的,应当及时报告。

第二十二条 药品生产企业应当对获知的死亡病例进行调查,详细了解死亡病例的基本信息、药品使用情况、不良反应发生及诊治情况等,并在15日内完成调查报告,报药品生产企业所在地的省级药品不良反应监测机构。

第二十三条 个人发现新的或者严重的药品不良反应,可以向经治医师报告,也可以向药品生产、经营企业或者当地的药品不良反应监测机构报告,必要时提供相关的病历资料。

第二十四条 设区的市级、县级药品不良反应监测机构应当对收到的药品不良反应报告的真实性、完整性和准确性进行审核。严重药品不良反应报告的审核和评价应当自收到报告之日起3个工作日内完成,其他报告的审核和评价应当在15个工作日内完成。

设区的市级、县级药品不良反应监测机构应当对死亡病例进行调查,详细了解死亡病例的基本信息、药品使用情况、不良反应发生及诊治情况等,自收到报告之日起15个工作日内完成调查报告,报同级药品监督管理部门和卫生行政部门,以及上一级药品不良反应监测机构。

第二十五条 省级药品不良反应监测机构应当在收到下一级药品不良反应监测机构提交的严重药品不良反应评价意见之日起7个工作日内完成评价工作。

对死亡病例,事件发生地和药品生产企业所在地的省级药品不良反应监测机构均应当及时根据调查报告进行分析、评价,必要时进行现场调查,并将评价结果报省级药品监督管理部门和卫生行政部门,以及国家药品不良反应监测中心。

第二十六条 国家药品不良反应监测中心应当及时对死亡病例进行分析、评价,并将评价结果报国家食品药品监督管理局和卫生部。

第三节 药品群体不良事件

第二十七条 药品生产、经营企业和医疗机构获知或者发现药品群体不良事件后,应当立即通过电话或者传真等方式报所在地的县级药品监督管理部门、卫生行政部门和药品不良反应监测机构,必要时可以越级报告;同时填写《药品群体不良事件基本信息表》(见附表2),对每一病例还应当及时填写《药品不良反应/事件报告表》,通过国家药品不良反应监测信息网络报告。

第二十八条 设区的市级、县级药品监督管理部门获知药品群体不良事件后,应当立即与同级卫生行政部门联合组织开展现场调查,并及时将调查结果逐级报至省级药品监督管理部门和卫生行政部门。

省级药品监督管理部门与同级卫生行政部门联合对设区的市级、县级的调查进行督促、指导,对药品群体不良事件进行分析、评价,对本行政区域内发生的影响较大的药品群体不良事件,还应当组织现场调查,评价和调查结果应当及时报国家食品药品监督管理局和卫生部。

对全国范围内影响较大并造成严重后果的药品群体不良事件,国家食品药品监督管理局应当与卫生部联合开展相关调查工作。

第二十九条 药品生产企业获知药品群体不良事件后应当立即开展调查,详细了解药品群体不良事件的发生、药品使用、患者诊治以及药品生产、储存、流通、既往类似不良事件等情况,在7日内完成调查报告,报所在地省级药品监督管理部门和药品不良反应监测机构;同时迅速开展自查,分析事件发生的原因,必要时应当暂停生产、销售、使用和召回相关药品,并报所在地省级药品监督管理部门。

第三十条 药品经营企业发现药品群体不良事件应当立即告知药品生产企业,同时迅速开展自查,必要时应当暂停药品的销售,并协助药品生产企业采取相关控制措施。

第三十一条 医疗机构发现药品群体不良事件后应当积极救治患者,迅速开展临床调查,分析事件发生的原因，必要时可采取暂停药品的使用等紧急措施。

第三十二条 药品监督管理部门可以采取暂停生产、销售、使用或者召回药品等控制措施。卫生行政部门应当采取措施积极组织救治患者。

第四节 境外发生的严重药品不良反应

第三十三条 进口药品和国产药品在境外发生的严重药品不良反应（包括自发报告系统收集的、上市后临床研究发现的、文献报道的），药品生产企业应当填写《境外发生的药品不良反应/事件报告表》（见附表3），自获知之日起30日内报送国家药品不良反应监测中心。国家药品不良反应监测中心要求提供原始报表及相关信息的，药品生产企业应当在5日内提交。

第三十四条 国家药品不良反应监测中心应当对收到的药品不良反应报告进行分析、评价，每半年向国家食品药品监督管理局和卫生部报告，发现提示药品可能存在安全隐患的信息应当及时报告。

第三十五条 进口药品和国产药品在境外因药品不良反应被暂停销售、使用或者撤市的，药品生产企业应当在获知后24小时内书面报国家食品药品监督管理局和国家药品不良反应监测中心。

第五节 定期安全性更新报告

第三十六条 药品生产企业应当对本企业生产药品的不良反应报告和监测资料进行定期汇总分析，汇总国内外安全性信息，进行风险和效益评估，撰写定期安全性更新报告。定期安全性更新报告的撰写规范由国家药品不良反应监测中心负责制定。

第三十七条 设立新药监测期的国产药品，应当自取得批准证明文件之日起每满1年提交一次定期安全性更新报告，直至首次再注册，之后每5年报告一次；其他国产药品，每5年报告一次。

首次进口的药品，自取得进口药品批准证明文件之日起每满一年提交一次定期安全性更新报告，直至首次再注册，之后每5年报告一次。

定期安全性更新报告的汇总时间以取得药品批准证明文件的日期为起点计，上报日期应当在汇总数据截止日期后60日内。

第三十八条 国产药品的定期安全性更新报告向药品生产企业所在地省级药品不良反应监测机构提交。进口药品（包括进口分包装药品）的定期安全性更新报告向国家药品不良反应监测中心提交。

第三十九条 省级药品不良反应监测机构应当对收到的定期安全性更新报告进行汇总、分析和评价，于每年4月1日前将上一年度定期安全性更新报告统计情况和分析评价结果报省级药品监督管理部门和国家药品不良反应监测中心。

第四十条 国家药品不良反应监测中心应当对收到的定期安全性更新报告进行汇总、分析和评价，于每年7月1日前将上一年度国产药品和进口药品的定期安全性更新报告统计情况和分析评价结果报国家食品药品监督管理局和卫生部。

第四章 药品重点监测

第四十一条 药品生产企业应当经常考察本企业生产药品的安全性，对新药监测期内的药品和首次进口5年内的药品，应当开展重点监测，并按要求对监测数据进行汇总、分析、评价和报告；对本企业生产的其他药品，应当根据安全性情况主动开展重点监测。

第四十二条 省级以上药品监督管理部门根据药品临床使用和不良反应监测情况，可以要求药品生产企业对特定药品进行重点监测；必要时，也可以直接组织药品不良反应监测机构、医疗机构和科研单位开展药品重点监测。

第四十三条 省级以上药品不良反应监测机构负责对药品生产企业开展的重点监测进行监督、检查，并对监测报告进行技术评价。

第四十四条 省级以上药品监督管理部门可以联合同级卫生行政部门指定医疗机构作为监测点，承担药品重点监测工作。

第五章 评价与控制

第四十五条 药品生产企业应当对收集到的药品不良反应报告和监测资料进行分析、评价，并主动开展药品安全性研究。

药品生产企业对已确认发生严重不良反应的药品，应当通过各种有效途径将药品不良反应、合理用药信息及时告知医务人员、患者和公众；采取修改标签和说明书，暂停生产、销售、使用和召回等措施，减少和防止药品不良反应的重复发生。对不良反应大的药品，应当主动申请注销其批准证明文件。

药品生产企业应当将药品安全性信息及采取的措施报所在地省级药品监督管理部门和国家食品药品监督管理局。

第四十六条 药品经营企业和医疗机构应当对收集到的药品不良反应报告和监测资料进行分析和评价，并采取有效措施减少和防止药品不良反应的重复发生。

第四十七条 省级药品不良反应监测机构应当每季度对收到的药品不良反应报告进行综合分析，提取需要关注的安全性信息，并进行评价，提出风险管理建议，及时报省级药品监督管理部门、卫生行政部门和国家药品不良反应监测中心。

省级药品监督管理部门根据分析评价结果，可以采取暂停生产、销售、使用和召回药品等措施，并监督检查，同时将采取的措施通报同级卫生行政部门。

第四十八条 国家药品不良反应监测中心应当每季度对收到的严重药品不良反应报告进行综合分析，提取需要关注的安全性信息，并进行评价，提出风险管理建议，及时报国家食品药品监督管理局和卫生部。

第四十九条 国家食品药品监督管理局根据药品分析评价结果，可以要求企业开展药品安全性、有效性相关研究。必要时，应当采取责令修改药品说明书，暂停生产、销售、使用和召回药品等措施，对不良反应大的药品，应当撤销药品批准证明文件，并将有关措施及时通报卫生部。

第五十条 省级以上药品不良反应监测机构根据分析评价工作需要，可以要求药品生产、经营企业和医疗机构提供相关资料，相关单位应当积极配合。

第六章 信息管理

第五十一条 各级药品不良反应监测机构应当对收到的药品不良反应报告和监测资料进行统计和分析，并以适当形式反馈。

第五十二条 国家药品不良反应监测中心应当根据对药品不良反应报告和监测资料的综合分析和评价结果，及时发布药品不良反应警示信息。

第五十三条 省级以上药品监督管理部门应当定期发布药品不良反应报告和监测情况。

第五十四条 下列信息由国家食品药品监督管理局和卫生部统一发布：

（一）影响较大并造成严重后果的药品群体不良事件；

（二）其他重要的药品不良反应信息和认为需要统一发布的信息。

前款规定统一发布的信息，国家食品药品监督管理局和卫生部也可以授权省级药品监督管理部门和卫生行政部门发布。

第五十五条 在药品不良反应报告和监测过程中获取的商业秘密、个人隐私、患者和报告者信息应当予以保密。

第五十六条 鼓励医疗机构、药品生产企业、药品经营企业之间共享药品不良反应信息。

第五十七条 药品不良反应报告的内容和统计资料是加强药品监督管理、指导合理用药的依据。

第七章 法律责任

第五十八条 药品生产企业有下列情形之一的，由所在地药品监督管理部门给予警告，责令限期改正，可以并处五千元以上三万元以下的罚款：

（一）未按照规定建立药品不良反应报告和监测管理制度，或者无专门机构、专职人员负责本单位药品不良反应报告和监测工作的；

（二）未建立和保存药品不良反应监测档案的；

（三）未按照要求开展药品不良反应或者群体不良事件报告、调查、评价和处理的；

（四）未按照要求提交定期安全性更新报告的；

（五）未按照要求开展重点监测的；

（六）不配合严重药品不良反应或者群体不良事件相关调查工作的；

（七）其他违反本办法规定的。

药品生产企业有前款规定第（四）项、第（五）项情形之一的，按照《药品注册管理办法》的规定对相应药品不予再注册。

第五十九条 药品经营企业有下列情形之一的，由所在地药品监督管理部门给予警告，责令限期改正；逾期不改的，处三万元以下的罚款：

（一）无专职或者兼职人员负责本单位药品不

良反应监测工作的；

（二）未按照要求开展药品不良反应或者群体不良事件报告、调查、评价和处理的；

（三）不配合严重药品不良反应或者群体不良事件相关调查工作的。

第六十条 医疗机构有下列情形之一的，由所在地卫生行政部门给予警告，责令限期改正；逾期不改的，处三万元以下的罚款。情节严重并造成严重后果的，由所在地卫生行政部门对相关责任人给予行政处分：

（一）无专职或者兼职人员负责本单位药品不良反应监测工作的；

（二）未按照要求开展药品不良反应或者群体不良事件报告、调查、评价和处理的；

（三）不配合严重药品不良反应和群体不良事件相关调查工作的。

药品监督管理部门发现医疗机构有前款规定行为之一的，应当移交同级卫生行政部门处理。

卫生行政部门对医疗机构作出行政处罚决定的，应当及时通报同级药品监督管理部门。

第六十一条 各级药品监督管理部门、卫生行政部门和药品不良反应监测机构及其有关工作人员在药品不良反应报告和监测管理工作中违反本办法，造成严重后果的，依照有关规定给予行政处分。

第六十二条 药品生产、经营企业和医疗机构违反相关规定，给药品使用者造成损害的，依法承担赔偿责任。

第八章 附 则

第六十三条 本办法下列用语的含义：

（一）药品不良反应，是指合格药品在正常用法用量下出现的与用药目的无关的有害反应。

（二）药品不良反应报告和监测，是指药品不良反应的发现、报告、评价和控制的过程。

（三）严重药品不良反应，是指因使用药品引起以下损害情形之一的反应：

1. 导致死亡；

2. 危及生命；

3. 致癌、致畸、致出生缺陷；

4. 导致显著的或者永久的人体伤残或者器官功能的损伤；

5. 导致住院或者住院时间延长；

6. 导致其他重要医学事件，如不进行治疗可能出现上述所列情况的。

（四）新的药品不良反应，是指药品说明书中未载明的不良反应。说明书中已有描述，但不良反应发生的性质、程度、后果或者频率与说明书描述不一致或者更严重的，按照新的药品不良反应处理。

（五）药品群体不良事件，是指同一药品在使用过程中，在相对集中的时间、区域内，对一定数量人群的身体健康或者生命安全造成损害或者威胁，需要予以紧急处置的事件。

同一药品：指同一生产企业生产的同一药品名称、同一剂型、同一规格的药品。

（六）药品重点监测，是指为进一步了解药品的临床使用和不良反应发生情况，研究不良反应的发生特征、严重程度、发生率等，开展的药品安全性监测活动。

第六十四条 进口药品的境外制药厂商可以委托其驻中国境内的办事机构或者中国境内代理机构，按照本办法对药品生产企业的规定，履行药品不良反应报告和监测义务。

第六十五条 卫生部和国家食品药品监督管理局对疫苗不良反应报告和监测另有规定的，从其规定。

第六十六条 医疗机构制剂的不良反应报告和监测管理办法由各省、自治区、直辖市药品监督管理部门会同同级卫生行政部门制定。

第六十七条 本办法自2011年7月1日起施行。国家食品药品监督管理局和卫生部于2004年3月4日公布的《药品不良反应报告和监测管理办法》（国家食品药品监督管理局令第7号）同时废止。

附表（略）

药品进口管理办法

· 2003年8月18日国家食品药品监督管理局、海关总署令第4号公布

· 根据2012年8月24日卫生部、海关总署《关于修改〈药品进口管理办法〉的决定》修订

第一章 总 则

第一条 为规范药品进口备案、报关和口岸

检验工作,保证进口药品的质量,根据《中华人民共和国药品管理法》、《中华人民共和国海关法》、《中华人民共和国药品管理法实施条例》(以下简称《药品管理法》、《海关法》、《药品管理法实施条例》)及相关法律法规的规定,制定本办法。

第二条 药品的进口备案、报关、口岸检验以及进口,适用本办法。

第三条 药品必须经由国务院批准的允许药品进口的口岸进口。

第四条 本办法所称进口备案,是指进口单位向允许药品进口的口岸所在地药品监督管理部门(以下称口岸药品监督管理局)申请办理《进口药品通关单》的过程。麻醉药品、精神药品进口备案,是指进口单位向口岸药品监督管理局申请办理《进口药品口岸检验通知书》的过程。

本办法所称口岸检验,是指国家食品药品监督管理局确定的药品检验机构(以下称口岸药品检验所)对抵达口岸的进口药品依法实施的检验工作。

第五条 进口药品必须取得国家食品药品监督管理局核发的《进口药品注册证》(或者《医药产品注册证》),或者《进口药品批件》后,方可办理进口备案和口岸检验手续。

进口麻醉药品、精神药品,还必须取得国家食品药品监督管理局核发的麻醉药品、精神药品《进口准许证》。

第六条 进口单位持《进口药品通关单》向海关申报,海关凭口岸药品监督管理局出具的《进口药品通关单》,办理进口药品的报关验放手续。

进口麻醉药品、精神药品,海关凭国家食品药品监督管理局核发的麻醉药品、精神药品《进口准许证》办理报关验放手续。

第七条 国家食品药品监督管理局会同海关总署制定、修订、公布进口药品目录。

第二章 进口备案

第八条 口岸药品监督管理局负责药品的进口备案工作。口岸药品监督管理局承担的进口备案工作受国家食品药品监督管理局的领导,其具体职责包括:

(一)受理进口备案申请,审查进口备案资料;

(二)办理进口备案或者不予进口备案的有关事项;

(三)联系海关办理与进口备案有关的事项;

(四)通知口岸药品检验所对进口药品实施口岸检验;

(五)对进口备案和口岸检验中发现的问题进行监督处理;

(六)国家食品药品监督管理局规定的其他事项。

第九条 报验单位应当是持有《药品经营许可证》的独立法人。药品生产企业进口本企业所需原料药和制剂中间体(包括境内分包装用制剂),应当持有《药品生产许可证》。

第十条 下列情形的进口药品,必须经口岸药品检验所检验符合标准规定后,方可办理进口备案手续。检验不符合标准规定的,口岸药品监督管理局不予进口备案:

(一)国家食品药品监督管理局规定的生物制品;

(二)首次在中国境内销售的药品;

(三)国务院规定的其他药品。

第十一条 进口单位签订购货合同时,货物到岸地应当从允许药品进口的口岸选择。其中本办法第十条规定情形的药品,必须经由国家特别批准的允许药品进口的口岸进口。

第十二条 进口备案,应当向货物到岸地口岸药品监督管理局提出申请,并由负责本口岸药品检验的口岸药品检验所进行检验。

第十三条 办理进口备案,报验单位应当填写《进口药品报验单》,持《进口药品注册证》(或者《医药产品注册证》)(正本或者副本)原件,进口麻醉药品、精神药品还应当持麻醉药品、精神药品《进口准许证》原件,向所在地口岸药品监督管理局报送所进口品种的有关资料一式两份:

(一)《进口药品注册证》(或者《医药产品注册证》)(正本或者副本)复印件;麻醉药品、精神药品的《进口准许证》复印件;

(二)报验单位的《药品经营许可证》和《企业法人营业执照》复印件;

(三)原产地证明复印件;

(四)购货合同复印件;

(五)装箱单、提运单和货运发票复印件;

(六)出厂检验报告书复印件;

(七)药品说明书及包装、标签的式样(原料药和制剂中间体除外);

（八）国家食品药品监督管理局规定批签发的生物制品，需要提供生产检定记录摘要及生产国或者地区药品管理机构出具的批签发证明原件；

（九）本办法第十条规定情形以外的药品，应当提交最近一次《进口药品检验报告书》和《进口药品通关单》复印件。

药品生产企业自行进口本企业生产所需原料药和制剂中间体的进口备案，第（二）项资料应当提交其《药品生产许可证》和《企业法人营业执照》复印件。

经其他国家或者地区转口的进口药品，需要同时提交从原产地到各转口地的全部购货合同、装箱单、提运单和货运发票等。

上述各类复印件应当加盖进口单位公章。

第十四条 口岸药品监督管理局接到《进口药品报验单》及相关资料后，按照下列程序的要求予以审查：

（一）逐项核查所报资料是否完整、真实；

（二）查验《进口药品注册证》（或者《医药产品注册证》）（正本或者副本）原件，或者麻醉药品、精神药品的《进口准许证》原件真实性；

（三）审查无误后，将《进口药品注册证》（或者《医药产品注册证》）（正本或者副本）原件，或者麻醉药品、精神药品的《进口准许证》原件，交还报验单位，并于当日办结进口备案的相关手续。

第十五条 本办法第十条规定情形的药品，口岸药品监督管理局审查全部资料无误后，应当向负责检验的口岸药品检验所发出《进口药品口岸检验通知书》，附本办法第十三条规定的资料一份，同时向海关发出《进口药品抽样通知书》。有关口岸药品检验进入海关监管场所抽样的管理规定，由国家食品药品监督管理局与海关总署另行制定。

口岸药品检验所按照《进口药品口岸检验通知书》规定的抽样地点，抽取检验样品，进行质量检验，并将检验结果送交所在地口岸药品监督管理局。检验符合标准规定的，准予进口备案，由口岸药品监督管理局发出《进口药品通关单》；不符合标准规定的，不予进口备案，由口岸药品监督管理局发出《药品不予进口备案通知书》。

第十六条 本办法第十条规定情形以外的药品，口岸药品监督管理局审查全部资料无误后，准予进口备案，发出《进口药品通关单》。同时向负责检验的口岸药品检验所发出《进口药品口岸检验通知书》，附本办法第十三条规定的资料一份。

对麻醉药品、精神药品，口岸药品监督管理局审查全部资料无误后，应当只向负责检验的口岸药品检验所发出《进口药品口岸检验通知书》，附本办法第十三条规定的资料一份，无需办理《进口药品通关单》。

口岸药品检验所应当到《进口药品口岸检验通知书》规定的抽样地点抽取样品，进行质量检验，并将检验结果送交所在地口岸药品监督管理局。对检验不符合标准规定的药品，由口岸药品监督管理局依照《药品管理法》及有关规定处理。

第十七条 下列情形之一的进口药品，不予进口备案，由口岸药品监督管理局发出《药品不予进口备案通知书》；对麻醉药品、精神药品，口岸药品监督管理局不予发放《进口药品口岸检验通知书》：

（一）不能提供《进口药品注册证》（或者《医药产品注册证》）（正本或者副本）、《进口药品批件》或者麻醉药品、精神药品的《进口准许证》原件的；

（二）办理进口备案时，《进口药品注册证》（或者《医药产品注册证》），或者麻醉药品、精神药品的《进口准许证》已超过有效期的；

（三）办理进口备案时，药品的有效期限已不满12个月的（对于药品本身有效期不足12个月的，进口备案时，其有效期限应当不低于6个月）；

（四）原产地证明所标示的实际生产地与《进口药品注册证》（或者《医药产品注册证》）规定的产地不符的，或者区域性国际组织出具的原产地证明未标明《进口药品注册证》（或者《医药产品注册证》）规定产地的；

（五）进口单位未取得《药品经营许可证》（生产企业应当取得《药品生产许可证》）和《企业法人营业执照》的；

（六）到岸品种的包装、标签与国家食品药品监督管理局的规定不符的；

（七）药品制剂无中文说明书或者中文说明书与批准的说明书不一致的；

（八）未在国务院批准的允许药品进口的口岸组织进口的，或者货物到岸地不属于所在地口岸药品监督管理局管辖范围的；

（九）国家食品药品监督管理局规定批签发的

生物制品未提供有效的生产国或者地区药品管理机构出具的生物制品批签发证明文件的；

（十）伪造、变造有关文件和票据的；

（十一）《进口药品注册证》（或者《医药产品注册证》）已被撤销的；

（十二）本办法第十条规定情形的药品，口岸药品检验所根据本办法第二十五条的规定不予抽样的；

（十三）本办法第十条规定情形的药品，口岸检验不符合标准规定的；

（十四）药品监督管理部门有其他证据证明进口药品可能危害人体健康的。

第十八条 对不予进口备案的进口药品，进口单位应当予以退运。无法退运的，由海关移交口岸药品监督管理局监督处理。

第十九条 进口临床急需药品、捐赠药品、新药研究和药品注册所需样品或者对照药品等，必须经国家食品药品监督管理局批准，并凭国家食品药品监督管理局核发的《进口药品批件》，按照本办法第十六条的规定，办理进口备案手续。

第三章 口岸检验

第二十条 口岸药品检验所由国家食品药品监督管理局根据进口药品口岸检验工作的需要确定。口岸药品检验所的职责包括：

（一）对到岸货物实施现场核验；

（二）核查出厂检验报告书和原产地证明原件；

（三）按照规定进行抽样；

（四）对进口药品实施口岸检验；

（五）对有异议的检验结果进行复验；

（六）国家食品药品监督管理局规定的其他事项。

第二十一条 中国药品生物制品检定所负责进口药品口岸检验工作的指导和协调。口岸检验所需标准品、对照品由中国药品生物制品检定所负责审核、标定。

第二十二条 口岸药品检验所应当按照《进口药品注册证》（或者《医药产品注册证》）载明的注册标准对进口药品进行检验。

第二十三条 口岸药品检验所接到《进口药品口岸检验通知书》后，应当在2日内与进口单位联系，到规定的存货地点按照《进口药品抽样规定》进行现场抽样。

进口单位应当在抽样前，提供出厂检验报告书和原产地证明原件。

对需进入海关监管区抽样的，口岸药品检验所应当同时与海关联系抽样事宜，并征得海关同意。抽样时，进口单位和海关的人员应当同时在场。

第二十四条 口岸药品检验所现场抽样时，应当注意核查进口品种的实际到货情况，做好抽样记录并填写《进口药品抽样记录单》。

本办法第十条规定情形以外的药品，抽样完成后，口岸药品检验所应当在进口单位持有的《进口药品通关单》原件上注明“已抽样”的字样，并加盖抽样单位的公章。

对麻醉药品、精神药品，抽样完成后，应当在《进口准许证》原件上注明“已抽样”的字样，并加盖抽样单位的公章。

第二十五条 对有下列情形之一的进口药品，口岸药品检验所不予抽样：

（一）未提供出厂检验报告书和原产地证明原件，或者所提供的原件与申报进口备案时的复印件不符的；

（二）装运唛头与单证不符的；

（三）进口药品批号或者数量与单证不符的；

（四）进口药品包装及标签与单证不符的；

（五）药品监督管理部门有其他证据证明进口药品可能危害人体健康的。

对不予抽样的药品，口岸药品检验所应当在2日内，将《进口药品抽样记录单》送交所在地口岸药品监督管理局。

第二十六条 口岸药品检验所应当及时对所抽取的样品进行检验，并在抽样后20日内，完成检验工作，出具《进口药品检验报告书》。特殊品种或者特殊情况不能按时完成检验时，可以适当延长检验期限，并通知进口单位和口岸药品监督管理局。

《进口药品检验报告书》应当明确标有“符合标准规定”或者“不符合标准规定”的检验结论。

国家食品药品监督管理局规定批签发的生物制品，口岸检验符合标准规定，审核符合要求的，应当同时发放生物制品批签发证明。

第二十七条 对检验符合标准规定的进口药品，口岸药品检验所应当将《进口药品检验报告书》送交所在地口岸药品监督管理局和进口单位。

对检验不符合标准规定的进口药品,口岸药品检验所应当将《进口药品检验报告书》及时发送口岸药品监督管理局和其他口岸药品检验所,同时报送国家食品药品监督管理局和中国药品生物制品检定所。

第二十八条 进口药品的检验样品应当保存至有效期满。不易贮存的留样,可根据实际情况掌握保存时间。索赔或者退货检品的留样应当保存至该案完结时。超过保存期的留样,由口岸药品检验所予以处理并记录备案。

第二十九条 进口单位对检验结果有异议的,可以自收到检验结果之日起 7 日内向原口岸药品检验所申请复验,也可以直接向中国药品生物制品检定所申请复验。生物制品的复验直接向中国药品生物制品检定所申请。

口岸药品检验所在受理复验申请后,应当及时通知口岸药品监督管理局,并自受理复验之日起 10 日内,作出复验结论,通知口岸药品监督管理局、其他口岸药品检验所,报国家食品药品监督管理局和中国药品生物制品检定所。

第四章 监督管理

第三十条 口岸药品检验所根据本办法第二十五条的规定不予抽样但已办结海关验放手续的药品,口岸药品监督管理局应当对已进口的全部药品采取查封、扣押的行政强制措施。

第三十一条 本办法第十条规定情形以外的药品,经口岸药品检验所检验不符合标准规定的,进口单位应当在收到《进口药品检验报告书》后 2 日内,将全部进口药品流通、使用的详细情况,报告所在地口岸药品监督管理局。

所在地口岸药品监督管理局收到《进口药品检验报告书》后,应当及时采取对全部药品予以查封、扣押的行政强制措施,并在 7 日内作出行政处理决定。对申请复验的,必须自检验报告书发出之日起 15 日内作出行政处理决定。有关情况应当及时报告国家食品药品监督管理局,同时通告各省、自治区、直辖市药品监督管理局和其他口岸药品监督管理局。

第三十二条 未在规定时间内提出复验或者经复验仍不符合标准规定的,口岸药品监督管理局应当按照《药品管理法》以及有关规定作出行政处理决定。有关情况应当及时报告国家食品药品监督管理局,同时通告各省、自治区、直辖市药品监督管理局和其他口岸药品监督管理局。

经复验符合标准规定的,口岸药品监督管理局应当解除查封、扣押的行政强制措施,并将处理情况报告国家食品药品监督管理局,同时通告各省、自治区、直辖市药品监督管理局和其他口岸药品监督管理局。

第三十三条 药品进口备案中发现的其他问题,由口岸药品监督管理局按照《药品管理法》以及有关规定予以处理。

第三十四条 国内药品生产企业、经营企业以及医疗机构采购进口药品时,供货单位应当同时提供以下资料:

(一)《进口药品注册证》(或者《医药产品注册证》)复印件、《进口药品批件》复印件;

(二)《进口药品检验报告书》复印件或者注明"已抽样"并加盖公章的《进口药品通关单》复印件;

国家食品药品监督管理局规定批签发的生物制品,需要同时提供口岸药品检验所核发的批签发证明复印件。

进口麻醉药品、精神药品,应当同时提供其《进口药品注册证》(或者《医药产品注册证》)复印件、《进口准许证》复印件和《进口药品检验报告书》复印件。

上述各类复印件均需加盖供货单位公章。

第三十五条 口岸药品监督管理局和口岸药品检验所应当建立严格的进口备案资料和口岸检验资料的管理制度,并对进口单位的呈报资料承担保密责任。

第三十六条 对于违反本办法进口备案和口岸检验有关规定的口岸药品监督管理局和口岸药品检验所,国家食品药品监督管理局将根据情节给予批评、通报批评,情节严重的停止其进口备案和口岸检验资格。

第三十七条 违反本办法涉及海关有关规定的,海关按照《海关法》、《中华人民共和国海关法行政处罚实施细则》的规定处理。

第五章 附 则

第三十八条 本办法所称进口单位,包括经营单位、收货单位和报验单位。

经营单位，是指对外签订并执行进出口贸易合同的中国境内企业或单位。

收货单位，是指购货合同和货运发票中载明的收货人或者货主。

报验单位，是指该批进口药品的实际货主或者境内经销商，并具体负责办理进口备案和口岸检验手续。

收货单位和报验单位可以为同一单位。

第三十九条 从境外进入保税仓库、保税区、出口加工区的药品，免予办理进口备案和口岸检验等进口手续，海关按有关规定实施监管；从保税仓库、出口监管仓库、保税区、出口加工区出库或出区进入国内的药品，按本办法有关规定办理进口备案和口岸检验等手续。

经批准以加工贸易方式进口的原料药、药材，免予办理进口备案和口岸检验等进口手续，其原料药及制成品禁止转为内销。确因特殊情况无法出口的，移交地方药品监督管理部门按规定处理，海关予以核销。

进出境人员随身携带的个人自用的少量药品，应当以自用、合理数量为限，并接受海关监管。

第四十条 进口暂未列入进口药品目录的原料药，应当遵照本办法的规定，到口岸药品监督管理局办理进口备案手续。

第四十一条 药材进口备案和口岸检验的规定，由国家食品药品监督管理局另行制定。

第四十二条 进口麻醉药品、精神药品凭《进口药品注册证》（或者《医药产品注册证》），按照国务院麻醉药品、精神药品管理的有关法规办理《进口准许证》。

第四十三条 本办法规定的麻醉药品、精神药品是指供临床使用的品种，科研、教学、兽用等麻醉药品、精神药品的进口，按照国务院麻醉药品、精神药品管理的有关法规执行。

第四十四条 本办法由国家食品药品监督管理局和海关总署负责解释。

第四十五条 本办法自2004年1月1日起实施。1999年5月1日实施的《进口药品管理办法》同时废止。

附件：进口药品报验单（略）

进口药品通关单（略）

进口药品口岸检验通知书（略）

进口药品抽样通知书（略）

药品不予进口备案通知书（略）

进口药品抽样记录单（略）

国家食品药品监督管理局进口药品批件（略）

×××药品检验所进口药品检验报告书（略）

进口药品抽样规定（略）

医疗机构药事管理规定

· 2011年1月30日

· 卫医政发〔2011〕11号

第一章 总 则

第一条 为加强医疗机构药事管理，促进药物合理应用，保障公众身体健康，根据《中华人民共和国药品管理法》、《医疗机构管理条例》和《麻醉药品和精神药品管理条例》等有关法律、法规，制定本规定。

第二条 本规定所称医疗机构药事管理，是指医疗机构以病人为中心，以临床药学为基础，对临床用药全过程进行有效的组织实施与管理，促进临床科学、合理用药的药学技术服务和相关的药品管理工作。

第三条 卫生部、国家中医药管理局负责全国医疗机构药事管理工作的监督管理。

县级以上地方卫生行政部门、中医药行政部门负责本行政区域内医疗机构药事管理工作的监督管理。

军队卫生行政部门负责军队医疗机构药事管理工作的监督管理。

第四条 医疗机构药事管理和药学工作是医疗工作的重要组成部分。医疗机构应当根据本规定设置药事管理组织和药学部门。

第五条 依法取得相应资格的药学专业技术人员方可从事药学专业技术工作。

第六条 医疗机构不得将药品购销、使用情况作为医务人员或者部门、科室经济分配的依据。医疗机构及医务人员不得在药品购销、使用中牟取不正当经济利益。

第二章 组织机构

第七条 二级以上医院应当设立药事管理与药物治疗学委员会；其他医疗机构应当成立药事

管理与药物治疗学组。

二级以上医院药事管理与药物治疗学委员会委员由具有高级技术职务任职资格的药学、临床医学、护理和医院感染管理、医疗行政管理等人员组成。

成立医疗机构药事管理与药物治疗学组的医疗机构由药学、医务、护理、医院感染、临床科室等部门负责人和具有药师、医师以上专业技术职务任职资格人员组成。

医疗机构负责人任药事管理与药物治疗学委员会(组)主任委员,药学和医务部门负责人任药事管理与药物治疗学委员会(组)副主任委员。

第八条 药事管理与药物治疗学委员会(组)应当建立健全相应工作制度,日常工作由药学部门负责。

第九条 药事管理与药物治疗学委员会(组)的职责:

(一)贯彻执行医疗卫生及药事管理等有关法律、法规、规章。审核制定本机构药事管理和药学工作规章制度,并监督实施;

(二)制定本机构药品处方集和基本用药供应目录;

(三)推动药物治疗相关临床诊疗指南和药物临床应用指导原则的制定与实施,监测、评估本机构药物使用情况,提出干预和改进措施,指导临床合理用药;

(四)分析、评估用药风险和药品不良反应、药品损害事件,并提供咨询与指导;

(五)建立药品遴选制度,审核本机构临床科室申请的新购入药品、调整药品品种或者供应企业和申报医院制剂等事宜;

(六)监督、指导麻醉药品、精神药品、医疗用毒性药品及放射性药品的临床使用与规范化管理;

(七)对医务人员进行有关药事管理法律法规、规章制度和合理用药知识教育培训;向公众宣传安全用药知识。

第十条 医疗机构医务部门应当指定专人,负责与医疗机构药物治疗相关的行政事务管理工作。

第十一条 医疗机构应当根据本机构功能、任务、规模设置相应的药学部门,配备和提供与药学部门工作任务相适应的专业技术人员、设备和设施。

三级医院设置药学部,并可根据实际情况设置二级科室;二级医院设置药剂科;其他医疗机构设置药房。

第十二条 药学部门具体负责药品管理、药学专业技术服务和药事管理工作,开展以病人为中心,以合理用药为核心的临床药学工作,组织药师参与临床药物治疗,提供药学专业技术服务。

第十三条 药学部门应当建立健全相应的工作制度、操作规程和工作记录,并组织实施。

第十四条 二级以上医院药学部门负责人应当具有高等学校药学专业或者临床药学专业本科以上学历,及本专业高级技术职务任职资格;除诊所、卫生所、医务室、卫生保健所、卫生站以外的其他医疗机构药学部门负责人应当具有高等学校药学专业专科以上或者中等学校药学专业毕业学历,及药师以上专业技术职务任职资格。

第三章 药物临床应用管理

第十五条 药物临床应用管理是对医疗机构临床诊断、预防和治疗疾病用药全过程实施监督管理。医疗机构应当遵循安全、有效、经济的合理用药原则,尊重患者对药品使用的知情权和隐私权。

第十六条 医疗机构应当依据国家基本药物制度,抗菌药物临床应用指导原则和中成药临床应用指导原则,制定本机构基本药物临床应用管理办法,建立并落实抗菌药物临床应用分级管理制度。

第十七条 医疗机构应当建立由医师、临床药师和护士组成的临床治疗团队,开展临床合理用药工作。

第十八条 医疗机构应当遵循有关药物临床应用指导原则、临床路径、临床诊疗指南和药品说明书等合理使用药物;对医师处方、用药医嘱的适宜性进行审核。

第十九条 医疗机构应当配备临床药师。临床药师应当全职参与临床药物治疗工作,对患者进行用药教育,指导患者安全用药。

第二十条 医疗机构应当建立临床用药监测、评价和超常预警制度,对药物临床使用安全性、有效性和经济性进行监测、分析、评估,实施处方和用药医嘱点评与干预。

第二十一条 医疗机构应当建立药品不良反应、用药错误和药品损害事件监测报告制度。医疗机构临床科室发现药品不良反应、用药错误和药品损害事件后,应当积极救治患者,立即向药学部门报告,并做好观察与记录。医疗机构应当按照国家有关规定向相关部门报告药品不良反应,用药错误和药品损害事件应当立即向所在地县级卫生行政部门报告。

第二十二条 医疗机构应当结合临床和药物治疗,开展临床药学和药学研究工作,并提供必要的工作条件,制订相应管理制度,加强领导与管理。

第四章 药剂管理

第二十三条 医疗机构应当根据《国家基本药物目录》、《处方管理办法》、《国家处方集》、《药品采购供应质量管理规范》等制订本机构《药品处方集》和《基本用药供应目录》,编制药品采购计划,按规定购入药品。

第二十四条 医疗机构应当制订本机构药品采购工作流程;建立健全药品成本核算和账务管理制度;严格执行药品购入检查、验收制度;不得购入和使用不符合规定的药品。

第二十五条 医疗机构临床使用的药品应当由药学部门统一采购供应。经药事管理与药物治疗学委员会(组)审核同意,核医学科可以购用、调剂本专业所需的放射性药品。其他科室或者部门不得从事药品的采购、调剂活动,不得在临床使用非药学部门采购供应的药品。

第二十六条 医疗机构应当制订和执行药品保管制度,定期对库存药品进行养护与质量检查。药品库的仓储条件和管理应当符合药品采购供应质量管理规范的有关规定。

第二十七条 化学药品、生物制品、中成药和中药饮片应当分别储存,分类定位存放。易燃、易爆、强腐蚀性等危险性药品应当另设仓库单独储存,并设置必要的安全设施,制订相关的工作制度和应急预案。

麻醉药品、精神药品、医疗用毒性药品、放射性药品等特殊管理的药品,应当按照有关法律、法规、规章的相关规定进行管理和监督使用。

第二十八条 药学专业技术人员应当严格按照《药品管理法》、《处方管理办法》、药品调剂质量管理规范等法律、法规、规章制度和技术操作规程,认真审核处方或者用药医嘱,经适宜性审核后调剂配发药品。发出药品时应当告知患者用法用量和注意事项,指导患者合理用药。

为保障患者用药安全,除药品质量原因外,药品一经发出,不得退换。

第二十九条 医疗机构门急诊药品调剂室应当实行大窗口或者柜台式发药。住院(病房)药品调剂室对注射剂按日剂量配发,对口服制剂药品实行单剂量调剂配发。

肠外营养液、危害药品静脉用药应当实行集中调配供应。

第三十条 医疗机构根据临床需要建立静脉用药调配中心(室),实行集中调配供应。静脉用药调配中心(室)应当符合静脉用药集中调配质量管理规范,由所在地设区的市级以上卫生行政部门组织技术审核、验收,合格后方可集中调配静脉用药。在静脉用药调配中心(室)以外调配静脉用药,参照静脉用药集中调配质量管理规范执行。

医疗机构建立的静脉用药调配中心(室)应当报省级卫生行政部门备案。

第三十一条 医疗机构制剂管理按照《药品管理法》及其实施条例等有关法律、行政法规规定执行。

第五章 药学专业技术人员配置与管理

第三十二条 医疗机构药学专业技术人员按照有关规定取得相应的药学专业技术职务任职资格。

医疗机构直接接触药品的药学人员,应当每年进行健康检查。患有传染病或者其他可能污染药品的疾病的,不得从事直接接触药品的工作。

第三十三条 医疗机构药学专业技术人员不得少于本机构卫生专业技术人员的8%。建立静脉用药调配中心(室)的,医疗机构应当根据实际需要另行增加药学专业技术人员数量。

第三十四条 医疗机构应当根据本机构性质、任务、规模配备适当数量临床药师,三级医院临床药师不少于5名,二级医院临床药师不少于3名。

临床药师应当具有高等学校临床药学专业或者药学专业本科毕业以上学历,并应当经过规范化培训。

第三十五条 医疗机构应当加强对药学专业技术人员的培养、考核和管理，制订培训计划，组织药学专业技术人员参加毕业后规范化培训和继续医学教育，将完成培训及取得继续医学教育学分情况，作为药学专业技术人员考核、晋升专业技术职务任职资格和专业岗位聘任的条件之一。

第三十六条 医疗机构药师工作职责：

（一）负责药品采购供应、处方或者用药医嘱审核、药品调剂、静脉用药集中调配和医院制剂配制，指导病房（区）护士请领、使用与管理药品；

（二）参与临床药物治疗，进行个体化药物治疗方案的设计与实施，开展药学查房，为患者提供药学专业技术服务；

（三）参加查房、会诊、病例讨论和疑难、危重患者的医疗救治，协同医师做好药物使用遴选，对临床药物治疗提出意见或调整建议，与医师共同对药物治疗负责；

（四）开展抗菌药物临床应用监测，实施处方点评与超常预警，促进药物合理使用；

（五）开展药品质量监测，药品严重不良反应和药品损害的收集、整理、报告等工作；

（六）掌握与临床用药相关的药物信息，提供用药信息与药学咨询服务，向公众宣传合理用药知识；

（七）结合临床药物治疗实践，进行药学临床应用研究；开展药物利用评价和药物临床应用研究；参与新药临床试验和新药上市后安全性与有效性监测；

（八）其他与医院药学相关的专业技术工作。

第六章 监督管理

第三十七条 县级以上地方卫生、中医药行政部门应当加强对医疗机构药事管理工作的监督与管理。

第三十八条 医疗机构不得使用非药学专业技术人员从事药学专业技术工作或者聘其为药学部门主任。

第三十九条 医疗机构出现下列情形之一的，由县级以上地方卫生、中医药行政部门责令改正、通报批评、给予警告；对于直接负责的主管人员和其他直接责任人员，依法给予降级、撤职、开除等处分：

（一）未建立药事管理组织机构，药事管理工作和药学专业技术工作混乱，造成医疗安全隐患和严重不良后果的；

（二）未按照本规定配备药学专业技术人员、建立临床药师制，不合理用药问题严重，并造成不良影响的；

（三）未执行有关的药品质量管理规范和规章制度，导致药品质量问题或用药错误，造成医疗安全隐患和严重不良后果的；

（四）非药学部门从事药品购用、调剂或制剂活动的；

（五）将药品购销、使用情况作为个人或者部门、科室经济分配的依据，或者在药品购销、使用中牟取不正当利益的；

（六）违反本规定的其他规定并造成严重后果的。

第四十条 医疗机构违反药品管理有关法律、法规、规章的，依据其情节由县级以上地方卫生行政部门依法予以处理。

第四十一条 县级以上地方卫生、中医药行政部门应当定期对医疗机构药事管理工作进行监督检查。

第四十二条 卫生、中医药行政部门的工作人员依法对医疗机构药事管理工作进行监督检查时，应当出示证件。被检查的医疗机构应当予以配合，如实反映情况，提供必要的资料，不得拒绝、阻碍、隐瞒。

第七章 附 则

第四十三条 本规定中下列用语的含义：

临床药学：是指药学与临床相结合，直接面向患者，以病人为中心，研究与实践临床药物治疗，提高药物治疗水平的综合性应用学科。

临床药师：是指以系统药学专业知识为基础，并具有一定医学和相关专业基础知识与技能，直接参与临床用药，促进药物合理应用和保护患者用药安全的药学专业技术人员。

危害药品：是指能产生职业暴露危险或者危害的药品，即具有遗传毒性、致癌性、致畸性，或者对生育有损害作用以及在低剂量下可产生严重的器官或其他方面毒性的药品，包括肿瘤化疗药物和细胞毒药物。

药品损害：是指由于药品质量不符合国家药品标准造成的对患者的损害。

用药错误：是指合格药品在临床使用全过程中出现的、任何可以防范的用药不当。

第四十四条 医疗机构中药饮片的管理，按照《医院中药饮片管理规范》执行。

第四十五条 诊所、卫生所、医务室、卫生保健所和卫生站可不设药事管理组织机构和药学部门，由机构负责人指定医务人员负责药事工作。

中医诊所、民族医诊所可不设药事管理组织机构和药学部门，由中医药和民族医药专业技术人员负责药事工作。

第四十六条 本规定自2011年3月1日起施行。《医疗机构药事管理暂行规定》（卫医发〔2002〕24号）同时废止。

零售药店医疗保障定点管理暂行办法

· 2020年12月24日第2次局务会议审议通过
· 2020年12月30日国家医疗保障局第3号公布
· 自2021年2月1日起施行

第一章 总 则

第一条 为加强和规范零售药店医疗保障定点管理，提高医疗保障基金使用效率，更好地保障广大参保人员权益，根据《中华人民共和国社会保险法》《中华人民共和国基本医疗卫生与健康促进法》及《中华人民共和国药品管理法》等法律法规，制定本办法。

第二条 零售药店医疗保障定点管理应坚持以人民健康为中心，遵循保障基本、公平公正、权责明晰、动态平衡的原则，加强医疗保障精细化管理，发挥零售药店市场活力，为参保人员提供适宜的药品服务。

第三条 医疗保障行政部门负责制定零售药店定点管理政策，在定点申请、专业评估、协商谈判、协议订立、协议履行、协议解除等环节对医疗保障经办机构（以下简称"经办机构"）、定点零售药店进行监督。经办机构负责确定定点零售药店，并与定点零售药店签订医疗保障服务协议（以下简称"医保协议"），提供经办服务，开展医保协议管理、考核等。定点零售药店应当遵守医疗保障法律、法规、规章及有关政策，按照规定向参保人员提供药品服务。

第二章 定点零售药店的确定

第四条 统筹地区医疗保障行政部门根据公众健康需求、管理服务需要、医疗保障基金收支、参保人员用药需求等确定本统筹地区定点零售药店的资源配置。

第五条 取得药品经营许可证，并同时符合以下条件的零售药店均可申请医疗保障定点：

（一）在注册地址正式经营至少3个月；

（二）至少有1名取得执业药师资格证书或具有药学、临床药学、中药学专业技术资格证书的药师，且注册地在该零售药店所在地，药师须签订1年以上劳动合同且在合同期内；

（三）至少有2名熟悉医疗保障法律法规和相关制度规定的专（兼）职医保管理人员负责管理医保费用，并签订1年以上劳动合同且在合同期内；

（四）按药品经营质量管理规范要求，开展药品分类分区管理，并对所售药品设立明确的医保用药标识；

（五）具有符合医保协议管理要求的医保药品管理制度、财务管理制度、医保人员管理制度、统计信息管理制度和医保费用结算制度；

（六）具备符合医保协议管理要求的信息系统技术和接口标准，实现与医保信息系统有效对接，为参保人员提供直接联网结算，建立医保药品等基础数据库，按规定使用国家统一医保编码；

（七）符合法律法规和省级及以上医疗保障行政部门规定的其他条件。

第六条 零售药店向统筹地区经办机构提出医疗保障定点申请，至少提供以下材料：

（一）定点零售药店申请表；

（二）药品经营许可证、营业执照和法定代表人、主要负责人或实际控制人身份证复印件；

（三）执业药师资格证书或药学技术人员相关证书及其劳动合同复印件；

（四）医保专（兼）职管理人员的劳动合同复印件；

（五）与医疗保障政策对应的内部管理制度和财务制度文本；

（六）与医保有关的信息系统相关材料；

（七）纳入定点后使用医疗保障基金的预测性分析报告；

（八）省级医疗保障行政部门按相关规定要求

提供的其他材料。

第七条 零售药店提出定点申请，统筹地区经办机构应即时受理。对申请材料内容不全的，经办机构自收到材料之日起5个工作日内一次性告知零售药店补充。

第八条 统筹地区经办机构应组织评估小组或委托符合规定的第三方机构，以书面、现场等形式开展评估。评估小组成员由医疗保障、医药卫生、财务管理、信息技术等专业人员构成。自受理申请材料之日起，评估时间不超过3个月，零售药店补充材料时间不计入评估期限。评估内容包括：

（一）核查药品经营许可证、营业执照和法定代表人、企业负责人或实际控制人身份证；

（二）核查执业药师资格证书或药学技术人员资格证书及劳动合同；

（三）核查医保专（兼）职管理人员的劳动合同；

（四）核查与医疗保障政策对应的内部管理制度和财务制度；

（五）核查与医保有关的信息系统是否具备开展直接联网结算的条件；

（六）核查医保药品标识。

评估结果包括合格和不合格。统筹地区经办机构应将评估结果报同级医疗保障行政部门备案。对于评估合格的，纳入拟签订医保协议的零售药店名单向社会公示。对于评估不合格的应告知其理由，提出整改建议。自结果告知送达之日起，整改3个月后可再次组织评估，评估仍不合格的，1年内不得再次申请。

省级医疗保障行政部门可以在本办法基础上，根据实际情况，制定具体评估细则。

第九条 统筹地区经办机构与评估合格的零售药店协商谈判，达成一致的，双方自愿签订医保协议。原则上由地市级及以上的统筹地区经办机构与零售药店签订医保协议并向同级医疗保障行政部门备案。医保协议应明确双方的权利、义务和责任。签订医保协议的双方应当严格执行医保协议约定。医保协议期限一般为1年。

第十条 统筹地区经办机构向社会公布签订医保协议的定点零售药店信息，包括名称、地址等，供参保人员选择。

第十一条 零售药店有下列情形之一的，不予受理定点申请：

（一）未依法履行行政处罚责任的；

（二）以弄虚作假等不正当手段申请定点，自发现之日起未满3年的；

（三）因违法违规被解除医保协议未满3年或已满3年但未完全履行行政处罚法律责任的；

（四）因严重违反医保协议约定而被解除医保协议未满1年或已满1年但未完全履行违约责任的；

（五）法定代表人、企业负责人或实际控制人曾因严重违法违规导致原定点零售药店被解除医保协议，未满5年的；

（六）法定代表人、企业负责人或实际控制人被列入失信人名单的；

（七）法律法规规定的其他不予受理的情形。

第三章 定点零售药店运行管理

第十二条 定点零售药店具有为参保人员提供药品服务后获得医保结算费用，对经办机构履约情况进行监督，对完善医疗保障政策提出意见建议等权利。

第十三条 定点零售药店应当为参保人员提供药品咨询、用药安全、医保药品销售、医保费用结算等服务。符合规定条件的定点零售药店可以申请纳入门诊慢性病、特殊病购药定点机构，相关规定由统筹地区医疗保障部门另行制定。

经办机构不予支付的费用、定点零售药店按医保协议约定被扣除的质量保证金及其支付的违约金等，定点零售药店不得作为医保欠费处理。

第十四条 定点零售药店应当严格执行医保支付政策。鼓励在医疗保障行政部门规定的平台上采购药品，并真实记录“进、销、存”情况。

第十五条 定点零售药店要按照公平、合理、诚实信用和质价相符的原则制定价格，遵守医疗保障行政部门制定的药品价格政策。

第十六条 定点零售药店应当凭处方销售医保目录内处方药，药师应当对处方进行审核、签字后调剂配发药品。外配处方必须由定点医疗机构医师开具，有医师签章。定点零售药店可凭定点医疗机构开具的电子外配处方销售药品。

第十七条 定点零售药店应当组织医保管理人员参加由医疗保障行政部门或经办机构组织的宣传和培训。

定点零售药店应当组织开展医疗保障基金相关制度、政策的培训，定期检查本单位医疗保障基金使用情况，及时纠正医疗保障基金使用不规范的行为。

第十八条 定点零售药店在显著位置悬挂统一格式的定点零售药店标识。

第十九条 定点零售药店应按要求及时如实向统筹地区经办机构上传参保人员购买药品的品种、规格、价格及费用信息，定期向经办机构上报医保目录内药品的“进、销、存”数据，并对其真实性负责。

第二十条 定点零售药店应当配合经办机构开展医保费用审核、稽核检查、绩效考核等工作，接受医疗保障行政部门的监督检查，并按规定提供相关材料。

第二十一条 定点零售药店提供药品服务时应核对参保人员有效身份凭证，做到人证相符。特殊情况下为他人代购药品的应出示本人和被代购人身份证。为参保人员提供医保药品费用直接结算单据和相关资料，参保人员或购药人应在购药清单上签字确认。凭外配处方购药的，应核验处方使用人与参保人员身份是否一致。

第二十二条 定点零售药店应将参保人员医保目录内药品外配处方、购药清单等保存2年，以备医疗保障部门核查。

第二十三条 定点零售药店应做好与医保有关的信息系统安全保障工作，遵守数据安全有关制度，保护参保人员隐私。定点零售药店重新安装信息系统时，应当保持信息系统技术接口标准与医保信息系统有效对接，并按规定及时全面准确向医保信息系统传送医保结算和审核所需的有关数据。

第四章 经办管理服务

第二十四条 经办机构有权掌握定点零售药店的运行管理情况，从定点零售药店获得医保费用稽查审核、绩效考核和财务记账等所需要的信息数据等资料。

第二十五条 经办机构应当完善定点申请、组织评估、协议签订、协议履行、协议变更和解除等流程管理，制定经办规程，为定点零售药店和参保人员提供优质高效的经办服务。

第二十六条 经办机构应做好对定点零售药店医疗保障政策、管理制度、支付政策、操作流程的宣传培训，提供医疗保障咨询、查询服务。

第二十七条 经办机构应当落实医保支付政策，加强医疗保障基金管理。

第二十八条 经办机构应当建立完善的内部控制制度，明确对定点零售药店医保费用的审核、结算、拨付、稽核等岗位责任及风险防控机制。完善重大医保药品费用支出集体决策制度。

第二十九条 经办机构应当加强医疗保障基金支出管理，通过智能审核、实时监控、现场检查等方式及时审核医保药品费用。对定点零售药店进行定期和不定期稽查审核，按医保协议约定及时足额向定点零售药店拨付医保费用。原则上，应当在定点零售药店申报后30个工作日内拨付符合规定的医保费用。

第三十条 定点零售药店经审查核实的违规医保费用，经办机构不予支付。

第三十一条 经办机构应当依法依规支付参保人员在定点零售药店发生的药品费用。

参保人员应凭本人参保有效身份凭证在定点零售药店购药。不得出租（借）本人有效身份凭证给他人，不得套取医疗保障基金。在非定点零售药店发生的药品费用，医疗保障基金不予支付。

第三十二条 经办机构向社会公开医保信息系统数据集和接口标准。定点零售药店自主选择与医保对接的有关信息系统的运行和维护供应商。经办机构不得以任何名义收取任何费用及指定供应商。

第三十三条 经办机构应遵守数据安全有关制度，保护参保人员隐私，确保医疗保障基金安全。

第三十四条 经办机构或其委托的第三方机构，对定点零售药店开展绩效考核，建立动态管理机制。考核结果与年终清算、质量保证金退还、医保协议续签等挂钩。绩效考核办法由国家医疗保障部门制定，省级医疗保障部门可制定具体考核细则，经办机构负责组织实施。

第三十五条 经办机构发现定点零售药店存在违反医保协议约定情形的，可按医保协议约定相应采取以下处理方式：

（一）约谈法定代表人、主要负责人或实际控制人；

（二）暂停结算、不予支付或追回已支付的医保费用；

(三)要求定点零售药店按照医保协议约定支付违约金；

(四)中止或解除医保协议。

第三十六条 经办机构违反医保协议的，定点零售药店有权要求纠正或者提请医疗保障行政部门协调处理、督促整改，也可以依法申请行政复议或者提起行政诉讼。

医疗保障行政部门发现经办机构存在违反医保协议约定的，可视情节相应采取以下处理方式：约谈主要负责人、限期整改、通报批评，对相关责任人员依法依规给予处分。

医疗保障行政部门发现经办机构违反相关法律法规和规章的，依法依规进行处理。

第五章 定点零售药店的动态管理

第三十七条 定点零售药店的名称、法定代表人、企业负责人、实际控制人、注册地址和药品经营范围等重要信息发生变更的，应自有关部门批准之日起30个工作日内向统筹地区经办机构提出变更申请，其他一般信息变更应及时书面告知。

第三十八条 续签应由定点零售药店于医保协议期满前3个月向经办机构提出申请或由经办机构统一组织。统筹地区经办机构和定点零售药店就医保协议续签事宜进行协商谈判，双方根据医保协议履行情况和绩效考核情况等决定是否续签。协商一致的，可续签医保协议；未达成一致的，医保协议解除。

第三十九条 医保协议中止是指经办机构与定点零售药店暂停履行医保协议约定，中止期间发生的医保费用不予结算。中止期结束，未超过医保协议有效期的，医保协议可继续履行；超过医保协议有效期的，医保协议终止。

定点零售药店可提出中止医保协议申请，经经办机构同意，可以中止医保协议但中止时间原则上不得超过180日，定点零售药店在医保协议中止超过180日仍未提出继续履行医保协议申请的，原则上医保协议自动终止。定点零售药店有下列情形之一的，经办机构应中止医保协议：

(一)根据日常检查和绩效考核，发现对医疗保障基金安全和参保人员权益可能造成重大风险的；

(二)未按规定向医疗保障行政部门及经办机构提供有关数据或提供数据不真实的；

(三)根据医保协议约定应当中止医保协议的；

(四)法律法规和规章规定的应当中止的其他情形。

第四十条 医保协议解除是指经办机构与定点零售药店之间的医保协议解除，协议关系不再存续，医保协议解除后产生的医药费用，医疗保障基金不再结算。定点零售药店有下列情形之一的，经办机构应解除医保协议，并向社会公布解除医保协议的零售药店名单：

(一)医保协议有效期内累计2次及以上被中止医保协议或中止医保协议期间未按要求整改或整改不到位的；

(二)发生重大药品质量安全事件的；

(三)以弄虚作假等不正当手段申请取得定点的；

(四)以伪造、变造医保药品“进、销、存”票据和账目、伪造处方或参保人员费用清单等方式，骗取医疗保障基金的；

(五)将非医保药品或其他商品串换成医保药品，倒卖医保药品或套取医疗保障基金的；

(六)为非定点零售药店、中止医保协议期间的定点零售药店或其他机构进行医保费用结算的；

(七)将医保结算设备转借或赠与他人，改变使用场地的；

(八)拒绝、阻挠或不配合经办机构开展智能审核、绩效考核等，情节恶劣的；

(九)被发现重大信息发生变更但未办理变更的；

(十)医疗保障行政部门或有关执法机构在行政执法中，发现定点零售药店存在重大违法违规行为且可能造成医疗保障基金重大损失的；

(十一)被吊销、注销药品经营许可证或营业执照的；

(十二)未依法履行医疗保障行政部门作出的行政处罚决定的；

(十三)法定代表人、企业负责人或实际控制人不能履行医保协议约定，或有违法失信行为的；

(十四)因定点零售药店连锁经营企业总部法定代表人、企业负责人或实际控制人违法违规导致连锁零售药店其中一家分支零售药店被解除医保协议的，相同法定代表人、企业负责人或实际控制人的其他分支零售药店同时解除医保协议；

（十五）定点零售药店主动提出解除医保协议且经经办机构同意的；

（十六）根据医保协议约定应当解除协议的；

（十七）法律法规和规章规定的其他应当解除的情形。

第四十一条 定点零售药店主动提出中止医保协议、解除医保协议或不再续签的，应提前3个月向经办机构提出申请。地市级及以上的统筹地区经办机构与定点零售药店中止或解除医保协议，该零售药店在其他统筹区的医保协议也同时中止或解除。

第四十二条 定点零售药店与统筹地区经办机构就医保协议签订、履行、变更和解除发生争议的，可以自行协商解决或者请求同级医疗保障行政部门协调处理，也可提起行政复议或行政诉讼。

第六章 定点零售药店的监督

第四十三条 医疗保障行政部门对定点申请、申请受理、专业评估、协议订立、协议履行和解除等进行监督，对经办机构的内部控制制度建设、医保费用的审核和拨付等进行指导和监督。

医疗保障行政部门依法依规通过实地检查、抽查、智能监控、大数据分析等方式对定点零售药店的医保协议履行情况、医疗保障基金使用情况、药品服务等进行监督。

第四十四条 医疗保障行政部门和经办机构应拓宽监督途径、创新监督方式，通过满意度调查、第三方评价、聘请社会监督员等方式对定点零售药店进行社会监督，畅通举报投诉渠道，及时发现问题并进行处理。

第四十五条 医疗保障行政部门发现定点零售药店存在违约情形的，应当及时责令经办机构按照医保协议处理。定点零售药店违反法律法规规定的，依法依规处理。

第四十六条 经办机构发现违约行为，应当及时按照医保协议处理。

经办机构作出中止或解除医保协议处理时，要及时报告同级医疗保障行政部门。

医疗保障行政部门发现定点零售药店存在违约情形的，应当及时责令经办机构按照医保协议处理，经办机构应当及时按照协议处理。

医疗保障行政部门依法查处违法违规行为时，认为经办机构移交相关违法线索事实不清的，可组织补充调查或要求经办机构补充材料。

第七章 附 则

第四十七条 职工基本医疗保险、城乡居民基本医疗保险、生育保险、医疗救助、居民大病保险等医疗保障定点管理工作按照本办法执行。

第四十八条 本办法中的经办机构是具有法定授权，实施医疗保障管理服务的职能机构，是医疗保障经办的主体。

零售药店是符合《中华人民共和国药品管理法》规定，领取药品经营许可证的药品零售企业。

定点零售药店是指自愿与统筹地区经办机构签订医保协议，为参保人员提供药品服务的实体零售药店。

医保协议是指由经办机构与零售药店经协商谈判而签订的，用于规范双方权利、义务及责任等内容的协议。

第四十九条 国务院医疗保障行政部门制作并定期修订医保协议范本，国家医疗保障经办机构制定经办规程并指导各地加强和完善协议管理。地市级及以上的医疗保障行政部门及经办机构在此基础上，可根据实际情况分别细化制定本地区的协议范本及经办规程。协议内容应根据法律、法规、规章和医疗保障政策调整变化相一致，医疗保障行政部门予以调整医保协议内容时，应征求相关定点零售药店意见。

第五十条 本办法由国务院医疗保障行政部门负责解释，自2021年2月1日起施行。

基本医疗保险用药管理暂行办法

·2020年7月30日国家医疗保障局令第1号公布

·自2020年9月1日起施行

第一章 总 则

第一条 为推进健康中国建设，保障参保人员基本用药需求，提升基本医疗保险用药科学化、精细化管理水平，提高基本医疗保险基金使用效益,推进治理体系和治理能力现代化,依据《中华人民共和国社会保险法》等法律法规和《中共中央 国务院关于深化医疗保障制度改革的意见》,制定本暂行办法。

第二条 各级医疗保障部门对基本医疗保险用药范围的确定、调整,以及基本医疗保险用药的支付、管理和监督等,适用本办法。

第三条 基本医疗保险用药范围通过制定《基本医疗保险药品目录》(以下简称《药品目录》)进行管理,符合《药品目录》的药品费用,按照国家规定由基本医疗保险基金支付。《药品目录》实行通用名管理,《药品目录》内药品的同通用名药品自动属于基本医疗保险基金支付范围。

第四条 基本医疗保险用药管理坚持以人民为中心的发展思想,切实保障参保人员合理的用药需求;坚持"保基本"的功能定位,既尽力而为,又量力而行,用药保障水平与基本医疗保险基金和参保人承受能力相适应;坚持分级管理,明确各层级职责和权限;坚持专家评审,适应临床技术进步,实现科学、规范、精细、动态管理;坚持中西药并重,充分发挥中药和西药各自优势。

第五条 《药品目录》由凡例、西药、中成药、协议期内谈判药品和中药饮片五部分组成。省级医疗保障行政部门按国家规定增补的药品单列。为维护临床用药安全和提高基本医疗保险基金使用效益,《药品目录》对部分药品的医保支付条件进行限定。

第六条 国务院医疗保障行政部门负责建立基本医疗保险用药管理体系,制定和调整全国范围内基本医疗保险用药范围,使用和支付的原则、条件、标准及程序等,组织制定、调整和发布国家《药品目录》并编制统一的医保代码,对全国基本医疗保险用药工作进行管理和监督。国家医疗保障经办机构受国务院医疗保障行政部门委托承担国家《药品目录》调整的具体组织实施工作。

省级医疗保障行政部门负责本行政区域内的基本医疗保险用药管理,制定本地区基本医疗保险用药管理政策措施,负责《药品目录》的监督实施等工作。各省(自治区、直辖市)以国家《药品目录》为基础,按照国家规定的调整权限和程序将符合条件的民族药、医疗机构制剂、中药饮片纳入省级医保支付范围,按规定向国务院医疗保障行政部门备案后实施。

统筹地区医疗保障部门负责《药品目录》及相关政策的实施,按照医保协议对定点医药机构医保用药行为进行审核、监督和管理,按规定及时结算和支付医保费用,并承担相关的统计监测、信息报送等工作。

第二章 《药品目录》的制定和调整

第七条 纳入国家《药品目录》的药品应当是经国家药品监管部门批准,取得药品注册证书的化学药、生物制品、中成药(民族药),以及按国家标准炮制的中药饮片,并符合临床必需、安全有效、价格合理等基本条件。支持符合条件的基本药物按规定纳入《药品目录》。

第八条 以下药品不纳入《药品目录》:

(一)主要起滋补作用的药品;

(二)含国家珍贵、濒危野生动植物药材的药品;

(三)保健药品;

(四)预防性疫苗和避孕药品;

(五)主要起增强性功能、治疗脱发、减肥、美容、戒烟、戒酒等作用的药品;

(六)因被纳入诊疗项目等原因,无法单独收费的药品;

(七)酒制剂、茶制剂,各类果味制剂(特别情况下的儿童用药除外),口腔含服剂和口服泡腾剂(特别规定情形的除外)等;

(八)其他不符合基本医疗保险用药规定的药品。

第九条 《药品目录》内的药品,有下列情况之一的,经专家评审后,直接调出《药品目录》:

(一)被药品监管部门撤销、吊销或者注销药品批准证明文件的药品;

(二)被有关部门列入负面清单的药品;

(三)综合考虑临床价值、不良反应、药物经济性等因素,经评估认为风险大于收益的药品;

(四)通过弄虚作假等违规手段进入《药品目录》的药品;

(五)国家规定的应当直接调出的其他情形。

第十条 《药品目录》内的药品,符合以下情况之一的,经专家评审等规定程序后,可以调出《药品目录》:

(一)在同治疗领域中,价格或费用明显偏高且没有合理理由的药品;

（二）临床价值不确切，可以被更好替代的药品；

（三）其他不符合安全性、有效性、经济性等条件的药品。

第十一条 国务院医疗保障行政部门建立完善动态调整机制，原则上每年调整一次。

国务院医疗保障行政部门根据医保药品保障需求、基本医疗保险基金的收支情况、承受能力、目录管理重点等因素，确定当年《药品目录》调整的范围和具体条件，研究制定调整工作方案，依法征求相关部门和有关方面的意见并向社会公布。对企业申报且符合当年《药品目录》调整条件的药品纳入该年度调整范围。

第十二条 建立《药品目录》准入与医保药品支付标准（以下简称支付标准）衔接机制。除中药饮片外，原则上新纳入《药品目录》的药品同步确定支付标准。

独家药品通过准入谈判的方式确定支付标准。

非独家药品中，国家组织药品集中采购（以下简称集中采购）中选药品，按照集中采购有关规定确定支付标准；其他非独家药品根据准入竞价等方式确定支付标准。

执行政府定价的麻醉药品和第一类精神药品，支付标准按照政府定价确定。

第十三条 中药饮片采用专家评审方式进行调整，其他药品的调整程序主要包括企业申报、专家评审、谈判或准入竞价、公布结果。

第十四条 建立企业（药品上市许可持有人，以下统称企业）申报制度。根据当年调整的范围，符合条件的企业按规定向国家医疗保障经办机构提交必要的资料。提交资料的具体要求和办法另行制定。

第十五条 国家医疗保障经办机构按规定组织医学、药学、药物经济学、医保管理等方面专家，对符合当年《药品目录》调整条件的全部药品进行评审，并提出如下药品名单：

（一）建议新增纳入《药品目录》的药品。经专家评审后，符合条件的国家组织集中采购中选药品或政府定价药品，可直接纳入《药品目录》；其他药品按规定提交药物经济学等资料。

（二）原《药品目录》内建议直接调出的药品。该类药品直接从《药品目录》中调出。

（三）原《药品目录》内建议可以调出的药品。该类药品按规定提交药物经济学等资料。

（四）原《药品目录》内药品建议调整限定支付范围的。其中缩小限定支付范围或者扩大限定支付范围但对基本医疗保险基金影响较小的，可以直接调整；扩大限定支付范围且对基本医疗保险基金影响较大的，按规定提交药物经济学等资料。

第十六条 国家医疗保障经办机构按规定组织药物经济学、医保管理等方面专家开展谈判或准入竞价。其中独家药品进入谈判环节，非独家药品进入企业准入竞价环节。谈判或者准入竞价成功的，纳入《药品目录》或调整限定支付范围；谈判或者准入竞价不成功的，不纳入或调出《药品目录》，或者不予调整限定支付范围。

第十七条 国务院医疗保障行政部门负责确定并印发《药品目录》，公布调整结果。

第十八条 原则上谈判药品协议有效期为两年。协议期内，如有谈判药品的同通用名药物（仿制药）上市，医保部门可根据仿制药价格水平调整该药品的支付标准，也可以将该通用名纳入集中采购范围。协议期满后，如谈判药品仍为独家，周边国家及地区的价格等市场环境未发生重大变化且未调整限定支付范围或虽然调整了限定支付范围但对基本医疗保险基金影响较小的，根据协议期内基本医疗保险基金实际支出（以医保部门统计为准）与谈判前企业提交的预算影响分析进行对比，按相关规则调整支付标准，并续签协议。具体规则另行制定。

第十九条 对于因更名、异名等原因需要对药品的目录归属进行认定的，由国务院医疗保障行政部门按程序进行认定后发布。

第二十条 国务院医疗保障行政部门负责编制国家医保药品代码，按照医保药品分类和代码规则建立药品编码数据库。原则上每季度更新一次。

第三章 《药品目录》的使用

第二十一条 协议期内谈判药品原则上按照支付标准直接挂网采购。协议期内，谈判药品的同通用名药品在价格不高于谈判支付标准的情况下，按规定挂网采购。其他药品按照药品招采有关政策执行。

第二十二条 在满足临床需要的前提下，医保定点医疗机构须优先配备和使用《药品目录》内药品。逐步建立《药品目录》与定点医疗机构药品配备联动机制，定点医疗机构根据《药品目录》调整结果及时对本医疗机构用药目录进行调整和优化。

第四章　医保用药的支付

第二十三条　参保人使用《药品目录》内药品发生的费用，符合以下条件的，可由基本医疗保险基金支付：

（一）以疾病诊断或治疗为目的；

（二）诊断、治疗与病情相符，符合药品法定适应症及医保限定支付范围；

（三）由符合规定的定点医药机构提供，急救、抢救的除外；

（四）由统筹基金支付的药品费用，应当凭医生处方或住院医嘱；

（五）按规定程序经过药师或执业药师的审查。

第二十四条　国家《药品目录》中的西药和中成药分为“甲类药品”和“乙类药品”。“甲类药品”是临床治疗必需、使用广泛、疗效确切、同类药品中价格或治疗费用较低的药品。“乙类药品”是可供临床治疗选择使用，疗效确切、同类药品中比“甲类药品”价格或治疗费用略高的药品。协议期内谈判药品纳入“乙类药品”管理。

各省级医疗保障部门按国家规定纳入《药品目录》的民族药、医疗机构制剂纳入“乙类药品”管理。

中药饮片的“甲乙分类”由省级医疗保障行政部门确定。

第二十五条　参保人使用“甲类药品”按基本医疗保险规定的支付标准及分担办法支付；使用“乙类药品”按基本医疗保险规定的支付标准，先由参保人自付一定比例后，再按基本医疗保险规定的分担办法支付。

“乙类药品”个人先行自付的比例由省级或统筹地区医疗保障行政部门确定。

第二十六条　支付标准是基本医疗保险参保人员使用《药品目录》内药品时，基本医疗保险基金支付药品费用的基准。基本医疗保险基金依据药品的支付标准以及医保支付规定向定点医疗机构和定点零售药店支付药品费用。支付标准的制定和调整规则另行制定。

第五章　医保用药的管理与监督

第二十七条　综合运用协议、行政、司法等手段，加强《药品目录》及用药政策落实情况的监管，提升医保用药安全性、有效性、经济性。

第二十八条　定点医药机构应健全组织机构，完善内部制度规范，建立健全药品“进、销、存”全流程记录和管理制度，提高医保用药管理能力，确保医保用药安全合理。

第二十九条　将《药品目录》和相关政策落实责任纳入定点医药机构协议内容，强化用药合理性和费用审核，定期开展监督检查。将医保药品备药率、非医保药品使用率等与定点医疗机构的基金支付挂钩。加强定点医药机构落实医保用药管理政策，履行药品配备、使用、支付、管理等方面职责的监督检查。

第三十条　建立目录内药品企业监督机制，引导企业遵守相关规定。将企业在药品推广使用、协议遵守、信息报送等方面的行为与《药品目录》管理挂钩。

第三十一条　基本医疗保险用药管理工作主动接受纪检监察部门和社会各界监督。加强专家管理，完善专家产生、利益回避、责任追究等机制。加强内控制度建设，完善投诉举报处理、利益回避、保密等内部管理制度，落实合法性和公平竞争审查制度。

第三十二条　对于调入或调出《药品目录》的药品，专家应当提交评审结论和报告。逐步建立评审报告公开机制，接受社会监督。

第六章　附　则

第三十三条　凡例是对《药品目录》的编排格式、名称剂型规范、备注等内容的解释和说明。

西药部分，收载化学药品和生物制品。

中成药部分，收载中成药和民族药。

协议期内谈判药品部分，收载谈判协议有效期内的药品。

中药饮片部分，收载基本医疗保险基金予以支付的饮片，并规定不得纳入基本医疗保险基金支付的饮片。

第三十四条　各省（自治区、直辖市）医疗保障部门要参照本暂行办法，在国家规定的权限内，制定本省（自治区、直辖市）调整《药品目录》的具体办法。

第三十五条 发生严重危害群众健康的公共卫生事件或紧急情况时，国务院医疗保障行政部门可临时调整或授权省级医疗保障行政部门临时调整医保药品支付范围。

第三十六条 原则上《药品目录》不再新增OTC药品。

第三十七条 本办法由国务院医疗保障行政部门负责解释，自2020年9月1日起施行。

非药用类麻醉药品和精神药品列管办法

· 2015年9月24日
· 公通字〔2015〕27号

第一条 为加强对非药用类麻醉药品和精神药品的管理，防止非法生产、经营、运输、使用和进出口，根据《中华人民共和国禁毒法》和《麻醉药品和精神药品管理条例》等法律、法规的规定，制定本办法。

第二条 本办法所称的非药用类麻醉药品和精神药品，是指未作为药品生产和使用，具有成瘾性或者成瘾潜力且易被滥用的物质。

第三条 麻醉药品和精神药品按照药用类和非药用类分类列管。除麻醉药品和精神药品管理品种目录已有列管品种外，新增非药用类麻醉药品和精神药品管制品种由本办法附表列示。非药用类麻醉药品和精神药品管制品种目录的调整由国务院公安部门会同国务院食品药品监督管理部门和国务院卫生计生行政部门负责。

非药用类麻醉药品和精神药品发现医药用途，调整列入药品目录的，不再列入非药用类麻醉药品和精神药品管制品种目录。

第四条 对列管的非药用类麻醉药品和精神药品，禁止任何单位和个人生产、买卖、运输、使用、储存和进出口。因科研、实验需要使用非药用类麻醉药品和精神药品，在药品、医疗器械生产、检测中需要使用非药用类麻醉药品和精神药品标准品、对照品，以及药品生产过程中非药用类麻醉药品和精神药品中间体的管理，按照有关规定执行。

各级公安机关和有关部门依法加强对非药用类麻醉药品和精神药品违法犯罪行为的打击处理。

第五条 各地禁毒委员会办公室（以下简称禁毒办）应当组织公安机关和有关部门加强对非药用类麻醉药品和精神药品的监测，并将监测情况及时上报国家禁毒办。国家禁毒办经汇总、分析后，应当及时发布预警信息。对国家禁毒办发布预警的未列管非药用类麻醉药品和精神药品，各地禁毒办应当进行重点监测。

第六条 国家禁毒办认为需要对特定非药用类麻醉药品和精神药品进行列管的，应当交由非药用类麻醉药品和精神药品专家委员会（以下简称专家委员会）进行风险评估和列管论证。

第七条 专家委员会由国务院公安部门、食品药品监督管理部门、卫生计生行政部门、工业和信息化管理部门、海关等部门的专业人员以及医学、药学、法学、司法鉴定、化工等领域的专家学者组成。

专家委员会应当对拟列管的非药用类麻醉药品和精神药品进行下列风险评估和列管论证，并提出是否予以列管的建议：

（一）成瘾性或者成瘾潜力；

（二）对人身心健康的危害性；

（三）非法制造、贩运或者走私活动情况；

（四）滥用或者扩散情况；

（五）造成国内、国际危害或者其他社会危害情况。

专家委员会启动对拟列管的非药用类麻醉药品和精神药品的风险评估和列管论证工作后，应当在3个月内完成。

第八条 对专家委员会评估后提出列管建议的，国家禁毒办应当建议国务院公安部门会同食品药品监督管理部门和卫生计生行政部门予以列管。

第九条 国务院公安部门会同食品药品监督管理部门和卫生计生行政部门应当在接到国家禁毒办列管建议后6个月内，完成对非药用类麻醉药品和精神药品的列管工作。

对于情况紧急、不及时列管不利于遏制危害发展蔓延的，风险评估和列管工作应当加快进程。

第十条 本办法自2015年10月1日起施行。

抗菌药物临床应用管理办法

·2012年4月24日卫生部令第84号公布
·自2012年8月1日起施行

第一章 总 则

第一条 为加强医疗机构抗菌药物临床应用管理,规范抗菌药物临床应用行为,提高抗菌药物临床应用水平,促进临床合理应用抗菌药物,控制细菌耐药,保障医疗质量和医疗安全,根据相关卫生法律法规,制定本办法。

第二条 本办法所称抗菌药物是指治疗细菌、支原体、衣原体、立克次体、螺旋体、真菌等病原微生物所致感染性疾病病原的药物,不包括治疗结核病、寄生虫病和各种病毒所致感染性疾病的药物以及具有抗菌作用的中药制剂。

第三条 卫生部负责全国医疗机构抗菌药物临床应用的监督管理。

县级以上地方卫生行政部门负责本行政区域内医疗机构抗菌药物临床应用的监督管理。

第四条 本办法适用于各级各类医疗机构抗菌药物临床应用管理工作。

第五条 抗菌药物临床应用应当遵循安全、有效、经济的原则。

第六条 抗菌药物临床应用实行分级管理。根据安全性、疗效、细菌耐药性、价格等因素,将抗菌药物分为三级:非限制使用级、限制使用级与特殊使用级。具体划分标准如下:

(一)非限制使用级抗菌药物是指经长期临床应用证明安全、有效,对细菌耐药性影响较小,价格相对较低的抗菌药物;

(二)限制使用级抗菌药物是指经长期临床应用证明安全、有效,对细菌耐药性影响较大,或者价格相对较高的抗菌药物;

(三)特殊使用级抗菌药物是指具有以下情形之一的抗菌药物:

1. 具有明显或者严重不良反应,不宜随意使用的抗菌药物;

2. 需要严格控制使用,避免细菌过快产生耐药的抗菌药物;

3. 疗效、安全性方面的临床资料较少的抗菌药物;

4. 价格昂贵的抗菌药物。

抗菌药物分级管理目录由各省级卫生行政部门制定,报卫生部备案。

第二章 组织机构和职责

第七条 医疗机构主要负责人是本机构抗菌药物临床应用管理的第一责任人。

第八条 医疗机构应当建立本机构抗菌药物管理工作制度。

第九条 医疗机构应当设立抗菌药物管理工作机构或者配备专(兼)职人员负责本机构的抗菌药物管理工作。

二级以上的医院、妇幼保健院及专科疾病防治机构(以下简称二级以上医院)应当在药事管理与药物治疗学委员会下设立抗菌药物管理工作组。抗菌药物管理工作组由医务、药学、感染性疾病、临床微生物、护理、医院感染管理等部门负责人和具有相关专业高级技术职务任职资格的人员组成,医务、药学等部门共同负责日常管理工作。

其他医疗机构设立抗菌药物管理工作小组或者指定专(兼)职人员,负责具体管理工作。

第十条 医疗机构抗菌药物管理工作机构或者专(兼)职人员的主要职责是:

(一)贯彻执行抗菌药物管理相关的法律、法规、规章,制定本机构抗菌药物管理制度并组织实施;

(二)审议本机构抗菌药物供应目录,制定抗菌药物临床应用相关技术性文件,并组织实施;

(三)对本机构抗菌药物临床应用与细菌耐药情况进行监测,定期分析、评估、上报监测数据并发布相关信息,提出干预和改进措施;

(四)对医务人员进行抗菌药物管理相关法律、法规、规章制度和技术规范培训,组织对患者合理使用抗菌药物的宣传教育。

第十一条 二级以上医院应当设置感染性疾病科,配备感染性疾病专业医师。

感染性疾病科和感染性疾病专业医师负责对本机构各临床科室抗菌药物临床应用进行技术指导,参与抗菌药物临床应用管理工作。

第十二条 二级以上医院应当配备抗菌药物等相关专业的临床药师。

临床药师负责对本机构抗菌药物临床应用提

供技术支持，指导患者合理使用抗菌药物，参与抗菌药物临床应用管理工作。

第十三条 二级以上医院应当根据实际需要，建立符合实验室生物安全要求的临床微生物室。

临床微生物室开展微生物培养、分离、鉴定和药物敏感试验等工作，提供病原学诊断和细菌耐药技术支持，参与抗菌药物临床应用管理工作。

第十四条 卫生行政部门和医疗机构加强涉及抗菌药物临床应用管理的相关学科建设，建立专业人才培养和考核制度，充分发挥相关专业技术人员在抗菌药物临床应用管理工作中的作用。

第三章 抗菌药物临床应用管理

第十五条 医疗机构应当严格执行《处方管理办法》、《医疗机构药事管理规定》、《抗菌药物临床应用指导原则》、《国家处方集》等相关规定及技术规范，加强对抗菌药物遴选、采购、处方、调剂、临床应用和药物评价的管理。

第十六条 医疗机构应当按照省级卫生行政部门制定的抗菌药物分级管理目录，制定本机构抗菌药物供应目录，并向核发其《医疗机构执业许可证》的卫生行政部门备案。医疗机构抗菌药物供应目录包括采购抗菌药物的品种、品规。未经备案的抗菌药物品种、品规，医疗机构不得采购。

第十七条 医疗机构应当严格控制本机构抗菌药物供应目录的品种数量。同一通用名称抗菌药物品种，注射剂型和口服剂型各不得超过 2 种。具有相似或者相同药理学特征的抗菌药物不得重复列入供应目录。

第十八条 医疗机构确因临床工作需要，抗菌药物品种和品规数量超过规定的，应当向核发其《医疗机构执业许可证》的卫生行政部门详细说明原因和理由；说明不充分或者理由不成立的，卫生行政部门不得接受其抗菌药物品种和品规数量的备案。

第十九条 医疗机构应当定期调整抗菌药物供应目录品种结构，并于每次调整后 15 个工作日内向核发其《医疗机构执业许可证》的卫生行政部门备案。调整周期原则上为 2 年，最短不得少于 1 年。

第二十条 医疗机构应当按照国家药品监督管理部门批准并公布的药品通用名称购进抗菌药物，优先选用《国家基本药物目录》、《国家处方集》和《国家基本医疗保险、工伤保险和生育保险药品目录》收录的抗菌药物品种。

基层医疗卫生机构只能选用基本药物（包括各省区市增补品种）中的抗菌药物品种。

第二十一条 医疗机构抗菌药物应当由药学部门统一采购供应，其他科室或者部门不得从事抗菌药物的采购、调剂活动。临床上不得使用非药学部门采购供应的抗菌药物。

第二十二条 因特殊治疗需要，医疗机构需使用本机构抗菌药物供应目录以外抗菌药物的，可以启动临时采购程序。临时采购应当由临床科室提出申请，说明申请购入抗菌药物名称、剂型、规格、数量、使用对象和使用理由，经本机构抗菌药物管理工作组审核同意后，由药学部门临时一次性购入使用。

医疗机构应当严格控制临时采购抗菌药物品种和数量，同一通用名抗菌药物品种启动临时采购程序原则上每年不得超过 5 例次。如果超过 5 例次，应当讨论是否列入本机构抗菌药物供应目录。调整后的抗菌药物供应目录总品种数不得增加。

医疗机构应当每半年将抗菌药物临时采购情况向核发其《医疗机构执业许可证》的卫生行政部门备案。

第二十三条 医疗机构应当建立抗菌药物遴选和定期评估制度。

医疗机构遴选和新引进抗菌药物品种，应当由临床科室提交申请报告，经药学部门提出意见后，由抗菌药物管理工作组审议。

抗菌药物管理工作组三分之二以上成员审议同意，并经药事管理与药物治疗学委员会三分之二以上委员审核同意后方可列入采购供应目录。

抗菌药物品种或者品规存在安全隐患、疗效不确定、耐药率高、性价比差或者违规使用等情况的，临床科室、药学部门、抗菌药物管理工作组可以提出清退或者更换意见。清退意见经抗菌药物管理工作组二分之一以上成员同意后执行，并报药事管理与药物治疗学委员会备案；更换意见经药事管理与药物治疗学委员会讨论通过后执行。

清退或者更换的抗菌药物品种或者品规原则上 12 个月内不得重新进入本机构抗菌药物供应目录。

第二十四条 具有高级专业技术职务任职资格的医师，可授予特殊使用级抗菌药物处方权；具有中级以上专业技术职务任职资格的医师，可授予限制使用级抗菌药物处方权；具有初级专业技术职务任职资格的医师，在乡、民族乡、镇、村的医疗机构独立从事一般执业活动的执业助理医师以及乡村医生，可授予非限制使用级抗菌药物处方权。药师经培训并考核合格后，方可获得抗菌药物调剂资格。

二级以上医院应当定期对医师和药师进行抗菌药物临床应用知识和规范化管理的培训。医师经本机构培训并考核合格后，方可获得相应的处方权。

其他医疗机构依法享有处方权的医师、乡村医生和从事处方调剂工作的药师，由县级以上地方卫生行政部门组织相关培训、考核。经考核合格的，授予相应的抗菌药物处方权或者抗菌药物调剂资格。

第二十五条 抗菌药物临床应用知识和规范化管理培训和考核内容应当包括：

（一）《药品管理法》、《执业医师法》、《抗菌药物临床应用管理办法》、《处方管理办法》、《医疗机构药事管理规定》、《抗菌药物临床应用指导原则》、《国家基本药物处方集》、《国家处方集》和《医院处方点评管理规范（试行）》等相关法律、法规、规章和规范性文件；

（二）抗菌药物临床应用及管理制度；

（三）常用抗菌药物的药理学特点与注意事项；

（四）常见细菌的耐药趋势与控制方法；

（五）抗菌药物不良反应的防治。

第二十六条 医疗机构和医务人员应当严格掌握使用抗菌药物预防感染的指证。预防感染、治疗轻度或者局部感染应当首选非限制使用级抗菌药物；严重感染、免疫功能低下合并感染或者病原菌只对限制使用级抗菌药物敏感时，方可选用限制使用级抗菌药物。

第二十七条 严格控制特殊使用级抗菌药物使用。特殊使用级抗菌药物不得在门诊使用。

临床应用特殊使用级抗菌药物应当严格掌握用药指证，经抗菌药物管理工作组指定的专业技术人员会诊同意后，由具有相应处方权医师开具处方。

特殊使用级抗菌药物会诊人员由具有抗菌药物临床应用经验的感染性疾病科、呼吸科、重症医学科、微生物检验科、药学部门等具有高级专业技术职务任职资格的医师、药师或具有高级专业技术职务任职资格的抗菌药物专业临床药师担任。

第二十八条 因抢救生命垂危的患者等紧急情况，医师可以越级使用抗菌药物。越级使用抗菌药物应当详细记录用药指证，并应当于 24 小时内补办越级使用抗菌药物的必要手续。

第二十九条 医疗机构应当制定并严格控制门诊患者静脉输注使用抗菌药物比例。

村卫生室、诊所和社区卫生服务站使用抗菌药物开展静脉输注活动，应当经县级卫生行政部门核准。

第三十条 医疗机构应当开展抗菌药物临床应用监测工作，分析本机构及临床各专业科室抗菌药物使用情况，评估抗菌药物使用适宜性；对抗菌药物使用趋势进行分析，对抗菌药物不合理使用情况应当及时采取有效干预措施。

第三十一条 医疗机构应当根据临床微生物标本检测结果合理选用抗菌药物。临床微生物标本检测结果未出具前，医疗机构可以根据当地和本机构细菌耐药监测情况经验选用抗菌药物，临床微生物标本检测结果出具后根据检测结果进行相应调整。

第三十二条 医疗机构应当开展细菌耐药监测工作，建立细菌耐药预警机制，并采取下列相应措施：

（一）主要目标细菌耐药率超过 30%的抗菌药物，应当及时将预警信息通报本机构医务人员；

（二）主要目标细菌耐药率超过 40%的抗菌药物，应当慎重经验用药；

（三）主要目标细菌耐药率超过 50%的抗菌药物，应当参照药敏试验结果选用；

（四）主要目标细菌耐药率超过 75%的抗菌药物，应当暂停针对此目标细菌的临床应用，根据追踪细菌耐药监测结果，再决定是否恢复临床应用。

第三十三条 医疗机构应当建立本机构抗菌药物临床应用情况排名、内部公示和报告制度。

医疗机构应当对临床科室和医务人员抗菌药物使用量、使用率和使用强度等情况进行排名并予以内部公示；对排名后位或者发现严重问题的医师进行批评教育，情况严重的予以通报。

医疗机构应当按照要求对临床科室和医务人员抗菌药物临床应用情况进行汇总，并向核发其《医疗机构执业许可证》的卫生行政部门报告。非限制使用级抗菌药物临床应用情况，每年报告一次；限制使用级和特殊使用级抗菌药物临床应用情况，每半年报告一次。

第三十四条 医疗机构应当充分利用信息化手段促进抗菌药物合理应用。

第三十五条 医疗机构应当对以下抗菌药物临床应用异常情况开展调查，并根据不同情况作出处理：

（一）使用量异常增长的抗菌药物；

（二）半年内使用量始终居于前列的抗菌药物；

（三）经常超适应证、超剂量使用的抗菌药物；

（四）企业违规销售的抗菌药物；

（五）频繁发生严重不良事件的抗菌药物。

第三十六条 医疗机构应当加强对抗菌药物生产、经营企业在本机构销售行为的管理，对存在不正当销售行为的企业，应当及时采取暂停进药、清退等措施。

第四章 监督管理

第三十七条 县级以上卫生行政部门应当加强对本行政区域内医疗机构抗菌药物临床应用情况的监督检查。

第三十八条 卫生行政部门工作人员依法对医疗机构抗菌药物临床应用情况进行监督检查时，应当出示证件，被检查医疗机构应当予以配合，提供必要的资料，不得拒绝、阻碍和隐瞒。

第三十九条 县级以上地方卫生行政部门应当建立医疗机构抗菌药物临床应用管理评估制度。

第四十条 县级以上地方卫生行政部门应当建立抗菌药物临床应用情况排名、公布和诫勉谈话制度。对本行政区域内医疗机构抗菌药物使用量、使用率和使用强度等情况进行排名，将排名情况向本行政区域内医疗机构公布，并报上级卫生行政部门备案；对发生重大、特大医疗质量安全事件或者存在严重医疗质量安全隐患的各级各类医疗机构的负责人进行诫勉谈话，情况严重的予以通报。

第四十一条 县级卫生行政部门负责对辖区内乡镇卫生院、社区卫生服务中心（站）抗菌药物使用量、使用率等情况进行排名并予以公示。

受县级卫生行政部门委托，乡镇卫生院负责对辖区内村卫生室抗菌药物使用量、使用率等情况进行排名并予以公示，并向县级卫生行政部门报告。

第四十二条 卫生部建立全国抗菌药物临床应用监测网和全国细菌耐药监测网，对全国抗菌药物临床应用和细菌耐药情况进行监测；根据监测情况定期公布抗菌药物临床应用控制指标，开展抗菌药物临床应用质量管理与控制工作。

省级卫生行政部门应当建立本行政区域的抗菌药物临床应用监测网和细菌耐药监测网，对医疗机构抗菌药物临床应用和细菌耐药情况进行监测，开展抗菌药物临床应用质量管理与控制工作。

抗菌药物临床应用和细菌耐药监测技术方案由卫生部另行制定。

第四十三条 卫生行政部门应当将医疗机构抗菌药物临床应用情况纳入医疗机构考核指标体系；将抗菌药物临床应用情况作为医疗机构定级、评审、评价重要指标，考核不合格的，视情况对医疗机构作出降级、降等、评价不合格处理。

第四十四条 医疗机构抗菌药物管理机构应当定期组织相关专业技术人员对抗菌药物处方、医嘱实施点评，并将点评结果作为医师定期考核、临床科室和医务人员绩效考核依据。

第四十五条 医疗机构应当对出现抗菌药物超常处方3次以上且无正当理由的医师提出警告，限制其特殊使用级和限制使用级抗菌药物处方权。

第四十六条 医师出现下列情形之一的，医疗机构应当取消其处方权：

（一）抗菌药物考核不合格的；

（二）限制处方权后，仍出现超常处方且无正当理由的；

（三）未按照规定开具抗菌药物处方，造成严重后果的；

（四）未按照规定使用抗菌药物，造成严重后果的；

（五）开具抗菌药物处方牟取不正当利益的。

第四十七条 药师未按照规定审核抗菌药物处方与用药医嘱，造成严重后果的，或者发现处方不适宜、超常处方等情况未进行干预且无正当理由由的，医疗机构应当取消其药物调剂资格。

第四十八条 医师处方权和药师药物调剂资格取消后，在六个月内不得恢复其处方权和药物调剂资格。

第五章 法律责任

第四十九条 医疗机构有下列情形之一的，由县级以上卫生行政部门责令限期改正；逾期不改的，进行通报批评，并给予警告；造成严重后果的，对负有责任的主管人员和其他直接责任人员，给予处分：

（一）未建立抗菌药物管理组织机构或者未指定专（兼）职技术人员负责具体管理工作的；

（二）未建立抗菌药物管理规章制度的；

（三）抗菌药物临床应用管理混乱的；

（四）未按照本办法规定执行抗菌药物分级管理、医师抗菌药物处方权限管理、药师抗菌药物调剂资格管理或者未配备相关专业技术人员的；

（五）其他违反本办法规定行为的。

第五十条 医疗机构有下列情形之一的，由县级以上卫生行政部门责令限期改正，给予警告，并可根据情节轻重处以三万元以下罚款；对负有责任的主管人员和其他直接责任人员，可根据情节给予处分：

（一）使用未取得抗菌药物处方权的医师或者使用被取消抗菌药物处方权的医师开具抗菌药物处方的；

（二）未对抗菌药物处方、医嘱实施适宜性审核，情节严重的；

（三）非药学部门从事抗菌药物购销、调剂活动的；

（四）将抗菌药物购销、临床应用情况与个人或者科室经济利益挂钩的；

（五）在抗菌药物购销、临床应用中牟取不正当利益的。

第五十一条 医疗机构的负责人、药品采购人员、医师等有关人员索取、收受药品生产企业、药品经营企业或者其代理人给予的财物或者通过开具抗菌药物牟取不正当利益的，由县级以上地方卫生行政部门依据国家有关法律法规进行处理。

第五十二条 医师有下列情形之一的，由县级以上卫生行政部门按照《执业医师法》第三十七条的有关规定，给予警告或者责令暂停六个月以上一年以下执业活动；情节严重的，吊销其执业证书；构成犯罪的，依法追究刑事责任：

（一）未按照本办法规定开具抗菌药物处方，造成严重后果的；

（二）使用未经国家药品监督管理部门批准的抗菌药物的；

（三）使用本机构抗菌药物供应目录以外的品种、品规，造成严重后果的；

（四）违反本办法其他规定，造成严重后果的。

乡村医生有前款规定情形之一的，由县级卫生行政部门按照《乡村医师从业管理条例》第三十八条有关规定处理。

第五十三条 药师有下列情形之一的，由县级以上卫生行政部门责令限期改正，给予警告；构成犯罪的，依法追究刑事责任：

（一）未按照规定审核、调剂抗菌药物处方，情节严重的；

（二）未按照规定私自增加抗菌药物品种或者品规的；

（三）违反本办法其他规定的。

第五十四条 未经县级卫生行政部门核准，村卫生室、诊所、社区卫生服务站擅自使用抗菌药物开展静脉输注活动的，由县级以上地方卫生行政部门责令限期改正，给予警告；逾期不改的，可根据情节轻重处以一万元以下罚款。

第五十五条 县级以上地方卫生行政部门未按照本办法规定履行监管职责，造成严重后果的，对直接负责的主管人员和其他直接责任人员依法给予记大过、降级、撤职、开除等行政处分。

第五十六条 医疗机构及其医务人员违反《药品管理法》的，依照《药品管理法》的有关规定处理。

第六章 附 则

第五十七条 国家中医药管理部门在职责范围内负责中医医疗机构抗菌药物临床应用的监督管理。

第五十八条 各省级卫生行政部门应当于本办法发布之日起3个月内，制定本行政区域抗菌药物分级管理目录。

第五十九条 本办法自2012年8月1日起施行。

药品类易制毒化学品管理办法

·2010年3月18日卫生部令第72号公布
·自2010年5月1日起施行

第一章　总　则

第一条　为加强药品类易制毒化学品管理，防止流入非法渠道，根据《易制毒化学品管理条例》(以下简称《条例》)，制定本办法。

第二条　药品类易制毒化学品是指《条例》中所确定的麦角酸、麻黄素等物质，品种目录见本办法附件1。

国务院批准调整易制毒化学品分类和品种，涉及药品类易制毒化学品的，国家食品药品监督管理局应当及时调整并予公布。

第三条　药品类易制毒化学品的生产、经营、购买以及监督管理，适用本办法。

第四条　国家食品药品监督管理局主管全国药品类易制毒化学品生产、经营、购买等方面的监督管理工作。

县级以上地方食品药品监督管理部门负责本行政区域内的药品类易制毒化学品生产、经营、购买等方面的监督管理工作。

第二章　生产、经营许可

第五条　生产、经营药品类易制毒化学品，应当依照《条例》和本办法的规定取得药品类易制毒化学品生产、经营许可。

生产药品类易制毒化学品中属于药品的品种，还应当依照《药品管理法》和相关规定取得药品批准文号。

第六条　药品生产企业申请生产药品类易制毒化学品，应当符合《条例》第七条规定的条件，向所在地省、自治区、直辖市食品药品监督管理部门提出申请，报送以下资料：

(一)药品类易制毒化学品生产申请表(见附件2)；

(二)《药品生产许可证》、《药品生产质量管理规范》认证证书和企业营业执照复印件；

(三)企业药品类易制毒化学品管理的组织机构图(注明各部门职责及相互关系、部门负责人)；

(四)反映企业现有状况的周边环境图、总平面布置图、仓储平面布置图、质量检验场所平面布置图、药品类易制毒化学品生产场所平面布置图(注明药品类易制毒化学品相应安全管理设施)；

(五)药品类易制毒化学品安全管理制度文件目录；

(六)重点区域设置电视监控设施的说明以及与公安机关联网报警的证明；

(七)企业法定代表人、企业负责人和技术、管理人员具有药品类易制毒化学品有关知识的说明材料；

(八)企业法定代表人及相关工作人员无毒品犯罪记录的证明；

(九)申请生产仅能作为药品中间体使用的药品类易制毒化学品的，还应当提供合法用途说明等其他相应资料。

第七条　省、自治区、直辖市食品药品监督管理部门应当在收到申请之日起5日内，对申报资料进行形式审查，决定是否受理。受理的，在30日内完成现场检查，将检查结果连同企业申报资料报送国家食品药品监督管理局。国家食品药品监督管理局应当在30日内完成实质性审查，对符合规定的，发给《药品类易制毒化学品生产许可批件》(以下简称《生产许可批件》，见附件3)，注明许可生产的药品类易制毒化学品名称；不予许可的，应当书面说明理由。

第八条　药品生产企业收到《生产许可批件》后，应当向所在地省、自治区、直辖市食品药品监督管理部门提出变更《药品生产许可证》生产范围的申请。省、自治区、直辖市食品药品监督管理部门应当根据《生产许可批件》，在《药品生产许可证》正本的生产范围中标注“药品类易制毒化学品”；在副本的生产范围中标注“药品类易制毒化学品”后，括弧内标注药品类易制毒化学品名称。

第九条　药品类易制毒化学品生产企业申请换发《药品生产许可证》的，省、自治区、直辖市食品药品监督管理部门除按照《药品生产监督管理办法》审查外，还应当对企业的药品类易制毒化学品生产条件和安全管理情况进行审查。对符合规定的，在换发的《药品生产许可证》中继续标注药品类易制毒化学品生产范围和品种名称；对不符合规定的，报国家食品药品监督管理局。

国家食品药品监督管理局收到省、自治区、直辖市食品药品监督管理部门报告后，对不符合规定的企业注销其《生产许可批件》，并通知企业所在地省、自治区、直辖市食品药品监督管理部门注销该企业《药品生产许可证》中的药品类易制毒化学品生产范围。

第十条 药品类易制毒化学品生产企业不再生产药品类易制毒化学品的，应当在停止生产经营后3个月内办理注销相关许可手续。

药品类易制毒化学品生产企业连续1年未生产的，应当书面报告所在地省、自治区、直辖市食品药品监督管理部门；需要恢复生产的，应当经所在地省、自治区、直辖市食品药品监督管理部门对企业的生产条件和安全管理情况进行现场检查。

第十一条 药品类易制毒化学品生产企业变更生产地址、品种范围的，应当重新申办《生产许可批件》。

药品类易制毒化学品生产企业变更企业名称、法定代表人的，由所在地省、自治区、直辖市食品药品监督管理部门办理《药品生产许可证》变更手续，报国家食品药品监督管理局备案。

第十二条 药品类易制毒化学品以及含有药品类易制毒化学品的制剂不得委托生产。

药品生产企业不得接受境外厂商委托加工药品类易制毒化学品以及含有药品类易制毒化学品的产品；特殊情况需要委托加工的，须经国家食品药品监督管理局批准。

第十三条 药品类易制毒化学品的经营许可，国家食品药品监督管理局委托省、自治区、直辖市食品药品监督管理部门办理。

药品类易制毒化学品单方制剂和小包装麻黄素，纳入麻醉药品销售渠道经营，仅能由麻醉药品全国性批发企业和区域性批发企业经销，不得零售。

未实行药品批准文号管理的品种，纳入药品类易制毒化学品原料药渠道经营。

第十四条 药品经营企业申请经营药品类易制毒化学品原料药，应当符合《条例》第九条规定的条件，向所在地省、自治区、直辖市食品药品监督管理部门提出申请，报送以下资料：

（一）药品类易制毒化学品原料药经营申请表（见附件4）；

（二）具有麻醉药品和第一类精神药品定点经营资格或者第二类精神药品定点经营资格的《药品经营许可证》、《药品经营质量管理规范》认证证书和企业营业执照复印件；

（三）企业药品类易制毒化学品管理的组织机构图（注明各部门职责及相互关系、部门负责人）；

（四）反映企业现有状况的周边环境图、总平面布置图、仓储平面布置图（注明药品类易制毒化学品相应安全管理设施）；

（五）药品类易制毒化学品安全管理制度文件目录；

（六）重点区域设置电视监控设施的说明以及与公安机关联网报警的证明；

（七）企业法定代表人、企业负责人和销售、管理人员具有药品类易制毒化学品有关知识的说明材料；

（八）企业法定代表人及相关工作人员无毒品犯罪记录的证明。

第十五条 省、自治区、直辖市食品药品监督管理部门应当在收到申请之日起5日内，对申报资料进行形式审查，决定是否受理。受理的，在30日内完成现场检查和实质性审查，对符合规定的，在《药品经营许可证》经营范围中标注“药品类易制毒化学品”，并报国家食品药品监督管理局备案；不予许可的，应当书面说明理由。

第三章 购买许可

第十六条 国家对药品类易制毒化学品实行购买许可制度。购买药品类易制毒化学品的，应当办理《药品类易制毒化学品购用证明》（以下简称《购用证明》），但本办法第二十一条规定的情形除外。

《购用证明》由国家食品药品监督管理局统一印制（样式见附件5），有效期为3个月。

第十七条 《购用证明》申请范围：

（一）经批准使用药品类易制毒化学品用于药品生产的药品生产企业；

（二）使用药品类易制毒化学品的教学、科研单位；

（三）具有药品类易制毒化学品经营资格的药品经营企业；

（四）取得药品类易制毒化学品出口许可的外贸出口企业；

（五）经农业部会同国家食品药品监督管理局下达兽用盐酸麻黄素注射液生产计划的兽药生产

企业。

药品类易制毒化学品生产企业自用药品类易制毒化学品原料药用于药品生产的，也应当按照本办法规定办理《购用证明》。

第十八条 购买药品类易制毒化学品应当符合《条例》第十四条规定，向所在地省、自治区、直辖市食品药品监督管理部门或者省、自治区食品药品监督管理部门确定并公布的设区的市级食品药品监督管理部门提出申请，填报购买药品类易制毒化学品申请表（见附件6），提交相应资料（见附件7）。

第十九条 设区的市级食品药品监督管理部门应当在收到申请之日起5日内，对申报资料进行形式审查，决定是否受理。受理的，必要时组织现场检查，5日内将检查结果连同企业申报资料报送省、自治区食品药品监督管理部门。省、自治区食品药品监督管理部门应当在5日内完成审查，对符合规定的，发给《购用证明》；不予许可的，应当书面说明理由。

省、自治区、直辖市食品药品监督管理部门直接受理的，应当在收到申请之日起10日内完成审查和必要的现场检查，对符合规定的，发给《购用证明》；不予许可的，应当书面说明理由。

省、自治区、直辖市食品药品监督管理部门在批准发给《购用证明》之前，应当请公安机关协助核查相关内容；公安机关核查所用的时间不计算在上述期限之内。

第二十条 《购用证明》只能在有效期内一次使用。《购用证明》不得转借、转让。购买药品类易制毒化学品时必须使用《购用证明》原件，不得使用复印件、传真件。

第二十一条 符合以下情形之一的，豁免办理《购用证明》：

（一）医疗机构凭麻醉药品、第一类精神药品购用印鉴卡购买药品类易制毒化学品单方制剂和小包装麻黄素的；

（二）麻醉药品全国性批发企业、区域性批发企业持麻醉药品调拨单购买小包装麻黄素以及单次购买麻黄素片剂6万片以下、注射剂1.5万支以下的；

（三）按规定购买药品类易制毒化学品标准品、对照品的；

（四）药品类易制毒化学品生产企业凭药品类易制毒化学品出口许可自营出口药品类易制毒化学品的。

第四章 购销管理

第二十二条 药品类易制毒化学品生产企业应当将药品类易制毒化学品原料药销售给取得《购用证明》的药品生产企业、药品经营企业和外贸出口企业。

第二十三条 药品类易制毒化学品经营企业应当将药品类易制毒化学品原料药销售给本省、自治区、直辖市行政区域内取得《购用证明》的单位。药品类易制毒化学品经营企业之间不得购销药品类易制毒化学品原料药。

第二十四条 教学科研单位只能凭《购用证明》从麻醉药品全国性批发企业、区域性批发企业和药品类易制毒化学品经营企业购买药品类易制毒化学品。

第二十五条 药品类易制毒化学品生产企业应当将药品类易制毒化学品单方制剂和小包装麻黄素销售给麻醉药品全国性批发企业。麻醉药品全国性批发企业、区域性批发企业应当按照《麻醉药品和精神药品管理条例》第三章规定的渠道销售药品类易制毒化学品单方制剂和小包装麻黄素。麻醉药品区域性批发企业之间不得购销药品类易制毒化学品单方制剂和小包装麻黄素。

麻醉药品区域性批发企业之间因医疗急需等特殊情况需要调剂药品类易制毒化学品单方制剂的，应当在调剂后2日内将调剂情况分别报所在地省、自治区、直辖市食品药品监督管理部门备案。

第二十六条 药品类易制毒化学品禁止使用现金或者实物进行交易。

第二十七条 药品类易制毒化学品生产企业、经营企业销售药品类易制毒化学品，应当逐一建立购买方档案。

购买方为非医疗机构的，档案内容至少包括：

（一）购买方《药品生产许可证》、《药品经营许可证》、企业营业执照等资质证明文件复印件；

（二）购买方企业法定代表人、主管药品类易制毒化学品负责人、采购人员姓名及其联系方式；

（三）法定代表人授权委托书原件及采购人员身份证明文件复印件；

（四）《购用证明》或者麻醉药品调拨单原件；

（五）销售记录及核查情况记录。

购买方为医疗机构的，档案应当包括医疗机构麻醉药品、第一类精神药品购用印鉴卡复印件和销售记录。

第二十八条 药品类易制毒化学品生产企业、经营企业销售药品类易制毒化学品时，应当核查采购人员身份证明和相关购买许可证明，无误后方可销售，并保存核查记录。

发货应当严格执行出库复核制度，认真核对实物与药品销售出库单是否相符，并确保将药品类易制毒化学品送达购买方《药品生产许可证》或者《药品经营许可证》所载明的地址，或者医疗机构的药库。

在核查、发货、送货过程中发现可疑情况的，应当立即停止销售，并向所在地食品药品监督管理部门和公安机关报告。

第二十九条 除药品类易制毒化学品经营企业外，购用单位应当按照《购用证明》载明的用途使用药品类易制毒化学品，不得转售；外贸出口企业购买的药品类易制毒化学品不得内销。

购用单位需要将药品类易制毒化学品退回原供货单位的，应当分别报其所在地和原供货单位所在地省、自治区、直辖市食品药品监督管理部门备案。原供货单位收到退货后，应当分别向其所在地和原购用单位所在地省、自治区、直辖市食品药品监督管理部门报告。

第五章 安全管理

第三十条 药品类易制毒化学品生产企业、经营企业、使用药品类易制毒化学品的药品生产企业和教学科研单位，应当配备保障药品类易制毒化学品安全管理的设施，建立层层落实责任制的药品类易制毒化学品管理制度。

第三十一条 药品类易制毒化学品生产企业、经营企业和使用药品类易制毒化学品的药品生产企业，应当设置专库或者在药品仓库中设立独立的专库（柜）储存药品类易制毒化学品。

麻醉药品全国性批发企业、区域性批发企业可在其麻醉药品和第一类精神药品专库中设专区存放药品类易制毒化学品。

教学科研单位应当设立专柜储存药品类易制毒化学品。

专库应当设有防盗设施，专柜应当使用保险柜；专库和专柜应当实行双人双锁管理。

药品类易制毒化学品生产企业、经营企业和使用药品类易制毒化学品的药品生产企业，其关键生产岗位、储存场所应当设置电视监控设施，安装报警装置并与公安机关联网。

第三十二条 药品类易制毒化学品生产企业、经营企业和使用药品类易制毒化学品的药品生产企业，应当建立药品类易制毒化学品专用账册。专用账册保存期限应当自药品类易制毒化学品有效期期满之日起不少于2年。

药品类易制毒化学品生产企业自营出口药品类易制毒化学品的，必须在专用账册中载明，并留存出口许可及相应证明材料备查。

药品类易制毒化学品入库应当双人验收，出库应当双人复核，做到账物相符。

第三十三条 发生药品类易制毒化学品被盗、被抢、丢失或者其他流入非法渠道情形的，案发单位应当立即报告当地公安机关和县级以上地方食品药品监督管理部门。接到报案的食品药品监督管理部门应当逐级上报，并配合公安机关查处。

第六章 监督管理

第三十四条 县级以上地方食品药品监督管理部门负责本行政区域内药品类易制毒化学品生产企业、经营企业、使用药品类易制毒化学品的药品生产企业和教学科研单位的监督检查。

第三十五条 食品药品监督管理部门应当建立对本行政区域内相关企业的监督检查制度和监督检查档案。监督检查至少应当包括药品类易制毒化学品的安全管理状况、销售流向、使用情况等内容；对企业的监督检查档案应当全面详实，应当有现场检查等情况的记录。每次检查后应当将检查结果以书面形式告知被检查单位；需要整改的应当提出整改内容及整改期限，并实施跟踪检查。

第三十六条 食品药品监督管理部门对药品类易制毒化学品的生产、经营、购买活动进行监督检查时，可以依法查看现场、查阅和复制有关资料、记录有关情况、扣押相关的证据材料和违法物品；必要时，可以临时查封有关场所。

被检查单位及其工作人员应当配合食品药品监督管理部门的监督检查，如实提供有关情况和材料、物品，不得拒绝或者隐匿。

第三十七条 食品药品监督管理部门应当将药品类易制毒化学品许可、依法吊销或者注销许可的情况及时通报有关公安机关和工商行政管理部门。

食品药品监督管理部门收到工商行政管理部门关于药品类易制毒化学品生产企业、经营企业吊销营业执照或者注销登记的情况通报后，应当及时注销相应的药品类易制毒化学品许可。

第三十八条 药品类易制毒化学品生产企业、经营企业应当于每月10日前，向所在地县级食品药品监督管理部门、公安机关及中国麻醉药品协会报送上月药品类易制毒化学品生产、经营和库存情况；每年3月31日前向所在地县级食品药品监督管理部门、公安机关及中国麻醉药品协会报送上年度药品类易制毒化学品生产、经营和库存情况。食品药品监督管理部门应当将汇总情况及时报告上一级食品药品监督管理部门。

药品类易制毒化学品生产企业、经营企业应当按照食品药品监督管理部门制定的药品电子监管实施要求，及时联入药品电子监管网，并通过网络报送药品类易制毒化学品生产、经营和库存情况。

第三十九条 药品类易制毒化学品生产企业、经营企业、使用药品类易制毒化学品的药品生产企业和教学科研单位，对过期、损坏的药品类易制毒化学品应当登记造册，并向所在地县级以上地方食品药品监督管理部门申请销毁。食品药品监督管理部门应当自接到申请之日起5日内到现场监督销毁。

第四十条 有《行政许可法》第六十九条第一款、第二款所列情形的，省、自治区、直辖市食品药品监督管理部门或者国家食品药品监督管理局应当撤销根据本办法作出的有关许可。

第七章 法律责任

第四十一条 药品类易制毒化学品生产企业、经营企业、使用药品类易制毒化学品的药品生产企业、教学科研单位，未按规定执行安全管理制度的，由县级以上食品药品监督管理部门按照《条例》第四十条第一款第一项的规定给予处罚。

第四十二条 药品类易制毒化学品生产企业自营出口药品类易制毒化学品，未按规定在专用账册中载明或者未按规定留存出口许可、相应证明材料备查的，由县级以上食品药品监督管理部门按照《条例》第四十条第一款第四项的规定给予处罚。

第四十三条 有下列情形之一的，由县级以上食品药品监督管理部门给予警告，责令限期改正，可以并处1万元以上3万元以下的罚款：

（一）药品类易制毒化学品生产企业连续停产1年以上未按规定报告的，或者未经所在地省、自治区、直辖市食品药品监督管理部门现场检查即恢复生产的；

（二）药品类易制毒化学品生产企业、经营企业未按规定渠道购销药品类易制毒化学品的；

（三）麻醉药品区域性批发企业因特殊情况调剂药品类易制毒化学品后未按规定备案的；

（四）药品类易制毒化学品发生退货，购用单位、供货单位未按规定备案、报告的。

第四十四条 药品类易制毒化学品生产企业、经营企业、使用药品类易制毒化学品的药品生产企业和教学科研单位，拒不接受食品药品监督管理部门监督检查的，由县级以上食品药品监督管理部门按照《条例》第四十二条规定给予处罚。

第四十五条 对于由公安机关、工商行政管理部门按照《条例》第三十八条作出行政处罚决定的单位，食品药品监督管理部门自该行政处罚决定作出之日起3年内不予受理其药品类易制毒化学品生产、经营、购买许可的申请。

第四十六条 食品药品监督管理部门工作人员在药品类易制毒化学品管理工作中有应当许可而不许可、不应当许可而滥许可，以及其他滥用职权、玩忽职守、徇私舞弊行为的，依法给予行政处分；构成犯罪的，依法追究刑事责任。

第八章 附 则

第四十七条 申请单位按照本办法的规定申请行政许可事项的，应当对提交资料的真实性负责，提供资料为复印件的，应当加盖申请单位的公章。

第四十八条 本办法所称小包装麻黄素是指国家食品药品监督管理局指定生产的供教学、科研和医疗机构配制制剂使用的特定包装的麻黄素原料药。

第四十九条 对兽药生产企业购用盐酸麻黄素原料药以及兽用盐酸麻黄素注射液生产、经营等监督管理，按照农业部和国家食品药品监督管理局的规定执行。

第五十条 本办法自2010年5月1日起施行。原国家药品监督管理局1999年6月26日发布的《麻黄素管理办法》(试行)同时废止。

附件1

药品类易制毒化学品品种目录

1. 麦角酸
2. 麦角胺
3. 麦角新碱
4. 麻黄素、伪麻黄素、消旋麻黄素、去甲麻黄素、甲基麻黄素、麻黄浸膏、麻黄浸膏粉等麻黄素类物质

说明:

一、所列物质包括可能存在的盐类。

二、药品类易制毒化学品包括原料药及其单方制剂。

附件2:药品类易制毒化学品生产申请表(略)
附件3:药品类易制毒化学品生产许可批件(略)
附件4:药品类易制毒化学品原料药经营申请表(略)
附件5:药品类易制毒化学品购用证明(略)
附件6:购买药品类易制毒化学品申请表(略)
附件7:购买药品类易制毒化学品申报资料要求(略)

最高人民法院、最高人民检察院关于办理危害药品安全刑事案件适用法律若干问题的解释

· 2022年2月28日最高人民法院审判委员会第1865次会议、2022年2月25日最高人民检察院第十三届检察委员会第九十二次会议通过
· 2022年3月3日最高人民法院、最高人民检察院公告公布
· 自2022年3月6日起施行
· 高检发释字〔2022〕1号

为依法惩治危害药品安全犯罪,保障人民群众生命健康,维护药品管理秩序,根据《中华人民共和国刑法》《中华人民共和国刑事诉讼法》及《中华人民共和国药品管理法》等有关规定,现就办理此类刑事案件适用法律的若干问题解释如下:

第一条 生产、销售、提供假药,具有下列情形之一的,应当酌情从重处罚:

(一)涉案药品以孕产妇、儿童或者危重病人为主要使用对象的;

(二)涉案药品属于麻醉药品、精神药品、医疗用毒性药品、放射性药品、生物制品,或者以药品类易制毒化学品冒充其他药品的;

(三)涉案药品属于注射剂药品、急救药品的;

(四)涉案药品系用于应对自然灾害、事故灾难、公共卫生事件、社会安全事件等突发事件的;

(五)药品使用单位及其工作人员生产、销售假药的;

(六)其他应当酌情从重处罚的情形。

第二条 生产、销售、提供假药,具有下列情形之一的,应当认定为刑法第一百四十一条规定的"对人体健康造成严重危害":

(一)造成轻伤或者重伤的;

(二)造成轻度残疾或者中度残疾的;

(三)造成器官组织损伤导致一般功能障碍或者严重功能障碍的;

(四)其他对人体健康造成严重危害的情形。

第三条 生产、销售、提供假药,具有下列情形之一的,应当认定为刑法第一百四十一条规定的"其他严重情节":

(一)引发较大突发公共卫生事件的;

(二)生产、销售、提供假药的金额二十万元以上不满五十万元的;

(三)生产、销售、提供假药的金额十万元以上不满二十万元,并具有本解释第一条规定情形之一的;

(四)根据生产、销售、提供的时间、数量、假药种类、对人体健康危害程度等,应当认定为情节严重的。

第四条 生产、销售、提供假药,具有下列情形之一的,应当认定为刑法第一百四十一条规定的"其他特别严重情节":

(一)致人重度残疾以上的;

(二)造成三人以上重伤、中度残疾或者器官组织损伤导致严重功能障碍的;

(三)造成五人以上轻度残疾或者器官组织损伤导致一般功能障碍的;

（四）造成十人以上轻伤的；

（五）引发重大、特别重大突发公共卫生事件的；

（六）生产、销售、提供假药的金额五十万元以上的；

（七）生产、销售、提供假药的金额二十万元以上不满五十万元，并具有本解释第一条规定情形之一的；

（八）根据生产、销售、提供的时间、数量、假药种类、对人体健康危害程度等，应当认定为情节特别严重的。

第五条 生产、销售、提供劣药，具有本解释第一条规定情形之一的，应当酌情从重处罚。

生产、销售、提供劣药，具有本解释第二条规定情形之一的，应当认定为刑法第一百四十二条规定的“对人体健康造成严重危害”。

生产、销售、提供劣药，致人死亡，或者具有本解释第四条第一项至第五项规定情形之一的，应当认定为刑法第一百四十二条规定的“后果特别严重”。

第六条 以生产、销售、提供假药、劣药为目的，合成、精制、提取、储存、加工炮制药品原料，或者在将药品原料、辅料、包装材料制成成品过程中，进行配料、混合、制剂、储存、包装的，应当认定为刑法第一百四十一条、第一百四十二条规定的“生产”。

药品使用单位及其工作人员明知是假药、劣药而有偿提供给他人使用的，应当认定为刑法第一百四十一条、第一百四十二条规定的“销售”；无偿提供给他人使用的，应当认定为刑法第一百四十一条、第一百四十二条规定的“提供”。

第七条 实施妨害药品管理的行为，具有下列情形之一的，应当认定为刑法第一百四十二条之一规定的“足以严重危害人体健康”：

（一）生产、销售国务院药品监督管理部门禁止使用的药品，综合生产、销售的时间、数量、禁止使用原因等情节，认为具有严重危害人体健康的现实危险的；

（二）未取得药品相关批准证明文件生产药品或者明知是上述药品而销售，涉案药品属于本解释第一条第一项至第三项规定情形的；

（三）未取得药品相关批准证明文件生产药品或者明知是上述药品而销售，涉案药品的适应症、功能主治或者成分不明的；

（四）未取得药品相关批准证明文件生产药品或者明知是上述药品而销售，涉案药品没有国家药品标准，且无核准的药品质量标准，但检出化学药成分的；

（五）未取得药品相关批准证明文件进口药品或者明知是上述药品而销售，涉案药品在境外也未合法上市的；

（六）在药物非临床研究或者药物临床试验过程中故意使用虚假试验用药品，或者瞒报与药物临床试验用药品相关的严重不良事件的；

（七）故意损毁原始药物非临床研究数据或者药物临床试验数据，或者编造受试动物信息、受试者信息、主要试验过程记录、研究数据、检测数据等药物非临床研究数据或者药物临床试验数据，影响药品的安全性、有效性和质量可控性的；

（八）编造生产、检验记录，影响药品的安全性、有效性和质量可控性的；

（九）其他足以严重危害人体健康的情形。

对于涉案药品是否在境外合法上市，应当根据境外药品监督管理部门或者权利人的证明等证据，结合犯罪嫌疑人、被告人及其辩护人提供的证据材料综合审查，依法作出认定。

对于“足以严重危害人体健康”难以确定的，根据地市级以上药品监督管理部门出具的认定意见，结合其他证据作出认定。

第八条 实施妨害药品管理的行为，具有本解释第二条规定情形之一的，应当认定为刑法第一百四十二条之一规定的“对人体健康造成严重危害”。

实施妨害药品管理的行为，足以严重危害人体健康，并具有下列情形之一的，应当认定为刑法第一百四十二条之一规定的“有其他严重情节”：

（一）生产、销售国务院药品监督管理部门禁止使用的药品，生产、销售的金额五十万元以上的；

（二）未取得药品相关批准证明文件生产、进口药品或者明知是上述药品而销售，生产、销售的金额五十万元以上的；

（三）药品申请注册中提供虚假的证明、数据、资料、样品或者采取其他欺骗手段，造成严重后果的；

（四）编造生产、检验记录，造成严重后果的；

（五）造成恶劣社会影响或者具有其他严重情节的情形。

实施刑法第一百四十二条之一规定的行为，同时又构成生产、销售、提供假药罪、生产、销售、提供劣药罪或者其他犯罪的，依照处罚较重的规定定罪处罚。

第九条 明知他人实施危害药品安全犯罪，而有下列情形之一的，以共同犯罪论处：

（一）提供资金、贷款、账号、发票、证明、许可证件的；

（二）提供生产、经营场所、设备或者运输、储存、保管、邮寄、销售渠道等便利条件的；

（三）提供生产技术或者原料、辅料、包装材料、标签、说明书的；

（四）提供虚假药物非临床研究报告、药物临床试验报告及相关材料的；

（五）提供广告宣传的；

（六）提供其他帮助的。

第十条 办理生产、销售、提供假药、生产、销售、提供劣药、妨害药品管理等刑事案件，应当结合行为人的从业经历、认知能力、药品质量、进货渠道和价格、销售渠道和价格以及生产、销售方式等事实综合判断认定行为人的主观故意。具有下列情形之一的，可以认定行为人有实施相关犯罪的主观故意，但有证据证明确实不具有故意的除外：

（一）药品价格明显异于市场价格的；

（二）向不具有资质的生产者、销售者购买药品，且不能提供合法有效的来历证明的；

（三）逃避、抗拒监督检查的；

（四）转移、隐匿、销毁涉案药品、进销货记录的；

（五）曾因实施危害药品安全违法犯罪行为受过处罚，又实施同类行为的；

（六）其他足以认定行为人主观故意的情形。

第十一条 以提供给他人生产、销售、提供药品为目的，违反国家规定，生产、销售不符合药用要求的原料、辅料，符合刑法第一百四十条规定的，以生产、销售伪劣产品罪从重处罚；同时构成其他犯罪的，依照处罚较重的规定定罪处罚。

第十二条 广告主、广告经营者、广告发布者违反国家规定，利用广告对药品作虚假宣传，情节严重的，依照刑法第二百二十二条的规定，以虚假广告罪定罪处罚。

第十三条 明知系利用医保骗保购买的药品而非法收购、销售，金额五万元以上的，应当依照刑法第三百一十二条的规定，以掩饰、隐瞒犯罪所得罪定罪处罚；指使、教唆、授意他人利用医保骗保购买药品，进而非法收购、销售，符合刑法第二百六十六条规定的，以诈骗罪定罪处罚。

对于利用医保骗保购买药品的行为人是否追究刑事责任，应当综合骗取医保基金的数额、手段、认罪悔罪态度等案件具体情节，依法妥当决定。利用医保骗保购买药品的行为人是否被追究刑事责任，不影响对非法收购、销售有关药品的行为人定罪处罚。

对于第一款规定的主观明知，应当根据药品标志、收购渠道、价格、规模及药品追溯信息等综合认定。

第十四条 负有药品安全监督管理职责的国家机关工作人员，滥用职权或者玩忽职守，构成药品监管渎职罪，同时构成商检徇私舞弊罪、商检失职罪等其他渎职犯罪的，依照处罚较重的规定定罪处罚。

负有药品安全监督管理职责的国家机关工作人员滥用职权或者玩忽职守，不构成药品监管渎职罪，但构成前款规定的其他渎职犯罪的，依照该其他犯罪定罪处罚。

负有药品安全监督管理职责的国家机关工作人员与他人共谋，利用其职务便利帮助他人实施危害药品安全犯罪行为，同时构成渎职犯罪和危害药品安全犯罪共犯的，依照处罚较重的规定定罪从重处罚。

第十五条 对于犯生产、销售、提供假药罪、生产、销售、提供劣药罪、妨害药品管理罪的，应当结合被告人的犯罪数额、违法所得，综合考虑被告人缴纳罚金的能力，依法判处罚金。罚金一般应当在生产、销售、提供的药品金额二倍以上；共同犯罪的，对各共同犯罪人合计判处的罚金一般应当在生产、销售、提供的药品金额二倍以上。

第十六条 对于犯生产、销售、提供假药罪、生产、销售、提供劣药罪、妨害药品管理罪的，应当依照刑法规定的条件，严格缓刑、免予刑事处罚的适用。对于被判处刑罚的，可以根据犯罪情况和预防再犯罪的需要，依法宣告职业禁止或者禁止令。《中华人民共和国药品管理法》等法律、行政法规另有规定的,从其规定。

对于被不起诉或者免予刑事处罚的行为人,需要给予行政处罚、政务处分或者其他处分的,依法移送有关主管机关处理。

第十七条 单位犯生产、销售、提供假药罪、生产、销售、提供劣药罪、妨害药品管理罪的,对单位判处罚金,并对直接负责的主管人员和其他直接责任人员,依照本解释规定的自然人犯罪的定罪量刑标准处罚。

单位犯罪的,对被告单位及其直接负责的主管人员、其他直接责任人员合计判处的罚金一般应当在生产、销售、提供的药品金额二倍以上。

第十八条 根据民间传统配方私自加工药品或者销售上述药品,数量不大,且未造成他人伤害后果或者延误诊治的,或者不以营利为目的实施带有自救、互助性质的生产、进口、销售药品的行为,不应当认定为犯罪。

对于是否属于民间传统配方难以确定的,根据地市级以上药品监督管理部门或者有关部门出具的认定意见,结合其他证据作出认定。

第十九条 刑法第一百四十一条、第一百四十二条规定的"假药""劣药",依照《中华人民共和国药品管理法》的规定认定。

对于《中华人民共和国药品管理法》第九十八条第二款第二项、第四项及第三款第三项至第六项规定的假药、劣药,能够根据现场查获的原料、包装,结合犯罪嫌疑人、被告人供述等证据材料作出判断的,可以由地市级以上药品监督管理部门出具认定意见。对于依据《中华人民共和国药品管理法》第九十八条第二款、第三款的其他规定认定假药、劣药,或者是否属于第九十八条第二款第二项、第三款第六项规定的假药、劣药存在争议的,应当由省级以上药品监督管理部门设置或者确定的药品检验机构进行检验,出具质量检验结论。司法机关根据认定意见、检验结论,结合其他证据作出认定。

第二十条 对于生产、提供药品的金额,以药品的货值金额计算;销售药品的金额,以所得和可得的全部违法收入计算。

第二十一条 本解释自2022年3月6日起施行。本解释公布施行后,《最高人民法院、最高人民检察院关于办理危害药品安全刑事案件适用法律若干问题的解释》(法释〔2014〕14号)、《最高人民法院、最高人民检察院关于办理药品、医疗器械注册申请材料造假刑事案件适用法律若干问题的解释》(法释〔2017〕15号)同时废止。

最高人民法院关于审理食品药品纠纷案件适用法律若干问题的规定

· 2021年11月18日
· 法释〔2021〕17号

为正确审理食品药品纠纷案件,根据《中华人民共和国民法典》《中华人民共和国消费者权益保护法》《中华人民共和国食品安全法》《中华人民共和国药品管理法》《中华人民共和国民事诉讼法》等法律的规定,结合审判实践,制定本规定。

第一条 消费者因食品、药品纠纷提起民事诉讼,符合民事诉讼法规定受理条件的,人民法院应予受理。

第二条 因食品、药品存在质量问题造成消费者损害,消费者可以分别起诉或者同时起诉销售者和生产者。

消费者仅起诉销售者或者生产者的,必要时人民法院可以追加相关当事人参加诉讼。

第三条 因食品、药品质量问题发生纠纷,购买者向生产者、销售者主张权利,生产者、销售者以购买者明知食品、药品存在质量问题而仍然购买为由进行抗辩的,人民法院不予支持。

第四条 食品、药品生产者、销售者提供给消费者的食品或者药品的赠品发生质量安全问题,造成消费者损害,消费者主张权利,生产者、销售者以消费者未对赠品支付对价为由进行免责抗辩的,人民法院不予支持。

第五条 消费者举证证明所购买食品、药品的事实以及所购食品、药品不符合合同的约定,主张食品、药品的生产者、销售者承担违约责任的,人民法院应予支持。

消费者举证证明因食用食品或者使用药品受到损害,初步证明损害与食用食品或者使用药品存在因果关系,并请求食品、药品的生产者、销售者承担侵权责任的,人民法院应予支持,但食品、药品的生产者、销售者能证明损害不是因产品不符合质量标准造成的除外。

第六条 食品的生产者与销售者应当对于食品符合质量标准承担举证责任。认定食品是否安全，应当以国家标准为依据；对地方特色食品，没有国家标准的，应当以地方标准为依据。没有前述标准的，应当以食品安全法的相关规定为依据。

第七条 食品、药品虽在销售前取得检验合格证明，且食用或者使用时尚在保质期内，但经检验确认产品不合格，生产者或者销售者以该食品、药品具有检验合格证明为由进行抗辩的，人民法院不予支持。

第八条 集中交易市场的开办者、柜台出租者、展销会举办者未履行食品安全法规定的审查、检查、报告等义务，使消费者的合法权益受到损害的，消费者请求集中交易市场的开办者、柜台出租者、展销会举办者承担连带责任的，人民法院应予支持。

第九条 消费者通过网络交易第三方平台购买食品、药品遭受损害，网络交易第三方平台提供者不能提供食品、药品的生产者或者销售者的真实名称、地址与有效联系方式，消费者请求网络交易第三方平台提供者承担责任的，人民法院应予支持。

网络交易第三方平台提供者承担赔偿责任后，向生产者或者销售者行使追偿权的，人民法院应予支持。

网络交易第三方平台提供者知道或者应当知道食品、药品的生产者、销售者利用其平台侵害消费者合法权益，未采取必要措施，给消费者造成损害，消费者要求其与生产者、销售者承担连带责任的，人民法院应予支持。

第十条 未取得食品生产资质与销售资质的民事主体，挂靠具有相应资质的生产者与销售者，生产、销售食品，造成消费者损害，消费者请求挂靠者与被挂靠者承担连带责任的，人民法院应予支持。

消费者仅起诉挂靠者或者被挂靠者的，必要时人民法院可以追加相关当事人参加诉讼。

第十一条 消费者因虚假广告推荐的食品、药品存在质量问题遭受损害，依据消费者权益保护法等法律相关规定请求广告经营者、广告发布者承担连带责任的，人民法院应予支持。

其他民事主体在虚假广告中向消费者推荐食品、药品，使消费者遭受损害，消费者依据消费者权益保护法等法律相关规定请求其与食品、药品的生产者、销售者承担连带责任的，人民法院应予支持。

第十二条 食品检验机构故意出具虚假检验报告，造成消费者损害，消费者请求其承担连带责任的，人民法院应予支持。

食品检验机构因过失出具不实检验报告，造成消费者损害，消费者请求其承担相应责任的，人民法院应予支持。

第十三条 食品认证机构故意出具虚假认证，造成消费者损害，消费者请求其承担连带责任的，人民法院应予支持。

食品认证机构因过失出具不实认证，造成消费者损害，消费者请求其承担相应责任的，人民法院应予支持。

第十四条 生产、销售的食品、药品存在质量问题，生产者与销售者需同时承担民事责任、行政责任和刑事责任，其财产不足以支付，当事人依照民法典等有关法律规定，请求食品、药品的生产者、销售者首先承担民事责任的，人民法院应予支持。

第十五条 生产不符合安全标准的食品或者销售明知是不符合安全标准的食品，消费者除要求赔偿损失外，依据食品安全法等法律规定向生产者、销售者主张赔偿金的，人民法院应予支持。

生产假药、劣药或者明知是假药、劣药仍然销售、使用的，受害人或者其近亲属除请求赔偿损失外，依据药品管理法等法律规定向生产者、销售者主张赔偿金的，人民法院应予支持。

第十六条 食品、药品的生产者与销售者以格式合同、通知、声明、告示等方式作出排除或者限制消费者权利，减轻或者免除经营者责任、加重消费者责任等对消费者不公平、不合理的规定，消费者依法请求认定该内容无效的，人民法院应予支持。

第十七条 消费者与化妆品、保健食品等产品的生产者、销售者、广告经营者、广告发布者、推荐者、检验机构等主体之间的纠纷，参照适用本规定。

法律规定的机关和有关组织依法提起公益诉讼的，参照适用本规定。

第十八条 本规定所称的“药品的生产者”包括药品上市许可持有人和药品生产企业，“药品的销售者”包括药品经营企业和医疗机构。

第十九条 本规定施行后人民法院正在审理的一审、二审案件适用本规定。

本规定施行前已经终审，本规定施行后当事人申请再审或者按照审判监督程序决定再审的案件，不适用本规定。

最高人民法院关于审理医疗损害责任纠纷案件适用法律若干问题的解释

· 2017 年 3 月 27 日最高人民法院审判委员会第 1713 次会议通过

· 根据 2020 年 12 月 23 日最高人民法院审判委员会第 1823 次会议通过的《最高人民法院关于修改〈最高人民法院关于在民事审判工作中适用《中华人民共和国工会法》若干问题的解释〉等二十七件民事类司法解释的决定》修正

为正确审理医疗损害责任纠纷案件，依法维护当事人的合法权益，推动构建和谐医患关系，促进卫生健康事业发展，根据《中华人民共和国民法典》《中华人民共和国民事诉讼法》等法律规定，结合审判实践，制定本解释。

第一条 患者以在诊疗活动中受到人身或者财产损害为由请求医疗机构，医疗产品的生产者、销售者、药品上市许可持有人或者血液提供机构承担侵权责任的案件，适用本解释。

患者以在美容医疗机构或者开设医疗美容科室的医疗机构实施的医疗美容活动中受到人身或者财产损害为由提起的侵权纠纷案件，适用本解释。

当事人提起的医疗服务合同纠纷案件，不适用本解释。

第二条 患者因同一伤病在多个医疗机构接受诊疗受到损害，起诉部分或者全部就诊的医疗机构的，应予受理。

患者起诉部分就诊的医疗机构后，当事人依法申请追加其他就诊的医疗机构为共同被告或者第三人的，应予准许。必要时，人民法院可以依法追加相关当事人参加诉讼。

第三条 患者因缺陷医疗产品受到损害，起诉部分或者全部医疗产品的生产者、销售者、药品上市许可持有人和医疗机构的，应予受理。

患者仅起诉医疗产品的生产者、销售者、药品上市许可持有人、医疗机构中部分主体，当事人依法申请追加其他主体为共同被告或者第三人的，应予准许。必要时，人民法院可以依法追加相关当事人参加诉讼。

患者因输入不合格的血液受到损害提起侵权诉讼的，参照适用前两款规定。

第四条 患者依据民法典第一千二百一十八条规定主张医疗机构承担赔偿责任的，应当提交到该医疗机构就诊、受到损害的证据。

患者无法提交医疗机构或者其医务人员有过错、诊疗行为与损害之间具有因果关系的证据，依法提出医疗损害鉴定申请的，人民法院应予准许。

医疗机构主张不承担责任的，应当就民法典第一千二百二十四条第一款规定情形等抗辩事由承担举证证明责任。

第五条 患者依据民法典第一千二百一十九条规定主张医疗机构承担赔偿责任的，应当按照前条第一款规定提交证据。

实施手术、特殊检查、特殊治疗的，医疗机构应当承担说明义务并取得患者或者患者近亲属明确同意，但属于民法典第一千二百二十条规定情形的除外。医疗机构提交患者或者患者近亲属明确同意证据的，人民法院可以认定医疗机构尽到说明义务，但患者有相反证据足以反驳的除外。

第六条 民法典第一千二百二十二条规定的病历资料包括医疗机构保管的门诊病历、住院志、体温单、医嘱单、检验报告、医学影像检查资料、特殊检查(治疗)同意书、手术同意书、手术及麻醉记录、病理资料、护理记录、出院记录以及国务院卫生行政主管部门规定的其他病历资料。

患者依法向人民法院申请医疗机构提交由其保管的与纠纷有关的病历资料等，医疗机构未在人民法院指定期限内提交的，人民法院可以依照民法典第一千二百二十二条第二项规定推定医疗机构有过错，但是因不可抗力等客观原因无法提交的除外。

第七条 患者依据民法典第一千二百二十三条规定请求赔偿的，应当提交使用医疗产品或者输入血液、受到损害的证据。

患者无法提交使用医疗产品或者输入血液与

损害之间具有因果关系的证据，依法申请鉴定的，人民法院应予准许。

医疗机构，医疗产品的生产者、销售者、药品上市许可持有人或者血液提供机构主张不承担责任的，应当对医疗产品不存在缺陷或者血液合格等抗辩事由承担举证证明责任。

第八条 当事人依法申请对医疗损害责任纠纷中的专门性问题进行鉴定的，人民法院应予准许。

当事人未申请鉴定，人民法院对前款规定的专门性问题认为需要鉴定的，应当依职权委托鉴定。

第九条 当事人申请医疗损害鉴定的，由双方当事人协商确定鉴定人。

当事人就鉴定人无法达成一致意见，人民法院提出确定鉴定人的方法，当事人同意的，按照该方法确定；当事人不同意的，由人民法院指定。

鉴定人应当从具备相应鉴定能力、符合鉴定要求的专家中确定。

第十条 委托医疗损害鉴定的，当事人应当按照要求提交真实、完整、充分的鉴定材料。提交的鉴定材料不符合要求的，人民法院应当通知当事人更换或者补充相应材料。

在委托鉴定前，人民法院应当组织当事人对鉴定材料进行质证。

第十一条 委托鉴定书，应当有明确的鉴定事项和鉴定要求。鉴定人应当按照委托鉴定的事项和要求进行鉴定。

下列专门性问题可以作为申请医疗损害鉴定的事项：

（一）实施诊疗行为有无过错；

（二）诊疗行为与损害后果之间是否存在因果关系以及原因力大小；

（三）医疗机构是否尽到了说明义务、取得患者或者患者近亲属明确同意的义务；

（四）医疗产品是否有缺陷、该缺陷与损害后果之间是否存在因果关系以及原因力的大小；

（五）患者损伤残疾程度；

（六）患者的护理期、休息期、营养期；

（七）其他专门性问题。

鉴定要求包括鉴定人的资质、鉴定人的组成、鉴定程序、鉴定意见、鉴定期限等。

第十二条 鉴定意见可以按照导致患者损害的全部原因、主要原因、同等原因、次要原因、轻微原因或者与患者损害无因果关系，表述诊疗行为或者医疗产品等造成患者损害的原因力大小。

第十三条 鉴定意见应当经当事人质证。

当事人申请鉴定人出庭作证，经人民法院审查同意，或者人民法院认为鉴定人有必要出庭的，应当通知鉴定人出庭作证。双方当事人同意鉴定人通过书面说明、视听传输技术或者视听资料等方式作证的，可以准许。

鉴定人因健康原因、自然灾害等不可抗力或者其他正当理由不能按期出庭的，可以延期开庭；经人民法院许可，也可以通过书面说明、视听传输技术或者视听资料等方式作证。

无前款规定理由，鉴定人拒绝出庭作证，当事人对鉴定意见又不认可的，对该鉴定意见不予采信。

第十四条 当事人申请通知一至二名具有医学专门知识的人出庭，对鉴定意见或者案件的其他专门性事实问题提出意见，人民法院准许的，应当通知具有医学专门知识的人出庭。

前款规定的具有医学专门知识的人提出的意见，视为当事人的陈述，经质证可以作为认定案件事实的根据。

第十五条 当事人自行委托鉴定人作出的医疗损害鉴定意见，其他当事人认可的，可予采信。

当事人共同委托鉴定人作出的医疗损害鉴定意见，一方当事人不认可的，应当提出明确的异议内容和理由。经审查，有证据足以证明异议成立的，对鉴定意见不予采信；异议不成立的，应予采信。

第十六条 对医疗机构或者其医务人员的过错，应当依据法律、行政法规、规章以及其他有关诊疗规范进行认定，可以综合考虑患者病情的紧急程度、患者个体差异、当地的医疗水平、医疗机构与医务人员资质等因素。

第十七条 医务人员违反民法典第一千二百一十九条第一款规定义务，但未造成患者人身损害，患者请求医疗机构承担损害赔偿责任的，不予支持。

第十八条 因抢救生命垂危的患者等紧急情况且不能取得患者意见时，下列情形可以认定为民法典第一千二百二十条规定的不能取得患者近亲属意见：

（一）近亲属不明的；

（二）不能及时联系到近亲属的；

（三）近亲属拒绝发表意见的；

（四）近亲属达不成一致意见的；

（五）法律、法规规定的其他情形。

前款情形，医务人员经医疗机构负责人或者授权的负责人批准立即实施相应医疗措施，患者因此请求医疗机构承担赔偿责任的，不予支持；医疗机构及其医务人员怠于实施相应医疗措施造成损害，患者请求医疗机构承担赔偿责任的，应予支持。

第十九条 两个以上医疗机构的诊疗行为造成患者同一损害，患者请求医疗机构承担赔偿责任的，应当区分不同情况，依照民法典第一千一百六十八条、第一千一百七十一条或者第一千一百七十二条的规定，确定各医疗机构承担的赔偿责任。

第二十条 医疗机构邀请本单位以外的医务人员对患者进行诊疗，因受邀医务人员的过错造成患者损害的，由邀请医疗机构承担赔偿责任。

第二十一条 因医疗产品的缺陷或者输入不合格血液受到损害，患者请求医疗机构，缺陷医疗产品的生产者、销售者、药品上市许可持有人或者血液提供机构承担赔偿责任的，应予支持。

医疗机构承担赔偿责任后，向缺陷医疗产品的生产者、销售者、药品上市许可持有人或者血液提供机构追偿的，应予支持。

因医疗机构的过错使医疗产品存在缺陷或者血液不合格，医疗产品的生产者、销售者、药品上市许可持有人或者血液提供机构承担赔偿责任后，向医疗机构追偿的，应予支持。

第二十二条 缺陷医疗产品与医疗机构的过错诊疗行为共同造成患者同一损害，患者请求医疗机构与医疗产品的生产者、销售者、药品上市许可持有人承担连带责任的，应予支持。

医疗机构或者医疗产品的生产者、销售者、药品上市许可持有人承担赔偿责任后，向其他责任主体追偿的，应当根据诊疗行为与缺陷医疗产品造成患者损害的原因力大小确定相应的数额。

输入不合格血液与医疗机构的过错诊疗行为共同造成患者同一损害的，参照适用前两款规定。

第二十三条 医疗产品的生产者、销售者、药品上市许可持有人明知医疗产品存在缺陷仍然生产、销售，造成患者死亡或者健康严重损害，被侵权人请求生产者、销售者、药品上市许可持有人赔偿损失及二倍以下惩罚性赔偿的，人民法院应予支持。

第二十四条 被侵权人同时起诉两个以上医疗机构承担赔偿责任，人民法院经审理，受诉法院所在地的医疗机构依法不承担赔偿责任，其他医疗机构承担赔偿责任的，残疾赔偿金、死亡赔偿金的计算，按下列情形分别处理：

（一）一个医疗机构承担责任的，按照该医疗机构所在地的赔偿标准执行；

（二）两个以上医疗机构均承担责任的，可以按照其中赔偿标准较高的医疗机构所在地标准执行。

第二十五条 患者死亡后，其近亲属请求医疗损害赔偿的，适用本解释；支付患者医疗费、丧葬费等合理费用的人请求赔偿该费用的，适用本解释。

本解释所称的“医疗产品”包括药品、消毒产品、医疗器械等。

第二十六条 本院以前发布的司法解释与本解释不一致的，以本解释为准。

本解释施行后尚未终审的案件，适用本解释；本解释施行前已经终审，当事人申请再审或者按照审判监督程序决定再审的案件，不适用本解释。

最高人民法院关于审理申请注册的药品相关的专利权纠纷民事案件适用法律若干问题的规定

- 2021年5月24日最高人民法院审判委员会第1839次会议通过
- 2021年7月4日最高人民法院公告公布
- 自2021年7月5日起施行
- 法释〔2021〕13号

为正确审理申请注册的药品相关的专利权纠纷民事案件，根据《中华人民共和国专利法》《中华人民共和国民事诉讼法》等有关法律规定，结合知识产权审判实际，制定本规定。

第一条 当事人依据专利法第七十六条规定提起的确认是否落入专利权保护范围纠纷的第一

审案件，由北京知识产权法院管辖。

第二条 专利法第七十六条所称相关的专利，是指适用国务院有关行政部门关于药品上市许可审批与药品上市许可申请阶段专利权纠纷解决的具体衔接办法（以下简称衔接办法）的专利。

专利法第七十六条所称利害关系人，是指前款所称专利的被许可人、相关药品上市许可持有人。

第三条 专利权人或者利害关系人依据专利法第七十六条起诉的，应当按照民事诉讼法第一百一十九条第三项的规定提交下列材料：

（一）国务院有关行政部门依据衔接办法所设平台中登记的相关专利信息，包括专利名称、专利号、相关的权利要求等；

（二）国务院有关行政部门依据衔接办法所设平台中公示的申请注册药品的相关信息，包括药品名称、药品类型、注册类别以及申请注册药品与所涉及的上市药品之间的对应关系等；

（三）药品上市许可申请人依据衔接办法作出的四类声明及声明依据。

药品上市许可申请人应当在一审答辩期内，向人民法院提交其向国家药品审评机构申报的、与认定是否落入相关专利权保护范围对应的必要技术资料副本。

第四条 专利权人或者利害关系人在衔接办法规定的期限内未向人民法院提起诉讼的，药品上市许可申请人可以向人民法院起诉，请求确认申请注册药品未落入相关专利权保护范围。

第五条 当事人以国务院专利行政部门已经受理专利法第七十六条所称行政裁决请求为由，主张不应当受理专利法第七十六条所称诉讼或者申请中止诉讼的，人民法院不予支持。

第六条 当事人依据专利法第七十六条起诉后，以国务院专利行政部门已经受理宣告相关专利权无效的请求为由，申请中止诉讼的，人民法院一般不予支持。

第七条 药品上市许可申请人主张具有专利法第六十七条、第七十五条第二项等规定情形的，人民法院经审查属实，可以判决确认申请注册的药品相关技术方案未落入相关专利权保护范围。

第八条 当事人对其在诉讼中获取的商业秘密或者其他需要保密的商业信息负有保密义务，擅自披露或者在该诉讼活动之外使用、允许他人使用的，应当依法承担民事责任。构成民事诉讼法第一百一十一条规定情形的，人民法院应当依法处理。

第九条 药品上市许可申请人向人民法院提交的申请注册的药品相关技术方案，与其向国家药品审评机构申报的技术资料明显不符，妨碍人民法院审理案件的，人民法院依照民事诉讼法第一百一十一条的规定处理。

第十条 专利权人或者利害关系人在专利法第七十六条所称诉讼中申请行为保全，请求禁止药品上市许可申请人在相关专利权有效期内实施专利法第十一条规定的行为的，人民法院依照专利法、民事诉讼法有关规定处理；请求禁止药品上市申请行为或者审评审批行为的，人民法院不予支持。

第十一条 在针对同一专利权和申请注册药品的侵害专利权或者确认不侵害专利权诉讼中，当事人主张依据专利法第七十六条所称诉讼的生效判决认定涉案药品技术方案是否落入相关专利权保护范围的，人民法院一般予以支持。但是，有证据证明被诉侵权药品技术方案与申请注册的药品相关技术方案不一致或者新主张的事由成立的除外。

第十二条 专利权人或者利害关系人知道或者应当知道其主张的专利权应当被宣告无效或者申请注册药品的相关技术方案未落入专利权保护范围，仍提起专利法第七十六条所称诉讼或者请求行政裁决的，药品上市许可申请人可以向北京知识产权法院提起损害赔偿之诉。

第十三条 人民法院依法向当事人在国务院有关行政部门依据衔接办法所设平台登载的联系人、通讯地址、电子邮件等进行的送达，视为有效送达。当事人向人民法院提交送达地址确认书后，人民法院也可以向该确认书载明的送达地址送达。

第十四条 本规定自2021年7月5日起施行。本院以前发布的相关司法解释与本规定不一致的，以本规定为准。

4. 医疗器械与设备

医疗器械监督管理条例

· 2000 年 1 月 4 日中华人民共和国国务院令第 276 号公布
· 2014 年 2 月 12 日国务院第 39 次常务会议修订通过
· 根据 2017 年 5 月 4 日《国务院关于修改〈医疗器械监督管理条例〉的决定》修订
· 2020 年 12 月 21 日国务院第 119 次常务会议修订通过
· 2021 年 2 月 9 日中华人民共和国国务院令第 739 号公布
· 自 2021 年 6 月 1 日起施行

第一章 总 则

第一条 为了保证医疗器械的安全、有效，保障人体健康和生命安全，促进医疗器械产业发展，制定本条例。

第二条 在中华人民共和国境内从事医疗器械的研制、生产、经营、使用活动及其监督管理，适用本条例。

第三条 国务院药品监督管理部门负责全国医疗器械监督管理工作。

国务院有关部门在各自的职责范围内负责与医疗器械有关的监督管理工作。

第四条 县级以上地方人民政府应当加强对本行政区域的医疗器械监督管理工作的领导，组织协调本行政区域内的医疗器械监督管理工作以及突发事件应对工作，加强医疗器械监督管理能力建设，为医疗器械安全工作提供保障。

县级以上地方人民政府负责药品监督管理的部门负责本行政区域的医疗器械监督管理工作。县级以上地方人民政府有关部门在各自的职责范围内负责与医疗器械有关的监督管理工作。

第五条 医疗器械监督管理遵循风险管理、全程管控、科学监管、社会共治的原则。

第六条 国家对医疗器械按照风险程度实行分类管理。

第一类是风险程度低，实行常规管理可以保证其安全、有效的医疗器械。

第二类是具有中度风险，需要严格控制管理以保证其安全、有效的医疗器械。

第三类是具有较高风险，需要采取特别措施严格控制管理以保证其安全、有效的医疗器械。

评价医疗器械风险程度，应当考虑医疗器械的预期目的、结构特征、使用方法等因素。

国务院药品监督管理部门负责制定医疗器械的分类规则和分类目录，并根据医疗器械生产、经营、使用情况，及时对医疗器械的风险变化进行分析、评价，对分类规则和分类目录进行调整。制定、调整分类规则和分类目录，应当充分听取医疗器械注册人、备案人、生产经营企业以及使用单位、行业组织的意见，并参考国际医疗器械分类实践。医疗器械分类规则和分类目录应当向社会公布。

第七条 医疗器械产品应当符合医疗器械强制性国家标准；尚无强制性国家标准的，应当符合医疗器械强制性行业标准。

第八条 国家制定医疗器械产业规划和政策，将医疗器械创新纳入发展重点，对创新医疗器械予以优先审评审批，支持创新医疗器械临床推广和使用，推动医疗器械产业高质量发展。国务院药品监督管理部门应当配合国务院有关部门，贯彻实施国家医疗器械产业规划和引导政策。

第九条 国家完善医疗器械创新体系，支持医疗器械的基础研究和应用研究，促进医疗器械新技术的推广和应用，在科技立项、融资、信贷、招标采购、医疗保险等方面予以支持。支持企业设立或者联合组建研制机构，鼓励企业与高等学校、科研院所、医疗机构等合作开展医疗器械的研究与创新，加强医疗器械知识产权保护，提高医疗器械自主创新能力。

第十条 国家加强医疗器械监督管理信息化建设，提高在线政务服务水平，为医疗器械行政许可、备案等提供便利。

第十一条 医疗器械行业组织应当加强行业自律，推进诚信体系建设，督促企业依法开展生产经营活动，引导企业诚实守信。

第十二条 对在医疗器械的研究与创新方面做出突出贡献的单位和个人，按照国家有关规定给予表彰奖励。

第二章 医疗器械产品注册与备案

第十三条 第一类医疗器械实行产品备案管理,第二类、第三类医疗器械实行产品注册管理。

医疗器械注册人、备案人应当加强医疗器械全生命周期质量管理,对研制、生产、经营、使用全过程中医疗器械的安全性、有效性依法承担责任。

第十四条 第一类医疗器械产品备案和申请第二类、第三类医疗器械产品注册,应当提交下列资料:

(一)产品风险分析资料;

(二)产品技术要求;

(三)产品检验报告;

(四)临床评价资料;

(五)产品说明书以及标签样稿;

(六)与产品研制、生产有关的质量管理体系文件;

(七)证明产品安全、有效所需的其他资料。

产品检验报告应当符合国务院药品监督管理部门的要求,可以是医疗器械注册申请人、备案人的自检报告,也可以是委托有资质的医疗器械检验机构出具的检验报告。

符合本条例第二十四条规定的免于进行临床评价情形的,可以免于提交临床评价资料。

医疗器械注册申请人、备案人应当确保提交的资料合法、真实、准确、完整和可追溯。

第十五条 第一类医疗器械产品备案,由备案人向所在地设区的市级人民政府负责药品监督管理的部门提交备案资料。

向我国境内出口第一类医疗器械的境外备案人,由其指定的我国境内企业法人向国务院药品监督管理部门提交备案资料和备案人所在国(地区)主管部门准许该医疗器械上市销售的证明文件。未在境外上市的创新医疗器械,可以不提交备案人所在国(地区)主管部门准许该医疗器械上市销售的证明文件。

备案人向负责药品监督管理的部门提交符合本条例规定的备案资料后即完成备案。负责药品监督管理的部门应当自收到备案资料之日起5个工作日内,通过国务院药品监督管理部门在线政务服务平台向社会公布备案有关信息。

备案资料载明的事项发生变化的,应当向原备案部门变更备案。

第十六条 申请第二类医疗器械产品注册,注册申请人应当向所在地省、自治区、直辖市人民政府药品监督管理部门提交注册申请资料。申请第三类医疗器械产品注册,注册申请人应当向国务院药品监督管理部门提交注册申请资料。

向我国境内出口第二类、第三类医疗器械的境外注册申请人,由其指定的我国境内企业法人向国务院药品监督管理部门提交注册申请资料和注册申请人所在国(地区)主管部门准许该医疗器械上市销售的证明文件。未在境外上市的创新医疗器械,可以不提交注册申请人所在国(地区)主管部门准许该医疗器械上市销售的证明文件。

国务院药品监督管理部门应当对医疗器械注册审查程序和要求作出规定,并加强对省、自治区、直辖市人民政府药品监督管理部门注册审查工作的监督指导。

第十七条 受理注册申请的药品监督管理部门应当对医疗器械的安全性、有效性以及注册申请人保证医疗器械安全、有效的质量管理能力等进行审查。

受理注册申请的药品监督管理部门应当自受理注册申请之日起3个工作日内将注册申请资料转交技术审评机构。技术审评机构应当在完成技术审评后,将审评意见提交受理注册申请的药品监督管理部门作为审批的依据。

受理注册申请的药品监督管理部门在组织对医疗器械的技术审评时认为有必要对质量管理体系进行核查的,应当组织开展质量管理体系核查。

第十八条 受理注册申请的药品监督管理部门应当自收到审评意见之日起20个工作日内作出决定。对符合条件的,准予注册并发给医疗器械注册证;对不符合条件的,不予注册并书面说明理由。

受理注册申请的药品监督管理部门应当自医疗器械准予注册之日起5个工作日内,通过国务院药品监督管理部门在线政务服务平台向社会公布注册有关信息。

第十九条 对用于治疗罕见疾病、严重危及生命且尚无有效治疗手段的疾病和应对公共卫生事件等急需的医疗器械,受理注册申请的药品监督管理部门可以作出附条件批准决定,并在医疗器械注册证中载明相关事项。

出现特别重大突发公共卫生事件或者其他严

重威胁公众健康的紧急事件,国务院卫生主管部门根据预防、控制事件的需要提出紧急使用医疗器械的建议,经国务院药品监督管理部门组织论证同意后可以在一定范围和期限内紧急使用。

第二十条 医疗器械注册人、备案人应当履行下列义务:

(一)建立与产品相适应的质量管理体系并保持有效运行;

(二)制定上市后研究和风险管控计划并保证有效实施;

(三)依法开展不良事件监测和再评价;

(四)建立并执行产品追溯和召回制度;

(五)国务院药品监督管理部门规定的其他义务。

境外医疗器械注册人、备案人指定的我国境内企业法人应当协助注册人、备案人履行前款规定的义务。

第二十一条 已注册的第二类、第三类医疗器械产品,其设计、原材料、生产工艺、适用范围、使用方法等发生实质性变化,有可能影响该医疗器械安全、有效的,注册人应当向原注册部门申请办理变更注册手续;发生其他变化的,应当按照国务院药品监督管理部门的规定备案或者报告。

第二十二条 医疗器械注册证有效期为5年。有效期届满需要延续注册的,应当在有效期届满6个月前向原注册部门提出延续注册的申请。

除有本条第三款规定情形外,接到延续注册申请的药品监督管理部门应当在医疗器械注册证有效期届满前作出准予延续的决定。逾期未作决定的,视为准予延续。

有下列情形之一的,不予延续注册:

(一)未在规定期限内提出延续注册申请;

(二)医疗器械强制性标准已经修订,申请延续注册的医疗器械不能达到新要求;

(三)附条件批准的医疗器械,未在规定期限内完成医疗器械注册证载明事项。

第二十三条 对新研制的尚未列入分类目录的医疗器械,申请人可以依照本条例有关第三类医疗器械产品注册的规定直接申请产品注册,也可以依据分类规则判断产品类别并向国务院药品监督管理部门申请类别确认后依照本条例的规定申请产品注册或者进行产品备案。

直接申请第三类医疗器械产品注册的,国务院药品监督管理部门应当按照风险程度确定类别,对准予注册的医疗器械及时纳入分类目录。申请类别确认的,国务院药品监督管理部门应当自受理申请之日起20个工作日内对该医疗器械的类别进行判定并告知申请人。

第二十四条 医疗器械产品注册、备案,应当进行临床评价;但是符合下列情形之一,可以免于进行临床评价:

(一)工作机理明确、设计定型,生产工艺成熟,已上市的同品种医疗器械临床应用多年且无严重不良事件记录,不改变常规用途的;

(二)其他通过非临床评价能够证明该医疗器械安全、有效的。

国务院药品监督管理部门应当制定医疗器械临床评价指南。

第二十五条 进行医疗器械临床评价,可以根据产品特征、临床风险、已有临床数据等情形,通过开展临床试验,或者通过对同品种医疗器械临床文献资料、临床数据进行分析评价,证明医疗器械安全、有效。

按照国务院药品监督管理部门的规定,进行医疗器械临床评价时,已有临床文献资料、临床数据不足以确认产品安全、有效的医疗器械,应当开展临床试验。

第二十六条 开展医疗器械临床试验,应当按照医疗器械临床试验质量管理规范的要求,在具备相应条件的临床试验机构进行,并向临床试验申办者所在地省、自治区、直辖市人民政府药品监督管理部门备案。接受临床试验备案的药品监督管理部门应当将备案情况通报临床试验机构所在地同级药品监督管理部门和卫生主管部门。

医疗器械临床试验机构实行备案管理。医疗器械临床试验机构应当具备的条件以及备案管理办法和临床试验质量管理规范,由国务院药品监督管理部门会同国务院卫生主管部门制定并公布。

国家支持医疗机构开展临床试验,将临床试验条件和能力评价纳入医疗机构等级评审,鼓励医疗机构开展创新医疗器械临床试验。

第二十七条 第三类医疗器械临床试验对人体具有较高风险的,应当经国务院药品监督管理部门批准。国务院药品监督管理部门审批临床试验，应当对拟承担医疗器械临床试验的机构的设备、专业人员等条件，该医疗器械的风险程度，临床试验实施方案，临床受益与风险对比分析报告等进行综合分析，并自受理申请之日起60个工作日内作出决定并通知临床试验申办者。逾期未通知的，视为同意。准予开展临床试验的，应当通报临床试验机构所在地省、自治区、直辖市人民政府药品监督管理部门和卫生主管部门。

临床试验对人体具有较高风险的第三类医疗器械目录由国务院药品监督管理部门制定、调整并公布。

第二十八条 开展医疗器械临床试验，应当按照规定进行伦理审查，向受试者告知试验目的、用途和可能产生的风险等详细情况，获得受试者的书面知情同意；受试者为无民事行为能力人或者限制民事行为能力人的，应当依法获得其监护人的书面知情同意。

开展临床试验，不得以任何形式向受试者收取与临床试验有关的费用。

第二十九条 对正在开展临床试验的用于治疗严重危及生命且尚无有效治疗手段的疾病的医疗器械，经医学观察可能使患者获益，经伦理审查、知情同意后，可以在开展医疗器械临床试验的机构内免费用于其他病情相同的患者，其安全性数据可以用于医疗器械注册申请。

第三章 医疗器械生产

第三十条 从事医疗器械生产活动，应当具备下列条件：

（一）有与生产的医疗器械相适应的生产场地、环境条件、生产设备以及专业技术人员；

（二）有能对生产的医疗器械进行质量检验的机构或者专职检验人员以及检验设备；

（三）有保证医疗器械质量的管理制度；

（四）有与生产的医疗器械相适应的售后服务能力；

（五）符合产品研制、生产工艺文件规定的要求。

第三十一条 从事第一类医疗器械生产的，应当向所在地设区的市级人民政府负责药品监督管理的部门备案，在提交符合本条例第三十条规定条件的有关资料后即完成备案。

医疗器械备案人自行生产第一类医疗器械的，可以在依照本条例第十五条规定进行产品备案时一并提交符合本条例第三十条规定条件的有关资料，即完成生产备案。

第三十二条 从事第二类、第三类医疗器械生产的，应当向所在地省、自治区、直辖市人民政府药品监督管理部门申请生产许可并提交其符合本条例第三十条规定条件的有关资料以及所生产医疗器械的注册证。

受理生产许可申请的药品监督管理部门应当对申请资料进行审核，按照国务院药品监督管理部门制定的医疗器械生产质量管理规范的要求进行核查，并自受理申请之日起20个工作日内作出决定。对符合规定条件的，准予许可并发给医疗器械生产许可证；对不符合规定条件的，不予许可并书面说明理由。

医疗器械生产许可证有效期为5年。有效期届满需要延续的，依照有关行政许可的法律规定办理延续手续。

第三十三条 医疗器械生产质量管理规范应当对医疗器械的设计开发、生产设备条件、原材料采购、生产过程控制、产品放行、企业的机构设置和人员配备等影响医疗器械安全、有效的事项作出明确规定。

第三十四条 医疗器械注册人、备案人可以自行生产医疗器械，也可以委托符合本条例规定、具备相应条件的企业生产医疗器械。

委托生产医疗器械的，医疗器械注册人、备案人应当对所委托生产的医疗器械质量负责，并加强对受托生产企业生产行为的管理，保证其按照法定要求进行生产。医疗器械注册人、备案人应当与受托生产企业签订委托协议，明确双方权利、义务和责任。受托生产企业应当依照法律法规、医疗器械生产质量管理规范、强制性标准、产品技术要求和委托协议组织生产，对生产行为负责，并接受委托方的监督。

具有高风险的植入性医疗器械不得委托生产，具体目录由国务院药品监督管理部门制定、调整并公布。

第三十五条 医疗器械注册人、备案人、受托生产企业应当按照医疗器械生产质量管理规范，建立健全与所生产医疗器械相适应的质量管理体系并保证其有效运行；严格按照经注册或者备案的产品技术要求组织生产，保证出厂的医疗器械符合强制性标准以及经注册或者备案的产品技术要求。

医疗器械注册人、备案人、受托生产企业应当定期对质量管理体系的运行情况进行自查，并按照国务院药品监督管理部门的规定提交自查报告。

第三十六条 医疗器械的生产条件发生变化，不再符合医疗器械质量管理体系要求的，医疗器械注册人、备案人、受托生产企业应当立即采取整改措施；可能影响医疗器械安全、有效的，应当立即停止生产活动，并向原生产许可或者生产备案部门报告。

第三十七条 医疗器械应当使用通用名称。通用名称应当符合国务院药品监督管理部门制定的医疗器械命名规则。

第三十八条 国家根据医疗器械产品类别，分步实施医疗器械唯一标识制度，实现医疗器械可追溯，具体办法由国务院药品监督管理部门会同国务院有关部门制定。

第三十九条 医疗器械应当有说明书、标签。说明书、标签的内容应当与经注册或者备案的相关内容一致，确保真实、准确。

医疗器械的说明书、标签应当标明下列事项：

（一）通用名称、型号、规格；

（二）医疗器械注册人、备案人、受托生产企业的名称、地址以及联系方式；

（三）生产日期，使用期限或者失效日期；

（四）产品性能、主要结构、适用范围；

（五）禁忌、注意事项以及其他需要警示或者提示的内容；

（六）安装和使用说明或者图示；

（七）维护和保养方法，特殊运输、贮存的条件、方法；

（八）产品技术要求规定应当标明的其他内容。

第二类、第三类医疗器械还应当标明医疗器械注册证编号。

由消费者个人自行使用的医疗器械还应当具有安全使用的特别说明。

第四章 医疗器械经营与使用

第四十条 从事医疗器械经营活动，应当有与经营规模和经营范围相适应的经营场所和贮存条件，以及与经营的医疗器械相适应的质量管理制度和质量管理机构或者人员。

第四十一条 从事第二类医疗器械经营的，由经营企业向所在地设区的市级人民政府负责药品监督管理的部门备案并提交符合本条例第四十条规定条件的有关资料。

按照国务院药品监督管理部门的规定，对产品安全性、有效性不受流通过程影响的第二类医疗器械，可以免于经营备案。

第四十二条 从事第三类医疗器械经营的，经营企业应当向所在地设区的市级人民政府负责药品监督管理的部门申请经营许可并提交符合本条例第四十条规定条件的有关资料。

受理经营许可申请的负责药品监督管理的部门应当对申请资料进行审查，必要时组织核查，并自受理申请之日起20个工作日内作出决定。对符合规定条件的，准予许可并发给医疗器械经营许可证；对不符合规定条件的，不予许可并书面说明理由。

医疗器械经营许可证有效期为5年。有效期届满需要延续的，依照有关行政许可的法律规定办理延续手续。

第四十三条 医疗器械注册人、备案人经营其注册、备案的医疗器械，无需办理医疗器械经营许可或者备案，但应当符合本条例规定的经营条件。

第四十四条 从事医疗器械经营，应当依照法律法规和国务院药品监督管理部门制定的医疗器械经营质量管理规范的要求，建立健全与所经营医疗器械相适应的质量管理体系并保证其有效运行。

第四十五条 医疗器械经营企业、使用单位应当从具备合法资质的医疗器械注册人、备案人、生产经营企业购进医疗器械。购进医疗器械时，应当查验供货者的资质和医疗器械的合格证明文件，建立进货查验记录制度。从事第二类、第三类医疗器械批发业务以及第三类医疗器械零售业务的经营企业，还应当建立销售记录制度。

记录事项包括：

（一）医疗器械的名称、型号、规格、数量；

（二）医疗器械的生产批号、使用期限或者失效日期、销售日期；

（三）医疗器械注册人、备案人和受托生产企业的名称；

（四）供货者或者购货者的名称、地址以及联系方式；

（五）相关许可证明文件编号等。

进货查验记录和销售记录应当真实、准确、完整和可追溯，并按照国务院药品监督管理部门规定的期限予以保存。国家鼓励采用先进技术手段进行记录。

第四十六条 从事医疗器械网络销售的，应当是医疗器械注册人、备案人或者医疗器械经营企业。从事医疗器械网络销售的经营者，应当将从事医疗器械网络销售的相关信息告知所在地设区的市级人民政府负责药品监督管理的部门，经营第一类医疗器械和本条例第四十一条第二款规定的第二类医疗器械的除外。

为医疗器械网络交易提供服务的电子商务平台经营者应当对入网医疗器械经营者进行实名登记，审查其经营许可、备案情况和所经营医疗器械产品注册、备案情况，并对其经营行为进行管理。电子商务平台经营者发现入网医疗器械经营者有违反本条例规定行为的，应当及时制止并立即报告医疗器械经营者所在地设区的市级人民政府负责药品监督管理的部门；发现严重违法行为的，应当立即停止提供网络交易平台服务。

第四十七条 运输、贮存医疗器械，应当符合医疗器械说明书和标签标示的要求；对温度、湿度等环境条件有特殊要求的，应当采取相应措施，保证医疗器械的安全、有效。

第四十八条 医疗器械使用单位应当有与在用医疗器械品种、数量相适应的贮存场所和条件。医疗器械使用单位应当加强对工作人员的技术培训，按照产品说明书、技术操作规范等要求使用医疗器械。

医疗器械使用单位配置大型医用设备，应当符合国务院卫生主管部门制定的大型医用设备配置规划，与其功能定位、临床服务需求相适应，具有相应的技术条件、配套设施和具备相应资质、能力的专业技术人员，并经省级以上人民政府卫生主管部门批准，取得大型医用设备配置许可证。

大型医用设备配置管理办法由国务院卫生主管部门会同国务院有关部门制定。大型医用设备目录由国务院卫生主管部门商国务院有关部门提出，报国务院批准后执行。

第四十九条 医疗器械使用单位对重复使用的医疗器械，应当按照国务院卫生主管部门制定的消毒和管理的规定进行处理。

一次性使用的医疗器械不得重复使用，对使用过的应当按照国家有关规定销毁并记录。一次性使用的医疗器械目录由国务院药品监督管理部门会同国务院卫生主管部门制定、调整并公布。列入一次性使用的医疗器械目录，应当具有充足的无法重复使用的证据理由。重复使用可以保证安全、有效的医疗器械，不列入一次性使用的医疗器械目录。对因设计、生产工艺、消毒灭菌技术等改进后重复使用可以保证安全、有效的医疗器械，应当调整出一次性使用的医疗器械目录，允许重复使用。

第五十条 医疗器械使用单位对需要定期检查、检验、校准、保养、维护的医疗器械，应当按照产品说明书的要求进行检查、检验、校准、保养、维护并予以记录，及时进行分析、评估，确保医疗器械处于良好状态，保障使用质量；对使用期限长的大型医疗器械，应当逐台建立使用档案，记录其使用、维护、转让、实际使用时间等事项。记录保存期限不得少于医疗器械规定使用期限终止后5年。

第五十一条 医疗器械使用单位应当妥善保存购入第三类医疗器械的原始资料，并确保信息具有可追溯性。

使用大型医疗器械以及植入和介入类医疗器械的，应当将医疗器械的名称、关键性技术参数等信息以及与使用质量安全密切相关的必要信息记载到病历等相关记录中。

第五十二条 发现使用的医疗器械存在安全隐患的，医疗器械使用单位应当立即停止使用，并通知医疗器械注册人、备案人或者其他负责产品质量的机构进行检修；经检修仍不能达到使用安全标准的医疗器械，不得继续使用。

第五十三条 对国内尚无同品种产品上市的体外诊断试剂，符合条件的医疗机构根据本单位的临床需要，可以自行研制，在执业医师指导下在本单位内使用。具体管理办法由国务院药品监督管理部门会同国务院卫生主管部门制定。

第五十四条 负责药品监督管理的部门和卫生主管部门依据各自职责，分别对使用环节的医疗器械质量和医疗器械使用行为进行监督管理。

第五十五条 医疗器械经营企业、使用单位不得经营、使用未依法注册或者备案、无合格证明文件以及过期、失效、淘汰的医疗器械。

第五十六条 医疗器械使用单位之间转让在用医疗器械,转让方应当确保所转让的医疗器械安全、有效,不得转让过期、失效、淘汰以及检验不合格的医疗器械。

第五十七条 进口的医疗器械应当是依照本条例第二章的规定已注册或者已备案的医疗器械。

进口的医疗器械应当有中文说明书、中文标签。说明书、标签应当符合本条例规定以及相关强制性标准的要求,并在说明书中载明医疗器械的原产地以及境外医疗器械注册人、备案人指定的我国境内企业法人的名称、地址、联系方式。没有中文说明书、中文标签或者说明书、标签不符合本条规定的,不得进口。

医疗机构因临床急需进口少量第二类、第三类医疗器械的,经国务院药品监督管理部门或者国务院授权的省、自治区、直辖市人民政府批准,可以进口。进口的医疗器械应当在指定医疗机构内用于特定医疗目的。

禁止进口过期、失效、淘汰等已使用过的医疗器械。

第五十八条 出入境检验检疫机构依法对进口的医疗器械实施检验;检验不合格的,不得进口。

国务院药品监督管理部门应当及时向国家出入境检验检疫部门通报进口医疗器械的注册和备案情况。进口口岸所在地出入境检验检疫机构应当及时向所在地设区的市级人民政府负责药品监督管理的部门通报进口医疗器械的通关情况。

第五十九条 出口医疗器械的企业应当保证其出口的医疗器械符合进口国(地区)的要求。

第六十条 医疗器械广告的内容应当真实合法,以经负责药品监督管理的部门注册或者备案的医疗器械说明书为准,不得含有虚假、夸大、误导性的内容。

发布医疗器械广告,应当在发布前由省、自治区、直辖市人民政府确定的广告审查机关对广告内容进行审查,并取得医疗器械广告批准文号;未经审查,不得发布。

省级以上人民政府药品监督管理部门责令暂停生产、进口、经营和使用的医疗器械,在暂停期间不得发布涉及该医疗器械的广告。

医疗器械广告的审查办法由国务院市场监督管理部门制定。

第五章　不良事件的处理与医疗器械的召回

第六十一条 国家建立医疗器械不良事件监测制度,对医疗器械不良事件及时进行收集、分析、评价、控制。

第六十二条 医疗器械注册人、备案人应当建立医疗器械不良事件监测体系,配备与其产品相适应的不良事件监测机构和人员,对其产品主动开展不良事件监测,并按照国务院药品监督管理部门的规定,向医疗器械不良事件监测技术机构报告调查、分析、评价、产品风险控制等情况。

医疗器械生产经营企业、使用单位应当协助医疗器械注册人、备案人对所生产经营或者使用的医疗器械开展不良事件监测;发现医疗器械不良事件或者可疑不良事件,应当按照国务院药品监督管理部门的规定,向医疗器械不良事件监测技术机构报告。

其他单位和个人发现医疗器械不良事件或者可疑不良事件,有权向负责药品监督管理的部门或者医疗器械不良事件监测技术机构报告。

第六十三条 国务院药品监督管理部门应当加强医疗器械不良事件监测信息网络建设。

医疗器械不良事件监测技术机构应当加强医疗器械不良事件信息监测,主动收集不良事件信息;发现不良事件或者接到不良事件报告的,应当及时进行核实,必要时进行调查、分析、评估,向负责药品监督管理的部门和卫生主管部门报告并提出处理建议。

医疗器械不良事件监测技术机构应当公布联系方式,方便医疗器械注册人、备案人、生产经营企业、使用单位等报告医疗器械不良事件。

第六十四条 负责药品监督管理的部门应当根据医疗器械不良事件评估结果及时采取发布警示信息以及责令暂停生产、进口、经营和使用等控制措施。

省级以上人民政府药品监督管理部门应当会同同级卫生主管部门和相关部门组织对引起突发、群发的严重伤害或者死亡的医疗器械不良事件及时进行调查和处理,并组织对同类医疗器械加强监测。

负责药品监督管理的部门应当及时向同级卫生主管部门通报医疗器械使用单位的不良事件监测有关情况。

第六十五条 医疗器械注册人、备案人、生产经营企业、使用单位应当对医疗器械不良事件监测技术机构、负责药品监督管理的部门、卫生主管部门开展的医疗器械不良事件调查予以配合。

第六十六条 有下列情形之一的,医疗器械注册人、备案人应当主动开展已上市医疗器械再评价:

(一)根据科学研究的发展,对医疗器械的安全、有效有认识上的改变;

(二)医疗器械不良事件监测、评估结果表明医疗器械可能存在缺陷;

(三)国务院药品监督管理部门规定的其他情形。

医疗器械注册人、备案人应当根据再评价结果,采取相应控制措施,对已上市医疗器械进行改进,并按照规定进行注册变更或者备案变更。再评价结果表明已上市医疗器械不能保证安全、有效的,医疗器械注册人、备案人应当主动申请注销医疗器械注册证或者取消备案;医疗器械注册人、备案人未申请注销医疗器械注册证或者取消备案的,由负责药品监督管理的部门注销医疗器械注册证或者取消备案。

省级以上人民政府药品监督管理部门根据医疗器械不良事件监测、评估等情况,对已上市医疗器械开展再评价。再评价结果表明已上市医疗器械不能保证安全、有效的,应当注销医疗器械注册证或者取消备案。

负责药品监督管理的部门应当向社会及时公布注销医疗器械注册证和取消备案情况。被注销医疗器械注册证或者取消备案的医疗器械不得继续生产、进口、经营、使用。

第六十七条 医疗器械注册人、备案人发现生产的医疗器械不符合强制性标准、经注册或者备案的产品技术要求,或者存在其他缺陷的,应当立即停止生产,通知相关经营企业、使用单位和消费者停止经营和使用,召回已经上市销售的医疗器械,采取补救、销毁等措施,记录相关情况,发布相关信息,并将医疗器械召回和处理情况向负责药品监督管理的部门和卫生主管部门报告。

医疗器械受托生产企业、经营企业发现生产、经营的医疗器械存在前款规定情形的,应当立即停止生产、经营,通知医疗器械注册人、备案人,并记录停止生产、经营和通知情况。医疗器械注册人、备案人认为属于依照前款规定需要召回的医疗器械,应当立即召回。

医疗器械注册人、备案人、受托生产企业、经营企业未依照本条规定实施召回或者停止生产、经营的,负责药品监督管理的部门可以责令其召回或者停止生产、经营。

第六章 监督检查

第六十八条 国家建立职业化专业化检查员制度,加强对医疗器械的监督检查。

第六十九条 负责药品监督管理的部门应当对医疗器械的研制、生产、经营活动以及使用环节的医疗器械质量加强监督检查,并对下列事项进行重点监督检查:

(一)是否按照经注册或者备案的产品技术要求组织生产;

(二)质量管理体系是否保持有效运行;

(三)生产经营条件是否持续符合法定要求。

必要时,负责药品监督管理的部门可以对为医疗器械研制、生产、经营、使用等活动提供产品或者服务的其他相关单位和个人进行延伸检查。

第七十条 负责药品监督管理的部门在监督检查中有下列职权:

(一)进入现场实施检查、抽取样品;

(二)查阅、复制、查封、扣押有关合同、票据、账簿以及其他有关资料;

(三)查封、扣押不符合法定要求的医疗器械,违法使用的零配件、原材料以及用于违法生产经营医疗器械的工具、设备;

(四)查封违反本条例规定从事医疗器械生产经营活动的场所。

进行监督检查,应当出示执法证件,保守被检查单位的商业秘密。

有关单位和个人应当对监督检查予以配合,提供相关文件和资料,不得隐瞒、拒绝、阻挠。

第七十一条 卫生主管部门应当对医疗机构的医疗器械使用行为加强监督检查。实施监督检查时,可以进入医疗机构,查阅、复制有关档案、记录以及其他有关资料。

第七十二条 医疗器械生产经营过程中存在产品质量安全隐患，未及时采取措施消除的，负责药品监督管理的部门可以采取告诫、责任约谈、责令限期整改等措施。

对人体造成伤害或者有证据证明可能危害人体健康的医疗器械，负责药品监督管理的部门可以采取责令暂停生产、进口、经营、使用的紧急控制措施，并发布安全警示信息。

第七十三条 负责药品监督管理的部门应当加强对医疗器械注册人、备案人、生产经营企业和使用单位生产、经营、使用的医疗器械的抽查检验。抽查检验不得收取检验费和其他任何费用，所需费用纳入本级政府预算。省级以上人民政府药品监督管理部门应当根据抽查检验结论及时发布医疗器械质量公告。

卫生主管部门应当对大型医用设备的使用状况进行监督和评估；发现违规使用以及与大型医用设备相关的过度检查、过度治疗等情形的，应当立即纠正，依法予以处理。

第七十四条 负责药品监督管理的部门未及时发现医疗器械安全系统性风险，未及时消除监督管理区域内医疗器械安全隐患的，本级人民政府或者上级人民政府负责药品监督管理的部门应当对其主要负责人进行约谈。

地方人民政府未履行医疗器械安全职责，未及时消除区域性重大医疗器械安全隐患的，上级人民政府或者上级人民政府负责药品监督管理的部门应当对其主要负责人进行约谈。

被约谈的部门和地方人民政府应当立即采取措施，对医疗器械监督管理工作进行整改。

第七十五条 医疗器械检验机构资质认定工作按照国家有关规定实行统一管理。经国务院认证认可监督管理部门会同国务院药品监督管理部门认定的检验机构，方可对医疗器械实施检验。

负责药品监督管理的部门在执法工作中需要对医疗器械进行检验的，应当委托有资质的医疗器械检验机构进行，并支付相关费用。

当事人对检验结论有异议的，可以自收到检验结论之日起7个工作日内向实施抽样检验的部门或者其上一级负责药品监督管理的部门提出复检申请，由受理复检申请的部门在复检机构名录中随机确定复检机构进行复检。承担复检工作的医疗器械检验机构应当在国务院药品监督管理部门规定的时间内作出复检结论。复检结论为最终检验结论。复检机构与初检机构不得为同一机构；相关检验项目只有一家有资质的检验机构的，复检时应当变更承办部门或者人员。复检机构名录由国务院药品监督管理部门公布。

第七十六条 对可能存在有害物质或者擅自改变医疗器械设计、原材料和生产工艺并存在安全隐患的医疗器械，按照医疗器械国家标准、行业标准规定的检验项目和检验方法无法检验的，医疗器械检验机构可以使用国务院药品监督管理部门批准的补充检验项目和检验方法进行检验；使用补充检验项目、检验方法得出的检验结论，可以作为负责药品监督管理的部门认定医疗器械质量的依据。

第七十七条 市场监督管理部门应当依照有关广告管理的法律、行政法规的规定，对医疗器械广告进行监督检查，查处违法行为。

第七十八条 负责药品监督管理的部门应当通过国务院药品监督管理部门在线政务服务平台依法及时公布医疗器械许可、备案、抽查检验、违法行为查处等日常监督管理信息。但是，不得泄露当事人的商业秘密。

负责药品监督管理的部门建立医疗器械注册人、备案人、生产经营企业、使用单位信用档案，对有不良信用记录的增加监督检查频次，依法加强失信惩戒。

第七十九条 负责药品监督管理的部门等部门应当公布本单位的联系方式，接受咨询、投诉、举报。负责药品监督管理的部门等部门接到与医疗器械监督管理有关的咨询，应当及时答复；接到投诉、举报，应当及时核实、处理、答复。对咨询、投诉、举报情况及其答复、核实、处理情况，应当予以记录、保存。

有关医疗器械研制、生产、经营、使用行为的举报经调查属实的，负责药品监督管理的部门等部门对举报人应当给予奖励。有关部门应当为举报人保密。

第八十条 国务院药品监督管理部门制定、调整、修改本条例规定的目录以及与医疗器械监督管理有关的规范，应当公开征求意见；采取听证会、论证会等形式，听取专家、医疗器械注册人、备案人、生产经营企业、使用单位、消费者、行业协会以及相关组织等方面的意见。

第七章　法律责任

第八十一条　有下列情形之一的，由负责药品监督管理的部门没收违法所得、违法生产经营的医疗器械和用于违法生产经营的工具、设备、原材料等物品；违法生产经营的医疗器械货值金额不足1万元的，并处5万元以上15万元以下罚款；货值金额1万元以上的，并处货值金额15倍以上30倍以下罚款；情节严重的，责令停产停业，10年内不受理相关责任人以及单位提出的医疗器械许可申请，对违法单位的法定代表人、主要负责人、直接负责的主管人员和其他责任人员，没收违法行为发生期间自本单位所获收入，并处所获收入30%以上3倍以下罚款，终身禁止其从事医疗器械生产经营活动：

（一）生产、经营未取得医疗器械注册证的第二类、第三类医疗器械；

（二）未经许可从事第二类、第三类医疗器械生产活动；

（三）未经许可从事第三类医疗器械经营活动。

有前款第一项情形、情节严重的，由原发证部门吊销医疗器械生产许可证或者医疗器械经营许可证。

第八十二条　未经许可擅自配置使用大型医用设备的，由县级以上人民政府卫生主管部门责令停止使用，给予警告，没收违法所得；违法所得不足1万元的，并处5万元以上10万元以下罚款；违法所得1万元以上的，并处违法所得10倍以上30倍以下罚款；情节严重的，5年内不受理相关责任人以及单位提出的大型医用设备配置许可申请，对违法单位的法定代表人、主要负责人、直接负责的主管人员和其他责任人员，没收违法行为发生期间自本单位所获收入，并处所获收入30%以上3倍以下罚款，依法给予处分。

第八十三条　在申请医疗器械行政许可时提供虚假资料或者采取其他欺骗手段的，不予行政许可，已经取得行政许可的，由作出行政许可决定的部门撤销行政许可，没收违法所得、违法生产经营使用的医疗器械，10年内不受理相关责任人以及单位提出的医疗器械许可申请；违法生产经营使用的医疗器械货值金额不足1万元的，并处5万元以上15万元以下罚款；货值金额1万元以上的，并处货值金额15倍以上30倍以下罚款；情节严重的，责令停产停业，对违法单位的法定代表人、主要负责人、直接负责的主管人员和其他责任人员，没收违法行为发生期间自本单位所获收入，并处所获收入30%以上3倍以下罚款，终身禁止其从事医疗器械生产经营活动。

伪造、变造、买卖、出租、出借相关医疗器械许可证件的，由原发证部门予以收缴或者吊销，没收违法所得；违法所得不足1万元的，并处5万元以上10万元以下罚款；违法所得1万元以上的，并处违法所得10倍以上20倍以下罚款；构成违反治安管理行为的，由公安机关依法予以治安管理处罚。

第八十四条　有下列情形之一的，由负责药品监督管理的部门向社会公告单位和产品名称，责令限期改正；逾期不改正的，没收违法所得、违法生产经营的医疗器械；违法生产经营的医疗器械货值金额不足1万元的，并处1万元以上5万元以下罚款；货值金额1万元以上的，并处货值金额5倍以上20倍以下罚款；情节严重的，对违法单位的法定代表人、主要负责人、直接负责的主管人员和其他责任人员，没收违法行为发生期间自本单位所获收入，并处所获收入30%以上2倍以下罚款，5年内禁止其从事医疗器械生产经营活动：

（一）生产、经营未经备案的第一类医疗器械；

（二）未经备案从事第一类医疗器械生产；

（三）经营第二类医疗器械，应当备案但未备案；

（四）已经备案的资料不符合要求。

第八十五条　备案时提供虚假资料的，由负责药品监督管理的部门向社会公告备案单位和产品名称，没收违法所得、违法生产经营的医疗器械；违法生产经营的医疗器械货值金额不足1万元的，并处2万元以上5万元以下罚款；货值金额1万元以上的，并处货值金额5倍以上20倍以下罚款；情节严重的，责令停产停业，对违法单位的法定代表人、主要负责人、直接负责的主管人员和其他责任人员，没收违法行为发生期间自本单位所获收入，并处所获收入30%以上3倍以下罚款，10年内禁止其从事医疗器械生产经营活动。

第八十六条　有下列情形之一的，由负责药品监督管理的部门责令改正，没收违法生产经营使用的医疗器械；违法生产经营使用的医疗器械货值金额不足1万元的，并处2万元以上5万元以下罚款；货值金额1万元以上的，并处货值金额5倍以上20倍以下罚款；情节严重的，责令停产停业，直至由原发证部门吊销医疗器械注册证、医疗器械生产许可证、医疗器械经营许可证，对违法单位的法定代表人、主要负责人、直接负责的主管人员和其他责任人员，没收违法行为发生期间自本单位所获收入，并处所获收入30%以上3倍以下罚款，10年内禁止其从事医疗器械生产经营活动：

（一）生产、经营、使用不符合强制性标准或者不符合经注册或者备案的产品技术要求的医疗器械；

（二）未按照经注册或者备案的产品技术要求组织生产，或者未依照本条例规定建立质量管理体系并保持有效运行，影响产品安全、有效；

（三）经营、使用无合格证明文件、过期、失效、淘汰的医疗器械，或者使用未依法注册的医疗器械；

（四）在负责药品监督管理的部门责令召回后仍拒不召回，或者在负责药品监督管理的部门责令停止或者暂停生产、进口、经营后，仍拒不停止生产、进口、经营医疗器械；

（五）委托不具备本条例规定条件的企业生产医疗器械，或者未对受托生产企业的生产行为进行管理；

（六）进口过期、失效、淘汰等已使用过的医疗器械。

第八十七条 医疗器械经营企业、使用单位履行了本条例规定的进货查验等义务，有充分证据证明其不知道所经营、使用的医疗器械为本条例第八十一条第一款第一项、第八十四条第一项、第八十六条第一项和第三项规定情形的医疗器械，并能如实说明其进货来源的，收缴其经营、使用的不符合法定要求的医疗器械，可以免除行政处罚。

第八十八条 有下列情形之一的，由负责药品监督管理的部门责令改正，处1万元以上5万元以下罚款；拒不改正的，处5万元以上10万元以下罚款；情节严重的，责令停产停业，直至由原发证部门吊销医疗器械生产许可证、医疗器械经营许可证，对违法单位的法定代表人、主要负责人、直接负责的主管人员和其他责任人员，没收违法行为发生期间自本单位所获收入，并处所获收入30%以上2倍以下罚款，5年内禁止其从事医疗器械生产经营活动：

（一）生产条件发生变化、不再符合医疗器械质量管理体系要求，未依照本条例规定整改、停止生产、报告；

（二）生产、经营说明书、标签不符合本条例规定的医疗器械；

（三）未按照医疗器械说明书和标签标示要求运输、贮存医疗器械；

（四）转让过期、失效、淘汰或者检验不合格的在用医疗器械。

第八十九条 有下列情形之一的，由负责药品监督管理的部门和卫生主管部门依据各自职责责令改正，给予警告；拒不改正的，处1万元以上10万元以下罚款；情节严重的，责令停产停业，直至由原发证部门吊销医疗器械注册证、医疗器械生产许可证、医疗器械经营许可证，对违法单位的法定代表人、主要负责人、直接负责的主管人员和其他责任人员处1万元以上3万元以下罚款：

（一）未按照要求提交质量管理体系自查报告；

（二）从不具备合法资质的供货者购进医疗器械；

（三）医疗器械经营企业、使用单位未依照本条例规定建立并执行医疗器械进货查验记录制度；

（四）从事第二类、第三类医疗器械批发业务以及第三类医疗器械零售业务的经营企业未依照本条例规定建立并执行销售记录制度；

（五）医疗器械注册人、备案人、生产经营企业、使用单位未依照本条例规定开展医疗器械不良事件监测，未按照要求报告不良事件，或者对医疗器械不良事件监测技术机构、负责药品监督管理的部门、卫生主管部门开展的不良事件调查不予配合；

（六）医疗器械注册人、备案人未按照规定制定上市后研究和风险管控计划并保证有效实施；

（七）医疗器械注册人、备案人未按照规定建立并执行产品追溯制度；

（八）医疗器械注册人、备案人、经营企业从事医疗器械网络销售未按照规定告知负责药品监督管理的部门；

（九）对需要定期检查、检验、校准、保养、维护的医疗器械，医疗器械使用单位未按照产品说明书要求进行检查、检验、校准、保养、维护并予以记录，及时进行分析、评估，确保医疗器械处于良好状态；

（十）医疗器械使用单位未妥善保存购入第三类医疗器械的原始资料。

第九十条 有下列情形之一的，由县级以上人民政府卫生主管部门责令改正，给予警告；拒不改正的，处5万元以上10万元以下罚款；情节严重的，处10万元以上30万元以下罚款，责令暂停相关医疗器械使用活动，直至由原发证部门吊销执业许可证，依法责令相关责任人员暂停6个月以上1年以下执业活动，直至由原发证部门吊销相关人员执业证书，对违法单位的法定代表人、主要负责人、直接负责的主管人员和其他责任人员，没收违法行为发生期间自本单位所获收入，并处所获收入30%以上3倍以下罚款，依法给予处分：

（一）对重复使用的医疗器械，医疗器械使用单位未按照消毒和管理的规定进行处理；

（二）医疗器械使用单位重复使用一次性使用的医疗器械，或者未按照规定销毁使用过的一次性使用的医疗器械；

（三）医疗器械使用单位未按照规定将大型医疗器械以及植入和介入类医疗器械的信息记载到病历等相关记录中；

（四）医疗器械使用单位发现使用的医疗器械存在安全隐患未立即停止使用、通知检修，或者继续使用经检修仍不能达到使用安全标准的医疗器械；

（五）医疗器械使用单位违规使用大型医用设备，不能保障医疗质量安全。

第九十一条 违反进出口商品检验相关法律、行政法规进口医疗器械的，由出入境检验检疫机构依法处理。

第九十二条 为医疗器械网络交易提供服务的电子商务平台经营者违反本条例规定，未履行对入网医疗器械经营者进行实名登记，审查许可、注册、备案情况，制止并报告违法行为，停止提供网络交易平台服务等管理义务的，由负责药品监督管理的部门依照《中华人民共和国电子商务法》的规定给予处罚。

第九十三条 未进行医疗器械临床试验机构备案开展临床试验的，由负责药品监督管理的部门责令停止临床试验并改正；拒不改正的，该临床试验数据不得用于产品注册、备案，处5万元以上10万元以下罚款，并向社会公告；造成严重后果的，5年内禁止其开展相关专业医疗器械临床试验，并处10万元以上30万元以下罚款，由卫生主管部门对违法单位的法定代表人、主要负责人、直接负责的主管人员和其他责任人员，没收违法行为发生期间自本单位所获收入，并处所获收入30%以上3倍以下罚款，依法给予处分。

临床试验申办者开展临床试验未经备案的，由负责药品监督管理的部门责令停止临床试验，对临床试验申办者处5万元以上10万元以下罚款，并向社会公告；造成严重后果的，处10万元以上30万元以下罚款。该临床试验数据不得用于产品注册、备案，5年内不受理相关责任人以及单位提出的医疗器械注册申请。

临床试验申办者未经批准开展对人体具有较高风险的第三类医疗器械临床试验的，由负责药品监督管理的部门责令立即停止临床试验，对临床试验申办者处10万元以上30万元以下罚款，并向社会公告；造成严重后果的，处30万元以上100万元以下罚款。该临床试验数据不得用于产品注册，10年内不受理相关责任人以及单位提出的医疗器械临床试验和注册申请，对违法单位的法定代表人、主要负责人、直接负责的主管人员和其他责任人员，没收违法行为发生期间自本单位所获收入，并处所获收入30%以上3倍以下罚款。

第九十四条 医疗器械临床试验机构开展医疗器械临床试验未遵守临床试验质量管理规范的，由负责药品监督管理的部门责令改正或者立即停止临床试验，处5万元以上10万元以下罚款；造成严重后果的，5年内禁止其开展相关专业医疗器械临床试验，由卫生主管部门对违法单位的法定代表人、主要负责人、直接负责的主管人员和其他责任人员，没收违法行为发生期间自本单位所获收入，并处所获收入30%以上3倍以下罚款，依法给予处分。

第九十五条 医疗器械临床试验机构出具虚假报告的，由负责药品监督管理的部门处10万元以上30万元以下罚款；有违法所得的，没收违法所得；10年内禁止其开展相关专业医疗器械临床试验；由卫生主管部门对违法单位的法定代表人、主要负责人、直接负责的主管人员和其他责任人员，没收违法行为发生期间自本单位所获收入，并处所获收入30%以上3倍以下罚款,依法给予处分。

第九十六条 医疗器械检验机构出具虚假检验报告的,由授予其资质的主管部门撤销检验资质,10年内不受理相关责任人以及单位提出的资质认定申请,并处10万元以上30万元以下罚款;有违法所得的,没收违法所得;对违法单位的法定代表人、主要负责人、直接负责的主管人员和其他责任人员,没收违法行为发生期间自本单位所获收入,并处所获收入30%以上3倍以下罚款,依法给予处分;受到开除处分的,10年内禁止其从事医疗器械检验工作。

第九十七条 违反本条例有关医疗器械广告管理规定的,依照《中华人民共和国广告法》的规定给予处罚。

第九十八条 境外医疗器械注册人、备案人指定的我国境内企业法人未依照本条例规定履行相关义务的,由省、自治区、直辖市人民政府药品监督管理部门责令改正,给予警告,并处5万元以上10万元以下罚款;情节严重的,处10万元以上50万元以下罚款,5年内禁止其法定代表人、主要负责人、直接负责的主管人员和其他责任人员从事医疗器械生产经营活动。

境外医疗器械注册人、备案人拒不履行依据本条例作出的行政处罚决定的,10年内禁止其医疗器械进口。

第九十九条 医疗器械研制、生产、经营单位和检验机构违反本条例规定使用禁止从事医疗器械生产经营活动、检验工作的人员的,由负责药品监督管理的部门责令改正,给予警告;拒不改正的,责令停产停业直至吊销许可证件。

第一百条 医疗器械技术审评机构、医疗器械不良事件监测技术机构未依照本条例规定履行职责,致使审评、监测工作出现重大失误的,由负责药品监督管理的部门责令改正,通报批评,给予警告;造成严重后果的,对违法单位的法定代表人、主要负责人、直接负责的主管人员和其他责任人员,依法给予处分。

第一百零一条 负责药品监督管理的部门或者其他有关部门工作人员违反本条例规定,滥用职权、玩忽职守、徇私舞弊的,依法给予处分。

第一百零二条 违反本条例规定,构成犯罪的,依法追究刑事责任;造成人身、财产或者其他损害的,依法承担赔偿责任。

第八章 附 则

第一百零三条 本条例下列用语的含义:

医疗器械,是指直接或者间接用于人体的仪器、设备、器具、体外诊断试剂及校准物、材料以及其他类似或者相关的物品,包括所需要的计算机软件;其效用主要通过物理等方式获得,不是通过药理学、免疫学或者代谢的方式获得,或者虽然有这些方式参与但是只起辅助作用;其目的是:

(一)疾病的诊断、预防、监护、治疗或者缓解;

(二)损伤的诊断、监护、治疗、缓解或者功能补偿;

(三)生理结构或者生理过程的检验、替代、调节或者支持;

(四)生命的支持或者维持;

(五)妊娠控制;

(六)通过对来自人体的样本进行检查,为医疗或者诊断目的提供信息。

医疗器械注册人、备案人,是指取得医疗器械注册证或者办理医疗器械备案的企业或者研制机构。

医疗器械使用单位,是指使用医疗器械为他人提供医疗等技术服务的机构,包括医疗机构、计划生育技术服务机构、血站、单采血浆站、康复辅助器具适配机构等。

大型医用设备,是指使用技术复杂、资金投入量大、运行成本高、对医疗费用影响大且纳入目录管理的大型医疗器械。

第一百零四条 医疗器械产品注册可以收取费用。具体收费项目、标准分别由国务院财政、价格主管部门按照国家有关规定制定。

第一百零五条 医疗卫生机构为应对突发公共卫生事件而研制的医疗器械的管理办法,由国务院药品监督管理部门会同国务院卫生主管部门制定。

从事非营利的避孕医疗器械的存储、调拨和供应,应当遵守国务院卫生主管部门会同国务院药品监督管理部门制定的管理办法。

中医医疗器械的技术指导原则,由国务院药品监督管理部门会同国务院中医药管理部门制定。

第一百零六条 军队医疗器械使用的监督管理,依照本条例和军队有关规定执行。

第一百零七条 本条例自2021年6月1日起施行。

医疗器械质量抽查检验管理办法

· 2020年3月10日
· 国药监械管〔2020〕9号

第一章 总 则

第一条 为加强医疗器械质量监督管理，规范医疗器械质量抽查检验工作，根据《医疗器械监督管理条例》规定，制定本办法。

第二条 药品监督管理部门在中华人民共和国境内开展医疗器械质量抽查检验工作，适用本办法。

第三条 国家药品监督管理局负责组织国家医疗器械质量抽查检验工作。

省级药品监督管理部门负责组织实施本行政区域内国家医疗器械质量抽查检验相关工作，负责组织本行政区域内的省级医疗器械质量抽查检验工作。

设区的市级、县级人民政府承担药品监督管理职责的部门按照省级药品监督管理部门的统一安排，组织实施本行政区域内医疗器械质量抽查检验相关工作。

第四条 中国食品药品检定研究院负责拟订国家医疗器械质量抽查检验计划和方案，按要求组织实施并提供技术指导，负责汇总、分析、报送国家医疗器械质量抽查检验数据，组织开展质量分析和信息共享应用。

具有相应检验资质的医疗器械检验机构承担相关检验任务。

第五条 医疗器械质量抽查检验，应当遵循科学、规范、合法、公正的原则。

第六条 医疗器械注册人、备案人以及从事医疗器械生产、经营、使用活动的单位和个人，应当配合药品监督管理部门组织实施的医疗器械质量抽查检验，不得干扰、阻挠或者拒绝抽查检验工作，不得转移、藏匿医疗器械，不得拒绝提供证明材料或者故意提供虚假资料。

对抽查检验发现的不符合规定的产品，医疗器械注册人、备案人以及从事医疗器械生产、经营、使用活动的单位和个人，应当积极采取措施控制风险，保证医疗器械使用安全。

进口医疗器械注册人、备案人应当指定我国境内企业法人作为代理人，配合对进口医疗器械的抽查检验工作。

第七条 国家药品监督管理局组织建立国家医疗器械质量抽查检验信息化管理系统(以下简称国家抽检系统)。省级药品监督管理部门和承检机构应当按照规定，通过国家抽检系统及时报送国家医疗器械质量抽查检验和省级医疗器械质量抽查检验相关数据。

省级药品监督管理部门应当加强本行政区内医疗器械质量抽查检验工作的信息化建设。

第二章 计划方案

第八条 国家药品监督管理局和省级药品监督管理部门应当在每年第一季度制定年度医疗器械质量抽查检验计划，按照目标明确、重点突出、统筹兼顾的要求安排医疗器械质量抽查检验工作。

省级药品监督管理部门制定的医疗器械质量抽查检验计划，应当与国家医疗器械质量抽查检验计划目标一致、各有侧重、互为补充、避免重复。

根据监管情况的变化，组织抽查检验的药品监督管理部门可以对医疗器械质量抽查检验计划进行调整。

第九条 国家医疗器械质量抽查检验将以下医疗器械作为重点：

(一)安全风险性高，需要重点监管的；

(二)临床用量大、使用人群和使用范围广的；

(三)投诉举报较多、舆情关注度高的；

(四)不良事件监测提示可能存在质量问题的；

(五)产品质量易受储存运输条件影响的；

(六)其他监管需要的。

省级医疗器械质量抽查检验将以下医疗器械作为重点：

(一)本行政区域内注册或者备案的产品；

(二)未列入国家医疗器械质量抽查检验品种，且产品安全风险较高的；

(三)列入上一年抽查检验计划但实际未抽到的；

(四)既往抽查检验不符合规定的；

三、医疗服务

（五）日常监管、不良事件监测等发现可能存在质量问题的；

（六）其他监管需要的。

第十条 组织医疗器械质量抽查检验的部门应当根据计划制定抽查检验方案，主要包括以下内容：

（一）检验品种和拟抽查企业范围；

（二）检验依据和检验项目；

（三）承担检验和复检的检验机构。

第三章 检查抽样

第十一条 组织实施医疗器械抽样的药品监督管理部门可以根据上级药品监督管理部门制定的计划和抽查检验方案，结合实际情况，制定本行政区域内抽查检验实施方案。

第十二条 药品监督管理部门可以自行抽样，也可以委托具有相应工作能力的医疗器械监管技术机构抽样。

第十三条 抽样人员应当熟悉医疗器械专业知识和医疗器械管理相关法律法规。

抽样人员执行现场抽样任务时不得少于2人，应当向被抽样单位出示抽样工作证明文件和抽样人员身份证明文件。原则上同一人不应当同时承担当次抽样和检验工作。

第十四条 抽样人员在执行抽样任务时，应当核查被抽样单位的证照信息。发现未经许可从事生产、经营活动的，生产经营无证医疗器械等违法行为，应当终止本次抽样，将有关情况通报具有管辖权的药品监管部门依法处置。抽样人员可以通过拍照、录像、录音等方式对现场检查情况进行记录。

第十五条 抽样场所应当由抽样人员根据被抽样单位类型确定。从生产环节抽样的，一般在医疗器械注册人、备案人或者受托生产企业的成品仓库进行；从经营环节抽样的，一般在经营企业的医疗器械仓库或者零售企业的营业场所进行；从使用单位抽样的，一般在医疗器械库房进行；从互联网交易环节抽样的，一般在与线上一致的线下医疗器械仓库进行。

第十六条 抽取的样品应当是已经验收合格入库的待销售（使用）产品，并经被抽样单位确认。样品应当随机抽取，不得由被抽样单位自行选择提供。

第十七条 有下列情形之一的，原则上不属于抽样范围：

（一）被抽样单位无抽检方案所列产品；

（二）有充分证据证明拟抽样产品是用于科学研究等非销售目的；

（三）有充分证据证明拟抽样产品为企业仅用于出口；

（四）产品或者包装、标签、说明书标有“试制”、“样品”等字样。

第十八条 抽样人员应当索取抽查检验所需的资料和配套必需品。被抽样单位应当予以配合，主动提供以下材料：

（一）产品注册证复印件/备案凭证复印件；

（二）经注册或者备案的产品技术要求；

（三）生产经营使用有关记录；

（四）开展检验所需配套必需品。

第十九条 在医疗器械经营或者使用单位抽样时，抽样人员应当与被抽样单位共同填写资料和配套必需品清单，由被抽样单位寄送至样品标示的医疗器械注册人、备案人或者进口产品代理人，并通知其按文书要求向相关检验机构提供资料和配套必需品。

对逾期不配合的，承检机构应当及时书面通知医疗器械注册人、备案人或者进口产品代理人所在地省级药品监督管理部门。省级药品监督管理部门应当予以督促。

第二十条 抽样人员应当使用专用封签现场签封样品，按要求填写医疗器械抽样记录及凭证，并分别由抽样人员和被抽样单位有关人员签字，加盖抽样单位和被抽样单位有效印章。

被抽样单位拒绝签字或者盖章时，抽样人员应当在医疗器械抽样记录及凭证上注明并签字。

第二十一条 被抽样单位因故不能提供样品的，应当说明原因并提供有关证明材料。抽样人员应当填写相关记录。抽样人员查阅有关生产、销售及使用记录后，可以组织对该单位再次抽样或者追踪到其他环节抽样。相应单位所在地负责药品监督管理的部门应当配合。

第二十二条 抽样单位应当按规定时限将样品、抽样文书及相关资料送达至承检机构。

抽取的样品应当按照其规定的储运条件进行储存和运输。

第二十三条 抽样人员在抽样过程中不得有

下列行为：

（一）样品签封后擅自拆封或者更换样品；

（二）泄露被抽样单位商业秘密或者技术秘密；

（三）其他影响抽样公正性的行为。

第四章 检验管理和报告送达

第二十四条 承检机构应当对所承担的抽查检验工作负责，按照医疗器械检验工作规范和相关技术规范开展检验工作。

第二十五条 承检机构应当对送检样品的外观、状态、封签、包装等可能影响检验结果的情况，以及抽样凭证、防拆封措施、签字盖章等情况进行核对，确认无误后予以签收。

对存在可能影响检验结果判定的，承检机构应当拒绝接收，向抽样单位说明理由，退返样品，并向组织抽查检验工作的药品监督管理部门报告。

第二十六条 检验应当严格按照抽检方案规定的依据、项目、方法和工作要求执行。检验过程中遇有样品失效或者其他情况致使检验无法进行的，承检机构应当如实记录，提供充分的证明材料，并将有关情况报送至组织抽查检验工作的药品监督管理部门。

第二十七条 除抽检计划另有规定外，承检机构原则上应当自收到样品之日起40个工作日内出具检验报告；特殊情况需延期的，应当报组织抽查检验工作的药品监督管理部门批准。

第二十八条 承检机构应当对出具的检验报告负责。检验报告应当格式规范、内容真实齐全、数据准确、结论明确。

检验原始记录、检验报告的保存期限不少于5年。

第二十九条 承检机构应当按照规定时间寄送检验报告。检验结果为不符合规定的，应当在检验报告出具后2个工作日内将检验报告和相关材料寄送至被抽样单位所在地省级药品监督管理部门和标示医疗器械注册人、备案人或者进口产品代理人所在地省级药品监督管理部门。

药品监督管理部门应当自收到检验结论为不符合规定的检验报告之日起5个工作日内组织将检验报告送达本辖区内被抽样单位和标示医疗器械注册人、备案人，进口产品的相关检验报告应送达至其代理人。

第三十条 在国家医疗器械质量抽查检验过程中，标示医疗器械注册人、备案人或者进口产品代理人认为所抽样品非其产品的，应当自其收到不符合规定的检验报告之日起7个工作日内，向其所在地省级药品监督管理部门提供充分准确的证明材料，所在地省级药品监督管理部门应当组织调查核实。未能按时向省级药品监督管理部门提交材料的，视为标示医疗器械注册人、备案人确认所抽样品为其产品。

经省级药品监督管理部门调查核实确非标示医疗器械注册人、备案人的产品的，由企业所在地省级药品监督管理部门报告国家药品监督管理局，并通报被抽样单位所在地省级药品监督管理部门。

对查实确非标示医疗器械注册人、备案人的产品的，被抽样单位所在地药品监督管理部门和标示医疗器械注册人、备案人或者进口产品代理人所在地药品监督管理部门应当相互配合，共同核查问题产品来源。

第三十一条 检验结果为符合规定的，样品应当在检验报告印发3个月后及时退还被抽样单位。样品因检验造成破坏或者损耗而无法退还的，应当向被抽样单位说明情况。检验结果为不符合规定的，样品应当在检验结果通告发布满3个月后退还至医疗器械注册人、备案人或者进口产品代理人所在地省级药品监督管理部门。

相关药品监督管理部门和被抽样单位应当在规定时限内接收样品。逾期不配合的，样品可由检验机构自行处理。

第五章 复检处置

第三十二条 被抽样单位或者标示医疗器械注册人、备案人或者进口产品代理人对检验结果有异议的，可以自收到检验报告之日起7个工作日内优先向检验方案中推荐的复检机构提出复检申请。复检机构无正当理由不得拒绝。逾期提出申请的，检验机构不再受理。

第三十三条 申请复检应当提交以下资料：

（一）加盖申请单位公章的复检申请表及授权书；

（二）原检验报告全本复印件；

（三）经办人身份证明；

(四)自收到检验报告之日起7个工作日内提出复检申请的时限证明资料;

(五)其他需要说明的资料。

第三十四条 复检机构应当在收到复检申请之日起对资料进行审核,3个工作日内做出是否受理的书面决定,并于做出书面决定当日报告组织抽查检验的药品监督管理部门。有下列情形之一的,不予受理复检申请:

(一)抽检方案中规定不予复检的检验项目;

(二)样品不能满足复检需要量、超过效期或者效期内不足以完成复检的;

(三)未在规定期限内提出复检申请或者复检已被受理的;

(四)不按规定预先支付复检费用的;

(五)特殊原因导致留存样品无法实现复检目的的。

第三十五条 复检机构应当在做出受理决定之日起3个工作日内向原检机构发出调样通知,原检机构应当在收到调样通知后5个工作日内提供样品。

双方检验机构应当按照产品储存运输条件审慎稳妥转移样品。

第三十六条 复检仅针对原检不符合规定项目,应当按照原抽检方案规定的检验要求和判定原则出具检验报告。原则上不得引入新的样品和资料。

复检机构一般应当在收到复检样品后15个工作日内做出复检结论,并自检验报告印发之日起2个工作日内,将检验报告寄送给标示医疗器械注册人、备案人或者进口产品代理人所在地省级药品监督管理部门,以及被抽样单位所在地省级药品监督管理部门、复检申请人、原检机构。特殊情况需要延期的,应当报请组织抽查检验工作的药品监督管理部门批准。

复检机构出具的复检结论为最终检验结论。

第三十七条 复检申请人应当向复检机构预先支付复检费用。复检结论与原检验结论不一致的,复检费用由原检机构承担。

国务院有关部门或者省级人民政府有关部门另有特殊规定的,从其规定。

第六章 监督管理

第三十八条 医疗器械注册人、备案人和被抽样单位获知产品不符合规定后,应当履行以下义务:

(一)实施产品召回并发布召回信息;

(二)立即深入进行自查,分析原因,进行风险评估;

(三)根据调查评估情况采取必要的风险控制措施。

申请复检期间,应当继续实施对不符合规定产品的风险控制措施。

第三十九条 对涉及的相关单位具有管辖权的药品监督管理部门应当对抽查检验中发现的不符合规定结果及其他问题进行调查处理。符合立案条件的,要按规定立案查处,并按要求公开查处结果。涉嫌犯罪的,依法移交司法机关处理。同时,督促被抽样单位和标示医疗器械注册人、备案人履行相关义务。

复检期间,不影响对不符合规定产品的调查与控制。

第四十条 承检机构在检验过程中发现下列情形时,应当立即将相关信息书面通知标示医疗器械注册人、备案人或者进口产品代理人所在地省级药品监督管理部门,同时抄送组织医疗器械抽查检验的药品监督管理部门:

(一)存在严重质量安全风险需立即采取控制措施的;

(二)涉嫌违法违规生产行为的;

(三)同一企业多批次产品检验不符合规定,质量体系可能存在严重问题的。

标示医疗器械注册人、备案人或者进口产品代理人所在地省级药品监督管理部门应当立即组织对相关情况进行调查核实,及时采取相应风险控制措施并依法进行查处。

第四十一条 医疗器械注册人、备案人、进口产品代理人以及从事医疗器械生产、经营和使用的单位和个人无正当理由拒绝接受抽查抽检的,由组织医疗器械抽查检验的药品监督管理部门向社会公告。负责药品监督管理的部门应当将有关情况录入信用档案,增加监督检查频次。

第四十二条 参与抽查检验工作的单位和个人,应当依法规范工作行为,不得出现以下违反法律、法规和有关纪律要求的情形:

(一)擅自发布抽查检验信息;

(二)泄露抽查检验样品的有关资料;

（三）接受被抽查检验单位的馈赠；

（四）利用抽查检验工作之便牟取其他不正当利益。

第四十三条 省级以上药品监督管理部门负责对本部门组织开展的医疗器械质量抽查检验结果的信息公开工作。

未经批准，任何单位和个人不得擅自公布抽查检验信息。

医疗器械质量抽查检验结果公开不当的，应当自确认公开内容不当之日起 5 日内，在原公开范围内予以更正。

对可能产生重大影响的医疗器械抽查检验信息，发布部门在质量公告发布前，应当进行评估研判。信息发布按照政府信息公开有关规定执行。

第四十四条 药品监督管理部门应当充分利用国家抽检系统中的数据，开展汇总分析，及时发现医疗器械安全系统性风险，及时消除区域性医疗器械安全隐患。

第七章 附 则

第四十五条 根据医疗器械监管工作需要，药品监督管理部门可适时组织开展专项抽查检验，相关工作可参照本办法执行。

第四十六条 因监督检查、监测评价、稽查执法等工作需要开展抽样、检验的，不受抽样数量、地点、样品状态等限制，具体程序可参照本办法执行。

第四十七条 本办法自发布之日起施行。《医疗器械质量监督抽查检验管理规定》（食药监械监〔2013〕212 号）和《国家医疗器械抽查检验工作程序》（食药监办〔2014〕213 号）同时废止。

医疗器械分类规则

· 2015 年 7 月 14 日国家食品药品监督管理总局令第 15 号公布

· 自 2016 年 1 月 1 日起施行

第一条 为规范医疗器械分类，根据《医疗器械监督管理条例》，制定本规则。

第二条 本规则用于指导制定医疗器械分类目录和确定新的医疗器械的管理类别。

第三条 本规则有关用语的含义是：

（一）预期目的

指产品说明书、标签或者宣传资料载明的，使用医疗器械应当取得的作用。

（二）无源医疗器械

不依靠电能或者其他能源，但是可以通过由人体或者重力产生的能量，发挥其功能的医疗器械。

（三）有源医疗器械

任何依靠电能或者其他能源，而不是直接由人体或者重力产生的能量，发挥其功能的医疗器械。

（四）侵入器械

借助手术全部或者部分通过体表侵入人体，接触体内组织、血液循环系统、中枢神经系统等部位的医疗器械，包括介入手术中使用的器材、一次性使用无菌手术器械和暂时或短期留在人体内的器械等。本规则中的侵入器械不包括重复使用手术器械。

（五）重复使用手术器械

用于手术中进行切、割、钻、锯、抓、刮、钳、抽、夹等过程，不连接任何有源医疗器械，通过一定的处理可以重新使用的无源医疗器械。

（六）植入器械

借助手术全部或者部分进入人体内或腔道（口）中，或者用于替代人体上皮表面或眼表面，并且在手术过程结束后留在人体内 30 日（含）以上或者被人体吸收的医疗器械。

（七）接触人体器械

直接或间接接触患者或者能够进入患者体内的医疗器械。

（八）使用时限

1. 连续使用时间：医疗器械按预期目的、不间断的实际作用时间；

2. 暂时：医疗器械预期的连续使用时间在 24 小时以内；

3. 短期：医疗器械预期的连续使用时间在 24 小时（含）以上、30 日以内；

4. 长期：医疗器械预期的连续使用时间在 30 日（含）以上。

（九）皮肤

未受损皮肤表面。

（十）腔道（口）

口腔、鼻腔、食道、外耳道、直肠、阴道、尿道等

三、医疗服务

人体自然腔道和永久性人造开口。

（十一）创伤

各种致伤因素作用于人体所造成的组织结构完整性破坏或者功能障碍。

（十二）组织

人体体内组织，包括骨、牙髓或者牙本质，不包括血液循环系统和中枢神经系统。

（十三）血液循环系统

血管（毛细血管除外）和心脏。

（十四）中枢神经系统

脑和脊髓。

（十五）独立软件

具有一个或者多个医疗目的，无需医疗器械硬件即可完成自身预期目的，运行于通用计算平台的软件。

（十六）具有计量测试功能的医疗器械

用于测定生理、病理、解剖参数，或者定量测定进出人体的能量或物质的医疗器械，其测量结果需要精确定量，并且该结果的准确性会对患者的健康和安全产生明显影响。

（十七）慢性创面

各种原因形成的长期不愈合创面，如静脉性溃疡、动脉性溃疡、糖尿病性溃疡、创伤性溃疡、压力性溃疡等。

第四条 医疗器械按照风险程度由低到高，管理类别依次分为第一类、第二类和第三类。

医疗器械风险程度，应当根据医疗器械的预期目的，通过结构特征、使用形式、使用状态、是否接触人体等因素综合判定。

第五条 依据影响医疗器械风险程度的因素，医疗器械可以分为以下几种情形：

（一）根据结构特征的不同，分为无源医疗器械和有源医疗器械。

（二）根据是否接触人体，分为接触人体器械和非接触人体器械。

（三）根据不同的结构特征和是否接触人体，医疗器械的使用形式包括：

无源接触人体器械：液体输送器械、改变血液体液器械、医用敷料、侵入器械、重复使用手术器械、植入器械、避孕和计划生育器械、其他无源接触人体器械。

无源非接触人体器械：护理器械、医疗器械清洗消毒器械、其他无源非接触人体器械。

有源接触人体器械：能量治疗器械、诊断监护器械、液体输送器械、电离辐射器械、植入器械、其他有源接触人体器械。

有源非接触人体器械：临床检验仪器设备、独立软件、医疗器械消毒灭菌设备、其他有源非接触人体器械。

（四）根据不同的结构特征、是否接触人体以及使用形式，医疗器械的使用状态或者其产生的影响包括以下情形：

无源接触人体器械：根据使用时限分为暂时使用、短期使用、长期使用；接触人体的部位分为皮肤或腔道（口）、创伤或组织、血液循环系统或中枢神经系统。

无源非接触人体器械：根据对医疗效果的影响程度分为基本不影响、轻微影响、重要影响。

有源接触人体器械：根据失控后可能造成的损伤程度分为轻微损伤、中度损伤、严重损伤。

有源非接触人体器械：根据对医疗效果的影响程度分为基本不影响、轻微影响、重要影响。

第六条 医疗器械的分类应当根据医疗器械分类判定表（见附件）进行分类判定。有以下情形的，还应当结合下述原则进行分类：

（一）如果同一医疗器械适用两个或者两个以上的分类，应当采取其中风险程度最高的分类；由多个医疗器械组成的医疗器械包，其分类应当与包内风险程度最高的医疗器械一致。

（二）可作为附件的医疗器械，其分类应当综合考虑该附件对配套主体医疗器械安全性、有效性的影响；如果附件对配套主体医疗器械有重要影响，附件的分类应不低于配套主体医疗器械的分类。

（三）监控或者影响医疗器械主要功能的医疗器械，其分类应当与被监控、影响的医疗器械的分类一致。

（四）以医疗器械作用为主的药械组合产品，按照第三类医疗器械管理。

（五）可被人体吸收的医疗器械，按照第三类医疗器械管理。

（六）对医疗效果有重要影响的有源接触人体器械，按照第三类医疗器械管理。

（七）医用敷料如果有以下情形，按照第三类医疗器械管理，包括：预期具有防组织或器官粘连功能，作为人工皮肤，接触真皮深层或其以下组织受损的创面，用于慢性创面，或者可被人体全部或部分吸收的。

（八）以无菌形式提供的医疗器械，其分类应不低于第二类。

（九）通过牵拉、撑开、扭转、压握、弯曲等作用方式，主动施加持续作用力于人体、可动态调整肢体固定位置的矫形器械（不包括仅具有固定、支撑作用的医疗器械，也不包括配合外科手术中进行临时矫形的医疗器械或者外科手术后或其他治疗中进行四肢矫形的医疗器械），其分类应不低于第二类。

（十）具有计量测试功能的医疗器械，其分类应不低于第二类。

（十一）如果医疗器械的预期目的是明确用于某种疾病的治疗，其分类应不低于第二类。

（十二）用于在内窥镜下完成夹取、切割组织或者取石等手术操作的无源重复使用手术器械，按照第二类医疗器械管理。

第七条 体外诊断试剂按照有关规定进行分类。

第八条 国家食品药品监督管理总局根据医疗器械生产、经营、使用情况，及时对医疗器械的风险变化进行分析、评价，对医疗器械分类目录进行调整。

第九条 国家食品药品监督管理总局可以组织医疗器械分类专家委员会制定、调整医疗器械分类目录。

第十条 本规则自2016年1月1日起施行。2000年4月5日公布的《医疗器械分类规则》（原国家药品监督管理局令第15号）同时废止。

附件

医疗器械分类判定表

接触人体器械											
	使用状态 使用形式		暂时使用			短期使用			长期使用		
			皮肤/腔道（口）	创伤组织	血液环/中枢	皮肤/腔道（口）	创伤组织	血液环/中枢	皮肤/腔道（口）	创伤组织	血液环/中枢
无源医疗器械	1	液体输送器械	Ⅱ	Ⅱ	Ⅲ	Ⅱ	Ⅱ	Ⅲ	Ⅱ	Ⅲ	Ⅲ
	2	改变血液体液器械	—	—	Ⅲ	—	—	Ⅲ	—	—	Ⅲ
	3	医用敷料	Ⅰ	Ⅱ	Ⅱ	Ⅰ	Ⅱ	Ⅱ	—	Ⅲ	Ⅲ
	4	侵入器械	Ⅰ	Ⅱ	Ⅲ	Ⅱ	Ⅱ	Ⅲ	—	—	—
无源医疗器械	5	重复使用手术器械	Ⅰ	Ⅰ	Ⅱ	—	—	—	—	—	—
	6	植入器械	—	—	—	—	—	—	Ⅲ	Ⅲ	Ⅲ
	7	避孕和计划生育器械（不包括重复使用手术器械）	Ⅱ	Ⅱ	Ⅲ	Ⅱ	Ⅲ	Ⅲ	Ⅲ	Ⅲ	Ⅲ
	8	其他无源器械	Ⅰ	Ⅱ	Ⅲ	Ⅱ	Ⅱ	Ⅲ	Ⅱ	Ⅲ	Ⅲ
有源医疗器械	使用状态 使用形式		轻微损伤			中度损伤			严重损伤		
	1	能量治疗器械	Ⅱ			Ⅱ			Ⅲ		
	2	诊断监护器械	Ⅱ			Ⅱ			Ⅲ		
	3	液体输送器械	Ⅱ			Ⅱ			Ⅲ		
	4	电离辐射器械	Ⅱ			Ⅱ			Ⅲ		
	5	植入器械	Ⅲ			Ⅲ			Ⅲ		
	6	其他有源器械	Ⅱ			Ⅱ			Ⅲ		

续表

非接触人体器械					
无源医疗器械	使用形式 \ 使用状态		基本不影响	轻微影响	重要影响
	1	护理器械	Ⅰ	Ⅱ	—
	2	医疗器械清洗消毒器械	—	Ⅱ	Ⅲ
	3	其他无源器械	Ⅰ	Ⅱ	Ⅲ
有源医疗器械	使用形式 \ 使用状态		基本不影响	轻微影响	重要影响
	1	临床检验仪器设备	Ⅰ	Ⅱ	Ⅲ
	2	独立软件	—	Ⅱ	Ⅲ
	3	医疗器械消毒灭菌设备	—	Ⅱ	Ⅲ
	4	其他有源器械	Ⅰ	Ⅱ	Ⅲ

注:1. 本表中“Ⅰ”、“Ⅱ”、“Ⅲ”分别代表第一类、第二类、第三类医疗器械;
2. 本表中“—”代表不存在这种情形。

医疗器械通用名称命名规则

· 2015年12月21日国家食品药品监督管理总局令第19号公布
· 自2016年4月1日起施行

第一条 为加强医疗器械监督管理,保证医疗器械通用名称命名科学、规范,根据《医疗器械监督管理条例》,制定本规则。

第二条 凡在中华人民共和国境内销售、使用的医疗器械应当使用通用名称,通用名称的命名应当符合本规则。

第三条 医疗器械通用名称应当符合国家有关法律、法规的规定,科学、明确,与产品的真实属性相一致。

第四条 医疗器械通用名称应当使用中文,符合国家语言文字规范。

第五条 具有相同或者相似的预期目的、共同技术的同品种医疗器械应当使用相同的通用名称。

第六条 医疗器械通用名称由一个核心词和一般不超过三个特征词组成。

核心词是对具有相同或者相似的技术原理、结构组成或者预期目的的医疗器械的概括表述。

特征词是对医疗器械使用部位、结构特点、技术特点或者材料组成等特定属性的描述。使用部位是指产品在人体的作用部位,可以是人体的系统、器官、组织、细胞等。结构特点是对产品特定结构、外观形态的描述。技术特点是对产品特殊作用原理、机理或者特殊性能的说明或者限定。材料组成是对产品的主要材料或者主要成分的描述。

第七条 医疗器械通用名称除应当符合本规则第六条的规定外,不得含有下列内容:

(一)型号、规格;

(二)图形、符号等标志;

(三)人名、企业名称、注册商标或者其他类似名称;

(四)“最佳”、“唯一”、“精确”、“速效”等绝对化、排他性的词语,或者表示产品功效的断言或者保证;

(五)说明有效率、治愈率的用语;

(六)未经科学证明或者临床评价证明,或者虚无、假设的概念性名称;

(七)明示或者暗示包治百病,夸大适用范围,或者其他具有误导性、欺骗性的内容;

(八)“美容”、“保健”等宣传性词语;

(九)有关法律、法规禁止的其他内容。

第八条 根据《中华人民共和国商标法》第十一条第一款的规定,医疗器械通用名称不得作为商标注册。

第九条 按照医疗器械管理的体外诊断试剂

的命名依照《体外诊断试剂注册管理办法》(国家食品药品监督管理总局令第5号)的有关规定执行。

第十条 本规则自2016年4月1日起施行。

医疗器械说明书和标签管理规定

· 2014年7月30日国家食品药品监督管理总局令第6号公布

· 自2014年10月1日起施行

第一条 为规范医疗器械说明书和标签,保证医疗器械使用的安全,根据《医疗器械监督管理条例》,制定本规定。

第二条 凡在中华人民共和国境内销售、使用的医疗器械,应当按照本规定要求附有说明书和标签。

第三条 医疗器械说明书是指由医疗器械注册人或者备案人制作,随产品提供给用户,涵盖该产品安全有效的基本信息,用以指导正确安装、调试、操作、使用、维护、保养的技术文件。

医疗器械标签是指在医疗器械或者其包装上附有的用于识别产品特征和标明安全警示等信息的文字说明及图形、符号。

第四条 医疗器械说明书和标签的内容应当科学、真实、完整、准确,并与产品特性相一致。

医疗器械说明书和标签的内容应当与经注册或者备案的相关内容一致。

医疗器械标签的内容应当与说明书有关内容相符合。

第五条 医疗器械说明书和标签对疾病名称、专业名词、诊断治疗过程和结果的表述,应当采用国家统一发布或者规范的专用词汇,度量衡单位应当符合国家相关标准的规定。

第六条 医疗器械说明书和标签中使用的符号或者识别颜色应当符合国家相关标准的规定;无相关标准规定的,该符号及识别颜色应当在说明书中描述。

第七条 医疗器械最小销售单元应当附有说明书。

医疗器械的使用者应当按照说明书使用医疗器械。

第八条 医疗器械的产品名称应当使用通用名称,通用名称应当符合国家食品药品监督管理总局制定的医疗器械命名规则。第二类、第三类医疗器械的产品名称应当与医疗器械注册证中的产品名称一致。

产品名称应当清晰地标明在说明书和标签的显著位置。

第九条 医疗器械说明书和标签文字内容应当使用中文,中文的使用应当符合国家通用的语言文字规范。医疗器械说明书和标签可以附加其他文种,但应当以中文表述为准。

医疗器械说明书和标签中的文字、符号、表格、数字、图形等应当准确、清晰、规范。

第十条 医疗器械说明书一般应当包括以下内容:

(一)产品名称、型号、规格;

(二)注册人或者备案人的名称、住所、联系方式及售后服务单位,进口医疗器械还应当载明代理人的名称、住所及联系方式;

(三)生产企业的名称、住所、生产地址、联系方式及生产许可证编号或者生产备案凭证编号,委托生产的还应当标注受托企业的名称、住所、生产地址、生产许可证编号或者生产备案凭证编号;

(四)医疗器械注册证编号或者备案凭证编号;

(五)产品技术要求的编号;

(六)产品性能、主要结构组成或者成分、适用范围;

(七)禁忌症、注意事项、警示以及提示的内容;

(八)安装和使用说明或者图示,由消费者个人自行使用的医疗器械还应当具有安全使用的特别说明;

(九)产品维护和保养方法,特殊储存、运输条件、方法;

(十)生产日期,使用期限或者失效日期;

(十一)配件清单,包括配件、附属品、损耗品更换周期以及更换方法的说明等;

(十二)医疗器械标签所用的图形、符号、缩写等内容的解释;

(十三)说明书的编制或者修订日期;

(十四)其他应当标注的内容。

第十一条 医疗器械说明书中有关注意事

项、警示以及提示性内容主要包括：

（一）产品使用的对象；

（二）潜在的安全危害及使用限制；

（三）产品在正确使用过程中出现意外时，对操作者、使用者的保护措施以及应当采取的应急和纠正措施；

（四）必要的监测、评估、控制手段；

（五）一次性使用产品应当注明“一次性使用”字样或者符号，已灭菌产品应当注明灭菌方式以及灭菌包装损坏后的处理方法，使用前需要消毒或者灭菌的应当说明消毒或者灭菌的方法；

（六）产品需要同其他医疗器械一起安装或者联合使用时，应当注明联合使用器械的要求、使用方法、注意事项；

（七）在使用过程中，与其他产品可能产生的相互干扰及其可能出现的危害；

（八）产品使用中可能带来的不良事件或者产品成分中含有的可能引起副作用的成分或者辅料；

（九）医疗器械废弃处理时应当注意的事项，产品使用后需要处理的，应当注明相应的处理方法；

（十）根据产品特性，应当提示操作者、使用者注意的其他事项。

第十二条 重复使用的医疗器械应当在说明书中明确重复使用的处理过程，包括清洁、消毒、包装及灭菌的方法和重复使用的次数或者其他限制。

第十三条 医疗器械标签一般应当包括以下内容：

（一）产品名称、型号、规格；

（二）注册人或者备案人的名称、住所、联系方式，进口医疗器械还应当载明代理人的名称、住所及联系方式；

（三）医疗器械注册证编号或者备案凭证编号；

（四）生产企业的名称、住所、生产地址、联系方式及生产许可证编号或者生产备案凭证编号，委托生产的还应当标注受托企业的名称、住所、生产地址、生产许可证编号或者生产备案凭证编号；

（五）生产日期，使用期限或者失效日期；

（六）电源连接条件、输入功率；

（七）根据产品特性应当标注的图形、符号以及其他相关内容；

（八）必要的警示、注意事项；

（九）特殊储存、操作条件或者说明；

（十）使用中对环境有破坏或者负面影响的医疗器械，其标签应当包含警示标志或者中文警示说明；

（十一）带放射或者辐射的医疗器械，其标签应当包含警示标志或者中文警示说明。

医疗器械标签因位置或者大小受限而无法全部标明上述内容的，至少应当标注产品名称、型号、规格、生产日期和使用期限或者失效日期，并在标签中明确“其他内容详见说明书”。

第十四条 医疗器械说明书和标签不得有下列内容：

（一）含有“疗效最佳”、“保证治愈”、“包治”、“根治”、“即刻见效”、“完全无毒副作用”等表示功效的断言或者保证的；

（二）含有“最高技术”、“最科学”、“最先进”、“最佳”等绝对化语言和表示的；

（三）说明治愈率或者有效率的；

（四）与其他企业产品的功效和安全性相比较的；

（五）含有“保险公司保险”、“无效退款”等承诺性语言的；

（六）利用任何单位或者个人的名义、形象作证明或者推荐的；

（七）含有误导性说明，使人感到已经患某种疾病，或者使人误解不使用该医疗器械会患某种疾病或者加重病情的表述，以及其他虚假、夸大、误导性的内容；

（八）法律、法规规定禁止的其他内容。

第十五条 医疗器械说明书应当由注册申请人或者备案人在医疗器械注册或者备案时，提交食品药品监督管理部门审查或者备案，提交的说明书内容应当与其他注册或者备案资料相符合。

第十六条 经食品药品监督管理部门注册审查的医疗器械说明书的内容不得擅自更改。

已注册的医疗器械发生注册变更的，申请人应当在取得变更文件后，依据变更文件自行修改说明书和标签。

说明书的其他内容发生变化的，应当向医疗器械注册的审批部门书面告知，并提交说明书更改情况对比说明等相关文件。审批部门自收到书面告知之日起 20 个工作日内未发出不予同意通知件的，说明书更改生效。

第十七条 已备案的医疗器械，备案信息表中登载内容、备案产品技术要求以及说明书其他内容发生变化的，备案人自行修改说明书和标签的相关内容。

第十八条 说明书和标签不符合本规定要求的，由县级以上食品药品监督管理部门按照《医疗器械监督管理条例》第六十七条的规定予以处罚。

第十九条 本规定自 2014 年 10 月 1 日起施行。2004 年 7 月 8 日公布的《医疗器械说明书、标签和包装标识管理规定》（原国家食品药品监督管理局令第 10 号）同时废止。

医疗器械使用质量监督管理办法

· 2015 年 10 月 21 日国家食品药品监督管理总局令第 18 号公布

· 自 2016 年 2 月 1 日起施行

第一章 总 则

第一条 为加强医疗器械使用质量监督管理，保证医疗器械使用安全、有效，根据《医疗器械监督管理条例》，制定本办法。

第二条 使用环节的医疗器械质量管理及其监督管理，应当遵守本办法。

第三条 国家食品药品监督管理总局负责全国医疗器械使用质量监督管理工作。县级以上地方食品药品监督管理部门负责本行政区域的医疗器械使用质量监督管理工作。

上级食品药品监督管理部门负责指导和监督下级食品药品监督管理部门开展医疗器械使用质量监督管理工作。

第四条 医疗器械使用单位应当按照本办法，配备与其规模相适应的医疗器械质量管理机构或者质量管理人员，建立覆盖质量管理全过程的使用质量管理制度，承担本单位使用医疗器械的质量管理责任。

鼓励医疗器械使用单位采用信息化技术手段进行医疗器械质量管理。

第五条 医疗器械生产经营企业销售的医疗器械应当符合强制性标准以及经注册或者备案的产品技术要求。医疗器械生产经营企业应当按照与医疗器械使用单位的合同约定，提供医疗器械售后服务，指导和配合医疗器械使用单位开展质量管理工作。

第六条 医疗器械使用单位发现所使用的医疗器械发生不良事件或者可疑不良事件的，应当按照医疗器械不良事件监测的有关规定报告并处理。

第二章 采购、验收与贮存

第七条 医疗器械使用单位应当对医疗器械采购实行统一管理，由其指定的部门或者人员统一采购医疗器械，其他部门或者人员不得自行采购。

第八条 医疗器械使用单位应当从具有资质的医疗器械生产经营企业购进医疗器械，索取、查验供货者资质、医疗器械注册证或者备案凭证等证明文件。对购进的医疗器械应当验明产品合格证明文件，并按规定进行验收。对有特殊储运要求的医疗器械还应当核实储运条件是否符合产品说明书和标签标示的要求。

第九条 医疗器械使用单位应当真实、完整、准确地记录进货查验情况。进货查验记录应当保存至医疗器械规定使用期限届满后 2 年或者使用终止后 2 年。大型医疗器械进货查验记录应当保存至医疗器械规定使用期限届满后 5 年或者使用终止后 5 年；植入性医疗器械进货查验记录应当永久保存。

医疗器械使用单位应当妥善保存购入第三类医疗器械的原始资料，确保信息具有可追溯性。

第十条 医疗器械使用单位贮存医疗器械的场所、设施及条件应当与医疗器械品种、数量相适应，符合产品说明书、标签标示的要求及使用安全、有效的需要；对温度、湿度等环境条件有特殊要求的，还应当监测和记录贮存区域的温度、湿度等数据。

第十一条 医疗器械使用单位应当按照贮存条件、医疗器械有效期限等要求对贮存的医疗器械进行定期检查并记录。

第十二条 医疗器械使用单位不得购进和使用未依法注册或者备案、无合格证明文件以及过期、失效、淘汰的医疗器械。

第三章 使用、维护与转让

第十三条 医疗器械使用单位应当建立医疗

器械使用前质量检查制度。在使用医疗器械前，应当按照产品说明书的有关要求进行检查。

使用无菌医疗器械前，应当检查直接接触医疗器械的包装及其有效期限。包装破损、标示不清、超过有效期限或者可能影响使用安全、有效的，不得使用。

第十四条 医疗器械使用单位对植入和介入类医疗器械应当建立使用记录，植入性医疗器械使用记录永久保存，相关资料应当纳入信息化管理系统，确保信息可追溯。

第十五条 医疗器械使用单位应当建立医疗器械维护维修管理制度。对需要定期检查、检验、校准、保养、维护的医疗器械，应当按照产品说明书的要求进行检查、检验、校准、保养、维护并记录，及时进行分析、评估，确保医疗器械处于良好状态。

对使用期限长的大型医疗器械，应当逐台建立使用档案，记录其使用、维护等情况。记录保存期限不得少于医疗器械规定使用期限届满后5年或者使用终止后5年。

第十六条 医疗器械使用单位应当按照产品说明书等要求使用医疗器械。一次性使用的医疗器械不得重复使用，对使用过的应当按照国家有关规定销毁并记录。

第十七条 医疗器械使用单位可以按照合同的约定要求医疗器械生产经营企业提供医疗器械维护维修服务，也可以委托有条件和能力的维修服务机构进行医疗器械维护维修，或者自行对在用医疗器械进行维护维修。

医疗器械使用单位委托维修服务机构或者自行对在用医疗器械进行维护维修的，医疗器械生产经营企业应当按照合同的约定提供维护手册、维修手册、软件备份、故障代码表、备件清单、零部件、维修密码等维护维修必需的材料和信息。

第十八条 由医疗器械生产经营企业或者维修服务机构对医疗器械进行维护维修的，应当在合同中约定明确的质量要求、维修要求等相关事项，医疗器械使用单位应当在每次维护维修后索取并保存相关记录；医疗器械使用单位自行对医疗器械进行维护维修的，应当加强对从事医疗器械维护维修的技术人员的培训考核，并建立培训档案。

第十九条 医疗器械使用单位发现使用的医疗器械存在安全隐患的，应当立即停止使用，通知检修；经检修仍不能达到使用安全标准的，不得继续使用，并按照有关规定处置。

第二十条 医疗器械使用单位之间转让在用医疗器械，转让方应当确保所转让的医疗器械安全、有效，并提供产品合法证明文件。

转让双方应当签订协议，移交产品说明书、使用和维修记录档案复印件等资料，并经有资质的检验机构检验合格后方可转让。受让方应当参照本办法第八条关于进货查验的规定进行查验，符合要求后方可使用。

不得转让未依法注册或者备案、无合格证明文件或者检验不合格，以及过期、失效、淘汰的医疗器械。

第二十一条 医疗器械使用单位接受医疗器械生产经营企业或者其他机构、个人捐赠医疗器械的，捐赠方应当提供医疗器械的相关合法证明文件，受赠方应当参照本办法第八条关于进货查验的规定进行查验，符合要求后方可使用。

不得捐赠未依法注册或者备案、无合格证明文件或者检验不合格，以及过期、失效、淘汰的医疗器械。

医疗器械使用单位之间捐赠在用医疗器械的，参照本办法第二十条关于转让在用医疗器械的规定办理。

第四章 监督管理

第二十二条 食品药品监督管理部门按照风险管理原则，对使用环节的医疗器械质量实施监督管理。

设区的市级食品药品监督管理部门应当编制并实施本行政区域的医疗器械使用单位年度监督检查计划，确定监督检查的重点、频次和覆盖率。对存在较高风险的医疗器械、有特殊储运要求的医疗器械以及有不良信用记录的医疗器械使用单位等，应当实施重点监管。

年度监督检查计划及其执行情况应当报告省、自治区、直辖市食品药品监督管理部门。

第二十三条 食品药品监督管理部门对医疗器械使用单位建立、执行医疗器械使用质量管理制度的情况进行监督检查，应当记录监督检查结果，并纳入监督管理档案。

食品药品监督管理部门对医疗器械使用单位

进行监督检查时，可以对相关的医疗器械生产经营企业、维修服务机构等进行延伸检查。

医疗器械使用单位、生产经营企业和维修服务机构等应当配合食品药品监督管理部门的监督检查，如实提供有关情况和资料，不得拒绝和隐瞒。

第二十四条 医疗器械使用单位应当按照本办法和本单位建立的医疗器械使用质量管理制度，每年对医疗器械质量管理工作进行全面自查，并形成自查报告。食品药品监督管理部门在监督检查中对医疗器械使用单位的自查报告进行抽查。

第二十五条 食品药品监督管理部门应当加强对使用环节医疗器械的抽查检验。省级以上食品药品监督管理部门应当根据抽查检验结论，及时发布医疗器械质量公告。

第二十六条 个人和组织发现医疗器械使用单位有违反本办法的行为，有权向医疗器械使用单位所在地食品药品监督管理部门举报。接到举报的食品药品监督管理部门应当及时核实、处理。经查证属实的，应当按照有关规定对举报人给予奖励。

第五章 法律责任

第二十七条 医疗器械使用单位有下列情形之一的，由县级以上食品药品监督管理部门按照《医疗器械监督管理条例》第六十六条的规定予以处罚：

（一）使用不符合强制性标准或者不符合经注册或者备案的产品技术要求的医疗器械的；

（二）使用无合格证明文件、过期、失效、淘汰的医疗器械，或者使用未依法注册的医疗器械的。

第二十八条 医疗器械使用单位有下列情形之一的，由县级以上食品药品监督管理部门按照《医疗器械监督管理条例》第六十七条的规定予以处罚：

（一）未按照医疗器械产品说明书和标签标示要求贮存医疗器械的；

（二）转让或者捐赠过期、失效、淘汰、检验不合格的在用医疗器械的。

第二十九条 医疗器械使用单位有下列情形之一的，由县级以上食品药品监督管理部门按照《医疗器械监督管理条例》第六十八条的规定予以处罚：

（一）未建立并执行医疗器械进货查验制度，未查验供货者的资质，或者未真实、完整、准确地记录进货查验情况的；

（二）未按照产品说明书的要求进行定期检查、检验、校准、保养、维护并记录的；

（三）发现使用的医疗器械存在安全隐患未立即停止使用、通知检修，或者继续使用经检修仍不能达到使用安全标准的医疗器械的；

（四）未妥善保存购入第三类医疗器械的原始资料的；

（五）未按规定建立和保存植入和介入类医疗器械使用记录的。

第三十条 医疗器械使用单位有下列情形之一的，由县级以上食品药品监督管理部门责令限期改正，给予警告；拒不改正的，处1万元以下罚款：

（一）未按规定配备与其规模相适应的医疗器械质量管理机构或者质量管理人员，或者未按规定建立覆盖质量管理全过程的使用质量管理制度的；

（二）未按规定由指定的部门或者人员统一采购医疗器械的；

（三）购进、使用未备案的第一类医疗器械，或者从未备案的经营企业购进第二类医疗器械的；

（四）贮存医疗器械的场所、设施及条件与医疗器械品种、数量不相适应的，或者未按照贮存条件、医疗器械有效期限等要求对贮存的医疗器械进行定期检查并记录的；

（五）未按规定建立、执行医疗器械使用前质量检查制度的；

（六）未按规定索取、保存医疗器械维护维修相关记录的；

（七）未按规定对本单位从事医疗器械维护维修的相关技术人员进行培训考核、建立培训档案的；

（八）未按规定对其医疗器械质量管理工作进行自查、形成自查报告的。

第三十一条 医疗器械生产经营企业违反本办法第十七条规定，未按要求提供维护维修服务，或者未按要求提供维护维修所必需的材料和信息的，由县级以上食品药品监督管理部门给予警告，责令限期改正；情节严重或者拒不改正的，处5000

元以上2万元以下罚款。

第三十二条 医疗器械使用单位、生产经营企业和维修服务机构等不配合食品药品监督管理部门的监督检查，或者拒绝、隐瞒、不如实提供有关情况和资料的，由县级以上食品药品监督管理部门责令改正，给予警告，可以并处2万元以下罚款。

第六章 附 则

第三十三条 用于临床试验的试验用医疗器械的质量管理，按照医疗器械临床试验等有关规定执行。

第三十四条 对使用环节的医疗器械使用行为的监督管理，按照国家卫生和计划生育委员会的有关规定执行。

第三十五条 本办法自2016年2月1日起施行。

医疗器械临床使用管理办法

· 2020年12月4日第2次委务会议审议通过
· 2021年1月12日国家卫生健康委员会令第8号公布
· 自2021年3月1日起施行

第一章 总 则

第一条 为加强医疗器械临床使用管理，保障医疗器械临床使用安全、有效，根据《医疗器械监督管理条例》《医疗机构管理条例》等法律法规，制定本办法。

第二条 本办法适用于各级各类医疗机构临床使用医疗器械的监督管理工作。

医疗器械临床试验管理不适用本办法。

第三条 国家卫生健康委负责全国医疗器械临床使用监督管理工作。

县级以上地方卫生健康主管部门负责本行政区域内医疗器械临床使用监督管理工作。

第四条 医疗机构主要负责人是本机构医疗器械临床使用管理的第一责任人。

医疗机构应当建立并完善本机构医疗器械临床使用管理制度，确保医疗器械合理使用。

第五条 县级以上地方卫生健康主管部门和医疗机构应当依据国家有关规定建立医疗器械应急保障机制，保障突发事件的应急救治需求。

第六条 医疗机构应当根据国家发布的医疗器械分类目录，对医疗器械实行分类管理。

第七条 卫生健康主管部门应当逐步完善人工智能医疗器械临床使用规范，鼓励医疗机构加强人工智能医疗器械临床使用培训。

第二章 组织机构与职责

第八条 国家卫生健康委组织成立国家医疗器械临床使用专家委员会。国家医疗器械临床使用专家委员会负责分析全国医疗器械临床使用情况，研究医疗器械临床使用中的重点问题，提供政策咨询及建议，指导医疗器械临床合理使用。

省级卫生健康主管部门组织成立省级医疗器械临床使用专家委员会或者委托相关组织、机构负责本行政区域内医疗器械临床使用的监测、评价等工作。

第九条 二级以上医疗机构应当设立医疗器械临床使用管理委员会；其他医疗机构应当根据本机构实际情况，配备负责医疗器械临床使用管理的专(兼)职人员。

医疗器械临床使用管理委员会由本机构负责医疗管理、质量控制、医院感染管理、医学工程、信息等工作的相关职能部门负责人以及相关临床、医技等科室负责人组成，负责指导和监督本机构医疗器械临床使用行为，日常管理工作依托本机构的相关部门负责。

第十条 医疗机构医疗器械临床使用管理委员会和配备的专(兼)职人员对本机构医疗器械临床使用管理承担以下职责：

(一)依法拟订医疗器械临床使用工作制度并组织实施；

(二)组织开展医疗器械临床使用安全管理、技术评估与论证；

(三)监测、评价医疗器械临床使用情况，对临床科室在用医疗器械的使用效能进行分析、评估和反馈；监督、指导高风险医疗器械的临床使用与安全管理；提出干预和改进医疗器械临床使用措施，指导临床合理使用；

(四)监测识别医疗器械临床使用安全风险，分析、评估使用安全事件，并提供咨询与指导；

(五)组织开展医疗器械管理法律、法规、规章和合理使用相关制度、规范的业务知识培训，宣传医疗器械临床使用安全知识。

第十一条 二级以上医疗机构应当明确本机构各相关职能部门和各相关科室的医疗器械临床使用管理职责；相关职能部门、相关科室应当指定专人负责本部门或者本科室的医疗器械临床使用管理工作。

其他医疗机构应当根据本机构实际情况，明确相关部门、科室和人员的职责。

第十二条 二级以上医疗机构应当配备与其功能、任务、规模相适应的医学工程及其他专业技术人员、设备和设施。

第十三条 医疗器械使用科室负责医疗器械日常管理工作，做好医疗器械的登记、定期核对、日常使用维护保养等工作。

第十四条 医疗机构从事医疗器械相关工作的卫生专业技术人员，应当具备相应的专业学历、卫生专业技术职务任职资格或者依法取得相应资格。

第十五条 医疗机构应当组织开展医疗器械临床使用管理的继续教育和培训，开展医疗器械临床使用范围、质量控制、操作规程、效果评价等培训工作。

第十六条 医疗机构应当加强医疗器械信息管理，建立医疗器械及其使用信息档案。

第十七条 医疗机构应当每年开展医疗器械临床使用管理自查、评估、评价工作，确保医疗器械临床使用的安全、有效。

第三章 临床使用管理

第十八条 医疗机构应当建立医疗器械临床使用技术评估与论证制度并组织实施，开展技术需求分析和成本效益评估，确保医疗器械满足临床需求。

第十九条 医疗机构购进医疗器械，应当查验供货者的资质和医疗器械的合格证明文件，建立进货查验记录制度。

医疗机构应当妥善保存购入第三类医疗器械的原始资料，并确保信息具有可追溯性。

第二十条 医疗器械需要安装或者集成的，应当由生产厂家或者其授权的具备相关服务资质的单位、医疗机构负责医学工程工作的部门依据国家有关标准实施。

医疗机构应当对医疗器械相关硬件、软件的安装、更新、升级情况进行登记和审核，并应当进行临床验证和技术评估。

第二十一条 医疗机构应当建立医疗器械验收验证制度，保证医疗器械的功能、性能、配置要求符合购置合同以及临床诊疗的要求。医疗器械经验收验证合格后方可应用于临床。

第二十二条 医疗机构及其医务人员临床使用医疗器械，应当遵循安全、有效、经济的原则，采用与患者疾病相适应的医疗器械进行诊疗活动。

需要向患者说明医疗器械临床使用相关事项的，应当如实告知，不得隐瞒或者虚假宣传，误导患者。

第二十三条 医疗机构及其医务人员临床使用医疗器械，应当按照诊疗规范、操作指南、医疗器械使用说明书等，遵守医疗器械适用范围、禁忌症及注意事项，注意主要风险和关键性能指标。

第二十四条 医疗机构应当建立医疗器械临床使用风险管理制度，持续改进医疗器械临床使用行为。

第二十五条 医疗机构应当开展医疗器械临床使用安全管理，对生命支持类、急救类、植入类、辐射类、灭菌类和大型医疗器械实行使用安全监测与报告制度。

第二十六条 医疗机构应当制订与其规模、功能相匹配的生命支持医疗器械和相关重要医疗器械故障紧急替代流程，配备必要的替代设备设施，并对急救的医疗器械实行专管专用，保证临床急救工作正常开展。

第二十七条 发现使用的医疗器械存在安全隐患的，医疗机构应当立即停止使用，并通知医疗器械注册人、备案人或者其他负责产品质量的机构进行检修；经检修仍不能达到使用安全标准的医疗器械，不得继续使用。

第二十八条 医疗机构应当严格执行医院感染管理有关法律法规的规定，使用符合国家规定的消毒器械和一次性使用的医疗器械。按规定可以重复使用的医疗器械，应当严格按照规定清洗、消毒或者灭菌，并进行效果监测；一次性使用的医疗器械不得重复使用，使用过的应当按照国家有关规定销毁并记录。

使用无菌医疗器械前，应当对直接接触医疗器械的包装及其有效期进行常规检查，认真核对其规格、型号、消毒或者灭菌有效日期等。包装破损、标示不清、超过有效期或者可能影响使用安全的,不得使用。

第二十九条 临床使用大型医疗器械以及植入和介入类医疗器械的,应当将医疗器械的名称、关键性技术参数等信息以及与使用质量安全密切相关的必要信息记载到病历等相关记录中。

第三十条 医疗机构应当按照规定开展医疗器械临床使用评价工作,重点加强医疗器械的临床实效性、可靠性和可用性评价。

第四章 保障维护管理

第三十一条 医疗器械保障维护管理应当重点进行检测和预防性维护。通过开展性能检测和安全监测,验证医疗器械性能的适当性和使用的安全性;通过开展部件更换、清洁等预防性维护,延长医疗器械使用寿命并预防故障发生。

第三十二条 医疗机构应当监测医疗器械的运行状态,对维护与维修的全部过程进行跟踪记录,定期分析评价医疗器械整体维护情况。

第三十三条 医疗机构应当遵照国家有关医疗器械标准、规程、技术指南等,确保系统环境电源、温湿度、辐射防护、磁场屏蔽、光照亮度等因素与医疗器械相适应,定期对医疗器械使用环境进行测试、评估和维护。

第三十四条 医疗机构应当具备与医疗器械品种、数量相适应的贮存场所和条件。对温度、湿度等环境条件有特殊要求的,应当采取相应措施,保证医疗器械安全、有效。

第三十五条 医疗机构应当真实记录医疗器械保障情况并存入医疗器械信息档案,档案保存期限不得少于医疗器械规定使用期限终止后五年。

第五章 使用安全事件处理

第三十六条 医疗机构应当对医疗器械使用安全事件进行收集、分析、评价及控制,遵循可疑即报的原则,及时报告。

第三十七条 发生或者发现医疗器械使用安全事件或者可疑医疗器械使用安全事件时,医疗机构及其医务人员应当立即采取有效措施,避免或者减轻对患者身体健康的损害,防止损害扩大,并向所在地县级卫生健康主管部门报告。

第三十八条 发生或者发现因医疗器械使用行为导致或者可能导致患者死亡、残疾或者二人以上人身损害时,医疗机构应当在二十四小时内报告所在地县级卫生健康主管部门,必要时可以同时向上级卫生健康主管部门报告。医疗机构应当立即对医疗器械使用行为进行调查、核实;必要时,应当对发生使用安全事件的医疗器械同批次同规格型号库存产品暂缓使用,对剩余产品进行登记封存。

第三十九条 县级及设区的市级卫生健康主管部门获知医疗机构医疗器械使用安全事件或者可疑医疗器械使用安全事件后,应当进行核实,必要时应当进行调查;对医疗机构医疗器械使用行为导致或者可能导致患者死亡、残疾或者二人以上人身损害的,应当进行现场调查,并将调查结果逐级上报至省级卫生健康主管部门。

省级以上卫生健康主管部门获知医疗机构医疗器械使用安全事件或者可疑医疗器械使用安全事件,认为应当开展现场调查的,应当组织开展调查。省级卫生健康主管部门开展相关调查的,应将调查结果及时报送国家卫生健康委。

对卫生健康主管部门开展的医疗器械使用安全事件调查,医疗机构应当配合。

第四十条 县级以上地方卫生健康主管部门在医疗器械使用安全事件调查结果确定前,对可疑医疗器械质量问题造成患者损害的,应当根据影响采取相应措施;对影响较大的,可以采取风险性提示、暂停辖区内医疗机构使用同批次同规格型号的医疗器械等措施,以有效降低风险,并通报同级药品监督管理部门。

经调查不属于医疗器械使用安全事件的,卫生健康主管部门应当移交同级药品监督管理部门处理。

第六章 监督管理

第四十一条 县级以上地方卫生健康主管部门应当编制并实施本行政区域医疗机构医疗器械使用年度监督检查计划,确定监督检查的重点、频次和覆盖率。对使用风险较高、有特殊保存管理要求医疗器械的医疗机构应当实施重点监管。

第四十二条 县级以上地方卫生健康主管部门应当加强对医疗机构医疗器械临床使用行为的监督管理,并在监督检查中有权行使以下职责:

(一)进入现场实施检查、抽取样品;

(二)查阅、复制有关档案、记录及其他有关资料;

(三)法律法规规定的其他职责。

医疗机构应当积极配合卫生健康主管部门的监督检查,并对检查中发现的问题及时进行整改。

第四十三条 县级以上地方卫生健康主管部门应当组织对医疗机构医疗器械临床使用管理情况进行定期或者不定期抽查,并将抽查结果纳入医疗机构监督管理档案。

第七章 法律责任

第四十四条 医疗机构有下列情形之一的,由县级以上地方卫生健康主管部门依据《医疗器械监督管理条例》的有关规定予以处理:

(一)未按照规定建立并执行医疗器械进货查验记录制度的;

(二)对重复使用的医疗器械,未按照消毒和管理的规定进行处理的;

(三)重复使用一次性使用的医疗器械,或者未按照规定销毁使用过的一次性使用的医疗器械的;

(四)未妥善保存购入第三类医疗器械的原始资料,或者未按照规定将大型医疗器械以及植入和介入类医疗器械的信息记载到病历等相关记录中的;

(五)发现使用的医疗器械存在安全隐患未立即停止使用、通知检修,或者继续使用经检修仍不能达到使用安全标准的医疗器械的。

第四十五条 医疗机构违反本办法规定,有下列情形之一的,由县级以上地方卫生健康主管部门责令改正,给予警告;情节严重的,可以并处五千元以上三万元以下罚款:

(一)未按照规定建立医疗器械临床使用管理工作制度的;

(二)未按照规定设立医疗器械临床使用管理委员会或者配备专(兼)职人员负责本机构医疗器械临床使用管理工作的;

(三)未按照规定建立医疗器械验收验证制度的;

(四)未按照规定报告医疗器械使用安全事件的;

(五)不配合卫生健康主管部门开展的医疗器械使用安全事件调查和临床使用行为的监督检查的;

(六)其他违反本办法规定的行为。

第四十六条 医疗机构及其医务人员在医疗器械临床使用中违反《执业医师法》《医疗机构管理条例》等有关法律法规的,依据有关法律法规的规定进行处理。

第四十七条 县级以上地方卫生健康主管部门工作人员不履行医疗机构医疗器械临床使用监督管理职责或者滥用职权、玩忽职守、徇私舞弊的,上级卫生健康主管部门可以建议有管理权限的监察机关或者任免机关对直接负责的主管人员和其他直接责任人员依法给予处分;构成犯罪的,依法追究刑事责任。

第八章 附 则

第四十八条 本办法所称医疗器械使用安全事件,是指医疗机构及其医务人员在诊疗活动中,因医疗器械使用行为存在过错,造成患者人身损害的事件。

第四十九条 取得计划生育技术服务机构执业许可证的计划生育技术服务机构,以及依法执业的血站、单采血浆站等单位的医疗器械使用管理参照本办法执行。

第五十条 对使用环节的医疗器械质量的监督管理,按照国务院药品监督管理部门的有关规定执行。

第五十一条 本办法自2021年3月1日起施行。

医疗器械临床使用安全管理规范(试行)

·2010年1月14日

·卫医管发〔2010〕4号

第一章 总 则

第一条 为加强医疗器械临床使用安全管理工作,降低医疗器械临床使用风险,提高医疗质量,保障医患双方合法权益,根据《执业医师法》、《医疗机构管理条例》、《护士条例》、《医疗事故处理条例》、《医疗器械监督管理条例》、《医院感染管理办法》、《消毒管理办法》等规定制定本规范。

第二条 医疗器械临床使用安全管理,是指医疗机构医疗服务中涉及的医疗器械产品安全、人员、制度、技术规范、设施、环境等的安全管理。

第三条 卫生部主管全国医疗器械临床使用安全监管工作，组织制定医疗器械临床使用安全管理规范，根据医疗器械分类与风险分级原则建立医疗器械临床使用的安全控制及监测评价体系，组织开展医疗器械临床使用的监测和评价工作。

第四条 县级以上地方卫生行政部门负责根据卫生部有关管理规范和监测评价体系的要求，组织开展本行政区域内医疗器械临床使用安全监管工作。

第五条 医疗机构应当依据本规范制定医疗器械临床使用安全管理制度，建立健全本机构医疗器械临床使用安全管理体系。

二级以上医院应当设立由院领导负责的医疗器械临床使用安全管理委员会，委员会由医疗行政管理、临床医学及护理、医院感染管理、医疗器械保障管理等相关人员组成，指导医疗器械临床安全管理和监测工作。

第二章 临床准入与评价管理

第六条 医疗器械临床准入与评价管理是指医疗机构为确保进入临床使用的医疗器械合法、安全、有效，而采取的管理和技术措施。

第七条 医疗机构应当建立医疗器械采购论证、技术评估和采购管理制度，确保采购的医疗器械符合临床需求。

第八条 医疗机构应当建立医疗器械供方资质审核及评价制度，按照相关法律、法规的规定审验生产企业和经营企业的《医疗器械生产企业许可证》、《医疗器械注册证》、《医疗器械经营企业许可证》及产品合格证明等资质。

纳入大型医用设备管理品目的大型医用设备，应当有卫生行政部门颁发的配置许可证。

第九条 医疗机构应当有专门部门负责医疗器械采购，医疗器械采购应当遵循国家相关管理规定执行，确保医疗器械采购规范、入口统一、渠道合法、手续齐全。医疗机构应当按照院务公开等有关规定，将医疗器械采购情况及时做好对内公开。

第十条 医疗器械的安装，应当由生产厂家或者其授权的具备相关服务资质的单位或者由医疗机构医疗器械保障部门实施。

特种设备的安装、存储和转运应当按照相关规定执行，医疗机构应当保存相关记录。

第十一条 医疗机构应当建立医疗器械验收制度，验收合格后方可应用于临床。医疗器械验收应当由医疗机构医疗器械保障部门或者其委托的具备相应资质的第三方机构组织实施并与相关的临床科室共同评估临床验收试用的结果。

第十二条 医疗机构应当按照国家分类编码的要求，对医疗器械进行唯一性标识，并妥善保存高风险医疗器械购入时的包装标识、标签、说明书、合格证明等原始资料，以确保这些信息具有可追溯性。

第十三条 医疗机构应当对医疗器械采购、评价、验收等过程中形成的报告、合同、评价记录等文件进行建档和妥善保存，保存期限为医疗器械使用寿命周期结束后5年以上。

第十四条 医疗机构不得使用无注册证、无合格证明、过期、失效或者按照国家规定在技术上淘汰的医疗器械。医疗器械新产品的临床试验或者试用按照相关规定执行。

第三章 临床使用管理

第十五条 在医疗机构从事医疗器械相关工作的技术人员，应当具备相应的专业学历、技术职称或者经过相关技术培训，并获得国家认可的执业技术水平资格。

第十六条 医疗机构应当对医疗器械临床使用技术人员和从事医疗器械保障的医学工程技术人员建立培训、考核制度。组织开展新产品、新技术应用前规范化培训，开展医疗器械临床使用过程中的质量控制、操作规程等相关培训，建立培训档案，定期检查评价。

第十七条 医疗机构临床使用医疗器械应当严格遵照产品使用说明书、技术操作规范和规程，对产品禁忌症及注意事项应当严格遵守，需向患者说明的事项应当如实告知，不得进行虚假宣传，误导患者。

第十八条 发生医疗器械临床使用安全事件或者医疗器械出现故障，医疗机构应当立即停止使用，并通知医疗器械保障部门按规定进行检修；经检修达不到临床使用安全标准的医疗器械，不得再用于临床。

第十九条 医疗机构应当建立医疗器械临床使用安全事件的日常管理制度、监测制度和应急预案,并主动或者定期向县级以上卫生行政部门、药品监督管理部门上报医疗器械临床使用安全事件监测信息。

第二十条 医疗机构应当严格执行《医院感染管理办法》等有关规定,对消毒器械和一次性使用医疗器械相关证明进行审核。一次性使用的医疗器械按相关法律规定不得重复使用,按规定可以重复使用的医疗器械,应当严格按照要求清洗、消毒或者灭菌,并进行效果监测。

医护人员在使用各类医用耗材时,应当认真核对其规格、型号、消毒或者有效日期等,并进行登记。对使用后的医用耗材等,属医疗废物的,应当按照《医疗废物管理条例》等有关规定处理。

第二十一条 临床使用的大型医用设备、植入与介入类医疗器械名称、关键性技术参数及唯一性标识信息应当记录到病历中。

第二十二条 医疗机构应当定期对本机构医疗器械使用安全情况进行考核和评估,形成记录并存档。

第四章 临床保障管理

第二十三条 医疗机构应当制定医疗器械安装、验收(包括商务、技术、临床)使用中的管理制度与技术规范。

第二十四条 医疗机构应当对在用设备类医疗器械的预防性维护、检测与校准、临床应用效果等信息进行分析与风险评估,以保证在用设备类医疗器械处于完好与待用状态、保障所获临床信息的质量。

预防性维护方案的内容与程序、技术与方法、时间间隔与频率,应按照相关规范和医疗机构实际情况制订。

第二十五条 医疗机构应当在大型医用设备使用科室的明显位置,公示有关医用设备的主要信息,包括医疗器械名称、注册证号、规格、生产厂商、启用日期和设备管理人员等内容。

第二十六条 医疗机构应当遵照医疗器械技术指南和有关国家标准与规程,定期对医疗器械使用环境进行测试、评估和维护。

第二十七条 医疗机构应当设置与医疗器械种类、数量相适应,适宜医疗器械分类保管的贮存场所。有特殊要求的医疗器械,应当配备相应的设施,保证使用环境条件。

第二十八条 对于生命支持设备和重要的相关设备,医疗机构应当制订应急备用方案。

第二十九条 医疗器械保障技术服务全过程及其结果均应当真实记录并存入医疗器械信息档案。

第五章 监　督

第三十条 县级以上地方卫生行政部门负责医疗器械临床使用安全监督管理。

医疗机构应当加强对本机构医疗器械管理工作,定期检查相关制度的落实情况。

第三十一条 县级以上地方卫生行政部门应当对医疗机构的医疗器械信息档案,包括器械唯一性标识、使用记录和保障记录等,进行定期检查。

第三十二条 医疗机构在医疗器械临床使用安全管理过程中,违反相关法律、法规及本规范要求的,县级以上地方卫生行政部门可依据有关法律、法规,采取警告、责令改正、停止使用有关医疗器械等措施予以处理。

卫生行政部门在调查取证中可采取查阅、复制有关资料等措施,医疗机构应予以积极配合。

第六章 附　则

第三十三条 本规范所包括的医疗器械是指依照相关法律法规依法取得市场准入,与医疗机构中医疗活动相关的仪器、设备、器具、材料等物品。

第三十四条 医疗器械临床使用安全事件是指,获准上市的质量合格的医疗器械在医疗机构的使用中,由于人为、医疗器械性能不达标或者设计不足等因素造成的可能导致人体伤害的各种有害事件。

第三十五条 高风险医疗器械是指植入人体,用于支持、维持生命,或者对人体具有潜在危险的医疗器械产品。

第三十六条 本规范自发布之日起生效。

医疗器械临床试验质量管理规范

·2022年3月24日国家药监局、国家卫生健康委公告2022年第28号发布
·自2022年5月1日起施行

第一章 总 则

第一条 为加强对医疗器械临床试验的管理,维护受试者权益和安全,保证医疗器械临床试验过程规范,结果真实、准确、完整和可追溯,根据《医疗器械监督管理条例》,制定本规范。

第二条 在中华人民共和国境内,为申请医疗器械(含体外诊断试剂,下同)注册而实施的医疗器械临床试验相关活动,应当遵守本规范。

本规范涵盖医疗器械临床试验全过程,包括医疗器械临床试验的方案设计、实施、监查、稽查、检查以及数据的采集、记录、保存、分析,总结和报告等。

第三条 医疗器械临床试验应当遵守《世界医学大会赫尔辛基宣言》的伦理准则和国家涉及人的生物医学研究伦理的相关规范。参与医疗器械临床试验的各方应当按照试验中各自的职责承担相应的伦理责任。

第四条 实施医疗器械临床试验应当有充分的科学依据和明确的试验目的,权衡受试者和社会预期的风险和获益。只有当预期的获益大于风险时,方可实施或者继续实施临床试验。

第五条 医疗器械临床试验应当在具备相应条件并且按照规定备案的医疗器械临床试验机构实施。

第六条 医疗器械临床试验应当获得伦理委员会的同意。列入需进行临床试验审批的第三类医疗器械目录的,还应当获得国家药品监督管理局的批准,并且在符合要求的三级甲等医疗机构实施临床试验。

第七条 医疗器械临床试验的申办者应当建立覆盖医疗器械临床试验全过程的质量管理体系,确保医疗器械临床试验符合相关法律法规,保护受试者权益和安全。

第二章 伦理委员会

第八条 伦理委员会的职责是保护受试者合法权益和安全,维护受试者尊严。

第九条 伦理委员会应当遵守《世界医学大会赫尔辛基宣言》的伦理准则和相关法律法规规定。伦理委员会的组成、运行、备案管理应当符合卫生健康管理部门要求。

第十条 伦理委员会所有委员应当接受伦理知识、本规范和相关法律法规培训,熟悉医疗器械临床试验的伦理准则和相关法律法规规定,遵守伦理委员会的工作程序。

第十一条 医疗器械临床试验开始前,申办者应当通过主要研究者向伦理委员会提交下列文件:

(一)临床试验方案;

(二)研究者手册;

(三)知情同意书文本和其他任何提供给受试者的书面材料;

(四)招募受试者和向其宣传的程序性文件(如适用);

(五)病例报告表文本;

(六)基于产品技术要求的产品检验报告;

(七)临床前研究相关资料;

(八)主要研究者简历、专业特长、能力、接受培训和其他能够证明其资格的文件;

(九)试验医疗器械的研制符合适用的医疗器械质量管理体系相关要求的声明;

(十)与伦理审查相关的其他文件。

第十二条 伦理委员会应当对医疗器械临床试验的伦理性和科学性进行审查,并应当重点关注下列内容:

(一)主要研究者的资格、经验以及是否有充足的时间参加该临床试验;

(二)临床试验的人员配备以及设备条件等是否符合试验要求;

(三)受试者可能遭受的风险程度与试验预期的受益相比是否合适;

(四)临床试验方案是否充分考虑了伦理原则,是否符合科学性,包括研究目的是否适当、受试者的权益和安全是否得到保障、其他人员可能遭受的风险是否得到充分保护;

(五)向受试者提供的有关本试验的信息资料是否完整,是否明确告知其应当享有的权利;受试者是否可以理解知情同意书的内容;获取知情同意书的方法是否适当;

（六）受试者入选、排除是否科学和公平；

（七）受试者是否因参加临床试验而获得合理补偿；受试者若发生与临床试验相关的伤害或者死亡，给予的诊治和保障措施是否充分；

（八）对儿童、孕妇、老年人、智力低下者、精神障碍患者等特殊人群受试者的保护是否充分。

第十三条 伦理委员会审查意见可以是：

（一）同意；

（二）作必要修改后同意；

（三）不同意；

（四）暂停或者终止已同意的试验。

审查意见要求修改或者予以否定的，应当说明理由。

第十四条 知情同意书一般应当包括下列内容以及对事项的说明：

（一）主要研究者的姓名以及相关信息；

（二）医疗器械临床试验机构的名称；

（三）临床试验名称、目的、方法、内容；

（四）临床试验过程、期限；

（五）临床试验的资金来源、可能的利益冲突；

（六）预期受试者可能的受益和已知的、可以预见的风险以及可能发生的不良事件；

（七）受试者可以获得的替代诊疗方法以及其潜在受益和风险的信息；

（八）适用时，说明受试者可能被分配到临床试验的不同组别；

（九）受试者参加临床试验是自愿的，且在临床试验的任何阶段有权退出而不会受到歧视或者报复，其医疗待遇与权益不受影响；

（十）告知受试者参加临床试验的个人资料属于保密，但医疗器械临床试验机构管理部门、伦理委员会、药品监督管理部门、卫生健康管理部门或者监查员、稽查员在工作需要时按照规定程序可以查阅受试者参加临床试验的个人资料；

（十一）受试者在临床试验期间可能获得的免费诊疗项目和其他相关补偿；

（十二）如发生与临床试验相关的伤害，受试者可以获得的治疗和/或赔偿；

（十三）受试者在临床试验期间可以随时了解与其相关的信息资料。

知情同意书应当注明制定的版本和日期或者修订后的版本和日期。知情同意书应当采用受试者能够理解的语言和文字。知情同意书不应当含有会引起受试者放弃合法权益以及免除医疗器械临床试验机构和主要研究者、申办者应当负责任的内容。

第十五条 伦理委员会的跟踪审查：

（一）伦理委员会应当对医疗器械临床试验进行跟踪监督，发现受试者权益和安全不能得到保障等情形，可以在任何时间书面要求暂停或者终止该项临床试验；

（二）伦理委员会需要审查研究者报告的本临床试验机构发生的严重不良事件等安全性信息，审查申办者报告的试验医疗器械相关严重不良事件等安全性信息。伦理委员会可以要求修改临床试验方案、知情同意书和其他提供给受试者的信息，暂停或者终止该项临床试验；

（三）伦理委员会需要审查临床试验方案的偏离对受试者权益和安全的可能影响，或者对医疗器械临床试验的科学性、完整性的可能影响。

第十六条 医疗器械临床试验过程中，修订临床试验方案以及知情同意书等文件、恢复已暂停的临床试验，应当在重新获得伦理委员会的书面同意后方可实施。

第十七条 伦理委员会应当保存伦理审查的全部记录，包括伦理审查的书面记录、委员信息、递交的文件、会议记录和相关往来记录等。

第三章 医疗器械临床试验机构

第十八条 医疗器械临床试验机构应当符合备案条件，建立临床试验管理组织架构和管理制度。医疗器械临床试验机构应当具有相应的临床试验管理部门，承担医疗器械临床试验的管理工作。

第十九条 医疗器械临床试验机构管理部门应当负责在医疗器械临床试验机构备案管理信息系统中填报、管理和变更医疗器械临床试验机构备案信息，包括临床试验专业、主要研究者等信息；负责在备案系统中在线提交上一年度实施医疗器械临床试验工作总结报告；负责在伦理委员会对医疗器械临床试验审查前，组织评估该临床试验主要研究者的资质并完成其备案。

第二十条 医疗器械临床试验机构应当建立质量管理制度，涵盖医疗器械临床试验实施的全过程，包括培训和考核、临床试验的实施、医疗器械的管理、生物样本的管理、不良事件和器械缺陷的处理以及安全性信息的报告、记录、质量控制等制度，确保主要研究者履行其临床试验相关职责，保证受试者得到妥善的医疗处理，确保试验产生数据的真实性。

第二十一条 医疗器械临床试验机构在接受医疗器械临床试验前，应当根据试验医疗器械的特性评估相关资源，确保具备相匹配的资质、人员、设施、条件等。

第二十二条 医疗器械临床试验机构和研究者应当配合申办者组织的监查和稽查，以及药品监督管理部门、卫生健康管理部门开展的检查。

第二十三条 医疗器械临床试验机构应当按照相关法律法规和与申办者的合同，妥善保存临床试验记录和基本文件。

第四章 研究者

第二十四条 负责医疗器械临床试验的主要研究者应当具备下列条件：

（一）已完成医疗器械临床试验主要研究者备案；

（二）熟悉本规范和相关法律法规；

（三）具有试验医疗器械使用所要求的专业知识和经验，经过临床试验相关培训，有临床试验的经验，熟悉申办者所提供的医疗器械临床试验方案、研究者手册等资料；

（四）有能力协调、支配和使用进行该项医疗器械临床试验的人员和设备，且有能力处理医疗器械临床试验中发生的不良事件和其他关联事件。

第二十五条 主要研究者应当确保医疗器械临床试验遵守伦理委员会同意的最新版本临床试验方案；在约定的时限内，按照本规范和相关法律法规的规定实施医疗器械临床试验。

第二十六条 主要研究者可以根据医疗器械临床试验的需要，授权经过临床试验相关培训的研究者，组织进行受试者招募和知情同意、筛选和随访；试验医疗器械和对照医疗器械（如适用）的管理和使用；生物样本的管理和使用（如适用）；不良事件和器械缺陷的处理；临床试验数据记录以及病例报告表填写等。

第二十七条 参与医疗器械临床试验的研究者应当：

（一）具有承担医疗器械临床试验相应的专业技术资格、培训经历和相关经验；

（二）参加申办者组织的与该医疗器械临床试验相关的培训，并在主要研究者授权的范围内参与医疗器械临床试验；

（三）熟悉试验医疗器械的原理、适用范围或者预期用途、产品性能、操作方法、安装要求以及技术指标等，了解该试验医疗器械临床前研究相关资料；

（四）充分了解并且遵守临床试验方案、本规范和相关法律法规规定以及与医疗器械临床试验相关的职责；

（五）掌握临床试验可能产生风险的防范以及紧急处理方法。

第二十八条 研究者应当遵守《世界医学大会赫尔辛基宣言》的伦理准则及相关伦理要求，并符合以下要求：

（一）应当使用经伦理委员会同意的最新版本知情同意书和其他提供给受试者的信息；

（二）在受试者参与临床试验前，应当向受试者说明试验医疗器械以及临床试验有关的详细情况，告知受试者可能的受益和已知的、可以预见的风险，经充分和详细解释后由受试者在知情同意书上签署姓名和日期，研究者在知情同意书上应当签署姓名和日期；

（三）受试者为无民事行为能力人或者限制民事行为能力人的，应当依法获得其监护人的书面知情同意；受试者缺乏阅读能力的，应当有一位公正见证人见证整个知情同意过程并在知情同意书上签字并注明日期；

（四）不应当强迫或者以其他不正当方式诱使受试者参加临床试验；

（五）确保知情同意书更新并获得伦理委员会审查同意后，所有受影响的未结束试验流程的受试者，都签署新修订的知情同意书。

第二十九条 研究者对申办者提供的试验医疗器械和对照医疗器械（如适用）有管理责任，应当确保其仅用于参加该医疗器械临床试验的受试者，在临床试验期间按照要求储存和保管，在临床试验完成或者终止后按照相关法律法规和与申办者的合同进行处理。

第三十条 研究者应当确保医疗器械临床试验中生物样本的采集、处理、保存、运输、销毁等符合临床试验方案和相关法律法规。

第三十一条 医疗器械临床试验中发生不良事件时，研究者应当为受试者提供足够、及时的治疗和处理；当受试者出现并发疾病需要治疗和处理时，研究者应当及时告知受试者。研究者应当记录医疗器械临床试验过程中发生的不良事件和发现的器械缺陷。

第三十二条 研究者应当及时报告医疗器械临床试验中的安全性信息：

（一）医疗器械临床试验中发生严重不良事件时，研究者应当立即对受试者采取适当的治疗措施；同时，研究者应当在获知严重不良事件后24小时内，向申办者、医疗器械临床试验机构管理部门、伦理委员会报告；并按照临床试验方案的规定随访严重不良事件，提交严重不良事件随访报告；

（二）发现医疗器械临床试验的风险超过可能的受益，需要暂停或者终止临床试验时，主要研究者应当向申办者、医疗器械临床试验机构管理部门、伦理委员会报告，及时通知受试者，并保证受试者得到适当治疗和随访。

第三十三条 主要研究者应当对收到的安全性信息及时处理：

（一）收到申办者提供的试验医疗器械相关严重不良事件和其他安全性信息时，应当及时签收阅读，并考虑受试者的治疗是否进行相应调整，必要时尽早与受试者沟通；

（二）收到申办者或者伦理委员会需要暂停或者终止医疗器械临床试验的通知时，应当及时通知受试者，并保证受试者得到适当治疗和随访。

第三十四条 主要研究者应当按时向伦理委员会报告医疗器械临床试验的进展，及时报告影响受试者权益和安全的事件或者对临床试验方案的偏离。

第三十五条 医疗器械临床试验机构和研究者对申办者严重或者持续违反本规范和相关法律法规，或者要求改变试验数据、结论的行为，应当书面向申办者所在地省、自治区、直辖市药品监督管理部门报告。

第五章 申办者

第三十六条 申办者应当对医疗器械临床试验的真实性、合规性负责。申办者为境外机构的，应当按照相关法律法规指定中国境内的企业法人作为代理人，由代理人协助申办者履行职责。

第三十七条 申办者的质量管理体系应当覆盖医疗器械临床试验的全过程，包括医疗器械临床试验机构和主要研究者的选择、临床试验方案的设计、医疗器械临床试验的实施、记录、结果报告和文件归档等。申办者的质量管理措施应当与临床试验的风险相适应。

第三十八条 申办者发起医疗器械临床试验前应当：

（一）确保产品设计已定型，完成试验医疗器械的临床前研究，包括性能验证以及确认、基于产品技术要求的产品检验报告、风险受益分析等，且结果应当能够支持该项医疗器械临床试验；

（二）根据试验医疗器械的特性，选择已备案的医疗器械临床试验机构、专业和主要研究者；

（三）负责组织制定研究者手册、临床试验方案、知情同意书、病例报告表、标准操作规程以及其他相关文件，并向医疗器械临床试验机构和主要研究者提供。

第三十九条 申办者应当与医疗器械临床试验机构和主要研究者签订合同，明确各方在医疗器械临床试验中的权利和义务。

第四十条 申办者应当在医疗器械临床试验经伦理审查通过并且与医疗器械临床试验机构签订合同后，向申办者所在地省、自治区、直辖市药品监督管理部门进行临床试验项目备案。

医疗器械临床试验备案完成后，该医疗器械临床试验机构方可开始第一例受试者知情同意以及筛选。

第四十一条 医疗器械临床试验开始前，申办者应当负责组织与该医疗器械临床试验相关的培训，如试验医疗器械的原理、适用范围、产品性能、操作方法、安装要求、技术指标以及临床试验方案、标准操作规程以及其他相关文件等。

第四十二条 申办者应当免费提供试验医疗器械，并符合以下要求：

（一）试验医疗器械应当按照医疗器械生产质量管理规范的相关要求生产且质量合格；

（二）确定试验医疗器械的运输条件、储存条件、储存时间、有效期等；

（三）试验医疗器械应当按照临床试验方案要求进行适当包装和保存；包装标签上应当标明产品信息，具有易于识别、正确编码的标识，标明仅用于医疗器械临床试验；

（四）医疗器械临床试验获得伦理委员会同意后，申办者负责在规定的条件下将试验医疗器械运输至医疗器械临床试验机构；

（五）对从医疗器械临床试验机构回收的试验医疗器械，申办者负责保存回收处置等记录。

第四十三条 申办者应当为受试者支付与医疗器械临床试验相关的费用。受试者发生与医疗器械临床试验相关的损害或者死亡时，申办者应当承担相应的治疗费用、补偿或者赔偿，但不包括研究者和医疗器械临床试验机构自身过失以及受试者自身疾病进展所致的损害。

第四十四条 申办者应当负责医疗器械试验期间安全性信息的评估和报告：

（一）申办者应当在获知死亡或者危及生命的临床试验医疗器械相关严重不良事件后7日内、获知非死亡或者非危及生命的试验医疗器械相关严重不良事件和其他严重安全性风险信息后15日内，向参与临床试验的其他医疗器械临床试验机构、伦理委员会以及主要研究者报告，向申办者所在地省、自治区、直辖市药品监督管理部门报告，向医疗器械临床试验机构所在地省、自治区、直辖市药品监督管理部门和卫生健康管理部门报告，并采取风险控制措施；出现可能影响受试者安全、可能影响医疗器械临床试验实施、可能改变伦理委员会同意意见的信息时，应当及时组织对临床试验方案、知情同意书和其他提供给受试者的信息、以及其他相关文件进行修改，并提交伦理委员会审查；

（二）出现大范围临床试验医疗器械相关严重不良事件，或者其他重大安全性问题时，申办者应当暂停或者终止医疗器械临床试验，并向所有医疗器械临床试验机构管理部门、伦理委员会以及主要研究者报告，向申办者所在地省、自治区、直辖市药品监督管理部门报告，向所有医疗器械临床试验机构所在地省、自治区、直辖市药品监督管理部门和卫生健康管理部门报告。

第四十五条 申办者应当承担医疗器械临床试验监查责任，制定监查标准操作规程，并选择符合要求的监查员履行监查职责：

（一）监查员人数以及监查次数应当与医疗器械临床试验的复杂程度和参与临床试验的医疗器械临床试验机构数量相匹配；

（二）监查员应当受过相应的培训，熟悉本规范和相关法律法规，具备相关专业背景知识，熟悉试验医疗器械的相关研究资料和同类产品临床方面的信息、临床试验方案以及其相关的文件，能够有效履行监查职责；

（三）监查员应当遵守由申办者制定的监查标准操作规程，督促医疗器械临床试验按照临床试验方案实施。监查的内容包括医疗器械临床试验机构和研究者在临床试验实施过程中对临床试验方案、本规范和相关法律法规的依从性；受试者知情同意书签署、筛选、随访、权益和安全保障；试验医疗器械和对照医疗器械（如适用）的管理和使用；生物样本的管理和使用（如适用）；不良事件和器械缺陷的处理；安全性信息的报告；临床试验数据记录以及病例报告表填写等。

第四十六条 为保证临床试验的质量，申办者可以组织独立于医疗器械临床试验、有相应培训和经验的稽查员对临床试验实施情况进行稽查，评估临床试验是否符合临床试验方案、本规范和相关法律法规的规定。

第四十七条 申办者应当确保医疗器械临床试验的实施遵守临床试验方案，发现医疗器械临床试验机构和研究者不遵守临床试验方案、本规范和相关法律法规的，应当及时指出并予以纠正；如情况严重或者持续不改，应当终止该临床试验机构和研究者继续参加该临床试验，并书面向临床试验机构所在地省、自治区、直辖市药品监督管理部门报告。

第四十八条 申办者应当在医疗器械临床试验暂停、终止或者完成后10个工作日内，书面报告所有的主要研究者、医疗器械临床试验机构管理部门、伦理委员会。

申办者应当在医疗器械临床试验终止或者完成后10个工作日内，向申办者所在地省、自治区、直辖市药品监督管理部门报告。

第六章 临床试验方案和试验报告

第四十九条 实施医疗器械临床试验，申办者应当根据试验目的，综合考虑试验医疗器械的风险、技术特征、适用范围和预期用途等，组织制定科学、合理的临床试验方案。

第五十条 临床试验方案一般包含产品基本信息、临床试验基本信息、试验目的、风险受益分析、试验设计要素、试验设计的合理性论证、统计学考虑、实施方式(方法、内容、步骤)、临床试验终点、数据管理、对临床试验方案修正的规定、不良事件和器械缺陷定义和报告的规定、伦理学考虑等内容。

第五十一条 申办者、主要研究者应当按照临床试验方案实施医疗器械临床试验,并完成临床试验报告。临床试验报告应当全面、完整、准确反映临床试验结果,临床试验报告安全性、有效性数据应当与临床试验源数据一致。

第五十二条 临床试验报告一般包含医疗器械临床试验基本信息、实施情况、统计分析方法、试验结果、不良事件和器械缺陷报告以及其处理情况、对试验结果的分析讨论、临床试验结论、伦理情况说明、存在问题以及改进建议等内容。

第五十三条 临床试验方案、临床试验报告应当由主要研究者签名、注明日期,经医疗器械临床试验机构审核签章后交申办者。

第七章 多中心临床试验

第五十四条 多中心临床试验是指按照同一临床试验方案,在两个以上(含两个)医疗器械临床试验机构实施的临床试验。

多中心临床试验在不同的国家或者地区实施时,为多区域临床试验,在中国境内实施的多区域医疗器械临床试验应当符合本规范的相关要求。

第五十五条 申办者实施多中心医疗器械临床试验,应当符合以下要求:

(一)申办者应当确保参加医疗器械临床试验的各中心均能遵守临床试验方案;

(二)申办者应当向各中心提供相同的临床试验方案。临床试验方案的伦理性和科学性经组长单位伦理委员会审查通过后,参加临床试验的其他医疗器械临床试验机构伦理委员会一般情况下不再对临床试验方案设计提出修改意见,但是有权不同意在其医疗器械临床试验机构进行试验;

(三)各中心应当使用相同的病例报告表和填写指导说明,以记录在医疗器械临床试验中获得的试验数据;

(四)医疗器械临床试验开始前,应当有书面文件明确参加医疗器械临床试验的各中心主要研究者的职责;

(五)申办者应当确保各中心主要研究者之间的沟通;

(六)申办者负责选择、确定医疗器械临床试验的协调研究者,协调研究者供职的医疗机构为组长单位。协调研究者承担多中心临床试验中各中心的协调工作。

第五十六条 多中心临床试验报告应当由协调研究者签名、注明日期,经组长单位医疗器械临床试验机构审核签章后交申办者。

各分中心临床试验小结应当由该中心的主要研究者签名、注明日期,经该中心的医疗器械临床试验机构审核签章后交申办者。分中心临床试验小结主要包括人员信息、试验医疗器械和对照医疗器械(如适用)信息、试验概述、病例入组情况、临床试验方案的执行情况、试验数据的总结和描述性分析、医疗器械临床试验质量管理情况、不良事件和器械缺陷的发生以及处理情况、方案偏离情况说明等。

第八章 记录要求

第五十七条 医疗器械临床试验数据应当真实、准确、完整、具有可追溯性。医疗器械临床试验的源数据应当清晰可辨识,不得随意更改;确需更改时应当说明理由,签名并注明日期。

第五十八条 在医疗器械临床试验中,主要研究者应当确保任何观察与发现均正确完整地予以记录。以患者为受试者的临床试验,相关的医疗记录应当载入门诊或者住院病历中。

第五十九条 主要研究者应当确保按照申办者提供的指南,填写和修改病例报告表,确保病例报告表中的数据准确、完整、清晰和及时。病例报告表中报告的数据应当与源文件一致。病例报告表中数据的修改,应当确保初始记录清晰可辨,保留修改轨迹,修改者签名并注明日期。

第六十条 医疗器械临床试验中如采用电子数据采集系统,该系统应当经过可靠的验证,具有完善的权限管理和稽查轨迹,可以追溯至记录的创建者、创建时间或者修改者、修改时间、修改情况,所采集的电子数据可以溯源。

第六十一条 医疗器械临床试验基本文件是用于评价申办者、医疗器械临床试验机构和主要研究者对本规范和药品监督管理部门有关要求的执行情况。药品监督管理部门可以对医疗器械临床试验基本文件进行检查,并作为确认医疗器械临床试验实施的真实性和所收集数据完整性的依据。

第六十二条 申办者和医疗器械临床试验机构应当具备临床试验基本文件保存的场所和条件，应当建立基本文件管理制度。医疗器械临床试验基本文件按临床试验阶段分为三部分：准备阶段文件、进行阶段文件、完成或者终止后文件。

第六十三条 申办者和医疗器械临床试验机构应当确保临床试验基本文件在保存期间的完整性，避免故意或者无意地更改或者丢失。

（一）研究者应当在医疗器械临床试验过程中妥善保存临床试验基本文件；

（二）医疗器械临床试验机构应当保存临床试验基本文件至医疗器械临床试验完成或者终止后10年；

（三）伦理委员会应当保存伦理审查的全部记录至医疗器械临床试验完成或者终止后10年；

（四）申办者应当保存临床试验基本文件至无该医疗器械使用时。

第九章 附 则

第六十四条 本规范下列用语的含义：

医疗器械临床试验，是指在符合条件的医疗器械临床试验机构中，对拟申请注册的医疗器械（含体外诊断试剂）在正常使用条件下的安全性和有效性进行确认的过程。

医疗器械临床试验机构，是指具备相应条件，按照本规范和相关法律法规实施医疗器械临床试验的机构，包括承担体外诊断试剂临床试验的血液中心和中心血站、设区的市级以上疾病预防控制机构、戒毒中心等非医疗机构。

临床试验方案，是指说明医疗器械临床试验目的、设计、方法学和组织实施等的文件。临床试验方案包括方案以及其修订版。

临床试验报告，是指描述一项医疗器械临床试验设计、执行、统计分析和结果的文件。

病例报告表，是指按照医疗器械临床试验方案所规定设计的文件，用以记录试验过程中获得的每个受试者的全部信息和数据。

研究者手册，是指申办者提供的，帮助主要研究者和参与临床试验的其他研究者更好地理解和遵守临床试验方案的资料汇编，包括但不限于：申办者基本信息、试验医疗器械的概要说明、支持试验医疗器械预期用途和临床试验设计理由的概要和评价、可能的风险、推荐的防范和紧急处理方法等。

试验医疗器械，是指医疗器械临床试验中对其安全性、有效性进行确认的拟申请注册的医疗器械。

对照医疗器械，是指医疗器械临床试验中作为对照的在中华人民共和国境内已上市医疗器械。

伦理委员会，是指由适当人员组成的独立的委员会，其职责是确保参与医疗器械临床试验的受试者的权益和安全得到保护。

知情同意，是指向受试者告知医疗器械临床试验的各方面情况后，受试者确认自愿参加该项医疗器械临床试验的过程，应当以书面签署姓名和注明日期的知情同意书作为证明文件。

受试者，是指自愿参加医疗器械临床试验的个人。

公正见证人，是指与医疗器械临床试验无关，不受临床试验相关人员不公正影响的个人，在受试者无阅读能力时，作为公正的见证人，阅读知情同意书和其他提供给受试者的信息，并见证知情同意。

申办者，是指医疗器械临床试验的发起、管理和提供财务支持的机构或者组织。

研究者，是指在医疗器械临床试验机构中实施医疗器械临床试验的人员。

主要研究者，是指在医疗器械临床试验机构中实施医疗器械临床试验的负责人。

协调研究者，是指在多中心临床试验中由申办者指定实施协调工作的研究者，一般为组长单位的主要研究者。

监查，是指申办者为保证医疗器械临床试验能够遵守临床试验方案、本规范和相关法律法规，选派专门人员对医疗器械临床试验机构、研究者进行评价调查，对医疗器械临床试验过程中的数据进行验证并记录和报告的活动。

稽查，是指由申办者组织对医疗器械临床试验相关活动和文件进行系统性的独立检查，以确定此类活动的执行、数据的记录、分析和报告是否符合临床试验方案、本规范和相关法律法规。

检查，是指监管部门对医疗器械临床试验的有关文件、设施、记录和其他方面进行的监督管理活动。

偏离，是指有意或者无意地未遵守医疗器械临床试验方案要求的情形。

不良事件，是指在医疗器械临床试验过程中出现的不良医学事件，无论是否与试验医疗器械相关。

严重不良事件，是指医疗器械临床试验过程中发生的导致死亡或者健康状况严重恶化，包括致命的疾病或者伤害、身体结构或者身体功能的永久性缺陷、需要住院治疗或者延长住院时间、需要采取医疗措施以避免对身体结构或者身体功能造成永久性缺陷；导致胎儿窘迫、胎儿死亡或者先天性异常、先天缺损等事件。

器械缺陷，是指临床试验过程中医疗器械在正常使用情况下存在可能危及人体健康和生命安全的不合理风险，如标签错误、质量问题、故障等。

源数据，是指医疗器械临床试验中的临床发现、观察和其他活动的原始记录以及其经核准的副本中的所有信息，可以用于医疗器械临床试验重建和评价。

源文件，是指包含源数据的印刷文件、可视文件或者电子文件等。

第六十五条 医疗器械临床试验方案等文书的格式范本由国家药品监督管理局另行制定。

第六十六条 本规范自2022年5月1日起施行。

医疗器械不良事件监测和再评价管理办法

· 2018年8月13日国家市场监督管理总局、国家卫生健康委员会令第1号公布

· 自2019年1月1日起施行

第一章 总 则

第一条 为加强医疗器械不良事件监测和再评价，及时、有效控制医疗器械上市后风险，保障人体健康和生命安全，根据《医疗器械监督管理条例》，制定本办法。

第二条 在中华人民共和国境内开展医疗器械不良事件监测、再评价及其监督管理，适用本办法。

第三条 医疗器械上市许可持有人（以下简称持有人），应当具有保证医疗器械安全有效的质量管理能力和相应责任能力，建立医疗器械不良事件监测体系，向医疗器械不良事件监测技术机构（以下简称监测机构）直接报告医疗器械不良事件。由持有人授权销售的经营企业、医疗器械使用单位应当向持有人和监测机构报告医疗器械不良事件。

持有人应当对发现的不良事件进行评价，根据评价结果完善产品质量，并向监测机构报告评价结果和完善质量的措施；需要原注册机关审批的，应当按规定提交申请。

境外持有人指定的代理人应当承担境内销售的进口医疗器械的不良事件监测工作，配合境外持有人履行再评价义务。

第四条 本办法下列用语的含义：

（一）医疗器械上市许可持有人，是指医疗器械注册证书和医疗器械备案凭证的持有人，即医疗器械注册人和备案人。

（二）医疗器械不良事件，是指已上市的医疗器械，在正常使用情况下发生的，导致或者可能导致人体伤害的各种有害事件。

（三）严重伤害，是指有下列情况之一者：

1. 危及生命；

2. 导致机体功能的永久性伤害或者机体结构的永久性损伤；

3. 必须采取医疗措施才能避免上述永久性伤害或者损伤。

（四）群体医疗器械不良事件，是指同一医疗器械在使用过程中，在相对集中的时间、区域内发生，对一定数量人群的身体健康或者生命安全造成损害或者威胁的事件。

（五）医疗器械不良事件监测，是指对医疗器械不良事件的收集、报告、调查、分析、评价和控制的过程。

（六）医疗器械重点监测，是指为研究某一品种或者产品上市后风险情况、特征、严重程度、发生率等，主动开展的阶段性监测活动。

（七）医疗器械再评价，是指对已注册或者备案、上市销售的医疗器械的安全性、有效性进行重新评价，并采取相应措施的过程。

第五条 国家药品监督管理局建立国家医疗器械不良事件监测信息系统，加强医疗器械不良事件监测信息网络和数据库建设。

国家药品监督管理局指定的监测机构（以下简称国家监测机构）负责对收集到的医疗器械不

良事件信息进行统一管理，并向相关监测机构、持有人、经营企业或者使用单位反馈医疗器械不良事件监测相关信息。

与产品使用风险相关的监测信息应当向卫生行政部门通报。

第六条 省、自治区、直辖市药品监督管理部门应当建立医疗器械不良事件监测体系，完善相关制度，配备相应监测机构和人员，开展医疗器械不良事件监测工作。

第七条 任何单位和个人发现医疗器械不良事件，有权向负责药品监督管理的部门（以下简称药品监督管理部门）或者监测机构报告。

第二章 职责与义务

第八条 国家药品监督管理局负责全国医疗器械不良事件监测和再评价的监督管理工作，会同国务院卫生行政部门组织开展全国范围内影响较大并造成严重伤害或者死亡以及其他严重后果的群体医疗器械不良事件的调查和处理，依法采取紧急控制措施。

第九条 省、自治区、直辖市药品监督管理部门负责本行政区域内医疗器械不良事件监测和再评价的监督管理工作，会同同级卫生行政部门和相关部门组织开展本行政区域内发生的群体医疗器械不良事件的调查和处理，依法采取紧急控制措施。

设区的市级和县级药品监督管理部门负责本行政区域内医疗器械不良事件监测相关工作。

第十条 上级药品监督管理部门指导和监督下级药品监督管理部门开展医疗器械不良事件监测和再评价的监督管理工作。

第十一条 国务院卫生行政部门和地方各级卫生行政部门负责医疗器械使用单位中与医疗器械不良事件监测相关的监督管理工作，督促医疗器械使用单位开展医疗器械不良事件监测相关工作并组织检查，加强医疗器械不良事件监测工作的考核，在职责范围内依法对医疗器械不良事件采取相关控制措施。

上级卫生行政部门指导和监督下级卫生行政部门开展医疗器械不良事件监测相关的监督管理工作。

第十二条 国家监测机构负责接收持有人、经营企业及使用单位等报告的医疗器械不良事件信息，承担全国医疗器械不良事件监测和再评价的相关技术工作；负责全国医疗器械不良事件监测信息网络及数据库的建设、维护和信息管理，组织制定技术规范和指导原则，组织开展国家药品监督管理局批准注册的医疗器械不良事件相关信息的调查、评价和反馈，对市级以上地方药品监督管理部门批准注册或者备案的医疗器械不良事件信息进行汇总、分析和指导，开展全国范围内影响较大并造成严重伤害或者死亡以及其他严重后果的群体医疗器械不良事件的调查和评价。

第十三条 省、自治区、直辖市药品监督管理部门指定的监测机构（以下简称省级监测机构）组织开展本行政区域内医疗器械不良事件监测和再评价相关技术工作；承担本行政区域内注册或者备案的医疗器械不良事件的调查、评价和反馈，对本行政区域内发生的群体医疗器械不良事件进行调查和评价。

设区的市级和县级监测机构协助开展本行政区域内医疗器械不良事件监测相关技术工作。

第十四条 持有人应当对其上市的医疗器械进行持续研究，评估风险情况，承担医疗器械不良事件监测的责任，根据分析评价结果采取有效控制措施，并履行下列主要义务：

（一）建立包括医疗器械不良事件监测和再评价工作制度的医疗器械质量管理体系；

（二）配备与其产品相适应的机构和人员从事医疗器械不良事件监测相关工作；

（三）主动收集并按照本办法规定的时限要求及时向监测机构如实报告医疗器械不良事件；

（四）对发生的医疗器械不良事件及时开展调查、分析、评价，采取措施控制风险，及时发布风险信息；

（五）对上市医疗器械安全性进行持续研究，按要求撰写定期风险评价报告；

（六）主动开展医疗器械再评价；

（七）配合药品监督管理部门和监测机构组织开展的不良事件调查。

第十五条 境外持有人除应当履行本办法第十四条规定的义务外，还应当与其指定的代理人之间建立信息传递机制，及时互通医疗器械不良事件监测和再评价相关信息。

第十六条 医疗器械经营企业、使用单位应当履行下列主要义务：

（一）建立本单位医疗器械不良事件监测工作制度，医疗机构还应当将医疗器械不良事件监测纳入医疗机构质量安全管理重点工作；

（二）配备与其经营或者使用规模相适应的机构或者人员从事医疗器械不良事件监测相关工作；

（三）收集医疗器械不良事件，及时向持有人报告，并按照要求向监测机构报告；

（四）配合持有人对医疗器械不良事件的调查、评价和医疗器械再评价工作；

（五）配合药品监督管理部门和监测机构组织开展的不良事件调查。

第三章 报告与评价

第一节 基本要求

第十七条 报告医疗器械不良事件应当遵循可疑即报的原则，即怀疑某事件为医疗器械不良事件时，均可以作为医疗器械不良事件进行报告。

报告内容应当真实、完整、准确。

第十八条 导致或者可能导致严重伤害或者死亡的可疑医疗器械不良事件应当报告；创新医疗器械在首个注册周期内，应当报告该产品的所有医疗器械不良事件。

第十九条 持有人、经营企业和二级以上医疗机构应当注册为国家医疗器械不良事件监测信息系统用户，主动维护其用户信息，报告医疗器械不良事件。持有人应当持续跟踪和处理监测信息；产品注册信息发生变化的，应当在系统中立即更新。

鼓励其他使用单位注册为国家医疗器械不良事件监测信息系统用户，报告不良事件相关信息。

第二十条 持有人应当公布电话、通讯地址、邮箱、传真等联系方式，指定联系人，主动收集来自医疗器械经营企业、使用单位、使用者等的不良事件信息；对发现或者获知的可疑医疗器械不良事件，持有人应当直接通过国家医疗器械不良事件监测信息系统进行医疗器械不良事件报告与评价，并上报群体医疗器械不良事件调查报告以及定期风险评价报告等。

医疗器械经营企业、使用单位发现或者获知可疑医疗器械不良事件的，应当及时告知持有人，并通过国家医疗器械不良事件监测信息系统报告。暂不具备在线报告条件的，应当通过纸质报表向所在地县级以上监测机构报告，由监测机构代为在线报告。

各级监测机构应当公布电话、通讯地址等联系方式。

第二十一条 持有人应当对收集和获知的医疗器械不良事件监测信息进行分析、评价，主动开展医疗器械安全性研究。对附条件批准的医疗器械，持有人还应当按照风险管控计划开展相关工作。

第二十二条 持有人、经营企业、使用单位应当建立并保存医疗器械不良事件监测记录。记录应当保存至医疗器械有效期后2年；无有效期的，保存期限不得少于5年。植入性医疗器械的监测记录应当永久保存，医疗机构应当按照病例相关规定保存。

第二十三条 省级监测机构应当对本行政区域内注册或者备案的医疗器械的不良事件报告进行综合分析，对发现的风险提出监管措施建议，于每季度结束后30日内报所在地省、自治区、直辖市药品监督管理部门和国家监测机构。

国家监测机构应当对国家药品监督管理局批准注册或者备案的医疗器械的不良事件报告和各省、自治区、直辖市药品监督管理部门的季度报告进行综合分析，必要时向国家药品监督管理局提出监管措施建议。

第二十四条 省级监测机构应当按年度对本行政区域内注册或者备案的医疗器械的不良事件监测情况进行汇总分析，形成年度汇总报告，于每年3月15日前报所在地省、自治区、直辖市药品监督管理部门和国家监测机构。

国家监测机构应当对全国医疗器械不良事件年度监测情况进行汇总分析，形成年度报告，于每年3月底前报国家药品监督管理局。

省级以上药品监督管理部门应当将年度报告情况通报同级卫生行政部门。

第二节 个例医疗器械不良事件

第二十五条 持有人发现或者获知可疑医疗器械不良事件的，应当立即调查原因，导致死亡的应当在7日内报告；导致严重伤害、可能导致严重伤害或者死亡的应当在20日内报告。

医疗器械经营企业、使用单位发现或者获知

可疑医疗器械不良事件的，应当及时告知持有人。其中，导致死亡的还应当在7日内，导致严重伤害、可能导致严重伤害或者死亡的在20日内，通过国家医疗器械不良事件监测信息系统报告。

第二十六条 除持有人、经营企业、使用单位以外的其他单位和个人发现导致或者可能导致严重伤害或者死亡的医疗器械不良事件的，可以向监测机构报告，也可以向持有人、经营企业或者经治的医疗机构报告，必要时提供相关的病历资料。

第二十七条 进口医疗器械的境外持有人和在境外销售国产医疗器械的持有人，应当主动收集其产品在境外发生的医疗器械不良事件。其中，导致或者可能导致严重伤害或者死亡的，境外持有人指定的代理人和国产医疗器械持有人应当自发现或者获知之日起30日内报告。

第二十八条 设区的市级监测机构应当自收到医疗器械不良事件报告之日起10日内，对报告的真实性、完整性和准确性进行审核，并实时反馈相关持有人。

第二十九条 持有人在报告医疗器械不良事件后或者通过国家医疗器械不良事件监测信息系统获知相关医疗器械不良事件后，应当按要求开展后续调查、分析和评价，导致死亡的事件应当在30日内，导致严重伤害、可能导致严重伤害或者死亡的事件应当在45日内向持有人所在地省级监测机构报告评价结果。对于事件情况和评价结果有新的发现或者认知的，应当补充报告。

第三十条 持有人所在地省级监测机构应当在收到持有人评价结果10日内完成对评价结果的审核，必要时可以委托或者会同不良事件发生地省级监测机构对导致或者可能导致严重伤害或者死亡的不良事件开展现场调查。其中，对于国家药品监督管理局批准注册的医疗器械，国家监测机构还应当对省级监测机构作出的评价审核结果进行复核，必要时可以组织对导致死亡的不良事件开展调查。

审核和复核结果应当反馈持有人。对持有人的评价结果存在异议的，可以要求持有人重新开展评价。

第三节 群体医疗器械不良事件

第三十一条 持有人、经营企业、使用单位发现或者获知群体医疗器械不良事件后，应当在12小时内通过电话或者传真等方式报告不良事件发生地省、自治区、直辖市药品监督管理部门和卫生行政部门，必要时可以越级报告，同时通过国家医疗器械不良事件监测信息系统报告群体医疗器械不良事件基本信息，对每一事件还应当在24小时内按个例事件报告。

不良事件发生地省、自治区、直辖市药品监督管理部门应当及时向持有人所在地省、自治区、直辖市药品监督管理部门通报相关信息。

第三十二条 持有人发现或者获知其产品的群体医疗器械不良事件后，应当立即暂停生产、销售，通知使用单位停止使用相关医疗器械，同时开展调查及生产质量管理体系自查，并于7日内向所在地及不良事件发生地省、自治区、直辖市药品监督管理部门和监测机构报告。

调查应当包括产品质量状况、伤害与产品的关联性、使用环节操作和流通过程的合规性等。自查应当包括采购、生产管理、质量控制、同型号同批次产品追踪等。

持有人应当分析事件发生的原因，及时发布风险信息，将自查情况和所采取的控制措施报所在地及不良事件发生地省、自治区、直辖市药品监督管理部门，必要时应当召回相关医疗器械。

第三十三条 医疗器械经营企业、使用单位发现或者获知群体医疗器械不良事件的，应当在12小时内告知持有人，同时迅速开展自查，并配合持有人开展调查。自查应当包括产品贮存、流通过程追溯，同型号同批次产品追踪等；使用单位自查还应当包括使用过程是否符合操作规范和产品说明书要求等。必要时，医疗器械经营企业、使用单位应当暂停医疗器械的销售、使用，并协助相关单位采取相关控制措施。

第三十四条 省、自治区、直辖市药品监督管理部门在获知本行政区域内发生的群体医疗器械不良事件后，应当会同同级卫生行政部门及时开展现场调查，相关省、自治区、直辖市药品监督管理部门应当配合。调查、评价和处理结果应当及时报国家药品监督管理局和国务院卫生行政部门，抄送持有人所在地省、自治区、直辖市药品监督管理部门。

第三十五条 对全国范围内影响较大并造成严重伤害或者死亡以及其他严重后果的群体医疗器械不良事件，国家药品监督管理局应当会同国务院卫生行政部门组织调查和处理。国家监测机构负责现场调查,相关省、自治区、直辖市药品监督管理部门、卫生行政部门应当配合。

调查内容应当包括医疗器械不良事件发生情况、医疗器械使用情况、患者诊治情况、既往类似不良事件、产品生产过程、产品贮存流通情况以及同型号同批次产品追踪等。

第三十六条 国家监测机构和相关省、自治区、直辖市药品监督管理部门、卫生行政部门应当在调查结束后 5 日内,根据调查情况对产品风险进行技术评价并提出控制措施建议,形成调查报告报国家药品监督管理局和国务院卫生行政部门。

第三十七条 持有人所在地省、自治区、直辖市药品监督管理部门可以对群体不良事件涉及的持有人开展现场检查。必要时,国家药品监督管理局可以对群体不良事件涉及的境外持有人开展现场检查。

现场检查应当包括生产质量管理体系运行情况、产品质量状况、生产过程、同型号同批次产品追踪等。

第四节 定期风险评价报告

第三十八条 持有人应当对上市医疗器械安全性进行持续研究,对产品的不良事件报告、监测资料和国内外风险信息进行汇总、分析,评价该产品的风险与受益,记录采取的风险控制措施,撰写上市后定期风险评价报告。

第三十九条 持有人应当自产品首次批准注册或者备案之日起,每满一年后的 60 日内完成上年度产品上市后定期风险评价报告。其中,经国家药品监督管理局注册的,应当提交至国家监测机构;经省、自治区、直辖市药品监督管理部门注册的,应当提交至所在地省级监测机构。第一类医疗器械的定期风险评价报告由持有人留存备查。

获得延续注册的医疗器械,应当在下一次延续注册申请时完成本注册周期的定期风险评价报告,并由持有人留存备查。

第四十条 省级以上监测机构应当组织对收到的医疗器械产品上市后定期风险评价报告进行审核。必要时,应当将审核意见反馈持有人。

第四十一条 省级监测机构应当对收到的上市后定期风险评价报告进行综合分析,于每年 5 月 1 日前将上一年度上市后定期风险评价报告统计情况和分析评价结果报国家监测机构和所在地省、自治区、直辖市药品监督管理部门。

国家监测机构应当对收到的上市后定期风险评价报告和省级监测机构提交的报告统计情况及分析评价结果进行综合分析,于每年 7 月 1 日前将上一年度上市后定期风险评价报告统计情况和分析评价结果报国家药品监督管理局。

第四章 重点监测

第四十二条 省级以上药品监督管理部门可以组织开展医疗器械重点监测,强化医疗器械产品上市后风险研究。

第四十三条 国家药品监督管理局会同国务院卫生行政部门确定医疗器械重点监测品种,组织制定重点监测工作方案,并监督实施。

国家医疗器械重点监测品种应当根据医疗器械注册、不良事件监测、监督检查、检验等情况,结合产品风险程度和使用情况确定。

国家监测机构组织实施医疗器械重点监测工作,并完成相关技术报告。药品监督管理部门可根据监测中发现的风险采取必要的管理措施。

第四十四条 省、自治区、直辖市药品监督管理部门可以根据本行政区域内医疗器械监管工作需要,参照本办法第四十三条规定,对本行政区内注册的第二类和备案的第一类医疗器械开展省级医疗器械重点监测工作。

第四十五条 医疗器械重点监测品种涉及的持有人应当按照医疗器械重点监测工作方案的要求开展工作,主动收集其产品的不良事件报告等相关风险信息,撰写风险评价报告,并按要求报送至重点监测工作组织部门。

第四十六条 省级以上药品监督管理部门可以指定具备一定条件的单位作为监测哨点,主动收集重点监测数据。监测哨点应当提供医疗器械重点监测品种的使用情况,主动收集、报告不良事件监测信息,组织或者推荐相关专家开展或者配合监测机构开展与风险评价相关的科学研究工作。

第四十七条 创新医疗器械持有人应当加强对创新医疗器械的主动监测,制定产品监测计划,主动收集相关不良事件报告和产品投诉信息,并开展调查、分析、评价。

创新医疗器械持有人应当在首个注册周期内，每半年向国家监测机构提交产品不良事件监测分析评价汇总报告。国家监测机构发现医疗器械可能存在严重缺陷的信息，应当及时报国家药品监督管理局。

第五章 风险控制

第四十八条 持有人通过医疗器械不良事件监测，发现存在可能危及人体健康和生命安全的不合理风险的医疗器械，应当根据情况采取以下风险控制措施，并报告所在地省、自治区、直辖市药品监督管理部门：

（一）停止生产、销售相关产品；

（二）通知医疗器械经营企业、使用单位暂停销售和使用；

（三）实施产品召回；

（四）发布风险信息；

（五）对生产质量管理体系进行自查，并对相关问题进行整改；

（六）修改说明书、标签、操作手册等；

（七）改进生产工艺、设计、产品技术要求等；

（八）开展医疗器械再评价；

（九）按规定进行变更注册或者备案；

（十）其他需要采取的风险控制措施。

与用械安全相关的风险及处置情况，持有人应当及时向社会公布。

第四十九条 药品监督管理部门认为持有人采取的控制措施不足以有效防范风险的，可以采取发布警示信息、暂停生产销售和使用、责令召回、要求其修改说明书和标签、组织开展再评价等措施，并组织对持有人开展监督检查。

第五十条 对发生群体医疗器械不良事件的医疗器械，省级以上药品监督管理部门可以根据风险情况，采取暂停生产、销售、使用等控制措施，组织对持有人开展监督检查，并及时向社会发布警示和处置信息。在技术评价结论得出后，省级以上药品监督管理部门应当根据相关法规要求，采取进一步监管措施，并加强对同类医疗器械的不良事件监测。

同级卫生行政部门应当在本行政区域内暂停医疗机构使用相关医疗器械，采取措施积极组织救治患者。相关持有人应当予以配合。

第五十一条 省级以上监测机构在医疗器械不良事件报告评价和审核、不良事件报告季度和年度汇总分析、群体不良事件评价、重点监测、定期风险评价报告等过程中，发现医疗器械存在不合理风险的，应当提出风险管理意见，及时反馈持有人并报告相应的药品监督管理部门。省级监测机构还应当向国家监测机构报告。

持有人应当根据收到的风险管理意见制定并实施相应的风险控制措施。

第五十二条 各级药品监督管理部门和卫生行政部门必要时可以将医疗器械不良事件所涉及的产品委托具有相应资质的医疗器械检验机构进行检验。医疗器械检验机构应当及时开展相关检验，并出具检验报告。

第五十三条 进口医疗器械在境外发生医疗器械不良事件，或者国产医疗器械在境外发生医疗器械不良事件，被采取控制措施的，境外持有人指定的代理人或者国产医疗器械持有人应当在获知后24小时内，将境外医疗器械不良事件情况、控制措施情况和在境内拟采取的控制措施报国家药品监督管理局和国家监测机构，抄送所在地省、自治区、直辖市药品监督管理部门，及时报告后续处置情况。

第五十四条 可疑医疗器械不良事件由医疗器械产品质量原因造成的，由药品监督管理部门按照医疗器械相关法规予以处置；由医疗器械使用行为造成的，由卫生行政部门予以处置。

第六章 再评价

第五十五条 有下列情形之一的，持有人应当主动开展再评价，并依据再评价结论，采取相应措施：

（一）根据科学研究的发展，对医疗器械的安全、有效有认识上改变的；

（二）医疗器械不良事件监测、评估结果表明医疗器械可能存在缺陷的；

（三）国家药品监督管理局规定应当开展再评价的其他情形。

第五十六条 持有人开展医疗器械再评价，应当根据产品上市后获知和掌握的产品安全有效信息、临床数据和使用经验等，对原医疗器械注册资料中的综述资料、研究资料、临床评价资料、产品风险分析资料、产品技术要求、说明书、标签等技术数据和内容进行重新评价。

第五十七条 再评价报告应当包括产品风险受益评估、社会经济效益评估、技术进展评估、拟采取的措施建议等。

第五十八条 持有人主动开展医疗器械再评价的，应当制定再评价工作方案。通过再评价确定需要采取控制措施的，应当在再评价结论形成后15日内，提交再评价报告。其中，国家药品监督管理局批准注册或者备案的医疗器械，持有人应当向国家监测机构提交；其他医疗器械的持有人应当向所在地省级监测机构提交。

持有人未按规定履行医疗器械再评价义务的，省级以上药品监督管理部门应当责令持有人开展再评价。必要时，省级以上药品监督管理部门可以直接组织开展再评价。

第五十九条 省级以上药品监督管理部门责令开展再评价的，持有人应当在再评价实施前和再评价结束后30日内向相应药品监督管理部门及监测机构提交再评价方案和再评价报告。

再评价实施期限超过1年的，持有人应当每年报告年度进展情况。

第六十条 监测机构对收到的持有人再评价报告进行审核，并将审核意见报相应的药品监督管理部门。

药品监督管理部门对持有人开展的再评价结论有异议的，持有人应当按照药品监督管理部门的要求重新确认再评价结果或者重新开展再评价。

第六十一条 药品监督管理部门组织开展医疗器械再评价的，由指定的监测机构制定再评价方案，经组织开展再评价的药品监督管理部门批准后组织实施，形成再评价报告后向相应药品监督管理部门报告。

第六十二条 再评价结果表明已注册或者备案的医疗器械存在危及人身安全的缺陷，且无法通过技术改进、修改说明书和标签等措施消除或者控制风险，或者风险获益比不可接受的，持有人应当主动申请注销医疗器械注册证或者取消产品备案；持有人未申请注销医疗器械注册证或者取消备案的，由原发证部门注销医疗器械注册证或者取消备案。药品监督管理部门应当将注销医疗器械注册证或者取消备案的相关信息及时向社会公布。

国家药品监督管理局根据再评价结论，可以对医疗器械品种作出淘汰的决定。被淘汰的产品，其医疗器械注册证或者产品备案由原发证部门予以注销或者取消。

被注销医疗器械注册证或者被取消备案的医疗器械不得生产、进口、经营和使用。

第七章　监督管理

第六十三条 药品监督管理部门应当依据职责对持有人和经营企业开展医疗器械不良事件监测和再评价工作情况进行监督检查，会同同级卫生行政部门对医疗器械使用单位开展医疗器械不良事件监测情况进行监督检查。

第六十四条 省、自治区、直辖市药品监督管理部门应当制定本行政区域的医疗器械不良事件监测监督检查计划，确定检查重点，并监督实施。

第六十五条 省、自治区、直辖市药品监督管理部门应当加强对本行政区域内从事医疗器械不良事件监测和再评价工作人员的培训和考核。

第六十六条 药品监督管理部门应当按照法规、规章、规范的要求，对持有人不良事件监测制度建设和工作开展情况实施监督检查。必要时，可以对受持有人委托开展相关工作的企业开展延伸检查。

第六十七条 有下列情形之一的，药品监督管理部门应当对持有人开展重点检查：

（一）未主动收集并按照时限要求报告医疗器械不良事件的；

（二）持有人上报导致或可能导致严重伤害或者死亡不良事件的报告数量与医疗机构的报告数量差距较大，提示其主体责任未落实到位的；

（三）瞒报、漏报、虚假报告的；

（四）不配合药品监督管理部门开展的医疗器械不良事件相关调查和采取的控制措施的；

（五）未按照要求通过不良事件监测收集产品安全性信息，或者未按照要求开展上市后研究、再评价，无法保证产品安全有效的。

第六十八条 持有人未按照要求建立不良事件监测制度、开展不良事件监测和再评价相关工作、未按照本办法第四十八条规定及时采取有效风险控制措施、不配合药品监督管理部门开展的医疗器械不良事件相关调查和采取的控制措施的，药品监督管理部门可以要求其停产整改，必要时采取停止产品销售的控制措施。

需要恢复生产、销售的,持有人应当向作出处理决定的药品监督管理部门提出申请,药品监督管理部门现场检查通过后,作出恢复生产、销售的决定。

持有人提出恢复生产、销售申请前,可以聘请具备相应资质的独立第三方专业机构进行检查确认。

第六十九条 省级以上药品监督管理部门统一发布下列医疗器械不良事件监测信息:

(一)群体医疗器械不良事件相关信息;

(二)医疗器械不良事件监测警示信息;

(三)需要定期发布的医疗器械不良事件监测信息;

(四)认为需要统一发布的其他医疗器械不良事件监测信息。

第八章 法律责任

第七十条 持有人有下列情形之一的,依照《医疗器械监督管理条例》第六十八条的规定,由县级以上药品监督管理部门责令改正,给予警告;拒不改正的,处5000元以上2万元以下罚款;情节严重的,责令停产停业,直至由发证部门吊销相关证明文件:

(一)未主动收集并按照时限要求报告医疗器械不良事件的;

(二)瞒报、漏报、虚假报告的;

(三)未按照时限要求报告评价结果或者提交群体医疗器械不良事件调查报告的;

(四)不配合药品监督管理部门和监测机构开展的医疗器械不良事件相关调查和采取的控制措施的。

第七十一条 医疗器械经营企业、使用单位有下列情形之一的,依照《医疗器械监督管理条例》第六十八条的规定,由县级以上药品监督管理部门和卫生行政部门依据各自职责责令改正,给予警告;拒不改正的,处5000元以上2万元以下罚款;情节严重的,责令停产停业,直至由发证部门吊销相关证明文件:

(一)未主动收集并按照时限要求报告医疗器械不良事件的;

(二)瞒报、漏报、虚假报告的;

(三)不配合药品监督管理部门和监测机构开展的医疗器械不良事件相关调查和采取的控制措施的。

第七十二条 持有人未按照要求开展再评价、隐匿再评价结果、应当提出注销申请而未提出的,由省级以上药品监督管理部门责令改正,给予警告,可以并处1万元以上3万元以下罚款。

第七十三条 持有人有下列情形之一的,由县级以上药品监督管理部门责令改正,给予警告;拒不改正的,处5000元以上2万元以下罚款:

(一)未按照规定建立医疗器械不良事件监测和再评价工作制度的;

(二)未按照要求配备与其产品相适应的机构和人员从事医疗器械不良事件监测相关工作的;

(三)未保存不良事件监测记录或者保存年限不足的;

(四)应当注册而未注册为医疗器械不良事件监测信息系统用户的;

(五)未主动维护用户信息,或者未持续跟踪和处理监测信息的;

(六)未根据不良事件情况采取相应控制措施并向社会公布的;

(七)未按照要求撰写、提交或者留存上市后定期风险评价报告的;

(八)未按照要求报告境外医疗器械不良事件和境外控制措施的;

(九)未按照要求提交创新医疗器械产品分析评价汇总报告的;

(十)未公布联系方式、主动收集不良事件信息的;

(十一)未按照要求开展医疗器械重点监测的;

(十二)其他违反本办法规定的。

第七十四条 医疗器械经营企业、使用单位有下列情形之一的,由县级以上药品监督管理部门和卫生行政部门依据各自职责责令改正,给予警告;拒不改正的,处5000元以上2万元以下罚款:

(一)未按照要求建立医疗器械不良事件监测工作制度的;

(二)未按照要求配备与其经营或者使用规模相适应的机构或者人员从事医疗器械不良事件监测相关工作的;

(三)未保存不良事件监测记录或者保存年限不足的;

（四）应当注册而未注册为国家医疗器械不良事件监测信息系统用户的；

（五）未及时向持有人报告所收集或者获知的医疗器械不良事件的；

（六）未配合持有人对医疗器械不良事件调查和评价的；

（七）其他违反本办法规定的。

药品监督管理部门发现使用单位有前款规定行为的，应当移交同级卫生行政部门处理。

卫生行政部门对使用单位作出行政处罚决定的，应当及时通报同级药品监督管理部门。

第七十五条 持有人、经营企业、使用单位按照本办法要求报告、调查、评价、处置医疗器械不良事件，主动消除或者减轻危害后果的，对其相关违法行为，依照《中华人民共和国行政处罚法》的规定从轻或者减轻处罚。违法行为轻微并及时纠正，没有造成危害后果的，不予处罚，但不免除其依法应当承担的其他法律责任。

第七十六条 各级药品监督管理部门、卫生行政部门、监测机构及其工作人员，不按规定履行职责的，依照《医疗器械监督管理条例》第七十二条和第七十四条的规定予以处理。

第七十七条 持有人、经营企业、使用单位违反相关规定，给医疗器械使用者造成损害的，依法承担赔偿责任。

第九章 附 则

第七十八条 医疗器械不良事件报告的内容、风险分析评价报告和统计资料等是加强医疗器械监督管理、指导合理用械的依据，不作为医疗纠纷、医疗诉讼和处理医疗器械质量事故的依据。

对于属于医疗事故或者医疗器械质量问题的，应当按照相关法规的要求另行处理。

第七十九条 本办法由国家药品监督管理局会同国务院卫生行政部门负责解释。

第八十条 本办法自2019年1月1日起施行。

四、医疗安全保障

1. 医疗质量安全管理

医疗质量管理办法

·2016年9月25日国家卫生和计划生育委员会令第10号公布
·自2016年11月1日起施行

第一章　总　则

第一条　为加强医疗质量管理，规范医疗服务行为，保障医疗安全，根据有关法律法规，制定本办法。

第二条　本办法适用于各级卫生计生行政部门以及各级各类医疗机构医疗质量管理工作。

第三条　国家卫生计生委负责全国医疗机构医疗质量管理工作。

县级以上地方卫生计生行政部门负责本行政区域内医疗机构医疗质量管理工作。

国家中医药管理局和军队卫生主管部门分别在职责范围内负责中医和军队医疗机构医疗质量管理工作。

第四条　医疗质量管理是医疗管理的核心，各级各类医疗机构是医疗质量管理的第一责任主体，应当全面加强医疗质量管理，持续改进医疗质量，保障医疗安全。

第五条　医疗质量管理应当充分发挥卫生行业组织的作用，各级卫生计生行政部门应当为卫生行业组织参与医疗质量管理创造条件。

第二章　组织机构和职责

第六条　国家卫生计生委负责组织或者委托专业机构、行业组织（以下称专业机构）制订医疗质量管理相关制度、规范、标准和指南，指导地方各级卫生计生行政部门和医疗机构开展医疗质量管理与控制工作。省级卫生计生行政部门可以根据本地区实际，制订行政区域医疗质量管理相关制度、规范和具体实施方案。

县级以上地方卫生计生行政部门在职责范围内负责监督、指导医疗机构落实医疗质量管理有关规章制度。

第七条　国家卫生计生委建立国家医疗质量管理与控制体系，完善医疗质量控制与持续改进的制度和工作机制。

各级卫生计生行政部门组建或者指定各级、各专业医疗质量控制组织（以下称质控组织）落实医疗质量管理与控制的有关工作要求。

第八条　国家级各专业质控组织在国家卫生计生委指导下，负责制订全国统一的质控指标、标准和质量管理要求，收集、分析医疗质量数据，定期发布质控信息。

省级和有条件的地市级卫生计生行政部门组建相应级别、专业的质控组织，开展医疗质量管理与控制工作。

第九条　医疗机构医疗质量管理实行院、科两级责任制。

医疗机构主要负责人是本机构医疗质量管理的第一责任人；临床科室以及药学、护理、医技等部门（以下称业务科室）主要负责人是本科室医疗质量管理的第一责任人。

第十条　医疗机构应当成立医疗质量管理专门部门，负责本机构的医疗质量管理工作。

二级以上的医院、妇幼保健院以及专科疾病防治机构（以下称二级以上医院）应当设立医疗质量管理委员会。医疗质量管理委员会主任由医疗机构主要负责人担任，委员由医疗管理、质量控制、护理、医院感染管理、医学工程、信息、后勤等相关职能部门负责人以及相关临床、药学、医技等科室负责人组成，指定或者成立专门部门具体负责日常管理工作。其他医疗机构应当设立医疗质量管理工作小组或者指定专（兼）职人员，负责医疗质量具体管理工作。

第十一条　医疗机构医疗质量管理委员会的主要职责是：

（一）按照国家医疗质量管理的有关要求，制订本机构医疗质量管理制度并组织实施；

（二）组织开展本机构医疗质量监测、预警、分析、考核、评估以及反馈工作，定期发布本机构质量管理信息；

（三）制订本机构医疗质量持续改进计划、实施方案并组织实施；

（四）制订本机构临床新技术引进和医疗技术临床应用管理相关工作制度并组织实施；

（五）建立本机构医务人员医疗质量管理相关法律、法规、规章制度、技术规范的培训制度，制订培训计划并监督实施；

（六）落实省级以上卫生计生行政部门规定的其他内容。

第十二条 二级以上医院各业务科室应当成立本科室医疗质量管理工作小组，组长由科室主要负责人担任，指定专人负责日常具体工作。医疗质量管理工作小组主要职责是：

（一）贯彻执行医疗质量管理相关的法律、法规、规章、规范性文件和本科室医疗质量管理制度；

（二）制订本科室年度质量控制实施方案，组织开展科室医疗质量管理与控制工作；

（三）制订本科室医疗质量持续改进计划和具体落实措施；

（四）定期对科室医疗质量进行分析和评估，对医疗质量薄弱环节提出整改措施并组织实施；

（五）对本科室医务人员进行医疗质量管理相关法律、法规、规章制度、技术规范、标准、诊疗常规及指南的培训和宣传教育；

（六）按照有关要求报送本科室医疗质量管理相关信息。

第十三条 各级卫生计生行政部门和医疗机构应当建立健全医疗质量管理人员的培养和考核制度，充分发挥专业人员在医疗质量管理工作中的作用。

第三章 医疗质量保障

第十四条 医疗机构应当加强医务人员职业道德教育，发扬救死扶伤的人道主义精神，坚持"以患者为中心"，尊重患者权利，履行防病治病、救死扶伤、保护人民健康的神圣职责。

第十五条 医务人员应当恪守职业道德，认真遵守医疗质量管理相关法律法规、规范、标准和本机构医疗质量管理制度的规定，规范临床诊疗行为，保障医疗质量和医疗安全。

第十六条 医疗机构应当按照核准登记的诊疗科目执业。卫生技术人员开展诊疗活动应当依法取得执业资质，医疗机构人力资源配备应当满足临床工作需要。

医疗机构应当按照有关法律法规、规范、标准要求，使用经批准的药品、医疗器械、耗材开展诊疗活动。

医疗机构开展医疗技术应当与其功能任务和技术能力相适应，按照国家关于医疗技术和手术管理有关规定，加强医疗技术临床应用管理。

第十七条 医疗机构及其医务人员应当遵循临床诊疗指南、临床技术操作规范、行业标准和临床路径等有关要求开展诊疗工作，严格遵守医疗质量安全核心制度，做到合理检查、合理用药、合理治疗。

第十八条 医疗机构应当加强药学部门建设和药事质量管理，提升临床药学服务能力，推行临床药师制，发挥药师在处方审核、处方点评、药学监护等合理用药管理方面的作用。临床诊断、预防和治疗疾病用药应当遵循安全、有效、经济的合理用药原则，尊重患者对药品使用的知情权。

第十九条 医疗机构应当加强护理质量管理，完善并实施护理相关工作制度、技术规范和护理指南；加强护理队伍建设，创新管理方法，持续改善护理质量。

第二十条 医疗机构应当加强医技科室的质量管理，建立覆盖检查、检验全过程的质量管理制度，加强室内质量控制，配合做好室间质量评价工作，促进临床检查检验结果互认。

第二十一条 医疗机构应当完善门急诊管理制度，规范门急诊质量管理，加强门急诊专业人员和技术力量配备，优化门急诊服务流程，保证门急诊医疗质量和医疗安全，并把门急诊工作质量作为考核科室和医务人员的重要内容。

第二十二条 医疗机构应当加强医院感染管理，严格执行消毒隔离、手卫生、抗菌药物合理使用和医院感染监测等规定，建立医院感染的风险监测、预警以及多部门协同干预机制，开展医院感染防控知识的培训和教育，严格执行医院感染暴发报告制度。

第二十三条 医疗机构应当加强病历质量管理，建立并实施病历质量管理制度，保障病历书写客观、真实、准确、及时、完整、规范。

第二十四条 医疗机构及其医务人员开展诊疗活动，应当遵循患者知情同意原则，尊重患者的自主选择权和隐私权，并对患者的隐私保密。

第二十五条 医疗机构开展中医医疗服务，应当符合国家关于中医诊疗、技术、药事等管理的有关规定，加强中医医疗质量管理。

第四章 医疗质量持续改进

第二十六条 医疗机构应当建立本机构全员参与、覆盖临床诊疗服务全过程的医疗质量管理与控制工作制度。医疗机构应当严格按照卫生计生行政部门和质控组织关于医疗质量管理控制工作的有关要求，积极配合质控组织开展工作，促进医疗质量持续改进。

医疗机构应当按照有关要求，向卫生计生行政部门或者质控组织及时、准确地报送本机构医疗质量安全相关数据信息。

医疗机构应当熟练运用医疗质量管理工具开展医疗质量管理与自我评价，根据卫生计生行政部门或者质控组织发布的质控指标和标准完善本机构医疗质量管理相关指标体系，及时收集相关信息，形成本机构医疗质量基础数据。

第二十七条 医疗机构应当加强临床专科服务能力建设，重视专科协同发展，制订专科建设发展规划并组织实施，推行“以患者为中心、以疾病为链条”的多学科诊疗模式。加强继续医学教育，重视人才培养、临床技术创新性研究和成果转化，提高专科临床服务能力与水平。

第二十八条 医疗机构应当加强单病种质量管理与控制工作，建立本机构单病种管理的指标体系，制订单病种医疗质量参考标准，促进医疗质量精细化管理。

第二十九条 医疗机构应当制订满意度监测指标并不断完善，定期开展患者和员工满意度监测，努力改善患者就医体验和员工执业感受。

第三十条 医疗机构应当开展全过程成本精确管理，加强成本核算、过程控制、细节管理和量化分析，不断优化投入产出比，努力提高医疗资源利用效率。

第三十一条 医疗机构应当对各科室医疗质量管理情况进行现场检查和抽查，建立本机构医疗质量内部公示制度，对各科室医疗质量关键指标的完成情况予以内部公示。

医疗机构应当定期对医疗卫生技术人员开展医疗卫生管理法律法规、医院管理制度、医疗质量管理与控制方法、专业技术规范等相关内容的培训和考核。

医疗机构应当将科室医疗质量管理情况作为科室负责人综合目标考核以及聘任、晋升、评先评优的重要指标。

医疗机构应当将科室和医务人员医疗质量管理情况作为医师定期考核、晋升以及科室和医务人员绩效考核的重要依据。

第三十二条 医疗机构应当强化基于电子病历的医院信息平台建设，提高医院信息化工作的规范化水平，使信息化工作满足医疗质量管理与控制需要，充分利用信息化手段开展医疗质量管理与控制。建立完善医疗机构信息管理制度，保障信息安全。

第三十三条 医疗机构应当对本机构医疗质量管理要求执行情况进行评估，对收集的医疗质量信息进行及时分析和反馈，对医疗质量问题和医疗安全风险进行预警，对存在的问题及时采取有效干预措施，并评估干预效果，促进医疗质量的持续改进。

第五章 医疗安全风险防范

第三十四条 国家建立医疗质量（安全）不良事件报告制度，鼓励医疗机构和医务人员主动上报临床诊疗过程中的不良事件，促进信息共享和持续改进。

医疗机构应当建立医疗质量（安全）不良事件信息采集、记录和报告相关制度，并作为医疗机构持续改进医疗质量的重要基础工作。

第三十五条 医疗机构应当建立药品不良反应、药品损害事件和医疗器械不良事件监测报告制度，并按照国家有关规定向相关部门报告。

第三十六条 医疗机构应当提高医疗安全意识，建立医疗安全与风险管理体系，完善医疗安全管理相关工作制度、应急预案和工作流程，加强医疗质量重点部门和关键环节的安全与风险管理，落实患者安全目标。医疗机构应当提高风险防范意识，建立完善相关制度，利用医疗责任保险、医疗意外保险等风险分担形式，保障医患双方合法权益。制订防范、处理医疗纠纷的预案，预防、减少医疗纠纷的发生。完善投诉管理，及时化解和妥善处理医疗纠纷。

第六章 监督管理

第三十七条 县级以上地方卫生计生行政部门负责对本行政区域医疗机构医疗质量管理情况的监督检查。医疗机构应当予以配合，不得拒绝、阻碍或者隐瞒有关情况。

第三十八条 县级以上地方卫生计生行政部门应当建立医疗机构医疗质量管理评估制度，可以根据当地实际情况，组织或者委托专业机构，利用信息化手段开展第三方评估工作，定期在行业内发布评估结果。

县级以上地方卫生计生行政部门和各级质控组织应当重点加强对县级医院、基层医疗机构和民营医疗机构的医疗质量管理和监督。

第三十九条 国家卫生计生委依托国家级人口健康信息平台建立全国医疗质量管理与控制信息系统，对全国医疗质量管理的主要指标信息进行收集、分析和反馈。

省级卫生计生行政部门应当依托区域人口健康信息平台，建立本行政区域的医疗质量管理与控制信息系统，对本行政区域医疗机构医疗质量管理相关信息进行收集、分析和反馈，对医疗机构医疗质量进行评价，并实现与全国医疗质量管理与控制信息系统互连互通。

第四十条 各级卫生计生行政部门应当建立医疗机构医疗质量管理激励机制，采取适当形式对医疗质量管理先进的医疗机构和管理人员予以表扬和鼓励，积极推广先进经验和做法。

第四十一条 县级以上地方卫生计生行政部门应当建立医疗机构医疗质量管理情况约谈制度。对发生重大或者特大医疗质量安全事件、存在严重医疗质量安全隐患，或者未按要求整改的各级各类医疗机构负责人进行约谈；对造成严重后果的，予以通报，依法处理，同时报上级卫生计生行政部门备案。

第四十二条 各级卫生计生行政部门应当将医疗机构医疗质量管理情况和监督检查结果纳入医疗机构及其主要负责人考核的关键指标，并与医疗机构校验、医院评审、评价以及个人业绩考核相结合。考核不合格的，视情况对医疗机构及其主要负责人进行处理。

第七章 法律责任

第四十三条 医疗机构开展诊疗活动超出登记范围、使用非卫生技术人员从事诊疗工作、违规开展禁止或者限制临床应用的医疗技术、使用不合格或者未经批准的药品、医疗器械、耗材等开展诊疗活动的，由县级以上地方卫生计生行政部门依据国家有关法律法规进行处理。

第四十四条 医疗机构有下列情形之一的，由县级以上卫生计生行政部门责令限期改正；逾期不改的，给予警告，并处三万元以下罚款；对公立医疗机构负有责任的主管人员和其他直接责任人员，依法给予处分：

（一）未建立医疗质量管理部门或者未指定专（兼）职人员负责医疗质量管理工作的；

（二）未建立医疗质量管理相关规章制度的；

（三）医疗质量管理制度不落实或者落实不到位，导致医疗质量管理混乱的；

（四）发生重大医疗质量安全事件隐匿不报的；

（五）未按照规定报送医疗质量安全相关信息的；

（六）其他违反本办法规定的行为。

第四十五条 医疗机构执业的医师、护士在执业活动中，有下列行为之一的，由县级以上地方卫生计生行政部门依据《执业医师法》、《护士条例》等有关法律法规的规定进行处理；构成犯罪的，依法追究刑事责任：

（一）违反卫生法律、法规、规章制度或者技术操作规范，造成严重后果的；

（二）由于不负责任延误急危患者抢救和诊治，造成严重后果的；

（三）未经亲自诊查，出具检查结果和相关医学文书的；

（四）泄露患者隐私，造成严重后果的；

（五）开展医疗活动未遵守知情同意原则的；

（六）违规开展禁止或者限制临床应用的医疗技术、不合格或者未经批准的药品、医疗器械、耗材等开展诊疗活动的；

（七）其他违反本办法规定的行为。

其他卫生技术人员违反本办法规定的，根据

有关法律、法规的规定予以处理。

第四十六条 县级以上地方卫生计生行政部门未按照本办法规定履行监管职责，造成严重后果的，对直接负责的主管人员和其他直接责任人员依法给予行政处分。

第八章 附 则

第四十七条 本办法下列用语的含义：

（一）医疗质量：指在现有医疗技术水平及能力、条件下，医疗机构及其医务人员在临床诊断及治疗过程中，按照职业道德及诊疗规范要求，给予患者医疗照顾的程度。

（二）医疗质量管理：指按照医疗质量形成的规律和有关法律、法规要求，运用现代科学管理方法，对医疗服务要素、过程和结果进行管理与控制，以实现医疗质量系统改进、持续改进的过程。

（三）医疗质量安全核心制度：指医疗机构及其医务人员在诊疗活动中应当严格遵守的相关制度，主要包括：首诊负责制度、三级查房制度、会诊制度、分级护理制度、值班和交接班制度、疑难病例讨论制度、急危重患者抢救制度、术前讨论制度、死亡病例讨论制度、查对制度、手术安全核查制度、手术分级管理制度、新技术和新项目准入制度、危急值报告制度、病历管理制度、抗菌药物分级管理制度、临床用血审核制度、信息安全管理制度等。

（四）医疗质量管理工具：指为实现医疗质量管理目标和持续改进所采用的措施、方法和手段，如全面质量管理（TQC）、质量环（PDCA循环）、品管圈（QCC）、疾病诊断相关组（DRGs）绩效评价、单病种管理、临床路径管理等。

第四十八条 本办法自2016年11月1日起施行。

医疗机构日间医疗质量管理暂行规定

· 2022年11月20日

· 国卫办医政发〔2022〕16号

第一章 总 则

第一条 为加强医疗机构日间医疗质量安全管理，规范日间医疗服务行为，提升日间医疗科学管理水平，保障日间医疗质量与安全，制定本规定。

第二条 本规定所称日间医疗，是指医疗机构在保障医疗质量安全前提下，为患者提供24小时内完成住院全流程诊疗服务的医疗服务模式。

第三条 医疗机构和医务人员开展日间医疗应当遵守本规定。

第二章 组织与运行管理

第四条 日间医疗作为医疗机构住院服务的组成部分，医疗机构应当按照院、科两级责任制加强日间医疗服务质量管理。

第五条 开展日间医疗的二级以上的医院、妇幼保健院以及专科疾病防治机构应当在医疗质量管理委员会下设日间医疗质量管理的专门组织，由医疗管理、质量控制、护理、医保、医院感染、病案、信息等相关管理人员和具有高级技术职务任职资格的临床专业人员组成。由医疗管理或质量控制部门具体负责日常管理工作，主要职责包括：

（一）按照国家医疗质量管理的有关要求，制定本机构日间医疗服务相关工作制度，包括患者评估制度、随访制度、医务人员培训制度、消毒隔离制度等。

（二）建立本机构日间医疗患者、病种、技术的遴选机制和医务人员的审核授权管理机制，并组织实施。

（三）组织开展本机构日间医疗质量监测、预警、分析、反馈，以及评估、考核工作，定期发布本机构日间医疗质量相关信息。

（四）制定本机构日间医疗质量持续改进计划、方案并组织实施。

第六条 开展日间医疗的各临床科室质量管理小组负责本科室的日间医疗质量管理工作，主要职责包括：

（一）执行本机构日间医疗相关规章制度和本科室日间医疗质量管理制度。

（二）将日间医疗质量管理纳入本科室的医疗质量管理与控制年度工作方案。

（三）定期对本科室日间医疗质量进行分析和评估，对日间医疗质量薄弱环节提出整改措施并组织落实。

（四）定期组织对本科室医务人员进行日间医

疗相关制度、机制、流程及诊疗常规等内容的培训。

（五）按照有关要求报送本科室日间医疗质量管理相关信息。

第七条 开展日间医疗的医疗机构应当配备满足日间医疗所需要的医疗资源，包括相对固定的日间手术室、麻醉复苏室、医疗床位、设备设施及医务人员等，保障日间医疗高效开展。

第八条 医疗机构应当明确日间医疗患者在住院前、住院期间、出院后等各个环节的诊疗内容，在住院前完成患者遴选、诊疗方案制定、预约与院前宣教等；住院期间完成手术/治疗前再评估、手术/治疗措施实施、出院前评估与宣教等；出院后及时对患者进行随访，并为患者提供预约复诊途径。

第九条 医疗机构应当调动医务人员开展日间医疗的积极性，将科室和医务人员日间医疗质量管理情况作为医师定期考核、晋升等工作的依据。

第三章 质量控制

第十条 医疗机构应当加强本机构日间医疗病种和技术管理。遵循科学、安全、规范的原则，制定本机构日间医疗病种及技术目录并实行动态管理。

各临床科室的日间医疗病种及技术目录应当经日间医疗质量管理的专门组织审议通过；属于本机构新技术、新项目的日间医疗技术还应当经过本机构相关技术管理委员会和医学伦理委员会审核同意；国家限制类技术不得纳入日间医疗技术目录。

第十一条 医疗机构应当加强本机构日间医疗科室和医师审核授权管理。根据科室和医师的技术能力和医疗质量安全情况，结合科室申请，对科室和医师开展日间医疗的内容进行审核、授权，将医师授权情况纳入医师技术档案，并进行动态管理。

第十二条 医疗机构应当加强日间医疗患者管理。综合评估患者的一般状况、基础疾病、医疗风险等情况，明确患者是否适宜接受日间医疗。

第十三条 医疗机构应当加强日间医疗患者评估管理。在患者治疗前、治疗后、出院前等关键节点均进行评估，并根据患者病情变化和所接受的医疗服务调整评估内容。对接受有创诊疗和麻醉诊疗的患者，应当及时评估麻醉风险、手术/治疗风险、麻醉恢复情况、疼痛评分等。

第十四条 医疗机构应当加强日间医疗患者随访管理，根据不同病种特点及诊疗规律，明确随访时间、频次、内容和形式等，安排专门的医务人员进行随访并准确记录，为有需要的患者提供出院后连续、安全的延伸性医疗服务；随访记录应当纳入患者病案或单独建册保存；日间手术患者应当在出院后 24 小时内完成首次随访。

第十五条 医疗机构应当加强日间病历质量管理，保障日间医疗病历内容客观、真实、准确、及时、完整、规范。

日间病历应当包括住院病案首页、24 小时内入出院记录、术前讨论结论、手术/治疗记录、手术安全核查记录、手术清点记录、各类知情同意书、医嘱单、辅助检查检验报告单、体温单、护理记录单以及入院前完成的与本次诊疗相关的医疗文书资料等。

24 小时内入出院记录内容中应当包括患者主诉、入院情况、入院前检查检验结果、治疗前评估、诊疗经过、治疗后评估、出院前评估、出院医嘱等内容。凡在手术/治疗前已完成的医疗行为应当在手术/治疗前完成相关文书书写或填写。

第十六条 医疗机构及医务人员应当遵循患者知情同意原则，尊重患者的自主选择权和隐私权，保护患者隐私。

第十七条 医疗机构应当严格按照卫生健康行政部门和质控组织有关要求，积极开展日间医疗质量监测评估工作，促进日间医疗质量持续改进。

（一）医疗机构应当对日间医疗质量管理相关制度、机制落实情况进行监督检查。

（二）医疗机构应当根据卫生健康行政部门或者质控组织发布的日间医疗质控指标建立、完善本机构日间医疗质量管理相关指标体系。

（三）医疗机构应当加强日间医疗的数据收集、分析和反馈；运用医疗质量管理工具和信息化手段开展日间医疗质量管理，对日间医疗质量安全风险因素进行分析和预警，对存在问题采取有效干预措施并评估干预效果。

（四）医疗机构应当加强日间医疗质量（安全）不良事件管理，建立收集、分析日间医疗质量（安全)不良事件发生情况的机制,明确日间医疗质量(安全)不良事件范围、等级划分、事件分类、报告原则、上报方式及流程、处理流程等,根据事件类型、发生地点、发生时间等开展针对性改进工作,在提高医疗质量(安全)不良事件报告率的同时,降低医疗质量(安全)不良事件发生率。

第十八条 医疗机构应当建立日间医疗应急预案,完善日间医疗会诊、转诊机制,明确日间医疗抢救资源配置与紧急调配的机制,确保各日间医疗单元抢救设备和药品随时可用,加强应急演练,保障日间医疗应急预案可顺利执行。

第十九条 医疗机构应当加强日间医疗信息安全管理,加强日间医疗相关信息系统安全防护,做好医疗数据安全存储和容灾备份,严格执行信息安全和健康医疗数据保密规定,保障信息安全。

第二十条 医疗机构应当加强日间医疗信息公开管理。日间医疗病种及技术目录、医师信息等应当纳入本机构院务公开范围,定期主动向社会公开,接受社会监督。

第二十一条 医疗机构应当加强日间医疗培训管理,定期开展日间医疗工作的制度、流程及技能培训;根据本机构日间医疗实际工作情况,及时修订和完善相关人员培训计划及培训内容。

第四章 监督管理

第二十二条 各级卫生健康行政部门负责本行政区域内医疗机构日间医疗质量管理情况的监督管理。医疗机构应当积极配合,不得拒绝、阻碍监督检查或者隐瞒有关情况。

第二十三条 各级卫生健康行政部门应当根据实际情况,组织或者委托专业机构,运用信息化手段对本行政区域内日间医疗质量情况进行分析评估,定期在行业内发布评估结果,接受社会监督。

第二十四条 各级卫生健康行政部门应当将日间医疗质量管理情况和监督检查结果纳入医疗机构评审等工作,并采取适当形式对提供优质日间医疗服务的医疗机构和医务人员予以表扬和鼓励,积极推广先进经验和做法。

第五章 附 则

第二十五条 本规定自2023年1月1日起施行。

医疗机构门诊质量管理暂行规定

· 2022年6月1日
· 国卫办医发〔2022〕8号

第一条 为加强医疗机构门诊质量管理,保障医疗安全,根据《中华人民共和国医师法》《中华人民共和国传染病防治法》《医疗机构管理条例》《医疗质量管理办法》等有关法律法规规定,制定本规定。

第二条 本规定适用于二级及以上医疗机构门诊(不含急诊、发热门诊、肠道门诊、互联网门诊)质量管理。

第三条 门诊指在医疗机构内,由医务人员根据患者有效挂号凭证提供疾病咨询、预防、诊断、治疗、护理、康复等医疗服务的行为。

第四条 医疗机构应当严格依法执业,在本机构执业范围内提供相关门诊服务。

第五条 门诊质量管理是指按照门诊质量形成的规律和有关法律、法规要求,运用现代科学管理方法,对门诊服务要素、过程和结果进行管理与控制,以实现门诊质量持续改进的过程。

第六条 门诊质量管理是医疗机构质量管理的重要组成部分,二级及以上医疗机构应当将门诊质量管理纳入医疗质量管理委员会工作体系,明确负责门诊日常管理工作的部门,建立门诊质量管理制度,按照院、科两级责任制不断完善门诊质量管理体系,加强日常监督检查,定期收集、分析、反馈门诊质量数据,推动门诊质量持续改进。

第七条 门诊质量管理制度是指由医疗机构根据国家有关法律法规和管理要求制定的、医疗机构及其医务人员在门诊诊疗活动中应当严格遵守的制度。主要包括医务人员出诊管理制度、号源管理制度、预检分诊制度、门诊医疗文书管理制度、多学科(MDT)门诊制度、特需门诊制度、门诊转诊制度、门诊手术管理制度、以及门诊突发事件应急处理制度等。

第八条 医疗机构应当加强医务人员出诊管理,依照门诊患者病种分类和特点,合理安排各专业不同年资医师出诊;并针对地域、季节特点,结合号源使用情况,动态调整出诊单元数以及单元接诊人次,合理配置门诊人力资源。

第九条 医疗机构应当实施患者实名就医。在注册、挂号、诊疗等各环节实行患者唯一身份标识管理。

第十条 医疗机构应当根据就诊量变化动态调整各挂号途径号源投放量,加强退号与爽约管理,建立退号候补机制,提升号源使用效率。加强预约挂号管理,提供网络、自助机、诊间、人工窗口等多种预约挂号方式。

第十一条 医疗机构应当积极推行分时段预约诊疗,提高患者到院 30 分钟内就诊率,引导患者有序就诊,减少院内等候时间,减少人员聚集。

第十二条 医疗机构应当严格落实门诊首诊负责制度,在本次就诊过程结束前或由其他医师接诊前,首诊医师应当对患者的检查、诊断、治疗、抢救和转科等负责。

第十三条 门诊诊疗过程和处置措施应当遵循诊疗规范、临床指南等,诊断、预防和治疗措施应当遵循安全、规范、有效、经济的原则。

第十四条 医疗机构应当积极推行多学科(MDT)门诊,MDT 门诊由相对固定的专家团队在固定的时间、地点出诊。MDT 门诊诊疗记录内容应当包括就诊时间、就诊科别、参加人员姓名及专业技术职务、主诉、现病史、既往史、体格检查、辅助检验检查结果、MDT 门诊团队综合诊治意见和参加讨论的全体医师签名等。

第十五条 医疗机构应当加强门诊疑难病例管理,建立门诊疑难病例会诊制度,提供门诊疑难病例会诊服务,保障患者得到及时诊治。

第十六条 医疗机构应当明确挂号有效时间,建立患者因检验、检查结果回报继续就诊的保障机制,合理安排患者复诊的次序。

第十七条 医疗机构应当提高医技科室工作效率,缩短检验、内镜、超声、CT、核磁等检查的预约等候时间,鼓励提供门诊检查集中预约、自助预约、诊间预约等多种形式的预约服务,有条件的可以提供一站式检查预约服务。

第十八条 医疗机构应当依照相关规范在规定时限内出具检验和检查报告,并对门诊各项检查检验报告出具时间进行统计、分析,根据实际情况逐步缩减报告出具时间。医疗机构应当推进检查检验结果互认共享,提高医疗资源利用效率,改善人民群众就医体验。

第十九条 医疗机构应当加强门诊临床危急值管理,制定门诊危急值报告及处理流程,及时、准确报告并通知患者及时就诊,保障患者医疗安全。

第二十条 医疗机构应当制定门诊手术和有创诊疗的目录,认真执行有关医疗质量安全核心制度,严格把握适应证,根据患者病情、手术级别、麻醉方式等,制定具体的术前讨论、手术安全核查、手术部位标识等制度及流程,确保门诊有创诊疗和手术的安全。门诊手术记录内容应当包括手术时间、手术名称、手术级别、术前诊断、术后诊断、手术者及助手姓名、麻醉方式、手术经过、标本去向等。

第二十一条 医疗机构应当加强药事服务能力,落实门诊处方审核及点评制度,为患者提供门诊药物咨询及用药指导服务。

第二十二条 医疗机构应当加强门诊静脉输液治疗管理,严格把握门诊静脉输液治疗指征,控制门诊静脉输液治疗使用率,严密监测并及时处理门诊静脉输液治疗的不良反应。

第二十三条 医疗机构应当加强门诊病历等医疗文书管理,将门诊病历与患者唯一身份标识关联,开展门诊病历点评及质量控制工作,保障门诊病历内容客观、真实、准确、及时、完整、规范。门诊诊断应当区分主要诊断及其他诊断。

第二十四条 医疗机构应当推动门诊电子病历使用。使用门诊电子病历的,应当采用卫生健康行政部门统一的疾病诊断、手术操作编码库,按照《电子病历应用管理规范(试行)》有关规定建立、记录、修改、使用、保存和管理门诊电子病历信息,确保患者诊疗信息完整、连续并可追溯。

第二十五条 医疗机构应当加强门诊传染病预检、分诊、消毒、隔离以及职业防护工作,落实手卫生、环境清洁消毒等标准预防措施。内镜中心(室)、血液透析中心(室)、门诊手术室、口腔科等医院感染高风险部门应当制定并落实医疗机构感染预防与控制相关制度。

第二十六条 医疗机构应当加强门诊就医秩序管理,按照国家有关规定配备适当的安全保卫力量,保障患者和出诊医务人员的安全。同时,提高医疗质量(安全)不良事件报告率,减少和避免诊疗过程中患者和医务人员的意外伤害。

第二十七条 医疗机构应当加强门诊突发事件管理,建立应急预案,按标准配备抢救设备和药品，定期组织培训、演练，加强巡视，及时、妥善处理门诊突发事件。

第二十八条 医疗机构应当依据《医疗卫生机构信息公开管理办法》的规定，坚持合法合规、真实准确、便民实用、及时主动的原则，公开门诊医疗服务项目、流程、常用药品和主要医用耗材的价格等相关信息；加强网站、小程序、公众号等维护，确保发布信息及时准确。

第二十九条 医疗机构应当在门诊开展文字、音频、视频等多种形式的健康宣教，有条件的医疗机构可开展专门健康宣教课程，传递科学、准确、实用的医疗健康信息。

第三十条 医疗机构应当营造安全、舒适、温馨、清洁的就诊环境。门诊布局科学、合理，设施、设备安全，建设无障碍设施，就诊标识清晰、警示醒目。

第三十一条 医疗机构应当按照不少于日均门诊量0.2%的比例配备门诊导医人数或智能引导设备数量，并为行动不便的患者提供就医辅助服务。鼓励医疗机构在门诊提供社工以及志愿者服务。

第三十二条 医疗机构应当建立满意度调查、分析、反馈、改进机制，定期开展门诊患者满意度调查，改善患者就医体验。

第三十三条 医疗机构应当加强门诊投诉管理，公开投诉和医疗纠纷处理途径，做好投诉的接待、分析、反馈和持续改进。

第三十四条 医疗机构发热门诊、肠道门诊、互联网门诊的管理按照卫生健康行政部门相关规定执行。

第三十五条 本规定中的出诊单元是指医务人员一次出诊时所在的半个工作日。

第三十六条 本规定自2022年6月6日起施行。

医疗质量安全告诫谈话制度暂行办法

· 2011年1月7日

· 卫医管发〔2011〕3号

第一条 为加强医疗质量安全管理，有效防范和规范处理医疗质量安全事件，根据《医疗机构管理条例》、《医疗事故处理条例》等制定本办法。

第二条 医疗质量安全告诫谈话（以下简称告诫谈话）的对象是发生重大、特大医疗质量安全事件或者存在严重医疗质量安全隐患的各级各类医疗机构的负责人（以下简称谈话对象）。

第三条 告诫谈话由负责该医疗机构登记、校验的县级以上地方卫生行政部门组织实施。

卫生部可根据需要，对发生重大影响的医疗质量安全事件的医疗机构负责人进行告诫谈话。

第四条 告诫谈话应当一事一告诫。

告诫谈话以个别进行为主，对普遍性问题也可采取会议告诫谈话或集体告诫谈话。

第五条 出现下列情形之一的，卫生行政部门应当在30个工作日内组织告诫谈话：

（一）医疗机构发生重大、特大医疗质量安全事件的；

（二）发现医疗机构存在严重医疗质量安全隐患的。

第六条 组织告诫谈话应当经卫生行政部门主要负责人批准。

第七条 谈话对象接到告诫谈话通知后，应当按照规定和要求接受告诫谈话，不得借故拖延；接受告诫谈话时，应当如实陈述事件经过及调查处理情况，不得捏造或隐瞒事实真相。

第八条 卫生行政部门应当按照以下要求开展告诫谈话工作：

（一）组织相关专家进行必要的调查核实及讨论分析，对医疗质量安全事件进行归因分析，提出医疗质量安全管理改进建议，做好告诫谈话计划安排；

（二）提前5个工作日将告诫谈话时间、地点及拟告诫谈话的主要内容通知谈话对象，并要求谈话对象准备书面说明材料；

（三）卫生行政部门告诫谈话人员（以下简称谈话人）不得少于2人，其中1人为卫生行政部门主要负责人或分管负责人；

（四）参与告诫谈话的工作人员应当认真填写《医疗质量安全告诫谈话登记表》（附件），做好谈话记录，并由谈话对象签字。谈话资料应存档保管。

第九条 告诫谈话按照以下程序进行：

（一）介绍参加告诫谈话的工作人员；

（二）向谈话对象说明谈话原因，指出相关医疗机构存在的主要问题及其严重性和危害性；

（三）听取谈话对象对有关问题的解释说明、已经采取的整改措施及其效果；

（四）对进一步加强医疗质量安全管理提出具体要求，明确整改期限。整改期限一般不超过3个月；

（五）现场填写《医疗质量安全告诫谈话登记表》并签字。

第十条 告诫谈话结束后，谈话对象应当立即组织落实整改意见，并在整改期限届满后5个工作日内向负责谈话的卫生行政部门提交书面整改报告，卫生行政部门应当对整改措施的落实情况及其效果进行监督检查。

第十一条 县级以上卫生行政部门应当在本辖区卫生系统内通报告诫谈话的对象和主要内容，并在告诫谈话结束后10个工作日内报上一级卫生行政部门。

省级卫生行政部门每半年应当将辖区内告诫谈话工作开展情况上报卫生部。

第十二条 谈话对象无故不参加告诫谈话的，卫生行政部门应当予以通报批评，且3年内不得受理其医疗机构等级评审和各项评优申请。

第十三条 医疗机构经告诫谈话后未及时进行整改或整改措施不到位的，负责告诫谈话的卫生行政部门应当予以批评教育并督促改正。

第十四条 负责告诫谈话的卫生行政部门未按照本办法及时进行的，上级卫生行政部门应当责令其限期改正；造成严重后果的，应当依法追究相关人员的责任。

第十五条 本办法自发布之日起实行。

附件：医疗质量安全告诫谈话登记表（略）

医疗质量安全事件报告暂行规定

· 2011年1月14日

· 卫医管发〔2011〕4号

第一章 总 则

第一条 为建立健全医疗质量安全事件报告制度，提高医疗质量安全事件信息报告的质量和效率，指导医疗机构妥善处置医疗质量安全事件，推动持续医疗质量改进，切实保障医疗安全，根据《中华人民共和国执业医师法》、《医疗机构管理条例》和《医疗事故处理条例》等法律、法规，制定本规定。

第二条 医疗质量安全事件是指医疗机构及其医务人员在医疗活动中，由于诊疗过错、医药产品缺陷等原因，造成患者死亡、残疾、器官组织损伤导致功能障碍等明显人身损害的事件。

第三条 卫生部负责全国医疗质量安全事件信息报告管理工作。

县级以上地方卫生行政部门（含中医药管理部门）负责本辖区内医疗质量安全事件信息报告管理工作。

第四条 各级各类医疗机构应当按照本规定报告医疗质量安全事件信息，不得瞒报、漏报、谎报、缓报。

第二章 报告要求

第五条 医疗质量安全事件实行网络在线直报。

卫生部建立全国统一的医疗质量安全事件信息报告系统（以下简称信息系统），信息系统为各级卫生行政部门分别设立相应权限的数据库。

第六条 根据对患者人身造成的损害程度及损害人数，医疗质量安全事件分为三级：

一般医疗质量安全事件：造成2人以下轻度残疾、器官组织损伤导致一般功能障碍或其他人身损害后果。

重大医疗质量安全事件：（一）造成2人以下死亡或中度以上残疾、器官组织损伤导致严重功能障碍；（二）造成3人以上中度以下残疾、器官组织损伤或其他人身损害后果。

特大医疗质量安全事件：造成3人以上死亡或重度残疾。

第七条 医疗机构应当设立或指定部门负责医疗质量安全事件信息报告工作，为医疗质量安全事件信息报告工作提供必要的物质条件支持，并配备专职或兼职工作人员。

第八条 医疗机构应当向核发其《医疗机构执业许可证》的卫生行政部门（以下简称有关卫生行政部门）网络直报医疗质量安全事件或者疑似医疗质量安全事件。

尚不具备网络直报条件的医疗机构应当通过电话、传真等形式，向有关卫生行政部门报告医疗质量安全事件。

医疗质量安全事件的报告时限如下：

一般医疗质量安全事件：医疗机构应当自事件发现之日起15日内，上报有关信息。

重大医疗质量安全事件：医疗机构应当自事件发现之时起12小时内，上报有关信息。

特大医疗质量安全事件：医疗机构应当自事件发现之时起2小时内，上报有关信息。

第九条 医疗质量安全事件实行逢疑必报的原则，医疗机构通过以下途径获知可能为医疗质量安全事件时，应当按照本规定报告：

（一）日常管理中发现医疗质量安全事件的；

（二）患者以医疗损害为由直接向法院起诉的；

（三）患者申请医疗事故技术鉴定或者其他法定鉴定的；

（四）患者以医疗损害为由申请人民调解或其他第三方调解的；

（五）患者投诉医疗损害或其他提示存在医疗质量安全事件的情况。

第十条 医疗机构报告医疗质量安全事件或疑似的医疗质量安全事件后，有关卫生行政部门应当及时进行核对，核对时限要求如下：

一般医疗质量安全事件：有关卫生行政部门应当在5个工作日内进行核对。

重大医疗质量安全事件：有关卫生行政部门应当在12小时内进行核对。

特大医疗质量安全事件：有关卫生行政部门应当在2小时内进行核对。

重大、特大医疗质量安全事件应当分别逐级上报至省级卫生行政部门和卫生部数据库。

第十一条 有关卫生行政部门收到医疗质量安全事件或者疑似医疗质量安全事件的报告并核对后，应当及时进行网络在线直报。

医疗机构和有关卫生行政部门完成初次报告、核对后，应当根据事件处置和发展情况，及时补充、修正相关内容。

第十二条 信息系统通过语音电话、短信、电子邮件等方式对有关卫生行政部门进行提示。收到提示后，有关卫生行政部门应当及时登录系统查看相关信息。

第十三条 各省级卫生行政部门应当在每季度第一周将上一季度本辖区内各级卫生行政部门数据库中的信息进行汇总，并上报至卫生部数据库。

第三章 事件调查处理

第十四条 发生医疗质量安全事件或者疑似医疗质量安全事件的医疗机构应当积极采取措施，避免、减少医疗质量安全事件可能引起的不良后果，同时做好事件调查处理工作，认真查找事件的性质、原因，制定并落实有针对性的改进措施。

第十五条 有关卫生行政部门应当对医疗机构的医疗质量安全事件或者疑似医疗质量安全事件调查处理工作进行指导，必要时可组织专家开展事件的调查处理，并按照规定及时向上级卫生行政部门报告调查处理结果。

第十六条 对于涉及医疗事故争议的医疗质量安全事件，应当按照《医疗事故处理条例》的相关规定处理。

第四章 监督管理

第十七条 各级卫生行政部门应当建立医疗质量安全事件信息管理制度，健全医疗质量安全事件处置预案，督促辖区内医疗机构及时、完整、准确报告医疗质量安全事件信息，及时掌握并妥善处理医疗质量安全事件。

第十八条 各级卫生行政部门应当定期统计分析医疗质量安全事件信息，及时向下级卫生行政部门和医疗机构反馈，加强医疗质量安全管理指导工作。

第十九条 各级卫生行政部门应当将医疗质量安全事件信息报告情况作为重要指标纳入医疗机构等级评审和医院评优的指标体系。

第二十条 二级以上医院应当健全医疗质量管理委员会组织，建立医疗质量安全事件审评制度，针对医疗质量安全事件查找本单位在医疗质量安全管理上存在的漏洞和薄弱环节，切实加以改进，并按照规定报告改进情况。

第二十一条 对于健全医疗质量安全事件报告制度，准确上报医疗质量安全事件信息，调查处理及时，整改有力，医疗质量安全水平有显著提高的医疗机构，各级卫生行政部门可予表扬和奖励。

对瞒报、漏报、谎报、缓报医疗质量安全事件信息或对医疗质量安全事件处置不力，造成严重后果的医疗机构，各级卫生行政部门应当依法处理相关责任人，并予以通报。

第二十二条 卫生行政部门的工作人员违反本规定，利用职务便利收受他人财物或者其他利益，滥用职权，玩忽职守，未及时、认真核对医疗机构上报信息的，或者发现违法行为不予查处，造成严重后果的，依法给予行政处分；构成犯罪的，依法追究刑事责任。

第五章 附 则

第二十三条 本规定所称医疗质量安全事件不包括药品不良反应及预防接种异常反应事件。有关药品不良反应及预防接种异常反应事件报告，按照相关规定执行。

第二十四条 本规定所称卫生行政部门对医疗质量安全事件信息的核对，是指卫生行政部门对医疗质量安全事件信息及时性、完整性的核对，不涉及事件性质、原因、责任等。

第二十五条 本规定由卫生部负责解释。

第二十六条 本规定自2011年4月1日起施行。《重大医疗过失行为和医疗事故报告制度的规定》(卫医发〔2002〕206号)同时废止。

医疗质量控制中心管理规定

·2023年2月22日

·国卫办医政发〔2023〕1号

第一章 总 则

第一条 为加强医疗质量安全管理，完善医疗质量管理与控制体系，规范医疗质量控制中心(以下简称质控中心)的建设与管理，根据《中华人民共和国基本医疗卫生与健康促进法》《医疗机构管理条例》《医疗质量管理办法》等法律法规及规定，制定本规定。

第二条 本规定所称质控中心，是指县级以上卫生健康行政部门为提高医疗质量安全和医疗服务水平，促进医疗质量安全同质化，实现医疗质量安全持续改进，根据管理工作需要组建、委托或者指定的医疗质量控制组织。

第三条 按照组建、委托或者指定质控中心的卫生健康行政部门级别，质控中心分为国家级质控中心、省级质控中心、市(地)级质控中心和县(区)级质控中心(组)。

按照质控中心的专业领域和工作方向，质控中心分为临床类质控中心、医技类质控中心和管理类质控中心等。

第四条 国家卫生健康委负责国家级质控中心的规划、设置、管理和考核。省级以下卫生健康行政部门负责本级质控中心的规划和相关管理工作。

第五条 质控中心的设置应当以医疗质量安全管理工作实际需要为基础，同一专业领域和工作方向原则上只设定一个本级质控中心。

第六条 省级卫生健康行政部门应当参照国家级质控中心设置情况，设立相应省级质控中心或指定现有省级质控中心对接工作。

第七条 省级以下卫生健康行政部门应当每年度将本级质控中心设置和调整情况向上一级卫生健康行政部门备案，并向社会公布。

第二章 职责和产生机制

第八条 国家级质控中心在国家卫生健康委领导下开展以下工作：

(一)分析本专业领域国内外医疗质量安全现状，研究制订我国医疗质量安全管理与控制的规划、方案和具体措施。

(二)拟订本专业质控指标、标准和质量安全管理要求，提出质量安全改进目标及综合策略，并组织开展本专业领域质控培训工作。

(三)收集、分析医疗质量安全数据，定期发布质控信息，编写年度本专业医疗服务与质量安全报告。

(四)加强本专业领域质量安全管理人才队伍建设，落实医疗质量安全管理与控制工作要求。

(五)组建全国相应的专业质控网络，指导省级以下质控中心和医疗机构开展医疗质量安全管理与控制工作。

(六)承担国家卫生健康委交办的其他工作任务。

第九条 省级以下质控中心在本级卫生健康行政部门领导下，参照国家级质控中心职责，对医疗质量安全管理要求和措施进行细化并组织实施，承担卫生健康行政部门交办的其他工作。

第十条 国家级质控中心的设置按照以下流程进行：

（一）国家卫生健康委根据工作需要提出设置规划，明确专业领域和工作方向，并提出拟承担相关专业质控中心工作的单位所需的条件。

（二）拟承担相关专业质控中心工作的单位应当首先向所在省级卫生健康行政部门提出申请，省级卫生健康行政部门对本辖区申请单位进行初步遴选后，向国家卫生健康委推荐不超过1家备选单位。

国家卫生健康委有关直属单位可以直接向国家卫生健康委提出申请。

（三）国家卫生健康委根据各省份推荐情况和直属单位申请情况进行初步遴选，确定不超过5家单位进入竞选答辩，并按照相应公示制度进行公示。

（四）国家卫生健康委组织竞选答辩，并根据竞选答辩情况，确定承担质控中心工作的单位（以下简称质控中心挂靠单位）和质控中心负责人。

（五）首次成立或更换挂靠单位的国家级质控中心设1年筹建期，筹建期满验收合格后正式确定。

省级以下质控中心的设置流程由本级卫生健康行政部门确定。

第十一条 国家级质控中心挂靠单位应当具备下列基本条件：

（一）具备开展质控工作所需的办公场所、设备、设施及专职人员，并保障开展质控工作所需的经费。

（二）申请临床专业质控中心的原则上应当为三级甲等医院，具备完善的医疗质量安全管理与控制体系和良好的质量管理成效。

（三）所申请专业综合实力较强，在全国具有明显优势和影响力，学科带头人有较高学术地位和威望。

（四）三年内未发生严重违法违规和重大医疗质量安全事件。

（五）能够承担国家卫生健康委交办的质控工作任务。

省级以下质控中心挂靠单位的条件由本级卫生健康行政部门确定。

第十二条 申请作为质控中心挂靠单位的机构或组织应当向相应的卫生健康行政部门提交以下材料：

（一）本单位基本情况。

（二）本单位在医疗质量安全管理领域开展的工作和取得的成效。

（三）拟申请专业领域的人员结构、技术能力、学术地位和设备设施条件。

（四）拟推荐作为质控中心负责人的资质条件，拟为质控中心准备的专（兼）职人员数量、办公场所、设备、设施和经费情况。

（五）拟申请专业领域的质控工作思路与计划。

第十三条 答辩评委专家组由熟悉掌握国家医疗质量安全管理制度和工作情况，具有良好的职业品德、专业知识和业务能力的临床、管理等专业人员组成。

专家参加答辩评委专家组工作实行回避制度和责任追究制度。

第三章 运行和监督管理

第十四条 各级卫生健康行政部门应当为本级质控中心开展工作提供必要的支持。医疗机构应当积极配合各级质控中心在辖区内依法依规开展质控工作。

第十五条 质控中心挂靠单位应当为质控中心开展工作提供保障，包括必要的办公场所、设备、设施、人员和经费等。

第十六条 质控中心应当根据实际情况建立工作例会、专家管理、经费管理、信息安全、考核评价等管理制度并组织实施。

第十七条 每个质控中心设负责人1名，负责质控中心全面工作。国家级质控中心应当确定至少1名专职秘书负责日常工作。

第十八条 质控中心负责人由挂靠单位推荐并报请本级卫生健康行政部门审定同意后确定；原则上由挂靠单位正式在职工作人员担任，并符合下列条件：

（一）具有较好的职业品德和行业责任感，为人正直，秉公办事，乐于奉献。

（二）具有较强的业务能力，热心医疗质量安全管理工作，熟悉、掌握有关法律、法规、规章和医疗质量安全管理专业知识。

（三）具有较强的组织协调能力，在本中心质控区域和本专业领域有较高学术地位和威望。

（四）具有良好的身体状态和充裕的工作时间，能够胜任质控中心负责人工作。

（五）卫生健康行政部门规定的其他条件。

第十九条 质控中心负责人履职期间因故不能继续履职的，由挂靠单位在1个月内重新推荐人选，并报请本级卫生健康行政部门审定同意后确定。

第二十条 国家和省级质控中心应当成立专家委员会，市（地）级和县（区）级质控中心可以成立专家组，为本中心质控工作提供技术支撑并落实具体工作。

第二十一条 各质控中心专家委员会（组）设置应当符合实际工作需要和下列要求：

（一）每个质控中心只设立1个专家委员会。国家级质控中心专家委员会委员数量不超过25名，其中本中心挂靠单位委员数量不超过4名。

（二）专家委员会设1名主任委员，由质控中心负责人担任；可以设置不超过2名副主任委员，其中至少1名由非本中心挂靠单位专家担任。原则上不设名誉主任、顾问等荣誉职位。

（三）国家级质控中心专家委员会名单由质控中心挂靠单位推荐，报国家卫生健康委审核同意后确定。

省级以下质控中心专家委员会（组）具体设置办法由本级卫生健康行政部门确定。

第二十二条 国家级质控中心专家委员会任期为4年。委员任期内因故不能继续履职的，不进行增补。

第二十三条 国家级质控中心可以根据工作需要成立亚专业质控专家组，亚专业质控专家组设置安排应当报国家卫生健康委审核同意后确定。

亚专业质控专家组组长应当同时为专家委员会委员。专家组名单由质控中心挂靠单位确定，报国家卫生健康委备案。

第二十四条 各级质控中心应当定期召开本中心专家委员会（组）、亚专业质控专家组工作会议，讨论本专业质控工作计划、技术方案和重要事项，落实质控中心工作任务；定期召集本专业下一级质控中心负责人召开会议，部署质控工作安排，交流质控工作经验。

第二十五条 各级质控中心应当制定本专业质控工作规划和年度工作计划并组织实施，按要求及时向本级卫生健康行政部门和上级本专业质控中心上报年度工作计划和工作总结。工作计划应当遵循可操作、易量化的原则制定，相关具体工作任务应当明确完成时限。

质控中心开展年度工作计划之外的重要活动与安排应当提前向卫生健康行政部门报告。

第二十六条 质控中心工作经费应当实行预算管理，严格按照预算计划支出，专款专用。质控中心工作经费纳入挂靠单位财务部门统一管理，严格执行挂靠单位财务管理要求。质控中心应当遵守相关财务规定，确保经费规范管理和使用。

第二十七条 质控中心应当积极利用信息化手段加强质控工作，使用符合国家网络和数据安全规定的信息系统收集、存储、分析数据，按照国家有关规定制定并落实网络和数据安全管理相关制度，保障网络和数据安全。

第二十八条 质控中心应当在规定范围内使用数据资源。使用医疗质量安全数据资源发表文章、著作等成果，应当注明数据来源，并使用质控中心作为第一单位。

第二十九条 国家级质控中心以质控中心名义印制文件的，按照国家卫生健康委相关规定执行。省级以下质控中心以质控中心名义印制文件的，按照本级卫生健康行政部门相关规定执行。

第三十条 质控中心应当严格按照以下规定开展工作，强化自我管理：

（一）未经本级卫生健康行政部门同意，不得以质控中心名义开展与质控工作无关的活动。

（二）不得以质控中心名义委托或以合作形式违规变相委托其他单位和个人开展质控活动。

（三）不得以质控中心名义违规使用企业赞助的经费开展工作。

（四）不得以质控中心名义违规主办或者参与向任何单位、个人收费的营利性活动。

（五）不得违规刻制印章、违规以质控中心名义印制红头文件。

（六）不得以质控中心名义违规颁发各类证书或者专家聘书。

（七）不得违规将医疗质量安全数据资源用于与质控工作无关的其他研究，或利用医疗质量安全数据资源进行营利性、违反法律法规的活动。

第三十一条 专家委员会（组）、亚专业专家组成员以及质控中心相关工作人员应当严格遵守法律法规和质控工作有关规定，不得以专家委员和质控中心工作人员名义违规举办和参加营利性活动,不得借助质控工作违规谋取私利。

第三十二条 各级质控中心应当加强对本中心专家委员和工作人员的日常管理与考核,发现违规行为应当立即纠正并在职责范围内按照有关规定处理。

第三十三条 各级卫生健康行政部门应当建立本级质控中心监督管理和动态调整机制,对质控中心实施动态管理和调整。

第三十四条 国家卫生健康委对国家级质控中心建立年度考核制度;考核结果分为优秀、良好、合格和不合格4个等次。

省级以下质控中心的考核工作由本级卫生健康行政部门统筹管理。

第三十五条 国家卫生健康委根据年度考核结果,按照4年一个管理周期对国家级质控中心挂靠单位进行动态管理:

(一)对符合下列条件之一的质控中心,挂靠单位不做调整:

1. 管理周期内4次年度考核结果均为良好及以上等次的;

2. 管理周期内2次年度考核结果为优秀,且未出现不合格的。

(二)管理周期内发生2次年度考核不合格的,立即解除挂靠关系并重新遴选质控中心挂靠单位;原挂靠单位不参与本轮遴选。

(三)挂靠届满按照本规定重新遴选质控中心挂靠单位的,原挂靠单位可以参与遴选。

第三十六条 质控中心出现本规定第三十条规定相关情形且情节严重的,立即解除挂靠关系并重新遴选质控中心挂靠单位;原挂靠单位不参与本轮遴选,且4年内不得申请作为新成立其他专业质控中心的挂靠单位。

第三十七条 专家委员会(组)及亚专业专家组调整周期为4年。质控中心解除挂靠关系后,专家委员会(组)及亚专业专家组同时解散。

第三十八条 专家委员会(组)及亚专业专家组专家出现第三十一条规定相关情形且情节严重的,或长期不承担质控中心安排的工作任务的,应当及时调出专家委员会(组)及亚专业专家组。

质控中心工作人员出现第三十一条规定相关情形且情节严重的,由挂靠单位依法依规予以处理。

第三十九条 质控工作相关资料由质控中心妥善保存,纸质资料须转换成电子版进行保存。质控中心挂靠单位变更时,原挂靠单位应当封存质控工作相关纸质资料和电子版资料,并按照卫生健康行政部门规定的时限,将电子版资料副本以及质控管理网络、信息化平台、管理权限和质控数据等一并转交新挂靠单位,确保本专业质控工作有序、无缝衔接。

第四章 附 则

第四十条 省级以下卫生健康行政部门可以根据本规定和本辖区质控工作需要,制定辖区内质控中心管理办法。

第四十一条 本规定由国家卫生健康委负责解释。

第四十二条 本规定自印发之日起施行。

2. 医院感染管理

医疗废物管理条例

· 2003年6月16日中华人民共和国国务院令第380号公布

· 根据2011年1月8日《国务院关于废止和修改部分行政法规的决定》修订

第一章 总 则

第一条 为了加强医疗废物的安全管理,防止疾病传播,保护环境,保障人体健康,根据《中华人民共和国传染病防治法》和《中华人民共和国固体废物污染环境防治法》,制定本条例。

第二条 本条例所称医疗废物,是指医疗卫生机构在医疗、预防、保健以及其他相关活动中产生的具有直接或者间接感染性、毒性以及其他危害性的废物。

医疗废物分类目录,由国务院卫生行政主管部门和环境保护行政主管部门共同制定、公布。

第三条 本条例适用于医疗废物的收集、运送、贮存、处置以及监督管理等活动。

医疗卫生机构收治的传染病病人或者疑似传染病病人产生的生活垃圾,按照医疗废物进行管理和处置。

医疗卫生机构废弃的麻醉、精神、放射性、毒性等药品及其相关的废物的管理，依照有关法律、行政法规和国家有关规定、标准执行。

第四条 国家推行医疗废物集中无害化处置，鼓励有关医疗废物安全处置技术的研究与开发。

县级以上地方人民政府负责组织建设医疗废物集中处置设施。

国家对边远贫困地区建设医疗废物集中处置设施给予适当的支持。

第五条 县级以上各级人民政府卫生行政主管部门，对医疗废物收集、运送、贮存、处置活动中的疾病防治工作实施统一监督管理；环境保护行政主管部门，对医疗废物收集、运送、贮存、处置活动中的环境污染防治工作实施统一监督管理。

县级以上各级人民政府其他有关部门在各自的职责范围内负责与医疗废物处置有关的监督管理工作。

第六条 任何单位和个人有权对医疗卫生机构、医疗废物集中处置单位和监督管理部门及其工作人员的违法行为进行举报、投诉、检举和控告。

第二章 医疗废物管理的一般规定

第七条 医疗卫生机构和医疗废物集中处置单位，应当建立、健全医疗废物管理责任制，其法定代表人为第一责任人，切实履行职责，防止因医疗废物导致传染病传播和环境污染事故。

第八条 医疗卫生机构和医疗废物集中处置单位，应当制定与医疗废物安全处置有关的规章制度和在发生意外事故时的应急方案；设置监控部门或者专（兼）职人员，负责检查、督促、落实本单位医疗废物的管理工作，防止违反本条例的行为发生。

第九条 医疗卫生机构和医疗废物集中处置单位，应当对本单位从事医疗废物收集、运送、贮存、处置等工作的人员和管理人员，进行相关法律和专业技术、安全防护以及紧急处理等知识的培训。

第十条 医疗卫生机构和医疗废物集中处置单位，应当采取有效的职业卫生防护措施，为从事医疗废物收集、运送、贮存、处置等工作的人员和管理人员，配备必要的防护用品，定期进行健康检查；必要时，对有关人员进行免疫接种，防止其受到健康损害。

第十一条 医疗卫生机构和医疗废物集中处置单位，应当依照《中华人民共和国固体废物污染环境防治法》的规定，执行危险废物转移联单管理制度。

第十二条 医疗卫生机构和医疗废物集中处置单位，应当对医疗废物进行登记，登记内容应当包括医疗废物的来源、种类、重量或者数量、交接时间、处置方法、最终去向以及经办人签名等项目。登记资料至少保存3年。

第十三条 医疗卫生机构和医疗废物集中处置单位，应当采取有效措施，防止医疗废物流失、泄漏、扩散。

发生医疗废物流失、泄漏、扩散时，医疗卫生机构和医疗废物集中处置单位应当采取减少危害的紧急处理措施，对致病人员提供医疗救护和现场救援；同时向所在地的县级人民政府卫生行政主管部门、环境保护行政主管部门报告，并向可能受到危害的单位和居民通报。

第十四条 禁止任何单位和个人转让、买卖医疗废物。

禁止在运送过程中丢弃医疗废物；禁止在非贮存地点倾倒、堆放医疗废物或者将医疗废物混入其他废物和生活垃圾。

第十五条 禁止邮寄医疗废物。

禁止通过铁路、航空运输医疗废物。

有陆路通道的，禁止通过水路运输医疗废物；没有陆路通道必需经水路运输医疗废物的，应当经设区的市级以上人民政府环境保护行政主管部门批准，并采取严格的环境保护措施后，方可通过水路运输。

禁止将医疗废物与旅客在同一运输工具上载运。

禁止在饮用水源保护区的水体上运输医疗废物。

第三章 医疗卫生机构对医疗废物的管理

第十六条 医疗卫生机构应当及时收集本单位产生的医疗废物，并按照类别分置于防渗漏、防锐器穿透的专用包装物或者密闭的容器内。

医疗废物专用包装物、容器，应当有明显的警示标识和警示说明。

医疗废物专用包装物、容器的标准和警示标识的规定,由国务院卫生行政主管部门和环境保护行政主管部门共同制定。

第十七条 医疗卫生机构应当建立医疗废物的暂时贮存设施、设备,不得露天存放医疗废物;医疗废物暂时贮存的时间不得超过2天。

医疗废物的暂时贮存设施、设备,应当远离医疗区、食品加工区和人员活动区以及生活垃圾存放场所,并设置明显的警示标识和防渗漏、防鼠、防蚊蝇、防蟑螂、防盗以及预防儿童接触等安全措施。

医疗废物的暂时贮存设施、设备应当定期消毒和清洁。

第十八条 医疗卫生机构应当使用防渗漏、防遗撒的专用运送工具,按照本单位确定的内部医疗废物运送时间、路线,将医疗废物收集、运送至暂时贮存地点。

运送工具使用后应当在医疗卫生机构内指定的地点及时消毒和清洁。

第十九条 医疗卫生机构应当根据就近集中处置的原则,及时将医疗废物交由医疗废物集中处置单位处置。

医疗废物中病原体的培养基、标本和菌种、毒种保存液等高危险废物,在交医疗废物集中处置单位处置前应当就地消毒。

第二十条 医疗卫生机构产生的污水、传染病病人或者疑似传染病病人的排泄物,应当按照国家规定严格消毒;达到国家规定的排放标准后,方可排入污水处理系统。

第二十一条 不具备集中处置医疗废物条件的农村,医疗卫生机构应当按照县级人民政府卫生行政主管部门、环境保护行政主管部门的要求,自行就地处置其产生的医疗废物。自行处置医疗废物的,应当符合下列基本要求:

(一)使用后的一次性医疗器具和容易致人损伤的医疗废物,应当消毒并作毁形处理;

(二)能够焚烧的,应当及时焚烧;

(三)不能焚烧的,消毒后集中填埋。

第四章 医疗废物的集中处置

第二十二条 从事医疗废物集中处置活动的单位,应当向县级以上人民政府环境保护行政主管部门申请领取经营许可证;未取得经营许可证的单位,不得从事有关医疗废物集中处置的活动。

第二十三条 医疗废物集中处置单位,应当符合下列条件:

(一)具有符合环境保护和卫生要求的医疗废物贮存、处置设施或者设备;

(二)具有经过培训的技术人员以及相应的技术工人;

(三)具有负责医疗废物处置效果检测、评价工作的机构和人员;

(四)具有保证医疗废物安全处置的规章制度。

第二十四条 医疗废物集中处置单位的贮存、处置设施,应当远离居(村)民居住区、水源保护区和交通干道,与工厂、企业等工作场所有适当的安全防护距离,并符合国务院环境保护行政主管部门的规定。

第二十五条 医疗废物集中处置单位应当至少每2天到医疗卫生机构收集、运送一次医疗废物,并负责医疗废物的贮存、处置。

第二十六条 医疗废物集中处置单位运送医疗废物,应当遵守国家有关危险货物运输管理的规定,使用有明显医疗废物标识的专用车辆。医疗废物专用车辆应当达到防渗漏、防遗撒以及其他环境保护和卫生要求。

运送医疗废物的专用车辆使用后,应当在医疗废物集中处置场所内及时进行消毒和清洁。

运送医疗废物的专用车辆不得运送其他物品。

第二十七条 医疗废物集中处置单位在运送医疗废物过程中应当确保安全,不得丢弃、遗撒医疗废物。

第二十八条 医疗废物集中处置单位应当安装污染物排放在线监控装置,并确保监控装置经常处于正常运行状态。

第二十九条 医疗废物集中处置单位处置医疗废物,应当符合国家规定的环境保护、卫生标准、规范。

第三十条 医疗废物集中处置单位应当按照环境保护行政主管部门和卫生行政主管部门的规定,定期对医疗废物处置设施的环境污染防治和卫生学效果进行检测、评价。检测、评价结果存入医疗废物集中处置单位档案,每半年向所在地环境保护行政主管部门和卫生行政主管部门报告一次。

第三十一条 医疗废物集中处置单位处置医疗废物，按照国家有关规定向医疗卫生机构收取医疗废物处置费用。

医疗卫生机构按照规定支付的医疗废物处置费用，可以纳入医疗成本。

第三十二条 各地区应当利用和改造现有固体废物处置设施和其他设施，对医疗废物集中处置，并达到基本的环境保护和卫生要求。

第三十三条 尚无集中处置设施或者处置能力不足的城市，自本条例施行之日起，设区的市级以上城市应当在1年内建成医疗废物集中处置设施；县级市应当在2年内建成医疗废物集中处置设施。县(旗)医疗废物集中处置设施的建设，由省、自治区、直辖市人民政府规定。

在尚未建成医疗废物集中处置设施期间，有关地方人民政府应当组织制定符合环境保护和卫生要求的医疗废物过渡性处置方案，确定医疗废物收集、运送、处置方式和处置单位。

第五章 监督管理

第三十四条 县级以上地方人民政府卫生行政主管部门、环境保护行政主管部门，应当依照本条例的规定，按照职责分工，对医疗卫生机构和医疗废物集中处置单位进行监督检查。

第三十五条 县级以上地方人民政府卫生行政主管部门，应当对医疗卫生机构和医疗废物集中处置单位从事医疗废物的收集、运送、贮存、处置中的疾病防治工作，以及工作人员的卫生防护等情况进行定期监督检查或者不定期的抽查。

第三十六条 县级以上地方人民政府环境保护行政主管部门，应当对医疗卫生机构和医疗废物集中处置单位从事医疗废物收集、运送、贮存、处置中的环境污染防治工作进行定期监督检查或者不定期的抽查。

第三十七条 卫生行政主管部门、环境保护行政主管部门应当定期交换监督检查和抽查结果。在监督检查或者抽查中发现医疗卫生机构和医疗废物集中处置单位存在隐患时，应当责令立即消除隐患。

第三十八条 卫生行政主管部门、环境保护行政主管部门接到对医疗卫生机构、医疗废物集中处置单位和监督管理部门及其工作人员违反本条例行为的举报、投诉、检举和控告后，应当及时核实，依法作出处理，并将处理结果予以公布。

第三十九条 卫生行政主管部门、环境保护行政主管部门履行监督检查职责时，有权采取下列措施：

(一)对有关单位进行实地检查，了解情况，现场监测，调查取证；

(二)查阅或者复制医疗废物管理的有关资料，采集样品；

(三)责令违反本条例规定的单位和个人停止违法行为；

(四)查封或者暂扣涉嫌违反本条例规定的场所、设备、运输工具和物品；

(五)对违反本条例规定的行为进行查处。

第四十条 发生因医疗废物管理不当导致传染病传播或者环境污染事故，或者有证据证明传染病传播或者环境污染的事故有可能发生时，卫生行政主管部门、环境保护行政主管部门应当采取临时控制措施，疏散人员，控制现场，并根据需要责令暂停导致或者可能导致传染病传播或者环境污染事故的作业。

第四十一条 医疗卫生机构和医疗废物集中处置单位，对有关部门的检查、监测、调查取证，应当予以配合，不得拒绝和阻碍，不得提供虚假材料。

第六章 法律责任

第四十二条 县级以上地方人民政府未依照本条例的规定，组织建设医疗废物集中处置设施或者组织制定医疗废物过渡性处置方案的，由上级人民政府通报批评，责令限期建成医疗废物集中处置设施或者组织制定医疗废物过渡性处置方案；并可以对政府主要领导人、负有责任的主管人员，依法给予行政处分。

第四十三条 县级以上各级人民政府卫生行政主管部门、环境保护行政主管部门或者其他有关部门，未按照本条例的规定履行监督检查职责，发现医疗卫生机构和医疗废物集中处置单位的违法行为不及时处理，发生或者可能发生传染病传播或者环境污染事故时未及时采取减少危害措施，以及有其他玩忽职守、失职、渎职行为的，由本级人民政府或者上级人民政府有关部门责令改正，通报批评；造成传染病传播或者环境污染事故的，对主要负责人、负有责任的主管人员和其他直接责任人员依法给予降级、撤职、开除的行政处分;构成犯罪的,依法追究刑事责任。

第四十四条 县级以上人民政府环境保护行政主管部门,违反本条例的规定发给医疗废物集中处置单位经营许可证的,由本级人民政府或者上级人民政府环境保护行政主管部门通报批评,责令收回违法发给的证书;并可以对主要负责人、负有责任的主管人员和其他直接责任人员依法给予行政处分。

第四十五条 医疗卫生机构、医疗废物集中处置单位违反本条例规定,有下列情形之一的,由县级以上地方人民政府卫生行政主管部门或者环境保护行政主管部门按照各自的职责责令限期改正,给予警告;逾期不改正的,处2000元以上5000元以下的罚款:

(一)未建立、健全医疗废物管理制度,或者未设置监控部门或者专(兼)职人员的;

(二)未对有关人员进行相关法律和专业技术、安全防护以及紧急处理等知识的培训的;

(三)未对从事医疗废物收集、运送、贮存、处置等工作的人员和管理人员采取职业卫生防护措施的;

(四)未对医疗废物进行登记或者未保存登记资料的;

(五)对使用后的医疗废物运送工具或者运送车辆未在指定地点及时进行消毒和清洁的;

(六)未及时收集、运送医疗废物的;

(七)未定期对医疗废物处置设施的环境污染防治和卫生学效果进行检测、评价,或者未将检测、评价效果存档、报告的。

第四十六条 医疗卫生机构、医疗废物集中处置单位违反本条例规定,有下列情形之一的,由县级以上地方人民政府卫生行政主管部门或者环境保护行政主管部门按照各自的职责责令限期改正,给予警告,可以并处5000元以下的罚款;逾期不改正的,处5000元以上3万元以下的罚款:

(一)贮存设施或者设备不符合环境保护、卫生要求的;

(二)未将医疗废物按照类别分置于专用包装物或者容器的;

(三)未使用符合标准的专用车辆运送医疗废物或者使用运送医疗废物的车辆运送其他物品的;

(四)未安装污染物排放在线监控装置或者监控装置未经常处于正常运行状态的。

第四十七条 医疗卫生机构、医疗废物集中处置单位有下列情形之一的,由县级以上地方人民政府卫生行政主管部门或者环境保护行政主管部门按照各自的职责责令限期改正,给予警告,并处5000元以上1万元以下的罚款;逾期不改正的,处1万元以上3万元以下的罚款;造成传染病传播或者环境污染事故的,由原发证部门暂扣或者吊销执业许可证件或者经营许可证件;构成犯罪的,依法追究刑事责任:

(一)在运送过程中丢弃医疗废物,在非贮存地点倾倒、堆放医疗废物或者将医疗废物混入其他废物和生活垃圾的;

(二)未执行危险废物转移联单管理制度的;

(三)将医疗废物交给未取得经营许可证的单位或者个人收集、运送、贮存、处置的;

(四)对医疗废物的处置不符合国家规定的环境保护、卫生标准、规范的;

(五)未按照本条例的规定对污水、传染病病人或者疑似传染病病人的排泄物,进行严格消毒,或者未达到国家规定的排放标准,排入污水处理系统的;

(六)对收治的传染病病人或者疑似传染病病人产生的生活垃圾,未按照医疗废物进行管理和处置的。

第四十八条 医疗卫生机构违反本条例规定,将未达到国家规定标准的污水、传染病病人或者疑似传染病病人的排泄物排入城市排水管网的,由县级以上地方人民政府建设行政主管部门责令限期改正,给予警告,并处5000元以上1万元以下的罚款;逾期不改正的,处1万元以上3万元以下的罚款;造成传染病传播或者环境污染事故的,由原发证部门暂扣或者吊销执业许可证件;构成犯罪的,依法追究刑事责任。

第四十九条 医疗卫生机构、医疗废物集中处置单位发生医疗废物流失、泄漏、扩散时,未采取紧急处理措施,或者未及时向卫生行政主管部门和环境保护行政主管部门报告的,由县级以上地方人民政府卫生行政主管部门或者环境保护行政主管部门按照各自的职责责令改正,给予警告,并处1万元以上3万元以下的罚款;造成传染病传播或者环境污染事故的,由原发证部门暂扣或者吊销执业许可证件或者经营许可证件；构成犯罪的，依法追究刑事责任。

第五十条 医疗卫生机构、医疗废物集中处置单位，无正当理由，阻碍卫生行政主管部门或者环境保护行政主管部门执法人员执行职务，拒绝执法人员进入现场，或者不配合执法部门的检查、监测、调查取证的，由县级以上地方人民政府卫生行政主管部门或者环境保护行政主管部门按照各自的职责责令改正，给予警告；拒不改正的，由原发证部门暂扣或者吊销执业许可证件或者经营许可证件；触犯《中华人民共和国治安管理处罚法》，构成违反治安管理行为的，由公安机关依法予以处罚；构成犯罪的，依法追究刑事责任。

第五十一条 不具备集中处置医疗废物条件的农村，医疗卫生机构未按照本条例的要求处置医疗废物的，由县级人民政府卫生行政主管部门或者环境保护行政主管部门按照各自的职责责令限期改正，给予警告；逾期不改正的，处1000元以上5000元以下的罚款；造成传染病传播或者环境污染事故的，由原发证部门暂扣或者吊销执业许可证件；构成犯罪的，依法追究刑事责任。

第五十二条 未取得经营许可证从事医疗废物的收集、运送、贮存、处置等活动的，由县级以上地方人民政府环境保护行政主管部门责令立即停止违法行为，没收违法所得，可以并处违法所得1倍以下的罚款。

第五十三条 转让、买卖医疗废物，邮寄或者通过铁路、航空运输医疗废物，或者违反本条例规定通过水路运输医疗废物的，由县级以上地方人民政府环境保护行政主管部门责令转让、买卖双方、邮寄人、托运人立即停止违法行为，给予警告，没收违法所得；违法所得5000元以上的，并处违法所得2倍以上5倍以下的罚款；没有违法所得或者违法所得不足5000元的，并处5000元以上2万元以下的罚款。

承运人明知托运人违反本条例的规定运输医疗废物，仍予以运输的，或者承运人将医疗废物与旅客在同一工具上载运的，按照前款的规定予以处罚。

第五十四条 医疗卫生机构、医疗废物集中处置单位违反本条例规定，导致传染病传播或者发生环境污染事故，给他人造成损害的，依法承担民事赔偿责任。

第七章 附 则

第五十五条 计划生育技术服务、医学科研、教学、尸体检查和其他相关活动中产生的具有直接或者间接感染性、毒性以及其他危害性废物的管理，依照本条例执行。

第五十六条 军队医疗卫生机构医疗废物的管理由中国人民解放军卫生主管部门参照本条例制定管理办法。

第五十七条 本条例自公布之日起施行。

放射性废物安全管理条例

·2011年12月20日中华人民共和国国务院令第612号公布

·自2012年3月1日起施行

第一章 总 则

第一条 为了加强对放射性废物的安全管理，保护环境，保障人体健康，根据《中华人民共和国放射性污染防治法》，制定本条例。

第二条 本条例所称放射性废物，是指含有放射性核素或者被放射性核素污染，其放射性核素浓度或者比活度大于国家确定的清洁解控水平，预期不再使用的废弃物。

第三条 放射性废物的处理、贮存和处置及其监督管理等活动，适用本条例。

本条例所称处理，是指为了能够安全和经济地运输、贮存、处置放射性废物，通过净化、浓缩、固化、压缩和包装等手段，改变放射性废物的属性、形态和体积的活动。

本条例所称贮存，是指将废旧放射源和其他放射性固体废物临时放置于专门建造的设施内进行保管的活动。

本条例所称处置，是指将废旧放射源和其他放射性固体废物最终放置于专门建造的设施内并不再回取的活动。

第四条 放射性废物的安全管理，应当坚持减量化、无害化和妥善处置、永久安全的原则。

第五条 国务院环境保护主管部门统一负责全国放射性废物的安全监督管理工作。

国务院核工业行业主管部门和其他有关部

门，依照本条例的规定和各自的职责负责放射性废物的有关管理工作。

县级以上地方人民政府环境保护主管部门和其他有关部门依照本条例的规定和各自的职责负责本行政区域放射性废物的有关管理工作。

第六条 国家对放射性废物实行分类管理。

根据放射性废物的特性及其对人体健康和环境的潜在危害程度，将放射性废物分为高水平放射性废物、中水平放射性废物和低水平放射性废物。

第七条 放射性废物的处理、贮存和处置活动，应当遵守国家有关放射性污染防治标准和国务院环境保护主管部门的规定。

第八条 国务院环境保护主管部门会同国务院核工业行业主管部门和其他有关部门建立全国放射性废物管理信息系统，实现信息共享。

国家鼓励、支持放射性废物安全管理的科学研究和技术开发利用，推广先进的放射性废物安全管理技术。

第九条 任何单位和个人对违反本条例规定的行为，有权向县级以上人民政府环境保护主管部门或者其他有关部门举报。接到举报的部门应当及时调查处理，并为举报人保密；经调查情况属实的，对举报人给予奖励。

第二章 放射性废物的处理和贮存

第十条 核设施营运单位应当将其产生的不能回收利用并不能返回原生产单位或者出口方的废旧放射源（以下简称废旧放射源），送交取得相应许可证的放射性固体废物贮存单位集中贮存，或者直接送交取得相应许可证的放射性固体废物处置单位处置。

核设施营运单位应当对其产生的除废旧放射源以外的放射性固体废物和不能经净化排放的放射性废液进行处理，使其转变为稳定的、标准化的固体废物后自行贮存，并及时送交取得相应许可证的放射性固体废物处置单位处置。

第十一条 核技术利用单位应当对其产生的不能经净化排放的放射性废液进行处理，转变为放射性固体废物。

核技术利用单位应当及时将其产生的废旧放射源和其他放射性固体废物，送交取得相应许可证的放射性固体废物贮存单位集中贮存，或者直接送交取得相应许可证的放射性固体废物处置单位处置。

第十二条 专门从事放射性固体废物贮存活动的单位，应当符合下列条件，并依照本条例的规定申请领取放射性固体废物贮存许可证：

（一）有法人资格；

（二）有能保证贮存设施安全运行的组织机构和3名以上放射性废物管理、辐射防护、环境监测方面的专业技术人员，其中至少有1名注册核安全工程师；

（三）有符合国家有关放射性污染防治标准和国务院环境保护主管部门规定的放射性固体废物接收、贮存设施和场所，以及放射性检测、辐射防护与环境监测设备；

（四）有健全的管理制度以及符合核安全监督管理要求的质量保证体系，包括质量保证大纲、贮存设施运行监测计划、辐射环境监测计划和应急方案等。

核设施营运单位利用与核设施配套建设的贮存设施，贮存本单位产生的放射性固体废物的，不需要申请领取贮存许可证；贮存其他单位产生的放射性固体废物的，应当依照本条例的规定申请领取贮存许可证。

第十三条 申请领取放射性固体废物贮存许可证的单位，应当向国务院环境保护主管部门提出书面申请，并提交其符合本条例第十二条规定条件的证明材料。

国务院环境保护主管部门应当自受理申请之日起20个工作日内完成审查，对符合条件的颁发许可证，予以公告；对不符合条件的，书面通知申请单位并说明理由。

国务院环境保护主管部门在审查过程中，应当组织专家进行技术评审，并征求国务院其他有关部门的意见。技术评审所需时间应当书面告知申请单位。

第十四条 放射性固体废物贮存许可证应当载明下列内容：

（一）单位的名称、地址和法定代表人；

（二）准予从事的活动种类、范围和规模；

（三）有效期限；

（四）发证机关、发证日期和证书编号。

第十五条 放射性固体废物贮存单位变更单位名称、地址、法定代表人的，应当自变更登记之日起 20 日内，向国务院环境保护主管部门申请办理许可证变更手续。

放射性固体废物贮存单位需要变更许可证规定的活动种类、范围和规模的，应当按照原申请程序向国务院环境保护主管部门重新申请领取许可证。

第十六条 放射性固体废物贮存许可证的有效期为 10 年。

许可证有效期届满，放射性固体废物贮存单位需要继续从事贮存活动的，应当于许可证有效期届满 90 日前，向国务院环境保护主管部门提出延续申请。

国务院环境保护主管部门应当在许可证有效期届满前完成审查，对符合条件的准予延续；对不符合条件的，书面通知申请单位并说明理由。

第十七条 放射性固体废物贮存单位应当按照国家有关放射性污染防治标准和国务院环境保护主管部门的规定，对其接收的废旧放射源和其他放射性固体废物进行分类存放和清理，及时予以清洁解控或者送交取得相应许可证的放射性固体废物处置单位处置。

放射性固体废物贮存单位应当建立放射性固体废物贮存情况记录档案，如实完整地记录贮存的放射性固体废物的来源、数量、特征、贮存位置、清洁解控、送交处置等与贮存活动有关的事项。

放射性固体废物贮存单位应当根据贮存设施的自然环境和放射性固体废物特性采取必要的防护措施，保证在规定的贮存期限内贮存设施、容器的完好和放射性固体废物的安全，并确保放射性固体废物能够安全回取。

第十八条 放射性固体废物贮存单位应当根据贮存设施运行监测计划和辐射环境监测计划，对贮存设施进行安全性检查，并对贮存设施周围的地下水、地表水、土壤和空气进行放射性监测。

放射性固体废物贮存单位应当如实记录监测数据，发现安全隐患或者周围环境中放射性核素超过国家规定的标准的，应当立即查找原因，采取相应的防范措施，并向所在地省、自治区、直辖市人民政府环境保护主管部门报告。构成辐射事故的，应当立即启动本单位的应急方案，并依照《中华人民共和国放射性污染防治法》、《放射性同位素与射线装置安全和防护条例》的规定进行报告，开展有关事故应急工作。

第十九条 将废旧放射源和其他放射性固体废物送交放射性固体废物贮存、处置单位贮存、处置时，送交方应当一并提供放射性固体废物的种类、数量、活度等资料和废旧放射源的原始档案，并按照规定承担贮存、处置的费用。

第三章 放射性废物的处置

第二十条 国务院核工业行业主管部门会同国务院环境保护主管部门根据地质、环境、社会经济条件和放射性固体废物处置的需要，在征求国务院有关部门意见并进行环境影响评价的基础上编制放射性固体废物处置场所选址规划，报国务院批准后实施。

有关地方人民政府应当根据放射性固体废物处置场所选址规划，提供放射性固体废物处置场所的建设用地，并采取有效措施支持放射性固体废物的处置。

第二十一条 建造放射性固体废物处置设施，应当按照放射性固体废物处置场所选址技术导则和标准的要求，与居住区、水源保护区、交通干道、工厂和企业等场所保持严格的安全防护距离，并对场址的地质构造、水文地质等自然条件以及社会经济条件进行充分研究论证。

第二十二条 建造放射性固体废物处置设施，应当符合放射性固体废物处置场所选址规划，并依法办理选址批准手续和建造许可证。不符合选址规划或者选址技术导则、标准的，不得批准选址或者建造。

高水平放射性固体废物和 α 放射性固体废物深地质处置设施的工程和安全技术研究、地下实验、选址和建造，由国务院核工业行业主管部门组织实施。

第二十三条 专门从事放射性固体废物处置活动的单位，应当符合下列条件，并依照本条例的规定申请领取放射性固体废物处置许可证：

（一）有国有或者国有控股的企业法人资格。

（二）有能保证处置设施安全运行的组织机构和专业技术人员。低、中水平放射性固体废物处置单位应当具有 10 名以上放射性废物管理、辐射防护、环境监测方面的专业技术人员，其中至少有 3 名注册核安全工程师；高水平放射性固体废物和 α 放射性固体废物处置单位应当具有 20 名以上放射性废物管理、辐射防护、环境监测方面的专业技术人员，其中至少有5名注册核安全工程师。

（三）有符合国家有关放射性污染防治标准和国务院环境保护主管部门规定的放射性固体废物接收、处置设施和场所，以及放射性检测、辐射防护与环境监测设备。低、中水平放射性固体废物处置设施关闭后应满足300年以上的安全隔离要求；高水平放射性固体废物和α放射性固体废物深地质处置设施关闭后应满足1万年以上的安全隔离要求。

（四）有相应数额的注册资金。低、中水平放射性固体废物处置单位的注册资金应不少于3000万元；高水平放射性固体废物和α放射性固体废物处置单位的注册资金应不少于1亿元。

（五）有能保证其处置活动持续进行直至安全监护期满的财务担保。

（六）有健全的管理制度以及符合核安全监督管理要求的质量保证体系，包括质量保证大纲、处置设施运行监测计划、辐射环境监测计划和应急方案等。

第二十四条 放射性固体废物处置许可证的申请、变更、延续的审批权限和程序，以及许可证的内容、有效期限，依照本条例第十三条至第十六条的规定执行。

第二十五条 放射性固体废物处置单位应当按照国家有关放射性污染防治标准和国务院环境保护主管部门的规定，对其接收的放射性固体废物进行处置。

放射性固体废物处置单位应当建立放射性固体废物处置情况记录档案，如实记录处置的放射性固体废物的来源、数量、特征、存放位置等与处置活动有关的事项。放射性固体废物处置情况记录档案应当永久保存。

第二十六条 放射性固体废物处置单位应当根据处置设施运行监测计划和辐射环境监测计划，对处置设施进行安全性检查，并对处置设施周围的地下水、地表水、土壤和空气进行放射性监测。

放射性固体废物处置单位应当如实记录监测数据，发现安全隐患或者周围环境中放射性核素超过国家规定的标准的，应当立即查找原因，采取相应的防范措施，并向国务院环境保护主管部门和核工业行业主管部门报告。构成辐射事故的，应当立即启动本单位的应急方案，并依照《中华人民共和国放射性污染防治法》、《放射性同位素与射线装置安全和防护条例》的规定进行报告，开展有关事故应急工作。

第二十七条 放射性固体废物处置设施设计服役期届满，或者处置的放射性固体废物已达到该设施的设计容量，或者所在地区的地质构造或者水文地质等条件发生重大变化导致处置设施不适宜继续处置放射性固体废物的，应当依法办理关闭手续，并在划定的区域设置永久性标记。

关闭放射性固体废物处置设施的，处置单位应当编制处置设施安全监护计划，报国务院环境保护主管部门批准。

放射性固体废物处置设施依法关闭后，处置单位应当按照经批准的安全监护计划，对关闭后的处置设施进行安全监护。放射性固体废物处置单位因破产、吊销许可证等原因终止的，处置设施关闭和安全监护所需费用由提供财务担保的单位承担。

第四章 监督管理

第二十八条 县级以上人民政府环境保护主管部门和其他有关部门，依照《中华人民共和国放射性污染防治法》和本条例的规定，对放射性废物处理、贮存和处置等活动的安全性进行监督检查。

第二十九条 县级以上人民政府环境保护主管部门和其他有关部门进行监督检查时，有权采取下列措施：

（一）向被检查单位的法定代表人和其他有关人员调查、了解情况；

（二）进入被检查单位进行现场监测、检查或者核查；

（三）查阅、复制相关文件、记录以及其他有关资料；

（四）要求被检查单位提交有关情况说明或者后续处理报告。

被检查单位应当予以配合，如实反映情况，提供必要的资料，不得拒绝和阻碍。

县级以上人民政府环境保护主管部门和其他有关部门的监督检查人员依法进行监督检查时，应当出示证件，并为被检查单位保守技术秘密和业务秘密。

第三十条 核设施营运单位、核技术利用单位和放射性固体废物贮存、处置单位，应当按照放射性废物危害的大小，建立健全相应级别的安全保卫制度，采取相应的技术防范措施和人员防范措施，并适时开展放射性废物污染事故应急演练。

第三十一条 核设施营运单位、核技术利用单位和放射性固体废物贮存、处置单位，应当对其直接从事放射性废物处理、贮存和处置活动的工作人员进行核与辐射安全知识以及专业操作技术的培训，并进行考核；考核合格的，方可从事该项工作。

第三十二条 核设施营运单位、核技术利用单位和放射性固体废物贮存单位应当按照国务院环境保护主管部门的规定定期如实报告放射性废物产生、排放、处理、贮存、清洁解控和送交处置等情况。

放射性固体废物处置单位应当于每年 3 月 31 日前，向国务院环境保护主管部门和核工业行业主管部门如实报告上一年度放射性固体废物接收、处置和设施运行等情况。

第三十三条 禁止将废旧放射源和其他放射性固体废物送交无相应许可证的单位贮存、处置或者擅自处置。

禁止无许可证或者不按照许可证规定的活动种类、范围、规模和期限从事放射性固体废物贮存、处置活动。

第三十四条 禁止将放射性废物和被放射性污染的物品输入中华人民共和国境内或者经中华人民共和国境内转移。具体办法由国务院环境保护主管部门会同国务院商务主管部门、海关总署、国家出入境检验检疫主管部门制定。

第五章 法律责任

第三十五条 负有放射性废物安全监督管理职责的部门及其工作人员违反本条例规定，有下列行为之一的，对直接负责的主管人员和其他直接责任人员，依法给予处分；直接负责的主管人员和其他直接责任人员构成犯罪的，依法追究刑事责任：

（一）违反本条例规定核发放射性固体废物贮存、处置许可证的；

（二）违反本条例规定批准不符合选址规划或者选址技术导则、标准的处置设施选址或者建造的；

（三）对发现的违反本条例的行为不依法查处的；

（四）在办理放射性固体废物贮存、处置许可证以及实施监督检查过程中，索取、收受他人财物或者谋取其他利益的；

（五）其他徇私舞弊、滥用职权、玩忽职守行为。

第三十六条 违反本条例规定，核设施营运单位、核技术利用单位有下列行为之一的，由审批该单位立项环境影响评价文件的环境保护主管部门责令停止违法行为，限期改正；逾期不改正的，指定有相应许可证的单位代为贮存或者处置，所需费用由核设施营运单位、核技术利用单位承担，可以处 20 万元以下的罚款；构成犯罪的，依法追究刑事责任：

（一）核设施营运单位未按照规定，将其产生的废旧放射源送交贮存、处置，或者将其产生的其他放射性固体废物送交处置的；

（二）核技术利用单位未按照规定，将其产生的废旧放射源或者其他放射性固体废物送交贮存、处置的。

第三十七条 违反本条例规定，有下列行为之一的，由县级以上人民政府环境保护主管部门责令停止违法行为，限期改正，处 10 万元以上 20 万元以下的罚款；造成环境污染的，责令限期采取治理措施消除污染，逾期不采取治理措施，经催告仍不治理的，可以指定有治理能力的单位代为治理，所需费用由违法者承担；构成犯罪的，依法追究刑事责任：

（一）核设施营运单位将废旧放射源送交无相应许可证的单位贮存、处置，或者将其他放射性固体废物送交无相应许可证的单位处置，或者擅自处置的；

（二）核技术利用单位将废旧放射源或者其他放射性固体废物送交无相应许可证的单位贮存、处置，或者擅自处置的；

（三）放射性固体废物贮存单位将废旧放射源或者其他放射性固体废物送交无相应许可证的单位处置，或者擅自处置的。

第三十八条 违反本条例规定，有下列行为之一的，由省级以上人民政府环境保护主管部门责令停产停业或者吊销许可证；有违法所得的，没收违法所得；违法所得 10 万元以上的，并处违法所得 1 倍以上 5 倍以下的罚款；没有违法所得或者违法所得不足 10 万元的，并处 5 万元以上 10 万元以下的罚款；造成环境污染的，责令限期采取治理措施消除污染，逾期不采取治理措施，经催告仍不治理的，可以指定有治理能力的单位代为治理，所需费用由违法者承担；构成犯罪的，依法追究刑事责任：

（一）未经许可，擅自从事废旧放射源或者其他放射性固体废物的贮存、处置活动的；

（二）放射性固体废物贮存、处置单位未按照许可证规定的活动种类、范围、规模、期限从事废旧放射源或者其他放射性固体废物的贮存、处置活动的；

（三）放射性固体废物贮存、处置单位未按照国家有关放射性污染防治标准和国务院环境保护主管部门的规定贮存、处置废旧放射源或者其他放射性固体废物的。

第三十九条 放射性固体废物贮存、处置单位未按照规定建立情况记录档案，或者未按照规定进行如实记录的，由省级以上人民政府环境保护主管部门责令限期改正，处1万元以上5万元以下的罚款；逾期不改正的，处5万元以上10万元以下的罚款。

第四十条 核设施营运单位、核技术利用单位或者放射性固体废物贮存、处置单位未按照本条例第三十二条的规定如实报告有关情况的，由县级以上人民政府环境保护主管部门责令限期改正，处1万元以上5万元以下的罚款；逾期不改正的，处5万元以上10万元以下的罚款。

第四十一条 违反本条例规定，拒绝、阻碍环境保护主管部门或者其他有关部门的监督检查，或者在接受监督检查时弄虚作假的，由监督检查部门责令改正，处2万元以下的罚款；构成违反治安管理行为的，由公安机关依法给予治安管理处罚；构成犯罪的，依法追究刑事责任。

第四十二条 核设施营运单位、核技术利用单位或者放射性固体废物贮存、处置单位未按照规定对有关工作人员进行技术培训和考核的，由县级以上人民政府环境保护主管部门责令限期改正，处1万元以上5万元以下的罚款；逾期不改正的，处5万元以上10万元以下的罚款。

第四十三条 违反本条例规定，向中华人民共和国境内输入放射性废物或者被放射性污染的物品，或者经中华人民共和国境内转移放射性废物或者被放射性污染的物品的，由海关责令退运该放射性废物或者被放射性污染的物品，并处50万元以上100万元以下的罚款；构成犯罪的，依法追究刑事责任。

第六章 附 则

第四十四条 军用设施、装备所产生的放射性废物的安全管理，依照《中华人民共和国放射性污染防治法》第六十条的规定执行。

第四十五条 放射性废物运输的安全管理、放射性废物造成污染事故的应急处理，以及劳动者在职业活动中接触放射性废物造成的职业病防治，依照有关法律、行政法规的规定执行。

第四十六条 本条例自2012年3月1日起施行。

医院感染管理办法

·2006年7月6日卫生部令第48号公布

·自2006年9月1日起施行

第一章 总 则

第一条 为加强医院感染管理，有效预防和控制医院感染，提高医疗质量，保证医疗安全，根据《传染病防治法》、《医疗机构管理条例》和《突发公共卫生事件应急条例》等法律、行政法规的规定，制定本办法。

第二条 医院感染管理是各级卫生行政部门、医疗机构及医务人员针对诊疗活动中存在的医院感染、医源性感染及相关的危险因素进行的预防、诊断和控制活动。

第三条 各级各类医疗机构应当严格按照本办法的规定实施医院感染管理工作。

医务人员的职业卫生防护，按照《职业病防治法》及其配套规章和标准的有关规定执行。

第四条 卫生部负责全国医院感染管理的监督管理工作。

县级以上地方人民政府卫生行政部门负责本行政区域内医院感染管理的监督管理工作。

第二章 组织管理

第五条 各级各类医疗机构应当建立医院感染管理责任制，制定并落实医院感染管理的规章制度和工作规范，严格执行有关技术操作规范和工作标准，有效预防和控制医院感染，防止传染病病原体、耐药菌、条件致病菌及其他病原微生物的传播。

第六条 住院床位总数在100张以上的医院应当设立医院感染管理委员会和独立的医院感染管理部门。

住院床位总数在100张以下的医院应当指定分管医院感染管理工作的部门。

其他医疗机构应当有医院感染管理专(兼)职人员。

第七条 医院感染管理委员会由医院感染管理部门、医务部门、护理部门、临床科室、消毒供应室、手术室、临床检验部门、药事管理部门、设备管理部门、后勤管理部门及其他有关部门的主要负责人组成，主任委员由医院院长或者主管医疗工作的副院长担任。

医院感染管理委员会的职责是：

(一)认真贯彻医院感染管理方面的法律法规及技术规范、标准，制定本医院预防和控制医院感染的规章制度、医院感染诊断标准并监督实施；

(二)根据预防医院感染和卫生学要求，对本医院的建筑设计、重点科室建设的基本标准、基本设施和工作流程进行审查并提出意见；

(三)研究并确定本医院的医院感染管理工作计划，并对计划的实施进行考核和评价；

(四)研究并确定本医院的医院感染重点部门、重点环节、重点流程、危险因素以及采取的干预措施，明确各有关部门、人员在预防和控制医院感染工作中的责任；

(五)研究并制定本医院发生医院感染暴发及出现不明原因传染性疾病或者特殊病原体感染病例等事件时的控制预案；

(六)建立会议制度，定期研究、协调和解决有关医院感染管理方面的问题；

(七)根据本医院病原体特点和耐药现状，配合药事管理委员会提出合理使用抗菌药物的指导意见；

(八)其他有关医院感染管理的重要事宜。

第八条 医院感染管理部门、分管部门及医院感染管理专(兼)职人员具体负责医院感染预防与控制方面的管理和业务工作。主要职责是：

(一)对有关预防和控制医院感染管理规章制度的落实情况进行检查和指导；

(二)对医院感染及其相关危险因素进行监测、分析和反馈，针对问题提出控制措施并指导实施；

(三)对医院感染发生状况进行调查、统计分析，并向医院感染管理委员会或者医疗机构负责人报告；

(四)对医院的清洁、消毒灭菌与隔离、无菌操作技术、医疗废物管理等工作提供指导；

(五)对传染病的医院感染控制工作提供指导；

(六)对医务人员有关预防医院感染的职业卫生安全防护工作提供指导；

(七)对医院感染暴发事件进行报告和调查分析，提出控制措施并协调、组织有关部门进行处理；

(八)对医务人员进行预防和控制医院感染的培训工作；

(九)参与抗菌药物临床应用的管理工作；

(十)对消毒药械和一次性使用医疗器械、器具的相关证明进行审核；

(十一)组织开展医院感染预防与控制方面的科研工作；

(十二)完成医院感染管理委员会或者医疗机构负责人交办的其他工作。

第九条 卫生部成立医院感染预防与控制专家组，成员由医院感染管理、疾病控制、传染病学、临床检验、流行病学、消毒学、临床药学、护理学等专业的专家组成。主要职责是：

(一)研究起草有关医院感染预防与控制、医院感染诊断的技术性标准和规范；

(二)对全国医院感染预防与控制工作进行业务指导；

(三)对全国医院感染发生状况及危险因素进行调查、分析；

(四)对全国重大医院感染事件进行调查和业务指导；

(五)完成卫生部交办的其他工作。

第十条 省级人民政府卫生行政部门成立医院感染预防与控制专家组，负责指导本地区医院感染预防与控制的技术性工作。

第三章 预防与控制

第十一条 医疗机构应当按照有关医院感染

管理的规章制度和技术规范，加强医院感染的预防与控制工作。

第十二条 医疗机构应当按照《消毒管理办法》，严格执行医疗器械、器具的消毒工作技术规范，并达到以下要求：

（一）进入人体组织、无菌器官的医疗器械、器具和物品必须达到灭菌水平；

（二）接触皮肤、粘膜的医疗器械、器具和物品必须达到消毒水平；

（三）各种用于注射、穿刺、采血等有创操作的医疗器具必须一用一灭菌。

医疗机构使用的消毒药械、一次性医疗器械和器具应当符合国家有关规定。一次性使用的医疗器械、器具不得重复使用。

第十三条 医疗机构应当制定具体措施，保证医务人员的手卫生、诊疗环境条件、无菌操作技术和职业卫生防护工作符合规定要求，对医院感染的危险因素进行控制。

第十四条 医疗机构应当严格执行隔离技术规范，根据病原体传播途径，采取相应的隔离措施。

第十五条 医疗机构应当制定医务人员职业卫生防护工作的具体措施，提供必要的防护物品，保障医务人员的职业健康。

第十六条 医疗机构应当严格按照《抗菌药物临床应用指导原则》，加强抗菌药物临床使用和耐药菌监测管理。

第十七条 医疗机构应当按照医院感染诊断标准及时诊断医院感染病例，建立有效的医院感染监测制度，分析医院感染的危险因素，并针对导致医院感染的危险因素，实施预防与控制措施。

医疗机构应当及时发现医院感染病例和医院感染的暴发，分析感染源、感染途径，采取有效的处理和控制措施，积极救治患者。

第十八条 医疗机构经调查证实发生以下情形时，应当于12小时内向所在地的县级地方人民政府卫生行政部门报告，并同时向所在地疾病预防控制机构报告。所在地的县级地方人民政府卫生行政部门确认后，应当于24小时内逐级上报至省级人民政府卫生行政部门。省级人民政府卫生行政部门审核后，应当在24小时内上报至卫生部：

（一）5例以上医院感染暴发；

（二）由于医院感染暴发直接导致患者死亡；

（三）由于医院感染暴发导致3人以上人身损害后果。

第十九条 医疗机构发生以下情形时，应当按照《国家突发公共卫生事件相关信息报告管理工作规范（试行）》的要求进行报告：

（一）10例以上的医院感染暴发事件；

（二）发生特殊病原体或者新发病原体的医院感染；

（三）可能造成重大公共影响或者严重后果的医院感染。

第二十条 医疗机构发生的医院感染属于法定传染病的，应当按照《中华人民共和国传染病防治法》和《国家突发公共卫生事件应急预案》的规定进行报告和处理。

第二十一条 医疗机构发生医院感染暴发时，所在地的疾病预防控制机构应当及时进行流行病学调查，查找感染源、感染途径、感染因素，采取控制措施，防止感染源的传播和感染范围的扩大。

第二十二条 卫生行政部门接到报告，应当根据情况指导医疗机构进行医院感染的调查和控制工作，并可以组织提供相应的技术支持。

第四章　人员培训

第二十三条 各级卫生行政部门和医疗机构应当重视医院感染管理的学科建设，建立专业人才培养制度，充分发挥医院感染专业技术人员在预防和控制医院感染工作中的作用。

第二十四条 省级人民政府卫生行政部门应当建立医院感染专业人员岗位规范化培训和考核制度，加强继续教育，提高医院感染专业人员的业务技术水平。

第二十五条 医疗机构应当制定对本机构工作人员的培训计划，对全体工作人员进行医院感染相关法律法规、医院感染管理相关工作规范和标准、专业技术知识的培训。

第二十六条 医院感染专业人员应当具备医院感染预防与控制工作的专业知识，并能够承担医院感染管理和业务技术工作。

第二十七条 医务人员应当掌握与本职工作相关的医院感染预防与控制方面的知识，落实医院感染管理规章制度、工作规范和要求。工勤人员应当掌握有关预防和控制医院感染的基础卫生学和消毒隔离知识,并在工作中正确运用。

第五章 监督管理

第二十八条 县级以上地方人民政府卫生行政部门应当按照有关法律法规和本办法的规定,对所辖区域的医疗机构进行监督检查。

第二十九条 对医疗机构监督检查的主要内容是:

(一)医院感染管理的规章制度及落实情况;

(二)针对医院感染危险因素的各项工作和控制措施;

(三)消毒灭菌与隔离、医疗废物管理及医务人员职业卫生防护工作状况;

(四)医院感染病例和医院感染暴发的监测工作情况;

(五)现场检查。

第三十条 卫生行政部门在检查中发现医疗机构存在医院感染隐患时,应当责令限期整改或者暂时关闭相关科室或者暂停相关诊疗科目。

第三十一条 医疗机构对卫生行政部门的检查、调查取证等工作,应当予以配合,不得拒绝和阻碍,不得提供虚假材料。

第六章 罚 则

第三十二条 县级以上地方人民政府卫生行政部门未按照本办法的规定履行监督管理和对医院感染暴发事件的报告、调查处理职责,造成严重后果的,对卫生行政主管部门主要负责人、直接责任人和相关责任人予以降级或者撤职的行政处分。

第三十三条 医疗机构违反本办法,有下列行为之一的,由县级以上地方人民政府卫生行政部门责令改正,逾期不改的,给予警告并通报批评;情节严重的,对主要负责人和直接责任人给予降级或者撤职的行政处分:

(一)未建立或者未落实医院感染管理的规章制度、工作规范;

(二)未设立医院感染管理部门、分管部门以及指定专(兼)职人员负责医院感染预防与控制工作;

(三)违反对医疗器械、器具的消毒工作技术规范;

(四)违反无菌操作技术规范和隔离技术规范;

(五)未对消毒药械和一次性医疗器械、器具的相关证明进行审核;

(六)未对医务人员职业暴露提供职业卫生防护。

第三十四条 医疗机构违反本办法规定,未采取预防和控制措施或者发生医院感染未及时采取控制措施,造成医院感染暴发、传染病传播或者其他严重后果的,对负有责任的主管人员和直接责任人员给予降级、撤职、开除的行政处分;情节严重的,依照《传染病防治法》第六十九条规定,可以依法吊销有关责任人员的执业证书;构成犯罪的,依法追究刑事责任。

第三十五条 医疗机构发生医院感染暴发事件未按本办法规定报告的,由县级以上地方人民政府卫生行政部门通报批评;造成严重后果的,对负有责任的主管人员和其他直接责任人员给予降级、撤职、开除的处分。

第七章 附 则

第三十六条 本办法中下列用语的含义:

(一)医院感染:指住院病人在医院内获得的感染,包括在住院期间发生的感染和在医院内获得出院后发生的感染,但不包括入院前已开始或者入院时已处于潜伏期的感染。医院工作人员在医院内获得的感染也属医院感染。

(二)医源性感染:指在医学服务中,因病原体传播引起的感染。

(三)医院感染暴发:是指在医疗机构或其科室的患者中,短时间内发生3例以上同种同源感染病例的现象。

(四)消毒:指用化学、物理、生物的方法杀灭或者消除环境中的病原微生物。

(五)灭菌:杀灭或者消除传播媒介上的一切微生物,包括致病微生物和非致病微生物,也包括细菌芽胞和真菌孢子。

第三十七条 中国人民解放军医疗机构的医院感染管理工作,由中国人民解放军卫生部门归口管理。

第三十八条 采供血机构与疾病预防控制机构的医源性感染预防与控制管理参照本办法。

第三十九条 本办法自2006年9月1日起施

行,原2000年11月30日颁布的《医院感染管理规范(试行)》同时废止。

消毒管理办法

·2002年3月28日卫生部令第27号公布
·根据2016年1月19日《国家卫生计生委关于修改〈外国医师来华短期行医暂行管理办法〉等8件部门规章的决定和2017年12月26日《国家卫生计生委关于修改〈新食品原料安全性审查管理办法〉等7件部门规章的决定》修订

第一章 总 则

第一条 为了加强消毒管理,预防和控制感染性疾病的传播,保障人体健康,根据《中华人民共和国传染病防治法》及其实施办法的有关规定,制定本办法。

第二条 本办法适用于医疗卫生机构、消毒服务机构以及从事消毒产品生产、经营活动的单位和个人。

其他需要消毒的场所和物品管理也适用于本办法。

第三条 国家卫生计生委主管全国消毒监督管理工作。

铁路、交通卫生主管机构依照本办法负责本系统的消毒监督管理工作。

第二章 消毒的卫生要求

第四条 医疗卫生机构应当建立消毒管理组织,制定消毒管理制度,执行国家有关规范、标准和规定,定期开展消毒与灭菌效果检测工作。

第五条 医疗卫生机构工作人员应当接受消毒技术培训、掌握消毒知识,并按规定严格执行消毒隔离制度。

第六条 医疗卫生机构使用的进入人体组织或无菌器官的医疗用品必须达到灭菌要求。各种注射、穿刺、采血器具应当一人一用一灭菌。凡接触皮肤、粘膜的器械和用品必须达到消毒要求。

医疗卫生机构使用的一次性使用医疗用品用后应当及时进行无害化处理。

第七条 医疗卫生机构购进消毒产品必须建立并执行进货检查验收制度。

第八条 医疗卫生机构的环境、物品应当符合国家有关规范、标准和规定。排放废弃的污水、污物应当按照国家有关规定进行无害化处理。运送传染病病人及其污染物品的车辆、工具必须随时进行消毒处理。

第九条 医疗卫生机构发生感染性疾病暴发、流行时,应当及时报告当地卫生计生行政部门,并采取有效消毒措施。

第十条 加工、出售、运输被传染病病原体污染或者来自疫区可能被传染病病原体污染的皮毛,应当进行消毒处理。

第十一条 托幼机构应当健全和执行消毒管理制度,对室内空气、餐(饮)具、毛巾、玩具和其他幼儿活动的场所及接触的物品定期进行消毒。

第十二条 出租衣物及洗涤衣物的单位和个人,应当对相关物品及场所进行消毒。

第十三条 从事致病微生物实验的单位应当执行有关的管理制度、操作规程,对实验的器材、污染物品等按规定进行消毒,防止实验室感染和致病微生物的扩散。

第十四条 殡仪馆、火葬场内与遗体接触的物品及运送遗体的车辆应当及时消毒。

第十五条 招用流动人员200人以上的用工单位,应当对流动人员集中生活起居的场所及使用的物品定期进行消毒。

第十六条 疫源地的消毒应当执行国家有关规范、标准和规定。

第十七条 公共场所、食品、生活饮用水、血液制品的消毒管理,按有关法律、法规的规定执行。

第三章 消毒产品的生产经营

第十八条 消毒产品应当符合国家有关规范、标准和规定。

第十九条 消毒产品的生产应当符合国家有关规范、标准和规定,对生产的消毒产品应当进行检验,不合格者不得出厂。

第二十条 消毒剂、消毒器械和卫生用品生产企业取得工商行政管理部门颁发的营业执照后,还应当取得所在地省级卫生计生行政部门发放的卫生许可证,方可从事消毒产品的生产。

第二十一条 省级卫生计生行政部门应当自受理消毒产品生产企业的申请之日起二十日内作

出是否批准的决定。对符合《消毒产品生产企业卫生规范》要求的,发给卫生许可证;对不符合的,不予批准,并说明理由。

第二十二条 消毒产品生产企业卫生许可证编号格式为:(省、自治区、直辖市简称)卫消证字(发证年份)第XXXX号。

消毒产品生产企业卫生许可证的生产项目分为消毒剂类、消毒器械类、卫生用品类。

第二十三条 消毒产品生产企业卫生许可证有效期为四年。

消毒产品生产企业卫生许可证有效期满三十日前,生产企业应当向原发证机关申请延续。经审查符合要求的,予以延续,换发新证。新证延用原卫生许可证编号。

第二十四条 消毒产品生产企业迁移厂址或者另设分厂(车间),应当按本办法规定向生产场所所在地的省级卫生计生行政部门申请消毒产品生产企业卫生许可证。

产品包装上标注的厂址、卫生许可证号应当是实际生产地地址和其卫生许可证号。

第二十五条 取得卫生许可证的消毒产品生产企业变更企业名称、法定代表人或者生产类别的,应当向原发证机关提出申请,经审查同意,换发新证。新证延用原卫生许可证编号。

第二十六条 生产、进口利用新材料、新工艺技术和新杀菌原理生产消毒剂和消毒器械(以下简称新消毒产品)应当按照本办法规定取得国家卫生计生委颁发的卫生许可批件。

生产、进口新消毒产品外的消毒剂、消毒器械和卫生用品中的抗(抑)菌制剂,生产、进口企业应当按照有关规定进行卫生安全评价,符合卫生标准和卫生规范要求。产品上市时要将卫生安全评价报告向省级卫生计生行政部门备案,备案应当按照规定要求提供材料。

第二十七条 生产企业申请新消毒产品卫生许可批件、在华责任单位申请进口新消毒产品卫生许可批件的,应当按照国家卫生计生委新消毒产品卫生行政许可管理规定的要求,向国家卫生计生委提出申请。国家卫生计生委应当按照有关法律法规和相关规定,作出是否批准的决定。

国家卫生计生委对批准的新消毒产品,发给卫生许可批件,批准文号格式为:卫消新准字(年份)第××××号。不予批准的,应当说明理由。

第二十八条 新消毒产品卫生许可批件的有效期为四年。

第二十九条 国家卫生计生委定期公告取得卫生行政许可的新消毒产品批准内容。公告发布之日起,列入公告的同类产品不再按新消毒产品进行卫生行政许可。

第三十条 经营者采购消毒产品时,应当索取下列有效证件:

(一)生产企业卫生许可证复印件;

(二)产品卫生安全评价报告或者新消毒产品卫生许可批件复印件。

有效证件的复印件应当加盖原件持有者的印章。

第三十一条 消毒产品的命名、标签(含说明书)应当符合国家卫生计生委的有关规定。

消毒产品的标签(含说明书)和宣传内容必须真实,不得出现或暗示对疾病的治疗效果。

第三十二条 禁止生产经营下列消毒产品:

(一)无生产企业卫生许可证或新消毒产品卫生许可批准文件的;

(二)产品卫生安全评价不合格或产品卫生质量不符合要求的。

第四章 消毒服务机构

第三十三条 消毒服务机构应当符合以下要求:

(一)具备符合国家有关规范、标准和规定的消毒与灭菌设备;

(二)其消毒与灭菌工艺流程和工作环境必须符合卫生要求;

(三)具有能对消毒与灭菌效果进行检测的人员和条件,建立自检制度;

(四)用环氧乙烷和电离辐射的方法进行消毒与灭菌的,其安全与环境保护等方面的要求按国家有关规定执行;

第三十四条 消毒服务机构不得购置和使用不符合本办法规定的消毒产品。

第三十五条 消毒服务机构应当接受当地卫生计生行政部门的监督。

第五章 监 督

第三十六条 县级以上卫生计生行政部门对消毒工作行使下列监督管理职权:

（一）对有关机构、场所和物品的消毒工作进行监督检查；

（二）对消毒产品生产企业执行《消毒产品生产企业卫生规范》情况进行监督检查；

（三）对消毒产品的卫生质量进行监督检查；

（四）对消毒服务机构的消毒服务质量进行监督检查；

（五）对违反本办法的行为采取行政控制措施；

（六）对违反本办法的行为给予行政处罚。

第三十七条 有下列情形之一的，国家卫生计生委可以对已获得卫生许可批件的新消毒产品进行重新审查：

（一）产品原料、杀菌原理和生产工艺受到质疑的；

（二）产品安全性、消毒效果受到质疑的。

第三十八条 新消毒产品卫生许可批件的持有者应当在接到国家卫生计生委重新审查通知之日起30日内，按照通知的有关要求提交材料。超过期限未提交有关材料的，视为放弃重新审查，国家卫生计生委可以注销产品卫生许可批件。

第三十九条 国家卫生计生委自收到重新审查所需的全部材料之日起30日内，应当作出重新审查决定。有下列情形之一的，注销产品卫生许可批件：

（一）产品原料、杀菌原理和生产工艺不符合利用新材料、新工艺技术和新杀菌原理生产消毒剂和消毒器械的判定依据的；

（二）产品安全性、消毒效果达不到要求的。

第四十条 消毒产品生产企业应当按照国家卫生标准和卫生规范要求对消毒产品理化指标、微生物指标、杀灭微生物指标、毒理学指标等进行检验。不具备检验能力的，可以委托检验。

消毒产品的检验活动应当符合国家有关规定。检验报告应当客观、真实，符合有关法律、法规、标准、规范和规定。检验报告在全国范围内有效。

第六章　罚　则

第四十一条 医疗卫生机构违反本办法第四条、第五条、第六条、第七条、第八条、第九条规定的，由县级以上地方卫生计生行政部门责令限期改正，可以处5000元以下罚款；造成感染性疾病暴发的，可以处5000元以上20000元以下罚款。

第四十二条 加工、出售、运输被传染病病原体污染或者来自疫区可能被传染病病原体污染的皮毛，未按国家有关规定进行消毒处理的，应当按照《传染病防治法实施办法》第六十八条的有关规定给予处罚。

第四十三条 消毒产品生产经营单位违反本办法第三十一条、第三十二条规定的，由县级以上地方卫生计生行政部门责令其限期改正，可以处5000元以下罚款；造成感染性疾病暴发的，可以处5000元以上20000元以下的罚款。

第四十四条 消毒服务机构违反本办法规定，有下列情形之一的，由县级以上卫生计生行政部门责令其限期改正，可以处5000元以下的罚款；造成感染性疾病发生的，可以处5000元以上20000元以下的罚款：

消毒后的物品未达到卫生标准和要求的。

第七章　附　则

第四十五条 本办法下列用语的含义：

感染性疾病：由微生物引起的疾病。

消毒产品：包括消毒剂、消毒器械（含生物指示物、化学指示物和灭菌物品包装物）、卫生用品和一次性使用医疗用品。

消毒服务机构：指为社会提供可能被污染的物品及场所、卫生用品和一次性使用医疗用品等进行消毒与灭菌服务的单位。

医疗卫生机构：指医疗保健、疾病控制、采供血机构及与上述机构业务活动相同的单位。

第四十六条 本办法由国家卫生计生委负责解释。

第四十七条 本办法自2002年7月1日起施行。1992年8月31日卫生部发布的《消毒管理办法》同时废止。

医疗卫生机构医疗废物管理办法

· 2003年10月15日卫生部令第36号公布

· 自公布之日起施行

第一章　总　则

第一条 为规范医疗卫生机构对医疗废物的

管理，有效预防和控制医疗废物对人体健康和环境产生危害，根据《医疗废物管理条例》，制定本办法。

第二条 各级各类医疗卫生机构应当按照《医疗废物管理条例》和本办法的规定对医疗废物进行管理。

第三条 卫生部对全国医疗卫生机构的医疗废物管理工作实施监督。

县级以上地方人民政府卫生行政主管部门对本行政区域医疗卫生机构的医疗废物管理工作实施监督。

第二章 医疗卫生机构对医疗废物的管理职责

第四条 医疗卫生机构应当建立、健全医疗废物管理责任制，其法定代表人或者主要负责人为第一责任人，切实履行职责，确保医疗废物的安全管理。

第五条 医疗卫生机构应当依据国家有关法律、行政法规、部门规章和规范性文件的规定，制定并落实医疗废物管理的规章制度、工作流程和要求、有关人员的工作职责及发生医疗卫生机构内医疗废物流失、泄漏、扩散和意外事故的应急方案。内容包括：

（一）医疗卫生机构内医疗废物各产生地点对医疗废物分类收集方法和工作要求；

（二）医疗卫生机构内医疗废物的产生地点、暂时贮存地点的工作制度及从产生地点运送至暂时贮存地点的工作要求；

（三）医疗废物在医疗卫生机构内部运送及将医疗废物交由医疗废物处置单位的有关交接、登记的规定；

（四）医疗废物管理过程中的特殊操作程序及发生医疗废物流失、泄漏、扩散和意外事故的紧急处理措施；

（五）医疗废物分类收集、运送、暂时贮存过程中有关工作人员的职业卫生安全防护。

第六条 医疗卫生机构应当设置负责医疗废物管理的监控部门或者专（兼）职人员，履行以下职责：

（一）负责指导、检查医疗废物分类收集、运送、暂时贮存及机构内处置过程中各项工作的落实情况；

（二）负责指导、检查医疗废物分类收集、运送、暂时贮存及机构内处置过程中的职业卫生安全防护工作；

（三）负责组织医疗废物流失、泄漏、扩散和意外事故发生时的紧急处理工作；

（四）负责组织有关医疗废物管理的培训工作；

（五）负责有关医疗废物登记和档案资料的管理；

（六）负责及时分析和处理医疗废物管理中的其他问题。

第七条 医疗卫生机构发生医疗废物流失、泄漏、扩散和意外事故时，应当按照《医疗废物管理条例》和本办法的规定采取相应紧急处理措施，并在48小时内向所在地的县级人民政府卫生行政主管部门、环境保护行政主管部门报告。调查处理工作结束后，医疗卫生机构应当将调查处理结果向所在地的县级人民政府卫生行政主管部门、环境保护行政主管部门报告。

县级人民政府卫生行政主管部门每月汇总逐级上报至当地省级人民政府卫生行政主管部门。

省级人民政府卫生行政主管部门每半年汇总后报卫生部。

第八条 医疗卫生机构发生因医疗废物管理不当导致1人以上死亡或者3人以上健康损害，需要对致病人员提供医疗救护和现场救援的重大事故时，应当在12小时内向所在地的县级人民政府卫生行政主管部门报告，并按照《医疗废物管理条例》和本办法的规定，采取相应紧急处理措施。

县级人民政府卫生行政主管部门接到报告后，应当在12小时内逐级向省级人民政府卫生行政主管部门报告。

医疗卫生机构发生因医疗废物管理不当导致3人以上死亡或者10人以上健康损害，需要对致病人员提供医疗救护和现场救援的重大事故时，应当在2小时内向所在地的县级人民政府卫生行政主管部门报告，并按照《医疗废物管理条例》和本办法的规定，采取相应紧急处理措施。

县级人民政府卫生行政主管部门接到报告后，应当在6小时内逐级向省级人民政府卫生行政主管部门报告。

省级人民政府卫生行政主管部门接到报告后，应当在6小时内向卫生部报告。

发生医疗废物管理不当导致传染病传播事

故,或者有证据证明传染病传播的事故有可能发生时,应当按照《传染病防治法》及有关规定报告,并采取相应措施。

第九条 医疗卫生机构应当根据医疗废物分类收集、运送、暂时贮存及机构内处置过程中所需要的专业技术、职业卫生安全防护和紧急处理知识等,制定相关工作人员的培训计划并组织实施。

第三章 分类收集、运送与暂时贮存

第十条 医疗卫生机构应当根据《医疗废物分类目录》,对医疗废物实施分类管理。

第十一条 医疗卫生机构应当按照以下要求,及时分类收集医疗废物:

(一)根据医疗废物的类别,将医疗废物分置于符合《医疗废物专用包装物、容器的标准和警示标识的规定》的包装物或者容器内;

(二)在盛装医疗废物前,应当对医疗废物包装物或者容器进行认真检查,确保无破损、渗漏和其他缺陷;

(三)感染性废物、病理性废物、损伤性废物、药物性废物及化学性废物不能混合收集。少量的药物性废物可以混入感染性废物,但应当在标签上注明;

(四)废弃的麻醉、精神、放射性、毒性等药品及其相关的废物的管理,依照有关法律、行政法规和国家有关规定、标准执行;

(五)化学性废物中批量的废化学试剂、废消毒剂应当交由专门机构处置;

(六)批量的含有汞的体温计、血压计等医疗器具报废时,应当交由专门机构处置;

(七)医疗废物中病原体的培养基、标本和菌种、毒种保存液等高危险废物,应当首先在产生地点进行压力蒸汽灭菌或者化学消毒处理,然后按感染性废物收集处理;

(八)隔离的传染病病人或者疑似传染病病人产生的具有传染性的排泄物,应当按照国家规定严格消毒,达到国家规定的排放标准后方可排入污水处理系统;

(九)隔离的传染病病人或者疑似传染病病人产生的医疗废物应当使用双层包装物,并及时密封;

(十)放入包装物或者容器内的感染性废物、病理性废物、损伤性废物不得取出。

第十二条 医疗卫生机构内医疗废物产生地点应当有医疗废物分类收集方法的示意图或者文字说明。

第十三条 盛装的医疗废物达到包装物或者容器的3/4时,应当使用有效的封口方式,使包装物或者容器的封口紧实、严密。

第十四条 包装物或者容器的外表面被感染性废物污染时,应当对被污染处进行消毒处理或者增加一层包装。

第十五条 盛装医疗废物的每个包装物、容器外表面应当有警示标识,在每个包装物、容器上应当系中文标签,中文标签的内容应当包括:医疗废物产生单位、产生日期、类别及需要的特别说明等。

第十六条 运送人员每天从医疗废物产生地点将分类包装的医疗废物按照规定的时间和路线运送至内部指定的暂时贮存地点。

第十七条 运送人员在运送医疗废物前,应当检查包装物或者容器的标识、标签及封口是否符合要求,不得将不符合要求的医疗废物运送至暂时贮存地点。

第十八条 运送人员在运送医疗废物时,应当防止造成包装物或容器破损和医疗废物的流失、泄漏和扩散,并防止医疗废物直接接触身体。

第十九条 运送医疗废物应当使用防渗漏、防遗撒、无锐利边角、易于装卸和清洁的专用运送工具。

每天运送工作结束后,应当对运送工具及时进行清洁和消毒。

第二十条 医疗卫生机构应当建立医疗废物暂时贮存设施、设备,不得露天存放医疗废物;医疗废物暂时贮存的时间不得超过2天。

第二十一条 医疗卫生机构建立的医疗废物暂时贮存设施、设备应当达到以下要求:

(一)远离医疗区、食品加工区、人员活动区和生活垃圾存放场所,方便医疗废物运送人员及运送工具、车辆的出入;

(二)有严密的封闭措施,设专(兼)职人员管理,防止非工作人员接触医疗废物;

(三)有防鼠、防蚊蝇、防蟑螂的安全措施;

(四)防止渗漏和雨水冲刷;

(五)易于清洁和消毒;

(六)避免阳光直射;

（七）设有明显的医疗废物警示标识和“禁止吸烟、饮食”的警示标识。

第二十二条 暂时贮存病理性废物，应当具备低温贮存或者防腐条件。

第二十三条 医疗卫生机构应当将医疗废物交由取得县级以上人民政府环境保护行政主管部门许可的医疗废物集中处置单位处置，依照危险废物转移联单制度填写和保存转移联单。

第二十四条 医疗卫生机构应当对医疗废物进行登记，登记内容应当包括医疗废物的来源、种类、重量或者数量、交接时间、最终去向以及经办人签名等项目。登记资料至少保存3年。

第二十五条 医疗废物转交出去后，应当对暂时贮存地点、设施及时进行清洁和消毒处理。

第二十六条 禁止医疗卫生机构及其工作人员转让、买卖医疗废物。

禁止在非收集、非暂时贮存地点倾倒、堆放医疗废物，禁止将医疗废物混入其他废物和生活垃圾。

第二十七条 不具备集中处置医疗废物条件的农村地区，医疗卫生机构应当按照当地卫生行政主管部门和环境保护行政主管部门的要求，自行就地处置其产生的医疗废物。自行处置医疗废物的，应当符合以下基本要求：

（一）使用后的一次性医疗器具和容易致人损伤的医疗废物应当消毒并作毁形处理；

（二）能够焚烧的，应当及时焚烧；

（三）不能焚烧的，应当消毒后集中填埋。

第二十八条 医疗卫生机构发生医疗废物流失、泄漏、扩散和意外事故时，应当按照以下要求及时采取紧急处理措施：

（一）确定流失、泄漏、扩散的医疗废物的类别、数量、发生时间、影响范围及严重程度；

（二）组织有关人员尽快按照应急方案，对发生医疗废物泄漏、扩散的现场进行处理；

（三）对被医疗废物污染的区域进行处理时，应当尽可能减少对病人、医务人员、其他现场人员及环境的影响；

（四）采取适当的安全处置措施，对泄漏物及受污染的区域、物品进行消毒或者其他无害化处置，必要时封锁污染区域，以防扩大污染；

（五）对感染性废物污染区域进行消毒时，消毒工作从污染最轻区域向污染最严重区域进行，对可能被污染的所有使用过的工具也应当进行消毒；

（六）工作人员应当做好卫生安全防护后进行工作。

处理工作结束后，医疗卫生机构应当对事件的起因进行调查，并采取有效的防范措施预防类似事件的发生。

第四章 人员培训和职业安全防护

第二十九条 医疗卫生机构应当对本机构工作人员进行培训，提高全体工作人员对医疗废物管理工作的认识。对从事医疗废物分类收集、运送、暂时贮存、处置等工作的人员和管理人员，进行相关法律和专业技术、安全防护以及紧急处理等知识的培训。

第三十条 医疗废物相关工作人员和管理人员应当达到以下要求：

（一）掌握国家相关法律、法规、规章和有关规范性文件的规定，熟悉本机构制定的医疗废物管理的规章制度、工作流程和各项工作要求；

（二）掌握医疗废物分类收集、运送、暂时贮存的正确方法和操作程序；

（三）掌握医疗废物分类中的安全知识、专业技术、职业卫生安全防护等知识；

（四）掌握在医疗废物分类收集、运送、暂时贮存及处置过程中预防被医疗废物刺伤、擦伤等伤害的措施及发生后的处理措施；

（五）掌握发生医疗废物流失、泄漏、扩散和意外事故情况时的紧急处理措施。

第三十一条 医疗卫生机构应当根据接触医疗废物种类及风险大小的不同，采取适宜、有效的职业卫生防护措施，为机构内从事医疗废物分类收集、运送、暂时贮存和处置等工作的人员和管理人员配备必要的防护用品，定期进行健康检查，必要时，对有关人员进行免疫接种，防止其受到健康损害。

第三十二条 医疗卫生机构的工作人员在工作中发生被医疗废物刺伤、擦伤等伤害时，应当采取相应的处理措施，并及时报告机构内的相关部门。

第五章 监督管理

第三十三条 县级以上地方人民政府卫生行

政主管部门应当依照《医疗废物管理条例》和本办法的规定，对所辖区域的医疗卫生机构进行定期监督检查和不定期抽查。

第三十四条 对医疗卫生机构监督检查和抽查的主要内容是：

（一）医疗废物管理的规章制度及落实情况；

（二）医疗废物分类收集、运送、暂时贮存及机构内处置的工作状况；

（三）有关医疗废物管理的登记资料和记录；

（四）医疗废物管理工作中，相关人员的安全防护工作；

（五）发生医疗废物流失、泄漏、扩散和意外事故的上报及调查处理情况；

（六）进行现场卫生学监测。

第三十五条 卫生行政主管部门在监督检查或者抽查中发现医疗卫生机构存在隐患时，应当责令立即消除隐患。

第三十六条 县级以上卫生行政主管部门应当对医疗卫生机构发生违反《医疗废物管理条例》和本办法规定的行为依法进行查处。

第三十七条 发生因医疗废物管理不当导致传染病传播事故，或者有证据证明传染病传播的事故有可能发生时，卫生行政主管部门应当按照《医疗废物管理条例》第四十条的规定及时采取相应措施。

第三十八条 医疗卫生机构对卫生行政主管部门的检查、监测、调查取证等工作，应当予以配合，不得拒绝和阻碍，不得提供虚假材料。

第六章 罚 则

第三十九条 医疗卫生机构违反《医疗废物管理条例》及本办法规定，有下列情形之一的，由县级以上地方人民政府卫生行政主管部门责令限期改正、给予警告；逾期不改正的，处以2000元以上5000元以下的罚款：

（一）未建立、健全医疗废物管理制度，或者未设置监控部门或者专（兼）职人员的；

（二）未对有关人员进行相关法律和专业技术、安全防护以及紧急处理等知识的培训的；

（三）未对医疗废物进行登记或者未保存登记资料的；

（四）未对机构内从事医疗废物分类收集、运送、暂时贮存、处置等工作的人员和管理人员采取职业卫生防护措施的；

（五）未对使用后的医疗废物运送工具及时进行清洁和消毒的；

（六）自行建有医疗废物处置设施的医疗卫生机构，未定期对医疗废物处置设施的卫生学效果进行检测、评价，或者未将检测、评价效果存档、报告的。

第四十条 医疗卫生机构违反《医疗废物管理条例》及本办法规定，有下列情形之一的，由县级以上地方人民政府卫生行政主管部门责令限期改正、给予警告，可以并处5000元以下的罚款；逾期不改正的，处5000元以上3万元以下的罚款：

（一）医疗废物暂时贮存地点、设施或者设备不符合卫生要求的；

（二）未将医疗废物按类别分置于专用包装物或者容器的；

（三）使用的医疗废物运送工具不符合要求的。

第四十一条 医疗卫生机构违反《医疗废物管理条例》及本办法规定，有下列情形之一的，由县级以上地方人民政府卫生行政主管部门责令限期改正，给予警告，并处5000元以上1万以下的罚款；逾期不改正的，处1万元以上3万元以下的罚款；造成传染病传播的，由原发证部门暂扣或者吊销医疗卫生机构执业许可证件；构成犯罪的，依法追究刑事责任：

（一）在医疗卫生机构内丢弃医疗废物和在非贮存地点倾倒、堆放医疗废物或者将医疗废物混入其他废物和生活垃圾的；

（二）将医疗废物交给未取得经营许可证的单位或者个人的；

（三）未按照条例及本办法的规定对污水、传染病病人和疑似传染病病人的排泄物进行严格消毒，或者未达到国家规定的排放标准，排入污水处理系统的；

（四）对收治的传染病病人或者疑似传染病病人产生的生活垃圾，未按照医疗废物进行管理和处置的。

第四十二条 医疗卫生机构转让、买卖医疗废物的，依照《医疗废物管理条例》第五十三条处罚。

第四十三条 医疗卫生机构发生医疗废物流失、泄漏、扩散时，未采取紧急处理措施，或者未及时向卫生行政主管部门报告的，由县级以上地方人民政府卫生行政主管部门责令改正，给予警告，并处1万元以上3万元以下的罚款；造成传染病传播的，由原发证部门暂扣或者吊销医疗卫生机构执业许可证件；构成犯罪的，依法追究刑事责任。

第四十四条 医疗卫生机构无正当理由，阻碍卫生行政主管部门执法人员执行职务，拒绝执法人员进入现场，或者不配合执法部门的检查、监测、调查取证的，由县级以上地方人民政府卫生行政主管部门责令改正，给予警告；拒不改正的，由原发证部门暂扣或者吊销医疗卫生机构执业许可证件；触犯《中华人民共和国治安管理处罚条例》，构成违反治安管理行为的，由公安机关依法予以处罚；构成犯罪的，依法追究刑事责任。

第四十五条 不具备集中处置医疗废物条件的农村，医疗卫生机构未按照《医疗废物管理条例》和本办法的要求处置医疗废物的，由县级以上地方人民政府卫生行政主管部门责令限期改正，给予警告；逾期不改的，处1000元以上5000元以下的罚款；造成传染病传播的，由原发证部门暂扣或者吊销医疗卫生机构执业许可证件；构成犯罪的，依法追究刑事责任。

第四十六条 医疗卫生机构违反《医疗废物管理条例》及本办法规定，导致传染病传播，给他人造成损害的，依法承担民事赔偿责任。

第七章 附 则

第四十七条 本办法所称医疗卫生机构指依照《医疗机构管理条例》的规定取得《医疗机构执业许可证》的机构及疾病预防控制机构、采供血机构。

第四十八条 本办法自公布之日起施行。

医疗废物管理行政处罚办法

- 2004年5月27日卫生部、国家环境保护总局令第21号公布
- 根据2010年12月22日《环境部关于废止、修改部分环保部门规章和规定性文件的规定》修订

第一条 根据《中华人民共和国传染病防治法》、《中华人民共和国固体废物污染环境防治法》和《医疗废物管理条例》（以下简称《条例》），县级以上人民政府卫生行政主管部门和环境保护行政主管部门按照各自职责，对违反医疗废物管理规定的行为实施的行政处罚，适用本办法。

第二条 医疗卫生机构有《条例》第四十五条规定的下列情形之一的，由县级以上地方人民政府卫生行政主管部门责令限期改正，给予警告；逾期不改正的，处2000元以上5000元以下的罚款：

（一）未建立、健全医疗废物管理制度，或者未设置监控部门或者专（兼）职人员的；

（二）未对有关人员进行相关法律和专业技术、安全防护以及紧急处理等知识培训的；

（三）未对医疗废物进行登记或者未保存登记资料的；

（四）对使用后的医疗废物运送工具或者运送车辆未在指定地点及时进行消毒和清洁的；

（五）依照《条例》自行建有医疗废物处置设施的医疗卫生机构未定期对医疗废物处置设施的污染防治和卫生学效果进行检测、评价，或者未将检测、评价效果存档、报告的。

第三条 医疗废物集中处置单位有《条例》第四十五条规定的下列情形之一的，由县级以上地方人民政府环境保护行政主管部门责令限期改正，给予警告；逾期不改正的，处2000元以上5000元以下的罚款：

（一）未建立、健全医疗废物管理制度，或者未设置监控部门或者专（兼）职人员的；

（二）未对有关人员进行相关法律和专业技术、安全防护以及紧急处理等知识培训的；

（三）未对医疗废物进行登记或者未保存登记资料的；

（四）对使用后的医疗废物运送车辆未在指定地点及时进行消毒和清洁的；

（五）未及时收集、运送医疗废物的；

（六）未定期对医疗废物处置设施的污染防治和卫生学效果进行检测、评价，或者未将检测、评价效果存档、报告的。

第四条 医疗卫生机构、医疗废物集中处置单位有《条例》第四十五条规定的情形，未对从事医疗废物收集、运送、贮存、处置等工作的人员和管理人员采取职业卫生防护措施的，由县级以上地方人民政府卫生行政主管部门责令限期改正，给予警告；逾期不改正的，处2000元以上5000元

以下的罚款。

第五条 医疗卫生机构有《条例》第四十六条规定的下列情形之一的，由县级以上地方人民政府卫生行政主管部门责令限期改正，给予警告，可以并处 5000 元以下的罚款，逾期不改正的，处 5000 元以上 3 万元以下的罚款：

（一）贮存设施或者设备不符合环境保护、卫生要求的；

（二）未将医疗废物按照类别分置于专用包装物或者容器的；

（三）未使用符合标准的运送工具运送医疗废物或者使用运送医疗废物的运送工具运送其他物品的。

第六条 医疗废物集中处置单位有《条例》第四十六条规定的下列情形之一的，由县级以上地方人民政府环境保护行政主管部门责令限期改正，给予警告，可以并处 5000 元以下的罚款，逾期不改正的，处 5000 元以上 3 万元以下的罚款：

（一）贮存设施或者设备不符合环境保护、卫生要求的；

（二）未将医疗废物按照类别分置于专用包装物或者容器的；

（三）未使用符合标准的专用车辆运送医疗废物或者使用运送医疗废物的车辆运送其他物品的；

（四）未安装污染物排放在线监控装置或者监控装置未经常处于正常运行状态的。

第七条 医疗卫生机构有《条例》第四十七条规定的下列情形之一的，由县级以上地方人民政府卫生行政主管部门责令限期改正，给予警告，并处 5000 元以上 1 万元以下的罚款；逾期不改正的，处 1 万元以上 3 万元以下的罚款：

（一）在医疗卫生机构内运送过程中丢弃医疗废物，在非贮存地点倾倒、堆放医疗废物或者将医疗废物混入其他废物和生活垃圾的；

（二）未按照《条例》的规定对污水、传染病病人或者疑似传染病病人的排泄物，进行严格消毒的，或者未达到国家规定的排放标准，排入医疗卫生机构内的污水处理系统的；

（三）对收治的传染病病人或者疑似传染病病人产生的生活垃圾，未按照医疗废物进行管理和处置的。

医疗卫生机构在医疗卫生机构外运送过程中丢弃医疗废物，在非贮存地点倾倒、堆放医疗废物或者将医疗废物混入其他废物和生活垃圾的，由县级以上地方人民政府环境保护行政主管部门依照《中华人民共和国固体废物污染环境防治法》第七十五条规定责令停止违法行为，限期改正，处一万元以上十万元以下的罚款。

第八条 医疗废物集中处置单位有《条例》第四十七条规定的情形，在运送过程中丢弃医疗废物，在非贮存地点倾倒、堆放医疗废物或者将医疗废物混入其他废物和生活垃圾的，由县级以上地方人民政府环境保护行政主管部门依照《中华人民共和国固体废物污染环境防治法》第七十五条规定责令停止违法行为，限期改正，处一万元以上十万元以下的罚款。

第九条 医疗废物集中处置单位和依照《条例》自行建有医疗废物处置设施的医疗卫生机构，有《条例》第四十七条规定的情形，对医疗废物的处置不符合国家规定的环境保护、卫生标准、规范的，由县级以上地方人民政府环境保护行政主管部门责令限期改正，给予警告，并处 5000 元以上 1 万元以下的罚款；逾期不改正的，处 1 万元以上 3 万元以下的罚款。

第十条 医疗卫生机构、医疗废物集中处置单位有《条例》第四十七条规定的下列情形之一的，由县级以上人民政府环境保护行政主管部门依照《中华人民共和国固体废物污染环境防治法》第七十五条规定责令停止违法行为，限期改正，处二万元以上二十万元以下的罚款：

（一）未执行危险废物转移联单管理制度的；

（二）将医疗废物交给未取得经营许可证的单位或者个人收集、运送、贮存、处置的。

第十一条 有《条例》第四十九条规定的情形，医疗卫生机构发生医疗废物流失、泄露、扩散时，未采取紧急处理措施，或者未及时向卫生行政主管部门报告的，由县级以上地方人民政府卫生行政主管部门责令改正，给予警告，并处 1 万元以上 3 万元以下的罚款。

医疗废物集中处置单位发生医疗废物流失、泄露、扩散时，未采取紧急处理措施，或者未及时向环境保护行政主管部门报告的，由县级以上地方人民政府环境保护行政主管部门责令改正，给予警告，并处 1 万元以上 3 万元以下的罚款。

第十二条 有《条例》第五十条规定的情形，

医疗卫生机构、医疗废物集中处置单位阻碍卫生行政主管部门执法人员执行职务，拒绝执法人员进入现场，或者不配合执法部门的检查、监测、调查取证的，由县级以上地方人民政府卫生行政主管部门责令改正，给予警告；拒不改正的，由原发证的卫生行政主管部门暂扣或者吊销医疗卫生机构的执业许可证件。

医疗卫生机构、医疗废物集中处置单位阻碍环境保护行政主管部门执法人员执行职务，拒绝执法人员进入现场，或者不配合执法部门的检查、监测、调查取证的，由县级以上地方人民政府环境保护行政主管部门依照《中华人民共和国固体废物污染环境防治法》第七十条规定责令限期改正；拒不改正或者在检查时弄虚作假的，处二千元以上二万元以下的罚款。

第十三条 有《条例》第五十一条规定的情形，不具备集中处置医疗废物条件的农村，医疗卫生机构未按照卫生行政主管部门有关疾病防治的要求处置医疗废物的，由县级人民政府卫生行政主管部门责令限期改正，给予警告；逾期不改正的，处1000元以上5000元以下的罚款；未按照环境保护行政主管部门有关环境污染防治的要求处置医疗废物的，由县级人民政府环境保护行政主管部门责令限期改正，给予警告；逾期不改正的，处1000元以上5000元以下的罚款。

第十四条 有《条例》第五十二条规定的情形，未取得经营许可证从事医疗废物的收集、运送、贮存、处置等活动的，由县级以上人民政府环境保护行政主管部门依照《中华人民共和国固体废物污染环境防治法》第七十七条规定责令停止违法行为，没收违法所得，可以并处违法所得三倍以下的罚款。

第十五条 有《条例》第四十七条、第四十八条、第四十九条、第五十一条规定的情形，医疗卫生机构造成传染病传播的，由县级以上地方人民政府卫生行政主管部门依法处罚，并由原发证的卫生行政主管部门暂扣或者吊销执业许可证件；造成环境污染事故的，由县级以上地方人民政府环境保护行政主管部门依照《中华人民共和国固体废物污染环境防治法》有关规定予以处罚，并由原发证的卫生行政主管部门暂扣或者吊销执业许可证件。

医疗废物集中处置单位造成传染病传播的，由县级以上地方人民政府卫生行政主管部门依法处罚，并由原发证的环境保护行政主管部门暂扣或者吊销经营许可证件；造成环境污染事故的，由县级以上地方人民政府环境保护行政主管部门依照《中华人民共和国固体废物污染环境防治法》有关规定予以处罚，并由原发证的环境保护行政主管部门暂扣或者吊销经营许可证件。

第十六条 有《条例》第五十三条规定的情形，转让、买卖医疗废物，邮寄或者通过铁路、航空运输医疗废物，或者违反《条例》规定通过水路运输医疗废物的，由县级以上地方人民政府环境保护行政主管部门责令转让、买卖双方、邮寄人、托运人立即停止违法行为，给予警告，没收违法所得；违法所得5000元以上的，并处违法所得2倍以上5倍以下的罚款；没有违法所得或者违法所得不足5000元的，并处5000元以上2万元以下的罚款。

承运人明知托运人违反《条例》的规定运输医疗废物，仍予以运输的，按照前款的规定予以处罚；承运人将医疗废物与旅客在同一工具上载运的，由县级以上人民政府环境保护行政主管部门依照《中华人民共和国固体废物污染环境防治法》第七十五条规定责令停止违法行为，限期改正，处一万元以上十万元以下的罚款。

第十七条 本办法自2004年6月1日起施行。

医疗废物分类目录(2021年版)

·2021年11月25日
·国卫医函〔2021〕238号

一、根据《中华人民共和国传染病防治法》《中华人民共和国固体废物污染环境防治法》《医疗废物管理条例》《医疗卫生机构医疗废物管理办法》《国家危险废物名录》等法律法规、部门规章的规定，制定本目录。本目录适用于各级各类医疗卫生机构。

二、医疗废物的分类收集应当根据其特性和处置方式进行，并与当地医疗废物处置的方式相衔接。在保证医疗安全的情况下，鼓励医疗卫生机构逐步减少使用含汞血压计和体温计，鼓励使用可复用的医疗器械、器具和用品替代一次性医疗器械、器具和用品，以实现源头减量。医疗废物分为感染性废物、损伤性废物、病理性废物、药物性废物和化学性废物，医疗废物分类目录见附表1。

三、废弃的麻醉、精神、放射性、毒性等药品及其相关废物的分类与处置，按照国家其他有关法律、法规、标准和规定执行。

四、患者截肢的肢体以及引产的死亡胎儿，纳入殡葬管理。

五、药物性废物和化学性废物可分别按照《国家危险废物名录》中HW03类和HW49类进行处置。

六、列入本目录附表2医疗废物豁免管理清单中的医疗废物，在满足相应的条件时，可以在其所列的环节按照豁免内容规定实行豁免管理。

七、重大传染病疫情等突发事件产生的医疗废物，可按照县级以上人民政府确定的工作方案进行收集、贮存、运输和处置等。

八、本目录自发布之日起施行。2003年10月10日原卫生部、原国家环保总局发布的《医疗废物分类目录》(卫医发〔2003〕287号)同时废止。

附表1

医疗废物分类目录

类别	特征	常见组分或废物名称	收集方式
感染性废物	携带病原微生物具有引发感染性疾病传播危险的医疗废物。	1. 被患者血液、体液、排泄物等污染的除锐器以外的废物； 2. 使用后废弃的一次性使用医疗器械，如注射器、输液器、透析器等； 3. 病原微生物实验室废弃的病原体培养基、标本，菌种和毒种保存液及其容器；其他实验室及科室废弃的血液、血清、分泌物等标本和容器； 4. 隔离传染病患者或者疑似传染病患者产生的废弃物。	1. 收集于符合《医疗废物专用包装袋、容器和警示标志标准》(HJ421)的医疗废物包装袋中； 2. 病原微生物实验室废弃的病原体培养基、标本，菌种和毒种保存液及其容器，应在产生地点进行压力蒸汽灭菌或者使用其他方式消毒，然后按感染性废物收集处理； 3. 隔离传染病患者或者疑似传染病患者产生的医疗废物应当使用双层医疗废物包装袋盛装。
损伤性废物	能够刺伤或者割伤人体的废弃的医用锐器。	1. 废弃的金属类锐器，如针头、缝合针、针灸针、探针、穿刺针、解剖刀、手术刀、手术锯、备皮刀、钢钉和导丝等； 2. 废弃的玻璃类锐器，如盖玻片、载玻片、玻璃安瓿等； 3. 废弃的其他材质类锐器。	1. 收集于符合《医疗废物专用包装袋、容器和警示标志标准》(HJ421)的利器盒中； 2. 利器盒达到3/4满时，应当封闭严密，按流程运送、贮存。
病理性废物	诊疗过程中产生的人体废弃物和医学实验动物尸体等。	1. 手术及其他医学服务过程中产生的废弃的人体组织、器官； 2. 病理切片后废弃的人体组织、病理蜡块； 3. 废弃的医学实验动物的组织和尸体； 4. 16周胎龄以下或重量不足500克的胚胎组织等； 5. 确诊、疑似传染病或携带传染病病原体的产妇的胎盘。	1. 收集于符合《医疗废物专用包装袋、容器和警示标志标准》(HJ421)的医疗废物包装袋中； 2. 确诊、疑似传染病产妇或携带传染病病原体的产妇的胎盘应使用双层医疗废物包装袋盛装； 3. 可进行防腐或者低温保存。

续表

类别	特征	常见组分或废物名称	收集方式
药物性废物	过期、淘汰、变质或者被污染的废弃的药物。	1. 废弃的一般性药物； 2. 废弃的细胞毒性药物和遗传毒性药物； 3. 废弃的疫苗及血液制品。	1. 少量的药物性废物可以并入感染性废物中，但应在标签中注明； 2. 批量废弃的药物性废物，收集后应交由具备相应资质的医疗废物处置单位或者危险废物处置单位等进行处置。
化学性废物	具有毒性、腐蚀性、易燃性、反应性的废弃的化学物品。	列入《国家危险废物名录》中的废弃危险化学品，如甲醛、二甲苯等；非特定行业来源的危险废物，如含汞血压计、含汞体温计，废弃的牙科汞合金材料及其残余物等。	1. 收集于容器中，粘贴标签并注明主要成分； 2. 收集后应交由具备相应资质的医疗废物处置单位或者危险废物处置单位等进行处置。

说明：因以下废弃物不属于医疗废物，故未列入此表中。如：非传染病区使用或者未用于传染病患者、疑似传染病患者以及采取隔离措施的其他患者的输液瓶（袋），盛装消毒剂、透析液的空容器，一次性医用外包装物，废弃的中草药与中草药煎制后的残渣，盛装药物的药杯，尿杯，纸巾、湿巾、尿不湿、卫生巾、护理垫等一次性卫生用品，医用织物以及使用后的大、小便器等。居民日常生活中废弃的一次性口罩不属于医疗废物。

附表 2

医疗废物豁免管理清单

序号	名称	豁免环节	豁免条件	豁免内容
1	密封药瓶、安瓿瓶等玻璃药瓶	收集	盛装容器应满足防渗漏、防刺破要求，并有医疗废物标识或者外加一层医疗废物包装袋。标签为损伤性废物，并注明：密封药瓶或者安瓿瓶。	可不使用利器盒收集。
2	导丝	收集	盛装容器应满足防渗漏、防刺破要求，并有医疗废物标识或者外加一层医疗废物包装袋。标签为损伤性废物，并注明：导丝。	可不使用利器盒收集。
3	棉签、棉球、输液贴	全部环节	患者自行用于按压止血而未收集于医疗废物容器中的棉签、棉球、输液贴。	全过程不按照医疗废物管理。
4	感染性废物、损伤性废物以及相关技术可处理的病理性废物	运输、贮存、处置	按照相关处理标准规范，采用高温蒸汽、微波、化学消毒、高温干热或者其他方式消毒处理后，在满足相关入厂（场）要求的前提下，运输至生活垃圾焚烧厂或生活垃圾填埋场等处置。	运输、贮存、处置过程不按照医疗废物管理。

说明：本附表收录的豁免清单为符合医疗废物定义、但无风险或者风险较低，在满足相关条件时，在部分环节或全部环节可不按医疗废物进行管理的废弃物。

3. 血液管理

中华人民共和国献血法

· 1997年12月29日第八届全国人民代表大会常务委员会第二十九次会议通过
· 1997年12月29日中华人民共和国主席令第93号公布
· 自1998年10月1日起施行

第一条 为保证医疗临床用血需要和安全，保障献血者和用血者身体健康，发扬人道主义精神，促进社会主义物质文明和精神文明建设，制定本法。

第二条 国家实行无偿献血制度。

国家提倡18周岁至55周岁的健康公民自愿献血。

第三条 地方各级人民政府领导本行政区域内的献血工作，统一规划并负责组织、协调有关部门共同做好献血工作。

第四条 县级以上各级人民政府卫生行政部门监督管理献血工作。

各级红十字会依法参与、推动献血工作。

第五条 各级人民政府采取措施广泛宣传献血的意义，普及献血的科学知识，开展预防和控制经血液途径传播的疾病的教育。

新闻媒介应当开展献血的社会公益性宣传。

第六条 国家机关、军队、社会团体、企业事业组织、居民委员会、村民委员会，应当动员和组织本单位或者本居住区的适龄公民参加献血。

现役军人献血的动员和组织办法，由中国人民解放军卫生主管部门制定。

对献血者，发给国务院卫生行政部门制作的无偿献血证书，有关单位可以给予适当补贴。

第七条 国家鼓励国家工作人员、现役军人和高等学校在校学生率先献血，为树立社会新风尚作表率。

第八条 血站是采集、提供临床用血的机构，是不以营利为目的的公益性组织。设立血站向公民采集血液，必须经国务院卫生行政部门或者省、自治区、直辖市人民政府卫生行政部门批准。血站应当为献血者提供各种安全、卫生、便利的条件。血站的设立条件和管理办法由国务院卫生行政部门制定。

第九条 血站对献血者必须免费进行必要的健康检查；身体状况不符合献血条件的，血站应当向其说明情况，不得采集血液。献血者的身体健康条件由国务院卫生行政部门规定。

血站对献血者每次采集血液量一般为200毫升，最多不得超过400毫升，两次采集间隔期不少于6个月。

严格禁止血站违反前款规定对献血者超量、频繁采集血液。

第十条 血站采集血液必须严格遵守有关操作规程和制度，采血必须由具有采血资格的医务人员进行，一次性采血器材用后必须销毁，确保献血者的身体健康。

血站应当根据国务院卫生行政部门制定的标准，保证血液质量。

血站对采集的血液必须进行检测；未经检测或者检测不合格的血液，不得向医疗机构提供。

第十一条 无偿献血的血液必须用于临床，不得买卖。血站、医疗机构不得将无偿献血的血液出售给单采血浆站或者血液制品生产单位。

第十二条 临床用血的包装、储存、运输，必须符合国家规定的卫生标准和要求。

第十三条 医疗机构对临床用血必须进行核查，不得将不符合国家规定标准的血液用于临床。

第十四条 公民临床用血时只交付用于血液的采集、储存、分离、检验等费用；具体收费标准由国务院卫生行政部门会同国务院价格主管部门制定。

无偿献血者临床需要用血时，免交前款规定的费用；无偿献血者的配偶和直系亲属临床需要用血时，可以按照省、自治区、直辖市人民政府的规定免交或者减交前款规定的费用。

第十五条 为保障公民临床急救用血的需要，国家提倡并指导择期手术的患者自身储血，动员家庭、亲友、所在单位以及社会互助献血。

为保证应急用血，医疗机构可以临时采集血液，但应当依照本法规定，确保采血用血安全。

第十六条 医疗机构临床用血应当制定用血计划，遵循合理、科学的原则，不得浪费和滥用血液。

医疗机构应当积极推行按血液成分针对医疗实际需要输血，具体管理办法由国务院卫生行政部门制定。

国家鼓励临床用血新技术的研究和推广。

第十七条 各级人民政府和红十字会对积极参加献血和在献血工作中做出显著成绩的单位和个人，给予奖励。

第十八条 有下列行为之一的，由县级以上地方人民政府卫生行政部门予以取缔，没收违法所得，可以并处10万元以下的罚款；构成犯罪的，依法追究刑事责任：

（一）非法采集血液的；

（二）血站、医疗机构出售无偿献血的血液的；

（三）非法组织他人出卖血液的。

第十九条 血站违反有关操作规程和制度采集血液，由县级以上地方人民政府卫生行政部门责令改正；给献血者健康造成损害的，应当依法赔偿，对直接负责的主管人员和其他直接责任人员，依法给予行政处分；构成犯罪的，依法追究刑事责任。

第二十条 临床用血的包装、储存、运输，不符合国家规定的卫生标准和要求的，由县级以上地方人民政府卫生行政部门责令改正，给予警告，可以并处1万元以下的罚款。

第二十一条 血站违反本法的规定，向医疗机构提供不符合国家规定标准的血液的，由县级以上人民政府卫生行政部门责令改正；情节严重，造成经血液途径传播的疾病传播或者有传播严重危险的，限期整顿，对直接负责的主管人员和其他直接责任人员，依法给予行政处分；构成犯罪的，依法追究刑事责任。

第二十二条 医疗机构的医务人员违反本法规定，将不符合国家规定标准的血液用于患者的，由县级以上地方人民政府卫生行政部门责令改正；给患者健康造成损害的，应当依法赔偿，对直接负责的主管人员和其他直接责任人员，依法给予行政处分；构成犯罪的，依法追究刑事责任。

第二十三条 卫生行政部门及其工作人员在献血、用血的监督管理工作中，玩忽职守，造成严重后果，构成犯罪的，依法追究刑事责任；尚不构成犯罪的，依法给予行政处分。

第二十四条 本法自1998年10月1日起施行。

血液制品管理条例

· 1996年12月30日中华人民共和国国务院令第208号发布

· 根据2016年2月6日《国务院关于修改部分行政法规的决定》修订

第一章 总 则

第一条 为了加强血液制品管理，预防和控制经血液途径传播的疾病，保证血液制品的质量，根据药品管理法和传染病防治法，制定本条例。

第二条 本条例适用于在中华人民共和国境内从事原料血浆的采集、供应以及血液制品的生产、经营活动。

第三条 国务院卫生行政部门对全国的原料血浆的采集、供应和血液制品的生产、经营活动实施监督管理。

县级以上地方各级人民政府卫生行政部门对本行政区域内的原料血浆的采集、供应和血液制品的生产、经营活动，依照本条例第三十条规定的职责实施监督管理。

第二章 原料血浆的管理

第四条 国家实行单采血浆站统一规划、设置的制度。

国务院卫生行政部门根据核准的全国生产用原料血浆的需求，对单采血浆站的布局、数量和规模制定总体规划。省、自治区、直辖市人民政府卫生行政部门根据总体规划制定本行政区域内单采血浆站设置规划和采集血浆的区域规划，并报国务院卫生行政部门备案。

第五条 单采血浆站由血液制品生产单位设置或者由县级人民政府卫生行政部门设置，专门从事单采血浆活动，具有独立法人资格。其他任何单位和个人不得从事单采血浆活动。

第六条 设置单采血浆站，必须具备下列条件：

（一）符合单采血浆站布局、数量、规模的规划；

（二）具有与所采集原料血浆相适应的卫生专业技术人员；

（三）具有与所采集原料血浆相适应的场所及卫生环境；

（四）具有识别供血浆者的身份识别系统；

（五）具有与所采集原料血浆相适应的单采血浆机械及其他设施；

（六）具有对所采集原料血浆进行质量检验的技术人员以及必要的仪器设备。

第七条 申请设置单采血浆站的，由县级人民政府卫生行政部门初审，经设区的市、自治州人民政府卫生行政部门或者省、自治区人民政府设立的派出机关的卫生行政机构审查同意，报省、自治区、直辖市人民政府卫生行政部门审批；经审查符合条件的，由省、自治区、直辖市人民政府卫生行政部门核发《单采血浆许可证》，并报国务院卫生行政部门备案。

单采血浆站只能对省、自治区、直辖市人民政府卫生行政部门划定区域内的供血浆者进行筛查和采集血浆。

第八条 《单采血浆许可证》应当规定有效期。

第九条 在一个采血浆区域内，只能设置一个单采血浆站。

严禁单采血浆站采集非划定区域内的供血浆者和其他人员的血浆。

第十条 单采血浆站必须对供血浆者进行健康检查；检查合格的，由县级人民政府卫生行政部门核发《供血浆证》。

供血浆者健康检查标准，由国务院卫生行政部门制定。

第十一条 《供血浆证》由省、自治区、直辖市人民政府卫生行政部门负责设计和印制。《供血浆证》不得涂改、伪造、转让。

第十二条 单采血浆站在采集血浆前，必须对供血浆者进行身份识别并核实其《供血浆证》，确认无误的，方可按照规定程序进行健康检查和血液化验；对检查、化验合格的，按照有关技术操作标准及程序采集血浆，并建立供血浆者健康检查及供血浆记录档案；对检查、化验不合格的，由单采血浆站收缴《供血浆证》，并由所在地县级人民政府卫生行政部门监督销毁。

严禁采集无《供血浆证》者的血浆。

血浆采集技术操作标准及程序，由国务院卫生行政部门制定。

第十三条 单采血浆站只能向一个与其签订质量责任书的血液制品生产单位供应原料血浆，严禁向其他任何单位供应原料血浆。

第十四条 单采血浆站必须使用单采血浆机械采集血浆，严禁手工操作采集血浆。采集的血浆必须按单人份冰冻保存，不得混浆。

严禁单采血浆站采集血液或者将所采集的原料血浆用于临床。

第十五条 单采血浆站必须使用有产品批准文号并经国家药品生物制品检定机构逐批检定合格的体外诊断试剂以及合格的一次性采血浆器材。

采血浆器材等一次性消耗品使用后，必须按照国家有关规定予以销毁，并作记录。

第十六条 单采血浆站采集的原料血浆的包装、储存、运输，必须符合国家规定的卫生标准和要求。

第十七条 单采血浆站必须依照传染病防治法及其实施办法等有关规定，严格执行消毒管理及疫情上报制度。

第十八条 单采血浆站应当每半年向所在地的县级人民政府卫生行政部门报告有关原料血浆采集情况，同时抄报设区的市、自治州人民政府卫生行政部门或者省、自治区人民政府设立的派出机关的卫生行政机构及省、自治区、直辖市人民政府卫生行政部门。省、自治区、直辖市人民政府卫生行政部门应当每年向国务院卫生行政部门汇总报告本行政区域内原料血浆的采集情况。

第十九条 国家禁止出口原料血浆。

第三章 血液制品生产经营单位管理

第二十条 新建、改建或者扩建血液制品生产单位，经国务院卫生行政部门根据总体规划进行立项审查同意后，由省、自治区、直辖市人民政府卫生行政部门依照药品管理法的规定审核批准。

第二十一条 血液制品生产单位必须达到国务院卫生行政部门制定的《药品生产质量管理规范》规定的标准，经国务院卫生行政部门审查合格，并依法向工商行政管理部门申领营业执照后，方可从事血液制品的生产活动。

第二十二条 血液制品生产单位应当积极开发新品种，提高血浆综合利用率。

血液制品生产单位生产国内已经生产的品种，必须依法向国务院卫生行政部门申请产品批准文号；国内尚未生产的品种，必须按照国家有关新药审批的程序和要求申报。

第二十三条 严禁血液制品生产单位出让、出租、出借以及与他人共用《药品生产企业许可证》和产品批准文号。

第二十四条 血液制品生产单位不得向无《单采血浆许可证》的单采血浆站或者未与其签订质量责任书的单采血浆站及其他任何单位收集原料血浆。

血液制品生产单位不得向其他任何单位供应原料血浆。

第二十五条 血液制品生产单位在原料血浆投料生产前，必须使用有产品批准文号并经国家药品生物制品检定机构逐批检定合格的体外诊断试剂，对每一人份血浆进行全面复检，并作检测记录。

原料血浆经复检不合格的，不得投料生产，并必须在省级药品监督员监督下按照规定程序和方法予以销毁，并作记录。

原料血浆经复检发现有经血液途径传播的疾病的，必须通知供应血浆的单采血浆站，并及时上报所在地省、自治区、直辖市人民政府卫生行政部门。

第二十六条 血液制品出厂前，必须经过质量检验；经检验不符合国家标准的，严禁出厂。

第二十七条 开办血液制品经营单位，由省、自治区、直辖市人民政府卫生行政部门审核批准。

第二十八条 血液制品经营单位应当具备与所经营的产品相适应的冷藏条件和熟悉所经营品种的业务人员。

第二十九条 血液制品生产经营单位生产、包装、储存、运输、经营血液制品，应当符合国家规定的卫生标准和要求。

第四章 监督管理

第三十条 县级以上地方各级人民政府卫生行政部门依照本条例的规定负责本行政区域内的单采血浆站、供血浆者、原料血浆的采集及血液制品经营单位的监督管理。

省、自治区、直辖市人民政府卫生行政部门依照本条例的规定负责本行政区域内的血液制品生产单位的监督管理。

县级以上地方各级人民政府卫生行政部门的监督人员执行职务时，可以按照国家有关规定抽取样品和索取有关资料，有关单位不得拒绝和隐瞒。

第三十一条 省、自治区、直辖市人民政府卫生行政部门每年组织1次对本行政区域内单采血浆站的监督检查并进行年度注册。

设区的市、自治州人民政府卫生行政部门或者省、自治区人民政府设立的派出机关的卫生行政机构每半年对本行政区域内的单采血浆站进行1次检查。

第三十二条 国家药品生物制品检定机构及国务院卫生行政部门指定的省级药品检验机构，应当依照本条例和国家规定的标准和要求，对血液制品生产单位生产的产品定期进行检定。

第三十三条 国务院卫生行政部门负责全国进出口血液制品的审批及监督管理。

第五章 罚 则

第三十四条 违反本条例规定，未取得省、自治区、直辖市人民政府卫生行政部门核发的《单采血浆许可证》，非法从事组织、采集、供应、倒卖原料血浆活动的，由县级以上地方人民政府卫生行政部门予以取缔，没收违法所得和从事违法活动的器材、设备，并处违法所得5倍以上10倍以下的罚款，没有违法所得的，并处5万元以上10万元以下的罚款；造成经血液途径传播的疾病传播、人身伤害等危害，构成犯罪的，依法追究刑事责任。

第三十五条 单采血浆站有下列行为之一的，由县级以上地方人民政府卫生行政部门责令限期改正，处5万元以上10万元以下的罚款；有第八项所列行为的，或者有下列其他行为并且情节严重的，由省、自治区、直辖市人民政府卫生行政部门吊销《单采血浆许可证》；构成犯罪的，对负有直接责任的主管人员和其他直接责任人员依法追究刑事责任：

（一）采集血浆前，未按照国务院卫生行政部门颁布的健康检查标准对供血浆者进行健康检查和血液化验的；

（二）采集非划定区域内的供血浆者或者其他人员的血浆的，或者不对供血浆者进行身份识别，采集冒名顶替者、健康检查不合格者或者无《供血浆证》者的血浆的；

（三）违反国务院卫生行政部门制定的血浆采集技术操作标准和程序，过频过量采集血浆的；

（四）向医疗机构直接供应原料血浆或者擅自采集血液的；

（五）未使用单采血浆机械进行血浆采集的；

（六）未使用有产品批准文号并经国家药品生物制品检定机构逐批检定合格的体外诊断试剂以及合格的一次性采血浆器材的；

（七）未按照国家规定的卫生标准和要求包装、储存、运输原料血浆的；

（八）对国家规定检测项目检测结果呈阳性的血浆不清除、不及时上报的；

（九）对污染的注射器、采血浆器材及不合格血浆等不经消毒处理，擅自倾倒，污染环境，造成社会危害的；

（十）重复使用一次性采血浆器材的；

（十一）向与其签订质量责任书的血液制品生产单位以外的其他单位供应原料血浆的。

第三十六条 单采血浆站已知其采集的血浆检测结果呈阳性，仍向血液制品生产单位供应的，由省、自治区、直辖市人民政府卫生行政部门吊销《单采血浆许可证》，由县级以上地方人民政府卫生行政部门没收违法所得，并处10万元以上30万元以下的罚款；造成经血液途径传播的疾病传播、人身伤害等危害，构成犯罪的，对负有直接责任的主管人员和其他直接责任人员依法追究刑事责任。

第三十七条 涂改、伪造、转让《供血浆证》的，由县级人民政府卫生行政部门收缴《供血浆证》，没收违法所得，并处违法所得3倍以上5倍以下的罚款，没有违法所得的，并处1万元以下的罚款；构成犯罪的，依法追究刑事责任。

第三十八条 血液制品生产单位有下列行为之一的，由省级以上人民政府卫生行政部门依照药品管理法及其实施办法等有关规定，按照生产假药、劣药予以处罚；构成犯罪的，对负有直接责任的主管人员和其他直接责任人员依法追究刑事责任：

（一）使用无《单采血浆许可证》的单采血浆站或者未与其签订质量责任书的单采血浆站及其他任何单位供应的原料血浆的，或者非法采集原料血浆的；

（二）投料生产前未对原料血浆进行复检的，或者使用没有产品批准文号或者未经国家药品生物制品检定机构逐批检定合格的体外诊断试剂进行复检的，或者将检测不合格的原料血浆投入生产的；

（三）擅自更改生产工艺和质量标准的，或者将检验不合格的产品出厂的；

（四）与他人共用产品批准文号的。

第三十九条 血液制品生产单位违反本条例规定，擅自向其他单位出让、出租、出借以及与他人共用《药品生产企业许可证》、产品批准文号或者供应原料血浆的，由省级以上人民政府卫生行政部门没收违法所得，并处违法所得5倍以上10倍以下的罚款，没有违法所得的，并处5万元以上10万元以下的罚款。

第四十条 违反本条例规定，血液制品生产经营单位生产、包装、储存、运输、经营血液制品不符合国家规定的卫生标准和要求的，由省、自治区、直辖市人民政府卫生行政部门责令改正，可以处1万元以下的罚款。

第四十一条 在血液制品生产单位成品库待出厂的产品中，经抽检有一批次达不到国家规定的指标，经复检仍不合格的，由国务院卫生行政部门撤销该血液制品批准文号。

第四十二条 违反本条例规定，擅自进出口血液制品或者出口原料血浆的，由省级以上人民政府卫生行政部门没收所进出口的血液制品或者所出口的原料血浆和违法所得，并处所进出口的血液制品或者所出口的原料血浆总值3倍以上5倍以下的罚款。

第四十三条 血液制品检验人员虚报、瞒报、涂改、伪造检验报告及有关资料的，依法给予行政处分；构成犯罪的，依法追究刑事责任。

第四十四条 卫生行政部门工作人员滥用职权、玩忽职守、徇私舞弊、索贿受贿，构成犯罪的，依法追究刑事责任；尚不构成犯罪的，依法给予行政处分。

第六章 附 则

第四十五条 本条例下列用语的含义：

血液制品，是特指各种人血浆蛋白制品。

原料血浆，是指由单采血浆站采集的专用于血液制品生产原料的血浆。

供血浆者，是指提供血液制品生产用原料血浆的人员。

单采血浆站，是指根据地区血源资源，按照有关标准和要求并经严格审批设立，采集供应血液制品生产用原料血浆的单位。

第四十六条 本条例施行前已经设立的单采血浆站和血液制品生产经营单位应当自本条例施行之日起6个月内，依照本条例的规定重新办理审批手续；凡不符合本条例规定的，一律予以关闭。

本条例施行前已经设立的单采血浆站适用本条例第六条第五项的时间，由国务院卫生行政部门另行规定。

第四十七条 本条例自发布之日起施行。

血站管理办法

- 2005年11月17日卫生部令第44号发布
- 根据2009年3月27日《卫生部关于对〈血站管理办法〉第三十一条进行修订的通知》第一次修正
- 根据2016年1月19日《国家卫生计生委关于修改〈外国医师来华短期行医暂行管理办法〉等8件部门规章的决定》第二次修正
- 根据2017年12月26日《国家卫生计生委关于修改〈新食品原料安全性审查管理办法〉等7件部门规章的决定》第三次修正

第一章 总 则

第一条 为了确保血液安全，规范血站执业行为，促进血站的建设与发展，根据《献血法》制定本办法。

第二条 本办法所称血站是指不以营利为目的，采集、提供临床用血的公益性卫生机构。

第三条 血站分为一般血站和特殊血站。

一般血站包括血液中心、中心血站和中心血库。

特殊血站包括脐带血造血干细胞库和国家卫生计生委根据医学发展需要批准、设置的其他类型血库。

第四条 血液中心、中心血站和中心血库由地方人民政府设立。

血站的建设和发展纳入当地国民经济和社会发展计划。

第五条 国家卫生计生委根据全国医疗资源配置、临床用血需求，制定全国采供血机构设置规划指导原则，并负责全国血站建设规划的指导。

省、自治区、直辖市人民政府卫生计生行政部门应当根据前款规定，结合本行政区域人口、医疗资源、临床用血需求等实际情况和当地区域卫生发展规划，制定本行政区域血站设置规划，报同级人民政府批准，并报国家卫生计生委备案。

第六条 国家卫生计生委主管全国血站的监督管理工作。

县级以上地方人民政府卫生计生行政部门负责本行政区域内血站的监督管理工作。

第七条 鼓励和支持开展血液应用研究和技术创新工作，以及与临床输血有关的科学技术的国际交流与合作。

第二章 一般血站管理

第一节 设置、职责与执业登记

第八条 血液中心应当设置在直辖市、省会市、自治区首府市。其主要职责是：

（一）按照省级人民政府卫生计生行政部门的要求，在规定范围内开展无偿献血者的招募、血液的采集与制备、临床用血供应以及医疗用血的业务指导等工作；

（二）承担所在省、自治区、直辖市血站的质量控制与评价；

（三）承担所在省、自治区、直辖市血站的业务培训与技术指导；

（四）承担所在省、自治区、直辖市血液的集中化检测任务；

（五）开展血液相关的科研工作；

（六）承担卫生计生行政部门交办的任务。

血液中心应当具有较高综合质量评价的技术能力。

第九条 中心血站应当设置在设区的市。其主要职责是：

（一）按照省级人民政府卫生计生行政部门的要求，在规定范围内开展无偿献血者的招募、血液的采集与制备、临床用血供应以及医疗用血的业务指导等工作；

（二）承担供血区域范围内血液储存的质量控制；

（三）对所在行政区域内的中心血库进行质量控制；

（四）承担卫生计生行政部门交办的任务。

直辖市、省会市、自治区首府市已经设置血液中心的，不再设置中心血站；尚未设置血液中心的，可以在已经设置的中心血站基础上加强能力建设，履行血液中心的职责。

第十条 中心血库应当设置在中心血站服务覆盖不到的县级综合医院内。其主要职责是，按照省级人民政府卫生计生行政部门的要求，在规定范围内开展无偿献血者的招募、血液的采集与制备、临床用血供应以及医疗用血业务指导等工作。

第十一条 省、自治区、直辖市人民政府卫生计生行政部门依据采供血机构设置规划批准设置血站，并报国家卫生计生委备案。

省、自治区、直辖市人民政府卫生计生行政部门负责明确辖区内各级卫生计生行政部门监管责任和血站的职责；根据实际供血距离与能力等情况，负责划定血站采供血服务区域，采供血服务区域可以不受行政区域的限制。

同一行政区域内不得重复设置血液中心、中心血站。

血站与单采血浆站不得在同一县级行政区域内设置。

第十二条 省、自治区、直辖市人民政府卫生计生行政部门应当统一规划、设置集中化检测实验室，并逐步实施。

第十三条 血站开展采供血活动，应当向所在省、自治区、直辖市人民政府卫生计生行政部门申请办理执业登记，取得《血站执业许可证》。没有取得《血站执业许可证》的，不得开展采供血活动。

《血站执业许可证》有效期为三年。

第十四条 血站申请办理执业登记必须填写《血站执业登记申请书》。

省级人民政府卫生计生行政部门在受理血站执业登记申请后，应当组织有关专家或者委托技术部门，根据《血站质量管理规范》和《血站实验室质量管理规范》，对申请单位进行技术审查，并提交技术审查报告。

省级人民政府卫生计生行政部门应当在接到专家或者技术部门的技术审查报告后二十日内对申请事项进行审核。审核合格的，予以执业登记，发给国家卫生计生委统一样式的《血站执业许可证》及其副本。

第十五条 有下列情形之一的，不予执业登记：

（一）《血站质量管理规范》技术审查不合格的；

（二）《血站实验室质量管理规范》技术审查不合格的；

（三）血液质量检测结果不合格的。

执业登记机关对审核不合格、不予执业登记的，将结果和理由以书面形式通知申请人。

第十六条 《血站执业许可证》有效期满前三个月，血站应当办理再次执业登记，并提交《血站再次执业登记申请书》及《血站执业许可证》。

省级人民政府卫生计生行政部门应当根据血站业务开展和监督检查情况进行审核，审核合格的，予以继续执业。未通过审核的，责令其限期整改；经整改仍审核不合格的，注销其《血站执业许可证》。

未办理再次执业登记手续或者被注销《血站执业许可证》的血站，不得继续执业。

第十七条 血站因采供血需要，在规定的服务区域内设置分支机构，应当报所在省、自治区、直辖市人民政府卫生计生行政部门批准；设置固定采血点（室）或者流动采血车的，应当报省、自治区、直辖市人民政府卫生计生行政部门备案。

为保证辖区内临床用血需要，血站可以设置储血点储存血液。储血点应当具备必要的储存条件，并由省级卫生行政部门批准。

第十八条 根据规划予以撤销的血站，应当在撤销后十五日内向执业登记机关申请办理注销执业登记。逾期不办理的，由执业登记机关依程序予以注销，并收回《血站执业许可证》及其副本和全套印章。

第二节　执　业

第十九条 血站执业，应当遵守有关法律、行政法规、规章和技术规范。

第二十条 血站应当根据医疗机构临床用血需求，制定血液采集、制备、供应计划，保障临床用血安全、及时、有效。

第二十一条 血站应当开展无偿献血宣传。

血站开展献血者招募，应当为献血者提供安全、卫生、便利的条件和良好的服务。

第二十二条 血站应当按照国家有关规定对献血者进行健康检查和血液采集。

血站采血前应当对献血者身份进行核对并进行登记。

严禁采集冒名顶替者的血液。严禁超量、频繁采集血液。

血站不得采集血液制品生产用原料血浆。

第二十三条 献血者应当按照要求出示真实的身份证明。

任何单位和个人不得组织冒名顶替者献血。

第二十四条 血站采集血液应当遵循自愿和知情同意的原则，并对献血者履行规定的告知义务。

血站应当建立献血者信息保密制度，为献血者保密。

第二十五条 血站应当建立对有易感染经血液传播疾病危险行为的献血者献血后的报告工作程序、献血屏蔽和淘汰制度。

第二十六条 血站开展采供血业务应当实行全面质量管理，严格遵守《中国输血技术操作规程》、《血站质量管理规范》和《血站实验室质量规范》等技术规范和标准。

血站应当建立人员岗位责任制度和采供血管理相关工作制度，并定期检查、考核各项规章制度和各级各类人员岗位责任制的执行和落实情况。

第二十七条 血站应当对血站工作人员进行岗位培训与考核。血站工作人员应当符合岗位执业资格的规定，并经岗位培训与考核合格后方可上岗。

血站工作人员每人每年应当接受不少于75学时的岗位继续教育。

省级人民政府卫生计生行政部门应当制定血站工作人员培训标准或指南，并对血站开展的岗位培训、考核工作进行指导和监督。

第二十八条 血站各业务岗位工作记录应当内容真实、项目完整、格式规范、字迹清楚、记录及时，有操作者签名。

记录内容需要更改时，应当保持原记录内容清晰可辨，注明更改内容、原因和日期，并在更改处签名。

献血、检测和供血的原始记录应当至少保存十年，法律、行政法规和国家卫生计生委另有规定的，依照有关规定执行。

第二十九条 血站应当保证所采集的血液由具有血液检测实验室资格的实验室进行检测。

对检测不合格或者报废的血液，血站应当严格按照有关规定处理。

第三十条 血站应当制定实验室室内质控与室间质评制度，确保试剂、卫生器材、仪器、设备在使用过程中能达到预期效果。

血站的实验室应当配备必要的生物安全设备和设施，并对工作人员进行生物安全知识培训。

第三十一条 血液标本的保存期为全血或成分血使用后两年。

第三十二条 血站应当加强消毒、隔离工作管理，预防和控制感染性疾病的传播。

血站产生的医疗废物应当按《医疗废物管理条例》规定处理，做好记录与签字，避免交叉感染。

第三十三条 血站及其执行职务的人员发现法定传染病疫情时，应当按照《传染病防治法》和国家卫生计生委的规定向有关部门报告。

第三十四条 血液的包装、储存、运输应当符合《血站质量管理规范》的要求。血液包装袋上应当标明：

（一）血站的名称及其许可证号；

（二）献血编号或者条形码；

（三）血型；

（四）血液品种；

（五）采血日期及时间或者制备日期及时间；

（六）有效日期及时间；

（七）储存条件。

第三十五条 血站应当保证发出的血液质量符合国家有关标准，其品种、规格、数量、活性、血型无差错；未经检测或者检测不合格的血液，不得向医疗机构提供。

第三十六条 血站应当建立质量投诉、不良反应监测和血液收回制度。

第三十七条 血站应当加强对其所设储血点的质量监督，确保储存条件，保证血液储存质量；按照临床需要进行血液储存和调换。

第三十八条 血站使用的药品、体外诊断试剂、一次性卫生器材应当符合国家有关规定。

第三十九条 血站应当按照有关规定，认真填写采供血机构统计报表，及时准确上报。

第四十条 血站应当制定紧急灾害应急预案，并从血源、管理制度、技术能力和设备条件等方面保证预案的实施。在紧急灾害发生时服从县级以上人民政府卫生计生行政部门的调遣。

第四十一条 因临床、科研或者特殊需要，需要从外省、自治区、直辖市调配血液的，由省级人民政府卫生计生行政部门组织实施。

禁止临床医疗用途的人体血液、血浆进出口。

第四十二条 无偿献血的血液必须用于临床，不得买卖。

血站剩余成分血浆由省、自治区、直辖市人民政府卫生计生行政部门协调血液制品生产单位解决。

第四十三条 血站必须严格执行国家有关报废血处理和有易感染经血液传播疾病危险行为的献血者献血后保密性弃血处理的规定。

第四十四条 血站剩余成分血浆以及因科研或者特殊需要用血而进行的调配所得的收入，全部用于无偿献血者用血返还费用，血站不得挪作他用。

第三章 特殊血站管理

第四十五条 国家卫生计生委根据全国人口分布、卫生资源、临床造血干细胞移植需要等实际情况，统一制定我国脐带血造血干细胞库等特殊血站的设置规划和原则。

国家不批准设置以营利为目的的脐带血造血干细胞库等特殊血站。

第四十六条 申请设置脐带血造血干细胞库等特殊血站的，应当按照国家卫生计生委规定的条件向所在地省级人民政府卫生计生行政部门申请。省级人民政府卫生计生行政部门组织初审后报国家卫生计生委。

国家卫生计生委对脐带血造血干细胞库等特殊血站设置审批按照申请的先后次序进行。

第四十七条 脐带血造血干细胞库等特殊血站执业，应当向所在地省级人民政府卫生计生行政部门申请办理执业登记。

省级卫生计生行政部门应当组织有关专家和技术部门，按照本办法和国家卫生计生委制定的脐带血造血干细胞库等特殊血站的基本标准、技术规范，对申请单位进行技术审查及执业验收。审查合格的，发给《血站执业许可证》，并注明开展的业务。《血站执业许可证》有效期为三年。

未取得《血站执业许可证》的，不得开展采供脐带血造血干细胞等业务。

第四十八条 脐带血造血干细胞库等特殊血站在《血站执业许可证》有效期满后继续执业的，应当在《血站执业许可证》有效期满前三个月向原执业登记的省级人民政府卫生计生行政部门申请办理再次执业登记手续。

第四十九条 脐带血造血干细胞库等特殊血站执业除应当遵守本办法第二章第二节一般血站的执业要求外，还应当遵守以下规定：

（一）按照国家卫生计生委规定的脐带血造血干细胞库等特殊血站的基本标准、技术规范等执业；

（二）脐带血等特殊血液成分的采集必须符合医学伦理的有关要求，并遵循自愿和知情同意的原则。脐带血造血干细胞库必须与捐献者签署经执业登记机关审核的知情同意书；

（三）脐带血造血干细胞库等特殊血站只能向有造血干细胞移植经验和基础，并装备有造血干细胞移植所需的无菌病房和其他必须设施的医疗机构提供脐带血造血干细胞；

（四）脐带血等特殊血液成分必须用于临床。

第四章 监督管理

第五十条 县级以上人民政府卫生计生行政部门对采供血活动履行下列职责：

（一）制定临床用血储存、配送管理办法，并监督实施；

（二）对下级卫生计生行政部门履行本办法规定的血站管理职责进行监督检查；

（三）对辖区内血站执业活动进行日常监督检查，组织开展对采供血质量的不定期抽检；

（四）对辖区内临床供血活动进行监督检查；

（五）对违反本办法的行为依法进行查处。

第五十一条 各级人民政府卫生计生行政部门应当对无偿献血者的招募、采血、供血活动予以支持、指导。

第五十二条 省级人民政府卫生计生行政部门应当对本辖区内的血站执行有关规定情况和无偿献血比例、采供血服务质量、业务指导、人员培训、综合质量评价技术能力等情况进行评价及监督检查,按照国家卫生计生委的有关规定将结果上报,同时向社会公布。

第五十三条 国家卫生计生委定期对血液中心执行有关规定情况和无偿献血比例、采供血服务质量、业务指导、人员培训、综合质量评价技术能力等情况以及脐带血造血干细胞库等特殊血站的质量管理状况进行评价及监督检查,并将结果向社会公布。

第五十四条 卫生计生行政部门在进行监督检查时,有权索取有关资料,血站不得隐瞒、阻碍或者拒绝。

卫生计生行政部门对血站提供的资料负有保密的义务,法律、行政法规或者部门规章另有规定的除外。

第五十五条 卫生计生行政部门和工作人员在履行职责时,不得有以下行为:

(一)对不符合法定条件的,批准其设置、执业登记或者变更登记,或者超越职权批准血站设置、执业登记或者变更登记;

(二)对符合法定条件和血站设置规划的,不予批准其设置、执业登记或者变更登记;或者不在法定期限内批准其设置、执业登记或者变更登记;

(三)对血站不履行监督管理职责;

(四)其他违反本办法的行为。

第五十六条 各级人民政府卫生计生行政部门应当建立血站监督管理的举报、投诉机制。

卫生计生行政部门对举报人和投诉人负有保密的义务。

第五十七条 国家实行血液质量监测、检定制度,对血站质量管理、血站实验室质量管理实行技术评审制度,具体办法由国家卫生计生委另行制定。

第五十八条 血站有下列情形之一的,由省级人民政府卫生计生行政部门注销其《血站执业许可证》:

(一)《血站执业许可证》有效期届满未办理再次执业登记的;

(二)取得《血站执业许可证》后一年内未开展采供血工作的。

第五章 法律责任

第五十九条 有下列行为之一的,属于非法采集血液,由县级以上地方人民政府卫生计生行政部门按照《献血法》第十八条的有关规定予以处罚;构成犯罪的,依法追究刑事责任:

(一)未经批准,擅自设置血站,开展采供血活动的;

(二)已被注销的血站,仍开展采供血活动的;

(三)已取得设置批准但尚未取得《血站执业许可证》即开展采供血活动,或者《血站执业许可证》有效期满未再次登记仍开展采供血活动的;

(四)租用、借用、出租、出借、变造、伪造《血站执业许可证》开展采供血活动的。

第六十条 血站出售无偿献血血液的,由县级以上地方人民政府卫生计生行政部门按照《献血法》第十八条的有关规定,予以处罚;构成犯罪的,依法追究刑事责任。

第六十一条 血站有下列行为之一的,由县级以上地方人民政府卫生计生行政部门予以警告、责令改正;逾期不改正,或者造成经血液传播疾病发生,或者其他严重后果的,对负有责任的主管人员和其他直接负责人员,依法给予行政处分;构成犯罪的,依法追究刑事责任:

(一)超出执业登记的项目、内容、范围开展业务活动的;

(二)工作人员未取得相关岗位执业资格或者未经执业注册而从事采供血工作的;

(三)血液检测实验室未取得相应资格即进行检测的;

(四)擅自采集原料血浆、买卖血液的;

(五)采集血液前,未按照国家颁布的献血者健康检查要求对献血者进行健康检查、检测的;

(六)采集冒名顶替者、健康检查不合格者血液以及超量、频繁采集血液的;

(七)违反输血技术操作规程、有关质量规范和标准的;

(八)采血前未向献血者、特殊血液成分捐赠者履行规定的告知义务的;

(九)擅自涂改、毁损或者不按规定保存工作记录的;

(十)使用的药品、体外诊断试剂、一次性卫生器材不符合国家有关规定的;

(十一)重复使用一次性卫生器材的;

(十二)对检测不合格或者报废的血液,未按有关规定处理的;

（十三）擅自与外省、自治区、直辖市调配血液的；

（十四）未按规定保存血液标本的；

（十五）脐带血造血干细胞库等特殊血站违反有关技术规范的。

血站造成经血液传播疾病发生或者其他严重后果的，卫生计生行政部门在行政处罚的同时，可以注销其《血站执业许可证》。

第六十二条 临床用血的包装、储存、运输，不符合国家规定的卫生标准和要求的，由县级以上地方人民政府卫生计生行政部门责令改正，给予警告。

第六十三条 血站违反规定，向医疗机构提供不符合国家规定标准的血液的，由县级以上人民政府卫生计生行政部门责令改正；情节严重，造成经血液途径传播的疾病传播或者有传播严重危险的，限期整顿，对直接负责的主管人员和其他责任人员，依法给予行政处分；构成犯罪的，依法追究刑事责任。

第六十四条 卫生计生行政部门及其工作人员违反本办法有关规定，有下列情形之一的，依据《献血法》、《行政许可法》的有关规定，由上级行政机关或者监察机关责令改正；情节严重的，对直接负责的主管人员和其他直接责任人员依法给予行政处分；构成犯罪的，依法追究刑事责任：

（一）未按规定的程序审查而使不符合条件的申请者得到许可的；

（二）对不符合条件的申请者准予许可或者超越法定职权作出准予许可决定的；

（三）在许可审批过程中弄虚作假的；

（四）对符合条件的设置及执业登记申请不予受理的；

（五）对符合条件的申请不在法定期限内作出许可决定的；

（六）不依法履行监督职责，或者监督不力造成严重后果的；

（七）其他在执行本办法过程中，存在滥用职权，玩忽职守，徇私舞弊，索贿受贿等行为的。

第六章 附 则

第六十五条 本办法下列用语的含义：

血液，是指全血、血液成分和特殊血液成分。

脐带血，是指与孕妇和新生儿血容量和血循环无关的，由新生儿脐带扎断后的远端所采集的胎盘血。

脐带血造血干细胞库，是指以人体造血干细胞移植为目的，具有采集、处理、保存和提供造血干细胞的能力，并具有相当研究实力的特殊血站。

第六十六条 本办法实施前已经设立的血站应当在本办法实施后九个月内，依照本办法规定进行调整。

省级人民政府卫生计生行政部门应当按照血液中心标准对现有血液中心进行审核，未达到血液中心标准的，应当责令限期整改。整改仍不合格的，卫生计生行政部门应当取消血液中心设置。对符合中心血站执业标准的，按照中心血站标准审核设置与执业登记。

第六十七条 本办法自2006年3月1日起施行。1998年9月21日颁布的《血站管理办法》（暂行）同时废止。

单采血浆站管理办法

·2008年1月4日卫生部令第58号发布

·根据2015年5月27日《国家卫生计生委关于修订〈单采血浆站管理办法〉的决定》第一次修正

·根据2016年1月19日《国家卫生计生委关于修改〈外国医师来华短期行医暂行管理办法〉等8件部门规章的决定》第二次修正

第一章 总 则

第一条 为加强单采血浆站的监督管理，预防和控制经血液途径传播的疾病，保障供血浆者健康，保证原料血浆质量，根据《血液制品管理条例》，制定本办法。

第二条 本办法所称单采血浆站是指根据地区血源资源，按照有关标准和要求并经严格审批设立，采集供应血液制品生产用原料血浆的单位。

单采血浆站由血液制品生产单位设置，具有独立的法人资格。其他任何单位和个人不得从事单采血浆活动。

第三条 本办法所称供血浆者是指提供血液制品生产用原料血浆的人员。

划定采浆区域内具有当地户籍的18岁到55岁健康公民可以申请登记为供血浆者。

第四条 国家卫生计生委根据全国生产用原料血浆的需求、经济发展状况、疾病流行情况等，制定全国采供血机构设置规划指导原则。

省、自治区、直辖市人民政府卫生计生行政部门根据国家卫生计生委《采供血机构设置规划指导原则》，结合本行政区域疾病流行、供血浆能力等实际情况和当地区域卫生发展规划，制定本地区的单采血浆站设置规划，并组织实施。单采血浆站设置规划应当报国家卫生计生委备案。

第五条 国家卫生计生委负责全国单采血浆站的监督管理工作。

县级以上地方人民政府卫生计生行政部门负责本行政区域内单采血浆站的监督管理工作。

第二章 设置审批

第六条 血液制品生产单位设置单采血浆站应当符合当地单采血浆站设置规划，并经省、自治区、直辖市人民政府卫生计生行政部门批准。

第七条 单采血浆站应当设置在县（旗）及县级市，不得与一般血站设置在同一县级行政区域内。

有地方病或者经血传播的传染病流行、高发的地区不得规划设置单采血浆站。

上一年度和本年度自愿无偿献血未能满足临床用血的市级行政区域内不得新建单采血浆站。

第八条 省、自治区、直辖市人民政府卫生计生行政部门根据实际情况，划定单采血浆站的采浆区域。采浆区域的选择应当保证供血浆者的数量，能满足原料血浆年采集量不少于30吨。新建单采血浆站在3年内达到年采集量不少于30吨。

第九条 设置单采血浆站必须具备下列条件：

（一）符合采供血机构设置规划、单采血浆站设置规划以及《单采血浆站基本标准》要求的条件；

（二）具有与所采集原料血浆相适应的卫生专业技术人员；

（三）具有与所采集原料血浆相适应的场所及卫生环境；

（四）具有识别供血浆者的身份识别系统；

（五）具有与所采集原料血浆相适应的单采血浆机械及其他设施；

（六）具有对所采集原料血浆进行质量检验的技术人员以及必要的仪器设备；

（七）符合国家生物安全管理相关规定。

第十条 申请设置单采血浆站的血液制品生产单位，应当向单采血浆站设置地的县级人民政府卫生计生行政部门提交《设置单采血浆站申请书》，并提交下列材料：

（一）申请设置单采血浆站的血液制品生产单位的有关情况以及法人登记证书；

（二）拟设单采血浆站的可行性研究报告。内容包括：

1. 拟设单采血浆站基本情况，包括名称、地址、规模、任务、功能、组织结构等；

2. 拟设单采血浆站血浆采集区域及区域内疾病流行状况、适龄健康供血浆人口情况、机构运行及环境保护措施的预测分析；

3. 拟设单采血浆站的选址和建筑设计平面图；

4. 申请开展的业务项目、技术设备条件资料；

5. 污水、污物以及医疗废物处理方案；

（三）单采血浆站用房的房屋产权证明或者使用权证明；

（四）拟设单采血浆站的法定代表人及其主要负责人的身份证明文件和专业履历；

（五）单采血浆站从业人员名单及资格证书；

（六）单采血浆站的各项规章制度。

第十一条 有下列情形之一的，不得申请设置新的单采血浆站：

（一）拟设置的单采血浆站不符合采供血机构设置规划或者当地单采血浆站设置规划要求的；

（二）省级卫生计生行政部门未同意划定采浆区域的；

（三）血液制品生产单位被吊销药品生产质量管理规范（GMP）证书未满5年的；

（四）血液制品生产单位发生过非法采集血浆或者擅自调用血浆行为的；

（五）血液制品生产单位注册的血液制品少于6个品种的，承担国家计划免疫任务的血液制品生产单位少于5个品种的。

第十二条 下列人员不得作为新建单采血浆站的法定代表人或者主要负责人：

（一）正在服刑或者不具有完全民事行为能力的人；

（二）发生血液安全事故未满5年的责任人；

（三）被吊销《单采血浆许可证》或者《血站执业许可证》未满10年的单采血浆站或者血站的法定代表人、主要负责人及责任人；

（四）被吊销药品生产质量管理规范（GMP）证书未满5年的血液制品生产单位法定代表人或者主要负责人；

（五）被卫生计生行政部门责令限期改正3个月以上或者给予罚款5-10万元处罚未满3年的单采血浆站的法定代表人、主要负责人及责任人。

第十三条 县级人民政府卫生计生行政部门在收到全部申请材料后进行初审，经设区的市、自治州人民政府卫生计生行政部门审查同意后，报省级人民政府卫生计生行政部门审批。

第十四条 省级人民政府卫生计生行政部门在收到单采血浆站申请材料后，可以组织有关专家或者委托技术机构，根据《单采血浆站质量管理规范》进行技术审查。

经审查符合条件的，由省级人民政府卫生计生行政部门核发《单采血浆许可证》，并在设置审批后10日内报国家卫生计生委备案；经审查不符合条件的，应当将不予批准的理由书面通知申请人。

第十五条 申请设置单采血浆站不符合本办法第九条、第十一条、第十二条规定的不予批准。

第十六条 《单采血浆许可证》有效期为2年。

《单采血浆许可证》的主要内容为：

（一）设置单采血浆站的血液制品生产单位名称；

（二）单采血浆站的名称、地址、法定代表人或者主要负责人；

（三）业务项目及采浆区域（范围）；

（四）发证机关、发证日期、许可证号和有效期。

第十七条 《单采血浆许可证》有效期满前3个月，单采血浆站应当向原发证部门申请延续，并提交下列材料：

（一）《单采血浆许可证》的复印件；

（二）执业期间运行情况的报告，包括原料血浆采集的数量、定期自检报告等；

（三）卫生计生行政部门监督检查的意见及整改情况等；

（四）技术机构根据《单采血浆站质量管理规范》出具的技术审查报告。

第十八条 省级人民政府卫生计生行政部门根据单采血浆站上一执业周期业务开展情况、技术审查和监督检查等情况进行审核，审核合格的，予以延续。经审核不合格的，责令其限期整改；经整改仍不合格的，注销其《单采血浆许可证》。

未办理延续申请或者被注销《单采血浆许可证》的单采血浆站，不得继续执业。

第十九条 单采血浆站变更名称、地址、法定代表人、业务项目等内容的，应当向原发证部门办理变更登记手续。

设置单采血浆站的血液制品生产单位发生变更的，该单采血浆站应当重新办理《单采血浆许可证》，原《单采血浆许可证》注销。

第二十条 县级以上地方各级人民政府卫生计生行政部门审核批准设置单采血浆站的程序和期限，按照《行政许可法》、《卫生行政许可管理办法》等有关规定执行。

第三章 执 业

第二十一条 单采血浆站执业，应当遵守有关法律、法规、规章和技术规范。

单采血浆站的法定代表人或者主要负责人应当对采集的原料血浆质量安全负责。

第二十二条 单采血浆站应当在规定的采浆区域内组织、动员供血浆者，并对供血浆者进行相应的健康教育，为供血浆者提供安全、卫生、便利的条件和良好的服务。

第二十三条 单采血浆站应当按照《中华人民共和国药典》血液制品原料血浆规程对申请供血浆者进行健康状况征询、健康检查和血样化验，并按照国家卫生计生委发布的供血浆者须知对供血浆者履行告知义务。

对健康检查合格的申请供血浆者，核对身份证后，填写供血浆者名册，报所在地县级人民政府卫生计生行政部门。省级人民政府卫生计生行政部门应当在本省和相邻省内进行供血浆者信息检索，确认未在其他单采血浆站登记，将有关信息进行反馈，由县级人民政府卫生计生行政部门发给《供血浆证》。

《供血浆证》内容至少应当包括：姓名、性别、血型、民族、身份证号码、2年内免冠证件照、家庭住址、建卡日期和编号。

第二十四条 有下列情况之一的，不予发给《供血浆证》：

（一）健康检查、化验不合格的；

（二）曾伪造身份证明，持有 2 个以上《供血浆证》的；

（三）已在其他单采血浆站登记为供血浆者的；

（四）当地户籍部门未能核实其身份信息的。

第二十五条 单采血浆站应当建立供血浆者管理档案，记录供血浆者供血浆情况、健康检查情况。建立供血浆者永久淘汰、暂时拒绝及不予发放《供血浆证》者档案名册。同时采用计算机管理档案并建立供血浆者身份识别系统。

第二十六条 单采血浆站在采集血浆中发现《供血浆证》内容变更的，或者供血浆者健康检查不合格的，应当收缴《供血浆证》并及时告知当地县级人民政府卫生计生行政部门。

第二十七条 单采血浆站应当根据登记的供血浆者供血浆实际情况和血液制品生产单位原料血浆需求情况，制定采浆工作计划，合理安排供血浆者供血浆。

第二十八条 单采血浆站采集原料血浆应当遵循自愿和知情同意的原则。

对需要进行特殊免疫的供血浆者，应当告知特殊免疫的意义、作用、方法、步骤和不良反应，征得供血浆者本人书面同意后，方可按照国家规定的免疫程序进行免疫。免疫情况和不良反应处理应当详细记录。

第二十九条 单采血浆站在每次采集血浆前，必须将供血浆者持有的身份证或者其他有效身份证明、《供血浆证》与计算机档案管理内容进行核实，确认无误的，方可按照规定程序进行健康检查和血样化验；对检查、化验合格的，按照有关技术操作标准和程序采集血浆，并详细记录。

第三十条 单采血浆站必须使用单采血浆机械采集血浆，严禁手工采集血浆。

每次采集供血浆者的血浆量不得超过 580 毫升（含抗凝剂溶液，以容积比换算质量比不超过 600 克）。严禁超量采集血浆。

两次供血浆时间间隔不得少于 14 天。严禁频繁采集血浆。

严禁采集非划定采浆区域内供血浆者的血浆。严禁采集冒名顶替者及无《供血浆证》者的血浆。

严禁采集血液或者将所采集的原料血浆用于临床。

第三十一条 单采血浆站应当建立对有易感染经血液传播疾病危险行为的供血浆者供血浆后的报告工作程序、供血浆者屏蔽和淘汰制度。

第三十二条 单采血浆站应当对血浆采集工作实行全面质量管理，严格遵守《中华人民共和国药典》血液制品原料血浆规程、《单采血浆站质量管理规范》等技术规范和标准。

第三十三条 单采血浆站应当建立人员岗位责任制和采供血浆管理相关工作制度，并定期检查、考核各项规章制度和各级各类人员岗位责任制的执行和落实情况。

第三十四条 单采血浆站应当对关键岗位工作人员进行岗位培训与考核。单采血浆站关键岗位工作人员应当符合岗位执业资格的规定，并经岗位培训与考核合格后方可上岗。

单采血浆站工作人员每人每年应当接受不少于 75 学时的岗位继续教育。

省级人民政府卫生计生行政部门应当制定单采血浆站工作人员培训标准或指南，并对单采血浆站开展的岗位培训、考核工作进行指导和监督。

第三十五条 单采血浆站各业务岗位工作记录应当内容真实、项目完整、格式规范、字迹清楚、记录及时，有操作者和复核者签名。

记录内容需要更改时，应当保持原记录内容清晰可辨，注明更改内容和日期，并在更改处签名。

血浆采集、检测和供浆的原始记录应当至少保存 10 年，法律、法规和国家卫生计生委另有规定的，依照有关规定执行。

第三十六条 单采血浆站应当保证所采集的血浆均进行严格的检测。

第三十七条 血浆采集后必须单人份冰冻保存，严禁混浆。

第三十八条 单采血浆站应当制定实验室室内质控与室间质评制度，并定期参加省级以上室间质量考评，确保试剂、卫生器材、仪器、设备在使用过程中能达到预期效果。

单采血浆站的实验室应当配备必要的生物安全设备和设施，工作人员应当接受生物安全知识培训。

第三十九条 单采血浆站所采集的每袋血浆必须留存血浆标本，保存期应不少于血液制品生产投料后2年。

第四十条 单采血浆站应当加强消毒、隔离工作管理，预防和控制感染性疾病的传播。

单采血浆站产生的医疗废物应当按照《医疗废物管理条例》规定处理，做好记录与签字，避免交叉感染。

第四十一条 单采血浆站及其执行职务的人员发现法定传染病疫情时，应当按照《传染病防治法》和国家卫生计生委的规定向有关部门报告。

第四十二条 原料血浆的采集、包装、储存、运输应当符合《单采血浆站质量管理规范》的要求。

原料血浆包装袋标签上必须标明：

（一）单采血浆站的名称；

（二）供血浆者姓名、编号或者条形码；

（三）血浆重量、血浆类型、采集日期、血浆编号、有效期；

（四）储存条件。

原料血浆储存、运输装箱时，每箱内均应有装箱单，并附有化验合格单以及血浆复检标本。

第四十三条 单采血浆站只能向设置其的血液制品生产单位供应原料血浆。

单采血浆站应当保证发出的原料血浆质量符合国家有关标准，其品种、规格、数量无差错，血浆的生物活性保存完好。

第四十四条 单采血浆站使用的药品、体外诊断试剂、一次性卫生器材应当符合国家有关规定。

第四十五条 单采血浆站必须使用计算机系统管理供血浆者信息、采供血浆和相关工作过程。建立血浆标识的管理程序，确保所有血浆可以追溯到相应的供血浆者和供血浆过程，确保所使用的物料批号以及所有制备、检验、运输记录完整。血浆标识应当采用条形码技术。同一血浆条形码至少50年不重复。

第四十六条 单采血浆站应当每半年向所在地县级人民政府卫生计生行政部门报告有关原料血浆采集情况。

第四十七条 单采血浆站应当制定紧急灾害应急预案，并从血源、管理制度、技术能力和设备条件等方面保证预案的实施。在紧急灾害发生时服从县级以上人民政府卫生计生行政部门的调遣。

第四十八条 单采血浆站必须严格执行国家有关报废血处理和有易感染经血液传播疾病危险行为的供血浆者供血浆后保密性弃血处理的规定。

第四十九条 单采血浆站的工作人员必须每年进行一次体格检查，建立职工健康档案。患有传染病、严重皮肤感染和体表伤口未愈者，不得从事采集血浆、检验、消毒、供应等岗位工作。

第五十条 单采血浆站每年应当委托技术机构按照《单采血浆站质量管理规范》要求进行不少于一次的技术审查。

第五十一条 技术机构提供的单采血浆站技术评价、检测结果应当客观、真实。

第四章 监督管理

第五十二条 县级以上地方人民政府卫生计生行政部门负责本行政区域内单采血浆站监督管理工作，制定年度监督检查计划，检查内容包括：

（一）执行法律、法规、规章、技术标准和规范情况；

（二）单采血浆站各项规章制度和工作人员岗位责任制落实情况；

（三）供血浆者管理，检验，原料血浆的采集、保存、供应等；

（四）单采血浆站定期自检和重大事故报告情况。

县级人民政府卫生计生行政部门依照本办法的规定负责本行政区域内单采血浆站的日常监督管理工作。

设区的市级人民政府卫生计生行政部门至少每半年对本行政区域内单采血浆站进行一次检查和不定期抽查。

省级人民政府卫生计生行政部门至少每年组织一次对本行政区域内单采血浆站的监督检查和不定期抽查。

上级卫生计生行政部门应当定期或者不定期监督检查辖区内原料血浆管理工作，并及时向下级卫生计生行政部门通报监督检查情况。

第五十三条 负责单采血浆站审批和监督的卫生计生行政部门要建立信息沟通制度，将审批、监督检查情况等信息相互通告，保证工作的有效衔接。

省级人民政府卫生计生行政部门要在单采血浆站建立公示制度，对单采血浆站的基本情况、执业情况、卫生计生行政部门监督检查情况以及投诉、举报电话进行公示。

第五十四条 省级以上人民政府卫生计生行政部门应当指定有关血液检定机构，对单采血浆站采集的血浆质量进行监测，监测结果报同级人民政府卫生计生行政部门。

第五十五条 为单采血浆站出具技术审查报告的技术机构，应当符合条件并由省级以上人民政府卫生计生行政部门指定。

第五十六条 卫生计生行政部门在进行监督检查时，有权索取有关资料，单采血浆站不得隐瞒、阻碍或者拒绝。

卫生计生行政部门对单采血浆站提供的资料负有保密的义务，法律、行政法规或者部门规章另有规定的除外。

第五十七条 各级人民政府卫生计生行政部门应当建立单采血浆站监督管理的举报、投诉机制。

卫生计生行政部门对举报人和投诉人负有保密的义务。

第五十八条 县级以上地方人民政府卫生计生行政部门应当按有关规定定期将原料血浆的采集情况逐级上报。

省、自治区、直辖市人民政府卫生计生行政部门应当每年向国家卫生计生委汇总报告本行政区域内原料血浆的采集情况。

第五十九条 省级人民政府卫生计生行政部门应当建立供血浆者信息管理系统，并向有关部门提供检索查询信息。

第六十条 上一级人民政府卫生计生行政部门有权纠正或者撤销下一级人民政府卫生计生行政部门作出的不符合规定的行政行为。

第五章 罚 则

第六十一条 单采血浆站有下列行为之一的，由县级以上地方人民政府卫生计生行政部门依据《血液制品管理条例》第三十四条的有关规定予以处罚：

（一）未取得《单采血浆许可证》开展采供血浆活动的；

（二）《单采血浆许可证》已被注销或者吊销仍开展采供血浆活动的；

（三）租用、借用、出租、出借、变造、伪造《单采血浆许可证》开展采供血浆活动的。

第六十二条 单采血浆站违反本办法有关规定，有下列行为之一的，由县级以上地方人民政府卫生计生行政部门予以警告，并处3万元以下的罚款：

（一）隐瞒、阻碍、拒绝卫生计生行政部门监督检查或者不如实提供有关资料的；

（二）对供血浆者未履行事先告知义务，未经供血浆者同意开展特殊免疫的；

（三）未按照规定建立供血浆者档案管理及屏蔽、淘汰制度的；

（四）未按照规定制订各项工作制度或者不落实的；

（五）工作人员未取得相关岗位执业资格或者未经执业注册从事采供血浆工作的；

（六）不按照规定记录或者保存工作记录的；

（七）未按照规定保存血浆标本的。

第六十三条 单采血浆站有下列情形之一的，按照《血液制品管理条例》第三十五条规定予以处罚：

（一）采集血浆前，未按照有关健康检查要求对供血浆者进行健康检查、血液化验的；

（二）采集非划定区域内的供血浆者或者其他人员血浆的；或者不对供血浆者进行身份识别，采集冒名顶替者、健康检查不合格者或者无《供血浆证》者的血浆的；

（三）超量、频繁采集血浆的；

（四）向医疗机构直接供应原料血浆或者擅自采集血液的；

（五）未使用单采血浆机械进行血浆采集的；

（六）未使用有产品批准文号并经国家药品生物制品检定机构逐批检定合格的体外诊断试剂以及合格的一次性采血浆器材的；

（七）未按照国家规定的卫生标准和要求包装、储存、运输原料血浆的；

（八）未按照规定对污染的注射器、采血浆器材、不合格或者报废血浆进行处理，擅自倾倒，污染环境，造成社会危害的；

（九）重复使用一次性采血浆器材的；

（十）向设置单采血浆站的血液制品生产单位以外的其他单位供应原料血浆的。

有下列情形之一的，按照情节严重予以处罚，并吊销《单采血浆许可证》：

（一）对国家规定检测项目检测结果呈阳性的血浆不清除并不及时上报的；

（二）12 个月内 2 次发生《血液制品管理条例》第三十五条所列违法行为的；

（三）同时有《血液制品管理条例》第三十五条 3 项以上违法行为的；

（四）卫生计生行政部门责令限期改正而拒不改正的；

（五）造成经血液途径传播的疾病传播或者造成其他严重伤害后果的。

第六十四条 单采血浆站已知其采集的血浆检测结果呈阳性，仍向血液制品生产单位供应的，按照《血液制品管理条例》第三十六条规定予以处罚。

第六十五条 涂改、伪造、转让《供血浆证》的，按照《血液制品管理条例》第三十七条规定予以处罚。

第六十六条 违反《血液制品管理条例》和本办法规定，擅自出口原料血浆的，按照《血液制品管理条例》第四十二条规定予以处罚。

第六十七条 承担单采血浆站技术评价、检测的技术机构出具虚假证明文件的，由卫生计生行政部门责令改正，给予警告，并可处 2 万元以下的罚款；对直接负责的主管人员和其他直接责任人员，依法给予处分；情节严重，构成犯罪的，依法追究刑事责任。

第六章　附　则

第六十八条 本办法自 2008 年 3 月 1 日起实行。

医疗机构临床用血管理办法

· 2012 年 6 月 7 日卫生部令第 85 号公布

· 根据 2019 年 2 月 28 日《国家卫生健康委关于修改〈职业健康检查管理办法〉等 4 件部门规章的决定》修订

第一章　总　则

第一条 为加强医疗机构临床用血管理，推进临床科学合理用血，保护血液资源，保障临床用血安全和医疗质量，根据《中华人民共和国献血法》，制定本办法。

第二条 卫生部负责全国医疗机构临床用血的监督管理。县级以上地方人民政府卫生行政部门负责本行政区域医疗机构临床用血的监督管理。

第三条 医疗机构应当加强临床用血管理，将其作为医疗质量管理的重要内容，完善组织建设，建立健全岗位责任制，制定并落实相关规章制度和技术操作规程。

第四条 本办法适用于各级各类医疗机构的临床用血管理工作。

第二章　组织与职责

第五条 卫生部成立临床用血专家委员会，其主要职责是：

（一）协助制订国家临床用血相关制度、技术规范和标准；

（二）协助指导全国临床用血管理和质量评价工作，促进提高临床合理用血水平；

（三）协助临床用血重大安全事件的调查分析，提出处理意见；

（四）承担卫生部交办的有关临床用血管理的其他任务。

卫生部建立协调机制，做好临床用血管理工作，提高临床合理用血水平，保证输血治疗质量。

第六条 各省、自治区、直辖市人民政府卫生行政部门成立省级临床用血质量控制中心，负责辖区内医疗机构临床用血管理的指导、评价和培训等工作。

第七条 医疗机构应当加强组织管理，明确岗位职责，健全管理制度。

医疗机构法定代表人为临床用血管理第一责任人。

第八条 二级以上医院和妇幼保健院应当设立临床用血管理委员会，负责本机构临床合理用血管理工作。主任委员由院长或者分管医疗的副院长担任，成员由医务部门、输血科、麻醉科、开展输血治疗的主要临床科室、护理部门、手术室等部门负责人组成。医务、输血部门共同负责临床合理用血日常管理工作。

其他医疗机构应当设立临床用血管理工作组，并指定专（兼）职人员负责日常管理工作。

第九条 临床用血管理委员会或者临床用血管理工作组应当履行以下职责：

（一）认真贯彻临床用血管理相关法律、法规、规章、技术规范和标准，制订本机构临床用血管理的规章制度并监督实施；

（二）评估确定临床用血的重点科室、关键环节和流程；

（三）定期监测、分析和评估临床用血情况，开展临床用血质量评价工作，提高临床合理用血水平；

（四）分析临床用血不良事件，提出处理和改进措施；

（五）指导并推动开展自体输血等血液保护及输血新技术；

（六）承担医疗机构交办的有关临床用血的其他任务。

第十条 医疗机构应当根据有关规定和临床用血需求设置输血科或者血库，并根据自身功能、任务、规模，配备与输血工作相适应的专业技术人员、设施、设备。

不具备条件设置输血科或者血库的医疗机构，应当安排专（兼）职人员负责临床用血工作。

第十一条 输血科及血库的主要职责是：

（一）建立临床用血质量管理体系，推动临床合理用血；

（二）负责制订临床用血储备计划，根据血站供血的预警信息和医院的血液库存情况协调临床用血；

（三）负责血液预订、入库、储存、发放工作；

（四）负责输血相关免疫血液学检测；

（五）参与推动自体输血等血液保护及输血新技术；

（六）参与特殊输血治疗病例的会诊，为临床合理用血提供咨询；

（七）参与临床用血不良事件的调查；

（八）根据临床治疗需要，参与开展血液治疗相关技术；

（九）承担医疗机构交办的有关临床用血的其他任务。

第三章 临床用血管理

第十二条 医疗机构应当加强临床用血管理，建立并完善管理制度和工作规范，并保证落实。

第十三条 医疗机构应当使用卫生行政部门指定血站提供的血液。

医疗机构科研用血由所在地省级卫生行政部门负责核准。

医疗机构应当配合血站建立血液库存动态预警机制，保障临床用血需求和正常医疗秩序。

第十四条 医疗机构应当科学制订临床用血计划，建立临床合理用血的评价制度，提高临床合理用血水平。

第十五条 医疗机构应当对血液预订、接收、入库、储存、出库及库存预警等进行管理，保证血液储存、运送符合国家有关标准和要求。

第十六条 医疗机构接收血站发送的血液后，应当对血袋标签进行核对。符合国家有关标准和要求的血液入库，做好登记；并按不同品种、血型和采血日期（或有效期），分别有序存放于专用储藏设施内。

血袋标签核对的主要内容是：

（一）血站的名称；

（二）献血编号或者条形码、血型；

（三）血液品种；

（四）采血日期及时间或者制备日期及时间；

（五）有效期及时间；

（六）储存条件。

禁止将血袋标签不合格的血液入库。

第十七条 医疗机构应当在血液发放和输血时进行核对，并指定医务人员负责血液的收领、发放工作。

第十八条 医疗机构的储血设施应当保证运行有效，全血、红细胞的储藏温度应当控制在2-6℃，血小板的储藏温度应当控制在20-24℃。储血保管人员应当做好血液储藏温度的24小时监测记录。储血环境应当符合卫生标准和要求。

第十九条 医务人员应当认真执行临床输血技术规范，严格掌握临床输血适应证，根据患者病情和实验室检测指标，对输血指证进行综合评估，制订输血治疗方案。

第二十条 医疗机构应当建立临床用血申请管理制度。

同一患者一天申请备血量少于800毫升的，由具有中级以上专业技术职务任职资格的医师提出申请，上级医师核准签发后，方可备血。

同一患者一天申请备血量在800毫升至1600

毫升的，由具有中级以上专业技术职务任职资格的医师提出申请，经上级医师审核，科室主任核准签发后，方可备血。

同一患者一天申请备血量达到或超过1600毫升的，由具有中级以上专业技术职务任职资格的医师提出申请，科室主任核准签发后，报医务部门批准，方可备血。

以上第二款、第三款和第四款规定不适用于急救用血。

第二十一条 在输血治疗前，医师应当向患者或者其近亲属说明输血目的、方式和风险，并签署临床输血治疗知情同意书。

因抢救生命垂危的患者需要紧急输血，且不能取得患者或者其近亲属意见的，经医疗机构负责人或者授权的负责人批准后，可以立即实施输血治疗。

第二十二条 医疗机构应当积极推行节约用血的新型医疗技术。

三级医院、有条件的二级医院和妇幼保健院应当开展自体输血技术，建立并完善管理制度和技术规范，提高合理用血水平，保证医疗质量和安全。

医疗机构应当动员符合条件的患者接受自体输血技术，提高输血治疗效果和安全性。

第二十三条 医疗机构应当积极推行成分输血，保证医疗质量和安全。

第二十四条 医疗机构应当将无偿献血纳入健康教育内容，积极主动向患者、家属及社会广泛宣传，鼓励健康适龄公民自愿参加无偿献血，提升群众对无偿献血的知晓度和参与度。

第二十五条 医疗机构应当根据国家有关法律法规和规范建立临床用血不良事件监测报告制度。临床发现输血不良反应后，应当积极救治患者，及时向有关部门报告，并做好观察和记录。

第二十六条 各省、自治区、直辖市人民政府卫生行政部门应当制订临床用血保障措施和应急预案，保证自然灾害、突发事件等大量伤员和特殊病例、稀缺血型等应急用血的供应和安全。

因应急用血或者避免血液浪费，在保证血液安全的前提下，经省、自治区、直辖市人民政府卫生行政部门核准，医疗机构之间可以调剂血液。具体方案由省级卫生行政部门制订。

第二十七条 省、自治区、直辖市人民政府卫生行政部门应当加强边远地区医疗机构临床用血保障工作，科学规划和建设中心血库与储血点。

医疗机构应当制订应急用血工作预案。为保证应急用血，医疗机构可以临时采集血液，但必须同时符合以下条件：

（一）危及患者生命，急需输血；

（二）所在地血站无法及时提供血液，且无法及时从其他医疗机构调剂血液，而其他医疗措施不能替代输血治疗；

（三）具备开展交叉配血及乙型肝炎病毒表面抗原、丙型肝炎病毒抗体、艾滋病病毒抗体和梅毒螺旋体抗体的检测能力；

（四）遵守采供血相关操作规程和技术标准。

医疗机构应当在临时采集血液后10日内将情况报告县级以上人民政府卫生行政部门。

第二十八条 医疗机构应当建立临床用血医学文书管理制度，确保临床用血信息客观真实、完整、可追溯。医师应当将患者输血适应证的评估、输血过程和输血后疗效评价情况记入病历；临床输血治疗知情同意书、输血记录单等随病历保存。

第二十九条 医疗机构应当建立培训制度，加强对医务人员临床用血和无偿献血知识的培训，将临床用血相关知识培训纳入继续教育内容。新上岗医务人员应当接受岗前临床用血相关知识培训及考核。

第三十条 医疗机构应当建立科室和医师临床用血评价及公示制度。将临床用血情况纳入科室和医务人员工作考核指标体系。

禁止将用血量和经济收入作为输血科或者血库工作的考核指标。

第四章 监督管理

第三十一条 县级以上地方人民政府卫生行政部门应当加强对本行政区域内医疗机构临床用血情况的督导检查。

第三十二条 县级以上地方人民政府卫生行政部门应当建立医疗机构临床用血评价制度，定期对医疗机构临床用血工作进行评价。

第三十三条 县级以上地方人民政府卫生行政部门应当建立临床合理用血情况排名、公布制度。对本行政区域内医疗机构临床用血量和不合理使用等情况进行排名，将排名情况向本行政区域内的医疗机构公布，并报上级卫生行政部门。

第三十四条 县级以上地方人民政府卫生行政部门应当将医疗机构临床用血情况纳入医疗机构考核指标体系；将临床用血情况作为医疗机构评审、评价重要指标。

第五章 法律责任

第三十五条 医疗机构有下列情形之一的，由县级以上人民政府卫生行政部门责令限期改正；逾期不改的，进行通报批评，并予以警告；情节严重或者造成严重后果的，可处3万元以下的罚款，对负有责任的主管人员和其他直接责任人员依法给予处分：

（一）未设立临床用血管理委员会或者工作组的；

（二）未拟定临床用血计划或者一年内未对计划实施情况进行评估和考核的；

（三）未建立血液发放和输血核对制度的；

（四）未建立临床用血申请管理制度的；

（五）未建立医务人员临床用血和无偿献血知识培训制度的；

（六）未建立科室和医师临床用血评价及公示制度的；

（七）将经济收入作为对输血科或者血库工作的考核指标的；

（八）违反本办法的其他行为。

第三十六条 医疗机构使用未经卫生行政部门指定的血站供应的血液的，由县级以上地方人民政府卫生行政部门给予警告，并处3万元以下罚款；情节严重或者造成严重后果的，对负有责任的主管人员和其他直接责任人员依法给予处分。

第三十七条 医疗机构违反本办法关于应急用血采血规定的，由县级以上人民政府卫生行政部门责令限期改正，给予警告；情节严重或者造成严重后果的，处3万元以下罚款，对负有责任的主管人员和其他直接责任人员依法给予处分。

第三十八条 医疗机构及其医务人员违反本办法规定，将不符合国家规定标准的血液用于患者的，由县级以上地方人民政府卫生行政部门责令改正；给患者健康造成损害的，应当依据国家有关法律法规进行处理，并对负有责任的主管人员和其他直接责任人员依法给予处分。

第三十九条 县级以上地方卫生行政部门未按照本办法规定履行监管职责，造成严重后果的，对直接负责的主管人员和其他直接责任人员依法给予记大过、降级、撤职、开除等行政处分。

第四十条 医疗机构及其医务人员违反临床用血管理规定，构成犯罪的，依法追究刑事责任。

第六章 附 则

第四十一条 本办法自2012年8月1日起施行。卫生部于1999年1月5日公布的《医疗机构临床用血管理办法（试行）》同时废止。

最高人民法院、最高人民检察院关于办理非法采供血液等刑事案件具体应用法律若干问题的解释

·2008年9月22日
·法释〔2008〕12号

为保障公民的身体健康和生命安全，依法惩处非法采供血液等犯罪，根据刑法有关规定，现对办理此类刑事案件具体应用法律的若干问题解释如下：

第一条 对未经国家主管部门批准或者超过批准的业务范围，采集、供应血液或者制作、供应血液制品的，应认定为刑法第三百三十四条第一款规定的“非法采集、供应血液或者制作、供应血液制品”。

第二条 对非法采集、供应血液或者制作、供应血液制品，具有下列情形之一的，应认定为刑法第三百三十四条第一款规定的“不符合国家规定的标准，足以危害人体健康”，处五年以下有期徒刑或者拘役，并处罚金：

（一）采集、供应的血液含有艾滋病病毒、乙型肝炎病毒、丙型肝炎病毒、梅毒螺旋体等病原微生物的；

（二）制作、供应的血液制品含有艾滋病病毒、乙型肝炎病毒、丙型肝炎病毒、梅毒螺旋体等病原微生物，或者将含有上述病原微生物的血液用于制作血液制品的；

（三）使用不符合国家规定的药品、诊断试剂、卫生器材，或者重复使用一次性采血器材采集血液，造成传染病传播危险的；

（四）违反规定对献血者、供血浆者超量、频繁

采集血液、血浆,足以危害人体健康的;

(五)其他不符合国家有关采集、供应血液或者制作、供应血液制品的规定标准,足以危害人体健康的。

第三条 对非法采集、供应血液或者制作、供应血液制品,具有下列情形之一的,应认定为刑法第三百三十四条第一款规定的“对人体健康造成严重危害”,处五年以上十年以下有期徒刑,并处罚金:

(一)造成献血者、供血浆者、受血者感染乙型肝炎病毒、丙型肝炎病毒、梅毒螺旋体或者其他经血液传播的病原微生物的;

(二)造成献血者、供血浆者、受血者重度贫血、造血功能障碍或者其他器官组织损伤导致功能障碍等身体严重危害的;

(三)对人体健康造成其他严重危害的。

第四条 对非法采集、供应血液或者制作、供应血液制品,具有下列情形之一的,应认定为刑法第三百三十四条第一款规定的“造成特别严重后果”,处十年以上有期徒刑或者无期徒刑,并处罚金或者没收财产:

(一)因血液传播疾病导致人员死亡或者感染艾滋病病毒的;

(二)造成五人以上感染乙型肝炎病毒、丙型肝炎病毒、梅毒螺旋体或者其他经血液传播的病原微生物的;

(三)造成五人以上重度贫血、造血功能障碍或者其他器官组织损伤导致功能障碍等身体严重危害的;

(四)造成其他特别严重后果的。

第五条 对经国家主管部门批准采集、供应血液或者制作、供应血液制品的部门,具有下列情形之一的,应认定为刑法第三百三十四条第二款规定的“不依照规定进行检测或者违背其他操作规定”:

(一)血站未用两个企业生产的试剂对艾滋病病毒抗体、乙型肝炎病毒表面抗原、丙型肝炎病毒抗体、梅毒抗体进行两次检测的;

(二)单采血浆站不依照规定对艾滋病病毒抗体、乙型肝炎病毒表面抗原、丙型肝炎病毒抗体、梅毒抗体进行检测的;

(三)血液制品生产企业在投料生产前未用主管部门批准和检定合格的试剂进行复检的;

(四)血站、单采血浆站和血液制品生产企业使用的诊断试剂没有生产单位名称、生产批准文号或者经检定不合格的;

(五)采供血机构在采集检验标本、采集血液和成分血分离时,使用没有生产单位名称、生产批准文号或者超过有效期的一次性注射器等采血器材的;

(六)不依照国家规定的标准和要求包装、储存、运输血液、原料血浆的;

(七)对国家规定检测项目结果呈阳性的血液未及时按照规定予以清除的;

(八)不具备相应资格的医务人员进行采血、检验操作的;

(九)对献血者、供血浆者超量、频繁采集血液、血浆的;

(十)采供血机构采集血液、血浆前,未对献血者或供血浆者进行身份识别,采集冒名顶替者、健康检查不合格者血液、血浆的;

(十一)血站擅自采集原料血浆,单采血浆站擅自采集临床用血或者向医疗机构供应原料血浆的;

(十二)重复使用一次性采血器材的;

(十三)其他不依照规定进行检测或者违背操作规定的。

第六条 对经国家主管部门批准采集、供应血液或者制作、供应血液制品的部门,不依照规定进行检测或者违背其他操作规定,具有下列情形之一的,应认定为刑法第三百三十四条第二款规定的“造成危害他人身体健康后果”,对单位判处罚金,并对其直接负责的主管人员和其他直接责任人员,处五年以下有期徒刑或者拘役:

(一)造成献血者、供血浆者、受血者感染艾滋病病毒、乙型肝炎病毒、丙型肝炎病毒、梅毒螺旋体或者其他经血液传播的病原微生物的;

(二)造成献血者、供血浆者、受血者重度贫血、造血功能障碍或者其他器官组织损伤导致功能障碍等身体严重危害的;

(三)造成其他危害他人身体健康后果的。

第七条 经国家主管部门批准的采供血机构和血液制品生产经营单位,应认定为刑法第三百三十四条第二款规定的“经国家主管部门批准采集、供应血液或者制作、供应血液制品的部门”。

第八条 本解释所称“血液”,是指全血、成分血和特殊血液成分。

本解释所称“血液制品”，是指各种人血浆蛋白制品。

本解释所称“采供血机构”，包括血液中心、中心血站、中心血库、脐带血造血干细胞库和国家卫生行政主管部门根据医学发展需要批准、设置的其他类型血库、单采血浆站。

五、疾病防控

1. 传染病防治

中华人民共和国传染病防治法

·1989年2月21日第七届全国人民代表大会常务委员会第六次会议通过

·2004年8月28日第十届全国人民代表大会常务委员会第十一次会议修订

·根据2013年6月29日第十二届全国人民代表大会常务委员会第三次会议《关于修改〈中华人民共和国文物保护法〉等十二部法律的决定》修正

第一章 总 则

第一条 为了预防、控制和消除传染病的发生与流行,保障人体健康和公共卫生,制定本法。

第二条 国家对传染病防治实行预防为主的方针,防治结合、分类管理、依靠科学、依靠群众。

第三条 本法规定的传染病分为甲类、乙类和丙类。

甲类传染病是指:鼠疫、霍乱。

乙类传染病是指:传染性非典型肺炎、艾滋病、病毒性肝炎、脊髓灰质炎、人感染高致病性禽流感、麻疹、流行性出血热、狂犬病、流行性乙型脑炎、登革热、炭疽、细菌性和阿米巴性痢疾、肺结核、伤寒和副伤寒、流行性脑脊髓膜炎、百日咳、白喉、新生儿破伤风、猩红热、布鲁氏菌病、淋病、梅毒、钩端螺旋体病、血吸虫病、疟疾。

丙类传染病是指:流行性感冒、流行性腮腺炎、风疹、急性出血性结膜炎、麻风病、流行性和地方性斑疹伤寒、黑热病、包虫病、丝虫病,除霍乱、细菌性和阿米巴性痢疾、伤寒和副伤寒以外的感染性腹泻病。

国务院卫生行政部门根据传染病暴发、流行情况和危害程度,可以决定增加、减少或者调整乙类、丙类传染病病种并予以公布。

第四条 对乙类传染病中传染性非典型肺炎、炭疽中的肺炭疽和人感染高致病性禽流感,采取本法所称甲类传染病的预防、控制措施。其他乙类传染病和突发原因不明的传染病需要采取本法所称甲类传染病的预防、控制措施的,由国务院卫生行政部门及时报经国务院批准后予以公布、实施。

需要解除依照前款规定采取的甲类传染病预防、控制措施的,由国务院卫生行政部门报经国务院批准后予以公布。

省、自治区、直辖市人民政府对本行政区域内常见、多发的其他地方性传染病,可以根据情况决定按照乙类或者丙类传染病管理并予以公布,报国务院卫生行政部门备案。

第五条 各级人民政府领导传染病防治工作。

县级以上人民政府制定传染病防治规划并组织实施,建立健全传染病防治的疾病预防控制、医疗救治和监督管理体系。

第六条 国务院卫生行政部门主管全国传染病防治及其监督管理工作。县级以上地方人民政府卫生行政部门负责本行政区域内的传染病防治及其监督管理工作。

县级以上人民政府其他部门在各自的职责范围内负责传染病防治工作。

军队的传染病防治工作,依照本法和国家有关规定办理,由中国人民解放军卫生主管部门实施监督管理。

第七条 各级疾病预防控制机构承担传染病监测、预测、流行病学调查、疫情报告以及其他预防、控制工作。

医疗机构承担与医疗救治有关的传染病防治工作和责任区域内的传染病预防工作。城市社区和农村基层医疗机构在疾病预防控制机构的指导下,承担城市社区、农村基层相应的传染病防治工作。

第八条 国家发展现代医学和中医药等传统医学,支持和鼓励开展传染病防治的科学研究,提高传染病防治的科学技术水平。

国家支持和鼓励开展传染病防治的国际合作。

第九条 国家支持和鼓励单位和个人参与传染病防治工作。各级人民政府应当完善有关制度,方便单位和个人参与防治传染病的宣传教育、疫情报告、志愿服务和捐赠活动。

居民委员会、村民委员会应当组织居民、村民参与社区、农村的传染病预防与控制活动。

第十条 国家开展预防传染病的健康教育。新闻媒体应当无偿开展传染病防治和公共卫生教育的公益宣传。

各级各类学校应当对学生进行健康知识和传染病预防知识的教育。

医学院校应当加强预防医学教育和科学研究,对在校学生以及其他与传染病防治相关人员进行预防医学教育和培训,为传染病防治工作提供技术支持。

疾病预防控制机构、医疗机构应当定期对其工作人员进行传染病防治知识、技能的培训。

第十一条 对在传染病防治工作中做出显著成绩和贡献的单位和个人,给予表彰和奖励。

对因参与传染病防治工作致病、致残、死亡的人员,按照有关规定给予补助、抚恤。

第十二条 在中华人民共和国领域内的一切单位和个人,必须接受疾病预防控制机构、医疗机构有关传染病的调查、检验、采集样本、隔离治疗等预防、控制措施,如实提供有关情况。疾病预防控制机构、医疗机构不得泄露涉及个人隐私的有关信息、资料。

卫生行政部门以及其他有关部门、疾病预防控制机构和医疗机构因违法实施行政管理或者预防、控制措施,侵犯单位和个人合法权益的,有关单位和个人可以依法申请行政复议或者提起诉讼。

第二章 传染病预防

第十三条 各级人民政府组织开展群众性卫生活动,进行预防传染病的健康教育,倡导文明健康的生活方式,提高公众对传染病的防治意识和应对能力,加强环境卫生建设,消除鼠害和蚊、蝇等病媒生物的危害。

各级人民政府农业、水利、林业行政部门按照职责分工负责指导和组织消除农田、湖区、河流、牧场、林区的鼠害与血吸虫危害,以及其他传播传染病的动物和病媒生物的危害。

铁路、交通、民用航空行政部门负责组织消除交通工具以及相关场所的鼠害和蚊、蝇等病媒生物的危害。

第十四条 地方各级人民政府应当有计划地建设和改造公共卫生设施,改善饮用水卫生条件,对污水、污物、粪便进行无害化处置。

第十五条 国家实行有计划的预防接种制度。国务院卫生行政部门和省、自治区、直辖市人民政府卫生行政部门,根据传染病预防、控制的需要,制定传染病预防接种规划并组织实施。用于预防接种的疫苗必须符合国家质量标准。

国家对儿童实行预防接种证制度。国家免疫规划项目的预防接种实行免费。医疗机构、疾病预防控制机构与儿童的监护人应当相互配合,保证儿童及时接受预防接种。具体办法由国务院制定。

第十六条 国家和社会应当关心、帮助传染病病人、病原携带者和疑似传染病病人,使其得到及时救治。任何单位和个人不得歧视传染病病人、病原携带者和疑似传染病病人。

传染病病人、病原携带者和疑似传染病病人,在治愈前或者在排除传染病嫌疑前,不得从事法律、行政法规和国务院卫生行政部门规定禁止从事的易使该传染病扩散的工作。

第十七条 国家建立传染病监测制度。

国务院卫生行政部门制定国家传染病监测规划和方案。省、自治区、直辖市人民政府卫生行政部门根据国家传染病监测规划和方案,制定本行政区域的传染病监测计划和工作方案。

各级疾病预防控制机构对传染病的发生、流行以及影响其发生、流行的因素,进行监测;对国外发生、国内尚未发生的传染病或者国内新发生的传染病,进行监测。

第十八条 各级疾病预防控制机构在传染病预防控制中履行下列职责:

(一)实施传染病预防控制规划、计划和方案;

(二)收集、分析和报告传染病监测信息,预测传染病的发生、流行趋势;

(三)开展对传染病疫情和突发公共卫生事件的流行病学调查、现场处理及其效果评价;

(四)开展传染病实验室检测、诊断、病原学鉴定;

(五)实施免疫规划,负责预防性生物制品的使用管理;

（六）开展健康教育、咨询，普及传染病防治知识；

（七）指导、培训下级疾病预防控制机构及其工作人员开展传染病监测工作；

（八）开展传染病防治应用性研究和卫生评价，提供技术咨询。

国家、省级疾病预防控制机构负责对传染病发生、流行以及分布进行监测，对重大传染病流行趋势进行预测，提出预防控制对策，参与并指导对暴发的疫情进行调查处理，开展传染病病原学鉴定，建立检测质量控制体系，开展应用性研究和卫生评价。

设区的市和县级疾病预防控制机构负责传染病预防控制规划、方案的落实，组织实施免疫、消毒、控制病媒生物的危害，普及传染病防治知识，负责本地区疫情和突发公共卫生事件监测、报告，开展流行病学调查和常见病原微生物检测。

第十九条 国家建立传染病预警制度。

国务院卫生行政部门和省、自治区、直辖市人民政府根据传染病发生、流行趋势的预测，及时发出传染病预警，根据情况予以公布。

第二十条 县级以上地方人民政府应当制定传染病预防、控制预案，报上一级人民政府备案。

传染病预防、控制预案应当包括以下主要内容：

（一）传染病预防控制指挥部的组成和相关部门的职责；

（二）传染病的监测、信息收集、分析、报告、通报制度；

（三）疾病预防控制机构、医疗机构在发生传染病疫情时的任务与职责；

（四）传染病暴发、流行情况的分级以及相应的应急工作方案；

（五）传染病预防、疫点疫区现场控制，应急设施、设备、救治药品和医疗器械以及其他物资和技术的储备与调用。

地方人民政府和疾病预防控制机构接到国务院卫生行政部门或者省、自治区、直辖市人民政府发出的传染病预警后，应当按照传染病预防、控制预案，采取相应的预防、控制措施。

第二十一条 医疗机构必须严格执行国务院卫生行政部门规定的管理制度、操作规范，防止传染病的医源性感染和医院感染。

医疗机构应当确定专门的部门或者人员，承担传染病疫情报告、本单位的传染病预防、控制以及责任区域内的传染病预防工作；承担医疗活动中与医院感染有关的危险因素监测、安全防护、消毒、隔离和医疗废物处置工作。

疾病预防控制机构应当指定专门人员负责对医疗机构内传染病预防工作进行指导、考核，开展流行病学调查。

第二十二条 疾病预防控制机构、医疗机构的实验室和从事病原微生物实验的单位，应当符合国家规定的条件和技术标准，建立严格的监督管理制度，对传染病病原体样本按照规定的措施实行严格监督管理，严防传染病病原体的实验室感染和病原微生物的扩散。

第二十三条 采供血机构、生物制品生产单位必须严格执行国家有关规定，保证血液、血液制品的质量。禁止非法采集血液或者组织他人出卖血液。

疾病预防控制机构、医疗机构使用血液和血液制品，必须遵守国家有关规定，防止因输入血液、使用血液制品引起经血液传播疾病的发生。

第二十四条 各级人民政府应当加强艾滋病的防治工作，采取预防、控制措施，防止艾滋病的传播。具体办法由国务院制定。

第二十五条 县级以上人民政府农业、林业行政部门以及其他有关部门，依据各自的职责负责与人畜共患传染病有关的动物传染病的防治管理工作。

与人畜共患传染病有关的野生动物、家畜家禽，经检疫合格后，方可出售、运输。

第二十六条 国家建立传染病菌种、毒种库。

对传染病菌种、毒种和传染病检测样本的采集、保藏、携带、运输和使用实行分类管理，建立健全严格的管理制度。

对可能导致甲类传染病传播的以及国务院卫生行政部门规定的菌种、毒种和传染病检测样本，确需采集、保藏、携带、运输和使用的，须经省级以上人民政府卫生行政部门批准。具体办法由国务院制定。

第二十七条 对被传染病病原体污染的污水、污物、场所和物品，有关单位和个人必须在疾病预防控制机构的指导下或者按照其提出的卫生要求，进行严格消毒处理；拒绝消毒处理的，由当地卫生行政部门或者疾病预防控制机构进行强制消毒处理。

第二十八条 在国家确认的自然疫源地计划兴建水利、交通、旅游、能源等大型建设项目的，应当事先由省级以上疾病预防控制机构对施工环境进行卫生调查。建设单位应当根据疾病预防控制机构的意见，采取必要的传染病预防、控制措施。施工期间，建设单位应当设专人负责工地上的卫生防疫工作。工程竣工后，疾病预防控制机构应当对可能发生的传染病进行监测。

第二十九条 用于传染病防治的消毒产品、饮用水供水单位供应的饮用水和涉及饮用水卫生安全的产品，应当符合国家卫生标准和卫生规范。

饮用水供水单位从事生产或者供应活动，应当依法取得卫生许可证。

生产用于传染病防治的消毒产品的单位和生产用于传染病防治的消毒产品，应当经省级以上人民政府卫生行政部门审批。具体办法由国务院制定。

第三章 疫情报告、通报和公布

第三十条 疾病预防控制机构、医疗机构和采供血机构及其执行职务的人员发现本法规定的传染病疫情或者发现其他传染病暴发、流行以及突发原因不明的传染病时，应当遵循疫情报告属地管理原则，按照国务院规定的或者国务院卫生行政部门规定的内容、程序、方式和时限报告。

军队医疗机构向社会公众提供医疗服务，发现前款规定的传染病疫情时，应当按照国务院卫生行政部门的规定报告。

第三十一条 任何单位和个人发现传染病病人或者疑似传染病病人时，应当及时向附近的疾病预防控制机构或者医疗机构报告。

第三十二条 港口、机场、铁路疾病预防控制机构以及国境卫生检疫机关发现甲类传染病病人、病原携带者、疑似传染病病人时，应当按照国家有关规定立即向国境口岸所在地的疾病预防控制机构或者所在地县级以上地方人民政府卫生行政部门报告并互相通报。

第三十三条 疾病预防控制机构应当主动收集、分析、调查、核实传染病疫情信息。接到甲类、乙类传染病疫情报告或者发现传染病暴发、流行时，应当立即报告当地卫生行政部门，由当地卫生行政部门立即报告当地人民政府，同时报告上级卫生行政部门和国务院卫生行政部门。

疾病预防控制机构应当设立或者指定专门的部门、人员负责传染病疫情信息管理工作，及时对疫情报告进行核实、分析。

第三十四条 县级以上地方人民政府卫生行政部门应当及时向本行政区域内的疾病预防控制机构和医疗机构通报传染病疫情以及监测、预警的相关信息。接到通报的疾病预防控制机构和医疗机构应当及时告知本单位的有关人员。

第三十五条 国务院卫生行政部门应当及时向国务院其他有关部门和各省、自治区、直辖市人民政府卫生行政部门通报全国传染病疫情以及监测、预警的相关信息。

毗邻的以及相关的地方人民政府卫生行政部门，应当及时互相通报本行政区域的传染病疫情以及监测、预警的相关信息。

县级以上人民政府有关部门发现传染病疫情时，应当及时向同级人民政府卫生行政部门通报。

中国人民解放军卫生主管部门发现传染病疫情时，应当向国务院卫生行政部门通报。

第三十六条 动物防疫机构和疾病预防控制机构，应当及时互相通报动物间和人间发生的人畜共患传染病疫情以及相关信息。

第三十七条 依照本法的规定负有传染病疫情报告职责的人民政府有关部门、疾病预防控制机构、医疗机构、采供血机构及其工作人员，不得隐瞒、谎报、缓报传染病疫情。

第三十八条 国家建立传染病疫情信息公布制度。

国务院卫生行政部门定期公布全国传染病疫情信息。省、自治区、直辖市人民政府卫生行政部门定期公布本行政区域的传染病疫情信息。

传染病暴发、流行时，国务院卫生行政部门负责向社会公布传染病疫情信息，并可以授权省、自治区、直辖市人民政府卫生行政部门向社会公布本行政区域的传染病疫情信息。

公布传染病疫情信息应当及时、准确。

第四章 疫情控制

第三十九条 医疗机构发现甲类传染病时，应当及时采取下列措施：

（一）对病人、病原携带者，予以隔离治疗，隔离期限根据医学检查结果确定；

（二）对疑似病人，确诊前在指定场所单独隔离治疗；

（三）对医疗机构内的病人、病原携带者、疑似病人的密切接触者，在指定场所进行医学观察和采取其他必要的预防措施。

拒绝隔离治疗或者隔离期未满擅自脱离隔离治疗的，可以由公安机关协助医疗机构采取强制隔离治疗措施。

医疗机构发现乙类或者丙类传染病病人，应当根据病情采取必要的治疗和控制传播措施。

医疗机构对本单位内被传染病病原体污染的场所、物品以及医疗废物，必须依照法律、法规的规定实施消毒和无害化处置。

第四十条 疾病预防控制机构发现传染病疫情或者接到传染病疫情报告时，应当及时采取下列措施：

（一）对传染病疫情进行流行病学调查，根据调查情况提出划定疫点、疫区的建议，对被污染的场所进行卫生处理，对密切接触者，在指定场所进行医学观察和采取其他必要的预防措施，并向卫生行政部门提出疫情控制方案；

（二）传染病暴发、流行时，对疫点、疫区进行卫生处理，向卫生行政部门提出疫情控制方案，并按照卫生行政部门的要求采取措施；

（三）指导下级疾病预防控制机构实施传染病预防、控制措施，组织、指导有关单位对传染病疫情的处理。

第四十一条 对已经发生甲类传染病病例的场所或者该场所内的特定区域的人员，所在地的县级以上地方人民政府可以实施隔离措施，并同时向上一级人民政府报告；接到报告的上级人民政府应当即时作出是否批准的决定。上级人民政府作出不予批准决定的，实施隔离措施的人民政府应当立即解除隔离措施。

在隔离期间，实施隔离措施的人民政府应当对被隔离人员提供生活保障；被隔离人员有工作单位的，所在单位不得停止支付其隔离期间的工作报酬。

隔离措施的解除，由原决定机关决定并宣布。

第四十二条 传染病暴发、流行时，县级以上地方人民政府应当立即组织力量，按照预防、控制预案进行防治，切断传染病的传播途径，必要时，报经上一级人民政府决定，可以采取下列紧急措施并予以公告：

（一）限制或者停止集市、影剧院演出或者其他人群聚集的活动；

（二）停工、停业、停课；

（三）封闭或者封存被传染病病原体污染的公共饮用水源、食品以及相关物品；

（四）控制或者扑杀染疫野生动物、家畜家禽；

（五）封闭可能造成传染病扩散的场所。

上级人民政府接到下级人民政府关于采取前款所列紧急措施的报告时，应当即时作出决定。

紧急措施的解除，由原决定机关决定并宣布。

第四十三条 甲类、乙类传染病暴发、流行时，县级以上地方人民政府报经上一级人民政府决定，可以宣布本行政区域部分或者全部为疫区；国务院可以决定并宣布跨省、自治区、直辖市的疫区。县级以上地方人民政府可以在疫区内采取本法第四十二条规定的紧急措施，并可以对出入疫区的人员、物资和交通工具实施卫生检疫。

省、自治区、直辖市人民政府可以决定对本行政区域内的甲类传染病疫区实施封锁；但是，封锁大、中城市的疫区或者封锁跨省、自治区、直辖市的疫区，以及封锁疫区导致中断干线交通或者封锁国境的，由国务院决定。

疫区封锁的解除，由原决定机关决定并宣布。

第四十四条 发生甲类传染病时，为了防止该传染病通过交通工具及其乘运的人员、物资传播，可以实施交通卫生检疫。具体办法由国务院制定。

第四十五条 传染病暴发、流行时，根据传染病疫情控制的需要，国务院有权在全国范围或者跨省、自治区、直辖市范围内，县级以上地方人民政府有权在本行政区域内紧急调集人员或者调用储备物资，临时征用房屋、交通工具以及相关设施、设备。

紧急调集人员的，应当按照规定给予合理报酬。临时征用房屋、交通工具以及相关设施、设备的，应当依法给予补偿；能返还的，应当及时返还。

第四十六条 患甲类传染病、炭疽死亡的，应当将尸体立即进行卫生处理，就近火化。患其他传染病死亡的，必要时，应当将尸体进行卫生处理后火化或者按照规定深埋。

为了查找传染病病因，医疗机构在必要时可以按照国务院卫生行政部门的规定，对传染病病人尸体或者疑似传染病病人尸体进行解剖查验，并应当告知死者家属。

第四十七条 疫区中被传染病病原体污染或者可能被传染病病原体污染的物品，经消毒可以使用的，应当在当地疾病预防控制机构的指导下，进行消毒处理后，方可使用、出售和运输。

第四十八条 发生传染病疫情时，疾病预防控制机构和省级以上人民政府卫生行政部门指派的其他与传染病有关的专业技术机构，可以进入传染病疫点、疫区进行调查、采集样本、技术分析和检验。

第四十九条 传染病暴发、流行时，药品和医疗器械生产、供应单位应当及时生产、供应防治传染病的药品和医疗器械。铁路、交通、民用航空经营单位必须优先运送处理传染病疫情的人员以及防治传染病的药品和医疗器械。县级以上人民政府有关部门应当做好组织协调工作。

第五章 医疗救治

第五十条 县级以上人民政府应当加强和完善传染病医疗救治服务网络的建设，指定具备传染病救治条件和能力的医疗机构承担传染病救治任务，或者根据传染病救治需要设置传染病医院。

第五十一条 医疗机构的基本标准、建筑设计和服务流程，应当符合预防传染病医院感染的要求。

医疗机构应当按照规定对使用的医疗器械进行消毒；对按照规定一次使用的医疗器具，应当在使用后予以销毁。

医疗机构应当按照国务院卫生行政部门规定的传染病诊断标准和治疗要求，采取相应措施，提高传染病医疗救治能力。

第五十二条 医疗机构应当对传染病病人或者疑似传染病病人提供医疗救护、现场救援和接诊治疗，书写病历记录以及其他有关资料，并妥善保管。

医疗机构应当实行传染病预检、分诊制度；对传染病病人、疑似传染病病人，应当引导至相对隔离的分诊点进行初诊。医疗机构不具备相应救治能力的，应当将患者及其病历记录复印件一并转至具备相应救治能力的医疗机构。具体办法由国务院卫生行政部门规定。

第六章 监督管理

第五十三条 县级以上人民政府卫生行政部门对传染病防治工作履行下列监督检查职责：

（一）对下级人民政府卫生行政部门履行本法规定的传染病防治职责进行监督检查；

（二）对疾病预防控制机构、医疗机构的传染病防治工作进行监督检查；

（三）对采供血机构的采供血活动进行监督检查；

（四）对用于传染病防治的消毒产品及其生产单位进行监督检查，并对饮用水供水单位从事生产或者供应活动以及涉及饮用水卫生安全的产品进行监督检查；

（五）对传染病菌种、毒种和传染病检测样本的采集、保藏、携带、运输、使用进行监督检查；

（六）对公共场所和有关单位的卫生条件和传染病预防、控制措施进行监督检查。

省级以上人民政府卫生行政部门负责组织对传染病防治重大事项的处理。

第五十四条 县级以上人民政府卫生行政部门在履行监督检查职责时，有权进入被检查单位和传染病疫情发生现场调查取证，查阅或者复制有关的资料和采集样本。被检查单位应当予以配合，不得拒绝、阻挠。

第五十五条 县级以上地方人民政府卫生行政部门在履行监督检查职责时，发现被传染病病原体污染的公共饮用水源、食品以及相关物品，如不及时采取控制措施可能导致传染病传播、流行的，可以采取封闭公共饮用水源、封存食品以及相关物品或者暂停销售的临时控制措施，并予以检验或者进行消毒。经检验，属于被污染的食品，应当予以销毁；对未被污染的食品或者经消毒后可以使用的物品，应当解除控制措施。

第五十六条 卫生行政部门工作人员依法执行职务时，应当不少于两人，并出示执法证件，填写卫生执法文书。

卫生执法文书经核对无误后，应当由卫生执法人员和当事人签名。当事人拒绝签名的，卫生执法人员应当注明情况。

第五十七条 卫生行政部门应当依法建立健全内部监督制度，对其工作人员依据法定职权和程序履行职责的情况进行监督。

上级卫生行政部门发现下级卫生行政部门不

及时处理职责范围内的事项或者不履行职责的，应当责令纠正或者直接予以处理。

第五十八条 卫生行政部门及其工作人员履行职责，应当自觉接受社会和公民的监督。单位和个人有权向上级人民政府及其卫生行政部门举报违反本法的行为。接到举报的有关人民政府或者其卫生行政部门，应当及时调查处理。

第七章 保障措施

第五十九条 国家将传染病防治工作纳入国民经济和社会发展计划，县级以上地方人民政府将传染病防治工作纳入本行政区域的国民经济和社会发展计划。

第六十条 县级以上地方人民政府按照本级政府职责负责本行政区域内传染病预防、控制、监督工作的日常经费。

国务院卫生行政部门会同国务院有关部门，根据传染病流行趋势，确定全国传染病预防、控制、救治、监测、预测、预警、监督检查等项目。中央财政对困难地区实施重大传染病防治项目给予补助。

省、自治区、直辖市人民政府根据本行政区域内传染病流行趋势，在国务院卫生行政部门确定的项目范围内，确定传染病预防、控制、监督等项目，并保障项目的实施经费。

第六十一条 国家加强基层传染病防治体系建设，扶持贫困地区和少数民族地区的传染病防治工作。

地方各级人民政府应当保障城市社区、农村基层传染病预防工作的经费。

第六十二条 国家对患有特定传染病的困难人群实行医疗救助，减免医疗费用。具体办法由国务院卫生行政部门会同国务院财政部门等部门制定。

第六十三条 县级以上人民政府负责储备防治传染病的药品、医疗器械和其他物资，以备调用。

第六十四条 对从事传染病预防、医疗、科研、教学、现场处理疫情的人员，以及在生产、工作中接触传染病病原体的其他人员，有关单位应当按照国家规定，采取有效的卫生防护措施和医疗保健措施，并给予适当的津贴。

第八章 法律责任

第六十五条 地方各级人民政府未依照本法的规定履行报告职责，或者隐瞒、谎报、缓报传染病疫情，或者在传染病暴发、流行时，未及时组织救治、采取控制措施的，由上级人民政府责令改正，通报批评；造成传染病传播、流行或者其他严重后果的，对负有责任的主管人员，依法给予行政处分；构成犯罪的，依法追究刑事责任。

第六十六条 县级以上人民政府卫生行政部门违反本法规定，有下列情形之一的，由本级人民政府、上级人民政府卫生行政部门责令改正，通报批评；造成传染病传播、流行或者其他严重后果的，对负有责任的主管人员和其他直接责任人员，依法给予行政处分；构成犯罪的，依法追究刑事责任：

（一）未依法履行传染病疫情通报、报告或者公布职责，或者隐瞒、谎报、缓报传染病疫情的；

（二）发生或者可能发生传染病传播时未及时采取预防、控制措施的；

（三）未依法履行监督检查职责，或者发现违法行为不及时查处的；

（四）未及时调查、处理单位和个人对下级卫生行政部门不履行传染病防治职责的举报的；

（五）违反本法的其他失职、渎职行为。

第六十七条 县级以上人民政府有关部门未依照本法的规定履行传染病防治和保障职责的，由本级人民政府或者上级人民政府有关部门责令改正，通报批评；造成传染病传播、流行或者其他严重后果的，对负有责任的主管人员和其他直接责任人员，依法给予行政处分；构成犯罪的，依法追究刑事责任。

第六十八条 疾病预防控制机构违反本法规定，有下列情形之一的，由县级以上人民政府卫生行政部门责令限期改正，通报批评，给予警告；对负有责任的主管人员和其他直接责任人员，依法给予降级、撤职、开除的处分，并可以依法吊销有关责任人员的执业证书；构成犯罪的，依法追究刑事责任：

（一）未依法履行传染病监测职责的；

（二）未依法履行传染病疫情报告、通报职责，或者隐瞒、谎报、缓报传染病疫情的；

（三）未主动收集传染病疫情信息，或者对传染病疫情信息和疫情报告未及时进行分析、调查、核实的；

（四）发现传染病疫情时，未依据职责及时采取本法规定的措施的；

（五）故意泄露传染病病人、病原携带者、疑似传染病病人、密切接触者涉及个人隐私的有关信息、资料的。

第六十九条 医疗机构违反本法规定，有下列情形之一的，由县级以上人民政府卫生行政部门责令改正，通报批评，给予警告；造成传染病传播、流行或者其他严重后果的，对负有责任的主管人员和其他直接责任人员，依法给予降级、撤职、开除的处分，并可以依法吊销有关责任人员的执业证书；构成犯罪的，依法追究刑事责任：

（一）未按照规定承担本单位的传染病预防、控制工作、医院感染控制任务和责任区域内的传染病预防工作的；

（二）未按照规定报告传染病疫情，或者隐瞒、谎报、缓报传染病疫情的；

（三）发现传染病疫情时，未按照规定对传染病病人、疑似传染病病人提供医疗救护、现场救援、接诊、转诊的，或者拒绝接受转诊的；

（四）未按照规定对本单位内被传染病病原体污染的场所、物品以及医疗废物实施消毒或者无害化处置的；

（五）未按照规定对医疗器械进行消毒，或者对按照规定一次使用的医疗器具未予销毁，再次使用的；

（六）在医疗救治过程中未按照规定保管医学记录资料的；

（七）故意泄露传染病病人、病原携带者、疑似传染病病人、密切接触者涉及个人隐私的有关信息、资料的。

第七十条 采供血机构未按照规定报告传染病疫情，或者隐瞒、谎报、缓报传染病疫情，或者未执行国家有关规定，导致因输入血液引起经血液传播疾病发生的，由县级以上人民政府卫生行政部门责令改正，通报批评，给予警告；造成传染病传播、流行或者其他严重后果的，对负有责任的主管人员和其他直接责任人员，依法给予降级、撤职、开除的处分，并可以依法吊销采供血机构的执业许可证；构成犯罪的，依法追究刑事责任。

非法采集血液或者组织他人出卖血液的，由县级以上人民政府卫生行政部门予以取缔，没收违法所得，可以并处十万元以下的罚款；构成犯罪的，依法追究刑事责任。

第七十一条 国境卫生检疫机关、动物防疫机构未依法履行传染病疫情通报职责的，由有关部门在各自职责范围内责令改正，通报批评；造成传染病传播、流行或者其他严重后果的，对负有责任的主管人员和其他直接责任人员，依法给予降级、撤职、开除的处分；构成犯罪的，依法追究刑事责任。

第七十二条 铁路、交通、民用航空经营单位未依照本法的规定优先运送处理传染病疫情的人员以及防治传染病的药品和医疗器械的，由有关部门责令限期改正，给予警告；造成严重后果的，对负有责任的主管人员和其他直接责任人员，依法给予降级、撤职、开除的处分。

第七十三条 违反本法规定，有下列情形之一，导致或者可能导致传染病传播、流行的，由县级以上人民政府卫生行政部门责令限期改正，没收违法所得，可以并处五万元以下的罚款；已取得许可证的，原发证部门可以依法暂扣或者吊销许可证；构成犯罪的，依法追究刑事责任：

（一）饮用水供水单位供应的饮用水不符合国家卫生标准和卫生规范的；

（二）涉及饮用水卫生安全的产品不符合国家卫生标准和卫生规范的；

（三）用于传染病防治的消毒产品不符合国家卫生标准和卫生规范的；

（四）出售、运输疫区中被传染病病原体污染或者可能被传染病病原体污染的物品，未进行消毒处理的；

（五）生物制品生产单位生产的血液制品不符合国家质量标准的。

第七十四条 违反本法规定，有下列情形之一的，由县级以上地方人民政府卫生行政部门责令改正，通报批评，给予警告，已取得许可证的，可以依法暂扣或者吊销许可证；造成传染病传播、流行以及其他严重后果的，对负有责任的主管人员和其他直接责任人员，依法给予降级、撤职、开除的处分，并可以依法吊销有关责任人员的执业证书；构成犯罪的，依法追究刑事责任：

（一）疾病预防控制机构、医疗机构和从事病原微生物实验的单位，不符合国家规定的条件和技术标准，对传染病病原体样本未按照规定进行严格管理，造成实验室感染和病原微生物扩散的；

（二）违反国家有关规定，采集、保藏、携带、运输和使用传染病菌种、毒种和传染病检测样本的；

（三）疾病预防控制机构、医疗机构未执行国家有关规定，导致因输入血液、使用血液制品引起经血液传播疾病发生的。

第七十五条 未经检疫出售、运输与人畜共患传染病有关的野生动物、家畜家禽的，由县级以上地方人民政府畜牧兽医行政部门责令停止违法行为，并依法给予行政处罚。

第七十六条 在国家确认的自然疫源地兴建水利、交通、旅游、能源等大型建设项目，未经卫生调查进行施工的，或者未按照疾病预防控制机构的意见采取必要的传染病预防、控制措施的，由县级以上人民政府卫生行政部门责令限期改正，给予警告，处五千元以上三万元以下的罚款；逾期不改正的，处三万元以上十万元以下的罚款，并可以提请有关人民政府依据职责权限，责令停建、关闭。

第七十七条 单位和个人违反本法规定，导致传染病传播、流行，给他人人身、财产造成损害的，应当依法承担民事责任。

第九章 附 则

第七十八条 本法中下列用语的含义：

（一）传染病病人、疑似传染病病人：指根据国务院卫生行政部门发布的《中华人民共和国传染病防治法规定管理的传染病诊断标准》，符合传染病病人和疑似传染病病人诊断标准的人。

（二）病原携带者：指感染病原体无临床症状但能排出病原体的人。

（三）流行病学调查：指对人群中疾病或者健康状况的分布及其决定因素进行调查研究，提出疾病预防控制措施及保健对策。

（四）疫点：指病原体从传染源向周围播散的范围较小或者单个疫源地。

（五）疫区：指传染病在人群中暴发、流行，其病原体向周围播散时所能波及的地区。

（六）人畜共患传染病：指人与脊椎动物共同罹患的传染病，如鼠疫、狂犬病、血吸虫病等。

（七）自然疫源地：指某些可引起人类传染病的病原体在自然界的野生动物中长期存在和循环的地区。

（八）病媒生物：指能够将病原体从人或者其他动物传播给人的生物，如蚊、蝇、蚤类等。

（九）医源性感染：指在医学服务中，因病原体传播引起的感染。

（十）医院感染：指住院病人在医院内获得的感染，包括在住院期间发生的感染和在医院内获得出院后发生的感染，但不包括入院前已开始或者入院时已处于潜伏期的感染。医院工作人员在医院内获得的感染也属医院感染。

（十一）实验室感染：指从事实验室工作时，因接触病原体所致的感染。

（十二）菌种、毒种：指可能引起本法规定的传染病发生的细菌菌种、病毒毒种。

（十三）消毒：指用化学、物理、生物的方法杀灭或者消除环境中的病原微生物。

（十四）疾病预防控制机构：指从事疾病预防控制活动的疾病预防控制中心以及与上述机构业务活动相同的单位。

（十五）医疗机构：指按照《医疗机构管理条例》取得医疗机构执业许可证，从事疾病诊断、治疗活动的机构。

第七十九条 传染病防治中有关食品、药品、血液、水、医疗废物和病原微生物的管理以及动物防疫和国境卫生检疫，本法未规定的，分别适用其他有关法律、行政法规的规定。

第八十条 本法自2004年12月1日起施行。

中华人民共和国国境卫生检疫法

· 1986年12月2日第六届全国人民代表大会常务委员会第十八次会议通过
· 根据2007年12月29日第十届全国人民代表大会常务委员会第三十一次会议《关于修改〈中华人民共和国国境卫生检疫法〉的决定》第一次修正
· 根据2009年8月27日第十一届全国人民代表大会常务委员会第十次会议《关于修改部分法律的决定》第二次修正
· 根据2018年4月27日第十三届全国人民代表大会常务委员会第二次会议《关于修改〈中华人民共和国国境卫生检疫法〉等六部法律的决定》第三次修正

第一章 总 则

第一条 为了防止传染病由国外传入或者由国内传出，实施国境卫生检疫，保护人体健康，制定本法。

第二条 在中华人民共和国国际通航的港口、机场以及陆地边境和国界江河的口岸（以下简称国境口岸），设立国境卫生检疫机关，依照本法规定实施传染病检疫、监测和卫生监督。

第三条 本法规定的传染病是指检疫传染病和监测传染病。

检疫传染病，是指鼠疫、霍乱、黄热病以及国务院确定和公布的其他传染病。

监测传染病，由国务院卫生行政部门确定和公布。

第四条 入境、出境的人员、交通工具、运输设备以及可能传播检疫传染病的行李、货物、邮包等物品，都应当接受检疫，经国境卫生检疫机关许可，方准入境或者出境。具体办法由本法实施细则规定。

第五条 国境卫生检疫机关发现检疫传染病或者疑似检疫传染病时，除采取必要措施外，必须立即通知当地卫生行政部门，同时用最快的方法报告国务院卫生行政部门，最迟不得超过二十四小时。邮电部门对疫情报告应当优先传送。

中华人民共和国与外国之间的传染病疫情通报，由国务院卫生行政部门会同有关部门办理。

第六条 在国外或者国内有检疫传染病大流行的时候，国务院可以下令封锁有关的国境或者采取其他紧急措施。

第二章 检 疫

第七条 入境的交通工具和人员，必须在最先到达的国境口岸的指定地点接受检疫。除引航员外，未经国境卫生检疫机关许可，任何人不准上下交通工具，不准装卸行李、货物、邮包等物品。具体办法由本法实施细则规定。

第八条 出境的交通工具和人员，必须在最后离开的国境口岸接受检疫。

第九条 来自国外的船舶、航空器因故停泊、降落在中国境内非口岸地点的时候，船舶、航空器的负责人应当立即向就近的国境卫生检疫机关或者当地卫生行政部门报告。除紧急情况外，未经国境卫生检疫机关或者当地卫生行政部门许可，任何人不准上下船舶、航空器，不准装卸行李、货物、邮包等物品。

第十条 在国境口岸发现检疫传染病、疑似检疫传染病，或者有人非因意外伤害而死亡并死因不明的，国境口岸有关单位和交通工具的负责人，应当立即向国境卫生检疫机关报告，并申请临时检疫。

第十一条 国境卫生检疫机关依据检疫医师提供的检疫结果，对未染有检疫传染病或者已实施卫生处理的交通工具，签发入境检疫证或者出境检疫证。

第十二条 国境卫生检疫机关对检疫传染病染疫人必须立即将其隔离，隔离期限根据医学检查结果确定；对检疫传染病染疫嫌疑人应当将其留验，留验期限根据该传染病的潜伏期确定。

因患检疫传染病而死亡的尸体，必须就近火化。

第十三条 接受入境检疫的交通工具有下列情形之一的，应当实施消毒、除鼠、除虫或者其他卫生处理：

（一）来自检疫传染病疫区的；

（二）被检疫传染病污染的；

（三）发现有与人类健康有关的啮齿动物或者病媒昆虫的。

如果外国交通工具的负责人拒绝接受卫生处理，除有特殊情况外，准许该交通工具在国境卫生检疫机关的监督下，立即离开中华人民共和国国境。

第十四条 国境卫生检疫机关对来自疫区的、被检疫传染病污染的或者可能成为检疫传染病传播媒介的行李、货物、邮包等物品，应当进行卫生检查，实施消毒、除鼠、除虫或者其他卫生处理。

入境、出境的尸体、骸骨的托运人或者其代理人，必须向国境卫生检疫机关申报，经卫生检查合格后，方准运进或者运出。

第三章 传染病监测

第十五条 国境卫生检疫机关对入境、出境的人员实施传染病监测，并且采取必要的预防、控制措施。

第十六条 国境卫生检疫机关有权要求入境、出境的人员填写健康申明卡，出示某种传染病的预防接种证书、健康证明或者其他有关证件。

第十七条 对患有监测传染病的人、来自国外监测传染病流行区的人或者与监测传染病人密切接触的人,国境卫生检疫机关应当区别情况,发给就诊方便卡,实施留验或者采取其他预防、控制措施,并及时通知当地卫生行政部门。各地医疗单位对持有就诊方便卡的人员,应当优先诊治。

第四章　卫生监督

第十八条　国境卫生检疫机关根据国家规定的卫生标准,对国境口岸的卫生状况和停留在国境口岸的入境、出境的交通工具的卫生状况实施卫生监督:

(一)监督和指导有关人员对啮齿动物、病媒昆虫的防除;

(二)检查和检验食品、饮用水及其储存、供应、运输设施;

(三)监督从事食品、饮用水供应的从业人员的健康状况,检查其健康证明书;

(四)监督和检查垃圾、废物、污水、粪便、压舱水的处理。

第十九条　国境卫生检疫机关设立国境口岸卫生监督员,执行国境卫生检疫机关交给的任务。

国境口岸卫生监督员在执行任务时,有权对国境口岸和入境、出境的交通工具进行卫生监督和技术指导,对卫生状况不良和可能引起传染病传播的因素提出改进意见,协同有关部门采取必要的措施,进行卫生处理。

第五章　法律责任

第二十条　对违反本法规定,有下列行为之一的单位或者个人,国境卫生检疫机关可以根据情节轻重,给予警告或者罚款:

(一)逃避检疫,向国境卫生检疫机关隐瞒真实情况的;

(二)入境的人员未经国境卫生检疫机关许可,擅自上下交通工具,或者装卸行李、货物、邮包等物品,不听劝阻的。

罚款全部上缴国库。

第二十一条　当事人对国境卫生检疫机关给予的罚款决定不服的,可以在接到通知之日起十五日内,向当地人民法院起诉。逾期不起诉又不履行的,国境卫生检疫机关可以申请人民法院强制执行。

第二十二条　违反本法规定,引起检疫传染病传播或者有引起检疫传染病传播严重危险的,依照刑法有关规定追究刑事责任。

第二十三条　国境卫生检疫机关工作人员,应当秉公执法,忠于职守,对入境、出境的交通工具和人员,及时进行检疫;违法失职的,给予行政处分,情节严重构成犯罪的,依法追究刑事责任。

第六章　附　则

第二十四条　中华人民共和国缔结或者参加的有关卫生检疫的国际条约同本法有不同规定的,适用该国际条约的规定。但是,中华人民共和国声明保留的条款除外。

第二十五条　中华人民共和国边防机关与邻国边防机关之间在边境地区的往来,居住在两国边境接壤地区的居民在边境指定地区的临时往来,双方的交通工具和人员的入境、出境检疫,依照双方协议办理,没有协议的,依照中国政府的有关规定办理。

第二十六条　国境卫生检疫机关实施卫生检疫,按照国家规定收取费用。

第二十七条　本法自1987年5月1日起施行。1957年12月23日公布的《中华人民共和国国境卫生检疫条例》同时废止。

中华人民共和国
传染病防治法实施办法

· 1991年10月4日国务院批准
· 1991年12月6日卫生部令第17号发布
· 自发布之日起施行

第一章　总　则

第一条　根据《中华人民共和国传染病防治法》(以下简称《传染病防治法》)的规定,制定本办法。

第二条　国家对传染病实行预防为主的方针,各级政府在制定社会经济发展规划时,必须包括传染病防治目标,并组织有关部门共同实施。

第三条　各级政府卫生行政部门对传染病防治工作实施统一监督管理。

受国务院卫生行政部门委托的其他有关部门卫生主管机构,在本系统内行使《传染病防治法》第三十二条第一款所列职权。

军队的传染病防治工作，依照《传染病防治法》和本办法中的有关规定以及国家其他有关规定，由中国人民解放军卫生主管部门实施监督管理。

第四条 各级各类卫生防疫机构按照专业分工承担传染病监测管理的责任和范围，由省级政府卫生行政部门确定。

铁路、交通、民航、厂（场）矿的卫生防疫机构，承担本系统传染病监测管理工作，并接受本系统上级卫生主管机构和省级政府卫生行政部门指定的卫生防疫机构的业务指导。

第五条 各级各类医疗保健机构承担传染病防治管理的责任和范围，由当地政府卫生行政部门确定。

第六条 各级政府对预防、控制传染病做出显著成绩和贡献的单位和个人，应当给予奖励。

第二章 预 防

第七条 各级政府应当组织有关部门，开展传染病预防知识和防治措施的卫生健康教育。

第八条 各级政府组织开展爱国卫生活动。

铁路、交通、民航部门负责组织消除交通工具的鼠害和各种病媒昆虫的危害。

农业、林业部门负责组织消除农田、牧场及林区的鼠害。

国务院各有关部委消除钉螺危害的分工，按照国务院的有关规定办理。

第九条 集中式供水必须符合国家《生活饮用水卫生标准》。

各单位自备水源，未经城市建设部门和卫生行政部门批准，不得与城镇集中式供水系统连接。

第十条 地方各级政府应当有计划地建设和改造公共卫生设施。

城市应当按照城市环境卫生设施标准修建公共厕所、垃圾粪便的无害化处理场和污水、雨水排放处理系统等公共卫生设施。

农村应当逐步改造厕所，对粪便进行无害化处理，加强对公共生活用水的卫生管理，建立必要的卫生管理制度。饮用水水源附近禁止有污水池、粪堆（坑）等污染源。禁止在饮用水水源附近洗刷便器和运输粪便的工具。

第十一条 国家实行有计划的预防接种制度。

中华人民共和国境内的任何人均应按照有关规定接受预防接种。

各省、自治区、直辖市政府卫生行政部门可以根据当地传染病的流行情况，增加预防接种项目。

第十二条 国家对儿童实行预防接种证制度。

适龄儿童应当按照国家有关规定，接受预防接种。适龄儿童的家长或者监护人应当及时向医疗保健机构申请办理预防接种证。

托幼机构、学校在办理入托、入学手续时，应当查验预防接种证，未按规定接种的儿童应当及时补种。

第十三条 各级各类医疗保健机构的预防保健组织或者人员，在本单位及责任地段内承担下列工作：

（一）传染病疫情报告和管理；

（二）传染病预防和控制工作；

（三）卫生行政部门指定的卫生防疫机构交付的传染病防治和监测任务。

第十四条 医疗保健机构必须按照国务院卫生行政部门的有关规定，严格执行消毒隔离制度，防止医院内感染和医源性感染。

第十五条 卫生防疫机构和从事致病性微生物实验的科研、教学、生产等单位必须做到：

（一）建立健全防止致病性微生物扩散的制度和人体防护措施；

（二）严格执行实验操作规程，对实验后的样品、器材、污染物品等，按照有关规定严格消毒后处理；

（三）实验动物必须按照国家有关规定进行管理。

第十六条 传染病的菌（毒）种分为下列三类：

一类：鼠疫耶尔森氏菌、霍乱弧菌；天花病毒、艾滋病病毒；

二类：布氏菌、炭疽菌、麻风杆菌；肝炎病毒、狂犬病毒、出血热病毒、登革热病毒；斑疹伤寒立克次体；

三类：脑膜炎双球菌、链球菌、淋病双球菌、结核杆菌、百日咳嗜血杆菌、白喉棒状杆菌、沙门氏菌、志贺氏菌、破伤风梭状杆菌；钩端螺旋体、梅毒螺旋体；乙型脑炎病毒、脊髓灰质炎病毒、流感病毒、流行性腮腺炎病毒、麻疹病毒、风疹病毒。

国务院卫生行政部门可以根据情况增加或者减少菌(毒)种的种类。

第十七条 国家对传染病菌(毒)种的保藏、携带、运输实行严格管理:

(一)菌(毒)种的保藏由国务院卫生行政部门指定的单位负责。

(二)一、二类菌(毒)种的供应由国务院卫生行政部门指定的保藏管理单位供应。三类菌(毒)种由设有专业实验室的单位或者国务院卫生行政部门指定的保藏管理单位供应。

(三)使用一类菌(毒)种的单位,必须经国务院卫生行政部门批准;使用二类菌(毒)种的单位必须经省级政府卫生行政部门批准;使用三类菌(毒)种的单位,应当经县级政府卫生行政部门批准。

(四)一、二类菌(毒)种,应派专人向供应单位领取,不得邮寄;三类菌(毒)种的邮寄必须持有邮寄单位的证明,并按照菌(毒)种邮寄与包装的有关规定办理。

第十八条 对患有下列传染病的病人或者病原携带者予以必要的隔离治疗,直至医疗保健机构证明其不具有传染性时,方可恢复工作:

(一)鼠疫、霍乱;

(二)艾滋病、病毒性肝炎、细菌性和阿米巴痢疾、伤寒和副伤寒、炭疽、斑疹伤寒、麻疹、百日咳、白喉、脊髓灰质炎、流行性脑脊髓膜炎、猩红热、流行性出血热、登革热、淋病、梅毒;

(三)肺结核、麻风病、流行性腮腺炎、风疹、急性出血性结膜炎。

第十九条 从事饮水、饮食、整容、保育等易使传染病扩散工作的从业人员,必须按照国家有关规定取得健康合格证后方可上岗。

第二十条 招用流动人员200人以上的用工单位,应当向当地政府卫生行政部门指定的卫生防疫机构报告,并按照要求采取预防控制传染病的卫生措施。

第二十一条 被甲类传染病病原体污染的污水、污物、粪便,有关单位和个人必须在卫生防疫人员的指导监督下,按照下列要求进行处理:

(一)被鼠疫病原体污染

1. 被污染的室内空气、地面、四壁必须进行严格消毒,被污染的物品必须严格消毒或者焚烧处理;

2. 彻底消除鼠疫疫区内的鼠类、蚤类;发现病鼠、死鼠应当送检;解剖检验后的鼠尸必须焚化;

3. 疫区内啮齿类动物的皮毛不能就地进行有效的消毒处理时,必须在卫生防疫机构的监督下焚烧。

(二)被霍乱病原体污染

1. 被污染的饮用水,必须进行严格消毒处理;

2. 污水经消毒处理后排放;

3. 被污染的食物要就地封存,消毒处理;

4. 粪便消毒处理达到无害化;

5. 被污染的物品,必须进行严格消毒或者焚烧处理。

第二十二条 被伤寒和副伤寒、细菌性痢疾、脊髓灰质炎、病毒性肝炎病原体污染的水、物品、粪便,有关单位和个人应当按照下列要求进行处理:

(一)被污染的饮用水,应当进行严格消毒处理;

(二)污水经消毒处理后排放;

(三)被污染的物品,应当进行严格消毒处理或者焚烧处理;

(四)粪便消毒处理达到无害化。

死于炭疽的动物尸体必须就地焚化,被污染的用具必须消毒处理,被污染的土地、草皮消毒后,必须将10厘米厚的表层土铲除,并在远离水源及河流的地方深埋。

第二十三条 出售、运输被传染病病原体污染或者来自疫区可能被传染病病原体污染的皮毛、旧衣物及生活用品等,必须按照卫生防疫机构的要求进行必要的卫生处理。

第二十四条 用于预防传染病的菌苗、疫苗等生物制品,由各省、自治区、直辖市卫生防疫机构统一向生物制品生产单位订购,其他任何单位和个人不得经营。

用于预防传染病的菌苗、疫苗等生物制品必须在卫生防疫机构监督指导下使用。

第二十五条 凡从事可能导致经血液传播传染病的美容、整容等单位和个人,必须执行国务院卫生行政部门的有关规定。

第二十六条 血站(库)、生物制品生产单位,必须严格执行国务院卫生行政部门的有关规定,保证血液、血液制品的质量,防止因输入血液、血液制品引起病毒性肝炎、艾滋病、疟疾等疾病的发生。任何单位和个人不准使用国务院卫生行政部门禁止进口的血液和血液制品。

第二十七条 生产、经营、使用消毒药剂和消毒器械、卫生用品、卫生材料、一次性医疗器材、隐形眼镜、人造器官等必须符合国家有关标准,不符合国家有关标准的不得生产、经营和使用。

第二十八条 发现人畜共患传染病已在人、畜间流行时,卫生行政部门与畜牧兽医部门应当深入疫区,按照职责分别对人、畜开展防治工作。

传染病流行区的家畜家禽,未经畜牧兽医部门检疫不得外运。

进入鼠疫自然疫源地捕猎旱獭应按照国家有关规定执行。

第二十九条 狂犬病的防治管理工作按照下列规定分工负责:

(一)公安部门负责县以上城市养犬的审批与违章养犬的处理,捕杀狂犬、野犬。

(二)畜牧兽医部门负责兽用狂犬病疫苗的研制、生产和供应;对城乡经批准的养犬进行预防接种、登记和发放“家犬免疫证”;对犬类狂犬病的疫情进行监测和负责进出口犬类的检疫、免疫及管理。

(三)乡(镇)政府负责辖区内养犬的管理,捕杀狂犬、野犬。

(四)卫生部门负责人用狂犬病疫苗的供应、接种和病人的诊治。

第三十条 自然疫源地或者可能是自然疫源地的地区计划兴建大型建设项目时,建设单位在设计任务书批准后,应当向当地卫生防疫机构申请对施工环境进行卫生调查,并根据卫生防疫机构的意见采取必要的卫生防疫措施后,方可办理开工手续。

兴建城市规划内的建设项目,属于在自然疫源地和可能是自然疫源地范围内的,城市规划主管部门在核发建设工程规划许可证明中,必须有卫生防疫部门提出的有关意见及结论。建设单位在施工过程中,必须采取预防传染病传播和扩散的措施。

第三十一条 卫生防疫机构接到在自然疫源地和可能是自然疫源地范围内兴办大型建设项目的建设单位的卫生调查申请后,应当及时组成调查组到现场进行调查,并提出该地区自然环境中可能存在的传染病病种、流行范围、流行强度及预防措施等意见和结论。

第三十二条 在自然疫源地或者可能是自然疫源地内施工的建设单位,应当设立预防保健组织负责施工期间的卫生防疫工作。

第三十三条 凡在生产、工作中接触传染病病原体的工作人员,可以按照国家有关规定申领卫生防疫津贴。

第三章 疫情报告

第三十四条 执行职务的医疗保健人员、卫生防疫人员为责任疫情报告人。

责任疫情报告人应当按照本办法第三十五条规定的时限向卫生行政部门指定的卫生防疫机构报告疫情,并做疫情登记。

第三十五条 责任疫情报告人发现甲类传染病和乙类传染病中的艾滋病、肺炭疽的病人、病原携带者和疑似传染病病人时,城镇于6小时内,农村于12小时内,以最快的通讯方式向发病地的卫生防疫机构报告,并同时报出传染病报告卡。

责任疫情报告人发现乙类传染病病人、病原携带者和疑似传染病病人时,城镇于12小时内,农村于24小时内向发病地的卫生防疫机构报出传染病报告卡。

责任疫情报告人在丙类传染病监测区内发现丙类传染病病人时,应当在24小时内向发病地的卫生防疫机构报出传染病报告卡。

第三十六条 传染病暴发、流行时,责任疫情报告人应当以最快的通讯方式向当地卫生防疫机构报告疫情。接到疫情报告的卫生防疫机构应当以最快的通讯方式报告上级卫生防疫机构和当地政府卫生行政部门,卫生行政部门接到报告后,应当立即报告当地政府。

省级政府卫生行政部门接到发现甲类传染病和发生传染病暴发、流行的报告后,应当于6小时内报告国务院卫生行政部门。

第三十七条 流动人员中的传染病病人、病原携带者和疑似传染病病人的传染病报告、处理由诊治地负责,其疫情登记、统计由户口所在地负责。

第三十八条 铁路、交通、民航、厂(场)矿的卫生防疫机构,应当定期向所在地卫生行政部门指定的卫生防疫机构报告疫情。

第三十九条 军队的传染病疫情,由中国人民解放军卫生主管部门根据军队有关规定向国务院卫生行政部门报告。

军队的医疗保健和卫生防疫机构，发现地方就诊的传染病病人、病原携带者、疑似传染病病人时，应当按照本办法第三十五条的规定报告疫情，并接受当地卫生防疫机构的业务指导。

第四十条 国境口岸所在地卫生行政部门指定的卫生防疫机构和港口、机场、铁路卫生防疫机构和国境卫生检疫机关在发现国境卫生检疫法规定的检疫传染病时，应当互相通报疫情。

发现人畜共患传染病时，卫生防疫机构和畜牧兽医部门应当互相通报疫情。

第四十一条 各级政府卫生行政部门指定的卫生防疫机构应当对辖区内各类医疗保健机构的疫情登记报告和管理情况定期进行核实、检查、指导。

第四十二条 传染病报告卡片邮寄信封应当印有明显的“红十字”标志及写明××卫生防疫机构收的字样。

邮电部门应当及时传递疫情报告的电话或者信卡，并实行邮资总付。

第四十三条 医务人员未经县级以上政府卫生行政部门批准，不得将就诊的淋病、梅毒、麻风病、艾滋病病人和艾滋病病原携带者及其家属的姓名、住址和个人病史公开。

第四章 控 制

第四十四条 卫生防疫机构和医疗保健机构传染病的疫情处理实行分级分工管理。

第四十五条 艾滋病的监测管理按照国务院有关规定执行。

第四十六条 淋病、梅毒病人应当在医疗保健机构、卫生防疫机构接受治疗。尚未治愈前，不得进入公共浴池、游泳池。

第四十七条 医疗保健机构或者卫生防疫机构在诊治中发现甲类传染病的疑似病人，应当在2日内作出明确诊断。

第四十八条 甲类传染病病人和病原携带者以及乙类传染病中的艾滋病、淋病、梅毒病人的密切接触者必须按照有关规定接受检疫、医学检查和防治措施。

前款以外的乙类传染病病人及病原携带者的密切接触者，应当接受医学检查和防治措施。

第四十九条 甲类传染病疑似病人或者病原携带者的密切接触者，经留验排除是病人或者病原携带者后，留验期间的工资福利待遇由所属单位按出勤照发。

第五十条 发现甲类传染病病人、病原携带者或者疑似病人的污染场所，卫生防疫机构接到疫情报告后，应立即进行严格的卫生处理。

第五十一条 地方各级政府卫生行政部门发现本地区发生从未有过的传染病或者国家已宣布消除的传染病时，应当立即采取措施，必要时，向当地政府报告。

第五十二条 在传染病暴发、流行区域，当地政府应当根据传染病疫情控制的需要，组织卫生、医药、公安、工商、交通、水利、城建、农业、商业、民政、邮电、广播电视等部门采取下列预防、控制措施：

（一）对病人进行抢救、隔离治疗；

（二）加强粪便管理，清除垃圾、污物；

（三）加强自来水和其他饮用水的管理，保护饮用水源；

（四）消除病媒昆虫、钉螺、鼠类及其他染疫动物；

（五）加强易使传染病传播扩散活动的卫生管理；

（六）开展防病知识的宣传；

（七）组织对传染病病人、病原携带者、染疫动物密切接触人群的检疫、预防服药、应急接种等；

（八）供应用于预防和控制疫情所必需的药品、生物制品、消毒药品、器械等；

（九）保证居民生活必需品的供应。

第五十三条 县级以上政府接到下一级政府关于采取《传染病防治法》第二十五条规定的紧急措施报告时，应当在24小时内做出决定。下一级政府在上一级政府作出决定前，必要时，可以临时采取《传染病防治法》第二十五条第一款第（一）、（四）项紧急措施，但不得超过24小时。

第五十四条 撤销采取《传染病防治法》第二十五条紧急措施的条件是：

（一）甲类传染病病人、病原携带者全部治愈，乙类传染病病人、病原携带者得到有效的隔离治疗；病人尸体得到严格消毒处理；

（二）污染的物品及环境已经过消毒等卫生处理；有关病媒昆虫、染疫动物基本消除；

（三）暴发、流行的传染病病种，经过最长潜伏期后，未发现新的传染病病人，疫情得到有效的控制。

第五十五条 因患鼠疫、霍乱和炭疽病死亡的病人尸体，由治疗病人的医疗单位负责消毒处理，处理后应当立即火化。

患病毒性肝炎、伤寒和副伤寒、艾滋病、白喉、炭疽、脊髓灰质炎死亡的病人尸体，由治疗病人的医疗单位或者当地卫生防疫机构消毒处理后火化。

不具备火化条件的农村、边远地区，由治疗病人的医疗单位或者当地卫生防疫机构负责消毒后，可选远离居民点500米以外、远离饮用水源50米以外的地方，将尸体在距地面两米以下深埋。

民族自治地方执行前款的规定，依照《传染病防治法》第二十八条第三款的规定办理。

第五十六条 医疗保健机构、卫生防疫机构经县级以上政府卫生行政部门的批准可以对传染病病人尸体或者疑似传染病病人的尸体进行解剖查验。

第五十七条 卫生防疫机构处理传染病疫情的人员，可以凭当地政府卫生行政部门出具的处理疫情证明及有效的身份证明，优先在铁路、交通、民航部门购票，铁路、交通、民航部门应当保证售给最近一次通往目的地的车、船、机票。

交付运输的处理疫情的物品应当有明显标志，铁路、交通、民航部门应当保证用最快通往目的地的交通工具运出。

第五十八条 用于传染病监督控制的车辆，其标志由国务院卫生行政部门会同有关部门统一制定。任何单位和个人不得阻拦依法执行处理疫情任务的车辆和人员。

第五章 监 督

第五十九条 地方各级政府卫生行政部门、卫生防疫机构和受国务院卫生行政部门委托的其他有关部门卫生主管机构推荐的传染病管理监督员，由省级以上政府卫生行政部门聘任并发给证件。

省级政府卫生行政部门聘任的传染病管理监督员，报国务院卫生行政部门备案。

第六十条 传染病管理监督员执行下列任务：

（一）监督检查《传染病防治法》及本办法的执行情况；

（二）进行现场调查，包括采集必需的标本及查阅、索取、翻印复制必要的文字、图片、声像资料等，并根据调查情况写出书面报告；

（三）对违法单位或者个人提出处罚建议；

（四）执行卫生行政部门或者其他有关部门卫生主管机构交付的任务；

（五）及时提出预防和控制传染病措施的建议。

第六十一条 各级各类医疗保健机构内设立的传染病管理检查员，由本单位推荐，经县级以上政府卫生行政部门或受国务院卫生行政部门委托的其他部门卫生主管机构批准并发给证件。

第六十二条 传染病管理检查员执行下列任务：

（一）宣传《传染病防治法》及本办法，检查本单位和责任地段的传染病防治措施的实施和疫情报告执行情况；

（二）对本单位和责任地段的传染病防治工作进行技术指导；

（三）执行卫生行政部门和卫生防疫机构对本单位及责任地段提出的改进传染病防治管理工作的意见；

（四）定期向卫生行政部门指定的卫生防疫机构汇报工作情况，遇到紧急情况及时报告。

第六十三条 传染病管理监督员、传染病管理检查员执行任务时，有关单位和个人必须给予协助。

第六十四条 传染病管理监督员的解聘和传染病管理检查员资格的取消，由原发证机关决定，并通知其所在单位和个人。

第六十五条 县级以上政府卫生行政部门和受国务院卫生行政部门委托的部门，可以成立传染病技术鉴定组织。

第六章 罚 则

第六十六条 有下列行为之一的，由县级以上政府卫生行政部门责令限期改正，可以处5000元以下的罚款；情节较严重的，可以处5000元以上2万元以下的罚款，对主管人员和直接责任人员由其所在单位或者上级机关给予行政处分：

（一）集中式供水单位供应的饮用水不符合国

家规定的《生活饮用水卫生标准》的；

（二）单位自备水源未经批准与城镇供水系统连接的；

（三）未按城市环境卫生设施标准修建公共卫生设施致使垃圾、粪便、污水不能进行无害化处理的；

（四）对被传染病病原体污染的污水、污物、粪便不按规定进行消毒处理的；

（五）对被甲类和乙类传染病病人、病原携带者、疑似传染病病人污染的场所、物品未按照卫生防疫机构的要求实施必要的卫生处理的；

（六）造成传染病的医源性感染、医院内感染、实验室感染和致病性微生物扩散的；

（七）生产、经营、使用消毒药剂和消毒器械、卫生用品、卫生材料、一次性医疗器材、隐形眼镜、人造器官等不符合国家卫生标准，可能造成传染病的传播、扩散或者造成传染病的传播、扩散的；

（八）准许或者纵容传染病病人、病原携带者和疑似传染病病人，从事国务院卫生行政部门规定禁止从事的易使该传染病扩散的工作的；

（九）传染病病人、病原携带者故意传播传染病，造成他人感染的；

（十）甲类传染病病人、病原携带者或者疑似传染病病人，乙类传染病中艾滋病、肺炭疽病人拒绝进行隔离治疗的；

（十一）招用流动人员的用工单位，未向卫生防疫机构报告并未采取卫生措施，造成传染病传播、流行的；

（十二）违章养犬或者拒绝、阻挠捕杀违章犬，造成咬伤他人或者导致人群中发生狂犬病的。

前款所称情节较严重的，是指下列情形之一：

（一）造成甲类传染病、艾滋病、肺炭疽传播危险的；

（二）造成除艾滋病、肺炭疽之外的乙、丙类传染病暴发、流行的；

（三）造成传染病菌（毒）种扩散的；

（四）造成病人残疾、死亡的；

（五）拒绝执行《传染病防治法》及本办法的规定，屡经教育仍继续违法的。

第六十七条 在自然疫源地和可能是自然疫源地的地区兴建大型建设项目未经卫生调查即进行施工的，由县级以上政府卫生行政部门责令限期改正，可以处2000元以上2万元以下的罚款。

第六十八条 单位和个人出售、运输被传染病病原体污染和来自疫区可能被传染病病原体污染的皮毛、旧衣物及生活用品的，由县级以上政府卫生行政部门责令限期进行卫生处理，可以处出售金额一倍以下的罚款；造成传染病流行的，根据情节，可以处相当出售金额三倍以下的罚款，危害严重，出售金额不满2000元的，以2000元计算；对主管人员和直接责任人员由所在单位或者上级机关给予行政处分。

第六十九条 单位和个人非法经营、出售用于预防传染病菌苗、疫苗等生物制品的，县级以上政府卫生行政部门可以处相当出售金额三倍以下的罚款，危害严重，出售金额不满5000元的，以5000元计算；对主管人员和直接责任人员由所在单位或者上级机关根据情节，可以给予行政处分。

第七十条 有下列行为之一的单位和个人，县级以上政府卫生行政部门报请同级政府批准，对单位予以通报批评；对主管人员和直接责任人员由所在单位或者上级机关给予行政处分：

（一）传染病暴发、流行时，妨碍或者拒绝执行政府采取紧急措施的；

（二）传染病暴发、流行时，医疗保健人员、卫生防疫人员拒绝执行各级政府卫生行政部门调集其参加控制疫情的决定的；

（三）对控制传染病暴发、流行负有责任的部门拒绝执行政府有关控制疫情决定的；

（四）无故阻止和拦截依法执行处理疫情任务的车辆和人员的。

第七十一条 执行职务的医疗保健人员、卫生防疫人员和责任单位，不报、漏报、迟报传染病疫情的，由县级以上政府卫生行政部门责令限期改正，对主管人员和直接责任人员由其所在单位或者上级机关根据情节，可以给予行政处分。

个体行医人员在执行职务时，不报、漏报、迟报传染病疫情的，由县级以上政府卫生行政部门责令限期改正，限期内不改的，可以处100元以上500元以下罚款；对造成传染病传播流行的，可以处200元以上2000元以下罚款。

第七十二条 县级政府卫生行政部门可以作出处1万元以下罚款的决定；决定处1万元以上罚款的，须报上一级政府卫生行政部门批准。

受国务院卫生行政部门委托的有关部门卫生主管机构可以作出处2000元以下罚款的决定；决

定处2000元以上罚款的，须报当地县级以上政府卫生行政部门批准。

县级以上政府卫生行政部门在收取罚款时，应当出具正式的罚款收据。罚款全部上缴国库。

第七章　附　则

第七十三条　《传染病防治法》及本办法的用语含义如下：

传染病病人、疑似传染病病人：指根据国务院卫生行政部门发布的《中华人民共和国传染病防治法规定管理的传染病诊断标准》，符合传染病病人和疑似传染病病人诊断标准的人。

病原携带者：指感染病原体无临床症状但能排出病原体的人。

暴发：指在一个局部地区，短期内，突然发生多例同一种传染病病人。

流行：指一个地区某种传染病发病率显著超过该病历年的一般发病率水平。

重大传染病疫情：指《传染病防治法》第二十五条所称的传染病的暴发、流行。

传染病监测：指对人群传染病的发生、流行及影响因素进行有计划地、系统地长期观察。

疫区：指传染病在人群中暴发或者流行，其病原体向周围传播时可能波及的地区。

人畜共患传染病：指鼠疫、流行性出血热、狂犬病、钩端螺旋体病、布鲁氏菌病、炭疽、流行性乙型脑炎、黑热病、包虫病、血吸虫病。

自然疫源地：指某些传染病的病原体在自然界的野生动物中长期保存并造成动物间流行的地区。

可能是自然疫源地：指在自然界中具有自然疫源性疾病存在的传染源和传播媒介，但尚未查明的地区。

医源性感染：指在医学服务中，因病原体传播引起的感染。

医院内感染：指就诊患者在医疗保健机构内受到的感染。

实验室感染：指从事实验室工作时，因接触病原体所致的感染。

消毒：指用化学、物理、生物的方法杀灭或者消除环境中的致病性微生物。

卫生处理：指消毒、杀虫、灭鼠等卫生措施以及隔离、留验、就地检验等医学措施。

卫生防疫机构：指卫生防疫站、结核病防治研究所（院）、寄生虫病防治研究所（站）、血吸虫病防治研究所（站）、皮肤病性病防治研究所（站）、地方病防治研究所（站）、鼠疫防治站（所）、乡镇预防保健站（所）及与上述机构专业相同的单位。

医疗保健机构：指医院、卫生院（所）、门诊部（所）、疗养院（所）、妇幼保健院（站）及与上述机构业务活动相同的单位。

第七十四条　省、自治区、直辖市政府可以根据《传染病防治法》和本办法制定实施细则。

第七十五条　本办法由国务院卫生行政部门负责解释。

第七十六条　本办法自发布之日起施行。

中华人民共和国
国境卫生检疫法实施细则

· 1989年2月10日国务院批准
· 1989年3月6日卫生部令第2号公布
· 根据2010年4月24日《国务院关于修改〈中华人民共和国国境卫生检疫法实施细则〉的决定》第一次修订
· 根据2016年2月6日《国务院关于修改部分行政法规的决定》第二次修订
· 根据2019年3月2日《国务院关于修改部分行政法规的决定》第三次修订

第一章　一般规定

第一条　根据《中华人民共和国国境卫生检疫法》（以下称《国境卫生检疫法》）的规定，制定本细则。

第二条　《国境卫生检疫法》和本细则所称：

“查验”指国境卫生检疫机关（以下称卫生检疫机关）实施的医学检查和卫生检查。

“染疫人”指正在患检疫传染病的人，或者经卫生检疫机关初步诊断，认为已经感染检疫传染病或者已经处于检疫传染病潜伏期的人。

“染疫嫌疑人”指接触过检疫传染病的感染环境，并且可能传播检疫传染病的人。

“隔离”指将染疫人收留在指定的处所，限制其活动并进行治疗，直到消除传染病传播的危险。

“留验”指将染疫嫌疑人收留在指定的处所进

行诊察和检验。

“就地诊验”指一个人在卫生检疫机关指定的期间，到就近的卫生检疫机关或者其他医疗卫生单位去接受诊察和检验；或者卫生检疫机关、其他医疗卫生单位到该人员的居留地，对其进行诊察和检验。

“运输设备”指货物集装箱。

“卫生处理”指隔离、留验和就地诊验等医学措施，以及消毒、除鼠、除虫等卫生措施。

“传染病监测”指对特定环境、人群进行流行病学、血清学、病原学、临床症状以及其他有关影响因素的调查研究，预测有关传染病的发生、发展和流行。

“卫生监督”指执行卫生法规和卫生标准所进行的卫生检查、卫生鉴定、卫生评价和采样检验。

“交通工具”指船舶、航空器、列车和其他车辆。

“国境口岸”指国际通航的港口、机场、车站、陆地边境和国界江河的关口。

第三条 卫生检疫机关在国境口岸工作的范围，是指为国境口岸服务的涉外宾馆、饭店、俱乐部，为入境、出境交通工具提供饮食、服务的单位和对入境、出境人员、交通工具、集装箱和货物实施检疫、监测、卫生监督的场所。

第四条 入境、出境的人员、交通工具和集装箱，以及可能传播检疫传染病的行李、货物、邮包等，均应当按照本细则的规定接受检疫，经卫生检疫机关许可，方准入境或者出境。

第五条 卫生检疫机关发现染疫人时，应当立即将其隔离，防止任何人遭受感染，并按照本细则第八章的规定处理。

卫生检疫机关发现染疫嫌疑人时，应当按照本细则第八章的规定处理。但对第八章规定以外的其他病种染疫嫌疑人，可以从该人员离开感染环境的时候算起，实施不超过该传染病最长潜伏期的就地诊验或者留验以及其他的卫生处理。

第六条 卫生检疫机关应当阻止染疫人、染疫嫌疑人出境，但是对来自国外并且在到达时受就地诊验的人，本人要求出境的，可以准许出境；如果乘交通工具出境，检疫医师应当将这种情况在出境检疫证上签注，同时通知交通工具负责人采取必要的预防措施。

第七条 在国境口岸以及停留在该场所的入境、出境交通工具上，所有非因意外伤害而死亡并死因不明的尸体，必须经卫生检疫机关查验，并签发尸体移运许可证后，方准移运。

第八条 来自国内疫区的交通工具，或者在国内航行中发现检疫传染病、疑似检疫传染病，或者有人非因意外伤害而死亡并死因不明的，交通工具负责人应当向到达的国境口岸卫生检疫机关报告，接受临时检疫。

第九条 在国内或者国外检疫传染病大流行的时候，国务院卫生行政部门应当立即报请国务院决定采取下列检疫措施的一部或者全部：

（一）下令封锁陆地边境、国界江河的有关区域；

（二）指定某些物品必须经过消毒、除虫，方准由国外运进或者由国内运出；

（三）禁止某些物品由国外运进或者由国内运出；

（四）指定第一入境港口、降落机场。对来自国外疫区的船舶、航空器，除因遇险或者其他特殊原因外，没有经第一入境港口、机场检疫的，不准进入其他港口和机场。

第十条 入境、出境的集装箱、货物、废旧物等物品在到达口岸的时候，承运人、代理人或者货主，必须向卫生检疫机关申报并接受卫生检疫。对来自疫区的、被传染病污染的以及可能传播检疫传染病或者发现与人类健康有关的啮齿动物和病媒昆虫的集装箱、货物、废旧物等物品，应当实施消毒、除鼠、除虫或者其他必要的卫生处理。

集装箱、货物、废旧物等物品的货主要求在其他地方实施卫生检疫、卫生处理的，卫生检疫机关可以给予方便，并按规定办理。

第十一条 入境、出境的微生物、人体组织、生物制品、血液及其制品等特殊物品的携带人、托运人或者邮递人，必须向卫生检疫机关申报并接受卫生检疫，凭卫生检疫机关签发的特殊物品审批单办理通关手续。未经卫生检疫机关许可，不准入境、出境。

第十二条 入境、出境的旅客、员工个人携带或者托运可能传播传染病的行李和物品，应当接受卫生检查。卫生检疫机关对来自疫区或者被传染病污染的各种食品、饮料、水产品等应当实施卫生处理或者销毁，并签发卫生处理证明。

第十三条 卫生检疫机关对应当实施卫生检

疫的邮包进行卫生检查和必要的卫生处理时，邮政部门应予配合。未经卫生检疫机关许可，邮政部门不得运递。

第十四条 卫生检疫单、证的种类、式样和签发办法，由海关总署规定。

第二章 疫情通报

第十五条 在国境口岸以及停留在国境口岸的交通工具上，发现检疫传染病、疑似检疫传染病，或者有人非因意外伤害而死亡并死因不明时，国境口岸有关单位以及交通工具的负责人，应当立即向卫生检疫机关报告。

第十六条 卫生检疫机关发现检疫传染病、监测传染病、疑似检疫传染病时，应当向当地卫生行政部门和卫生防疫机构通报；发现检疫传染病时，还应当用最快的办法向国务院卫生行政部门报告。

当地卫生防疫机构发现检疫传染病、监测传染病时，应当向卫生检疫机关通报。

第十七条 在国内或者国外某一地区发生检疫传染病流行时，国务院卫生行政部门可以宣布该地区为疫区。

第三章 卫生检疫机关

第十八条 卫生检疫机关根据工作需要，可以设立派出机构。卫生检疫机关的设立、合并或者撤销，按照有关规定执行。

第十九条 卫生检疫机关的职责：

（一）执行《国境卫生检疫法》及其实施细则和国家有关卫生法规；

（二）收集、整理、报告国际和国境口岸传染病的发生、流行和终息情况；

（三）对国境口岸的卫生状况实施卫生监督；对入境、出境的交通工具、人员、集装箱、尸体、骸骨以及可能传播检疫传染病的行李、货物、邮包等实施检疫查验、传染病监测、卫生监督和卫生处理；

（四）对入境、出境的微生物、生物制品、人体组织、血液及其制品等特殊物品以及能传播人类传染病的动物，实施卫生检疫；

（五）对入境、出境人员进行预防接种、健康检查、医疗服务、国际旅行健康咨询和卫生宣传；

（六）签发卫生检疫证件；

（七）进行流行病学调查研究，开展科学实验；

（八）执行海关总署、国务院卫生行政部门指定的其他工作。

第二十条 国境口岸卫生监督员的职责：

（一）对国境口岸和停留在国境口岸的入境、出境交通工具进行卫生监督和卫生宣传；

（二）在消毒、除鼠、除虫等卫生处理方面进行技术指导；

（三）对造成传染病传播、啮齿动物和病媒昆虫扩散、食物中毒、食物污染等事故进行调查，并提出控制措施。

第二十一条 卫生检疫机关工作人员、国境口岸卫生监督员在执行任务时，应当穿着检疫制服，佩戴检疫标志；卫生检疫机关的交通工具在执行任务期间，应当悬挂检疫旗帜。

检疫制服、标志、旗帜的式样和使用办法由海关总署会同有关部门制定，报国务院审批。

第四章 海港检疫

第二十二条 船舶的入境检疫，必须在港口的检疫锚地或者经卫生检疫机关同意的指定地点实施。

检疫锚地由港务监督机关和卫生检疫机关会商确定，报国务院交通运输主管部门和海关总署备案。

第二十三条 船舶代理应当在受入境检疫的船舶到达以前，尽早向卫生检疫机关通知下列事项：

（一）船名、国籍、预定到达检疫锚地的日期和时间；

（二）发航港、最后寄港；

（三）船员和旅客人数；

（四）货物种类。

港务监督机关应当将船舶确定到达检疫锚地的日期和时间尽早通知卫生检疫机关。

第二十四条 受入境检疫的船舶，在航行中，发现检疫传染病、疑似检疫传染病，或者有人非因意外伤害而死亡并死因不明的，船长必须立即向实施检疫港口的卫生检疫机关报告下列事项：

（一）船名、国籍、预定到达检疫锚地的日期和时间；

（二）发航港、最后寄港；

（三）船员和旅客人数；

（四）货物种类；

（五）病名或者主要症状、患病人数、死亡人数；

（六）船上有无船医。

第二十五条 受入境检疫的船舶，必须按照下列规定悬挂检疫信号等候查验，在卫生检疫机关发给入境检疫证前，不得降下检疫信号。

昼间在明显处所悬挂国际通语信号旗：

（一）"Q"字旗表示：本船没有染疫，请发给入境检疫证；

（二）"QQ"字旗表示：本船有染疫或者染疫嫌疑，请即刻实施检疫。

夜间在明显处所垂直悬挂灯号：

（一）红灯三盏表示：本船没有染疫，请发给入境检疫证；

（二）红、红、白、红灯四盏表示：本船有染疫或者染疫嫌疑，请即刻实施检疫。

第二十六条 悬挂检疫信号的船舶，除引航员和经卫生检疫机关许可的人员外，其他人员不准上船，不准装卸行李、货物、邮包等物品，其他船舶不准靠近；船上的人员，除因船舶遇险外，未经卫生检疫机关许可，不准离船；引航员不得将船引离检疫锚地。

第二十七条 申请电讯检疫的船舶，首先向卫生检疫机关申请卫生检查，合格者发给卫生证书。该证书自签发之日起12个月内可以申请电讯检疫。

第二十八条 持有效卫生证书的船舶在入境前24小时，应当向卫生检疫机关报告下列事项：

（一）船名、国籍、预定到达检疫锚地的日期和时间；

（二）发航港、最后寄港；

（三）船员和旅客人数及健康状况；

（四）货物种类；

（五）船舶卫生证书的签发日期和编号、除鼠证书或者免予除鼠证书的签发日期和签发港，以及其他卫生证件。

经卫生检疫机关对上述报告答复同意后，即可进港。

第二十九条 对船舶的入境检疫，在日出后到日落前的时间内实施；凡具备船舶夜航条件，夜间可靠离码头和装卸作业的港口口岸，应实行24小时检疫。对来自疫区的船舶，不实行夜间检疫。

第三十条 受入境检疫船舶的船长，在检疫医师到达船上时，必须提交由船长签字或者有船医附签的航海健康申报书、船员名单、旅客名单、载货申报单，并出示除鼠证书或者免予除鼠证书。

在查验中，检疫医师有权查阅航海日志和其他有关证件；需要进一步了解船舶航行中卫生情况时，检疫医师可以向船长、船医提出询问，船长、船医必须如实回答。用书面回答时，须经船长签字和船医附签。

第三十一条 船舶实施入境查验完毕以后，对没有染疫的船舶，检疫医师应当立即签发入境检疫证；如果该船有受卫生处理或者限制的事项，应当在入境检疫证上签注，并按照签注事项办理。对染疫船舶、染疫嫌疑船舶，除通知港务监督机关外，对该船舶还应当发给卫生处理通知书，该船舶上的引航员和经卫生检疫机关许可上船的人员应当视同员工接受有关卫生处理，在卫生处理完毕以后，再发给入境检疫证。

船舶领到卫生检疫机关签发的入境检疫证后，可以降下检疫信号。

第三十二条 船舶代理应当在受出境检疫的船舶启航以前，尽早向卫生检疫机关通知下列事项：

（一）船名、国籍、预定开航的日期和时间；

（二）目的港、最初寄港；

（三）船员名单和旅客名单；

（四）货物种类。

港务监督机关应当将船舶确定开航的日期和时间尽早通知卫生检疫机关。

船舶的入境、出境检疫在同一港口实施时，如果船员、旅客没有变动，可以免报船员名单和旅客名单；有变动的，报变动船员、旅客名单。

第三十三条 受出境检疫的船舶，船长应当向卫生检疫机关出示除鼠证书或者免予除鼠证书和其他有关检疫证件。检疫医师可以向船长、船医提出有关船员、旅客健康情况和船上卫生情况的询问，船长、船医对上述询问应当如实回答。

第三十四条 对船舶实施出境检疫完毕以后，检疫医师应当按照检疫结果立即签发出境检疫证，如果因卫生处理不能按原定时间启航，应当及时通知港务监督机关。

第三十五条 对船舶实施出境检疫完毕以后，除引航员和经卫生检疫机关许可的人员外，其他人员不准上船，不准装卸行李、货物、邮包等物品。如果违反上述规定，该船舶必须重新实施出境检疫。

第五章　航空检疫

第三十六条　航空器在飞行中，不得向下投掷或者任其坠下能传播传染病的任何物品。

第三十七条　实施卫生检疫机场的航空站，应当在受入境检疫的航空器到达以前，尽早向卫生检疫机关通知下列事项：

（一）航空器的国籍、机型、号码、识别标志、预定到达时间；

（二）出发站、经停站；

（三）机组和旅客人数。

第三十八条　受入境检疫的航空器，如果在飞行中发现检疫传染病、疑似检疫传染病，或者有人非因意外伤害而死亡并死因不明时，机长应当立即通知到达机场的航空站，向卫生检疫机关报告下列事项：

（一）航空器的国籍、机型、号码、识别标志、预定到达时间；

（二）出发站、经停站；

（三）机组和旅客人数；

（四）病名或者主要症状、患病人数、死亡人数。

第三十九条　受入境检疫的航空器到达机场以后，检疫医师首先登机。机长或者其授权的代理人，必须向卫生检疫机关提交总申报单、旅客名单、货物仓单和有效的灭蚊证书，以及其他有关检疫证件；对检疫医师提出的有关航空器上卫生状况的询问，机长或者其授权的代理人应当如实回答。在检疫没有结束之前，除经卫生检疫机关许可外，任何人不得上下航空器，不准装卸行李、货物、邮包等物品。

第四十条　入境旅客必须在指定的地点，接受入境查验，同时用书面或者口头回答检疫医师提出的有关询问。在此期间，入境旅客不得离开查验场所。

第四十一条　对入境航空器查验完毕以后，根据查验结果，对没有染疫的航空器，检疫医师应当签发入境检疫证；如果该航空器有受卫生处理或者限制的事项，应当在入境检疫证上签注，由机长或者其授权的代理人负责执行；对染疫或者有染疫嫌疑的航空器，除通知航空站外，对该航空器应当发给卫生处理通知单，在规定的卫生处理完毕以后，再发给入境检疫证。

第四十二条　实施卫生检疫机场的航空站，应当在受出境检疫的航空器起飞以前，尽早向卫生检疫机关提交总申报单、货物仓单和其他有关检疫证件，并通知下列事项：

（一）航空器的国籍、机型、号码、识别标志、预定起飞时间；

（二）经停站、目的站；

（三）机组和旅客人数。

第四十三条　对出境航空器查验完毕以后，如果没有染疫，检疫医师应当签发出境检疫证或者在必要的卫生处理完毕以后，再发给出境检疫证；如果该航空器因卫生处理不能按原定时间起飞，应当及时通知航空站。

第六章　陆地边境检疫

第四十四条　实施卫生检疫的车站，应当在受入境检疫的列车到达之前，尽早向卫生检疫机关通知下列事项：

（一）列车的车次，预定到达的时间；

（二）始发站；

（三）列车编组情况。

第四十五条　受入境检疫的列车和其他车辆到达车站、关口后，检疫医师首先登车，列车长或者其他车辆负责人，应当口头或者书面向卫生检疫机关申报该列车或者其他车辆上人员的健康情况，对检疫医师提出有关卫生状况和人员健康的询问，应当如实回答。

第四十六条　受入境检疫的列车和其他车辆到达车站、关口，在实施入境检疫而未取得入境检疫证以前，未经卫生检疫机关许可，任何人不准上下列车或者其他车辆，不准装卸行李、货物、邮包等物品。

第四十七条　实施卫生检疫的车站，应当在受出境检疫列车发车以前，尽早向卫生检疫机关通知下列事项：

（一）列车的车次，预定发车的时间；

（二）终到站；

（三）列车编组情况。

第四十八条　应当受入境、出境检疫的列车和其他车辆，如果在行程中发现检疫传染病、疑似检疫传染病，或者有人非因意外伤害而死亡并死因不明的，列车或者其他车辆到达车站、关口时，列车长或者其他车辆负责人应当向卫生检疫机关报告。

第四十九条 受入境、出境检疫的列车，在查验中发现检疫传染病或者疑似检疫传染病，或者因受卫生处理不能按原定时间发车，卫生检疫机关应当及时通知车站的站长。如果列车在原停车地点不宜实施卫生处理，站长可以选择站内其他地点实施卫生处理。在处理完毕之前，未经卫生检疫机关许可，任何人不准上下列车，不准装卸行李、货物、邮包等物品。

为了保证入境直通列车的正常运输，卫生检疫机关可以派员随车实施检疫，列车长应当提供方便。

第五十条 对列车或者其他车辆实施入境、出境检疫完毕后，检疫医师应当根据检疫结果分别签发入境、出境检疫证，或者在必要的卫生处理完毕后，再分别签发入境、出境检疫证。

第五十一条 徒步入境、出境的人员，必须首先在指定的场所接受入境、出境查验，未经卫生检疫机关许可，不准离开指定的场所。

第五十二条 受入境、出境检疫的列车以及其他车辆，载有来自疫区、有染疫或者染疫嫌疑或者夹带能传播传染病的病媒昆虫和啮齿动物的货物，应当接受卫生检查和必要的卫生处理。

第七章　卫生处理

第五十三条 卫生检疫机关的工作人员在实施卫生处理时，必须注意下列事项：

（一）防止对任何人的健康造成危害；

（二）防止对交通工具的结构和设备造成损害；

（三）防止发生火灾；

（四）防止对行李、货物造成损害。

第五十四条 入境、出境的集装箱、行李、货物、邮包等物品需要卫生处理的，由卫生检疫机关实施。

入境、出境的交通工具有下列情形之一的，应当由卫生检疫机关实施消毒、除鼠、除虫或者其他卫生处理：

（一）来自检疫传染病疫区的；

（二）被检疫传染病污染的；

（三）发现有与人类健康有关的啮齿动物或者病媒昆虫，超过国家卫生标准的。

第五十五条 由国外起运经过中华人民共和国境内的货物，如果不在境内换装，除发生在流行病学上有重要意义的事件，需要实施卫生处理外，在一般情况下不实施卫生处理。

第五十六条 卫生检疫机关对入境、出境的废旧物品和曾行驶于境外港口的废旧交通工具，根据污染程度，分别实施消毒、除鼠、除虫，对污染严重的实施销毁。

第五十七条 入境、出境的尸体、骸骨托运人或者代理人应当申请卫生检疫，并出示死亡证明或者其他有关证件，对不符合卫生要求的，必须接受卫生检疫机关实施的卫生处理。经卫生检疫合格后，方准运进或者运出。

对因患检疫传染病而死亡的病人尸体，必须就近火化，不准移运。

第五十八条 卫生检疫机关对已在到达本口岸前的其他口岸实施卫生处理的交通工具不再重复实施卫生处理。但有下列情形之一的，仍需实施卫生处理：

（一）在原实施卫生处理的口岸或者该交通工具上，发生流行病学上有重要意义的事件，需要进一步实施卫生处理的；

（二）在到达本口岸前的其他口岸实施的卫生处理没有实际效果的。

第五十九条 在国境口岸或者交通工具上发现啮齿动物有反常死亡或者死因不明的，国境口岸有关单位或者交通工具的负责人，必须立即向卫生检疫机关报告，迅速查明原因，实施卫生处理。

第六十条 国际航行船舶的船长，必须每隔6个月向卫生检疫机关申请一次鼠患检查，卫生检疫机关根据检查结果实施除鼠或者免予除鼠，并且分别发给除鼠证书或者免予除鼠证书。该证书自签发之日起6个月内有效。

第六十一条 卫生检疫机关只有在下列之一情况下，经检查确认船舶无鼠害的，方可签发免予除鼠证书：

（一）空舱；

（二）舱内虽然装有压舱物品或者其他物品，但是这些物品不引诱鼠类，放置情况又不妨碍实施鼠患检查。

对油轮在实舱时进行检查，可以签发免予除鼠证书。

第六十二条 对船舶的鼠患检查或者除鼠，应当尽量在船舶空舱的时候进行。如果船舶因故不宜按期进行鼠患检查或者蒸熏除鼠，并且该船又开往便于实施鼠患检查或者蒸熏除鼠的港口，可以准许该船原有的除鼠证书或者免予除鼠证书的有效期延长1个月，并签发延长证明。

第六十三条 对国际航行的船舶，按照国家规定的标准，应当用蒸熏的方法除鼠时，如果该船的除鼠证书或者免予除鼠证书尚未失效，除该船染有鼠疫或者鼠疫嫌疑外，卫生检疫机关应当将除鼠理由通知船长。船长应当按照要求执行。

第六十四条 船舶在港口停靠期间，船长应当负责采取下列的措施：

（一）缆绳上必须使用有效的防鼠板，或者其他防鼠装置；

（二）夜间放置扶梯、桥板时，应当用强光照射；

（三）在船上发现死鼠或者捕获到鼠类时，应当向卫生检疫机关报告。

第六十五条 在国境口岸停留的国内航行的船舶如果存在鼠患，船方应当进行除鼠。根据船方申请，也可由卫生检疫机关实施除鼠。

第六十六条 国务院卫生行政部门认为必要时，可以要求来自国外或者国外某些地区的人员在入境时，向卫生检疫机关出示有效的某种预防接种证书或者健康证明。

第六十七条 预防接种的有效期如下：

（一）黄热病疫苗自接种后第10日起，10年内有效。如果前次接种不满10年又经复种，自复种的当日起，10年内有效；

（二）其他预防接种的有效期，按照有关规定执行。

第八章 检疫传染病管理

第一节 鼠 疫

第六十八条 鼠疫的潜伏期为6日。

第六十九条 船舶、航空器在到达时，有下列情形之一的，为染有鼠疫：

（一）船舶、航空器上有鼠疫病例的；

（二）船舶、航空器上发现有感染鼠疫的啮齿动物的；

（三）船舶上曾经有人在上船6日以后患鼠疫的。

第七十条 船舶在到达时，有下列情形之一的，为染有鼠疫嫌疑：

（一）船舶上没有鼠疫病例，但曾经有人在上船后6日以内患鼠疫的；

（二）船上啮齿动物有反常死亡，并且死因不明的。

第七十一条 对染有鼠疫的船舶、航空器应当实施下列卫生处理：

（一）对染疫人实施隔离；

（二）对染疫嫌疑人实施除虫，并且从到达时算起，实施不超过6日的就地诊验或者留验。在此期间，船上的船员除因工作需要并且经卫生检疫机关许可外，不准上岸；

（三）对染疫人、染疫嫌疑人的行李、使用过的其他物品和卫生检疫机关认为有污染嫌疑的物品，实施除虫，必要时实施消毒；

（四）对染疫人占用过的部位和卫生检疫机关认为有污染嫌疑的部位，实施除虫，必要时实施消毒；

（五）船舶、航空器上有感染鼠疫的啮齿动物，卫生检疫机关必须实施除鼠。如果船舶上发现只有未感染鼠疫的啮齿动物，卫生检疫机关也可以实施除鼠。实施除鼠可以在隔离的情况下进行。对船舶的除鼠应当在卸货以前进行；

（六）卸货应当在卫生检疫机关的监督下进行，并且防止卸货的工作人员遭受感染，必要时，对卸货的工作人员从卸货完毕时算起，实施不超过6日的就地诊验或者留验。

第七十二条 对染有鼠疫嫌疑的船舶，应当实施本细则第七十一条第（二）至第（六）项规定的卫生处理。

第七十三条 对没有染疫的船舶、航空器，如果来自鼠疫疫区，卫生检疫机关认为必要时，可以实施下列卫生处理：

（一）对离船、离航空器的染疫嫌疑人，从船舶、航空器离开疫区的时候算起，实施不超过6日的就地诊验或者留验；

（二）在特殊情况下，对船舶、航空器实施除鼠。

第七十四条 对到达的时候载有鼠疫病例的

列车和其他车辆,应当实施下列卫生处理:

(一)本细则第七十一条第(一)、第(三)、第(四)、第(六)项规定的卫生处理;

(二)对染疫嫌疑人实施除虫,并且从到达时算起,实施不超过6日的就地诊验或者留验;

(三)必要时,对列车和其他车辆实施除鼠。

第二节　霍　乱

第七十五条　霍乱潜伏期为5日。

第七十六条　船舶在到达的时候载有霍乱病例,或者在到达前5日以内,船上曾经有霍乱病例发生,为染有霍乱。

船舶在航行中曾经有霍乱病例发生,但是在到达前5日以内,没有发生新病例,为染有霍乱嫌疑。

第七十七条　航空器在到达的时候载有霍乱病例,为染有霍乱。

航空器在航行中曾经有霍乱病例发生,但在到达以前该病员已经离去,为染有霍乱嫌疑。

第七十八条　对染有霍乱的船舶、航空器,应当实施下列卫生处理:

(一)对染疫人实施隔离;

(二)对离船、离航空器的员工、旅客,从卫生处理完毕时算起,实施不超过5日的就地诊验或者留验;从船舶到达时算起5日内,船上的船员除因工作需要,并且经卫生检疫机关许可外,不准上岸;

(三)对染疫人、染疫嫌疑人的行李,使用过的其他物品和有污染嫌疑的物品、食品实施消毒;

(四)对染疫人占用的部位,污染嫌疑部位,实施消毒;

(五)对污染或者有污染嫌疑的饮用水,应当实施消毒后排放,并在储水容器消毒后再换清洁饮用水;

(六)人的排泄物、垃圾、废水、废物和装自霍乱疫区的压舱水,未经消毒,不准排放和移下;

(七)卸货必须在卫生检疫机关监督下进行,并且防止工作人员遭受感染,必要时,对卸货工作人员从卸货完毕时算起,实施不超过5日的就地诊验或者留验。

第七十九条　对染有霍乱嫌疑的船舶、航空器应当实施下列卫生处理:

(一)本细则第七十八条第(二)至第(七)项规定的卫生处理;

(二)对离船、离航空器的员工、旅客从到达时算起,实施不超过5日的就地诊验或者留验。在此期间,船上的船员除因工作需要,并经卫生检疫机关许可外,不准离开口岸区域;或者对离船、离航空器的员工、旅客,从离开疫区时算起,实施不超过5日的就地诊验或者留验。

第八十条　对没有染疫的船舶、航空器,如果来自霍乱疫区,卫生检疫机关认为必要时,可以实施下列卫生处理:

(一)本细则第七十八条第(五)、第(六)项规定的卫生处理;

(二)对离船、离航空器的员工、旅客,从离开疫区时算起,实施不超过5日的就地诊验或者留验。

第八十一条　对到达时载有霍乱病例的列车和其他车辆应当实施下列卫生处理:

(一)按本细则第七十八条第(一)、第(三)、第(四)、第(五)、第(七)项规定的卫生处理;

(二)对染疫嫌疑人从到达时算起,实施不超过5日的就地诊验或者留验。

第八十二条　对来自霍乱疫区的或者染有霍乱嫌疑的交通工具,卫生检疫机关认为必要时,可以实施除虫、消毒;如果交通工具载有水产品、水果、蔬菜、饮料及其他食品,除装在密封容器内没有被污染外,未经卫生检疫机关许可,不准卸下,必要时可以实施卫生处理。

第八十三条　对来自霍乱疫区的水产品、水果、蔬菜、饮料以及装有这些制品的邮包,卫生检疫机关在查验时,为了判明是否被污染,可以抽样检验,必要时可以实施卫生处理。

第三节　黄热病

第八十四条　黄热病的潜伏期为6日。

第八十五条　来自黄热病疫区的人员,在入境时,必须向卫生检疫机关出示有效的黄热病预防接种证书。

对无有效的黄热病预防接种证书的人员,卫生检疫机关可以从该人员离开感染环境的时候算起,实施6日的留验,或者实施预防接种并留验到黄热病预防接种证书生效时为止。

第八十六条　航空器到达时载有黄热病病例,为染有黄热病。

第八十七条 来自黄热病疫区的航空器，应当出示在疫区起飞前的灭蚊证书；如果在到达时不出示灭蚊证书，或者卫生检疫机关认为出示的灭蚊证书不符合要求，并且在航空器上发现活蚊，为染有黄热病嫌疑。

第八十八条 船舶在到达时载有黄热病病例，或者在航行中曾经有黄热病病例发生，为染有黄热病。

船舶在到达时，如果离开黄热病疫区没有满6日，或者没有满30日并且在船上发现埃及伊蚊或者其他黄热病媒介，为染有黄热病嫌疑。

第八十九条 对染有黄热病的船舶、航空器，应当实施下列卫生处理：

（一）对染疫人实施隔离；

（二）对离船、离航空器又无有效的黄热病预防接种证书的员工、旅客，实施本细则第八十五条规定的卫生处理；

（三）彻底杀灭船舶、航空器上的埃及伊蚊及其虫卵、幼虫和其他黄热病媒介，并且在没有完成灭蚊以前限制该船与陆地和其他船舶的距离不少于400米；

（四）卸货应当在灭蚊以后进行，如果在灭蚊以前卸货，应当在卫生检疫机关监督下进行，并且采取预防措施，使卸货的工作人员免受感染，必要时，对卸货的工作人员，从卸货完毕时算起，实施6日的就地诊验或者留验。

第九十条 对染有黄热病嫌疑的船舶、航空器，应当实施本细则第八十九条第（二）至第（四）项规定的卫生处理。

第九十一条 对没有染疫的船舶、航空器，如果来自黄热病疫区，卫生检疫机关认为必要时，可以实施本细则第八十九条第（三）项规定的卫生处理。

第九十二条 对到达的时候载有黄热病病例的列车和其他车辆，或者来自黄热病疫区的列车和其他车辆，应当实施本细则第八十九条第（一）、第（四）项规定的卫生处理；对列车、车辆彻底杀灭成蚊及其虫卵、幼虫；对无有效黄热病预防接种证书的员工、旅客，应当实施本细则第八十五条规定的卫生处理。

第四节 就地诊验、留验和隔离

第九十三条 卫生检疫机关对受就地诊验的人员，应当发给就地诊验记录簿，必要的时候，可以在该人员出具履行就地诊验的保证书以后，再发给其就地诊验记录簿。

受就地诊验的人员应当携带就地诊验记录簿，按照卫生检疫机关指定的期间、地点，接受医学检查；如果就地诊验的结果没有染疫，就地诊验期满的时候，受就地诊验的人员应当将就地诊验记录簿退还卫生检疫机关。

第九十四条 卫生检疫机关应当将受就地诊验人员的情况，用最快的方法通知受就地诊验人员的旅行停留地的卫生检疫机关或者其他医疗卫生单位。

卫生检疫机关、医疗卫生单位遇有受就地诊验的人员请求医学检查时，应当视同急诊给予医学检查，并将检查结果在就地诊验记录簿上签注；如果发现其患检疫传染病或者监测传染病、疑似检疫传染病或者疑似监测传染病时，应当立即采取必要的卫生措施，将其就地诊验记录簿收回存查，并且报告当地卫生防疫机构和签发就地诊验记录簿的卫生检疫机关。

第九十五条 受留验的人员必须在卫生检疫机关指定的场所接受留验；但是有下列情形之一的，经卫生检疫机关同意，可以在船上留验：

（一）船长请求船员在船上留验的；

（二）旅客请求在船上留验，经船长同意，并且船上有船医和医疗、消毒设备的。

第九十六条 受留验的人员在留验期间如果出现检疫传染病的症状，卫生检疫机关应当立即对该人员实施隔离，对与其接触的其他受留验的人员，应当实施必要的卫生处理，并且从卫生处理完毕时算起，重新计算留验时间。

第九章 传染病监测

第九十七条 入境、出境的交通工具、人员、食品、饮用水和其他物品以及病媒昆虫、动物，均为传染病监测的对象。

第九十八条 传染病监测内容是：

（一）首发病例的个案调查；

（二）暴发流行的流行病学调查；

（三）传染源调查；

（四）国境口岸内监测传染病的回顾性调查；

（五）病原体的分离、鉴定，人群、有关动物血清学调查以及流行病学调查；

（六）有关动物、病媒昆虫、食品、饮用水和环境因素的调查；

（七）消毒、除鼠、除虫的效果观察与评价；

（八）国境口岸以及国内外监测传染病疫情的收集、整理、分析和传递；

（九）对监测对象开展健康检查和对监测传染病病人、疑似病人、密切接触人员的管理。

第九十九条 卫生检疫机关应当阻止患有严重精神病、传染性肺结核病或者有可能对公共卫生造成重大危害的其他传染病的外国人入境。

第一百条 受入境、出境检疫的人员，必须根据检疫医师的要求，如实填报健康申明卡，出示某种有效的传染病预防接种证书、健康证明或者其他有关证件。

第一百零一条 卫生检疫机关对国境口岸的涉外宾馆、饭店内居住的入境、出境人员及工作人员实施传染病监测，并区别情况采取必要的预防、控制措施。

对来自检疫传染病和监测传染病疫区的人员，检疫医师可以根据流行病学和医学检查结果，发给就诊方便卡。

卫生检疫机关、医疗卫生单位遇到持有就诊方便卡的人员请求医学检查时，应当视同急诊给予医学检查；如果发现其患检疫传染病或者监测传染病，疑似检疫传染病或者疑似监测传染病，应当立即实施必要的卫生措施，并且将情况报告当地卫生防疫机构和签发就诊方便卡的卫生检疫机关。

第一百零二条 凡申请出境居住 1 年以上的中国籍人员，必须持有卫生检疫机关签发的健康证明。中国公民出境、入境管理机关凭卫生检疫机关签发的健康证明办理出境手续。

凡在境外居住 1 年以上的中国籍人员，入境时必须向卫生检疫机关申报健康情况，并在入境后 1 个月内到就近的卫生检疫机关或者县级以上的医院进行健康检查。公安机关凭健康证明办理有关手续。健康证明的副本应当寄送到原入境口岸的卫生检疫机关备案。

国际通行交通工具上的中国籍员工，应当持有卫生检疫机关或者县级以上医院出具的健康证明。健康证明的项目、格式由海关总署统一规定，有效期为 12 个月。

第一百零三条 卫生检疫机关在国境口岸内设立传染病监测点时，有关单位应当给予协助并提供方便。

第十章 卫生监督

第一百零四条 卫生检疫机关依照《国境卫生检疫法》第十八条、第十九条规定的内容，对国境口岸和交通工具实施卫生监督。

第一百零五条 对国境口岸的卫生要求是：

（一）国境口岸和国境口岸内涉外的宾馆、生活服务单位以及候船、候车、候机厅（室）应当有健全的卫生制度和必要的卫生设施，并保持室内外环境整洁、通风良好；

（二）国境口岸有关部门应当采取切实可行的措施，控制啮齿动物、病媒昆虫，使其数量降低到不足为害的程度。仓库、货场必须具有防鼠设施；

（三）国境口岸的垃圾、废物、污水、粪便必须进行无害化处理，保持国境口岸环境整洁卫生。

第一百零六条 对交通工具的卫生要求是：

（一）交通工具上的宿舱、车厢必须保持清洁卫生，通风良好；

（二）交通工具上必须备有足够的消毒、除鼠、除虫药物及器械，并备有防鼠装置；

（三）交通工具上的货舱、行李舱、货车车厢在装货前或者卸货后应当进行彻底清扫，有毒物品和食品不得混装，防止污染；

（四）对不符合卫生要求的入境、出境交通工具，必须接受卫生检疫机关的督导立即进行改进。

第一百零七条 对饮用水、食品及从业人员的卫生要求是：

（一）国境口岸和交通工具上的食品、饮用水必须符合有关的卫生标准；

（二）国境口岸内的涉外宾馆，以及向入境、出境的交通工具提供饮食服务的部门，必须取得卫生检疫机关发放的卫生许可证；

（三）国境口岸内涉外的宾馆和入境、出境交通工具上的食品、饮用水从业人员应当持有有效健康证明。

第一百零八条 国境口岸有关单位和交通工具负责人应当遵守下列事项：

（一）遵守《国境卫生检疫法》和本细则及有关卫生法规的规定；

（二）接受卫生监督员的监督和检查，并为其工作提供方便；

（三）按照卫生监督员的建议，对国境口岸和交通工具的卫生状况及时采取改进措施。

第十一章　罚　则

第一百零九条　《国境卫生检疫法》和本细则所规定的应当受行政处罚的行为是指：

（一）应当受入境检疫的船舶，不悬挂检疫信号的；

（二）入境、出境的交通工具，在入境检疫之前或者在出境检疫之后，擅自上下人员，装卸行李、货物、邮包等物品的；

（三）拒绝接受检疫或者抵制卫生监督，拒不接受卫生处理的；

（四）伪造或者涂改检疫单、证、不如实申报疫情的；

（五）瞒报携带禁止进口的微生物、人体组织、生物制品、血液及其制品或者其他可能引起传染病传播的动物和物品的；

（六）未经检疫的入境、出境交通工具，擅自离开检疫地点，逃避查验的；

（七）隐瞒疫情或者伪造情节的；

（八）未经卫生检疫机关实施卫生处理，擅自排放压舱水，移下垃圾、污物等控制的物品的；

（九）未经卫生检疫机关实施卫生处理，擅自移运尸体、骸骨的；

（十）废旧物品、废旧交通工具，未向卫生检疫机关申报，未经卫生检疫机关实施卫生处理和签发卫生检疫证书而擅自入境、出境或者使用、拆卸的；

（十一）未经卫生检疫机关检查，从交通工具上移下传染病病人造成传染病传播危险的。

第一百一十条　具有本细则第一百零九条所列第（一）至第（五）项行为的，处以警告或者100元以上5000元以下的罚款；

具有本细则第一百零九条所列第（六）至第（九）项行为的，处以1000元以上1万元以下的罚款；

具有本细则第一百零九条所列第（十）、第（十一）项行为的，处以5000元以上3万元以下的罚款。

第一百一十一条　卫生检疫机关在收取罚款时，应当出具正式的罚款收据。罚款全部上交国库。

第十二章　附　则

第一百一十二条　国境卫生检疫机关实施卫生检疫的收费标准，由海关总署会同国务院财政、物价部门共同制定。

第一百一十三条　本细则自发布之日起施行。

中华人民共和国
国境口岸卫生监督办法

· 1981年12月30日国务院批准
· 1982年2月4日卫生部、交通部、中国民用航空总局、铁道部发布
· 根据2011年1月8日《国务院关于废止和修改部分行政法规的决定》第一次修订
· 根据2019年3月2日《国务院关于修改部分行政法规的决定》第二次修订

第一章　总　则

第一条　为了加强国境口岸和国际航行交通工具的卫生监督工作，改善国境口岸和交通工具的卫生面貌，控制和消灭传染源，切断传播途径，防止传染病由国外传入和由国内传出，保障人民身体健康，制定本办法。

第二条　本办法适用于对外开放的港口、机场、车站、关口（下称国境口岸）和停留在这些处所的国际航行的船舶、飞机和车辆（下称交通工具）。

第二章　国境口岸的卫生要求

第三条　国境口岸应当建立卫生清扫制度，消灭蚊蝇孳生场所，设置污物箱，定期进行清理，保持环境整洁。

第四条　国境口岸的生活垃圾应当日产日清，设置的固定垃圾场，应当定期清除；生活污水不得任意排放，应当做到无害化处理，以防止污染环境和水源。

第五条　对国境口岸的建筑物，有关部门应当采取切实可行的措施，控制病媒昆虫、啮齿动物，使其数量降低到不足为害的程度。

第六条　候船室、候机室、候车室、候检室应当做到地面整洁、墙壁无尘土、窗明几净、通风良好，并备有必要的卫生设施。

第七条　国境口岸的餐厅、食堂、厨房、小卖部应当建立和健全卫生制度，经常保持整洁，做到

墙壁、天花板、桌椅清洁无尘土;应当有防蚊、防蝇、防鼠和冷藏设备,做到室内无蚊、无蝇、无鼠、无蟑螂。

第八条 国境口岸的厕所和浴室应当有专人管理,及时打扫,保持整洁,做到无蝇、无臭味。

第九条 国境口岸的仓库、货场应当保持清洁、整齐;发现鼠类有反常死亡时,应当及时向卫生检疫机关或地方卫生防疫部门报告。

第十条 做好国境口岸水源保护,在水源周围直径30米内,不得修建厕所、渗井等污染水源设施。

第三章 交通工具的卫生要求

第十一条 交通工具上必须备有急救药物、急救设备及消毒、杀虫、灭鼠药物。必要时,船舶上还需安排临时隔离室。

第十二条 交通工具上的病媒昆虫和啮齿动物的防除:

(一)船舶、飞机、列车上,应当备有足够数量有效的防鼠装置;保持无鼠或鼠类数量保持不足为害的程度。

(二)应当保持无蚊、无蝇、无其他有害昆虫,一旦发现应当采取杀灭措施。

第十三条 交通工具上的厕所、浴室必须保持整洁,无臭味。

第十四条 交通工具上的粪便、垃圾、污水处理的卫生要求:

(一)生活垃圾应当集中放在带盖的容器内,禁止向港区、机场、站区随意倾倒,应当由污物专用车(船)集中送往指定地点进行无害化处理。必要时,粪便、污水须经过卫生处理后方能排放;

(二)来自鼠疫疫区交通工具上的固体垃圾必须进行焚化处理,来自霍乱疫区交通工具上的粪便、压舱水、污水,必要时实施消毒。

第十五条 交通工具的货舱、行李车、邮政车和货车的卫生要求:

(一)货舱、行李车、邮政车、货车应当消灭蚊、蝇、蟑螂、鼠等病媒昆虫和有害动物及其孳生条件;在装货前或卸货后应当进行彻底清扫,做到无粪便、垃圾;

(二)凡装载有毒物品和食品的货车,应当分开按指定地点存放,防止污染,货物卸空后应当进行彻底洗刷;

(三)来自疫区的行李、货物,要严格检查,防止带有病媒昆虫和啮齿动物。

第十六条 交通工具上的客舱、宿舱、客车的卫生要求:

(一)客舱、宿舱和客车应当随时擦洗,保持无垃圾尘土,通风良好;

(二)卧具每次使用后必须换洗。卧具上不得有虱子、跳蚤、臭虫等病媒昆虫。

第四章 食品、饮用水及从业人员的卫生要求

第十七条 供应国境口岸和交通工具上的食品必须符合《中华人民共和国食品安全法》的规定和食品安全标准。

第十八条 凡供应国境口岸和交通工具上的饮用水必须符合我国规定的"生活饮用水卫生标准"。供应饮用水的运输工具、储存容器及输水管道等设备都应当经常冲洗干净,保持清洁。

第十九条 供应食品、饮用水的从业人员的卫生要求:

(一)患有肠道传染病的患者或带菌者,以及活动性结核病、化脓性渗出性皮肤病患者,不得从事食品和饮用水供应工作;

(二)从事食品、饮用水供应工作的人员,应当每年进行一次健康检查,新参加工作的人员,应当首先进行健康检查,经检查合格者,发给健康证;

(三)从事食品、饮用水供应工作的人员,要养成良好卫生习惯,工作时要着装整洁,严格遵守卫生操作制度。

第五章 国境口岸和交通工具的负责人的责任

第二十条 国境口岸和交通工具的负责人在卫生工作方面的责任是:

(一)应当经常抓好卫生工作,接受卫生监督人员的监督和检查,并为其开展工作提供方便条件;

(二)应当模范地遵守本办法和其他卫生法令、条例和规定;

(三)应当按照卫生监督人员的建议,对国境口岸和交通工具的不卫生状况,及时采取措施,加以改进;

(四)在发现检疫传染病和监测传染病时,应

当向国境卫生检疫机关或地方防疫部门报告，并立即采取防疫措施。

第六章　卫生监督机关的职责

第二十一条　国境口岸卫生检疫机关对国境口岸和交通工具进行卫生监督，其主要职责是：

（一）监督和指导国境口岸有关部门和交通工具的负责人对病媒昆虫、啮齿动物进行防除；

（二）对停留在国境口岸出入国境的交通工具上的食品、饮用水实施检验，并对运输、供应、贮存设施等系统进行卫生监督；

（三）对国境口岸和交通工具上的所有非因意外伤害致死的尸体，实施检查、监督和卫生处理；

（四）监督国境口岸有关部门和交通工具的负责人对粪便、垃圾、污水进行清除和无害化处理；

（五）对与检疫传染病、监测传染病有流行病学意义的环境因素实施卫生监督；

（六）监督国境口岸周围内采取防蚊措施的执行；

（七）开展卫生宣传教育，普及卫生知识，提高国境口岸和交通工具上的人员遵守和执行本办法的自觉性。

第二十二条　国境口岸卫生检疫机关设国境口岸卫生监督员1至5名，执行卫生监督任务，发给统一式样的执法证件。

第二十三条　国境口岸卫生监督员持其证件，有权对国境口岸和交通工具的负责人，进行卫生监督、检查和技术指导；配合有关部门，对卫生工作情况不良或引起传染病传播的单位或个人，提出改进意见，协同有关部门采取必要措施，进行处理。

第七章　奖励和惩罚

第二十四条　国境口岸卫生检疫机关，对贯彻执行本办法和国家有关卫生法令、条例、规定，做出显著成绩的单位和个人，应当给予表扬和奖励。

第二十五条　国境口岸卫生检疫机关，对违犯本办法和有关卫生法令、条例、规定的单位和个人，应当根据不同情况，给予警告、罚款，直至提请司法机关依法惩处。

第八章　附　则

第二十六条　本办法自发布之日起施行。

血吸虫病防治条例

· 2006年4月1日中华人民共和国国务院令第463号公布

· 根据2019年3月2日《国务院关于修改部分行政法规的决定》修订

第一章　总　则

第一条　为了预防、控制和消灭血吸虫病，保障人体健康、动物健康和公共卫生，促进经济社会发展，根据传染病防治法、动物防疫法，制定本条例。

第二条　国家对血吸虫病防治实行预防为主的方针，坚持防治结合、分类管理、综合治理、联防联控，人与家畜同步防治，重点加强对传染源的管理。

第三条　国务院卫生主管部门会同国务院有关部门制定全国血吸虫病防治规划并组织实施。国务院卫生、农业、水利、林业主管部门依照本条例规定的职责和全国血吸虫病防治规划，制定血吸虫病防治专项工作计划并组织实施。

有血吸虫病防治任务的地区（以下称血吸虫病防治地区）县级以上地方人民政府卫生、农业或者兽医、水利、林业主管部门依照本条例规定的职责，负责本行政区域内的血吸虫病防治及其监督管理工作。

第四条　血吸虫病防治地区县级以上地方人民政府统一领导本行政区域内的血吸虫病防治工作；根据全国血吸虫病防治规划，制定本行政区域的血吸虫病防治计划并组织实施；建立健全血吸虫病防治工作协调机制和工作责任制，对有关部门承担的血吸虫病防治工作进行综合协调和考核、监督。

第五条　血吸虫病防治地区村民委员会、居民委员会应当协助地方各级人民政府及其有关部门开展血吸虫病防治的宣传教育，组织村民、居民参与血吸虫病防治工作。

第六条　国家鼓励血吸虫病防治地区的村民、居民积极参与血吸虫病防治的有关活动；鼓励共产主义青年团等社会组织动员青年团员等积极参与血吸虫病防治的有关活动。

血吸虫病防治地区地方各级人民政府及其有关部门应当完善有关制度，方便单位和个人参与血吸虫病防治的宣传教育、捐赠等活动。

第七条 国务院有关部门、血吸虫病防治地区县级以上地方人民政府及其有关部门对在血吸虫病防治工作中做出显著成绩的单位和个人，给予表彰或者奖励。

第二章 预 防

第八条 血吸虫病防治地区根据血吸虫病预防控制标准，划分为重点防治地区和一般防治地区。具体办法由国务院卫生主管部门会同国务院农业主管部门制定。

第九条 血吸虫病防治地区县级以上地方人民政府及其有关部门应当组织各类新闻媒体开展公益性血吸虫病防治宣传教育。各类新闻媒体应当开展公益性血吸虫病防治宣传教育。

血吸虫病防治地区县级以上地方人民政府教育主管部门应当组织各级各类学校对学生开展血吸虫病防治知识教育。各级各类学校应当对学生开展血吸虫病防治知识教育。

血吸虫病防治地区的机关、团体、企业事业单位、个体经济组织应当组织本单位人员学习血吸虫病防治知识。

第十条 处于同一水系或者同一相对独立地理环境的血吸虫病防治地区各地方人民政府应当开展血吸虫病联防联控，组织有关部门和机构同步实施下列血吸虫病防治措施：

（一）在农业、兽医、水利、林业等工程项目中采取与血吸虫病防治有关的工程措施；

（二）进行人和家畜的血吸虫病筛查、治疗和管理；

（三）开展流行病学调查和疫情监测；

（四）调查钉螺分布，实施药物杀灭钉螺；

（五）防止未经无害化处理的粪便直接进入水体；

（六）其他防治措施。

第十一条 血吸虫病防治地区县级人民政府应当制定本行政区域的血吸虫病联防联控方案，组织乡（镇）人民政府同步实施。

血吸虫病防治地区两个以上的县、不设区的市、市辖区或者两个以上设区的市需要同步实施血吸虫病防治措施的，其共同的上一级人民政府应当制定血吸虫病联防联控方案，并组织实施。

血吸虫病防治地区两个以上的省、自治区、直辖市需要同步实施血吸虫病防治措施的，有关省、自治区、直辖市人民政府应当共同制定血吸虫病联防联控方案，报国务院卫生、农业主管部门备案，由省、自治区、直辖市人民政府组织实施。

第十二条 在血吸虫病防治地区实施农业、兽医、水利、林业等工程项目以及开展人、家畜血吸虫病防治工作，应当符合相关血吸虫病防治技术规范的要求。相关血吸虫病防治技术规范由国务院卫生、农业、水利、林业主管部门分别制定。

第十三条 血吸虫病重点防治地区县级以上地方人民政府应当在渔船集中停靠地设点发放抗血吸虫基本预防药物；按照无害化要求和血吸虫病防治技术规范修建公共厕所；推行在渔船和水上运输工具上安装和使用粪便收集容器，并采取措施，对所收集的粪便进行集中无害化处理。

第十四条 县级以上地方人民政府及其有关部门在血吸虫病重点防治地区，应当安排并组织实施农业机械化推广、农村改厕、沼气池建设以及人、家畜饮用水设施建设等项目。

国务院有关主管部门安排农业机械化推广、农村改厕、沼气池建设以及人、家畜饮用水设施建设等项目，应当优先安排血吸虫病重点防治地区的有关项目。

第十五条 血吸虫病防治地区县级以上地方人民政府卫生、农业主管部门组织实施农村改厕、沼气池建设项目，应当按照无害化要求和血吸虫病防治技术规范，保证厕所和沼气池具备杀灭粪便中血吸虫卵的功能。

血吸虫病防治地区的公共厕所应当具备杀灭粪便中血吸虫卵的功能。

第十六条 县级以上人民政府农业主管部门在血吸虫病重点防治地区应当适应血吸虫病防治工作的需要，引导和扶持农业种植结构的调整，推行以机械化耕作代替牲畜耕作的措施。

县级以上人民政府农业或者兽医主管部门在血吸虫病重点防治地区应当引导和扶持养殖结构的调整，推行对牛、羊、猪等家畜的舍饲圈养，加强对圈养家畜粪便的无害化处理，开展对家畜的血吸虫病检查和对感染血吸虫的家畜的治疗、处理。

第十七条 禁止在血吸虫病防治地区施用未经无害化处理的粪便。

第十八条 县级以上人民政府水利主管部门在血吸虫病防治地区进行水利建设项目，应当同步建设血吸虫病防治设施；结合血吸虫病防治地区的江河、湖泊治理工程和人畜饮水、灌区改造等水利工程项目，改善水环境，防止钉螺孳生。

第十九条 县级以上人民政府林业主管部门在血吸虫病防治地区应当结合退耕还林、长江防护林建设、野生动物植物保护、湿地保护以及自然保护区建设等林业工程，开展血吸虫病综合防治。

县级以上人民政府交通主管部门在血吸虫病防治地区应当结合航道工程建设，开展血吸虫病综合防治。

第二十条 国务院卫生主管部门应当根据血吸虫病流行病学资料、钉螺分布以及孳生环境的特点、药物特性，制定药物杀灭钉螺工作规范。

血吸虫病防治地区县级人民政府及其卫生主管部门应当根据药物杀灭钉螺工作规范，组织实施本行政区域内的药物杀灭钉螺工作。

血吸虫病防治地区乡（镇）人民政府应当在实施药物杀灭钉螺7日前，公告施药的时间、地点、种类、方法、影响范围和注意事项。有关单位和个人应当予以配合。

杀灭钉螺严禁使用国家明令禁止使用的药物。

第二十一条 血吸虫病防治地区县级人民政府卫生主管部门会同同级人民政府农业或者兽医、水利、林业主管部门，根据血吸虫病监测等流行病学资料，划定、变更有钉螺地带，并报本级人民政府批准。县级人民政府应当及时公告有钉螺地带。

禁止在有钉螺地带放养牛、羊、猪等家畜，禁止引种在有钉螺地带培育的芦苇等植物和农作物的种子、种苗等繁殖材料。

乡（镇）人民政府应当在有钉螺地带设立警示标志，并在县级人民政府作出解除有钉螺地带决定后予以撤销。警示标志由乡（镇）人民政府负责保护，所在地村民委员会、居民委员会应当予以协助。任何单位或者个人不得损坏或者擅自移动警示标志。

在有钉螺地带完成杀灭钉螺后，由原批准机关决定并公告解除本条第二款规定的禁止行为。

第二十二条 医疗机构、疾病预防控制机构、动物防疫监督机构和植物检疫机构应当根据血吸虫病防治技术规范，在各自的职责范围内，开展血吸虫病的监测、筛查、预测、流行病学调查、疫情报告和处理工作，开展杀灭钉螺、血吸虫病防治技术指导以及其他防治工作。

血吸虫病防治地区的医疗机构、疾病预防控制机构、动物防疫监督机构和植物检疫机构应当定期对其工作人员进行血吸虫病防治知识、技能的培训和考核。

第二十三条 建设单位在血吸虫病防治地区兴建水利、交通、旅游、能源等大型建设项目，应当事先提请省级以上疾病预防控制机构对施工环境进行卫生调查，并根据疾病预防控制机构的意见，采取必要的血吸虫病预防、控制措施。施工期间，建设单位应当设专人负责工地上的血吸虫病防治工作；工程竣工后，应当告知当地县级疾病预防控制机构，由其对该地区的血吸虫病进行监测。

第三章 疫情控制

第二十四条 血吸虫病防治地区县级以上地方人民政府应当根据有关法律、行政法规和国家有关规定，结合本地实际，制定血吸虫病应急预案。

第二十五条 急性血吸虫病暴发、流行时，县级以上地方人民政府应当根据控制急性血吸虫病暴发、流行的需要，依照传染病防治法和其他有关法律的规定采取紧急措施，进行下列应急处理：

（一）组织医疗机构救治急性血吸虫病病人；

（二）组织疾病预防控制机构和动物防疫监督机构分别对接触疫水的人和家畜实施预防性服药；

（三）组织有关部门和单位杀灭钉螺和处理疫水；

（四）组织乡（镇）人民政府在有钉螺地带设置警示标志，禁止人和家畜接触疫水。

第二十六条 疾病预防控制机构发现急性血吸虫病疫情或者接到急性血吸虫病暴发、流行报告时，应当及时采取下列措施：

（一）进行现场流行病学调查；

（二）提出疫情控制方案，明确有钉螺地带范围、预防性服药的人和家畜范围，以及采取杀灭钉螺和处理疫水的措施；

（三）指导医疗机构和下级疾病预防控制机构处理疫情；

(四)卫生主管部门要求采取的其他措施。

第二十七条 有关单位对因生产、工作必须接触疫水的人员应当按照疾病预防控制机构的要求采取防护措施,并定期组织进行血吸虫病的专项体检。

血吸虫病防治地区地方各级人民政府及其有关部门对因防汛、抗洪抢险必须接触疫水的人员,应当按照疾病预防控制机构的要求采取防护措施。血吸虫病防治地区县级人民政府对参加防汛、抗洪抢险的人员,应当及时组织有关部门和机构进行血吸虫病的专项体检。

第二十八条 血吸虫病防治地区县级以上地方人民政府卫生、农业或者兽医主管部门应当根据血吸虫病防治技术规范,组织开展对本地村民、居民和流动人口血吸虫病以及家畜血吸虫病的筛查、治疗和预防性服药工作。

血吸虫病防治地区省、自治区、直辖市人民政府应当采取措施,组织对晚期血吸虫病病人的治疗。

第二十九条 血吸虫病防治地区的动物防疫监督机构、植物检疫机构应当加强对本行政区域内的家畜和植物的血吸虫病检疫工作。动物防疫监督机构对经检疫发现的患血吸虫病的家畜,应当实施药物治疗;植物检疫机构对发现的携带钉螺的植物,应当实施杀灭钉螺。

凡患血吸虫病的家畜、携带钉螺的植物,在血吸虫病防治地区未经检疫的家畜、植物,一律不得出售、外运。

第三十条 血吸虫病疫情的报告、通报和公布,依照传染病防治法和动物防疫法的有关规定执行。

第四章 保障措施

第三十一条 血吸虫病防治地区县级以上地方人民政府应当根据血吸虫病防治规划、计划,安排血吸虫病防治经费和基本建设投资,纳入同级财政预算。

省、自治区、直辖市人民政府和设区的市级人民政府根据血吸虫病防治工作需要,对经济困难的县级人民政府开展血吸虫病防治工作给予适当补助。

国家对经济困难地区的血吸虫病防治经费、血吸虫病重大疫情应急处理经费给予适当补助,对承担血吸虫病防治任务的机构的基本建设和跨地区的血吸虫病防治重大工程项目给予必要支持。

第三十二条 血吸虫病防治地区县级以上地方人民政府编制或者审批血吸虫病防治地区的农业、兽医、水利、林业等工程项目,应当将有关血吸虫病防治的工程措施纳入项目统筹安排。

第三十三条 国家对农民免费提供抗血吸虫基本预防药物,对经济困难农民的血吸虫病治疗费用予以减免。

因工作原因感染血吸虫病的,依照《工伤保险条例》的规定,享受工伤待遇。参加城镇职工基本医疗保险的血吸虫病病人,不属于工伤的,按照国家规定享受医疗保险待遇。对未参加工伤保险、医疗保险的人员因防汛、抗洪抢险患血吸虫病的,按照县级以上地方人民政府的规定解决所需的检查、治疗费用。

第三十四条 血吸虫病防治地区县级以上地方人民政府民政、医疗保障部门对符合救助条件的血吸虫病病人进行救助。

第三十五条 国家对家畜免费实施血吸虫病检查和治疗,免费提供抗血吸虫基本预防药物。

第三十六条 血吸虫病防治地区县级以上地方人民政府应当根据血吸虫病防治工作需要和血吸虫病流行趋势,储备血吸虫病防治药物、杀灭钉螺药物和有关防护用品。

第三十七条 血吸虫病防治地区县级以上地方人民政府应当加强血吸虫病防治网络建设,将承担血吸虫病防治任务的机构所需基本建设投资列入基本建设计划。

第三十八条 血吸虫病防治地区省、自治区、直辖市人民政府在制定和实施本行政区域的血吸虫病防治计划时,应当统筹协调血吸虫病防治项目和资金,确保实现血吸虫病防治项目的综合效益。

血吸虫病防治经费应当专款专用,严禁截留或者挪作他用。严禁倒买倒卖、挪用国家免费供应的防治血吸虫病药品和其他物品。有关单位使用血吸虫病防治经费应当依法接受审计机关的审计监督。

第五章 监督管理

第三十九条 县级以上人民政府卫生主管部

门负责血吸虫病监测、预防、控制、治疗和疫情的管理工作，对杀灭钉螺药物的使用情况进行监督检查。

第四十条 县级以上人民政府农业或者兽医主管部门对下列事项进行监督检查：

（一）本条例第十六条规定的血吸虫病防治措施的实施情况；

（二）家畜血吸虫病监测、预防、控制、治疗和疫情管理工作情况；

（三）治疗家畜血吸虫病药物的管理、使用情况；

（四）农业工程项目中执行血吸虫病防治技术规范情况。

第四十一条 县级以上人民政府水利主管部门对本条例第十八条规定的血吸虫病防治措施的实施情况和水利工程项目中执行血吸虫病防治技术规范情况进行监督检查。

第四十二条 县级以上人民政府林业主管部门对血吸虫病防治地区的林业工程项目的实施情况和林业工程项目中执行血吸虫病防治技术规范情况进行监督检查。

第四十三条 县级以上人民政府卫生、农业或者兽医、水利、林业主管部门在监督检查过程中，发现违反或者不执行本条例规定的，应当责令有关单位和个人及时改正并依法予以处理；属于其他部门职责范围的，应当移送有监督管理职责的部门依法处理；涉及多个部门职责的，应当共同处理。

第四十四条 县级以上人民政府卫生、农业或者兽医、水利、林业主管部门在履行血吸虫病防治监督检查职责时，有权进入被检查单位和血吸虫病疫情发生现场调查取证，查阅、复制有关资料和采集样本。被检查单位应当予以配合，不得拒绝、阻挠。

第四十五条 血吸虫病防治地区县级以上动物防疫监督机构对在有钉螺地带放养的牛、羊、猪等家畜，有权予以暂扣并进行强制检疫。

第四十六条 上级主管部门发现下级主管部门未及时依照本条例的规定处理职责范围内的事项，应当责令纠正，或者直接处理下级主管部门未及时处理的事项。

第六章 法律责任

第四十七条 县级以上地方各级人民政府有下列情形之一的，由上级人民政府责令改正，通报批评；造成血吸虫病传播、流行或者其他严重后果的，对负有责任的主管人员，依法给予行政处分；负有责任的主管人员构成犯罪的，依法追究刑事责任：

（一）未依照本条例的规定开展血吸虫病联防联控的；

（二）急性血吸虫病暴发、流行时，未依照本条例的规定采取紧急措施、进行应急处理的；

（三）未履行血吸虫病防治组织、领导、保障职责的；

（四）未依照本条例的规定采取其他血吸虫病防治措施的。

乡（镇）人民政府未依照本条例的规定采取血吸虫病防治措施的，由上级人民政府责令改正，通报批评；造成血吸虫病传播、流行或者其他严重后果的，对负有责任的主管人员，依法给予行政处分；负有责任的主管人员构成犯罪的，依法追究刑事责任。

第四十八条 县级以上人民政府有关主管部门违反本条例规定，有下列情形之一的，由本级人民政府或者上级人民政府有关主管部门责令改正，通报批评；造成血吸虫病传播、流行或者其他严重后果的，对负有责任的主管人员和其他直接责任人员依法给予行政处分；负有责任的主管人员和其他直接责任人员构成犯罪的，依法追究刑事责任：

（一）在组织实施农村改厕、沼气池建设项目时，未按照无害化要求和血吸虫病防治技术规范，保证厕所或者沼气池具备杀灭粪便中血吸虫卵功能的；

（二）在血吸虫病重点防治地区未开展家畜血吸虫病检查，或者未对感染血吸虫的家畜进行治疗、处理的；

（三）在血吸虫病防治地区进行水利建设项目，未同步建设血吸虫病防治设施，或者未结合血吸虫病防治地区的江河、湖泊治理工程和人畜饮水、灌区改造等水利工程项目，改善水环境，导致钉螺孳生的；

（四）在血吸虫病防治地区未结合退耕还林、长江防护林建设、野生动物植物保护、湿地保护以及自然保护区建设等林业工程，开展血吸虫病综合防治的；

（五）未制定药物杀灭钉螺规范，或者未组织实施本行政区域内药物杀灭钉螺工作的；

（六）未组织开展血吸虫病筛查、治疗和预防性服药工作的；

（七）未依照本条例规定履行监督管理职责，或者发现违法行为不及时查处的；

（八）有违反本条例规定的其他失职、渎职行为的。

第四十九条 医疗机构、疾病预防控制机构、动物防疫监督机构或者植物检疫机构违反本条例规定，有下列情形之一的，由县级以上人民政府卫生主管部门、农业或者兽医主管部门依据各自职责责令限期改正，通报批评，给予警告；逾期不改正，造成血吸虫病传播、流行或者其他严重后果的，对负有责任的主管人员和其他直接责任人员依法给予降级、撤职、开除的处分，并可以依法吊销有关责任人员的执业证书；负有责任的主管人员和其他直接责任人员构成犯罪的，依法追究刑事责任：

（一）未依照本条例规定开展血吸虫病防治工作的；

（二）未定期对其工作人员进行血吸虫病防治知识、技能培训和考核的；

（三）发现急性血吸虫病疫情或者接到急性血吸虫病暴发、流行报告时，未及时采取措施的；

（四）未对本行政区域内出售、外运的家畜或者植物进行血吸虫病检疫的；

（五）未对经检疫发现的患血吸虫病的家畜实施药物治疗，或者未对发现的携带钉螺的植物实施杀灭钉螺的。

第五十条 建设单位在血吸虫病防治地区兴建水利、交通、旅游、能源等大型建设项目，未事先提请省级以上疾病预防控制机构进行卫生调查，或者未根据疾病预防控制机构的意见，采取必要的血吸虫病预防、控制措施的，由县级以上人民政府卫生主管部门责令限期改正，给予警告，处5000元以上3万元以下的罚款；逾期不改正的，处3万元以上10万元以下的罚款，并可以提请有关人民政府依据职责权限，责令停建、关闭；造成血吸虫病疫情扩散或者其他严重后果的，对负有责任的主管人员和其他直接责任人员依法给予处分。

第五十一条 单位和个人损坏或者擅自移动有钉螺地带警示标志的，由乡（镇）人民政府责令修复或者赔偿损失，给予警告；情节严重的，对单位处1000元以上3000元以下的罚款，对个人处50元以上200元以下的罚款。

第五十二条 违反本条例规定，有下列情形之一的，由县级以上人民政府卫生、农业或者兽医、水利、林业主管部门依据各自职责责令改正，给予警告，对单位处1000元以上1万元以下的罚款，对个人处50元以上500元以下的罚款，并没收用于违法活动的工具和物品；造成血吸虫病疫情扩散或者其他严重后果的，对负有责任的主管人员和其他直接责任人员依法给予处分：

（一）单位未依照本条例的规定对因生产、工作必须接触疫水的人员采取防护措施，或者未定期组织进行血吸虫病的专项体检的；

（二）对政府有关部门采取的预防、控制措施不予配合的；

（三）使用国家明令禁止使用的药物杀灭钉螺的；

（四）引种在有钉螺地带培育的芦苇等植物或者农作物的种子、种苗等繁殖材料的；

（五）在血吸虫病防治地区施用未经无害化处理粪便的。

第七章　附　则

第五十三条 本条例下列用语的含义：

血吸虫病，是血吸虫寄生于人体或者哺乳动物体内，导致其发病的一种寄生虫病。

疫水，是指含有血吸虫尾蚴的水体。

第五十四条 本条例自2006年5月1日起施行。

艾滋病防治条例

· 2006年1月29日中华人民共和国国务院令第457号公布

· 根据2019年3月2日《国务院关于修改部分行政法规的决定》修订

第一章　总　则

第一条 为了预防、控制艾滋病的发生与流行，保障人体健康和公共卫生，根据传染病防治法，制定本条例。

第二条 艾滋病防治工作坚持预防为主、防治结合的方针，建立政府组织领导、部门各负其责、全社会共同参与的机制，加强宣传教育，采取行为干预和关怀救助等措施，实行综合防治。

第三条 任何单位和个人不得歧视艾滋病病毒感染者、艾滋病病人及其家属。艾滋病病毒感染者、艾滋病病人及其家属享有的婚姻、就业、就医、入学等合法权益受法律保护。

第四条 县级以上人民政府统一领导艾滋病防治工作，建立健全艾滋病防治工作协调机制和工作责任制，对有关部门承担的艾滋病防治工作进行考核、监督。

县级以上人民政府有关部门按照职责分工负责艾滋病防治及其监督管理工作。

第五条 国务院卫生主管部门会同国务院其他有关部门制定国家艾滋病防治规划；县级以上地方人民政府依照本条例规定和国家艾滋病防治规划，制定并组织实施本行政区域的艾滋病防治行动计划。

第六条 国家鼓励和支持工会、共产主义青年团、妇女联合会、红十字会等团体协助各级人民政府开展艾滋病防治工作。

居民委员会和村民委员会应当协助地方各级人民政府和政府有关部门开展有关艾滋病防治的法律、法规、政策和知识的宣传教育，发展有关艾滋病防治的公益事业，做好艾滋病防治工作。

第七条 各级人民政府和政府有关部门应当采取措施，鼓励和支持有关组织和个人依照本条例规定以及国家艾滋病防治规划和艾滋病防治行动计划的要求，参与艾滋病防治工作，对艾滋病防治工作提供捐赠，对有易感染艾滋病病毒危险行为的人群进行行为干预，对艾滋病病毒感染者、艾滋病病人及其家属提供关怀和救助。

第八条 国家鼓励和支持开展与艾滋病预防、诊断、治疗等有关的科学研究，提高艾滋病防治的科学技术水平；鼓励和支持开展传统医药以及传统医药与现代医药相结合防治艾滋病的临床治疗与研究。

国家鼓励和支持开展艾滋病防治工作的国际合作与交流。

第九条 县级以上人民政府和政府有关部门对在艾滋病防治工作中做出显著成绩和贡献的单位和个人，给予表彰和奖励。

对因参与艾滋病防治工作或者因执行公务感染艾滋病病毒，以及因此致病、丧失劳动能力或者死亡的人员，按照有关规定给予补助、抚恤。

第二章 宣传教育

第十条 地方各级人民政府和政府有关部门应当组织开展艾滋病防治以及关怀和不歧视艾滋病病毒感染者、艾滋病病人及其家属的宣传教育，提倡健康文明的生活方式，营造良好的艾滋病防治的社会环境。

第十一条 地方各级人民政府和政府有关部门应当在车站、码头、机场、公园等公共场所以及旅客列车和从事旅客运输的船舶等公共交通工具显著位置，设置固定的艾滋病防治广告牌或者张贴艾滋病防治公益广告，组织发放艾滋病防治宣传材料。

第十二条 县级以上人民政府卫生主管部门应当加强艾滋病防治的宣传教育工作，对有关部门、组织和个人开展艾滋病防治的宣传教育工作提供技术支持。

医疗卫生机构应当组织工作人员学习有关艾滋病防治的法律、法规、政策和知识；医务人员在开展艾滋病、性病等相关疾病咨询、诊断和治疗过程中，应当对就诊者进行艾滋病防治的宣传教育。

第十三条 县级以上人民政府教育主管部门应当指导、督促高等院校、中等职业学校和普通中学将艾滋病防治知识纳入有关课程，开展有关课外教育活动。

高等院校、中等职业学校和普通中学应当组织学生学习艾滋病防治知识。

第十四条 县级以上人民政府卫生主管部门应当利用计划生育宣传和技术服务网络，组织开展艾滋病防治的宣传教育。

计划生育技术服务机构向育龄人群提供计划生育技术服务和生殖健康服务时，应当开展艾滋病防治的宣传教育。

第十五条 县级以上人民政府有关部门和从事劳务中介服务的机构，应当对进城务工人员加强艾滋病防治的宣传教育。

第十六条 出入境检验检疫机构应当在出入境口岸加强艾滋病防治的宣传教育工作，对出入境人员有针对性地提供艾滋病防治咨询和指导。

第十七条 国家鼓励和支持妇女联合会、红十字会开展艾滋病防治的宣传教育，将艾滋病防治的宣传教育纳入妇女儿童工作内容，提高妇女预防艾滋病的意识和能力，组织红十字会会员和红十字会志愿者开展艾滋病防治的宣传教育。

第十八条 地方各级人民政府和政府有关部门应当采取措施，鼓励和支持有关组织和个人对有易感染艾滋病病毒危险行为的人群开展艾滋病防治的咨询、指导和宣传教育。

第十九条 广播、电视、报刊、互联网等新闻媒体应当开展艾滋病防治的公益宣传。

第二十条 机关、团体、企业事业单位、个体经济组织应当组织本单位从业人员学习有关艾滋病防治的法律、法规、政策和知识，支持本单位从业人员参与艾滋病防治的宣传教育活动。

第二十一条 县级以上地方人民政府应当在医疗卫生机构开通艾滋病防治咨询服务电话，向公众提供艾滋病防治咨询服务和指导。

第三章 预防与控制

第二十二条 国家建立健全艾滋病监测网络。

国务院卫生主管部门制定国家艾滋病监测规划和方案。省、自治区、直辖市人民政府卫生主管部门根据国家艾滋病监测规划和方案，制定本行政区域的艾滋病监测计划和工作方案，组织开展艾滋病监测和专题调查，掌握艾滋病疫情变化情况和流行趋势。

疾病预防控制机构负责对艾滋病发生、流行以及影响其发生、流行的因素开展监测活动。

出入境检验检疫机构负责对出入境人员进行艾滋病监测，并将监测结果及时向卫生主管部门报告。

第二十三条 国家实行艾滋病自愿咨询和自愿检测制度。

县级以上地方人民政府卫生主管部门指定的医疗卫生机构，应当按照国务院卫生主管部门会同国务院其他有关部门制定的艾滋病自愿咨询和检测办法，为自愿接受艾滋病咨询、检测的人员免费提供咨询和初筛检测。

第二十四条 国务院卫生主管部门会同国务院其他有关部门根据预防、控制艾滋病的需要，可以规定应当进行艾滋病检测的情形。

第二十五条 省级以上人民政府卫生主管部门根据医疗卫生机构布局和艾滋病流行情况，按照国家有关规定确定承担艾滋病检测工作的实验室。

国家出入境检验检疫机构按照国务院卫生主管部门规定的标准和规范，确定承担出入境人员艾滋病检测工作的实验室。

第二十六条 县级以上地方人民政府和政府有关部门应当依照本条例规定，根据本行政区域艾滋病的流行情况，制定措施，鼓励和支持居民委员会、村民委员会以及其他有关组织和个人推广预防艾滋病的行为干预措施，帮助有易感染艾滋病病毒危险行为的人群改变行为。

有关组织和个人对有易感染艾滋病病毒危险行为的人群实施行为干预措施，应当符合本条例的规定以及国家艾滋病防治规划和艾滋病防治行动计划的要求。

第二十七条 县级以上人民政府应当建立艾滋病防治工作与禁毒工作的协调机制，组织有关部门落实针对吸毒人群的艾滋病防治措施。

省、自治区、直辖市人民政府卫生、公安和药品监督管理部门应当互相配合，根据本行政区域艾滋病流行和吸毒者的情况，积极稳妥地开展对吸毒成瘾者的药物维持治疗工作，并有计划地实施其他干预措施。

第二十八条 县级以上人民政府卫生、市场监督管理、药品监督管理、广播电视等部门应当组织推广使用安全套，建立和完善安全套供应网络。

第二十九条 省、自治区、直辖市人民政府确定的公共场所的经营者应当在公共场所内放置安全套或者设置安全套发售设施。

第三十条 公共场所的服务人员应当依照《公共场所卫生管理条例》的规定，定期进行相关健康检查，取得健康合格证明；经营者应当查验其健康合格证明，不得允许未取得健康合格证明的人员从事服务工作。

第三十一条 公安、司法行政机关对被依法逮捕、拘留和在监狱中执行刑罚以及被依法收容教育、强制戒毒和劳动教养的艾滋病病毒感染者和艾滋病病人，应当采取相应的防治措施，防止艾滋病传播。

对公安、司法行政机关依照前款规定采取的防治措施，县级以上地方人民政府应当给予经费保障，疾病预防控制机构应当予以技术指导和配合。

第三十二条 对卫生技术人员和在执行公务中可能感染艾滋病病毒的人员，县级以上人民政府卫生主管部门和其他有关部门应当组织开展艾滋病防治知识和专业技能的培训，有关单位应当采取有效的卫生防护措施和医疗保健措施。

第三十三条 医疗卫生机构和出入境检验检疫机构应当按照国务院卫生主管部门的规定，遵守标准防护原则，严格执行操作规程和消毒管理制度，防止发生艾滋病医院感染和医源性感染。

第三十四条 疾病预防控制机构应当按照属地管理的原则，对艾滋病病毒感染者和艾滋病病人进行医学随访。

第三十五条 血站、单采血浆站应当对采集的人体血液、血浆进行艾滋病检测；不得向医疗机构和血液制品生产单位供应未经艾滋病检测或者艾滋病检测阳性的人体血液、血浆。

血液制品生产单位应当在原料血浆投料生产前对每一份血浆进行艾滋病检测；未经艾滋病检测或者艾滋病检测阳性的血浆，不得作为原料血浆投料生产。

医疗机构应当对因应急用血而临时采集的血液进行艾滋病检测，对临床用血艾滋病检测结果进行核查；对未经艾滋病检测、核查或者艾滋病检测阳性的血液，不得采集或者使用。

第三十六条 采集或者使用人体组织、器官、细胞、骨髓等的，应当进行艾滋病检测；未经艾滋病检测或者艾滋病检测阳性的，不得采集或者使用。但是，用于艾滋病防治科研、教学的除外。

第三十七条 进口人体血液制品，应当依照药品管理法的规定，经国务院药品监督管理部门批准，取得进口药品注册证书。

禁止进出口用于临床医疗的人体血液、血浆、组织、器官、细胞、骨髓等。但是，出于人道主义、救死扶伤目的，可以进出口临床急需、捐献配型的特殊血型血液、骨髓造血干细胞、外周血造血干细胞、脐带血造血干细胞，由中国红十字会总会办理出入境手续；具体办法由国务院卫生主管部门会同国家出入境检验检疫机构制定。

依照前款规定进出口的特殊血型血液、骨髓造血干细胞、外周血造血干细胞、脐带血造血干细胞，应当依照国境卫生检疫法律、行政法规的有关规定，接受出入境检验检疫机构的检疫。未经检疫或者检疫不合格的，不得进出口。

第三十八条 艾滋病病毒感染者和艾滋病病人应当履行下列义务：

（一）接受疾病预防控制机构或者出入境检验检疫机构的流行病学调查和指导；

（二）将感染或者发病的事实及时告知与其有性关系者；

（三）就医时，将感染或者发病的事实如实告知接诊医生；

（四）采取必要的防护措施，防止感染他人。

艾滋病病毒感染者和艾滋病病人不得以任何方式故意传播艾滋病。

第三十九条 疾病预防控制机构和出入境检验检疫机构进行艾滋病流行病学调查时，被调查单位和个人应当如实提供有关情况。

未经本人或者其监护人同意，任何单位或者个人不得公开艾滋病病毒感染者、艾滋病病人及其家属的姓名、住址、工作单位、肖像、病史资料以及其他可能推断出其具体身份的信息。

第四十条 县级以上人民政府卫生主管部门和出入境检验检疫机构可以封存有证据证明可能被艾滋病病毒污染的物品，并予以检验或者进行消毒。经检验，属于被艾滋病病毒污染的物品，应当进行卫生处理或者予以销毁；对未被艾滋病病毒污染的物品或者经消毒后可以使用的物品，应当及时解除封存。

第四章 治疗与救助

第四十一条 医疗机构应当为艾滋病病毒感染者和艾滋病病人提供艾滋病防治咨询、诊断和治疗服务。

医疗机构不得因就诊的病人是艾滋病病毒感染者或者艾滋病病人，推诿或者拒绝对其其他疾病进行治疗。

第四十二条 对确诊的艾滋病病毒感染者和艾滋病病人，医疗卫生机构的工作人员应当将其感染或者发病的事实告知本人；本人为无行为能力人或者限制行为能力人的，应当告知其监护人。

第四十三条 医疗卫生机构应当按照国务院卫生主管部门制定的预防艾滋病母婴传播技术指导方案的规定，对孕产妇提供艾滋病防治咨询和检测，对感染艾滋病病毒的孕产妇及其婴儿，提供预防艾滋病母婴传播的咨询、产前指导、阻断、治疗、产后访视、婴儿随访和检测等服务。

第四十四条 县级以上人民政府应当采取下列艾滋病防治关怀、救助措施：

（一）向农村艾滋病病人和城镇经济困难的艾滋病病人免费提供抗艾滋病病毒治疗药品；

（二）对农村和城镇经济困难的艾滋病病毒感染者、艾滋病病人适当减免抗机会性感染治疗药品的费用；

（三）向接受艾滋病咨询、检测的人员免费提供咨询和初筛检测；

（四）向感染艾滋病病毒的孕产妇免费提供预防艾滋病母婴传播的治疗和咨询。

第四十五条 生活困难的艾滋病病人遗留的孤儿和感染艾滋病病毒的未成年人接受义务教育的，应当免收杂费、书本费；接受学前教育和高中阶段教育的，应当减免学费等相关费用。

第四十六条 县级以上地方人民政府应当对生活困难并符合社会救助条件的艾滋病病毒感染者、艾滋病病人及其家属给予生活救助。

第四十七条 县级以上地方人民政府有关部门应当创造条件，扶持有劳动能力的艾滋病病毒感染者和艾滋病病人，从事力所能及的生产和工作。

第五章 保障措施

第四十八条 县级以上人民政府应当将艾滋病防治工作纳入国民经济和社会发展规划，加强和完善艾滋病预防、检测、控制、治疗和救助服务网络的建设，建立健全艾滋病防治专业队伍。

各级人民政府应当根据艾滋病防治工作需要，将艾滋病防治经费列入本级财政预算。

第四十九条 县级以上地方人民政府按照本级政府的职责，负责艾滋病预防、控制、监督工作所需经费。

国务院卫生主管部门会同国务院其他有关部门，根据艾滋病流行趋势，确定全国与艾滋病防治相关的宣传、培训、监测、检测、流行病学调查、医疗救治、应急处置以及监督检查等项目。中央财政对在艾滋病流行严重地区和贫困地区实施的艾滋病防治重大项目给予补助。

省、自治区、直辖市人民政府根据本行政区域的艾滋病防治工作需要和艾滋病流行趋势，确定与艾滋病防治相关的项目，并保障项目的实施经费。

第五十条 县级以上人民政府应当根据艾滋病防治工作需要和艾滋病流行趋势，储备抗艾滋病病毒治疗药品、检测试剂和其他物资。

第五十一条 地方各级人民政府应当制定扶持措施，对有关组织和个人开展艾滋病防治活动提供必要的资金支持和便利条件。有关组织和个人参与艾滋病防治公益事业，依法享受税收优惠。

第六章 法律责任

第五十二条 地方各级人民政府未依照本条例规定履行组织、领导、保障艾滋病防治工作职责，或者未采取艾滋病防治和救助措施的，由上级人民政府责令改正，通报批评；造成艾滋病传播、流行或者其他严重后果的，对负有责任的主管人员依法给予行政处分；构成犯罪的，依法追究刑事责任。

第五十三条 县级以上人民政府卫生主管部门违反本条例规定，有下列情形之一的，由本级人民政府或者上级人民政府卫生主管部门责令改正，通报批评；造成艾滋病传播、流行或者其他严重后果的，对负有责任的主管人员和其他直接责任人员依法给予行政处分；构成犯罪的，依法追究刑事责任：

（一）未履行艾滋病防治宣传教育职责的；

（二）对有证据证明可能被艾滋病病毒污染的物品，未采取控制措施的；

（三）其他有关失职、渎职行为。

出入境检验检疫机构有前款规定情形的，由其上级主管部门依照本条规定予以处罚。

第五十四条 县级以上人民政府有关部门未依照本条例规定履行宣传教育、预防控制职责的，由本级人民政府或者上级人民政府有关部门责令改正，通报批评；造成艾滋病传播、流行或者其他严重后果的，对负有责任的主管人员和其他直接责任人员依法给予行政处分；构成犯罪的，依法追究刑事责任。

第五十五条 医疗卫生机构未依照本条例规定履行职责，有下列情形之一的，由县级以上人民政府卫生主管部门责令限期改正，通报批评，给予警告；造成艾滋病传播、流行或者其他严重后果的，对负有责任的主管人员和其他直接责任人员依法给予降级、撤职、开除的处分，并可以依法吊销有关机构或者责任人员的执业许可证件；构成犯罪的，依法追究刑事责任：

（一）未履行艾滋病监测职责的；

（二）未按照规定免费提供咨询和初筛检测的；

（三）对临时应急采集的血液未进行艾滋病检测，对临床用血艾滋病检测结果未进行核查，或者将艾滋病检测阳性的血液用于临床的；

（四）未遵守标准防护原则，或者未执行操作规程和消毒管理制度，发生艾滋病医院感染或者医源性感染的；

（五）未采取有效的卫生防护措施和医疗保健措施的；

（六）推诿、拒绝治疗艾滋病病毒感染者或者艾滋病病人的其他疾病，或者对艾滋病病毒感染者、艾滋病病人未提供咨询、诊断和治疗服务的；

（七）未对艾滋病病毒感染者或者艾滋病病人进行医学随访的；

（八）未按照规定对感染艾滋病病毒的孕产妇及其婴儿提供预防艾滋病母婴传播技术指导的。

出入境检验检疫机构有前款第（一）项、第（四）项、第（五）项规定情形的，由其上级主管部门依照前款规定予以处罚。

第五十六条 医疗卫生机构违反本条例第三十九条第二款规定，公开艾滋病病毒感染者、艾滋病病人或者其家属的信息的，依照传染病防治法的规定予以处罚。

出入境检验检疫机构、计划生育技术服务机构或者其他单位、个人违反本条例第三十九条第二款规定，公开艾滋病病毒感染者、艾滋病病人或者其家属的信息的，由其上级主管部门责令改正，通报批评，给予警告，对负有责任的主管人员和其他直接责任人员依法给予处分；情节严重的，由原发证部门吊销有关机构或者责任人员的执业许可证件。

第五十七条 血站、单采血浆站违反本条例规定，有下列情形之一，构成犯罪的，依法追究刑事责任；尚不构成犯罪的，由县级以上人民政府卫生主管部门依照献血法和《血液制品管理条例》的规定予以处罚；造成艾滋病传播、流行或者其他严重后果的，对负有责任的主管人员和其他直接责任人员依法给予降级、撤职、开除的处分，并可以依法吊销血站、单采血浆站的执业许可证：

（一）对采集的人体血液、血浆未进行艾滋病检测，或者发现艾滋病检测阳性的人体血液、血浆仍然采集的；

（二）将未经艾滋病检测的人体血液、血浆，或者艾滋病检测阳性的人体血液、血浆供应给医疗机构和血液制品生产单位的。

第五十八条 违反本条例第三十六条规定采集或者使用人体组织、器官、细胞、骨髓等的，由县级人民政府卫生主管部门责令改正，通报批评，给予警告；情节严重的，责令停业整顿，有执业许可证件的，由原发证部门暂扣或者吊销其执业许可证件。

第五十九条 对不符合本条例第三十七条第二款规定进出口的人体血液、血浆、组织、器官、细胞、骨髓等，进出口口岸出入境检验检疫机构应当禁止出入境或者监督销毁。提供、使用未经出入境检验检疫机构检疫的进口人体血液、血浆、组织、器官、细胞、骨髓等的，由县级以上人民政府卫生主管部门没收违法物品以及违法所得，并处违法物品货值金额3倍以上5倍以下的罚款；对负有责任的主管人员和其他直接责任人员由其所在单位或者上级主管部门依法给予处分。

未经国务院药品监督管理部门批准，进口血液制品的，依照药品管理法的规定予以处罚。

第六十条 血站、单采血浆站、医疗卫生机构和血液制品生产单位违反法律、行政法规的规定，造成他人感染艾滋病病毒的，应当依法承担民事赔偿责任。

第六十一条 公共场所的经营者未查验服务人员的健康合格证明或者允许未取得健康合格证明的人员从事服务工作，省、自治区、直辖市人民政府确定的公共场所的经营者未在公共场所内放置安全套或者设置安全套发售设施的，由县级以上人民政府卫生主管部门责令限期改正，给予警告，可以并处500元以上5000元以下的罚款；逾期不改正的，责令停业整顿；情节严重的，由原发证部门依法吊销其执业许可证件。

第六十二条 艾滋病病毒感染者或者艾滋病病人故意传播艾滋病的，依法承担民事赔偿责任；构成犯罪的，依法追究刑事责任。

第七章 附 则

第六十三条 本条例下列用语的含义：

艾滋病，是指人类免疫缺陷病毒（艾滋病病

毒)引起的获得性免疫缺陷综合征。

对吸毒成瘾者的药物维持治疗,是指在批准开办戒毒治疗业务的医疗卫生机构中,选用合适的药物,对吸毒成瘾者进行维持治疗,以减轻对毒品的依赖,减少注射吸毒引起艾滋病病毒的感染和扩散,减少毒品成瘾引起的疾病、死亡和引发的犯罪。

标准防护原则,是指医务人员将所有病人的血液、其他体液以及被血液、其他体液污染的物品均视为具有传染性的病原物质,医务人员在接触这些物质时,必须采取防护措施。

有易感染艾滋病病毒危险行为的人群,是指有卖淫、嫖娼、多性伴、男性同性性行为、注射吸毒等危险行为的人群。

艾滋病监测,是指连续、系统地收集各类人群中艾滋病(或者艾滋病病毒感染)及其相关因素的分布资料,对这些资料综合分析,为有关部门制定预防控制策略和措施提供及时可靠的信息和依据,并对预防控制措施进行效果评价。

艾滋病检测,是指采用实验室方法对人体血液、其他体液、组织器官、血液衍生物等进行艾滋病病毒、艾滋病病毒抗体及相关免疫指标检测,包括监测、检验检疫、自愿咨询检测、临床诊断、血液及血液制品筛查工作中的艾滋病检测。

行为干预措施,是指能够有效减少艾滋病传播的各种措施,包括:针对经注射吸毒传播艾滋病的美沙酮维持治疗等措施;针对经性传播艾滋病的安全套推广使用措施,以及规范、方便的性病诊疗措施;针对母婴传播艾滋病的抗病毒药物预防和人工代乳品喂养等措施;早期发现感染者和有助于危险行为改变的自愿咨询检测措施;健康教育措施;提高个人规范意识以及减少危险行为的针对性同伴教育措施。

第六十四条 本条例自2006年3月1日起施行。1987年12月26日经国务院批准,1988年1月14日由卫生部、外交部、公安部、原国家教育委员会、国家旅游局、原中国民用航空局、国家外国专家局发布的《艾滋病监测管理的若干规定》同时废止。

公共场所卫生管理条例

·1987年4月1日国务院发布
·根据2016年2月6日《国务院关于修改部分行政法规的决定》第一次修订
·根据2019年4月23日《国务院关于修改部分行政法规的决定》第二次修订

第一章 总 则

第一条 为创造良好的公共场所卫生条件,预防疾病,保障人体健康,制定本条例。

第二条 本条例适用于下列公共场所:

(一)宾馆、饭馆、旅店、招待所、车马店、咖啡馆、酒吧、茶座;

(二)公共浴室、理发店、美容店;

(三)影剧院、录像厅(室)、游艺厅(室)、舞厅、音乐厅;

(四)体育场(馆)、游泳场(馆)、公园;

(五)展览馆、博物馆、美术馆、图书馆;

(六)商场(店)、书店;

(七)候诊室、候车(机、船)室、公共交通工具。

第三条 公共场所的下列项目应符合国家卫生标准和要求:

(一)空气、微小气候(湿度、温度、风速);

(二)水质;

(三)采光、照明;

(四)噪音;

(五)顾客用具和卫生设施。

公共场所的卫生标准和要求,由国务院卫生行政部门负责制定。

第四条 国家对公共场所实行“卫生许可证”制度。

“卫生许可证”由县以上卫生行政部门签发。

第二章 卫生管理

第五条 公共场所的主管部门应当建立卫生管理制度,配备专职或者兼职卫生管理人员,对所属经营单位(包括个体经营者,下同)的卫生状况进行经常性检查,并提供必要的条件。

第六条 经营单位应当负责所经营的公共场所的卫生管理,建立卫生责任制度,对本单位的从业人员进行卫生知识的培训和考核工作。

第七条 公共场所直接为顾客服务的人员，持有“健康合格证”方能从事本职工作。患有痢疾、伤寒、病毒性肝炎、活动期肺结核、化脓性或者渗出性皮肤病以及其他有碍公共卫生的疾病的，治愈前不得从事直接为顾客服务的工作。

第八条 除公园、体育场(馆)、公共交通工具外的公共场所，经营单位应当及时向卫生行政部门申请办理“卫生许可证”。“卫生许可证”两年复核一次。

第九条 公共场所因不符合卫生标准和要求造成危害健康事故的，经营单位应妥善处理，并及时报告卫生防疫机构。

第三章 卫生监督

第十条 各级卫生防疫机构，负责管辖范围内的公共场所卫生监督工作。

民航、铁路、交通、厂(场)矿卫生防疫机构对管辖范围内的公共场所，施行卫生监督，并接受当地卫生防疫机构的业务指导。

第十一条 卫生防疫机构根据需要设立公共场所卫生监督员，执行卫生防疫机构交给的任务。公共场所卫生监督员由同级人民政府发给证书。

民航、铁路、交通、工矿企业卫生防疫机构的公共场所卫生监督员，由其上级主管部门发给证书。

第十二条 卫生防疫机构对公共场所的卫生监督职责：

(一)对公共场所进行卫生监测和卫生技术指导；

(二)监督从业人员健康检查，指导有关部门对从业人员进行卫生知识的教育和培训。

第十三条 卫生监督员有权对公共场所进行现场检查，索取有关资料，经营单位不得拒绝或隐瞒。卫生监督员对所提供的技术资料有保密的责任。

公共场所卫生监督员在执行任务时，应佩戴证章、出示证件。

第四章 罚 则

第十四条 凡有下列行为之一的单位或者个人，卫生防疫机构可以根据情节轻重，给予警告、罚款、停业整顿、吊销“卫生许可证”的行政处罚：

(一)卫生质量不符合国家卫生标准和要求，而继续营业的；

(二)未获得“健康合格证”，而从事直接为顾客服务的；

(三)拒绝卫生监督的；

(四)未取得“卫生许可证”，擅自营业的。

罚款一律上交国库。

第十五条 违反本条例的规定造成严重危害公民健康的事故或中毒事故的单位或者个人，应当对受害人赔偿损失。

违反本条例致人残疾或者死亡，构成犯罪的，应由司法机关依法追究直接责任人员的刑事责任。

第十六条 对罚款、停业整顿及吊销“卫生许可证”的行政处罚不服的，在接到处罚通知之日起15天内，可以向当地人民法院起诉。但对公共场所卫生质量控制的决定应立即执行。对处罚的决定不履行又逾期不起诉的，由卫生防疫机构向人民法院申请强制执行。

第十七条 公共场所卫生监督机构和卫生监督员必须尽职尽责，依法办事。对玩忽职守，滥用职权，收取贿赂的，由上级主管部门给予直接责任人员行政处分。构成犯罪的，由司法机关依法追究直接责任人员的刑事责任。

第五章 附 则

第十八条 本条例的实施细则由国务院卫生行政部门负责制定。

第十九条 本条例自发布之日起施行。

医疗机构传染病预检分诊管理办法

· 2005年2月28日卫生部令第41号公布
· 自公布之日起施行

第一条 为规范医疗机构传染病预检、分诊工作，有效控制传染病疫情，防止医疗机构内交叉感染，保障人民群众身体健康和生命安全，根据《中华人民共和国传染病防治法》第五十二条的规定，制定本办法。

第二条 医疗机构应当建立传染病预检、分诊制度。

二级以上综合医院应当设立感染性疾病科，具体负责本医疗机构传染病的分诊工作，并对本医疗机构的传染病预检、分诊工作进行组织管理。

没有设立感染性疾病科的医疗机构应当设立传染病分诊点。

感染性疾病科和分诊点应当标识明确，相对独立，通风良好，流程合理，具有消毒隔离条件和必要的防护用品。

第三条 医疗机构各科室的医师在接诊过程中，应当注意询问病人有关的流行病学史、职业史，结合病人的主诉、病史、症状和体征等对来诊的病人进行传染病的预检。

经预检为传染病病人或者疑似传染病病人的，应当将病人分诊至感染性疾病科或者分诊点就诊，同时对接诊处采取必要的消毒措施。

第四条 医疗机构应当根据传染病的流行季节、周期和流行趋势做好特定传染病的预检、分诊工作。

医疗机构应当在接到卫生部和省、自治区、直辖市人民政府发布特定传染病预警信息后，或者按照当地卫生行政部门的要求，加强特定传染病的预检、分诊工作。必要时，设立相对独立的针对特定传染病的预检处，引导就诊病人首先到预检处检诊，初步排除特定传染病后，再到相应的普通科室就诊。

第五条 对呼吸道等特殊传染病病人或者疑似病人，医疗机构应当依法采取隔离或者控制传播措施，并按照规定对病人的陪同人员和其他密切接触人员采取医学观察和其他必要的预防措施。

第六条 医疗机构不具备传染病救治能力时，应当及时将病人转诊到具备救治能力的医疗机构诊疗，并将病历资料复印件转至相应的医疗机构。

第七条 转诊传染病病人或疑似传染病病人时，应当按照当地卫生行政部门的规定使用专用车辆。

第八条 感染性疾病科和分诊点应当采取标准防护措施，按照规范严格消毒，并按照《医疗废物管理条例》的规定处理医疗废物。

第九条 医疗机构应当定期对医务人员进行传染病防治知识的培训，培训应当包括传染病防治的法律、法规以及传染病流行动态、诊断、治疗、预防、职业暴露的预防和处理等内容。

从事传染病预检、分诊的医务人员应当严格遵守卫生管理法律、法规和有关规定，认真执行临床技术操作规范、常规以及有关工作制度。

第十条 各级卫生行政部门应当加强对医疗机构预检分诊工作的监督管理，对违反《中华人民共和国传染病防治法》等有关法律、法规和本办法的，应当依法查处。

第十一条 本办法自发布之日起施行。

突发急性传染病预防控制战略

·2007年6月20日

·卫应急发〔2007〕203号

突发急性传染病(Emergi ng Infecti ous Diseases)是指严重影响社会稳定、对人类健康构成重大威胁，需要对其采取紧急处理措施的鼠疫以及传染性非典型性肺炎(以下简称“SARS”)、人感染高致病性禽流感等新发生的急性传染病和不明原因疾病等。为做好我国突发急性传染病预防控制工作，保障公众身体健康和生命安全，促进经济发展，维护社会稳定，全面构建社会主义和谐社会，依据《中华人民共和国传染病防治法》、《突发公共卫生事件应急条例》、《国家突发公共卫生事件应急预案》，参考世界卫生组织《国际卫生条例》(2005)和《亚太区域突发急性传染病防控战略》，制订我国《突发急性传染病预防控制战略》。

一、突发急性传染病的形势

传染性疾病是全球致死、致残的主要原因。当今，突发急性传染病不断出现，成为威胁人类健康，影响社会稳定和经济发展的重要因素之一。

突发急性传染病流行的形势十分严峻。2003年新发现的SARS疫情，在短时间内迅速波及32个国家和地区，全球共报告SARS病例8098例，其中死亡774例，病死率达9.56%。自2003年以来，全球共有12个国家发现报告了313例人感染高致病性禽流感病例，其中死亡191例。历史上流感大流行曾给人们带来巨大灾难，发生在1918年的全球流感大流行，先后造成近5千万人死亡。20世纪末英国首次暴发疯牛病，随着疯牛病的暴发流行，英国、法国、爱尔兰、意大利、加拿大、香港特区先后出现了变异性克-雅氏病(vCJD)病人，目前全世界 vCJD 病例已达 134 人,病死率高达 100%。2001 年在澳大利亚等国发现梅塔肺炎病毒引起较大规模的支气管炎和肺炎流行,造成婴幼儿的死亡。1998-1999 年在东南亚出现的尼巴病毒性脑炎,共造成 106 人死亡,病死率达 40%。在非洲、美洲相继出现的埃博拉出血热、马尔堡病毒出血热疫情发病凶险,且病死率高。

我国是受突发急性传染病影响较重的国家之一,2003 年的非典疫情,仅我国内地就报告 SARS 病例 5327 例,其中死亡 349 人,病死率达 6.55%。国家统计局测算的经济损失高达 933 亿元人民币,约占 2003 年 GDP0.8%。自 2005 年 10 月以来,我国内地已经发现人感染高致病性禽流感病例 24 例,其中死亡 15 例。

1997 年,世界卫生组织(WHO)明确提出"全球警惕、采取行动、防范新出现的传染病"。美国、加拿大及泛美国家和地区先后制定了突发急性传染病预防控制战略。2005 年,世界卫生组织东南亚区和西太平洋区联合制定了《亚太区域突发急性传染病防控战略》,突发急性传染病的防控工作成为国际社会面临的共同任务。

突发急性传染病的发生与社会经济、自然环境、生活方式等密切相关,我国正处于社会转型时期,经济、社会、环境等因素对公众健康的潜在威胁不断增加,应对突发急性传染病的形势十分严峻:

(一)气候等自然生态环境变化带来的影响。1860 年以来,全球平均气温升高 0.6℃,气温升高和降雨量增多,增加了传染病病原体生长繁殖的机会。世界卫生组织认为,全球气温升高将对人类健康造成影响。

(二)随着经济社会的发展,人口流动日益频繁。根据 2000 年全国人口普查结果显示,全国流动人口已超过 1 亿人。由于流动人口生活条件相对较差、基础性防病工作难以保证连续和稳定,容易导致突发急性传染病的传播和蔓延。

(三)生态系统失衡,环境质量下降,对人类健康造成危害。污染环境的有害物质,如废气、废水、废渣、放射性物质等的过度排放,不仅对生态环境造成污染,而且也会引起生物体变异,产生新的致病微生物,导致突发急性传染病的发生。

(四)随着人口的增加和对资源需求的扩大,人类生产和生活范围不断拓展,人与自然界中的宿主动物和媒介生物接触的频率及方式有所改变,一些原本在动物间传播的动物疫病开始向人间传播,导致突发急性传染病的发生。

(五)我国地域辽阔,经济发展不均衡,农村地区生产、生活方式相对落后。目前,农村地区家禽、家畜饲养非常普遍,散养比例大,人和家禽、家畜接触密切,容易造成禽流感等疾病的发生。农村环境卫生状况和基础卫生设施相对较差,不良卫生习惯尚难得到根本改变,容易造成传染病的发生和流行。

(六)我国民族众多,生活方式不同,饮食习惯各异,部分地区的居民延续着食用野生动物、生食海产品或禽类的习惯。有些地区的居民,将猎捕野生动物作为经济来源,增加了接触野生动物的机会,人畜共患病传播的时间空间被放大。

(七)全球经济一体化和交通工具现代化,致使国家之间和地域之间人员往来、物资流通更加广泛,增加了传染病通过交通工具远距离传播的危险。

(八)随着科学技术的进步,人类对传染病病原体的研究不断深入,甚至可以通过生物技术在实验室合成新的致病微生物。然而,生物安全管理依然存在漏洞,对突发急性传染病的发生和传播构成新的隐患。

(九)尽管人类在防治传染病方面积累了有益经验,掌握了一些有效的科技手段,但对突发急性传染病认知程度仍非常有限,防控和救治的成本昂贵。因此,预防为主是具有战略意义的工作方针。

二、防控战略目标

(一)总体目标站在国家安全的战略高度,重视并加强突发急性传染病的预防控制工作,制定突发急性传染病预防控制中长期策略,建立健全我国突发急性传染病应对机制、预案体系,坚持早期预防、及时预警、快速反应、有效控制的原则,不断提高应急处置能力,防止或减少突发急性传染病的发生及流行,降低突发急性传染病的危害,保护公众健康和生命安全。

(二)具体目标

1. 发现和减少突发急性传染病发生的危险因素。

2. 提高对突发急性传染病暴发的早期预警能力,建立突发急性传染病监测预警体系。县级以上医疗机构、乡镇卫生院、社区卫生服务中心逐步建立症状监测报告系统。

3. 建立健全有效应对突发急性传染病的应急处置机制。

4. 建立健全突发急性传染病应急处置预案体系，加强应对突发急性传染病的基础准备。

5. 建立应对突发急性传染病的联防联控机制，加强部门间、地域间以及国际社会间的沟通与合作。

6. 搭建中央和省级突发急性传染病科研攻关的技术平台。以病原微生物、预防性疫苗、救治药物和检测方法作为主要方向，开展基础科学和应用技术研究。

7. 培养和储备专门的专业技术人才，设立专项资金予以保障。

8. 建立我国突发急性传染病病原分子分型数据库，科学、有效处置突发急性传染病疫情。

9. 研究我国新发人畜共患传染病的分布、流行规律、感染情况及传播媒介，为防范突发急性传染病提供基础数据。

三、政策措施

(一)加强对突发急性传染病防控工作的领导

1. 突发急性传染病的流行，严重威胁公众健康和社会经济发展，甚至威胁国家安全。各地应将突发急性传染病防控工作纳入卫生发展整体规划，切实加强领导，认真落实《中华人民共和国传染病防治法》和《突发公共卫生事件应急条例》，坚持预防与应急并重，常态与非常态结合，不断完善防控措施。

2. 制定和实施应对突发急性传染病有关的人员培训、物资储备、重点实验室建设、现场控制、医疗救治等中长期规划。加大应对突发急性传染病等突发公共卫生事件应急处置工作投入。

3. 制订突发急性传染病医疗救治政策，医疗救治专项经费支持、保障医疗卫生机构及时对患者进行突发急性传染病排查、诊断、治疗以及密切接触者管理工作。

(二)建立和完善突发急性传染病应对机制

1. 指挥协调机制。突发急性传染病应对工作应体现政府领导、专家参与、属地管理、分级负责、专业机构实施、部门配合的指挥协调机制。根据突发公共卫生事件的范围、性质和危害程度，建立分级管理和分级响应机制。卫生部和省级卫生行政部门成立突发急性传染病咨询专家组，充分发挥专家的咨询参谋作用，收集突发急性传染病疫情信息，进行风险评估，提出防控对策。上级卫生部门应指导下级卫生部门开展流行病学调查、实验室诊断和医疗救治，并配合当地政府做好突发急性传染病的应急处置工作。完善国家突发公共卫生事件应急指挥系统，在卫生部与各省指挥决策骨干网的基础上，扩展与有关部门的横向联络，形成全国突发公共卫生事件应急指挥决策网络，满足应对突发急性传染病疫情时应急指挥的需要。

2. 信息沟通机制。卫生部门要以高度的责任感和全球观，与国内相关部门建立信息沟通机制，定期通报国内外疫情，防控工作进展，发展规划等信息，及时获取国境卫生检疫、国外疫情动态等与突发急性传染病防控相关的信息，掌握突发急性传染病的动态。建立突发急性传染病反馈和共享平台，使突发急性传染病防控工作人员实现信息共享。加强疾病预防控制机构对医疗机构的信息反馈，加强实验室诊断结果对临床救治的信息反馈等。切实加强机构之间、专业人员之间的沟通与合作，提高突发急性传染病现场风险沟通和管理能力。制订应对突发急性传染病疫情的风险沟通计划，营造出社会稳定、公众参与的有利环境，科学有效地防控突发急性传染病。

3. 部门协作机制。突发急性传染病多来源于动物或由国外输入，要建立并完善卫生、农业、林业、国境卫生检疫等部门的协调合作机制，共同研究重大突发急性传染病的防控对策，开展突发急性传染病疫情监测，形成联防联控的工作格局。

(三)落实各项防控措施，减轻突发急性传染病危害

1. 加强健康宣教，提高公众对突发急性传染病的认识和防范能力。大力开展爱国卫生运动，鼓励公众积极配合突发急性传染病的预防控制工作。

2. 采取疫苗免疫、媒介控制、旅行劝告、检疫通告、隔离等措施控制突发急性传染病疫情。

3. 加强管理，落实责任，减少医源性感染和实验室感染的发生，以及耐药性致病菌的产生，降低环境因素引起突发急性传染病疫情的风险。

4. 加强对野生动物管理，避免公众接触、食用野生动物，降低野生动物源性突发急性传染病传播给人的风险。加强活禽市场管理，规范活禽养殖、免疫、运输、销售行为，减少禽流感病毒感染人

的风险。

(四)加强突发急性传染病监测预警体系建设,提高早期预警能力

1. 完善监测系统。在现有传染病监测系统的基础上,开发并建立以突发急性传染病为重点的综合性监测系统,逐步完善对重要临床症候群、不明原因死亡、药品及卫生用品销售、学生缺课、实验室病原学等综合监测,提高对突发急性传染病早期发现和预警能力,不断改进监测手段、提高监测质量。

2. 发挥医疗机构在疾病监测中的哨点作用,提高医务人员早期发现、报告传染病疫情的意识和能力。医疗机构指定专人负责突发急性传染病及其相关因素的监测工作,制订突发急性传染病发现、报告、转诊、密切接触者管理等制度,加强监督检查,严格落实防控措施。

3. 加强医疗机构传染病疫情信息管理和信息化建设,逐步将医疗机构日常报告信息系统与网络直报系统互通,动态收集分析传染病主要症状信息,及早发现突发急性传染病。

4. 开展媒介生物和宿主监测,建立生物样品资源库。与农业、林业等部门配合,开展动物疾病监测,关注动物的异常发病和死亡,做到突发急性传染病监测哨点前移。

5. 提高突发急性传染病早期预警能力。综合利用各种监测资料,组织专家进行风险评估,分析疾病发生的规律和特点,及时对突发急性传染病进行预警。研究突发急性传染病的早期预警指标体系,制定早期预警技术方法。建立国家、省级、市级三级突发急性传染病预警平台,提高突发急性传染病早期预警能力。

(五)提高实验室的检测能力,为突发急性传染病诊断提供技术支持

1. 在现有实验室条件和设施的基础上,分区域建设重点突发急性传染病实验室,充分发挥各个实验室的特长和优势,研发突发急性传染病的诊断方法和试剂,为突发急性传染病的快速诊断提供技术储备。

2. 建立网络实验室,逐步建立起方法和标准统一的全国公共卫生实验室监测网络系统,提高实验室安全水平和突发急性传染病诊断能力。设立国家突发急性传染病参比实验室和省级突发急性传染病中心实验室,配备必要的实验室设施,引进和开发一些突发急性传染病的检测、诊断方法。加强与有关科研院所实验室之间的联系与合作,全面促进我国突发急性传染病诊断水平的提高。

3. 制订实验室标本采集、运输、和实验室生物安全规范。建立规范的生物样本库,为突发急性传染病的甄别与比对提供资源。

(六)加强人力资源开发,提高突发急性传染病应急处置能力

1. 建立健全突发急性传染病应急处置人员培训机制,制定培训规划。各级卫生行政部门要建立突发急性传染病专家库,组建应急反应队伍。各级卫生行政部门要制定突发急性传染病培训计划,组织编写培训教材并提供师资,为各地应急队伍提供支持。

2. 建立突发急性传染病应急处置培训基地。结合疾病控制培训基地的布局,根据突发急性传染病的特点和需要,分区域建立突发急性传染病培训基地,开展突发急性传染病应急处置培训工作。

3. 适时组织应对突发急性传染病的应急处置模拟演练,检验应急预案和应急反应队伍的实战能力,找出突发急性传染病应急反应的漏洞和薄弱环节,及时查漏补缺。

4. 广泛开展对医疗机构医务人员有关突发急性传染病的发现、报告、防护、密切接触者管理的全员培训,提高其发现、报告和处置突发急性传染病的意识和能力。

5. 组建突发急性传染病援外应急处置小组,必要时赴国外学习了解和帮助处置突发急性传染病疫情,同时作为我国应对输入突发急性传染病的技术力量储备。

(七)做好应对突发急性传染病的物资和技术储备

建立健全应急物资、生产能力以及技术储备机制,完善疫苗及药物、试剂等应急物资的调运机制,明确财政经费保障政策。做好应急物资的储备及供应,用于应对突发急性传染病的暴发流行。成立专门的突发急性传染病应急物资储备机构,建立物资储备信息库。做好新亚型流感病毒疫苗生产技术和中西药品、以及其他突发急性传染病疫苗和药品储备。

(八)完善相关法律、法规及预案,坚持依法防控突发急性传染病

根据《国家突发公共卫生事件应急预案》,制

定、补充相关的突发急性传染病应急处置预案。对已经在国外发生并有可能输入我国的突发急性传染病,在借鉴国外的防控经验的基础上,结合我国实际情况,制定我国的应急处置预案。根据《中华人民共和国传染病防治法》,对突然发生的不明原因疾病,可以采取甲类传染病的防控措施。借鉴SARS防控经验,对突发急性传染病,根据防控工作的需要,及时建议国务院将其纳入法定传染病管理范畴。完善新亚型流感病毒大流行应急预案和SARS应急预案,制定炭疽、脊髓灰质炎暴发流行应急预案和不明原因疾病应急处置方案。

(九)根据我国突发急性传染病防治工作的实际需求,开展突发急性传染病的基础科学及应用技术研究

从我国突发急性传染病防控工作的实际需要出发,着力解决防控工作中的困难,结合我国当前突发急性传染病研究的进展和现状,进行突发急性传染病应用科学理论和应用性技术以及疫苗和治疗药品等研究。重点开展SARS、新亚型禽流感疫苗和人感染禽流感病毒治疗药物以及突发急性传染病诊断试剂的研究。

(十)积极参与国际交流与合作,推动突发急性传染病防控工作的开展

1. 认真履行《国际卫生条例》(2005)规定的各项义务,积极加入全球性和地区性突发公共卫生事件和突发急性传染病监测网络和实验室网络,广泛开展国际突发急性传染病合作研究和控制项目,努力提高我国在各种突发急性传染病预防控制方面的技术水平。分享我国在突发急性传染病防控方面积累的经验,对需要帮助的国家给予技术支持。通过与世界卫生组织或其他国家的合作,参与其他国家和地区突发急性传染病的研究和调查控制项目。

2. 加强突发急性传染病防控的双边及多边合作,了解周边国家和地区突发急性传染病的特点和流行趋势,提前做好应对突发急性传染病输入的各项准备工作。

2. 疫苗接种

中华人民共和国疫苗管理法

· 2019年6月29日第十三届全国人民代表大会常务委员会第十一次会议通过
· 2019年6月29日中华人民共和国主席令第30号公布
· 自2019年12月1日起施行

第一章 总 则

第一条 为了加强疫苗管理,保证疫苗质量和供应,规范预防接种,促进疫苗行业发展,保障公众健康,维护公共卫生安全,制定本法。

第二条 在中华人民共和国境内从事疫苗研制、生产、流通和预防接种及其监督管理活动,适用本法。本法未作规定的,适用《中华人民共和国药品管理法》、《中华人民共和国传染病防治法》等法律、行政法规的规定。

本法所称疫苗,是指为预防、控制疾病的发生、流行,用于人体免疫接种的预防性生物制品,包括免疫规划疫苗和非免疫规划疫苗。

第三条 国家对疫苗实行最严格的管理制度,坚持安全第一、风险管理、全程管控、科学监管、社会共治。

第四条 国家坚持疫苗产品的战略性和公益性。

国家支持疫苗基础研究和应用研究,促进疫苗研制和创新,将预防、控制重大疾病的疫苗研制、生产和储备纳入国家战略。

国家制定疫苗行业发展规划和产业政策,支持疫苗产业发展和结构优化,鼓励疫苗生产规模化、集约化,不断提升疫苗生产工艺和质量水平。

第五条 疫苗上市许可持有人应当加强疫苗全生命周期质量管理,对疫苗的安全性、有效性和质量可控性负责。

从事疫苗研制、生产、流通和预防接种活动的单位和个人,应当遵守法律、法规、规章、标准和规范,保证全过程信息真实、准确、完整和可追溯,依法承担责任,接受社会监督。

第六条 国家实行免疫规划制度。

居住在中国境内的居民,依法享有接种免疫规划疫苗的权利,履行接种免疫规划疫苗的义务。政府免费向居民提供免疫规划疫苗。

县级以上人民政府及其有关部门应当保障适龄儿童接种免疫规划疫苗。监护人应当依法保证适龄儿童按时接种免疫规划疫苗。

第七条 县级以上人民政府应当将疫苗安全工作和预防接种工作纳入本级国民经济和社会发展规划,加强疫苗监督管理能力建设,建立健全疫苗监督管理工作机制。

县级以上地方人民政府对本行政区域疫苗监督管理工作负责,统一领导、组织、协调本行政区域疫苗监督管理工作。

第八条 国务院药品监督管理部门负责全国疫苗监督管理工作。国务院卫生健康主管部门负责全国预防接种监督管理工作。国务院其他有关部门在各自职责范围内负责与疫苗有关的监督管理工作。

省、自治区、直辖市人民政府药品监督管理部门负责本行政区域疫苗监督管理工作。设区的市级、县级人民政府承担药品监督管理职责的部门(以下称药品监督管理部门)负责本行政区域疫苗监督管理工作。县级以上地方人民政府卫生健康主管部门负责本行政区域预防接种监督管理工作。县级以上地方人民政府其他有关部门在各自职责范围内负责与疫苗有关的监督管理工作。

第九条 国务院和省、自治区、直辖市人民政府建立部门协调机制,统筹协调疫苗监督管理有关工作,定期分析疫苗安全形势,加强疫苗监督管理,保障疫苗供应。

第十条 国家实行疫苗全程电子追溯制度。

国务院药品监督管理部门会同国务院卫生健康主管部门制定统一的疫苗追溯标准和规范,建立全国疫苗电子追溯协同平台,整合疫苗生产、流通和预防接种全过程追溯信息,实现疫苗可追溯。

疫苗上市许可持有人应当建立疫苗电子追溯系统,与全国疫苗电子追溯协同平台相衔接,实现生产、流通和预防接种全过程最小包装单位疫苗可追溯、可核查。

疾病预防控制机构、接种单位应当依法如实记录疫苗流通、预防接种等情况,并按照规定向全国疫苗电子追溯协同平台提供追溯信息。

第十一条 疫苗研制、生产、检验等过程中应当建立健全生物安全管理制度,严格控制生物安全风险,加强菌毒株等病原微生物的生物安全管理,保护操作人员和公众的健康,保证菌毒株等病原微生物用途合法、正当。

疫苗研制、生产、检验等使用的菌毒株和细胞株,应当明确历史、生物学特征、代次,建立详细档案,保证来源合法、清晰、可追溯;来源不明的,不得使用。

第十二条 各级人民政府及其有关部门、疾病预防控制机构、接种单位、疫苗上市许可持有人和疫苗行业协会等应当通过全国儿童预防接种日等活动定期开展疫苗安全法律、法规以及预防接种知识等的宣传教育、普及工作。

新闻媒体应当开展疫苗安全法律、法规以及预防接种知识等的公益宣传,并对疫苗违法行为进行舆论监督。有关疫苗的宣传报道应当全面、科学、客观、公正。

第十三条 疫苗行业协会应当加强行业自律,建立健全行业规范,推动行业诚信体系建设,引导和督促会员依法开展生产经营等活动。

第二章 疫苗研制和注册

第十四条 国家根据疾病流行情况、人群免疫状况等因素,制定相关研制规划,安排必要资金,支持多联多价等新型疫苗的研制。

国家组织疫苗上市许可持有人、科研单位、医疗卫生机构联合攻关,研制疾病预防、控制急需的疫苗。

第十五条 国家鼓励疫苗上市许可持有人加大研制和创新资金投入,优化生产工艺,提升质量控制水平,推动疫苗技术进步。

第十六条 开展疫苗临床试验,应当经国务院药品监督管理部门依法批准。

疫苗临床试验应当由符合国务院药品监督管理部门和国务院卫生健康主管部门规定条件的三级医疗机构或者省级以上疾病预防控制机构实施或者组织实施。

国家鼓励符合条件的医疗机构、疾病预防控制机构等依法开展疫苗临床试验。

第十七条 疫苗临床试验申办者应当制定临床试验方案,建立临床试验安全监测与评价制度,审慎选择受试者,合理设置受试者群体和年龄组,并根据风险程度采取有效措施，保护受试者合法权益。

第十八条 开展疫苗临床试验，应当取得受试者的书面知情同意；受试者为无民事行为能力人的，应当取得其监护人的书面知情同意；受试者为限制民事行为能力人的，应当取得本人及其监护人的书面知情同意。

第十九条 在中国境内上市的疫苗应当经国务院药品监督管理部门批准，取得药品注册证书；申请疫苗注册，应当提供真实、充分、可靠的数据、资料和样品。

对疾病预防、控制急需的疫苗和创新疫苗，国务院药品监督管理部门应当予以优先审评审批。

第二十条 应对重大突发公共卫生事件急需的疫苗或者国务院卫生健康主管部门认定急需的其他疫苗，经评估获益大于风险的，国务院药品监督管理部门可以附条件批准疫苗注册申请。

出现特别重大突发公共卫生事件或者其他严重威胁公众健康的紧急事件，国务院卫生健康主管部门根据传染病预防、控制需要提出紧急使用疫苗的建议，经国务院药品监督管理部门组织论证同意后可以在一定范围和期限内紧急使用。

第二十一条 国务院药品监督管理部门在批准疫苗注册申请时，对疫苗的生产工艺、质量控制标准和说明书、标签予以核准。

国务院药品监督管理部门应当在其网站上及时公布疫苗说明书、标签内容。

第三章 疫苗生产和批签发

第二十二条 国家对疫苗生产实行严格准入制度。

从事疫苗生产活动，应当经省级以上人民政府药品监督管理部门批准，取得药品生产许可证。

从事疫苗生产活动，除符合《中华人民共和国药品管理法》规定的从事药品生产活动的条件外，还应当具备下列条件：

（一）具备适度规模和足够的产能储备；

（二）具有保证生物安全的制度和设施、设备；

（三）符合疾病预防、控制需要。

疫苗上市许可持有人应当具备疫苗生产能力；超出疫苗生产能力确需委托生产的，应当经国务院药品监督管理部门批准。接受委托生产的，应当遵守本法规定和国家有关规定，保证疫苗质量。

第二十三条 疫苗上市许可持有人的法定代表人、主要负责人应当具有良好的信用记录，生产管理负责人、质量管理负责人、质量受权人等关键岗位人员应当具有相关专业背景和从业经历。

疫苗上市许可持有人应当加强对前款规定人员的培训和考核，及时将其任职和变更情况向省、自治区、直辖市人民政府药品监督管理部门报告。

第二十四条 疫苗应当按照经核准的生产工艺和质量控制标准进行生产和检验，生产全过程应当符合药品生产质量管理规范的要求。

疫苗上市许可持有人应当按照规定对疫苗生产全过程和疫苗质量进行审核、检验。

第二十五条 疫苗上市许可持有人应当建立完整的生产质量管理体系，持续加强偏差管理，采用信息化手段如实记录生产、检验过程中形成的所有数据，确保生产全过程持续符合法定要求。

第二十六条 国家实行疫苗批签发制度。

每批疫苗销售前或者进口时，应当经国务院药品监督管理部门指定的批签发机构按照相关技术要求进行审核、检验。符合要求的，发给批签发证明；不符合要求的，发给不予批签发通知书。

不予批签发的疫苗不得销售，并应当由省、自治区、直辖市人民政府药品监督管理部门监督销毁；不予批签发的进口疫苗应当由口岸所在地药品监督管理部门监督销毁或者依法进行其他处理。

国务院药品监督管理部门、批签发机构应当及时公布上市疫苗批签发结果，供公众查询。

第二十七条 申请疫苗批签发应当按照规定向批签发机构提供批生产及检验记录摘要等资料和同批号产品等样品。进口疫苗还应当提供原产地证明、批签发证明；在原产地免予批签发的，应当提供免予批签发证明。

第二十八条 预防、控制传染病疫情或者应对突发事件急需的疫苗，经国务院药品监督管理部门批准，免予批签发。

第二十九条 疫苗批签发应当逐批进行资料审核和抽样检验。疫苗批签发检验项目和检验频次应当根据疫苗质量风险评估情况进行动态调整。

对疫苗批签发申请资料或者样品的真实性有疑问，或者存在其他需要进一步核实的情况的，批签发机构应当予以核实，必要时应当采用现场抽样检验等方式组织开展现场核实。

第三十条 批签发机构在批签发过程中发现疫苗存在重大质量风险的，应当及时向国务院药品监督管理部门和省、自治区、直辖市人民政府药品监督管理部门报告。

接到报告的部门应当立即对疫苗上市许可持有人进行现场检查，根据检查结果通知批签发机构对疫苗上市许可持有人的相关产品或者所有产品不予批签发或者暂停批签发，并责令疫苗上市许可持有人整改。疫苗上市许可持有人应当立即整改，并及时将整改情况向责令其整改的部门报告。

第三十一条 对生产工艺偏差、质量差异、生产过程中的故障和事故以及采取的措施，疫苗上市许可持有人应当如实记录，并在相应批产品申请批签发的文件中载明；可能影响疫苗质量的，疫苗上市许可持有人应当立即采取措施，并向省、自治区、直辖市人民政府药品监督管理部门报告。

第四章 疫苗流通

第三十二条 国家免疫规划疫苗由国务院卫生健康主管部门会同国务院财政部门等组织集中招标或者统一谈判，形成并公布中标价格或者成交价格，各省、自治区、直辖市实行统一采购。

国家免疫规划疫苗以外的其他免疫规划疫苗、非免疫规划疫苗由各省、自治区、直辖市通过省级公共资源交易平台组织采购。

第三十三条 疫苗的价格由疫苗上市许可持有人依法自主合理制定。疫苗的价格水平、差价率、利润率应当保持在合理幅度。

第三十四条 省级疾病预防控制机构应当根据国家免疫规划和本行政区域疾病预防、控制需要，制定本行政区域免疫规划疫苗使用计划，并按照国家有关规定向组织采购疫苗的部门报告，同时报省、自治区、直辖市人民政府卫生健康主管部门备案。

第三十五条 疫苗上市许可持有人应当按照采购合同约定，向疾病预防控制机构供应疫苗。

疾病预防控制机构应当按照规定向接种单位供应疫苗。

疾病预防控制机构以外的单位和个人不得向接种单位供应疫苗，接种单位不得接收该疫苗。

第三十六条 疫苗上市许可持有人应当按照采购合同约定，向疾病预防控制机构或者疾病预防控制机构指定的接种单位配送疫苗。

疫苗上市许可持有人、疾病预防控制机构自行配送疫苗应当具备疫苗冷链储存、运输条件，也可以委托符合条件的疫苗配送单位配送疫苗。

疾病预防控制机构配送非免疫规划疫苗可以收取储存、运输费用，具体办法由国务院财政部门会同国务院价格主管部门制定，收费标准由省、自治区、直辖市人民政府价格主管部门会同财政部门制定。

第三十七条 疾病预防控制机构、接种单位、疫苗上市许可持有人、疫苗配送单位应当遵守疫苗储存、运输管理规范，保证疫苗质量。

疫苗在储存、运输全过程中应当处于规定的温度环境，冷链储存、运输应当符合要求，并定时监测、记录温度。

疫苗储存、运输管理规范由国务院药品监督管理部门、国务院卫生健康主管部门共同制定。

第三十八条 疫苗上市许可持有人在销售疫苗时，应当提供加盖其印章的批签发证明复印件或者电子文件；销售进口疫苗的，还应当提供加盖其印章的进口药品通关单复印件或者电子文件。

疾病预防控制机构、接种单位在接收或者购进疫苗时，应当索取前款规定的证明文件，并保存至疫苗有效期满后不少于五年备查。

第三十九条 疫苗上市许可持有人应当按照规定，建立真实、准确、完整的销售记录，并保存至疫苗有效期满后不少于五年备查。

疾病预防控制机构、接种单位、疫苗配送单位应当按照规定，建立真实、准确、完整的接收、购进、储存、配送、供应记录，并保存至疫苗有效期满后不少于五年备查。

疾病预防控制机构、接种单位接收或者购进疫苗时，应当索取本次运输、储存全过程温度监测记录，并保存至疫苗有效期满后不少于五年备查；对不能提供本次运输、储存全过程温度监测记录或者温度控制不符合要求的，不得接收或者购进，并应当立即向县级以上地方人民政府药品监督管理部门、卫生健康主管部门报告。

第四十条 疾病预防控制机构、接种单位应当建立疫苗定期检查制度，对存在包装无法识别、储存温度不符合要求、超过有效期等问题的疫苗，采取隔离存放、设置警示标志等措施，并按照国务院药品监督管理部门、卫生健康主管部门、生态环境主管部门的规定处置。疾病预防控制机构、接种单位应当如实记录处置情况,处置记录应当保存至疫苗有效期满后不少于五年备查。

第五章 预防接种

第四十一条 国务院卫生健康主管部门制定国家免疫规划;国家免疫规划疫苗种类由国务院卫生健康主管部门会同国务院财政部门拟订,报国务院批准后公布。

国务院卫生健康主管部门建立国家免疫规划专家咨询委员会,并会同国务院财政部门建立国家免疫规划疫苗种类动态调整机制。

省、自治区、直辖市人民政府在执行国家免疫规划时,可以根据本行政区域疾病预防、控制需要,增加免疫规划疫苗种类,报国务院卫生健康主管部门备案并公布。

第四十二条 国务院卫生健康主管部门应当制定、公布预防接种工作规范,强化预防接种规范化管理。

国务院卫生健康主管部门应当制定、公布国家免疫规划疫苗的免疫程序和非免疫规划疫苗的使用指导原则。

省、自治区、直辖市人民政府卫生健康主管部门应当结合本行政区域实际情况制定接种方案,并报国务院卫生健康主管部门备案。

第四十三条 各级疾病预防控制机构应当按照各自职责,开展与预防接种相关的宣传、培训、技术指导、监测、评价、流行病学调查、应急处置等工作。

第四十四条 接种单位应当具备下列条件:

(一)取得医疗机构执业许可证;

(二)具有经过县级人民政府卫生健康主管部门组织的预防接种专业培训并考核合格的医师、护士或者乡村医生;

(三)具有符合疫苗储存、运输管理规范的冷藏设施、设备和冷藏保管制度。

县级以上地方人民政府卫生健康主管部门指定符合条件的医疗机构承担责任区域内免疫规划疫苗接种工作。符合条件的医疗机构可以承担非免疫规划疫苗接种工作,并应当报颁发其医疗机构执业许可证的卫生健康主管部门备案。

接种单位应当加强内部管理,开展预防接种工作应当遵守预防接种工作规范、免疫程序、疫苗使用指导原则和接种方案。

各级疾病预防控制机构应当加强对接种单位预防接种工作的技术指导和疫苗使用的管理。

第四十五条 医疗卫生人员实施接种,应当告知受种者或者其监护人所接种疫苗的品种、作用、禁忌、不良反应以及现场留观等注意事项,询问受种者的健康状况以及是否有接种禁忌等情况,并如实记录告知和询问情况。受种者或者其监护人应当如实提供受种者的健康状况和接种禁忌等情况。有接种禁忌不能接种的,医疗卫生人员应当向受种者或者其监护人提出医学建议,并如实记录提出医学建议情况。

医疗卫生人员在实施接种前,应当按照预防接种工作规范的要求,检查受种者健康状况、核查接种禁忌,查对预防接种证,检查疫苗、注射器的外观、批号、有效期,核对受种者的姓名、年龄和疫苗的品名、规格、剂量、接种部位、接种途径,做到受种者、预防接种证和疫苗信息相一致,确认无误后方可实施接种。

医疗卫生人员应当对符合接种条件的受种者实施接种。受种者在现场留观期间出现不良反应的,医疗卫生人员应当按照预防接种工作规范的要求,及时采取救治等措施。

第四十六条 医疗卫生人员应当按照国务院卫生健康主管部门的规定,真实、准确、完整记录疫苗的品种、上市许可持有人、最小包装单位的识别信息、有效期、接种时间、实施接种的医疗卫生人员、受种者等接种信息,确保接种信息可追溯、可查询。接种记录应当保存至疫苗有效期满后不少于五年备查。

第四十七条 国家对儿童实行预防接种证制度。在儿童出生后一个月内,其监护人应当到儿童居住地承担预防接种工作的接种单位或者出生医院为其办理预防接种证。接种单位或者出生医院不得拒绝办理。监护人应当妥善保管预防接种证。

预防接种实行居住地管理,儿童离开原居住地期间,由现居住地承担预防接种工作的接种单位负责对其实施接种。

预防接种证的格式由国务院卫生健康主管部门规定。

第四十八条 儿童入托、入学时,托幼机构、学校应当查验预防接种证，发现未按照规定接种免疫规划疫苗的，应当向儿童居住地或者托幼机构、学校所在地承担预防接种工作的接种单位报告，并配合接种单位督促其监护人按照规定补种。疾病预防控制机构应当为托幼机构、学校查验预防接种证等提供技术指导。

儿童入托、入学预防接种证查验办法由国务院卫生健康主管部门会同国务院教育行政部门制定。

第四十九条 接种单位接种免疫规划疫苗不得收取任何费用。

接种单位接种非免疫规划疫苗，除收取疫苗费用外，还可以收取接种服务费。接种服务费的收费标准由省、自治区、直辖市人民政府价格主管部门会同财政部门制定。

第五十条 县级以上地方人民政府卫生健康主管部门根据传染病监测和预警信息，为预防、控制传染病暴发、流行，报经本级人民政府决定，并报省级以上人民政府卫生健康主管部门备案，可以在本行政区域进行群体性预防接种。

需要在全国范围或者跨省、自治区、直辖市范围内进行群体性预防接种的，应当由国务院卫生健康主管部门决定。

作出群体性预防接种决定的县级以上地方人民政府或者国务院卫生健康主管部门应当组织有关部门做好人员培训、宣传教育、物资调用等工作。

任何单位和个人不得擅自进行群体性预防接种。

第五十一条 传染病暴发、流行时，县级以上地方人民政府或者其卫生健康主管部门需要采取应急接种措施的，依照法律、行政法规的规定执行。

第六章 异常反应监测和处理

第五十二条 预防接种异常反应，是指合格的疫苗在实施规范接种过程中或者实施规范接种后造成受种者机体组织器官、功能损害，相关各方均无过错的药品不良反应。

下列情形不属于预防接种异常反应：

（一）因疫苗本身特性引起的接种后一般反应；

（二）因疫苗质量问题给受种者造成的损害；

（三）因接种单位违反预防接种工作规范、免疫程序、疫苗使用指导原则、接种方案给受种者造成的损害；

（四）受种者在接种时正处于某种疾病的潜伏期或者前驱期，接种后偶合发病；

（五）受种者有疫苗说明书规定的接种禁忌，在接种前受种者或者其监护人未如实提供受种者的健康状况和接种禁忌等情况，接种后受种者原有疾病急性复发或者病情加重；

（六）因心理因素发生的个体或者群体的心因性反应。

第五十三条 国家加强预防接种异常反应监测。预防接种异常反应监测方案由国务院卫生健康主管部门会同国务院药品监督管理部门制定。

第五十四条 接种单位、医疗机构等发现疑似预防接种异常反应的，应当按照规定向疾病预防控制机构报告。

疫苗上市许可持有人应当设立专门机构，配备专职人员，主动收集、跟踪分析疑似预防接种异常反应，及时采取风险控制措施，将疑似预防接种异常反应向疾病预防控制机构报告，将质量分析报告提交省、自治区、直辖市人民政府药品监督管理部门。

第五十五条 对疑似预防接种异常反应，疾病预防控制机构应当按照规定及时报告，组织调查、诊断，并将调查、诊断结论告知受种者或者其监护人。对调查、诊断结论有争议的，可以根据国务院卫生健康主管部门制定的鉴定办法申请鉴定。

因预防接种导致受种者死亡、严重残疾，或者群体性疑似预防接种异常反应等对社会有重大影响的疑似预防接种异常反应，由设区的市级以上人民政府卫生健康主管部门、药品监督管理部门按照各自职责组织调查、处理。

第五十六条 国家实行预防接种异常反应补偿制度。实施接种过程中或者实施接种后出现受种者死亡、严重残疾、器官组织损伤等损害，属于预防接种异常反应或者不能排除的，应当给予补偿。补偿范围实行目录管理，并根据实际情况进行动态调整。

接种免疫规划疫苗所需的补偿费用，由省、自治区、直辖市人民政府财政部门在预防接种经费中安排；接种非免疫规划疫苗所需的补偿费用，由相关疫苗上市许可持有人承担。国家鼓励通过商业保险等多种形式对预防接种异常反应受种者予以补偿。

预防接种异常反应补偿应当及时、便民、合理。预防接种异常反应补偿范围、标准、程序由国务院规定,省、自治区、直辖市制定具体实施办法。

第七章 疫苗上市后管理

第五十七条 疫苗上市许可持有人应当建立健全疫苗全生命周期质量管理体系,制定并实施疫苗上市后风险管理计划,开展疫苗上市后研究,对疫苗的安全性、有效性和质量可控性进行进一步确证。

对批准疫苗注册申请时提出进一步研究要求的疫苗,疫苗上市许可持有人应当在规定期限内完成研究;逾期未完成研究或者不能证明其获益大于风险的,国务院药品监督管理部门应当依法处理,直至注销该疫苗的药品注册证书。

第五十八条 疫苗上市许可持有人应当对疫苗进行质量跟踪分析,持续提升质量控制标准,改进生产工艺,提高生产工艺稳定性。

生产工艺、生产场地、关键设备等发生变更的,应当进行评估、验证,按照国务院药品监督管理部门有关变更管理的规定备案或者报告;变更可能影响疫苗安全性、有效性和质量可控性的,应当经国务院药品监督管理部门批准。

第五十九条 疫苗上市许可持有人应当根据疫苗上市后研究、预防接种异常反应等情况持续更新说明书、标签,并按照规定申请核准或者备案。

国务院药品监督管理部门应当在其网站上及时公布更新后的疫苗说明书、标签内容。

第六十条 疫苗上市许可持有人应当建立疫苗质量回顾分析和风险报告制度,每年将疫苗生产流通、上市后研究、风险管理等情况按照规定如实向国务院药品监督管理部门报告。

第六十一条 国务院药品监督管理部门可以根据实际情况,责令疫苗上市许可持有人开展上市后评价或者直接组织开展上市后评价。

对预防接种异常反应严重或者其他原因危害人体健康的疫苗,国务院药品监督管理部门应当注销该疫苗的药品注册证书。

第六十二条 国务院药品监督管理部门可以根据疾病预防、控制需要和疫苗行业发展情况,组织对疫苗品种开展上市后评价,发现该疫苗品种的产品设计、生产工艺、安全性、有效性或者质量可控性明显劣于预防、控制同种疾病的其他疫苗品种的,应当注销该品种所有疫苗的药品注册证书并废止相应的国家药品标准。

第八章 保障措施

第六十三条 县级以上人民政府应当将疫苗安全工作、购买免疫规划疫苗和预防接种工作以及信息化建设等所需经费纳入本级政府预算,保证免疫规划制度的实施。

县级人民政府按照国家有关规定对从事预防接种工作的乡村医生和其他基层医疗卫生人员给予补助。

国家根据需要对经济欠发达地区的预防接种工作给予支持。省、自治区、直辖市人民政府和设区的市级人民政府应当对经济欠发达地区的县级人民政府开展与预防接种相关的工作给予必要的经费补助。

第六十四条 省、自治区、直辖市人民政府根据本行政区域传染病流行趋势,在国务院卫生健康主管部门确定的传染病预防、控制项目范围内,确定本行政区域与预防接种相关的项目,并保证项目的实施。

第六十五条 国务院卫生健康主管部门根据各省、自治区、直辖市国家免疫规划疫苗使用计划,向疫苗上市许可持有人提供国家免疫规划疫苗需求信息,疫苗上市许可持有人根据疫苗需求信息合理安排生产。

疫苗存在供应短缺风险时,国务院卫生健康主管部门、国务院药品监督管理部门提出建议,国务院工业和信息化主管部门、国务院财政部门应当采取有效措施,保障疫苗生产、供应。

疫苗上市许可持有人应当依法组织生产,保障疫苗供应;疫苗上市许可持有人停止疫苗生产的,应当及时向国务院药品监督管理部门或者省、自治区、直辖市人民政府药品监督管理部门报告。

第六十六条 国家将疫苗纳入战略物资储备,实行中央和省级两级储备。

国务院工业和信息化主管部门、财政部门会同国务院卫生健康主管部门、公安部门、市场监督管理部门和药品监督管理部门,根据疾病预防、控制和公共卫生应急准备的需要,加强储备疫苗的产能、产品管理,建立动态调整机制。

第六十七条 各级财政安排用于预防接种的经费应当专款专用,任何单位和个人不得挪用、挤占。

有关单位和个人使用预防接种的经费应当依法接受审计机关的审计监督。

第六十八条 国家实行疫苗责任强制保险制度。

疫苗上市许可持有人应当按照规定投保疫苗责任强制保险。因疫苗质量问题造成受种者损害的,保险公司在承保的责任限额内予以赔付。

疫苗责任强制保险制度的具体实施办法,由国务院药品监督管理部门会同国务院卫生健康主管部门、保险监督管理机构等制定。

第六十九条 传染病暴发、流行时,相关疫苗上市许可持有人应当及时生产和供应预防、控制传染病的疫苗。交通运输单位应当优先运输预防、控制传染病的疫苗。县级以上人民政府及其有关部门应当做好组织、协调、保障工作。

第九章 监督管理

第七十条 药品监督管理部门、卫生健康主管部门按照各自职责对疫苗研制、生产、流通和预防接种全过程进行监督管理,监督疫苗上市许可持有人、疾病预防控制机构、接种单位等依法履行义务。

药品监督管理部门依法对疫苗研制、生产、储存、运输以及预防接种中的疫苗质量进行监督检查。卫生健康主管部门依法对免疫规划制度的实施、预防接种活动进行监督检查。

药品监督管理部门应当加强对疫苗上市许可持有人的现场检查;必要时,可以对为疫苗研制、生产、流通等活动提供产品或者服务的单位和个人进行延伸检查;有关单位和个人应当予以配合,不得拒绝和隐瞒。

第七十一条 国家建设中央和省级两级职业化、专业化药品检查员队伍,加强对疫苗的监督检查。

省、自治区、直辖市人民政府药品监督管理部门选派检查员入驻疫苗上市许可持有人。检查员负责监督检查药品生产质量管理规范执行情况,收集疫苗质量风险和违法违规线索,向省、自治区、直辖市人民政府药品监督管理部门报告情况并提出建议,对派驻期间的行为负责。

第七十二条 疫苗质量管理存在安全隐患,疫苗上市许可持有人等未及时采取措施消除的,药品监督管理部门可以采取责任约谈、限期整改等措施。

严重违反药品相关质量管理规范的,药品监督管理部门应当责令暂停疫苗生产、销售、配送,立即整改;整改完成后,经药品监督管理部门检查符合要求的,方可恢复生产、销售、配送。

药品监督管理部门应当建立疫苗上市许可持有人及其相关人员信用记录制度,纳入全国信用信息共享平台,按照规定公示其严重失信信息,实施联合惩戒。

第七十三条 疫苗存在或者疑似存在质量问题的,疫苗上市许可持有人、疾病预防控制机构、接种单位应当立即停止销售、配送、使用,必要时立即停止生产,按照规定向县级以上人民政府药品监督管理部门、卫生健康主管部门报告。卫生健康主管部门应当立即组织疾病预防控制机构和接种单位采取必要的应急处置措施,同时向上级人民政府卫生健康主管部门报告。药品监督管理部门应当依法采取查封、扣押等措施。对已经销售的疫苗,疫苗上市许可持有人应当及时通知相关疾病预防控制机构、疫苗配送单位、接种单位,按照规定召回,如实记录召回和通知情况,疾病预防控制机构、疫苗配送单位、接种单位应当予以配合。

未依照前款规定停止生产、销售、配送、使用或者召回疫苗的,县级以上人民政府药品监督管理部门、卫生健康主管部门应当按照各自职责责令停止生产、销售、配送、使用或者召回疫苗。

疫苗上市许可持有人、疾病预防控制机构、接种单位发现存在或者疑似存在质量问题的疫苗,不得瞒报、谎报、缓报、漏报,不得隐匿、伪造、毁灭有关证据。

第七十四条 疫苗上市许可持有人应当建立信息公开制度,按照规定在其网站上及时公开疫苗产品信息、说明书和标签、药品相关质量管理规范执行情况、批签发情况、召回情况、接受检查和处罚情况以及投保疫苗责任强制保险情况等信息。

第七十五条 国务院药品监督管理部门会同

国务院卫生健康主管部门等建立疫苗质量、预防接种等信息共享机制。

省级以上人民政府药品监督管理部门、卫生健康主管部门等应当按照科学、客观、及时、公开的原则，组织疫苗上市许可持有人、疾病预防控制机构、接种单位、新闻媒体、科研单位等，就疫苗质量和预防接种等信息进行交流沟通。

第七十六条 国家实行疫苗安全信息统一公布制度。

疫苗安全风险警示信息、重大疫苗安全事故及其调查处理信息和国务院确定需要统一公布的其他疫苗安全信息，由国务院药品监督管理部门会同有关部门公布。全国预防接种异常反应报告情况，由国务院卫生健康主管部门会同国务院药品监督管理部门统一公布。未经授权不得发布上述信息。公布重大疫苗安全信息，应当及时、准确、全面，并按照规定进行科学评估，作出必要的解释说明。

县级以上人民政府药品监督管理部门发现可能误导公众和社会舆论的疫苗安全信息，应当立即会同卫生健康主管部门及其他有关部门、专业机构、相关疫苗上市许可持有人等进行核实、分析，并及时公布结果。

任何单位和个人不得编造、散布虚假疫苗安全信息。

第七十七条 任何单位和个人有权依法了解疫苗信息，对疫苗监督管理工作提出意见、建议。

任何单位和个人有权向卫生健康主管部门、药品监督管理部门等部门举报疫苗违法行为，对卫生健康主管部门、药品监督管理部门等部门及其工作人员未依法履行监督管理职责的情况有权向本级或者上级人民政府及其有关部门、监察机关举报。有关部门、机关应当及时核实、处理；对查证属实的举报，按照规定给予举报人奖励；举报人举报所在单位严重违法行为，查证属实的，给予重奖。

第七十八条 县级以上人民政府应当制定疫苗安全事件应急预案，对疫苗安全事件分级、处置组织指挥体系与职责、预防预警机制、处置程序、应急保障措施等作出规定。

疫苗上市许可持有人应当制定疫苗安全事件处置方案，定期检查各项防范措施的落实情况，及时消除安全隐患。

发生疫苗安全事件，疫苗上市许可持有人应当立即向国务院药品监督管理部门或者省、自治区、直辖市人民政府药品监督管理部门报告；疾病预防控制机构、接种单位、医疗机构应当立即向县级以上人民政府卫生健康主管部门、药品监督管理部门报告。药品监督管理部门应当会同卫生健康主管部门按照应急预案的规定，成立疫苗安全事件处置指挥机构，开展医疗救治、风险控制、调查处理、信息发布、解释说明等工作，做好补种等善后处置工作。因质量问题造成的疫苗安全事件的补种费用由疫苗上市许可持有人承担。

有关单位和个人不得瞒报、谎报、缓报、漏报疫苗安全事件，不得隐匿、伪造、毁灭有关证据。

第十章 法律责任

第七十九条 违反本法规定，构成犯罪的，依法从重追究刑事责任。

第八十条 生产、销售的疫苗属于假药的，由省级以上人民政府药品监督管理部门没收违法所得和违法生产、销售的疫苗以及专门用于违法生产疫苗的原料、辅料、包装材料、设备等物品，责令停产停业整顿，吊销药品注册证书，直至吊销药品生产许可证等，并处违法生产、销售疫苗货值金额十五倍以上五十倍以下的罚款，货值金额不足五十万元的，按五十万元计算。

生产、销售的疫苗属于劣药的，由省级以上人民政府药品监督管理部门没收违法所得和违法生产、销售的疫苗以及专门用于违法生产疫苗的原料、辅料、包装材料、设备等物品，责令停产停业整顿，并处违法生产、销售疫苗货值金额十倍以上三十倍以下的罚款，货值金额不足五十万元的，按五十万元计算；情节严重的，吊销药品注册证书，直至吊销药品生产许可证等。

生产、销售的疫苗属于假药，或者生产、销售的疫苗属于劣药且情节严重的，由省级以上人民政府药品监督管理部门对法定代表人、主要负责人、直接负责的主管人员和关键岗位人员以及其他责任人员，没收违法行为发生期间自本单位所获收入，并处所获收入一倍以上十倍以下的罚款，终身禁止从事药品生产经营活动，由公安机关处五日以上十五日以下拘留。

第八十一条 有下列情形之一的，由省级以上人民政府药品监督管理部门没收违法所得和违法生产、销售的疫苗以及专门用于违法生产疫苗的原料、辅料、包装材料、设备等物品，责令停产停业整顿，并处违法生产、销售疫苗货值金额十五倍以上五十倍以下的罚款，货值金额不足五十万元的，按五十万元计算；情节严重的，吊销药品相关批准证明文件，直至吊销药品生产许可证等，对法定代表人、主要负责人、直接负责的主管人员和关键岗位人员以及其他责任人员，没收违法行为发生期间自本单位所获收入，并处所获收入百分之五十以上十倍以下的罚款，十年内直至终身禁止从事药品生产经营活动，由公安机关处五日以上十五日以下拘留：

（一）申请疫苗临床试验、注册、批签发提供虚假数据、资料、样品或者有其他欺骗行为；

（二）编造生产、检验记录或者更改产品批号；

（三）疾病预防控制机构以外的单位或者个人向接种单位供应疫苗；

（四）委托生产疫苗未经批准；

（五）生产工艺、生产场地、关键设备等发生变更按照规定应当经批准而未经批准；

（六）更新疫苗说明书、标签按照规定应当经核准而未经核准。

第八十二条 除本法另有规定的情形外，疫苗上市许可持有人或者其他单位违反药品相关质量管理规范的，由县级以上人民政府药品监督管理部门责令改正，给予警告；拒不改正的，处二十万元以上五十万元以下的罚款；情节严重的，处五十万元以上三百万元以下的罚款，责令停产停业整顿，直至吊销药品相关批准证明文件、药品生产许可证等，对法定代表人、主要负责人、直接负责的主管人员和关键岗位人员以及其他责任人员，没收违法行为发生期间自本单位所获收入，并处所获收入百分之五十以上五倍以下的罚款，十年内直至终身禁止从事药品生产经营活动。

第八十三条 违反本法规定，疫苗上市许可持有人有下列情形之一的，由省级以上人民政府药品监督管理部门责令改正，给予警告；拒不改正的，处二十万元以上五十万元以下的罚款；情节严重的，责令停产停业整顿，并处五十万元以上二百万元以下的罚款：

（一）未按照规定建立疫苗电子追溯系统；

（二）法定代表人、主要负责人和生产管理负责人、质量管理负责人、质量受权人等关键岗位人员不符合规定条件或者未按照规定对其进行培训、考核；

（三）未按照规定报告或者备案；

（四）未按照规定开展上市后研究，或者未按照规定设立机构、配备人员主动收集、跟踪分析疑似预防接种异常反应；

（五）未按照规定投保疫苗责任强制保险；

（六）未按照规定建立信息公开制度。

第八十四条 违反本法规定，批签发机构有下列情形之一的，由国务院药品监督管理部门责令改正，给予警告，对主要负责人、直接负责的主管人员和其他直接责任人员依法给予警告直至降级处分：

（一）未按照规定进行审核和检验；

（二）未及时公布上市疫苗批签发结果；

（三）未按照规定进行核实；

（四）发现疫苗存在重大质量风险未按照规定报告。

违反本法规定，批签发机构未按照规定发给批签发证明或者不予批签发通知书的，由国务院药品监督管理部门责令改正，给予警告，对主要负责人、直接负责的主管人员和其他直接责任人员依法给予降级或者撤职处分；情节严重的，对主要负责人、直接负责的主管人员和其他直接责任人员依法给予开除处分。

第八十五条 疾病预防控制机构、接种单位、疫苗上市许可持有人、疫苗配送单位违反疫苗储存、运输管理规范有关冷链储存、运输要求的，由县级以上人民政府药品监督管理部门责令改正，给予警告，对违法储存、运输的疫苗予以销毁，没收违法所得；拒不改正的，对接种单位、疫苗上市许可持有人、疫苗配送单位处二十万元以上一百万元以下的罚款；情节严重的，对接种单位、疫苗上市许可持有人、疫苗配送单位处违法储存、运输疫苗货值金额十倍以上三十倍以下的罚款，货值金额不足十万元的，按十万元计算，责令疫苗上市许可持有人、疫苗配送单位停产停业整顿，直至吊销药品相关批准证明文件、药品生产许可证等，对疫苗上市许可持有人、疫苗配送单位的法定代表人、主要负责人、直接负责的主管人员和关键岗位人员以及其他责任人员依照本法第八十二条规定给予处罚。

疾病预防控制机构、接种单位有前款规定违

法行为的,由县级以上人民政府卫生健康主管部门对主要负责人、直接负责的主管人员和其他直接责任人员依法给予警告直至撤职处分,责令负有责任的医疗卫生人员暂停一年以上十八个月以下执业活动;造成严重后果的,对主要负责人、直接负责的主管人员和其他直接责任人员依法给予开除处分,并可以吊销接种单位的接种资格,由原发证部门吊销负有责任的医疗卫生人员的执业证书。

第八十六条 疾病预防控制机构、接种单位、疫苗上市许可持有人、疫苗配送单位有本法第八十五条规定以外的违反疫苗储存、运输管理规范行为的,由县级以上人民政府药品监督管理部门责令改正,给予警告,没收违法所得;拒不改正的,对接种单位、疫苗上市许可持有人、疫苗配送单位处十万元以上三十万元以下的罚款;情节严重的,对接种单位、疫苗上市许可持有人、疫苗配送单位处违法储存、运输疫苗货值金额三倍以上十倍以下的罚款,货值金额不足十万元的,按十万元计算。

疾病预防控制机构、接种单位有前款规定违法行为的,县级以上人民政府卫生健康主管部门可以对主要负责人、直接负责的主管人员和其他直接责任人员依法给予警告直至撤职处分,责令负有责任的医疗卫生人员暂停六个月以上一年以下执业活动;造成严重后果的,对主要负责人、直接负责的主管人员和其他直接责任人员依法给予开除处分,由原发证部门吊销负有责任的医疗卫生人员的执业证书。

第八十七条 违反本法规定,疾病预防控制机构、接种单位有下列情形之一的,由县级以上人民政府卫生健康主管部门责令改正,给予警告,没收违法所得;情节严重的,对主要负责人、直接负责的主管人员和其他直接责任人员依法给予警告直至撤职处分,责令负有责任的医疗卫生人员暂停一年以上十八个月以下执业活动;造成严重后果的,对主要负责人、直接负责的主管人员和其他直接责任人员依法给予开除处分,由原发证部门吊销负有责任的医疗卫生人员的执业证书:

(一)未按照规定供应、接收、采购疫苗;

(二)接种疫苗未遵守预防接种工作规范、免疫程序、疫苗使用指导原则、接种方案;

(三)擅自进行群体性预防接种。

第八十八条 违反本法规定,疾病预防控制机构、接种单位有下列情形之一的,由县级以上人民政府卫生健康主管部门责令改正,给予警告;情节严重的,对主要负责人、直接负责的主管人员和其他直接责任人员依法给予警告直至撤职处分,责令负有责任的医疗卫生人员暂停六个月以上一年以下执业活动;造成严重后果的,对主要负责人、直接负责的主管人员和其他直接责任人员依法给予开除处分,由原发证部门吊销负有责任的医疗卫生人员的执业证书:

(一)未按照规定提供追溯信息;

(二)接收或者购进疫苗时未按照规定索取并保存相关证明文件、温度监测记录;

(三)未按照规定建立并保存疫苗接收、购进、储存、配送、供应、接种、处置记录;

(四)未按照规定告知、询问受种者或者其监护人有关情况。

第八十九条 疾病预防控制机构、接种单位、医疗机构未按照规定报告疑似预防接种异常反应、疫苗安全事件等,或者未按照规定对疑似预防接种异常反应组织调查、诊断等的,由县级以上人民政府卫生健康主管部门责令改正,给予警告;情节严重的,对接种单位、医疗机构处五万元以上五十万元以下的罚款,对疾病预防控制机构、接种单位、医疗机构的主要负责人、直接负责的主管人员和其他直接责任人员依法给予警告直至撤职处分;造成严重后果的,对主要负责人、直接负责的主管人员和其他直接责任人员依法给予开除处分,由原发证部门吊销负有责任的医疗卫生人员的执业证书。

第九十条 疾病预防控制机构、接种单位违反本法规定收取费用的,由县级以上人民政府卫生健康主管部门监督其将违法收取的费用退还给原缴费的单位或者个人,并由县级以上人民政府市场监督管理部门依法给予处罚。

第九十一条 违反本法规定,未经县级以上地方人民政府卫生健康主管部门指定擅自从事免疫规划疫苗接种工作、从事非免疫规划疫苗接种工作不符合条件或者未备案的,由县级以上人民政府卫生健康主管部门责令改正,给予警告,没收违法所得和违法持有的疫苗,责令停业整顿,并处十万元以上一百万元以下的罚款,对主要负责人、直接负责的主管人员和其他直接责任人员依法给予处分。

违反本法规定，疾病预防控制机构、接种单位以外的单位或者个人擅自进行群体性预防接种的，由县级以上人民政府卫生健康主管部门责令改正，没收违法所得和违法持有的疫苗，并处违法持有的疫苗货值金额十倍以上三十倍以下的罚款，货值金额不足五万元的，按五万元计算。

第九十二条 监护人未依法保证适龄儿童按时接种免疫规划疫苗的，由县级人民政府卫生健康主管部门批评教育，责令改正。

托幼机构、学校在儿童入托、入学时未按照规定查验预防接种证，或者发现未按照规定接种的儿童后未向接种单位报告的，由县级以上地方人民政府教育行政部门责令改正，给予警告，对主要负责人、直接负责的主管人员和其他直接责任人员依法给予处分。

第九十三条 编造、散布虚假疫苗安全信息，或者在接种单位寻衅滋事，构成违反治安管理行为的，由公安机关依法给予治安管理处罚。

报纸、期刊、广播、电视、互联网站等传播媒介编造、散布虚假疫苗安全信息的，由有关部门依法给予处罚，对主要负责人、直接负责的主管人员和其他直接责任人员依法给予处分。

第九十四条 县级以上地方人民政府在疫苗监督管理工作中有下列情形之一的，对直接负责的主管人员和其他直接责任人员依法给予降级或者撤职处分；情节严重的，依法给予开除处分；造成严重后果的，其主要负责人应当引咎辞职：

（一）履行职责不力，造成严重不良影响或者重大损失；

（二）瞒报、谎报、缓报、漏报疫苗安全事件；

（三）干扰、阻碍对疫苗违法行为或者疫苗安全事件的调查；

（四）本行政区域发生特别重大疫苗安全事故，或者连续发生重大疫苗安全事故。

第九十五条 药品监督管理部门、卫生健康主管部门等部门在疫苗监督管理工作中有下列情形之一的，对直接负责的主管人员和其他直接责任人员依法给予降级或者撤职处分；情节严重的，依法给予开除处分；造成严重后果的，其主要负责人应当引咎辞职：

（一）未履行监督检查职责，或者发现违法行为不及时查处；

（二）擅自进行群体性预防接种；

（三）瞒报、谎报、缓报、漏报疫苗安全事件；

（四）干扰、阻碍对疫苗违法行为或者疫苗安全事件的调查；

（五）泄露举报人的信息；

（六）接到疑似预防接种异常反应相关报告，未按照规定组织调查、处理；

（七）其他未履行疫苗监督管理职责的行为，造成严重不良影响或者重大损失。

第九十六条 因疫苗质量问题造成受种者损害的，疫苗上市许可持有人应当依法承担赔偿责任。

疾病预防控制机构、接种单位因违反预防接种工作规范、免疫程序、疫苗使用指导原则、接种方案，造成受种者损害的，应当依法承担赔偿责任。

第十一章 附 则

第九十七条 本法下列用语的含义是：

免疫规划疫苗，是指居民应当按照政府的规定接种的疫苗，包括国家免疫规划确定的疫苗，省、自治区、直辖市人民政府在执行国家免疫规划时增加的疫苗，以及县级以上人民政府或者其卫生健康主管部门组织的应急接种或者群体性预防接种所使用的疫苗。

非免疫规划疫苗，是指由居民自愿接种的其他疫苗。

疫苗上市许可持有人，是指依法取得疫苗药品注册证书和药品生产许可证的企业。

第九十八条 国家鼓励疫苗生产企业按照国际采购要求生产、出口疫苗。

出口的疫苗应当符合进口国（地区）的标准或者合同要求。

第九十九条 出入境预防接种及所需疫苗的采购，由国境卫生检疫机关商国务院财政部门另行规定。

第一百条 本法自2019年12月1日起施行。

疫苗生产流通管理规定

·2022年7月8日国家药监局公告2022年第55号公布

·自发布之日起施行

第一章 总 则

第一条 为加强疫苗生产流通监督管理,规范疫苗生产、流通活动,根据《中华人民共和国药品管理法》《中华人民共和国疫苗管理法》及《药品注册管理办法》《药品生产监督管理办法》等有关法律、法规、规章,制定本规定。

第二条 在中华人民共和国境内从事疫苗生产、流通及其监督管理等活动适用本规定。

第三条 从事疫苗生产、流通活动,应当遵守药品和疫苗的有关法律、法规、规章、标准、规范等,保证全过程信息真实、准确、完整和可追溯。

第二章 持有人主体责任

第四条 国家对疫苗实行上市许可持有人制度。持有人对疫苗的安全性、有效性和质量可控性负主体责任,依法依规开展疫苗上市后生产、流通等环节管理活动,并承担相应责任。

开展委托生产的,持有人对委托生产的疫苗负主体责任,受托疫苗生产企业对受托生产行为负责。

第五条 疫苗生产相关的主要原料、辅料和直接接触药品的包装材料供应商以及疫苗供应过程中储存、运输等相关主体依法承担相应环节的责任。

第六条 持有人应当明确关键岗位人员职责。

法定代表人/主要负责人:负责确立质量方针和质量目标,提供资源保证生产、流通等活动持续符合相关法律法规要求,确保质量管理部门独立履行职责,对疫苗产品生产、流通活动和质量全面负责。

生产管理负责人:负责组织和实施疫苗产品生产活动,确保按照经核准的生产工艺和质量控制标准组织生产,对生产过程的持续合规负责。

质量管理负责人:负责组织建立企业质量管理体系并确保体系能够持续良好运行,对疫苗产品质量管理持续合规负责。

质量受权人:负责疫苗产品放行,确保每批已放行产品的生产、检验均符合经核准的生产工艺和质量控制标准,对产品放行负责。

第七条 持有人的生产管理负责人、质量管理负责人和质量受权人等关键岗位人员应当具有医学、药学、生物学等相关专业本科及以上学历或具备中级以上专业技术职称,具有五年以上从事疫苗领域生产质量管理经验,能够在生产、质量管理中履行职责,并承担相应责任。

负责疫苗流通质量管理的负责人应当具有医学、药学、生物学等相关专业本科及以上学历或具备中级以上专业技术职称,具有三年以上从事疫苗管理或技术工作经验,能够在疫苗流通质量管理中履行职责,并承担相应责任。

持有人的法定代表人、主要负责人、生产管理负责人、质量管理负责人和质量受权人,应当具有良好的信用记录,药品严重失信人员不得担任上述职务。

第八条 持有人应当根据法律、法规、规章、标准、规范等要求,建立完整的疫苗质量管理体系,定期对质量管理体系的运行情况开展自查并持续改进。

持有人应当按照规定,对疫苗生产、流通涉及的原料、辅料、直接接触药品的包装材料、储存配送服务等供应商的质量管理体系进行审核和监督,确保供应商满足疫苗生产、流通的相关要求,不断完善上市后疫苗生产、流通质量管理体系。

第九条 持有人应当对疫苗生产、流通全过程开展质量风险管理,对质量体系运行过程中可能存在的风险进行风险识别、评估、控制、沟通,采取有效预防控制措施,及时开展风险回顾,直至风险得到有效控制。

第三章 疫苗生产管理

第十条 国家对疫苗生产实施严格准入制度,严格控制新开办疫苗生产企业。新开办疫苗生产企业,除符合疫苗生产企业开办条件外,还应当符合国家疫苗行业主管部门的相关政策。

第十一条 持有人自身应当具备疫苗生产能力。从事疫苗生产活动时,应当按照《药品管理法》《疫苗管理法》及《药品生产监督管理办法》等规定的条件，按照药品生产许可管理规定程序，向生产场地所在地省级药品监督管理部门提交药品生产许可申请材料。超出持有人疫苗生产能力确需委托生产的，受托方应当为取得疫苗生产范围的药品生产企业。

疫苗的包装、贴标签、分包装应当在取得疫苗生产范围的药品生产企业开展。

第十二条 满足以下情形之一的疫苗品种，持有人可提出疫苗委托生产申请：

（一）国务院工业和信息化管理部门提出储备需要，且认为持有人现有生产能力无法满足需求的；

（二）国务院卫生健康管理部门提出疾病预防、控制急需，且认为持有人现有生产能力无法满足需求的；

（三）生产多联多价疫苗的。

委托生产的范围应当是疫苗生产的全部工序。必要时，委托生产多联多价疫苗的，经国家药品监督管理局组织论证同意后可以是疫苗原液生产阶段或者制剂生产阶段。

第十三条 申请疫苗委托生产的，委托方和受托方应当按照相关技术指导原则要求进行研究、评估和必要的验证，并在完成相应《药品生产许可证》生产范围变更后，由委托方向国家药品监督管理局受理和举报中心提出申请，申请时应当提交《疫苗委托生产申请表》（附件1），提交申报资料（附件2），及本规定第十二条规定的证明性材料。

第十四条 国家药品监督管理局受理和举报中心接到疫苗委托生产申请后，按照本规定第十三条的要求对申请资料进行形式审查，应当在5个工作日内作出受理、补正或者不予受理的决定，出具书面的《受理通知书》或者《不予受理通知书》，并注明日期。

第十五条 国家药品监督管理局按照本规定的要求对疫苗委托生产申请进行审查，应当在20个工作日内作出决定。申请人补充资料所需时间不计入审批时限。

经审查符合规定予以批准的，由国家药品监督管理局受理和举报中心制作《疫苗委托生产批件》（附件3）并在10个工作日内向委托方发放；不符合规定的，书面通知委托方并说明理由；需要补充材料的，书面通知委托方在规定时间内提交补充材料。

《疫苗委托生产批件》同时抄送委托方和受托方所在地省级药品监督管理部门等。

第十六条 委托方取得《疫苗委托生产批件》后，按照《药品上市后变更管理办法（试行）》相关规定办理生产场地变更涉及的注册管理事项变更。

委托方和受托方所在地省级药品监督管理部门应当按照《药品生产监督管理办法》第五十二条的规定，对委托方和受托方开展药品生产质量管理规范符合性检查。

委托方和受托方在依法完成相应变更，通过药品生产质量管理规范符合性检查，所生产产品自检和批签发合格，符合法定放行条件后，方可上市销售。

第十七条 持有人应当建立完整的生产质量管理体系，严格按照经核准的生产工艺和质量控制标准组织生产，确保产品符合上市放行要求。生产过程中应当持续加强物料供应商管理、变更控制、偏差管理、产品质量回顾分析等工作。采用信息化手段如实记录生产、检验过程中形成的所有数据，确保生产全过程持续符合法定要求。对于无法采用在线采集数据的人工操作步骤，应将该过程形成的数据及时录入相关信息化系统或转化为电子数据，确保相关数据的真实、准确、完整和可追溯，同时按要求保存相关纸质原始记录。

第十八条 持有人因工艺升级、搬迁改造等原因（正常周期性生产除外），计划停产3个月以上的，应当在停产3个月前，向所在地省级药品监督管理部门报告。

持有人常年生产品种因设备故障等突发情况导致无法正常生产，预计需停产1个月以上的，应当在停产3个工作日内向所在地省级药品监督管理部门报告。

第十九条 持有人长期停产（正常周期性生产除外）计划恢复生产的，应当在恢复生产1个月前向所在地省级药品监督管理部门报告。省级药品监督管理部门结合日常监管情况进行风险评估，必要时可对恢复生产的品种开展现场检查。

第二十条 持有人在生产、流通管理过程中，发现可能会影响疫苗产品质量的重大偏差或重大质量问题的，应当立即向所在地省级药品监督管理部门报告。进口疫苗在流通管理过程中，发现可能影响疫苗产品质量的重大偏差或重大质量问题的，由境外疫苗持有人指定的境内代理人向进口口岸所在地省级药品监督管理部门报告。报告至少包括以下内容：

（一）重大偏差或质量问题的详细情况；

（二）涉及产品的名称、批号、规格、数量、流向等信息；

（三）已经或可能产生的不良影响；

（四）已采取的紧急控制或处置措施；

（五）拟进一步采取的措施；

（六）应当说明的其他情况。

第二十一条 持有人应当建立年度报告制度，质量年度报告应当按照相关要求进行撰写。质量年度报告至少应当包括疫苗生产和批签发情况，关键人员变更情况，生产工艺和场地变更情况，原料、辅料变更情况，关键设施设备变更情况，偏差情况，稳定性考察情况，销售配送情况，疑似预防接种异常反应情况，风险管理情况，接受检查和处罚情况等。

持有人应当在每年4月底前通过“国家药品智慧监管平台的药品业务管理系统”上传上年度的质量年度报告。各省级药品监督管理部门及中检院、国家药品监督管理局药审中心、核查中心、评价中心、信息中心等部门，依职责权限，分别查询、审阅、检查、评价等各相关工作开展及风险评估的重要参考。

第四章　疫苗流通管理

第二十二条 持有人应当按照采购合同的约定，向疾病预防控制机构销售疫苗。

境外疫苗持有人原则上应当指定境内一家具备冷链药品质量保证能力的药品批发企业统一销售其同一品种疫苗，履行持有人在销售环节的义务，并承担责任。

第二十三条 持有人在销售疫苗时，应当同时提供加盖其印章的批签发证明复印件或者电子文件；销售进口疫苗的，还应当提供加盖其印章的进口药品通关单复印件或者电子文件。

持有人应当按照规定，建立真实、准确、完整的销售记录，销售记录应当至少包含产品通用名称、批准文号、批号、规格、有效期、购货单位、销售数量、单价、金额、销售日期和持有人信息等，委托储存、运输的，还应当包括受托储存、运输企业信息，并保存至疫苗有效期满后不少于5年备查。

第二十四条 持有人、疾病预防控制机构自行配送疫苗，应当具备疫苗冷链储存、运输条件，符合疫苗储存和运输管理规范的有关要求，并对配送的疫苗质量依法承担责任。

持有人与疾病预防控制机构签订的采购合同中应当明确实施配送的单位、配送方式、配送时限和收货地点。

第二十五条 持有人可委托符合药品经营质量管理规范冷藏冷冻药品运输、储存条件的企业配送、区域仓储疫苗。持有人应当对疫苗配送企业的配送能力进行评估，严格控制配送企业数量，保证配送过程持续符合法定要求。持有人在同一省级行政区域内选取疫苗区域配送企业原则上不得超过2家。

疾病预防控制机构委托配送企业分发疫苗的，应当对疫苗配送企业的配送能力进行评估，保证疫苗冷链储存、运输条件符合疫苗储存和运输管理规范的有关要求。

第二十六条 持有人委托配送疫苗的，应当及时将委托配送疫苗品种信息及受托储存、运输单位配送条件、配送能力及信息化追溯能力等评估情况分别向持有人所在地和接收疫苗所在地省级药品监督管理部门报告，省级药品监督管理部门应当及时进行公告。疾病预防控制机构委托配送企业配送疫苗的，应当向同级药品监督管理部门和卫生健康主管部门报告。接受委托配送的企业不得再次委托。

第二十七条 持有人、疾病预防控制机构和接种单位、受托储存运输企业相关方应当按照国家疫苗全程电子追溯制度要求，如实记录疫苗销售、储存、运输、使用信息，实现最小包装单位从生产到使用的全过程可追溯。

疫苗配送单位应当按持有人要求，真实、完整地记录储存、运输环节信息。

第二十八条 疫苗非临床研究、临床研究及血液制品生产等特殊情形所需的疫苗，相关使用单位向所在地省级药品监督管理部门报告后，可向疫苗上市许可持有人或者疾病预防控制机构采购。持有人、疾病预防控制机构和相关使用单位应当严格管理，并做好相关记录，确保疫苗销售、使用可追溯。

第五章　疫苗变更管理

第二十九条　持有人应当以持续提升产品的安全性、有效性和质量可控性为原则，对上市产品进行质量跟踪和趋势分析，改进生产工艺，提高生产过程控制能力，持续提升质量控制标准，提升中间产品和成品的质量控制水平。

第三十条　持有人已上市疫苗的生产工艺、生产场地、生产车间及生产线、关键生产设施设备等发生变更的，应当进行研究和验证，充分评估变更对疫苗安全性、有效性和质量可控性的影响，根据《药品上市后变更管理办法（试行）》、《已上市生物制品药学变更研究技术指导原则（试行）》等相关规定确定变更分类，并按照《药品注册管理办法》的规定程序提出补充申请、备案或报告。

第三十一条　持有人应当对相关变更开展评估、论证、研究和必要的验证，需要批准或者备案的，应当按程序经审核批准或者办理备案后方可实施。

第三十二条　持有人发生生产场地变更等情形的，省级药品监督管理部门应当进行药品生产质量管理规范符合性检查；其他变更，由省级药品监督管理部门根据风险管理原则确定是否开展药品生产质量管理规范符合性检查。

报国家药品监督管理局药审中心的补充申请事项，根据《药品生产监督管理办法》第五十二条开展药品生产质量管理规范符合性检查。

第六章　疫苗监督管理

第三十三条　国家药品监督管理局主管全国疫苗生产流通环节质量监督管理工作。制定疫苗生产流通监督管理的规章制度、规范、标准和指南并监督指导实施；组织开展疫苗巡查抽查；督促指导疫苗批签发管理工作，实施委托生产审批工作；会同国务院卫生健康主管部门制定统一的疫苗追溯标准和规范，建立全国疫苗电子追溯体系，实现疫苗全过程信息可追溯。

省级药品监督管理部门负责本行政区域内疫苗生产流通监督管理工作。负责疫苗生产和流通环节相关许可和备案事项；负责制定年度疫苗生产、配送企业监督检查计划并开展监督检查；负责向疫苗生产企业派驻检查员；负责本行政区域内属地药品检验机构的疫苗批签发管理工作；按职责开展疫苗预防接种异常反应监测和调查；负责指导市、县承担药品监督管理职责的部门开展疫苗流通、预防接种环节的疫苗质量监督管理工作。

市、县承担药品监督管理职责的部门负责本行政区域内疫苗流通、预防接种环节的疫苗质量监督管理工作；配合卫生健康主管部门实施疫苗异常反应监测、报告；完善质量信息通报机制和联合处置机制。

第三十四条　省级药品监督管理部门承担本行政区域内疫苗生产流通活动的监督管理职责，对行政区域内接受委托生产和接受委托配送的受托方进行监督管理。

持有人和受托生产企业不在同一省级行政区域内的，由持有人所在地省级药品监督管理部门负责对持有人的监督管理，受托生产企业所在地省级药品监督管理部门负责对受托生产企业的监督管理，持有人和受托企业所在地省级药品监督管理部门应当互相配合开展监督管理工作，必要时可开展联合检查。

第三十五条　药品监督管理部门依法设立或指定的专业技术机构，承担疫苗上市后检查、批签发、疑似预防接种异常反应监测与安全评价等技术工作。

（一）药品检查机构负责组织起草疫苗上市后检查有关规定、检查指南，并依职责开展疫苗检查工作。

（二）药品审评机构负责起草疫苗上市后变更所涉及注册管理的有关规定和指导原则，并依职责开展相关技术审评工作。

（三）药品评价机构负责起草疫苗上市后监测和安全性评价有关规定和指导原则，并依职责开展疫苗上市后监测和安全性评价技术工作。

（四）疫苗批签发机构应当将疫苗批签发过程中发现的重大质量风险及时通报相关药品监督管理部门，接到报告的部门应基于风险启动疫苗检查、稽查或质量安全事件调查。

（五）信息管理机构负责疫苗追溯协同服务平台、疫苗安全信用档案建设和管理，对疫苗生产场地进行统一编码。

上述疫苗监管专业技术机构应当按照法规、规范、规程和标准开展相关技术活动，并对技术监督结果负责。

上级专业技术机构应当对下一级技术机构质量体系建设和业务工作进行指导。

各级药品监督管理部门及其技术机构应当建立上下互通、左右衔接的疫苗沟通协调合作机制。在疫苗现场检查、疑似预防接种异常反应监测及批签发等过程中，及时沟通信息和通报情况；发现重大产品质量风险、严重的疑似预防接种异常反应，应当立即采取有效措施控制风险。

第三十六条 药品监督管理部门实施疫苗上市后监督检查，除遵从《药品生产监督管理办法》《药品检查管理办法（试行）》一般规定外，还应当开展以下方式的检查：

（一）国家药品监督管理局组织国家疫苗检查中心对在产的疫苗生产企业生产和质量管理情况开展巡查，并对省级药品监督管理部门的疫苗生产监督管理工作进行督导。

（二）省级药品监督管理部门应当对本行政区域的疫苗生产企业、配送企业、销售进口疫苗的药品批发企业开展监督检查，并配合国家药品监督管理局做好疫苗巡查和抽查工作；对疫苗配送企业、同级疾病预防控制机构开展监督检查；必要时对疫苗生产、流通等活动提供产品或者服务的单位进行延伸监督检查。

（三）市、县承担药品监督管理职责的部门对疾病预防控制机构、接种单位开展质量监督检查。

第三十七条 各级负责药品监督管理的部门依职责在对持有人、受托生产企业、疫苗配送企业、疾病预防控制机构和接种单位开展监督检查时，应当按照质量风险管理的原则制定检查计划，根据既往现场检查情况、质量年度报告、上市许可变更申报情况、上市后质量抽检情况、批签发情况、疑似预防接种异常反应监测情况、产品召回信息、投诉举报情况等进行风险评估，制定检查计划。制定检查计划应考虑检查频次、检查范围、重点内容、检查时长及检查员的专业背景等。

各级负责药品监督管理的部门可根据检查计划、方案，对持有人的生产场地、经营场所及疫苗配送企业、疾病预防控制机构和接种单位开展现场检查，被检查单位应当予以配合，不得拒绝、逃避或者阻碍。现场检查过程中，可以收集相关证据，依法收集的相关资料、实物等，可以作为行政处罚中认定事实的依据；需要抽取样品进行检验的，可以按照抽样检验相关规定抽样或者通知被检查单位所在地药品监督管理部门按规定抽样，抽取的样品应当由具备资质的技术机构进行检验。

第三十八条 省级药品监督管理部门应当向本行政区域内每家疫苗生产企业至少派驻2名检查员。派驻检查员应当做好以下检查工作：

（一）按要求完成省级药品监督管理部门制定的检查任务，及时向省级药品监督管理部门报告监督检查情况，并提出监管建议；

（二）对省级药品监督管理部门检查发现的缺陷项目，督促企业按期整改，对整改情况进行核实；

（三）协助批签发机构开展现场核实等工作；

（四）发现企业违法违规线索时，立即报告派出部门，并配合监管部门收集证据；

（五）完成省级药品监督管理部门交办的其他事项。

第三十九条 国家药品监督管理局每年组织国家疫苗检查中心至少对在产疫苗持有人开展1次疫苗巡查；省级药品监督管理部门每年至少对在产疫苗持有人及其委托生产企业检查2次，其中至少包含1次药品生产质量管理规范符合性检查，每年至少对销售进口疫苗的药品批发企业、疫苗配送企业、同级疾病预防控制机构检查1次；市、县承担药品监督管理职责的部门每年至少对同级疾病预防控制机构、接种单位检查1次。如发现可能对疫苗质量产生重大影响的线索，各级药品监督管理部门可以随时开展有因检查。

第四十条 检查组应当根据现场检查情况提出现场检查结论，形成现场检查报告，并及时报送派出药品检查机构。药品检查机构应当对现场检查报告进行评估和审核，结合企业整改情况，形成综合评定结论，并报送药品监督管理部门。药品监督管理部门依据综合评定结论，作出相应处理。

检查发现持有人存在缺陷项目的，由所在地省级药品监督管理部门依职责督促持有人开展整改，整改完成后应当核实整改情况。

检查发现持有人存在重大质量隐患或风险的，所在地省级药品监督管理部门应当立即依职责采取相应行政处理措施控制风险，并及时报告国家药品监督管理局。

检查发现持有人、受托生产企业、疫苗配送企业存在违法违规行为的，由所在地药品监督管理部门依职责开展调查，根据《药品管理法》《疫苗管理法》依法处置。

检查发现持有人、疫苗配送企业、疾病预防控制机构、接种单位存在违反疫苗储存、运输管理要求并可能影响疫苗质量情形的，所在地药品监督管理部门应当责令其暂停疫苗销售、配送或分发，并通报同级卫生健康主管部门，督促相关单位进行整改。整改完成后，经所在地药品监督管理部门检查符合要求的，方可恢复疫苗销售、配送或分发。

第四十一条 持有人应当根据《药品召回管理办法》的规定，建立完善的药品召回管理制度，收集疫苗安全的相关信息，对存在可能危及人体健康和生命安全的质量问题或者其他安全隐患的疫苗产品进行调查、评估，召回存在缺陷的疫苗。

药品监督管理部门经过调查评估，认为疫苗存在可能危及人体健康和生命安全的质量问题或者其他安全隐患的，持有人应当召回疫苗而未主动召回的，应当责令持有人召回疫苗。

第四十二条 疫苗出现疑似预防接种异常反应、群体不良事件，经卫生健康主管部门组织专家调查诊断确认或者怀疑与疫苗质量有关，或者日常监督检查和风险监测中发现的疫苗质量安全信息，以及其他严重影响公众健康的疫苗质量安全事件，应当按照地方人民政府的相关应急预案进行处置。

第四十三条 从事疫苗出口的疫苗生产企业应当按照国际采购要求生产、出口疫苗。疫苗生产企业应当将仅用于出口的疫苗直接销售至境外，不得在中国境内销售。疫苗出口后不得进口至国内。

第七章　附　则

第四十四条 本规定自发布之日起施行。

附件：1. 疫苗委托生产申请表

2. 疫苗委托生产申报资料目录

3. 国家药品监督管理局疫苗委托生产批件

附件 1

疫苗委托生产申请表

委托方企业名称：　　　　　　　　（盖章）

申请日期：　　　年　　月　　日

国家药品监督管理局编制

填表说明

本表是申请人提出疫苗委托生产申请的基本文件，同时也是药品监管部门对该申请进行审批的依据，是药品监管部门对疫苗委托生产申请进行审查的重点，其填写必须准确、规范，并符合填表说明的要求。

1. 每个申报品种（以疫苗批准文号计）填写一份申请表，同时报送一套申请材料。

2. 申请事项填写疫苗委托生产或疫苗委托生产延续。

3.《药品生产许可证》生产地址和生产范围、通过 GMP 符合性检查的品种范围，仅填写与拟委托生产疫苗品种相对应的内容。

4. 报送纸质申请的同时，需报送《疫苗委托生产申请表》电子文档。

5. 在委托方申报意见项下应填写如下内容：提出委托生产申请，详述委托生产原因，并简要概述委托方、受托方、拟委托生产疫苗的相关情况，委托生产时限，对受托方的考核意见，对受托方生产管理和质量管理进行监督的方式等。

<table>
<tr><td colspan="2">委托方企业名称</td><td colspan="6"></td></tr>
<tr><td colspan="2">统一社会信用代码</td><td colspan="3"></td><td colspan="2">省份</td><td></td></tr>
<tr><td colspan="2">注册地址</td><td colspan="3"></td><td colspan="2">邮政编码</td><td></td></tr>
<tr><td colspan="2">申请事项</td><td colspan="6"></td></tr>
<tr><td colspan="2">法定代表人</td><td colspan="2"></td><td>所学专业</td><td colspan="3"></td></tr>
<tr><td colspan="2">质量管理负责人</td><td colspan="2"></td><td>所学专业</td><td colspan="3"></td></tr>
<tr><td colspan="2">质量受权人</td><td colspan="2"></td><td>所学专业</td><td colspan="3"></td></tr>
<tr><td colspan="2">生产管理负责人</td><td colspan="2"></td><td>所学专业</td><td colspan="3"></td></tr>
<tr><td colspan="2">企业联系人</td><td colspan="2"></td><td>联系电话</td><td colspan="3"></td></tr>
<tr><td colspan="2">传真</td><td colspan="2"></td><td>移动电话</td><td colspan="3"></td></tr>
<tr><td colspan="2">药品生产许可证
编号</td><td colspan="2"></td><td>有效期至</td><td colspan="3"></td></tr>
<tr><td colspan="2">药品生产许可证
生产地址及生产
范围</td><td colspan="2"></td><td></td><td colspan="3"></td></tr>
<tr><td colspan="2">通过药品 GMP
符合性检查的地址及范围</td><td colspan="2"></td><td></td><td colspan="3"></td></tr>
<tr><td colspan="2">拟委托生产疫苗名称、
处方组成及委托生产范围</td><td colspan="2"></td><td></td><td colspan="3"></td></tr>
<tr><td colspan="2">规格</td><td colspan="2"></td><td>剂型</td><td colspan="3"></td></tr>
<tr><td>药品批
准文号</td><td></td><td>药品批
准文号
有效期至</td><td></td><td colspan="2">直接接触药品
的包装材料或
容器</td><td colspan="2"></td></tr>
</table>

受托方企业名称			
统一社会信用代码		省份	
注册地址		邮政编码	
法定代表人		所学专业	
质量管理负责人		所学专业	
质量受权人		所学专业	
生产管理负责人		所学专业	
企业联系人		联系电话	
传真		移动电话	
药品生产许可证编号		有效期至	
药品生产许可证 生产地址及生产范围			
通过药品 GMP 符合性 检查的地址及范围			
拟受托生产地址			

委托方申报意见

法定代表人或企业负责人签名并加盖公章： 年　月　日

附件 2

疫苗委托生产申报资料目录

一、委托协议。

二、质量协议,参照《药品委托生产质量协议指南(2020 年版)》制定。

三、委托生产的整体情况。应当包括但不限于以下几个方面:

(一)委托生产的原因;

(二)委托生产的具体范围;

(三)委托生产的时限。

四、委托方对受托方的考核评估报告。考核评估报告应当包括但不限于以下几个方面:

(一)受托方的生产质量管理人员的培训情况;

(二)委托方及受托方物料运输及管理情况;

(三)受托方的厂房设施设备情况;

(四)受托方的生产管理及生产能力情况;

(五)受托方的质量管理体系运行情况。

附件 3

国家药品监督管理局疫苗委托生产批件

编号:WT＊＊＊＊####

药品名称				
剂　　型				
规　　格				
药品批准文号				
委托方	企业名称		统一社会信用代码	
	注册地址			
	生产地址			
受托方	企业名称		统一社会信用代码	
	注册地址			
	生产地址			
审批结论				
有效期限		至　　年　　月　　日。		
主　　送				
抄　　送				
备　　注				

国家药品监督管理局
（公章）
年　月　日

备注：1. 编号填写规定："WT+四位年号+四位顺序号"，如"WT20200001"；2. 受托方生产地址项下应填写受托生产品种所在的受托方生产地址；3. 主送为委托方，抄送为委托方和受托方所在地省级药品监督管理部门。

预防接种异常反应鉴定办法

·2008年9月11日卫生部令第60号公布
·自2008年12月1日起施行

第一章　总　则

第一条　为规范预防接种异常反应鉴定工作，根据《疫苗流通和预防接种管理条例》和《医疗事故处理条例》的规定，制定本办法。

第二条　预防接种异常反应，是指合格的疫苗在实施规范接种过程中或者实施规范接种后造成受种者机体组织器官、功能损害，相关各方均无过错的药品不良反应。

第三条　受种者或者监护人（以下简称受种方）、接种单位、疫苗生产企业对预防接种异常反应调查诊断结论有争议申请预防接种异常反应鉴定的，适用本办法。

预防接种异常反应调查诊断按照卫生部的规定及《预防接种工作规范》进行。

因接种单位违反预防接种工作规范、免疫程序、疫苗使用指导原则、接种方案等原因给受种者造成损害，需要进行医疗事故技术鉴定的，按照《医疗事故技术鉴定办法》办理。

对疫苗质量原因或者疫苗检验结果有争议的，按照《药品管理法》的规定，向药品监督管理部门申请处理。

第四条　预防接种异常反应鉴定工作应当遵循公开、公正的原则，坚持实事求是的科学态度，做到事实清楚、定性准确。

第五条　预防接种异常反应鉴定由设区的市级和省、自治区、直辖市医学会负责。

第二章　鉴定专家库

第六条　省、自治区、直辖市医学会建立预防接种异常反应鉴定专家库，为省级、设区的市级医学会的预防接种异常反应鉴定提供专家。专家库由临床、流行病、医学检验、药学、法医等相关学科的专家组成，并依据相关学科设置专业组。

医学会可以根据预防接种异常反应鉴定的实际情况，对专家库学科专业组予以适当增减，对专家库成员进行调整。

第七条　具备下列条件的医药卫生等专业技术人员可以作为专家库候选人：

（一）有良好的业务素质和执业品德；

（二）受聘于医药卫生机构或者医药卫生教学、科研等机构并担任相应专业高级技术职务3年以上；

（三）流行病学专家应当有3年以上免疫预防相关工作经验；药学专家应当有3年以上疫苗相关工作经验；

（四）健康状况能够胜任预防接种异常反应鉴定工作。

符合前款（一）、（四）项规定条件并具备高级技术职务任职资格的法医可以受聘进入专家库。

省、自治区、直辖市医学会原则上聘请本行政区域内的专家进入专家库；当本行政区域内的专家不能满足建立专家库需要时，可以聘请本行政区域外的专家进入专家库。

第八条　医药卫生机构或者医药卫生教学、科研机构、医药卫生专业学会应当按照医学会要求，推荐专家库候选人；符合条件的个人经所在单位同意后也可以直接向组建专家库的医学会申请进入专家库。

医学会对专家库成员候选人进行审核。审核合格的，予以聘任，并发给中华医学会统一格式的聘书和证件。

第九条　专家库成员聘用期为4年。在聘用期间出现下列情形之一的，医学会根据实际情况及时进行调整：

（一）因健康原因不能胜任预防接种异常反应鉴定的；

（二）变更受聘单位或者被解聘的；

（三）不具备完全民事行为能力的；

（四）受刑事处罚的；

（五）违反鉴定工作纪律，情节严重的；

（六）省级以上卫生行政部门和药品监督管理部门规定的其他情形。

聘用期满需继续聘用的，由原聘医学会重新审核、聘用。

第三章　申请与受理

第十条　各级各类医疗机构、疾病预防控制机构和接种单位及其执行职务的人员发现预防接种异常反应、疑似预防接种异常反应或者接到相关报告，应当及时向所在地的县级卫生行政部门、药品监督管理部门报告。

第十一条　省级、设区的市级和县级疾病预防控制机构应当成立预防接种异常反应调查诊断专家组，负责预防接种异常反应调查诊断。调查诊断专家组由流行病学、临床医学、药学等专家组成。

县级卫生行政部门、药品监督管理部门接到疑似预防接种异常反应的报告后，对需要进行调查诊断的，交由县级疾病预防控制机构组织专家进行调查诊断。

有下列情形之一的，应当由设区的市级或者省级预防接种异常反应调查诊断专家组进行调查诊断：

（一）受种者死亡、严重残疾的；

（二）群体性疑似预防接种异常反应的；

（三）对社会有重大影响的疑似预防接种异常反应。

第十二条　预防接种异常反应调查诊断专家组应当依据法律、行政法规、部门规章和技术规范，结合临床表现、医学检查结果和疫苗质量检验结果等，进行综合分析，作出调查诊断结论。

死亡病例调查诊断需要尸检结果的，受种方拒绝或者不配合尸检，承担无法进行调查诊断的责任。

调查诊断专家组在作出调查诊断后10日内，将调查诊断结论报同级卫生行政部门和药品监督管理部门。

第十三条　调查诊断怀疑引起疑似预防接种异常反应的疫苗有质量问题的，药品监督管理部门负责组织对相关疫苗质量进行检验，出具检验结果报告。

第十四条　受种方、接种单位、疫苗生产企业对预防接种异常反应调查诊断结论有争议时，可以在收到预防接种异常反应调查诊断结论之日起60日内向接种单位所在地设区的市级医学会申请进行预防接种异常反应鉴定，并提交预防接种异常反应鉴定所需的材料。

第十五条　有关预防接种异常反应鉴定材料应当包括下列内容：

（一）预防接种异常反应调查诊断结论；

（二）受种者健康状况、知情同意告知以及医学建议等预防接种有关记录；

（三）与诊断治疗有关的门诊病历、住院志、体温单、医嘱单、化验单（检验报告）、医学影像检查资料、病理资料、护理记录等病历资料；

（四）疫苗接收、购进记录和储存温度记录等；

（五）相关疫苗该批次检验合格或者抽样检验报告，进口疫苗还应当由批发企业提供进口药品通关文件；

（六）与预防接种异常反应鉴定有关的其他材料。

受种方、接种单位、疫苗生产企业应当根据要求，分别提供由自己保存或者掌握的上述材料。

负责组织鉴定的医学会因鉴定需要可以向医疗机构调取受种者的病程记录、死亡病例讨论记录、会诊意见等病历资料。

第十六条　有下列情形之一的，医学会不予受理预防接种异常反应鉴定：

（一）无预防接种异常反应调查诊断结论的；

（二）已向人民法院提起诉讼的（人民法院、检察院委托的除外），或者已经人民法院调解达成协议或者判决的；

（三）受种方、接种单位、疫苗生产企业未按规定提交有关材料的；

（四）提供的材料不真实的；

（五）不缴纳鉴定费的；

（六）省级卫生行政部门规定的其他情形。

不予受理鉴定的，医学会应当书面说明理由。

第十七条　对设区的市级医学会鉴定结论不服的，可以在收到预防接种异常反应鉴定书之日起

15 日内,向接种单位所在地的省、自治区、直辖市医学会申请再鉴定。

第十八条 申请预防接种异常反应鉴定,由申请鉴定方预缴鉴定费。经鉴定属于一类疫苗引起的预防接种异常反应的,鉴定费用由同级财政部门按照规定统筹安排;由二类疫苗引起的预防接种异常反应的,鉴定费用由相关的疫苗生产企业承担。不属于异常反应的,鉴定费用由提出异常反应鉴定的申请方承担。预防接种异常反应鉴定收费标准按照国家有关规定执行。

第四章 鉴 定

第十九条 负责鉴定的医学会应当根据受理的预防接种异常反应鉴定所涉及的学科专业,确定专家鉴定组的构成和人数。专家鉴定组人数为 5 人以上单数。专家鉴定组的人员由受种方在专家库中随机抽取。受种方人员较多的,可以由受种方推选 1-2 名代表人随机抽取专家鉴定组成员。推选不出的,由医学会负责抽取。

第二十条 鉴定组成员有下列情形之一的,应当回避:

(一)受种者的亲属;

(二)接种单位的工作人员;

(三)与预防接种异常反应鉴定结果有利害关系的人员;

(四)参与预防接种异常反应调查诊断的人员;

(五)其他可能影响公正鉴定的人员。

第二十一条 专家鉴定组应当认真审查材料,必要时可以听取受种方、接种单位、疫苗生产企业的陈述,对受种者进行医学检查。

负责鉴定的医学会可以根据专家鉴定组的要求进行调查取证,进行调查取证时不得少于 2 人。调查取证结束后,调查人员和调查对象应当在有关文书上签字。如调查对象拒绝签字的,应当记录在案。

医学会组织鉴定时可以要求受种方、接种单位、疫苗生产企业必须如实提供相关材料,如不提供则承担相关不利后果。

第二十二条 专家鉴定组应当妥善保管鉴定材料,保护当事人的隐私,保守有关秘密。

第二十三条 专家鉴定组组长由专家鉴定组成员推选产生,也可以由预防接种异常反应争议所涉及的主要学科中资深的专家担任。

第二十四条 专家鉴定组可以根据需要,提请医学会邀请其他专家参加预防接种异常反应鉴定。邀请的专家可以提出技术意见、提供有关资料,但不参加鉴定结论的表决。邀请的专家不得有本办法第二十条规定的情形。

第二十五条 疑难、复杂并在全国有重大影响的预防接种异常反应鉴定,地方医学会可以要求中华医学会给予技术指导和支持。

第二十六条 专家鉴定组应当认真审阅有关资料,依照有关规定和技术标准,运用科学原理和专业知识,独立进行鉴定。在事实清楚的基础上,进行综合分析,作出鉴定结论,并制作鉴定书。鉴定书格式由中华医学会统一制定。

鉴定结论应当按半数以上专家鉴定组成员的一致意见形成。专家鉴定组成员在鉴定结论上签名。专家鉴定组成员对鉴定结论的不同意见,应当予以注明。

第二十七条 预防接种异常反应鉴定书由专家鉴定组组长签发。鉴定书应当加盖预防接种异常反应鉴定专用章。

医学会应当在作出鉴定结论 10 日内将预防接种异常反应鉴定书送达申请人,并报送所在地同级卫生行政部门和药品监督管理部门。

第二十八条 预防接种异常反应鉴定书应当包括下列内容:

(一)申请人申请鉴定的理由;

(二)有关人员、单位提交的材料和医学会的调查材料;

(三)接种、诊治经过;

(四)对鉴定过程的说明;

(五)预防接种异常反应的判定及依据;

(六)预防接种异常反应损害程度分级。

经鉴定不属于预防接种异常反应的,应当在鉴定书中说明理由。

第二十九条 医学会参加预防接种异常反应鉴定会的工作人员,对鉴定过程应当如实记录。

第三十条 医学会应当自收到有关预防接种异常反应鉴定材料之日起 45 日内组织鉴定,出具预防接种异常反应鉴定书。情况特殊的可延长至 90 日。

第三十一条 卫生行政部门、药品监督管理部门等有关部门发现鉴定违反本办法有关规定的，可以要求医学会重新组织鉴定。

第三十二条 医学会应当将鉴定的文书档案和有关资料存档，保存期限不得少于20年。

第三十三条 省、自治区、直辖市医学会应当于每年4月30日前将本行政区域上一年度预防接种异常反应鉴定情况报中华医学会，同时报同级卫生行政部门、药品监督管理部门。

设区的市级医学会应当于每年3月31日前将本行政区域上一年度预防接种异常反应鉴定情况报省、自治区、直辖市医学会，同时报同级卫生行政部门、药品监督管理部门。

第五章 附 则

第三十四条 因预防接种异常反应需要对受种者予以补偿的，按照《疫苗流通和预防接种管理条例》第四十六条的规定执行。

第三十五条 本办法自2008年12月1日起施行。1980年1月22日卫生部发布的《预防接种后异常反应和事故的处理试行办法》同时废止。

儿童入托、入学预防接种证查验办法

· 2021年1月21日
· 国卫办疾控发〔2021〕4号

为落实《中华人民共和国传染病防治法》、《中华人民共和国疫苗管理法》要求，进一步规范儿童入托、入学预防接种证查验工作，提高适龄儿童国家免疫规划疫苗接种率，加强托育机构、幼儿园和学校传染病防控，根据《学校卫生工作条例》、《托儿所幼儿园卫生保健管理办法》，制定本办法。

一、组织机构及职责

（一）卫生健康行政部门。卫生健康行政部门负责管理辖区托育机构预防接种证查验工作，会同教育行政部门管理辖区幼儿园、学校预防接种证查验工作，督促疾病预防控制机构和接种单位及时为预防接种证查验提供技术支持，组织开展预防接种证查验工作的检查和考核。

（二）教育行政部门。教育行政部门负责对幼儿园和学校预防接种证查验工作的管理，督促辖区幼儿园和学校完成预防接种证查验相关工作。

（三）疾病预防控制机构。疾病预防控制机构负责托育机构、幼儿园和学校预防接种证查验工作的培训和技术指导，指导接种单位做好儿童入托、入学预防接种完成情况评估和补证、补种以及预防接种证查验资料的收集和报告工作。

（四）托育机构、幼儿园和学校。托育机构、幼儿园和学校应当将预防接种证查验工作纳入儿童入托、入学报名程序，组织开展儿童入托、入学预防接种证查验工作。

（五）接种单位。接种单位负责收集辖区托育机构、幼儿园和学校基本信息，为辖区托育机构、幼儿园和学校提供预防接种证查验技术支持，评估儿童入托、入学预防接种完成情况，对无证、漏种儿童开展补证、补种工作，收集和报告预防接种证查验资料。

二、查验单位和对象

（一）查验单位。现阶段全国所有托育机构、幼儿园和小学均应当开展入托、入学预防接种证查验工作。其他类型学校是否纳入预防接种证查验管理，由当地卫生健康行政部门和教育行政部门根据疾病防控的需要确定。

（二）查验对象。所有新入托、入学、转学、插班儿童。

三、工作流程

（一）通知查验对象。托育机构、幼儿园和学校在新学年开学前，通过新生入托、入学招生简章或报名须知等形式，通知新生报名时须出具预防接种证，或出具接种单位提供的其他形式能够评估儿童预防接种完成情况的资料。

（二）儿童入托、入学预防接种完成情况评估。

1. 儿童居住地或托育机构、幼儿园和学校所在地的接种单位，根据儿童年龄、预防接种记录（预防接种证、预防接种卡或预防接种个案信息记录等）、现行国家免疫规划疫苗儿童免疫程序和查验地省级人民政府制定的接种方案和增加的免疫规划疫苗种类，评估儿童预防接种完成情况，并将评估结果记录到预防接种证，或出具其他形式能够评估儿童预防接种完成情况的资料，评估资料应当记录儿童预防接种已完成或未完成及需补种疫苗种类、剂次等关键信息。

2. 对需要补办预防接种证的儿童，接种单位应当根据预防接种卡或预防接种个案信息记录，为儿童补办预防接种证。

3. 对需要补种疫苗的儿童，接种单位应当及时告知儿童监护人未按照免疫程序完成接种的疫苗种类、需补种剂次，并预约补种时间。

4. 对计划入托、入学的儿童，在完成相应免疫规划疫苗全程接种后，接种单位应当及时将预防接种完成情况填写在预防接种证上。

5. 接种单位可利用免疫规划信息系统，为入托、入学儿童或托育机构、幼儿园和学校提供儿童入托、入学预防接种完成情况评估服务。

（三）托育机构、幼儿园和学校查验。

1. 托育机构、幼儿园和学校在儿童入托、入学时，须查验预防接种证上入托、入学预防接种完成情况评估结果或接种单位提供的其他形式评估儿童预防接种完成情况的资料。

2. 对需要补种疫苗的儿童，托育机构、幼儿园和学校须督促儿童监护人及时带儿童到接种单位补种疫苗，并在儿童补种疫苗后再次核对预防接种证或其他形式能够评估儿童预防接种完成情况的资料，查验疫苗补种完成情况。

3. 儿童入托、入学预防接种证查验工作须在新生开学后或儿童转学、插班 30 日内完成。对需要补种疫苗的儿童，托育机构、幼儿园和学校应当在当年 12 月底之前再次查验预防接种完成情况。

4. 对入托、入学时未提供预防接种完成情况评估资料的儿童，托育机构、幼儿园和学校应当督促儿童监护人尽快提供相关资料。

5. 预防接种证查验相关资料应当纳入学生健康档案和学校卫生资料管理。

（四）疫苗补种。

1. 疫苗补种工作由儿童居住地的接种单位或托育机构、幼儿园、学校所在地接种单位负责。

2. 接种单位应当按照现行国家免疫规划疫苗儿童免疫程序和所在地省级人民政府制定的接种方案和增加的免疫规划疫苗种类，为需要补种疫苗的儿童提供疫苗补种服务。

3. 接种单位为儿童补种疫苗后，应当及时在预防接种证、免疫规划信息系统（或预防接种卡）完整记录预防接种情况。

4. 对需要补种疫苗的儿童，接种单位完成补种后，应当在预防接种证上入托、入学预防接种完成情况评估页填写补种完成信息，供儿童监护人交托育机构、幼儿园和学校再次查验。

四、资料管理

（一）乡镇卫生院、社区卫生服务中心等每年汇总辖区儿童入托、入学预防接种查验评估资料，填写“儿童入托、入学预防接种证查验情况报表”（见附件），在次年 1 月 10 日前报县级疾病预防控制机构。

（二）县级疾病预防控制机构于次年 1 月 20 日前，汇总辖区“儿童入托、入学预防接种证查验情况报表”，报县级卫生健康行政部门和市级疾病预防控制机构。

（三）市级疾病预防控制机构于次年 1 月 31 日前，汇总辖区“儿童入托、入学预防接种证查验情况报表”，报省级疾病预防控制机构。

（四）省级疾病预防控制机构于次年 2 月 15 日前，汇总辖区“儿童入托、入学预防接种证查验情况报表”，报中国疾病预防控制中心。

五、工作要求

（一）各地卫生健康行政部门和教育行政部门要密切合作，每年部署安排好辖区儿童入托、入学预防接种证查验工作，并联合开展检查指导。

（二）各地卫生健康行政部门要安排疾病预防控制机构和接种单位查验预防接种证和漏种儿童补种工作经费，根据《传染病防治卫生监督工作规范》，对辖区医疗卫生机构和托育机构预防接种证查验工作进行监督检查。

（三）教育行政部门要加强对辖区幼儿园和学校预防接种证查验工作的监督检查。

（四）县级卫生健康行政部门和教育行政部门每年组织疾病预防控制机构开展辖区托育机构、幼儿园和学校的预防接种证查验业务培训。

（五）接种单位应当如实评估儿童入托、入学预防接种完成情况。

（六）托育机构、幼儿园和学校应当督促未评估预防接种完成情况的入托、入学儿童，在开学 30 日内完成预防接种完成情况评估和查验。对于无接种禁忌、未完成相应免疫规划疫苗全程接种的儿童，托育机构、幼儿园和学校应当在儿童入托、入学时，督促儿童尽快补种疫苗，并及时复验预防接种完成情况。

（七）鼓励各地利用免疫规划信息系统开展儿童入托、入学预防接种证查验工作。

3. 医疗应急

中华人民共和国突发事件应对法(节录)

- 2007年8月30日第十届全国人民代表大会常务委员会第二十九次会议通过
- 2007年8月30日中华人民共和国主席令第69号公布
- 自2007年11月1日起施行

第一条 【立法目的】为了预防和减少突发事件的发生,控制、减轻和消除突发事件引起的严重社会危害,规范突发事件应对活动,保护人民生命财产安全,维护国家安全、公共安全、环境安全和社会秩序,制定本法。

第二条 【调整范围】突发事件的预防与应急准备、监测与预警、应急处置与救援、事后恢复与重建等应对活动,适用本法。

第三条 【突发事件含义及分级标准】本法所称突发事件,是指突然发生,造成或者可能造成严重社会危害,需要采取应急处置措施予以应对的自然灾害、事故灾难、公共卫生事件和社会安全事件。

按照社会危害程度、影响范围等因素,自然灾害、事故灾难、公共卫生事件分为特别重大、重大、较大和一般四级。法律、行政法规或者国务院另有规定的,从其规定。

突发事件的分级标准由国务院或者国务院确定的部门制定。

注释 从突发事件的含义可知其构成要件包括:①突发性;②危险性;③紧迫性;④不确定性。

链接《国家突发公共事件总体应急预案》1.3[分类分级];《生产安全事故报告和调查处理条例》第3条;《突发公共卫生事件应急条例》第2条

第四条 【应急管理体制】国家建立统一领导、综合协调、分类管理、分级负责、属地管理为主的应急管理体制。

第五条 【风险评估】突发事件应对工作实行预防为主、预防与应急相结合的原则。国家建立重大突发事件风险评估体系,对可能发生的突发事件进行综合性评估,减少重大突发事件的发生,最大限度地减轻重大突发事件的影响。

第六条 【社会动员机制】国家建立有效的社会动员机制,增强全民的公共安全和防范风险的意识,提高全社会的避险救助能力。

第七条 【负责机关】县级人民政府对本行政区域内突发事件的应对工作负责;涉及两个以上行政区域的,由有关行政区域共同的上一级人民政府负责,或者由各有关行政区域的上一级人民政府共同负责。

突发事件发生后,发生地县级人民政府应当立即采取措施控制事态发展,组织开展应急救援和处置工作,并立即向上一级人民政府报告,必要时可以越级上报。

突发事件发生地县级人民政府不能消除或者不能有效控制突发事件引起的严重社会危害的,应当及时向上级人民政府报告。上级人民政府应当及时采取措施,统一领导应急处置工作。

法律、行政法规规定由国务院有关部门对突发事件的应对工作负责的,从其规定;地方人民政府应当积极配合并提供必要的支持。

第八条 【应急管理机构】国务院在总理领导下研究、决定和部署特别重大突发事件的应对工作;根据实际需要,设立国家突发事件应急指挥机构,负责突发事件应对工作;必要时,国务院可以派出工作组指导有关工作。

县级以上地方各级人民政府设立由本级人民政府主要负责人、相关部门负责人、驻当地中国人民解放军和中国人民武装警察部队有关负责人组成的突发事件应急指挥机构,统一领导、协调本级人民政府各有关部门和下级人民政府开展突发事件应对工作;根据实际需要,设立相关类别突发事件应急指挥机构,组织、协调、指挥突发事件应对工作。

上级人民政府主管部门应当在各自职责范围内,指导、协助下级人民政府及其相应部门做好有关突发事件的应对工作。

第九条 【行政领导机关】国务院和县级以上地方各级人民政府是突发事件应对工作的行政领导机关,其办事机构及具体职责由国务院规定。

第十条 【及时公布决定、命令】有关人民政府及其部门作出的应对突发事件的决定、命令,应当及时公布。

第十一条 【合理措施原则】有关人民政府及其部门采取的应对突发事件的措施,应当与突发事件可能造成的社会危害的性质、程度和范围相适应;有多种措施可供选择的,应当选择有利于最大程度地保护公民、法人和其他组织权益的措施。

公民、法人和其他组织有义务参与突发事件应对工作。

第十二条 【财产征用】有关人民政府及其部门为应对突发事件,可以征用单位和个人的财产。被征用的财产在使用完毕或者突发事件应急处置工作结束后,应当及时返还。财产被征用或者征用后毁损、灭失的,应当给予补偿。

注释 **征用**

征用是国家强制使用单位、个人的财产,其结果是导致被征用单位、个人财产使用权的丧失。

有关人民政府及其部门为应对突发事件,可以征用单位和个人财产。同时,考虑到征用单位、个人财产,会对财产所有者的权益带来损失,本条还规定,被征用的财产在使用完毕或者突发事件应急处置工作结束后,应当及时返还。财产被征用后或者征用后毁损、灭失的,应当给予补偿。需要指出,这种补偿通常是按被征用财物等价或者是毁损实际价值补偿,一般不及于可得利益损失的补偿。

链接《传染病防治法》第45条;《防洪法》第45条

第十三条 【时效中止、程序中止】因采取突发事件应对措施,诉讼、行政复议、仲裁活动不能正常进行的,适用有关时效中止和程序中止的规定,但法律另有规定的除外。

第十四条 【武装力量参与应急】中国人民解放军、中国人民武装警察部队和民兵组织依照本法和其他有关法律、行政法规、军事法规的规定以及国务院、中央军事委员会的命令,参加突发事件的应急救援和处置工作。

链接《防汛条例》第5条;《防震减灾法》第9条;《戒严法》第8条;《森林防火条例》第25条

第十五条 【国际交流与合作】中华人民共和国政府在突发事件的预防、监测与预警、应急处置与救援、事后恢复与重建等方面,同外国政府和有关国际组织开展合作与交流。

链接《国务院关于全面加强应急管理工作的意见》(二十四);《突发公共卫生事件应急条例》第7条;《动物防疫法》第13条;《重大动物疫情应急条例》第6条

第十六条 【同级人大监督】县级以上人民政府作出应对突发事件的决定、命令,应当报本级人民代表大会常务委员会备案;突发事件应急处置工作结束后,应当向本级人民代表大会常务委员会作出专项工作报告。

第二章 预防与应急准备

第十七条 【应急预案体系】国家建立健全突发事件应急预案体系。

国务院制定国家突发事件总体应急预案,组织制定国家突发事件专项应急预案;国务院有关部门根据各自的职责和国务院相关应急预案,制定国家突发事件部门应急预案。

地方各级人民政府和县级以上地方各级人民政府有关部门根据有关法律、法规、规章、上级人民政府及其有关部门的应急预案以及本地区的实际情况,制定相应的突发事件应急预案。

应急预案制定机关应当根据实际需要和情势变化,适时修订应急预案。应急预案的制定、修订程序由国务院规定。

第十八条 【应急预案制定依据与内容】应急预案应当根据本法和其他有关法律、法规的规定,针对突发事件的性质、特点和可能造成的社会危害,具体规定突发事件应急管理工作的组织指挥体系与职责和突发事件的预防与预警机制、处置程序、应急保障措施以及事后恢复与重建措施等内容。

链接《重大动物疫情应急条例》第10条

第十九条 【城乡规划】城乡规划应当符合预防、处置突发事件的需要,统筹安排应对突发事件所必需的设备和基础设施建设,合理确定应急避难场所。

第二十条 【安全防范】县级人民政府应当对本行政区域内容易引发自然灾害、事故灾难和公共卫生事件的危险源、危险区域进行调查、登记、风险评估,定期进行检查、监控,并责令有关单位采取安全防范措施。

省级和设区的市级人民政府应当对本行政区域内容易引发特别重大、重大突发事件的危险源、危险区域进行调查、登记、风险评估,组织进行检查、监控,并责令有关单位采取安全防范措施。

县级以上地方各级人民政府按照本法规定登记的危险源、危险区域,应当按照国家规定及时向社会公布。

链接《突发事件应对法》第4、7条;《国务院关于全面加强应急管理工作的意见》(七)—(九)、(二十三);《国务院办公厅关于加强基层应急管理工作的意见》二(二)[加强信息报告和预警];《建筑法》第39条

第二十一条 【及时调解处理矛盾纠纷】县级人民政府及其有关部门、乡级人民政府、街道办事处、居民委员会、村民委员会应当及时调解处理可能引发社会安全事件的矛盾纠纷。

第二十二条 【安全管理】所有单位应当建立健全安全管理制度,定期检查本单位各项安全防范措施的落实情况,及时消除事故隐患;掌握并及时处理本单位存在的可能引发社会安全事件的问题,防止矛盾激化和事态扩大;对本单位可能发生的突发事件和采取安全防范措施的情况,应当按照规定及时向所在地人民政府或者人民政府有关部门报告。

第二十三条 【矿山、建筑施工单位和危险物品生产、经营、储运、使用单位的预防义务】矿山、建筑施工单位和易燃易爆物品、危险化学品、放射性物品等危险物品的生产、经营、储运、使用单位,应当制定具体应急预案,并对生产经营场所、有危险物品的建筑物、构筑物及周边环境开展隐患排查,及时采取措施消除隐患,防止发生突发事件。

链接《国务院办公厅关于加强基层应急管理工作的意见》二(一)[做好隐患排查整改];《矿山安全法》第二章[矿山建设的安全保障];《安全生产法》第二章[生产经营单位的安全生产保障]

第二十四条 【人员密集场所的经营单位或者管理单位的预防义务】公共交通工具、公共场所和其他人员密集场所的经营单位或者管理单位应当制定具体应急预案,为交通工具和有关场所配备报警装置和必要的应急救援设备、设施,注明其使用方法,并显著标明安全撤离的通道、路线,保证安全通道、出口的畅通。

有关单位应当定期检测、维护其报警装置和应急救援设备、设施,使其处于良好状态,确保正常使用。

链接《国务院办公厅关于加强基层应急管理工作的意见》二(一)[做好隐患排查整改]

第二十五条 【应急管理培训制度】县级以上人民政府应当建立健全突发事件应急管理培训制度,对人民政府及其有关部门负有处置突发事件职责的工作人员定期进行培训。

注释 本条规定了突发事件应急管理培训制度,其责任主体是县级以上人民政府,培训对象是政府及其部门负有处置突发事件职责的工作人员,培训时间要求是定期。一般来说,培训内容应当包括应急管理知识、应急法律法规知识等。

链接《突发公共卫生事件应急条例》第11条第7项

第二十六条 【应急救援队伍】县级以上人民政府应当整合应急资源,建立或者确定综合性应急救援队伍。人民政府有关部门可以根据实际需要设立专业应急救援队伍。

县级以上人民政府及其有关部门可以建立由成年志愿者组成的应急救援队伍。单位应当建立由本单位职工组成的专职或者兼职应急救援队伍。

县级以上人民政府应当加强专业应急救援队伍与非专业应急救援队伍的合作,联合培训、联合演练,提高合成应急、协同应急的能力。

链接《国家突发公共事件总体应急预案》4.1[人力资源];《国务院关于全面加强应急管理工作的意见》四(十三)[加强应急救援队伍建设];《国务院办公厅关于加强基层应急管理工作的意见》三(三)[加强基层综合应急队伍建设];《重大动物疫情应急条例》第13条

第二十七条 【应急救援人员人身保险】国务院有关部门、县级以上地方各级人民政府及其有关部门、有关单位应当为专业应急救援人员购买人身意外伤害保险,配备必要的防护装备和器材,减少应急救援人员的人身风险。

链接《突发事件应对法》第61条

第二十八条 【军队和民兵组织的专门训练】中国人民解放军、中国人民武装警察部队和民兵组织应当有计划地组织开展应急救援的专门训练。

链接《国务院关于全面加强应急管理工作的意见》四(十三)[加强应急救援队伍建设]

第二十九条 【应急知识宣传普及和应急演练】县级人民政府及其有关部门、乡级人民政府、街道办事处应当组织开展应急知识的宣传普及活动和必要的应急演练。

居民委员会、村民委员会、企业事业单位应当根据所在地人民政府的要求,结合各自的实际情况,开展有关突发事件应急知识的宣传普及活动和必要的应急演练。

新闻媒体应当无偿开展突发事件预防与应急、自救与互救知识的公益宣传。

链接《国务院关于全面加强应急管理工作的意见》六(二十一)[构建社会共同参与的应急管理工作格局]、(二十二)[大力宣传普及公共安全和应急防护知识];《国家突发公共事件总体应急预案》5.2[宣传和培训];《国务院办公厅关于加强基层应急管理工作的意见》二(五)[加强宣传教育和培训];《国家自然灾害救助应急预案》7.8[宣传和培训];《重大动物疫情应急条例》第14条

第三十条 【学校的应急知识教育义务】各级各类学校应当把应急知识教育纳入教学内容,对学生进行应急知识教育,培养学生的安全意识和自救与互救能力。

教育主管部门应当对学校开展应急知识教育进行指导和监督。

第三十一条 【经费保障】国务院和县级以上地方各级人民政府应当采取财政措施,保障突发事件应对工作所需经费。

注释 按照该规定,县级以上各级人民政府不但要继续依照预算法的规定设置预备费,用于自然灾害救灾开支等支出,还必须采取财政措施,保障各类突发事件的预防、应急准备、监测与预警、应急处置与救援、事后恢复与重建等各方面的经费。

链接《国家突发公共事件总体应急预案》4.2[财力保障];《国务院关于全面加强应急管理工作的意见》五(十七)[加大对应急管理的资金投入力度];《防洪法》第50条;《国家自然灾害救助应急预案》7.1[资金保障];《突发公共卫生事件应急条例》第6条

第三十二条 【应急物资储备保障】国家建立健全应急物资储备保障制度,完善重要应急物资的监管、生产、储备、调拨和紧急配送体系。

设区的市级以上人民政府和突发事件易发、多发地区的县级人民政府应当建立应急救援物资、生活必需品和应急处置装备的储备制度。

县级以上地方各级人民政府应当根据本地区的实际情况,与有关企业签订协议,保障应急救援物资、生活必需品和应急处置装备的生产、供给。

第三十三条 【应急通信保障】国家建立健全应急通信保障体系,完善公用通信网,建立有线与无线相结合、基础电信网络与机动通信系统相配套的应急通信系统,确保突发事件应对工作的通信畅通。

链接《国家突发公共事件总体应急预案》4.9[通信保障]

第三十四条 【鼓励捐赠】国家鼓励公民、法人和其他组织为人民政府应对突发事件工作提供物资、资金、技术支持和捐赠。

链接《国家突发公共事件总体应急预案》4.2[财力保障]

第三十五条 【巨灾风险保险】国家发展保险事业,建立国家财政支持的巨灾风险保险体系,并鼓励单位和公民参加保险。

第三十六条 【人才培养和研究开发】国家鼓励、扶持具备相应条件的教学科研机构培养应急管理专门人才,鼓励、扶持教学科研机构和有关企业研究开发用于突发事件预防、监测、预警、应急处置与救援的新技术、新设备和新工具。

链接《国务院关于全面加强应急管理工作的意见》(十八)、(十九);《动物防疫法》第13条

第三章 监测与预警

第三十七条 【突发事件信息系统】国务院建立全国统一的突发事件信息系统。

县级以上地方各级人民政府应当建立或者确定本地区统一的突发事件信息系统,汇集、储存、分析、传输有关突发事件的信息,并与上级人民政府及其有关部门、下级人民政府及其有关部门、专业机构和监测网点的突发事件信息系统实现互联互通,加强跨部门、跨地区的信息交流与情报合作。

第三十八条 【突发事件信息收集】县级以上人民政府及其有关部门、专业机构应当通过多种途径收集突发事件信息。

县级人民政府应当在居民委员会、村民委员会和有关单位建立专职或者兼职信息报告员制度。

获悉突发事件信息的公民、法人或者其他组织,应当立即向所在地人民政府、有关主管部门或者指定的专业机构报告。

链接《突发公共卫生事件应急条例》第19、24条;

《传染病防治法》第31-33条;《建筑法》第51条;《生产安全事故报告和调查处理条例》第9条;《重大动物疫情应急条例》第16条;《防汛条例》第27条

第三十九条 【突发事件信息报送和报告】地方各级人民政府应当按照国家有关规定向上级人民政府报送突发事件信息。县级以上人民政府有关主管部门应当向本级人民政府相关部门通报突发事件信息。专业机构、监测网点和信息报告员应当及时向所在地人民政府及其有关主管部门报告突发事件信息。

有关单位和人员报送、报告突发事件信息,应当做到及时、客观、真实,不得迟报、谎报、瞒报、漏报。

第四十条 【汇总分析突发事件隐患和预警信息】县级以上地方各级人民政府应当及时汇总分析突发事件隐患和预警信息,必要时组织相关部门、专业技术人员、专家学者进行会商,对发生突发事件的可能性及其可能造成的影响进行评估;认为可能发生重大或者特别重大突发事件的,应当立即向上级人民政府报告,并向上级人民政府有关部门、当地驻军和可能受到危害的毗邻或者相关地区的人民政府通报。

第四十一条 【突发事件监测】国家建立健全突发事件监测制度。

县级以上人民政府及其有关部门应当根据自然灾害、事故灾难和公共卫生事件的种类和特点,建立健全基础信息数据库,完善监测网络,划分监测区域,确定监测点,明确监测项目,提供必要的设备、设施,配备专职或者兼职人员,对可能发生的突发事件进行监测。

第四十二条 【突发事件预警】国家建立健全突发事件预警制度。

可以预警的自然灾害、事故灾难和公共卫生事件的预警级别,按照突发事件发生的紧急程度、发展势态和可能造成的危害程度分为一级、二级、三级和四级,分别用红色、橙色、黄色和蓝色标示,一级为最高级别。

预警级别的划分标准由国务院或者国务院确定的部门制定。

链接《国家突发公共事件总体应急预案》1.3[分类分级]、3.1.1[预警级别和发布]

第四十三条 【发布预警】可以预警的自然灾害、事故灾难或者公共卫生事件即将发生或者发生的可能性增大时,县级以上地方各级人民政府应当根据有关法律、行政法规和国务院规定的权限和程序,发布相应级别的警报,决定并宣布有关地区进入预警期,同时向上一级人民政府报告,必要时可以越级上报,并向当地驻军和可能受到危害的毗邻或者相关地区的人民政府通报。

注释 建立完整的突发事件预警信息制度,主要包括以下几个方面的内容:

一是建立完善信息监控制度。有关政府要针对各种可能发生的突发事件,不断完善监控方法和程序,建立完善事故隐患和危机源监控制度,并及时维护更新,确保监控质量。

二是建立健全信息报告制度。一方面要加强地方各级政府与上级政府、当地驻军、相邻地区政府的信息报告、通报工作,使危机信息能够在有效时间内传递到行政组织内部的相应层级,有效发挥应急预警的作用;另一方面要拓宽信息报告渠道,建立社会公众信息报告和举报制度,鼓励任何单位和个人向政府及其有关部门报告危机事件隐患。同时要不断尝试新的社会公众信息反映渠道,如在网络和手机普及的情况下,开通网上论坛,设立专门的接待日、民情热线、直通有关领导的紧急事件专线连接等。

三是建立严格的信息发布制度。一方面要完善预警信息发布标准,对可能发生和可以预警的突发事件要进行预警,规范预警标识,制定相应的发布标准,同时明确规定相关政府、主要负责单位、协作单位应当履行的职责和义务;另一方面要建立广泛的预警信息发布渠道,充分利用广播、电视、报纸、电话、手机短信、街区显示屏和互联网等多种形式发布预警信息,确保广大人民群众第一时间内掌握预警信息,使他们有机会采取有效防御措施,达到减少人员伤亡和财产损失的目的。

同时还要确定预警信息的发布主体,信息的发布要有权威性和连续性,这是由危机事件发展的动态性特点决定的。作为预警信息发布主体的有关政府要及时发布、更新有关危机事件的新信息,让公众随时了解事态的发展变化,以便主动参与和配合政府的应急管理。

链接《国家突发公共事件总体应急预案》3.1.1[预警级别和发布];《国务院关于全面加强应急管理工作的意见》(九)[加强突发公共事件的信息报

告和预警工作];《国务院办公厅关于加强基层应急管理工作的意见》二(二)[加强信息报告和预警];《防震减灾法》第17、29条;《国家自然灾害救助应急预案》4.2[信息发布];《突发公共卫生事件应急条例》第25条;《动物防疫法》第36条;《传染病防治法》第38条;《重大动物疫情应急条例》第20条

第四十四条　【三、四级预警应当采取的措施】发布三级、四级警报,宣布进入预警期后,县级以上地方各级人民政府应当根据即将发生的突发事件的特点和可能造成的危害,采取下列措施:

(一)启动应急预案;

(二)责令有关部门、专业机构、监测网点和负有特定职责的人员及时收集、报告有关信息,向社会公布反映突发事件信息的渠道,加强对突发事件发生、发展情况的监测、预报和预警工作;

(三)组织有关部门和机构、专业技术人员、有关专家学者,随时对突发事件信息进行分析评估,预测发生突发事件可能性的大小、影响范围和强度以及可能发生的突发事件的级别;

(四)定时向社会发布与公众有关的突发事件预测信息和分析评估结果,并对相关信息的报道工作进行管理;

(五)及时按照有关规定向社会发布可能受到突发事件危害的警告,宣传避免、减轻危害的常识,公布咨询电话。

注释　发布三级、四级预警级别后,预警工作的作用主要是及时、全面地收集、交流、沟通有关突发事件的信息,并在组织综合评估和分析判断的基础上,对突发事件可能出现的趋势和问题,由政府及其有关部门发布警报,决定和宣布进入预警期,并及时采取相应的预警措施,有效消除产生突发事件的各种因素,尽量避免突发事件的发生。

链接《国家突发公共事件总体应急预案》3.2[应急处置];《国家自然灾害救助应急预案》5[国家应急响应];《重大动物疫情应急条例》第四章[应急处理]

第四十五条　【一、二级预警应当采取的措施】发布一级、二级警报,宣布进入预警期后,县级以上地方各级人民政府除采取本法第四十四条规定的措施外,还应当针对即将发生的突发事件的特点和可能造成的危害,采取下列一项或者多项措施:

(一)责令应急救援队伍、负有特定职责的人员进入待命状态,并动员后备人员做好参加应急救援和处置工作的准备;

(二)调集应急救援所需物资、设备、工具,准备应急设施和避难场所,并确保其处于良好状态、随时可以投入正常使用;

(三)加强对重点单位、重要部位和重要基础设施的安全保卫,维护社会治安秩序;

(四)采取必要措施,确保交通、通信、供水、排水、供电、供气、供热等公共设施的安全和正常运行;

(五)及时向社会发布有关采取特定措施避免或者减轻危害的建议、劝告;

(六)转移、疏散或者撤离易受突发事件危害的人员并予以妥善安置,转移重要财产;

(七)关闭或者限制使用易受突发事件危害的场所,控制或者限制容易导致危害扩大的公共场所的活动;

(八)法律、法规、规章规定的其他必要的防范性、保护性措施。

注释　一级、二级预警相对于三级、四级预警而言级别更高,突发事件即将发生的时间更为紧迫,事件发展态势已经一触即发,人民生命财产安全即将面临威胁。因此,有关政府除了继续采取三级、四级预警期间的措施外,还应当及时采取有关先期应急处置措施,努力做好应急准备,避免人员伤亡和财产损失,尽量减少突发事件所造成的不利影响,并防止其演变为重大事件。发布一、二级警报后,政府采取的主要是一些防范、部署、保护性的措施,目的在于选择、确定切实有效的对策,作出有针对性的部署安排,采取必要的前期措施,及时应对即将到来的危机,并保障有关人员、财产、场所的安全。

总结起来,发布一级、二级预警级别后政府应当采取的应对措施,可以归纳为:要求有关应急救援队伍、负有特定职责的人员进入待命状态,动员后备人员做好参加应急救援工作的准备工作;调集应急所需物资、设备、设施、工具,准备应急所需场所,并检查其是否处于良好状况、能否投入正常使用;采取必要措施,加强对核心机关、要害部门、重要基础设施、生命线工程等的安全防护;向其他地方人民政府预先发出提供支援的请求;根据可能发生的突发事件的性质、严重程度、影响大小等

因素，制定具体的应急方案；及时关闭有关场所，转移有关人员、财产，尽量减少损失；及时向社会发布采取特定措施防止、避免或者减轻损害的建议、劝告或者指示等等。

链接《国家突发公共事件总体应急预案》3.2[应急处置]；《国家自然灾害救助应急预案》5[国家应急响应]；《重大动物疫情应急条例》第四章[应急处理]

第四十六条 【社会安全事件报告制度】对即将发生或者已经发生的社会安全事件，县级以上地方各级人民政府及其有关主管部门应当按照规定向上一级人民政府及其有关主管部门报告，必要时可以越级上报。

注释 **社会安全事件**

社会安全事件是指由各种社会矛盾引发的，形成一定的规模，造成一定的社会影响，危害社会稳定，干扰正常的工作秩序、生产秩序、教学科研秩序和社会秩序的群体性事件。通常来说，这类事件一般具有群体性、利益性、突发性、渐进性、多变性、对抗性的特点，往往给政治稳定、社会秩序、经济安全以及人民群众生命、财产安全造成重大影响。

第四十七条 【预警调整和解除】发布突发事件警报的人民政府应当根据事态的发展，按照有关规定适时调整预警级别并重新发布。

有事实证明不可能发生突发事件或者危险已经解除的，发布警报的人民政府应当立即宣布解除警报，终止预警期，并解除已经采取的有关措施。

注释 任何突发事件的应对，不能只考虑行政机关控制和消除紧急危险的应对需求和应对能力，更重要的着眼点还在于如何避免行政紧急权力对现存国家体制、法律制度和公民权利的消极影响和改变。行政紧急权力的设计和使用应当受到有效性和正当性两方面的制约，离开具体应急情形的改变而一成不变地采取应急措施，既不能有效地应对危机，还会增大滥用行政紧急措施的可能性。因此，有关应对机关应当根据危机状态的发展态势分别规定相应的应对措施，并根据事件的发展变化情况进行适时地调整。总的来说，在应急预警阶段，预警级别的确定、警报的宣布和解除、预警期的开始和终止、有关措施的采取和解除，都要与紧急危险等级及相应的紧急危险阶段保持一致。即使是具有极其严重社会危害的最高级别突发事件，也有不同的发展阶段，并不需要在每一个阶段都采取同样严厉的应对措施。

第四章 应急处置与救援

第四十八条 【突发事件发生后政府应履行的职责】突发事件发生后，履行统一领导职责或者组织处置突发事件的人民政府应当针对其性质、特点和危害程度，立即组织有关部门，调动应急救援队伍和社会力量，依照本章的规定和有关法律、法规、规章的规定采取应急处置措施。

第四十九条 【应对自然灾害、事故灾难或者公共卫生事件的处置措施】自然灾害、事故灾难或者公共卫生事件发生后，履行统一领导职责的人民政府可以采取下列一项或者多项应急处置措施：

（一）组织营救和救治受害人员，疏散、撤离并妥善安置受到威胁的人员以及采取其他救助措施；

（二）迅速控制危险源，标明危险区域，封锁危险场所，划定警戒区，实行交通管制以及其他控制措施；

（三）立即抢修被损坏的交通、通信、供水、排水、供电、供气、供热等公共设施，向受到危害的人员提供避难场所和生活必需品，实施医疗救护和卫生防疫以及其他保障措施；

（四）禁止或者限制使用有关设备、设施，关闭或者限制使用有关场所，中止人员密集的活动或者可能导致危害扩大的生产经营活动以及采取其他保护措施；

（五）启用本级人民政府设置的财政预备费和储备的应急救援物资，必要时调用其他急需物资、设备、设施、工具；

（六）组织公民参加应急救援和处置工作，要求具有特定专长的人员提供服务；

（七）保障食品、饮用水、燃料等基本生活必需品的供应；

（八）依法从严惩处囤积居奇、哄抬物价、制假售假等扰乱市场秩序的行为，稳定市场价格，维护市场秩序；

（九）依法从严惩处哄抢财物、干扰破坏应急处置工作等扰乱社会秩序的行为，维护社会治安；

（十）采取防止发生次生、衍生事件的必要措施。

注释 根据《突发公共卫生事件应急条例》的有关规定,根据突发公共卫生事件应急处理的需要,突发公共卫生事件应急处理指挥部有权紧急调集人员、储备的物资、交通工具以及相关设施、设备,有权在必要时对人员进行疏散或者隔离,可以依法对传染病疫区实行封锁,有权根据突发公共卫生事件应急处理的需要,对食物和水源采取控制措施。由此,在对国内外立法中规定的应急处置措施进行统一整理、分析的基础上,结合我国应急处置工作的实践,本条具体列举了救助性、控制性、保障性、保护性以及其他必要的各类应急处置措施。根据应急处置工作的需要,本条还规定,有关人民政府可以有针对性地采取一种或者同时采取多种应急措施。

链接《防震减灾法》第50条;《突发公共卫生事件应急条例》第四章[应急处理];《传染病防治法》第四章[疫情控制];《基础测绘条例》第20条

第五十条 【应对社会安全事件的处置措施】社会安全事件发生后,组织处置工作的人民政府应当立即组织有关部门并由公安机关针对事件的性质和特点,依照有关法律、行政法规和国家其他有关规定,采取下列一项或者多项应急处置措施:

(一)强制隔离使用器械相互对抗或者以暴力行为参与冲突的当事人,妥善解决现场纠纷和争端,控制事态发展;

(二)对特定区域内的建筑物、交通工具、设备、设施以及燃料、燃气、电力、水的供应进行控制;

(三)封锁有关场所、道路,查验现场人员的身份证件,限制有关公共场所内的活动;

(四)加强对易受冲击的核心机关和单位的警卫,在国家机关、军事机关、国家通讯社、广播电台、电视台、外国驻华使领馆等单位附近设置临时警戒线;

(五)法律、行政法规和国务院规定的其他必要措施。

严重危害社会治安秩序的事件发生时,公安机关应当立即依法出动警力,根据现场情况依法采取相应的强制性措施,尽快使社会秩序恢复正常。

第五十一条 【突发事件严重影响国民经济运行时的应急处置措施】发生突发事件,严重影响国民经济正常运行时,国务院或者国务院授权的有关主管部门可以采取保障、控制等必要的应急措施,保障人民群众的基本生活需要,最大限度地减轻突发事件的影响。

第五十二条 【征用财产权、请求支援权及相应义务】履行统一领导职责或者组织处置突发事件的人民政府,必要时可以向单位和个人征用应急救援所需设备、设施、场地、交通工具和其他物资,请求其他地方人民政府提供人力、物力、财力或者技术支援,要求生产、供应生活必需品和应急救援物资的企业组织生产、保证供给,要求提供医疗、交通等公共服务的组织提供相应的服务。

履行统一领导职责或者组织处置突发事件的人民政府,应当组织协调运输经营单位,优先运送处置突发事件所需物资、设备、工具、应急救援人员和受到突发事件危害的人员。

注释 本条是关于突发事件应急协作机制的规定。为了完善突发事件应急处置机制,提高快速反应能力,首先应当确定一个统一的领导机构,集中各种信息收集、指挥软硬件资源,对本地突发事件进行第一时间的先行处置,及时控制危害后果的进一步扩大。由于信息、通讯、技术、场所、交通、电力、气象、医救、治安、物资、资金、人员等保障制度,是突发事件应急工作正常开展的必要条件,因此,在统一领导的前提下,还有必要对社会各方面的应急协作义务作出规定。目前,我国已分领域、分类别地确立了大量的突发事件应对保障制度,这种根据突发事件不同领域、不同种类而分别设置的保障制度虽然具有针对性强等优势,但缺点是过于分散,对各方面的应急协作职责没有统一、明确的规定,无法有效整合各类应急资源。本法规定了各级政府及其相关部门、企业组织、公共服务组织、运输经营单位以及社会公众的支持、参与机制。

链接《防汛条例》第28-30条;《突发公共卫生事件应急条例》第33、34条;《传染病防治法》第45条;《重大动物疫情应急条例》第34条

第五十三条 【发布相关信息的义务】履行统一领导职责或者组织处置突发事件的人民政府,应当按照有关规定统一、准确、及时发布有关突发事件事态发展和应急处置工作的信息。

第五十四条 【禁止编造、传播虚假信息】任何单位和个人不得编造、传播有关突发事件事态发展或者应急处置工作的虚假信息。

注释 本条是关于禁止编造、传播有关突发事件虚假信息的规定。我国现行立法对此也作了一些规定，例如，根据《突发公共卫生事件应急条例》的规定，国家建立疫情失察处罚制度和疫情举报、发现报告奖励制度，任何单位和个人均有权向政府或者政府部门报告突发事件，有权举报不履行职责或者不按规定履行职责的政府或者政府部门，对迟报、瞒报和漏报者，要严肃追究有关负责人和责任人的责任，对举报者或发现疫情报告者要视情给予奖励。对于新闻报道的管理，我国也有少数立法进行了规定，例如，根据《破坏性地震应急条例》的有关规定，广播电台、电视台等新闻单位应当根据抗震救灾指挥部提供的情况，按照规定及时向公众发布震情、灾情等有关信息，并做好宣传、报道工作。这种规定实际上是肯定媒体在灾害处理全过程中的调查权和报道权，然后通过健全的新闻发布制度来对社会公众进行引导。对于新闻报道工作的管理，我国仅在戒严法中作了明确规定，即在戒严期间，戒严实施机关可以决定在戒严地区实行新闻管制。总的来说，我国有关突发事件虚假信息编造与传播的立法规定比较少，因此在本法中明确规定任何单位和个人不得编造、传播有关突发事件事态发展或者应急处置工作的虚假信息，既有利于拾遗补缺，完善我国突发事件应急处置制度体系，又有利于表明我国严厉管制编造、传播突发事件虚假信息行为的态度和决心，有效威慑、制约各类突发事件虚假信息的散播。

链接《最高人民法院、最高人民检察院关于办理妨害预防、控制突发传染病疫情等灾害的刑事案件具体应用法律若干问题的解释》第 10 条

第五十五条 【相关组织的协助义务】突发事件发生地的居民委员会、村民委员会和其他组织应当按照当地人民政府的决定、命令，进行宣传动员，组织群众开展自救和互救，协助维护社会秩序。

第五十六条 【受突发事件影响或辐射的单位的应急处置措施】受到自然灾害危害或者发生事故灾难、公共卫生事件的单位，应当立即组织本单位应急救援队伍和工作人员营救受害人员，疏散、撤离、安置受到威胁的人员，控制危险源，标明危险区域，封锁危险场所，并采取其他防止危害扩大的必要措施，同时向所在地县级人民政府报告；对因本单位的问题引发的或者主体是本单位人员的社会安全事件，有关单位应当按照规定上报情况，并迅速派出负责人赶赴现场开展劝解、疏导工作。

突发事件发生地的其他单位应当服从人民政府发布的决定、命令，配合人民政府采取的应急处置措施，做好本单位的应急救援工作，并积极组织人员参加所在地的应急救援和处置工作。

第五十七条 【突发事件发生地的公民应当履行的义务】突发事件发生地的公民应当服从人民政府、居民委员会、村民委员会或者所属单位的指挥和安排，配合人民政府采取的应急处置措施，积极参加应急救援工作，协助维护社会秩序。

第五章 事后恢复与重建

第五十八条 【停止执行应急处置措施并继续实施必要措施】突发事件的威胁和危害得到控制或者消除后，履行统一领导职责或者组织处置突发事件的人民政府应当停止执行依照本法规定采取的应急处置措施，同时采取或者继续实施必要措施，防止发生自然灾害、事故灾难、公共卫生事件的次生、衍生事件或者重新引发社会安全事件。

第五十九条 【损失评估和组织恢复重建】突发事件应急处置工作结束后，履行统一领导职责的人民政府应当立即组织对突发事件造成的损失进行评估，组织受影响地区尽快恢复生产、生活、工作和社会秩序，制定恢复重建计划，并向上一级人民政府报告。

受突发事件影响地区的人民政府应当及时组织和协调公安、交通、铁路、民航、邮电、建设等有关部门恢复社会治安秩序，尽快修复被损坏的交通、通信、供水、排水、供电、供气、供热等公共设施。

第六十条 【支援恢复重建】受突发事件影响地区的人民政府开展恢复重建工作需要上一级人民政府支持的，可以向上一级人民政府提出请求。上一级人民政府应当根据受影响地区遭受的损失和实际情况，提供资金、物资支持和技术指导，组织其他地区提供资金、物资和人力支援。

第六十一条 【善后工作计划】国务院根据受突发事件影响地区遭受损失的情况，制定扶持该地区有关行业发展的优惠政策。

受突发事件影响地区的人民政府应当根据本

地区遭受损失的情况,制定救助、补偿、抚慰、抚恤、安置等善后工作计划并组织实施,妥善解决因处置突发事件引发的矛盾和纠纷。

公民参加应急救援工作或者协助维护社会秩序期间,其在本单位的工资待遇和福利不变;表现突出、成绩显著的,由县级以上人民政府给予表彰或者奖励。

县级以上人民政府对在应急救援工作中伤亡的人员依法给予抚恤。

第六十二条 【查明原因并总结经验教训】履行统一领导职责的人民政府应当及时查明突发事件的发生经过和原因,总结突发事件应急处置工作的经验教训,制定改进措施,并向上一级人民政府提出报告。

第六章 法律责任

第六十三条 【政府及其有关部门不履行法定职责的法律责任】地方各级人民政府和县级以上各级人民政府有关部门违反本法规定,不履行法定职责的,由其上级行政机关或者监察机关责令改正;有下列情形之一的,根据情节对直接负责的主管人员和其他直接责任人员依法给予处分:

(一)未按规定采取预防措施,导致发生突发事件,或者未采取必要的防范措施,导致发生次生、衍生事件的;

(二)迟报、谎报、瞒报、漏报有关突发事件的信息,或者通报、报送、公布虚假信息,造成后果的;

(三)未按规定及时发布突发事件警报、采取预警期的措施,导致损害发生的;

(四)未按规定及时采取措施处置突发事件或者处置不当,造成后果的;

(五)不服从上级人民政府对突发事件应急处置工作的统一领导、指挥和协调的;

(六)未及时组织开展生产自救、恢复重建等善后工作的;

(七)截留、挪用、私分或者变相私分应急救援资金、物资的;

(八)不及时归还征用的单位和个人的财产,或者对被征用财产的单位和个人不按规定给予补偿的。

第六十四条 【突发事件发生地的单位不履行法定义务的法律责任】有关单位有下列情形之一的,由所在地履行统一领导职责的人民政府责令停产停业,暂扣或者吊销许可证或者营业执照,并处五万元以上二十万元以下的罚款;构成违反治安管理行为的,由公安机关依法给予处罚:

(一)未按规定采取预防措施,导致发生严重突发事件的;

(二)未及时消除已发现的可能引发突发事件的隐患,导致发生严重突发事件的;

(三)未做好应急设备、设施日常维护、检测工作,导致发生严重突发事件或者突发事件危害扩大的;

(四)突发事件发生后,不及时组织开展应急救援工作,造成严重后果的。

前款规定的行为,其他法律、行政法规规定由人民政府有关部门依法决定处罚的,从其规定。

第六十五条 【编造、传播虚假信息的法律责任】违反本法规定,编造并传播有关突发事件事态发展或者应急处置工作的虚假信息,或者明知是有关突发事件事态发展或者应急处置工作的虚假信息而进行传播的,责令改正,给予警告;造成严重后果的,依法暂停其业务活动或者吊销其执业许可证;负有直接责任的人员是国家工作人员的,还应当对其依法给予处分;构成违反治安管理行为的,由公安机关依法给予处罚。

注释 根据本条规定,以下两种行为应当受到法律责任的追究:一是"编造并传播有关突发事件事态发展或者应急处置工作的虚假信息",二是"明知是有关突发事件事态发展或者应急处置工作的虚假信息而进行传播"。规定编造、传播虚假信息应承担法律责任的依据是,本法第 54 条规定,"任何单位和个人不得编造、传播有关突发事件事态发展或者应急处置工作的虚假信息"。

第六十六条 【治安管理处罚】单位或者个人违反本法规定,不服从所在地人民政府及其有关部门发布的决定、命令或者不配合其依法采取的措施,构成违反治安管理行为的,由公安机关依法给予处罚。

第六十七条 【民事责任】单位或者个人违反本法规定,导致突发事件发生或者危害扩大,给他人人身、财产造成损害的,应当依法承担民事责任。

第六十八条 【刑事责任】违反本法规定,构成犯罪的,依法追究刑事责任。

第七章　附　　则

第六十九条　【紧急状态】发生特别重大突发事件，对人民生命财产安全、国家安全、公共安全、环境安全或者社会秩序构成重大威胁，采取本法和其他有关法律、法规、规章规定的应急处置措施不能消除或者有效控制、减轻其严重社会危害，需要进入紧急状态的，由全国人民代表大会常务委员会或者国务院依照宪法和其他有关法律规定的权限和程序决定。

紧急状态期间采取的非常措施，依照有关法律规定执行或者由全国人民代表大会常务委员会另行规定。

第七十条　【施行日期】本法自 2007 年 11 月 1 日起施行。

突发公共卫生事件应急条例

- 2003 年 5 月 9 日中华人民共和国国务院令第 376 号公布
- 根据 2011 年 1 月 8 日《国务院关于废止和修改部分行政法规的决定》修订

第一章　总　　则

第一条　为了有效预防、及时控制和消除突发公共卫生事件的危害，保障公众身体健康与生命安全，维护正常的社会秩序，制定本条例。

第二条　本条例所称突发公共卫生事件（以下简称突发事件），是指突然发生，造成或者可能造成社会公众健康严重损害的重大传染病疫情、群体性不明原因疾病、重大食物和职业中毒以及其他严重影响公众健康的事件。

第三条　突发事件发生后，国务院设立全国突发事件应急处理指挥部，由国务院有关部门和军队有关部门组成，国务院主管领导人担任总指挥，负责对全国突发事件应急处理的统一领导、统一指挥。

国务院卫生行政主管部门和其他有关部门，在各自的职责范围内做好突发事件应急处理的有关工作。

第四条　突发事件发生后，省、自治区、直辖市人民政府成立地方突发事件应急处理指挥部，省、自治区、直辖市人民政府主要领导人担任总指挥，负责领导、指挥本行政区域内突发事件应急处理工作。

县级以上地方人民政府卫生行政主管部门，具体负责组织突发事件的调查、控制和医疗救治工作。

县级以上地方人民政府有关部门，在各自的职责范围内做好突发事件应急处理的有关工作。

第五条　突发事件应急工作，应当遵循预防为主、常备不懈的方针，贯彻统一领导、分级负责、反应及时、措施果断、依靠科学、加强合作的原则。

第六条　县级以上各级人民政府应当组织开展防治突发事件相关科学研究，建立突发事件应急流行病学调查、传染源隔离、医疗救护、现场处置、监督检查、监测检验、卫生防护等有关物资、设备、设施、技术与人才资源储备，所需经费列入本级政府财政预算。

国家对边远贫困地区突发事件应急工作给予财政支持。

第七条　国家鼓励、支持开展突发事件监测、预警、反应处理有关技术的国际交流与合作。

第八条　国务院有关部门和县级以上地方人民政府及其有关部门，应当建立严格的突发事件防范和应急处理责任制，切实履行各自的职责，保证突发事件应急处理工作的正常进行。

第九条　县级以上各级人民政府及其卫生行政主管部门，应当对参加突发事件应急处理的医疗卫生人员，给予适当补助和保健津贴；对参加突发事件应急处理作出贡献的人员，给予表彰和奖励；对因参与应急处理工作致病、致残、死亡的人员，按照国家有关规定，给予相应的补助和抚恤。

第二章　预防与应急准备

第十条　国务院卫生行政主管部门按照分类指导、快速反应的要求，制定全国突发事件应急预案，报请国务院批准。

省、自治区、直辖市人民政府根据全国突发事件应急预案，结合本地实际情况，制定本行政区域的突发事件应急预案。

第十一条　全国突发事件应急预案应当包括以下主要内容：

（一）突发事件应急处理指挥部的组成和相关部门的职责；

（二）突发事件的监测与预警；

（三）突发事件信息的收集、分析、报告、通报制度；

（四）突发事件应急处理技术和监测机构及其任务；

（五）突发事件的分级和应急处理工作方案；

（六）突发事件预防、现场控制，应急设施、设备、救治药品和医疗器械以及其他物资和技术的储备与调度；

（七）突发事件应急处理专业队伍的建设和培训。

第十二条 突发事件应急预案应当根据突发事件的变化和实施中发现的问题及时进行修订、补充。

第十三条 地方各级人民政府应当依照法律、行政法规的规定，做好传染病预防和其他公共卫生工作，防范突发事件的发生。

县级以上各级人民政府卫生行政主管部门和其他有关部门，应当对公众开展突发事件应急知识的专门教育，增强全社会对突发事件的防范意识和应对能力。

第十四条 国家建立统一的突发事件预防控制体系。

县级以上地方人民政府应当建立和完善突发事件监测与预警系统。

县级以上各级人民政府卫生行政主管部门，应当指定机构负责开展突发事件的日常监测，并确保监测与预警系统的正常运行。

第十五条 监测与预警工作应当根据突发事件的类别，制定监测计划，科学分析、综合评价监测数据。对早期发现的潜在隐患以及可能发生的突发事件，应当依照本条例规定的报告程序和时限及时报告。

第十六条 国务院有关部门和县级以上地方人民政府及其有关部门，应当根据突发事件应急预案的要求，保证应急设施、设备、救治药品和医疗器械等物资储备。

第十七条 县级以上各级人民政府应当加强急救医疗服务网络的建设，配备相应的医疗救治药物、技术、设备和人员，提高医疗卫生机构应对各类突发事件的救治能力。

设区的市级以上地方人民政府应当设置与传染病防治工作需要相适应的传染病专科医院，或者指定具备传染病防治条件和能力的医疗机构承担传染病防治任务。

第十八条 县级以上地方人民政府卫生行政主管部门，应当定期对医疗卫生机构和人员开展突发事件应急处理相关知识、技能的培训，定期组织医疗卫生机构进行突发事件应急演练，推广最新知识和先进技术。

第三章 报告与信息发布

第十九条 国家建立突发事件应急报告制度。

国务院卫生行政主管部门制定突发事件应急报告规范，建立重大、紧急疫情信息报告系统。

有下列情形之一的，省、自治区、直辖市人民政府应当在接到报告1小时内，向国务院卫生行政主管部门报告：

（一）发生或者可能发生传染病暴发、流行的；

（二）发生或者发现不明原因的群体性疾病的；

（三）发生传染病菌种、毒种丢失的；

（四）发生或者可能发生重大食物和职业中毒事件的。

国务院卫生行政主管部门对可能造成重大社会影响的突发事件，应当立即向国务院报告。

第二十条 突发事件监测机构、医疗卫生机构和有关单位发现有本条例第十九条规定情形之一的，应当在2小时内向所在地县级人民政府卫生行政主管部门报告；接到报告的卫生行政主管部门应当在2小时内向本级人民政府报告，并同时向上级人民政府卫生行政主管部门和国务院卫生行政主管部门报告。

县级人民政府应当在接到报告后2小时内向设区的市级人民政府或者上一级人民政府报告；设区的市级人民政府应当在接到报告后2小时内向省、自治区、直辖市人民政府报告。

第二十一条 任何单位和个人对突发事件，不得隐瞒、缓报、谎报或者授意他人隐瞒、缓报、谎报。

第二十二条 接到报告的地方人民政府、卫生行政主管部门依照本条例规定报告的同时，应当立即组织力量对报告事项调查核实、确证，采取必要的控制措施，并及时报告调查情况。

第二十三条 国务院卫生行政主管部门应当

根据发生突发事件的情况，及时向国务院有关部门和各省、自治区、直辖市人民政府卫生行政主管部门以及军队有关部门通报。

突发事件发生地的省、自治区、直辖市人民政府卫生行政主管部门，应当及时向毗邻省、自治区、直辖市人民政府卫生行政主管部门通报。

接到通报的省、自治区、直辖市人民政府卫生行政主管部门，必要时应当及时通知本行政区域内的医疗卫生机构。

县级以上地方人民政府有关部门，已经发生或者发现可能引起突发事件的情形时，应当及时向同级人民政府卫生行政主管部门通报。

第二十四条 国家建立突发事件举报制度，公布统一的突发事件报告、举报电话。

任何单位和个人有权向人民政府及其有关部门报告突发事件隐患，有权向上级人民政府及其有关部门举报地方人民政府及其有关部门不履行突发事件应急处理职责，或者不按照规定履行职责的情况。接到报告、举报的有关人民政府及其有关部门，应当立即组织对突发事件隐患、不履行或者不按照规定履行突发事件应急处理职责的情况进行调查处理。

对举报突发事件有功的单位和个人，县级以上各级人民政府及其有关部门应当予以奖励。

第二十五条 国家建立突发事件的信息发布制度。

国务院卫生行政主管部门负责向社会发布突发事件的信息。必要时，可以授权省、自治区、直辖市人民政府卫生行政主管部门向社会发布本行政区域内突发事件的信息。

信息发布应当及时、准确、全面。

第四章 应急处理

第二十六条 突发事件发生后，卫生行政主管部门应当组织专家对突发事件进行综合评估，初步判断突发事件的类型，提出是否启动突发事件应急预案的建议。

第二十七条 在全国范围内或者跨省、自治区、直辖市范围内启动全国突发事件应急预案，由国务院卫生行政主管部门报国务院批准后实施。省、自治区、直辖市启动突发事件应急预案，由省、自治区、直辖市人民政府决定，并向国务院报告。

第二十八条 全国突发事件应急处理指挥部对突发事件应急处理工作进行督察和指导，地方各级人民政府及其有关部门应当予以配合。

省、自治区、直辖市突发事件应急处理指挥部对本行政区域内突发事件应急处理工作进行督察和指导。

第二十九条 省级以上人民政府卫生行政主管部门或者其他有关部门指定的突发事件应急处理专业技术机构，负责突发事件的技术调查、确证、处置、控制和评价工作。

第三十条 国务院卫生行政主管部门对新发现的突发传染病，根据危害程度、流行强度，依照《中华人民共和国传染病防治法》的规定及时宣布为法定传染病；宣布为甲类传染病的，由国务院决定。

第三十一条 应急预案启动前，县级以上各级人民政府有关部门应当根据突发事件的实际情况，做好应急处理准备，采取必要的应急措施。

应急预案启动后，突发事件发生地的人民政府有关部门，应当根据预案规定的职责要求，服从突发事件应急处理指挥部的统一指挥，立即到达规定岗位，采取有关的控制措施。

医疗卫生机构、监测机构和科学研究机构，应当服从突发事件应急处理指挥部的统一指挥，相互配合、协作，集中力量开展相关的科学研究工作。

第三十二条 突发事件发生后，国务院有关部门和县级以上地方人民政府及其有关部门，应当保证突发事件应急处理所需的医疗救护设备、救治药品、医疗器械等物资的生产、供应；铁路、交通、民用航空行政主管部门应当保证及时运送。

第三十三条 根据突发事件应急处理的需要，突发事件应急处理指挥部有权紧急调集人员、储备的物资、交通工具以及相关设施、设备；必要时，对人员进行疏散或者隔离，并可以依法对传染病疫区实行封锁。

第三十四条 突发事件应急处理指挥部根据突发事件应急处理的需要，可以对食物和水源采取控制措施。

县级以上地方人民政府卫生行政主管部门应当对突发事件现场等采取控制措施，宣传突发事件防治知识，及时对易受感染的人群和其他易受损害的人群采取应急接种、预防性投药、群体防护等措施。

第三十五条 参加突发事件应急处理的工作人员，应当按照预案的规定，采取卫生防护措施，并在专业人员的指导下进行工作。

第三十六条 国务院卫生行政主管部门或者其他有关部门指定的专业技术机构，有权进入突发事件现场进行调查、采样、技术分析和检验，对地方突发事件的应急处理工作进行技术指导，有关单位和个人应当予以配合；任何单位和个人不得以任何理由予以拒绝。

第三十七条 对新发现的突发传染病、不明原因的群体性疾病、重大食物和职业中毒事件，国务院卫生行政主管部门应当尽快组织力量制定相关的技术标准、规范和控制措施。

第三十八条 交通工具上发现根据国务院卫生行政主管部门的规定需要采取应急控制措施的传染病病人、疑似传染病病人，其负责人应当以最快的方式通知前方停靠点，并向交通工具的营运单位报告。交通工具的前方停靠点和营运单位应当立即向交通工具营运单位行政主管部门和县级以上地方人民政府卫生行政主管部门报告。卫生行政主管部门接到报告后，应当立即组织有关人员采取相应的医学处置措施。

交通工具上的传染病病人密切接触者，由交通工具停靠点的县级以上各级人民政府卫生行政主管部门或者铁路、交通、民用航空行政主管部门，根据各自的职责，依照传染病防治法律、行政法规的规定，采取控制措施。

涉及国境口岸和入出境的人员、交通工具、货物、集装箱、行李、邮包等需要采取传染病应急控制措施的，依照国境卫生检疫法律、行政法规的规定办理。

第三十九条 医疗卫生机构应当对因突发事件致病的人员提供医疗救护和现场救援，对就诊病人必须接诊治疗，并书写详细、完整的病历记录；对需要转送的病人，应当按照规定将病人及其病历记录的复印件转送至接诊的或者指定的医疗机构。

医疗卫生机构内应当采取卫生防护措施，防止交叉感染和污染。

医疗卫生机构应当对传染病病人密切接触者采取医学观察措施，传染病病人密切接触者应当予以配合。

医疗机构收治传染病病人、疑似传染病病人，应当依法报告所在地的疾病预防控制机构。接到报告的疾病预防控制机构应当立即对可能受到危害的人员进行调查，根据需要采取必要的控制措施。

第四十条 传染病暴发、流行时，街道、乡镇以及居民委员会、村民委员会应当组织力量，团结协作，群防群治，协助卫生行政主管部门和其他有关部门、医疗卫生机构做好疫情信息的收集和报告、人员的分散隔离、公共卫生措施的落实工作，向居民、村民宣传传染病防治的相关知识。

第四十一条 对传染病暴发、流行区域内流动人口，突发事件发生地的县级以上地方人民政府应当做好预防工作，落实有关卫生控制措施；对传染病病人和疑似传染病病人，应当采取就地隔离、就地观察、就地治疗的措施。对需要治疗和转诊的，应当依照本条例第三十九条第一款的规定执行。

第四十二条 有关部门、医疗卫生机构应当对传染病做到早发现、早报告、早隔离、早治疗，切断传播途径，防止扩散。

第四十三条 县级以上各级人民政府应当提供必要资金，保障因突发事件致病、致残的人员得到及时、有效的救治。具体办法由国务院财政部门、卫生行政主管部门和劳动保障行政主管部门制定。

第四十四条 在突发事件中需要接受隔离治疗、医学观察措施的病人、疑似病人和传染病病人密切接触者在卫生行政主管部门或者有关机构采取医学措施时应当予以配合；拒绝配合的，由公安机关依法协助强制执行。

第五章 法律责任

第四十五条 县级以上地方人民政府及其卫生行政主管部门未依照本条例的规定履行报告职责，对突发事件隐瞒、缓报、谎报或者授意他人隐瞒、缓报、谎报的，对政府主要领导人及其卫生行政主管部门主要负责人，依法给予降级或者撤职的行政处分；造成传染病传播、流行或者对社会公众健康造成其他严重危害后果的，依法给予开除的行政处分；构成犯罪的，依法追究刑事责任。

第四十六条 国务院有关部门、县级以上地方人民政府及其有关部门未依照本条例的规定，完成突发事件应急处理所需要的设施、设备、药品和医疗器械等物资的生产、供应、运输和储备的，对政府主要领导人和政府部门主要负责人依法给予降级或者撤职的行政处分；造成传染病传播、流行或者对社会公众健康造成其他严重危害后果的，依法给予开除的行政处分；构成犯罪的，依法追究刑事责任。

第四十七条 突发事件发生后，县级以上地方人民政府及其有关部门对上级人民政府有关部门的调查不予配合，或者采取其他方式阻碍、干涉调查的，对政府主要领导人和政府部门主要负责人依法给予降级或者撤职的行政处分；构成犯罪的，依法追究刑事责任。

第四十八条 县级以上各级人民政府卫生行政主管部门和其他有关部门在突发事件调查、控制、医疗救治工作中玩忽职守、失职、渎职的，由本级人民政府或者上级人民政府有关部门责令改正、通报批评、给予警告；对主要负责人、负有责任的主管人员和其他责任人员依法给予降级、撤职的行政处分；造成传染病传播、流行或者对社会公众健康造成其他严重危害后果的，依法给予开除的行政处分；构成犯罪的，依法追究刑事责任。

第四十九条 县级以上各级人民政府有关部门拒不履行应急处理职责的，由同级人民政府或者上级人民政府有关部门责令改正、通报批评、给予警告；对主要负责人、负有责任的主管人员和其他责任人员依法给予降级、撤职的行政处分；造成传染病传播、流行或者对社会公众健康造成其他严重危害后果的，依法给予开除的行政处分；构成犯罪的，依法追究刑事责任。

第五十条 医疗卫生机构有下列行为之一的，由卫生行政主管部门责令改正、通报批评、给予警告；情节严重的，吊销《医疗机构执业许可证》；对主要负责人、负有责任的主管人员和其他直接责任人员依法给予降级或者撤职的纪律处分；造成传染病传播、流行或者对社会公众健康造成其他严重危害后果，构成犯罪的，依法追究刑事责任：

（一）未依照本条例的规定履行报告职责，隐瞒、缓报或者谎报的；

（二）未依照本条例的规定及时采取控制措施的；

（三）未依照本条例的规定履行突发事件监测职责的；

（四）拒绝接诊病人的；

（五）拒不服从突发事件应急处理指挥部调度的。

第五十一条 在突发事件应急处理工作中，有关单位和个人未依照本条例的规定履行报告职责，隐瞒、缓报或者谎报，阻碍突发事件应急处理工作人员执行职务，拒绝国务院卫生行政主管部门或者其他有关部门指定的专业技术机构进入突发事件现场，或者不配合调查、采样、技术分析和检验的，对有关责任人员依法给予行政处分或者纪律处分；触犯《中华人民共和国治安管理处罚法》，构成违反治安管理行为的，由公安机关依法予以处罚；构成犯罪的，依法追究刑事责任。

第五十二条 在突发事件发生期间，散布谣言、哄抬物价、欺骗消费者，扰乱社会秩序、市场秩序的，由公安机关或者工商行政管理部门依法给予行政处罚；构成犯罪的，依法追究刑事责任。

第六章 附 则

第五十三条 中国人民解放军、武装警察部队医疗卫生机构参与突发事件应急处理的，依照本条例的规定和军队的相关规定执行。

第五十四条 本条例自公布之日起施行。

国家突发公共卫生事件应急预案

·2006 年 2 月 26 日

1 总 则

1.1 编制目的

有效预防、及时控制和消除突发公共卫生事件及其危害，指导和规范各类突发公共卫生事件的应急处理工作，最大程度地减少突发公共卫生事件对公众健康造成的危害，保障公众身心健康与生命安全。

1.2 编制依据

依据《中华人民共和国传染病防治法》、《中华人民共和国食品卫生法》、《中华人民共和国职业病防治法》、《中华人民共和国国境卫生检疫法》、《突发公共卫生事件应急条例》、《国内交通卫生检疫条例》和《国家突发公共事件总体应急预案》，制定本预案。

1.3 **突发公共卫生事件的分级**

根据突发公共卫生事件性质、危害程度、涉及范围,突发公共卫生事件划分为特别重大(Ⅰ级)、重大(Ⅱ级)、较大(Ⅲ级)和一般(Ⅳ级)四级。

其中,特别重大突发公共卫生事件主要包括:

(1)肺鼠疫、肺炭疽在大、中城市发生并有扩散趋势,或肺鼠疫、肺炭疽疫情波及2个以上的省份,并有进一步扩散趋势。

(2)发生传染性非典型肺炎、人感染高致病性禽流感病例,并有扩散趋势。

(3)涉及多个省份的群体性不明原因疾病,并有扩散趋势。

(4)发生新传染病或我国尚未发现的传染病发生或传入,并有扩散趋势,或发现我国已消灭的传染病重新流行。

(5)发生烈性病菌株、毒株、致病因子等丢失事件。

(6)周边以及与我国通航的国家和地区发生特大传染病疫情,并出现输入性病例,严重危及我国公共卫生安全的事件。

(7)国务院卫生行政部门认定的其他特别重大突发公共卫生事件。

1.4 **适用范围**

本预案适用于突然发生,造成或者可能造成社会公众身心健康严重损害的重大传染病、群体性不明原因疾病、重大食物和职业中毒以及因自然灾害、事故灾难或社会安全等事件引起的严重影响公众身心健康的公共卫生事件的应急处理工作。

其他突发公共事件中涉及的应急医疗救援工作,另行制定有关预案。

1.5 **工作原则**

(1)预防为主,常备不懈。提高全社会对突发公共卫生事件的防范意识,落实各项防范措施,做好人员、技术、物资和设备的应急储备工作。对各类可能引发突发公共卫生事件的情况要及时进行分析、预警,做到早发现、早报告、早处理。

(2)统一领导,分级负责。根据突发公共卫生事件的范围、性质和危害程度,对突发公共卫生事件实行分级管理。各级人民政府负责突发公共卫生事件应急处理的统一领导和指挥,各有关部门按照预案规定,在各自的职责范围内做好突发公共卫生事件应急处理的有关工作。

(3)依法规范,措施果断。地方各级人民政府和卫生行政部门要按照相关法律、法规和规章的规定,完善突发公共卫生事件应急体系,建立健全系统、规范的突发公共卫生事件应急处理工作制度,对突发公共卫生事件和可能发生的公共卫生事件做出快速反应,及时、有效开展监测、报告和处理工作。

(4)依靠科学,加强合作。突发公共卫生事件应急工作要充分尊重和依靠科学,要重视开展防范和处理突发公共卫生事件的科研和培训,为突发公共卫生事件应急处理提供科技保障。各有关部门和单位要通力合作、资源共享,有效应对突发公共卫生事件。要广泛组织、动员公众参与突发公共卫生事件的应急处理。

2 应急组织体系及职责

2.1 **应急指挥机构**

卫生部依照职责和本预案的规定,在国务院统一领导下,负责组织、协调全国突发公共卫生事件应急处理工作,并根据突发公共卫生事件应急处理工作的实际需要,提出成立全国突发公共卫生事件应急指挥部。

地方各级人民政府卫生行政部门依照职责和本预案的规定,在本级人民政府统一领导下,负责组织、协调本行政区域内突发公共卫生事件应急处理工作,并根据突发公共卫生事件应急处理工作的实际需要,向本级人民政府提出成立地方突发公共卫生事件应急指挥部的建议。

各级人民政府根据本级人民政府卫生行政部门的建议和实际工作需要,决定是否成立国家和地方应急指挥部。

地方各级人民政府及有关部门和单位要按照属地管理的原则,切实做好本行政区域内突发公共卫生事件应急处理工作。

2.1.1 全国突发公共卫生事件应急指挥部的组成和职责

全国突发公共卫生事件应急指挥部负责对特别重大突发公共卫生事件的统一领导、统一指挥,作出处理突发公共卫生事件的重大决策。指挥部成员单位根据突发公共卫生事件的性质和应急处理的需要确定。

2.1.2 省级突发公共卫生事件应急指挥部的组成和职责

省级突发公共卫生事件应急指挥部由省级人民政府有关部门组成，实行属地管理的原则，负责对本行政区域内突发公共卫生事件应急处理的协调和指挥，作出处理本行政区域内突发公共卫生事件的决策，决定要采取的措施。

2.2 日常管理机构

国务院卫生行政部门设立卫生应急办公室（突发公共卫生事件应急指挥中心），负责全国突发公共卫生事件应急处理的日常管理工作。

各省、自治区、直辖市人民政府卫生行政部门及军队、武警系统要参照国务院卫生行政部门突发公共卫生事件日常管理机构的设置及职责，结合各自实际情况，指定突发公共卫生事件的日常管理机构，负责本行政区域或本系统内突发公共卫生事件应急的协调、管理工作。

各市（地）级、县级卫生行政部门要指定机构负责本行政区域内突发公共卫生事件应急的日常管理工作。

2.3 专家咨询委员会

国务院卫生行政部门和省级卫生行政部门负责组建突发公共卫生事件专家咨询委员会。

市（地）级和县级卫生行政部门可根据本行政区域内突发公共卫生事件应急工作需要，组建突发公共卫生事件应急处理专家咨询委员会。

2.4 应急处理专业技术机构

医疗机构、疾病预防控制机构、卫生监督机构、出入境检验检疫机构是突发公共卫生事件应急处理的专业技术机构。应急处理专业技术机构要结合本单位职责开展专业技术人员处理突发公共卫生事件能力培训，提高快速应对能力和技术水平，在发生突发公共卫生事件时，要服从卫生行政部门的统一指挥和安排，开展应急处理工作。

3 突发公共卫生事件的监测、预警与报告

3.1 监测

国家建立统一的突发公共卫生事件监测、预警与报告网络体系。各级医疗、疾病预防控制、卫生监督和出入境检疫机构负责开展突发公共卫生事件的日常监测工作。

省级人民政府卫生行政部门要按照国家统一规定和要求，结合实际，组织开展重点传染病和突发公共卫生事件的主动监测。

国务院卫生行政部门和地方各级人民政府卫生行政部门要加强对监测工作的管理和监督，保证监测质量。

3.2 预警

各级人民政府卫生行政部门根据医疗机构、疾病预防控制机构、卫生监督机构提供的监测信息，按照公共卫生事件的发生、发展规律和特点，及时分析其对公众身心健康的危害程度、可能的发展趋势，及时做出预警。

3.3 报告

任何单位和个人都有权向国务院卫生行政部门和地方各级人民政府及其有关部门报告突发公共卫生事件及其隐患，也有权向上级政府部门举报不履行或者不按照规定履行突发公共卫生事件应急处理职责的部门、单位及个人。

县级以上各级人民政府卫生行政部门指定的突发公共卫生事件监测机构、各级各类医疗卫生机构、卫生行政部门、县级以上地方人民政府和检验检疫机构、食品药品监督管理机构、环境保护监测机构、教育机构等有关单位为突发公共卫生事件的责任报告单位。执行职务的各级各类医疗卫生机构的医疗卫生人员、个体开业医生为突发公共卫生事件的责任报告人。

突发公共卫生事件责任报告单位要按照有关规定及时、准确地报告突发公共卫生事件及其处置情况。

4 突发公共卫生事件的应急反应和终止

4.1 应急反应原则

发生突发公共卫生事件时，事发地的县级、市（地）级、省级人民政府及其有关部门按照分级响应的原则，作出相应级别应急反应。同时，要遵循突发公共卫生事件发生发展的客观规律，结合实际情况和预防控制工作的需要，及时调整预警和反应级别，以有效控制事件，减少危害和影响。要根据不同类别突发公共卫生事件的性质和特点，注重分析事件的发展趋势，对事态和影响不断扩大的事件，应及时升级预警和反应级别；对范围局限、不会进一步扩散的事件，应相应降低反应级别，及时撤销预警。

国务院有关部门和地方各级人民政府及有关部门对在学校、区域性或全国性重要活动期间等发生的突发公共卫生事件，要高度重视，可相应提高报告和反应级别，确保迅速、有效控制突发公共

卫生事件,维护社会稳定。

突发公共卫生事件应急处理要采取边调查、边处理、边抢救、边核实的方式,以有效措施控制事态发展。

事发地之外的地方各级人民政府卫生行政部门接到突发公共卫生事件情况通报后,要及时通知相应的医疗卫生机构,组织做好应急处理所需的人员与物资准备,采取必要的预防控制措施,防止突发公共卫生事件在本行政区域内发生,并服从上一级人民政府卫生行政部门的统一指挥和调度,支援突发公共卫生事件发生地区的应急处理工作。

4.2 **应急反应措施**

4.2.1 各级人民政府

(1)组织协调有关部门参与突发公共卫生事件的处理。

(2)根据突发公共卫生事件处理需要,调集本行政区域内各类人员、物资、交通工具和相关设施、设备参加应急处理工作。涉及危险化学品管理和运输安全的,有关部门要严格执行相关规定,防止事故发生。

(3)划定控制区域:甲类、乙类传染病暴发、流行时,县级以上地方人民政府报经上一级地方人民政府决定,可以宣布疫区范围;经省、自治区、直辖市人民政府决定,可以对本行政区域内甲类传染病疫区实施封锁;封锁大、中城市的疫区或者封锁跨省(区、市)的疫区,以及封锁疫区导致中断干线交通或者封锁国境的,由国务院决定。对重大食物中毒和职业中毒事故,根据污染食品扩散和职业危害因素波及的范围,划定控制区域。

(4)疫情控制措施:当地人民政府可以在本行政区域内采取限制或者停止集市、集会、影剧院演出,以及其他人群聚集的活动;停工、停业、停课;封闭或者封存被传染病病原体污染的公共饮用水源、食品以及相关物品等紧急措施;临时征用房屋、交通工具以及相关设施和设备。

(5)流动人口管理:对流动人口采取预防工作,落实控制措施,对传染病病人、疑似病人采取就地隔离、就地观察、就地治疗的措施,对密切接触者根据情况采取集中或居家医学观察。

(6)实施交通卫生检疫:组织铁路、交通、民航、质检等部门在交通站点和出入境口岸设置临时交通卫生检疫站,对出入境、进出疫区和运行中的交通工具及其乘运人员和物资、宿主动物进行检疫查验,对病人、疑似病人及其密切接触者实施临时隔离、留验和向地方卫生行政部门指定的机构移交。

(7)信息发布:突发公共卫生事件发生后,有关部门要按照有关规定作好信息发布工作,信息发布要及时主动、准确把握,实事求是,正确引导舆论,注重社会效果。

(8)开展群防群治:街道、乡(镇)以及居委会、村委会协助卫生行政部门和其他部门、医疗机构,做好疫情信息的收集、报告、人员分散隔离及公共卫生措施的实施工作。

(9)维护社会稳定:组织有关部门保障商品供应,平抑物价,防止哄抢;严厉打击造谣传谣、哄抬物价、囤积居奇、制假售假等违法犯罪和扰乱社会治安的行为。

4.2.2 卫生行政部门

(1)组织医疗机构、疾病预防控制机构和卫生监督机构开展突发公共卫生事件的调查与处理。

(2)组织突发公共卫生事件专家咨询委员会对突发公共卫生事件进行评估,提出启动突发公共卫生事件应急处理的级别。

(3)应急控制措施:根据需要组织开展应急疫苗接种、预防服药。

(4)督导检查:国务院卫生行政部门组织对全国或重点地区的突发公共卫生事件应急处理工作进行督导和检查。省、市(地)级以及县级卫生行政部门负责对本行政区域内的应急处理工作进行督察和指导。

(5)发布信息与通报:国务院卫生行政部门或经授权的省、自治区、直辖市人民政府卫生行政部门及时向社会发布突发公共卫生事件的信息或公告。国务院卫生行政部门及时向国务院各有关部门和各省、自治区、直辖市卫生行政部门以及军队有关部门通报突发公共卫生事件情况。对涉及跨境的疫情线索,由国务院卫生行政部门向有关国家和地区通报情况。

(6)制订技术标准和规范:国务院卫生行政部门对新发现的突发传染病、不明原因的群体性疾病、重大中毒事件,组织力量制订技术标准和规范,及时组织全国培训。地方各级卫生行政部门开展相应的培训工作。

(7)普及卫生知识。针对事件性质,有针对性地开展卫生知识宣教,提高公众健康意识和自我防护能力,消除公众心理障碍,开展心理危机干预工作。

(8)进行事件评估:组织专家对突发公共卫生事件的处理情况进行综合评估,包括事件概况、现场调查处理概况、病人救治情况、所采取的措施、效果评价等。

4.2.3 医疗机构

(1)开展病人接诊、收治和转运工作,实行重症和普通病人分开管理,对疑似病人及时排除或确诊。

(2)协助疾控机构人员开展标本的采集、流行病学调查工作。

(3)做好医院内现场控制、消毒隔离、个人防护、医疗垃圾和污水处理工作,防止院内交叉感染和污染。

(4)做好传染病和中毒病人的报告。对因突发公共卫生事件而引起身体伤害的病人,任何医疗机构不得拒绝接诊。

(5)对群体性不明原因疾病和新发传染病做好病例分析与总结,积累诊断治疗的经验。重大中毒事件,按照现场救援、病人转运、后续治疗相结合的原则进行处置。

(6)开展科研与国际交流:开展与突发事件相关的诊断试剂、药品、防护用品等方面的研究。开展国际合作,加快病源查寻和病因诊断。

4.2.4 疾病预防控制机构

(1)突发公共卫生事件信息报告:国家、省、市(地)、县级疾控机构做好突发公共卫生事件的信息收集、报告与分析工作。

(2)开展流行病学调查:疾控机构人员到达现场后,尽快制订流行病学调查计划和方案,地方专业技术人员按照计划和方案,开展对突发事件累及人群的发病情况、分布特点进行调查分析,提出并实施有针对性的预防控制措施;对传染病病人、疑似病人、病原携带者及其密切接触者进行追踪调查,查明传播链,并向相关地方疾病预防控制机构通报情况。

(3)实验室检测:中国疾病预防控制中心和省级疾病预防控制机构指定的专业技术机构在地方专业机构的配合下,按有关技术规范采集足量、足够的标本,分送省级和国家应急处理功能网络实验室检测,查找致病原因。

(4)开展科研与国际交流:开展与突发事件相关的诊断试剂、疫苗、消毒方法、医疗卫生防护用品等方面的研究。开展国际合作,加快病源查寻和病因诊断。

(5)制订技术标准和规范:中国疾病预防控制中心协助卫生行政部门制订全国新发现的突发传染病、不明原因的群体性疾病、重大中毒事件的技术标准和规范。

(6)开展技术培训:中国疾病预防控制中心具体负责全国省级疾病预防控制中心突发公共卫生事件应急处理专业技术人员的应急培训。各省级疾病预防控制中心负责县级以上疾病预防控制机构专业技术人员的培训工作。

4.2.5 卫生监督机构

(1)在卫生行政部门的领导下,开展对医疗机构、疾病预防控制机构突发公共卫生事件应急处理各项措施落实情况的督导、检查。

(2)围绕突发公共卫生事件应急处理工作,开展食品卫生、环境卫生、职业卫生等的卫生监督和执法稽查。

(3)协助卫生行政部门依据《突发公共卫生事件应急条例》和有关法律法规,调查处理突发公共卫生事件应急工作中的违法行为。

4.2.6 出入境检验检疫机构

(1)突发公共卫生事件发生时,调动出入境检验检疫机构技术力量,配合当地卫生行政部门做好口岸的应急处理工作。

(2)及时上报口岸突发公共卫生事件信息和情况变化。

4.2.7 非事件发生地区的应急反应措施

未发生突发公共卫生事件的地区应根据其他地区发生事件的性质、特点、发生区域和发展趋势,分析本地区受波及的可能性和程度,重点做好以下工作:

(1)密切保持与事件发生地区的联系,及时获取相关信息。

(2)组织做好本行政区域应急处理所需的人员与物资准备。

(3)加强相关疾病与健康监测和报告工作,必要时,建立专门报告制度。

(4)开展重点人群、重点场所和重点环节的监测和预防控制工作,防患于未然。

(5)开展防治知识宣传和健康教育,提高公众自我保护意识和能力。

(6)根据上级人民政府及其有关部门的决定，开展交通卫生检疫等。

4.3 **突发公共卫生事件的分级反应**

特别重大突发公共卫生事件(具体标准见1.3)应急处理工作由国务院或国务院卫生行政部门和有关部门组织实施，开展突发公共卫生事件的医疗卫生应急、信息发布、宣传教育、科研攻关、国际交流与合作、应急物资与设备的调集、后勤保障以及督导检查等工作。国务院可根据突发公共卫生事件性质和应急处置工作，成立全国突发公共卫生事件应急处理指挥部，协调指挥应急处置工作。事发地省级人民政府应按照国务院或国务院有关部门的统一部署，结合本地区实际情况，组织协调市(地)、县(市)人民政府开展突发公共事件的应急处理工作。

特别重大级别以下的突发公共卫生事件应急处理工作由地方各级人民政府负责组织实施。超出本级应急处置能力时，地方各级人民政府要及时报请上级人民政府和有关部门提供指导和支持。

4.4 **突发公共卫生事件应急反应的终止**

突发公共卫生事件应急反应的终止需符合以下条件：突发公共卫生事件隐患或相关危险因素消除，或末例传染病病例发生后经过最长潜伏期无新的病例出现。

特别重大突发公共卫生事件由国务院卫生行政部门组织有关专家进行分析论证，提出终止应急反应的建议，报国务院或全国突发公共卫生事件应急指挥部批准后实施。

特别重大以下突发公共卫生事件由地方各级人民政府卫生行政部门组织专家进行分析论证，提出终止应急反应的建议，报本级人民政府批准后实施，并向上一级人民政府卫生行政部门报告。

上级人民政府卫生行政部门要根据下级人民政府卫生行政部门的请求，及时组织专家对突发公共卫生事件应急反应的终止的分析论证提供技术指导和支持。

5 善后处理

5.1 **后期评估**

突发公共卫生事件结束后，各级卫生行政部门应在本级人民政府的领导下，组织有关人员对突发公共卫生事件的处理情况进行评估。评估内容主要包括事件概况、现场调查处理概况、病人救治情况、所采取措施的效果评价、应急处理过程中存在的问题和取得的经验及改进建议。评估报告上报本级人民政府和上一级人民政府卫生行政部门。

5.2 **奖励**

县级以上人民政府人事部门和卫生行政部门对参加突发公共卫生事件应急处理作出贡献的先进集体和个人进行联合表彰；民政部门对在突发公共卫生事件应急处理工作中英勇献身的人员，按有关规定追认为烈士。

5.3 **责任**

对在突发公共卫生事件的预防、报告、调查、控制和处理过程中，有玩忽职守、失职、渎职等行为的，依据《突发公共卫生事件应急条例》及有关法律法规追究当事人的责任。

5.4 **抚恤和补助**

地方各级人民政府要组织有关部门对因参与应急处理工作致病、致残、死亡的人员，按照国家有关规定，给予相应的补助和抚恤；对参加应急处理一线工作的专业技术人员应根据工作需要制订合理的补助标准，给予补助。

5.5 **征用物资、劳务的补偿**

突发公共卫生事件应急工作结束后，地方各级人民政府应组织有关部门对应急处理期间紧急调集、征用有关单位、企业、个人的物资和劳务进行合理评估，给予补偿。

6 突发公共卫生事件应急处置的保障

突发公共卫生事件应急处理应坚持预防为主，平战结合，国务院有关部门、地方各级人民政府和卫生行政部门应加强突发公共卫生事件的组织建设，组织开展突发公共卫生事件的监测和预警工作，加强突发公共卫生事件应急处理队伍建设和技术研究，建立健全国家统一的突发公共卫生事件预防控制体系，保证突发公共卫生事件应急处理工作的顺利开展。

6.1 **技术保障**

6.1.1 信息系统

国家建立突发公共卫生事件应急决策指挥系统的信息、技术平台，承担突发公共卫生事件及相关信息收集、处理、分析、发布和传递等工作，采取分级负责的方式进行实施。

要在充分利用现有资源的基础上建设医疗救

治信息网络，实现卫生行政部门、医疗救治机构与疾病预防控制机构之间的信息共享。

6.1.2 疾病预防控制体系

国家建立统一的疾病预防控制体系。各省(区、市)、市(地)、县(市)要加快疾病预防控制机构和基层预防保健组织建设，强化医疗卫生机构疾病预防控制的责任；建立功能完善、反应迅速、运转协调的突发公共卫生事件应急机制；健全覆盖城乡、灵敏高效、快速畅通的疫情信息网络；改善疾病预防控制机构基础设施和实验室设备条件；加强疾病控制专业队伍建设，提高流行病学调查、现场处置和实验室检测检验能力。

6.1.3 应急医疗救治体系

按照“中央指导、地方负责、统筹兼顾、平战结合、因地制宜、合理布局”的原则，逐步在全国范围内建成包括急救机构、传染病救治机构和化学中毒与核辐射救治基地在内的，符合国情、覆盖城乡、功能完善、反应灵敏、运转协调、持续发展的医疗救治体系。

6.1.4 卫生执法监督体系

国家建立统一的卫生执法监督体系。各级卫生行政部门要明确职能，落实责任，规范执法监督行为，加强卫生执法监督队伍建设。对卫生监督人员实行资格准入制度和在岗培训制度，全面提高卫生执法监督的能力和水平。

6.1.5 应急卫生救治队伍

各级人民政府卫生行政部门按照“平战结合、因地制宜，分类管理、分级负责，统一管理、协调运转”的原则建立突发公共卫生事件应急救治队伍，并加强管理和培训。

6.1.6 演练

各级人民政府卫生行政部门要按照“统一规划、分类实施、分级负责、突出重点、适应需求”的原则，采取定期和不定期相结合的形式，组织开展突发公共卫生事件的应急演练。

6.1.7 科研和国际交流

国家有计划地开展应对突发公共卫生事件相关的防治科学研究，包括现场流行病学调查方法、实验室病因检测技术、药物治疗、疫苗和应急反应装备、中医药及中西医结合防治等，尤其是开展新发、罕见传染病快速诊断方法、诊断试剂以及相关的疫苗研究，做到技术上有所储备。同时，开展应对突发公共卫生事件应急处理技术的国际交流与合作，引进国外的先进技术、装备和方法，提高我国应对突发公共卫生事件的整体水平。

6.2 物资、经费保障

6.2.1 物资储备

各级人民政府要建立处理突发公共卫生事件的物资和生产能力储备。发生突发公共卫生事件时，应根据应急处理工作需要调用储备物资。卫生应急储备物资使用后要及时补充。

6.2.2 经费保障

应保障突发公共卫生事件应急基础设施项目建设经费，按规定落实对突发公共卫生事件应急处理专业技术机构的财政补助政策和突发公共卫生事件应急处理经费。应根据需要对边远贫困地区突发公共卫生事件应急工作给予经费支持。国务院有关部门和地方各级人民政府应积极通过国际、国内等多渠道筹集资金，用于突发公共卫生事件应急处理工作。

6.3 通信与交通保障

各级应急医疗卫生救治队伍要根据实际工作需要配备通信设备和交通工具。

6.4 法律保障

国务院有关部门应根据突发公共卫生事件应急处理过程中出现的新问题、新情况，加强调查研究，起草和制订并不断完善应对突发公共卫生事件的法律、法规和规章制度，形成科学、完整的突发公共卫生事件应急法律和规章体系。

国务院有关部门和地方各级人民政府及有关部门要严格执行《突发公共卫生事件应急条例》等规定，根据本预案要求，严格履行职责，实行责任制。对履行职责不力，造成工作损失的，要追究有关当事人的责任。

6.5 社会公众的宣传教育

县级以上人民政府要组织有关部门利用广播、影视、报刊、互联网、手册等多种形式对社会公众广泛开展突发公共卫生事件应急知识的普及教育，宣传卫生科普知识，指导群众以科学的行为和方式对待突发公共卫生事件。要充分发挥有关社会团体在普及卫生应急知识和卫生科普知识方面的作用。

7 预案管理与更新

根据突发公共卫生事件的形势变化和实施中发现的问题及时进行更新、修订和补充。

国务院有关部门根据需要和本预案的规定，制定本部门职责范围内的具体工作预案。

县级以上地方人民政府根据《突发公共卫生事件应急条例》的规定，参照本预案并结合本地区实际情况，组织制定本地区突发公共卫生事件应急预案。

8 附 则

8.1 名词术语

重大传染病疫情是指某种传染病在短时间内发生、波及范围广泛，出现大量的病人或死亡病例，其发病率远远超过常年的发病率水平的情况。

群体性不明原因疾病是指在短时间内，某个相对集中的区域内同时或者相继出现具有共同临床表现病人，且病例不断增加，范围不断扩大，又暂时不能明确诊断的疾病。

重大食物和职业中毒是指由于食品污染和职业危害的原因而造成的人数众多或者伤亡较重的中毒事件。

新传染病是指全球首次发现的传染病。

我国尚未发现传染病是指埃博拉、猴痘、黄热病、人变异性克雅氏病等在其他国家和地区已经发现，在我国尚未发现过的传染病。

我国已消灭传染病是指天花、脊髓灰质炎等传染病。

8.2 预案实施时间

本预案自印发之日起实施。

国家突发公共事件医疗卫生救援应急预案

·2006年2月26日

1 总 则

1.1 编制目的

保障自然灾害、事故灾难、公共卫生、社会安全事件等突发公共事件（以下简称突发公共事件）发生后，各项医疗卫生救援工作迅速、高效、有序地进行，提高卫生部门应对各类突发公共事件的应急反应能力和医疗卫生救援水平，最大程度地减少人员伤亡和健康危害，保障人民群众身体健康和生命安全，维护社会稳定。

1.2 编制依据

依据《中华人民共和国传染病防治法》、《中华人民共和国食品卫生法》、《中华人民共和国职业病防治法》、《中华人民共和国放射性污染防治法》、《中华人民共和国安全生产法》以及《突发公共卫生事件应急条例》、《医疗机构管理条例》、《核电厂核事故应急管理条例》和《国家突发公共事件总体应急预案》，制定本预案。

1.3 适用范围

本预案适用于突发公共事件所导致的人员伤亡、健康危害的医疗卫生救援工作。突发公共卫生事件应急工作按照《国家突发公共卫生事件应急预案》的有关规定执行。

1.4 工作原则

统一领导、分级负责；属地管理、明确职责；依靠科学、依法规范；反应及时、措施果断；整合资源、信息共享；平战结合、常备不懈；加强协作、公众参与。

2 医疗卫生救援的事件分级

根据突发公共事件导致人员伤亡和健康危害情况将医疗卫生救援事件分为特别重大（Ⅰ级）、重大（Ⅱ级）、较大（Ⅲ级）和一般（Ⅳ级）四级。

2.1 特别重大事件（Ⅰ级）

（1）一次事件出现特别重大人员伤亡，且危重人员多，或者核事故和突发放射事件、化学品泄漏事故导致大量人员伤亡，事件发生地省级人民政府或有关部门请求国家在医疗卫生救援工作上给予支持的突发公共事件。

（2）跨省（区、市）的有特别严重人员伤亡的突发公共事件。

（3）国务院及其有关部门确定的其他需要开展医疗卫生救援工作的特别重大突发公共事件。

2.2 重大事件（Ⅱ级）

（1）一次事件出现重大人员伤亡，其中，死亡和危重病例超过5例的突发公共事件。

（2）跨市（地）的有严重人员伤亡的突发公共事件。

（3）省级人民政府及其有关部门确定的其他需要开展医疗卫生救援工作的重大突发公共事件。

2.3 较大事件（Ⅲ级）

（1）一次事件出现较大人员伤亡，其中，死亡和危重病例超过3例的突发公共事件。

(2)市(地)级人民政府及其有关部门确定的其他需要开展医疗卫生救援工作的较大突发公共事件。

2.4 **一般事件(Ⅳ级)**

(1)一次事件出现一定数量人员伤亡,其中,死亡和危重病例超过1例的突发公共事件。

(2)县级人民政府及其有关部门确定的其他需要开展医疗卫生救援工作的一般突发公共事件。

3 医疗卫生救援组织体系

各级卫生行政部门要在同级人民政府或突发公共事件应急指挥机构的统一领导、指挥下,与有关部门密切配合、协调一致,共同应对突发公共事件,做好突发公共事件的医疗卫生救援工作。

医疗卫生救援组织机构包括:各级卫生行政部门成立的医疗卫生救援领导小组、专家组和医疗卫生救援机构[指各级各类医疗机构,包括医疗急救中心(站)、综合医院、专科医院、化学中毒和核辐射事故应急医疗救治专业机构、疾病预防控制机构和卫生监督机构]、现场医疗卫生救援指挥部。

3.1 **医疗卫生救援领导小组**

国务院卫生行政部门成立突发公共事件医疗卫生救援领导小组,领导、组织、协调、部署特别重大突发公共事件的医疗卫生救援工作。国务院卫生行政部门卫生应急办公室负责日常工作。

省、市(地)、县级卫生行政部门成立相应的突发公共事件医疗卫生救援领导小组,领导本行政区域内突发公共事件医疗卫生救援工作,承担各类突发公共事件医疗卫生救援的组织、协调任务,并指定机构负责日常工作。

3.2 **专家组**

各级卫生行政部门应组建专家组,对突发公共事件医疗卫生救援工作提供咨询建议、技术指导和支持。

3.3 **医疗卫生救援机构**

各级各类医疗机构承担突发公共事件的医疗卫生救援任务。其中,各级医疗急救中心(站)、化学中毒和核辐射事故应急医疗救治专业机构承担突发公共事件现场医疗卫生救援和伤员转送;各级疾病预防控制机构和卫生监督机构根据各自职能做好突发公共事件中的疾病预防控制和卫生监督工作。

3.4 **现场医疗卫生救援指挥部**

各级卫生行政部门根据实际工作需要在突发公共事件现场设立现场医疗卫生救援指挥部,统一指挥、协调现场医疗卫生救援工作。

4 医疗卫生救援应急响应和终止

4.1 **医疗卫生救援应急分级响应**

4.1.1 Ⅰ级响应

(1)Ⅰ级响应的启动

符合下列条件之一者,启动医疗卫生救援应急的Ⅰ级响应:

a. 发生特别重大突发公共事件,国务院启动国家突发公共事件总体应急预案。

b. 发生特别重大突发公共事件,国务院有关部门启动国家突发公共事件专项应急预案。

c. 其他符合医疗卫生救援特别重大事件(Ⅰ级)级别的突发公共事件。

(2)Ⅰ级响应行动

国务院卫生行政部门接到关于医疗卫生救援特别重大事件的有关指示、通报或报告后,应立即启动医疗卫生救援领导小组工作,组织专家对伤病员及救治情况进行综合评估,组织和协调医疗卫生救援机构开展现场医疗卫生救援,指导和协调落实医疗救治等措施,并根据需要及时派出专家和专业队伍支援地方,及时向国务院和国家相关突发公共事件应急指挥机构报告和反馈有关处理情况。凡属启动国家总体应急预案和专项应急预案的响应,医疗卫生救援领导小组按相关规定启动工作。

事件发生地的省(区、市)人民政府卫生行政部门在国务院卫生行政部门的指挥下,结合本行政区域的实际情况,组织、协调开展突发公共事件的医疗卫生救援。

4.1.2 Ⅱ级响应

(1)Ⅱ级响应的启动

符合下列条件之一者,启动医疗卫生救援应急的Ⅱ级响应:

a. 发生重大突发公共事件,省级人民政府启动省级突发公共事件应急预案。

b. 发生重大突发公共事件,省级有关部门启动省级突发公共事件专项应急预案。

c. 其他符合医疗卫生救援重大事件(Ⅱ级)级

别的突发公共事件。

(2)Ⅱ级响应行动

省级卫生行政部门接到关于医疗卫生救援重大事件的有关指示、通报或报告后，应立即启动医疗卫生救援领导小组工作，组织专家对伤病员及救治情况进行综合评估。同时，迅速组织医疗卫生救援应急队伍和有关人员到达突发公共事件现场，组织开展医疗救治，并分析突发公共事件的发展趋势，提出应急处理工作建议，及时向本级人民政府和突发公共事件应急指挥机构报告有关处理情况。凡属启动省级应急预案和省级专项应急预案的响应，医疗卫生救援领导小组按相关规定启动工作。

国务院卫生行政部门对省级卫生行政部门负责的突发公共事件医疗卫生救援工作进行督导，根据需要和事件发生地省级人民政府和有关部门的请求，组织国家医疗卫生救援应急队伍和有关专家进行支援，并及时向有关省份通报情况。

4.1.3 Ⅲ级响应

(1)Ⅲ级响应的启动

符合下列条件之一者，启动医疗卫生救援应急的Ⅲ级响应：

a. 发生较大突发公共事件，市(地)级人民政府启动市(地)级突发公共事件应急预案。

b. 其他符合医疗卫生救援较大事件(Ⅲ级)级别的突发公共事件。

(2)Ⅲ级响应行动

市(地)级卫生行政部门接到关于医疗卫生救援较大事件的有关指示、通报或报告后，应立即启动医疗卫生救援领导小组工作，组织专家对伤病员及救治情况进行综合评估。同时，迅速组织开展现场医疗卫生救援工作，并及时向本级人民政府和突发公共事件应急指挥机构报告有关处理情况。凡属启动市(地)级应急预案的响应，医疗卫生救援领导小组按相关规定启动工作。

省级卫生行政部门接到医疗卫生救援较大事件报告后，要对事件发生地突发公共事件医疗卫生救援工作进行督导，必要时组织专家提供技术指导和支持，并适时向本省(区、市)有关地区发出通报。

4.1.4 Ⅳ级响应

(1)Ⅳ级响应的启动

符合下列条件之一者，启动医疗卫生救援应急的Ⅳ级响应：

a. 发生一般突发公共事件，县级人民政府启动县级突发公共事件应急预案。

b. 其他符合医疗卫生救援一般事件(Ⅳ级)级别的突发公共事件。

(2)Ⅳ级响应行动

县级卫生行政部门接到关于医疗卫生救援一般事件的有关指示、通报或报告后，应立即启动医疗卫生救援领导小组工作，组织医疗卫生救援机构开展突发公共事件的现场处理工作，组织专家对伤病员及救治情况进行调查、确认和评估，同时向本级人民政府和突发公共事件应急指挥机构报告有关处理情况。凡属启动县级应急预案的响应，医疗卫生救援领导小组按相关规定启动工作。

市(地)级卫生行政部门在必要时应当快速组织专家对突发公共事件医疗卫生救援进行技术指导。

4.2 现场医疗卫生救援及指挥

医疗卫生救援应急队伍在接到救援指令后要及时赶赴现场，并根据现场情况全力开展医疗卫生救援工作。在实施医疗卫生救援的过程中，既要积极开展救治，又要注重自我防护，确保安全。

为了及时准确掌握现场情况，做好现场医疗卫生救援指挥工作，使医疗卫生救援工作紧张有序地进行，有关卫生行政部门应在事发现场设置现场医疗卫生救援指挥部，主要或分管领导同志要亲临现场，靠前指挥，减少中间环节，提高决策效率，加快抢救进程。现场医疗卫生救援指挥部要接受突发公共事件现场处置指挥机构的领导，加强与现场各救援部门的沟通与协调。

4.2.1 现场抢救

到达现场的医疗卫生救援应急队伍，要迅速将伤员转送出危险区，本着“先救命后治伤、先救重后救轻”的原则开展工作，按照国际统一的标准对伤病员进行检伤分类，分别用蓝、黄、红、黑四种颜色，对轻、重、危重伤病员和死亡人员作出标志(分类标记用塑料材料制成腕带)，扣系在伤病员或死亡人员的手腕或脚踝部位，以便后续救治辨认或采取相应的措施。

4.2.2 转送伤员

当现场环境处于危险或在伤病员情况允许时，要尽快将伤病员转送并做好以下工作：

(1)对已经检伤分类待送的伤病员进行复检。

对有活动性大出血或转运途中有生命危险的急危重症者，应就地先予抢救、治疗，做必要的处理后再进行监护下转运。

(2)认真填写转运卡提交接纳的医疗机构，并报现场医疗卫生救援指挥部汇总。

(3)在转运中，医护人员必须在医疗仓内密切观察伤病员病情变化，并确保治疗持续进行。

(4)在转运过程中要科学搬运，避免造成二次损伤。

(5)合理分流伤病员或按现场医疗卫生救援指挥部指定的地点转送，任何医疗机构不得以任何理由拒诊、拒收伤病员。

4.3 疾病预防控制和卫生监督工作

突发公共事件发生后，有关卫生行政部门要根据情况组织疾病预防控制和卫生监督等有关专业机构和人员，开展卫生学调查和评价、卫生执法监督，采取有效的预防控制措施，防止各类突发公共事件造成的次生或衍生突发公共卫生事件的发生，确保大灾之后无大疫。

4.4 信息报告和发布

医疗急救中心(站)和其他医疗机构接到突发公共事件的报告后，在迅速开展应急医疗卫生救援工作的同时，立即将人员伤亡、抢救等情况报告现场医疗卫生救援指挥部或当地卫生行政部门。

现场医疗卫生救援指挥部、承担医疗卫生救援任务的医疗机构要每日向上级卫生行政部门报告伤病员情况、医疗救治进展等，重要情况要随时报告。有关卫生行政部门要及时向本级人民政府和突发公共事件应急指挥机构报告有关情况。

各级卫生行政部门要认真做好突发公共事件医疗卫生救援信息发布工作。

4.5 医疗卫生救援应急响应的终止

突发公共事件现场医疗卫生救援工作完成，伤病员在医疗机构得到救治，经本级人民政府或同级突发公共事件应急指挥机构批准，或经同级卫生行政部门批准，医疗卫生救援领导小组可宣布医疗卫生救援应急响应终止，并将医疗卫生救援应急响应终止的信息报告上级卫生行政部门。

5 医疗卫生救援的保障

突发公共事件应急医疗卫生救援机构和队伍的建设，是国家突发公共卫生事件预防控制体系建设的重要组成部分，各级卫生行政部门应遵循“平战结合、常备不懈”的原则，加强突发公共事件医疗卫生救援工作的组织和队伍建设，组建医疗卫生救援应急队伍，制订各种医疗卫生救援应急技术方案，保证突发公共事件医疗卫生救援工作的顺利开展。

5.1 信息系统

在充分利用现有资源的基础上建设医疗救治信息网络，实现医疗机构与卫生行政部门之间，以及卫生行政部门与相关部门间的信息共享。

5.2 急救机构

各直辖市、省会城市可根据服务人口和医疗救治的需求，建立一个相应规模的医疗急救中心(站)，并完善急救网络。每个市(地)、县(市)可依托综合力量较强的医疗机构建立急救机构。

5.3 化学中毒与核辐射医疗救治机构

按照“平战结合”的原则，依托专业防治机构或综合医院建立化学中毒医疗救治和核辐射应急医疗救治专业机构，依托实力较强的综合医院建立化学中毒、核辐射应急医疗救治专业科室。

5.4 医疗卫生救援应急队伍

各级卫生行政部门组建综合性医疗卫生救援应急队伍，并根据需要建立特殊专业医疗卫生救援应急队伍。

各级卫生行政部门要保证医疗卫生救援工作队伍的稳定，严格管理，定期开展培训和演练，提高应急救治能力。

医疗卫生救援演练需要公众参与的，必须报经本级人民政府同意。

5.5 物资储备

卫生行政部门提出医疗卫生救援应急药品、医疗器械、设备、快速检测器材和试剂、卫生防护用品等物资的储备计划建议。发展改革部门负责组织应急物资的生产、储备和调运，保证供应，维护市场秩序，保持物价稳定。应急储备物资使用后要及时补充。

5.6 医疗卫生救援经费

财政部门负责安排应由政府承担的突发公共事件医疗卫生救援所必需的经费，并做好经费使用情况监督工作。

自然灾害导致的人员伤亡，各级财政按照有关规定承担医疗救治费用或给予补助。

安全生产事故引起的人员伤亡，事故发生单位应向医疗急救中心(站)或相关医疗机构支付医疗卫生救援过程中发生的费用,有关部门应负责督促落实。

社会安全突发事件中发生的人员伤亡,由有关部门确定的责任单位或责任人承担医疗救治费用,有关部门应负责督促落实。各级财政可根据有关政策规定或本级人民政府的决定对医疗救治费用给予补助。

各类保险机构要按照有关规定对参加人身、医疗、健康等保险的伤亡人员,做好理赔工作。

5.7 医疗卫生救援的交通运输保障

各级医疗卫生救援应急队伍要根据实际工作需要配备救护车辆、交通工具和通讯设备。

铁路、交通、民航、公安(交通管理)等有关部门,要保证医疗卫生救援人员和物资运输的优先安排、优先调度、优先放行,确保运输安全畅通。情况特别紧急时,对现场及相关通道实行交通管制,开设应急救援"绿色通道",保证医疗卫生救援工作的顺利开展。

5.8 其他保障

公安机关负责维护突发公共事件现场治安秩序,保证现场医疗卫生救援工作的顺利进行。

科技部门制定突发公共事件医疗卫生救援应急技术研究方案,组织科研力量开展医疗卫生救援应急技术科研攻关,统一协调、解决检测技术及药物研发和应用中的科技问题。

海关负责突发公共事件医疗卫生救援急需进口特殊药品、试剂、器材的优先通关验放工作。

食品药品监管部门负责突发公共事件医疗卫生救援药品、医疗器械和设备的监督管理,参与组织特殊药品的研发和生产,并组织对特殊药品进口的审批。

红十字会按照《中国红十字会总会自然灾害与突发公共事件应急预案》,负责组织群众开展现场自救和互救,做好相关工作。并根据突发公共事件的具体情况,向国内外发出呼吁,依法接受国内外组织和个人的捐赠,提供急需的人道主义援助。

总后卫生部负责组织军队有关医疗卫生技术人员和力量,支持和配合突发公共事件医疗卫生救援工作。

6 医疗卫生救援的公众参与

各级卫生行政部门要做好突发公共事件医疗卫生救援知识普及的组织工作;中央和地方广播、电视、报刊、互联网等媒体要扩大对社会公众的宣传教育;各部门、企事业单位、社会团体要加强对所属人员的宣传教育;各医疗卫生机构要做好宣传资料的提供和师资培训工作。在广泛普及医疗卫生救援知识的基础上逐步组建以公安干警、企事业单位安全员和卫生员为骨干的群众性救助网络,经过培训和演练提高其自救、互救能力。

7 附 则

7.1 责任与奖惩

突发公共事件医疗卫生救援工作实行责任制和责任追究制。

各级卫生行政部门,对突发公共事件医疗卫生救援工作作出贡献的先进集体和个人要给予表彰和奖励。对失职、渎职的有关责任人,要依据有关规定严肃追究责任,构成犯罪的,依法追究刑事责任。

7.2 预案制定与修订

本预案由国务院卫生行政部门组织制定并报国务院审批发布。各地区可结合实际制定本地区的突发公共事件医疗卫生救援应急预案。

本预案定期进行评审,根据突发公共事件医疗卫生救援实施过程中发现的问题及时进行修订和补充。

7.3 预案实施时间

本预案自印发之日起实施。

突发公共卫生事件与传染病疫情监测信息报告管理办法

· 2003 年 11 月 7 日卫生部令第 37 号公布

· 根据 2006 年 8 月 22 日《卫生部关于修改〈突发公共卫生事件与传染病疫情监测信息报告管理办法〉的通知》修订

第一章 总 则

第一条 为加强突发公共卫生事件与传染病疫情监测信息报告管理工作,提供及时、科学的防治决策信息,有效预防、及时控制和消除突发公共卫生事件和传染病的危害,保障公众身体健康与生命安全,根据《中华人民共和国传染病防治法》

(以下简称传染病防治法)和《突发公共卫生事件应急条例》(以下简称应急条例)等法律法规的规定,制定本办法。

第二条 本办法适用于传染病防治法、应急条例和国家有关法律法规中规定的突发公共卫生事件与传染病疫情监测信息报告管理工作。

第三条 突发公共卫生事件与传染病疫情监测信息报告,坚持依法管理,分级负责,快速准确,安全高效的原则。

第四条 国务院卫生行政部门对全国突发公共卫生事件与传染病疫情监测信息报告实施统一监督管理。

县级以上地方卫生行政部门对本行政区域突发公共卫生事件与传染病疫情监测信息报告实施监督管理。

第五条 国务院卫生行政部门及省、自治区、直辖市卫生行政部门鼓励、支持开展突发公共卫生事件与传染病疫情监测信息报告管理的科学技术研究和国际交流合作。

第六条 县级以上各级人民政府及其卫生行政部门,应当对在突发公共卫生事件与传染病疫情监测信息报告管理工作中做出贡献的人员,给予表彰和奖励。

第七条 任何单位和个人必须按照规定及时如实报告突发公共卫生事件与传染病疫情信息,不得瞒报、缓报、谎报或者授意他人瞒报、缓报、谎报。

第二章 组织管理

第八条 各级疾病预防控制机构按照专业分工,承担责任范围内突发公共卫生事件和传染病疫情监测、信息报告与管理工作,具体职责为:

(一)按照属地化管理原则,当地疾病预防控制机构负责,对行政辖区内的突发公共卫生事件和传染病疫情进行监测、信息报告与管理;负责收集、核实辖区内突发公共卫生事件、疫情信息和其他信息资料;设置专门的举报、咨询热线电话,接受突发公共卫生事件和疫情的报告、咨询和监督;设置专门工作人员搜集各种来源的突发公共卫生事件和疫情信息。

(二)建立流行病学调查队伍和实验室,负责开展现场流行病学调查与处理,搜索密切接触者、追踪传染源,必要时进行隔离观察;进行疫点消毒及其技术指导;标本的实验室检测检验及报告。

(三)负责公共卫生信息网络维护和管理,疫情资料的报告、分析、利用与反馈;建立监测信息数据库,开展技术指导。

(四)对重点涉外机构或单位发生的疫情,由省级以上疾病预防控制机构进行报告管理和检查指导。

(五)负责人员培训与指导,对下级疾病预防控制机构工作人员进行业务培训;对辖区内医院和下级疾病预防控制机构疫情报告和信息网络管理工作进行技术指导。

第九条 国家建立公共卫生信息监测体系,构建覆盖国家、省、市(地)、县(区)疾病预防控制机构、医疗卫生机构和卫生行政部门的信息网络系统,并向乡(镇)、村和城市社区延伸。

国家建立公共卫生信息管理平台、基础卫生资源数据库和管理应用软件,适应突发公共卫生事件、法定传染病、公共卫生和专病监测的信息采集、汇总、分析、报告等工作的需要。

第十条 各级各类医疗机构承担责任范围内突发公共卫生事件和传染病疫情监测信息报告任务,具体职责为:

(一)建立突发公共卫生事件和传染病疫情信息监测报告制度,包括报告卡和总登记簿、疫情收报、核对、自查、奖惩。

(二)执行首诊负责制,严格门诊工作日志制度以及突发公共卫生事件和疫情报告制度,负责突发公共卫生事件和疫情监测信息报告工作。

(三)建立或指定专门的部门和人员,配备必要的设备,保证突发公共卫生事件和疫情监测信息的网络直接报告。

门诊部、诊所、卫生所(室)等应按照规定时限,以最快通讯方式向发病地疾病预防控制机构进行报告,并同时报出传染病报告卡。

报告卡片邮寄信封应当印有明显的“突发公共卫生事件或疫情”标志及写明××疾病预防控制机构收的字样。

(四)对医生和实习生进行有关突发公共卫生事件和传染病疫情监测信息报告工作的培训。

(五)配合疾病预防控制机构开展流行病学调查和标本采样。

第十一条 流动人员中发生的突发公共卫生事件和传染病病人、病原携带者和疑似传染病病人的报告、处理、疫情登记、统计,由诊治地负责。

第十二条 铁路、交通、民航、厂(场)矿所属的医疗卫生机构发现突发公共卫生事件和传染病疫情,应按属地管理原则向所在地县级疾病预防控制机构报告。

第十三条 军队内的突发公共卫生事件和军人中的传染病疫情监测信息,由中国人民解放军卫生主管部门根据有关规定向国务院卫生行政部门直接报告。

军队所属医疗卫生机构发现地方就诊的传染病病人、病原携带者、疑似传染病病人时,应按属地管理原则向所在地疾病预防控制机构报告。

第十四条 医疗卫生人员未经当事人同意,不得将传染病病人及其家属的姓名、住址和个人病史以任何形式向社会公开。

第十五条 各级政府卫生行政部门对辖区内各级医疗卫生机构负责的突发公共卫生事件和传染病疫情监测信息报告情况,定期进行监督、检查和指导。

第三章 报 告

第十六条 各级各类医疗机构、疾病预防控制机构、采供血机构均为责任报告单位;其执行职务的人员和乡村医生、个体开业医生均为责任疫情报告人,必须按照传染病防治法的规定进行疫情报告,履行法律规定的义务。

第十七条 责任报告人在首次诊断传染病病人后,应立即填写传染病报告卡。

传染病报告卡由录卡单位保留三年。

第十八条 责任报告单位和责任疫情报告人发现甲类传染病和乙类传染病中的肺炭疽、传染性非典型肺炎、脊髓灰质炎、人感染高致病性禽流感病人或疑似病人时,或发现其他传染病和不明原因疾病暴发时,应于2小时内将传染病报告卡通过网络报告;未实行网络直报的责任报告单位应于2小时内以最快的通讯方式(电话、传真)向当地县级疾病预防控制机构报告,并于2小时内寄送出传染病报告卡。

对其他乙、丙类传染病病人、疑似病人和规定报告的传染病病原携带者在诊断后,实行网络直报的责任报告单位应于24小时内进行网络报告;未实行网络直报的责任报告单位应于24小时内寄送出传染病报告卡。

县级疾病预防控制机构收到无网络直报条件责任报告单位报送的传染病报告卡后,应于2小时内通过网络进行直报。

第十九条 获得突发公共卫生事件相关信息的责任报告单位和责任报告人,应当在2小时内以电话或传真等方式向属地卫生行政部门指定的专业机构报告,具备网络直报条件的要同时进行网络直报,直报的信息由指定的专业机构审核后进入国家数据库。不具备网络直报条件的责任报告单位和责任报告人,应采用最快的通讯方式将《突发公共卫生事件相关信息报告卡》报送属地卫生行政部门指定的专业机构,接到《突发公共卫生事件相关信息报告卡》的专业机构,应对信息进行审核,确定真实性,2小时内进行网络直报,同时以电话或传真等方式报告同级卫生行政部门。

接到突发公共卫生事件相关信息报告的卫生行政部门应当尽快组织有关专家进行现场调查,如确认为实际发生突发公共卫生事件,应根据不同的级别,及时组织采取相应的措施,并在2小时内向本级人民政府报告,同时向上一级人民政府卫生行政部门报告。如尚未达到突发公共卫生事件标准的,由专业防治机构密切跟踪事态发展,随时报告事态变化情况。

第二十条 突发公共卫生事件及传染病信息报告的其他事项按照《突发公共卫生事件相关信息报告管理工作规范(试行)》及《传染病信息报告管理规范》有关规定执行。

第四章 调 查

第二十一条 接到突发公共卫生事件报告的地方卫生行政部门,应当立即组织力量对报告事项调查核实、判定性质,采取必要的控制措施,并及时报告调查情况。

不同类别的突发公共卫生事件的调查应当按照《全国突发公共卫生事件应急预案》规定要求执行。

第二十二条 突发公共卫生事件与传染病疫情现场调查应包括以下工作内容:

(一)流行病学个案调查、密切接触者追踪调查和传染病发病原因、发病情况、疾病流行的可能因素等调查;

(二)相关标本或样品的采样、技术分析、检验;

（三）突发公共卫生事件的确证；

（四）卫生监测，包括生活资源受污染范围和严重程度，必要时应在突发事件发生地及相邻省市同时进行。

第二十三条 各级卫生行政部门应当组织疾病预防控制机构等有关领域的专业人员，建立流行病学调查队伍，负责突发公共卫生事件与传染病疫情的流行病学调查工作。

第二十四条 疾病预防控制机构发现传染病疫情或接到传染病疫情报告时，应当及时采取下列措施：

（一）对传染病疫情进行流行病学调查，根据调查情况提出划定疫点、疫区的建议，对被污染的场所进行卫生处理，对密切接触者，在指定场所进行医学观察和采取其他必要的预防措施，并向卫生行政部门提出疫情控制方案；

（二）传染病暴发、流行时，对疫点、疫区进行卫生处理，向卫生行政部门提出疫情控制方案，并按照卫生行政部门的要求采取措施；

（三）指导下级疾病预防控制机构实施传染病预防、控制措施，组织、指导有关单位对传染病疫情的处理。

第二十五条 各级疾病预防控制机构负责管理国家突发公共卫生事件与传染病疫情监测报告信息系统，各级责任报告单位使用统一的信息系统进行报告。

第二十六条 各级各类医疗机构应积极配合疾病预防控制机构专业人员进行突发公共卫生事件和传染病疫情调查、采样与处理。

第五章 信息管理与通报

第二十七条 各级各类医疗机构所设与诊治传染病有关的科室应当建立门诊日志、住院登记簿和传染病疫情登记簿。

第二十八条 各级各类医疗机构指定的部门和人员，负责本单位突发公共卫生事件和传染病疫情报告卡的收发和核对，设立传染病报告登记簿，统一填报有关报表。

第二十九条 县级疾病预防控制机构负责本辖区内突发公共卫生事件和传染病疫情报告卡、报表的收发、核对、疫情的报告和管理工作。

各级疾病预防控制机构应当按照国家公共卫生监测体系网络系统平台的要求，充分利用报告的信息资料，建立突发公共卫生事件和传染病疫情定期分析通报制度，常规监测时每月不少于三次疫情分析与通报，紧急情况下需每日进行疫情分析与通报。

第三十条 国境口岸所在地卫生行政部门指定的疾病预防控制机构和港口、机场、铁路等疾病预防控制机构及国境卫生检疫机构，发现国境卫生检疫法规定的检疫传染病时，应当互相通报疫情。

第三十一条 发现人畜共患传染病时，当地疾病预防控制机构和农、林部门应当互相通报疫情。

第三十二条 国务院卫生行政部门应当及时通报和公布突发公共卫生事件和传染病疫情，省（自治区、直辖市）人民政府卫生行政部门根据国务院卫生行政部门的授权，及时通报和公布本行政区域的突发公共卫生事件和传染病疫情。

突发公共卫生事件和传染病疫情发布内容包括：

（一）突发公共卫生事件和传染病疫情性质、原因；

（二）突发公共卫生事件和传染病疫情发生地及范围；

（三）突发公共卫生事件和传染病疫情的发病、伤亡及涉及的人员范围；

（四）突发公共卫生事件和传染病疫情处理措施和控制情况；

（五）突发公共卫生事件和传染病疫情发生地的解除。

与港澳台地区及有关国家和世界卫生组织之间的交流与通报办法另行制订。

第六章 监督管理

第三十三条 国务院卫生行政部门对全国突发公共卫生事件与传染病疫情监测信息报告管理工作进行监督、指导。

县级以上地方人民政府卫生行政部门对本行政区域的突发公共卫生事件与传染病疫情监测信息报告管理工作进行监督、指导。

第三十四条 各级卫生监督机构在卫生行政部门的领导下，具体负责本行政区内的突发公共卫生事件与传染病疫情监测信息报告管理工作的监督检查。

第三十五条 各级疾病预防控制机构在卫生行政部门的领导下,具体负责对本行政区域内的突发公共卫生事件与传染病疫情监测信息报告管理工作的技术指导。

第三十六条 各级各类医疗卫生机构在卫生行政部门的领导下,积极开展突发公共卫生事件与传染病疫情监测信息报告管理工作。

第三十七条 任何单位和个人发现责任报告单位或责任疫情报告人有瞒报、缓报、谎报突发公共卫生事件和传染病疫情情况时,应向当地卫生行政部门报告。

第七章 罚 则

第三十八条 医疗机构有下列行为之一的,由县级以上地方卫生行政部门责令改正、通报批评、给予警告;情节严重的,会同有关部门对主要负责人、负有责任的主管人员和其他责任人员依法给予降级、撤职的行政处分;造成传染病传播、流行或者对社会公众健康造成其他严重危害后果,构成犯罪的,依据刑法追究刑事责任:

(一)未建立传染病疫情报告制度的;

(二)未指定相关部门和人员负责传染病疫情报告管理工作的;

(三)瞒报、缓报、谎报发现的传染病病人、病原携带者、疑似病人的。

第三十九条 疾病预防控制机构有下列行为之一的,由县级以上地方卫生行政部门责令改正、通报批评、给予警告;对主要负责人、负有责任的主管人员和其他责任人员依法给予降级、撤职的行政处分;造成传染病传播、流行或者对社会公众健康造成其他严重危害后果,构成犯罪的,依法追究刑事责任:

(一)瞒报、缓报、谎报发现的传染病病人、病原携带者、疑似病人的;

(二)未按规定建立专门的流行病学调查队伍,进行传染病疫情的流行病学调查工作;

(三)在接到传染病疫情报告后,未按规定派人进行现场调查的;

(四)未按规定上报疫情或报告突发公共卫生事件的。

第四十条 执行职务的医疗卫生人员瞒报、缓报、谎报传染病疫情的,由县级以上卫生行政部门给予警告,情节严重的,责令暂停六个月以上一年以下执业活动,或者吊销其执业证书。

责任报告单位和事件发生单位瞒报、缓报、谎报或授意他人不报告突发性公共卫生事件或传染病疫情的,对其主要领导、主管人员和直接责任人由其单位或上级主管机关给予行政处分,造成疫情播散或事态恶化等严重后果的,由司法机关追究其刑事责任。

第四十一条 个体或私营医疗保健机构瞒报、缓报、谎报传染病疫情或突发性公共卫生事件的,由县级以上卫生行政部门责令限期改正,可以处100元以上500元以下罚款;对造成突发性公共卫生事件和传染病传播流行的,责令停业整改,并可以处200元以上2000元以下罚款,触犯刑律的,对其经营者、主管人员和直接责任人移交司法机关追究刑事责任。

第四十二条 县级以上卫生行政部门未按照规定履行突发公共卫生事件和传染病疫情报告职责,瞒报、缓报、谎报或者授意他人瞒报、缓报、谎报的,对主要负责人依法给予降级或者撤职的行政处分;造成传染病传播、流行或者对社会公众造成其他严重危害后果的,给予开除处分;构成犯罪的,依法追究刑事责任。

第八章 附 则

第四十三条 中国人民解放军、武装警察部队医疗卫生机构突发公共卫生事件与传染病疫情监测信息报告管理工作,参照本办法的规定和军队的相关规定执行。

第四十四条 本办法自发布之日起实施。

群体性不明原因疾病应急处置方案(试行)

·2007年1月16日

·卫应急发〔2007〕21号

1 总 则

1.1 编制目的

为及时发现、有效控制群体性不明原因疾病,规范群体性不明原因疾病发生后的报告、诊治、调查和控制等应急处置技术,指导群体性不明原因疾病事件的应急处置工作,保障人民群众身体健康,维护社会稳定和经济发展。

1.2 编制依据

依据《中华人民共和国传染病防治法》、《突发公共卫生事件应急条例》、《国家突发公共事件总体应急预案》和《国家突发公共卫生事件应急预案》等法律法规和预案，制定本方案。

1.3 适用范围

本方案适用在中华人民共和国境内发生的，造成或者可能造成社会公众身心健康严重损害的群体性不明原因疾病事件的应急处置工作。

1.4 群体性不明原因疾病定义和群体性不明原因疾病事件分级

1.4.1 定义

群体性不明原因疾病是指一定时间内（通常是指2周内），在某个相对集中的区域（如同一个医疗机构、自然村、社区、建筑工地、学校等集体单位）内同时或者相继出现3例及以上相同临床表现，经县级及以上医院组织专家会诊，不能诊断或解释病因，有重症病例或死亡病例发生的疾病。

群体性不明原因疾病具有临床表现相似性、发病人群聚集性、流行病学关联性、健康损害严重性的特点。这类疾病可能是传染病（包括新发传染病）、中毒或其他未知因素引起的疾病。

1.4.2 分级

Ⅰ级 特别重大群体性不明原因疾病事件：在一定时间内，发生涉及两个及以上省份的群体性不明原因疾病，并有扩散趋势；或由国务院卫生行政部门认定的相应级别的群体性不明原因疾病事件。

Ⅱ级 重大群体性不明原因疾病事件：一定时间内，在一个省多个县（市）发生群体性不明原因疾病；或由省级卫生行政部门认定的相应级别的群体性不明原因疾病事件。

Ⅲ级 较大群体性不明原因疾病事件：一定时间内，在一个省的一个县（市）行政区域内发生群体性不明原因疾病；或由地市级卫生行政部门认定的相应级别的群体性不明原因疾病事件。

1.5 工作原则

1.5.1 统一领导、分级响应的原则

发生群体性不明原因疾病事件时，事发地的县级、市（地）级、省级人民政府及其有关部门按照分级响应的原则，启动相应工作方案，作出相应级别的应急反应，并按事件发展的进程，随时进行调整。

特别重大群体性不明原因疾病事件的应急处置工作由国务院或国务院卫生行政部门和有关部门组织实施，开展相应的医疗卫生应急、信息发布、宣传教育、科研攻关、国际交流与合作、应急物资与设备的调集、后勤保障以及督导检查等工作。事发地省级人民政府应按照国务院或国务院有关部门的统一部署，结合本地区实际情况，组织协调市（地）、县（市）人民政府开展群体性不明原因疾病事件的应急处置工作。

特别重大级别以下的群体性不明原因疾病事件的应急处置工作由地方各级人民政府负责组织实施。超出本级应急处置能力时，地方各级人民政府要及时报请上级人民政府和有关部门提供指导和支持。

1.5.2 及时报告的原则

报告单位和责任报告人应在发现群体性不明原因疾病2小时内以电话或传真等方式向属地卫生行政部门或其指定的专业机构报告，具备网络直报条件的机构应立即进行网络直报（参照《国家突发公共卫生事件相关信息报告管理工作规范》）。

1.5.3 调查与控制并举的原则

对群体性不明原因疾病事件的现场处置，应坚持调查和控制并举的原则。在事件的不同阶段，根据事件的变化调整调查和控制的侧重点。若流行病学病因（主要指传染源或污染来源、传播途径或暴露方式、易感人群或高危人群）不明，应以调查为重点，尽快查清事件的原因。对有些群体性不明原因疾病，特别是新发传染病暴发时，很难在短时间内查明病原的，应尽快查明传播途径及主要危险因素（流行病学病因），立即采取针对性的控制措施，以控制疫情蔓延。

1.5.4 分工合作、联防联控原则

各级业务机构对于群体性不明原因疾病事件的调查、处置实行区域联手、分工合作。在事件性质尚不明确时，疾病预防控制机构负责进行事件的流行病学调查，提出疾病预防控制措施，开展实验室检测；卫生监督机构负责收集有关证据，追究违法者法律责任；医疗机构负责积极救治患者；有关部门（如农业部门、食品药品监督管理部门、安全生产监督管理部门等）应在各级人民政府的领导和各级卫生行政部门的指导下，各司其职，积极配合有关业务机构开展现场的应急处置工作；同时对于涉及跨区域的群体性不明原因疾病事件，要加强区域合作。一旦事件性质明确,各相关部门应按职责分工开展各自职责范围内的工作。

1.5.5 信息互通、及时发布原则

各级业务机构对于群体性不明原因疾病事件的报告、调查、处置的相关信息应建立信息交换渠道。在调查处置过程中,发现属非本机构职能范围的,应及时将调查信息移交相应的责任机构;按规定权限,及时公布事件有关信息,并通过专家利用媒体向公众宣传防病知识,传达政府对群众的关心,正确引导群众积极参与疾病预防和控制工作。在调查处置结束后,应将调查结果相互通报。

2 应急处置的组织体系及职责

2.1 应急指挥机构

为了有效处置群体性不明原因疾病事件,卫生部按照《国家突发公共卫生事件应急预案》等的规定,在国务院统一领导下,负责组织、协调全国群体性不明原因疾病事件的应急处置工作,并根据实际需要,提出成立全国群体性不明原因疾病事件应急指挥部。

地方各级人民政府卫生行政部门依照职责和本方案的规定,在本级人民政府统一领导下,负责组织、协调本行政区域内群体性不明原因疾病事件的应急处置工作,并根据实际需要,向本级人民政府提出成立地方群体性不明原因疾病事件应急指挥部的建议。

各级人民政府根据本级人民政府卫生行政部门的建议和实际工作需要,决定是否成立地方应急指挥部。

地方各级人民政府及有关部门和单位要按照属地管理的原则,切实做好本行政区域内群体性不明原因疾病事件的应急处置工作。

2.1.1 全国群体性不明原因疾病事件应急指挥部的组成和职责

全国群体性不明原因疾病事件应急指挥部负责对特别重大群体性不明原因疾病事件的统一领导、统一指挥,作出处置群体性不明原因疾病事件的重大决策。指挥部成员单位根据事件的性质和应急处置工作的需要确定。

2.1.2 地方群体性不明原因疾病事件应急指挥部的组成和职责

地方群体性不明原因疾病事件应急指挥部由各级人民政府有关部门组成,实行属地管理的原则,负责对本行政区域内群体性不明原因疾病事件的应急处置的协调和指挥,做出处置本行政区域内群体性不明原因疾病事件的决策,决定要采取的措施。

2.1.3 专家组的组成和职责

专家组由传染病学、临床医学、流行病学、食品卫生、职业卫生、免疫规划、卫生管理、健康教育、医学检验等相关领域具有高级职称的专家组成。根据需要,在专家组中可分设专业组,如传染病防控组、中毒处置组、核与放射处置组、医疗救治组和预测预警组等。其主要职责是:

(1)对群体性不明原因疾病的调查和采取的控制措施提出建议;

(2)对确定群体性不明原因疾病原因和事件相应的级别提出建议;

(3)对群体性不明原因疾病事件的发展趋势进行评估和预测;

(4)对群体性不明原因疾病事件应急反应的终止、后期评估提出建议;

(5)承担群体性不明原因疾病事件应急指挥部交办的其他工作。

2.2 医疗卫生专业机构的职责和分工

2.2.1 医疗机构主要负责病例(疫情)的诊断和报告,并开展临床救治。有条件的医疗机构应及时进行网络直报,并上报所在辖区内的疾病预防控制机构。同时,医疗机构应主动配合疾病预防控制机构开展事件的流行病学和卫生学调查、实验室检测样本的采集等工作,落实医院内的各项疾病预防控制措施;并按照可能的病因假设采取针对性的治疗措施,积极抢救危重病例,尽可能减少并发症,降低病死率;一旦有明确的实验室检测结果,医疗机构应及时调整治疗方案,做好病例尤其是危重病例的救治工作。

2.2.2 疾病预防控制机构主要负责进行群体性不明原因疾病事件的流行病学和卫生学调查、实验室检测样本的采集和检测,同时要提出具体的疾病预防控制措施(如消毒、隔离、医学观察等),并指导相关单位加以落实。

2.2.3 卫生监督机构主要协助卫生行政部门对事件发生地区的食品卫生、环境卫生以及医疗卫生机构的疫情报告、医疗救治、传染病防治等进行卫生监督和执法稽查。

3 监测与报告

3.1 监测

3.1.1 监测网络和体系

国家将群体性不明原因疾病监测工作纳入全国疾病监测网络。各级医疗机构、疾病预防控制机构、卫生监督机构负责开展群体性不明原因疾病的日常监测工作。上述机构应及时对群体性不明原因疾病的资料进行收集汇总、科学分析、综合评估,早期发现不明原因疾病的苗头。

省级人民政府卫生行政部门要按照国家统一规定和要求,结合实际,建立由省、市、县(市、区)级和乡镇卫生院或社区卫生服务中心(站)及村卫生室组成的监测网络,积极开展不明原因疾病的监测。

3.1.2 监测资料的收集、整理和分析

(1)疾病预防控制机构对各种已有的监测资料进行收集、整理和分析,早期发现群体性不明原因疾病。

对上报的有相似症状的不明原因疾病资料进行汇总,及时分析不明原因疾病的分布、关联性、聚集性及发展趋势,寻找和发现异常情况。

在现有监测的基础上,根据需要扩大监测的内容和方式,如缺勤报告监测、社区监测、药店监测、电话咨询监测、症状监测等,以互相印证,提高监测的敏感性。

(2)医疗机构医务人员接诊不明原因疾病患者,具有相似临床症状,并在发病时间、地点、人群上有关联性的要及时报告。

3.2 报告

3.2.1 责任单位和责任报告人

县级以上各级人民政府卫生行政部门指定的突发公共卫生事件监测机构、各级各类医疗卫生机构为群体性不明原因疾病事件的责任报告单位;执行职务的各级各类医疗卫生机构的医疗卫生人员、个体开业医生为责任报告人。此外,任何单位和个人均可向国务院卫生行政部门和地方各级人民政府及其有关部门报告群体性不明原因疾病事件。

任何单位和个人都可以向国务院卫生行政部门和地方各级人民政府及其有关部门举报群体性不明原因疾病事件。

3.2.2 报告内容

各级卫生行政部门指定的责任报告单位,在接到群体性不明原因疾病报告后,要详细询问事件名称、事件类别、发生时间、地点、涉及的地域范围、人数、主要症状与体征、可能的原因、已经采取的措施、事件的发展趋势、下步工作计划等。并按事件发生、发展和控制的过程,收集相关信息,做好初次报告、进程报告、结案报告。

(1)初次报告。

报告内容包括事件名称、初步判定的事件类别和性质、发生地点、波及范围、发生时间、涉及发病人数、死亡人数、主要的临床症状、可能原因、已采取的措施、报告单位、报告人员及通讯方式等。

(2)进程报告。

应报告事件的发展趋势与变化、处置进程、事件的诊断和原因或可能因素,势态评估、控制措施等内容。同时,对初次报告的内容进行补充和修正。

重大及特别重大群体性不明原因疾病事件至少应按日进行进程报告。

(3)结案报告。

事件终止应有结案报告,凡达到《国家突发公共卫生事件应急预案》分级标准的群体性不明原因疾病事件结束后,均应由相应级别卫生行政部门组织评估。在确认事件终止后2周内,对事件的发生和处理情况进行总结,分析其原因和影响因素,并提出今后对类似事件的防范和处置建议。结案报告的具体内容应包括整个事件发生、发展的全过程,包括事件接报情况、事件概况、背景资料(包括事件发生地的地理、气候、人文等一般情况)、描述流行病学分析、病因假设及验证、讨论、结论和建议等。

3.2.3 报告时限与程序

发现群体性不明原因疾病的责任报告单位和报告人,应在2小时内以电话或传真等方式向属地卫生行政部门或其指定的专业机构报告,具备网络直报条件的机构在核实应立即进行网络直报。不具备网络直报条件的责任报告单位和责任报告人,应采用最快的通讯方式将《突发公共卫生事件相关信息报告卡》报送属地卫生行政部门指定的专业机构。接到群体性不明原因疾病报告的专业机构,应对信息进行审核,确定真实性,2小时内进行网络直报,同时以电话或传真等方式报告同级卫生行政部门。具体要求按照《国家突发公共卫生事件相关信息报告管理工作规范(试行)》执行。

3.2.4 通报制度

群体性不明原因疾病发生地的上级卫生行政部门应根据防控工作的需要，将疫情及时通报相邻地区的卫生行政部门。

4 专家会商与指挥决策

4.1 专家会商

卫生行政部门接到群体性不明原因疾病报告并核实后，迅速组织群体性不明原因疾病专家组赴事发地现场会商。专家会商的主要内容是：在查看病例及其临床资料的基础上，核实前期流行病学调查资料等内容，重点讨论报告病例是否属不明原因疾病（病例的临床表现与报告情况是否相符、诊断是否正确、治疗方法是否适当）；病例之间是否有关联性，事件的危害性。

经专家会商后应撰写会商报告，主要包括如下内容：

（1）报告病例的三间分布、病情进展及临床治疗情况；

（2）确诊病例、临床诊断病例、疑似病例、密切接触者、一般接触者、监测病例的定义；

（3）病人救治方案，治愈与出院标准；

（4）事件的初步判断，包括事件的性质、可能的病因、传播（污染）途径、潜伏期及趋势分析；

（5）对控制措施和事件分级的建议，疫点、疫区的划定。

首次会商会后，要根据病例病情进展情况及病因调查情况，不定期召开专家会商会，以及时调整病例定义和工作方案。

4.2 指挥决策

（1）卫生行政部门根据专家会商结果，报告同级人民政府和上一级卫生行政部门，拟定《群体性不明原因疾病应急处置工作方案》，报同级人民政府批准下发到相关部门和单位实施。

（2）总结分析。定期召开工作例会，汇总工作进展情况，及时分析事件的发展动向、存在的问题及下一步工作安排。

（3）下达指令。根据工作组例会分析情况和上级指示，及时以公文等形式下达相关指令，并督办落实。

（4）社会动员。根据应急处置工作的需要，及时动员社会各界共同参与应急处置工作。同时，组织开展爱国卫生运动，宣传卫生防病知识，提高群众自我保护意识。

（5）舆论引导。适时公布事件相关信息。加强媒体监测，收集与事件相关的报道及网络上的相关信息，正确引导舆论。

（6）资源调度。根据事件处置工作需要，及时调集技术力量、应急物资和资金。

5 现场调查与病因分析

群体性不明原因疾病发生后，首先应根据已经掌握的情况，尽快组织力量开展调查，分析，查找病因。

若流行病学病因（主要是传染源、传播途径或暴露方式、易感人群）不明，应以现场流行病学调查为重点，尽快查清事件的原因。在流行病学病因查清后，应立即实行有针对性的控制措施。

若怀疑为中毒事件时，在采取适当救治措施的同时，要尽快查明中毒原因。查清中毒原因后，给予特异、针对性的治疗，并注意保护高危人群。

若病因在短时间内难以查清，或即使初步查明了病原，但无法于短期内找到有效控制措施的，应以查明的传播途径及主要危险因素（流行性病因）制定有针对性的预防控制措施。

5.1 群体性不明原因疾病的核实与判断

5.1.1 核实

卫生行政部门接到报告后应立即派出专业人员（包括流行病学或卫生学、临床、检验等专业人员）对不明原因疾病进行初步核实，核实内容主要包括：

（1）病例的临床特征、诊断、治疗方法和效果；

（2）发病经过和特点：发病数、死亡数及三间分布等；

（3）样本采集种类、方式、时间及保存、运输方法等；

（4）实验室检测方法、仪器、试剂、质控和结果；

（5）危及人群的范围和大小；

（6）不明原因疾病性质的初步判断及其依据；

（7）目前采取的措施和效果；

（8）目前的防治需求。

5.1.2 判断

根据核实结果进行综合分析，初步判断群体性不明原因疾病是否存在，若确认疫情存在，应对群体性不明原因疾病的性质、规模、种类、严重程度、高危人群、发展阶段和趋势进行初步判断,并制定初步的调查方案和控制措施。

5.2 病例调查及分析

5.2.1 病例搜索

根据病例定义的内容,在一定的时间、范围内搜索类似病例并开展个案调查、入户调查和社区调查。设计调查表,培训调查人员,统一调查内容和方法。调查表参照附录2~4。

5.2.2 初步分析

统计病例的发病数、死亡数、病死率、病程等指标,描述病例的三间分布及特征,进行关联性分析。

5.3 提出病因假设

5.3.1 从临床、流行病学基本资料入手,寻找病因线索

根据病例的临床表现、病情进展情况、严重程度、病程变化,先按感染性与非感染性两类查找病因线索,然后逐步细化。根据患者的临床症状、体征、常规实验室检测结果、临床治疗及转归和初步的流行病学资料进行分析,判定疾病主要影响的器官、病原种类,影响流行的环节等,做出初步诊断。

分析思路:首先考虑常见病、多发病,再考虑少见病、罕见病,最后考虑新出现的疾病。如果初步判定是化学中毒,首先考虑常见的毒物,再考虑少见毒物(见附录5)。

(1)根据临床表现(发热、咳嗽、腹泻、皮疹等)、病情进展、常规检验结果,以及基本的流行病学调查(个人史、家族史、职业暴露史等),初步判定是感染性疾病还是非感染性疾病;如果为感染性疾病,需考虑是否具有传染性。

若判定为感染性疾病可能性大,可根据患者的症状、体征、实验室检测结果,以及试验性治疗效果,判定是细菌性、病毒性,还是其他病原微生物的感染。根据临床主要特征提出病因假设(见附表1)。

(2)如考虑为非感染性疾病,需先判定是否中毒,再考虑是否心因性、过敏性、放射性(辐射)或其他的原因引起的疾病。

①结合进食史、职业暴露史、临床症状和体征、发病过程等,判定是否中毒,以及可能引起的中毒物(见附表2)。

②结合患者的临床表现、周围人群特征等,判定是否心因性疾病。

③结合进食史、用药史、生活或职业暴露史、临床症状和体征、发病过程等,判定是否是过敏性疾病(如药物疹等)。

④结合生活或职业暴露史、临床症状和体征、发病过程等,判定是否辐射病。

5.3.2 从流行病学特征入手,建立病因假设

(1)掌握背景资料:现场环境、当地生活习惯、方式、嗜好、当地动物发病情况以及其他可能影响疾病发生、发展、变化的因素。

(2)归纳疾病分布特征,形成病因假设:通过三间分布,提出病因假设,包括致病因子、危险因素及其来源、传播方式(或载体)、高危人群等。

提出可能的病因假设,可以不止1个假设,适宜的病因假设包括导致暴发、流行的疾病、传染源及传播途径、传播方式、高危人群,提出病因假设后,在验证假设的同时,应尽快实施有针对性的预防和控制措施。

5.4 验证病因

5.4.1 流行病学病因验证:根据病因假设,通过病例-对照研究、队列研究等分析性流行病学方法进行假设验证。在进行病因推断时,应注意以下原则:

(1)根据患者暴露在可疑因素中的时间关系,确定暴露因素与疾病联系的时间先后顺序。

(2)如果可疑因素可按剂量进行分级,了解该疾病病情的严重程度与某种暴露因素的数量间的关系。

(3)根据疾病地区、时间分布特征,分析疾病病因分布与疾病的地区、时间分布关系。

(4)观察不同的人群、不同的地区和不同的时间,判定暴露因素与疾病可重复性联系。

(5)根据所掌握的生物医学等现代科学知识,合理地解释暴露与疾病的因果关系。

(6)观察暴露因素与疾病的关系,判定是否存在着一对一的关系,或其他关系。

(7)观察可疑致病因素的变化(增加、减少或去除)和疾病发生率变化(升高或下降)关系,进一步确定暴露因素与疾病的因果联系。

5.4.2 实验室证据:收集样本(血、咽拭子、痰、大便、尿、脑脊液、尸解组织等),通过实验室检测验证假设。

5.4.3 干预(控制)措施效果评价：针对病原学病因假设进行临床试验性治疗；根据流行病学病因假设，提出初步的控制措施，包括消除传染源或污染源、减少暴露或防止进一步暴露、保护易感或高危人群。通过对所采取的初步干预(控制)措施的效果评价也可验证病因假设，并为进一步改进和完善控制措施提供依据。

5.4.4 如果通过验证假设无法成立，则必须重新考虑或修订假设，根据新的线索制定新的方案，有的群体性不明原因疾病可能需要反复多次的验证，方能找到明确原因。

5.5 判断和预测

综合分析调查结果，对群体性不明原因疾病的病因、目前所处阶段、影响范围、病人救治和干预(控制)措施的效果等方面进行描述和分析，得出初步结论，同时对病人的预后、群体性不明原因疾病发展趋势及其影响进行分析和预测，并对下一步工作提出建议。

6 现场控制措施

应急处置中的预防控制措施需要根据疾病的传染源或危害源、传播或危害途径以及疾病的特征来确定。不明原因疾病的诊断需要在调查过程中逐渐明确疾病发生的原因。因此，在采取控制措施上，需要根据疾病的性质，决定应该采取的控制策略和措施，并随着调查的深入，不断修正、补充和完善控制策略与措施，遵循边控制、边调查、边完善的原则，力求最大限度地降低不明原因疾病的危害。

6.1 无传染性的不明原因疾病

(1)积极救治病人，减少死亡(详见附录6)。

(2)对共同暴露者进行医学观察，一旦发现符合本次事件病例定义的病人，立即开展临床救治。

(3)移除可疑致病源。如怀疑为食物中毒，应立即封存可疑食物和制作原料，职业中毒应立即关闭作业场所，怀疑为过敏性、放射性的，应立即采取措施移除或隔开可疑的过敏原、放射源。

(4)尽快疏散可能继续受致病源威胁的群众。

(5)在对易感者采取有针对性保护措施时，应优先考虑高危人群。

(6)开展健康教育，提高居民自我保护意识，群策群力、群防群控。

6.2 有传染性的不明原因疾病

(1)现场处置人员进入疫区时，应采取保护性预防措施。

(2)隔离治疗患者。根据疾病的分类，按照呼吸道传染病、肠道传染病、虫媒传染病隔离病房要求，对病人进行隔离治疗。重症病人立即就地治疗，症状好转后转送隔离医院。病人在转运中要注意采取有效的防护措施。治疗前注意采集有关标本。出院标准由卫生行政部门组织流行病学、临床医学、实验室技术等多方面的专家共同制定，患者达到出院标准方可出院。

(3)如果有暴发或者扩散的可能，符合封锁标准的，要向当地政府提出封锁建议，封锁的范围根据流行病学调查结果来确定。发生在学校、工厂等人群密集区域的，如有必要应建议停课、停工、停业。

(4)对病人家属和密切接触者进行医学观察，观察期限根据流行病学调查的潜伏期和最后接触日期决定。

(5)严格实施消毒，按照《中华人民共和国传染病防治法》要求处理人、畜尸体，并按照《传染病病人或疑似传染病病人尸体解剖查验规定》开展尸检并采集相关样本。

(6)对可能被污染的物品、场所、环境、动植物等进行消毒、杀虫、灭鼠等卫生学处理。疫区内重点部位要开展经常性消毒。

(7)疫区内家禽、家畜应实行圈养。如有必要，报经当地政府同意后，对可能染疫的野生动物、家禽家畜进行控制或捕杀。

(8)开展健康教育，提高居民自我保护意识，做到群防群治。

(9)现场处理结束时要对疫源地进行终末消毒，妥善处理医疗废物和临时隔离点的物品。

根据对控制措施效果评价，以及疾病原因的进一步调查结果，及时改进、补充和完善各项控制措施。一旦明确病因，即按照相关疾病的处置规范开展工作，暂时无规范的，应尽快组织人员制定。

7 样本采集和实验室检测

7.1 感染性疾病标本：标本采集应依据疾病的不同进程，进行多部位、多频次采集标本，对病死患者要求进行尸体解剖。所有的标本采集工作应遵循无菌操作的原则。标本采集及运输时应严格按照相关生物安全规定进行(见附表3)。

7.1.1　标本种类

(1)血标本。

①血清:需采集多份血清标本。至少于急性期(发病7天内或发现时、最好是在使用抗生素之前)、中期(发病后第10~14天)、恢复期(发病后22~50天)分别采集外周静脉血各5~6ml,分离后的血清分装于3个塑料螺口血清管中,如需要可收集血块标本。

②抗凝血:于急性期(发病3天内或发现时、最好是在使用抗生素之前)采集10ml全血,分装于3个塑料螺口试管中,抗凝剂不能够使用肝素,推荐使用枸橼酸盐。

③其他血标本:根据实验室检测的需要可以采集其他血标本,如血涂片等。

(2)呼吸道标本。

①上呼吸道标本:包括咽拭子、鼻拭子、鼻咽抽取物、咽漱液、痰液。

②下呼吸道标本:包括呼吸道抽取物、支气管灌洗液、胸水、肺组织活检标本。

呼吸道标本应于发病早期即开始采集,根据病程决定采集的频次,采好的标本分装于3个螺口塑料试管中。

(3)消化道标本。

包括患者的呕吐物、粪便和肛拭子,应于发病早期即开始采集,根据病程决定采集的频次,采好的标本分装于3个螺口塑料试管中。

(4)尿液。

尿液采集中段尿,一般于发病早期采集,根据疾病的发展也可以进行多次采集,采集好的标本分装于3个螺口塑料试管中,取尿液或者沉淀物进行检测。

(5)其他人体标本。

包括脑脊液、疱疹液、淋巴结穿刺液、溃破组织、皮肤焦痂等。采集好的标本分装于3个螺口塑料试管中。

(6)尸体解剖。

对所有群体性不明原因疾病的死亡病例都应由当地卫生行政部门出面积极争取尸体解剖,尽可能采集死亡病例的所有组织器官,如果无法采集所有组织,则应根据疾病的临床表现,采集与疾病有关的重点组织器官标本(如肺、肝穿刺),以助病因诊断和临床救治。

对于可能具有传染性的疾病,尸解时应根据可能的传播途径采取严格的防护措施。做病原学研究的组织标本采集得越早越好,疑似病毒性疾病的标本采集时间最好不超过死后6小时,疑似细菌性疾病不超过6小时,病理检查的标本不超过24小时。如果采样的时间和条件合适,应同种组织每一部位至少采集3份标本,1份用于病原学研究(无菌采集),1份用于病理学研究(固定于福尔马林中),1份用于电镜检查(固定于电镜标本保存液中)。重要的组织器官应多部位同时采集标本。

(7)媒介和动物标本。

在调查中如果怀疑所发生的不明原因疾病是虫媒传染病或动物源性传染病的,应同时采集相关媒介和动物标本。

7.1.2　标本保存

血清可在4℃存放3天、-20℃以下长期保存。用于病毒等病原分离和核酸检测的标本应尽快进行检测,24小时内能检测的标本可置于4℃保存,24小时内无法检测的标本则应置于-70℃或以下保存。用于细菌等病原分离和核酸检测的标本一般4℃保存,检测一些特殊的病原体标本需要特殊条件保存标本。标本运送期间应避免反复冻融。

7.1.3　标本运送

群体性不明原因标本的运送要严格做到生物安全。依据病因分析的病原体分类,如果为高致病性病原微生物,应严格按照《病原微生物实验室生物安全管理条例》(国务院424号令)和《可感染人类的高致病性病原微生物菌(毒)种或样本运输管理规定》(中华人民共和国卫生部第45号令)等有关规定执行。

7.2　非感染性疾病

7.2.1　食物中毒

在用药前采集病人的血液、尿液、呕吐物、粪便,以及剩余食物、食物原料、餐具、死者的胃、肠内容物等。尸体解剖:重点采集肝、胃、肠、肾、心等。

7.2.2　职业中毒

采集中毒者的血液、尿液,以及空气、水、土壤等环境标本。尸体解剖:采集标本应根据毒物入侵途径和主要受损部位等,采集血液、肝、肾、骨等。

7.3 实验室检测

(1)感染性疾病:一般进行抗体检测、抗原检测、核酸检测、病原分离、形态学检测等检测项目,依据病原体的特殊性可以开展一些特殊的检测项目。

(2)非感染性疾病:依据病因分析的要求开展相应的检测项目。

8 防护措施

8.1 防护原则

在群体性不明原因疾病的处置早期,需要根据疾病的临床特点、流行病学特征以及实验室检测结果,鉴别有无传染性、确定危害程度和范围等,对可能的原因进行判断,以便采取相应的防护措施。对于原因尚难判断的情况,应该由现场的疾控专家根据其可能的危害水平,决定防护等级。

一般来说,在群体性不明原因疾病的处置初期,如危害因素不明或其浓度、存在方式不详,应按照类似事件最严重性质的要求进行防护。防护服应为衣裤连体,具有高效的液体阻隔(防化学物)性能、过滤效率高、防静电性能好等。一旦明确病原学,应按相应的防护级别进行防护。

8.2 防护服的分类

防护服由上衣、裤、帽等组成,按其防护性能可分为四级:

(1)A级防护:能对周围环境中的气体与液体提供最完善保护。

(2)B级防护:适用于环境中的有毒气体(或蒸汽)或其他物质对皮肤危害不严重时。

(3)C级防护:适用于低浓度污染环境或现场支持作业区域。

(4)D级防护:适用于现场支持性作业人员。

8.2.1 疑似传染病疫情现场和患者救治中的应急处置防护

(1)配备符合中华人民共和国国家标准《医用一次性防护服技术要求》(GB 19082-2003)要求的防护服,且应满足穿着舒适、对颗粒物有一定隔离效率,符合防水性、透湿量、抗静电性、阻燃性等方面的要求。

(2)配备达到N95标准的口罩。

(3)工作中可能接触各种危害因素的现场调查处理人员、实验室工作人员、医院传染科医护人员等,必须采取眼部保护措施,戴防护眼镜,双层橡胶手套,防护鞋靴。

8.2.2 疑似放射性尘埃导致疾病的应急处置防护

多数情况下使用一次性医用防护服即可,也可选用其他防护服。防护服应穿着舒适、对颗粒物有一定的隔离效率,表面光滑、皱褶少,具有较高的防水性、透湿量、抗静电性和阻燃性。根据放射性污染源的种类和存在方式以及污染浓度,对各种防护服的防护参数有不同的具体要求。此类防护服要求帽子、上衣和裤子联体,袖口和裤脚口应采用弹性收口。

如群体性不明原因疾病现场存在气割等产生的有害光线时,工作人员应配备相应功能的防护眼镜或面盾。

8.2.3 疑似化学物泄漏和中毒导致疾病的应急处置防护

根据可能的毒源类型和环境状况,选用不同的防护装备。化学物泄露和化学中毒事件将现场分成热区、温区或冷区。不同区域所需的防护各异,一个区域内使用的防护服不适合在另一区域内使用。在对生命及健康可能有即刻危险的环境(即在30分钟内可对人体产生不可修复或不可逆转损害的区域)以及到发生化学事故的中心地带参加救援的人员(或其他进入此区域的人员),均需按A级(窒息性或刺激性气态毒物等)或B级(非挥发性有毒固体或液体)防护要求。

9 事件终止及评估

9.1 应急反应的终止

群体性不明原因疾病事件应急反应的终止需符合以下条件:群体性不明原因疾病事件隐患或相关危险因素消除,经过一段时间后无新的病例出现。

特别重大群体性不明原因疾病事件由国务院卫生行政部门组织有关专家进行分析论证,提出终止应急反应的建议,报国务院或全国群体性不明原因疾病事件应急指挥部批准后实施。

特别重大以下群体性不明原因疾病事件由地方各级人民政府卫生行政部门组织专家进行分析论证,提出终止应急反应的建议,报本级人民政府批准后实施,并向上一级人民政府卫生行政部门报告。

上级人民政府卫生行政部门，根据下级人民政府卫生行政部门的请求，及时组织专家对群体性不明原因疾病事件应急反应终止的分析论证提供技术指导和支持。

9.2 事后评估

9.2.1 评估资料的收集

首先要有完善的群体性不明原因疾病暴发调查的程序和完整的工作记录，并及时将调查所得的资料进行整理归档，包括：报告记录；应急处置机构组织形式及成员单位名单；调查处理方案；调查及检验、诊断记录和结果材料；控制措施及效果评价材料；总结及其他调查结案材料等。

9.2.2 评估的内容

应急处置综合评估，包括事件概况、现场调查处理概况、患者救治概况、所采取的措施、效果评价和社会心理评估等，总结经验、发现调查中存在的不足，提高以后类似事件的应急处置能力，并为指导其他地区开展类似防制工作提供有益的经验。

10 保 障

10.1 技术保障

10.1.1 群体性不明原因疾病专家组

各级卫生行政部门应成立群体性不明原因疾病专家组，成员由流行病学、传染病、呼吸道疾病、食品卫生、职业卫生、病原学检验和媒介生物学、行政管理学等方面的专家组成。

10.1.2 应急处置的医疗卫生队伍

各级卫生行政部门均应建立相应的群体性不明原因疾病应急处置医疗卫生队伍，队伍由疾病预防控制、医疗、卫生监督、检验等专业技术人员组成。

10.1.3 医疗救治网络

针对可能发生的不同类别群体性不明原因疾病，指定不同的医疗机构进行救治。医疗救治网络各组成部分之间建立有效的横向、纵向信息连接，实现信息共享。

10.2 后勤保障

10.2.1 物资储备

各级卫生行政部门，建立处置群体性不明原因疾病的医药器械应急物资储备。物资储备种类包括药品、疫苗、医疗器械、快速检验检测技术和试剂、传染源隔离、卫生防护用品等应急物资和设施。

10.2.2 经费保障

各级卫生行政部门要合理安排处置群体性不明原因疾病所需资金，保证医疗救治和应急处理工作的开展。

附表1 按临床综合征划分的疾病特征（略）

附表2 急性不明原因中毒相关体征的甄别（略）

附表3 不明原因疾病样本采集表（略）

附录1 群体性不明原因疾病应急处置技术流程图（略）

附录2 群体性不明原因疾病个案调查表（略）

附录3 群体性不明原因疾病入户调查表（供参考）（略）

附录4 群体性不明原因疾病发病点调查表（供参考）（略）

附录5 从临床症状入手寻找病因线索的步骤（略）

附录6 临床救治原则（略）

卫生部核事故和辐射事故卫生应急预案

·2009年10月15日

·卫应急发〔2009〕101号

1 总 则

1.1 编制目的

为迅速、有效、规范地开展核事故和辐射事故卫生应急工作，最大程度地减少事故造成的人员伤亡和社会影响，保障公众身体健康，维护社会稳定，制定本预案。

1.2 编制依据

《中华人民共和国突发事件应对法》、《放射性同位素与射线装置安全和防护条例》、《核电厂核事故应急管理条例》、《国家突发公共事件医疗卫生救援应急预案》、《国家核应急预案》等有关法律、法规和规范性文件。

1.3 适用范围

本预案主要适用于卫生部门开展核事故和辐

射事故卫生应急工作。卫生部门开展其他核和辐射突发事件卫生应急工作参照本预案执行。

1.4　**工作原则**

统一领导、部门协作；属地管理、分级负责；依法规范，科学有序；反应及时、措施果断；平急结合、常备不懈；资源整合、公众参与。

2　组织体系及其职责

2.1　**组织体系**

核事故和辐射事故卫生应急组织体系如图1所示。

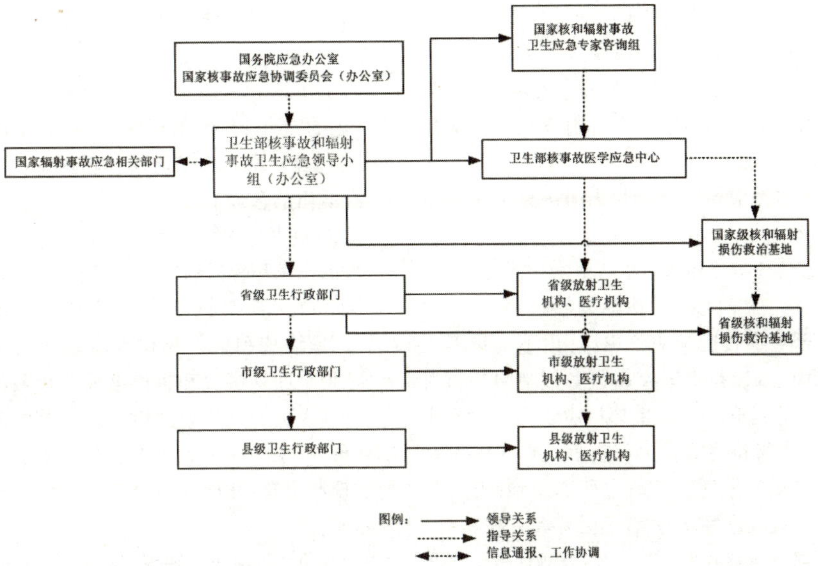

图1　国家核事故和辐射事故卫生应急组织体系

2.1.1　卫生部核事故和辐射事故卫生应急领导小组

卫生部核事故和辐射事故卫生应急领导小组由卫生部主管部领导任组长，成员由卫生部有关司局和单位共同组成（组成人员见附件1），其主要职责是：

（1）贯彻执行国家核事故和辐射事故应急工作方针和应急预案；

（2）审查卫生部核事故和辐射事故卫生应急预案及相关工作规范；

（3）指挥协调全国核事故和辐射事故卫生应急准备和响应工作；

（4）指导地方卫生部门核事故和辐射事故卫生应急准备和响应工作；

（5）组织协调核事故和辐射事故卫生应急国际救援工作。

2.1.2　卫生部核事故和辐射事故卫生应急领导小组办公室

卫生部核事故和辐射事故卫生应急领导小组办公室（以下简称卫生部核和辐射应急办）是卫生部核事故和辐射事故卫生应急领导小组的常设办事机构，设在卫生部卫生应急办公室（组成人员见附件2），其主要职责是：

（1）负责卫生部核事故和辐射事故卫生应急领导小组的日常工作，承办卫生部核事故和辐射事故卫生应急领导小组交办的工作；

（2）组织编制卫生部核事故和辐射事故卫生应急预案及相关工作规范；

（3）组织开展国家核事故和辐射事故卫生应急准备和响应工作；

（4）组织协调或指导地方卫生部门开展核事故和辐射事故卫生应急准备和响应工作；

（5）负责与国家核事故应急协调委员会成员单位和国家核事故应急办公室（以下简称国家核应急办）的沟通联络和工作协调；

（6）负责卫生部核事故和辐射事故卫生应急

专家咨询组的管理工作；

（7）组织开展核事故和辐射事故卫生应急国际救援工作。

2.1.3 卫生部核事故和辐射事故卫生应急专家咨询组

卫生部核事故和辐射事故卫生应急专家咨询组由国内放射医学、放射卫生、辐射防护和核安全等方面的专家组成，其主要职责是：

（1）提供核事故和辐射事故卫生应急准备与响应的咨询和建议，参与救援准备与响应；

（2）参与卫生部核事故和辐射事故卫生应急预案的制定和修订；

（3）参与和指导核事故和辐射事故卫生应急培训和演练；

（4）参与核事故和辐射事故卫生学评价。

2.1.4 卫生部核事故医学应急中心

卫生部核事故医学应急中心（以下简称卫生部核应急中心）设在中国疾病预防控制中心辐射防护与核安全医学所。卫生部核应急中心设临床部、监测评价部和技术后援部。第一临床部设在中国医学科学院放射医学研究所和血液病医院，第二临床部设在北京大学第三医院和人民医院，第三临床部设在解放军307医院，监测评价部设在中国疾病预防控制中心辐射防护与核安全医学所，技术后援部设在军事医学科学院。卫生部核应急中心的主要职责是：

（1）参与卫生部核事故和辐射事故卫生应急预案、工作规范和技术标准等的制订和修订；

（2）做好卫生部核事故和辐射事故卫生应急准备与响应技术工作；

（3）对地方卫生系统核事故和辐射事故卫生应急准备与响应实施技术指导；

（4）承办卫生部核事故和辐射事故卫生应急专家咨询组的日常工作；

（5）承办卫生部核事故和辐射事故卫生应急队伍建设和管理的日常工作；

（6）负责卫生部核事故和辐射事故卫生应急技术支持系统的管理和日常运行；

（7）承担卫生部核事故和辐射事故卫生应急备用指挥中心职责；

（8）组织开展核事故和辐射事故健康效应评价，指导对受到超过年剂量限值照射的人员实施长期医学随访。

2.2 省、市（地）、县级卫生行政部门

省、市（地）、县级卫生行政部门的主要职责是：

（1）制订辖区内的核事故和辐射事故卫生应急预案；

（2）组织实施辖区内的核事故和辐射事故卫生应急准备和响应工作，指导和支援辖区内下级卫生行政部门开展核事故和辐射事故卫生应急工作；

（3）指定相关医疗机构和放射卫生机构承担辖区内的核事故和辐射事故卫生应急工作；

（4）负责辖区内核事故和辐射事故卫生应急专家、队伍的管理工作；

（5）负责与同级其他相关部门的协调工作。

2.3 核和辐射损伤救治基地

2.3.1 国家级核和辐射损伤救治基地

国家级核和辐射损伤救治基地的主要任务是：承担全国核事故和辐射事故医疗救治支援任务，开展人员所受辐射照射剂量的监测和健康影响评价，以及特别重大核事故和辐射事故卫生应急的现场指导；开展辐射损伤救治技术培训和技术指导。

2.3.2 省级核和辐射损伤救治基地

省级核和辐射损伤救治基地的主要任务是：承担辖区内核事故和辐射事故辐射损伤人员的救治和医学随访，以及人员所受辐射照射剂量的监测和健康影响评价；协助周边省份开展核事故和辐射事故辐射损伤人员的救治和医学随访，以及人员所受辐射照射剂量的监测和健康影响评价；负责核事故和辐射事故损伤人员的现场医学处理。

2.4 相关医疗机构

各级卫生行政部门指定的有放射病、血液病、肿瘤或烧伤专科的专科医院或综合医院以及职业病防治院、急救中心等，承担辖区内的核事故和辐射事故医疗救治任务，负责事故伤病员的救治、转运和现场医学处理等任务。已建立核和辐射损伤救治基地的省、自治区、直辖市，由基地负责医疗救治任务。

2.5 放射卫生机构

各级卫生行政部门指定的承担放射卫生工作的疾病预防控制机构、职业病防治机构和卫生监督机构等，承担辖区内的核事故和辐射事故卫生应急放射防护和辐射剂量估算任务。

3 卫生应急准备

3.1 信息沟通与协调联动

各级卫生行政部门在同级人民政府的统一领导下，建立健全与核应急协调组织、环保、公安、交通、财政和工信等相关部门，以及军队和武警部队卫生部门的信息通报、工作会商、措施联动等协调机制。

3.2 健全卫生应急网络

依托国家级和省级核和辐射损伤救治基地，健全核事故和辐射事故卫生应急网络，加强核事故和辐射事故卫生应急机构和人员队伍建设，建立健全信息沟通和技术合作机制，不断提高核事故和辐射事故卫生应急能力。

卫生部负责国家级核和辐射损伤救治基地的运行和管理，有关省、自治区、直辖市卫生行政部门负责辖区内的省级核和辐射损伤救治基地的运行和管理。

3.3 队伍准备

卫生部负责卫生部核事故和辐射事故卫生应急队伍的建设和管理。省级卫生行政部门建立健全辖区内的核事故和辐射事故卫生应急队伍。核设施所在地的市(地)级卫生行政部门建立核事故卫生应急队伍。各级卫生行政部门要组织加强应急队伍培训和演练，不断提高应急队伍的救援能力，确保在突发核事故和辐射事故时能够及时、有效地开展卫生应急工作。

3.4 物资和装备准备

各级卫生行政部门负责建立健全核事故和辐射事故卫生应急仪器、设备装备和物资准备机制，指定医疗机构和放射卫生机构做好应急物资和装备准备，并及时更新或维护。核事故和辐射事故卫生应急物资和装备包括核和辐射应急药品、医疗器械、辐射防护装备、辐射测量仪器设备等。

3.5 技术储备

国家和省级卫生行政部门组织有关专业技术机构开展核事故和辐射事故卫生应急技术研究，建立和完善辐射受照人员的快速剂量估算方法、快速分类和诊断方法、医疗救治技术、饮用水和食品放射性污染快速检测方法等，加强技术储备。

3.6 通信与交通准备

各级卫生行政部门要在充分利用现有资源的基础上建设核事故和辐射事故卫生应急通信网络，确保医疗卫生机构与卫生行政部门之间，以及卫生行政部门与相关部门之间的通信畅通，及时掌握核事故和辐射事故卫生应急信息。核事故和辐射事故卫生应急队伍根据实际工作需要配备通信设备和交通工具。

3.7 资金保障

核事故和辐射事故卫生应急所需资金，按照《财政应急保障预案》执行。

3.8 培训

各级卫生行政部门定期组织开展核事故和辐射事故卫生应急培训，对核事故和辐射事故卫生应急技术人员和管理人员进行国家有关法规和应急专业知识培训和继续教育，提高应急技能。

3.9 演练

各级卫生行政部门适时组织开展核事故和辐射事故卫生应急演练，积极参加同级人民政府和核应急协调组织举办的核事故和辐射事故应急演练。

3.10 公众宣传教育

各级卫生部门通过广播、影视、报刊、互联网、手册等多种形式，对社会公众广泛开展核事故和辐射事故卫生应急宣传教育，指导公众用科学的行为和方式应对突发核事故和辐射事故，提高自救、互救能力，注意心理应激问题的防治。

3.11 国际合作

按照国家相关规定，开展核事故和辐射事故卫生应急工作的国际交流与合作，加强信息和技术交流，合作开展培训和演练，不断提高核事故和辐射事故卫生应急的整体水平。

4 核事故卫生应急响应

4.1 应急状态分级

核电厂的应急状态分为四级，即：应急待命、厂房应急、场区应急和场外应急(总体应急)。其他核设施的应急状态一般分为三级，即：应急待命、厂房应急、场区应急。潜在危险较大的核设施可实施场外应急(总体应急)。

(1)应急待命。出现可能危及核电厂安全的工况或事件的状态。宣布应急待命后，应迅速采取措施缓解后果和进行评价，加强营运单位的响应准备，并视情况加强地方政府的响应准备。

(2)厂房应急。放射性物质的释放已经或者可能即将发生，但实际的或者预期的辐射后果仅限于场区局部区域的状态。宣布厂房应急后，营运单位应迅速采取行动缓解事故后果和保护现场人员。

(3)场区应急。事故的辐射后果已经或者可能扩大到整个场区，但场区边界处的辐射水平没有或者预期不会达到干预水平的状态。宣布场区应急后，应迅速采取行动缓解事故后果和保护场区人员，并根据情况作好场外采取防护行动的准备。

(4)场外应急(总体应急)。事故的辐射后果已经或者预期可能超越场区边界，场外需要采取紧急防护行动的状态。宣布场外应急后，应迅速采取行动缓解事故后果，保护场区人员和受影响的公众。

4.2 国家级卫生应急响应

4.2.1 厂房应急状态

在厂房应急状态下，卫生部核和辐射应急办接到国家核应急办关于核事故的情况通知后，及时向卫生部核事故和辐射事故卫生应急领导小组有关领导报告，并通知卫生部核应急中心。卫生部核应急中心加强值班(电话24小时值班)。各专业技术部进入待命状态，做好卫生应急准备，根据指令实施卫生应急。

4.2.2 场区应急状态

在场区应急状态下，卫生部核和辐射应急办接到国家核应急办关于核事故的情况通知后，卫生部核和辐射应急办主任和卫生部核事故和辐射事故卫生应急领导小组有关领导进入卫生部核事故和辐射事故卫生应急指挥中心指导应急工作。卫生部核应急中心各专业技术部进入场区应急状态，做好卫生应急准备，根据指令实施卫生应急。卫生部核事故和辐射事故卫生应急领导小组及时向国家核事故应急协调委员会(以下简称国家核应急协调委)报告卫生应急准备和实施卫生应急的情况。

4.2.3 场外应急(总体应急)状态

在场外应急(总体应急)状态下，卫生部核和辐射应急办接到国家核事故应急协调委员会关于核事故卫生应急的指令后，卫生部核事故和辐射事故卫生应急领导小组组长和有关人员进入卫生部核事故和辐射事故卫生应急指挥中心，指挥卫生应急行动。卫生部核应急中心各专业技术部进入场外应急状态，按照卫生部核和辐射应急办的指令实施卫生应急任务。卫生部核事故和辐射事故卫生应急领导小组及时向国家核事故应急协调委员会报告卫生应急的进展情况。

4.2.4 卫生应急响应终止

核事故卫生应急工作完成，伤病员在指定医疗机构得到救治，卫生部核事故和辐射事故卫生应急领导小组可宣布核事故卫生应急响应终止，并将响应终止的信息和书面总结报告及时报国家核事故应急协调委员会。

4.3 地方卫生应急响应

突发核事故，需要进行核事故卫生应急时，地方核事故卫生应急组织根据地方核事故应急组织或卫生部核事故卫生应急领导小组的指令，实施卫生应急，提出医疗救治和保护公众健康的措施和建议，做好核事故卫生应急工作，必要时可请求上级核事故卫生应急组织的支援。

(1)伤员分类：根据伤情、放射性污染和辐射照射情况对伤员进行初步分类。

(2)伤员救护：对危重伤病员进行紧急救护，非放射损伤人员和中度以下放射损伤人员送当地卫生行政部门指定的医疗机构救治，中度及以上放射损伤人员送省级卫生行政部门指定的医疗机构或核和辐射损伤救治基地救治。为避免继续受到辐射照射，应将伤员迅速撤离事故现场。

(3)受污染伤员处理：对可能和已经受到放射性污染的伤员进行放射性污染检测，对受污染伤员进行去污处理，防止污染扩散。

(4)受照剂量估算：收集可供估算人员受照剂量的生物样品和物品，对可能受到超过年剂量限值照射的人员进行辐射剂量估算。

(5)公众防护：根据需要发放和指导服用辐射防护药品，指导公众做好个人防护，开展心理效应防治；根据情况提出保护公众健康的措施建议。

(6)饮用水和食品的放射性监测：参与饮用水和食品的放射性监测，提出饮用水和食品能否饮用和食用的建议。

(7)卫生应急人员防护：卫生应急人员要做好个体防护，尽量减少受辐射照射剂量。

核事故卫生应急流程见图2，卫生应急处理流程见附件3。

4.4 卫生应急响应评估

4.4.1 进程评估

针对核事故卫生应急响应过程的各个环节、

处理措施的有效性和负面效应进行评估，对伤员和公众健康的危害影响进行评估和预测，及时总结经验与教训，修订技术方案。

4.4.2 终结评估

核事故卫生应急响应完成后，各相关部门应对卫生应急响应过程中的成功经验及时进行总结，针对出现的问题及薄弱环节加以改进，及时修改、完善核事故卫生应急预案，完善人才队伍和体系建设，不断提高核事故卫生应急能力。评估报告上报同级人民政府核事故应急组织和上级卫生行政部门。

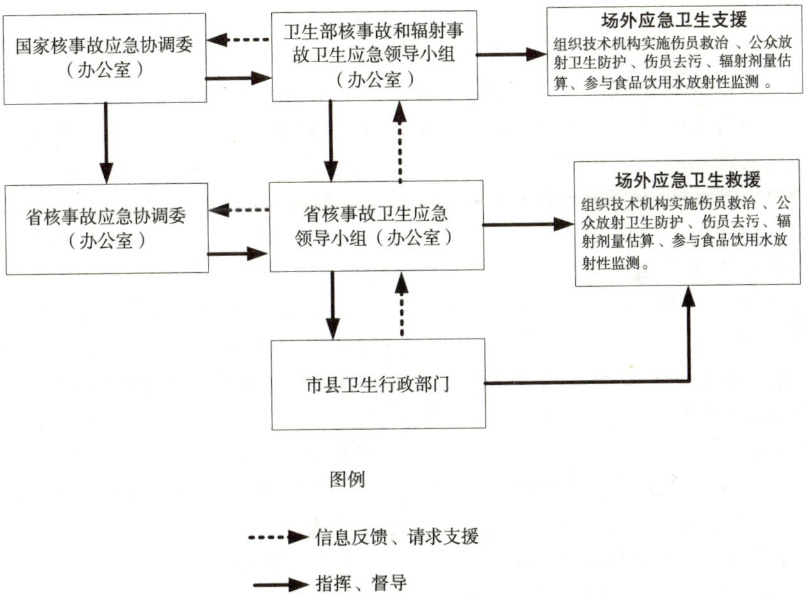

图2 核事故卫生应急流程

5 辐射事故卫生应急响应

5.1 辐射事故的卫生应急响应分级

根据辐射事故的性质、严重程度、可控性和影响范围等因素，将辐射事故的卫生应急响应分为特别重大辐射事故、重大辐射事故、较大辐射事故和一般辐射事故四个等级。

特别重大辐射事故，是指Ⅰ类、Ⅱ类放射源丢失、被盗、失控造成大范围严重辐射污染后果，或者放射性同位素和射线装置失控导致3人以上(含3人)受到全身照射剂量大于8戈瑞。

重大辐射事故，是指Ⅰ类、Ⅱ类放射源丢失、被盗、失控，或者放射性同位素和射线装置失控导致2人以下(含2人)受到全身照射剂量大于8戈瑞或者10人以上(含10人)急性重度放射病、局部器官残疾。

较大辐射事故，是指Ⅲ类放射源丢失、被盗、失控，或者放射性同位素和射线装置失控导致9人以下(含9人)急性重度放射病、局部器官残疾。

一般辐射事故，是指Ⅳ类、Ⅴ类放射源丢失、被盗、失控，或者放射性同位素和射线装置失控导致人员受到超过年剂量限值的照射。

5.2 辐射事故的报告

医疗机构或医生发现有病人出现典型急性放射病或放射性皮肤损伤症状时，医疗机构应在2小时内向当地卫生行政部门报告。

接到辐射事故报告的卫生行政部门，应在2小时内向上一级卫生行政部门报告，直至省级卫生行政部门，同时向同级环境保护部门和公安部门通报，并将辐射事故信息报告同级人民政府；发生特别重大辐射事故时，应同时向卫生部报告。

省级卫生行政部门接到辐射事故报告后，经初步判断，认为该辐射事故可能属特别重大辐射事故和重大辐射事故时，应在2小时内将辐射事故信息报告省级人民政府和卫生部，并及时通报省级环境保护部门和公安部门。

5.3 **辐射事故的卫生应急响应**

辐射事故的卫生应急响应坚持属地为主的原则。特别重大辐射事故的卫生应急响应由卫生部组织实施，重大辐射事故、较大辐射事故和一般辐射事故的卫生应急响应由省级卫生行政部门组织实施。

5.3.1 特别重大辐射事故的卫生应急响应

卫生部接到特别重大辐射事故的通报或报告中有人员受到放射损伤时，立即启动特别重大辐射事故卫生应急响应工作，并上报国务院应急办，同时通报环境保护部。卫生部核事故和辐射事故卫生应急领导小组组织专家组对损伤人员和救治情况进行综合评估，根据需要及时派专家或应急队伍赴事故现场开展卫生应急，开展医疗救治和公众防护工作。

辐射事故发生地的省、自治区、直辖市卫生行政部门在卫生部的指挥下，组织实施辐射事故卫生应急响应工作。

5.3.2 重大辐射事故、较大辐射事故和一般辐射事故的卫生应急响应

省、自治区、直辖市卫生行政部门接到重大辐射事故、较大辐射事故和一般辐射事故的通报、报告或指令，并存在人员受到超剂量照射时，组织实施辖区内的卫生应急工作，立即派遣卫生应急队伍赴事故现场开展现场处理和人员救护，必要时可请求卫生部支援。

卫生部在接到支援请求后，卫生部核和辐射应急办主任组织实施卫生应急工作，根据需要及时派遣专家或应急队伍赴事故现场开展卫生应急。

辐射事故发生地的市（地）、州和县级卫生行政部门在省、自治区、直辖市卫生行政部门的指导下，组织实施辐射事故卫生应急工作。

（1）伤员分类：根据伤情、放射性污染和辐射照射情况对伤员进行初步分类。

（2）伤员救护：对危重伤病员进行紧急救护，非放射损伤人员和中度以下放射损伤人员送当地卫生行政部门指定的医疗机构救治，中度及以上放射损伤人员送省级卫生行政部门指定的医疗机构救治。为避免继续受到辐射照射，应尽快将伤员撤离事故现场。

（3）受污染人员处理：放射性污染事件中，对可能和已经受到放射性污染的人员进行放射性污染检测，对受污染人员进行去污处理，防止污染扩散。

（4）受照剂量估算：收集可供估算人员受照剂量的生物样品和物品，对可能受到超过年剂量限值照射的人员进行辐射剂量估算。

（5）公众防护：指导公众做好个人防护，开展心理效应防治；根据情况提出保护公众健康的措施建议。

（6）饮用水和食品的放射性监测：放射性污染事件中，参与饮用水和食品的放射性监测，提出饮用水和食品能否饮用和食用的建议。

（7）卫生应急人员防护：卫生应急人员要做好个体防护，尽量减少受辐射照射剂量。

辐射事故卫生应急流程见图3，卫生应急处理流程见附件4。

5.4 **卫生应急响应终止**

辐射事故的卫生应急工作完成，伤病员在医疗机构得到救治，卫生部核事故和辐射事故卫生应急领导小组可宣布特别重大辐射事故的卫生应急响应终止，并报国务院应急办公室备案，同时通报环境保护部；省、自治区、直辖市卫生行政部门可宣布重大辐射事故、较大辐射事故和一般辐射事故的卫生应急响应终止，并报当地政府应急办公室备案，同时通报当地政府环保部门。

辐射事故卫生应急响应终止后，组织和参与卫生应急响应的地方卫生行政部门在一个月内提交书面总结报告，报送上级卫生行政部门，抄送同级环境保护部门和公安部门。重大辐射事故和较大辐射事故的卫生应急响应总结报告上报卫生部。

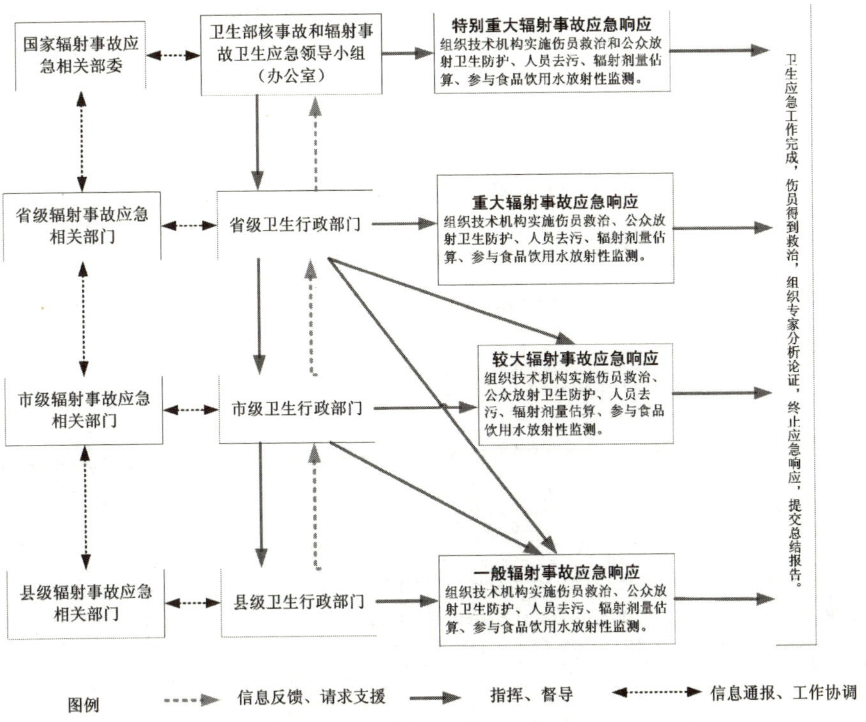

图3 辐射事故卫生应急流程图

5.5 卫生应急响应评估

5.5.1 进程评估

针对辐射事故卫生应急响应过程的各个环节、处理措施的有效性和负面效应进行评估，对伤员和公众健康的危害影响进行评估和预测，及时总结经验与教训，修订技术方案。

5.5.2 终结评估

辐射事故卫生应急响应完成后，各相关部门应对卫生应急响应过程中的成功经验及时进行总结，针对出现的问题及薄弱环节加以改进，及时修改、完善辐射事故卫生应急预案，完善人才队伍和体系建设，不断提高辐射事故卫生应急能力。评估报告上报本级人民政府应急办公室和上级卫生行政部门。

6 附 则

6.1 名词术语解释

核事故：核电厂或其他核设施中很少发生的严重偏离运行工况的状态；在这种状态下，放射性物质的释放可能或已经失去应有的控制，达到不可接受的水平。

辐射事故：放射源丢失、被盗、失控，或者放射性同位素和射线装置失控导致人员受到异常照射。

6.2 责任与奖惩

核事故和辐射事故卫生应急工作实行责任制和责任追究制。

各级卫生行政部门应对核事故和辐射事故卫生应急工作做出贡献的先进集体和个人给予表彰、奖励；对失职、渎职的有关责任人，依据国家有关法规追究责任，构成犯罪的，依法追究刑事责任。

6.3 预案制定与修订

本预案由卫生部修订并负责解释，自发布之日起实施。各地区可结合实际制订本地区的核事故和辐射事故卫生应急预案和实施程序。

本预案根据核事故和辐射事故卫生应急实施过程中发现的问题适时进行修订和补充。

附件：1. 卫生部核事故和辐射事故卫生应急领导小组成员组成（略）

2. 卫生部核事故和辐射事故卫生应急领导小组办公室成员组成(略)

3. 核事故卫生应急处理流程

4. 辐射事故卫生应急处理流程

附件 3

核事故卫生应急处理流程

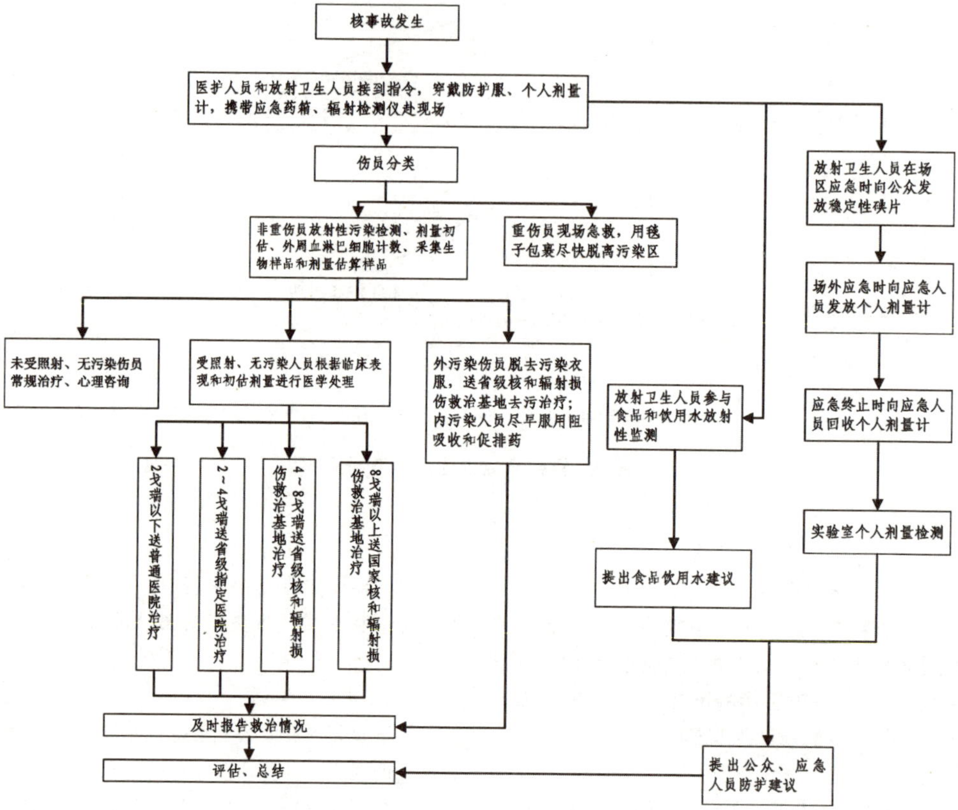

附件 4

辐射事故卫生应急处理流程

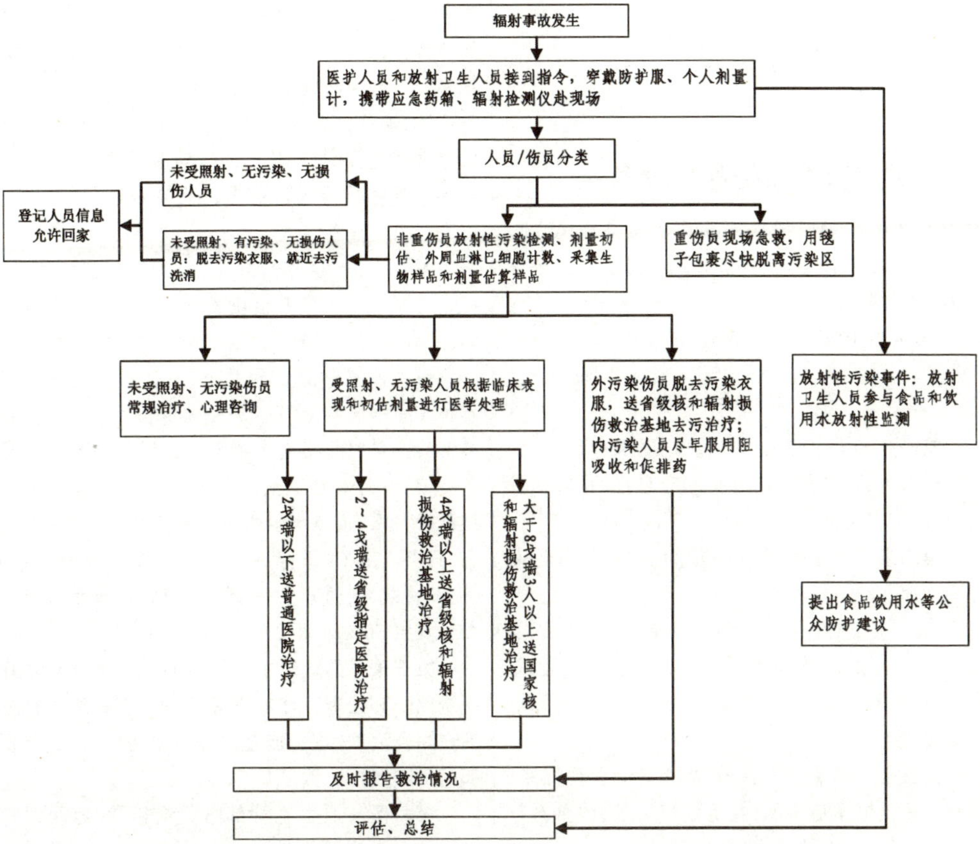

六、医疗纠纷处理

1. 医疗事故处理

医疗纠纷预防和处理条例

· 2018 年 6 月 20 日国务院第 13 次常务会议通过
· 2018 年 7 月 31 日中华人民共和国国务院令第 701 号公布
· 自 2018 年 10 月 1 日起施行

第一章 总 则

第一条 为了预防和妥善处理医疗纠纷，保护医患双方的合法权益，维护医疗秩序，保障医疗安全，制定本条例。

第二条 本条例所称医疗纠纷，是指医患双方因诊疗活动引发的争议。

注释 诊疗活动，是指通过各种检查，使用药物、器械及手术等方法，对疾病作出判断和消除疾病、缓解病情、减轻痛苦、改善功能、延长生命、帮助患者恢复健康的活动。

第三条 国家建立医疗质量安全管理体系，深化医药卫生体制改革，规范诊疗活动，改善医疗服务，提高医疗质量，预防、减少医疗纠纷。

在诊疗活动中，医患双方应当互相尊重，维护自身权益应当遵守有关法律、法规的规定。

第四条 处理医疗纠纷，应当遵循公平、公正、及时的原则，实事求是，依法处理。

注释 该条确立了处理医疗纠纷的基本原则：公平原则、公正原则、及时原则，以及实事求是和依法处理的要求。

案例 病人自动出院后发生损害，医疗机构是否承担责任?

某村民刘某因一氧化碳中毒到县医院就诊，医院安排其住院。刘某苏醒后立刻要求出院，医院未加劝阻，同意刘某出院，但当时未与刘某及其亲属办理相关手续，并且未告知有关注意事项。没想到，刘某出院后病情加重，导致患上了中毒性脑病。刘某家属因此将医院告上法庭。刘某的亲属认为，县医院违反医疗护理常规，过早地让病人出院是引起中毒性脑病后遗症的原因。而医院认为，对刘某的抢救治疗，医院尽了最大努力，按照医疗常规处置并无不当。刘某中毒性脑病，是由于其自行中断治疗及休养不当造成的，医院不应该承担任何责任。

本案中，根据相关规定，对不宜出院的病员，应进行劝阻；坚持要出院的，应履行相关报批手续，并告知病人病情危害性。案件审理过程中，县人民医院仅以病历记录举证，该证据不能证明其履行了告知义务，所以，医院应承担过错责任。而病人的亲属明知病人为痊愈，强行要求回家，滞延了后续治疗，与造成病人伤残的严重后果也有直接因果关系，也应承担相应民事责任。根据《事故条例》第 3 条(《医疗纠纷预防和处理条例》第 4 条)相关规定，遵循公平、公正原则，应该由医患双方各负担 50%的责任。

第五条 县级以上人民政府应当加强对医疗纠纷预防和处理工作的领导、协调，将其纳入社会治安综合治理体系，建立部门分工协作机制，督促部门依法履行职责。

第六条 卫生主管部门负责指导、监督医疗机构做好医疗纠纷的预防和处理工作，引导医患双方依法解决医疗纠纷。

司法行政部门负责指导医疗纠纷人民调解工作。

公安机关依法维护医疗机构治安秩序，查处、打击侵害患者和医务人员合法权益以及扰乱医疗秩序等违法犯罪行为。

财政、民政、保险监督管理等部门和机构按照各自职责做好医疗纠纷预防和处理的有关工作。

第七条 国家建立完善医疗风险分担机制，发挥保险机制在医疗纠纷处理中的第三方赔付和医疗风险社会化分担的作用，鼓励医疗机构参加医疗责任保险，鼓励患者参加医疗意外保险。

第八条 新闻媒体应当加强医疗卫生法律、法规和医疗卫生常识的宣传，引导公众理性对待医疗风险；报道医疗纠纷，应当遵守有关法律、法规的规定，恪守职业道德，做到真实、客观、公正。

第二章 医疗纠纷预防

第九条 医疗机构及其医务人员在诊疗活动中应当以患者为中心，加强人文关怀，严格遵守医疗卫生法律、法规、规章和诊疗相关规范、常规，恪守职业道德。

医疗机构应当对其医务人员进行医疗卫生法律、法规、规章和诊疗相关规范、常规的培训，并加强职业道德教育。

第十条 医疗机构应当制定并实施医疗质量安全管理制度，设置医疗服务质量监控部门或者配备专(兼)职人员，加强对诊断、治疗、护理、药事、检查等工作的规范化管理，优化服务流程，提高服务水平。

医疗机构应当加强医疗风险管理，完善医疗风险的识别、评估和防控措施，定期检查措施落实情况，及时消除隐患。

注释 本条规定了医疗机构开展医疗质量安全管理工作的具体要求，医疗机构应当制定并实施医疗质量安全管理制度，并且设立相应的管理部门，配备相应的专业化的医疗质量安全管理人员。其中，第1款主要是关于医疗质量安全管理制度制定及实施、机构/人员、相关部门管理、改善服务等方面的规定；第2款是关于医疗风险管理的规定，要求医疗机构加强医疗风险管理，完善风险的识别、评估和防控措施，定期检查措施，落实情况，及时消除隐患。

第十一条 医疗机构应当按照国务院卫生主管部门制定的医疗技术临床应用管理规定，开展与其技术能力相适应的医疗技术服务，保障临床应用安全，降低医疗风险；采用医疗新技术的，应当开展技术评估和伦理审查，确保安全有效、符合伦理。

注释 本条是有关医疗技术临床应用管理的规定。按照该条的规定，医疗机构作为开展医疗技术临床应用的主体，在医疗技术临床应用中应当按照国务院卫生主管部门的相关管理规定，开展与其技术能力相适应的医疗技术服务，保障临床应用安全，降低医疗风险。另外，针对医疗新技术的开展，本条明确规定了需要开展技术评估和伦理审查，确保安全有效、符合伦理。

第十二条 医疗机构应当依照有关法律、法规的规定，严格执行药品、医疗器械、消毒药剂、血液等的进货查验、保管等制度。禁止使用无合格证明文件、过期等不合格的药品、医疗器械、消毒药剂、血液等。

注释 本条是对医疗机构内医疗物品使用的管理规定，其中医疗物品指药品、医疗器械、消毒药剂、血液等医疗相关的物品。按照该条规定，医疗机构应当严格按照有关法律、法规的规定，严格执行医疗物品的进货查验、保管等制度，确保医疗物品质量合格。另外，该条文明确禁止医疗机构使用无合格证明文件、过期等不合格情形的医疗物品。

第十三条 医务人员在诊疗活动中应当向患者说明病情和医疗措施。需要实施手术，或者开展临床试验等存在一定危险性、可能产生不良后果的特殊检查、特殊治疗的，医务人员应当及时向患者说明医疗风险、替代医疗方案等情况，并取得其书面同意；在患者处于昏迷等无法自主作出决定的状态或者病情不宜向患者说明等情形下，应当向患者的近亲属说明，并取得其书面同意。

紧急情况下不能取得患者或者其近亲属意见的，经医疗机构负责人或者授权的负责人批准，可以立即实施相应的医疗措施。

注释 医疗告知与说明义务，是指医方在医疗过程中应当向患者、患者家属或有关人员告知说明病情、医疗措施、医疗风险、替代医疗方案等与患者诊治有关的内容。与医务人员告知说明义务相对应的是患者知情同意权。患者知情同意权，是指在诊疗活动中，具有独立判断与意思表示能力的患者，在非强制状态下，在医方充分告知的情况下，能够理解各种风险和后果，在此基础上对医方制定的诊疗计划自行决定取舍的一种权利。

第十四条 开展手术、特殊检查、特殊治疗等具有较高医疗风险的诊疗活动，医疗机构应当提前预备应对方案，主动防范突发风险。

第十五条 医疗机构及其医务人员应当按照国务院卫生主管部门的规定，填写并妥善保管病历资料。

因紧急抢救未能及时填写病历的，医务人员应当在抢救结束后6小时内据实补记，并加以注明。

任何单位和个人不得篡改、伪造、隐匿、毁灭或者抢夺病历资料。

注释 病历，是指医务人员在医疗活动过程中形成的文字、符号、图表、影像、切片等资料的总和，包括门(急)诊病历和住院病历。电子病历，是指医务人员在医疗活动过程中，使用信息系统生成的文字、符号、图表、图形、数字、影像等数字化信息，并能实现存储、管理、传输和重现的医疗记录，是病历的一种记录形式，包括门(急)诊病历和住院病历。

病历书写，是指医务人员通过问诊、查体、辅助检查、诊断、治疗、护理等医疗活动获得有关资料，并进行归纳、分析、整理形成医疗活动记录的行为。

电子病历书写，是指医务人员使用电子病历系统，对通过问诊、查体、辅助检查、诊断、治疗、护理等医疗活动获得的有关资料进行归纳、分析、整理形成医疗活动记录的行为。

病历保管，是指对门(急)诊病历和住院病历的保存与管理行为。

第十六条 患者有权查阅、复制其门诊病历、住院志、体温单、医嘱单、化验单(检验报告)、医学影像检查资料、特殊检查同意书、手术同意书、手术及麻醉记录、病理资料、护理记录、医疗费用以及国务院卫生主管部门规定的其他属于病历的全部资料。

患者要求复制病历资料的，医疗机构应当提供复制服务，并在复制的病历资料上加盖证明印记。复制病历资料时，应当有患者或者其近亲属在场。医疗机构应患者的要求为其复制病历资料，可以收取工本费，收费标准应当公开。

患者死亡的，其近亲属可以依照本条例的规定，查阅、复制病历资料。

第十七条 医疗机构应当建立健全医患沟通机制，对患者在诊疗过程中提出的咨询、意见和建议，应当耐心解释、说明，并按照规定进行处理；对患者就诊疗行为提出的疑问，应当及时予以核实、自查，并指定有关人员与患者或者其近亲属沟通，如实说明情况。

第十八条 医疗机构应当建立健全投诉接待制度，设置统一的投诉管理部门或者配备专(兼)职人员，在医疗机构显著位置公布医疗纠纷解决途径、程序和联系方式等，方便患者投诉或者咨询。

注释 本条规定了医疗机构应建立健全投诉接待制度，要求有统一的投诉接待部门，如医患办、社工部或患者投诉中心；要求配备专职或兼职投诉接待人员；要求在医院显著位置公布医疗纠纷解决途径、程序和联系方式等，方便患者投诉或咨询。在条文中，立法者并未将“投诉”作为投诉接待部门的唯一工作职责，而是将“咨询”也囊括其中，可以扩大理解为投诉接待部门不仅统一处理全院有关医疗投诉和纠纷的事项，也统一受理全院各科的建议、咨询、表扬、求助等其他事项，实现医疗投诉管理专业化、一站式服务体系，充分秉承以患者为中心的服务理念，为医患关系的和谐发展贡献力量。

第十九条 卫生主管部门应当督促医疗机构落实医疗质量安全管理制度，组织开展医疗质量安全评估，分析医疗质量安全信息，针对发现的风险制定防范措施。

第二十条 患者应当遵守医疗秩序和医疗机构有关就诊、治疗、检查的规定，如实提供与病情有关的信息，配合医务人员开展诊疗活动。

第二十一条 各级人民政府应当加强健康促进与教育工作，普及健康科学知识，提高公众对疾病治疗等医学科学知识的认知水平。

注释 以往健康教育和健康知识普及的职能主要在卫生主管部门和教育主管部门，如2010年5月5日原国家卫生部颁发了《全国健康教育专业机构工作规范》。本条要求政府要“加强健康促进与教育工作普及健康科学知识”，从效果上更应体现为“提高公众对疾病治疗等医学科学知识的认知水平”，将该健康教育和健康知识普及上升为政府的职能，而不仅是行政主管部门的职能，由此可见国家对此的重视程度。

第三章 医疗纠纷处理

第二十二条 发生医疗纠纷，医患双方可以通过下列途径解决：

(一)双方自愿协商；

(二)申请人民调解；

(三)申请行政调解；

(四)向人民法院提起诉讼；

(五)法律、法规规定的其他途径。

第二十三条 发生医疗纠纷，医疗机构应当告知患者或者其近亲属下列事项：

(一)解决医疗纠纷的合法途径；

（二）有关病历资料、现场实物封存和启封的规定；

（三）有关病历资料查阅、复制的规定。

患者死亡的，还应当告知其近亲属有关尸检的规定。

实务问答 应当将哪些医疗纠纷处理事项向患者说明？

本条规定的四项信息可以归纳为两个方面：一是医疗纠纷处理的合法渠道，让患者知道如何维权，如何依法处理医疗纠纷；二是对医疗纠纷发生可能面临的证据进行固定和保全，以便将来处理医疗纠纷时能提供真实、完整的证据，便于还原事实真相，快速处理医疗纠纷。关于医疗纠纷发生后可能存在的证据进行保全，包括：(1)有关病历资料、现场实物封存和启封的规定；(2)有关病历资料查阅、复制的规定；(3)患者死亡的，有关尸检的重要性及法律规定。

第二十四条 发生医疗纠纷需要封存、启封病历资料的，应当在医患双方在场的情况下进行。封存的病历资料可以是原件，也可以是复制件，由医疗机构保管。病历尚未完成需要封存的，对已完成病历先行封存；病历按照规定完成后，再对后续完成部分进行封存。医疗机构应当对封存的病历开列封存清单，由医患双方签字或者盖章，各执一份。

病历资料封存后医疗纠纷已经解决，或者患者在病历资料封存满3年未再提出解决医疗纠纷要求的，医疗机构可以自行启封。

注释 在病历封存或启封过程中必须做到以下几点：首先，医患双方共同参加封存或启封程序，任何一方单独封存或启封病历都属于无效行为。其次，封存的对象既可以是病历复印件也可以是病历原件，在实际封存过程中，很多医疗机构封存的是复印件，因为从医疗机构管理角度来讲，封存病历复印件，有助于患者今后的复查和就诊以及医院的病历管理。再次，医疗机构承担保管义务，封存病历的保管由医院负责，当然，如果患者主动提出由其自己来保管，也是没有争议的。最后，封存时限为3年，如果病历封存后一直无限期地由医疗机构保管，加上医院的空间和财力有限，会加重其负担，所以条文中规定了3年的保管时限。

第二十五条 疑似输液、输血、注射、用药等引起不良后果的，医患双方应当共同对现场实物进行封存、启封，封存的现场实物由医疗机构保管。需要检验的，应当由双方共同委托依法具有检验资格的检验机构进行检验；双方无法共同委托的，由医疗机构所在地县级人民政府卫生主管部门指定。

疑似输血引起不良后果，需要对血液进行封存保留的，医疗机构应当通知提供该血液的血站派员到场。

现场实物封存后医疗纠纷已经解决，或者患者在现场实物封存满3年未再提出解决医疗纠纷要求的，医疗机构可以自行启封。

注释 患者在医疗过程中出现了问题，如果怀疑系医疗活动过程中使用的医疗物品造成的，对该医疗物品进行封存和启封的程序和要求，与病历封存、启封的要求大致相同。即：首先，医患双方共同封存、启封；其次，封存的现场实物医疗机构具有保管义务；最后，封存的期限为3年。但是由于可疑医疗物品的性质特殊性，所以对于其封存有严格的时间和保存方法的限制，同时封存后会涉及送检问题。而且，如果是疑似输血引起不良后果，需要对血液进行封存保留的，还应当通知该血液提供单位派工作人员到场一起对血液进行封存。

第二十六条 患者死亡，医患双方对死因有异议的，应当在患者死亡后48小时内进行尸检；具备尸体冻存条件的，可以延长至7日。尸检应当经死者近亲属同意并签字，拒绝签字的，视为死者近亲属不同意进行尸检。不同意或者拖延尸检，超过规定时间，影响对死因判定的，由不同意或者拖延的一方承担责任。

尸检应当由按照国家有关规定取得相应资格的机构和专业技术人员进行。

医患双方可以委派代表观察尸检过程。

第二十七条 患者在医疗机构内死亡的，尸体应当立即移放太平间或者指定的场所，死者尸体存放时间一般不得超过14日。逾期不处理的尸体，由医疗机构在向所在地县级人民政府卫生主管部门和公安机关报告后，按照规定处理。

注释 本条规定的内容包含了两层意思。其一，患者死亡后尸体从病房移走的问题。条例明确规定了应当“立即”移放太平间或者指定的场所。医疗机构有太平间的，应当立即将患者的遗体移送到太平间存放；医疗机构没有太平间的，建议医院应当有尸体暂存室，供患者近亲属释放对患者逝去的悲痛情绪，之后再将尸体移送到当地的殡葬机构。其二，患者尸体存放时间。患者死亡后，无论医疗机构是否有太平间，无论尸体是存放在医疗机构太平间，还是当地的殡葬机构，尸体存放时间过长没有实际的意义，因此，超过了一定的时间，应当对患者的遗体进行火化处理。

第二十八条 发生重大医疗纠纷的，医疗机构应当按照规定向所在地县级以上地方人民政府卫生主管部门报告。卫生主管部门接到报告后，应当及时了解掌握情况，引导医患双方通过合法途径解决纠纷。

注释 本条是关于重大医疗纠纷信息报告义务的相关规定，同时指出卫生行政部门在接到报告后应积极引导的义务。

第二十九条 医患双方应当依法维护医疗秩序。任何单位和个人不得实施危害患者和医务人员人身安全、扰乱医疗秩序的行为。

医疗纠纷中发生涉嫌违反治安管理行为或者犯罪行为的，医疗机构应当立即向所在地公安机关报案。公安机关应当及时采取措施，依法处置，维护医疗秩序。

注释 本条是关于医疗秩序维护的相关规定，第1款阐明了医患双方为维护医疗秩序应遵守的义务，第2款指出了对于破坏诊疗秩序，不遵守前者义务造成恶性医疗纠纷事件后的处理流程。

第三十条 医患双方选择协商解决医疗纠纷的，应当在专门场所协商，不得影响正常医疗秩序。医患双方人数较多的，应当推举代表进行协商，每方代表人数不超过5人。

协商解决医疗纠纷应当坚持自愿、合法、平等的原则，尊重当事人的权利，尊重客观事实。医患双方应当文明、理性表达意见和要求，不得有违法行为。

协商确定赔付金额应当以事实为依据，防止畸高或者畸低。对分歧较大或者索赔数额较高的医疗纠纷，鼓励医患双方通过人民调解的途径解决。

医患双方经协商达成一致的，应当签署书面和解协议书。

注释 医患自行和解，指医疗纠纷发生后，医患双方当事人以自由表达意愿为基础，以沟通协商的方式，就医疗纠纷的解决方法达成合意的纠纷解决机制。医患自行和解是医疗纠纷解决中最原始、最常见的纠纷解决方式。患方对医方的医疗行为产生怀疑并提出诉求的，往往首先向医疗机构“要说法”，医方针对患方的质疑提出解决方法，经过沟通协商，达成医患双方都认可的解决方式，这即是医患和解最常见的模式。

第三十一条 申请医疗纠纷人民调解的，由医患双方共同向医疗纠纷人民调解委员会提出申请；一方申请调解的，医疗纠纷人民调解委员会在征得另一方同意后进行调解。

申请人可以以书面或者口头形式申请调解。书面申请的，申请书应当载明申请人的基本情况、申请调解的争议事项和理由等；口头申请的，医疗纠纷人民调解员应当当场记录申请人的基本情况、申请调解的争议事项和理由等，并经申请人签字确认。

医疗纠纷人民调解委员会获悉医疗机构内发生重大医疗纠纷，可以主动开展工作，引导医患双方申请调解。

当事人已经向人民法院提起诉讼并且已被受理，或者已经申请卫生主管部门调解并且已被受理的，医疗纠纷人民调解委员会不予受理；已经受理的，终止调解。

第三十二条 设立医疗纠纷人民调解委员会，应当遵守《中华人民共和国人民调解法》的规定，并符合本地区实际需要。医疗纠纷人民调解委员会应当自设立之日起30个工作日内向所在地县级以上地方人民政府司法行政部门备案。

医疗纠纷人民调解委员会应当根据具体情况，聘任一定数量的具有医学、法学等专业知识且热心调解工作的人员担任专（兼）职医疗纠纷人民调解员。

医疗纠纷人民调解委员会调解医疗纠纷，不得收取费用。医疗纠纷人民调解工作所需经费按照国务院财政、司法行政部门的有关规定执行。

注释 医调委作为行业性、专业性的人民调解组织，其设立条件需遵从《人民调解法》关于人民调解委员会的一般性规定，并充分结合本地区处理医疗纠纷的实际需求。《关于加强医疗纠纷人民调解工作的意见》规定，医疗纠纷人民调解委员会原则上在县（市、区）设立，各地应结合本地实际，循序渐进，有计划、有步骤开展，不搞一刀切。因此，与一般人民调解委员会在村民委员会、居民委员会或者企业事业单位设立不同，医调委因其行业性和专业性，原则上每个县（市、区）设立一个医调委，如当地医疗纠纷处理有实际需求，也可增减设立数量等。

第三十三条 医疗纠纷人民调解委员会调解医疗纠纷时，可以根据需要咨询专家，并可以从本条例第三十五条规定的专家库中选取专家。

第三十四条 医疗纠纷人民调解委员会调解医疗纠纷，需要进行医疗损害鉴定以明确责任的，由医患双方共同委托医学会或者司法鉴定机构进行鉴定，也可以经医患双方同意，由医疗纠纷人民调解委员会委托鉴定。

医学会或者司法鉴定机构接受委托从事医疗损害鉴定，应当由鉴定事项所涉专业的临床医学、法医学等专业人员进行鉴定；医学会或者司法鉴定机构没有相关专业人员的，应当从本条例第三十五条规定的专家库中抽取相关专业专家进行鉴定。

医学会或者司法鉴定机构开展医疗损害鉴定，应当执行规定的标准和程序，尊重科学，恪守职业道德，对出具的医疗损害鉴定意见负责，不得出具虚假鉴定意见。医疗损害鉴定的具体管理办法由国务院卫生、司法行政部门共同制定。

鉴定费预先向医患双方收取，最终按照责任比例承担。

第三十五条 医疗损害鉴定专家库由设区的市级以上人民政府卫生、司法行政部门共同设立。专家库应当包含医学、法学、法医学等领域的专家。聘请专家进入专家库，不受行政区域的限制。

第三十六条 医学会、司法鉴定机构作出的医疗损害鉴定意见应当载明并详细论述下列内容：

（一）是否存在医疗损害以及损害程度；

（二）是否存在医疗过错；

（三）医疗过错与医疗损害是否存在因果关系；

（四）医疗过错在医疗损害中的责任程度。

第三十七条 咨询专家、鉴定人员有下列情形之一的，应当回避，当事人也可以以口头或者书面形式申请其回避：

（一）是医疗纠纷当事人或者当事人的近亲属；

（二）与医疗纠纷有利害关系；

（三）与医疗纠纷当事人有其他关系，可能影响医疗纠纷公正处理。

第三十八条 医疗纠纷人民调解委员会应当自受理之日起30个工作日内完成调解。需要鉴定的，鉴定时间不计入调解期限。因特殊情况需要延长调解期限的，医疗纠纷人民调解委员会和医患双方可以约定延长调解期限。超过调解期限未达成调解协议的，视为调解不成。

第三十九条 医患双方经人民调解达成一致的，医疗纠纷人民调解委员会应当制作调解协议书。调解协议书经医患双方签字或者盖章，人民调解员签字并加盖医疗纠纷人民调解委员会印章后生效。

达成调解协议的，医疗纠纷人民调解委员会应当告知医患双方可以依法向人民法院申请司法确认。

第四十条 医患双方申请医疗纠纷行政调解的，应当参照本条例第三十一条第一款、第二款的规定向医疗纠纷发生地县级人民政府卫生主管部门提出申请。

卫生主管部门应当自收到申请之日起5个工作日内作出是否受理的决定。当事人已经向人民法院提起诉讼并且已被受理，或者已经申请医疗纠纷人民调解委员会调解并且已被受理的，卫生主管部门不予受理；已经受理的，终止调解。

卫生主管部门应当自受理之日起30个工作日内完成调解。需要鉴定的，鉴定时间不计入调解期限。超过调解期限未达成调解协议的，视为调解不成。

注释 申请行政调解：医患双方申请行政调解实行自愿自治原则，即在自愿的基础上自主自动处分自己的实体权力，具体表现在双方当事人是否愿意进行行政调解。

行政调解申请的受理：如果当事人在申请行政调解之前，已向人民法院提起诉讼并且已被法院受理，卫生主管部门将不予受理该行政调解申请，若已经受理了该申请，应当在了解实情后终止已作出的行政调解；同理，如果当事人在申请行政调解之前，已向医调委申请调解并且已被医调委受理，卫生主管部门将不予受理该行政调解申请，若已经受理了该申请，应当在了解实情后终止已作出的行政调解。值得注意的是，本条例明确了行政调解和人民调解原则上不存在程序上的先后顺序，即医患双方先向哪一机构申请，哪一机构就可以优先受理。

调解期限：行政调解的处理期限一般为30个工作日，自行政调解受理之日起算，如果调解中申请鉴定的，鉴定的时间不计入处理期限。超过30个工作日仍未达成调解协议的，卫生行政部门将不再进行调解。

调解中专家咨询与鉴定：行政调解可以针对医疗纠纷中的专门性问题进行专家咨询或者进行鉴定，程序与人民调解中的专家咨询和鉴定一致。

卫生行政部门的法律责任：卫生行政部门及其工作人员在医疗纠纷预防和处理工作中应当依法履行职责，不得滥用职权、玩忽职守、徇私舞弊，若上级卫生行政部门或监察机构发现上述行为，应当依法给予直接负责的主管人员和其他直接责任人员行政处分，构成刑事犯罪的，依照刑法有关规定追究其刑事责任。

第四十一条 卫生主管部门调解医疗纠纷需要进行专家咨询的，可以从本条例第三十五条规定的专家库中抽取专家；医患双方认为需要进行医疗损害鉴定以明确责任的，参照本条例第三十四条的规定进行鉴定。

医患双方经卫生主管部门调解达成一致的，应当签署调解协议书。

第四十二条 医疗纠纷人民调解委员会及其人民调解员、卫生主管部门及其工作人员应当对医患双方的个人隐私等事项予以保密。

未经医患双方同意，医疗纠纷人民调解委员会、卫生主管部门不得公开进行调解，也不得公开调解协议的内容。

第四十三条 发生医疗纠纷，当事人协商、调解不成的，可以依法向人民法院提起诉讼。当事人也可以直接向人民法院提起诉讼。

注释 医调委的调解和法院诉讼的对接主要体现在以下四个方面：一是诉前转调，法院立案前告知当事人可先行转入医调委进行调解；二是诉中转调，法院立案后审判前委托医调委介入调解或邀请医调委调解员协助调解；三是司法确认，人民调解协议仅具有民事合同的效力，通过对双方达成的调解协议进行司法确认赋予其强制执行力；四是调解失败后前期工作成果为诉讼吸收利用，对调解过程中的事实调查、证据采信等内容的确认。

第四十四条 发生医疗纠纷，需要赔偿的，赔付金额依照法律的规定确定。

注释 和解中的赔偿金额：医患双方自行和解的，要根据事实确定赔偿的金额，比如医疗损害比较严重的，获赔也会高一些，损害比较轻微的，自然不能要求过多的赔偿，总而言之，赔偿金额要按照实际情况来确定，做到合理、适度。如果医患双方对于赔偿金额的确定分歧较大或者患者索赔的数额较高，双方可以通过人民调解的途径确定赔偿金额。

赔偿项目与数额确定：发生医疗纠纷时，医患双方可以通过多途径解决争议，如果不是通过协商解决的方式，赔偿金额的确定都应当遵循法律的相关规定。

第四章 法律责任

第四十五条 医疗机构篡改、伪造、隐匿、毁灭病历资料的，对直接负责的主管人员和其他直接责任人员，由县级以上人民政府卫生主管部门给予或者责令给予降低岗位等级或者撤职的处分，对有关医务人员责令暂停6个月以上1年以下执业活动；造成严重后果的，对直接负责的主管人员和其他直接责任人员给予或者责令给予开除的处分，对有关医务人员由原发证部门吊销执业证书；构成犯罪的，依法追究刑事责任。

第四十六条 医疗机构将未通过技术评估和伦理审查的医疗新技术应用于临床的，由县级以上人民政府卫生主管部门没收违法所得，并处5万元以上10万元以下罚款，对直接负责的主管人员和其他直接责任人员给予或者责令给予降低岗位等级或者撤职的处分，对有关医务人员责令暂停6个月以上1年以下执业活动；情节严重的，对直接负责的主管人员和其他直接责任人员给予或者责令给予开除的处分，对有关医务人员由原发证部门吊销执业证书；构成犯罪的，依法追究刑事责任。

第四十七条 医疗机构及其医务人员有下列情形之一的，由县级以上人民政府卫生主管部门责令改正，给予警告，并处1万元以上5万元以下罚款；情节严重的，对直接负责的主管人员和其他直接责任人员给予或者责令给予降低岗位等级或者撤职的处分，对有关医务人员可以责令暂停1个月以上6个月以下执业活动；构成犯罪的，依法追究刑事责任：

（一）未按规定制定和实施医疗质量安全管理

制度；

（二）未按规定告知患者病情、医疗措施、医疗风险、替代医疗方案等；

（三）开展具有较高医疗风险的诊疗活动，未提前预备应对方案防范突发风险；

（四）未按规定填写、保管病历资料，或者未按规定补记抢救病历；

（五）拒绝为患者提供查阅、复制病历资料服务；

（六）未建立投诉接待制度、设置统一投诉管理部门或者配备专（兼）职人员；

（七）未按规定封存、保管、启封病历资料和现场实物；

（八）未按规定向卫生主管部门报告重大医疗纠纷；

（九）其他未履行本条例规定义务的情形。

第四十八条 医学会、司法鉴定机构出具虚假医疗损害鉴定意见的，由县级以上人民政府卫生、司法行政部门依据职责没收违法所得，并处5万元以上10万元以下罚款，对该医学会、司法鉴定机构和有关鉴定人员责令暂停3个月以上1年以下医疗损害鉴定业务，对直接负责的主管人员和其他直接责任人员给予或者责令给予降低岗位等级或者撤职的处分；情节严重的，该医学会、司法鉴定机构和有关鉴定人员5年内不得从事医疗损害鉴定业务或者撤销登记，对直接负责的主管人员和其他直接责任人员给予或者责令给予开除的处分；构成犯罪的，依法追究刑事责任。

第四十九条 尸检机构出具虚假尸检报告的，由县级以上人民政府卫生、司法行政部门依据职责没收违法所得，并处5万元以上10万元以下罚款，对该尸检机构和有关尸检专业技术人员责令暂停3个月以上1年以下尸检业务，对直接负责的主管人员和其他直接责任人员给予或者责令给予降低岗位等级或者撤职的处分；情节严重的，撤销该尸检机构和有关尸检专业技术人员的尸检资格，对直接负责的主管人员和其他直接责任人员给予或者责令给予开除的处分；构成犯罪的，依法追究刑事责任。

第五十条 医疗纠纷人民调解员有下列行为之一的，由医疗纠纷人民调解委员会给予批评教育、责令改正；情节严重的，依法予以解聘：

（一）偏袒一方当事人；

（二）侮辱当事人；

（三）索取、收受财物或者牟取其他不正当利益；

（四）泄露医患双方个人隐私等事项。

第五十一条 新闻媒体编造、散布虚假医疗纠纷信息的，由有关主管部门依法给予处罚；给公民、法人或者其他组织的合法权益造成损害的，依法承担消除影响、恢复名誉、赔偿损失、赔礼道歉等民事责任。

第五十二条 县级以上人民政府卫生主管部门和其他有关部门及其工作人员在医疗纠纷预防和处理工作中，不履行职责或者滥用职权、玩忽职守、徇私舞弊的，由上级人民政府卫生等有关部门或者监察机关责令改正；依法对直接负责的主管人员和其他直接责任人员给予处分；构成犯罪的，依法追究刑事责任。

第五十三条 医患双方在医疗纠纷处理中，造成人身、财产或者其他损害的，依法承担民事责任；构成违反治安管理行为的，由公安机关依法给予治安管理处罚；构成犯罪的，依法追究刑事责任。

第五章 附 则

第五十四条 军队医疗机构的医疗纠纷预防和处理办法，由中央军委机关有关部门会同国务院卫生主管部门依据本条例制定。

第五十五条 对诊疗活动中医疗事故的行政调查处理，依照《医疗事故处理条例》的相关规定执行。

第五十六条 本条例自2018年10月1日起施行。

医疗事故处理条例

· 2002年4月4日中华人民共和国国务院令第351号公布
· 自2002年9月1日起施行

第一章 总 则

第一条 为了正确处理医疗事故，保护患者和医疗机构及其医务人员的合法权益，维护医疗秩序，保障医疗安全，促进医学科学的发展，制定本条例。

第二条 本条例所称医疗事故，是指医疗机构及其医务人员在医疗活动中，违反医疗卫生管理法律、行政法规、部门规章和诊疗护理规范、常规，过失造成患者人身损害的事故。

第三条 处理医疗事故，应当遵循公开、公平、公正、及时、便民的原则，坚持实事求是的科学态度，做到事实清楚、定性准确、责任明确、处理恰当。

第四条 根据对患者人身造成的损害程度，医疗事故分为四级：

一级医疗事故：造成患者死亡、重度残疾的；

二级医疗事故：造成患者中度残疾、器官组织损伤导致严重功能障碍的；

三级医疗事故：造成患者轻度残疾、器官组织损伤导致一般功能障碍的；

四级医疗事故：造成患者明显人身损害的其他后果的。

具体分级标准由国务院卫生行政部门制定。

第二章 医疗事故的预防与处置

第五条 医疗机构及其医务人员在医疗活动中，必须严格遵守医疗卫生管理法律、行政法规、部门规章和诊疗护理规范、常规，恪守医疗服务职业道德。

第六条 医疗机构应当对其医务人员进行医疗卫生管理法律、行政法规、部门规章和诊疗护理规范、常规的培训和医疗服务职业道德教育。

第七条 医疗机构应当设置医疗服务质量监控部门或者配备专(兼)职人员，具体负责监督本医疗机构的医务人员的医疗服务工作，检查医务人员执业情况，接受患者对医疗服务的投诉，向其提供咨询服务。

第八条 医疗机构应当按照国务院卫生行政部门规定的要求，书写并妥善保管病历资料。

因抢救急危患者，未能及时书写病历的，有关医务人员应当在抢救结束后6小时内据实补记，并加以注明。

第九条 严禁涂改、伪造、隐匿、销毁或者抢夺病历资料。

第十条 患者有权复印或者复制其门诊病历、住院志、体温单、医嘱单、化验单(检验报告)、医学影像检查资料、特殊检查同意书、手术同意书、手术及麻醉记录单、病理资料、护理记录以及国务院卫生行政部门规定的其他病历资料。

患者依照前款规定要求复印或者复制病历资料的，医疗机构应当提供复印或者复制服务并在复印或者复制的病历资料上加盖证明印记。复印或者复制病历资料时，应当有患者在场。

医疗机构应患者的要求，为其复印或者复制病历资料，可以按照规定收取工本费。具体收费标准由省、自治区、直辖市人民政府价格主管部门会同同级卫生行政部门规定。

第十一条 在医疗活动中，医疗机构及其医务人员应当将患者的病情、医疗措施、医疗风险等如实告知患者，及时解答其咨询；但是，应当避免对患者产生不利后果。

第十二条 医疗机构应当制定防范、处理医疗事故的预案，预防医疗事故的发生，减轻医疗事故的损害。

第十三条 医务人员在医疗活动中发生或者发现医疗事故、可能引起医疗事故的医疗过失行为或者发生医疗事故争议的，应当立即向所在科室负责人报告，科室负责人应当及时向本医疗机构负责医疗服务质量监控的部门或者专(兼)职人员报告；负责医疗服务质量监控的部门或者专(兼)职人员接到报告后，应当立即进行调查、核实，将有关情况如实向本医疗机构的负责人报告，并向患者通报、解释。

第十四条 发生医疗事故的，医疗机构应当按照规定向所在地卫生行政部门报告。

发生下列重大医疗过失行为的，医疗机构应当在12小时内向所在地卫生行政部门报告：

(一)导致患者死亡或者可能为二级以上的医疗事故；

(二)导致3人以上人身损害后果；

(三)国务院卫生行政部门和省、自治区、直辖市人民政府卫生行政部门规定的其他情形。

第十五条 发生或者发现医疗过失行为，医疗机构及其医务人员应当立即采取有效措施，避免或者减轻对患者身体健康的损害，防止损害扩大。

第十六条 发生医疗事故争议时，死亡病例讨论记录、疑难病例讨论记录、上级医师查房记录、会诊意见、病程记录应当在医患双方在场的情况下封存和启封。封存的病历资料可以是复印件，由医疗机构保管。

第十七条 疑似输液、输血、注射、药物等引起不良后果的,医患双方应当共同对现场实物进行封存和启封,封存的现场实物由医疗机构保管;需要检验的,应当由双方共同指定的、依法具有检验资格的检验机构进行检验;双方无法共同指定时,由卫生行政部门指定。

疑似输血引起不良后果,需要对血液进行封存保留的,医疗机构应当通知提供该血液的采供血机构派员到场。

第十八条 患者死亡,医患双方当事人不能确定死因或者对死因有异议的,应当在患者死亡后48小时内进行尸检;具备尸体冻存条件的,可以延长至7日。尸检应当经死者近亲属同意并签字。

尸检应当由按照国家有关规定取得相应资格的机构和病理解剖专业技术人员进行。承担尸检任务的机构和病理解剖专业技术人员有进行尸检的义务。

医疗事故争议双方当事人可以请法医病理学人员参加尸检,也可以委派代表观察尸检过程。拒绝或者拖延尸检,超过规定时间,影响对死因判定的,由拒绝或者拖延的一方承担责任。

第十九条 患者在医疗机构内死亡的,尸体应当立即移放太平间。死者尸体存放时间一般不得超过2周。逾期不处理的尸体,经医疗机构所在地卫生行政部门批准,并报经同级公安部门备案后,由医疗机构按照规定进行处理。

第三章 医疗事故的技术鉴定

第二十条 卫生行政部门接到医疗机构关于重大医疗过失行为的报告或者医疗事故争议当事人要求处理医疗事故争议的申请后,对需要进行医疗事故技术鉴定的,应当交由负责医疗事故技术鉴定工作的医学会组织鉴定;医患双方协商解决医疗事故争议,需要进行医疗事故技术鉴定的,由双方当事人共同委托负责医疗事故技术鉴定工作的医学会组织鉴定。

第二十一条 设区的市级地方医学会和省、自治区、直辖市直接管辖的县(市)地方医学会负责组织首次医疗事故技术鉴定工作。省、自治区、直辖市地方医学会负责组织再次鉴定工作。

必要时,中华医学会可以组织疑难、复杂并在全国有重大影响的医疗事故争议的技术鉴定工作。

第二十二条 当事人对首次医疗事故技术鉴定结论不服的,可以自收到首次鉴定结论之日起15日内向医疗机构所在地卫生行政部门提出再次鉴定的申请。

第二十三条 负责组织医疗事故技术鉴定工作的医学会应当建立专家库。

专家库由具备下列条件的医疗卫生专业技术人员组成:

(一)有良好的业务素质和执业品德;

(二)受聘于医疗卫生机构或者医学教学、科研机构并担任相应专业高级技术职务3年以上。

符合前款第(一)项规定条件并具备高级技术任职资格的法医可以受聘进入专家库。

负责组织医疗事故技术鉴定工作的医学会依照本条例规定聘请医疗卫生专业技术人员和法医进入专家库,可以不受行政区域的限制。

第二十四条 医疗事故技术鉴定,由负责组织医疗事故技术鉴定工作的医学会组织专家鉴定组进行。

参加医疗事故技术鉴定的相关专业的专家,由医患双方在医学会主持下从专家库中随机抽取。在特殊情况下,医学会根据医疗事故技术鉴定工作的需要,可以组织医患双方在其他医学会建立的专家库中随机抽取相关专业的专家参加鉴定或者函件咨询。

符合本条例第二十三条规定条件的医疗卫生专业技术人员和法医有义务受聘进入专家库,并承担医疗事故技术鉴定工作。

第二十五条 专家鉴定组进行医疗事故技术鉴定,实行合议制。专家鉴定组人数为单数,涉及的主要学科的专家一般不得少于鉴定组成员的二分之一;涉及死因、伤残等级鉴定的,并应当从专家库中随机抽取法医参加专家鉴定组。

第二十六条 专家鉴定组成员有下列情形之一的,应当回避,当事人也可以以口头或者书面的方式申请其回避:

(一)是医疗事故争议当事人或者当事人的近亲属的;

(二)与医疗事故争议有利害关系的;

(三)与医疗事故争议当事人有其他关系,可能影响公正鉴定的。

第二十七条 专家鉴定组依照医疗卫生管理法律、行政法规、部门规章和诊疗护理规范、常规,运用医学科学原理和专业知识，独立进行医疗事故技术鉴定，对医疗事故进行鉴别和判定，为处理医疗事故争议提供医学依据。

任何单位或者个人不得干扰医疗事故技术鉴定工作，不得威胁、利诱、辱骂、殴打专家鉴定组成员。

专家鉴定组成员不得接受双方当事人的财物或者其他利益。

第二十八条 负责组织医疗事故技术鉴定工作的医学会应当自受理医疗事故技术鉴定之日起5日内通知医疗事故争议双方当事人提交进行医疗事故技术鉴定所需的材料。

当事人应当自收到医学会的通知之日起10日内提交有关医疗事故技术鉴定的材料、书面陈述及答辩。医疗机构提交的有关医疗事故技术鉴定的材料应当包括下列内容：

（一）住院患者的病程记录、死亡病例讨论记录、疑难病例讨论记录、会诊意见、上级医师查房记录等病历资料原件；

（二）住院患者的住院志、体温单、医嘱单、化验单（检验报告）、医学影像检查资料、特殊检查同意书、手术同意书、手术及麻醉记录单、病理资料、护理记录等病历资料原件；

（三）抢救急危患者，在规定时间内补记的病历资料原件；

（四）封存保留的输液、注射用物品和血液、药物等实物，或者依法具有检验资格的检验机构对这些物品、实物作出的检验报告；

（五）与医疗事故技术鉴定有关的其他材料。

在医疗机构建有病历档案的门诊、急诊患者，其病历资料由医疗机构提供；没有在医疗机构建立病历档案的，由患者提供。

医患双方应当依照本条例的规定提交相关材料。医疗机构无正当理由未依照本条例的规定如实提供相关材料，导致医疗事故技术鉴定不能进行的，应当承担责任。

第二十九条 负责组织医疗事故技术鉴定工作的医学会应当自接到当事人提交的有关医疗事故技术鉴定的材料、书面陈述及答辩之日起45日内组织鉴定并出具医疗事故技术鉴定书。

负责组织医疗事故技术鉴定工作的医学会可以向双方当事人调查取证。

第三十条 专家鉴定组应当认真审查双方当事人提交的材料，听取双方当事人的陈述及答辩并进行核实。

双方当事人应当按照本条例的规定如实提交进行医疗事故技术鉴定所需要的材料，并积极配合调查。当事人任何一方不予配合，影响医疗事故技术鉴定的，由不予配合的一方承担责任。

第三十一条 专家鉴定组应当在事实清楚、证据确凿的基础上，综合分析患者的病情和个体差异，作出鉴定结论，并制作医疗事故技术鉴定书。鉴定结论以专家鉴定组成员的过半数通过。鉴定过程应当如实记载。

医疗事故技术鉴定书应当包括下列主要内容：

（一）双方当事人的基本情况及要求；

（二）当事人提交的材料和负责组织医疗事故技术鉴定工作的医学会的调查材料；

（三）对鉴定过程的说明；

（四）医疗行为是否违反医疗卫生管理法律、行政法规、部门规章和诊疗护理规范、常规；

（五）医疗过失行为与人身损害后果之间是否存在因果关系；

（六）医疗过失行为在医疗事故损害后果中的责任程度；

（七）医疗事故等级；

（八）对医疗事故患者的医疗护理医学建议。

第三十二条 医疗事故技术鉴定办法由国务院卫生行政部门制定。

第三十三条 有下列情形之一的，不属于医疗事故：

（一）在紧急情况下为抢救垂危患者生命而采取紧急医学措施造成不良后果的；

（二）在医疗活动中由于患者病情异常或者患者体质特殊而发生医疗意外的；

（三）在现有医学科学技术条件下，发生无法预料或者不能防范的不良后果的；

（四）无过错输血感染造成不良后果的；

（五）因患方原因延误诊疗导致不良后果的；

（六）因不可抗力造成不良后果的。

第三十四条 医疗事故技术鉴定，可以收取鉴定费用。经鉴定，属于医疗事故的，鉴定费用由医疗机构支付；不属于医疗事故的，鉴定费用由提出医疗事故处理申请的一方支付。鉴定费用标准由省、自治区、直辖市人民政府价格主管部门会同同级财政部门、卫生行政部门规定。

第四章　医疗事故的行政处理与监督

第三十五条　卫生行政部门应当依照本条例和有关法律、行政法规、部门规章的规定，对发生医疗事故的医疗机构和医务人员作出行政处理。

第三十六条　卫生行政部门接到医疗机构关于重大医疗过失行为的报告后，除责令医疗机构及时采取必要的医疗救治措施，防止损害后果扩大外，应当组织调查，判定是否属于医疗事故；对不能判定是否属于医疗事故的，应当依照本条例的有关规定交由负责医疗事故技术鉴定工作的医学会组织鉴定。

第三十七条　发生医疗事故争议，当事人申请卫生行政部门处理的，应当提出书面申请。申请书应当载明申请人的基本情况、有关事实、具体请求及理由等。

当事人自知道或者应当知道其身体健康受到损害之日起 1 年内，可以向卫生行政部门提出医疗事故争议处理申请。

第三十八条　发生医疗事故争议，当事人申请卫生行政部门处理的，由医疗机构所在地的县级人民政府卫生行政部门受理。医疗机构所在地是直辖市的，由医疗机构所在地的区、县人民政府卫生行政部门受理。

有下列情形之一的，县级人民政府卫生行政部门应当自接到医疗机构的报告或者当事人提出医疗事故争议处理申请之日起 7 日内移送上一级人民政府卫生行政部门处理：

(一)患者死亡；

(二)可能为二级以上的医疗事故；

(三)国务院卫生行政部门和省、自治区、直辖市人民政府卫生行政部门规定的其他情形。

第三十九条　卫生行政部门应当自收到医疗事故争议处理申请之日起 10 日内进行审查，作出是否受理的决定。对符合本条例规定，予以受理，需要进行医疗事故技术鉴定的，应当自作出受理决定之日起 5 日内将有关材料交由负责医疗事故技术鉴定工作的医学会组织鉴定并书面通知申请人；对不符合本条例规定，不予受理的，应当书面通知申请人并说明理由。

当事人对首次医疗事故技术鉴定结论有异议，申请再次鉴定的，卫生行政部门应当自收到申请之日起 7 日内交由省、自治区、直辖市地方医学会组织再次鉴定。

第四十条　当事人既向卫生行政部门提出医疗事故争议处理申请，又向人民法院提起诉讼的，卫生行政部门不予受理；卫生行政部门已经受理的，应当终止处理。

第四十一条　卫生行政部门收到负责组织医疗事故技术鉴定工作的医学会出具的医疗事故技术鉴定书后，应当对参加鉴定的人员资格和专业类别、鉴定程序进行审核；必要时，可以组织调查，听取医疗事故争议双方当事人的意见。

第四十二条　卫生行政部门经审核，对符合本条例规定作出的医疗事故技术鉴定结论，应当作为对发生医疗事故的医疗机构和医务人员作出行政处理以及进行医疗事故赔偿调解的依据；经审核，发现医疗事故技术鉴定不符合本条例规定的，应当要求重新鉴定。

第四十三条　医疗事故争议由双方当事人自行协商解决的，医疗机构应当自协商解决之日起 7 日内向所在地卫生行政部门作出书面报告，并附具协议书。

第四十四条　医疗事故争议经人民法院调解或者判决解决的，医疗机构应当自收到生效的人民法院的调解书或者判决书之日起 7 日内向所在地卫生行政部门作出书面报告，并附具调解书或者判决书。

第四十五条　县级以上地方人民政府卫生行政部门应当按照规定逐级将当地发生的医疗事故以及依法对发生医疗事故的医疗机构和医务人员作出行政处理的情况，上报国务院卫生行政部门。

第五章　医疗事故的赔偿

第四十六条　发生医疗事故的赔偿等民事责任争议，医患双方可以协商解决；不愿意协商或者协商不成的，当事人可以向卫生行政部门提出调解申请，也可以直接向人民法院提起民事诉讼。

第四十七条　双方当事人协商解决医疗事故的赔偿等民事责任争议的，应当制作协议书。协议书应当载明双方当事人的基本情况和医疗事故的原因、双方当事人共同认定的医疗事故等级以及协商确定的赔偿数额等，并由双方当事人在协议书上签名。

第四十八条　已确定为医疗事故的，卫生行政部门应医疗事故争议双方当事人请求，可以进行医疗事故赔偿调解。调解时，应当遵循当事人双方自愿原则，并应当依据本条例的规定计算赔偿数额。

经调解，双方当事人就赔偿数额达成协议的，制作调解书，双方当事人应当履行；调解不成或者经调解达成协议后一方反悔的，卫生行政部门不再调解。

第四十九条 医疗事故赔偿，应当考虑下列因素，确定具体赔偿数额：

（一）医疗事故等级；

（二）医疗过失行为在医疗事故损害后果中的责任程度；

（三）医疗事故损害后果与患者原有疾病状况之间的关系。

不属于医疗事故的，医疗机构不承担赔偿责任。

第五十条 医疗事故赔偿，按照下列项目和标准计算：

（一）医疗费：按照医疗事故对患者造成的人身损害进行治疗所发生的医疗费用计算，凭据支付，但不包括原发病医疗费用。结案后确实需要继续治疗的，按照基本医疗费用支付。

（二）误工费：患者有固定收入的，按照本人因误工减少的固定收入计算，对收入高于医疗事故发生地上一年度职工年平均工资3倍以上的，按照3倍计算；无固定收入的，按照医疗事故发生地上一年度职工年平均工资计算。

（三）住院伙食补助费：按照医疗事故发生地国家机关一般工作人员的出差伙食补助标准计算。

（四）陪护费：患者住院期间需要专人陪护的，按照医疗事故发生地上一年度职工年平均工资计算。

（五）残疾生活补助费：根据伤残等级，按照医疗事故发生地居民年平均生活费计算，自定残之月起最长赔偿30年；但是，60周岁以上的，不超过15年；70周岁以上的，不超过5年。

（六）残疾用具费：因残疾需要配置补偿功能器具的，凭医疗机构证明，按照普及型器具的费用计算。

（七）丧葬费：按照医疗事故发生地规定的丧葬费补助标准计算。

（八）被扶养人生活费：以死者生前或者残疾者丧失劳动能力前实际扶养且没有劳动能力的人为限，按照其户籍所在地或者居所地居民最低生活保障标准计算。对不满16周岁的，扶养到16周岁。对年满16周岁但无劳动能力的，扶养20年；但是，60周岁以上的，不超过15年；70周岁以上的，不超过5年。

（九）交通费：按照患者实际必需的交通费用计算，凭据支付。

（十）住宿费：按照医疗事故发生地国家机关一般工作人员的出差住宿补助标准计算，凭据支付。

（十一）精神损害抚慰金：按照医疗事故发生地居民年平均生活费计算。造成患者死亡的，赔偿年限最长不超过6年；造成患者残疾的，赔偿年限最长不超过3年。

第五十一条 参加医疗事故处理的患者近亲属所需交通费、误工费、住宿费，参照本条例第五十条的有关规定计算，计算费用的人数不超过2人。

医疗事故造成患者死亡的，参加丧葬活动的患者的配偶和直系亲属所需交通费、误工费、住宿费，参照本条例第五十条的有关规定计算，计算费用的人数不超过2人。

第五十二条 医疗事故赔偿费用，实行一次性结算，由承担医疗事故责任的医疗机构支付。

第六章 罚 则

第五十三条 卫生行政部门的工作人员在处理医疗事故过程中违反本条例的规定，利用职务上的便利收受他人财物或者其他利益，滥用职权，玩忽职守，或者发现违法行为不予查处，造成严重后果的，依照刑法关于受贿罪、滥用职权罪、玩忽职守罪或者其他有关罪的规定，依法追究刑事责任；尚不够刑事处罚的，依法给予降级或者撤职的行政处分。

第五十四条 卫生行政部门违反本条例的规定，有下列情形之一的，由上级卫生行政部门给予警告并责令限期改正；情节严重的，对负有责任的主管人员和其他直接责任人员依法给予行政处分：

（一）接到医疗机构关于重大医疗过失行为的报告后，未及时组织调查的；

（二）接到医疗事故争议处理申请后，未在规定时间内审查或者移送上一级人民政府卫生行政部门处理的；

（三）未将应当进行医疗事故技术鉴定的重大医疗过失行为或者医疗事故争议移交医学会组织鉴定的；

（四）未按照规定逐级将当地发生的医疗事故以及依法对发生医疗事故的医疗机构和医务人员的行政处理情况上报的；

（五）未依照本条例规定审核医疗事故技术鉴定书的。

第五十五条 医疗机构发生医疗事故的，由卫生行政部门根据医疗事故等级和情节，给予警告；情节严重的，责令限期停业整顿直至由原发证部门吊销执业许可证，对负有责任的医务人员依照刑法关于医疗事故罪的规定，依法追究刑事责任；尚不够刑事处罚的，依法给予行政处分或者纪律处分。

对发生医疗事故的有关医务人员，除依照前款处罚外，卫生行政部门并可以责令暂停6个月以上1年以下执业活动；情节严重的，吊销其执业证书。

第五十六条 医疗机构违反本条例的规定，有下列情形之一的，由卫生行政部门责令改正；情节严重的，对负有责任的主管人员和其他直接责任人员依法给予行政处分或者纪律处分：

（一）未如实告知患者病情、医疗措施和医疗风险的；

（二）没有正当理由，拒绝为患者提供复印或者复制病历资料服务的；

（三）未按照国务院卫生行政部门规定的要求书写和妥善保管病历资料的；

（四）未在规定时间内补记抢救工作病历内容的；

（五）未按照本条例的规定封存、保管和启封病历资料和实物的；

（六）未设置医疗服务质量监控部门或者配备专（兼）职人员的；

（七）未制定有关医疗事故防范和处理预案的；

（八）未在规定时间内向卫生行政部门报告重大医疗过失行为的；

（九）未按照本条例的规定向卫生行政部门报告医疗事故的；

（十）未按照规定进行尸检和保存、处理尸体的。

第五十七条 参加医疗事故技术鉴定工作的人员违反本条例的规定，接受申请鉴定双方或者一方当事人的财物或者其他利益，出具虚假医疗事故技术鉴定书，造成严重后果的，依照刑法关于受贿罪的规定，依法追究刑事责任；尚不够刑事处罚的，由原发证部门吊销其执业证书或者资格证书。

第五十八条 医疗机构或者其他有关机构违反本条例的规定，有下列情形之一的，由卫生行政部门责令改正，给予警告；对负有责任的主管人员和其他直接责任人员依法给予行政处分或者纪律处分；情节严重的，由原发证部门吊销其执业证书或者资格证书：

（一）承担尸检任务的机构没有正当理由，拒绝进行尸检的；

（二）涂改、伪造、隐匿、销毁病历资料的。

第五十九条 以医疗事故为由，寻衅滋事、抢夺病历资料，扰乱医疗机构正常医疗秩序和医疗事故技术鉴定工作，依照刑法关于扰乱社会秩序罪的规定，依法追究刑事责任；尚不够刑事处罚的，依法给予治安管理处罚。

第七章　附　则

第六十条 本条例所称医疗机构，是指依照《医疗机构管理条例》的规定取得《医疗机构执业许可证》的机构。

县级以上城市从事计划生育技术服务的机构依照《计划生育技术服务管理条例》的规定开展与计划生育有关的临床医疗服务，发生的计划生育技术服务事故，依照本条例的有关规定处理；但是，其中不属于医疗机构的县级以上城市从事计划生育技术服务的机构发生的计划生育技术服务事故，由计划生育行政部门行使依照本条例有关规定由卫生行政部门承担的受理、交由负责医疗事故技术鉴定工作的医学会组织鉴定和赔偿调解的职能；对发生计划生育技术服务事故的该机构及其有关责任人员，依法进行处理。

第六十一条 非法行医，造成患者人身损害，不属于医疗事故，触犯刑律的，依法追究刑事责任；有关赔偿，由受害人直接向人民法院提起诉讼。

第六十二条 军队医疗机构的医疗事故处理办法，由中国人民解放军卫生主管部门会同国务院卫生行政部门依据本条例制定。

第六十三条　本条例自2002年9月1日起施行。1987年6月29日国务院发布的《医疗事故处理办法》同时废止。本条例施行前已经处理结案的医疗事故争议，不再重新处理。

医疗机构投诉管理办法

· 2019年3月6日国家卫生健康委员会令第3号公布
· 自2019年4月10日起施行

第一章　总　则

第一条　为加强医疗机构投诉管理，规范投诉处理程序，改善医疗服务，保障医疗安全和医患双方合法权益，维护正常医疗秩序，根据《医疗纠纷预防和处理条例》《医疗机构管理条例》等法律法规的规定，制定本办法。

第二条　本办法所称投诉管理，是指患者就医疗服务行为、医疗管理、医疗质量安全等方面存在的问题向医疗机构反映情况，提出意见、建议或者投诉请求，医疗机构进行调查、处理和结果反馈的活动。

第三条　本办法适用于各级各类医疗机构的投诉管理。

第四条　国家卫生健康委负责全国医疗机构投诉管理工作的监督指导。

县级以上地方卫生健康主管部门负责本行政区域内医疗机构投诉管理工作的监督指导。

第五条　医疗机构投诉的接待、处理工作应当贯彻"以患者为中心"的理念，遵循合法、公正、及时、便民的原则。

第六条　医疗机构应当按照规定做好信息公开工作，主动接受社会监督。

第七条　医疗机构应当提高管理水平，加强医疗风险管理，优化服务流程，改善就诊环境，提高医疗服务质量，防范安全隐患，减少医疗纠纷及投诉。

第八条　医疗机构应当制订重大医疗纠纷事件应急处置预案，组织开展相关的宣传、培训和演练，确保依法、及时、有效化解矛盾纠纷。

第九条　医疗机构应当将投诉管理纳入患者安全管理体系，定期汇总、分析投诉信息，梳理医疗管理、医疗质量安全的薄弱环节，落实整改措施，持续改进医疗质量安全。

第十条　医疗机构应当做好医疗机构投诉管理与医疗纠纷人民调解、行政调解、诉讼等的衔接。

第二章　组织和人员

第十一条　医疗机构主要负责人是医疗机构投诉管理的第一责任人。

二级以上医疗机构应当设置医患关系办公室或者指定部门（以下统称投诉管理部门）统一承担投诉管理工作。其他医疗机构应当配备专（兼）职人员，有条件的也可以设置投诉管理部门。

第十二条　二级以上医疗机构应当指定一名医疗机构负责人分管投诉工作，指导、管理医疗机构投诉管理部门的有关工作。

投诉管理部门履行以下职责：

（一）组织、协调、指导本医疗机构的投诉处理工作；

（二）统一受理投诉，调查、核实投诉事项，提出处理意见，及时答复患者；

（三）建立和完善投诉的接待和处置程序；

（四）参与医疗机构医疗质量安全管理；

（五）开展医患沟通及投诉处理培训，开展医疗风险防范教育；

（六）定期汇总、分析投诉信息，提出加强与改进工作的意见或者建议，并加强督促落实。

仅配备投诉专（兼）职人员的医疗机构，投诉专（兼）职人员应当至少承担前款第二项职责。

第十三条　医疗机构投诉管理人员应当具备以下条件：

（一）具备良好的职业道德和工作责任心；

（二）具备一定的医学、管理学、法学、心理学、伦理学、社会工作等学科知识，熟悉医疗和投诉管理相关法律法规，以及医疗机构规章制度；

（三）社会适应能力较强，具有良好的社会人际交往能力，具备良好的沟通能力和应变能力。

第十四条　二级以上医疗机构应当建立医疗机构、投诉管理部门、科室三级投诉管理机制，医疗机构各部门、各科室应当指定至少1名负责人配合做好投诉管理工作。

医疗机构各部门、各科室应当定期对投诉涉及的风险进行评估，对投诉隐患进行摸排，对高发隐患提出针对性的防范措施，加强与患者沟通，及时做好矛盾纠纷排查化解工作。

医疗机构应当鼓励工作人员主动收集患者对医疗服务、医疗质量安全等方面的意见和建议，通过规定途径向投诉管理部门或者有关职能部门反映。

第十五条 二级以上医疗机构应当健全投诉管理部门与临床、护理、医技和后勤、保卫等部门的联动机制，提高医疗质量，保障医疗安全，维护正常医疗秩序。

第十六条 医疗机构应当逐步建立健全相关机制，鼓励和吸纳社会工作者、志愿者等熟悉医学、法律专业知识的人员或者第三方组织参与医疗机构投诉接待与处理工作。

第三章 医患沟通

第十七条 医疗机构应当提高医务人员职业道德水平，增强服务意识和法律意识，注重人文关怀，加强医患沟通，努力构建和谐医患关系。

第十八条 医务人员应当恪守职业道德，以患者为中心，热情、耐心、细致地做好本职工作，把对患者的尊重、理解和关怀体现在医疗服务全过程。

第十九条 医疗机构应当建立健全医患沟通机制，完善医患沟通内容，加强对医务人员医患沟通技巧的培训，提高医患沟通能力。

医务人员对患者在诊疗过程中提出的咨询、意见和建议，应当耐心解释、说明，并按照规定进行处理；对患者就诊疗行为提出的疑问，应当及时予以核实、自查，并与患者沟通，如实说明情况。

第二十条 医务人员应当尊重患者依法享有的隐私权、知情权、选择权等权利，根据患者病情、预后不同以及患者实际需求，突出重点，采取适当方式进行沟通。

医患沟通中有关诊疗情况的重要内容应当及时、完整、准确记入病历，并由患者签字确认。

第二十一条 医疗机构可以结合实际情况，制定医疗风险告知和术前谈话制度，规范具体流程，以患者易懂的方式和语言充分告知患者，并取得其书面同意。

第四章 投诉接待与处理

第二十二条 医疗机构应当建立畅通、便捷的投诉渠道，在医疗机构显著位置公布投诉处理程序、地点、接待时间和联系方式。

鼓励医疗机构加强舆情监测，及时掌握患者在其他渠道的诉求。

第二十三条 医疗机构应当设置专门的投诉接待场所，接待场所应当提供有关法律、法规、投诉程序等资料，便于患者查询。

医疗机构应当采取措施，保障投诉管理工作人员的合法权益与人身安全。

第二十四条 医疗机构投诉实行“首诉负责制”，患者向有关部门、科室投诉的，接待投诉的部门、科室工作人员应当热情接待，对于能够当场协调处理的，应当尽量当场协调解决；对于无法当场协调处理的，接待的部门或者科室应当主动将患者引导到投诉管理部门（含投诉管理专（兼）职人员，下同），不得推诿、搪塞。

第二十五条 投诉接待人员应当认真听取患者意见，耐心细致地做好解释工作，避免矛盾激化；应当核实相关信息，如实记录患者反映的情况，及时留存书面投诉材料。

第二十六条 患者应当依法文明表达意见和要求，向医疗机构投诉管理部门提供真实、准确的投诉相关资料，配合医疗机构投诉管理部门的调查和询问，不得扰乱正常医疗秩序，不得有违法犯罪行为。

单次投诉人员数量原则上不超过5人。超过5人的，应当推选代表集中反映诉求。

第二十七条 投诉接待人员在接待场所发现患者有自杀、自残和其他过激行为，或者侮辱、殴打、威胁投诉接待人员的行为，应当及时采取控制和防范措施，同时向公安机关报警，并向当地卫生健康主管部门报告；对接待过程中发现的可能激化矛盾，引起治安案件、刑事案件的投诉，应当及时向当地公安机关报告，依法处理。

第二十八条 医疗机构投诉管理部门接到投诉或者卫生健康主管部门交办的投诉后，应当及时向当事部门、科室和相关人员了解、核实情况，在查清事实、分清责任的基础上提出处理意见，并反馈患者。

投诉涉及的部门、科室和相关人员应当积极配合投诉管理部门开展投诉事项调查、核实、处理工作。

第二十九条 对反复接到相同或者相似问题的投诉，医疗机构投诉管理部门应当汇总并报告医疗机构负责人，医疗机构对有关投诉可视情况予以合并调查，对发现的引发投诉的环节或者多次引发投诉的医务人员应当根据调查结果，及时予以相应处理。

第三十条 医疗机构投诉管理部门应当及时处理投诉，能够当场核查处理的，应当及时查明情况；确有差错的，立即纠正，并当场向患者告知处理意见。

涉及医疗质量安全、可能危及患者健康的，应当立即采取积极措施，避免或者减轻对患者身体健康的损害，防止损害扩大。

情况较复杂，需调查、核实的，一般应当于接到投诉之日起5个工作日内向患者反馈相关处理情况或者处理意见。

涉及多个科室，需组织、协调相关部门共同研究的，应当于接到投诉之日起10个工作日内向患者反馈处理情况或者处理意见。

第三十一条 对投诉已经处理完毕，患者对医疗机构的处理意见有争议并能够提供新情况和证据材料的，按照投诉流程重新予以处理。

第三十二条 投诉内容涉及医疗纠纷的，医疗机构应当告知患者按照医疗纠纷处理的相关法律法规的规定，积极协商；不能协商解决的，引导患者通过调解、诉讼等途径解决，并做好解释疏导工作。

第三十三条 投诉涉及医疗机构工作人员违法违纪问题的，投诉管理部门应当及时移交相关职能部门依法依规处理。

第三十四条 属于下列情形之一的投诉，投诉管理部门不予处理，但应当向患者说明情况，告知相关处理规定：

（一）患者已就投诉事项向人民法院起诉的或者向第三方申请调解的；

（二）患者已就投诉事项向卫生健康主管部门或者信访部门反映并作出处理的；

（三）没有明确的投诉对象和具体事实的；

（四）投诉内容已经涉及治安案件、刑事案件的；

（五）其他不属于投诉管理部门职权范围的投诉。

第三十五条 发生重大医疗纠纷的，医疗机构应当按照规定向所在地县级以上地方卫生健康主管部门报告。卫生健康主管部门接到报告后，应当及时了解掌握情况，引导医患双方通过合法途径解决纠纷。

第三十六条 医疗机构应当保护与投诉相关的患者和医务人员隐私，妥善应对舆情，严禁发布违背或者夸大事实、渲染投诉处理过程的信息。

第三十七条 医疗机构应当建立健全投诉档案，立卷归档，留档备查。

医疗机构投诉档案应当包括以下内容：

（一）患者基本信息；

（二）投诉事项及相关证明材料；

（三）调查、处理及反馈情况；

（四）其他与投诉事项有关的材料。

第三十八条 医疗机构工作人员有权对医疗机构管理、服务等各项工作提出意见、建议，医疗机构及投诉管理等有关部门应当予以重视，并及时处理、反馈。

临床一线工作人员，对于发现的药品、医疗器械、水、电、气等医疗质量安全保障方面的问题，应当向投诉管理部门或者有关职能部门反映，投诉管理等有关部门应当及时处理、反馈。

第五章 监督管理

第三十九条 县级以上地方卫生健康主管部门应当加强对本行政区域内医疗机构投诉管理工作的监督检查，加强日常管理和考评。

第四十条 县级以上地方卫生健康主管部门应当收集、分析并反馈本行政区域医疗机构投诉及医疗纠纷相关信息，指导医疗机构改进工作，提高医疗服务质量。

第四十一条 对在医疗机构投诉管理中表现优秀、有效预防重大群体性事件或者其他严重后果发生的医疗机构及有关人员，卫生健康主管部门应当予以表扬。

对行政区域内未按照规定开展投诉管理工作的医疗机构，卫生健康主管部门应当通报批评，并对医疗机构主要负责人进行约谈。

第四十二条 医疗机构应当规范投诉管理工作，定期统计投诉情况，统计结果应当与年终考核、医师定期考核、医德考评、评优评先等相结合。

第六章 法律责任

第四十三条 医疗机构未建立投诉接待制度、未设置统一投诉管理部门或者配备专（兼）职人员，或者未按规定向卫生健康主管部门报告重大医疗纠纷的，由县级以上地方卫生健康主管部门按照《医疗纠纷预防和处理条例》第四十七条的规定进行处理。

第四十四条 医疗机构违反本办法规定，有下列情形之一的，由县级以上地方卫生健康主管部门责令限期整改；逾期不改的，给予警告，并处以一万元以下罚款；造成严重后果的，处以一万元以上三万元以下罚款，并对医疗机构主要负责人、直接负责的主管人员和其他直接责任人员依法给予处分：

（一）未制订重大医疗纠纷事件应急处置预案的；

（二）投诉管理混乱的；

（三）未按规定建立健全医患沟通机制的；

（四）未按规定及时处理投诉并反馈患者的；

（五）对接待过程中发现的可能激化矛盾，引起治安案件、刑事案件的投诉，未及时向当地公安机关报告的；

（六）发布违背或者夸大事实、渲染事件处理过程的信息的。

第四十五条 医务人员泄露投诉相关患者隐私，造成严重后果的，由县级以上地方卫生健康主管部门按照《执业医师法》《护士条例》等法律法规的有关规定处理。

第四十六条 县级以上地方卫生健康主管部门在医疗机构投诉管理工作中，未按规定履行职责，造成严重后果的，依法对直接负责的主管人员和其他直接责任人员给予处分；构成犯罪的，依法追究刑事责任。

第七章 附 则

第四十七条 本办法所称患者，包括患者及其近亲属、委托代理人、法定代理人、陪同患者就医人员等有关人员。

第四十八条 省级卫生健康主管部门可以根据本办法，结合本地具体情况制订实施细则。

第四十九条 中医医疗机构的投诉管理工作由中医药主管部门负责。

第五十条 本办法自 2019 年 4 月 10 日起施行。

医疗事故技术鉴定暂行办法

·2002 年 7 月 31 日卫生部令第 30 号公布
·自 2002 年 9 月 1 日起施行

第一章 总 则

第一条 为规范医疗事故技术鉴定工作，确保医疗事故技术鉴定工作有序进行，依据《医疗事故处理条例》的有关规定制定本办法。

第二条 医疗事故技术鉴定工作应当按照程序进行，坚持实事求是的科学态度，做到事实清楚、定性准确、责任明确。

第三条 医疗事故技术鉴定分为首次鉴定和再次鉴定。

设区的市级和省、自治区、直辖市直接管辖的县（市）级地方医学会负责组织专家鉴定组进行首次医疗事故技术鉴定工作。

省、自治区、直辖市地方医学会负责组织医疗事故争议的再次鉴定工作。

负责组织医疗事故技术鉴定工作的医学会（以下简称医学会）可以设立医疗事故技术鉴定工作办公室，具体负责有关医疗事故技术鉴定的组织和日常工作。

第四条 医学会组织专家鉴定组，依照医疗卫生管理法律、行政法规、部门规章和诊疗护理技术操作规范、常规，运用医学科学原理和专业知识，独立进行医疗事故技术鉴定。

第二章 专家库的建立

第五条 医学会应当建立专家库。专家库应当依据学科专业组名录设置学科专业组。

医学会可以根据本地区医疗工作和医疗事故技术鉴定实际，对本专家库学科专业组设立予以适当增减和调整。

第六条 具备下列条件的医疗卫生专业技术人员可以成为专家库候选人：

（一）有良好的业务素质和执业品德；

（二）受聘于医疗卫生机构或者医学教学、科研机构并担任相应专业高级技术职务 3 年以上；

（三）健康状况能够胜任医疗事故技术鉴定工作。

符合前款(一)、(三)项规定条件并具备高级技术职务任职资格的法医可以受聘进入专家库。

负责首次医疗事故技术鉴定工作的医学会原则上聘请本行政区域内的专家建立专家库;当本行政区域内的专家不能满足建立专家库需要时,可以聘请本省、自治区、直辖市范围内的专家进入本专家库。

负责再次医疗事故技术鉴定工作的医学会原则上聘请本省、自治区、直辖市范围内的专家建立专家库;当本省、自治区、直辖市范围内的专家不能满足建立专家库需要时,可以聘请其他省、自治区、直辖市的专家进入本专家库。

第七条 医疗卫生机构或医学教学、科研机构、同级的医药卫生专业学会应当按照医学会要求,推荐专家库成员候选人;符合条件的个人经所在单位同意后也可以直接向组建专家库的医学会申请。

医学会对专家库成员候选人进行审核。审核合格的,予以聘任,并发给中华医学会统一格式的聘书。

符合条件的医疗卫生专业技术人员和法医,有义务受聘进入专家库。

第八条 专家库成员聘用期为4年。在聘用期间出现下列情形之一的,应当由专家库成员所在单位及时报告医学会,医学会应根据实际情况及时进行调整:

(一)因健康原因不能胜任医疗事故技术鉴定的;

(二)变更受聘单位或被解聘的;

(三)不具备完全民事行为能力的;

(四)受刑事处罚的;

(五)省级以上卫生行政部门规定的其他情形。

聘用期满需继续聘用的,由医学会重新审核、聘用。

第三章　鉴定的提起

第九条 双方当事人协商解决医疗事故争议,需进行医疗事故技术鉴定的,应共同书面委托医疗机构所在地负责首次医疗事故技术鉴定工作的医学会进行医疗事故技术鉴定。

第十条 县级以上地方人民政府卫生行政部门接到医疗机构关于重大医疗过失行为的报告或者医疗事故争议当事人要求处理医疗事故争议的申请后,对需要进行医疗事故技术鉴定的,应当书面移交负责首次医疗事故技术鉴定工作的医学会组织鉴定。

第十一条 协商解决医疗事故争议涉及多个医疗机构的,应当由涉及的所有医疗机构与患者共同委托其中任何一所医疗机构所在地负责组织首次医疗事故技术鉴定工作的医学会进行医疗事故技术鉴定。

医疗事故争议涉及多个医疗机构,当事人申请卫生行政部门处理的,只可以向其中一所医疗机构所在地卫生行政部门提出处理申请。

第四章　鉴定的受理

第十二条 医学会应当自受理医疗事故技术鉴定之日起5日内,通知医疗事故争议双方当事人按照《医疗事故处理条例》第二十八条规定提交医疗事故技术鉴定所需的材料。

当事人应当自收到医学会的通知之日起10日内提交有关医疗事故技术鉴定的材料、书面陈述及答辩。

对不符合受理条件的,医学会不予受理。不予受理的,医学会应说明理由。

第十三条 有下列情形之一的,医学会不予受理医疗事故技术鉴定:

(一)当事人一方直接向医学会提出鉴定申请的;

(二)医疗事故争议涉及多个医疗机构,其中一所医疗机构所在地的医学会已经受理的;

(三)医疗事故争议已经人民法院调解达成协议或判决的;

(四)当事人已向人民法院提起民事诉讼的(司法机关委托的除外);

(五)非法行医造成患者身体健康损害的;

(六)卫生部规定的其他情形。

第十四条 委托医学会进行医疗事故技术鉴定,应当按规定缴纳鉴定费。

第十五条 双方当事人共同委托医疗事故技术鉴定的,由双方当事人协商预先缴纳鉴定费。

卫生行政部门移交进行医疗事故技术鉴定的,由提出医疗事故争议处理的当事人预先缴纳鉴定费。经鉴定属于医疗事故的,鉴定费由医疗机构支付;经鉴定不属于医疗事故的,鉴定费由提出医疗事故争议处理申请的当事人支付。

县级以上地方人民政府卫生行政部门接到医疗机构关于重大医疗过失行为的报告后，对需要移交医学会进行医疗事故技术鉴定的，鉴定费由医疗机构支付。

第十六条 有下列情形之一的，医学会中止组织医疗事故技术鉴定：

（一）当事人未按规定提交有关医疗事故技术鉴定材料的；

（二）提供的材料不真实的；

（三）拒绝缴纳鉴定费的；

（四）卫生部规定的其他情形。

第五章 专家鉴定组的组成

第十七条 医学会应当根据医疗事故争议所涉及的学科专业，确定专家鉴定组的构成和人数。

专家鉴定组组成人数应为3人以上单数。

医疗事故争议涉及多学科专业的，其中主要学科专业的专家不得少于专家鉴定组成员的1/2。

第十八条 医学会应当提前通知双方当事人，在指定时间、指定地点，从专家库相关学科专业组中随机抽取专家鉴定组成员。

第十九条 医学会主持双方当事人抽取专家鉴定组成员前，应当将专家库相关学科专业组中专家姓名、专业、技术职务、工作单位告知双方当事人。

第二十条 当事人要求专家库成员回避的，应当说明理由。符合下列情形之一的，医学会应当将回避的专家名单撤出，并经当事人签字确认后记录在案：

（一）医疗事故争议当事人或者当事人的近亲属的；

（二）与医疗事故争议有利害关系的；

（三）与医疗事故争议当事人有其他关系，可能影响公正鉴定的。

第二十一条 医学会对当事人准备抽取的专家进行随机编号，并主持双方当事人随机抽取相同数量的专家编号，最后一个专家由医学会随机抽取。

双方当事人还应当按照上款规定的方法各自随机抽取一个专家作为候补。

涉及死因、伤残等级鉴定的，应当按照前款规定由双方当事人各自随机抽取一名法医参加鉴定组。

第二十二条 随机抽取结束后，医学会当场向双方当事人公布所抽取的专家鉴定组成员和候补成员的编号并记录在案。

第二十三条 现有专家库成员不能满足鉴定工作需要时，医学会应当向双方当事人说明，并经双方当事人同意，可以从本省、自治区、直辖市其他医学会专家库中抽取相关学科专业组的专家参加专家鉴定组；本省、自治区、直辖市医学会专家库成员不能满足鉴定工作需要时，可以从其他省、自治区、直辖市医学会专家库中抽取相关学科专业组的专家参加专家鉴定组。

第二十四条 从其他医学会建立的专家库中抽取的专家无法到场参加医疗事故技术鉴定，可以以函件的方式提出鉴定意见。

第二十五条 专家鉴定组成员确定后，在双方当事人共同在场的情况下，由医学会对封存的病历资料启封。

第二十六条 专家鉴定组应当认真审查双方当事人提交的材料，妥善保管鉴定材料，保护患者的隐私，保守有关秘密。

第六章 医疗事故技术鉴定

第二十七条 医学会应当自接到双方当事人提交的有关医疗事故技术鉴定的材料、书面陈述及答辩之日起45日内组织鉴定并出具医疗事故技术鉴定书。

第二十八条 医学会可以向双方当事人和其他相关组织、个人进行调查取证，进行调查取证时不得少于2人。调查取证结束后，调查人员和调查对象应当在有关文书上签字。如调查对象拒绝签字的，应当记录在案。

第二十九条 医学会应当在医疗事故技术鉴定7日前，将鉴定的时间、地点、要求等书面通知双方当事人。双方当事人应当按照通知的时间、地点、要求参加鉴定。

参加医疗事故技术鉴定的双方当事人每一方人数不超过3人。

任何一方当事人无故缺席、自行退席或拒绝参加鉴定的，不影响鉴定的进行。

第三十条 医学会应当在医疗事故技术鉴定7日前书面通知专家鉴定组成员。专家鉴定组成员接到医学会通知后认为自己应当回避的，应当于接到通知时及时提出书面回避申请，并说明理由;因其他原因无法参加医疗事故技术鉴定的,应当于接到通知时及时书面告知医学会。

第三十一条 专家鉴定组成员因回避或因其他原因无法参加医疗事故技术鉴定时,医学会应当通知相关学科专业组候补成员参加医疗事故技术鉴定。

专家鉴定组成员因不可抗力因素未能及时告知医学会不能参加鉴定或虽告知但医学会无法按规定组成专家鉴定组的,医疗事故技术鉴定可以延期进行。

第三十二条 专家鉴定组组长由专家鉴定组成员推选产生,也可以由医疗事故争议所涉及的主要学科专家中具有最高专业技术职务任职资格的专家担任。

第三十三条 鉴定由专家鉴定组组长主持,并按照以下程序进行:

(一)双方当事人在规定的时间内分别陈述意见和理由。陈述顺序先患方,后医疗机构;

(二)专家鉴定组成员根据需要可以提问,当事人应当如实回答。必要时,可以对患者进行现场医学检查;

(三)双方当事人退场;

(四)专家鉴定组对双方当事人提供的书面材料、陈述及答辩等进行讨论;

(五)经合议,根据半数以上专家鉴定组成员的一致意见形成鉴定结论。专家鉴定组成员在鉴定结论上签名。专家鉴定组成员对鉴定结论的不同意见,应当予以注明。

第三十四条 医疗事故技术鉴定书应当根据鉴定结论作出,其文稿由专家鉴定组组长签发。

医疗事故技术鉴定书盖医学会医疗事故技术鉴定专用印章。

医学会应当及时将医疗事故技术鉴定书送达移交鉴定的卫生行政部门,经卫生行政部门审核,对符合规定作出的医疗事故技术鉴定结论,应当及时送达双方当事人;由双方当事人共同委托的,直接送达双方当事人。

第三十五条 医疗事故技术鉴定书应当包括下列主要内容:

(一)双方当事人的基本情况及要求;

(二)当事人提交的材料和医学会的调查材料;

(三)对鉴定过程的说明;

(四)医疗行为是否违反医疗卫生管理法律、行政法规、部门规章和诊疗护理规范、常规;

(五)医疗过失行为与人身损害后果之间是否存在因果关系;

(六)医疗过失行为在医疗事故损害后果中的责任程度;

(七)医疗事故等级;

(八)对医疗事故患者的医疗护理医学建议。

经鉴定为医疗事故的,鉴定结论应当包括上款(四)至(八)项内容;经鉴定不属于医疗事故的,应当在鉴定结论中说明理由。

医疗事故技术鉴定书格式由中华医学会统一制定。

第三十六条 专家鉴定组应当综合分析医疗过失行为在导致医疗事故损害后果中的作用、患者原有疾病状况等因素,判定医疗过失行为的责任程度。医疗事故中医疗过失行为责任程度分为:

(一)完全责任,指医疗事故损害后果完全由医疗过失行为造成。

(二)主要责任,指医疗事故损害后果主要由医疗过失行为造成,其他因素起次要作用。

(三)次要责任,指医疗事故损害后果主要由其他因素造成,医疗过失行为起次要作用。

(四)轻微责任,指医疗事故损害后果绝大部分由其他因素造成,医疗过失行为起轻微作用。

第三十七条 医学会参加医疗事故技术鉴定会的工作人员,应如实记录鉴定会过程和专家的意见。

第三十八条 因当事人拒绝配合,无法进行医疗事故技术鉴定的,应当终止本次鉴定,由医学会告知移交鉴定的卫生行政部门或共同委托鉴定的双方当事人,说明不能鉴定的原因。

第三十九条 医学会对经卫生行政部门审核认为参加鉴定的人员资格和专业类别或者鉴定程序不符合规定,需要重新鉴定的,应当重新组织鉴定。重新鉴定时不得收取鉴定费。

如参加鉴定的人员资格和专业类别不符合规定的,应当重新抽取专家,组成专家鉴定组进行重新鉴定。

如鉴定的程序不符合规定而参加鉴定的人员资格和专业类别符合规定的,可以由原专家鉴定组进行重新鉴定。

第四十条 任何一方当事人对首次医疗事故

技术鉴定结论不服的,可以自收到首次医疗事故技术鉴定书之日起15日内,向原受理医疗事故争议处理申请的卫生行政部门提出再次鉴定的申请,或由双方当事人共同委托省、自治区、直辖市医学会组织再次鉴定。

第四十一条 县级以上地方人民政府卫生行政部门对发生医疗事故的医疗机构和医务人员进行行政处理时,应当以最后的医疗事故技术鉴定结论作为处理依据。

第四十二条 当事人对鉴定结论无异议,负责组织医疗事故技术鉴定的医学会应当及时将收到的鉴定材料中的病历资料原件等退还当事人,并保留有关复印件。

当事人提出再次鉴定申请的,负责组织首次医疗事故技术鉴定的医学会应当及时将收到的鉴定材料移送负责组织再次医疗事故技术鉴定的医学会。

第四十三条 医学会应当将专家鉴定组成员签名的鉴定结论、由专家鉴定组组长签发的医疗事故技术鉴定书文稿和复印或者复制的有关病历资料等存档,保存期限不得少于20年。

第四十四条 在受理医患双方共同委托医疗事故技术鉴定后至专家鉴定组作出鉴定结论前,双方当事人或者一方当事人提出停止鉴定的,医疗事故技术鉴定终止。

第四十五条 医学会应当于每年3月31日前将上一年度医疗事故技术鉴定情况报同级卫生行政部门。

第七章 附 则

第四十六条 必要时,对疑难、复杂并在全国有重大影响的医疗事故争议,省级卫生行政部门可以商请中华医学会组织医疗事故技术鉴定。

第四十七条 本办法由卫生部负责解释。

第四十八条 本办法自2002年9月1日起施行。

2. 医疗损害赔偿

中华人民共和国民法典(节录)

· 2020年5月28日第十三届全国人民代表大会第三次会议通过

· 2020年5月28日中华人民共和国主席令第45号公布

· 自2021年1月1日起施行

……

第七编 侵权责任

第一章 一般规定

第一千一百六十四条 【侵权责任编的调整范围】本编调整因侵害民事权益产生的民事关系。

注释 在《民法典》中,侵权责任编是专门调整侵权责任法律关系的规范。侵权行为发生后,在侵权人和被侵权人之间发生侵权责任法律关系,被侵权人是侵权责任法律关系的请求权人,是权利主体,侵权人是责任主体,负担满足被侵权人侵权责任请求权的责任。侵权责任编就是调整这种法律关系的专门法。

侵权责任保护的范围是:

1. 所有的民事权利都受侵权责任编保护。按照《民法典》第五章规定的民事权利,即人格权、身份权、物权、债权、知识产权、继承权和股权及其他投资性权利,都在侵权责任的保护之中。

2. 法律保护的民事利益即法益。包括一般人格权保护的其他人格利益、胎儿的人格利益、死者的人格利益、其他身份利益和其他财产利益。这些都由侵权责任予以保护。

这些民事权益受到侵害,产生侵权责任法律关系,被侵权人可以行使请求权,侵权人应当承担侵权责任,救济损害。

第一千一百六十五条 【过错责任原则与过错推定责任】行为人因过错侵害他人民事权益造成损害的,应当承担侵权责任。

依照法律规定推定行为人有过错,其不能证明自己没有过错的,应当承担侵权责任。

注释 过错责任是指造成损害并不必然承担赔偿责任，必须要看行为人是否有过错，有过错有责任，无过错无责任。在过错责任原则下，只要同时满足以下条件，行为人就应承担侵权责任：一是行为人实施了某一行为。二是行为人行为时有过错。过错分为故意和过失。故意是指行为人预见到自己的行为会导致某一损害后果而希望或者放任该后果发生的一种主观心理状态。过失是指行为人因疏忽或者轻信而使自己未履行应有注意义务的一种心理状态。故意与过失的主要区别是：故意表现为行为人对损害后果的追求、放任心态，而过失表现为行为人不希望、不追求、不放任损害后果的心态。三是受害人的民事权益受到损害。四是行为人的行为与受害人的损害之间有因果关系。因果关系是指行为人的行为作为原因，损害事实作为结果，在二者之间存在的前者导致后者发生的客观联系。

在过错责任原则中，通常由受害人证明行为人是否有过错，但在一些情况下也适用过错推定。所谓过错推定，是指根据法律规定推定行为人有过错，行为人不能证明自己没有过错的，应当承担侵权责任。

案例 1. 刘明莲、郭丽丽、郭双双诉孙伟、河南兰庭物业管理有限公司信阳分公司生命权纠纷案（最高人民法院指导案例142号）

裁判规则：行为人为了维护因碰撞而受伤害一方的合法权益，劝阻另一方不要离开碰撞现场且没有超过合理限度的，属于合法行为。被劝阻人因自身疾病发生猝死，其近亲属请求行为人承担侵权责任的，人民法院不予支持。

2. 北京兰世达光电科技有限公司、黄晓兰诉赵敏名誉权纠纷案（最高人民法院指导案例143号）

裁判规则：（1）认定微信群中的言论构成侵犯他人名誉权，应当符合名誉权侵权的全部构成要件，还应当考虑信息网络传播的特点并结合侵权主体、传播范围、损害程度等具体因素进行综合判断。

（2）不特定关系人组成的微信群具有公共空间属性，公民在此类微信群中发布侮辱、诽谤、污蔑或者贬损他人的言论构成名誉权侵权，应当依法承担法律责任。

第一千一百六十六条 【无过错责任】行为人造成他人民事权益损害，不论行为人有无过错，法律规定应当承担侵权责任的，依照其规定。

注释 非过错责任原则是指不以行为人的过错为要件，只要其活动或者所管理的人或者物损害了他人的民事权益，除非有法定的免责事由，行为人就要承担侵权责任。适用无过错责任原则的意义在于加重行为人的责任，及时救济受害人，使其损害赔偿请求权更容易实现。

非过错责任的构成要件有三个：一是行为；二是受害人的损害；三是行为与损害之间具有因果关系。具备这三个要件，构成侵权责任。行为人如果能够证明损害是受害人自己故意造成的，则免除侵权责任。

第一千一百六十七条 【危及他人人身、财产安全的责任承担方式】侵权行为危及他人人身、财产安全的，被侵权人有权请求侵权人承担停止侵害、排除妨碍、消除危险等侵权责任。

注释 民事权益保全请求权，是指侵权行为危及人身、财产安全时，被侵权人对侵权人享有停止侵害、排除妨碍、消除危险等请求权。这几种侵权责任的适用条件，都是侵权行为危及他人人身、财产安全，尚未造成实际损害的情形。事实上，即使这种侵权行为已经造成了受害人的损害，除了损害赔偿之外，被侵权人也可以请求这些救济方法。

侵权行为危及人身、财产安全，停止侵害就是保全请求权。在发生这种情况时，向法院请求停止侵害，法院裁判停止侵害，就是禁止行为人继续实施侵权行为。排除妨碍、消除危险其实也是保全请求权的具体措施，是在侵权行为实施中，虽然没有造成损害，但是造成了妨碍，或者存在权利损害的危险，要在停止侵害的基础上，排除对权利构成妨碍的行为，消除权利受到损害的危险。

第一千一百六十八条 【共同侵权】二人以上共同实施侵权行为，造成他人损害的，应当承担连带责任。

注释 共同侵权行为，是指二人以上基于主观的或者客观的意思联络，共同实施侵权行为造成他人损害，应当承担连带赔偿责任的多数人侵权行为。构成共同侵权行为，应当承担连带赔偿责任。

构成共同侵权行为需要满足以下几个要件：一是主体的复数性。二是共同实施侵权行为。这一要件中的“共同”主要包括三层含义：其一，共同故意。其二，共同过失。“共同过失”主要是数个行为人共同从事某种行为,基于共同的疏忽大意,造成他人损害。其三,故意行为与过失行为相结合。三是侵权行为与损害后果之间具有因果关系。四是受害人具有损害,且该损害不可分割。

案例 **重庆市人民政府、重庆两江志愿服务发展中心诉重庆藏金阁物业管理有限公司、重庆首旭环保科技有限公司生态环境损害赔偿、环境民事公益诉讼案(最高人民法院指导案例130号)**

裁判规则: 取得排污许可证的企业,负有确保其排污处理设备正常运行且排放物达到国家和地方排放标准的法定义务,委托其他单位处理的,应当对受托单位履行监管义务;明知受托单位违法排污不予制止甚或提供便利的,应当对环境污染损害承担连带责任。

污染者向水域排污造成生态环境损害,生态环境修复费用难以计算的,可以根据环境保护部门关于生态环境损害鉴定评估有关规定,采用虚拟治理成本法对损害后果进行量化,根据违法排污的污染物种类、排污量及污染源排他性等因素计算生态环境损害量化数额。

链接《最高人民法院关于审理旅游纠纷案件适用法律若干问题的规定》第14条

第一千一百六十九条 【教唆侵权、帮助侵权】 教唆、帮助他人实施侵权行为的,应当与行为人承担连带责任。

教唆、帮助无民事行为能力人、限制民事行为能力人实施侵权行为的,应当承担侵权责任;该无民事行为能力人、限制民事行为能力人的监护人未尽到监护职责的,应当承担相应的责任。

注释 教唆行为,是指对他人进行开导、说服,或通过刺激、利诱、怂恿等方法使该他人从事侵权行为。教唆行为只能以积极的作为方式做出,消极的不作为不能成立教唆行为,教唆行为可以通过口头、书面或其他形式加以表达,可以公开进行也可以秘密进行,可以当面教唆也可以通过别人传信的方式间接教唆。

帮助行为,是指给予他人以帮助,如提供工具或者指导方法,以便使该他人易于实施侵权行为。帮助行为通常是以积极的作为方式做出,但具有作为义务的人故意不作为时也可能构成帮助行为。帮助的内容可以是物质上的,也可以是精神上的,可以在行为人实施侵权行为前,也可以在实施过程中。一般认为,教唆行为与帮助行为的区别在于:教唆行为的特点是教唆人本人不亲自实施侵权行为,而是唆使他人产生侵权意图并实施侵权行为或危险行为;而帮助行为可能并不对加害行为起决定性作用,只是对加害行为起促进作用。

第一千一百七十条 【共同危险行为】 二人以上实施危及他人人身、财产安全的行为,其中一人或者数人的行为造成他人损害,能够确定具体侵权人的,由侵权人承担责任;不能确定具体侵权人的,行为人承担连带责任。

注释 共同危险行为,是指数人的危险行为对他人的合法权益造成了某种危险,但对于实际造成的损害又无法查明是危险行为中的何人所为,法律为保护被侵权人的利益,将数个行为人视为侵权行为人。对于共同危险行为的免责事由,只有在确定具体侵权人的情形下,其他行为人才可以免除责任。

构成共同危险行为应当满足下列几个要件:一是二人以上实施危及他人人身、财产安全的行为,行为主体是复数。二是其中一人或者数人的行为造成他人损害。三是不能确定具体侵权人。在共同危险行为制度中,数个行为人实施的危险行为在时间上、空间上存在耦合性,事实上只有部分行为人的行为造成了损害后果,但是,由于受害人无法掌握各个行为人的行为动机、行为方式等证据,无法准确判断哪个行为才是真正的加害行为,为了保护受害人的合法权益,降低受害人的举证难度,避免其因不能指认真正侵权人而无法行使请求权,同时由于每个行为人都实施了危险行为,在道德上具有可责难性,所以规定由所有实施危险行为的人承担连带责任是合理的。如果受害人能够指认或者法院能够查明具体侵权人,就不能适用本条规定,只能要求具体侵权人承担侵权责任。

第一千一百七十一条 【分别侵权的连带责任】 二人以上分别实施侵权行为造成同一损害,每个人的侵权行为都足以造成全部损害的,行为人承担连带责任。

注释 适用本条规定需要符合以下构成要件:一是二人以上分别实施侵权行为。行为主体的复数性仍然是最基本的条件,每个人的行为都必须是侵权行为。二是造成同一损害后果。"同一损害"指数个侵权行为所造成的损害的性质是相同的,都是身体伤害或者财产损失,并且损害内容具有关联性。如甲的侵权行为造成了丙左腿受伤,乙的侵权行为也造成了丙左腿受伤。如果乙的侵权行为造成了丙右腿受伤,那么,甲、乙两人的侵权行为造成的就不是同一损害,而是不同损害。三是每个人的侵权行为都足以造成全部损害。判断每个侵权行为是否足以造成全部损害是适用本条的关键。本条中的"足以"并不是指每个侵权行为都实际上造成了全部损害,而是指即便没有其他侵权行为的共同作用,独立的单个侵权行为也有可能造成全部损害。如甲、乙两个人分别从不同方向向同一房屋放火,将该房屋烧毁,根据两个方向的火势判断,即使不存在另一把火,其中的任何一把火都有可能使整栋房屋烧毁,此即每把火都"足以"烧毁整栋房屋。

第一千一百七十二条 【分别侵权的按份责任】二人以上分别实施侵权行为造成同一损害,能够确定责任大小的,各自承担相应的责任;难以确定责任大小的,平均承担责任。

注释 适用本条规定应当符合下列构成要件:一是二人以上分别实施侵权行为。这一要件与本法第1171条中"二人以上分别实施侵权行为"的含义相同,要求数个侵权行为相互之间是独立的,不存在应当适用第1168条共同侵权制度的情形。二是造成同一损害后果。这一要件与本法第1171条中"造成同一损害"的含义也是一样的。本条与本法第1171条同属分别侵权制度,但在构成要件上有所不同,第1171条的构成要件更加严格,要求"每个人的侵权行为都足以造成全部损害"。

第一千一百七十三条 【与有过错】被侵权人对同一损害的发生或者扩大有过错的,可以减轻侵权人的责任。

注释 被侵权人对于损害的发生或者扩大也有过错的,让侵权人承担全部赔偿责任,有失公允。因此,侵权人可以被侵权人的过错为主张进行抗辩,要求减轻自己的侵权责任,主要是减少损害赔偿的数额。在学理上一般称为"与有过失"或"过失相抵"。

链接《水污染防治法》第96条第3款;《电力法》第60条第2款;《道路交通安全法》第76条第1款第2项

第一千一百七十四条 【受害人故意】损害是因受害人故意造成的,行为人不承担责任。

注释 受害人故意造成损害,是指受害人明知自己的行为会发生损害自己的后果,而希望或者放任此种结果的发生。受害人故意分为直接故意和间接故意。直接故意是指受害人从主观上追求损害自己的结果发生,例如受害人摸高压线自杀;间接故意是指受害人已经预见到自己的行为可能发生损害自己的结果,虽不直接追求损害结果的发生,但也不停止该行为,而是放任损害结果的发生,例如受害人盗割高压线,导致自己伤亡。

本条规定对行为人免责,是指损害完全是因为受害人的故意造成的,即受害人故意的行为是其损害发生的唯一原因。如果有证据证明损害是由于受害人的故意造成,但也有证据证明行为人对损害的发生也有故意或者重大过失的,应适用本法第1173条关于与有过失的规定。

链接《道路交通安全法》第76条第2款;《水污染防治法》第96条第3款;《铁路法》第58条;《电力法》第60条

第一千一百七十五条 【第三人过错】损害是因第三人造成的,第三人应当承担侵权责任。

注释 第三人原因也叫第三人过错,是指受害人和加害人对于损害的发生没有过错,受害人的损害完全是第三人的过错行为造成的,应当由第三人承担侵权责任的免责事由。第三人的过错包括故意和过失。第三人与被告不存在任何隶属关系,比如用人单位的工作人员在工作过程中造成他人损害的,用人单位不能以其工作人员作为第三人,提出"第三人过错"的抗辩。用人单位应当对工作人员造成的损害,承担替代责任。

第三人原因的特征是:(1)过错的主体是第三人;(2)第三人与当事人特别是行为人之间没有过错联系;(3)第三人的过错是损害发生的全部原因;(4)是免责事由,行为人不承担责任。

第三人原因作为免责事由,是一般性的免责事由,但是法律有特别规定的,应当适用特别规定。例如,《民法典》第1198条第2款、第1204条、第1233条、第1250条等都规定了第三人原因的特别规则,因而不适用本条规定。

第一千一百七十六条 【自甘风险】自愿参加具有一定风险的文体活动,因其他参加者的行为受到损害的,受害人不得请求其他参加者承担侵权责任;但是,其他参加者对损害的发生有故意或者重大过失的除外。

活动组织者的责任适用本法第一千一百九十八条至第一千二百零一条的规定。

注释 自甘风险也叫危险的自愿承担,本条是我国第一次确认自甘风险为免责事由。其构成要件是:(1)组织者组织的文体活动有一定的风险,例如蹦极;(2)受害人对该危险有意识,但是自愿参加;(3)受害人参加此活动,因其他参加者的行为造成损害;(4)组织者、其他参加者没有故意或者过失,例如参加足球比赛活动受到参加者的损害。

案例 宋某祯诉周某身体权纠纷案[人民法院贯彻实施民法典典型案例(第一批)]

裁判规则:竞技体育运动不同于一般的生活领域,主要目的即为争胜,此类运动具有对抗性、人身危险性的特点,参与者均处于潜在危险中,既是危险的潜在制造者,也是危险的潜在承担者。羽毛球运动系典型的对抗性体育竞赛,除扭伤、拉伤等常规风险外,更为突出的风险即在于羽毛球自身体积小、密度大、移动速度快,运动员如未及时作出判断即会被击中,甚至击伤。宋某祯作为多年参与羽毛球运动的爱好者,对于自身和其他参赛者的能力以及此项运动的危险和可能造成的损害,应当有所认知和预见,而宋某祯仍自愿参加比赛,将自身置于潜在危险之中,属于自甘冒险的行为。依照《民法典》第1176条第1款,在此情形下,只有周某对宋某祯受伤的损害后果存在故意或重大过失时,才需承担侵权损害赔偿责任。本案中,周某杀球进攻的行为系该类运动的正常技术动作,周某并不存在明显违反比赛规则的情形,不应认定其存在重大过失,且现行法律未就本案所涉情形适用公平责任予以规定,故宋某祯无权主张周某承担赔偿责任或分担损失。

第一千一百七十七条 【自力救济】合法权益受到侵害,情况紧迫且不能及时获得国家机关保护,不立即采取措施将使其合法权益受到难以弥补的损害的,受害人可以在保护自己合法权益的必要范围内采取扣留侵权人的财物等合理措施;但是,应当立即请求有关国家机关处理。

受害人采取的措施不当造成他人损害的,应当承担侵权责任。

注释 本条为新增条文,明确当受害人的合法权益受到侵害,情况紧迫且不能及时获得国家机关保护,不立即采取措施将使其合法权益受到难以弥补的损害的,受害人可以在保护自己合法权益的必要范围内采取扣留侵权人的财物等合理措施,此为法律或社会公德所认可,受害人因为采取自助行为而使侵权人的权益受到侵害的,无需承担侵权责任。但是当紧急情况解除,受害人权益得到保障后,则受害人应当立即请求有关国家机关处理。

需要注意的是,受害人采取的措施应当在必要范围内,如果因其采取的措施不当造成他人损害的,仍应当承担相应的侵权责任。

第一千一百七十八条 【特别规定优先适用】本法和其他法律对不承担责任或者减轻责任的情形另有规定的,依照其规定。

注释《民法典》规定的免责事由,主要集中在总则编,如第180条规定的不可抗力、第181条规定的正当防卫、第182条规定的紧急避险、第184条规定的紧急救助行为,都是免责事由和减责事由,都可以适用于侵权责任编,作为侵权责任的免责事由或者减责事由。

其他法律规定的免责事由,是指《民法典》之外的其他民事法律或者非民事法律中规定的有关侵权责任的免责事由和减责事由。例如,《道路交通安全法》规定了道路交通事故责任的免责事由;《民用航空法》规定了承运人的免责事由和减责事由;《铁路法》规定了铁路运输企业的免责事由;《产品质量法》规定了产品责任的免责事由。在侵权责任纠纷的法律适用中,都属于特别法规定的免责事由或者减责事由。

链接《民法典》第180-182、184条

第二章 损害赔偿

第一千一百七十九条 【人身损害赔偿范围】侵害他人造成人身损害的,应当赔偿医疗费、护理费、交通费、营养费、住院伙食补助费等为治疗和康复支出的合理费用,以及因误工减少的收入。造成残疾的,还应当赔偿辅助器具费和残疾赔偿金;造成死亡的,还应当赔偿丧葬费和死亡赔偿金。

注释 医疗费包括挂号费、检查费、药费、治疗费、康复费等费用。既包括已经发生的费用,也包括将来确定要发生的费用。护理费是指受害人因受到损害导致生活不能自理,需要有人进行护理而产生的费用支出。一般根据护理人员的收入状况、护理人数、护理期限确定。交通费是指受害人及其必要的陪护人员因就医或者转院所实际发生的用于交通的费用。营养费是对受到伤害的人在治疗和康复期间需要补充营养的费用。因误工减

少的收入是指受害人由于受到伤害，无法从事正常工作或者劳动而失去或者减少的工作、劳动收入。残疾生活辅助器具费是指受害人因残疾而造成身体功能全部或者部分丧失后需要配制补偿功能的残疾辅助器具的费用。残疾赔偿金实际上是对受到伤害造成残疾丧失劳动能力而失去的劳动收入的赔偿，我国不采取实际赔偿的方法，而采用一般赔偿20年损失的一次性赔偿方法。

受害人因伤害造成死亡的，还应当赔偿丧葬费和死亡赔偿金。丧葬费是对死者丧葬所应支付的财产损失，按照受诉法院所在地上一年度职工月平均工资标准，以6个月总额计算。对死亡赔偿金也是采取一次性赔偿20年的固定标准计算。

链接《产品质量法》第44条；《消费者权益保护法》第49条；《最高人民法院关于审理人身损害赔偿案件适用法律若干问题的解释》第6-22条；《最高人民法院关于适用〈中华人民共和国侵权责任法〉若干问题的通知》四

第一千一百八十条　【以相同数额确定死亡赔偿金】因同一侵权行为造成多人死亡的，可以以相同数额确定死亡赔偿金。

注释这里需要注意几点：1. 以相同数额确定死亡赔偿金并非确定死亡赔偿金的一般方式，若分别计算死亡赔偿金较为容易，可以不采用这种方式。2. 根据本法的规定，以相同数额确定死亡赔偿金原则上仅适用于因同一侵权行为造成多人死亡的案件。3. 本条特别强调，对因同一侵权行为造成多人死亡的，只是"可以"以相同数额确定死亡赔偿金，而不是任何因同一侵权行为造成多人死亡的案件都"必须"或者"应当"以相同数额确定死亡赔偿金。法院可以根据具体案情，综合考虑各种因素后决定。实践中，原告的态度也是一个重要考虑因素，多数原告主动请求以相同数额确定死亡赔偿金的，当然可以；原告没有主动请求，但多数原告对法院所提以相同数额确定的死亡赔偿金方案没有异议的，也可以适用这种方式。4. 以相同数额确定死亡赔偿金的，原则上不考虑受害人的年龄、收入状况等个人因素。这里还需强调一点，本条只是规定，因同一侵权行为造成多人死亡的，可以对"死亡赔偿金"以相同数额确定，对死者在死亡前产生的医疗费、护理费等合理费用支出以及丧葬费支出，宜根据实际支出情况单独计算，损失多少，赔偿多少。

第一千一百八十一条　【被侵权人死亡时请求权主体的确定】被侵权人死亡的，其近亲属有权请求侵权人承担侵权责任。被侵权人为组织，该组织分立、合并的，承继权利的组织有权请求侵权人承担侵权责任。

被侵权人死亡的，支付被侵权人医疗费、丧葬费等合理费用的人有权请求侵权人赔偿费用，但是侵权人已经支付该费用的除外。

注释本条区分以下情况作出规定：一是被侵权人死亡的，其近亲属有权请求侵权人承担侵权责任。近亲属的范围在本法第1045条作了明确规定，包括配偶、父母、子女、兄弟姐妹、祖父母、外祖父母、孙子女、外孙子女。二是被侵权人为组织，该组织分立、合并的，承继权利的组织有权请求侵权人承担侵权责任。组织在分立、合并过程中一般都会通过合同对权利的承继者作出安排，没有作出安排的，则依据公司相关法律规定决定谁有权承继这种权利。

本条第2款赋予实际支付医疗费、丧葬费等费用的主体独立请求权。适用本款时，应重点注意以下四个问题：(1)本款适用的情形为，侵权人实施侵害行为致使被侵权人死亡的。如果被侵权人的死亡与侵权人无关，则应当依其他相关的民事法律处理，与本款无关。(2)支付医疗费、丧葬费等合理费用的人，为请求权主体。该第三人应当与被侵权人无近亲属关系。否则该第三人无须依本款请求侵权人赔偿，而应当直接依据本条第1款前半段请求侵权人承担侵权责任。(3)支付合理费用的第三人只能请求侵权人赔偿其实际支付的合理费用，包括医疗费、丧葬费等，而不能请求侵权人支付死亡赔偿金。死亡赔偿金请求权只能依本条第1款前半段的规定，由被侵权人的近亲属享有。(4)如果侵权人之前已经向被侵权人的近亲属或者其他第三人支付过医疗费、丧葬费等合理费用的，本款中支付被侵权人医疗费、丧葬费等合理费用的人不得再请求侵权人支付，而只能向获得侵权人所支付款项的被侵权人的近亲属或其他第三人请求支付。

第一千一百八十二条　【侵害他人人身权益造成财产损失的赔偿计算方式】侵害他人人身权益造成财产损失的，按照被侵权人因此受到的损失或者侵权人因此获得的利益赔偿；被侵权人因此受到的损失以及侵权人因此获得的利益难以确定，被侵权人和侵权人就赔偿数额协商不一致，向人民法院提起诉讼的，由人民法院根据实际情况确定赔偿数额。

注释 本条共列举了三种方式，用以确定对侵害人身权益导致财产损失的赔偿数额：

(1)按照受害人的实际损失赔偿

一般情形下，侵害人身权，被侵权人的损失是可以实际计算出来的，此时侵权人向被侵权人赔偿的数额以被侵权人的实际损失为准。此种损失计算方式又区分侵害的是姓名权、肖像权、名誉权、荣誉权、隐私权等精神性人格权还是生命权、健康权、身体权等物质性人格权。针对精神性人格权的赔偿，需被侵权人举证证明所遭受的实际损失；针对物质性人格权的赔偿，则按照第1179条确定的赔偿项目来计算。

(2)按照侵权人所获利益赔偿

在有些情形下，被侵权人因人身权益受到侵害确实造成了财产损失，但是该财产损失却难以确定，或者被侵权人难以举证证明财产损失的具体数额。如果侵权人因该侵权行为所获利益可以确定，此时依"侵权人不得依自己之侵权行为而获益"的规则，可以将该侵权人所获利益视为被侵权人的损失，由侵权人依此数额赔偿。

(3)按照实际情况赔偿

按照前面两种方法都难以确定具体的赔偿数额，被侵权人与侵权方可以协商确定具体数额，如果双方无法通过协商达成一致，则可以向人民法院提起诉讼，由法院根据实际情况确定赔偿数额，法院所需考量的具体情况主要包括侵权人的过错程度、具体侵权行为和方式、造成的后果和影响等。

案例 无锡国威陶瓷电器有限公司、蒋国屏与常熟市林芝电热器件有限公司、苏宁易购集团股份有限公司侵害实用新型专利权纠纷案(《最高人民法院公报》2019年第3期)

裁判规则：根据当事人的诉讼请求和案件事实，选择以侵权人因侵权获得的利益计算专利侵权损害赔偿数额时，对于多部件或者多专利的被诉侵权产品，原则上不宜简单采用侵权产品销售总金额乘以侵权产品利润率的方式计算侵权获利，而需要考虑涉案专利对于侵权产品利润的贡献度，以"侵权产品销售总金额×利润率×专利技术对产品价值的贡献度"的方法进行计算。对于专利技术对产品价值的贡献度，可以结合涉案专利对产品的重要性等因素酌定。在侵权行为可分的情况下，计算侵权损害赔偿时，如果既存在可以较为精确计算权利人损失或者侵权人获益的部分，又存在难以计算权利人损失或者侵权人获益的部分，可以对前者适用以权利人损失或者侵权人获益计算赔偿，对后者适用法定赔偿，以两者之和确定损害赔偿数额。

第一千一百八十三条 【精神损害赔偿】侵害自然人人身权益造成严重精神损害的，被侵权人有权请求精神损害赔偿。

因故意或者重大过失侵害自然人具有人身意义的特定物造成严重精神损害的，被侵权人有权请求精神损害赔偿。

注释 并非只要侵害到人身权益，被侵权人就可以获得精神损害赔偿，本条规定需"造成严重精神损害"才能够获得精神损害赔偿，"严重精神损害"是构成精神损害赔偿的法定条件。偶尔的痛苦和不高兴不能认为是严重精神损害。

对于造成财产损失的，一般不以承担精神损害赔偿责任的方法进行救济。但是，如果侵权人故意或者重大过失侵害了他人具有人身意义的特定物从而给其造成严重精神损害的，由于该特定物中包含人身利益(包括人格利益和身份利益因素)，对该特定物的损害会造成被侵权人的严重精神损害，被侵权人有权请求精神损害赔偿，侵权人应当对此因特定物的财产损害而造成的被侵权人的精神损害承担赔偿责任。

链接《民法典》第996条；《最高人民法院关于确定民事侵权精神损害赔偿责任若干问题的解释》第1-3条

第一千一百八十四条 【财产损失的计算】侵害他人财产的，财产损失按照损失发生时的市场价格或者其他合理方式计算。

案例 茅某贤、成县茨坝某实业有限公司、甘肃某勘查局106队、成县某矿业有限公司与白银某金属公司采矿权纠纷案(《最高人民法院公报》2012年第3期)

裁判规则：根据《行政处罚法》第7条第1款的规定，公民、法人或者其他组织因违法受到行政处罚，其违法行为对他人造成损害的，应当依法承担民事责任。行为人因过错侵害他人民事权益的，应当承担相应的赔偿责任，行为人因同一行为已受到行政处罚的，不影响其承担民事责任。

当事人对自己提出的诉讼请求所依据的事实或反驳对方诉讼请求所依据的事实有责任提供证据加以证明。没有证据或者证据不足以证明当事人的事实主张的，由负有举证责任的当事人承担不利后果。案件调查处理过程中，当事人恶意阻挠调查取证，致使调查部门无法取得相关证据的，当事人应当承担举证不能的法律后果。行为人侵犯他人财产造成损失的，应当承担赔偿责任，特别是恶意侵犯国有资产的行为所付出的成本不同于一般民事交易行为中的成本，计算侵权损失数额时不应予以剔除。

第一千一百八十五条 【故意侵害知识产权的惩罚性赔偿责任】故意侵害他人知识产权，情节严重的，被侵权人有权请求相应的惩罚性赔偿。

注释 本条为新增条文，建立了故意侵害知识产权的惩罚性赔偿责任制度。侵害知识产权惩罚性赔偿责任的构成要件是：(1)须是故意侵害他人知识产权，过失侵害知识产权的不适用惩罚性赔偿责任；(2)侵害知识产权的情节严重，而不是一般情节。符合这两个条件的，被侵权人有权请求相应的惩罚性赔偿。

案例 某种业科技有限公司诉某农业产业发展有限公司侵害植物新品种权纠纷案［人民法院贯彻实施民法典典型案例（第一批）］

裁判规则：某农业产业发展有限公司系被诉侵权种子的交易组织者、决策者，其行为构成销售侵权。由于该公司拒不提供相关账簿，故审理法院参考其宣传资料，综合考虑侵权情节推定侵权获利达到100万元以上，并以此为基数。该公司明知未经许可销售授权品种繁殖材料的侵权性质，所销售的被诉侵权种子部分包装未标注任何信息、部分包装标注为其他商品粮，试图掩盖侵权行为和逃避责任追究的意图明显，具有侵权恶意。其未取得种子生产经营许可证生产经营种子，可以认定为侵权行为情节严重。因此，审理法院依法适用惩罚性赔偿，按照基数的二倍确定惩罚性赔偿数额，全额支持权利人诉请。

第一千一百八十六条 【公平分担损失】受害人和行为人对损害的发生都没有过错的，依照法律的规定由双方分担损失。

第一千一百八十七条 【赔偿费用的支付方式】损害发生后，当事人可以协商赔偿费用的支付方式。协商不一致的，赔偿费用应当一次性支付；一次性支付确有困难的，可以分期支付，但是被侵权人有权请求提供相应的担保。

第三章 责任主体的特殊规定

第一千一百八十八条 【监护人责任】无民事行为能力人、限制民事行为能力人造成他人损害的，由监护人承担侵权责任。监护人尽到监护职责的，可以减轻其侵权责任。

有财产的无民事行为能力人、限制民事行为能力人造成他人损害的，从本人财产中支付赔偿费用；不足部分，由监护人赔偿。

注释 监护人责任，是指无民事行为能力人或者限制民事行为能力人造成他人损害，由其监护人承担侵权责任。本条规定的规则与《民法典》第1068条关于“未成年子女造成他人损害的，父母应当依法承担民事责任”的规定部分重合，其中的“依法”，就是本条规定。

链接《民法典》第34、35条

第一千一百八十九条 【委托监护时监护人的责任】无民事行为能力人、限制民事行为能力人造成他人损害，监护人将监护职责委托给他人的，监护人应当承担侵权责任；受托人有过错的，承担相应的责任。

注释 委托监护中，无民事行为能力人、限制民事行为能力人或造成他人损害的侵权责任分担规则是：

1. 委托监护侵权责任的主体涉及两方：一是监护人，二是受托监护人。

2. 两种责任主体承担的责任是单向连带责任，即混合责任，监护人承担的是对全部损害的连带责任，只要被侵权人主张其承担全部责任，就须承担全部赔偿责任。

3. 受托监护人存在未尽监护职责的过错，应当在其过错造成损失的范围内，承担相应的按份责任，不承担连带责任，被侵权人不能向其主张承担全部赔偿责任。

第一千一百九十条 【暂时丧失意识后的侵权责任】完全民事行为能力人对自己的行为暂时没有意识或者失去控制造成他人损害有过错的，应当承担侵权责任；没有过错的，根据行为人的经济状况对受害人适当补偿。

完全民事行为能力人因醉酒、滥用麻醉药品或者精神药品对自己的行为暂时没有意识或者失去控制造成他人损害的，应当承担侵权责任。

注释 第1款中的过错,是指“过错”导致其丧失意识,因为失去意识之后确实没有过错可言。完全民事行为能力人是由于其过错导致意识丧失,那么对于丧失意识后的行为造成他人损害的,则要承担相应的侵权责任。

第2款规定的是行为人因醉酒、滥用麻醉药品或者精神药品而暂时没有意识或者失去控制造成他人损害的,就是对自己暂时丧失心智有过失,因而对造成的损害应当承担赔偿责任。

第一千一百九十一条 【用人单位责任和劳务派遣单位、劳务用工单位责任】用人单位的工作人员因执行工作任务造成他人损害的,由用人单位承担侵权责任。用人单位承担侵权责任后,可以向有故意或者重大过失的工作人员追偿。

劳务派遣期间,被派遣的工作人员因执行工作任务造成他人损害的,由接受劳务派遣的用工单位承担侵权责任;劳务派遣单位有过错的,承担相应的责任。

注释 用人单位承担责任的前提之一必须是工作人员的行为构成了侵权。本条中的“用人单位”泛指一切使用他人的法人、非法人组织,例如公司、机关、合伙企业、基金会甚至一人有限责任公司等,只要聘用他人作为自己单位的工作人员,都属于用人单位。

用人单位承担侵权责任的前提之二是工作人员的行为与“执行工作任务”有关。工作人员应当按照用人单位的授权或者指示进行工作。需要指出的是,国家机关以及工作人员因工作造成他人损害的,一类属于履行公职权的行为,另一类不属于履行公职权的行为,是国家机关为了维持国家机关正常运转所进行的民事行为。对于第一类属于履行公职权的行为,依据《国家赔偿法》的规定,有的需要国家机关承担国家赔偿责任。对于第二类国家机关在民事活动中侵害他人合法权益的,国家机关需要承担民事侵权责任。比如,国家机关的司机外出办理公务,发生了交通事故有责任的,应当由国家机关承担侵权责任。本法调整国家机关及工作人员在民事活动中发生的侵权行为,对于属于《国家赔偿法》调整范围的,适用《国家赔偿法》的规定。

劳务派遣的用工形式不同于一般的用人单位,劳务派遣单位虽然与被派遣的员工签订劳动合同,但不对被派遣员工进行使用和具体的管理。在劳务派遣期间,被派遣的工作人员是为接受劳务派遣的用工单位工作,接受用工单位的指示和管理,同时由用工单位为被派遣的工作人员提供相应的劳动条件和劳动保护,所以,被派遣的工作人员因工作造成他人损害的,其责任应当由接受劳务派遣的用工单位承担。劳务派遣单位有过错的,才需承担相应的责任。

链接《劳动合同法》第58、59条

第一千一百九十二条 【个人劳务关系中的侵权责任】个人之间形成劳务关系,提供劳务一方因劳务造成他人损害的,由接受劳务一方承担侵权责任。接受劳务一方承担侵权责任后,可以向有故意或者重大过失的提供劳务一方追偿。提供劳务一方因劳务受到损害的,根据双方各自的过错承担相应的责任。

提供劳务期间,因第三人的行为造成提供劳务一方损害的,提供劳务一方有权请求第三人承担侵权责任,也有权请求接受劳务一方给予补偿。接受劳务一方补偿后,可以向第三人追偿。

注释 劳务关系是指提供劳务一方为接受劳务一方提供劳务服务,由接受劳务一方按照约定支付报酬而建立的一种民事权利义务关系。

链接《最高人民法院关于审理人身损害赔偿案件适用法律若干问题的解释》第4、5条

第一千一百九十三条 【承揽关系中的侵权责任】承揽人在完成工作过程中造成第三人损害或者自己损害的,定作人不承担侵权责任。但是,定作人对定作、指示或者选任有过错的,应当承担相应的责任。

第一千一百九十四条 【网络侵权责任】网络用户、网络服务提供者利用网络侵害他人民事权益的,应当承担侵权责任。法律另有规定的,依照其规定。

注释 网络侵权是指发生在互联网上的各种侵害他人民事权益的行为,它不是指侵害某种特定权利(利益)的具体侵权行为,也不属于在构成要件方面具有某种特殊性的特殊侵权行为,而是指一切发生于互联网空间的侵权行为。

网络用户利用网络侵害他人民事权益,大体可以分为以下几种类型:

一是侵害人格权。主要表现为:(1)盗用或者假冒他人姓名,侵害姓名权;(2)未经许可使用他人肖像,侵害肖像权;(3)发表攻击、诽谤他人的文

章，侵害名誉权；(4)非法侵入他人电脑、非法截取他人传输的信息、擅自披露他人个人信息、大量发送垃圾邮件，侵害隐私权。

二是侵害财产利益。基于网络活动的便捷性和商务性，通过网络侵害财产利益的情形较为常见，如窃取他人网络银行账户中的资金，而最典型的是侵害网络虚拟财产，如窃取他人网络游戏装备、虚拟货币等。

三是侵害知识产权。主要表现为侵犯他人著作权与商标权：(1)侵犯著作权。如擅自将他人作品进行数字化传输，规避技术措施，侵犯数据库等。(2)侵犯商标权。如在网站上使用他人商标，故意使消费者误以为该网站为商标权人的网站，恶意抢注与他人商标相同或相类似的域名等。

"网络服务提供者"一词内涵较广，不仅应当包括技术服务提供者，还应当包括内容服务提供者。所谓技术服务提供者，主要是指提供接入、缓存、信息存储空间、搜索以及链接等服务类型的网络主体，其不直接向网络用户提供信息。所谓内容服务提供者，是指主动向网络用户提供内容的网络主体。其法律地位与出版社相同，应当对所上传内容的真实性与合法性负责，如果提供了侵权信息，如捏造虚假事实诽谤他人、发布侵犯著作权的影视作品等，应当承担侵权责任。

网络侵权责任的一般规则，包括网络用户在他人的网络上实施侵权行为的责任承担规则，以及网络服务提供者利用自己的网络实施侵权行为的责任承担规则。无论上述两种情形中的哪一种，都适用过错责任原则确定侵权责任，网络用户或者网络服务提供者对自己实施的网络侵权行为负责。

本条规定的"法律另有规定"，应当是指其他法律对网络用户、网络服务提供者利用网络侵害他人民事权益承担民事责任的情形。例如，《电子商务法》《消费者权益保护法》《食品安全法》等都对这类侵权行为作出特别规定，应当依照其规定确定这些民事主体的侵权责任。

链接《信息网络传播权保护条例》第13-17、20-24条；《最高人民法院关于审理侵害信息网络传播权民事纠纷案件适用法律若干问题的规定》

第一千一百九十五条 【"通知与取下"制度】 网络用户利用网络服务实施侵权行为的，权利人有权通知网络服务提供者采取删除、屏蔽、断开链接等必要措施。通知应当包括构成侵权的初步证据及权利人的真实身份信息。

网络服务提供者接到通知后，应当及时将该通知转送相关网络用户，并根据构成侵权的初步证据和服务类型采取必要措施；未及时采取必要措施的，对损害的扩大部分与该网络用户承担连带责任。

权利人因错误通知造成网络用户或者网络服务提供者损害的，应当承担侵权责任。法律另有规定的，依照其规定。

注释 权利人的通知权：网络用户利用他人的网络服务实施侵权行为的，原则上网络服务提供者不承担责任，因为无法承担海量信息的审查义务。解决这种侵权纠纷的方法是"通知与取下"制度，即认为自己权益受到损害的权利人，有权通知网络服务提供者，对网络用户在该网站上发布的信息采取删除、屏蔽、断开链接等必要措施，消除侵权信息及其影响。"通知与取下"制度主要是为了有条件地豁免网络服务提供者对网络用户的直接侵权行为所应承担的间接侵权责任。网络服务提供者接到权利人的通知后，应当实施两个行为：一是及时将该通知转送相关网络用户，二是对侵权信息根据构成侵权的初步证据和服务类型等实际情况需要，及时采取删除、屏蔽或者断开链接等必要措施。网络服务提供者履行了上述两项义务的，不承担侵权责任。网络服务提供者未及时采取必要措施的，构成侵权责任，要对损害的扩大部分与该网络用户承担部分连带责任。对于网络服务提供者主动实施的侵权行为，只要符合法律规定的构成要件，就应当承担侵权责任，不能主张适用"通知与取下"制度豁免责任。

通知的主要内容：应当包括构成侵权的初步证据及权利人的真实身份信息，没有这些必要内容的通知无效。

对错误行使通知权的权利人进行惩罚的措施：因权利人错误行使通知权进行通知，依照该通知采取的必要措施造成了网络用户或者网络服务提供者损害的，错误通知的行为人应当对网络用户和网络服务提供者的损害承担侵权赔偿责任。法律另有规定的，依照其规定。

案例 威海嘉易烤生活家电有限公司诉永康市金仕德工贸有限公司、浙江天猫网络有限公司侵害发明专利权纠纷案（最高人民法院指导案例83号）

裁判规则:1. 网络用户利用网络服务实施侵权行为,被侵权人依据侵权责任法向网络服务提供者所发出的要求其采取必要措施的通知,包含被侵权人身份情况、权属凭证、侵权人网络地址、侵权事实初步证据等内容的,即属有效通知。网络服务提供者自行设定的投诉规则,不得影响权利人依法维护其自身合法权利。

2. 原《侵权责任法》第36条第2款所规定的网络服务提供者接到通知后所应采取的必要措施包括但并不限于删除、屏蔽、断开链接。"必要措施"应遵循审慎、合理的原则,根据所侵害权利的性质、侵权的具体情形和技术条件等来加以综合确定。

链接《最高人民法院关于审理利用信息网络侵害人身权益民事纠纷案件适用法律若干问题的规定》第2-5条

第一千一百九十六条 【"反通知"制度】网络用户接到转送的通知后,可以向网络服务提供者提交不存在侵权行为的声明。声明应当包括不存在侵权行为的初步证据及网络用户的真实身份信息。

网络服务提供者接到声明后,应当将该声明转送发出通知的权利人,并告知其可以向有关部门投诉或者向人民法院提起诉讼。网络服务提供者在转送声明到达权利人后的合理期限内,未收到权利人已经投诉或者提起诉讼通知的,应当及时终止所采取的措施。

注释 当权利人行使对网络用户发布的信息采取必要措施的通知权,网络服务提供者将该通知转送网络用户,网络用户接到该通知后,即产生反通知权,可以向网络服务提供者提交自己不存在侵权行为的声明。提交的反通知声明,也应当包括不存在侵权行为的初步证据以及其真实身份信息,不符合这样的要求的反通知声明不发生反通知的效果。权利人在收到反通知的声明合理期限内,未通知网络服务提供者其已经投诉或者起诉通知的,网络服务提供者应当及时对网络用户发布的信息终止所采取的删除、屏蔽或者断开链接等措施,保护网络用户即反通知权利人的表达自由。

第一千一百九十七条 【网络服务提供者与网络用户的连带责任】网络服务提供者知道或者应当知道网络用户利用其网络服务侵害他人民事权益,未采取必要措施的,与该网络用户承担连带责任。

注释 对于"知道"的判断,是一个极具实务操作的难题,法官在具体案件中应当综合各种因素,以一个合理标准去判断,一般应当遵循三大原则:

一是,根据提供技术服务的网络服务提供者的类型不同,判断标准应当有所不同。相比提供其他服务的网络服务提供者,认定提供接入、缓存服务的网络服务提供者"知道"的标准应当更加严格。接入服务连接着网站和网络用户,所有网络信息包括侵权信息都需要通过接入服务才能得以传输,但这种传输是即时的,信息量十分庞大,该类型网络服务提供者无法一一核实,如果认定标准过于宽泛,可能会使得接入服务提供者承担过重的责任,影响普遍接入服务。

二是,根据保护对象的不同,判断标准也应当有所不同。对于著作权而言,除非侵权信息十分明显,只要网络服务提供者没有对网络用户上传的信息进行人工编排等,一般不应认定构成侵权行为。涉嫌诋毁他人名誉、不当使用他人肖像、违法公布他人个人信息等行为,不经法院审理,有时难以准确判断是否为侵权行为,网络服务提供者不是司法机关,不应当要求其具有专业的法律素养,更不能要求其对用户发布的信息一一核实,通常人认为不应属于侵权信息即可免除责任。

三是,提供技术服务的网络服务提供者没有普遍审查义务。在审判实践中,应当谨慎认定此类网络服务提供者"知道"网络用户利用其网络服务实施侵权行为。如果判断标准过宽,可能会使网络服务提供者实际上承担了普遍审查的义务。事实上,由于网络具有开放性的特质,网络信息十分庞杂,要求此类网络服务提供者逐一审查,可能大量增加网络服务提供者的运营成本,阻碍网络产业的发展。

链接《最高人民法院关于审理利用信息网络侵害人身权益民事纠纷案件适用法律若干问题的规定》第6-10条

第一千一百九十八条 【违反安全保障义务的侵权责任】宾馆、商场、银行、车站、机场、体育场馆、娱乐场所等经营场所、公共场所的经营者、管理者或者群众性活动的组织者,未尽到安全保障义务,造成他人损害的,应当承担侵权责任。

因第三人的行为造成他人损害的,由第三人

承担侵权责任；经营者、管理者或者组织者未尽到安全保障义务的，承担相应的补充责任。经营者、管理者或者组织者承担补充责任后，可以向第三人追偿。

注释 安全保障义务，是指宾馆、商场、银行、车站、机场、体育场馆、娱乐场所等经营场所、公共场所的经营者、管理人或者群众性活动的组织者所负有的，在合理限度范围内保护他人人身和财产安全的义务。

案例 1. 李秋月等诉广州市花都区梯面镇红山村村民委员会违反安全保障义务责任纠纷案（最高人民法院指导案例 140 号）

裁判规则：公共场所经营管理者的安全保障义务，应限于合理限度范围内，与其管理和控制能力相适应。完全民事行为能力人因私自攀爬景区内果树采摘果实而不慎跌落致其自身损害，主张经营管理者承担赔偿责任的，人民法院不予支持。

2. 赵某华与沈阳某酒店管理有限公司、沈阳某物业管理有限公司财产损害赔偿纠纷案（《最高人民法院公报》2019 年第 5 期）

裁判规则：消防安全事关人身、财产安全，属于社会公共利益，确保建筑物消防安全是建设单位的法定义务。商品房买卖合同的购房人一般不具有检测所购房屋是否符合消防安全规定的能力，难以适用一般商品买卖合同在标的物交付后买受人应当及时检验产品质量的规定。

案涉责任人在不同时期的数个行为密切结合致使火灾发生，侵权行为、致害原因前后接继而非叠加，责任人对火灾的发生均有重大过失，但没有共同故意或者共同过失，应各自承担相应的责任。建设单位并非主动积极的行为致受害人权益受损，不承担主要责任。

物业服务企业依法或依约在物业管理区域内负有安全防范义务，应协助做好安全事故、隐患等的防范、制止或救助工作。第三人原因致损，物业服务企业未尽到专业管理人的谨慎注意义务的，应在其能够预见和防范的范围内承担相应的补充责任。

4. 许某敏等诉徐州市某旅行社有限公司人身损害赔偿纠纷案（《最高人民法院公报》2012 年第 6 期）

裁判规则：在旅行合同关系中，旅行社通过第三人协助履行合同义务的，该第三人对游客的人身安全和财产安全负有保障义务。除游客直接与该第三人另行订立合同关系外，该第三人如有故意或过失侵害游客合同权益的行为，旅行社应当对此承担相应的法律责任。

链接《最高人民法院关于审理旅游纠纷案件适用法律若干问题的规定》第 7 条

第一千一百九十九条 【教育机构对无民事行为能力人受到人身损害的过错推定责任】无民事行为能力人在幼儿园、学校或者其他教育机构学习、生活期间受到人身损害的，幼儿园、学校或者其他教育机构应当承担侵权责任；但是，能够证明尽到教育、管理职责的，不承担侵权责任。

第一千二百条 【教育机构对限制民事行为能力人受到人身损害的过错责任】限制民事行为能力人在学校或者其他教育机构学习、生活期间受到人身损害，学校或者其他教育机构未尽到教育、管理职责的，应当承担侵权责任。

注释 与本法第 1199 条采用过错推定原则不同，对限制民事行为能力人的情况，本条采用了过错责任原则。《教育法》《未成年人保护法》以及其他地方性法规和部门规章中，对于学校、幼儿园和其他教育机构的教育、管理职责已经作了广泛、具体的规定。只要学校或者其他教育机构未尽到这些职责，使得限制民事行为能力人在学习、生活期间受到人身损害的，学校或者其他教育机构就要承担责任。

链接《未成年人保护法》第三章；《学生伤害事故处理办法》第 9 条

第一千二百零一条 【受到校外人员人身损害时的责任分担】无民事行为能力人或者限制民事行为能力人在幼儿园、学校或者其他教育机构学习、生活期间，受到幼儿园、学校或者其他教育机构以外的第三人人身损害的，由第三人承担侵权责任；幼儿园、学校或者其他教育机构未尽到管理职责的，承担相应的补充责任。幼儿园、学校或者其他教育机构承担补充责任后，可以向第三人追偿。

注释 “幼儿园、学校或者其他教育机构以外的第三人”，是指幼儿园、学校或者其他教育机构的教师、学生和其他工作人员以外的人员。适用本条时注意以下三点：

第一，第三人的侵权责任和安全保障义务人的补充责任有先后顺序。首先由第三人承担侵权责任,在无法找到第三人或者第三人没有能力承担全部侵权责任时,由幼儿园、学校或者其他教育机构承担补充责任。如果第三人已经承担全部侵权责任,则幼儿园、学校或者其他教育机构不再承担侵权责任。

第二,幼儿园、学校或者其他教育机构承担的补充责任应根据其未尽到的管理职责的程度来确定。

第三,校方承担了相应的补充责任之后,还可以就其损失向第三人追偿,因为第三人才是真正的侵权人,对于损害的发生具有全部原因力。

第四章 产品责任

第一千二百零二条 【产品生产者侵权责任】因产品存在缺陷造成他人损害的,生产者应当承担侵权责任。

注释 本章所说的产品责任,是指产品存在缺陷发生侵权,造成他人损害,生产者、销售者等所应当承担的侵权责任,而不是指合同中的产品质量不合格的民事责任。

这里的缺陷,一般不是指产品有瑕疵,而是指产品质量不好,达到危害人民生命和财产安全的程度,实践中以《产品质量法》第46条为判断标准。

按照本条的规定,只要因产品存在缺陷造成他人损害的,除了法定可以减轻或者免除责任的事由外,不论缺陷产品的生产者主观上是否存在过错,都应当承担侵权责任。本条的财产损害,既包括缺陷产品以外的其他财产的损害,也包括缺陷产品本身的损害。

链接《产品质量法》第41、42、46条;《最高人民法院关于审理食品药品纠纷案件适用法律若干问题的规定》;《最高人民法院关于审理道路交通事故损害赔偿案件适用法律若干问题的解释》第9条

第一千二百零三条 【被侵权人请求损害赔偿的途径和先行赔偿人追偿权】因产品存在缺陷造成他人损害的,被侵权人可以向产品的生产者请求赔偿,也可以向产品的销售者请求赔偿。

产品缺陷由生产者造成的,销售者赔偿后,有权向生产者追偿。因销售者的过错使产品存在缺陷的,生产者赔偿后,有权向销售者追偿。

注释 本条所讲被侵权人是指因产品存在缺陷造成人身、财产损害之后,有权要求获得赔偿的人,包括直接购买并使用缺陷产品的人,也包括非直接购买使用缺陷产品但受到缺陷产品损害的其他人。

链接《产品质量法》第43条;《消费者权益保护法》第40条;《农产品质量安全法》第79条;《乳品质量安全监督管理条例》第43条

第一千二百零四条 【生产者、销售者的第三人追偿权】因运输者、仓储者等第三人的过错使产品存在缺陷,造成他人损害的,产品的生产者、销售者赔偿后,有权向第三人追偿。

注释 产品在运输流通过程中,运输者、仓储者等应当按照有关规定和产品包装上标明的储藏、运输等标准进行储存、运输。如果运输者、仓储者等不按规定运输或者仓储,有可能造成产品缺陷。因运输者、仓储者等第三人导致产品缺陷造成他人损害的,受害人仍然可以向产品的生产者、销售者主张侵权责任。此为产品责任中的不真正连带责任,数个责任主体都是要承担中间责任的,被侵权人作为请求权人可以向任何一方请求承担全部赔偿责任。在产品的生产者、销售者承担了赔偿责任后,有权向有过错的第三人追偿。

第一千二百零五条 【产品缺陷危及他人人身、财产安全的侵权责任】因产品缺陷危及他人人身、财产安全的,被侵权人有权请求生产者、销售者承担停止侵害、排除妨碍、消除危险等侵权责任。

注释 这一规定与本法第1167条规定的内容是一致的,只是在产品责任中予以特别强调这一救济方法。

产品存在缺陷对他人可能产生两种影响:一是造成他人损害,这种损害是已经发生的,是现实存在的;二是对他人人身安全、财产安全产生一种危险,存在不安全因素。从某种角度说,这是一种尚未发生,非现实存在的损害,如果不采取相应措施,这种潜在的损害随时都有可能发生,造成受害人的实际损害。本条的规定是为了避免这种潜在损害实际发生,给受害人造成真正的损害,杜绝、减少或者减轻受害人的损失。

链接《消费者权益保护法》第49条;《食品安全法》第103条

第一千二百零六条 【生产者、销售者的补救措施及费用承担】产品投入流通后发现存在缺陷的,生产者、销售者应当及时采取停止销售、警示、召回等补救措施;未及时采取补救措施或者补救措施不力造成损害扩大的,对扩大的损害也应当承担侵权责任。

依据前款规定采取召回措施的,生产者、销售者应当负担被侵权人因此支出的必要费用。

注释 适用本条时应注意:(1)产品在流通前,根据现有科学技术无法发现其是否有缺陷,符合发展风险的要求,可以投入流通。(2)产品投入流通后发现其存在缺陷,则生产者、销售者负有停止销售、警示、召回等补救义务。(3)对于因生产者、销售者未及时采取补救措施或者采取的补救措施不力造成被侵权人损害的扩大部分,侵权人也需承担责任。

链接《消费者权益保护法》第19条;《消费品召回管理暂行规定》;《食品安全法》第63条;《乳品质量安全监督管理条例》第36、42条;《缺陷汽车产品召回管理条例》;《食品召回管理办法》;《药品召回管理办法》第15条

第一千二百零七条 【产品责任中的惩罚性赔偿】明知产品存在缺陷仍然生产、销售,或者没有依据前条规定采取有效补救措施,造成他人死亡或者健康严重损害的,被侵权人有权请求相应的惩罚性赔偿。

注释 惩罚性赔偿也称惩戒性赔偿,是加害人给付受害人超过其实际损害数额的一种金钱赔偿。是一种集补偿、惩罚、遏止等功能于一身的赔偿制度。根据本条的规定,适用惩罚性赔偿的条件是:第一,侵权人具有主观故意,即明知是缺陷产品仍然生产、销售,或者没有依据前条规定采取有效补救措施。第二,要有损害事实,这种损害事实不是一般的损害事实,而应当是造成严重损害的事实,即造成他人死亡或者健康受到严重损害。即使缺陷产品给被侵权人造成了严重的财产损害也不能适用本条规定。第三,要有因果关系,即被侵权人的生命被侵害或者健康严重被损害是因为侵权人生产或者销售的缺陷产品造成的。被侵权人要求的惩罚性赔偿金的数额应当与其所受到的损害相当,具体的赔偿数额由人民法院根据个案具体裁判。

链接《消费者权益保护法》第55条;《食品安全法》第148条

……

第六章 医疗损害责任

第一千二百一十八条 【医疗损害责任归责原则】患者在诊疗活动中受到损害,医疗机构或者其医务人员有过错的,由医疗机构承担赔偿责任。

注释 医疗损害责任适用过错责任原则,即只有医疗机构或者其医务人员在诊疗活动中有过错的,才对在该医疗机构就医的患者所受损害承担医疗损害的赔偿责任。

诊疗活动包括诊断、治疗、护理等环节,对此可以参考《医疗机构管理条例实施细则》第88条的有关规定,即诊疗活动是指通过各种检查,使用药物、器械及手术等方法,对疾病作出判断和消除疾病、缓解病情、减轻痛苦、改善功能、延长生命、帮助患者恢复健康的活动。

链接《医疗事故处理条例》第2、49条;《最高人民法院关于审理医疗损害责任纠纷案件适用法律若干问题的解释》

第一千二百一十九条 【医疗机构说明义务与患者知情同意权】医务人员在诊疗活动中应当向患者说明病情和医疗措施。需要实施手术、特殊检查、特殊治疗的,医务人员应当及时向患者具体说明医疗风险、替代医疗方案等情况,并取得其明确同意;不能或者不宜向患者说明的,应当向患者的近亲属说明,并取得其明确同意。

医务人员未尽到前款义务,造成患者损害的,医疗机构应当承担赔偿责任。

注释 需要注意的是,医务人员尽管尽到了本条第1款规定的义务,取得了患者或者其近亲属的同意,但如果在后续的诊疗活动中未尽到与当时的医疗水平相应的诊疗义务,造成患者损害的,医疗机构仍应当承担赔偿责任。

链接《医师法》第25条;《医疗事故处理条例》第11条;《医疗机构管理条例》第32条

第一千二百二十条 【紧急情况下实施的医疗措施】因抢救生命垂危的患者等紧急情况,不能取得患者或者其近亲属意见的,经医疗机构负责人或者授权的负责人批准,可以立即实施相应的医疗措施。

注释 不能取得患者或者其近亲属意见,主要是指患者不能表达意志,也无近亲属陪伴,又联系不到近亲属的情况,不包括患者或者其近亲属明确表示拒绝采取医疗措施的情况。

链接《医疗机构管理条例》第32条

第一千二百二十一条 【医务人员过错的医疗机构赔偿责任】医务人员在诊疗活动中未尽到与当时的医疗水平相应的诊疗义务,造成患者损害的,医疗机构应当承担赔偿责任。

注释 依照本条规定,医务人员的注意义务就是应当尽到与当时的医疗水平相应的诊疗义务。医疗行为具有未知性、特异性和专业性等特点,不能仅

凭事后证明错误这一点来认定医务人员存在诊疗过错。关键要看是不是其他的医务人员一般都不会犯这种错误。因此,本条规定的诊疗义务可以理解为一般情况下医务人员可以尽到的,通过谨慎的作为或者不作为避免患者受到损害的义务。

链接《医疗事故处理条例》第5条

第一千二百二十二条 【医疗机构过错推定的情形】患者在诊疗活动中受到损害,有下列情形之一的,推定医疗机构有过错:

(一)违反法律、行政法规、规章以及其他有关诊疗规范的规定;

(二)隐匿或者拒绝提供与纠纷有关的病历资料;

(三)遗失、伪造、篡改或者违法销毁病历资料。

注释 患者有损害,有本条规定情形之一的,推定医疗机构有过错,并非当然认定医疗机构有过错。也就是说,医疗机构可以提出反证证明自己没有过错。

链接《医疗事故处理条例》第5、9条;《医疗机构管理条例》第24条

第一千二百二十三条 【因药品、消毒产品、医疗器械的缺陷或输入不合格的血液的侵权责任】因药品、消毒产品、医疗器械的缺陷,或者输入不合格的血液造成患者损害的,患者可以向药品上市许可持有人、生产者、血液提供机构请求赔偿,也可以向医疗机构请求赔偿。患者向医疗机构请求赔偿的,医疗机构赔偿后,有权向负有责任的药品上市许可持有人、生产者、血液提供机构追偿。

注释 本条中"缺陷"的含义,可以参考《产品质量法》第46条的规定,即"是指产品存在危及人身、他人财产安全的不合理的危险;产品有保障人体健康和人身、财产安全的国家标准、行业标准的,是指不符合该标准"。

链接《产品质量法》第41、43、46条;《献血法》第2、11、14条

第一千二百二十四条 【医疗机构免责事由】患者在诊疗活动中受到损害,有下列情形之一的,医疗机构不承担赔偿责任:

(一)患者或者其近亲属不配合医疗机构进行符合诊疗规范的诊疗;

(二)医务人员在抢救生命垂危的患者等紧急情况下已经尽到合理诊疗义务;

(三)限于当时的医疗水平难以诊疗。

前款第一项情形中,医疗机构或者其医务人员也有过错的,应当承担相应的赔偿责任。

注释 实践中患者一方不配合诊疗的行为可以分为两类:第一类比较常见,是患者囿于其医疗知识水平的局限而对医疗机构采取的诊疗措施难以建立正确的理解,从而导致其不遵医嘱、错误用药等与诊疗措施不相配合的现象。对于因患者上述行为导致损害后果的发生,并不能当然视为患者一方的"不配合"具有主观过错,从而医疗机构可以免除责任。判断患者一方是否存在过错的前提,是医务人员是否向患者一方履行了法定的说明告知义务。第二类是患者一方主观上具有过错,该过错又可分为故意和过失。故意的情形一般比较少见,患者就医就是为了治疗疾病、康复身体,而非追求身体损害的结果。但现实情况是复杂的,也不能完全排除患者主观追求损害结果的可能。

链接《医师法》第27条;《医疗事故处理条例》第33条

第一千二百二十五条 【医疗机构对病历的义务及患者对病历的权利】医疗机构及其医务人员应当按照规定填写并妥善保管住院志、医嘱单、检验报告、手术及麻醉记录、病理资料、护理记录等病历资料。

患者要求查阅、复制前款规定的病历资料的,医疗机构应当及时提供。

注释《医疗事故处理条例》第8条第1款规定,医疗机构应当按照国务院卫生行政部门规定的要求,书写并妥善保管病历资料。《医疗机构病历管理规定》(2013年版)对"病历"作了界定,是指医务人员在医疗活动过程中形成的文字、符号、图表、影像、切片等资料的总和,包括门(急)诊病历和住院病历。同时,该规定还对"病历资料"作了进一步明确,规定医疗机构可以为申请人复制的病历资料包括:门(急)诊病历和住院病历中的体温单、医嘱单、住院志(入院记录)、手术同意书、麻醉同意书、麻醉记录、手术记录、病重(病危)患者护理记录、出院记录、输血治疗知情同意书、特殊检查(特殊治疗)同意书、病理报告、检验报告等辅助检查报告单、医学影像检查资料等病历资料。

除患者本人外,经本人指定的代理人,或者在患者本人死亡的情况下,其法定继承人或者法定继承人的代理人等,均可依法对相关病历资料进行查阅和复制。

链接《医师法》第24、56条;《医疗事故处理条例》第8、10、16条;《医疗机构病历管理规定》(2013年版)第15-30条

第一千二百二十六条 【患者隐私和个人信息保护】医疗机构及其医务人员应当对患者的隐私和个人信息保密。泄露患者的隐私和个人信息,或者未经患者同意公开其病历资料的,应当承担侵权责任。

注释 在诊疗过程中,为使医务人员准确诊断病情,患者会将自己隐私和个人信息告知医生,记录患者诊疗过程形成的病历资料本身就是患者的隐私和个人信息。医疗机构和医务人员负有保密义务,对患者的隐私、个人信息和病历资料不得泄露和公开。泄露患者隐私、个人信息或者擅自公开患者病历资料的行为,都是侵害患者隐私权、个人信息权的行为,应当承担赔偿责任。

医疗机构侵害患者隐私权和个人信息权应当承担的侵权责任,与《民法典》人格权编规定的人格权请求权发生竞合。《民法典》第995条规定:"人格权受到侵害的,受害人有权依照本法和其他法律的规定请求行为人承担民事责任……"患者可以依照本条规定请求损害赔偿,也可以依照第995条规定请求医疗机构承担其他民事责任。本条规定的性质属于特别法,受害患者依照本条规定请求医疗机构承担侵权责任更为妥当。

链接《民法典》第995条;《医师法》第23、56条;《最高人民法院关于确定民事侵权精神损害赔偿责任若干问题的解释》第1条

第一千二百二十七条 【不必要检查禁止义务】医疗机构及其医务人员不得违反诊疗规范实施不必要的检查。

注释 不必要的检查,一般是指由医疗机构提供的超出患者个体和社会保健实践需求的医疗检查服务,医学伦理学界把它称为"过度检查"。过度检查具有以下特征:(1)为诊疗疾病所采取的检查手段超出疾病诊疗的基本需求,不符合疾病的规律与特点。(2)采用非"金标准"的诊疗手段,所谓"金标准",是指当前临床医学界公认的诊断疾病的最可靠方法。较为常用的"金标准"有活检、手术发现、微生物培养、特殊检查和影像诊断、长期随访等。

第一千二百二十八条 【医疗机构及医务人员合法权益的维护】医疗机构及其医务人员的合法权益受法律保护。

干扰医疗秩序,妨碍医务人员工作、生活,侵害医务人员合法权益的,应当依法承担法律责任。

注释 需要说明的是,对于干扰医疗秩序,妨害医务人员工作、生活的,应当依法承担法律责任,这里的法律责任不仅包括民事赔偿责任,还涉及行政责任和刑事责任。

链接《医师法》第60条;《医疗事故处理条例》第59条;《治安管理处罚法》第23条;《刑法》第289、290条

……

最高人民法院关于审理人身损害赔偿案件适用法律若干问题的解释

·2003年12月4日最高人民法院审判委员会第1299次会议通过
·根据2020年12月23日最高人民法院审判委员会第1823次会议通过的《最高人民法院关于修改〈最高人民法院关于在民事审判工作中适用《中华人民共和国工会法》若干问题的解释〉等二十七件民事类司法解释的决定》第一次修正
·根据2022年2月15日最高人民法院审判委员会第1864次会议通过的《最高人民法院关于修改〈最高人民法院关于审理人身损害赔偿案件适用法律若干问题的解释〉的决定》第二次修正
·2022年4月24日最高人民法院公告公布
·自2022年5月1日起施行

为正确审理人身损害赔偿案件,依法保护当事人的合法权益,根据《中华人民共和国民法典》《中华人民共和国民事诉讼法》等有关法律规定,结合审判实践,制定本解释。

第一条 因生命、身体、健康遭受侵害,赔偿权利人起诉请求赔偿义务人赔偿物质损害和精神损害的,人民法院应予受理。

本条所称"赔偿权利人",是指因侵权行为或者其他致害原因直接遭受人身损害的受害人以及死亡受害人的近亲属。

本条所称"赔偿义务人",是指因自己或者他人的侵权行为以及其他致害原因依法应当承担民事责任的自然人、法人或者非法人组织。

第二条 赔偿权利人起诉部分共同侵权人的,人民法院应当追加其他共同侵权人作为共同被告。赔偿权利人在诉讼中放弃对部分共同侵权人的诉讼请求的,其他共同侵权人对被放弃诉讼请求的被告应当承担的赔偿份额不承担连带责任。责任范围难以确定的,推定各共同侵权人承担同等责任。

人民法院应当将放弃诉讼请求的法律后果告知赔偿权利人,并将放弃诉讼请求的情况在法律文书中叙明。

第三条 依法应当参加工伤保险统筹的用人单位的劳动者,因工伤事故遭受人身损害,劳动者或者其近亲属向人民法院起诉请求用人单位承担民事赔偿责任的,告知其按《工伤保险条例》的规定处理。

因用人单位以外的第三人侵权造成劳动者人身损害,赔偿权利人请求第三人承担民事赔偿责任的,人民法院应予支持。

第四条 无偿提供劳务的帮工人,在从事帮工活动中致人损害的,被帮工人应当承担赔偿责任。被帮工人承担赔偿责任后向有故意或者重大过失的帮工人追偿的,人民法院应予支持。被帮工人明确拒绝帮工的,不承担赔偿责任。

第五条 无偿提供劳务的帮工人因帮工活动遭受人身损害的,根据帮工人和被帮工人各自的过错承担相应的责任;被帮工人明确拒绝帮工的,被帮工人不承担赔偿责任,但可以在受益范围内予以适当补偿。

帮工人在帮工活动中因第三人的行为遭受人身损害的,有权请求第三人承担赔偿责任,也有权请求被帮工人予以适当补偿。被帮工人补偿后,可以向第三人追偿。

第六条 医疗费根据医疗机构出具的医药费、住院费等收款凭证,结合病历和诊断证明等相关证据确定。赔偿义务人对治疗的必要性和合理性有异议的,应当承担相应的举证责任。

医疗费的赔偿数额,按照一审法庭辩论终结前实际发生的数额确定。器官功能恢复训练所必要的康复费、适当的整容费以及其他后续治疗费,赔偿权利人可以待实际发生后另行起诉。但根据医疗证明或者鉴定结论确定必然发生的费用,可以与已经发生的医疗费一并予以赔偿。

第七条 误工费根据受害人的误工时间和收入状况确定。

误工时间根据受害人接受治疗的医疗机构出具的证明确定。受害人因伤致残持续误工的,误工时间可以计算至定残日前一天。

受害人有固定收入的,误工费按照实际减少的收入计算。受害人无固定收入的,按照其最近三年的平均收入计算;受害人不能举证证明其最近三年的平均收入状况的,可以参照受诉法院所在地相同或者相近行业上一年度职工的平均工资计算。

第八条 护理费根据护理人员的收入状况和护理人数、护理期限确定。

护理人员有收入的,参照误工费的规定计算;护理人员没有收入或者雇佣护工的,参照当地护工从事同等级别护理的劳务报酬标准计算。护理人员原则上为一人,但医疗机构或者鉴定机构有明确意见的,可以参照确定护理人员人数。

护理期限应计算至受害人恢复生活自理能力时止。受害人因残疾不能恢复生活自理能力的,可以根据其年龄、健康状况等因素确定合理的护理期限,但最长不超过二十年。

受害人定残后的护理,应当根据其护理依赖程度并结合配制残疾辅助器具的情况确定护理级别。

第九条 交通费根据受害人及其必要的陪护人员因就医或者转院治疗实际发生的费用计算。交通费应当以正式票据为凭;有关凭据应当与就医地点、时间、人数、次数相符合。

第十条 住院伙食补助费可以参照当地国家机关一般工作人员的出差伙食补助标准予以确定。

受害人确有必要到外地治疗,因客观原因不能住院,受害人本人及其陪护人员实际发生的住宿费和伙食费,其合理部分应予赔偿。

第十一条 营养费根据受害人伤残情况参照医疗机构的意见确定。

第十二条 残疾赔偿金根据受害人丧失劳动能力程度或者伤残等级,按照受诉法院所在地上一年度城镇居民人均可支配收入标准,自定残之日起按二十年计算。但六十周岁以上的,年龄每增加一岁减少一年;七十五周岁以上的,按五年计算。

受害人因伤致残但实际收入没有减少,或者伤残等级较轻但造成职业妨害严重影响其劳动就业的，可以对残疾赔偿金作相应调整。

第十三条 残疾辅助器具费按照普通适用器具的合理费用标准计算。伤情有特殊需要的，可以参照辅助器具配制机构的意见确定相应的合理费用标准。

辅助器具的更换周期和赔偿期限参照配制机构的意见确定。

第十四条 丧葬费按照受诉法院所在地上一年度职工月平均工资标准，以六个月总额计算。

第十五条 死亡赔偿金按照受诉法院所在地上一年度城镇居民人均可支配收入标准，按二十年计算。但六十周岁以上的，年龄每增加一岁减少一年；七十五周岁以上的，按五年计算。

第十六条 被扶养人生活费计入残疾赔偿金或者死亡赔偿金。

第十七条 被扶养人生活费根据扶养人丧失劳动能力程度，按照受诉法院所在地上一年度城镇居民人均消费支出标准计算。被扶养人为未成年人的，计算至十八周岁；被扶养人无劳动能力又无其他生活来源的，计算二十年。但六十周岁以上的，年龄每增加一岁减少一年；七十五周岁以上的，按五年计算。

被扶养人是指受害人依法应当承担扶养义务的未成年人或者丧失劳动能力又无其他生活来源的成年近亲属。被扶养人还有其他扶养人的，赔偿义务人只赔偿受害人依法应当负担的部分。被扶养人有数人的，年赔偿总额累计不超过上一年度城镇居民人均消费支出额。

第十八条 赔偿权利人举证证明其住所地或者经常居住地城镇居民人均可支配收入高于受诉法院所在地标准的，残疾赔偿金或者死亡赔偿金可以按照其住所地或者经常居住地的相关标准计算。

被扶养人生活费的相关计算标准，依照前款原则确定。

第十九条 超过确定的护理期限、辅助器具费给付年限或者残疾赔偿金给付年限，赔偿权利人向人民法院起诉请求继续给付护理费、辅助器具费或者残疾赔偿金的，人民法院应予受理。赔偿权利人确需继续护理、配制辅助器具，或者没有劳动能力和生活来源的，人民法院应当判令赔偿义务人继续给付相关费用五至十年。

第二十条 赔偿义务人请求以定期金方式给付残疾赔偿金、辅助器具费的，应当提供相应的担保。人民法院可以根据赔偿义务人的给付能力和提供担保的情况，确定以定期金方式给付相关费用。但是，一审法庭辩论终结前已经发生的费用、死亡赔偿金以及精神损害抚慰金，应当一次性给付。

第二十一条 人民法院应当在法律文书中明确定期金的给付时间、方式以及每期给付标准。执行期间有关统计数据发生变化的，给付金额应当适时进行相应调整。

定期金按照赔偿权利人的实际生存年限给付，不受本解释有关赔偿期限的限制。

第二十二条 本解释所称"城镇居民人均可支配收入""城镇居民人均消费支出""职工平均工资"，按照政府统计部门公布的各省、自治区、直辖市以及经济特区和计划单列市上一年度相关统计数据确定。

"上一年度"，是指一审法庭辩论终结时的上一统计年度。

第二十三条 精神损害抚慰金适用《最高人民法院关于确定民事侵权精神损害赔偿责任若干问题的解释》予以确定。

第二十四条 本解释自2022年5月1日起施行。施行后发生的侵权行为引起的人身损害赔偿案件适用本解释。

本院以前发布的司法解释与本解释不一致的，以本解释为准。

七、健康

1. 妇幼保健

中华人民共和国母婴保健法

· 1994 年 10 月 27 日第八届全国人民代表大会常务委员会第十次会议通过

· 根据 2009 年 8 月 27 日第十一届全国人民代表大会常务委员会第十次会议《关于修改部分法律的决定》第一次修正

· 根据 2017 年 11 月 4 日第十二届全国人民代表大会常务委员会第三十次会议《关于修改〈中华人民共和国会计法〉等十一部法律的决定》第二次修正

第一章　总　则

第一条　为了保障母亲和婴儿健康，提高出生人口素质，根据宪法，制定本法。

第二条　国家发展母婴保健事业，提供必要条件和物质帮助，使母亲和婴儿获得医疗保健服务。

国家对边远贫困地区的母婴保健事业给予扶持。

第三条　各级人民政府领导母婴保健工作。

母婴保健事业应当纳入国民经济和社会发展计划。

第四条　国务院卫生行政部门主管全国母婴保健工作，根据不同地区情况提出分级分类指导原则，并对全国母婴保健工作实施监督管理。

国务院其他有关部门在各自职责范围内，配合卫生行政部门做好母婴保健工作。

第五条　国家鼓励、支持母婴保健领域的教育和科学研究，推广先进、实用的母婴保健技术，普及母婴保健科学知识。

第六条　对在母婴保健工作中做出显著成绩和在母婴保健科学研究中取得显著成果的组织和个人，应当给予奖励。

第二章　婚前保健

第七条　医疗保健机构应当为公民提供婚前保健服务。

婚前保健服务包括下列内容：

（一）婚前卫生指导：关于性卫生知识、生育知识和遗传病知识的教育；

（二）婚前卫生咨询：对有关婚配、生育保健等问题提供医学意见；

（三）婚前医学检查：对准备结婚的男女双方可能患影响结婚和生育的疾病进行医学检查。

第八条　婚前医学检查包括对下列疾病的检查：

（一）严重遗传性疾病；

（二）指定传染病；

（三）有关精神病。

经婚前医学检查，医疗保健机构应当出具婚前医学检查证明。

第九条　经婚前医学检查，对患指定传染病在传染期内或者有关精神病在发病期内的，医师应当提出医学意见；准备结婚的男女双方应当暂缓结婚。

第十条　经婚前医学检查，对诊断患有医学上认为不宜生育的严重遗传性疾病的，医师应当向男女双方说明情况，提出医学意见；经男女双方同意，采取长效避孕措施或者施行结扎手术后不生育的，可以结婚。但《中华人民共和国婚姻法》规定禁止结婚的除外。

第十一条　接受婚前医学检查的人员对检查结果持有异议的，可以申请医学技术鉴定，取得医学鉴定证明。

第十二条　男女双方在结婚登记时，应当持有婚前医学检查证明或者医学鉴定证明。

第十三条　省、自治区、直辖市人民政府根据本地区的实际情况，制定婚前医学检查制度实施办法。

省、自治区、直辖市人民政府对婚前医学检查应当规定合理的收费标准，对边远贫困地区或者交费确有困难的人员应当给予减免。

第三章 孕产期保健

第十四条 医疗保健机构应当为育龄妇女和孕产妇提供孕产期保健服务。

孕产期保健服务包括下列内容：

（一）母婴保健指导：对孕育健康后代以及严重遗传性疾病和碘缺乏病等地方病的发病原因、治疗和预防方法提供医学意见；

（二）孕妇、产妇保健：为孕妇、产妇提供卫生、营养、心理等方面的咨询和指导以及产前定期检查等医疗保健服务；

（三）胎儿保健：为胎儿生长发育进行监护，提供咨询和医学指导；

（四）新生儿保健：为新生儿生长发育、哺乳和护理提供医疗保健服务。

第十五条 对患严重疾病或者接触致畸物质，妊娠可能危及孕妇生命安全或者可能严重影响孕妇健康和胎儿正常发育的，医疗保健机构应当予以医学指导。

第十六条 医师发现或者怀疑患严重遗传性疾病的育龄夫妻，应当提出医学意见。育龄夫妻应当根据医师的医学意见采取相应的措施。

第十七条 经产前检查，医师发现或者怀疑胎儿异常的，应当对孕妇进行产前诊断。

第十八条 经产前诊断，有下列情形之一的，医师应当向夫妻双方说明情况，并提出终止妊娠的医学意见：

（一）胎儿患严重遗传性疾病的；

（二）胎儿有严重缺陷的；

（三）因患严重疾病，继续妊娠可能危及孕妇生命安全或者严重危害孕妇健康的。

第十九条 依照本法规定施行终止妊娠或者结扎手术，应当经本人同意，并签署意见。本人无行为能力的，应当经其监护人同意，并签署意见。

依照本法规定施行终止妊娠或者结扎手术的，接受免费服务。

第二十条 生育过严重缺陷患儿的妇女再次妊娠前，夫妻双方应当到县级以上医疗保健机构接受医学检查。

第二十一条 医师和助产人员应当严格遵守有关操作规程，提高助产技术和服务质量，预防和减少产伤。

第二十二条 不能住院分娩的孕妇应当由经过培训、具备相应接生能力的接生人员实行消毒接生。

第二十三条 医疗保健机构和从事家庭接生的人员按照国务院卫生行政部门的规定，出具统一制发的新生儿出生医学证明；有产妇和婴儿死亡以及新生儿出生缺陷情况的，应当向卫生行政部门报告。

第二十四条 医疗保健机构为产妇提供科学育儿、合理营养和母乳喂养的指导。

医疗保健机构对婴儿进行体格检查和预防接种，逐步开展新生儿疾病筛查、婴儿多发病和常见病防治等医疗保健服务。

第四章 技术鉴定

第二十五条 县级以上地方人民政府可以设立医学技术鉴定组织，负责对婚前医学检查、遗传病诊断和产前诊断结果有异议的进行医学技术鉴定。

第二十六条 从事医学技术鉴定的人员，必须具有临床经验和医学遗传学知识，并具有主治医师以上的专业技术职务。

医学技术鉴定组织的组成人员，由卫生行政部门提名，同级人民政府聘任。

第二十七条 医学技术鉴定实行回避制度。凡与当事人有利害关系，可能影响公正鉴定的人员，应当回避。

第五章 行政管理

第二十八条 各级人民政府应当采取措施，加强母婴保健工作，提高医疗保健服务水平，积极防治由环境因素所致严重危害母亲和婴儿健康的地方性高发性疾病，促进母婴保健事业的发展。

第二十九条 县级以上地方人民政府卫生行政部门管理本行政区域内的母婴保健工作。

第三十条 省、自治区、直辖市人民政府卫生行政部门指定的医疗保健机构负责本行政区域内的母婴保健监测和技术指导。

第三十一条 医疗保健机构按照国务院卫生行政部门的规定，负责其职责范围内的母婴保健工作，建立医疗保健工作规范，提高医学技术水平，采取各种措施方便人民群众，做好母婴保健服务工作。

第三十二条 医疗保健机构依照本法规定开

展婚前医学检查、遗传病诊断、产前诊断以及施行结扎手术和终止妊娠手术的，必须符合国务院卫生行政部门规定的条件和技术标准，并经县级以上地方人民政府卫生行政部门许可。

严禁采用技术手段对胎儿进行性别鉴定，但医学上确有需要的除外。

第三十三条 从事本法规定的遗传病诊断、产前诊断的人员，必须经过省、自治区、直辖市人民政府卫生行政部门的考核，并取得相应的合格证书。

从事本法规定的婚前医学检查、施行结扎手术和终止妊娠手术的人员，必须经过县级以上地方人民政府卫生行政部门的考核，并取得相应的合格证书。

第三十四条 从事母婴保健工作的人员应当严格遵守职业道德，为当事人保守秘密。

第六章 法律责任

第三十五条 未取得国家颁发的有关合格证书的，有下列行为之一，县级以上地方人民政府卫生行政部门应当予以制止，并可以根据情节给予警告或者处以罚款：

（一）从事婚前医学检查、遗传病诊断、产前诊断或者医学技术鉴定的；

（二）施行终止妊娠手术的；

（三）出具本法规定的有关医学证明的。

上款第（三）项出具的有关医学证明无效。

第三十六条 未取得国家颁发的有关合格证书，施行终止妊娠手术或者采取其他方法终止妊娠，致人死亡、残疾、丧失或者基本丧失劳动能力的，依照刑法有关规定追究刑事责任。

第三十七条 从事母婴保健工作的人员违反本法规定，出具有关虚假医学证明或者进行胎儿性别鉴定的，由医疗保健机构或者卫生行政部门根据情节给予行政处分；情节严重的，依法取消执业资格。

第七章 附 则

第三十八条 本法下列用语的含义：

指定传染病，是指《中华人民共和国传染病防治法》中规定的艾滋病、淋病、梅毒、麻风病以及医学上认为影响结婚和生育的其他传染病。

严重遗传性疾病，是指由于遗传因素先天形成，患者全部或者部分丧失自主生活能力，后代再现风险高，医学上认为不宜生育的遗传性疾病。

有关精神病，是指精神分裂症、躁狂抑郁型精神病以及其他重型精神病。

产前诊断，是指对胎儿进行先天性缺陷和遗传性疾病的诊断。

第三十九条 本法自1995年6月1日起施行。

中华人民共和国母婴保健法实施办法

· 2001年6月20日中华人民共和国国务院令第308号公布
· 根据2017年11月17日《国务院关于修改部分行政法规的决定》第一次修订
· 根据2022年3月29日《国务院关于修改和废止部分行政法规的决定》第二次修订

第一章 总 则

第一条 根据《中华人民共和国母婴保健法》（以下简称母婴保健法），制定本办法。

第二条 在中华人民共和国境内从事母婴保健服务活动的机构及其人员应当遵守母婴保健法和本办法。

从事计划生育技术服务的机构开展计划生育技术服务活动，依照《计划生育技术服务管理条例》的规定执行。

第三条 母婴保健技术服务主要包括下列事项：

（一）有关母婴保健的科普宣传、教育和咨询；

（二）婚前医学检查；

（三）产前诊断和遗传病诊断；

（四）助产技术；

（五）实施医学上需要的节育手术；

（六）新生儿疾病筛查；

（七）有关生育、节育、不育的其他生殖保健服务。

第四条 公民享有母婴保健的知情选择权。国家保障公民获得适宜的母婴保健服务的权利。

第五条 母婴保健工作以保健为中心，以保障生殖健康为目的，实行保健和临床相结合，面向群体、面向基层和预防为主的方针。

第六条 各级人民政府应当将母婴保健工作纳入本级国民经济和社会发展计划，为母婴保健事业的发展提供必要的经济、技术和物质条件，并对少数民族地区、贫困地区的母婴保健事业给予特殊支持。

县级以上地方人民政府根据本地区的实际情况和需要，可以设立母婴保健事业发展专项资金。

第七条 国务院卫生行政部门主管全国母婴保健工作，履行下列职责：

（一）制定母婴保健法及本办法的配套规章和技术规范；

（二）按照分级分类指导的原则，制定全国母婴保健工作发展规划和实施步骤；

（三）组织推广母婴保健及其他生殖健康的适宜技术；

（四）对母婴保健工作实施监督。

第八条 县级以上各级人民政府财政、公安、民政、教育、劳动保障、计划生育等部门应当在各自职责范围内，配合同级卫生行政部门做好母婴保健工作。

第二章 婚前保健

第九条 母婴保健法第七条所称婚前卫生指导，包括下列事项：

（一）有关性卫生的保健和教育；

（二）新婚避孕知识及计划生育指导；

（三）受孕前的准备、环境和疾病对后代影响等孕前保健知识；

（四）遗传病的基本知识；

（五）影响婚育的有关疾病的基本知识；

（六）其他生殖健康知识。

医师进行婚前卫生咨询时，应当为服务对象提供科学的信息，对可能产生的后果进行指导，并提出适当的建议。

第十条 在实行婚前医学检查的地区，准备结婚的男女双方在办理结婚登记前，应当到医疗、保健机构进行婚前医学检查。

第十一条 从事婚前医学检查的医疗、保健机构，由其所在地县级人民政府卫生行政部门进行审查；符合条件的，在其《医疗机构执业许可证》上注明。

第十二条 申请从事婚前医学检查的医疗、保健机构应当具备下列条件：

（一）分别设置专用的男、女婚前医学检查室，配备常规检查和专科检查设备；

（二）设置婚前生殖健康宣传教育室；

（三）具有符合条件的进行男、女婚前医学检查的执业医师。

第十三条 婚前医学检查包括询问病史、体格及相关检查。

婚前医学检查应当遵守婚前保健工作规范并按照婚前医学检查项目进行。婚前保健工作规范和婚前医学检查项目由国务院卫生行政部门规定。

第十四条 经婚前医学检查，医疗、保健机构应当向接受婚前医学检查的当事人出具婚前医学检查证明。

婚前医学检查证明应当列明是否发现下列疾病：

（一）在传染期内的指定传染病；

（二）在发病期内的有关精神病；

（三）不宜生育的严重遗传性疾病；

（四）医学上认为不宜结婚的其他疾病。

发现前款第（一）项、第（二）项、第（三）项疾病的，医师应当向当事人说明情况，提出预防、治疗以及采取相应医学措施的建议。当事人依据医生的医学意见，可以暂缓结婚，也可以自愿采用长效避孕措施或者结扎手术；医疗、保健机构应当为其治疗提供医学咨询和医疗服务。

第十五条 经婚前医学检查，医疗、保健机构不能确诊的，应当转到设区的市级以上人民政府卫生行政部门指定的医疗、保健机构确诊。

第十六条 在实行婚前医学检查的地区，婚姻登记机关在办理结婚登记时，应当查验婚前医学检查证明或者母婴保健法第十一条规定的医学鉴定证明。

第三章 孕产期保健

第十七条 医疗、保健机构应当为育龄妇女提供有关避孕、节育、生育、不育和生殖健康的咨询和医疗保健服务。

医师发现或者怀疑育龄夫妻患有严重遗传性疾病的，应当提出医学意见；限于现有医疗技术水平难以确诊的，应当向当事人说明情况。育龄夫妻可以选择避孕、节育、不孕等相应的医学措施。

第十八条 医疗、保健机构应当为孕产妇提供下列医疗保健服务：

（一）为孕产妇建立保健手册（卡），定期进行产前检查；

（二）为孕产妇提供卫生、营养、心理等方面的医学指导与咨询；

（三）对高危孕妇进行重点监护、随访和医疗保健服务；

（四）为孕产妇提供安全分娩技术服务；

（五）定期进行产后访视，指导产妇科学喂养婴儿；

（六）提供避孕咨询指导和技术服务；

（七）对产妇及其家属进行生殖健康教育和科学育儿知识教育；

（八）其他孕产期保健服务。

第十九条 医疗、保健机构发现孕妇患有下列严重疾病或者接触物理、化学、生物等有毒、有害因素，可能危及孕妇生命安全或者可能严重影响孕妇健康和胎儿正常发育的，应当对孕妇进行医学指导和下列必要的医学检查：

（一）严重的妊娠合并症或者并发症；

（二）严重的精神性疾病；

（三）国务院卫生行政部门规定的严重影响生育的其他疾病。

第二十条 孕妇有下列情形之一的，医师应当对其进行产前诊断：

（一）羊水过多或者过少的；

（二）胎儿发育异常或者胎儿有可疑畸形的；

（三）孕早期接触过可能导致胎儿先天缺陷的物质的；

（四）有遗传病家族史或者曾经分娩过先天性严重缺陷婴儿的；

（五）初产妇年龄超过35周岁的。

第二十一条 母婴保健法第十八条规定的胎儿的严重遗传性疾病、胎儿的严重缺陷、孕妇患继续妊娠可能危及其生命健康和安全的严重疾病目录，由国务院卫生行政部门规定。

第二十二条 生育过严重遗传性疾病或者严重缺陷患儿的，再次妊娠前，夫妻双方应当按照国家有关规定到医疗、保健机构进行医学检查。医疗、保健机构应当向当事人介绍有关遗传性疾病的知识，给予咨询、指导。对诊断患有医学上认为不宜生育的严重遗传性疾病的，医师应当向当事人说明情况，并提出医学意见。

第二十三条 严禁采用技术手段对胎儿进行性别鉴定。

对怀疑胎儿可能为伴性遗传病，需要进行性别鉴定的，由省、自治区、直辖市人民政府卫生行政部门指定的医疗、保健机构按照国务院卫生行政部门的规定进行鉴定。

第二十四条 国家提倡住院分娩。医疗、保健机构应当按照国务院卫生行政部门制定的技术操作规范，实施消毒接生和新生儿复苏，预防产伤及产后出血等产科并发症，降低孕产妇及围产儿发病率、死亡率。

没有条件住院分娩的，应当由经过培训、具备相应接生能力的家庭接生人员接生。

高危孕妇应当在医疗、保健机构住院分娩。

县级人民政府卫生行政部门应当加强对家庭接生人员的培训、技术指导和监督管理。

第四章 婴儿保健

第二十五条 医疗、保健机构应当按照国家有关规定开展新生儿先天性、遗传性代谢病筛查、诊断、治疗和监测。

第二十六条 医疗、保健机构应当按照规定进行新生儿访视，建立儿童保健手册（卡），定期对其进行健康检查，提供有关预防疾病、合理膳食、促进智力发育等科学知识，做好婴儿多发病、常见病防治等医疗保健服务。

第二十七条 医疗、保健机构应当按照规定的程序和项目对婴儿进行预防接种。

婴儿的监护人应当保证婴儿及时接受预防接种。

第二十八条 国家推行母乳喂养。医疗、保健机构应当为实施母乳喂养提供技术指导，为住院分娩的产妇提供必要的母乳喂养条件。

医疗、保健机构不得向孕产妇和婴儿家庭宣传、推荐母乳代用品。

第二十九条 母乳代用品产品包装标签应当在显著位置标明母乳喂养的优越性。

母乳代用品生产者、销售者不得向医疗、保健机构赠送产品样品或者以推销为目的有条件地提供设备、资金和资料。

第三十条 妇女享有国家规定的产假。有不满1周岁婴儿的妇女，所在单位应当在劳动时间内为其安排一定的哺乳时间。

第五章　技术鉴定

第三十一条　母婴保健医学技术鉴定委员会分为省、市、县三级。

母婴保健医学技术鉴定委员会成员应当符合下列任职条件：

（一）县级母婴保健医学技术鉴定委员会成员应当具有主治医师以上专业技术职务；

（二）设区的市级和省级母婴保健医学技术鉴定委员会成员应当具有副主任医师以上专业技术职务。

第三十二条　当事人对婚前医学检查、遗传病诊断、产前诊断结果有异议，需要进一步确诊的，可以自接到检查或者诊断结果之日起15日内向所在地县级或者设区的市级母婴保健医学技术鉴定委员会提出书面鉴定申请。

母婴保健医学技术鉴定委员会应当自接到鉴定申请之日起30日内作出医学技术鉴定意见，并及时通知当事人。

当事人对鉴定意见有异议的，可以自接到鉴定意见通知书之日起15日内向上一级母婴保健医学技术鉴定委员会申请再鉴定。

第三十三条　母婴保健医学技术鉴定委员会进行医学鉴定时须有5名以上相关专业医学技术鉴定委员会成员参加。

鉴定委员会成员应当在鉴定结论上署名；不同意见应当如实记录。鉴定委员会根据鉴定结论向当事人出具鉴定意见书。

母婴保健医学技术鉴定管理办法由国务院卫生行政部门制定。

第六章　监督管理

第三十四条　县级以上地方人民政府卫生行政部门负责本行政区域内的母婴保健监督管理工作，履行下列监督管理职责：

（一）依照母婴保健法和本办法以及国务院卫生行政部门规定的条件和技术标准，对从事母婴保健工作的机构和人员实施许可，并核发相应的许可证书；

（二）对母婴保健法和本办法的执行情况进行监督检查；

（三）对违反母婴保健法和本办法的行为，依法给予行政处罚；

（四）负责母婴保健工作监督管理的其他事项。

第三十五条　从事遗传病诊断、产前诊断的医疗、保健机构和人员，须经省、自治区、直辖市人民政府卫生行政部门许可；但是，从事产前诊断中产前筛查的医疗、保健机构，须经县级人民政府卫生行政部门许可。

从事婚前医学检查的医疗、保健机构和人员，须经县级人民政府卫生行政部门许可。

从事助产技术服务、结扎手术和终止妊娠手术的医疗、保健机构和人员，须经县级人民政府卫生行政部门许可，并取得相应的合格证书。

第三十六条　卫生监督人员在执行职务时，应当出示证件。

卫生监督人员可以向医疗、保健机构了解情况，索取必要的资料，对母婴保健工作进行监督、检查，医疗、保健机构不得拒绝和隐瞒。

卫生监督人员对医疗、保健机构提供的技术资料负有保密的义务。

第三十七条　医疗、保健机构应当根据其从事的业务，配备相应的人员和医疗设备，对从事母婴保健工作的人员加强岗位业务培训和职业道德教育，并定期对其进行检查、考核。

医师和助产人员（包括家庭接生人员）应当严格遵守有关技术操作规范，认真填写各项记录，提高助产技术和服务质量。

助产人员的管理，按照国务院卫生行政部门的规定执行。

从事母婴保健工作的执业医师应当依照母婴保健法的规定取得相应的资格。

第三十八条　医疗、保健机构应当按照国务院卫生行政部门的规定，对托幼园、所卫生保健工作进行业务指导。

第三十九条　国家建立孕产妇死亡、婴儿死亡和新生儿出生缺陷监测、报告制度。

第七章　罚　则

第四十条　医疗、保健机构或者人员未取得母婴保健技术许可，擅自从事婚前医学检查、遗传病诊断、产前诊断、终止妊娠手术和医学技术鉴定或者出具有关医学证明的，由卫生行政部门给予警告，责令停止违法行为，没收违法所得；违法所得5000元以上的，并处违法所得3倍以上5倍以下的罚款;没有违法所得或者违法所得不足5000元的,并处5000元以上2万元以下的罚款。

第四十一条 从事母婴保健技术服务的人员出具虚假医学证明文件的,依法给予行政处分;有下列情形之一的,由原发证部门撤销相应的母婴保健技术执业资格或者医师执业证书:

(一)因延误诊治,造成严重后果的;

(二)给当事人身心健康造成严重后果的;

(三)造成其他严重后果的。

第四十二条 违反本办法规定进行胎儿性别鉴定的,由卫生行政部门给予警告,责令停止违法行为;对医疗、保健机构直接负责的主管人员和其他直接责任人员,依法给予行政处分。进行胎儿性别鉴定两次以上的或者以营利为目的进行胎儿性别鉴定的,并由原发证机关撤销相应的母婴保健技术执业资格或者医师执业证书。

第八章 附 则

第四十三条 婚前医学检查证明的格式由国务院卫生行政部门规定。

第四十四条 母婴保健法及本办法所称的医疗、保健机构,是指依照《医疗机构管理条例》取得卫生行政部门医疗机构执业许可的各级各类医疗机构。

第四十五条 本办法自公布之日起施行。

产前诊断技术管理办法

- 2002年12月13日卫生部令第33号公布
- 根据2019年2月28日《国家卫生健康委关于修改〈职业健康检查管理办法〉等4件部门规章的决定》修订

第一章 总 则

第一条 为保障母婴健康,提高出生人口素质,保证产前诊断技术的安全、有效,规范产前诊断技术的监督管理,依据《中华人民共和国母婴保健法》以及《中华人民共和国母婴保健法实施办法》,制定本管理办法。

第二条 本管理办法中所称的产前诊断,是指对胎儿进行先天性缺陷和遗传性疾病的诊断,包括相应筛查。

产前诊断技术项目包括遗传咨询、医学影像、生化免疫、细胞遗传和分子遗传等。

第三条 本管理办法适用于各类开展产前诊断技术的医疗保健机构。

第四条 产前诊断技术的应用应当以医疗为目的,符合国家有关法律规定和伦理原则,由经资格认定的医务人员在经许可的医疗保健机构中进行。

医疗保健机构和医务人员不得实施任何非医疗目的的产前诊断技术。

第五条 国家卫生健康委负责全国产前诊断技术应用的监督管理工作。

第二章 管理与审批

第六条 国家卫生健康委根据医疗需求、技术发展状况、组织与管理的需要等实际情况,制定产前诊断技术应用规划。

第七条 产前诊断技术应用实行分级管理。

国家卫生健康委制定开展产前诊断技术医疗保健机构的基本条件和人员条件;颁布有关产前诊断的技术规范;指定国家级开展产前诊断技术的医疗保健机构;对全国产前诊断技术应用进行质量管理和信息管理;对全国产前诊断专业技术人员的培训进行规划。

省、自治区、直辖市人民政府卫生健康主管部门(以下简称省级卫生健康主管部门)根据当地实际,因地制宜地规划、审批或组建本行政区域内开展产前诊断技术的医疗保健机构;对从事产前诊断技术的专业人员进行系统培训和资格认定;对产前诊断技术应用进行质量管理和信息管理。

县级以上人民政府卫生健康主管部门负责本行政区域内产前诊断技术应用的日常监督管理。

第八条 从事产前诊断的卫生专业技术人员应符合以下所有条件:

(一)从事临床工作的,应取得执业医师资格;

(二)从事医技和辅助工作的,应取得相应卫生专业技术职称;

(三)符合《从事产前诊断卫生专业技术人员的基本条件》;

(四)经省级卫生健康主管部门考核合格,取得从事产前诊断的《母婴保健技术考核合格证书》或者《医师执业证书》中加注母婴保健技术(产前诊断类)考核合格的。

第九条 申请开展产前诊断技术的医疗保健机构应符合下列所有条件：

（一）设有妇产科诊疗科目；

（二）具有与所开展技术相适应的卫生专业技术人员；

（三）具有与所开展技术相适应的技术条件和设备；

（四）设有医学伦理委员会；

（五）符合《开展产前诊断技术医疗保健机构的基本条件》及相关技术规范。

第十条 申请开展产前诊断技术的医疗保健机构应当向所在地省级卫生健康主管部门提交下列文件：

（一）医疗机构执业许可证副本；

（二）开展产前诊断技术的母婴保健技术服务执业许可申请文件；

（三）可行性报告；

（四）拟开展产前诊断技术的人员配备、设备和技术条件情况；

（五）开展产前诊断技术的规章制度；

（六）省级以上卫生健康主管部门规定提交的其他材料。

申请开展产前诊断技术的医疗保健机构，必须明确提出拟开展的产前诊断具体技术项目。

第十一条 申请开展产前诊断技术的医疗保健机构，由所属省、自治区、直辖市人民政府卫生健康主管部门审查批准。省、自治区、直辖市人民政府卫生健康主管部门收到本办法第十条规定的材料后，组织有关专家进行论证，并在收到专家论证报告后30个工作日内进行审核。经审核同意的，发给开展产前诊断技术的母婴保健技术服务执业许可证，注明开展产前诊断以及具体技术服务项目；经审核不同意的，书面通知申请单位。

第十二条 国家卫生健康委根据全国产前诊断技术发展需要，在经审批合格的开展产前诊断技术服务的医疗保健机构中，指定国家级开展产前诊断技术的医疗保健机构。

第十三条 开展产前诊断技术的《母婴保健技术服务执业许可证》每3年校验一次，校验由原审批机关办理。经校验合格的，可继续开展产前诊断技术；经校验不合格的，撤销其许可证书。

第十四条 省、自治区、直辖市人民政府卫生健康主管部门指定的医疗保健机构，协助卫生健康主管部门负责对本行政区域内产前诊断的组织管理工作。

第十五条 从事产前诊断的人员不得在未许可开展产前诊断技术的医疗保健机构中从事相关工作。

第三章 实 施

第十六条 对一般孕妇实施产前筛查以及应用产前诊断技术坚持知情选择。开展产前筛查的医疗保健机构要与经许可开展产前诊断技术的医疗保健机构建立工作联系，保证筛查病例能落实后续诊断。

第十七条 孕妇有下列情形之一的，经治医师应当建议其进行产前诊断：

（一）羊水过多或者过少的；

（二）胎儿发育异常或者胎儿有可疑畸形的；

（三）孕早期时接触过可能导致胎儿先天缺陷的物质的；

（四）有遗传病家族史或者曾经分娩过先天性严重缺陷婴儿的；

（五）年龄超过35周岁的。

第十八条 既往生育过严重遗传性疾病或者严重缺陷患儿的，再次妊娠前，夫妻双方应当到医疗保健机构进行遗传咨询。医务人员应当对当事人介绍有关知识，给予咨询和指导。

经治医师根据咨询的结果，对当事人提出医学建议。

第十九条 确定产前诊断重点疾病，应当符合下列条件：

（一）疾病发生率较高；

（二）疾病危害严重，社会、家庭和个人疾病负担大；

（三）疾病缺乏有效的临床治疗方法；

（四）诊断技术成熟、可靠、安全和有效。

第二十条 开展产前检查、助产技术的医疗保健机构在为孕妇进行早孕检查或产前检查时，遇到本办法第十七条所列情形的孕妇，应当进行有关知识的普及，提供咨询服务，并以书面形式如实告知孕妇或其家属，建议孕妇进行产前诊断。

第二十一条 孕妇自行提出进行产前诊断的，经治医师可根据其情况提供医学咨询，由孕妇决定是否实施产前诊断技术。

第二十二条 开展产前诊断技术的医疗保健

机构出具的产前诊断报告,应当由2名以上经资格认定的执业医师签发。

第二十三条 对于产前诊断技术及诊断结果,经治医师应本着科学、负责的态度,向孕妇或家属告知技术的安全性、有效性和风险性,使孕妇或家属理解技术可能存在的风险和结果的不确定性。

第二十四条 在发现胎儿异常的情况下,经治医师必须将继续妊娠和终止妊娠可能出现的结果以及进一步处理意见,以书面形式明确告知孕妇,由孕妇夫妻双方自行选择处理方案,并签署知情同意书。若孕妇缺乏认知能力,由其近亲属代为选择。涉及伦理问题的,应当交医学伦理委员会讨论。

第二十五条 开展产前诊断技术的医疗保健机构对经产前诊断后终止妊娠娩出的胎儿,在征得其家属同意后,进行尸体病理学解剖及相关的遗传学检查。

第二十六条 当事人对产前诊断结果有异议的,可以依据《中华人民共和国母婴保健法实施办法》第五章的有关规定,申请技术鉴定。

第二十七条 开展产前诊断技术的医疗保健机构不得擅自进行胎儿的性别鉴定。对怀疑胎儿可能为伴性遗传病,需要进行性别鉴定的,由省、自治区、直辖市人民政府卫生健康主管部门指定的医疗保健机构按照有关规定进行鉴定。

第二十八条 开展产前诊断技术的医疗保健机构应当建立健全技术档案管理和追踪观察制度。

第四章 处 罚

第二十九条 违反本办法规定,未经批准擅自开展产前诊断技术的非医疗保健机构,按照《医疗机构管理条例》有关规定进行处罚。

第三十条 对违反本办法,医疗保健机构未取得产前诊断执业许可或超越许可范围,擅自从事产前诊断的,按照《中华人民共和国母婴保健法实施办法》有关规定处罚,由卫生健康主管部门给予警告,责令停止违法行为,没收违法所得;违法所得5000元以上的,并处违法所得3倍以上5倍以下的罚款;违法所得不足5000元的,并处5000元以上2万元以下的罚款。情节严重的,依据《医疗机构管理条例》依法吊销医疗机构执业许可证。

第三十一条 对未取得《母婴保健技术考核合格证书》或者《医师执业证书》中未加注母婴保健技术(产前诊断类)考核合格的个人,擅自从事产前诊断或者超范围执业的,由县级以上人民政府卫生健康主管部门给予警告或者责令暂停6个月以上1年以下执业活动;情节严重的,按照《中华人民共和国执业医师法》吊销其医师执业证书。构成犯罪的,依法追究刑事责任。

第三十二条 违反本办法第二十七条规定,按照《中华人民共和国母婴保健法实施办法》第四十二条规定处罚。

第五章 附 则

第三十三条 各省、自治区、直辖市人民政府卫生健康主管部门可以根据本办法和本地实际情况制定实施细则。

第三十四条 本办法自2003年5月1日起施行。

新生儿疾病筛查管理办法

·2009年2月16日卫生部令第64号公布

·自2009年6月1日起施行

第一条 为规范新生儿疾病筛查的管理,保证新生儿疾病筛查工作质量,依据《中华人民共和国母婴保健法》和《中华人民共和国母婴保健法实施办法》,制定本办法。

第二条 本办法所称新生儿疾病筛查是指在新生儿期对严重危害新生儿健康的先天性、遗传性疾病施行专项检查,提供早期诊断和治疗的母婴保健技术。

第三条 本办法规定的全国新生儿疾病筛查病种包括先天性甲状腺功能减低症、苯丙酮尿症等新生儿遗传代谢病和听力障碍。

卫生部根据需要对全国新生儿疾病筛查病种进行调整。

省、自治区、直辖市人民政府卫生行政部门可以根据本行政区域的医疗资源、群众需求、疾病发生率等实际情况,增加本行政区域内新生儿疾病筛查病种,并报卫生部备案。

第四条 新生儿遗传代谢病筛查程序包括血

片采集、送检、实验室检测、阳性病例确诊和治疗。

新生儿听力筛查程序包括初筛、复筛、阳性病例确诊和治疗。

第五条 新生儿疾病筛查是提高出生人口素质，减少出生缺陷的预防措施之一。各级各类医疗机构和医务人员应当在工作中开展新生儿疾病筛查的宣传教育工作。

第六条 卫生部负责全国新生儿疾病筛查的监督管理工作，根据医疗需求、技术发展状况、组织与管理的需要等实际情况制定全国新生儿疾病筛查工作规划和技术规范。

省、自治区、直辖市人民政府卫生行政部门负责本行政区域新生儿疾病筛查的监督管理工作，建立新生儿疾病筛查管理网络，组织医疗机构开展新生儿疾病筛查工作。

第七条 省、自治区、直辖市人民政府卫生行政部门应当根据本行政区域的实际情况，制定本地区新生儿遗传代谢病筛查中心和新生儿听力筛查中心（以下简称新生儿疾病筛查中心）设置规划，指定具备能力的医疗机构为本行政区域新生儿疾病筛查中心。

新生儿疾病筛查中心应当开展以下工作：

（一）开展新生儿遗传代谢疾病筛查的实验室检测、阳性病例确诊和治疗或者听力筛查阳性病例确诊、治疗；

（二）掌握本地区新生儿疾病筛查、诊断、治疗、转诊情况；

（三）负责本地区新生儿疾病筛查人员培训、技术指导、质量管理和相关的健康宣传教育；

（四）承担本地区新生儿疾病筛查有关信息的收集、统计、分析、上报和反馈工作。

开展新生儿疾病筛查的医疗机构应当及时提供病例信息，协助新生儿疾病筛查中心做好前款工作。

第八条 诊疗科目中设有产科或者儿科的医疗机构，应当按照《新生儿疾病筛查技术规范》的要求，开展新生儿遗传代谢病血片采集及送检、新生儿听力初筛及复筛工作。

不具备开展新生儿疾病筛查血片采集、新生儿听力初筛和复筛服务条件的医疗机构，应当告知新生儿监护人到有条件的医疗机构进行新生儿疾病筛查血片采集及听力筛查。

第九条 新生儿遗传代谢病筛查实验室设在新生儿疾病筛查中心，并应当具备下列条件：

（一）具有与所开展工作相适应的卫生专业技术人员，具有与所开展工作相适应的技术和设备；

（二）符合《医疗机构临床实验室管理办法》的规定；

（三）符合《新生儿疾病筛查技术规范》的要求。

第十条 新生儿遗传代谢病筛查中心发现新生儿遗传代谢病阳性病例时，应当及时通知新生儿监护人进行确诊。

开展新生儿听力初筛、复筛的医疗机构发现新生儿疑似听力障碍的，应当及时通知新生儿监护人到新生儿听力筛查中心进行听力确诊。

第十一条 新生儿疾病筛查遵循自愿和知情选择的原则。医疗机构在实施新生儿疾病筛查前，应当将新生儿疾病筛查的项目、条件、方式、灵敏度和费用等情况如实告知新生儿的监护人，并取得签字同意。

第十二条 从事新生儿疾病筛查的医疗机构和人员，应当严格执行新生儿疾病筛查技术规范，保证筛查质量。

医疗机构发现新生儿患有遗传代谢病和听力障碍的，应当及时告知其监护人，并提出治疗和随诊建议。

第十三条 省、自治区、直辖市人民政府卫生行政部门根据本行政区域的具体情况，协调有关部门，采取措施，为患有遗传代谢病和听力障碍的新生儿提供治疗方面的便利条件。

有条件的医疗机构应当开展新生儿遗传代谢病的治疗工作。

第十四条 卫生部组织专家定期对新生儿疾病筛查中心进行抽查评估。经评估不合格的，省级人民政府卫生行政部门应当及时撤销其资格。

新生儿遗传代谢病筛查实验室应当接受卫生部临床检验中心的质量监测和检查。

第十五条 县级以上地方人民政府卫生行政部门应当对本行政区域内开展新生儿疾病筛查工作的医疗机构进行监督检查。

第十六条 医疗机构未经省、自治区、直辖市人民政府卫生行政部门指定擅自开展新生儿遗传代谢病筛查实验室检测的，按照《医疗机构管理条例》第四十七条的规定予以处罚。

第十七条 开展新生儿疾病筛查的医疗机构

违反本办法规定,有下列行为之一的,由县级以上地方人民政府卫生行政部门责令改正,通报批评,给予警告:

(一)违反《新生儿疾病筛查技术规范》的;

(二)未履行告知程序擅自进行新生儿疾病筛查的;

(三)未按规定进行实验室质量监测、检查的;

(四)违反本办法其他规定的。

第十八条 省、自治区、直辖市人民政府卫生行政部门可以依据本办法和当地实际制定实施细则。

第十九条 本办法公布后6个月内,省、自治区、直辖市人民政府卫生行政部门应当组织专家对开展新生儿疾病筛查的医疗机构进行评估考核,指定新生儿疾病筛查中心。

第二十条 本办法自2009年6月1日起施行。

2. 职业健康

中华人民共和国职业病防治法

- 2001年10月27日第九届全国人民代表大会常务委员会第二十四次会议通过
- 根据2011年12月31日第十一届全国人民代表大会常务委员会第二十四次会议《关于修改〈中华人民共和国职业病防治法〉的决定》第一次修正
- 根据2016年7月2日第十二届全国人民代表大会常务委员会第二十一次会议《关于修改〈中华人民共和国节约能源法〉等六部法律的决定》第二次修正
- 根据2017年11月4日第十二届全国人民代表大会常务委员会第三十次会议《关于修改〈中华人民共和国会计法〉等十一部法律的决定》第三次修正
- 根据2018年12月29日第十三届全国人民代表大会常务委员会第七次会议《关于修改〈中华人民共和国劳动法〉等七部法律的决定》第四次修正

第一章 总 则

第一条 【立法宗旨】为了预防、控制和消除职业病危害,防治职业病,保护劳动者健康及其相关权益,促进经济社会发展,根据宪法,制定本法。

注释 职业病危害是指对从事职业活动的劳动者可能导致职业病的各种危害,包括职业活动中存在的各种有害的化学、物理、生物因素以及在作业过程中产生的其他职业有害因素。职业病危害是职业病产生的根源。

链接 本法第85条;《劳动法》第六章

第二条 【适用范围】本法适用于中华人民共和国领域内的职业病防治活动。

本法所称职业病,是指企业、事业单位和个体经济组织等用人单位的劳动者在职业活动中,因接触粉尘、放射性物质和其他有毒、有害因素而引起的疾病。

职业病的分类和目录由国务院卫生行政部门会同国务院劳动保障行政部门制定、调整并公布。

注释 本法适用的地域范围(或称空间效力范围),是中华人民共和国境内。值得注意的是,根据《香港特别行政区基本法》《澳门特别行政区基本法》的有关规定,只有列入这两个基本法附件三的法律,才能在这两个特别行政区适用,本法没有列入两个基本法的附件三中,所以,本法不适用于香港、澳门特别行政区。本法以职业病防治活动中的关系为调整对象,适用于在"中华人民共和国领域内"从事"职业病防治活动"的单位和人员,也就是说,无论是职业卫生监管部门、用人单位或者劳动者,其只要是在中华人民共和国领域内从事本法所规定的"职业病防治活动"就应当适用本法。

职业病是劳动者因从事特定的职业活动而产生的疾病,这里的劳动者是指企业、事业单位和个体经济组织等用人单位的劳动者,只有用人单位的劳动者因职业病活动而产生的疾病属于职业病,而自由职业者、农民等自我雇用的人员在职业活动中产生的疾病不属于职业病,不属于本法调整的范围。

实务问答 1. 政府机关公务员、中国人民解放军官兵等一些特殊人员的职业病防治活动是否可以适用本法?

政府机关与公务员之间的关系受公务员法等相关法律调整,不属于劳动关系,这部分群体在工作过程中发生的疾病尽管也与其职业活动有关,但不属于本法的直接调整对象。根据本法第86条第1款的规定,政府机关、社会团体以及部分事业单位等与劳动者之间的关系不属于劳动关系的用人单位，其职业病防治活动可以参照本法执行。另外，中国人民解放军官兵与军队之间的关系也不是用人单位与劳动者之间的劳动关系，军队也不是劳动法意义上的“用人单位”，根据本法第86条第3款的规定，中国人民解放军参照执行本法的办法，由国务院、中央军事委员会制定。

2. 哪些疾病属于职业病？

职业病是一种法定的疾病，其分类和目录也应当相应地由法律或者法律授权的组织规定。2013年，国家卫生计生委、安全监管总局、人力资源社会保障部和全国总工会联合组织根据职业病防治法对职业病的分类和目录进行了调整，公布了《职业病分类和目录》，这是我国现行有效的法定职业病分类和目录。目前我国职业病共分10大类132种。

链接 本法第86条；《劳动法》第2条；《劳动合同法》第2条；《职业病分类和目录》

第三条 【工作方针、机制和管理原则】职业病防治工作坚持预防为主、防治结合的方针，建立用人单位负责、行政机关监管、行业自律、职工参与和社会监督的机制，实行分类管理、综合治理。

注释 “预防为主、防治结合”是职业病防治工作的基本方针。职业病重在预防，之所以要强调“预防为主”，是因为职业病与其他疾病比较，有很大的不同，一旦罹患职业病，就很难治愈。

本条规定的职业病防治工作机制是用人单位负责、行政机关监管、行业自律、职工参与和社会监督。用人单位是职业病预防的首要责任主体，本法对用人单位在职业病防治工作中的法定义务作了明确规定，用人单位应当为劳动者创造符合国家职业卫生标准和卫生要求的工作环境和条件，并采取措施保障劳动者获得职业卫生保护。行政机关在职业病防治工作中担负着重要的监管职责。行业自律是发挥行业组织的职能，配合职业卫生监管部门做好职业病防治工作的重要补充。职业病防治工作事关广大企业职工的身体健康和切身利益，提高职工尤其是企业生产一线职工在本单位职业病防治工作中的参与积极性，能够为本企业的职业病防治工作提供更坚实的群众基础和更有针对性的防治措施。社会监督既包括工会组织等职工组织的监督，也包括新闻媒体和社会舆论的监督。

本条规定的职业病防治工作的基本管理原则是“分类管理、综合治理”。由于可能导致职业病危害的因素很多，危害程度各不相同，所以，在职业病防治管理工作中需要按照不同危害类别和职业病进行分类管理。同时，职业病防治除了需要加强监督管理之外，还需要其他管理部门共同参与以及用人单位、劳动者的积极配合，做到全方位的综合治理，这样才有可能实现最佳治理结果。

链接《用人单位职业健康监护监督管理办法》；《工作场所职业卫生管理规定》；《劳动法》第52条

第四条 【职业卫生保护】劳动者依法享有职业卫生保护的权利。

用人单位应当为劳动者创造符合国家职业卫生标准和卫生要求的工作环境和条件，并采取措施保障劳动者获得职业卫生保护。

工会组织依法对职业病防治工作进行监督，维护劳动者的合法权益。用人单位制定或者修改有关职业病防治的规章制度，应当听取工会组织的意见。

注释 本条是关于劳动者依法享有职业卫生保护的权利和用人单位、工会组织应当采取措施保障劳动者获得职业卫生保护的规定。职业卫生保护是劳动保护的一项重要内容之一，是劳动者根据我国宪法以及其他法律享受的一项重要权利。在劳动过程中，职业安全（安全生产）保护和职业卫生保护是劳动者享有的两项重要权利。一旦用人单位职业病防治管理措施不落实，或者发生职业病危害事故，劳动者可以依法行使职业卫生保护权利，拒绝继续工作或者向有关部门提出检举、控告。与劳动者的权利相对应，用人单位负有保障劳动者获得职业卫生保护权利的法定义务。

实务问答 1. 劳动者具体享有哪些职业卫生权利？

根据本法规定，劳动者享有下列职业卫生保护权利：一是有要求用人单位提供符合防治职业病要求的职业病防护设施和个人使用的职业病防护用品及改善工作条件的权利；二是有了解工作场所产生或者可能产生的职业病危害因素、危害后果和应当采取的职业病防护措施的权利；三是有接受职业卫生教育、培训的权利；四是有获得职业健康检查、职业病诊疗、康复等职业病防治服务的权利；五是有索取本人职业健康监护档案复印件的权利；六是有对违反职业病防治法律、法规以及危及生命健康的行为提出批评、检举和控告的权利；七是有拒绝违章指挥和强令进行没有职业病防护措施的作业的权利；八是有参与用人单位职业卫生工作的民主管理，对职业病防治工作提出意见和建议的权利；九是有依法享受职业病待遇和获得民事赔偿的权利。

2. 用人单位应当采取哪些措施保障劳动者获得职业卫生保护？

用人单位应当采取下列保障措施：（一）设置或者指定职业卫生管理机构或者组织，负责本单位的职业病防治工作；（二）制定职业病防治计划和实施方案；（三）建立、健全职业卫生管理制度和操作规程；（四）建立、健全职业卫生档案和劳动者健康监护档案；（五）建立、健全工作场所职业病危害因素监测及评价制度；（六）建立、健全职业病危害事故应急救援预案；（七）须采用有效的职业病防护设施；（八）为劳动者提供符合防治职业病要求的职业病防护用品；（九）优先采用有利于防治职业病和保护劳动者健康的新技术、新工艺、新设备、新材料，逐步替代职业病危害严重的技术、工艺、设备、材料；（十）在醒目位置设置公告栏，公布有关职业病防治的规章制度、操作规程、职业病危害事故应急救援措施和工作场所职业病危害因素检测结果；（十一）对可能发生急性职业损伤的有毒、有害工作场所应当设置报警装置，配置现场急救用品、冲洗设备、应急撤离通道和必要的泄险区；（十二）对放射工作场所和放射性同位素的运输、贮存须配置防护设备和报警装置，保证接触放射线的工作人员佩戴个人剂量计；（十三）对职业病防护设备、应急救援设施和个人使用的职业病防护用品应进行经常性的维护、检修，定期检测其性能和效果，确保其处于正常状态，不得擅自拆除或者停止使用；（十四）实施由专人负责的职业病危害因素日常监测，并确保监测系统处于正常运行状态；（十五）不得生产、经营、进口和使用国家明令禁止使用的可能产生职业病危害的设备或者材料；（十六）不具备职业病防护条件的单位和个人不得接受产生职业病危害的作业；（十七）对采用的技术、工艺、设备、材料应知悉其产生的职业病危害，对有职业病危害的技术、工艺、设备、材料隐瞒其危害而采用的，对所造成的职业病危害后果承担责任；（十八）与劳动者订立劳动合同（含聘用合同）时，应将工作过程中可能产生的职业病危害及其后果、职业病防护措施和待遇等如实告知劳动者，并在劳动合同中写明，不得隐瞒或者欺骗；（十九）对劳动者进行上岗前的职业卫生培训和在岗期间的定期职业卫生培训，指导劳动者正确使用职业病防护设备和个人使用的职业病防护用品；（二十）按照国务院卫生行政部门的规定组织上岗前、在岗期间和离岗时的职业健康检查，并将检查结果如实告知劳动者；（二十一）为劳动者建立职业健康监护档案；（二十二）向劳动者如实、无偿提供职业健康监护档案复印件；（二十三）发生或者可能发生急性职业病危害事故时，应立即采取应急救援和控制措施，对遭受或者可能遭受急性职业病危害的劳动者，用人单位应当及时组织救治、进行健康检查和医学观察；（二十四）不得安排未成年工从事接触职业病危害的作业；（二十五）不得安排孕期、哺乳期的女职工从事对本人和胎儿、婴儿有危害的作业；（二十六）应当建立、健全职业病防治责任制；（二十七）应当依法参加工伤社会保险。

3. 工会发现用人单位的违法行为，如何进行干预？

根据我国《工会法》第 23 条的规定，企业、事业单位、社会组织违反劳动法律法规规定，有下列侵犯职工劳动权益情形，工会应当代表职工与企业、事业单位、社会组织交涉，要求企业、事业单位、社会组织采取措施予以改正；企业、事业单位、社会组织应当予以研究处理，并向工会作出答复；企业、事业单位、社会组织拒不改正的，工会可以请求当地人民政府依法作出处理：（一）克扣、拖欠职工工资的；（二）不提供劳动安全卫生条件的；（三）随意延长劳动时间的；（四）侵犯女职工和未成年工特殊权益的；（五）其他严重侵犯职工劳动权益的。

链接《宪法》第 42 条、第 45 条；《劳动法》第 3 条；《工会法》第 2 条、第 23-27 条

第五条　【职业病防治责任制】用人单位应当建立、健全职业病防治责任制，加强对职业病防治的管理，提高职业病防治水平，对本单位产生的职业病危害承担责任。

注释 建立、健全职业病防治责任制的目的是要加强对职业病防治的管理，提高职业病防治水平，有效预防、控制和消除职业病危害，这是用人单位的法定义务，用人单位应当认真履行，并对本单位产生的职业病危害承担责任。用人单位承担的责任

一是行政责任，即用人单位违反本法规定的义务的，由职业卫生监督管理部门依法给予警告、罚款、责令停业整顿等行政处罚或者行政强制措施；二是刑事责任，即根据我国刑法的有关规定，用人单位的违法行为构成重大责任事故罪等刑事犯罪的，对直接负责的主管人员和其他直接责任人员依法给予刑事处罚；三是民事责任，即用人单位给劳动者造成损害，依法承担相应的赔偿责任或者其他民事责任。

实务问答 **职业病病人除依法享有工伤保险外，是否有权向用人单位提出赔偿？**

根据本法第 58 条的规定，职业病病人除依法享有工伤保险外，依照有关民事法律，尚有获得赔偿的权利的，有权向用人单位提出赔偿要求。

链接《劳动法》第 52 条、第 54 条；《工作场所职业卫生管理规定》第 4 条；《刑法》第 135 条

第六条 【用人单位主要负责人的责任】用人单位的主要负责人对本单位的职业病防治工作全面负责。

注释 用人单位的主要负责人是指对用人单位经营决策活动享有最高权力的个人。在公司制企业中一般指公司的董事长，在合伙企业中一般为合伙执行人，在个人独资企业或者个体工商户中一般为企业或者个体工商户登记证书中载明的个人。

“全面负责”是指用人单位的主要负责人在经营管理决策活动过程中，应当严格按照本法的规定，落实法律规定的职业病防治管理措施。法律对用人单位施加的义务，具体到每一单个用人单位而言，也即用人单位主要负责人应当履行的法定义务。

实务问答 **本条规定是否意味着职业卫生监督管理部门可以直接越过用人单位去追究其主要负责人的责任？**

本条规定的目的在于强化用人单位的主要负责人在企业经营管理决策过程中的责任，这一规定并不意味着职业卫生监督管理部门可以直接越过用人单位去追究其主要负责人的责任。在一般情况下，用人单位的违法行为由用人单位承担责任，但是，本法法律责任部分一些条文中明确规定用人单位的主要负责人应当承担相应的责任的，由其承担责任。如本法第 74 条规定，用人单位和医疗卫生机构未按照规定报告职业病、疑似职业病的，对直接负责的主管人员和其他直接责任人员，可以依法给予降级或者撤职的处分；第 78 条规定用人单位违反本法规定，造成重大职业病危害事故或者其他严重后果，构成犯罪的，对直接负责的主管人员和其他直接责任人员，依法追究刑事责任。另外，对一些不具备法人资格的企业组织、合伙组织或者个体工商户，这些组织的法律人格与其主要负责人的人格一般来说是合二为一的，规定这些用人单位的责任，实际上也是其主要负责人依法应当承担的责任。

链接《安全生产法》第 5 条

第七条 【参加工伤保险的义务】用人单位必须依法参加工伤保险。

国务院和县级以上地方人民政府劳动保障行政部门应当加强对工伤保险的监督管理，确保劳动者依法享受工伤保险待遇。

注释 工伤保险是指劳动者由于工作原因并在工作过程中遭受意外伤害，或因接触粉尘、放射线、有毒物质等职业危害因素引起职业病后，由国家或社会给负伤、致残者以及死亡者生前供养亲属提供必要物质帮助的一项社会保险制度。《社会保险法》明确规定职工参加工伤保险由用人单位缴纳保险费，职工无需缴纳。

为了确保劳动者依法享受工伤保险待遇，劳动保障行政部门一是应当督促用人单位参加工伤保险，用人单位不参加的，可以根据《社会保险法》和《工伤保险条例》的有关规定依法予以制裁，追究用人单位的法律责任。二是劳动保障行政部门应当根据不同行业的工伤风险程度确定行业的差别费率，并根据使用工伤保险基金、工伤发生率等情况在每个行业内确定费率档次，征收工伤保险费、核查用人单位的工资总额和职工人数，办理工伤保险登记，并负责保存用人单位缴费和职工享受工伤保险待遇情况的记录、进行工伤保险的调查统计、管理工伤保险基金的支出、核定工伤保险待遇、为工伤职工或者其近亲属免费提供咨询服务。

实务问答 **1. 哪些人可以参加工伤保险？**

中华人民共和国境内的企业、事业单位、社会团体、民办非企业单位、基金会、律师事务所、会计师事务所等组织和有雇工的个体工商户应当依照《工伤保险条例》的规定参加工伤保险，为本单位全部职工或者雇工缴纳工伤保险费。

中华人民共和国境内的企业、事业单位、社会团体、民办非企业单位、基金会、律师事务所、会计师事务所等组织的职工和有雇工的个体工商户的雇工，均有依照本条例的规定享受工伤保险待遇的权利。

2. 用人单位拒绝为劳动者缴纳工伤保险费而侵害劳动者权益的，劳动者如何寻求救济？

《劳动合同法》第38条规定，用人单位未依法为劳动者缴纳社会保险费的，劳动者可以解除劳动合同并获得经济补偿。因此，如果发生用人单位不为劳动者缴纳工伤保险等社会保险的情况，劳动者有权以用人单位未缴纳社会保险费为由提出解除劳动关系，并要求单位支付经济补偿金，同时要求补缴社会保险。依据《最高人民法院关于审理劳动争议案件适用法律问题的解释（一）》规定，劳动者可以用人单位未为其办理社会保险手续，且社会保险经办机构不能补办导致其无法享受社会保险待遇为由，向法院提起诉讼，要求用人单位赔偿损失。

链接《社会保险法》第2条、第4条、第33-44条；《劳动法》第70-75条；《劳动合同法》第17条、第38条、第45条、第49条、第50条、第59条、第74条；《工伤保险条例》

第八条　【职业病防治技术政策措施】 国家鼓励和支持研制、开发、推广、应用有利于职业病防治和保护劳动者健康的新技术、新工艺、新设备、新材料，加强对职业病的机理和发生规律的基础研究，提高职业病防治科学技术水平；积极采用有效的职业病防治技术、工艺、设备、材料；限制使用或者淘汰职业病危害严重的技术、工艺、设备、材料。

国家鼓励和支持职业病医疗康复机构的建设。

注释本条是关于国家对职业病防治的技术政策措施的规定，具体包括四方面的内容：（一）国家鼓励和支持研制、开发、推广、应用有利于职业病防治和保护劳动者健康的新技术、新工艺、新设备、新材料，加强对职业病的机理和发生规律的基础研究，提高职业病防治科学技术水平。这里所讲的鼓励和支持就是要在政策措施上给予一定的帮助，具体措施可以包括税收优惠、金融支持等，鼓励和支持更多的用人单位采用新技术、新工艺、新设备、新材料；鼓励生产工艺、技术、设备和材料的革新，以无职业病危害的新技术、新工艺、新设备、新材料代替有害的技术、工艺、设备和材料。鼓励从临床学的角度出发，研究职业病的发生发展规律和职业病的防治方法。（二）积极采用有效的职业病防治技术、工艺、设备、材料。“积极采用”就是鼓励用人单位主动、自觉地采用有效的职业病防治技术、工艺、设备、材料，尽可能使用无害的替代产品，不断提高生产过程的自动化程度等。（三）限制使用或者淘汰职业病危害严重的技术、工艺、设备、材料。所谓“限制使用”，就是在没有采取特别的保护措施的条件下，任何单位和个人不得使用职业病危害严重的技术、工艺、设备和材料。所谓“淘汰”，是指国家行政机关按照一定的程序，采用行政的措施，对涉及技术落后、污染环境、危及人体健康等方面因素的技术、工艺、设备、材料，宣布不得继续生产、销售、使用，任何单位和个人对职业病危害严重的某项“技术、工艺、设备、材料”不能再使用。（四）鼓励和支持职业病医疗康复机构建设。这里的“鼓励和支持”是指国家对职业病医疗康复机构建设给予财政资金支持等优惠。从实际情况看，近年来国家财政不断加大对职业病防治机构，尤其是中西部地区、经济欠发达地区职业病防治机构的资金投入，进一步方便职业病病人及时获得职业健康检查，进行诊断治疗以及身体康复。

第九条　【职业卫生监管体制】 国家实行职业卫生监督制度。

国务院卫生行政部门、劳动保障行政部门依照本法和国务院确定的职责，负责全国职业病防治的监督管理工作。国务院有关部门在各自的职责范围内负责职业病防治的有关监督管理工作。

县级以上地方人民政府卫生行政部门、劳动保障行政部门依据各自职责，负责本行政区域内职业病防治的监督管理工作。县级以上地方人民政府有关部门在各自的职责范围内负责职业病防治的有关监督管理工作。

县级以上人民政府卫生行政部门、劳动保障行政部门（以下统称职业卫生监督管理部门）应当加强沟通，密切配合，按照各自职责分工，依法行使职权，承担责任。

注释职业卫生监督制度是职业卫生监督管理的基本制度，包括各种管理方法、手段、程序和职业卫生要求。根据本法有关规定，职业卫生监督，包括职业病危害前期预防监督、劳动过程中防护与管理的监督、职业病诊断与职业病病人保障监督、职业卫生执法监督。国家实行职业卫生监督制度，有利于加强对职业卫生的全方位、全过程的监督管理，有利于依法规范职业病防治活动，打击违法犯罪行为，保护劳动者的合法权益。

职业病防治的监督管理体制，是指国家对职业病防治工作实施监督管理所采取的组织形式和基本制度，它是国家有关职业病防治法律、法规和方针、政策得以贯彻执行的组织保障和制度保障。国家职业病防治监督管理体制由法律、行政法规规定。根据本条规定，我国的职业病防治监督管理体制实行县级以上人民政府卫生行政、劳动保障部门的监督管理，与县级以上人民政府有关行政部门的监督管理相结合的体制。

第十条 【职业病防治规划和工作责任制】国务院和县级以上地方人民政府应当制定职业病防治规划，将其纳入国民经济和社会发展计划，并组织实施。

县级以上地方人民政府统一负责、领导、组织、协调本行政区域的职业病防治工作，建立健全职业病防治工作体制、机制，统一领导、指挥职业卫生突发事件应对工作；加强职业病防治能力建设和服务体系建设，完善、落实职业病防治工作责任制。

乡、民族乡、镇的人民政府应当认真执行本法，支持职业卫生监督管理部门依法履行职责。

第十一条 【职业病防治宣传教育】县级以上人民政府职业卫生监督管理部门应当加强对职业病防治的宣传教育，普及职业病防治的知识，增强用人单位的职业病防治观念，提高劳动者的职业健康意识、自我保护意识和行使职业卫生保护权利的能力。

注释 根据本条规定，县级以上人民政府职业卫生监督管理部门是加强职业病防治宣传教育的主体。职业病防治的宣传教育应侧重于职业病防治法律、法规、劳动纪律方面的教育，职业病防治的科学技术知识教育，职业病防治设施、设备防护用品及防治措施的教育，典型案例教育等。教育的对象主要是用人单位和劳动者。

链接《卫生部关于贯彻落实〈职业病防治法〉切实加强职业病防治工作的通知》

第十二条 【职业卫生标准】有关防治职业病的国家职业卫生标准，由国务院卫生行政部门组织制定并公布。

国务院卫生行政部门应当组织开展重点职业病监测和专项调查，对职业健康风险进行评估，为制定职业卫生标准和职业病防治政策提供科学依据。

县级以上地方人民政府卫生行政部门应当定期对本行政区域的职业病防治情况进行统计和调查分析。

注释 根据《国家职业卫生标准管理办法》的规定，国家职业卫生标准分为强制性标准和推荐性标准。强制性标准分为全文强制和条文强制两种形式。强制性标准包括：（一）工作场所作业条件的卫生标准；（二）工业毒物、生产性粉尘、物理因素职业接触限值；（三）职业病诊断标准；（四）职业照射放射防护标准；（五）职业防护用品卫生标准。其他标准为推荐性标准。国家职业卫生标准实施后，国家卫生健康委员会应根据情况的变化对标准适时进行复审。复审的结论分为确认、修订、废止。复审的周期一般不超过五年。国家职业卫生标准由国家卫生健康委员会负责解释。国家职业卫生标准的解释同标准具有同等效力。

实务问答 1. 哪些技术要求须制定国家职业卫生标准？

根据《国家职业卫生标准管理办法》第2条的规定，对下列需要在全国范围内统一的技术要求，须制定国家职业卫生标准：（一）职业卫生专业基础标准；（二）工作场所作业条件卫生标准；（三）工业毒物、生产性粉尘、物理因素职业接触限值；（四）职业病诊断标准；（五）职业照射放射防护标准；（六）职业防护用品卫生标准；（七）职业危害防护导则；（八）劳动生理卫生、工效学标准；（九）职业性危害因素检测、检验方法。

2. 国家职业卫生标准制定的流程是什么？

任何单位和个人可向国家卫生健康委员会标准办事机构提出制定国家职业卫生标准立项的建议。建议内容包括：标准名称、制定标准的目的、主要技术内容和国内外主要情况说明等。制定标准的立项建议经过国家卫生健康委员会标准办事机构审核，并拟订年度计划草案上报国家卫生健康委员会，由国家卫生健康委员会批准后下达执行。年度标准计划包括标准的名称、研制单位、完成时间等。国家卫生健康委员会委托国家卫生健康委员会标准办事机构对年度标准制定计划的执行情况进行监督检查。承担年度标准制定计划项目的研制单位应按计划组织实施，并按时完成标准编制工作。研制单位应当将标准送审稿及其说明、对标准送审稿主要问题的不同意见和其他有关材料按规定报送审查。全国卫生标准技术委员会按照《全国卫生标准技术委员会章程》及有关规定，对国家职业卫生标准进行技术审查。对全国卫生标准技术委员会审查通过的标准，由国家卫生健康委员会批准，并以国家卫生健康委员会通告的形式公布。在批准前，根据需要，国家卫生健康委员会可征求有关部门和单位的意见。国家职业卫生标准的代号由大写汉语拼音字母构成。强制性标准的代号为“GBZ”，推荐性标准的代号为“GBZ/T”。国家职业卫生标准的编号由国家职业卫生标准的代号、发布的顺序号和发布的年号构成。示例：GBZXXXX－XXXX、GBZ/TXXXX－XXXX。

链接《标准化法》第10条；《国家职业卫生标准管理办法》

第十三条　【检举和控告】任何单位和个人有权对违反本法的行为进行检举和控告。有关部门收到相关的检举和控告后，应当及时处理。

对防治职业病成绩显著的单位和个人，给予奖励。

第二章　前期预防

第十四条　【用人单位的一般义务】用人单位应当依照法律、法规要求，严格遵守国家职业卫生标准，落实职业病预防措施，从源头上控制和消除职业病危害。

注释 职业卫生标准是开展职业病防治工作的重要技术规范，这里所讲的用人单位应当严格遵守国家职业卫生标准，主要是指应当遵守强制性的国家职业卫生标准，对于推荐性的国家职业卫生标准，用人单位可以选择适用。

本法对用人单位应当履行的职业病预防措施作了明确规定，其中包括在项目建设阶段，建设单位应当进行职业病危害预评价和控制效果评价制度以及实施职业卫生防护设施“三同时”制度；在劳动过程中，应如实向劳动者告知所从事岗位的职业病危害情况，定期检测工作场所的危害因素并向监管部门报告检测结果，采用有效的职业病防护设施并为劳动者提供个人使用的职业病防护用品，组织劳动者进行健康检查并为其建立职业健康监护档案等。

实务问答 企业是否可以制定自己的职业卫生标准？

根据《标准化法》的规定，标准包括国家标准、行业标准、地方标准和团体标准、企业标准。国家标准分为强制性标准、推荐性标准，行业标准、地方标准是推荐性标准。企业可以根据需要自行制定企业标准，或者与其他企业联合制定企业标准。企业标准的技术要求不得低于强制性国家标准的相关技术要求。国家鼓励企业制定高于推荐性标准相关技术要求的企业标准。

链接《安全生产法》第11条；《标准化法》第10条；《工作场所职业卫生管理规定》

第十五条　【职业卫生要求】产生职业病危害的用人单位的设立除应当符合法律、行政法规规定的设立条件外，其工作场所还应当符合下列职业卫生要求：

（一）职业病危害因素的强度或者浓度符合国家职业卫生标准；

（二）有与职业病危害防护相适应的设施；

（三）生产布局合理，符合有害与无害作业分开的原则；

（四）有配套的更衣间、洗浴间、孕妇休息间等卫生设施；

（五）设备、工具、用具等设施符合保护劳动者生理、心理健康的要求；

（六）法律、行政法规和国务院卫生行政部门关于保护劳动者健康的其他要求。

注释 我国有关法律、行政法规如民法典、公司法、合伙企业法、个人独资企业法、市场主体登记管理条例等对用人单位的设立作出了具体规定。具体到产生职业病危害的用人单位的设立，除了应当符合法律、行政法规规定的设立条件外，本条还特别规定了其工作场所应当符合的要求：（一）职业病危害因素的强度或者浓度符合国家职业卫生标准。即依照本法规定，在职业活动中存在的各种有害的化学、物理、生物因素以及在作业过程中产生的其他职业有害因素符合国家职业卫生标准，如生产过程中化学物质、粉尘的浓度、电离辐射的强度在国家职业卫生标准规定的范围内。（二）有与职业病危害防护相适应的设施。职业病防护设施是指在职业病防治工作中，为保护劳动者健康、治理职业病危害、预防职业病发生而采取的一切措施的总称,包括治理职业病危害的设备、采取的预防职业病发生的工程措施等。本项强调的是这些设施要与职业病防护相适应,即能够满足职业病防护的要求。(三)生产布局合理,符合有害与无害作业分开的原则。生产布局涉及如何组织生产的问题。合理的生产布局应当符合职业卫生要求,避免有害作业和无害作业交叉进行,便于集中作业管理。(四)有配套的更衣间、洗浴间、孕妇休息间等卫生设施。各项卫生设施要能满足职业病防护设施和职工(包括孕期女工)卫生保健的需要。(五)设备、工具、用具等设施符合保护劳动者生理、心理健康的要求。避免因劳动组织和劳动制度不合理,劳动工具、用具、设备不符合要求,导致劳动者劳动强度过大、过度精神或者心理紧张,长时间在不良体位下作业等损害劳动者健康的情形发生。(六)法律、行政法规和国务院卫生行政部门关于保护劳动者健康的其他要求。即用人单位的工作场所除符合上述五项条件外,对于法律、行政法规和国务院卫生行政部门关于保护劳动者健康的其他要求也应一并遵守。本条规定是对职业病危害进行前期预防的最基本要求,产生职业病危害的用人单位必须认真执行。

链接《劳动法》第53条;《工作场所职业卫生管理规定》第12条

第十六条 【职业病危害项目申报】国家建立职业病危害项目申报制度。

用人单位工作场所存在职业病目录所列职业病的危害因素的,应当及时、如实向所在地卫生行政部门申报危害项目,接受监督。

职业病危害因素分类目录由国务院卫生行政部门制定、调整并公布。职业病危害项目申报的具体办法由国务院卫生行政部门制定。

注释 本条第1款从法律上确立了建立职业病危害项目的申报制度,这一制度充分体现了“预防为主、防治结合”的卫生工作方针。根据本条第2款的规定,用人单位申报的项目范围是依法公布的职业病目录所列职业病危害项目。2013年,原国家卫生计生委、原安全监管总局、人力资源社会保障部和全国总工会联合组织根据《职业病防治法》对职业病的分类和目录进行了调整,公布了《职业病分类和目录》,这是我国现行有效的法定职业病分类和目录。

职业病危害项目申报的主要内容包括用人单位的基本情况,职业危害项目名称,生产或者使用的主要原料、中间品、产品,主要生产工艺,工作场所职业病危害因素种类、浓度或者强度,产生或者存在职业病危害因素的设备或者工序,作业方式,职业卫生防护设施,应急救援设施等。接受用人单位申报的部门是卫生行政部门。

实务问答 **1. 职业病危害项目申报的程序如何?**

用人单位(煤矿除外)工作场所存在职业病目录所列职业病的危害因素的,应当及时、如实向所在地卫生行政部门申报危害项目,并接受卫生行政部门的监督管理。职业病危害项目申报工作实行属地分级管理的原则,中央企业、省属企业及其所属用人单位的职业病危害项目,向其所在地设区的市级人民政府卫生行政部门申报,其他用人单位的职业病危害项目,向其所在地县级人民政府卫生行政部门申报。

用人单位申报职业病危害项目时,应当提交《职业病危害项目申报表》和下列文件、资料:(一)用人单位的基本情况;(二)工作场所职业病危害因素种类、分布情况以及接触人数;(三)法律、法规和规章规定的其他文件、资料。申报同时采取电子数据和纸质文本两种方式。用人单位应当首先通过“职业病危害项目申报系统”进行电子数据申报,同时将《职业病危害项目申报表》加盖公章并由本单位主要负责人签字后,依据《职业病危害项目申报办法》第4条和第5条的规定,连同有关文件、资料一并上报所在地设区的市级、县级卫生行政部门。受理申报的卫生行政部门应当自收到申报文件、资料之日起5个工作日内,出具《职业病危害项目申报回执》。职业病危害项目申报不得收取任何费用。

2. 用人单位在什么情形下,应当申报变更职业病危害项目内容?

根据《职业病危害项目申报办法》第8条和第9条的规定,用人单位有下列情形之一的,应当按照规定向原申报机关申报变更职业病危害项目内容:(一)进行新建、改建、扩建、技术改造或者技术引进建设项目的,自建设项目竣工验收之日起30日内进行申报;(二)因技术、工艺、设备或者材料等发生变化导致原申报的职业病危害因素及其相关内容发生重大变化的,自发生变化之日起15日内进行申报;(三)用人单位工作场所、名称、法定代表人或者主要负责人发生变化的,自发生变化之日起15日内进行申报;(四)经过职业病危害因素检测、评价,发现原申报内容发生变化的,自收到有关检测、评价结果之日起15日内进行申报。用人单位终止生产经营活动的,应当自生产经营活动终止之日起15日内向原申报机关报告并办理注销手续。

3. 用人单位未如实申报或未按规定申报变更职业病危害项目的,应承担何种责任?

用人单位未按照规定及时、如实地申报职业病危害项目的,责令限期改正,给予警告,可以并处5万元以上10万元以下的罚款。

用人单位有关事项发生重大变化,未按照规定申报变更职业病危害项目内容的,责令限期改正,可以并处5000元以上3万元以下的罚款。

链接《职业病分类和目录》;《职业病危害项目申报办法》

第十七条 【建设项目职业病危害预评价】 新建、扩建、改建建设项目和技术改造、技术引进项目(以下统称建设项目)可能产生职业病危害的,建设单位在可行性论证阶段应当进行职业病危害预评价。

医疗机构建设项目可能产生放射性职业病危害的,建设单位应当向卫生行政部门提交放射性职业病危害预评价报告。卫生行政部门应当自收到预评价报告之日起三十日内,作出审核决定并书面通知建设单位。未提交预评价报告或者预评价报告未经卫生行政部门审核同意的,不得开工建设。

职业病危害预评价报告应当对建设项目可能产生的职业病危害因素及其对工作场所和劳动者健康的影响作出评价,确定危害类别和职业病防护措施。

建设项目职业病危害分类管理办法由国务院卫生行政部门制定。

注释 本条是关于建设项目职业病危害预评价制度的规定。建设项目职业病危害预评价,是在建设项目前期应用职业病评价的原理和方法对建设项目可能产生的职业病危害进行预测性评价,是根据建设项目可行性研究报告或者初步设计报告的内容,运用科学的评价方法,根据国家法律、法规及标准,分析、预测该建设项目存在的有害因素和危害程度,提出科学、合理和可行的职业病防治技术措施和管理对策。根据本法的规定,建设单位在可行性论证阶段开展职业病危害预评价的内容主要包括对建设项目选址及可能产生的职业病危害因素及其对作业场所、从业人员健康的影响进行分析和评价,对拟采取职业病危害防护设施进行技术分析及评价,对存在的职业卫生问题提出有效的职业病危害防护对策、评价结论等。

实务问答 **1. 建设项目职业病危害预评价报告应包含哪些内容?**

建设项目职业病危害预评价报告应当符合职业病防治有关法律、法规、规章和标准的要求,并包括下列主要内容:(一)建设项目概况,主要包括项目名称、建设地点、建设内容、工作制度、岗位设置及人员数量等;(二)建设项目可能产生的职业病危害因素及其对工作场所、劳动者健康影响与危害程度的分析与评价;(三)对建设项目拟采取的职业病防护设施和防护措施进行分析、评价,并提出对策与建议;(四)评价结论,明确建设项目的职业病危害风险类别及拟采取的职业病防护设施和防护措施是否符合职业病防治有关法律、法规、规章和标准的要求。

建设项目职业病危害预评价报告通过评审后,建设项目的生产规模、工艺等发生变更导致职业病危害风险发生重大变化的,建设单位应当对变更内容重新进行职业病危害预评价和评审。

2. 建设项目职业病危害预评价报告编制完成后,应如何进行评审?

职业病危害预评价报告编制完成后,属于职业病危害一般或者较重的建设项目,其建设单位主要负责人或其指定的负责人应当组织具有职业卫生相关专业背景的中级及中级以上专业技术职称人员或者具有职业卫生相关专业背景的注册安全工程师(以下统称职业卫生专业技术人员)对职业病危害预评价报告进行评审,并形成是否符合职业病防治有关法律、法规、规章和标准要求的评审意见;属于职业病危害严重的建设项目,其建设单位主要负责人或其指定的负责人应当组织外单位职业卫生专业技术人员参加评审工作,并形成评审意见。

建设单位应当按照评审意见对职业病危害预评价报告进行修改完善,并对最终的职业病危害预评价报告的真实性、客观性和合规性负责。职业病危害预评价工作过程应当形成书面报告备查。

建设项目职业病危害预评价报告有下列情形之一的,建设单位不得通过评审:(一)对建设项目可能产生的职业病危害因素识别不全,未对工作场所职业病危害对劳动者健康影响与危害程度进行分析与评价的,或者评价不符合要求的;(二)未对建设项目拟采取的职业病防护设施和防护措施进行分析、评价,对存在的问题未提出对策措施的;(三)建设项目职业病危害风险分析与评价不正确的;(四)评价结论和对策措施不正确的;(五)不符合职业病防治有关法律、法规、规章和标准规定的其他情形的。

链接《建设项目职业病危害风险分类管理目录(2021年版)》;《职业病危害因素分类目录》

第十八条 【建设项目职业病防护设施“三同时”制度】建设项目的职业病防护设施所需费用应当纳入建设项目工程预算,并与主体工程同时设计,同时施工,同时投入生产和使用。

建设项目的职业病防护设施设计应当符合国家职业卫生标准和卫生要求;其中,医疗机构放射性职业病危害严重的建设项目的防护设施设计,应当经卫生行政部门审查同意后,方可施工。

建设项目在竣工验收前,建设单位应当进行职业病危害控制效果评价。

医疗机构可能产生放射性职业病危害的建设项目竣工验收时,其放射性职业病防护设施经卫生行政部门验收合格后,方可投入使用;其他建设项目的职业病防护设施应当由建设单位负责依法组织验收,验收合格后,方可投入生产和使用。卫生行政部门应当加强对建设单位组织的验收活动和验收结果的监督核查。

注释 本条是关于建设项目职业病防护设施“三同时”制度、职业病防护设施设计的审查制度和职业病危害控制效果评价制度的规定。职业病防护设施,是指在职业病防治工作中,为保护劳动者健康,治理职业病危害,预防职业病发生,而采取的一切措施的总称,包括治理职业病危害的设备,采取的预防职业病发生的工程措施等。

职业病危害控制效果评价,是指在建设项目竣工验收前,对建设项目存在的粉尘、放射性物质和其他有毒、有害物质等因素的浓度、强度进行测定,对除尘、排毒、通风、照明等各种职业卫生防护设施、辅助设施、应急救援设施和职业卫生管理进行评价的行为。

实务问答 **1. 建设项目职业病防护设施设计应当包括哪些内容?**

存在职业病危害的建设项目,建设单位应当在施工前按照职业病防治有关法律、法规、规章和标准的要求,进行职业病防护设施设计。

建设项目职业病防护设施设计应当包括下列内容:(一)设计依据;(二)建设项目概况及工程分析;(三)职业病危害因素分析及危害程度预测;(四)拟采取的职业病防护设施和应急救援设施的名称、规格、型号、数量、分布,并对防控性能进行分析;(五)辅助用室及卫生设施的设置情况;(六)对预评价报告中拟采取的职业病防护设施、防护措施及对策措施采纳情况的说明;(七)职业病防护设施和应急救援设施投资预算明细表;(八)职业病防护设施和应急救援设施可以达到的预期效果及评价。

2. 建设项目职业病危害控制效果评价报告应包含哪些内容?

建设项目在竣工验收前或者试运行期间,建设单位应当进行职业病危害控制效果评价,编制评价报告。建设项目职业病危害控制效果评价报告应当符合职业病防治有关法律、法规、规章和标准的要求,包括下列主要内容:(一)建设项目概况;(二)职业病防护设施设计执行情况分析、评价;(三)职业病防护设施检测和运行情况分析、评价;(四)工作场所职业病危害因素检测分析、评价;(五)工作场所职业病危害因素日常监测情况分析、评价;(六)职业病危害因素对劳动者健康危害程度分析、评价;(七)职业病危害防治管理措施分析、评价;(八)职业健康监护状况分析、评价;(九)职业病危害事故应急救援和控制措施分析、评价;(十)正常生产后建设项目职业病防治效果预期分析、评价;(十一)职业病危害防护补充措施及建议;(十二)评价结论,明确建设项目的职业病危害风险类别,以及采取控制效果评价报告所提对策建议后,职业病防护设施和防护措施是否符合职业病防治有关法律、法规、规章和标准的要求。

3. 卫生行政部门依法对建设项目职业病危害控制效果评价及职业病防护设施验收情况进行监督检查,应重点监督检查哪些事项?

卫生行政部门应当依法对建设单位开展建设项目职业病危害控制效果评价及职业病防护设施

验收情况进行监督检查，重点监督检查下列事项：（一）是否进行职业病危害控制效果评价及职业病防护设施验收；（二）职业病危害防治管理措施是否齐全；（三）主要负责人或其指定的负责人是否组织职业卫生专业技术人员对建设项目职业病危害控制效果评价报告进行评审和对职业病防护设施进行验收，是否按照评审意见和验收意见对职业病危害控制效果评价报告和职业病防护设施进行整改完善；（四）建设项目职业病危害控制效果评价及职业病防护设施验收工作过程是否形成书面报告备查；（五）建设项目职业病防护设施验收方案、职业病危害严重建设项目职业病危害控制效果评价与职业病防护设施验收工作报告是否按照规定向卫生行政部门进行报告；（六）是否按照规定公布建设项目职业病危害控制效果评价和职业病防护设施验收情况；（七）依法应当监督检查的其他事项。

链接 本法第69条；《建设项目职业病防护设施“三同时”监督管理办法》

第十九条 【特殊作业管理】国家对从事放射性、高毒、高危粉尘等作业实行特殊管理。具体管理办法由国务院制定。

注释 特殊职业危害作业，是指从事存在放射性、高毒（包括致畸、致癌、致突变）等严重职业危害因素的作业。目前，一般将特殊职业危害分为几类：第一类是从事放射性危害作业；第二类是从事存在高毒的作业；第三类是从事存在人类致癌物的作业；第四类是从事存在人类生殖毒物的作业；第五类是从事高危粉尘作业。这些特殊职业危害作业都有相应的界定标准：(1)从事接触放射性的作业按照国务院颁布的《放射性同位素与射线装置安全和防护条例》等有关行政法规的规定界定。(2)从事存在高毒的作业，是指作业中存在易发致死性中毒的化学品。导致职业病的“毒物”，专指在生产过程中产生的或使用的各种化学物质，又称生产性毒物。通常按化学毒物的剂量大小所引起的急性毒性作用的程度不同，把毒物分为低毒、中等毒、高毒和剧毒四级。高毒强调的是经口，或经呼吸道吸入，或经皮肤进入人体的化学毒物的剂量较少，但能引起严重的中毒。是否属于高毒作业按照国务院《使用有毒物品作业场所劳动保护条例》和有关国家职业卫生标准确定。(3)从事存在人类致癌物的作业，是指作业中存在明确的人类致癌物的化学品。具体界定标准为国家卫生标准，或国际癌症研究中心公布的《对人致癌总评价表》中的对人致癌物。(4)从事存在人类生殖毒物的作业，是指作业中存在明确的人类生殖毒物的化学品。具体界定标准为国家卫生标准，如列入有关孕妇职业接触毒物的限制规定，孕妇应限制接触的毒物名单中的化学品。(5)从事高危粉尘作业，一般是指可能产生含游离二氧化硅10%以上粉尘的职业病危害项目作业。

链接 《放射性污染防治法》；《放射性药品管理办法》；《放射性同位素与射线装置安全和防护条例》；《放射性物品运输安全管理条例》；《放射性废物安全管理条例》；《使用有毒物品作业场所劳动保护条例》；《高毒物品目录》

第三章 劳动过程中的防护与管理

第二十条 【职业病防治管理措施】用人单位应当采取下列职业病防治管理措施：

（一）设置或者指定职业卫生管理机构或者组织，配备专职或者兼职的职业卫生管理人员，负责本单位的职业病防治工作；

（二）制定职业病防治计划和实施方案；

（三）建立、健全职业卫生管理制度和操作规程；

（四）建立、健全职业卫生档案和劳动者健康监护档案；

（五）建立、健全工作场所职业病危害因素监测及评价制度；

（六）建立、健全职业病危害事故应急救援预案。

注释 按照本条的规定，用人单位应当采取以下职业病防治管理措施：（一）用人单位必须设置或者指定职业卫生管理机构或者组织，配备专职或者兼职的职业卫生管理人员，负责本单位的职业病防治工作。即用人单位必须要设置一个内部机构或者组织，或是指定一个职业卫生管理机构或者组织，具体负责职业病防治工作。在这些机构或者组织中要有专职或者兼职的职业卫生管理人员专门从事职业病的防治工作。这是对用人单位在职业病防治方面组织建设的要求，是职业病防治中首先要采取的措施。（二）制定职业病防治计划和实施方案。用人单位采取职业病防治措施的第二步就是必须制定出具体的职业病防治计划，及落实职业病防治计划的具体方案。这也是检验用人单位职业病防治工作的根据之一。(三)建立、健全职业卫生管理制度和操作规程。用人单位采取职业病防治措施的第三步,就是要将职业卫生管理作为一项制度加以建立并予以完善,如职业病危害项目的申报制度、工作场所职业病危害因素监测制度、职业卫生培训以及职业健康检查等。用人单位还应当建立一套具体的操作规程。(四)建立、健全职业卫生档案和劳动者健康监护档案。职业卫生档案,主要包括用人单位基本情况,职业病防护设施的设置、运转和效果,职业病危害因素的监测结果与分析,职业健康检查的组织和检查结果及评价。劳动者健康监护档案,主要包括职业史、职业病危害接触史,职业健康检查结果,职业病的诊断、处理、治疗和疗养,职业病危害事故的抢救情况等有关个人健康资料。(五)建立、健全工作场所职业病危害因素监测及评价制度。这里讲的职业病危害因素监测,既包括用人单位实施的由专人负责的职业病危害因素日常监测,又包括按照国务院卫生行政部门的规定,由经过资质认可的职业卫生技术服务机构定期进行检测、评价,并出具具有法律效力的检验报告的活动。(六)建立、健全职业病危害事故应急救援预案。职业病危害事故,是指存在于工作场所的职业病危害因素由于某种意外原因,如违反操作规程、设备失修等原因,对劳动者造成突发的职业损伤。用人单位应当制定一旦发生职业病危害事故如何救援的方案与措施,只有这样,才能应对各种职业病危害事故的发生,在职业病危害事故发生时,及时有效地采取救援措施,使受到危害的劳动者得到及时的救治,避免损失的进一步扩大,尽量减少伤亡。

实务问答 **1. 用人单位配备的职业卫生管理人员是否必须为专职?**

根据《工作场所职业卫生管理规定》第8条的规定,职业病危害严重的用人单位,应当设置或者指定职业卫生管理机构或者组织,配备专职职业卫生管理人员。其他存在职业病危害的用人单位,劳动者超过100人的,应当设置或者指定职业卫生管理机构或者组织,配备专职职业卫生管理人员;劳动者在100人以下的,应当配备专职或者兼职的职业卫生管理人员,负责本单位的职业病防治工作。

2. 用人单位应当建立、健全哪些职业卫生管理制度和操作规程?

《工作场所职业卫生管理规定》第11条规定,存在职业病危害的用人单位应当制定职业病危害防治计划和实施方案,建立、健全下列职业卫生管理制度和操作规程:(一)职业病危害防治责任制度;(二)职业病危害警示与告知制度;(三)职业病危害项目申报制度;(四)职业病防治宣传教育培训制度;(五)职业病防护设施维护检修制度;(六)职业病防护用品管理制度;(七)职业病危害监测及评价管理制度;(八)建设项目职业病防护设施"三同时"管理制度;(九)劳动者职业健康监护及其档案管理制度;(十)职业病危害事故处置与报告制度;(十一)职业病危害应急救援与管理制度;(十二)岗位职业卫生操作规程;(十三)法律、法规、规章规定的其他职业病防治制度。

3. 用人单位的职业卫生档案应当包括哪些内容?

用人单位应当建立健全下列职业卫生档案资料:(一)职业病防治责任制文件;(二)职业卫生管理规章制度、操作规程;(三)工作场所职业病危害因素种类清单、岗位分布以及作业人员接触情况等资料;(四)职业病防护设施、应急救援设施基本信息,以及其配置、使用、维护、检修与更换等记录;(五)工作场所职业病危害因素检测、评价报告与记录;(六)职业病防护用品配备、发放、维护与更换等记录;(七)主要负责人、职业卫生管理人员和职业病危害严重工作岗位的劳动者等相关人员职业卫生培训资料;(八)职业病危害事故报告与应急处置记录;(九)劳动者职业健康检查结果汇总资料,存在职业禁忌症、职业健康损害或者职业病的劳动者处理和安置情况记录;(十)建设项目职业病防护设施"三同时"有关资料;(十一)职业病危害项目申报等有关回执或者批复文件;(十二)其他有关职业卫生管理的资料或者文件。

链接 本法第69-72条;《工作场所职业卫生管理规定》;《用人单位职业健康监护监督管理办法》

第二十一条　【职业病防治资金投入】用人单位应当保障职业病防治所需的资金投入,不得挤占、挪用,并对因资金投入不足导致的后果承担责任。

注释 本条是关于用人单位应当保障职业病防治资金投入的规定。用人单位应当严格依照本条的规定采取并落实职业病防治管理措施，落实上述管理措施所需的经费均属于职业病防治所需的经费，应依法予以保障。用人单位不得将本应用于职业病防治的资金用作其他用途，如将购买职业病防护用品所需的资金用于兴建办公场所或者发放企业员工福利。职业病防治资金投入不足极易导致职业病危害事故的发生，一旦发生职业病危害事故，用人单位应当根据本法法律责任一章的规定承担相应的法律责任，其中既包括行政责任，也包括刑事责任；给劳动者或者他人造成损害的，还应当承担相应的民事责任。

链接 本法第41条；《安全生产法》第23条

第二十二条 【职业病防护设施和防护用品】 用人单位必须采用有效的职业病防护设施，并为劳动者提供个人使用的职业病防护用品。

用人单位为劳动者个人提供的职业病防护用品必须符合防治职业病的要求；不符合要求的，不得使用。

注释 本条是对用人单位应当采用有效的职业病防护设施并为劳动者提供符合防治职业病要求的防护用品的规定。采用有效的职业病防护设施是本法对用人单位规定的一项必须履行的法定义务。这里讲的职业病防护设施，是指用于职业病防护的设施、工程技术、个体防护用品，以及组织管理和卫生保健措施等。用人单位必须采用有效的职业病防护设施，即所采用的职业病防护设施必须能够真正起到防治职业病的作用。用人单位应当为劳动者提供个人使用的职业病防护用品，以保证劳动者的身体健康。劳动者个人使用的防护用品，是指劳动者在劳动过程中使用的可以防止职业病危害因素，有效地保护劳动者身体健康的个人用品，如隔热工作衣物、防毒口罩等。按照有关规定，对于有吸入毒气危险的工种的劳动者应当发给防毒面具；对于从事粉尘作业的工种的劳动者应当发给防尘口罩等。用人单位为劳动者个人提供的职业病防护用品必须符合防治职业病的要求，即提供的职业病防护用品首先必须符合有关的标准，其次必须能够真正起到防治职业病的作用。对于不符合要求的，即不能防治职业病的，不得提供给劳动者使用。实践当中，有些用人单位不给劳动者配备职业病防护用品或者配备的防护用品难以起到防护作用的情况较多，如对接触粉尘作业的劳动者，只配发普通的纱布口罩，不起防护作用，由此造成对劳动者的危害。本条正是针对这种情况作出了规定。

实务问答 用人单位是否可以用发放钱物来替代发放职业病防护用品？

根据《工作场所职业卫生管理规定》第16条规定，用人单位应当为劳动者提供符合国家职业卫生标准的职业病防护用品，并督促、指导劳动者按照使用规则正确佩戴、使用，不得发放钱物替代发放职业病防护用品。

链接 本法第72条；《工作场所职业卫生管理规定》第16条

第二十三条 【更新技术、工艺、设备、材料】 用人单位应当优先采用有利于防治职业病和保护劳动者健康的新技术、新工艺、新设备、新材料，逐步替代职业病危害严重的技术、工艺、设备、材料。

注释 本条是对职业病危害严重的技术、工艺、设备、材料等实行替代原则的规定。实行职业病危害严重的技术、工艺、设备、材料等的替代原则，是预防、控制和消除职业病危害的一项有力的措施。替代制度的含义为，如果有一种危险物质可以被另一种安全物质所替代时，则该种危险物质就不允许以任何理由在工作场所中使用。如果有一种危险物质需要在工作场所中使用，同时又存在另一种作用相当的危害较小的物质时，则应当用后者代替前者。使用新的技术、工艺、设备和材料以逐步替代职业病危害严重的技术、工艺、设备和材料，是指现有的技术、工艺、设备和材料有些还能加以使用，有些可能还没有研制出新的更好的技术、工艺、设备和材料，因此，对于这些正在使用的技术、工艺、设备和材料不可能一律规定不能使用，只能随着科学技术的进步和经济的发展，逐步加以取代，最终加以淘汰。

链接《工作场所职业卫生管理规定》第27条

第二十四条 【公布职业病防治情况、设置警示标识和警示说明】 产生职业病危害的用人单位，应当在醒目位置设置公告栏，公布有关职业病防治的规章制度、操作规程、职业病危害事故应急救援措施和工作场所职业病危害因素检测结果。

对产生严重职业病危害的作业岗位，应当在其醒目位置，设置警示标识和中文警示说明。警示说明应当载明产生职业病危害的种类、后果、预防以及应急救治措施等内容。

注释 本条对用人单位的提示义务作了明确规定。

按照本条第1款的规定，产生职业病危害的用人单位，应当在醒目位置设置公告栏，公布防治职业病的有关内容。公告栏公布的内容包括以下几方面：(1)有关职业病防治的规章制度。这里讲的规章制度，包括生产技术规程、管理工作制度和各种形式的责任制度。(2)操作规程。(3)职业病危害事故应急救援措施。这里讲的职业病危害事故应急救援措施，是指在职业病防治工作中，发生职业病危害事故或者产生急性职业健康损伤时所采取的救治和援助措施，包括立即控制、制止造成职业病危害事故原因的一些紧急措施。(4)工作场所职业病危害因素检测的结果。职业病危害因素检测结果，是指依照本法第26条的规定，用人单位按照国务院卫生行政部门的规定，定期对工作场所进行的职业病危害因素检测、评价的结果。按照该条的规定，检测、评价结果应存入用人单位职业卫生档案，定期向所在地卫生行政部门报告并向劳动者公布。

用人单位对于产生严重职业病危害的作业岗位，应当在其醒目位置设置警示标识和中文警示说明。这是用人单位在工作场所进行职业病危害告知的义务，是保护劳动者健康的一项重要的措施。警示说明应当包括以下内容：(1)产生职业病危害的种类。职业病危害，是指对从事职业活动的劳动者可能导致职业病的各种危害。这里讲的职业病危害的种类，包括粉尘危害、毒物危害、放射性危害、职业肿瘤以及新技术、新原材料带来的职业病危害。(2)产生职业病危害的后果。即容易导致哪一种职业病。(3)预防。即应当采取何种预防职业病的措施。(4)应急救治措施，是指在职业病防治工作中，发生职业病危害事故或产生急性职业健康损伤时，对遭受职业健康损伤的人的抢救、急救和帮助措施，也包括立即控制、制止造成职业病危害事故原因的一些紧急措施。

链接 本法第26条、第72条；《工作场所职业卫生管理规定》第15条；《工作场所职业病危害警示标识》(GBZ158)

第二十五条 【有毒有害工作场所防护】对可能发生急性职业损伤的有毒、有害工作场所，用人单位应当设置报警装置，配置现场急救用品、冲洗设备、应急撤离通道和必要的泄险区。

对放射工作场所和放射性同位素的运输、贮存，用人单位必须配置防护设备和报警装置，保证接触放射线的工作人员佩戴个人剂量计。

对职业病防护设备、应急救援设施和个人使用的职业病防护用品，用人单位应当进行经常性的维护、检修，定期检测其性能和效果，确保其处于正常状态，不得擅自拆除或者停止使用。

实务问答 **1. 什么是急性职业损伤？**

急性职业损伤，是指在劳动过程中，由于某种职业病危害因素的作用，使人体在几小时或几天内就发生明显的损伤，如急性化学中毒等。对于这种工作场所，用人单位应当设置报警装置，即当有毒、有害因素浓度或者强度达到或者超过警戒要求时，要及时报警，并要采取紧急防护措施。此外，现场还应当配备医疗急救用品、冲洗有毒有害物质的设备、紧急情况下的撤离通道以及必要的泄险区。

2. 用人单位的使用有毒物品作业场所，应符合哪些要求？

用人单位的使用有毒物品作业场所，除应当符合本法规定的职业卫生要求外，还必须符合下列要求：(一)作业场所与生活场所分开，作业场所不得住人；(二)有害作业与无害作业分开，高毒作业场所与其他作业场所隔离；(三)设置有效的通风装置；可能突然泄漏大量有毒物品或者易造成急性中毒的作业场所，设置自动报警装置和事故通风设施；(四)高毒作业场所设置应急撤离通道和必要的泄险区。用人单位及其作业场所符合上述规定的，由卫生行政部门发给职业卫生安全许可证，方可从事使用有毒物品的作业。

3. 对放射工作场所和放射性同位素的运输、贮存有何特殊要求？

按照本条第2款的规定，对于放射工作场所和放射性同位素的运输、贮存，用人单位必须配置防护设备和报警装置，这是对放射工作场所的要求。按照《放射性同位素与射线装置安全和防护条例》的有关规定，生产、销售、使用、贮存放射性同位素和射线装置的场所，应当按照国家有关规定设置明显的放射性标志，其入口处应当按照国家有关安全和防护标准的要求，设置安全和防护设施以及必要的防护安全联锁、报警装置或者工作信号。射线装置的生产调试和使用场所，应当具有防止误操作、防止工作人员和公众受到意外照射的安全措施。放射性同位素的包装容器、含放射性同位素的设备和射线装置，应当设置明显的放射性标识和中文警示说明;放射源上能够设置放射性标识的,应当一并设置。运输放射性同位素和含放射源的射线装置的工具,应当按照国家有关规定设置明显的放射性标志或者显示危险信号。放射性同位素应当单独存放,不得与易燃、易爆、腐蚀性物品等一起存放,并指定专人负责保管。贮存、领取、使用、归还放射性同位素时,应当进行登记、检查,做到账物相符。对放射性同位素贮存场所应当采取防火、防水、防盗、防丢失、防破坏、防射线泄漏的安全措施。对放射源还应当根据其潜在危害的大小,建立相应的多层防护和安全措施,并对可移动的放射源定期进行盘存,确保其处于指定位置,具有可靠的安全保障。在室外、野外使用放射性同位素和射线装置的,应当按照国家安全和防护标准的要求划出安全防护区域,设置明显的放射性标志,必要时设专人警戒。在野外进行放射性同位素示踪试验的,应当经省级以上人民政府生态环境主管部门商同级有关部门批准方可进行。

链接 本法第75条;《工作场所职业卫生管理规定》第17、18条;《放射性同位素与射线装置安全和防护条例》第34-36条;《使用有毒物品作业场所劳动保护条例》

第二十六条 【职业病危害因素检测、评价】 用人单位应当实施由专人负责的职业病危害因素日常监测,并确保监测系统处于正常运行状态。

用人单位应当按照国务院卫生行政部门的规定,定期对工作场所进行职业病危害因素检测、评价。检测、评价结果存入用人单位职业卫生档案,定期向所在地卫生行政部门报告并向劳动者公布。

职业病危害因素检测、评价由依法设立的取得国务院卫生行政部门或者设区的市级以上地方人民政府卫生行政部门按照职责分工给予资质认可的职业卫生技术服务机构进行。职业卫生技术服务机构所作检测、评价应当客观、真实。

发现工作场所职业病危害因素不符合国家职业卫生标准和卫生要求时,用人单位应当立即采取相应治理措施,仍然达不到国家职业卫生标准和卫生要求的,必须停止存在职业病危害因素的作业;职业病危害因素经治理后,符合国家职业卫生标准和卫生要求的,方可重新作业。

注释 本条是对用人单位职业病危害因素监测、检测、评价及对于职业病危害因素的治理的规定。职业病危害因素日常监测和检测、评价工作是用人单位应当履行的一项重要义务,它是保障本单位的职业病危害水平符合国家职业卫生标准和卫生要求的重要手段。

实务问答 **1. 对用人单位建立职业病危害因素监测制度有何要求?**

按照本条第1款的规定,用人单位应当建立职业病危害因素监测制度。其制度的内容为实施由专人负责的职业病危害因素日常监测,并建立一套完整的职业病危害因素监测系统。对职业病危害因素的监测,主要是监测职业病危害因素的浓度或者强度是否符合国家职业卫生标准。职业病危害因素监测必须由专门的人员负责,并且要每天进行监测。职业病危害因素监测系统应当保持正常运行的状态,只有这样,才能保证监测数据的准确。

2. 用人单位应当时隔多久对职业病危害因素进行检测、评价?

职业病危害严重的用人单位,应当委托具有相应资质的职业卫生技术服务机构,每年至少进行一次职业病危害因素检测,每三年至少进行一次职业病危害现状评价。职业病危害一般的用人单位,应当委托具有相应资质的职业卫生技术服务机构,每三年至少进行一次职业病危害因素检测。检测、评价结果应当存入本单位职业卫生档案,并向卫生健康主管部门报告和劳动者公布。

存在职业病危害的用人单位发生职业病危害事故或者国家卫生健康委规定的其他情形的,应当及时委托具有相应资质的职业卫生技术服务机构进行职业病危害现状评价。

用人单位应当落实职业病危害现状评价报告中提出的建议和措施,并将职业病危害现状评价结果及整改情况存入本单位职业卫生档案。

链接 本法第72条;《工作场所职业卫生管理规定》第19-22条

第二十七条 【对职业卫生技术服务机构的监督】 职业卫生技术服务机构依法从事职业病危害因素检测、评价工作,接受卫生行政部门的监督检查。卫生行政部门应当依法履行监督职责。

注释 本条是关于卫生行政部门对职业卫生技术服务机构进行监督检查的规定。本法第26条中规定的职业病危害因素检测、评价需由依法设立的取得国务院卫生行政部门或者设区的市级以上地方人民政府卫生行政部门按照职责分工给予资质认可的职业卫生技术服务机构进行。为进一步发挥职业卫生技术服务机构在职业病防治工作中的重要职能，使得职业卫生技术服务机构更好地为用人单位以及职业卫生监管管理部门开展工作提供技术支持，本条规定，职业卫生技术服务机构依法从事职业病危害因素检测、评价工作，接受卫生行政部门的监督检查。卫生行政部门应当依法履行监督职责。

实务问答 **卫生行政部门对职业卫生技术服务机构的监督管理主要包括哪些内容？**

卫生行政部门应当加强对职业卫生技术服务机构的监督管理，对职业卫生技术服务机构的监督管理主要包括以下几方面的内容：职业卫生技术服务机构应当依法取得资质认可；取得资质的职业卫生技术服务机构，应当在认证的项目内开展技术服务工作，并符合国家有关法律、法规、技术规范和标准的要求。职业卫生技术服务机构应当建立和健全管理制度，确保其技术服务的客观、真实；职业卫生技术服务机构应当公开办事制度和程序，简化手续，方便服务对象，并采取措施提高服务质量和水平。

链接 本法第26条；《职业卫生技术服务机构管理办法》

第二十八条 【提供可能产生职业病危害的作业】向用人单位提供可能产生职业病危害的设备的，应当提供中文说明书，并在设备的醒目位置设置警示标识和中文警示说明。警示说明应当载明设备性能、可能产生的职业病危害、安全操作和维护注意事项、职业病防护以及应急救治措施等内容。

注释 本条是针对提供可能产生职业病危害设备的危害告知义务所作的规定。这里讲的提供可能产生职业病危害的设备，主要是指生产、经营、进口可能产生职业病危害的设备。按照本条规定，向用人单位提供可能产生职业病危害设备的，应当符合以下几方面的要求：（1）应当提供中文说明书。目的是让中国的使用者能够了解设备可能产生的职业病危害，并采取有效的预防措施。（2）设置警示标识和中文警示说明。警示标识，是指用以表示特定含义，告诫、提示劳动者应当对于某些职业病危害因素引起高度注意和警惕的图形。对于有些需要作出警示的设备，应当设置专用的警示标志。中文警示说明，是指用来告诫、提示人们应当对职业病危害因素引起高度重视和警惕的中文文字说明。（3）必须在醒目的位置上设置。目的是让人一目了然，不能设置在让使用者很难找到的地方。

实务问答 **警示说明应当包括哪些内容？**

警示说明的内容应当包括：（1）该设备的性能。即该设备的性质和功能及对设计要求的满足程度。（2）可能产生的职业病危害。即可能产生哪一种或几种职业病危害，以便使用者能够采取相应的防护措施。这项内容是警示说明中非常重要的一项内容。（3）安全操作和维护注意事项。即安全操作该设备以及正确使用、维护该设备，使该设备能够处于良好的运行状态所应当注意的问题。（4）职业病防护以及应急救治措施。是指在职业病防治工作中，为保护劳动者健康，治理职业病危害，预防职业病的发生，而采取的一切有效措施和方法的总称。在这里必须要注明采取何种措施，比如是需要采取安装除尘器，还是需要安装通风设备，还是需要使用职业病防护用品等。还要注明发生职业病危害事故时，应当采取什么样的应急救治措施。这里讲的应急救治措施，是指发生职业病危害事故或者产生急性职业健康损伤时，对遭受职业健康损伤的人的抢救、急救措施，也包括立即控制、制止造成职业病危害事故原因的一些紧急措施。（5）其他一些需要让使用者了解的情况。这一规定也是保护劳动者身体健康的需要。

链接 本法第73条；《工作场所职业卫生管理规定》第23条

第二十九条 【提供产生职业病危害的化学品、放射性物品】向用人单位提供可能产生职业病危害的化学品、放射性同位素和含有放射性物质的材料的，应当提供中文说明书。说明书应当载明产品特性、主要成份、存在的有害因素、可能产生的危害后果、安全使用注意事项、职业病防护以及应急救治措施等内容。产品包装应当有醒目的警示标识和中文警示说明。贮存上述材料的场所应当在规定的部位设置危险物品标识或者放射性警示标识。

国内首次使用或者首次进口与职业病危害有关的化学材料，使用单位或者进口单位按照国家规定经国务院有关部门批准后，应当向国务院卫生行政部门报送该化学材料的毒性鉴定以及经有关部门登记注册或者批准进口的文件等资料。

进口放射性同位素、射线装置和含有放射性物质的物品的，按照国家有关规定办理。

注释 本条第1款对于提供可能产生职业病危害的化学品、放射性同位素和含有放射性物质的材料的要求作了规定。这是对提供可能产生职业病危害的材料的危害告知义务的规定。向用人单位提供可能产生职业病危害的材料，是指生产、经营、进口可能产生职业病危害的材料。这里讲的化学品，是指人工制造的或者从自然界取得的化学物质，包括化学物质本身、化学混合物或者化学配制物中的一部分，以及作为工业化学品和农药使用的物质。

按照本条第2款的规定，国内首次使用或者首次进口与职业病有关的化学材料，使用单位或者进口单位必须按照国家规定经国务院有关部门批准。与职业病有关的化学材料，是指进入环境后，通过环境蓄积、生物累积、生物转化或化学反应等方式损害健康，或者通过接触对人体产生严重危害和具有潜在危险的化学材料。

按照本条第3款的规定，进口放射性同位素、射线装置和含有放射性物质的物品的，按照国家有关规定办理。《放射性同位素与射线装置安全和防护条例》第16条规定，国务院对外贸易主管部门会同国务院主管部门、海关总署和生产放射性同位素的单位的行业主管部门制定并公布限制进出口放射性同位素目录和禁止进出口放射性同位素目录。进口列入限制进出口目录的放射性同位素，应当在国务院生态环境主管部门审查批准后，由国务院对外贸易主管部门依据国家对外贸易的有关规定签发进口许可证。进口限制进出口目录和禁止进出口目录之外的放射性同位素，依据国家对外贸易的有关规定办理进口手续。

实务问答 1. 如何理解“首次进口”？

首次进口，是指外商或其代理人向中国出口其未曾在中国登记过的化学材料，即使同种化学材料已有其他外商或其代理人在中国进行了登记，仍被视为化学材料首次进口。其中“进口”是指通过中华人民共和国海关办理化学品入境手续的活动，但不包括过境运输。

2. 申请进口列入限制进出口目录的放射性同位素，应当符合什么要求？

申请进口列入限制进出口目录的放射性同位素，应当符合下列要求：(1)进口单位已经取得与所从事活动相符的许可证；(2)进口单位具有进口放射性同位素使用期满后的处理方案，其中进口Ⅰ类、Ⅱ类、Ⅲ类放射源的，应当具有原出口方负责回收的承诺文件；(3)进口的放射源应当有明确标号和必要说明文件，其中Ⅰ类、Ⅱ类、Ⅲ类放射源的标号应当刻制在放射源本体或者密封包壳体上，Ⅳ类、Ⅴ类放射源的标号应当记录在相应说明文件中；(4)将进口的放射性同位素销售给其他单位使用的，还应当具有与使用单位签订的书面协议以及使用单位取得的许可证复印件。

链接《化学品首次进口及有毒化学品进出口环境管理规定》；《放射性同位素与射线装置安全和防护条例》第16-18条

第三十条 【明令禁止的设备和材料】任何单位和个人不得生产、经营、进口和使用国家明令禁止使用的可能产生职业病危害的设备或者材料。

注释 对于国家明令禁止使用的可能产生职业病危害的设备和材料，任何单位和个人不得生产、经营、进口和使用。如果违反这一规定，使用了国家明令禁止使用的可能产生职业病危害的设备或者材料的，要依照本法第75条第4项的规定，由卫生行政部门责令限期治理，并处五万元以上三十万元以下的罚款；情节严重的，责令停止产生职业病危害的作业，或者提请有关人民政府按照国务院规定的权限责令关闭。

链接 本法第75条；《工作场所职业卫生管理规定》第25条

第三十一条 【转移作业】任何单位和个人不得将产生职业病危害的作业转移给不具备职业病防护条件的单位和个人。不具备职业病防护条件的单位和个人不得接受产生职业病危害的作业。

注释 用人单位从事产生职业病危害的作业，必须具备本法规定的职业病防护条件。本条规定从转移作业的一方和接受作业的一方两方面对这一问题作了规范。按照本法规定，产生职业病危害的用人单位的工作场所应当有与职业病危害防护相适应的设施；用人单位还应当建立一套职业病防治的管理措施，并且要为劳动者提供个人使用的职业病防护用品等。一方面，没有职业病防护条件的单位和个人,不得从事产生职业病危害的作业。另一方面,不具备职业病防护条件的单位和个人也不得接受产生职业病危害的作业。目前一些企业将本来局限于本企业内部的职业病危害,通过多层次的外包、转包等形式,广泛转移到其他企业和劳动者个人,劳动者在从事有毒有害作业时,往往得不到应有的防护条件和个人防护用品,造成职业病危害从职业人群向社会人群广泛扩散。本条针对这种严重情况作出上述规定是十分必要的。

链接 本法第75条;《工作场所职业卫生管理规定》第26条

第三十二条 【不得隐瞒职业病危害】用人单位对采用的技术、工艺、设备、材料,应当知悉其产生的职业病危害,对有职业病危害的技术、工艺、设备、材料隐瞒其危害而采用的,对所造成的职业病危害后果承担责任。

注释 根据本条规定,用人单位对采用的技术、工艺、设备、材料,应当知悉其产生的职业病危害。现实中发生的一些职业病危害事故,其中一个很重要的原因就是,企业没有如实将所采用技术、工艺、设备或材料的毒性及其危害告诉职工。用人单位对所使用的技术、工艺、设备、材料的职业病危害不了解或者对该职业病危害加以隐瞒而采用,实际上也是对劳动者知情权的一种侵害,是对劳动者的一种欺骗。在这种情况下,用人单位应当对由此所造成的职业病危害后果承担责任。

链接 本法第75条;《工作场所职业卫生管理规定》第28条

第三十三条 【订立劳动合同时告知职业病危害】用人单位与劳动者订立劳动合同(含聘用合同,下同)时,应当将工作过程中可能产生的职业病危害及其后果、职业病防护措施和待遇等如实告知劳动者,并在劳动合同中写明,不得隐瞒或者欺骗。

劳动者在已订立劳动合同期间因工作岗位或者工作内容变更,从事与所订立劳动合同中未告知的存在职业病危害的作业时,用人单位应当依照前款规定,向劳动者履行如实告知的义务,并协商变更原劳动合同相关条款。

用人单位违反前两款规定的,劳动者有权拒绝从事存在职业病危害的作业,用人单位不得因此解除与劳动者所订立的劳动合同。

注释 用人单位与劳动者在签订劳动合同时,应当履行告知义务。劳动合同,是指劳动者与用人单位确立劳动关系,明确双方权利义务的协议。这里讲的劳动合同,包括聘用合同。所谓聘用合同,一般来讲,是指用人单位通过向特定的劳动者(一般是指有技术业务专长的人员)发聘书的方式,直接建立劳动关系的合同。

劳动合同依法订立,就具有法律约束力,当事人双方都必须全部履行合同规定的义务,任何一方都不得擅自变更合同。如果因为工作岗位的变更,使劳动者从事的是原劳动合同中没有告知的存在职业病危害的作业时,用人单位应当按照本条第1款的规定,向劳动者履行职业病危害的告知义务,如实告知劳动者工作过程中可能产生的职业病危害及其后果、职业病防护措施和待遇等情况,不得隐瞒或者欺骗,并在此基础上与劳动者进行协商,变更原劳动合同的相关条款,比如劳动报酬、劳动保护和劳动条件等。如果协商不成,应当继续履行原劳动合同。

用人单位违反前两款规定,是指用人单位在与劳动者订立劳动合同时,没有将工作过程中可能产生的职业病危害及其后果、职业病防护措施和待遇等如实告知劳动者,对劳动者进行隐瞒或者欺骗;劳动者在已订立劳动合同期间因工作岗位或者工作内容变更,从事所订立劳动合同中未告知的存在职业病危害的作业时,用人单位没有向劳动者告知工作过程中可能产生的职业病危害及其后果、职业病防护措施和待遇等情况,没有与劳动者协商变更原劳动合同的相关条款。在这种情况下,劳动者有权拒绝从事可能产生职业病危害的作业,这是法律赋予劳动者保护自身健康的一项权利,劳动者拒绝用人单位管理人员违章指挥、强令冒险作业的,不视为违反劳动合同。而用人单位不能因为劳动者拒绝从事接触职业病危害的作业而单方面提前解除或者终止与劳动者订立的劳动合同。这里讲的解除劳动合同,是指用人单位作为劳动合同的一方,对已经订立的劳动合同在合同期限届满前结束合同效力的行为。

实务问答 **1. 按照本条规定,劳动合同应当包括哪些内容?**

劳动合同的内容应当包括:(1)工作过程中可能产生的职业病危害及其后果。(2)职业病防护措施。虽然用人单位有产生职业病危害的可能,但是如果有相应的职业病防护措施，劳动者仍然可以选择在此从事劳动，因而这也是劳动合同中必不可少的内容。以上两项内容，是产生职业病危害的用人单位与劳动者在所签订的劳动合同中必须写明的内容。(3)待遇。包括劳动者享有的保险福利待遇以及患职业病后应享有的职业病病人的待遇。(4)其他需要在劳动合同中写明的内容。按照劳动法和劳动合同法的有关规定，劳动合同还应当包括劳动合同期限、工作内容、劳动报酬、劳动保护和劳动条件、劳动纪律、劳动合同终止的条件、违反劳动合同的责任。这些内容都是劳动合同的必备条款，也是法定条款。用人单位与劳动者签订劳动合同时应当注意：一是应将上述事项写清楚；二是如实告知真实情况，不得隐瞒，不得欺骗劳动者。

2. 何谓“劳动合同的变更”？

劳动合同的变更，是指在劳动合同没有履行或虽已开始履行，但尚未完全履行之前，因订立劳动合同的主客观情况发生了变化，当事人双方依照法律规定的条件和程序，对原合同中的某些条款达成修改、补充协议的法律行为。劳动合同的变更，只限于在既定的劳动法律关系范围内就劳动合同的部分条款进行变更，但不涉及当事人的变更。

3. 变更劳动合同可否以口头形式约定？

《劳动合同法》第35条规定，用人单位与劳动者协商一致，可以变更劳动合同约定的内容。变更劳动合同，应当采用书面形式。变更后的劳动合同文本由用人单位和劳动者各执一份。

链接《劳动合同法》第8条、第17条、第32条、第35条

第三十四条　【职业卫生培训】用人单位的主要负责人和职业卫生管理人员应当接受职业卫生培训，遵守职业病防治法律、法规，依法组织本单位的职业病防治工作。

用人单位应当对劳动者进行上岗前的职业卫生培训和在岗期间的定期职业卫生培训，普及职业卫生知识，督促劳动者遵守职业病防治法律、法规、规章和操作规程，指导劳动者正确使用职业病防护设备和个人使用的职业病防护用品。

劳动者应当学习和掌握相关的职业卫生知识，增强职业病防范意识，遵守职业病防治法律、法规、规章和操作规程，正确使用、维护职业病防护设备和个人使用的职业病防护用品，发现职业病危害事故隐患应当及时报告。

劳动者不履行前款规定义务的，用人单位应当对其进行教育。

注释“职业卫生培训”，是指针对有关作业环境对劳动者健康的影响，提出改善作业环境、保护劳动者健康、防治职业病危害、预防职业病措施的技术业务知识和实际操作技能的教育和培训。用人单位的主要负责人和职业卫生管理人员作为用人单位的管理者，首先应当接受这种职业卫生的培训，掌握职业卫生的相关知识，这样才能提高对改善劳动条件、控制职业病危害重要性的认识，才能做好本单位的职业病防治工作。这也是用人单位的主要负责人和职业卫生管理人员的一项义务。

实务问答职业卫生培训应当包括哪些内容？

用人单位要根据行业和岗位特点，制定培训计划，确定培训内容和培训学时，确保培训取得实效。没有能力组织职业卫生培训的用人单位，可以委托培训机构开展职业卫生培训。

用人单位主要负责人主要培训内容：国家职业病防治法律、行政法规和规章，职业病危害防治基础知识，结合行业特点的职业卫生管理要求和措施等。职业卫生管理人员主要培训内容：国家职业病防治法律、行政法规、规章以及标准，职业病危害防治知识，主要职业病危害因素及防控措施，职业病防护设施的维护与管理，职业卫生管理要求和措施等。职业病危害监测人员的培训，可以参照职业卫生管理人员的要求执行。接触职业病危害的劳动者主要培训内容：国家职业病防治法规基本知识，本单位职业卫生管理制度和岗位操作规程，所从事岗位的主要职业病危害因素和防范措施，个人劳动防护用品的使用和维护，劳动者的职业卫生保护权利与义务等。煤矿接触职业病危害劳动者的职业卫生培训，按照有关规定执行。

链接本法第70条；《劳动法》第66-69条；《劳动合同法》第17条、第22条、第40条、第62条

第三十五条　【职业健康检查】对从事接触职业病危害的作业的劳动者，用人单位应当按照国务院卫生行政部门的规定组织上岗前、在岗期间和离岗时的职业健康检查，并将检查结果书面告知劳动者。职业健康检查费用由用人单位承担。

用人单位不得安排未经上岗前职业健康检查的劳动者从事接触职业病危害的作业；不得安排

有职业禁忌的劳动者从事其所禁忌的作业；对在职业健康检查中发现有与所从事的职业相关的健康损害的劳动者，应当调离原工作岗位，并妥善安置；对未进行离岗前职业健康检查的劳动者不得解除或者终止与其订立的劳动合同。

职业健康检查应当由取得《医疗机构执业许可证》的医疗卫生机构承担。卫生行政部门应当加强对职业健康检查工作的规范管理，具体管理办法由国务院卫生行政部门制定。

注释 本法将组织上岗前、在岗期间和离岗时的职业健康检查规定为用人单位的一项强制性义务，并对用人单位的相关义务作了相应的规定。职业健康检查，是职业健康监护制度的重要内容。用人单位对从事接触职业病危害的作业的劳动者，应当组织三个阶段的健康检查：(1)上岗前的职业健康检查。其目的在于发现职业禁忌症，以便分清责任。检查的内容为，根据劳动者拟从事的工种和工作岗位，分析该工种和岗位存在的职业病危害因素及其对人体健康的影响，确定特定的健康检查项目，根据检查结果，评价劳动者是否适合从事该工种的作业。通过上岗前的职业健康检查，可以防止职业病发生，减少或消除职业病危害易感劳动者的健康损害，减少用人单位的经济损失和社会负担。(2)在岗期间的职业健康检查。其目的在于及时发现劳动者的健康损害。在岗期间的职业健康检查要定期进行，根据检查结果，评价劳动者的健康变化是否与职业病危害因素有关，判断劳动者是否适合继续从事该工种的作业。通过对劳动者进行在岗期间的职业健康检查，可以早期发现健康损害，及时治疗，减轻职业病危害后果，减少用人单位经济损失和社会负担。(3)离岗时的职业健康检查。其目的是了解劳动者离开工作岗位时的健康状况，以分清健康损害的责任，特别是依照本法规定所要承担的民事赔偿责任。检查的内容为评价劳动者在离开工作岗位时的健康变化是否与职业病危害因素有关。其健康检查的结论是职业健康损害的医学证据，有助于明确健康损害责任，保障劳动者健康权益，减少社会负担。对于职业健康检查的结果，用人单位应当如实告知劳动者本人，不得隐瞒真实情况。关于职业健康检查的费用，法律明确规定由用人单位承担，不能由劳动者个人承担。另外，劳动者接受职业健康检查应当视同正常出勤。

实务问答 **1. 承担职业健康检查的医疗卫生机构应当具备哪些条件？**

承担职业健康检查的医疗卫生机构应当具备以下条件：(一)持有《医疗机构执业许可证》，涉及放射检查项目的还应当持有《放射诊疗许可证》；(二)具有相应的职业健康检查场所、候检场所和检验室，建筑总面积不少于400平方米，每个独立的检查室使用面积不少于6平方米；(三)具有与备案开展的职业健康检查类别和项目相适应的执业医师、护士等医疗卫生技术人员；(四)至少具有1名取得职业病诊断资格的执业医师；(五)具有与备案开展的职业健康检查类别和项目相适应的仪器、设备，具有相应职业卫生生物监测能力；开展外出职业健康检查，应当具有相应的职业健康检查仪器、设备、专用车辆等条件；(六)建立职业健康检查质量管理制度；(七)具有与职业健康检查信息报告相应的条件。

2. 从事接触职业病危害作业的劳动者未进行离岗职业健康检查，用人单位能否解除劳动合同？

从事接触职业病危害的作业的劳动者未进行离岗前职业健康检查的，用人单位不得解除或终止与其订立的劳动合同。即使用人单位与劳动者已协商一致解除劳动合同，解除协议也应认定无效。(张某杰诉上海某劳务服务有限公司等劳动合同纠纷案，《最高人民法院公报》2017年第5期)

链接 本法第51条、第75条，第79-80条；《劳动合同法》第42条、第45条；《职业健康检查管理办法》

第三十六条 【职业健康监护档案】 用人单位应当为劳动者建立职业健康监护档案，并按照规定的期限妥善保存。

职业健康监护档案应当包括劳动者的职业史、职业病危害接触史、职业健康检查结果和职业病诊疗等有关个人健康资料。

劳动者离开用人单位时，有权索取本人职业健康监护档案复印件，用人单位应当如实、无偿提供，并在所提供的复印件上签章。

注释 职业健康监护档案是记录劳动者职业史、职业病危害接触史、职业健康检查结果和职业病诊疗等有关个人健康资料的各类档案的总和。建立职业健康监护档案，有利于劳动者和用人单位及时掌握劳动者的身体健康状况，有利于劳动者及时发现职业病，同时也有利于职业病诊断、鉴定机构及时并准确地诊断和鉴定职业病。同时，职业健康档案还是劳动者在其权利受侵害后及时有效主张权利的重要凭证。一旦劳动者发现自己得了职业病，可以通过职业健康监护档案及时准确地追踪到应当承担责任的主体。

链接 本法第72-73条；《职业健康检查管理办法》

第三十七条 【职业病危害事故】发生或者可能发生急性职业病危害事故时，用人单位应当立即采取应急救援和控制措施，并及时报告所在地卫生行政部门和有关部门。卫生行政部门接到报告后，应当及时会同有关部门组织调查处理；必要时，可以采取临时控制措施。卫生行政部门应当组织做好医疗救治工作。

对遭受或者可能遭受急性职业病危害的劳动者，用人单位应当及时组织救治、进行健康检查和医学观察，所需费用由用人单位承担。

注释 本条是对发生或者可能发生职业病危害事故时如何处理的规定。职业病危害事故，是指存在于工作场所的职业病危害因素由于某种意外原因，如违反操作规程、设备失修等，对劳动者造成的突发的职业损伤，如毒气泄漏引起急性中毒等。发生急性职业病危害事故时，用人单位应当采取以下措施：(1)立即采取应急救援措施和控制措施，控制住危害事故的发生，不使这种危害扩散。应急救援措施，一般是指发生职业病危害事故时，对遭受职业病危害的劳动者进行抢救和采取援助措施。(2)在采取应急救援和控制措施的同时，用人单位还应当及时地向用人单位所在地的人民政府卫生行政部门和有关部门报告，以便卫生行政部门和有关部门及时地了解发生事故的情况，指导用人单位采取有效的措施。有关部门包括劳动行政部门。按照本条规定，接到报告的卫生行政部门，应当及时会同有关部门尽快到达事故现场，调查、分析事故原因，并对事故进行处理，不能拖延。这是对卫生行政部门规定的一项义务。

链接《工作场所职业卫生管理规定》第35条

第三十八条 【未成年工和女职工的保护】用人单位不得安排未成年工从事接触职业病危害的作业；不得安排孕期、哺乳期的女职工从事对本人和胎儿、婴儿有危害的作业。

注释 未成年工，是指年满16周岁未满18周岁的劳动者。按照《未成年人保护法》的规定，任何组织和个人不得招用未满16周岁的未成年人，国家另有规定的除外。任何组织和个人依照国家有关规定招收已满16周岁未满18周岁的未成年人的，应当在工种、劳动时间、劳动强度和保护措施等方面执行国家有关规定，不得安排其从事过重、有毒、有害的劳动或者危险作业。本条规定，用人单位不得安排未成年工从事接触职业病危害的作业，包括接触粉尘作业、毒物危害、放射性危害、职业肿瘤等作业。

对女职工实行特殊保护，是由女职工的身体结构和生理机能决定的。有危害的作业，指可能对人体产生各种危害的作业，包括有毒、有害的作业。国家规定女职工禁忌从事某些有害健康的工种，这并不是对女职工劳动就业条件的限制，而是以保护女职工本身的健康及其子女的正常发育和成长为出发点的，是对女职工身心健康的关心。

实务问答 **1. 未成年工和童工有何不同?**

《劳动法》不禁止招收和使用未成年工，即年满16周岁未满18周岁的未成年人，不过对于未成年工，法律规定了比较特殊的劳动保护；但是，明文禁止使用童工，即未满16周岁的未成年人。这一禁止性的规定只有一个例外，即文艺工作者、运动员、艺徒需要招收、使用未成年人的，这种情况下，要依照国家有关规定，履行审批手续，并保障其接受义务教育的权利。

2. 女职工孕期、哺乳期特殊保护主要包括哪些具体内容?

女职工在怀孕期间，用人单位不得安排从事孕期禁忌从事的劳动：(一)作业场所空气中铅及其化合物、汞及其化合物、苯、镉、铍、砷、氰化物、氮氧化物、一氧化碳、二硫化碳、氯、己内酰胺、氯丁二烯、氯乙烯、环氧乙烷、苯胺、甲醛等有毒物质浓度超过国家职业卫生标准的作业；(二)从事抗癌药物、己烯雌酚生产，接触麻醉剂气体等的作业；(三)非密封源放射性物质的操作，核事故与放射事故的应急处置；(四)高处作业分级标准中规定的高处作业；(五)冷水作业分级标准中规定的冷水作业；(六)低温作业分级标准中规定的低温作业；(七)高温作业分级标准中规定的第三级、第四级的作业；(八)噪声作业分级标准中规定的第三级、第四级的作业；(九)体力劳动强度分级标准中规定的第三级、第四级体力劳动强度的作业；(十)在密闭空间、高压室作业或者潜水作业，伴有强烈振动的作业,或者需要频繁弯腰、攀高、下蹲的作业。对怀孕7个月以上的女职工,不得安排其延长工作时间和夜班劳动。

用人单位不得安排女职工在哺乳未满1岁的婴儿期间从事在哺乳期禁忌从事的劳动:(一)孕期禁忌从事的劳动范围的第一项、第三项、第九项;(二)作业场所空气中锰、氟、溴、甲醇、有机磷化合物、有机氯化合物等有毒物质浓度超过国家职业卫生标准的作业。不得安排其延长工作时间和夜班劳动。

3. 关于哺乳期有何具体规定?

我国现统一执行1年哺乳期的规定。女职工在哺乳婴儿满1周岁后,一般不再延长哺乳期。如果婴儿身体特别虚弱的,可经医务部门证明,根据具体情况,适当延长哺乳期。哺乳期满时正值夏季的,哺乳期可以延长1个月至2个月。

链接《劳动法》第58-65条;《未成年人保护法》第61条;《妇女权益保障法》第47条;《劳动部关于〈中华人民共和国劳动法〉若干条文的说明》;《使用有毒物品作业场所劳动保护条例》第7条;《未成年工特殊保护规定》;《女职工劳动保护特别规定》

第三十九条 【职业卫生保护权利】劳动者享有下列职业卫生保护权利:

(一)获得职业卫生教育、培训;

(二)获得职业健康检查、职业病诊疗、康复等职业病防治服务;

(三)了解工作场所产生或者可能产生的职业病危害因素、危害后果和应当采取的职业病防护措施;

(四)要求用人单位提供符合防治职业病要求的职业病防护设施和个人使用的职业病防护用品,改善工作条件;

(五)对违反职业病防治法律、法规以及危及生命健康的行为提出批评、检举和控告;

(六)拒绝违章指挥和强令进行没有职业病防护措施的作业;

(七)参与用人单位职业卫生工作的民主管理,对职业病防治工作提出意见和建议。

用人单位应当保障劳动者行使前款所列权利。因劳动者依法行使正当权利而降低其工资、福利等待遇或者解除、终止与其订立的劳动合同的,其行为无效。

注释 劳动者享有的本条规定的职业卫生保护权利,是法律赋予劳动者的权利,用人单位应当保障劳动者行使,任何人不得侵犯劳动者依法享有的权利。如果用人单位因为劳动者依法行使法律规定的权利,比如,当劳动者发现用人单位有违反职业病防治法律、法规以及危及生命健康的行为时,对用人单位提出批评或者到有关部门进行检举、控告,用人单位便对该劳动者通过降低其工资、福利待遇等方式,对其进行打击报复,或者因此解除、终止与该劳动者订立的劳动合同,这些行为都是对劳动者依法行使正当权利的一种制约,一种侵犯。因此,为了保障劳动者能够切实享有法律规定的职业卫生保护的权利,本条规定用人单位因劳动者依法行使法律规定的权利,而降低其工资、福利等待遇或者解除、终止与其订立的劳动合同的行为无效。

链接 本法第13条、第22条、第34条、第35条

第四十条 【工会组织权利】工会组织应当督促并协助用人单位开展职业卫生宣传教育和培训,有权对用人单位的职业病防治工作提出意见和建议,依法代表劳动者与用人单位签订劳动安全卫生专项集体合同,与用人单位就劳动者反映的有关职业病防治的问题进行协调并督促解决。

工会组织对用人单位违反职业病防治法律、法规,侵犯劳动者合法权益的行为,有权要求纠正;产生严重职业病危害时,有权要求采取防护措施,或者向政府有关部门建议采取强制性措施;发生职业病危害事故时,有权参与事故调查处理;发现危及劳动者生命健康的情形时,有权向用人单位建议组织劳动者撤离危险现场,用人单位应当立即作出处理。

注释 本条是对工会组织在参与职业病防治工作中的权利的规定。工会组织是职工自愿结合的工人阶级的群众组织。工会组织是代表和维护职工利益,替职工说话、办事的组织,是用人单位党组织和行政领导的助手和联系职工群众的桥梁。代表和维护职工利益,是工会组织义不容辞的责任。

实务问答 1. 集体劳动合同生效有哪些条件?

所谓集体合同是指企业职工一方与用人单位通过平等协商,可以就劳动报酬、工作时间、休息休假、劳动安全卫生、保险福利等事项签订合同。要使集体合同发生预期的法律效力,必须具备以下条件:

首先，在程序上，集体合同草案应当提交职工代表大会或者全体职工讨论通过。

其次，在形式上，集体合同由工会代表企业职工一方与用人单位订立；尚未建立工会的用人单位，由上级工会指导劳动者推举的代表与用人单位订立。

再次，集体合同订立后，应当报送劳动行政部门；劳动行政部门自收到集体合同文本之日起15日内未提出异议的，集体合同即行生效。

最后，在内容上，集体合同中劳动条件和劳动报酬等标准不得低于当地人民政府规定的最低标准。用人单位与劳动者订立的劳动合同中劳动报酬和劳动条件等不得低于集体合同规定的标准。

依法签订的集体合同对用人单位和劳动者具有约束力。集体合同或专项集体合同的期限一般为1至3年，期满或双方约定的终止条件出现，即行终止。集体合同或专项集体合同期满前3个月内，任何一方均可向对方提出重新签订或续订的要求。

2. 用人单位违反集体合同的约定，应当由谁向用人单位主张权利？

根据《工会法》第21条第4款之规定，企业违反集体合同，侵犯职工劳动权益的，工会可以依法要求企业予以改正并承担责任；因履行集体合同发生争议，经协商解决不成的，工会可以向劳动争议仲裁机构提请仲裁，仲裁机构不予受理或者对仲裁裁决不服的，可以向人民法院提起诉讼。同时，《劳动合同法》第56条规定，用人单位违反集体合同，侵犯职工劳动权益的，工会可以依法要求用人单位承担责任；因履行集体合同发生争议，经协商解决不成的，工会可以依法申请仲裁、提起诉讼。据此，对于因履行集体合同发生的集体劳动争议，工会可以作为争议的当事人一方起诉。这是因为，集体合同是工会代表本单位或本行业的劳动者与用人单位签订的用于保护劳动者集体劳动权益的书面协议，工会本身就是集体合同的一方，并且具有社团法人资格。因此，当因履行集体合同发生争议时，作为集体合同一方主体的工会有权作为原告向人民法院提起诉讼。

链接《工会法》第5条、第6条、第20-27条；《劳动法》第33-35条；《劳动合同法》第6条、第56条

第四十一条 【职业病防治费用】用人单位按照职业病防治要求，用于预防和治理职业病危害、工作场所卫生检测、健康监护和职业卫生培训等费用，按照国家有关规定，在生产成本中据实列支。

第四十二条 【监督检查】职业卫生监督管理部门应当按照职责分工，加强对用人单位落实职业病防护管理措施情况的监督检查，依法行使职权，承担责任。

第四章 职业病诊断与职业病病人保障

第四十三条 【诊断机构的条件】职业病诊断应当由取得《医疗机构执业许可证》的医疗卫生机构承担。卫生行政部门应当加强对职业病诊断工作的规范管理，具体管理办法由国务院卫生行政部门制定。

承担职业病诊断的医疗卫生机构还应当具备下列条件：

（一）具有与开展职业病诊断相适应的医疗卫生技术人员；

（二）具有与开展职业病诊断相适应的仪器、设备；

（三）具有健全的职业病诊断质量管理制度。

承担职业病诊断的医疗卫生机构不得拒绝劳动者进行职业病诊断的要求。

注释 本条是关于承担职业病诊断的医疗卫生机构的法定条件和不得拒绝诊断的规定。

本条第2款第3项规定承担职业病诊断的医疗卫生机构应当具有健全的职业病诊断质量管理制度，这里的“质量管理制度”是规范医疗卫生机构职业病诊断活动、保障职业病诊断质量的各项制度的总和，包括医疗卫生机构的组织机构、工作程序、人员及岗位职责、质量保证体系、质量管理方针等。医疗卫生机构应当具有健全的职业病诊断质量管理制度方可承担职业病诊断工作。

第3款规定，承担职业病诊断的医疗卫生机构不得拒绝劳动者进行职业病诊断的要求。职业病患者向承担职业病诊断的医疗卫生机构提出诊断要求后，医疗卫生机构不得以劳动者无法提供诊断所需资料为由拒绝劳动者的诊断申请；职业病诊断过程中，劳动者对用人单位提供的职业病危害因素检测资料的真实性有异议，或者用人单位无法提供职业病危害因素检测资料的，职业病诊断机构应当根据本法第48条的规定申请卫生行政部门作出判定或者组织进行现场调查；劳动者

的劳动关系、工种、工作岗位、在岗时间等事项不明确或者双方当事人有争议的，职业病诊断机构应当告知劳动者可以依照本法第49条的规定申请劳动争议仲裁。在此基础上，职业病诊断机构应当根据仲裁裁决结果，患者的临床表现以及辅助检查结果等依法作出职业病诊断结论。

实务问答医疗卫生机构应当如何申请开展职业病诊断？

医疗卫生机构开展职业病诊断工作，应当在开展之日起15个工作日内向省级卫生健康主管部门备案。省级卫生健康主管部门应当自收到完整备案材料之日起15个工作日内向社会公布备案的医疗卫生机构名单、地址、诊断项目（即《职业病分类和目录》中的职业病类别和病种）等相关信息。

医疗卫生机构开展职业病诊断工作应当具备下列条件：（一）持有《医疗机构执业许可证》；（二）具有相应的诊疗科目及与备案开展的诊断项目相适应的职业病诊断医师及相关医疗卫生技术人员；（三）具有与备案开展的诊断项目相适应的场所和仪器、设备；（四）具有健全的职业病诊断质量管理制度。医疗卫生机构进行职业病诊断备案时，应当提交以下证明其符合上述规定条件的有关资料：（一）《医疗机构执业许可证》原件、副本及复印件；（二）职业病诊断医师资格等相关资料；（三）相关的仪器设备清单；（四）负责职业病信息报告人员名单；（五）职业病诊断质量管理制度等相关资料。职业病诊断机构对备案信息的真实性、准确性、合法性负责。当备案信息发生变化时，应当自信息发生变化之日起10个工作日内向省级卫生健康主管部门提交变更信息。

链接《职业病诊断与鉴定管理办法》第7-18条

第四十四条 【诊断机构的选择】劳动者可以在用人单位所在地、本人户籍所在地或者经常居住地依法承担职业病诊断的医疗卫生机构进行职业病诊断。

注释本条是关于劳动者选择医疗卫生机构进行职业病诊断的规定。本条规定的劳动者可以选择的诊断机构主要包括以下两类：

1. 用人单位所在地的职业病诊断机构。用人单位所在地，即用人单位的住所地。规定劳动者可以选择用人单位所在地的职业病诊断机构进行职业病诊断，一是考虑到有利于劳动者及时得到诊断，用人单位所在地是劳动者工作的地方，劳动者在工作期间发病的，可以及时由用人单位安排或者自行前往当地的职业病诊断机构申请进行诊断。二是考虑到在有些情况下，职业病诊断过程中，需要了解用人单位工作场所的职业病危害因素情况，由用人单位所在地的职业病诊断机构去用人单位进行调查取证也比较方便。此外，按照本法第47条的规定，职业病诊断、鉴定机构需要了解工作场所职业病危害因素情况时，可以对工作场所进行现场调查，也可以申请卫生行政部门组织现场调查。由用人单位所在地的卫生行政部门对用人单位工作场所职业病危害因素情况进行调查，实践中也比较好操作。

2. 劳动者本人户籍所在地或者经常居住地的职业病诊断机构。之所以规定劳动者可以在本人户籍所在地或者经常居住地的职业病诊断机构进行诊断，主要是考虑到当前我国劳动者跨地区甚至跨省份流动就业的情况比较突出，部分患者往往是在离开原用人单位之后才发病的，发病时患者已经回到老家即户籍所在地，或者已经在其他地方的用人单位就业，在其他地方居住，这时候如果要求患病劳动者再回到原用人单位所在地的职业病诊断机构进行职业病诊断，既没有必要，对劳动者而言也很不方便。

链接《职业病诊断与鉴定管理办法》第19条

第四十五条 【诊断鉴定和伤残等级鉴定办法】职业病诊断标准和职业病诊断、鉴定办法由国务院卫生行政部门制定。职业病伤残等级的鉴定办法由国务院劳动保障行政部门会同国务院卫生行政部门制定。

注释职业病诊断标准和职业病诊断、鉴定办法是技术标准和操作规程，技术性、专业性很强，需要有关部门根据实际情况来制定。本条是授权条款，职业病诊断标准和职业病诊断、鉴定办法授权国务院卫生行政部门制定。考虑到职业病伤残等级鉴定既涉及医学问题，也涉及工伤保险待遇的支付问题，职业病伤残等级的鉴定办法授权国务院劳动保障行政部门会同国务院卫生行政部门制定。值得一提的是，授权规定既是有关行政部门制定标准的法律根据，也是有关行政部门的法定义务，需要及时制定和修改。

链接《社会保险法》第36条；《工伤保险条例》第四章；《职业病诊断与鉴定管理办法》；《工伤职工

劳动能力鉴定管理办法》;《劳动能力鉴定 职工工伤与职业病致残等级》

第四十六条 【职业病诊断】职业病诊断,应当综合分析下列因素:

(一)病人的职业史;

(二)职业病危害接触史和工作场所职业病危害因素情况;

(三)临床表现以及辅助检查结果等。

没有证据否定职业病危害因素与病人临床表现之间的必然联系的,应当诊断为职业病。

职业病诊断证明书应当由参与诊断的取得职业病诊断资格的执业医师签署,并经承担职业病诊断的医疗卫生机构审核盖章。

实务问答 1. 职业病诊断机构应在多长时间内作出诊断结论?

职业病诊断应当按照《职业病防治法》、《职业病诊断与鉴定管理办法》的有关规定及《职业病分类和目录》、国家职业病诊断标准,依据劳动者的职业史、职业病危害接触史和工作场所职业病危害因素情况、临床表现以及辅助检查结果等,进行综合分析。材料齐全的情况下,职业病诊断机构应当在收齐材料之日起30日内作出诊断结论。

没有证据否定职业病危害因素与病人临床表现之间的必然联系的,应当诊断为职业病。

2. 职业病诊断机构是否可以聘请其他单位医师参加诊断?

《职业病诊断与鉴定管理办法》第29条规定,职业病诊断机构可以根据诊断需要,聘请其他单位职业病诊断医师参加诊断。必要时,可以邀请相关专业专家提供咨询意见。

3. 职业病诊断机构应如何出具职业病诊断证明书?

职业病诊断机构作出职业病诊断结论后,应当出具职业病诊断证明书。职业病诊断证明书应当由参与诊断的取得职业病诊断资格的执业医师签署。职业病诊断机构应当对职业病诊断医师签署的职业病诊断证明书进行审核,确认诊断的依据与结论符合有关法律法规、标准的要求,并在职业病诊断证明书上盖章。职业病诊断证明书的书写应当符合相关标准的要求。

职业病诊断证明书一式五份,劳动者一份,用人单位所在地县级卫生健康主管部门一份,用人单位两份,诊断机构存档一份。职业病诊断证明书应当于出具之日起15日内由职业病诊断机构送达劳动者、用人单位及用人单位所在地县级卫生健康主管部门。

链接《职业病诊断与鉴定管理办法》第20条、第29-31条

第四十七条 【提交材料的义务】用人单位应当如实提供职业病诊断、鉴定所需的劳动者职业史和职业病危害接触史、工作场所职业病危害因素检测结果等资料;卫生行政部门应当监督检查和督促用人单位提供上述资料;劳动者和有关机构也应当提供与职业病诊断、鉴定有关的资料。

职业病诊断、鉴定机构需要了解工作场所职业病危害因素情况时,可以对工作场所进行现场调查,也可以向卫生行政部门提出,卫生行政部门应当在十日内组织现场调查。用人单位不得拒绝、阻挠。

注释 本条是关于用人单位、劳动者和有关机构应当提供职业病诊断、鉴定所需资料,以及职业病诊断、鉴定机构进行现场调查的规定。

用人单位应当如实提供职业病诊断、鉴定所需的劳动者职业史和职业病危害接触史、工作场所职业病危害因素检测结果等资料。目前,根据劳动合同法等有关法律的规定,用人单位与劳动者建立劳动关系的,应当订立书面劳动合同。用人单位应当建立职工名册备查。同时,按照本法第26条的规定,用人单位应当定期对工作场所进行职业病危害因素检测、评价,检测、评价结果存入用人单位职业卫生档案,定期向所在地卫生行政部门报告并向劳动者公布。根据上述规定,依法规范经营的用人单位应当掌握并能够提供职业病诊断、鉴定所需的劳动者职业史和职业病危害接触史、工作场所职业病危害因素检测结果等资料。

劳动者和有关机构也应当提供与职业病诊断、鉴定有关的资料。劳动者应当提供的资料包括劳动者掌握的劳动关系证明以及其他有关材料,如劳动者保存的劳动合同、在用人单位领取工资的证明等。有关机构应当提供的材料包括卫生行政部门掌握的工作场所职业病危害因素检测、评价资料,以及劳动保障行政部门掌握的用人单位的用工情况等。

实务问答 1. 职业病诊断需要提交哪些材料?

职业病诊断需要以下资料:(一)劳动者职业史和职业病危害接触史(包括在岗时间、工种、岗

位、接触的职业病危害因素名称等);(二)劳动者职业健康检查结果;(三)工作场所职业病危害因素检测结果;(四)职业性放射性疾病诊断还需要个人剂量监测档案等资料。

2. 劳动者的诊断申请是否会因无法提供所需材料而被拒绝受理?

职业病诊断、鉴定机构不能够因为劳动者无法提供上述有关资料而拒绝受理职业病诊断、鉴定申请。在诊断、鉴定机构受理申请后,劳动者的劳动关系无法确认的,或者劳动者与用人单位之间对劳动者所从事的工种、工作岗位、工作时间等事项有争议的,诊断机构应当告知劳动者可以依照本法第49条的规定通过劳动仲裁或者诉讼确认劳动关系。

链接《职业病诊断与鉴定管理办法》第21-28条

第四十八条 【不提供材料的后果】职业病诊断、鉴定过程中,用人单位不提供工作场所职业病危害因素检测结果等资料的,诊断、鉴定机构应当结合劳动者的临床表现、辅助检查结果和劳动者的职业史、职业病危害接触史,并参考劳动者的自述、卫生行政部门提供的日常监督检查信息等,作出职业病诊断、鉴定结论。

劳动者对用人单位提供的工作场所职业病危害因素检测结果等资料有异议,或者因劳动者的用人单位解散、破产,无用人单位提供上述资料的,诊断、鉴定机构应当提请卫生行政部门进行调查,卫生行政部门应当自接到申请之日起三十日内对存在异议的资料或者工作场所职业病危害因素情况作出判定;有关部门应当配合。

注释 本条是关于用人单位不提供工作场所职业病危害因素检测结果等资料、劳动者对用人单位提供的资料有异议,以及无用人单位提供资料时如何作出诊断、鉴定的规定。定期对工作场所进行职业病危害因素检测、评价是用人单位的一项法定义务。本条在规定上倾向于保护劳动者,用人单位不提供工作场所职业病危害因素检测结果等资料的,诊断、鉴定机构应当结合劳动者的临床表现、辅助检查结果和劳动者的职业史等资料,并参考劳动者的自述,作出职业病诊断、鉴定结论。这样的制度设计,既能够切实保障劳动者的合法权益,也有利于形成倒逼机制,督促用人单位依法开展职业病危害因素检测、评价工作。

链接《职业病诊断与鉴定管理办法》第28条

第四十九条 【确认劳动关系】职业病诊断、鉴定过程中,在确认劳动者职业史、职业病危害接触史时,当事人对劳动关系、工种、工作岗位或者在岗时间有争议的,可以向当地的劳动人事争议仲裁委员会申请仲裁;接到申请的劳动人事争议仲裁委员会应当受理,并在三十日内作出裁决。

当事人在仲裁过程中对自己提出的主张,有责任提供证据。劳动者无法提供由用人单位掌握管理的与仲裁主张有关的证据的,仲裁庭应当要求用人单位在指定期限内提供;用人单位在指定期限内不提供的,应当承担不利后果。

劳动者对仲裁裁决不服的,可以依法向人民法院提起诉讼。

用人单位对仲裁裁决不服的,可以在职业病诊断、鉴定程序结束之日起十五日内依法向人民法院提起诉讼;诉讼期间,劳动者的治疗费用按照职业病待遇规定的途径支付。

注释 我国《劳动争议调解仲裁法》第2条规定,因确认劳动关系发生的争议,因工作时间、休息休假、社会保险、福利、培训以及劳动保护发生的争议等,可以依法申请调解或者仲裁。考虑到职业病诊断、鉴定工作的实际需要,本条第1款规定进一步将劳动关系具体化为工种、工作岗位,主要原因是:这些内容与职业病诊断、鉴定工作密切相关,只有通过仲裁确定具体的工种、工作岗位和在岗时间,劳动者在工作过程中的职业病危害接触史才能更加准确地确定下来。同时,这一款规定,劳动者提出申请后,接到申请的劳动人事争议仲裁委员会应当受理,并在三十日内作出裁决。这一规定中的"三十日"期限较《劳动争议调解仲裁法》第43条规定的"四十五日"期限要短,主要也是为了方便劳动者能够及时通过劳动仲裁确认劳动关系、工种、工作岗位和在岗时间等事项,从而更加快捷地得到诊断和鉴定。

本条第2款的规定参考了《劳动争议调解仲裁法》第39条第2款的有关规定。首先,根据"谁主张、谁举证"的原则,劳动者和用人单位在仲裁过程中对自己提出的主张,有责任提供证据。其次,考虑到目前一些用人单位与劳动者签订劳动合同后,不按劳动合同法有关劳动合同文本由用人单位和劳动者各执一份的规定,扣押本应由劳动者一方持有的合同文本,一些劳动者往往也缺乏保存劳动关系证明的权利意识,在劳动争议发生后,用人单位往往拒不提供其管理的对劳动者有利的关键证据,导致劳动者举证不能,无法切实维护其合法权益,针对这种情况,本条规定,劳动者无法提供由用人单位掌握、管理的与仲裁主张有关的证据的,仲裁庭应当要求用人单位在指定期限内提供,用人单位在指定期限内不提供的,应当承担不利后果。

本条第3款、第4款对劳动者与用人单位不服仲裁裁决的救济途径作了区别规定,主要是考虑到在职业病诊断、鉴定过程中,职业病病人处于弱势地位,需要给予有别于一般劳动仲裁程序的特殊程序,以保障其能够及时得到诊断并享受相关的职业病待遇。对劳动者而言,其对仲裁裁决不服的,可以依照劳动争议调解仲裁法的规定向人民法院提起诉讼,这一规定与劳动争议调解仲裁法的一般规定是一致的;对用人单位而言,只能在诊断、鉴定程序结束之日起15日内提起诉讼,与《劳动争议调解仲裁法》第50条的规定比较,这一规定对用人单位的诉讼权利作了一定限制。作这样的限制,有利于职业病患者更快地得到诊断并享受相应的职业病待遇,避免因诉讼程序久拖不决而影响劳动者及时得到诊断。同时,本条还规定,在用人单位向人民法院提起诉讼期间,劳动者的治疗费用按照职业病待遇规定的途径支付。这一规定对于患病劳动者得到及时治疗,也是非常有利的,能够切实保障患者权利,避免出现因诉讼程序耗时过长而延误病人的治疗。

链接《劳动争议调解仲裁法》第2条、第43条、第50条

第五十条 【职业病报告】用人单位和医疗卫生机构发现职业病病人或者疑似职业病病人时,应当及时向所在地卫生行政部门报告。确诊为职业病的,用人单位还应当向所在地劳动保障行政部门报告。接到报告的部门应当依法作出处理。

注释 本条规定,职业病报告的义务主体是用人单位和医疗卫生机构。其中,医疗卫生机构除专门承担职业病诊断治疗的医疗卫生机构外,还包括接诊急性职业病的综合医疗卫生机构。用人单位和医疗卫生机构的义务需要由具体的人员来履行,所以,规定用人单位和医疗卫生机构的报告义务,同时也意味着这些单位的负责人员也有职业病报告的义务。用人单位和医疗卫生机构一旦发现职业病病人或者疑似职业病病人,就应当按照国家有关职业病报告的规定进行报告;履行报告义务不受职业病患者工作状态、接受治疗过程和进行诊断的程序的限制,有报告义务的单位和个人不得以劳动者尚未完成指定工作、正在接受相关的健康检查或正在进行诊断等理由而不向职业卫生监督管理部门履行报告义务。

接受职业病报告的机关根据职业病患者的情况不同,而有所区分:首先,用人单位和医疗卫生机构发现职业病病人或者疑似职业病病人时,应当及时向所在地卫生行政部门报告,不得推迟和延误。其次,一旦劳动者被确诊为职业病后,用人单位和医疗卫生机构在向所在地卫生行政部门报告的基础上,还应当向所在地劳动保障行政部门报告,这主要是为以后对职业病病人进行劳动能力鉴定、开展工伤保险待遇的支付等工作提供信息,保证后期工作顺利开展和职业病病人及时维权。

实务问答 1. 对职业病报告的时限和方式有何规定?

为防止用人单位和医疗卫生机构及其有关人员拖延报告的时间,造成对职业病病人和疑似职业病病人的治疗延误,以及对他们其他合法权益的损害,本法规定义务单位要及时报告。至于报告的时限和方式,按照国务院有关部门的具体规定执行。各地在国家层面职业病报告制度的基础上,也对本地区的职业病报告工作进行了具体的规定,且普遍比较严格。根据职业病报告的规定,急性职业病由最初接诊的任何医疗卫生机构填写书面报告卡,在规定时限内向患者单位所在地的有关部门报告;凡有死亡或同时发生多名急性职业中毒以及发生职业性炭疽时,接诊的医疗卫生机构应立即电话报告有关部门并及时发出书面的报告卡;用人单位也应当按照规定的时限和程序进行报告。对于非急性职业病,用人单位和医疗卫生机构发现后,均应及时向卫生行政部门报告,如发现尘肺病、慢性职业中毒和其他慢性职业病以及尘肺病死亡患者也应在规定的时限内报告。

2. 接受职业病报告的部门在接到职业病报告后应当履行何种法定职责?

为及时救治职业病患者和开展职业病诊断等

工作,本条同时也规定了卫生行政部门和劳动保障行政部门接到报告后,应依法作出处理的法定职责。卫生行政部门处理的具体方式主要包括:一是根据本法监督检查的有关规定,责令停止违法行为,并可采取临时控制措施和其他措施对用人单位进行处罚。二是组织进行现场调查和职业卫生检测、评价等工作,收集职业病现场劳动卫生学调查资料,主要是为确定工作场所职业病危害因素与劳动者患病之间的因果关系。三是根据现场调查,针对接触职业危害因素人员进行应急健康体检和必要的住院观察,以确保职业病患者能得到及时治疗。四是对违反职业病报告规定和诊断鉴定管理规定的行为进行处罚。劳动保障行政部门在接到职业病病人报告后,应根据本法和《工伤保险条例》的规定,采取相应的调查核实和处理措施,保障职业病病人能及时、顺利地获得相应的待遇;在处理过程中发现用人单位存在其他违反劳动法、劳动合同法行为的,根据劳动监察的有关规定进行处罚;并对掌握的用人单位与其他劳动者之间劳动关系的证明材料及时收集和保存,以便该用人单位以后发现的职业病病人能顺利主张权利。

链接 本法第63条、第64条、第72条;《职业病报告办法》;《卫生部关于进一步加强职业病报告工作的通知》;《职业病诊断与鉴定管理办法》第32条

第五十一条 【职业病统计报告】县级以上地方人民政府卫生行政部门负责本行政区域内的职业病统计报告的管理工作,并按照规定上报。

注释 职业病报告实行以地方为主逐级上报的办法,一律由用人单位所在地区的卫生监督机构统一汇总上报。按照我国职业病报告的有关规定,各级卫生行政部门负责本行政区域内的职业病报告统计管理工作,并指定同级的职业病防治机构或疾病预防控制机构具体承办常规职业病报告统计工作。各级卫生行政部门对职业病报告统计工作要明确职责,加强日常监督,并提供开展工作所必需的经费和设备。有职业病防治机构的地区,职业病诊断机构将诊断的职业病向职业病防治机构报告;没有职业病防治机构的地区,职业病诊断机构将诊断的职业病向疾病预防控制机构报告。职业病防治机构或疾病预防控制机构汇总后报送同级卫生行政部门,并同时报上一级职业病防治机构或疾病预防控制机构;省级职业病防治机构或疾病预防控制机构在汇总报送省级卫生行政部门的同时报中国疾病预防控制中心。

中国疾病预防控制中心负责制定全国职业病报告统计工作实施方案,负责对全国职业病报告统计工作进行业务指导、技术培训、质量控制和督导,负责职业病报告汇总、分析。各级卫生监督机构要加强对职业病诊断机构和职业健康监护机构职业病报告工作的监督检查,对违法行为要依法予以查处。各级卫生行政部门要对职业病防治机构、疾病预防控制机构和卫生监督机构的工作进行有效协调,建立信息资源共享制度,定期交换职业病防治有关方面的信息,为政府职业病防治决策服务。此外,关于职业病危害事故的报告,按照《突发公共卫生事件应急条例》《放射事故管理规定》和《突发公共卫生事件与传染病疫情监测信息报告管理办法》等有关规定进行报告。

链接 本法第82条;《卫生部关于进一步加强职业病报告工作的通知》;《职业病报告办法》

第五十二条 【职业病鉴定】当事人对职业病诊断有异议的,可以向作出诊断的医疗卫生机构所在地地方人民政府卫生行政部门申请鉴定。

职业病诊断争议由设区的市级以上地方人民政府卫生行政部门根据当事人的申请,组织职业病诊断鉴定委员会进行鉴定。

当事人对设区的市级职业病诊断鉴定委员会的鉴定结论不服的,可以向省、自治区、直辖市人民政府卫生行政部门申请再鉴定。

注释 当事人对职业病诊断有异议的,依法享有申请鉴定的权利。所谓异议是指当事人对职业病诊断存在不同看法,包括对职业病诊断的程序、结论等问题的不同看法。提出异议的当事人既可以是劳动者一方,也可以是用人单位一方。申请职业病诊断鉴定,应当在接到职业病诊断证明书之日起30日内提出,并提交职业病诊断鉴定申请书、职业病诊断证明书和申请诊断时应当提供的职业史、职业健康检查结果等材料。其中,鉴定申请书的内容包括对职业病诊断异议的书面陈述和申辩理由。接受申请的职业病诊断鉴定办事机构应当自收到申请资料之日起5个工作日内完成材料审核,对材料齐全的发给受理通知书,材料不齐全的要一次性通知当事人补充,保证职业病诊断鉴定程序的及时启动。

组织职业病诊断争议鉴定的部门是设区的市级以上地方人民政府卫生行政部门，其职责是根据当事人的申请，组织职业病诊断鉴定委员会进行鉴定。职业病诊断鉴定属于技术鉴定，由设区的市级以上地方人民政府卫生行政部门组织鉴定委员会，有利于集中相关专业的专家，保障鉴定工作的质量。为保证职业病诊断鉴定工作的顺利开展，卫生行政部门可以委托职业病诊断鉴定办事机构承担具体的日常工作，除接受当事人申请外，还承担组织当事人或者接受当事人委托抽取专家、管理鉴定档案、承办与鉴定有关的事务性工作和卫生行政部门委托的有关鉴定的其他工作。职业病诊断鉴定办事机构应当在受理鉴定申请之日起40日内组织鉴定、形成鉴定结论，并出具职业病诊断鉴定书。

实务问答 1. 当事人对省级人民政府卫生行政部门再鉴定结论不服的，是否还可以申请重新鉴定?

根据《职业病诊断与鉴定管理办法》第35条的规定，我国职业病鉴定实行两级鉴定制，省级职业病鉴定结论为最终鉴定，当事人不能再申请鉴定。规定再鉴定为最终鉴定，也是为了防止程序无限拖延，既影响了职业病诊断鉴定结论的稳定性，又造成资源浪费。

2. 当事人申请职业病鉴定时，应提供哪些材料?

《职业病诊断与鉴定管理办法》第43条规定，当事人申请职业病鉴定时，应当提供以下资料：(一)职业病诊断鉴定申请书；(二)职业病诊断证明书；(三)申请省级鉴定的还应当提交市级职业病诊断鉴定书。

链接《职业病诊断与鉴定管理办法》第34-35条

第五十三条 【职业病诊断鉴定委员会】职业病诊断鉴定委员会由相关专业的专家组成。

省、自治区、直辖市人民政府卫生行政部门应当设立相关的专家库，需要对职业病争议作出诊断鉴定时，由当事人或者当事人委托有关卫生行政部门从专家库中以随机抽取的方式确定参加诊断鉴定委员会的专家。

职业病诊断鉴定委员会应当按照国务院卫生行政部门颁布的职业病诊断标准和职业病诊断、鉴定办法进行职业病诊断鉴定，向当事人出具职业病诊断鉴定书。职业病诊断、鉴定费用由用人单位承担。

实务问答 1. 受聘进入职业病诊断鉴定专家库的专家应具备哪些条件?

专家库应当以取得职业病诊断资格的不同专业类别的医师为主要成员，吸收临床相关学科、职业卫生、放射卫生、法律等相关专业的专家组成。专家应当具备下列条件：(一)具有良好的业务素质和职业道德；(二)具有相关专业的高级专业技术职务任职资格；(三)熟悉职业病防治法律法规和职业病诊断标准；(四)身体健康，能够胜任职业病鉴定工作。

2. 职业病诊断鉴定委员会的专家如何确定?

根据本条第2款的规定，确定职业病诊断鉴定委员会的专家应遵循以下程序：一是参与的方式由当事人决定。当事人或者当事人委托的职业病鉴定办事机构可以从专家库中按照专业类别随机抽取，任何机构和个人不得对当事人是否委托卫生行政部门进行干涉，更不得强行指定鉴定委员会的组成人员。二是采取随机抽取的方式。一般情况下，专家库中符合相应专业条件的专家有多名，当事人自行随机抽取或者委托卫生行政部门随机抽取专家时有较为宽泛的空间，可以有效防止专家库人员不足导致的选择局限，从而最大限度地保证鉴定结论客观、公正。

职业病诊断鉴定委员会组成人数为5人以上单数，其中相关专业职业病诊断医师应当为本次鉴定专家人数的半数以上。鉴定委员会设主任委员一名，由鉴定委员会推举产生。经当事人同意，职业病鉴定办事机构根据鉴定工作的需要，可以聘请本地区以外的相关专业专家作为鉴定委员会成员，并有表决权。

3. 职业病诊断鉴定书应当包含哪些内容?

职业病诊断鉴定书应当包括以下内容：(一)劳动者、用人单位的基本信息及鉴定事由；(二)鉴定结论及其依据，鉴定为职业病的，应当注明职业病名称、程度(期别)；(三)鉴定时间。

诊断鉴定书加盖职业病鉴定委员会印章。首次鉴定的职业病诊断鉴定书一式五份，劳动者、用人单位、用人单位所在地市级卫生健康主管部门、原诊断机构各一份，职业病鉴定办事机构存档一份；省级鉴定的职业病诊断鉴定书一式六份，劳动者、用人单位、用人单位所在地省级卫生健康主管部门、原诊断机构、首次职业病鉴定办事机构各一份，省级职业病鉴定办事机构存档一份。职业病诊断鉴定书的格式由国家卫生健康委员会统一规定。

职业病鉴定办事机构出具职业病诊断鉴定书后，应当于出具之日起十日内送达当事人，并在出具职业病诊断鉴定书后的十日内将职业病诊断鉴定书等有关信息告知原职业病诊断机构或者首次职业病鉴定办事机构，并通过职业病及健康危害因素监测信息系统报告职业病鉴定相关信息。

链接《职业病诊断与鉴定管理办法》第38-50条

第五十四条 【鉴定委员会的组成】职业病诊断鉴定委员会组成人员应当遵守职业道德，客观、公正地进行诊断鉴定，并承担相应的责任。职业病诊断鉴定委员会组成人员不得私下接触当事人，不得收受当事人的财物或者其他好处，与当事人有利害关系的，应当回避。

人民法院受理有关案件需要进行职业病鉴定时，应当从省、自治区、直辖市人民政府卫生行政部门依法设立的相关的专家库中选取参加鉴定的专家。

注释 职业病诊断鉴定委员会组成人员应当客观、公正地履行职责。本条所指的"客观"，是指职业病诊断鉴定委员会组成人员在进行诊断鉴定时，必须做到实事求是，以职业病患者的病情、劳动关系等客观情况为基础，按照国务院卫生行政部门颁布的职业病诊断标准和职业病诊断、鉴定办法进行客观的分析、评价，不得带有主观偏见。本条所指的"公正"，是指职业病诊断鉴定委员会组成人员在诊断鉴定过程中要以独立、超脱的地位，不偏不倚地对待当事人，不能厚此薄彼，区别对待。

实务问答 **哪些情形下，职业病诊断鉴定委员会组成人员需要回避？**

职业病诊断鉴定委员会组成人员与当事人有利害关系的，应当回避。职业病诊断鉴定委员会组成人员应当自觉遵守本条规定，自行回避，当事人也有权以书面或口头的方式提出申请，要求他们回避。参加职业病诊断鉴定的专家有下列情形之一的，应当回避：(一)是职业病诊断鉴定当事人或者当事人近亲属的；(二)已参加当事人职业病诊断或者首次鉴定的；(三)与职业病诊断鉴定当事人有利害关系的；(四)与职业病诊断鉴定当事人有其他关系，可能影响鉴定公正的。

链接 本法第81条；《职业病诊断与鉴定管理办法》第42条

第五十五条 【疑似职业病病人】医疗卫生机构发现疑似职业病病人时，应当告知劳动者本人并及时通知用人单位。

用人单位应当及时安排对疑似职业病病人进行诊断；在疑似职业病病人诊断或者医学观察期间，不得解除或者终止与其订立的劳动合同。

疑似职业病病人在诊断、医学观察期间的费用，由用人单位承担。

实务问答 **1. 什么情况下，患者可被视为疑似职业病病人？**

实践中，对有些职业病作出诊断，需要较长的诊断观察时间，在医疗卫生机构疑诊为职业病而没有最后确诊前，患病病人称为疑似职业病病人。通常情况下，有下列情况之一者，可视为疑似职业病病人：一是劳动者所患疾病或健康损害表现与其所接触的工作场所职业病危害因素的关系不能排除的；二是在同一工作环境中，同时或短期内发生两例及以上健康损害表现相同或相似病例，病因不明确，又不能以常见病、传染病、地方病等群体性疾病解释的；三是同一工作环境中已经发现职业病病人，其他劳动者出现相似健康损害表现的；四是职业健康检查机构、职业病诊断机构根据职业病诊断标准，认为需要作进一步的检查、医学观察或诊断性治疗以明确诊断的；五是劳动者已出现职业病危害因素造成的健康损害表现，但未达到职业病诊断标准规定的诊断条件，而健康损害还可能继续发展的，如职业病诊断标准中规定的观察对象等。

2. 医疗卫生机构在发现疑似职业病病人时，除及时告知劳动者本人及通知用人单位之外还应采取什么措施？

医疗卫生机构在发现疑似职业病病人时，首先应及时告知劳动者本人。同时，还要通知用人单位，不得拖延，保证疑似职业病病人及时得到诊断救治。同时，应采取以下措施：一是进一步明确职业接触史，核实患者是否因在工作中接触职业病危害因素而患病；二是进行工作场所职业病流行病学调查，分析病人临床表现与工作环境的因果关系；三是住院观察，从体检中取得线索，在诊断不明情况下，对劳动者做全面详细检查，从中发现线索；四是还要从实验室检验取得线索，进一步获取相关数据。在为明确诊断而获取上述相关数据后，做好疾病鉴别诊断的基础上，综合分析判断职业病危害因素与疾病的因果关系，以确定诊断。

链接《劳动合同法》第42条；本法第72条

第五十六条 【职业病待遇】用人单位应当保障职业病病人依法享受国家规定的职业病待遇。

用人单位应当按照国家有关规定，安排职业病病人进行治疗、康复和定期检查。

用人单位对不适宜继续从事原工作的职业病病人，应当调离原岗位，并妥善安置。

用人单位对从事接触职业病危害的作业的劳动者，应当给予适当岗位津贴。

实务问答 **对用人单位应保障职业病病人享受的职业病待遇有何具体要求？**

（1）按照国家有关规定，安排职业病病人进行治疗、康复和定期检查。由于相当一部分职业病的治疗需要较长的过程，许多职业病还具有不可逆性，其后续的治疗和康复涉及的费用，需要由用人单位予以承担。职业病康复是从体能上、心理上启发并训练患病者对工作与就业岗位的积极心态和正确的自我价值认识。本条中的康复包括医学康复、教育康复、职业康复。医学康复，是康复首要和最重要的内容之一，也是使职业病病人全面康复的基础；职业康复，是为职业病病人考虑工作和职业问题的有关措施之一，它包括就业咨询、就业能力测定、就业前的职业教育与训练、就业安置等工作，最终使职业病病人能切实达到从事某项适合本人能力的工作岗位的要求；教育康复，内容包括对智力、能力、听力语言残疾者所进行的特殊教育等。

（2）用人单位对不适宜继续从事原工作的职业病病人，应当调离原岗位并妥善安置。职业病病人在原有岗位上因遭受职业病危害，已经被诊断为职业病的，如果继续从事原工作，可能会加剧病情，不利于劳动者的健康保护；用人单位不得强令职业病病人继续从事接触职业病危害的作业。对于不适宜继续从事原工作的这部分职业病病人，用人单位要将其调离原岗位，防止其继续遭受危害，同时要予以妥善安置。

（3）用人单位对从事接触职业病危害的作业的劳动者，应当给予适当岗位津贴。在经济上给予从事接触职业病危害的作业的劳动者以必要的补偿，是由职业病危害岗位的具体性质所决定的。岗位津贴不是一般意义上的工资，而是在普通工资的基础上，针对存在职业病危害因素的岗位而提供具有特殊补偿性质的劳务报酬。从事接触职业病危害的作业，相比普通岗位而言患病的风险和概率都比较大，劳动者本人为此承担的精神压力和因自我防护采取措施的成本也较高，给予适当的岗位津贴，可以在一定程度上对这部分劳动者进行补偿。

链接《劳动合同法》第31-32条

第五十七条 【诊疗、康复费用和社会保障】职业病病人的诊疗、康复费用，伤残以及丧失劳动能力的职业病病人的社会保障，按照国家有关工伤保险的规定执行。

注释 工伤保险是劳动者在工作中或在规定的特殊情况下，遭受意外伤害或患职业病导致暂时或永久丧失劳动能力以及死亡时，劳动者或其遗属从国家和社会获得物质帮助的一种社会保险制度。工伤保险制度的特点是强制性、保障性、优厚性以及缴纳保险费的单方性。用人单位应当按照国家规定参加工伤保险，对于不参加工伤保险的，有关部门可以根据法律和法规进行处罚。工伤保险是对因工伤亡者全过程的保障，包括工伤医疗如医药、诊治、手术费用，工伤生活待遇如长期生活费补贴、工伤残疾补助金、丧葬补贴、遗属抚恤金，以及工伤康复费用和转业培训费用等。工伤保险的待遇较养老和失业保险的都要高，相对于失业保险和养老保险，工伤保险除了保障基本生活、失业后的生活保障外，还可以根据伤残情况补偿因工受伤的经济损失，享受工伤保险待遇不受年龄、工龄条件的限制，凡是因工伤残的均予以相应待遇。在缴纳保险费方面，用人单位单方缴纳保险费，与其他社会保险项目需要用人单位和劳动者共同负担有所不同。将职业病纳入工伤范畴，可以有效地保障职业病病人的医疗和生活。

实务问答 **1. 职工因职业病可享受的工伤医疗待遇是如何规定的？**

职业病病人在治疗过程中，享受工伤医疗待遇，所需费用符合工伤保险诊疗项目目录、工伤保险药品目录、工伤保险住院服务标准的，从工伤保险基金支付；住院治疗的伙食补助费，以及经医疗机构出具证明，报经办机构同意，到统筹地区以外就医所需的交通、食宿费用从工伤保险基金支付。需要指出的是，作出认定为工伤的决定后发生行政复议、行政诉讼的，复议和诉讼期间不停止支付职业病病人的医疗费用。

《工伤保险条例》第33条还规定了停工留薪待遇，从广义上也属于工伤医疗待遇的范围。职业病病人需要暂停工作接受工伤医疗的，在停工留薪期内，享受正常工作期间标准的工资福利，由所在单位按月支付；停工留薪期一般不超过12个月。伤情严重或者情况特殊，经设区的市级劳动能力鉴定委员会确认，可以适当延长，但延长不得超过12个月。工伤职工评定伤残等级后，停发原待遇，按照有关规定享受伤残待遇。在停工留薪期满后仍需治疗的，继续享受工伤医疗待遇。生活不能自理，在停工留薪期需要护理的，由所在单位负责。

2. 工伤职工享受怎样的伤残待遇？

职业病病人经过劳动能力鉴定，根据劳动功能障碍程度和生活自理障碍程度被确定为相应的伤残等级后，按照不同的等级享受对应的伤残待遇：一是被鉴定为一级至四级伤残的，保留劳动关系，退出工作岗位，领取一次性伤残补助金，并按月领取伤残津贴；达到退休年龄并办理退休手续后，停止领取伤残津贴，按照国家有关规定享受基本养老保险待遇。基本养老保险待遇低于伤残津贴的，由工伤保险基金补足差额。二是被鉴定为五级、六级伤残的，领取一次性伤残补助金，保留与用人单位的劳动关系，由用人单位安排适当工作。难以安排工作的，由用人单位按月发给伤残津贴，并由用人单位按照规定为其缴纳各项社会保险费。经职业病病人提出，可以与用人单位解除或者终止劳动关系，领取一次性工伤医疗补助金，并由用人单位支付一次性伤残就业补助金。三是被鉴定为七级至十级伤残的，领取一次性伤残补助金；劳动、聘用合同期满终止，或者职业病病人提出解除劳动、聘用合同的，由工伤保险基金支付一次性工伤医疗补助金，并由用人单位支付一次性伤残就业补助金。上述一次性伤残补助金和伤残津贴的标准根据不同的伤残等级执行不同的标准。

3. 享受工伤保险待遇需要经过哪些程序？

享受工伤保险待遇要经过工伤认定和劳动能力鉴定。

关于工伤认定。工伤认定是因事故受到伤害或者患职业病的职工享受工伤保险待遇的前提。工伤认定的结果包括认定工伤、视同工伤、非工伤和不视同工伤。工伤认定的程序包括申请、受理、审核、调查核实、作出认定等，并有严格的时限规定。根据《工伤保险条例》相关规定，职工患职业病的，应当认定为工伤。职工按照规定被诊断、鉴定为职业病，所在单位应当自事故伤害发生之日或者被诊断、鉴定为职业病之日起30日内，向统筹地区社会保险行政部门提出工伤认定申请。遇有特殊情况，经报社会保险行政部门同意，申请时限可以适当延长。用人单位未按前款规定提出工伤认定申请的，工伤职工或者其近亲属、工会组织在被诊断、鉴定为职业病之日起1年内，可以直接向用人单位所在地统筹地区社会保险行政部门提出工伤认定申请。提出工伤认定申请应当提交下列材料：（一）工伤认定申请表；（二）与用人单位存在劳动关系（包括事实劳动关系）的证明材料；（三）医疗诊断证明或者职业病诊断证明书（或者职业病诊断鉴定书）。对依法取得职业病诊断证明书或者职业病诊断鉴定书的，社会保险行政部门不再进行调查核实。职工或者其近亲属认为是工伤，用人单位不认为是工伤的，由用人单位承担举证责任。

关于劳动能力鉴定。职工发生工伤，经治疗伤情相对稳定后存在残疾，影响劳动能力的，应当进行劳动能力鉴定。劳动能力鉴定是职工享受伤残待遇的重要前提。工伤职工进行劳动能力鉴定有三个条件：一是应在经过治疗，伤情处于相对稳定的状态后进行；二是必须存在残疾，主要表现在身体上的残疾，如某一器官的损伤或是肢体残疾等；三是必须对工作、生活产生了直接的影响，伤残程度已经影响到职工本人的劳动能力。劳动能力鉴定包括劳动功能障碍程度和生活自理障碍程度的等级鉴定：劳动功能障碍分为十个伤残等级，最重的为一级，最轻的为十级；生活自理障碍分为三个等级，分别为生活完全不能自理、生活大部分不能自理和生活部分不能自理。工伤职工经劳动能力鉴定丧失劳动能力的，享受伤残待遇。《工伤保险条例》分别对一至四级伤残，五、六级伤残，七至十级伤残的因工致残职工的伤残待遇作出了具体规定，视情况的不同按照规定发给一次性医疗补助金、一次性伤残补助金、一次性伤残就业补助金和伤残津贴。

链接《社会保险法》第36条、第38-40条；《工伤保险条例》

第五十八条 【民事赔偿权利】职业病病人除依法享有工伤保险外，依照有关民事法律，尚有获得赔偿的权利的，有权向用人单位提出赔偿要求。

注释 本条规定了职业病病人除依法享有工伤保险外，还可以根据民事法律向用人单位提出赔偿要求，一般情况下，这种赔偿是从民事侵权的角度提出赔偿请求，侵权责任赔偿的范围以补足劳动者的实际损失为限，也就是采取补充赔偿的模式。受伤害的职工，在获得工伤保险补偿后，可以就未获得补偿的部分再向所属用人单位提出赔偿主张。

链接《民事诉讼法》第121条

第五十九条 【用人单位承担医疗和生活保障费用】劳动者被诊断患有职业病，但用人单位没有依法参加工伤保险的，其医疗和生活保障由该用人单位承担。

注释 按照《社会保险法》的规定，职工所在用人单位未依法缴纳工伤保险费，发生工伤事故的，由用人单位支付工伤保险待遇，用人单位不支付的，从工伤保险基金中先行支付。此种情况包括职业病病人经认定为工伤，但用人单位不支付工伤医疗费用的情况。在此情况下，社会保险经办机构应当根据实际情况替用人单位先行支付，以免影响职业病病人的治疗。在先行支付的情况下，由于职业病病人已经经过诊断或诊断鉴定，劳动关系以及用人单位工作场所职业病危害与职业病病人患病之间的因果关系明确，所以义务的最后承担主体并未改变，仍然是用人单位。从工伤保险基金中为职业病病人先行支付的医疗和生活保障费用应当由用人单位偿还，用人单位不偿还的，社会保险经办机构可以依法向用人单位追偿。

链接《社会保险法》第41条；《工伤保险条例》第62条

第六十条 【妥善安置职业病病人】职业病病人变动工作单位，其依法享有的待遇不变。

用人单位在发生分立、合并、解散、破产等情形时，应当对从事接触职业病危害的作业的劳动者进行健康检查，并按照国家有关规定妥善安置职业病病人。

注释 用人单位的分立，是指一个用人单位分为两个或者两个以上的用人单位的法律行为，属于用人单位在法律人格上的变更。分立的方式有两种：一种是创设式分立，即一个用人单位分成两个以上的用人单位，原用人单位消灭；另一种是存续式分立，即原用人单位存续，但分出其一部分资产设立新用人单位。用人单位的合并，是指两个以上的用人单位根据法律规定或者合同约定变为一个单位的法律行为。用人单位的合并方式有两种：一种是两个以上的用人单位合并为一个新的用人单位，原用人单位消失，原用人单位的权利和义务由新用人单位承担，此种合并称新设合并；另一种是一个或者多个用人单位归入现存的用人单位之中，被合并的用人单位主体资格消灭，存续的用人单位主体资格仍然存在，只是由于被合并的用人单位的加入而发生变更，这一合并方式称为吸收合并。用人单位的解散包括两种情形：一种是用人单位违法，依法被强制解散。如企业被吊销营业执照。另一种是用人单位自行解散。包括用人单位因目的、事业完成或者无法完成而决议解散；或者因章程规定的解散事由出现而解散等。用人单位的破产是指其因不能清偿到期债务被申请特别处理，经法院审查受理，将其财产按照债权比例处分给债权人的特定的审理程序。用人单位发生上述情形时，有的法律主体资格存续，有的法律主体资格被注销，为保护职业病病人的合法权益，本条规定了发生上述情形，用人单位应当妥善安置职业病病人。

本条第2款针对用人单位发生变更的问题规定了用人单位的两项义务：一是用人单位应当对从事接触职业病危害的作业的劳动者进行健康检查。进行健康检查的主要目的是对劳动者在单位发生变更时的健康状况进行一个阶段性的记录，以便能对职业病危害因素与劳动者患病之间的因果关系进行迅速认定，避免时间拖延使责任难以认定。二是按照国家有关规定妥善安置职业病病人。如继续安排好对职业病病人的诊断、治疗、康复，使职业病病人获得应有的生活保障等。此外，还应按照公司企业管理的有关规定对职业病病人的工作、生活等进行合理的安排。如根据工伤保险的有关规定，用人单位分立、合并、转让的，承继单位应当承担原用人单位的工伤保险责任，原用人单位已经参加工伤保险的，承继单位应当到当地经办机构办理工伤保险变更登记，企业破产的，在破产清算时依法拨付应当由单位支付的工伤保险待遇费用。从工伤保险统筹的角度看，职业病病人依法享受的职业病待遇标准不应受工作岗位变动和用人单位主体变更和消失的影响。

链接《公司法》第 174 条、第 176 条、第 186 条；《企业破产法》第 113 条；《工伤保险条例》第 43 条

第六十一条 【职业病病人的救助】用人单位已经不存在或者无法确认劳动关系的职业病病人，可以向地方人民政府医疗保障、民政部门申请医疗救助和生活等方面的救助。

地方各级人民政府应当根据本地区的实际情况，采取其他措施，使前款规定的职业病病人获得医疗救治。

注释 社会救助是社会保障制度的重要组成部分，在保障贫困群体基本生活、维护困难群众基本生活权益，维护社会稳定方面发挥着重要作用。目前的社会救助主要包括城市低保制度、农村低保制度（农村五保供养和农村特困救助）、城乡医疗救助制度、临时救济制度、社会互助制度等内容，符合条件的职业病病人，可以获得相应的社会救助。

链接《社会保险法》第 10-32 条

第五章 监督检查

第六十二条 【一般规定】县级以上人民政府职业卫生监督管理部门依照职业病防治法律、法规、国家职业卫生标准和卫生要求，依据职责划分，对职业病防治工作进行监督检查。

注释 县级以上人民政府职业卫生监督管理部门履行监督检查职责时：一要根据包括本法在内的职业病防治法律、行政法规和地方性法规的规定进行，必须按照法定职权、法定程序执法。二要根据依法制定的国家职业卫生标准和卫生要求进行。按照本法规定和国务院有关部门的职责划分，有关防治职业病的国家职业卫生标准和卫生要求，由国务院卫生行政部门组织制定并公布。三要根据职责划分进行。卫生行政、劳动保障部门之间应当根据本法和国务院确定的各自职责，履行相应的监督检查职责，既不能越权，也不能失职。

链接 本法第 9 条、第 27 条

第六十三条 【监督检查措施】卫生行政部门履行监督检查职责时，有权采取下列措施：

（一）进入被检查单位和职业病危害现场，了解情况，调查取证；

（二）查阅或者复制与违反职业病防治法律、法规的行为有关的资料和采集样品；

（三）责令违反职业病防治法律、法规的单位和个人停止违法行为。

链接 本法第 9 条；《行政强制法》第 18 条

第六十四条 【临时控制措施】发生职业病危害事故或者有证据证明危害状态可能导致职业病危害事故发生时，卫生行政部门可以采取下列临时控制措施：

（一）责令暂停导致职业病危害事故的作业；

（二）封存造成职业病危害事故或者可能导致职业病危害事故发生的材料和设备；

（三）组织控制职业病危害事故现场。

在职业病危害事故或者危害状态得到有效控制后，卫生行政部门应当及时解除控制措施。

实务问答 卫生行政管理部门在采取临时控制措施时应当遵循何种法定程序？

我国《行政强制法》对查封扣押行为规定了严格的法定程序，卫生行政管理部门实施本条第 1 款的临时控制措施同样应当遵守行政强制法的有关规定，根据行政强制法的规定，查封、扣押限于涉案的场所、设施或者财物，不得查封、扣押与违法行为无关的场所、设施或者财物；不得查封、扣押公民个人及其所扶养家属的生活必需品，当事人的场所、设施或者财物已被其他国家机关依法查封的，不得重复查封；行政机关决定实施查封、扣押的，应当符合法定程序，制作并当场交付查封、扣押决定书和清单。查封、扣押决定书应当载明当事人的姓名或者名称、地址，查封、扣押的理由、根据和期限，查封、扣押场所、设施或者财物的名称、数量等，申请行政复议或者提起行政诉讼的途径和期限，行政机关的名称、印章和日期。查封、扣押的期限不得超过 30 日；情况复杂的，经行政机关负责人批准，可以延长，但是延长期限不得超过 30 日，延长查封、扣押的决定应当及时书面告知当事人，并说明理由。对物品需要进行检测、检验、检疫或者技术鉴定的，查封、扣押的期间不包括检测、检验、检疫或者技术鉴定的期间。检测、检验、检疫或者技术鉴定的期间应当明确，并书面告知当事人。检测、检验、检疫或者技术鉴定的费用由行政机关承担；对查封、扣押的场所、设施或者财物，行政机关应当妥善保管，不得使用或者损毁；造成损失的，应当承担赔偿责任。对查封的场所、设施或者财物，行政机关可以委托第三人保

管，第三人不得损毁或者擅自转移、处置。因第三人的原因造成的损失，行政机关先行赔付后，有权向第三人追偿。因查封、扣押发生的保管费用由行政机关承担。行政机关采取查封、扣押措施后，应当及时查清事实，作出处理决定。对违法事实清楚，依法应当没收的非法财物予以没收；法律、行政法规规定应当销毁的，依法销毁；应当解除查封、扣押的，作出解除查封、扣押的决定。

链接《行政强制法》第 16 条、第 28 条

第六十五条 【执法程序】职业卫生监督执法人员依法执行职务时，应当出示监督执法证件。

职业卫生监督执法人员应当忠于职守，秉公执法，严格遵守执法规范；涉及用人单位的秘密的，应当为其保密。

链接《行政强制法》第 18 条；《保守国家秘密法》第 3 条

第六十六条 【被检查单位的义务】职业卫生监督执法人员依法执行职务时，被检查单位应当接受检查并予以支持配合，不得拒绝和阻碍。

第六十七条 【严格依法执法】卫生行政部门及其职业卫生监督执法人员履行职责时，不得有下列行为：

（一）对不符合法定条件的，发给建设项目有关证明文件、资质证明文件或者予以批准；

（二）对已经取得有关证明文件的，不履行监督检查职责；

（三）发现用人单位存在职业病危害的，可能造成职业病危害事故，不及时依法采取控制措施；

（四）其他违反本法的行为。

第六十八条 【职业卫生监督执法人员资格认定和队伍建设】职业卫生监督执法人员应当依法经过资格认定。

职业卫生监督管理部门应当加强队伍建设，提高职业卫生监督执法人员的政治、业务素质，依照本法和其他有关法律、法规的规定，建立、健全内部监督制度，对其工作人员执行法律、法规和遵守纪律的情况，进行监督检查。

第六章 法律责任

第六十九条 【建设单位的责任】建设单位违反本法规定，有下列行为之一的，由卫生行政部门给予警告，责令限期改正；逾期不改正的，处十万元以上五十万元以下的罚款；情节严重的，责令停止产生职业病危害的作业，或者提请有关人民政府按照国务院规定的权限责令停建、关闭：

（一）未按照规定进行职业病危害预评价的；

（二）医疗机构可能产生放射性职业病危害的建设项目未按照规定提交放射性职业病危害预评价报告，或者放射性职业病危害预评价报告未经卫生行政部门审核同意，开工建设的；

（三）建设项目的职业病防护设施未按照规定与主体工程同时设计、同时施工、同时投入生产和使用的；

（四）建设项目的职业病防护设施设计不符合国家职业卫生标准和卫生要求，或者医疗机构放射性职业病危害严重的建设项目的防护设施设计未经卫生行政部门审查同意擅自施工的；

（五）未按照规定对职业病防护设施进行职业病危害控制效果评价的；

（六）建设项目竣工投入生产和使用前，职业病防护设施未按照规定验收合格的。

链接本法第 17-18 条；《行政处罚法》第 9 条、第 28 条

第七十条 【未存档检测评价结果、未采取防护措施等的责任】违反本法规定，有下列行为之一的，由卫生行政部门给予警告，责令限期改正；逾期不改正的，处十万元以下的罚款：

（一）工作场所职业病危害因素检测、评价结果没有存档、上报、公布的；

（二）未采取本法第二十条规定的职业病防治管理措施的；

（三）未按照规定公布有关职业病防治的规章制度、操作规程、职业病危害事故应急救援措施的；

（四）未按照规定组织劳动者进行职业卫生培训，或者未对劳动者个人职业病防护采取指导、督促措施的；

（五）国内首次使用或者首次进口与职业病危害有关的化学材料，未按照规定报送毒性鉴定资料以及经有关部门登记注册或者批准进口的文件的。

链接本法第 20 条、第 24 条、第 26 条、第 29 条、第 34 条；《行政处罚法》第 9 条、第 28 条

第七十一条 【未申报危害项目等的责任】用人单位违反本法规定，有下列行为之一的，由卫生行政部门责令限期改正，给予警告，可以并处五万

元以上十万元以下的罚款：

（一）未按照规定及时、如实向卫生行政部门申报产生职业病危害的项目的；

（二）未实施由专人负责的职业病危害因素日常监测，或者监测系统不能正常监测的；

（三）订立或者变更劳动合同时，未告知劳动者职业病危害真实情况的；

（四）未按照规定组织职业健康检查、建立职业健康监护档案或者未将检查结果书面告知劳动者的；

（五）未依照本法规定在劳动者离开用人单位时提供职业健康监护档案复印件的。

链接 本法第16条、第26条、第33条、第35-36条；《行政处罚法》第9条、第28条

第七十二条 【不符合职业卫生标准和要求等的责任】用人单位违反本法规定，有下列行为之一的，由卫生行政部门给予警告，责令限期改正，逾期不改正的，处五万元以上二十万元以下的罚款；情节严重的，责令停止产生职业病危害的作业，或者提请有关人民政府按照国务院规定的权限责令关闭：

（一）工作场所职业病危害因素的强度或者浓度超过国家职业卫生标准的；

（二）未提供职业病防护设施和个人使用的职业病防护用品，或者提供的职业病防护设施和个人使用的职业病防护用品不符合国家职业卫生标准和卫生要求的；

（三）对职业病防护设备、应急救援设施和个人使用的职业病防护用品未按照规定进行维护、检修、检测，或者不能保持正常运行、使用状态的；

（四）未按照规定对工作场所职业病危害因素进行检测、评价的；

（五）工作场所职业病危害因素经治理仍然达不到国家职业卫生标准和卫生要求时，未停止存在职业病危害因素的作业的；

（六）未按照规定安排职业病病人、疑似职业病病人进行诊治的；

（七）发生或者可能发生急性职业病危害事故时，未立即采取应急救援和控制措施或者未按照规定及时报告的；

（八）未按照规定在产生严重职业病危害的作业岗位醒目位置设置警示标识和中文警示说明的；

（九）拒绝职业卫生监督管理部门监督检查的；

（十）隐瞒、伪造、篡改、毁损职业健康监护档案、工作场所职业病危害因素检测评价结果等相关资料，或者拒不提供职业病诊断、鉴定所需资料的；

（十一）未按照规定承担职业病诊断、鉴定费用和职业病病人的医疗、生活保障费用的。

链接 本法第15条、第22条、第24-26条、第36条、第37条、第49条、第53条、第55条、第56条、第66条；《行政处罚法》第9条、第28条

第七十三条 【提供有害设备、材料等的责任】向用人单位提供可能产生职业病危害的设备、材料，未按照规定提供中文说明书或者设置警示标识和中文警示说明的，由卫生行政部门责令限期改正，给予警告，并处五万元以上二十万元以下的罚款。

链接 本法第28-29条；《行政处罚法》第9条、第28条

第七十四条 【未报告职业病的责任】用人单位和医疗卫生机构未按照规定报告职业病、疑似职业病的，由有关主管部门依据职责分工责令限期改正，给予警告，可以并处一万元以下的罚款；弄虚作假的，并处二万元以上五万元以下的罚款；对直接负责的主管人员和其他直接责任人员，可以依法给予降级或者撤职的处分。

链接 本法第50条；《行政处罚法》第9条、第28条；《公务员法》第62条；《国有企业厂长（经理）奖惩办法》第18条

第七十五条 【隐瞒有关危害情况的责任】违反本法规定，有下列情形之一的，由卫生行政部门责令限期治理，并处五万元以上三十万元以下的罚款；情节严重的，责令停止产生职业病危害的作业，或者提请有关人民政府按照国务院规定的权限责令关闭：

（一）隐瞒技术、工艺、设备、材料所产生的职业病危害而采用的；

（二）隐瞒本单位职业卫生真实情况的；

（三）可能发生急性职业损伤的有毒、有害工作场所、放射工作场所或者放射性同位素的运输、贮存不符合本法第二十五条规定的；

（四）使用国家明令禁止使用的可能产生职业病危害的设备或者材料的；

（五）将产生职业病危害的作业转移给没有职业病防护条件的单位和个人，或者没有职业病

防护条件的单位和个人接受产生职业病危害的作业的；

（六）擅自拆除、停止使用职业病防护设备或者应急救援设施的；

（七）安排未经职业健康检查的劳动者、有职业禁忌的劳动者、未成年工或者孕期、哺乳期女职工从事接触职业病危害的作业或者禁忌作业的；

（八）违章指挥和强令劳动者进行没有职业病防护措施的作业的。

链接 本法第 25 条、第 30-32 条、第 35 条、第 38-39 条；《行政处罚法》第 9 条、第 28 条

第七十六条 【生产、经营或者进口国家明令禁止的设备材料的责任】生产、经营或者进口国家明令禁止使用的可能产生职业病危害的设备或者材料的，依照有关法律、行政法规的规定给予处罚。

注释 根据本条规定，生产、经营或者进口国家明令禁止使用的可能产生职业病危害的设备或者材料的，由相关部门依照有关法律、行政法规的规定给予处罚。如《产品质量法》第 29 条规定，生产者不得生产国家明令淘汰的产品；第 35 条规定，销售者不得销售国家明令淘汰并停止销售的产品。对于违法者由市场监督管理部门根据《产品质量法》第 51 条的规定给予没收、罚款直至吊销营业执照的行政处罚。其他有关法律、行政法规对本条规定的违法行为规定处罚的，也应依照有关规定执行。

链接 本法第 30 条；《产品质量法》第 29 条、第 35 条、第 51 条

第七十七条 【责令停止作业和关闭】用人单位违反本法规定，已经对劳动者生命健康造成严重损害的，由卫生行政部门责令停止产生职业病危害的作业，或者提请有关人民政府按照国务院规定的权限责令关闭，并处十万元以上五十万元以下的罚款。

链接《行政处罚法》第 8 条

第七十八条 【造成重大职业病危害事故或者严重后果的责任】用人单位违反本法规定，造成重大职业病危害事故或者其他严重后果，构成犯罪的，对直接负责的主管人员和其他直接责任人员，依法追究刑事责任。

注释 本条所称的职业病危害事故，是指存在于工作场所的职业病危害因素由于某种意外原因，如违反操作规程、职业病防护设施不能正常工作等，对劳动者的生命健康造成重大损害，如因毒气泄漏引起急性中毒事故等。本条所称的“直接负责的主管人员”是指在单位违法行为中负有直接领导责任的人员，包括违法行为的决策人，事后对单位违法行为予以认可和支持的领导人员以及由于疏于管理或放任，因而对单位违法行为负有不可推卸责任的领导人员；“其他直接责任人员”是指直接实施违法行为的人员。这里所讲的“依法追究刑事责任”，是指按照刑法有关重大责任事故罪的规定，对有关当事人进行处罚。

《刑法》第 134 条规定了重大责任事故罪，根据 2006 年 6 月 29 日十届全国人大常委会第二十二次会议通过的刑法修正案（六）的规定，即“在生产、作业中违反有关安全管理的规定，因而发生重大伤亡事故或者造成其他严重后果的，处三年以下有期徒刑或者拘役；情节特别恶劣的，处三年以上七年以下有期徒刑。强令他人违章冒险作业，因而发生重大伤亡事故或者造成其他严重后果的，处五年以下有期徒刑或者拘役；情节特别恶劣的，处五年以上有期徒刑”。构成本罪必须具备以下条件：(1) 构成本罪的主体是在生产、作业中的有关人员，包括普通工人和管理者。(2) 行为人主观上是过失。(3) 行为人的犯罪行为主要表现为两个方面：一是违反有关安全管理的规定，因而发生重大伤亡事故或者造成其他严重后果，二是强令他人违章冒险作业，因而发生重大伤亡事故或者造成其他严重后果。(4) 行为人的行为必须是导致发生重大伤亡事故或者造成其他严重后果的原因。

《刑法》第 135 条规定了对安全生产设施或者安全生产条件不符合国家规定因而发生重大伤亡事故或者造成其他严重后果的犯罪的处罚，根据 2006 年 6 月 29 日十届全国人大常委会第二十二次会议通过的刑法修正案（六）的规定，即“安全生产设施或者安全生产条件不符合国家规定，因而发生重大伤亡事故或者造成其他严重后果的，对直接负责的主管人员和其他直接责任人员，处三年以下有期徒刑或者拘役；情节特别恶劣的，处三年以上七年以下有期徒刑”。构成本罪必须具备以下条件：(1) 构成本罪的主体是单位，但对直接负责的主管人员和其他直接责任人员判处刑罚；(2) 单位的安全生产设施或者安全生产条件，不符

合国家规定;(3)必须是发生了重大伤亡事故或者造成其他严重后果,这是罪与非罪的界限。

《刑法》第136条规定了违反危险物品管理规定造成重大事故的犯罪的处罚,即“违反爆炸性、易燃性、放射性、毒害性、腐蚀性物品的管理规定,在生产、储存、运输、使用中发生重大事故,造成严重后果的,处三年以下有期徒刑或者拘役;后果特别严重的,处三年以上七年以下有期徒刑”。构成本罪必须具备以下条件:(1)构成本罪的主体是从事生产、储存、运输、使用危险物品的工作的人员;(2)行为人在主观上出于过失;(3)行为人在客观上违反了国家关于危险品管理的规定;(4)发生重大事故造成了严重后果。

如果用人单位及其工作人员违反本法的有关规定,造成重大职业病危害事故或者其他严重后果,且行为符合上述刑法规定的犯罪或者刑法其他条款规定的犯罪的构成要件,则要根据相应规定承担刑事责任。

链接《刑法》第134-136条

第七十九条 【擅自从事职业卫生技术服务的责任】未取得职业卫生技术服务资质认可擅自从事职业卫生技术服务的,由卫生行政部门责令立即停止违法行为,没收违法所得;违法所得五千元以上的,并处违法所得二倍以上十倍以下的罚款;没有违法所得或者违法所得不足五千元的,并处五千元以上五万元以下的罚款;情节严重的,对直接负责的主管人员和其他直接责任人员,依法给予降级、撤职或者开除的处分。

链接本法第26条、第35条、第43条;《行政处罚法》第9条、第28条;《认证认可条例》第9条

第八十条 【职业卫生技术服务机构的责任】从事职业卫生技术服务的机构和承担职业病诊断的医疗卫生机构违反本法规定,有下列行为之一的,由卫生行政部门责令立即停止违法行为,给予警告,没收违法所得;违法所得五千元以上的,并处违法所得二倍以上五倍以下的罚款;没有违法所得或者违法所得不足五千元的,并处五千元以上二万元以下的罚款;情节严重的,由原认可或者登记机关取消其相应的资格;对直接负责的主管人员和其他直接责任人员,依法给予降级、撤职或者开除的处分;构成犯罪的,依法追究刑事责任:

(一)超出资质认可或者诊疗项目登记范围从事职业卫生技术服务或者职业病诊断的;

(二)不按照本法规定履行法定职责的;

(三)出具虚假证明文件的。

实务问答**如何理解本条所指的“依法追究刑事责任”?**

本条所指的“依法追究刑事责任”,主要是指按照《刑法》第229条提供虚假证明文件罪的规定,追究有关当事人的刑事责任。《刑法》第229条规定:“承担资产评估、验资、验证、会计、审计、法律服务、保荐、安全评价、环境影响评价、环境监测等职责的中介组织的人员故意提供虚假证明文件,情节严重的,处五年以下有期徒刑或者拘役,并处罚金;有下列情形之一的,处五年以上十年以下有期徒刑,并处罚金:(一)提供与证券发行相关的虚假的资产评估、会计、审计、法律服务、保荐等证明文件,情节特别严重的;(二)提供与重大资产交易相关的虚假的资产评估、会计、审计等证明文件,情节特别严重的;(三)在涉及公共安全的重大工程、项目中提供虚假的安全评价、环境影响评价等证明文件,致使公共财产、国家和人民利益遭受特别重大损失的。有前款行为,同时索取他人财物或者非法收受他人财物构成犯罪的,依照处罚较重的规定定罪处罚。第一款规定的人员,严重不负责任,出具的证明文件有重大失实,造成严重后果的,处三年以下有期徒刑或者拘役,并处或者单处罚金。”同时根据《刑法》第231条的规定,单位犯该罪的,对单位判处罚金,并对直接负责的主管人员和其他直接责任人员,依照刑法第229条的规定处罚。

链接本法第26条、第35条、第43条;《行政处罚法》第9条、第28条;《刑法》第229条、第231条

第八十一条 【职业病诊断鉴定委员会组成人员的责任】职业病诊断鉴定委员会组成人员收受职业病诊断争议当事人的财物或者其他好处的,给予警告,没收收受的财物,可以并处三千元以上五万元以下的罚款,取消其担任职业病诊断鉴定委员会组成人员的资格,并从省、自治区、直辖市人民政府卫生行政部门设立的专家库中予以除名。

链接本法第53-54条

第八十二条 【不按规定报告职业病和职业病危害事故的责任】卫生行政部门不按照规定报告职业病和职业病危害事故的,由上一级行政部门责令改正,通报批评,给予警告;虚报、瞒报的,

对单位负责人、直接负责的主管人员和其他直接责任人员依法给予降级、撤职或者开除的处分。

链接 本法第 51 条

第八十三条 【地方政府及其职业卫生监管部门的责任】县级以上地方人民政府在职业病防治工作中未依照本法履行职责，本行政区域出现重大职业病危害事故、造成严重社会影响的，依法对直接负责的主管人员和其他直接责任人员给予记大过直至开除的处分。

县级以上人民政府职业卫生监督管理部门不履行本法规定的职责，滥用职权、玩忽职守、徇私舞弊，依法对直接负责的主管人员和其他直接责任人员给予记大过或者降级的处分；造成职业病危害事故或者其他严重后果的，依法给予撤职或者开除的处分。

链接 本法第 9-10、62-68 条；《公务员法》第 62 条

第八十四条 【刑事责任】违反本法规定，构成犯罪的，依法追究刑事责任。

注释 刑事责任，是指具有刑事责任能力的行为人实施了刑法所禁止的行为而必须承担的法律后果。在本法第六章法律责任一章中规定的违反职业病防治法的行为中，有些行为已触犯了刑法的规定，应当依照刑法规定追究刑事责任。本法第 78 条和第 80 条分别对用人单位及从事职业卫生技术服务的机构、医疗卫生机构违反本法规定，构成犯罪的，依法追究刑事责任作出了规定。考虑到其他违反职业病防治法构成犯罪依法应当追究刑事责任的行为在刑法中已有具体规定，如刑法第 397 条对国家机关工作人员滥用职权或者玩忽职守，致使公共财产、国家和人民利益遭受重大损失的，规定了刑事责任，因此，本条属于衔接性规定。对违反本法规定的行为，符合我国刑法规定的犯罪构成要件的，应当依照刑法的规定追究刑事责任。

链接 本法第 78 条、第 80 条；《刑法》第 134-136 条、第 229 条、第 397 条

第七章 附 则

第八十五条 【定义】本法下列用语的含义：

职业病危害，是指对从事职业活动的劳动者可能导致职业病的各种危害。职业病危害因素包括：职业活动中存在的各种有害的化学、物理、生物因素以及在作业过程中产生的其他职业有害因素。

职业禁忌，是指劳动者从事特定职业或者接触特定职业病危害因素时，比一般职业人群更易于遭受职业病危害和罹患职业病或者可能导致原有自身疾病病情加重，或者在从事作业过程中诱发可能导致对他人生命健康构成危险的疾病的个人特殊生理或者病理状态。

第八十六条 【其他有关单位参照适用】本法第二条规定的用人单位以外的单位，产生职业病危害的，其职业病防治活动可以参照本法执行。

劳务派遣用工单位应当履行本法规定的用人单位的义务。

中国人民解放军参照执行本法的办法，由国务院、中央军事委员会制定。

实务问答 被派遣劳动者发生职业病后，应如何处理？

劳务派遣是一种特殊的用工方式，它将传统的“用人”与“用工”一体的两方法律关系转化为劳务派遣单位、用工单位和劳动者之间的三方法律关系。在劳务派遣实践中被派遣劳动者发生工伤或职业病后，劳务派遣单位与用工单位之间责任主体不清，经常相互推诿，导致被派遣劳动者的工伤保险权益得不到有效保障。《劳务派遣暂行规定》明确，被派遣劳动者在用工单位因工作遭受事故伤害的，劳务派遣单位应当依法申请工伤认定，用工单位应当协助工伤认定的调查核实工作。劳务派遣单位承担工伤保险责任，但可以与用工单位约定补偿办法。

同时，《劳务派遣暂行规定》明确，被派遣劳动者在申请进行职业病诊断、鉴定时，用工单位应当负责处理职业病诊断、鉴定事宜，并如实提供职业病诊断、鉴定所需的劳动者职业史和职业危害接触史、工作场所职业病危害因素检测结果等资料，劳务派遣单位应当提供被派遣劳动者职业病诊断、鉴定所需的其他材料。

链接《劳动合同法》第五章第二节；《劳务派遣暂行规定》

第八十七条 【医疗机构放射性职业病危害控制监管】对医疗机构放射性职业病危害控制的监督管理，由卫生行政部门依照本法的规定实施。

第八十八条 【实施日期】本法自 2002 年 5 月 1 日起施行。

职业健康检查管理办法

·2015年3月26日国家卫生和计划生育委员会令第5号公布
·根据2019年2月28日《国家卫生健康委关于修改〈职业健康检查管理办法〉等4件部门规章的决定》修订

第一章 总 则

第一条 为加强职业健康检查工作，规范职业健康检查机构管理，保护劳动者健康权益，根据《中华人民共和国职业病防治法》（以下简称《职业病防治法》），制定本办法。

第二条 本办法所称职业健康检查是指医疗卫生机构按照国家有关规定，对从事接触职业病危害作业的劳动者进行的上岗前、在岗期间、离岗时的健康检查。

第三条 国家卫生健康委负责全国范围内职业健康检查工作的监督管理。

县级以上地方卫生健康主管部门负责本辖区职业健康检查工作的监督管理；结合职业病防治工作实际需要，充分利用现有资源，统一规划、合理布局；加强职业健康检查机构能力建设，并提供必要的保障条件。

第二章 职业健康检查机构

第四条 医疗卫生机构开展职业健康检查，应当在开展之日起15个工作日内向省级卫生健康主管部门备案。备案的具体办法由省级卫生健康主管部门依据本办法制定，并向社会公布。

省级卫生健康主管部门应当及时向社会公布备案的医疗卫生机构名单、地址、检查类别和项目等相关信息，并告知核发其《医疗机构执业许可证》的卫生健康主管部门。核发其《医疗机构执业许可证》的卫生健康主管部门应当在该机构的《医疗机构执业许可证》副本备注栏注明检查类别和项目等信息。

第五条 承担职业健康检查的医疗卫生机构（以下简称职业健康检查机构）应当具备以下条件：

（一）持有《医疗机构执业许可证》，涉及放射检查项目的还应当持有《放射诊疗许可证》；

（二）具有相应的职业健康检查场所、候检场所和检验室，建筑总面积不少于400平方米，每个独立的检查室使用面积不少于6平方米；

（三）具有与备案开展的职业健康检查类别和项目相适应的执业医师、护士等医疗卫生技术人员；

（四）至少具有1名取得职业病诊断资格的执业医师；

（五）具有与备案开展的职业健康检查类别和项目相适应的仪器、设备，具有相应职业卫生生物监测能力；开展外出职业健康检查，应当具有相应的职业健康检查仪器、设备、专用车辆等条件；

（六）建立职业健康检查质量管理制度；

（七）具有与职业健康检查信息报告相应的条件。

医疗卫生机构进行职业健康检查备案时，应当提交证明其符合以上条件的有关资料。

第六条 开展职业健康检查工作的医疗卫生机构对备案的职业健康检查信息的真实性、准确性、合法性承担全部法律责任。

当备案信息发生变化时，职业健康检查机构应当自信息发生变化之日起10个工作日内提交变更信息。

第七条 职业健康检查机构具有以下职责：

（一）在备案开展的职业健康检查类别和项目范围内，依法开展职业健康检查工作，并出具职业健康检查报告；

（二）履行疑似职业病的告知和报告义务；

（三）报告职业健康检查信息；

（四）定期向卫生健康主管部门报告职业健康检查工作情况，包括外出职业健康检查工作情况；

（五）开展职业病防治知识宣传教育；

（六）承担卫生健康主管部门交办的其他工作。

第八条 职业健康检查机构应当指定主检医师。主检医师应当具备以下条件：

（一）具有执业医师证书；

（二）具有中级以上专业技术职务任职资格；

（三）具有职业病诊断资格；

（四）从事职业健康检查相关工作三年以上，熟悉职业卫生和职业病诊断相关标准。

主检医师负责确定职业健康检查项目和周期，对职业健康检查过程进行质量控制，审核职业健康检查报告。

第九条 职业健康检查机构及其工作人员应当关心、爱护劳动者,尊重和保护劳动者的知情权及个人隐私。

第十条 省级卫生健康主管部门应当指定机构负责本辖区内职业健康检查机构的质量控制管理工作,组织开展实验室间比对和职业健康检查质量考核。

职业健康检查质量控制规范由中国疾病预防控制中心制定。

第三章 职业健康检查规范

第十一条 按照劳动者接触的职业病危害因素,职业健康检查分为以下六类:

(一)接触粉尘类;

(二)接触化学因素类;

(三)接触物理因素类;

(四)接触生物因素类;

(五)接触放射因素类;

(六)其他类(特殊作业等)。

以上每类中包含不同检查项目。职业健康检查机构应当在备案的检查类别和项目范围内开展相应的职业健康检查。

第十二条 职业健康检查机构开展职业健康检查应当与用人单位签订委托协议书,由用人单位统一组织劳动者进行职业健康检查;也可以由劳动者持单位介绍信进行职业健康检查。

第十三条 职业健康检查机构应当依据相关技术规范,结合用人单位提交的资料,明确用人单位应当检查的项目和周期。

第十四条 在职业健康检查中,用人单位应当如实提供以下职业健康检查所需的相关资料,并承担检查费用:

(一)用人单位的基本情况;

(二)工作场所职业病危害因素种类及其接触人员名册、岗位(或工种)、接触时间;

(三)工作场所职业病危害因素定期检测等相关资料。

第十五条 职业健康检查的项目、周期按照《职业健康监护技术规范》(GBZ 188)执行,放射工作人员职业健康检查按照《放射工作人员职业健康监护技术规范》(GBZ 235)等规定执行。

第十六条 职业健康检查机构可以在执业登记机关管辖区域内或者省级卫生健康主管部门指定区域内开展外出职业健康检查。外出职业健康检查进行医学影像学检查和实验室检测,必须保证检查质量并满足放射防护和生物安全的管理要求。

第十七条 职业健康检查机构应当在职业健康检查结束之日起30个工作日内将职业健康检查结果,包括劳动者个人职业健康检查报告和用人单位职业健康检查总结报告,书面告知用人单位,用人单位应当将劳动者个人职业健康检查结果及职业健康检查机构的建议等情况书面告知劳动者。

第十八条 职业健康检查机构发现疑似职业病病人时,应当告知劳动者本人并及时通知用人单位,同时向所在地卫生健康主管部门报告。发现职业禁忌的,应当及时告知用人单位和劳动者。

第十九条 职业健康检查机构要依托现有的信息平台,加强职业健康检查的统计报告工作,逐步实现信息的互联互通和共享。

第二十条 职业健康检查机构应当建立职业健康检查档案。职业健康检查档案保存时间应当自劳动者最后一次职业健康检查结束之日起不少于15年。

职业健康检查档案应当包括下列材料:

(一)职业健康检查委托协议书;

(二)用人单位提供的相关资料;

(三)出具的职业健康检查结果总结报告和告知材料;

(四)其他有关材料。

第四章 监督管理

第二十一条 县级以上地方卫生健康主管部门应当加强对本辖区职业健康检查机构的监督管理。按照属地化管理原则,制定年度监督检查计划,做好职业健康检查机构的监督检查工作。监督检查主要内容包括:

(一)相关法律法规、标准的执行情况;

(二)按照备案的类别和项目开展职业健康检查工作的情况;

(三)外出职业健康检查工作情况;

(四)职业健康检查质量控制情况;

(五)职业健康检查结果、疑似职业病的报告与告知以及职业健康检查信息报告情况;

(六)职业健康检查档案管理情况等。

第二十二条 省级卫生健康主管部门应当对

本辖区内的职业健康检查机构进行定期或者不定期抽查；设区的市级卫生健康主管部门每年应当至少组织一次对本辖区内职业健康检查机构的监督检查；县级卫生健康主管部门负责日常监督检查。

第二十三条 县级以上地方卫生健康主管部门监督检查时，有权查阅或者复制有关资料，职业健康检查机构应当予以配合。

第五章 法律责任

第二十四条 无《医疗机构执业许可证》擅自开展职业健康检查的，由县级以上地方卫生健康主管部门依据《医疗机构管理条例》第四十四条的规定进行处理。

第二十五条 职业健康检查机构有下列行为之一的，由县级以上地方卫生健康主管部门责令改正，给予警告，可以并处3万元以下罚款：

（一）未按规定备案开展职业健康检查的；

（二）未按规定告知疑似职业病的；

（三）出具虚假证明文件的。

第二十六条 职业健康检查机构未按照规定报告疑似职业病的，由县级以上地方卫生健康主管部门依据《职业病防治法》第七十四条的规定进行处理。

第二十七条 职业健康检查机构有下列行为之一的，由县级以上地方卫生健康主管部门给予警告，责令限期改正；逾期不改的，处以三万元以下罚款：

（一）未指定主检医师或者指定的主检医师未取得职业病诊断资格的；

（二）未按要求建立职业健康检查档案的；

（三）未履行职业健康检查信息报告义务的；

（四）未按照相关职业健康监护技术规范规定开展工作的；

（五）违反本办法其他有关规定的。

第二十八条 职业健康检查机构未按规定参加实验室比对或者职业健康检查质量考核工作，或者参加质量考核不合格未按要求整改仍开展职业健康检查工作的，由县级以上地方卫生健康主管部门给予警告，责令限期改正；逾期不改的，处以三万元以下罚款。

第六章 附 则

第二十九条 本办法自2015年5月1日起施行。2002年3月28日原卫生部公布的《职业健康监护管理办法》同时废止。

职业病诊断与鉴定管理办法

·2020年12月4日第2次委务会议审议通过

·2021年1月4日中华人民共和国国家卫生健康委员会令第6号公布

·自公布之日起施行

第一章 总 则

第一条 为了规范职业病诊断与鉴定工作，加强职业病诊断与鉴定管理，根据《中华人民共和国职业病防治法》（以下简称《职业病防治法》），制定本办法。

第二条 职业病诊断与鉴定工作应当按照《职业病防治法》、本办法的有关规定及《职业病分类和目录》、国家职业病诊断标准进行，遵循科学、公正、及时、便捷的原则。

第三条 国家卫生健康委负责全国范围内职业病诊断与鉴定的监督管理工作，县级以上地方卫生健康主管部门依据职责负责本行政区域内职业病诊断与鉴定的监督管理工作。

省、自治区、直辖市卫生健康主管部门（以下简称省级卫生健康主管部门）应当结合本行政区域职业病防治工作实际和医疗卫生服务体系规划，充分利用现有医疗卫生资源，实现职业病诊断机构区域覆盖。

第四条 各地要加强职业病诊断机构能力建设，提供必要的保障条件，配备相关的人员、设备和工作经费，以满足职业病诊断工作的需要。

第五条 各地要加强职业病诊断与鉴定信息化建设，建立健全劳动者接触职业病危害、开展职业健康检查、进行职业病诊断与鉴定等全过程的信息化系统，不断提高职业病诊断与鉴定信息报告的准确性、及时性和有效性。

第六条 用人单位应当依法履行职业病诊断、鉴定的相关义务：

（一）及时安排职业病病人、疑似职业病病人进行诊治；

（二）如实提供职业病诊断、鉴定所需的资料；

（三）承担职业病诊断、鉴定的费用和疑似职业病病人在诊断、医学观察期间的费用；

（四）报告职业病和疑似职业病；

（五）《职业病防治法》规定的其他相关义务。

第二章 诊断机构

第七条 医疗卫生机构开展职业病诊断工作，应当在开展之日起十五个工作日内向省级卫生健康主管部门备案。

省级卫生健康主管部门应当自收到完整备案材料之日起十五个工作日内向社会公布备案的医疗卫生机构名单、地址、诊断项目（即《职业病分类和目录》中的职业病类别和病种）等相关信息。

第八条 医疗卫生机构开展职业病诊断工作应当具备下列条件：

（一）持有《医疗机构执业许可证》；

（二）具有相应的诊疗科目及与备案开展的诊断项目相适应的职业病诊断医师及相关医疗卫生技术人员；

（三）具有与备案开展的诊断项目相适应的场所和仪器、设备；

（四）具有健全的职业病诊断质量管理制度。

第九条 医疗卫生机构进行职业病诊断备案时，应当提交以下证明其符合本办法第八条规定条件的有关资料：

（一）《医疗机构执业许可证》原件、副本及复印件；

（二）职业病诊断医师资格等相关资料；

（三）相关的仪器设备清单；

（四）负责职业病信息报告人员名单；

（五）职业病诊断质量管理制度等相关资料。

第十条 职业病诊断机构对备案信息的真实性、准确性、合法性负责。

当备案信息发生变化时，应当自信息发生变化之日起十个工作日内向省级卫生健康主管部门提交变更信息。

第十一条 设区的市没有医疗卫生机构备案开展职业病诊断的，省级卫生健康主管部门应当根据职业病诊断工作的需要，指定符合本办法第八条规定条件的医疗卫生机构承担职业病诊断工作。

第十二条 职业病诊断机构的职责是：

（一）在备案的诊断项目范围内开展职业病诊断；

（二）及时向所在地卫生健康主管部门报告职业病；

（三）按照卫生健康主管部门要求报告职业病诊断工作情况；

（四）承担《职业病防治法》中规定的其他职责。

第十三条 职业病诊断机构依法独立行使诊断权，并对其作出的职业病诊断结论负责。

第十四条 职业病诊断机构应当建立和健全职业病诊断管理制度，加强职业病诊断医师等有关医疗卫生人员技术培训和政策、法律培训，并采取措施改善职业病诊断工作条件，提高职业病诊断服务质量和水平。

第十五条 职业病诊断机构应当公开职业病诊断程序和诊断项目范围，方便劳动者进行职业病诊断。

职业病诊断机构及其相关工作人员应当尊重、关心、爱护劳动者，保护劳动者的隐私。

第十六条 从事职业病诊断的医师应当具备下列条件，并取得省级卫生健康主管部门颁发的职业病诊断资格证书：

（一）具有医师执业证书；

（二）具有中级以上卫生专业技术职务任职资格；

（三）熟悉职业病防治法律法规和职业病诊断标准；

（四）从事职业病诊断、鉴定相关工作三年以上；

（五）按规定参加职业病诊断医师相应专业的培训，并考核合格。

省级卫生健康主管部门应当依据本办法的规定和国家卫生健康委制定的职业病诊断医师培训大纲，制定本行政区域职业病诊断医师培训考核办法并组织实施。

第十七条 职业病诊断医师应当依法在职业病诊断机构备案的诊断项目范围内从事职业病诊断工作，不得从事超出其职业病诊断资格范围的职业病诊断工作；职业病诊断医师应当按照有关规定参加职业卫生、放射卫生、职业医学等领域的继续医学教育。

第十八条 省级卫生健康主管部门应当加强本行政区域内职业病诊断机构的质量控制管理工作，组织开展职业病诊断机构质量控制评估。

职业病诊断质量控制规范和医疗卫生机构职业病报告规范另行制定。

第三章　诊　断

第十九条　劳动者可以在用人单位所在地、本人户籍所在地或者经常居住地的职业病诊断机构进行职业病诊断。

第二十条　职业病诊断应当按照《职业病防治法》、本办法的有关规定及《职业病分类和目录》、国家职业病诊断标准，依据劳动者的职业史、职业病危害接触史和工作场所职业病危害因素情况、临床表现以及辅助检查结果等，进行综合分析。材料齐全的情况下，职业病诊断机构应当在收齐材料之日起三十日内作出诊断结论。

没有证据否定职业病危害因素与病人临床表现之间的必然联系的，应当诊断为职业病。

第二十一条　职业病诊断需要以下资料：

（一）劳动者职业史和职业病危害接触史（包括在岗时间、工种、岗位、接触的职业病危害因素名称等）；

（二）劳动者职业健康检查结果；

（三）工作场所职业病危害因素检测结果；

（四）职业性放射性疾病诊断还需要个人剂量监测档案等资料。

第二十二条　劳动者依法要求进行职业病诊断的，职业病诊断机构不得拒绝劳动者进行职业病诊断的要求，并告知劳动者职业病诊断的程序和所需材料。劳动者应当填写《职业病诊断就诊登记表》，并提供本人掌握的职业病诊断有关资料。

第二十三条　职业病诊断机构进行职业病诊断时，应当书面通知劳动者所在的用人单位提供本办法第二十一条规定的职业病诊断资料，用人单位应当在接到通知后的十日内如实提供。

第二十四条　用人单位未在规定时间内提供职业病诊断所需要资料的，职业病诊断机构可以依法提请卫生健康主管部门督促用人单位提供。

第二十五条　劳动者对用人单位提供的工作场所职业病危害因素检测结果等资料有异议，或者因劳动者的用人单位解散、破产，无用人单位提供上述资料的，职业病诊断机构应当依法提请用人单位所在地卫生健康主管部门进行调查。

卫生健康主管部门应当自接到申请之日起三十日内对存在异议的资料或者工作场所职业病危害因素情况作出判定。

职业病诊断机构在卫生健康主管部门作出调查结论或者判定前应当中止职业病诊断。

第二十六条　职业病诊断机构需要了解工作场所职业病危害因素情况时，可以对工作场所进行现场调查，也可以依法提请卫生健康主管部门组织现场调查。卫生健康主管部门应当在接到申请之日起三十日内完成现场调查。

第二十七条　在确认劳动者职业史、职业病危害接触史时，当事人对劳动关系、工种、工作岗位或者在岗时间有争议的，职业病诊断机构应当告知当事人依法向用人单位所在地的劳动人事争议仲裁委员会申请仲裁。

第二十八条　经卫生健康主管部门督促，用人单位仍不提供工作场所职业病危害因素检测结果、职业健康监护档案等资料或者提供资料不全的，职业病诊断机构应当结合劳动者的临床表现、辅助检查结果和劳动者的职业史、职业病危害接触史，并参考劳动者自述或工友旁证资料、卫生健康等有关部门提供的日常监督检查信息等，作出职业病诊断结论。对于作出无职业病诊断结论的病人，可依据病人的临床表现以及辅助检查结果，作出疾病的诊断，提出相关医学意见或者建议。

第二十九条　职业病诊断机构可以根据诊断需要，聘请其他单位职业病诊断医师参加诊断。必要时，可以邀请相关专业专家提供咨询意见。

第三十条　职业病诊断机构作出职业病诊断结论后，应当出具职业病诊断证明书。职业病诊断证明书应当由参与诊断的取得职业病诊断资格的执业医师签署。

职业病诊断机构应当对职业病诊断医师签署的职业病诊断证明书进行审核，确认诊断的依据与结论符合有关法律法规、标准的要求，并在职业病诊断证明书上盖章。

职业病诊断证明书的书写应当符合相关标准的要求。

职业病诊断证明书一式五份，劳动者一份，用人单位所在地县级卫生健康主管部门一份，用人单位两份，诊断机构存档一份。

职业病诊断证明书应当于出具之日起十五日内由职业病诊断机构送达劳动者、用人单位及用人单位所在地县级卫生健康主管部门。

第三十一条 职业病诊断机构应当建立职业病诊断档案并永久保存,档案应当包括:

(一)职业病诊断证明书;

(二)职业病诊断记录;

(三)用人单位、劳动者和相关部门、机构提交的有关资料;

(四)临床检查与实验室检验等资料。

职业病诊断机构拟不再开展职业病诊断工作的,应当在拟停止开展职业病诊断工作的十五个工作日之前告知省级卫生健康主管部门和所在地县级卫生健康主管部门,妥善处理职业病诊断档案。

第三十二条 职业病诊断机构发现职业病病人或者疑似职业病病人时,应当及时向所在地县级卫生健康主管部门报告。职业病诊断机构应当在作出职业病诊断之日起十五日内通过职业病及健康危害因素监测信息系统进行信息报告,并确保报告信息的完整、真实和准确。

确诊为职业病的,职业病诊断机构可以根据需要,向卫生健康主管部门、用人单位提出专业建议;告知职业病病人依法享有的职业健康权益。

第三十三条 未承担职业病诊断工作的医疗卫生机构,在诊疗活动中发现劳动者的健康损害可能与其所从事的职业有关时,应及时告知劳动者到职业病诊断机构进行职业病诊断。

第四章 鉴 定

第三十四条 当事人对职业病诊断机构作出的职业病诊断有异议的,可以在接到职业病诊断证明书之日起三十日内,向作出诊断的职业病诊断机构所在地设区的市级卫生健康主管部门申请鉴定。

职业病诊断争议由设区的市级以上地方卫生健康主管部门根据当事人的申请组织职业病诊断鉴定委员会进行鉴定。

第三十五条 职业病鉴定实行两级鉴定制,设区的市级职业病诊断鉴定委员会负责职业病诊断争议的首次鉴定。

当事人对设区的市级职业病鉴定结论不服的,可以在接到诊断鉴定书之日起十五日内,向原鉴定组织所在地省级卫生健康主管部门申请再鉴定,省级鉴定为最终鉴定。

第三十六条 设区的市级以上地方卫生健康主管部门可以指定办事机构,具体承担职业病诊断鉴定的组织和日常性工作。职业病鉴定办事机构的职责是:

(一)接受当事人申请;

(二)组织当事人或者接受当事人委托抽取职业病诊断鉴定专家;

(三)组织职业病诊断鉴定会议,负责会议记录、职业病诊断鉴定相关文书的收发及其他事务性工作;

(四)建立并管理职业病诊断鉴定档案;

(五)报告职业病诊断鉴定相关信息;

(六)承担卫生健康主管部门委托的有关职业病诊断鉴定的工作。

职业病诊断机构不能作为职业病鉴定办事机构。

第三十七条 设区的市级以上地方卫生健康主管部门应当向社会公布本行政区域内依法承担职业病诊断鉴定工作的办事机构的名称、工作时间、地点、联系人、联系电话和鉴定工作程序。

第三十八条 省级卫生健康主管部门应当设立职业病诊断鉴定专家库(以下简称专家库),并根据实际工作需要及时调整其成员。专家库可以按照专业类别进行分组。

第三十九条 专家库应当以取得职业病诊断资格的不同专业类别的医师为主要成员,吸收临床相关学科、职业卫生、放射卫生、法律等相关专业的专家组成。专家应当具备下列条件:

(一)具有良好的业务素质和职业道德;

(二)具有相关专业的高级专业技术职务任职资格;

(三)熟悉职业病防治法律法规和职业病诊断标准;

(四)身体健康,能够胜任职业病诊断鉴定工作。

第四十条 参加职业病诊断鉴定的专家,应当由当事人或者由其委托的职业病鉴定办事机构从专家库中按照专业类别以随机抽取的方式确定。抽取的专家组成职业病诊断鉴定委员会(以下简称鉴定委员会)。

经当事人同意,职业病鉴定办事机构可以根据鉴定需要聘请本省、自治区、直辖市以外的相关专业专家作为鉴定委员会成员,并有表决权。

第四十一条 鉴定委员会人数为五人以上单

数，其中相关专业职业病诊断医师应当为本次鉴定专家人数的半数以上。疑难病例应当增加鉴定委员会人数，充分听取意见。鉴定委员会设主任委员一名，由鉴定委员会成员推举产生。

职业病诊断鉴定会议由鉴定委员会主任委员主持。

第四十二条 参加职业病诊断鉴定的专家有下列情形之一的，应当回避：

（一）是职业病诊断鉴定当事人或者当事人近亲属的；

（二）已参加当事人职业病诊断或者首次鉴定的；

（三）与职业病诊断鉴定当事人有利害关系的；

（四）与职业病诊断鉴定当事人有其他关系，可能影响鉴定公正的。

第四十三条 当事人申请职业病诊断鉴定时，应当提供以下资料：

（一）职业病诊断鉴定申请书；

（二）职业病诊断证明书；

（三）申请省级鉴定的还应当提交市级职业病诊断鉴定书。

第四十四条 职业病鉴定办事机构应当自收到申请资料之日起五个工作日内完成资料审核，对资料齐全的发给受理通知书；资料不全的，应当当场或者在五个工作日内一次性告知当事人补充。资料补充齐全的，应当受理申请并组织鉴定。

职业病鉴定办事机构收到当事人鉴定申请之后，根据需要可以向原职业病诊断机构或者组织首次鉴定的办事机构调阅有关的诊断、鉴定资料。原职业病诊断机构或者组织首次鉴定的办事机构应当在接到通知之日起十日内提交。

职业病鉴定办事机构应当在受理鉴定申请之日起四十日内组织鉴定、形成鉴定结论，并出具职业病诊断鉴定书。

第四十五条 根据职业病诊断鉴定工作需要，职业病鉴定办事机构可以向有关单位调取与职业病诊断、鉴定有关的资料，有关单位应当如实、及时提供。

鉴定委员会应当听取当事人的陈述和申辩，必要时可以组织进行医学检查，医学检查应当在三十日内完成。

需要了解被鉴定人的工作场所职业病危害因素情况时，职业病鉴定办事机构根据鉴定委员会的意见可以组织对工作场所进行现场调查，或者依法提请卫生健康主管部门组织现场调查。现场调查应当在三十日内完成。

医学检查和现场调查时间不计算在职业病鉴定规定的期限内。

职业病诊断鉴定应当遵循客观、公正的原则，鉴定委员会进行职业病诊断鉴定时，可以邀请有关单位人员旁听职业病诊断鉴定会议。所有参与职业病诊断鉴定的人员应当依法保护当事人的个人隐私、商业秘密。

第四十六条 鉴定委员会应当认真审阅鉴定资料，依照有关规定和职业病诊断标准，经充分合议后，根据专业知识独立进行鉴定。在事实清楚的基础上，进行综合分析，作出鉴定结论，并制作职业病诊断鉴定书。

鉴定结论应当经鉴定委员会半数以上成员通过。

第四十七条 职业病诊断鉴定书应当包括以下内容：

（一）劳动者、用人单位的基本信息及鉴定事由；

（二）鉴定结论及其依据，鉴定为职业病的，应当注明职业病名称、程度（期别）；

（三）鉴定时间。

诊断鉴定书加盖职业病鉴定委员会印章。

首次鉴定的职业病诊断鉴定书一式五份，劳动者、用人单位、用人单位所在地市级卫生健康主管部门、原诊断机构各一份，职业病鉴定办事机构存档一份；省级鉴定的职业病诊断鉴定书一式六份，劳动者、用人单位、用人单位所在地省级卫生健康主管部门、原诊断机构、首次职业病鉴定办事机构各一份，省级职业病鉴定办事机构存档一份。

职业病诊断鉴定书的格式由国家卫生健康委员会统一规定。

第四十八条 职业病鉴定办事机构出具职业病诊断鉴定书后，应当于出具之日起十日内送达当事人，并在出具职业病诊断鉴定书后的十日内将职业病诊断鉴定书等有关信息告知原职业病诊断机构或者首次职业病鉴定办事机构，并通过职业病及健康危害因素监测信息系统报告职业病鉴定相关信息。

第四十九条 职业病鉴定结论与职业病诊断

结论或者首次职业病鉴定结论不一致的，职业病鉴定办事机构应当在出具职业病诊断鉴定书后十日内向相关卫生健康主管部门报告。

第五十条 职业病鉴定办事机构应当如实记录职业病诊断鉴定过程，内容应当包括：

（一）鉴定委员会的专家组成；

（二）鉴定时间；

（三）鉴定所用资料；

（四）鉴定专家的发言及其鉴定意见；

（五）表决情况；

（六）经鉴定专家签字的鉴定结论。

有当事人陈述和申辩的，应当如实记录。

鉴定结束后，鉴定记录应当随同职业病诊断鉴定书一并由职业病鉴定办事机构存档，永久保存。

第五章 监督管理

第五十一条 县级以上地方卫生健康主管部门应当定期对职业病诊断机构进行监督检查，检查内容包括：

（一）法律法规、标准的执行情况；

（二）规章制度建立情况；

（三）备案的职业病诊断信息真实性情况；

（四）按照备案的诊断项目开展职业病诊断工作情况；

（五）开展职业病诊断质量控制、参加质量控制评估及整改情况；

（六）人员、岗位职责落实和培训情况；

（七）职业病报告情况。

第五十二条 设区的市级以上地方卫生健康主管部门应当加强对职业病鉴定办事机构的监督管理，对职业病鉴定工作程序、制度落实情况及职业病报告等相关工作情况进行监督检查。

第五十三条 县级以上地方卫生健康主管部门监督检查时，有权查阅或者复制有关资料，职业病诊断机构应当予以配合。

第六章 法律责任

第五十四条 医疗卫生机构未按照规定备案开展职业病诊断的，由县级以上地方卫生健康主管部门责令改正，给予警告，可以并处三万元以下罚款。

第五十五条 职业病诊断机构有下列行为之一的，其作出的职业病诊断无效，由县级以上地方卫生健康主管部门按照《职业病防治法》的第八十条的规定进行处理：

（一）超出诊疗项目登记范围从事职业病诊断的；

（二）不按照《职业病防治法》规定履行法定职责的；

（三）出具虚假证明文件的。

第五十六条 职业病诊断机构未按照规定报告职业病、疑似职业病的，由县级以上地方卫生健康主管部门按照《职业病防治法》第七十四条的规定进行处理。

第五十七条 职业病诊断机构违反本办法规定，有下列情形之一的，由县级以上地方卫生健康主管部门责令限期改正；逾期不改的，给予警告，并可以根据情节轻重处以三万元以下罚款：

（一）未建立职业病诊断管理制度的；

（二）未按照规定向劳动者公开职业病诊断程序的；

（三）泄露劳动者涉及个人隐私的有关信息、资料的；

（四）未按照规定参加质量控制评估，或者质量控制评估不合格且未按要求整改的；

（五）拒不配合卫生健康主管部门监督检查的。

第五十八条 职业病诊断鉴定委员会组成人员收受职业病诊断争议当事人的财物或者其他好处的，由省级卫生健康主管部门按照《职业病防治法》第八十一条的规定进行处理。

第五十九条 县级以上地方卫生健康主管部门及其工作人员未依法履行职责，按照《职业病防治法》第八十三条第二款规定进行处理。

第六十条 用人单位有下列行为之一的，由县级以上地方卫生健康主管部门按照《职业病防治法》第七十二条规定进行处理：

（一）未按照规定安排职业病病人、疑似职业病病人进行诊治的；

（二）拒不提供职业病诊断、鉴定所需资料的；

（三）未按照规定承担职业病诊断、鉴定费用。

第六十一条 用人单位未按照规定报告职业病、疑似职业病的，由县级以上地方卫生健康主管部门按照《职业病防治法》第七十四条规定进行处理。

第七章 附 则

第六十二条 本办法所称“证据”,包括疾病的证据、接触职业病危害因素的证据,以及用于判定疾病与接触职业病危害因素之间因果关系的证据。

第六十三条 本办法自公布之日起施行。原卫生部2013年2月19日公布的《职业病诊断与鉴定管理办法》同时废止。

图书在版编目（CIP）数据

中华人民共和国医疗卫生注释法典 / 中国法制出版社编．—北京：中国法制出版社，2023.7

（注释法典）

ISBN 978-7-5216-3439-6

Ⅰ．①中… Ⅱ．①中… Ⅲ．①医药卫生管理-法规-法律解释-中国 Ⅳ．①D922.165

中国国家版本馆 CIP 数据核字（2023）第 065803 号

责任编辑：刘晓霞　　封面设计：周黎明

中华人民共和国医疗卫生注释法典

ZHONGHUA RENMIN GONGHEGUO YILIAO WEISHENG ZHUSHI FADIAN

编者/中国法制出版社

经销/新华书店

印刷/三河市紫恒印装有限公司

开本/710 毫米×1000 毫米　16 开　　印张/ 39.25　字数/ 1012 千

版次/2023 年 7 月第 1 版　　2023 年 7 月第 1 次印刷

中国法制出版社出版

书号 ISBN 978-7-5216-3439-6　　定价：95.00 元

北京市西城区西便门西里甲 16 号西便门办公区

邮政编码：100053　　传真：010-63141600

网址：http：//www.zgfzs.com　　**编辑部电话：010-63141664**

市场营销部电话：010-63141612　　**印务部电话：010-63141606**

（如有印装质量问题，请与本社印务部联系。）